Kannengiesser

**PHP5/MySQL 5**

Caroline & Matthias Kannengiesser

# PHP⁵/MySQL⁵

**Bibliografische Information der Deutschen Bibliothek**

Die Deutsche Bibliothek verzeichnet diese Publikation in der Deutschen Nationalbibliografie; detaillierte Daten sind im Internet über **http://dnb.ddb.de** abrufbar.

## Wichtiger Hinweis

Alle Angaben in diesem Buch wurden vom Autor mit größter Sorgfalt erarbeitet bzw. zusammengestellt und unter Einschaltung wirksamer Kontrollmaßnahmen reproduziert. Trotzdem sind Fehler nicht ganz auszuschließen. Der Verlag und der Autor sehen sich deshalb gezwungen, darauf hinzuweisen, dass sie weder eine Garantie noch die juristische Verantwortung oder irgendeine Haftung für Folgen, die auf fehlerhafte Angaben zurückgehen, übernehmen können. Für die Mitteilung etwaiger Fehler sind Verlag und Autor jederzeit dankbar.

Internetadressen oder Versionsnummern stellen den bei Redaktionsschluss verfügbaren Informationsstand dar. Verlag und Autor übernehmen keinerlei Verantwortung oder Haftung für Veränderungen, die sich aus nicht von ihnen zu vertretenden Umständen ergeben.

Evtl. beigefügte oder zum Download angebotene Dateien und Informationen dienen ausschließlich der nicht gewerblichen Nutzung. Eine gewerbliche Nutzung ist nur mit Zustimmung des Lizenzinhabers möglich.

© 2007 Franzis Verlag GmbH, 85586 Poing

Alle Rechte vorbehalten, auch die der fotomechanischen Wiedergabe und der Speicherung in elektronischen Medien. Das Erstellen und Verbreiten von Kopien auf Papier, auf Datenträgern oder im Internet, insbesondere als PDF, ist nur mit ausdrücklicher Genehmigung des Verlags gestattet und wird widrigenfalls strafrechtlich verfolgt.

Die meisten Produktbezeichnungen von Hard- und Software sowie Firmennamen und Firmenlogos, die in diesem Werk genannt werden, sind in der Regel gleichzeitig auch eingetragene Warenzeichen und sollten als solche betrachtet werden. Der Verlag folgt bei den Produktbezeichnungen im Wesentlichen den Schreibweisen der Hersteller.

**Satz:** G&U Language & Publishing Services GmbH, Flensburg
**art & design:** www.ideehoch2.de
**Druck:** Bercker, 47623 Kevelaer
Printed in Germany

# Einleitung

PHP und MySQL sind ein unschlagbares Duo und dieses gilt es bei der Realisierung von dynamischen Webseiten im Griff zu haben. Das vorliegende Buch widmet sich ausführlich beiden beteiligten Protagonisten.

## Über dieses Buch

Die überarbeitete und aktualisierte Neuauflage des Bestsellers bietet Ihnen das Knowhow aus zwei Büchern. Das Buch setzt sich aus folgenden Teilen zusammen:

- *Teil 1* – Der erste Teil des Buchs widmet sich der wohl populärsten Skriptsprache – PHP. Es soll Ihnen den Weg durch die mannigfaltige Struktur von PHP weisen. Durch die zahlreichen Codesnippets und Anwendungen sollen sowohl Umsteiger als auch fortgeschrittene Entwickler genügend Raum für eigene kreative Lösungsansätze erhalten. Darüber hinaus werden auch die grundlegenden Sprachelemente ausführlich beschrieben, sodass es zu einem unverzichtbaren Nachschlagewerk wird. Auf eines möchte ich jedoch bereits an dieser Stelle hinweisen: Dieser Teil des Buchs erhebt keinen Anspruch auf Vollständigkeit, da PHP in der fünften Generation bereits so umfangreich ist, dass man gut und gerne Dutzende von Büchern zum Thema verfassen könnte. Die zahlreichen PHP-Erweiterungen würden dieses Unterfangen zum Scheitern verurteilen.

- *Teil 2* – Der zweite Teil des Buchs befasst sich mit dem Wesen von Datenbanken. Den Schwerpunkt bildet dabei MySQL. MySQL gehört zu den populärsten Datenbanken und seit der fünften Generation auch zu den umfangreichsten. Ich verspreche Ihnen nicht, dass Sie innerhalb kürzester Zeit und nur nach der Lektüre dieses Buches zum MySQL-Spezialisten werden können. Erst die Arbeit an eigenen Projekten wird Ihnen zeigen, wie sinnvoll das Buch bei Ihrer alltäglichen Arbeit mit MySQL einsetzbar ist. Vorkenntnisse in MySQL sind sicher kein Grund, das Buch nicht zu lesen – im Gegenteil, auch für Fortgeschrittene sind weitergehende Informationen enthalten. Es handelt sich also nicht um eine oberflächliche Betrachtung, sondern vielmehr um eine Vertiefung des Stoffs.

- *Teil 3* – Der letzte Teil des Buchs liefert nützliche Informationen zu Sicherheitsaspekten.

> **Tipp:** Die Buch-CD hält noch einige Überraschungen für Sie bereit. Ich habe keine Mühe gescheut, Ihnen einige nützliche Tools zusammenzutragen.

## Up-to-date – PHP 5.2.0 und MySQL 5.0.2

An dieser Stelle würde ich Sie gerne mit einigen Informationen zu den im Buch enthaltenen Skripten versorgen. Sämtliche Skripts sind sowohl unter PHP 4.4.4 als auch

PHP 5.1.6/5.2.0 getestet worden. Die datenbankbezogenen Anwendungen wurden allesamt unter MySQL 5.0.27 und 5.1.12-beta auf Herz und Nieren geprüft. Sie sollten bei Ihrer Arbeit mit PHP und MySQL möglichst auf aktuelle und stabile Releases zurückgreifen, wenn es darum geht, einen Produktionsserver zu betreiben.

Allein in PHP 5.2.0 wurden weit über 200 Bugfixes vom Entwicklerteam vorgenommen und diverse PHP-Erweiterungen erweitert und verbessert.

Beim Upgrade von PHP 5.x auf 5.2.0 ist bei einigen Erweiterungen auf die Unterschiede zu achten, daher empfiehlt sich ein Blick auf die folgende Datei: *www.php.net/ UPDATE_5_2.txt*.

> **Hinweis:** Die vollständige PHP 5.2.0 Changelog-Datei kann unter *www.php.net/ChangeLog-5.php#5.2.0* eingesehen werden.

### Gute Voraussetzungen

Sie sollten bereits einige HTML-Grundkenntnisse haben und sich mit dem Einsatz eines Webbrowsers auskennen. Grundlegende Programmierkenntnisse wären sicher auch nicht fehl am Platz. Aber besonders wichtig: Haben Sie Spaß beim Lesen, und nehmen Sie sich ausreichend Zeit zum Experimentieren.

### Quelle – Website zum Buch

Die Website zum Buch ist *www.atomicscript.de*.

### Der Autor

*Matthias Kannengiesser* ist Dipl.-Informatiker und Projektmanager im IT-Bereich. Er arbeitet seit mehreren Jahren als IT-Consultant für namhafte Unternehmen. In den letzten Jahren hat er vor allem an der Entwicklung von PHP/MySQL-basierten Lösungen gearbeitet. Seit mehr als acht Jahren hält er Seminare, Workshops und Vorträge zu den Themen ActionScript, Lingo, JavaScript, PHP und Datenbankdevelopment. Er ist bundesweit als Fachdozent für Institute und Unternehmen tätig und Autor für Magazine wie *Internet Intern*, *Internet World*, *MX Magazin* und *Internet Professionell*.

### Danksagung

Ich will mich von Herzen bei meinen lieben und geschätzten Freunden und Kollegen bedanken. Das sind insbesondere:

Caroline Kannengiesser – Dank an mein Schwesterherz für die Unterstützung

Dr. Perter Schisler, Ingrid Singer, Bianca Lange und Michael Wrobel (L4 Institut)

Team von Apachefriends.org – Jungs, Ihr seid großartig und XAMPP ist unschlagbar!

Team von Tutorials.de – PHP und MySQL Forever

Team von Traum-projekt.com – Was kostet die Welt?

Alex, Bernd, Jens, Frank, Ina, Conni, Ralph, Christopher, Christian, Markus, Mario, Gökhan, Ralf und all diejenigen, die ich hier vergessen habe.

Einen besonderen Dank möchte ich Herrn Stephan Riedel aussprechen, meinem Lektor und Freund beim Franzis Verlag: Danke für die kompetente Betreuung bei der Umsetzung dieses Buches.

Last but not least: Ganz viele Umarmungen und Küsse gehen an meine großartige und liebevolle Mama!

## *Feedback*

Ich würde mich über Reaktionen und Anregungen freuen. Sie erreichen mich unter folgender Adresse zu erreichen:

*matthiask@atomicscript.de*

Ihr

Matthias Kannengiesser

# Inhaltsverzeichnis

| | | | |
|---|---|---|---|
| **Teil I – PHP** | | | 21 |
| **1** | **Internet-/Intranettechnologien** | | 23 |
| | 1.1 | Ursprünge des Internets | 23 |
| | 1.2 | CGI – Common Gateway Interface | 27 |
| | 1.3 | Dynamische Webseiten | 29 |
| | 1.3.1 | PHP als Skriptsprache | 29 |
| | 1.4 | Wie arbeitet PHP? | 30 |
| | 1.5 | PHP & HTML | 31 |
| | 1.6 | Wie funktioniert eine Webanwendung? | 33 |
| | 1.7 | Software für Webanwendungen | 33 |
| | 1.8 | Datenbanken | 37 |
| | 1.8.1 | Kompatibilität zu SQL-Standards | 38 |
| | 1.8.2 | Eigenschaften von MySQL | 39 |
| | 1.8.3 | MySQL-Anwendungsgebiete | 40 |
| **2** | **Installation und Konfiguration** | | 43 |
| | 2.1 | Vorbereitung | 43 |
| | 2.2 | Installation unter Windows | 44 |
| | 2.2.1 | WAMP | 44 |
| | 2.2.2 | Apache konfigurieren | 45 |
| | 2.2.3 | Installation von PHP unter Windows | 46 |
| | 2.3 | Installation unter Linux | 47 |
| | 2.3.1 | LAMP | 47 |
| | 2.3.2 | Installation von PHP als CGI-Programm | 47 |
| | 2.3.3 | Installation von PHP als Apache-Modul | 47 |
| | 2.4 | Installations-Kits | 48 |
| | 2.4.1 | XAMPP | 48 |
| | 2.4.2 | Apache 2 Triad | 56 |
| | 2.4.3 | WAMP5 | 58 |
| | 2.4.4 | MAMP | 59 |
| | 2.4.5 | Installations-Kits und Sicherheit | 59 |
| | 2.5 | PHP-Konfiguration | 59 |
| | 2.5.1 | Syntax der Init-Datei | 60 |
| | 2.5.2 | Sprachoptionen | 60 |
| | 2.5.3 | Leistungsbegrenzungen | 61 |
| | 2.5.4 | Fehlerbehandlung und Protokollierung | 61 |
| | 2.5.5 | Datenbehandlung | 62 |
| | 2.5.6 | Pfade und Verzeichnisse | 63 |

| | | |
|---|---|---|
| 2.5.7 | PHP-Erweiterungen für Windows | 63 |
| 2.5.8 | Moduleinstellungen | 64 |
| 2.6 | Sicherheit | 66 |
| 2.6.1 | Sicherheitsprobleme | 66 |
| 2.6.2 | Angriffsszenarien | 66 |
| 2.7 | Internet Service Provider und PHP | 68 |
| 2.7.1 | Zugangsdaten | 68 |
| 2.7.2 | Angebote von Providern | 68 |
| 2.8 | Überprüfen der Konfiguration | 69 |
| 2.9 | MySQL – Installation | 71 |
| 2.9.1 | Installation des MySQL-Datenbankservers | 73 |
| 2.9.2 | Installation auf Unix-/Linux-Systemen | 73 |
| 2.9.3 | Installation auf Windows-Systemen | 76 |
| 2.9.4 | Installation überprüfen | 77 |
| 2.9.5 | Kommandozeilenwerkzeuge von MySQL | 78 |
| 2.9.6 | Weitere Hilfsprogramme | 80 |
| 2.9.7 | Grafische MySQL-Clients | 81 |
| 2.9.8 | Anwendungen der MySQL-AB-Gruppe | 91 |
| 2.9.9 | Anwendung zur Datenbankmodellierung | 96 |
| 2.10 | Entwicklungsumgebungen | 99 |
| 2.10.1 | Entwicklungsumgebungen und Editoren | 99 |
| 2.10.2 | Zend Studio | 100 |
| 2.10.3 | Maguma Workbench | 102 |
| 2.10.4 | NuSphere PHPEd | 102 |
| 2.10.5 | DEV-PHP | 103 |
| 2.10.6 | Macromedia Dreamweaver 8 | 104 |

## 3 Sprachelemente und Syntax ... 107

| | | |
|---|---|---|
| 3.1 | Integration von PHP | 107 |
| 3.1.1 | Notationshinweise | 108 |
| 3.1.2 | Einbindung externer Skripts | 108 |
| 3.1.3 | PHP und JavaScript | 110 |
| 3.2 | Einführung in PHP | 110 |
| 3.2.1 | Ausdrücke | 110 |
| 3.2.2 | Anweisungen | 114 |
| 3.2.3 | Codezeile | 114 |
| 3.2.4 | Semikolons | 115 |
| 3.2.5 | Leerzeichen | 116 |
| 3.2.6 | Groß- und Kleinschreibung | 117 |
| 3.2.7 | Geschweifte Klammern | 118 |
| 3.2.8 | Runde Klammern | 118 |
| 3.2.9 | Schlüsselwörter | 119 |
| 3.2.10 | Zuweisungen | 120 |
| 3.2.11 | Echo-Befehl | 120 |
| 3.2.12 | Print-Befehl | 121 |
| 3.2.13 | Unterschied zwischen echo und print | 121 |
| 3.2.14 | Heredoc | 122 |

| | | |
|---|---|---|
| 3.2.15 | Kommentare | 123 |
| 3.3 | Datentypen | 125 |
| 3.3.1 | Strings/Zeichenketten | 126 |
| 3.3.2 | Zahlen | 131 |
| 3.3.3 | Boolesche Werte | 136 |
| 3.3.4 | Objekte | 138 |
| 3.3.5 | Arrays | 139 |
| 3.3.6 | Resource Type | 144 |
| 3.3.7 | NULL | 145 |
| 3.3.8 | Besonderheiten der verschiedenen Typen | 145 |
| 3.3.9 | Typumwandlung | 147 |
| 3.3.10 | Datentypen bestimmen | 150 |
| 3.4 | Variablen | 153 |
| 3.4.1 | Was ist eine Variable? | 153 |
| 3.4.2 | Variablendefinition | 154 |
| 3.4.3 | L- und R-Wert | 156 |
| 3.4.4 | Benennen von Variablen | 156 |
| 3.4.5 | Variablenwerte | 157 |
| 3.4.6 | Umwandeln und Prüfen von Variablen | 159 |
| 3.4.7 | Gültigkeitsbereiche und Sichtbarkeit von Variablen | 163 |
| 3.4.8 | Dynamische Variablen | 166 |
| 3.4.9 | Vordefinierte Variablen | 167 |
| 3.4.10 | Einsatz von register_globals | 169 |
| 3.5 | Konstanten | 173 |
| 3.5.1 | Vordefinierte Konstanten | 173 |
| 3.6 | Operatoren | 174 |
| 3.6.1 | Operator-Rangfolge | 175 |
| 3.6.2 | Vorrang der Operatoren | 176 |
| 3.6.3 | Assoziativität der Operatoren | 176 |
| 3.6.4 | Arithmetische Operatoren | 177 |
| 3.6.5 | Zuweisungsoperator | 178 |
| 3.6.6 | Vergleichsoperatoren | 181 |
| 3.6.7 | Gleichheitsoperatoren | 184 |
| 3.6.8 | Logische Operatoren | 186 |
| 3.6.9 | Bit-Operatoren | 188 |
| 3.6.10 | String-Operator | 192 |
| 3.6.11 | Konditionaloperator | 192 |
| 3.6.12 | Gruppierungsoperator | 193 |
| 3.6.13 | Inkrement- bzw. Dekrementoperatoren | 194 |
| 3.6.14 | Objekterzeugungs-Operator | 195 |
| 3.6.15 | Array-Operatoren | 196 |
| 3.6.16 | Operatoren zur Programmausführung | 197 |
| 3.6.17 | Fehlerkontroll-Operatoren | 197 |
| 3.7 | Kontrollstrukturen | 198 |
| 3.7.1 | if-Anweisung | 198 |
| 3.7.2 | if-else-Anweisung | 201 |
| 3.7.3 | if-elseif-Anweisung | 203 |

| 3.7.4 | switch-case-Anweisung | 205 |
| 3.7.5 | while-Schleife | 208 |
| 3.7.6 | do-while-Schleife | 210 |
| 3.7.7 | for-schleife | 211 |
| 3.7.8 | foreach-Schleife | 214 |
| 3.7.9 | Verschachtelte Kontrollstrukturen | 215 |
| 3.7.10 | break | 217 |
| 3.7.11 | continue | 218 |
| 3.8 | Funktionen und Prozeduren | 219 |
| 3.8.1 | Funktionsargumente | 220 |
| 3.8.2 | Vorgabewerte für Parameter | 221 |
| 3.8.3 | Variable Argumentlisten | 222 |
| 3.8.4 | Rückgabewerte | 223 |
| 3.8.5 | Fehlercode als Rückgabewert | 224 |
| 3.8.6 | Dynamisch Funktionen erzeugen | 225 |
| 3.8.7 | Bedingte Funktionen | 225 |
| 3.8.8 | Verschachtelte Funktionen | 225 |
| 3.8.9 | Variablenfunktionen | 227 |
| 3.8.10 | Rekursive Funktionen | 228 |
| 3.9 | Referenzen in PHP | 233 |
| 3.9.1 | Was sind Referenzen? | 233 |
| 3.9.2 | Was leisten Referenzen? | 233 |
| 3.9.3 | Referenzen aufheben | 235 |
| 3.9.4 | Referenzen entdecken | 236 |
| 3.10 | Arrays | 236 |
| 3.10.1 | Was sind Arrays? | 236 |
| 3.10.2 | Terminologie | 237 |
| 3.10.3 | Arrays erzeugen | 237 |
| 3.10.4 | Arrays löschen | 240 |
| 3.10.5 | Mehrdimensionale Arrays | 240 |
| 3.10.6 | Arrayfunktionen | 245 |
| 3.10.7 | Funktionen für mehrere Elemente | 252 |
| 3.10.8 | Sortierfunktionen | 256 |
| 3.10.9 | Sonstige Arrayfunktionen | 261 |
| 3.10.10 | Nützliche Arrayfunktionen | 264 |
| 3.10.11 | Nützliche Arrayoperationen | 284 |
| 3.11 | Mathematische Funktionen | 285 |
| 3.11.1 | Umwandlungsfunktionen | 285 |
| 3.11.2 | Mathematische Konstanten | 288 |
| 3.11.3 | Zufallszahlen | 288 |
| 3.12 | Datums- und Zeitfunktionen | 291 |
| 3.12.1 | Kalenderfunktionen | 291 |
| 3.12.2 | Datumsfunktionen | 292 |
| 3.12.3 | Zeitfunktionen | 297 |
| 3.13 | Stringfunktionen | 303 |
| 3.13.1 | Ersetzen von Zeichen in Zeichenketten | 303 |
| 3.13.2 | Umwandeln, Teilen und Verbinden von Zeichenketten | 305 |

| | | |
|---|---|---|
| 3.13.3 | Suchen und Vergleichen von Zeichenketten | 308 |
| 3.13.4 | Ausgabe von Zeichen und Zeichenketten | 311 |
| 3.13.5 | URL- und HTML-spezifische Zeichenkettenfunktionen | 313 |
| 3.13.6 | Zusätzliche Funktionen | 317 |
| **4** | **Programmierung mit PHP** | **321** |
| 4.1 | Formulare und PHP | 321 |
| 4.1.1 | GET und POST | 321 |
| 4.1.2 | Ermitteln von Formulardaten | 323 |
| 4.1.3 | Auswertung von Formularen | 326 |
| 4.1.4 | Formularelemente auf Existenz prüfen | 329 |
| 4.1.5 | Dynamische Formulare | 330 |
| 4.1.6 | Formulare über mehrere Seiten | 333 |
| 4.1.7 | Fragen zu Formularelementen | 335 |
| 4.1.8 | Prüfen auf fehlende oder fehlerhafte Eingaben | 337 |
| 4.1.9 | Formulardaten und globale Servervariablen | 338 |
| 4.2 | Daten via URL | 340 |
| 4.2.1 | Kodierung von Daten | 341 |
| 4.2.2 | Achtung – Escape-Zeichen | 342 |
| 4.2.3 | Arbeiten mit dem $QUERY_STRING | 342 |
| 4.2.4 | Gleichlautende Variablen | 344 |
| 4.3 | Cookies via PHP | 345 |
| 4.3.1 | Spezifikation von Cookies | 345 |
| 4.3.2 | Cookies in PHP | 347 |
| 4.3.3 | Cookies löschen | 353 |
| 4.4 | Session-Management via PHP | 353 |
| 4.4.1 | Konfiguration des Session-Moduls | 354 |
| 4.4.2 | Session-Funktionen in PHP | 356 |
| 4.4.3 | Weitergabe der Session-ID über Cookies | 360 |
| 4.4.4 | Weitergabe der Session-ID über GET/POST | 361 |
| 4.4.5 | Weitergabe der Session-ID über header() | 362 |
| 4.5 | Überprüfung des Verbindungsstatus | 362 |
| 4.6 | Servervariablen | 363 |
| 4.6.1 | CGI-Umgebung | 363 |
| 4.6.2 | Erzeugen von eigenen Logfiles | 364 |
| 4.7 | Dateisystem via PHP | 366 |
| 4.7.1 | Informationen über Dateien und Verzeichnisse | 366 |
| 4.7.2 | Verzeichnisoperationen | 369 |
| 4.7.3 | Berechtigungen von Dateien und Verzeichnissen | 370 |
| 4.7.4 | Auslesen von Verzeichnissen | 372 |
| 4.7.5 | Dateioperationen und Dateifunktionen | 374 |
| 4.7.6 | Lesen und Schreiben von Dateien | 376 |
| 4.7.7 | Erzeugen und Schreiben von Dateien | 381 |
| 4.7.8 | Kopieren, Umbenennen und Löschen von Dateien | 383 |
| 4.7.9 | Serialisierung von Daten | 384 |
| 4.7.10 | Verriegelung von Dateien | 385 |
| 4.7.11 | Auslesen von CSV-Dateien | 386 |

| | | |
|---|---|---|
| 4.7.12 | Nützliche Dateioperationen | 387 |
| 4.7.13 | Nützliche Verzeichnisoperationen | 393 |
| 4.7.14 | Datei-Upload via HTML-Formular | 397 |

## 5 Lösungen für den Alltag ... 405

| | | |
|---|---|---|
| 5.1 | Online-Besucherzähler | 405 |
| 5.1.1 | Grafikcounter | 408 |
| 5.1.2 | Counter mit IP-Sperre | 410 |
| 5.1.3 | User online | 413 |
| 5.2 | Online-Gästebuch | 414 |
| 5.3 | Online-Umfrage | 426 |
| 5.4 | Formular samt Autoresponder | 432 |
| 5.5 | Dynamische Navigation via Hyperlinks | 440 |

## 6 Neuerungen in PHP 5 ... 443

| | | |
|---|---|---|
| 6.1 | OOP und PHP 5 | 443 |
| 6.1.1 | Klassendefinition in PHP 5 | 444 |
| 6.1.2 | Objekte erzeugen und verwenden | 445 |
| 6.1.3 | Konstruktoren und Destruktoren | 446 |
| 6.1.4 | Zugriffsbeschränkung (Datenkapselung) | 447 |
| 6.1.5 | OOP – Rundgang | 448 |
| 6.1.6 | Objekte klonen | 451 |
| 6.1.7 | Klassenvererbung in PHP 5 | 455 |
| 6.1.8 | Finale Klassen und Methoden | 456 |
| 6.1.9 | Abstraktion von Klassen und Methoden | 456 |
| 6.1.10 | Interface – Objektschnittstellen | 458 |
| 6.1.11 | Statische Eigenschaften und Methoden | 461 |
| 6.1.12 | Verweisoperator/Gültigkeitsbereichsoperator (::) | 463 |
| 6.1.13 | Klassenkonstanten | 465 |
| 6.1.14 | Objekte – Referenzen und Kopien | 466 |
| 6.1.15 | Magische Methoden (Interzeptormethoden) | 467 |
| 6.1.16 | Typen-Hinweise (class type hints) | 471 |
| 6.1.17 | Ausnahmebehandlung | 474 |
| 6.1.18 | Dereferenzierung von Objekten | 479 |
| 6.1.19 | Einsatz von instanceof | 481 |
| 6.1.20 | Neue Konstante __METHOD__ | 481 |
| 6.1.21 | Entwurfsmuster (Design Patterns) | 483 |
| 6.1.22 | Anpassung von PHP 4 auf PHP 5 | 486 |
| 6.1.23 | Praxis – Lebewesen | 487 |

## 7 Datenbankprogrammierung ... 491

| | | |
|---|---|---|
| 7.1 | MySQL und PHP | 491 |
| 7.1.1 | MySQLi-Installation | 492 |
| 7.1.2 | MySQLi – erste Gehversuche | 493 |
| 7.1.3 | MySQLi und SQL-Abfragen | 494 |
| 7.1.4 | Referenz zur MySQLi-Unterstützung | 497 |
| 7.1.5 | Referenz zur MySQL-Unterstützung | 500 |

| | | | |
|---|---|---|---|
| | 7.2 | Verwaltung von MySQL-Benutzern | 505 |
| | 7.2.1 | Anlegen und Bearbeiten von Benutzern | 506 |
| | 7.3 | PHP und MySQL-Verbindung | 508 |
| | 7.4 | PHP und MySQL-Zugriffe | 512 |
| | 7.4.1 | Datenbank erstellen | 512 |
| | 7.4.2 | Datenbanktabelle erstellen | 513 |
| | 7.4.3 | Datenverwaltung | 516 |
| | 7.4.4 | Datenbanken und Tabellen löschen | 529 |
| | 7.4.5 | Datenbanktabellen ändern | 530 |
| | 7.4.6 | Verknüpfte Tabellen (WHERE/JOIN) | 533 |
| | 7.4.7 | Tabellen vereinigen (UNION) | 543 |
| | 7.5 | Backups von Daten und Tabellen | 547 |
| | 7.5.1 | Sichern von Struktur und Daten | 548 |
| | 7.5.2 | Ausführung von gespeicherten SQL-Befehlen | 549 |
| **8** | **Know-how** | | **551** |
| | 8.1 | Mail via PHP | 551 |
| | 8.1.1 | Mail versenden via PHP | 551 |
| | 8.1.2 | Attachment via Mail | 551 |
| | 8.1.3 | Gültigkeit einer Mail prüfen | 552 |
| | 8.1.4 | Versenden einer Mail an mehrere Empfänger | 552 |
| | 8.1.5 | HTML via Mail | 553 |
| | 8.2 | PHP & HTTP | 554 |
| | 8.2.1 | Automatische Weiterleitung mit Redirect | 555 |
| | 8.2.2 | Not Found 404 | 555 |
| | 8.2.3 | Cache-Control | 555 |
| | 8.2.4 | Cachen vermeiden | 556 |
| | 8.2.5 | Download | 557 |
| | 8.2.6 | Authentifizierung via HTTP | 559 |
| | 8.3 | Sicherheit | 562 |
| | 8.3.1 | HTTP-Authentifizierung via HTACCESS | 562 |
| | 8.3.2 | Session-basierte Authentifizierung | 565 |
| | 8.3.3 | Cookie-basierte Authentifizierung | 571 |
| **Teil II – MySQL** | | | **573** |
| **9** | **Installation** | | **575** |
| | 9.1 | MySQL-Server installieren | 576 |
| | 9.1.1 | Installation auf Unix-/Linux-Systemen | 576 |
| | 9.1.2 | Installation auf Windows-Systemen | 579 |
| | 9.1.3 | Installation überprüfen | 581 |
| | 9.1.4 | Die Konfigurationsdatei my.cnf / my.ini | 582 |
| | 9.1.5 | Zeichensätze/Lokalisierung | 583 |
| | 9.1.6 | MySQL-Installation aktualisieren | 585 |
| | 9.1.7 | Mehrere MySQL-Server auf einem Rechner | 585 |
| | 9.1.8 | LAMP (Linux-Apache-MySQL-PHP) | 587 |
| | 9.1.9 | WAMP (Windows-Apache-MySQL-PHP) | 588 |

| 9.2 | MySQL bei Internet-Service-Providern | 589 |
| 9.2.1 | Angebote | 589 |
| 9.2.2 | Funktionsumfang von MySQL feststellen | 589 |
| 9.2.3 | Server-Sharing (Webspace) | 590 |
| 9.2.4 | Eigener Webserver mit MySQL | 591 |
| 9.3 | Kommandozeilenwerkzeuge von MySQL | 592 |
| 9.3.1 | mysql – die SQL-Shell | 592 |
| 9.3.2 | mysqladmin | 594 |
| 9.3.3 | mysqlshow | 594 |
| 9.3.4 | Weitere Hilfsprogramme | 594 |
| 9.4 | Grafische MySQL-Clients | 595 |
| 9.5 | Programmierschnittstellen | 597 |
| 9.5.1 | C/C++ | 597 |
| 9.5.2 | Perl | 598 |
| 9.5.3 | PHP | 598 |
| 9.5.4 | Java | 601 |
| 9.5.5 | Python | 602 |
| 9.6 | MySQL-Cluster | 602 |
| 9.6.1 | Replikationssystem | 603 |
| 9.6.2 | RAID | 603 |
| 9.6.3 | Load-Balancing | 604 |
| 9.7 | Embeded MySQL | 605 |

## 10 Datenbankentwurf ... 607

| 10.1 | Phasen der Datenbankentwicklung | 607 |
| 10.2 | Datenbankmanagementsysteme | 608 |
| 10.3 | Datenmodell | 609 |
| 10.4 | Datenbankentwurf mit ERM | 610 |
| 10.5 | Relationales Datenmodell | 613 |
| 10.6 | Primärschlüssel | 614 |
| 10.7 | Fremdschlüssel und referenzielle Integrität | 614 |
| 10.8 | Optimierung des Datenmodells | 616 |
| 10.9 | Implementierung und Nutzung von SQL | 622 |
| 10.9.1 | DCL-Befehle | 622 |
| 10.9.2 | DML-Befehle | 622 |
| 10.9.3 | DDL-Befehle | 623 |
| 10.9.4 | DQL-Befehle | 623 |

## 11 Datenbanken und Tabellen ... 625

| 11.1 | Datentypen | 626 |
| 11.1.1 | Zeichenketten-Datentypen | 629 |
| 11.1.2 | Numerische Datentypen | 630 |
| 11.1.3 | Datums- und Zeitdatentypen | 631 |
| 11.1.4 | Aufzählungen | 632 |
| 11.1.5 | Datentyp-Mapping | 632 |
| 11.1.6 | Datentypenübersicht | 633 |
| 11.2 | Datenbank anlegen und löschen | 636 |

| | | |
|---|---|---|
| 11.3 | Tabellen | 639 |
| 11.3.1 | Tabellen anlegen | 639 |
| 11.3.2 | Schlüsselfelder für Tabellen | 641 |
| 11.3.3 | Indizes für Tabellen | 642 |
| 11.3.4 | Tabellentypen | 644 |
| 11.3.5 | Autowert definieren, Tabellen kopieren | 653 |
| 11.3.6 | Fremdschlüssel (FOREIGN KEY) | 654 |
| 11.3.7 | Ändern des Tabellenlayouts (ALTER TABLE) | 655 |
| 11.3.8 | Tabellen umbenennen und löschen | 659 |
| **12** | **Arbeiten mit Daten** | **661** |
| 12.1 | Benutzerwerkzeuge und -schnittstellen | 661 |
| 12.2 | Daten einfügen, ändern und löschen | 662 |
| 12.2.1 | Einfügen von Daten in Tabellen | 662 |
| 12.2.2 | Daten aktualisieren | 665 |
| 12.2.3 | Daten löschen | 667 |
| 12.2.4 | Daten aus anderen Datenbanken bzw. Programmen übernehmen | 669 |
| 12.3 | Befehle für die Datenausgabe | 677 |
| 12.3.1 | Abfragen mit SELECT | 677 |
| 12.3.2 | Vergleichsoperatoren | 681 |
| 12.3.3 | Abfragen mit logischen Operatoren | 683 |
| 12.3.4 | Mathematische Funktionen | 684 |
| 12.3.5 | Datums- und Zeitfunktionen | 684 |
| 12.3.6 | Zeichenketten | 691 |
| 12.3.7 | Auswahlanweisungen | 696 |
| 12.3.8 | Zählen | 698 |
| 12.3.9 | Tabellen vereinigen (UNION) | 699 |
| 12.3.10 | Verknüpfte Tabellen | 700 |
| 12.3.11 | Ausgabe sortieren | 705 |
| 12.3.12 | Deutsche Sortierung | 706 |
| 12.3.13 | Ausgabedatei über SELECT erzeugen | 707 |
| 12.3.14 | Abfragen analysieren | 707 |
| 12.3.15 | NULL-Marken | 709 |
| 12.4 | Unscharfe Suche | 710 |
| 12.4.1 | Suche mit LIKE und IN | 710 |
| 12.4.2 | Volltextsuche | 711 |
| 12.4.3 | Soundex | 714 |
| 12.4.4 | Reguläre Ausdrücke | 715 |
| 12.5 | Abfragen beschleunigen | 718 |
| 12.5.1 | Query Cache | 718 |
| 12.6 | Transaktionen | 720 |
| 12.7 | Benutzerdefinierte Funktionen | 721 |
| 12.7.1 | CREATE FUNCTION – Erzeugen von Funktionen | 722 |
| 12.7.2 | DROP FUNCTION – Löschen von Funktionen | 723 |
| 12.8 | Vorbereitete Anweisungen | 723 |

## 13 PHP & MySQL Praxis .................................................................................. 725
- 13.1 Praxisbeispiel ................................................................................. 725
  - 13.1.1 Konfiguration und Installation ............................................. 725
  - 13.1.2 Ausgabe und Zugriff ............................................................. 727
  - 13.1.3 Terminauswahl und Übersicht ............................................. 731
  - 13.1.4 Terminverwaltung ................................................................ 736

## 14 Verwaltung und Sicherheit .................................................................... 743
- 14.1 Laufenden Betrieb überwachen ................................................... 743
- 14.2 Protokollierung von Servervorgängen ......................................... 745
  - 14.2.1 Das Fehlerprotokoll .............................................................. 745
  - 14.2.2 Laufende Betriebprotokollierung ......................................... 745
- 14.3 Tabellenüberprüfung und -wartung .............................................. 749
  - 14.3.1 Tabellenüberprüfung ............................................................ 749
  - 14.3.2 MyISAM-Tabellen reparieren ............................................... 751
  - 14.3.3 Tabellen optimieren .............................................................. 752
- 14.4 Sicherheit ....................................................................................... 754
  - 14.4.1 Passwortsystem .................................................................... 754
  - 14.4.2 Daten verschlüsselt speichern .............................................. 763
  - 14.4.3 SSH-Verbindungen ............................................................... 764
  - 14.4.4 SSL-verschlüsselte Verbindungen ........................................ 765
- 14.5 Backup und Datensicherung ........................................................ 769
  - 14.5.1 Grundsätzliche Strategien für die Datensicherung ............. 769
  - 14.5.2 Backup mit mysqldump ....................................................... 771
  - 14.5.3 Backup durch Datenbankkopie ........................................... 774
  - 14.5.4 Backup mit BACKUP TABLE ............................................... 774
  - 14.5.5 Datensicherung mit SELECT INTO OUTFILE ..................... 775
  - 14.5.6 Replikationsmechanismen von MySQL .............................. 775
- 14.6 Uploads und Datensicherung bei Providern ............................... 777
- 14.7 Datenbanktests durchführen ....................................................... 779

## 15 Schritte zur MySQL-Anwendung ........................................................... 781
- 15.1 Ziel .................................................................................................. 781
- 15.2 Planung und Definition der Anwendung ..................................... 782
  - 15.2.1 Anwendungsübersicht .......................................................... 782
  - 15.2.2 Anwendungsfunktionen ........................................................ 783
- 15.3 Datenbankentwurf ......................................................................... 784
  - 15.3.1 Entitätstypen und Beziehungen ermitteln ........................... 784
  - 15.3.2 ER-Modell erstellen .............................................................. 788
  - 15.3.3 Relationales Datenmodell erstellen ..................................... 789
  - 15.3.4 Datenmodell optimieren ....................................................... 790
- 15.4 Benutzerschnittstellen .................................................................. 790
  - 15.4.1 Softwarekomponenten definieren ........................................ 790
  - 15.4.2 Benutzerschnittstellen entwerfen ......................................... 791
- 15.5 Implementierung ........................................................................... 792
  - 15.5.1 Datenbank und Tabellen anlegen ........................................ 792
  - 15.5.2 PHP-Funktionen definieren .................................................. 795

| | | |
|---|---|---|
| 15.5.3 | Anwendung testen | 795 |
| 15.5.4 | Abschließende Fragen | 796 |

## 16 MySQL-Referenz .................................................................................................. 797

| | | |
|---|---|---|
| 16.1 | Sprachsyntax | 797 |
| 16.1.1 | Literale | 797 |
| 16.1.2 | Namen und Bezeichner | 800 |
| 16.1.3 | Groß-/Kleinschreibung | 801 |
| 16.1.4 | Benutzervariablen | 802 |
| 16.1.5 | Reservierte Wörter | 804 |
| 16.2 | Spalten-/Datentypen | 806 |
| 16.2.1 | Numerische Typen | 810 |
| 16.2.2 | Datum- und Zeit-Typen | 812 |
| 16.2.3 | Zeichenketten-Typen | 819 |
| 16.2.4 | Den richtigen Typ für eine Spalte wählen | 824 |
| 16.2.5 | Speicherbedarf von Spaltentypen | 825 |
| 16.3 | Funktionen in SELECT- und WHERE-Klauseln | 826 |
| 16.3.1 | Nicht typenspezifische Operatoren und Funktionen | 827 |
| 16.3.2 | Zeichenketten-Funktionen | 835 |
| 16.3.3 | Numerische Funktionen | 850 |
| 16.3.4 | Datums- und Zeit-Funktionen | 860 |
| 16.3.5 | Weitere Funktionen | 870 |
| 16.3.6 | Funktionen zur Verwendung bei GROUP BY-Klauseln | 876 |
| 16.4 | Datenmanipulation | 878 |
| 16.4.1 | SELECT-Syntax | 878 |
| 16.4.2 | INSERT-Syntax | 881 |
| 16.4.3 | HANDLER-Syntax | 883 |
| 16.4.4 | INSERT DELAYED-Syntax | 883 |
| 16.4.5 | UPDATE-Syntax | 884 |
| 16.4.6 | DELETE-Syntax | 885 |
| 16.4.7 | TRUNCATE-Syntax | 887 |
| 16.4.8 | REPLACE-Syntax | 887 |
| 16.4.9 | LOAD DATA INFILE-Syntax | 888 |
| 16.5 | Datendefinition | 891 |
| 16.5.1 | CREATE DATABASE-Syntax | 891 |
| 16.5.2 | DROP DATABASE-Syntax | 891 |
| 16.5.3 | CREATE-TABLE Syntax | 892 |
| 16.5.4 | ALTER TABLE-Syntax | 894 |
| 16.5.5 | RENAME TABLE-Syntax | 896 |
| 16.5.6 | DROP TABLE-Syntax | 896 |
| 16.5.7 | CREATE INDEX-Syntax | 897 |
| 16.5.8 | DROP INDEX-Syntax | 897 |
| 16.6 | Befehle des MySQL-Dienstprogramms | 898 |
| 16.6.1 | USE-Syntax | 898 |
| 16.6.2 | DESCRIBE-Syntax | 898 |
| 16.7 | Transaktionale und Sperrbefehle von MySQL | 899 |
| 16.7.1 | BEGIN/COMMIT/ROLLBACK-Syntax | 899 |

| | 16.7.2 | LOCK TABLES/UNLOCK TABLES-Syntax | 900 |
| 16.7.3 | SET TRANSACTION-Syntax | 901 |
| 16.8 | Optionen für MySQL-Programme | 901 |
| 16.8.1 | Konfigurationsdateien | 901 |
| 16.8.2 | SHOW STATUS | 903 |
| 16.8.3 | SHOW VARIABLES | 903 |

## Teil III – Anhänge ............................................................................................905

### A  Sicherheit ...................................................................................................907
A.1 Schwachstellen und Gefahren ................................................................907
A.2 Webanwendungen und Sicherheit ..........................................................909

### B  CD-ROM .......................................................................................................911
B.1 Kapitel ......................................................................................................911
B.2 Installation-Kits .......................................................................................911
B.3 Apache 2 ..................................................................................................911
B.4 PHP und MySQL ......................................................................................911
B.5 Software ...................................................................................................911
B.6 PHP-Editoren ...........................................................................................911
B.7 PHP-Entwicklungs-Studios .....................................................................912
B.8 MySQL-Editoren ......................................................................................912
B.9 SQLite-Editoren .......................................................................................912
B.10 PHP-Debugger .........................................................................................912

**Nachwort** ...........................................................................................................913

**Stichwortverzeichnis** ........................................................................................915

# Teil I – PHP

1 Internet-/Intranettechnologien ................................................................. 23

2 Installation und Konfiguration ................................................................. 43

3 Sprachelemente und Syntax .................................................................... 107

4 Programmierung mit PHP ....................................................................... 321

5 Lösungen für den Alltag .......................................................................... 405

6 Neuerungen in PHP 5 .............................................................................. 443

7 Datenbankprogrammierung .................................................................... 491

8 Know-how ............................................................................................... 551

# 1 Internet-/Intranettechnologien

Kaum ein anderes Medium hat in den letzten Jahren unser Kommunikationsverhalten so nachhaltig beeinflusst wie das Internet.

Durch den weltumspannenden Zusammenschluss einzelner Rechner mithilfe von Netzwerken wird der Zugriff auf Datenbestände entfernter Rechner und somit auch ein schneller Austausch von Informationen und Nachrichten bis hin zur direkten Kommunikation zweier oder mehrerer Benutzer möglich.

Der weltweite Verbund dieser Netzwerke, verknüpft mit dem Innovationsschub der IT-Branche, hat zu einer extremen Komplexitätssteigerung geführt. Dies betrifft vor allem den Bereich der Kommunikation, die durch die globale Vernetzung ein Maß an Komplexität erreicht hat, das kaum noch zu erfassen ist.

Das betrifft natürlich auch die Kommunikationsmöglichkeiten des weltweiten Datennetzes (Internet). Durch die diversen Internetdienste, wie Hypertext-Transfer, Mail-Transfer, News-Transfer, File-Transfer, die Onlineportale und Communities sowie durch intelligente Agentenprogramme zur Informationssuche (Bots) ist ein bisher nicht vorhandenes Vernetzungsniveau erreicht worden.

Die Realisierung von statischen Seiten für dieses Medium stellt mit den heute zur Verfügung stehenden Programmen kaum noch ein Problem dar, zahlreiche WYSIWYG-Editoren stehen dem Entwickler zur Verfügung. Wer sich mit vollautomatischen HTML-Editoren eine eigene Website erstellt, braucht sich daher zunächst wenig Gedanken darüber zu machen, wie das alles funktioniert.

Sobald die Websites durch Interaktivität und dynamische Inhalte aufgewertet werden sollen, kommt man jedoch um ein Mindestmaß an Verständnis für die dahinter stehende Internettechnologie nicht mehr herum. Die folgenden Abschnitte enthalten eine kurze Zusammenfassung und sollen Ihnen einen Überblick über die Entstehung und den Einsatz der wichtigsten Protokolle des Internets verschaffen.

## 1.1 Ursprünge des Internets

Am Anfang ...

... der frühen sechziger Jahre sind Computer groß und unbeweglich. Datenaustausch ist nur über den Transport unhandlicher Magnetbänder möglich. Als die ersten Modems konstruiert werden, ist zumindest eine Verbindung über das Telefonnetz möglich. Doch diese sehr unflexible und teure Lösung stellt die hauptsächlich betroffenen Wissenschaftler nicht zufrieden.

1962 ist der Kalte Krieg auf seinem Höhepunkt. In den USA beginnt eine Handvoll Wissenschaftler um Paul Baran in der Rand Corporation, sich die Köpfe darüber zu zerbrechen, wie das amerikanische Militär im Falle eines Nuklearkriegs möglichst auch bei weitgehend zerstörten Computernetzen kommunizieren kann. Ihr System ist genial, aber einfach: Jede Kommunikation wird in kleine Stücke aufgeteilt, die Nachrichten. Ein Netzwerk aus über Telefonleitungen verbundenen Computern versendet diese Nachrichten, indem die in jeder Nachricht enthaltenen sogenannten Routing-Informationen ausgewertet werden. Jeder Knoten im Netz verfügt über das Wissen, um Nachrichten mit bestimmten Zielen an bestimmte Rechner weiterschicken zu können. Auf diese Weise kann das Netz auch bei zerstörten Verbindungen Daten über Umwege an ihr Ziel bringen. Das erste Netzwerk, das diese neue Technik praktisch anwendet, ist ein lokales Netzwerk im National Physical Laboratory in England. Man tauft diese Art der Nachrichtenverschickung Packet Switching (Paketvermittlung).

1963 richtet der Chef der Abteilung Information Processing Technology Office (IPTO) in der Defence Advanced Research Projects Agency (DARPA), J.C.R. Licklider, ein Memorandum an alle »Mitglieder und Verbündete des Intergalaktischen Computernetzwerks«. Er hat die Vision des weltumspannenden Netzwerks als Kommunikationsmittel für Wissenschaftler und »normale« Menschen mit gleichen Interessen. Zeitgleich baut Larry Roberts im Lincoln Lab in Massachusetts zusammen mit Thomas Marill eine eigene Telefonverbindung für einen TX-2-Rechner mit einem Computer in der Firma Systems Development Corporation in Santa Monica auf. Obwohl die Verbindung teuer ist, bietet sie doch die Möglichkeit, auf dem entfernten Rechner Programme auszuführen.

1966 sponsert Lickliders Abteilung IPTO 17 verschiedenen Einrichtungen in Amerika Telefonstandleitungen zur Verbindung ihrer Computer. In einem Büro im IPTO sitzt Lickliders Mitarbeiter Bob Taylor. Er ist mit drei Terminals auf seinem Schreibtisch mit dem MIT, der University of California at Berkeley und der Systems Development Corporation verbunden. Der Psychologe fragt sich, warum er für jede Verbindung ein eigenes Terminal benötigt und warum kein Netzwerk die Verbindung erleichtert. Dies ist ganz eindeutig die richtige Frage. Die Antwort folgt drei Jahre später.

Bereits im Jahre 1968 werden vom US-Verteidigungsministerium Untersuchungen über die Möglichkeit von Wide Area Network(WAN)-Verbindungen von Rechnersystemen durchgeführt, über die im Kriegsfall zuverlässige Übertragungen von Kommandoinformationen auch dann noch möglich sein sollen, wenn einzelne Teile dieses Netzes ausgefallen sind. Es geht also in erster Linie darum, die Landesverteidigung im Kriegsfall zu gewährleisten.

Als die DARPA 1969 ein Projekt aus der Taufe hebt, das ein experimentelles paketvermitteltes Netzwerk implementieren soll, da ahnt wohl noch niemand, dass genau dieses Netzwerk das erste kleine Stück einer Straße für den erst Jahrzehnte später entstehenden »Information Superhighway« ist. Unter der Federführung der DARPA, welche dem US-Verteidigungsministerium unterstellt ist, werden diese Untersuchungen ab 1969 intensiviert. Die ARPA richtet ein erstes paketvermitteltes Netzwerk ein. Die Hostrechner kommunizieren miteinander über vier Knotenrechner, die an der University of California at Los Angeles (UCLA) und an der University of California in Santa Barbara (UCSB), der University of Utah in Salt Lake City sowie dem Standford Research

Institute (SRI) in Menlo Park eingerichtet werden. Somit kann das Jahr 1969 wohl als das Geburtsjahr des ARPANET bezeichnet werden und damit auch als der Beginn einer Vorstufe des Internets.

1972 wird das ARPANET zum ersten Mal in der Öffentlichkeit vorgestellt. Dies geschieht auf der International Conference on Computer Communications im Oktober in Washington. Es ist inzwischen immerhin auf 37 Netzknoten angewachsen (1970 waren es noch 15) – und das, obwohl die Anschlusskosten ca. eine Viertelmillion Dollar betragen. Interessanterweise sind die ersten drei Dienste im ARPANET remote login (Ferneinwahl), File Transfer (Dateiübertragung) und Remote Printing (Ferndrucken). Der erfolgreichste Dienst im Internet, die Electronic Mail (elektronische Post), hat seine Feuertaufe noch vor sich.

1974 werden von Vincent Cerf (Stanford University) und Robert Khan (DARPA) erstmals die Grundzüge der TCP/IP-Architektur offengelegt. Zu den Zielen dieser Architektur zählen die Unabhängigkeit der Verbindungen von der verwendeten Netzwerk- und Hostrechner-Architektur sowie die Möglichkeit der Kommunikation über unterschiedliche Netzwerke. TCP/IP setzt sich fortan als Standard durch.

1975 geht das ARPANET den Weg, der mit dem ursprünglichen Ziel eines paketvermittelten Netzwerks eng verknüpft ist: Es wird vom Department of Defence (DoD), dem amerikanischen Verteidigungsministerium, der Kontrolle der Abteilung Defence Communications Agency (DCA) unterstellt. Damit ist klar, dass nur Organisationen in ihm bleiben, die dem militärischen Charakter des Netzes entsprechend arbeiten wollen und können. Dieses Jahr begründet, warum viele die Wurzeln des Internets im militärischen Bereich ansiedeln und warum diese Meinung umstritten ist. Tatsächlich waren es ja vier zivile Einrichtungen, die den Ursprung des Netzes bilden. Als Konsequenz aus der neuen Richtung im ARPANET beginnen die Organisationen, die den Richtlinien nicht folgen wollen, mit der Gründung neuer Netzwerke.

1981 sind zwei dieser neuen Netzwerke schon voll im Betrieb: das CSNET (Computer and Science Network) und das BITNET (Because It's There Network). Außerdem entstehen viele kleine andere Netzwerke für spezielle Zwecke. Interessanterweise rückt schon jetzt der soziale Aspekt des Netzes ziemlich stark in den Vordergrund: Es entstehen »virtuelle Gemeinschaften« mit gemeinsamen Interessen und Netzgemeinschaften, die sich mit dem Internet selbst beschäftigen. Vor allem Physiker, Ozeanographen und Astronomen nutzen das Netz für den Austausch und für teilweise wissenschaftliche, teilweise weniger wissenschaftliche Diskussionen über die inzwischen heftig genutzten Mailinglisten. Auch der berühmte NEWS-Dienst des USENET nimmt seine Arbeit auf und bietet allen Angeschlossenen die Möglichkeit, über elektronische Schwarze Bretter themenorientierte Diskussionen zu führen.

1983, und zwar genau am 1. Januar, schlägt die offizielle Geburtsstunde des Internets. Seit Ende der siebziger Jahre ist klar, dass auch im entstehenden Internet alttestamentlich beschriebene Probleme auftauchen würden – die babylonische Sprach- bzw. Protokollverwirrung. Deswegen startet die (D)ARPA ein Projekt, in dem ein neuer Kommunikationsstandard geschaffen werden soll. Diese Protokollsuite wird TCP/IP (Transmission Control Protocol/Internet Protocol) genannt. TCP/IP wird zum Esperanto der Computernetze: Jedes Netzwerk kann mittels spezieller Paketvermittlungs-Hardware, Gateways genannt, mit anderen Netzwerken verbunden werden. Alle

Netzwerke, die mit dem IP-Protokoll kommunizieren, werden von da an »Internet« genannt. Am ersten Tag des Jahres 1983 werden schließlich auch das ARPANET und das militärische Defence Data Network offiziell auf TCP/IP umgestellt: Das Internet ist »offiziell« geboren!

1988 markiert ein weiteres wichtiges Jahr in der Geschichte des Internets und macht vielen zum ersten Mal bewusst, dass weltweite Vernetzung auch weltweite Gefahr bedeuten kann. Im Orwell-Jahr 1984 – Apple stellt den Macintosh vor – sind 1.000 Rechner an das Netz angeschlossen. Drei Jahre später – Compaq baut den einmillionsten Personalcomputer – sind es bereits 10.000. Ein Jahr später wird knapp ein Prozent aller 60.000 angeschlossenen Rechner vom ersten sogenannten »Internetvirus« befallen: dem Internet Worm. Robert Morris Jr., Student an der Cornell University, schreibt ein Programm, das sich selbstständig kopiert und per E-Mail im ganzen Netz verbreitet. Tausende am Internet angeschlossene Rechner werden überlastet oder von ihren Administratoren abgeschaltet. Das Internet wird über Nacht auch außerhalb seines Nutzerkreises berühmt. Als Folge des Angriffs gründet das DoD an der Carnegie-Mellon University das Computer Emergency Response Team (CERT), das bis heute mit Ablegern in allen wichtigen ans Internet angeschlossenen Ländern für die Herausgabe von Warnungen und Sicherheitshinweisen zuständig ist.

1990 kann man als das Todesjahr des ARPANET bezeichnen. Am ersten Juni dieses Jahres wird das Netzwerk nach 21 Betriebsjahren abgeschaltet. Die militärische Komponente ist schon seit Jahren im MILNET abgespalten, und kommerzielle Anbieter wie UUNET und PSI verkaufen Internetkonnektivität an neue Netzteilnehmer und ehemalige ARPANET-Knoten. Obwohl das physikalische Abschalten des Netzes fast unbemerkt bleibt, ist seine Bedeutung als Wegbereiter des modernen Internets bis heute unumstritten. Im Jahre 1990 sind in den USA viele Privatpersonen mit Modems an das Netz angeschlossen. In Europa hingegen hat das Netzwerk erst wenige Knoten und ist bei Weitem noch nicht so erfolgreich. Inzwischen sind auch neue Tools im Netz aufgetaucht. Eines von ihnen ist Archie, ein Suchsystem für FTP-Archive. Mit diesem Programm können Benutzer über TELNET (Ferneinwahl) oder E-Mail nach Programmen suchen, die auf Internetservern abgelegt sind. Archie ist der erste Service, der versucht, die Suche in der immer schneller wachsenden Informationsflut des Internets zu erleichtern. Später entstehen weitere Dienste wie z. B. WAIS (Wide Area Information Service), der Dokumente indiziert und natürlichsprachige Anfragen erlaubt.

1991 entsteht an der University of Minnesota das erste komplexere Informationssystem. Der Gopher ist ursprünglich als hierarchisch aufgebautes Campus-Informationssystem konzipiert, entwickelt sich aber bald zum ersten Browser im Internet. Leider hat die lokal konzipierte Struktur des Gopher einen entscheidenden Nachteil: Es gibt keine Möglichkeit, in den vielen tausend Gopher-Servern weltweit gezielt nach Information zu suchen. Dieses Problem löst VERONICA (Very Easy Rodent Oriented Net-wide Index to Computerized Archives). Das von zwei Studenten entwickelte System bringt wieder etwas Ordnung in den Gopherspace.

1992 baut sich ein weiteres Gespenst am Internethorizont auf: Zum ersten Mal beginnt eine Entwicklung in Europa, und zwar am CERN in Genf in der Schweiz. Der Physiker Tim Berners-Lee versucht, Übersicht über Informationsressourcen im Internet zu bekommen, und entwickelt ein Hypertext-basiertes Dokumentenformat namens HTML

(HyperText Markup Language). Ein HTML-Dokument enthält neben normalem Text und Formatierungsanweisungen für Absätze, Überschriften und andere Strukturelemente auch Hyperlinks, die als Anker für andere Dokumente im Internet dienen. Jeder Link zeigt auf einen URL (Uniform Resource Locator), hinter dem sich irgendeine im Internet gespeicherte Information verbirgt. Das zugehörige Transportprotokoll HyperText Transfer Protocol (HTTP) findet schnell Anhänger im Netz. Im November 1992 listet die WWW Projects Page am CERN 26 öffentliche Server. Das ursprünglich für Kernphysiker entwickelte System verbreitet sich unter dem Namen World Wide Web (kurz WWW, W3 oder Web) bald in der Internetgemeinschaft – zumal im Jahre 1993 die erste echte Killerapplikation die Bühne betritt.

1993 wird das Jahr von Mosaic. Marc Andreesen und ein paar andere wissenschaftliche Mitarbeiter am amerikanischen National Center for Supercomputing Applications (NCSA) entwickeln ein grafisches Frontend für das WWW. Sie nennen das Programm sinnigerweise Mosaic. Dieser erste grafische Webbrowser ist in der Lage, Text, Bilder und Töne wiederzugeben, und bietet Zugriffsmöglichkeiten auf Gopher- und FTP-Server. Das Konzept der universellen Internetoberfläche erweist sich als so erfolgreich, dass Marc Andreesen zusammen mit Jim Clark, dem ehemaligen Chef der Computerfirma Silicon Graphics, eine neue Firma namens Netscape gründet. Das erste Produkt der Firma und das bis heute erfolgreichste Internetprodukt aller Zeiten ist der Netscape Navigator, eine kommerzielle Weiterentwicklung von Mosaic.

An dieser Stelle werde ich den Exkurs in die Vergangenheit beenden, nun sollten Sie eine Idee davon haben, was für eine Pionierarbeit zur Realisierung des Internets bereits geleistet wurde ... und die Geschichte geht unaufhörlich weiter.

## 1.2 CGI – Common Gateway Interface

Dynamisch erzeugte Websites mit Formularen oder Datenbanken erfordern in der Regel die serverseitige Ausführung von Programmen, die die Formularverarbeitung oder die Daten einer externen Datenbank in die Website integrieren.

Die für solche Zwecke geschaffene Schnittstelle zwischen dem Webserver und den dort abgespeicherten Programmen trägt den Namen Common Gateway Interface, kurz CGI.

Das Common Gateway Interface regelt den Aufruf und die Parameterversorgung von externen Programmen, den sogenannten CGI-Skripts. Die Parameterübergabe erfolgt hierbei in Abhängigkeit von der beim Aufruf des CGI-Programms gewählten HTTP-Methode. Der HTTP-Server und das aufgerufene CGI-Programm kommunizieren über eine Reihe von im CGI-Standard festgelegten Umgebungsvariablen. Diese enthalten Informationen über den HTTP-Server und die vom Client erzeugte Anfrage.

Der hinter der CGI-Schnittstelle stehende Mechanismus ist denkbar einfach:

Ein HTTP-Client fordert eine Seite an, deren URL auf ein vom Server auszuführendes Programm verweist. Dieses befindet sich in einem speziellen Verzeichnis, z. B. cgi-bin.

Der Server erkennt an der Dateiendung, dass es sich um ein Programm oder Skript handelt, und führt es auf. Das Skript erzeugt einen Antwort-Header gemäß HTTP-Protokoll, eine Leerzeile sowie den Inhalt der Antwort. Die Ausgabe des Programms erfolgt auf der Bildschirmausgabe, die vom Server auf den HTTP-Client umgeleitet wird.

Ein CGI-Skript kann entweder über die HTTP-Methode GET oder POST aufgerufen werden.

## GET

Bei der GET-Methode werden die dem CGI-Skript zu übergebenden Parameter, durch ein Fragezeichen getrennt, an die URL der Client-Anfrage gehängt.

*Beispiel*
```
http://www.domain.de/cgi-bin/suche?wort=PHP
```

Hierdurch wird die Umgebungsvariable `QUERY_STRING` mit dem Wert der so übergebenen Parameter belegt.

> **Hinweis:** Der Query-String ist der an den URL angehängte und von diesem durch ein Fragezeichen abgetrennte Teil, der die einem CGI-Programm zu übergebenden Parameter enthält. Diese werden in der Umgebungsvariablen `QUERY_STRING` abgelegt.

## POST

Die zweite Möglichkeit, Daten an ein CGI-Skript zu übergeben, erfolgt über die POST-Methode. Hierbei werden dem Webserver die Daten im Entity-Body übergeben und an das CGI-Skript über die Standardeingabe weitergeleitet.

Die Sprache zur Programmierung des Skripts kann dabei beliebig gewählt werden. Es kann ein kompiliertes C-Programm sein, ein Skript für den als CGI-Programm konfigurierten PHP-Interpreter, ein Perl-Skript oder ein beliebiges ausführbares Programm.

Ein CGI-Skript kann Dokumente beliebigen Formats generieren, z. B. HTML-Dokumente. Damit der Client, dem das generierte Dokument gesendet wird, weiß, um welche Art von Dokument es sich handelt, erzeugt das CGI-Skript vor den eigentlichen Nutzdaten einen Header. Der Header besteht aus Textzeilen mit dem Format der bereits beschriebenen HTTP-Header und wird durch eine Leerzeile abgeschlossen.

Jeder Header besteht wie schon erwähnt aus mindestens zwei Zeilen, die für jedes Skript zwingend erforderlich sind. Die erste Zeile spezifiziert dabei den MIME-Typ des Dokuments.

*Beispiel*
```
Content-Type: text/html
```

Sofern das Skript einen Verweis auf ein anderes Dokument generiert, wird in der ersten Zeile die Location dieses Dokuments referenziert.

*Beispiel*
```
Location: http://www.domain.de/index.html
```

Die zweite Zeile ist eine Leerzeile, die den Header von den eigentlichen Nutzdaten trennt.

## 1.3 Dynamische Webseiten

Das Standardformat des Internets ist die Hypertext Markup Language, kurz HTML. Diese Seitenbeschreibungssprache wurde jedoch für die Präsentation von statischen Inhalten entwickelt. Die ursprünglich einzigen dynamischen Elemente waren sogenannte Hyperlinks, mit denen sich andere statische Seiten und Grafiken aufrufen ließen. Sprich, HTML ist grundsätzlich nicht in der Lage, dynamische Inhalte zu verarbeiten. Um dieser Beschränkung zu entgehen, sind zahlreiche Erweiterungen vorgenommen worden, mit denen sich HTML-Seiten um interaktive Funktionen ergänzen lassen. Zu den bekanntesten zählen Flash und Java-Applets, welche als kleine Programme innerhalb einer HTML-Seite laufen. Skriptsprachen wie JavaScript und VBScript, die ebenfalls zur Interaktivität beitragen, wirken eher im Hintergrund, beispielsweise bei der Verifikation von Formularinhalten. Der Anwender bekommt davon wenig zu sehen.

### *Skriptsprachen und HTML-Code*

Jede Programmiersprache- bzw. Skriptsprache muss in der Lage sein, mit HTML-Code zurechtzukommen. Dabei lassen sich zwei Typen unterscheiden:

- Selbständige Anwendungen (z. B. CGI-Programme)
- Eingebettete Skriptsprachen (z. B. PHP, JSP, ASP, Perl, CFML)

Selbstandige Anwendungen laufen in der Regel auf dem Server. Sie werden durch den Server ausgeführt. Im HTML-Code einer Seite hinterlassen sie generell keine oder nur wenige Spuren. Im Grunde könnte man auch Java-Applets dazuzählen. Applets laufen auf dem Client und stellen zahlreiche Funktionen zur Verfügung, welche normalerweise vom HTML-Code übernommen werden, z. B. Formulareingabefelder oder Schaltflächen. Im HTML-Code werden sie lediglich aufgerufen. Ihr eigener Programmcode befindet sich in einer separaten Datei.

Die Anweisungen eingebetteter Sprachen wie PHP werden direkt in den HTML-Code geschrieben. Der Entwickler muss hierbei gleichzeitig die Anwendungslogik und die Seitengestaltung berücksichtigen. Allerdings kommt im Browser nicht die Seite an, die der Entwickler erstellt hat. Der Programmcode wird bereits auf dem Server verarbeitet. Statt der Programmanweisungen enthält der HTML-Code dann schon die von PHP erzeugten Daten.

### 1.3.1 PHP als Skriptsprache

PHP ist eine nahezu vollständige Programmiersprache, welche über ein Variablenkonzept, Kontrollstrukturen und eine Vielzahl von Funktionen verfügt. Grundsätzlich könnte PHP auch als objektorientierte Programmiersprache durchgehen, da seit PHP 4 ein Objektkonzept vorhanden ist, welches in PHP 5 durch den Einsatz der Zend Engine 2 ausgebaut wurde. Die Programmierung stützt sich überwiegend auf Funktionen. PHP wird nicht kompiliert, sondern vom Server mithilfe des PHP-Interpreters interpretiert. Wieso habe ich PHP lediglich als »nahezu vollständige Programmiersprache« bezeichnet? Ganz einfach, zur Ausgabe fehlen die grafischen Routinen. Um beispielsweise ein Eingabeformular zu erzeugen, ist PHP auf HTML angewiesen.

> **Hinweis:** Dieses Argument könnte sich zukünftig in Luft auflösen, da die Entwicklung Erweiterungen wie der GD-Lib ständig voranschreitet.

## 1.4 Wie arbeitet PHP?

Im Gegensatz zu Perl oder TCL, bei denen der Client, beispielsweise ein Browser, die Skripts direkt vom Server anfordert, wird der PHP-Code in die HTML-Seite eingebunden. Der Betrachter einer derartigen Seite bekommt von diesem Code allerdings nichts zu sehen, da dieser bereits serverseitig interpretiert und in HTML-Code umgewandelt wird. Hierzu startet der Webserver den PHP-Interpreter, der das angeforderte Dokument übersetzt und den PHP-Sourcecode der Seite ausführt. Die enthaltenen Befehle werden interpretiert, und das Resultat findet seinen Platz als HTML-Ausgabe anstelle des Sourcecodes im gleichen Dokument. Nach der Übersetzung wird die modifizierte Seite zum Client geschickt und dort durch den Browser dargestellt.

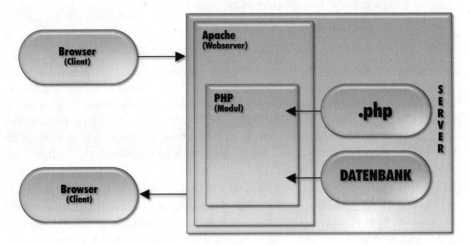

Bild 1.1: PHP als Apache-Modul

Ob das vom Client aufgerufene Dokument PHP-Programmcode enthält, erkennt der Webserver an der von reinen HTML-Seiten abweichenden Dateiendung. Welche Dateiendungen vom Webserver akzeptiert werden sollen, kann in der Konfigurationsdatei des Webservers festgelegt werden.

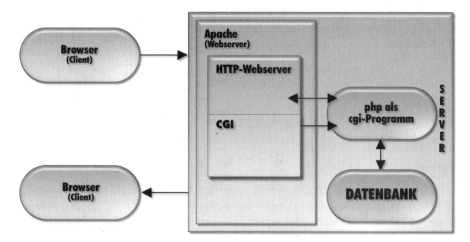

Bild 1.2: PHP als CGI-Programm

Gängige Dateiendungen, die sich in den letzten Jahren durchgesetzt haben, sind:
- .php
- .php3
- .php4
- .phtml

Die Website wird auf diese Weise dynamisch, d. h. erst ab dem Zugriffszeitpunkt durch den Client, erstellt, und kann daher, in Abhängigkeit von einer Benutzerinteraktion, noch vor dem Versenden an den Client modifiziert werden.

> **Hinweis:** Aufgrund der für den Interpretationsvorgang des PHP-Codes benötigten Zeit sind PHP-Seiten grundsätzlich langsamer als statische HTML-Seiten.

## 1.5 PHP & HTML

PHP-Code wird direkt in HTML-Dokumente eingebettet und kann dort an beliebigen Positionen abgelegt und auch mehrfach unterbrochen werden. Beginn und Ende von Abschnitten mit PHP-Code sind für den PHP-Interpreter gekennzeichnet. Es gibt mehrere Möglichkeiten, wie PHP-Code in ein HTML-Dokument eingebunden werden kann.

Eine häufig verwendete Möglichkeit ist der sogenannte *SGML-Stil (Standard Generalized Markup Language)*. Dieser SGML-Stil wird auch häufig als *Short Tag* bezeichnet.

```
<?
   echo "Einbindung in SGML-Stil";
?>
```

Eine weitere Möglichkeit von Einbindungen lehnt sich an die unter *XML (Extensible Markup Language)* gebräuchliche Methode an. Die Kennzeichnung PHP kann sowohl über Großbuchstaben definiert werden:

```
<?PHP
   echo "Einbindung in XML-Stil";
?>
```

als auch über Kleinbuchstaben:

```
<?php
   echo "Einbindung in XML-Stil";
?>
```

Den sogenannten *ASP-Stil (Active Server Pages)* können Sie nur verwenden, wenn Sie in der PHP-Konfigurationsdatei *php.ini* unter *Language Options* die Option *asp_tags* auf *On* gesetzt haben.

```
<%
   echo "Einbindung in ASP-Stil";
%>
```

Abschließend steht Ihnen noch das `<script>`-Tag zur Verfügung, welches auch zum Einbinden von JavaScript verwendet wird.

```
<script language="php">
   echo "Einbindung im JavaScript-Stil";
</script>
```

Eine einfache Seite mit PHP-Code könnte beispielsweise wie folgt aussehen:

```
<html>
   <head>
      <title>HTML u. PHP</title>
   </head>
   <body>
      <?php echo "PHP heisst Sie herzlich willkommen!"; ?>
   </body>
</html>
```

Der PHP-Abschnitt wird bereits beim Aufruf der Seite vom PHP-Interpreter auf dem Server interpretiert, sodass im Browser nur noch die folgenden Zeilen ankommen:

```
<html>
   <head>
      <title>HTML u. PHP</title>
   </head>
   <body>
      PHP heisst Sie herzlich willkommen!
   </body>
</html>
```

Den in der Datei enthaltenen HTML-Code gibt der PHP-Interpreter unverändert aus.

> **Hinweis:** Ich werde, was die Beispiele im Buch angeht, auf den XML-Stil zurückgreifen.

## 1.6 Wie funktioniert eine Webanwendung?

Eine typische Webanwendung ist beispielsweise eine Suchmaschine oder ein Onlineforum. Der Anwender gibt zunächst in einem HTML-Formular das Suchwort ein und schickt das Formular ab. Auf dem Webserver erzeugt dann ein PHP-Skript die entsprechende Datenbankabfrage und übergibt die vom Datenbankserver gelieferten Daten im HTML-Format an den Webserver. Dieser leitet sie an den Browser weiter. Hierbei werden dem Anwender beispielsweise die Suchergebnisse aufgelistet.

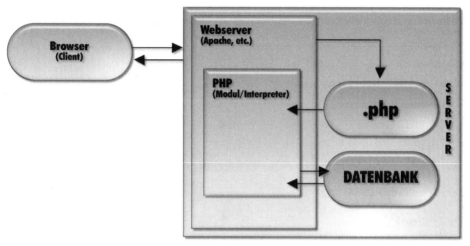

Bild 1.3: Schema einer Webanwendung mit PHP

Beachten Sie, dass PHP-Skripts in der Regel Ausgaben erzeugen, die sich direkt im Browser anzeigen lassen. Der PHP-Interpreter auf dem Server verarbeitet also den von Ihnen geschriebenen Programmcode und erzeugt daraus im Browser darstellbare Seiten.

## 1.7 Software für Webanwendungen

PHP steht für diverse Betriebssysteme zur Verfügung, sodass der Entwickler die Qual der Wahl hat. Ich gehe davon aus, dass eine Vielzahl von Entwicklern ein Windows- oder Linux-System nutzt und die zu entwickelnden Webanwendungen zunächst lokal bearbeitet. Natürlich sollten die Anwendungen später auf einem richtigen Webserver laufen. Folglich muss die Arbeitsumgebung ungefähr der späteren Laufzeitumgebung entsprechen. Für Entwicklung und Test der Anwendungen auf einem lokalen Rechner benötigen Sie daher folgende Software:

- PHP
- Webserver
- Datenbank
- Browser
- Editor

## PHP

Die benötigten PHP-Dateien für die Installation von PHP auf Ihrem lokalen Rechner erhalten Sie unter folgender Adresse:

www.php.net

## Webserver

Bei der Auswahl eines Webservers, von denen es eine Menge gibt, rate ich Ihnen zum Einsatz des Apache-Webservers. Er läuft äußerst stabil und zuverlässig.

PHP läuft unter anderem auf folgenden Webservern:

- Apache
- Samba
- Microsoft Internet Informationen Server (IIS)
- Personal Web Server (PWS)
- OmniHTTPD
- Webstar

Den Apache-Webserver erhalten Sie unter folgender Adresse:

www.apache.org

## Datenbank

PHP verfügt über eine Reihe von Funktionen, welche den Einsatz von Datenbanken in Verbindung mit PHP ermöglichen. Sollten Sie daher für komplexere Webanwendungen auf eine Datenbank zurückgreifen wollen, stehen Ihnen auch hierfür diverse Datenbanksysteme zur Verfügung, mit denen PHP ohne Weiteres zusammenarbeitet.

Die wichtigsten der von PHP unterstützten Datenbanken sind in der folgenden Auflistung zusammengestellt.

- Adabas D
- Dbase
- FilePro
- Informix
- MSQL
- MySQL
- Oracle
- PostgreSQL
- Solid
- Sybase
- Unid dbm
- Velocis

Insbesondere unterstützt PHP den Zugriff auf MySQL-Datenbankserver, da hierfür eine Vielzahl von Funktionen zur Verfügung steht.

Eine umfangreiche Anzahl von ODBC-Funktionen ermöglicht zusätzlich den Zugriff auf ODBC-Datenbanken.

Ich empfehle den Einsatz eines MySQL-Datenbankservers. Sie erhalten die benötigten Dateien unter folgender Adresse:

www.mysql.org

## Browser

Da die Entwicklung von PHP-basierten Webanwendungen nur Sinn macht, wenn sie in einem Browser ablaufen, benötigen Sie auch noch einen beliebigen Browser.

Hier eine Liste der gängigen Browser:

- Microsoft Internet Explorer
- Netscape
- Mozilla
- FireFox
- Opera
- Apple Safari

> **Tipp:** Ich empfehle Ihnen den Mozilla FireFox. Er ist um einiges sicherer als der Microsoft Internet Explorer.

## Editor

PHP-Editoren sind Programme, mit denen man PHP-Dateien bequem editieren kann. PHP-Dateien sind problemlos mit jedem Editor zu öffnen, da es sich um einfache Textdateien handelt. Mit speziell auf die Bedürfnisse von PHP-Usern zugeschnittenen Funktionen schlagen die folgenden PHP-Editoren natürlich Notepad, Simpletext oder vi um Längen.

| Produkt | URL | Art |
|---|---|---|
| ConTEXT | www.context.cx | Freeware |
| PHP-Coder | www.phpide.com | Freeware |
| PROTON | www.meybohm.de | Freeware |
| Weaverslave | www.weaverslave.ws | Freeware |
| DzSoft PHP Editor | www.dzsoft.com | Kommerziell |
| HomeSite | www.adobe.de | Kommerziell |
| PHP Expert Editor | www.ankord.com | Kommerziell |
| Primalscript | www.primalscript.com | Kommerziell |

Soll es eine der ausgewachsenen PHP-Entwicklungsumgebungen sein, welche auch als IDE bezeichnet werden, wären hier einige zur Auswahl:

| Produkt | URL | Art |
|---|---|---|
| Dreamweaver 8 | www.adobe.de | Kommerziell |
| Zend Studio | www.zend.com | Kommerziell |
| Komodo | www.activestate.com | Kommerziell |
| NuSphere PHPEd | www.nusphere.com | Kommerziell |
| EngineSite PHP Editor | www.enginesite.com | Kommerziell |
| PHP Designer 2007 | www.mpsoftware.dk | Kommerziell |
| Maguma Workbench | www.maguma.com | Kommerziell |
| Maguma Studio Free | www.maguma.com | Freeware |
| Dev-PHP IDE | devphp.sourceforge.net | Freeware |
| PHPEclipse | www.phpeclipse.de | Freeware |
| tsWebEditor | tswebeditor.at.tf | Freeware |

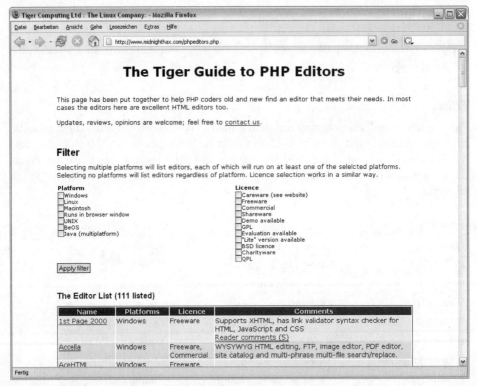

Bild 1.4: PHP-Editors-Liste, welche zahlreiche Editoren zur Auswahl stellt

> **Tipp:** Eine umfangreiche Liste mit weit mehr als 100 Editoren finden Sie unter der Adresse www.midnighthax.com/phpeditors.php.

## 1.8 Datenbanken

Sollten Sie die Kataloge von Softwaredistributoren betrachten, treffen Sie immer wieder auf die Kategorie Datenbanken. In den Angebotspaletten finden sich so bekannte und klangvolle Namen wie *MS Access*, *Oracle* oder *Sybase*. All diese Softwareprodukte haben die Aufgabe, Daten systematisch und strukturiert zu speichern. Sie bieten darüber hinaus Werkzeuge zur Manipulation dieser Daten an. Dabei kann von dieser Softwarekategorie nahezu jede digitale Form unterstützt werden, die auf Daten basiert, die häufig abgefragt, verändert oder ausgewertet werden. Datenbanken sind somit vielfältig einsetzbar. MySQL ist eine solche Datenbank.

> **Hinweis:** MySQL wird von der MySQL AB-Gruppe weiterentwickelt und vertrieben.

Datenbanken sind heute aus dem weltwirtschaftlichen Geschehen nicht mehr wegzudenken. Banken und Versicherungen wären ohne Datenbanken in keinster Weise wettbewerbsfähig. Eine Vielzahl von Internetangeboten wie Suchmaschinen, Onlinestores oder Tauschbörsen wären ohne Datenbanken nicht funktions- und einsatzfähig. Der Stellenwert von Datenbanken kann gar nicht überschätzt werden.

### *Relationale Datenbanken*

Als *relationales Datenbanksystem* erlaubt MySQL die Speicherung von Daten in einem verknüpften und damit schnellen und flexiblen System einzelner Tabellen. Die Tabellen wiederum sind so organisiert, dass sie einzelne Datensätze und Felder besitzen. In den jeweiligen Tabellen stellen die Reihen die Datensätze dar und die Spalten die Felder, aus denen sich ein Datensatz zusammensetzt.

Die Speicherung der Daten und die Möglichkeiten der Bearbeitung basieren dabei weitgehend auf dem SQL-Standard, der *Structured Query Language*. Sie ist die am häufigsten verwendete Sprache für relationale Datenbanksysteme. Dabei verfügt sie über Befehle

- zum Einfügen, Auslesen, Ändern und Löschen von Daten in Tabellen;
- zum Erzeugen, Ersetzen, Ändern und Löschen von Objekten;
- für die Zugangskontrolle zur Datenbank und ihrer Objekte;
- zur Sicherstellung der Datenbankkonsistenz und -integrität.

MySQL reiht sich in diese Vielzahl von Datenbanksystemen ein. Als Open-Source-Software ist es für jedermann möglich, MySQL zu verwenden und seinen Zwecken anzupassen. MySQL kann einschließlich seines vollständigen Quellcodes aus dem Internet oder anderen Quellen bezogen werden, ohne dass hierfür Kosten entstehen. Grundlage für die Nutzung ist die *GPL* (*GNU Public License*). Falls MySQL in kommerziellen Produkten eingesetzt wird, die nicht als Open Source weiterbetrieben werden sollen, kann auch eine kommerzielle Lizenz erworben werden.

Die folgenden, wesentlichen Vorteile haben zusätzlich für die weite Verbreitung von MySQL gesorgt:

- Hohe Performance
- Zuverlässigkeit
- Einfache Handhabung

Welche Programmiersprachen in Verbindung mit MySQL verwendet werden, ist nicht fest vorgeschrieben. Diverse Programmiersprachen stellen spezielle auf MySQL angepasste Anweisungen zur Verfügung. Dazu gehören Skriptsprachen wie PHP, ASP oder Perl und Compilersprachen wie C++ oder Java.

### 1.8.1 Kompatibilität zu SQL-Standards

Ein wichtiges Kriterium für die Kompatibilität relationaler Datenbanken ist die Implementierung von SQL-Standards. SQL (Structured Query Language) ist gleichzeitig:

- DDL (Data Definition Language)
- DML (Data Manipulation Language)
- DCL (Data Control Language)
- DQL (Data Query Language)

Es stellt die Basis der Arbeit mit den Daten dar.

Die Hauptaufgabe von SQL-Ausdrücken ist das Lesen oder Verändern von vorhandenen Daten der Datenbank oder das Hinzufügen von neuen Daten in die Datenbank. Sie können nur über den SQL-Befehlsvorrat mit den Daten in Ihrer MySQL-Datenbank arbeiten. Die Beherrschung der SQL-Befehlssyntax ist deshalb für einen effektiven Umgang mit MySQL unverzichtbar. Falls Sie neu mit MySQL arbeiten, sollten Sie sich insbesondere mit den Befehlen zum Anlegen, Ändern, Entfernen und Ausgeben von Daten vertraut machen.

SQL verfügt allgemein über Kommandos zur Datenbearbeitung, die sogenannte *Data Manipulation Language* (DML), sowie Kommandos, mit denen das Datenbankdesign definiert bzw. geändert werden kann, die *Data Definition Language* (DDL), zu guter Letzt sollte die *Data Query Language* (DQL) nicht fehlen. Diesen dreien sind die *Data Control Language*(DCL)-Kommandos übergeordnet, die zur Verwaltung und Sicherung der Datenbanken und Datenbanktabellen verwendet werden.

Obwohl die SQL-Syntax standardisiert ist, unterscheiden sich die verschiedenen Datenbanken nach den grundsätzlichen SQL-Befehlen INSERT, SELECT, UPDATE oder DELETE doch erheblich. Die Unterschiede liegen in der Syntax und im Umfang der Befehle. Insofern ist auch die SQL-Syntax zu studieren.

## 1.8.2 Eigenschaften von MySQL

MySQL ist ein Client/Server-System. Auf den MySQL-Server können dabei beliebig viele Clients zugreifen bzw. Anfragen an ihn richten. Die Art der Clientprogramme ist völlig unerheblich, sie müssen sich nur auf irgendeine Art und Weise über die Schnittstellen, die MySQL bietet, verständigen können. Ein typisches Client/Server-System wäre das Internet. Sie verfügen mit Ihrem Browser über einen Client, der in der Lage ist, von einem Server, im vorliegenden Fall einem Webserver, Verbindung aufzunehmen und Informationen dieses Servers (Webseiten) abzurufen bzw. über Formularfelder Informationen an den Webserver zu senden.

Die Clients können dabei auf demselben Rechner installiert sein wie der Server. Alternativ können sie über eine TCP/IP-Netzwerkverbindung Verbindung aufnehmen, soweit die entsprechenden Zugriffsrechte vorhanden sind.

Die Anzahl an Clients, die gleichzeitig auf MySQL zugreifen können, wird in erster Linie durch technische Begrenzungen der Hardware und deren Netzwerkbedingungen bestimmt, und nicht durch MySQL selbst.

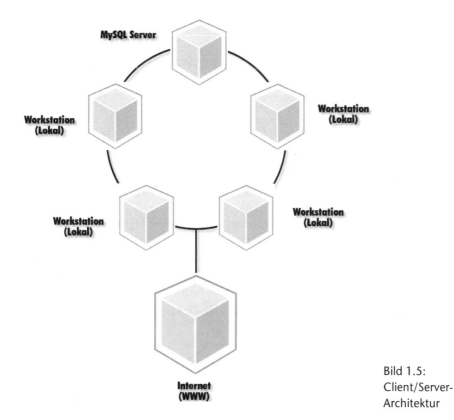

Bild 1.5: Client/Server-Architektur

Die SQL-Syntax, die MySQL verwendet, basiert grundsätzlich auf ANSI-SQL-92. Allerdings sind hierbei einige Einschränkungen und Erweiterungen zu beachten.

- Die Syntax ist *multi-thread* unter Benutzung von Kernel-Threads. Das bedeutet, dass Sie sehr einfach mehrere Prozessoren benutzen können, falls verfügbar.
- Sie läuft auf vielen verschiedenen Plattformen.
- Sie können Tabellen aus unterschiedlichen Datenbanken in ein und derselben SQL-Anfrage benutzen.
- Die Syntax weist ein System von Zugriffsberechtigungen und Passwörtern auf, das sehr flexibel und sicher ist und hostbasierende Verifizierung erlaubt. Passwörter sind sicher, weil jeder Passwortverkehr verschlüsselt wird, wenn Sie sich mit einem Server verbinden.
- Datensätze fester und variabler Länge sind möglich.
- Es gibt im Arbeitsspeicher gehaltene Hash-Tabellen, die als temporäre Tabellen benutzt werden.
- Die Syntax kann ohne Weiteres große Datenbanken handhaben. Von MySQL-Datenbanken mit weit über 50 Mio. Datensätzen wurde bereits berichtet.

### 1.8.3 MySQL-Anwendungsgebiete

MySQL hat seine Stärken in den Bereichen, in denen eine performante und umfangreiche Datenverwaltung notwendig ist. In der folgenden Tabelle sind Beispiele für Anwendungsgebiete von MySQL, einschließlich einer Bewertung, aufgeführt.

Eignungskodex: (** = sehr gut / * = gut)

| Anwendungsgebiet | Eignung | Bemerkung |
|---|---|---|
| Internetanwendungen (browserbasierend) | ** | Nahtlose Einbindung in Netzwerktechnologien. Schnittstellen zu wichtigen serverseitigen Technologien (PHP, ASP, Perl) vorhanden. Zusatzmodule für Apache verfügbar. |
| Verwendung als Intranetdatenbank | ** | Gutes Kosten-Nutzungs-Verhältnis. |
| Projekte in der Definitionsphase | ** | SQL-Standards Prototyping von Internetanwendungen. |
| Content-Management-Systeme | ** | Viele Open-Source-CMS verfügbar. |
| Application Server | * | In vielen Open-Source-Application-Servern als Datenbank-Backend verwendbar. |
| Shop-Systeme | ** | Für mittlere und größere Online-Shops gut geeignet. |
| Internet Service Provider | ** | Backup/Update sind ohne Probleme durchzuführen und ermöglichen einen einfachen Umgang mit Clients. |

## Erforderliche Kenntnisse

Folgende Tabelle gibt Ihnen eine Übersicht über erforderliche Kenntnisse, die für eine produktive Nutzung von MySQL notwendig sind.

| Bereich | Notwendige Kenntnisse |
| --- | --- |
| Installation/Update | Softwareinstallation auf dem jeweiligen Betriebssystem |
| | Umgang mit Betriebssystem |
| | Umgang mit Entwicklungsumgebungen/Editoren |
| | Updates von vorhandenen MySQL-Versionen vornehmen |
| Administration | Anlegen von Datenbanken |
| | Bedienung von Hilfsprogrammen |
| Projektplanung und -installation | Grundlagen des Datenbankdesigns |
| | SQL-Befehle |
| MySQL verwenden | SQL-Befehle |
| | Bedienung von Clientprogrammen |
| | Methoden für Datenausgabe und Formatierung |
| Programmierung | Eine Sprache mit verfügbarer API (beispielsweise PHP) |
| | Programmierkenntnisse für die Realisierung von User-Interfaces (beispielsweise HTML) |
| Fremdsprachen | Englisch empfehlenswert, um die Dokumentation lesen zu können |
| Technische Ausstattung | Serverbetriebssystem |
| | Internetzugang |
| | Kenntnisse über Netzwerktypologien |

## Schnittstellen von MySQL

MySQL kann aufgrund der vielfältigen Schnittstellen wie auch seiner konsequenten Konzeptionierung als Netzdatenbank in der Regel nahtlos in eine moderne IT-Architektur integriert werden. Zum Schnittstellenkonzept von MySQL gehört eine *client library*, über die sowohl Verwaltungswerkzeuge als auch Programmierschnittstellen bedient werden. Über die verschiedenen Programmierschnittstellen lässt sich MySQL praktisch in jede gängige IT-Architektur, von Inter-/Intranet bis hin zu eigenständigen Desktopprogrammen, eingliedern. Die folgende Abbildung zeigt die wichtigsten Punkte des Schnittstellenkonzepts von MySQL.

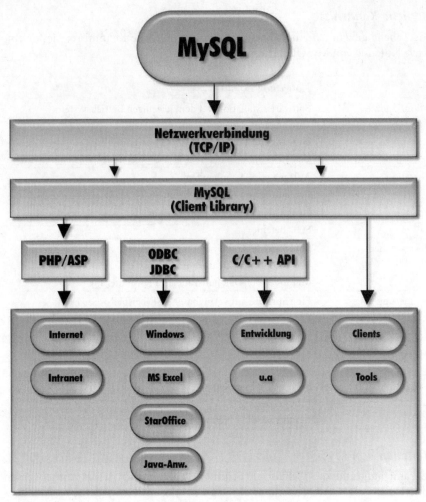

Bild 1.6: Überblick über das Schnittstellenkonzept von MySQL

Nach der Einführung in die Welt der Technologien und Datenbanken wenden wir uns der Installation und Konfiguration zu.

# 2 Installation und Konfiguration

## 2.1 Vorbereitung

Die Vorbereitung zur Installation besteht im Wesentlichen aus zwei Teilen:
- Beschaffung der Hardware
- Beschaffung der Software

### Hardware

Die Beschaffung der Hardware dürfte in den meisten Fällen kein Problem bereiten, da sich PHP auf fast jedem Betriebssystem einsetzen lässt. Planen Sie eine Neuanschaffung, sollte ein Entwicklungssystem folgende Mindestanforderungen erfüllen:

- Intel- oder AMD-Prozessor mit 450 MHz oder mehr
- 128 MB Arbeitsspeicher
- 5–10 GB Festplatte (UW-SCSI-System wäre optimal)

### Software

Bei der Wahl der Software hängt vieles vom jeweiligen Betriebssystem ab. Die folgenden Bestandteile sind entsprechend aufeinander abzustimmen.

- Betriebssystem (Windows, Linux, Unix, MacOS X)
- Webserver (Apache, Samba, IIS, PWS, Xitami, OmniHTTPD)
- PHP in einer zum Betriebssystem passenden Binärdistribution
- MySQL oder eine andere Datenbank

> **Hinweis:** Ich habe Ihnen eine Auswahl einzelner Softwarekomponenten auf der CD-ROM beigefügt. Was genau auf der CD-ROM zu finden ist, entnehmen Sie bitte dem Anhang.

### Generelle Überlegungen zur Installation

Noch vor der Installation sollten Sie wissen, wofür Sie PHP einsetzen wollen. Es gibt drei Haupteinsatzbereiche von PHP:

- Serverseitige Skripts
- Skripts auf der Kommandozeile
- Clientseitige GUI-Applikationen

Wenn Sie Ihren Server und PHP selbst installieren, können Sie zwischen zwei Methoden wählen, wie Sie PHP mit dem Server verbinden. PHP verfügt für zahlreiche Server über eine direkte Modulschnittstelle, auch SAPI genannt. Sollte PHP keine Modulschnittstelle für Ihren Webserver unterstützen, können Sie PHP auch über die CGI-Schnittstelle betreiben. Das heißt, dass Sie Ihren Webserver so konfigurieren, dass bei jeder Anforderung von PHP-Dateien an den Server das Kommandozeilenprogramm von PHP, *php.exe* unter Windows, zur Abarbeitung der Skripts benutzt wird.

Wenn Sie PHP auch für Skripts auf der Kommandozeile benutzen möchten, beispielsweise für Skripts, die automatisch Bilder erzeugen oder Textdateien verarbeiten, benötigen Sie das Kommandozeilenprogramm. In diesem Fall benötigen Sie weder einen Server noch einen Browser.

Sie können mit PHP und der PHP-GTK-Erweiterung auch clientseitige GUI-Applikationen erstellen. Dies ist ein völlig anderer Ansatz als das Schreiben von Webseiten, da Sie zwar kein HTML ausgeben, dafür aber Fenster und Objekte handhaben.

> **Hinweis:** PHP-GTK ist nicht in der offiziellen PHP-Distribution enthalten. Weitere Informationen zu PHP-GTK finden Sie unter folgender Adresse: *gtk.php.net*.

## 2.2 Installation unter Windows

Wenn PHP auf dem Server des Providers zum Einsatz kommt, wird meist Linux oder ein Unix-Derivat eingesetzt. Für die Entwicklung von Webanwendungen auf dem lokalen Rechner eignet sich jedoch auch Windows.

### 2.2.1 WAMP

WAMP steht für Windows Apache MySQL PHP. Diese Zusammenstellung von Softwarekomponenten, um einen lokalen Rechner in eine PHP-Entwicklungsumgebung umzurüsten, stellt wohl die gängigste Lösung dar. Die Installation unter Windows ist relativ einfach und unproblematisch. Der Einsatz des Apache-Webservers ist eher eine Glaubensfrage. Praktisch steht er ebenso kostenlos zur Verfügung wie der PWS oder IIS, welche von Microsoft entwickelt wurden.

#### *Windows vorbereiten*

Einen Grund, wieso man die vorgeschlagene Kombination aus Apache, PHP und MySQL nicht installieren sollte, gibt es nicht. Wenn ein Produktionsserver, sprich ein Server, welcher später ans Netz geht, aufgebaut wird, ist ein frisch installiertes Windows zu empfehlen. Ältere Versionen der zu installierenden Software sollten möglichst sauber deinstalliert werden. Service-Packs und Patches sollten aus Sicherheitsgründen immer auf dem neuesten Stand sein. Der Installation der Service-Packs auf einem Produktionsserver sollte immer ein Testlauf auf einem gespiegelten System vorausgehen, so erlebt man nach der Installation der Service-Packs keine unliebsamen Überraschungen.

## 2.2.2 Apache konfigurieren

Die Installation des Apache-Webservers ist relativ einfach. Sie benötigen hierfür lediglich die Win32-Binaries. Anschließend sollten Sie sicherstellen, dass eine Installation im Standardverzeichnis *C:\APACHE* erfolgt, um die Kommunikation mit den anderen Softwarekomponenten möglichst reibungslos gewährleisten zu können.

Öffnen Sie anschließend die Datei *HTTPD.CONF* im Verzeichnis *\APACHE\CONF*. Suchen Sie folgende Zeile:

```
DirectoryIndex
```

Ergänzen Sie nun diese Zeile um die folgenden Einträge:

```
index.php3
```

```
index.php4
```

```
index.php
```

> **Hinweis:** Die Dateiendung PHP3 und PHP 4 wird üblicherweise für PHP3 und/oder 4 verwendet. Prinzipiell sind Sie hier in der Wahl der Endung frei. Die Verknüpfung beider Endungen mit PHP 5 ist sinnvoll, vor allem wenn Sie sich viele Skripts aus dem Internet beschaffen und nicht alles umbenennen möchten.

Damit akzeptiert Apache nun auch PHP-Dokumente als Standarddokumente. Die Zuordnung der Dateiendung zum PHP-Interpreter bzw. Parser ist bereits vorhanden. Sie müssen lediglich die Kommentierung vor der Zeile entfernen.

```
AddType application/x-httpd-php3 .php3
```

Fügen Sie außerdem die folgende Zeile hinzu, damit Apache auch Dateien mit der verkürzten Endung .PHP annimmt.

```
AddType application/x-httpd-php .php
```

Der letzte Schritt verknüpft nun die akzeptierten Dateiendungen mit dem PHP-Interpreter selbst. Fügen Sie die folgende Zeile hinzu:

```
Action application/x-httpd-php /cgi-bin/php.exe
```

Voraussetzung ist natürlich, dass PHP auch im virtuellen Verzeichnis */CGI-BIN* installiert wurde. Die Darstellung geht davon aus, dass es sich um die CGI-Version handelt.

Installieren Sie Apache unter Windows NT, 2000 oder XP Professional als Dienst. Dies ist beim Produktionsserver unbedingt erforderlich, damit bereits vor dem Einloggen der Webserver hochfährt. Auf einem Entwicklungssystem kann auch Windows 98 oder XP Home Edition zum Einsatz kommen. Hier gibt es keine Dienste, installieren Sie den Aufruf des Apache deshalb im Autostart-Ordner.

Zum Testen geben Sie »http://localhost« oder »http://127.0.0.1« in Ihrem Browser ein – Apache sollte sich melden, und Sie können mit der Installation fortfahren.

### 2.2.3 Installation von PHP unter Windows

Die Installation von PHP gestaltet sich unter Windows denkbar einfach. Entpacken Sie hierzu die Dateien einer aktuellen Binärdistribution von PHP in ein Verzeichnis Ihrer Wahl, z. B. *C:\PHP* oder *C:\PHP 5*.

Kopieren Sie die Vorlage für die PHP-Initialisierungsdatei *php.ini-dist* in Ihr PHP-Installationsverzeichnis und benennen Sie diese um, mit dem neuen Dateinamen *php.ini*. Editieren Sie anschließend die Datei *php.ini* mit einem beliebigen ASCII-Editor. Die Vorlagendatei *php.ini-dist* sollten Sie unverändert lassen, um bei Bedarf jederzeit wieder Zugriff auf die Standardeinstellungen zu haben.

Tragen Sie unter `extension_dir` Ihr PHP-Verzeichnis bzw. das Verzeichnis ein, in dem Sie die bei Bedarf zu ladenden PHP-Erweiterungen abgelegt haben, z. B.:

```
extension_dir = c\php
```

Geben Sie bei der `doc_root` das Verzeichnis an, in dem Ihre PHP-Skripts liegen. Dieses Verzeichnis sollte das Dokumentenverzeichnis Ihres Webservers sein, da für dieses Verzeichnis bereits entsprechende Sicherheitsvorkehrungen getroffen wurden, z. B.:

```
doc_root = c:\apache\htdocs
```

> **Hinweis:** Details zur Initialisierungsdatei *php.ini* finden Sie im Abschnitt PHP-Konfiguration.

Nun kommen wir zum letzten Schritt. Die Konfigurationsdatei des Webservers, im vorliegenden Fall Apache, benötigt noch einige Einstellungen, welche vorzunehmen sind. Öffnen Sie hierzu die Datei *httpd.conf* und fügen Sie die folgenden Zeilen hinzu:

```
# Für PHP 4
ScriptAlias /php4/ "c:/php4/"
AddType application/x-httpd-php .php
Action application/x-httpd-php "/php4/php.exe"
AddType application/x-httpd-php4 .php4
Action application/x-httpd-php4 "/php4/php.exe"

# Für PHP 5
ScriptAlias /php5/ "c:/php5/"
AddType application/x-httpd-php .php
Action application/x-httpd-php "/php5/php.exe"
AddType application/x-httpd-php5 .php5
Action application/x-httpd-php5 "/php5/php.exe"
```

Oder:

```
# Für PHP 5
ScriptAlias /php5/ "c:/php5/"
Action application/x-httpd-php "/php5/php.exe"
AddType application/x-httpd-php .php .php4 .php3 .phtml .php5
```

Sollten die entsprechende Einträge bereits kommentiert enthalten sein, kommentieren Sie diese aus, um sie zu aktivieren.

## 2.3 Installation unter Linux

Linux ist sicher die typische Plattform für PHP. Die Installation setzt in der Regel eine Übersetzung des Quellcodes voraus. Damit erwirbt man auch die Freiheit, bestimmte Module zu nutzen, die standardmäßig nicht enthalten sind. Die folgende Beschreibung zeigt die Installation unter Linux und das Zusammenspiel mit dem Apache-Webserver.

### 2.3.1 LAMP

LAMP steht für Linux Apache MySQL PHP. Der Wunsch nach einer leistungsfähigen Skriptsprache entsteht oft erst nach der erfolgreichen Installation eines Webservers. Sollten Sie bereits Erfahrung im Umgang mit Linux haben und der Apache-Webserver stabil laufen, nimmt die Installation von PHP nur wenig Zeit in Anspruch.

Prinzipiell kann PHP als CGI-Programm oder als Apache-Modul betrieben werden. Die Integration in den Webserver bietet einen deutlichen Performancevorteil. Darüber hinaus sind einige servernahe Funktionen nutzbar. Nachteilig ist die Abhängigkeit so entstandener Skripts von der Konfiguration – wenn Sie diese Funktionen auch nutzen. Die Portierbarkeit nach Windows oder auf andere Unix-basierte Systeme mit anderen Webservern wird dadurch eingeschränkt.

### 2.3.2 Installation von PHP als CGI-Programm

Um die Installation als Skriptmodul vornehmen zu können, modifizieren Sie das `do-conf`-Skript, indem Sie die Anweisung `with-apache` herauskommentieren.

Dann wird PHP mit `MAKE` und `MAKE INSTALL` übersetzt. Die Installation erfolgt standardmäßig in `/USR/LOCAL/BIN`. Dieses Verzeichnis muss im Pfad stehen, sprich in der Pfadumgebungsvariablen `$PATH`.

### 2.3.3 Installation von PHP als Apache-Modul

Wenn Sie PHP als Apache-Modul installieren wollen, müssen Sie den Apache neu kompilieren. Sie benötigen zuvor ein paar Dateien, die das `configure`-Skript des Apache anlegt. Entpacken Sie die Quellen und geben Sie folgende Befehle ein:

```
$ tar xvpfz apache-1.3.tar.gz
$ cd apache1.3
$ ./configure -prefix=/usr/local/apache
$ tar xvpfz php-5.0.tar.gz
$ cd php-5.0
$ ./setup
```

Sie müssen nun einige Fragen beantworten, damit PHP ordnungsgemäß ausgeführt wird:

- Wahl zwischen Skriptprozessor (CGI) oder Apache-Modul.
- Bei der Installation als Apache-Modul ist das Apache-Installationsverzeichnis anzugeben, beispielsweise `/USR/LOCAL/APACHE`.

Danach übersetzen Sie PHP mit folgenden Anweisungen:

```
$ make
$ make install
```

Nun ist der Apache noch so zu konfigurieren, dass er mit PHP-Dateien umgehen kann. Editieren Sie die Datei HTTPD.CONF und fügen Sie die folgende Zeile ein:

```
AddType application/x-httpd-php .php
```

Nun kann der Webserver gestartet werden:

```
$ bin/apachectl start
```

## 2.4 Installations-Kits

Sie haben natürlich auch die Möglichkeit, sich einiges an Arbeit mithilfe von sogenannten Installations-Kits zu ersparen. Hier entfallen die lästigen Konfigurationsschritte und der Webserver samt zusätzlichen Erweiterungen kann schon nach wenigen Minuten zum Einsatz kommen.

### 2.4.1 XAMPP

Ich empfehle das XAMPP-Installations-Kit, welches sowohl für Windows, MacOS X, Linux als auch Solaris-Systeme vom Apachefriends-Team um Kai 'Oswald' Seidler und Kay Vogelgesang zur Verfügung gestellt wird.

#### *Windows*

Das Windows-Paket setzt sich aus folgenden Komponenten zusammen:

- Apache HTTPD 2.2.3
- MySQL 5.0.24a
- PHP 5.1.6 + 4.4.4 + PEAR + Switch
- MiniPerl 5.8.7
- Openssl 0.9.8d
- PHPMyAdmin 2.9.0.1
- XAMPP Control Panel 2.3
- Webalizer 2.01-10
- Mercury Mail Transport System v4.01a
- FileZilla FTP Server 0.9.18
- SQLite 2.8.15
- ADODB 4.91
- Zend Optimizer 3.0.1
- XAMPP Security

Darüber hinaus stehen Add-Ons zur Verfügung wie:

- Perl
- Python
- Tomcat
- Cocoon

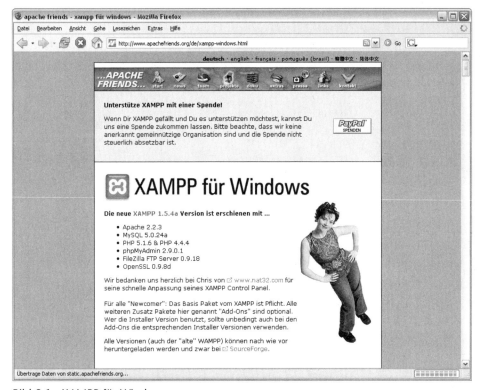

Bild 2.1: XAMPP für Windows

## Linux und MacOS X

Das Linux- und MacOS X-Paket setzt sich aus folgenden Komponenten zusammen:

- Apache 2.2.3
- MySQL 5.0.24a
- PHP 5.1.6 & 4.4.4 & PEAR
- SQLite 2.8.17/3.2.8
- Perl 5.8.7
- ProFTPD 1.3.0
- phpMyAdmin 2.8.2.4
- OpenSSL 0.9.8d
- GD 2.0.1

- Freetype2 2.1.7
- libjpeg 6b
- libpng 1.2.12
- gdbm 1.8.0
- zlib 1.2.3
- expat 1.2
- Sablotron 1.0
- libxml 2.4.26
- Ming 0.3
- Webalizer 2.01
- pdf class 009e
- ncurses 5.8
- mod_perl 2.0.2
- FreeTDS 0.63
- gettext 0.11.5
- IMAP C-Client 2004e
- OpenLDAP (client) 2.3.11
- mcrypt 2.5.7
- mhash 0.8.18
- eAccelerator 0.9.4
- cURL 7.13.1
- libxslt 1.1.8
- phpSQLiteAdmin 0.2
- libapreq 2.07
- FPDF 1.53
- XAMPP Control Panel 0.6

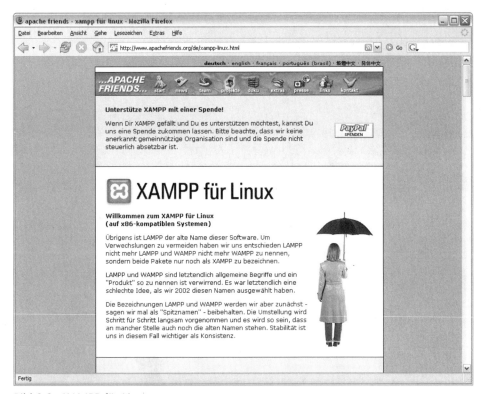

Bild 2.2: XAMPP für Linux

> **Hinweis:** Ich habe die Auflistung für das Linux- und MacOS X-Paket zusammengefasst, da sie sich in ihrer Zusammenstellung gleichen.

## Solaris

Das Solaris-Paket setzt sich aus folgenden Komponenten zusammen:

- Apache 2.2.0
- MySQL 5.0.18
- PHP 5.1.1 & PEAR
- Perl 5.8.3
- ProFTPD 1.2.10
- phpMyAdmin 2.6.3-pl1
- OpenSSL 0.9.8a
- Freetype2 2.1.7
- libjpeg 6b
- libpng 1.2.5
- zlib 1.2.3
- expat 1.95.7

- Ming 0.2a
- pdf class 009e
- IMAP C-Client 2004g
- OpenLDAP 2.3.11
- libiconv 1.8
- FreeTDS 0.63

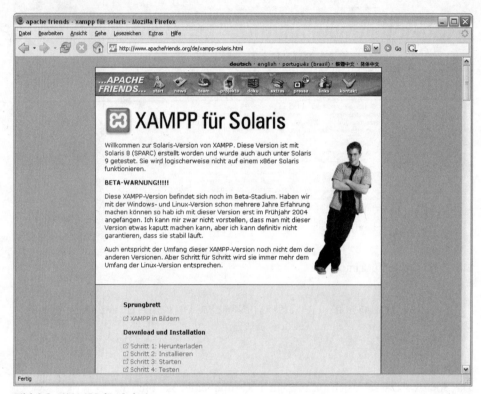

Bild 2.3: XAMPP für Solaris

## Installation und Deinstallation

Die Pakete haben gemeinsam, dass sie nur ausgepackt und gestartet werden müssen, und schon funktioniert alles. Keine Einträge in der Registry, kein Ändern von Konfigurationsdateien ... na, wenn das nichts ist!

2.4 Installations-Kits 53

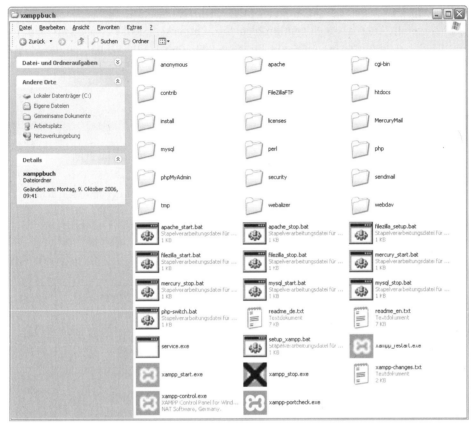

Bild 2.4: XAMPP-Verzeichnis unter Windows – entpackt und ready for take off

Ich empfehle Ihnen, das XAMPP-Verzeichnis unter C:\XAMPP anzulegen und anschließend die *setup_xampp.bat* auszuführen.

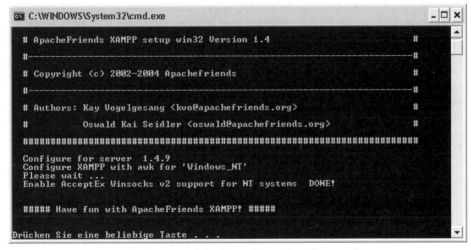

Bild 2.5: *setup_xampp.bat* legt sämtliche benötigten Einstellungen fest.

Sie wollen XAMPP in einem beliebigen Unterverzeichnis haben, z. B. unter *C:\Programme*. Auch das stellt kein Problem dar. Entpacken Sie die Dateien im Stammverzeichnis *xampp*, welches Sie nicht umbenennen sollten, und führen Sie die *setup_xampp.bat* aus. Alle bekannten Konfigurationsdateien werden nun mit einem absoluten Pfad an die aktuelle Verzeichnisstrukur angepasst.

Unter Windows stellt sich die Verzeichnisstruktur wie folgt dar:

| Datei (Verzeichnis) | Beschreibung |
| --- | --- |
| \(mini)xampp\apache\logs | Logverzeichnis für Apache und PHP |
| \(mini)xampp \cgi-bin\ | CGI-BIN-Verzeichnis |
| \(mini)xampp \apache\conf\httpd.conf | Zentrale Konfigurationsdatei für den Apache HTTPD |
| \(mini)xampp \apache\bin\php.ini | Zentrale Konfigurationsdatei für PHP mit MOD_PHP |
| \(mini)xampp \htdocs\ | Zentrales Dokumentenverzeichnis für HTML, PHP, CGI etc. |
| \(mini)xampp \install\ | Notwendig für das erste Setup |
| \(mini)xampp \mysql\ | Datenbankserver MySQL |
| \(mini)xampp \perl\ | Perl-Verzeichnis |
| \(mini)xampp \php\ | php.exe + dlls + pear usw. |
| \(mini)xampp\phpmyadmin\config.inc.php | Konfigurationsdatei für phpMyAdmin |
| \(mini)xampp \tmp | Temporärer Ordner für PHP-Uploads, Sessions usw. |
| \(mini)xampp \moddav | MOD-DAV-Beispielordner |

> **Hinweis:** Im zentralen Dokumentenverzeichnis *\xampp\htdocs\*, oft auch als Wurzelverzeichnis bezeichnet, können Sie Ihre zu testenden HTML- und PHP-Projekte ablegen.

Möchten Sie XAMPP nicht mehr benutzen, dann müssen Sie einfach nur das Verzeichnis löschen. Die Software ist deinstalliert und hat auch garantiert keinen Datenmüll hinterlassen.

> **Hinweis:** Sollten Sie Probleme mit der vorliegenden Installationsmethode haben, können Sie auch auf eine Alternative zurückgreifen, welche über eine Installation mit Installer durchgeführt wird. Eine ausführliche Anleitung erhalten Sie unter: www.apachefriends.org

## XAMPP starten und stoppen

Nachdem die Installation erfolgreich war und die Ausführung der Datei *setup_xampp.bat* dafür gesorgt hat, dass sämtliche Konfigurationsdateien die benötigten Einstellungen erhalten haben, können Sie XAMPP mithilfe der *xampp_start.exe* und *xampp_stop.exe* starten und stoppen.

## 2.4 Installations-Kits

xampp_start.exe    xampp_stop.exe    Bild 2.6: XAMPP starten und stoppen

Die erfolgreiche Ausführung oder Beendung von XAMPP wird innerhalb der Eingabeaufforderung quittiert.

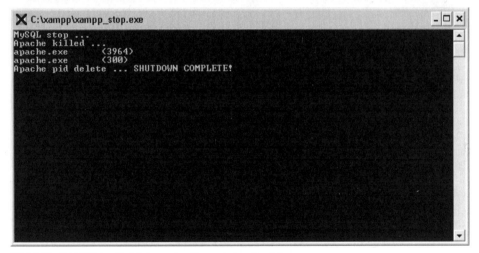

Bild 2.7: XAMPP im Betrieb und während des Shutdowns

**Tipp:** Sie können XAMPP auch mithilfe der XAMPP Control-Konsole starten und stoppen. Hierfür müssen Sie lediglich die Datei *xampp-control.exe* ausführen.

## XAMPP im Testbetrieb

Um XAMPP und damit auch Ihren lokalen Webserver zu testen, benötigen Sie lediglich einen Browser und die folgende URL:

http://127.0.0.1/

oder

http://localhost/

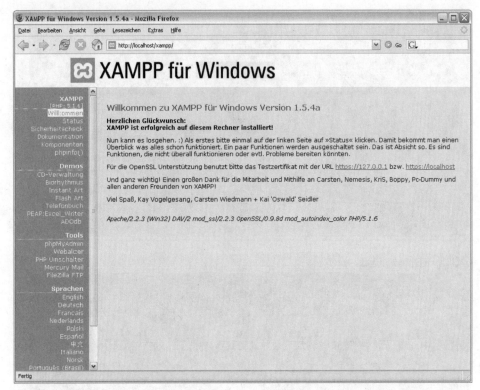

Bild 2.8: Lokaler Webserver im Testlauf

## XAMPP-Distributionen

Sollten Sie nach einer aktuellen Distribution von XAMPP fahnden, empfiehlt es sich, einen Blick auf *www.apachefriends.org* zu werfen. Dort finden Sie die jeweils aktuellen Distributionen zum Windows-, MacOS X-, Linux- und Solaris-Paket.

### 2.4.2 Apache 2 Triad

Ein weiteres Installations-Kit stellt die Apache 2 Triad-Distribution dar.

## 2.4 Installations-Kits

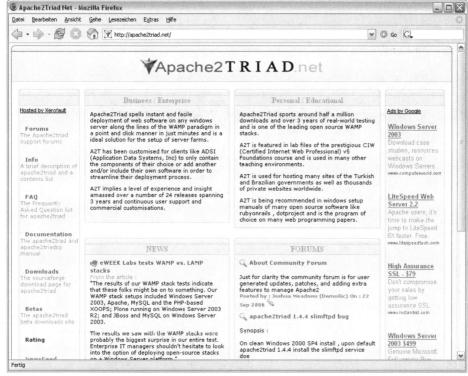

Bild 2.9: Website des Apache 2 Triad-Projekts

Die Distribution, welche lediglich für Windows-Systeme zur Verfügung steht, setzt sich aus folgenden Komponenten zusammen:

- Apache2
- MySQL
- OpenSSL
- Xmail
- SlimFTPd
- PHP
- Perl
- Python
- PHPmyadmin
- PHPXMail
- PHPSftpD

> **Achtung:** Die aktuelle Distribution ist nicht für Windows 98 oder ME geeignet!

Sollten Sie nach einer aktuellen Distribution von Apache 2 Triad fahnden, empfiehlt es sich, einen Blick auf *apache2triad.sourceforge.net* zu werfen.

## 2.4.3 WAMP5

Abschließend sei noch auf die WAMP5-Distribution verwiesen, welche ebenfalls optimal auf PHP 5 abgestimmt wurde.

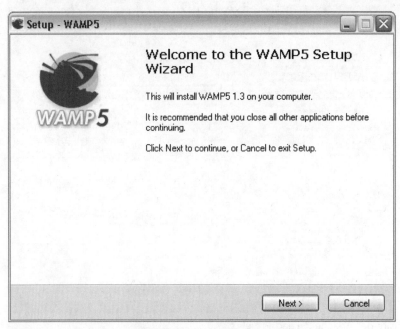

Bild 2.10: Installation von WAMP5 via Installationsroutine

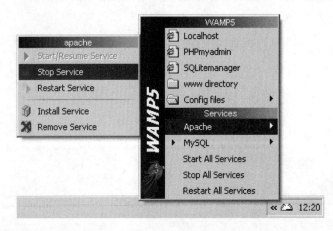

Bild 2.11: Nach der Installation steht Ihnen WAMP5 innerhalb der Taskleiste zur Verfügung.

Die Distribution, welche ebenfalls nur für Windows-Systeme zur Verfügung steht, setzt sich aus folgenden Komponenten zusammen:

- Apache
- PHP + PECL
- SQLitemanager

- MySQL
- Phpmyadmin

Sollten Sie nach einer aktuellen Distribution von WAMP5 fahnden, empfiehlt es sich, einen Blick auf *www.wampserver.com* zu werfen.

### 2.4.4 MAMP

Das Motto der Entwicklerschmiede webEdition »Installieren Sie Apache, PHP und MySQL mit wenigen Klicks unter MacOS X« klingt zu gut, um wahr zu sein? Keineswegs! Die Entwickler von MAMP, das Kürzel steht für Macintosh, Apache, MySQL und PHP, haben eine optimale Lösung für einen voll funktionsfähigen Webserver für MacOS-X-basierte Systeme realisiert. Darüber hinaus ist die MAMP-Distribution wie die meisten Installations-Kits kostenlos.

MAMP lässt sich, wie die XAMPP-Distribution, sehr einfach installieren und hat dabei keine nachteiligen Auswirkungen auf eine bereits aktivierte Apache-Installation. Ohne eine Installationsroutine zu starten oder Einstellungen zu ändern oder vorzunehmen, werden Apache, PHP und MySQL installiert.

#### *MacOS X*

Die Distribution setzt sich aus folgenden Komponenten zusammen:

- Apache
- MySQL
- PHP

Eine weitere Besonderheit: Sollten Sie MAMP nicht mehr benötigen, genügt es, einfach den MAMP-Ordner zu löschen, um alles wie gehabt vorzufinden.

Sollten Sie nach einer aktuellen Distribution von MAMP fahnden, empfiehlt es sich, einen Blick auf *www.webedition.de* zu werfen.

### 2.4.5 Installations-Kits und Sicherheit

Sämtliche aufgeführten Installations-Kits eignen sich lediglich für lokale Entwicklungsumgebungen. Sie sollten aus Sicherheits- und Performancegründen davon absehen, ein solches Installations-Kit auf einem Produktionsserver zu installieren.

## 2.5 PHP-Konfiguration

Nachdem Sie PHP als CGI-Programm oder als Apache-Modul installiert haben, ist PHP prinzipiell lauffähig, das heißt, Sie können mit dem Webbrowser ein im Veröffentlichungsverzeichnis Ihres Webservers vorhandenes PHP-Skript aufrufen.

Bevor Sie erste Tests mit PHP durchführen, sollten Sie sich noch mit der PHP-Initialisierungsdatei, der *php.ini*, beschäftigen, in der Sie das Verhalten von PHP in vielerlei Hinsicht beeinflussen können.

## 2.5.1 Syntax der Init-Datei

Die Syntax der Init-Datei ist recht einfach. Wichtig ist, dass bei der Benennung der Optionen Groß-/Kleinschreibung zu beachten ist. Die in der Init-Datei häufig verwendeten Schlüsselwörter sind On, Off, Yes, No, True, False.

*Beispiel – Syntax:*
```
;Abschnitt
[Abschnittsbezeichnung]
Option = Wert oder Schlüsselwort ; Kommentar
```

Anstatt True oder False kann auch 1 oder 0 verwendet werden. Bei der Angabe der Schlüsselwörter spielt, anders als bei den Optionen, die Groß-/Kleinschreibung keine Rolle. Erläuternde Kommentare, die mit einem Semikolon eingeleitet werden, sowie Abschnittsbezeichnungen, die in eckigen Klammern eingeschlossen sind, bleiben unberücksichtigt. Änderungen in *php.ini* werden erst nach einem Neustart des Webservers wirksam.

## 2.5.2 Sprachoptionen

Der erste Abschnitt der PHP-Initialisierungsdatei betrifft diverse Sprachoptionen von PHP. Eine dieser Einstellungen ist der safe_mode. Sollte der safe_mode aktiviert sein, gelten verschiedene sicherheitsrelevante Einschränkungen, z. B. dass auf eine Datei oder ein Verzeichnis nur zugegriffen werden kann, wenn die Datei oder das Verzeichnis denselben Eigentümer hat wie das Skript.

| Option | Bedeutung |
|---|---|
| engine = On | Mit diesem Schalter kann der PHP-Interpreter aktiviert oder deaktiviert werden. |
| short_open_tag = On | Falls aktiviert, ist zur Einbindung von PHP-Skripts in HTML-Code auch die Verwendung des <?-Tags möglich, ansonsten werden lediglich <?php- und <script>-Tags erkannt. |
| asp_tags = Off | Falls aktiviert, ist zur Einbindung von PHP-Skripts in HTML-Code auch die Verwendung der Tags <% %> (ASP-Stil) möglich. |
| precision = 12 | Anzahl der signifikanten Stellen bei Fließkommazahlen. |
| y2k_compliance = On | Schalter zur Aktivierung der Jahr-2000-Kompatibilität. Diese Option ist nur bei y2k-kompatiblen Browsern zu empfehlen. |
| output_buffering = Off | Falls aktiviert, ist das Senden von Headern, inklusive Cookies, auch nach der Übertragung des Seiteninhalts möglich, was jedoch zu einer Verlangsamung der Ausgabe führt. |
| safe_mode = Off | Falls aktiviert, wird PHP im sicheren Modus betrieben. |
| safe_moce_exec_dir = "" | Verzeichnis für ausführbare Programme im safe_mode. |
| highlight.comment = #FF8800 | Legt den Farbwert zur farblichen Kennzeichnung von Kommentaren fest. |

| Option | Bedeutung |
|---|---|
| highlight.keyword = #007700 | Legt den Farbwert zur farblichen Kennzeichnung von Schlüsselwörtern fest. |
| highlight.bg = #FFFFFF | Legt den Farbwert zur farblichen Kennzeichnung des Hintergrunds fest. |
| highlight.default = #0000BB | Legt den Standardfarbwert zur farblichen Kennzeichnung fest. |
| expose_php = On | Angabe, ob PHP auf dem Server installiert ist. |

## 2.5.3 Leistungsbegrenzungen

In diesem Abschnitt sind Festlegungen zur maximalen Größe und Ausführungszeit von PHP-Skripts möglich.

| Option | Bedeutung |
|---|---|
| max_execution_time = 60 | Maximale Ausführungszeit eines Skripts in Sekunden. Lediglich für Unix-Systeme verfügbar. |
| memory_limit = 16M | Maximale Skriptgröße (16 MB). |

## 2.5.4 Fehlerbehandlung und Protokollierung

Dieser Abschnitt betrifft Optionen zur Steuerung der Fehlerausgabe und der Fehlerprotokollierung.

| Option | Bedeutung |
|---|---|
| error_reporting = E_ALL & ~E_NOTICE | Wert für die Steuerung der Fehlerausgabe. Gültige Werte sind z. B. E_ALL, E_ERROR, E_WARNING etc. |
| display_errors = On | Ermöglicht die Fehlerausgabe an die Konsole, sprich Kommandozeile oder Browser. |
| log_errors = Off | Falls aktiviert, erfolgt die Fehlerausgabe in ein Fehlerausgabeprotokoll. |
| track_errors = Off | Falls aktiviert, wird der letzte aufgetretene Fehler in der Systemvariablen $php_errormsg abgelegt. |
| error_prepend_string = "<font color = ff0000>" | HTML-Tag, das vor einer Fehlermeldung ausgegeben wird, beispielsweise das <font>-Tag zur Farbeinstellung. |
| error_append_string = "</font>" | HTML-Tag, das nach einer Fehlermeldung ausgegeben wird. |
| error_log = dateiname | Datei für die Fehlerausgabe. |
| error_log = syslog | Für die Fehlerausgabe wird unter Windows das Ergebnisprotokoll genutzt, unter Unix wird SYSLOG verwendet. |
| warn_plus_overloading = Off | Falls aktiviert, erfolgt eine Warnung bei der Verwendung des +-Operators statt des .-Operators bei Zeichenkettenoperationen. |

## 2.5.5 Datenbehandlung

Im folgenden Abschnitt finden sich Optionen zur Steuerung von Einzelheiten der Verarbeitung von ankommenden Daten aus GET/POST und COOKIE-Request sowie der Behandlung von Sonderzeichensymbolen.

Zwei für das Verhalten von PHP wichtige Einstellungen aus dieser Gruppe betreffen die Schalter magic_quotes_gpc und magic_quotes_runtime.

Mit magic_quotes_gpc wird festgelegt, ob PHP mit Zeichenfolgen, die es aus Formularen mittels GET/POST oder über Cookies erhält, ein automatisches Escaping von stringterminierenden Sonderzeichen durchführt oder nicht. Dies wird wichtig, wenn Zeichenfolgen in Datenbankfelder geschrieben oder aus Datenbankfeldern gelesen werden sollen.

Wenn Sie beispielsweise die Zeichenfolge »PHP's Entwicklerteam« ohne weitere Sonderbehandlung einem MySQL-Datenbankfeld übergeben, interpretiert MySQL das Sonderzeichen ' als Ende des übergebenden Strings und die nachfolgenden Zeichen als fehlerhafte SQL-Kommandos, was in Folge zu einem Laufzeitfehler führt.

Um dies zu vermeiden, müssen Zeichenfolgen, die Sonderzeichen enthalten, die als normale Zeichen behandelt werden sollen, in der Form bereinigt werden, dass vor das entsprechende Sonderzeichen ein Backslash (\) gesetzt wird. Dieser Vorgang wird auch als Escaping bezeichnet. Hierzu steht in PHP die Funktion addslashes() zur Verfügung.

Wurde nun der Schalter magic_quotes_gpc auf ON gesetzt, wird das manuelle Escaping überflüssig, da dies dann von PHP automatisch übernommen wird.

Der Schalter magic_quotes_runtime betrifft dasselbe Thema, mit dem Unterschied, dass es dabei um das automatische Escaping von Daten geht, die aus externen Datenquellen, z. B. Dateien oder Datenbanken, gelesen werden.

| Option | Bedeutung |
| --- | --- |
| gpc_order = "GPC " | Reihenfolge der Auswertung von GET/POST/COOKIE-Requests. Die Standardeinstellung: POST-Variablen haben Vorrang vor GET-Variablen, COOKIE-Variablen haben Vorrang vor POST- und GET-Variablen. |
| gpc_globals = On | Falls aktiviert, können GET/POST/COOKIE-Variablen global verwendet werden. Wenn die Option deaktiviert ist (Off), kann auf GPC-Variablen über die Umgebungsvariablen $HTTP_GET_VARS[], $HTTP_POST_VARS[] und $HTTP_COOKIE_VARS[] zugegriffen werden, falls die nachstehende Option track_vars aktiviert ist. |
| track_vars = On | Falls aktiviert, werden die Umgebungsvariablen $HTTP_GET_VARS[], $HTTP_POST_VARS[] und $HTTP_COOKIE_VARS[] verwendet. |
| magic_quotes_gpc = On | Falls aktiviert, werden ankommende Daten aus GET/POST/ COOKIE-Requests mit einem Backslash (\) versehen. |
| magic_quotes_runtime = Off | Wie oben, jedoch für Daten, die zur Laufzeit aus externen Datenquellen generiert werden, beispielsweise aus Datenbanken und Dateien. |

| Option | Bedeutung |
|---|---|
| magic_quotes_sybase = Off | Falls aktiviert, werden Sonderzeichensymbole im Sybase-Stil, einfache Anführungszeichen (') anstatt doppelten Anführungszeichen ("), verwendet. |
| auto_prepend_file = | php3- oder HTML-Datei, die automatisch vor dem auszuführenden PHP-Skript hinzugefügt wird. |
| auto_append_file = | php3- oder HTML-Datei, die automatisch vor dem auszuführenden PHP-Skript angefügt wird. |

## 2.5.6 Pfade und Verzeichnisse

Im folgenden Abschnitt der PHP-Initialisierungsdatei können Sie einige von PHP voreingestellten Installationspfade und Verzeichnisse an die speziellen Erfordernisse Ihres Systems anpassen.

| Option | Bedeutung |
|---|---|
| include_path = | Standardpfad für include-Dateien<br>Unix: "/path1:/path2 "<br>Windows: "\path1;\path2 " |
| doc_root = | Stammverzeichnis der PHP-Skripts. Es handelt sich meist um das Veröffentlichungsverzeichnis des Webservers, *htdocs*. |
| user_dir = | Verzeichnis, in dem diverse Nutzerverzeichnisse der Form /~*Username* angelegt werden können. |
| upload_tmp_dir = | Temporäres Verzeichnis für HTTP-Upload. |
| upload_max_filesize = 16M | Maximale Größe für File-Uploads (16 MB). |
| extension_dir = ./ | Pfad für PHP-Erweiterungen. |

## 2.5.7 PHP-Erweiterungen für Windows

In diesem Abschnitt sind die für die Windows-Umgebung verfügbaren Erweiterungen aufgeführt. Diese können bei Bedarf durch Entfernen des Kommentarzeichens (;) auskommentiert und damit aktiviert werden.

| Option | Bedeutung |
|---|---|
| extension = php_mysqli.dll | MySQL-Funktionen |
| extension = php_mysql.dll | MySQL-Funktionen |
| extension = php_nsmail.dll | Netscape-Mail |
| extension = php_calendar.dll | Kalenderfunktionen |
| extension = php_dbase.dll | DBase-Funktionen |
| extension = php_filepro.dll | FilePro-Funktionen |
| extension = php_gd.dll | GD-Grafikbibliothek |
| extension = php_dbm.dll | DBM-Funktionen |
| extension = php_mssql.dll | MS SQL-Funktionen |

| Option | Bedeutung |
|---|---|
| extension = php_zlib.dll | Z-Lib-Funktionen |
| extension = php_imap4r2.dll | Mailfunktionen (IMAP4) |
| extension = php_ldap.dll | LDAP-Protokoll für Verzeichnisdienste |
| extension = php_crypt.dll | Verschlüsselungsfunktionen |
| extension = php_msql2.dll | mSQL-Funktionen |
| extension = php_odbc.dll | ODBC-Funktionen |

## 2.5.8 Moduleinstellungen

In diesem Abschnitt sind Einstellungen für einzelne mit *[Modulname]* gekennzeichnete Module möglich. In diesem Abschnitt finden sich unter anderem auch Unterabschnitte für die einzelnen von PHP unterstützten Datenbanken. Stellvertretend für eine ganze Reihe von datenbankspezifischen Unterabschnitten werden hier aus Platzgründen nur die Abschnitte *[ODBC]* und *[MySQL]* aufgeführt.

### Verwendung von Systemprotokoll-Variablen

| Option | Bedeutung |
|---|---|
| define_syslog_variables = Off | Schalter für die Verwendung der Systemprotokoll-Variablen $LOG_PID, $LOG_CRON usw. Der eingeschaltete Zustand führt zu Einbußen in der Performance. |

### Einstellungen für die Mailfunktion

| Option | Bedeutung |
|---|---|
| SMTP = localhost | Name des SMTP-Servers (nur Windows). |
| sendmail_from = me@localhost.com | Standardeintrag für den Mailabsender (nur Windows). |
| sendmail_path = | Pfad zum Sendmail-Programm (nur Unix). |

### Konfiguration des PHP-Debuggers

| Option | Bedeutung |
|---|---|
| debugger.host = localhost | Hostname des PHP-Debuggers. |
| debugger.port = 7869 | Port des PHP-Debuggers. |
| debugger.enabled = False | Schalter für die Verwendung des Debuggers. |

### Konfiguration der Logging-Funktion

| Option | Bedeutung |
|---|---|
| logging.method = db | Einstellungen für die Protokollierung. |
| logging.directory = /path/to/log/directory | Pfad zum Logging-Directory. |

### Konfiguration allgemeiner SQL-Optionen

| Option | Bedeutung |
|---|---|
| sql.safe_mode = Off | Falls aktiviert, wird SQL im sicheren Modus betrieben. |

## Konfiguration der ODBC-Unterstützung

| Option | Bedeutung |
|---|---|
| uodbc.allow_persistent = On | Falls aktiviert, sind persistente (ständige) Verbindungen möglich. |
| uodbc.max_persistent = -1 | Maximale Anzahl der persistenten Verbindungen. –1 bedeutet unbegrenzt. |
| uodbc.max_links = -1 | Maximale Anzahl der persistenten und nicht persistenten Verbindungen. –1 bedeutet unbegrenzt. |
| uodbc.defaultlrl = 4096 | Behandlung langer Felder. Anzahl der Byte, die an Variablen zurückgegeben werden. |
| uodbc.defaultbinmode = 1 | Behandlung von binären Daten:<br>0 – passthru<br>1 – unveränderte Rückgabe<br>2 – Umwandlung in Zeichen |

## Konfiguration der MySQL-Unterstützung

| Option | Bedeutung |
|---|---|
| mysql.allow_persistent = On | Falls aktiviert, sind persistente (ständige) Verbindungen möglich. |
| mysql.max_persistent = -1 | Maximale Anzahl der persistenten Verbindungen. -1 bedeutet unbegrenzt. |
| mysql.max_links = -1 | Maximale Anzahl der persistenten und nicht persistenten Verbindungen. -1 bedeutet unbegrenzt. |
| mysql.default_port = | Port des MySQL-Servers. |
| mysql.default_host = | Hostname des MySQL-Servers. |
| mysql.default_user = | Standardbenutzer für den MySQL-Server. |
| mysql.default_password = | Standardpasswort für den MySQL-Server. |

## Konfiguration der bcmath-Funktionen

| Option | Bedeutung |
|---|---|
| bcmath.scale = 0 | Anzahl der Nachkommastellen für die bcmath-Funktionen. |

## Konfiguration für allgemeine Browsereinstellungen

| Option | Bedeutung |
|---|---|
| browscap = extra/browscapi.ini | Pfad zur Konfigurationsdatei *browscapi.ini* |

## Optionen für die Session-Verwaltung

| Option | Bedeutung |
|---|---|
| session.save_handler = files | Datei-Handler für eine Datei zum Speichern bzw. Abholen der Session-Daten. |
| session.save_path = /tmp | Pfad, unter dem die Session-Daten gespeichert werden. |
| session.use_cookies = 1 | Schalter für die Verwendung von Cookies. |

| Option | Bedeutung |
|---|---|
| session.name = PHPSESSID | Standardname der Session, wird auch als Cookie-Name verwendet. |
| session.auto_start = 0 | Falls aktiviert (=1), wird das Session-Modul bei jeder Anforderung gestartet. |
| session.cookie_lifetime = 0 | Lebensdauer der Session-Cookies (in Sekunden). 0 bedeutet bis zum Beenden des Browsers. |
| session.serialize_handler = php | Handler für das Serialisieren von Session-Daten. |
| session.gc_probability = 1 | Parameter zur Steuerung der Routine zum Aufräumen des Speichers (Angabe in %). |
| session.gc_maxlifetime = 1440 | Anzahl der Sekunden, nach der Session-Variablen von der Aufräumroutine gelöscht werden. |

## 2.6 Sicherheit

Die Absicherung eines Webservers sollte immer mit größter Aufmerksamkeit erfolgen. Es gibt viele Gründe, die zu einem Angriff führen können.

### 2.6.1 Sicherheitsprobleme

PHP ist eine sehr leistungsstarke Sprache, die zahlreiche Befehle und Funktionen enthält, mit denen direkt auf das Betriebssystem zugegriffen werden kann. Auch wenn Sie die Kontrolle über die Skripts behalten, kann schon ein einfacher Tippfehler problematisch für die Sicherheit des Webservers sein. PHP kann Dateien lesen, schreiben, löschen und verändern. PHP wird als CGI-Programm oder als Apache-Modul installiert. Auch aus dieser Position heraus kann mit PHP-Skripts Schaden angerichtet werden. PHP selbst ist mit weitreichenden Freiheiten ausgestattet, jedoch keineswegs in dem Umfang wie C, Perl oder vergleichbare Sprachen. Die Sicherheitseinstellungen sind vielfältig modifizierbar.

### 2.6.2 Angriffsszenarien

Angriffe auf Webserver sind häufig und treffen – früher oder später – jeden aktiven Webserver. Inzwischen scheinen nicht nur einige wenige engagierte Hacker Jagd auf bekannte Sites zu machen. Mit den im Internet grassierenden Hacker-Tools und Exploits entwickelt sich eine Art Volkssport. Dabei geht es oftmals um den Lerneffekt und den Spaß an der Sache, keine Site ist unbedeutend und unwichtig genug, um nicht doch zum Opfer werden zu können. Auch wenn keine wichtigen Daten vorhanden sind, kann ein Angriff zu Schäden führen und kostet zumindest die wertvolle Zeit des Systemadministrators.

#### Parameterattacke

Die Installation als CGI-Programm ist der wichtigste Sicherheitsschritt. Dem steht die Leistung entgegen – CGI ist als universelle Schnittstelle ausgesprochen langsam. Zum Hintergrund ist es wichtig zu wissen, wie die PHP-Binärdateien arbeiten. Generell wird jeder Parameter als Kommandozeilenparameter interpretiert. Dies entspricht dem Aufruf des PHP-Interpreters am Prompt mit PHP. Nun könnte ein Angreifer in seinem Browser die URL wie folgt manipulieren:

`http://www.domain.de/cgi-bin/php?/ect/password`

PHP würde den QueryString, die Zeichen nach dem ?-Zeichen, als Kommandozeilenparameter interpretieren und die Kennwortdatei übertragen. Dies ist sicher nicht erwünscht. Im CGI-Modus unterdrückt PHP diese Art der Interpretation selbst und kopiert den QueryString in eine entsprechende Variable.

### *Pfadattacke*

Das nächste Problem stellen manipulierte Pfade dar. Normalerweise kann ein Benutzer aus dem Internet nicht auf Pfade des Webservers zugreifen, die nicht explizit freigegeben wurden, entweder unter *htdocs* (Apache) oder *wwwroot* (IIS). Ist PHP im */cgi-bin*-Verzeichnis erreichbar, sind Pfadangaben wie folgende erlaubt:

`http://www.domain.de/cgi-bin/php/docs/standard.doc`

Der an den Aufruf des Programms PHP angehängte Pfad, hier */docs/standard.doc*, wird als Zugriff auf ein Dokument interpretiert. Das Dokument wird geholt und an den Browser gesendet. Normalerweise ist der Webserver in der Lage, die Zugriffsrechte zu überprüfen. Im gezeigten Fall werden Sie vielleicht das Dokument nur einer geschlossenen Benutzergruppe zugänglich machen wollen. Dann richten Sie ein virtuelles Verzeichnis ein und schließen den anonymen Webnutzer, `nobody`, im Apache und `IUSR_Machine` im IIS, davon aus. So erfolgt der Aufruf:

`http://www.domain.de/docs/standard.doc`

Beim Aufruf prüft der Webserver die Rechte und verlangt Name und Kennwort, oder er lehnt die Übertragung sofort ab. Wird aber der physische Pfad, sollte dieser bekannt sein, verwendet, prüft der Webserver nur die Sicherheit der Pfadangabe vor »php«:

`http://www.domain.de/cgi-bin/php/docs/standard.doc`

Normalerweise wird der Interpreter aber allen zugänglich sein, das Dokument wird übertragen. Mit dem Schlüsselwort `doc_dir` und `user_dir` kann PHP Voreinstellungen der Stammpfade einrichten. Damit kann das Verhalten unterdrückt werden, nur die hier angegebenen Pfade werden überhaupt akzeptiert. Die Einstellungen werden im entsprechenden Abschnitt der *PHP.INI* vorgenommen.

### *PHP außerhalb der Webserver-Umgebung*

Die sicherste Methode ist die Platzierung der ausführbaren Dateien außerhalb der Webserver-Umgebung, beispielsweise in */USR/LOCAL/BIN* (Unix) oder im Installationsverzeichnis *C:\PHP* (Windows). Sie können mithilfe der Apache-Konfigurationsdatei *HTTPD.CONF* die Verknüpfungen an diesem Ort herstellen oder im IIS die entsprechenden Verknüpfungen vornehmen.

In der Unix-Umgebung müssen Sie allerdings jede Datei mit dem Shell-Kommando #! beginnen und den Pfad zu PHP angeben. Perl-Programmierer kennen dieses Verfahren:

`#!/usr/local/bin/php`

Darüber hinaus müssen die Dateien Ausführrechte haben, nicht nur Skriptrechte.

## 2.7 Internet Service Provider und PHP

Der häufigste Fall dürfte die Nutzung von PHP bei einem Internet Service Provider, kurz ISP, sein. Inzwischen bieten eine Vielzahl von Providern PHP an, in einigen Fällen auch in der Version PHP 5.

### 2.7.1 Zugangsdaten

Normalerweise sind Einstellungsarbeiten nicht notwendig. Sie können auf die `PHP.INI` zwangsläufig nicht zugreifen, denn dies würde für den Provider eine riesige Sicherheitslücke darstellen. Wenn Sie Webspace angemietet haben, wird Ihnen normalerweise Folgendes mitgeteilt:

- Hostname und IP-Adresse. Der Hostname wird die von Ihnen gewählte Domain sein.
- FTP-Server. Meist ist dies der gleiche Name wie der Host, manchmal wird das Präfix *www* auch durch *ftp* ersetzt.
- Login-Name. Mit diesem Namen können Sie per FTP auf den Webspace zugreifen.
- Kennwort. Das Kennwort schützt den Zugang entsprechend und verhindert, dass andere Benutzer auf Ihren FTP-Server zugreifen können.

Wenn Sie zusätzlich eine Unterstützung für MySQL haben, werden auch dafür Name und Kennwort zugeteilt. Teilweise sind diese Angaben mit den weiter oben bereits genannten identisch.

### 2.7.2 Angebote von Providern

Inzwischen bieten die meisten Internet Service Provider nicht mehr nur die Domainverwaltung mit E-Mail-Möglichkeit und Webspace zur Speicherung von HTML-Seiten an. Aufgrund der bestehenden Wettbewerbssituation werden dem Kunden auch eine Reihe von Mehrwertangeboten unterbreitet. Die Kombination PHP und MySQL ist inzwischen sehr verbreitet und findet sich bei schätzungsweise 60% aller ISPs wieder. Folgende Arten von Angeboten kann man momentan von ISPs beziehen:

#### Webspace

Der ISP stellt einen vorkonfigurierten Webserver zur Verfügung und übernimmt dessen Verwaltung und Betrieb. Für PHP erhalten Sie in der Regel eine vordefinierte Datenbank mit einem eigenen Zugang.

#### Dedizierter Server

Der ISP stellt einen vorkonfigurierten Webserver zur Verfügung. Die Verwaltung obliegt jedoch in der Regel Ihnen. Häufig werden hier noch Zusatzleistungen wie Datensicherung durch den Provider angeboten.

## Eigener Webserver

Sie stellen die Hardware und konfigurieren/verwalten Ihr System selbst. Der ISP stellt Ihnen also die Anbindung an das Internet, eine IP-Adresse sowie die Möglichkeit, einen Server aufzustellen, zur Verfügung.

Bei allen Angeboten kommen in der Regel noch die Kosten für das Datenvolumen (*Traffic*) hinzu.

Die Entscheidung, welches Angebot Sie nutzen, ist von Ihren Anforderungen abhängig. Entscheidungsgründe können hierbei folgende sein:

- Preis
- Leistungsumfang
- Administration (Verwaltung)
- Sicherheit

Vereinzelt werden auch kostenfreie Angebote mit PHP/MySQL-Servern angeboten. Auf solchen Systemen kann man gut die Benutzung von PHP/MySQL ausprobieren, ohne schwerwiegende Konsequenzen befürchten zu müssen. Wie lange solche Angebote allerdings dann wirklich kostenfrei sind, ist ungewiss. Hier eine Liste von Providern und ihren Angeboten.

| *Provider* | *Website* | *Bemerkung* |
|---|---|---|
| Puretec (1&1) | www.puretec.de | Angebote mit PHP/MySQL-Unterstützung werden bereits ab ca. 8 € zur Verfügung gestellt. (Premium- bzw. Power-Pakete) |
| Hosteurope | www.hosteurope.de | Angebote mit PHP/MySQL-Unterstützung werden bereits ab ca. 4 € zur Verfügung gestellt. (Webpack-Pakete) |
| Strato | www.strato.de | Angebote mit PHP/MySQL-Unterstützung werden bereits ab ca. 8 € zur Verfügung gestellt. (Premium-Pakete) |
| Schlund+Partner | www.schlund.de | Angebote mit PHP/MySQL-Unterstützung werden bereits ab ca. 12 € zur Verfügung gestellt. (Web-Hosting-Pakete) |

## 2.8 Überprüfen der Konfiguration

Trotz aller Informationen auf den Webseiten halten sich die meisten Provider sehr bedeckt, was konkrete Informationen über den genutzten Webspace betrifft. Es ist eine gute Idee, auch ohne entsprechendes Wissen über PHP den frisch angemieteten Webspace zu testen. Dazu geben Sie in einem Editor folgende Zeilen ein:

```
<?
phpinfo();
?>
```

Speichern Sie dieses Skript unter dem Namen info.php ab und laden Sie es dann per FTP in das Rootverzeichnis Ihres Webspace. Anschließend öffnen Sie Ihren Browser und geben folgende Adresse ein:

http://www.namederdomain.de/info.php

Es sollte eine längere Ausgabe erfolgen, die etwa den folgenden Abbildungen entspricht. Diese Serverkonfiguration stellt nun für alle weiteren Projekte die Basis dar. Wichtig sind folgende Punkte:

- Versionsnummer
- Datenbankunterstützung
- Perl Regular Expressions
- Session
- XML

## Konfigurationsabbildungen

Mithilfe des Befehls phpinfo() können Sie die Konfiguration überprüfen. Die folgenden Abbildungen zeigen eine typische Konfiguration mit sämtlichen Werten, die phpinfo() erzeugt.

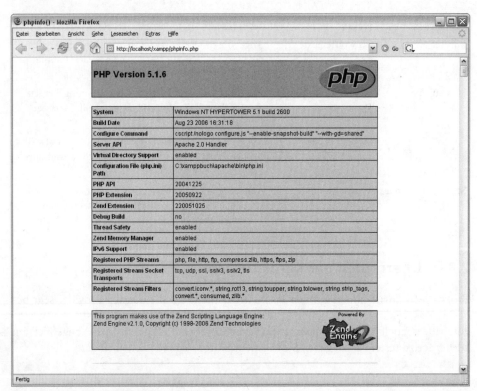

Bild 2.12: Konfiguration des PHP-Interpreters

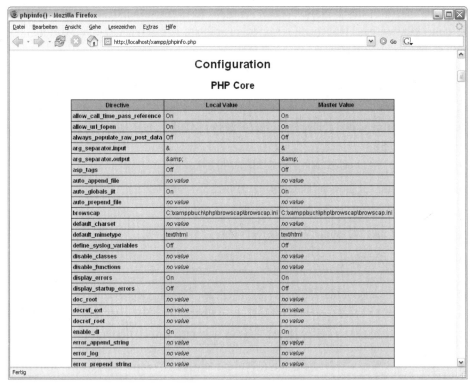

Bild 2.13: PHP-Konfiguration – die meisten Werte lassen sich in der *php.ini* einstellen.

> **Hinweis:** Die Darstellung der Daten kann sich je nach Version unterscheiden. Die hier gezeigten Abbildungen sind nur als Orientierungshilfe zu verstehen.

## 2.9 MySQL – Installation

MySQL besteht aus dem SQL-Datenbankserver mysqld sowie diversen Clientprogrammen.

MySQL verwendet die Abfragesprache Structured Query Language, kurz SQL, welche in den 70er Jahren von der Firma IBM entwickelt wurde und bis heute als Standardabfragesprache für relationale Datenbanken gilt. Der Vorläufer von MySQL ist das auch heute noch verbreitete mSQL (Mini SQL).

MySQL ist als Source- oder als Binärdistribution kostenfrei erhältlich und unterstützt sämtliche modernen Betriebssysteme, welche POSIX-Threads und einen C++-Compiler verwenden. Vorteil der Binärdistribution ist die einfache Installierung des Datenbankservers. Zur Sourcedistribution von MySQL, die in C/C++ geschrieben ist, greift, wer den Code lesen oder sogar modifizieren möchte.

Wer sich eine aktuelle MySQL-Version aus dem Netz laden will, kann zwischen einer ganzen Reihe unterschiedlicher Versionen auswählen. Die aktuelle stabile MySQL-Version ist Release 5.0.24.

> **Tipp:** Die jeweils aktuellen MySQL-Distributionen für Ihr Betriebssystem erhalten Sie unter folgender Adresse: *www.mysql.com*.

Um den Dschungel der Releasenummern besser zu durchschauen, können folgende Hinweise hilfreich sein:

Die Releasenummer besteht aus drei Zahlen und eventuell einem Suffix.

- Die erste Zahl (5) gibt das Dateiformat an.
- Die zweite Zahl (0) ist die Releasenummer.
- Die dritte Zahl (24) ist die Versionsnummer.

Das Suffix gibt Auskunft über die Vollständigkeit der Dokumentation und die Stabilität der Version.

- Alpha – Mit dem Suffix Alpha wird ein Release gekennzeichnet, das einen umfangreichen neuen Codeteil besitzt, welcher noch nicht hundertprozentig getestet wurde.
- Beta – Mit dem Suffix Beta wird ein Release gekennzeichnet, dessen neuer Code vollständig getestet wurde und dessen Dokumentation vollständig ist. Bei Betaversionen treten in der Regel keine bekannten Fehler mehr auf. Wenn nach einer bestimmten Zeit keine Fehler mehr auftreten, wird die Betaversion zur Gammaversion (bzw. Release-Candidate).
- rc – Ein Release-Candidate, d. h. eine Betaversion, die bereits seit einiger Zeit verfügbar ist und offensichtlich stabil arbeitet. Es werden nur noch kleinere Fehlerkorrekturen vorgenommen.
- Kein Suffix – Wird wie im vorliegenden Fall kein Suffix angegeben, bedeutet dies, dass diese Version bei diversen Anwendungen für eine längere Zeit ohne Fehler im Einsatz war und es sich somit um eine stabile Version handelt.

> **Achtung:** MySQL steht unter dem »Dualen Lizenzierungsmodell« der MySQL-AB-Gruppe zur Verfügung. Bei diesem Modell können die Anwender wählen, ob sie MySQL-Produkte unter der Free Software/Open-Source GNU General Public License (GPL) oder unter einer kommerziellen Lizenz nutzen wollen.

### MySQL-Varianten

Wer die Wahl hat, hat die Qual. Der MySQL-Datenbankserver ist in vier verschiedenen Varianten verfügbar:

- *MySQL Standard* enthält die Standard-Speicher-Engines von MySQL sowie die InnoDB Storage Engine. InnoDB ist eine transaktionssichere ACID-konforme Storage Engine mit Commit, Rollback, Absturzwiederherstellung und der Möglichkeit, Datensätze auf Zeilenebene zu sperren. Diese Variante ist für Anwender ge-

dacht, die die Hochleistungsdatenbank MySQL mit voller Transaktionsunterstützung nutzen möchten.
- *MySQL Pro* ist die Variante mit kommerzieller Lizenz des MySQL-Standarddatenbankservers mit den gleichen Eigenschaften, einschließlich InnoDB-Unterstützung.
- *MySQL Max* ist für Anwender gedacht, die frühzeitig Zugang zu neuen Funktionen und Eigenschaften haben möchten. Diese Variante beinhaltet die Standard Storage Engines, die InnoDB Storage Engine und andere Extras wie die Berkeley Database Storage Engine und SSL Transport Layer-Verschlüsselung. MySQL Max unterstützt auch die Aufteilung von Tabellen auf verschiedene Dateien, was nützlich ist, wenn die Dateigröße größer wird, als das Betriebssystem dies zulässt.
- *MySQL Classic* enthält nur die Standard MySQL Storage Engines und unterscheidet sich von MySQL Pro und MySQL Standard dadurch, dass die InnoDB Storage Engine nicht enthalten ist. MySQL Classic ist nur als kommerzielle Lizenz erhältlich.

### 2.9.1 Installation des MySQL-Datenbankservers

Die Installation eines MySQL-Servers kann in folgende Schritte unterteilt werden:

- Beschaffung des MySQL-Programms
- Installation des MySQL Servers, gegebenenfalls Kompilierung des Quellcodes
- Konfiguration des Systems

> **Hinweis:** Die aktuellen MySQL-Binärdistributionen für die Betriebssysteme Windows/Linux in der MySQL-Version 4 und 5 liegen der CD-ROM zum Buch bei.

### 2.9.2 Installation auf Unix-/Linux-Systemen

Die MySQL-AB-Gruppe hält von der Binärversion für Linux- und Unix-Betriebssysteme in der Regel ein gepacktes TAR-Archiv (*.tar.gz) zum Download bereit.

Für Linux ist darüber hinaus noch eine Version als RPM-Archiv (Red Hat Paket Manager) verfügbar. Für Linux (Intel) ist dieses RPM-Archiv die einfachste Möglichkeit, Linux zu installieren. Dies gilt jedoch nur, wenn Sie keine Distribution verwenden, die MySQL menügesteuert installiert.

Für die Installation des MySQL-Servers benötigen Sie das Paket MySQL-VERSION.i386.rpm, wobei VERSION für die aktuelle Versionsnummer steht, beispielsweise 4.1.0 oder 5.1.6. Dieses Archiv ist momentan ca. 9 MB groß.

Die Installation erfolgt über die Kommandozeile mit

```
$>rpm -i MySQL-VERSION.i386.rpm
```

Das RPM-Archiv legt die Daten in `/var/lib/mysql` ab und übernimmt die notwendigen Einträge in `/etc/rc.d`, damit der MySQL-Server automatisch beim Booten als Prozess startet.

Nach der Installation sollte der MySQL-Server betriebsbereit sein. Weiter unter werden Hinweise gegeben, wie Sie die Installation überprüfen können.

### Installation eines TAR-Archivs

Wenn Sie eine Binärversion installieren wollen, die als TAR-Archiv vorliegt, gehen Sie wie folgt vor:

Sie benötigen hierfür ein TAR-Archiv, das mit *mysql-Version-OS.tar.gz* bezeichnet ist. *Version* steht hierbei für die jeweilige Versionsnummer und *OS* für das Betriebssystem, beispielsweise *mysql-3.23.46-pc-linux-gnu-i686.tar.gz*.

Falls in Linux nicht schon vorhanden, legen Sie eine Gruppe mit dem Namen *mysql* an.

```
$>groupadd mysql
```

> **Achtung:** Der Befehl `groupadd` kann je nach Betriebssystem variieren.

Falls in Linux noch nicht vorhanden, legen Sie einen Benutzer mit dem Namen *mysql* an:

```
$>useradd -g mysql mysql
```

> **Achtung:** Der Befehl `useradd` kann ebenfalls je nach Betriebssystem variieren.

Wechseln Sie in das Zielverzeichnis, beispielsweise */usr/local/mysql*. Sie benötigen in dem Zielverzeichnis Rechte, um Verzeichnisse erzeugen zu können.

Entpacken Sie das gepackte Archiv mit dem Befehl

```
$>gunzip /Pfad_des_Archivs/mysql-Version-OS.tar.gz | tar xvf
```

Linken Sie die Version auf Ihr MySQL-Verzeichnis.

```
$>ln -s mysql-Version-OS mysql
```

Im Verzeichnis *bin*, beispielsweise */usr/local/mysql/bin*, Ihres MySQL-Installationsverzeichnisses befinden sich alle Hilfs- und Clientprogramme, die MySQL mitliefert. Damit diese später gefunden werden, sollte Ihre PATH-Variable um dieses Verzeichnis ergänzt werden.

Wechseln Sie in das Verzeichnis *scripts* Ihres Installationsverzeichnisses, beispielsweise */usr/local/mysql/scripts*. Führen Sie das Skript `mysql_install_db` aus, um die Rechtetabelle von MySQL zu erzeugen. Dieses Skript muss nur bei einer Neuinstallation ausgeführt werden.

Aktualisieren Sie die Verzeichnisrechte der MySQL-Installation. Der Besitzer der ausführbaren Dateien sollte *root*-Rechte besitzen und das Datenverzeichnis sollte dem Besitzer zugewiesen werden, der den `mysqld` (MySQL-Server) startet. In unserem Fall ist das der Benutzer *mysql*.

```
$>chown -R root /usr/local/mysql
```

```
$>chown -R mysql /usr/local/mysql/data
```

```
$>chgrp -R mysql /usr/local/mysql
```

> **Achtung:** Die Verzeichnisse können bei Ihnen natürlich auch andere Bezeichnungen haben.

Abschließend müssen Sie Ihr System noch so vorbereiten, dass der MySQL-Server beim Booten des Betriebssystems automatisch startet. Dies erfolgt gewöhnlich über ein Skript in /etc/init.de und einen Link nach /etc/rc3.d/S99mysql sowie /etc/rco.d/S01mysql. Im Verzeichnis *support-files* finden Sie mit mysql-server ein vorbereitetes Skript, das Sie verwenden können.

### *Installation der Source-Distribution*

Für die Übersetzung von MySQL auf ein Unix-/Linux-System werden folgende Programme benötigt, die auf dem entsprechenden Zielrechner installiert sein müssen:

- *gunzip* und *tar* zum Entpacken der Archive.
- Ein ANSI C++-Compiler wie *gcc*. Empfohlen wird eine Version größer oder gleich 2.95.2. Die Verfügbarkeit eines entsprechenden Compilers ist auch vom Betriebssystem abhängig. Nähere Informationen hierzu können Sie der Datei *INSTALL-SOURCE*, die in den Sourcen enthalten ist, entnehmen.
- Ein Make-Programm wie *GNU make*.

Der Ablauf der Installation ist wie folgt:

Sie benötigen ein TAR-Archiv, das mit *mysql-Version.tar.gz* bezeichnet ist. Sie finden diese Datei auf der Homepage von MySQL bzw. auf dieser Buch-CD.

Falls in Linux nicht schon vorhanden, legen Sie eine Gruppe mit dem Namen *mysql* an.

```
$>groupadd mysql
```

Falls in Linux noch nicht vorhanden, legen Sie einen Benutzer mit dem Namen *mysql* an.

```
$>useradd -g mysql mysql
```

Wechseln Sie in ein Verzeichnis, in dem die Sourcen gespeichert werden sollen, beispielsweise /usr/src/mysql. Entpacken Sie dort das gepackte Archiv mit dem Befehl

```
$>gunzip /Pfad_des_Archivs/mysql-Version-OS.tar.gz | tar xvf
```

Führen Sie

```
$>./configure -prefix=/usr/local/mysql
```

mit gegebenenfalls weiteren gewünschten Optionen aus. Weitere Optionen erhalten Sie über den Befehl configure –help.

Führen Sie

```
$>make
```

aus.

Führen Sie

```
$>make install
```

aus.

Wechseln Sie in das Verzeichnis *scripts* Ihres Installationsverzeichnisses, beispielsweise */usr/local/mysql/scripts*. Führen Sie dort das Skript `mysql_install_db` aus, um die Rechtetabelle von MySQL zu erzeugen. Dieses Skript muss nur bei einer Neuinstallation ausgeführt werden.

Aktualisieren Sie die Verzeichnisrechte der MySQL-Installation. Besitzer der ausführbaren Dateien sollten *root*-Rechte besitzen und das Datenverzeichnis sollte dem Besitzer zugewiesen werden, der den *mysqld* (MySQL-Server) startet. In unserem Fall ist das der Benutzer *mysql*.

```
$>chown -R root /usr/local/mysql
$>chown -R mysql /usr/local/mysql/data
$>chgrp -R mysql /usr/local/mysql
```

Kopieren Sie die Beispielkonfigurationsdatei nach */etc*.

```
$>cp support-files/my-medium.cnf /etc/my.cnf
```

Testen Sie, ob der MySQL-Server betriebsbereit ist. Dieses kann durch Starten des Servers erfolgen. Der Befehl hierfür lautet

```
$>/usr/local/mysql/bin/mysqld_safe --user=mysql &
```

Abschließend müssen Sie Ihr System noch so vorbereiten, dass der MySQL-Server beim Booten des Betriebssystems automatisch startet. Dies erfolgt gewöhnlich über ein Skript in `/etc/init.d` und einen Link nach `/etc/rc3.d/S99mysql` und `/etc/rco.d/S10mysql`. Im Verzeichnis *support-files* finden Sie mit `mysql.server` ein vorbereitetes Skript, das Sie verwenden können.

### *mysqld_safe*

Unter Unix-Systemen wird ein Skript mit dem Namen `mysqld_safe` mitgeliefert, das zusätzliche Sicherheitsfeatures für den Start des MySQL-Servers bietet. Hierzu gehören der automatische Restart nach einem Fehler oder die Protokollierung von Servervorgängen. Das Skript benötigt mit kleinen Ausnahmen dieselben Parameter wie `mysqld` und muss in der Regel nicht editiert werden.

### 2.9.3 Installation auf Windows-Systemen

Für Windows-Systeme ist es am sinnvollsten, die Binärversion zu verwenden, die mit einem kompletten Installationsprogramm ausgestattet ist.

Die Windows-Version läuft auf allen Windows-32-Bit-Systemen, also Win9x, ME, NT, Windows 2000 und XP. Auf dem Windows-Rechner muss ein TCP/IP-Stack installiert sein, damit MySQL installiert werden kann.

### *Administratorrechte*

Unter den Serverbetriebssystemen Windows NT und Windows XP benötigen Sie für die Installation entsprechende Rechte. Die Installation des MySQL-Servers sollte hier mit Administrationsrechten erfolgen.

Die Dateien liegen auf dem MySQL-Server als gepackte ZIP-Datei. Sie benötigen also noch ein entsprechendes Programm wie Win-ZIP zum Entpacken des Archivs. In dem

Archiv befindet sich eine *setup.exe*, mit der Sie das Installationsprogramm starten können. Befolgen Sie die Anweisungen des Installationsprogramms. Falls Sie MySQL in ein anderes Verzeichnis als das vorgeschlagene Verzeichnis *C:\mysql* installieren wollen, wählen Sie ein entsprechendes Verzeichnis aus.

Auch für Windows steht eine Sourcecode-Version zur Verfügung. Für die Übersetzung des Sourcecodes benötigen Sie allerdings zwingend den Microsoft *Visual C++ 6.0 Compiler* und können im Gegensatz zu Unix-Versionen nicht auf einen Open-Source-Compiler zurückgreifen.

### 2.9.4 Installation überprüfen

War die Installation erfolgreich, sollte der MySQL-Server als Prozess laufen. Eine Ausnahme bilden Windows 9x und ME. Unter Unix-Systemen können Sie mit `ps -a | grep mysqld` die Prozessliste anzeigen lassen. Ist der MySQL-Server betriebsbereit, sollte er wie folgt als Prozess aufgelistet sein:

```
$>ps -a | grep mysqld
11015 pts/1            00:00:00 mysqld
11017 pts/1            00:00:00 mysqld
```

Unter Windows sollte ein entsprechender Eintrag (*mysqld.exe*) in der Taskleiste vorhanden sein.

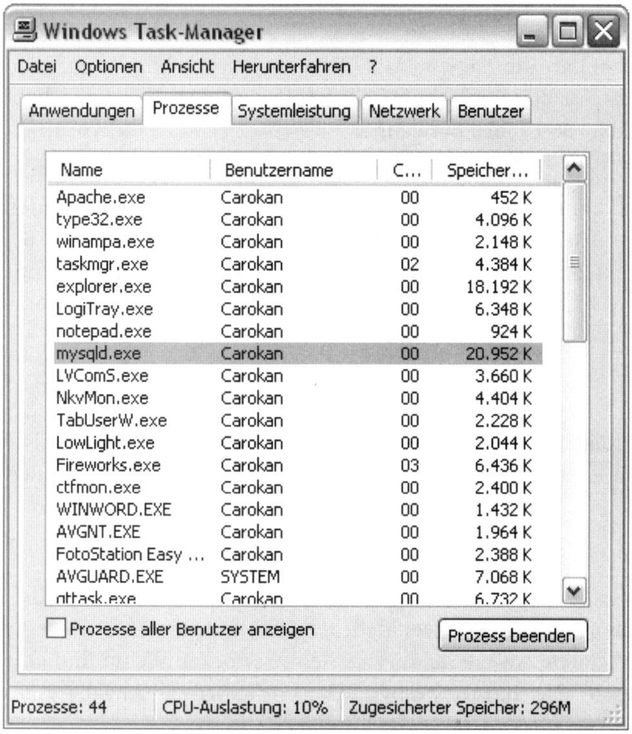

Bild 2.14: Taskleiste, in der mysql als Prozess aufgeführt wird

Eine bestehende Installation können Sie auch testen, indem Sie eine Verbindung zum MySQL-Server herstellen. Dies kann mit folgender Kommandozeile bewirkt werden:

```
$>mysql -uroot
```

Läuft der Server, sollte die Verbindung mit der Shell des *mysql-clients* in der folgenden Form quittiert werden:

```
Welcome to the MySQL monitor.  Commands end with ; or \g.
Your MySQL connection id is 1 to server version: 5.0.24a
Type 'help;' or '\h' for help. Type '\c' to clear the buffer.

mysql>
```

Läuft der Datenbankserver nicht, wird der Versuch, die Verbindung aufzubauen, mit folgender Fehlermeldung quittiert:

```
ERROR 2002: Can't connect to local MySQL server through socket '/tmp/mysql.sock'
(111)
```

## 2.9.5 Kommandozeilenwerkzeuge von MySQL

MySQL verfügt über eine Reihe von Kommandozeilenwerkzeugen. Diese lassen sich vor allem für Administrationsaufgaben einsetzen. Sie finden diese in Ihrem Installationsverzeichnis von MySQL im Unterverzeichnis *bin*.

### mysql – die SQL-Shell

Das wichtigste Tool, das im Standardumfang von MySQL mitgeliefert wird und auf allen Betriebssystemen verfügbar ist, ist das Kommandozeilenwerkzeug *mysql*. Dieser Client wird von MySQL AB als einfache SQL-Shell bezeichnet.

Das Praktische an diesem Tool ist die Möglichkeit, es nicht nur interaktiv, sondern auch im Batch-Modus benutzen zu können. Wenn Sie den Client *mysql* interaktiv verwenden wollen, erfolgt der Programmstart durch Eingabe von mysql mit Parametern. Bei korrektem Aufruf und korrekter Installation startet das Programm mit einer Verbindung zum MySQL-Server und bietet einen Kommandozeilenprompt an. In diese Kommandozeile können Sie dann die Befehle eingeben.

### Start der mysql-Shell

Der Start der mysql-Shell erfolgt über Eingabe von mysql in die Kommandozeile. Die mysql-Shell verfügt dabei über eine Reihe von Parametern für den Aufruf. Diese können wie folgt angezeigt werden:

```
$>mysql -help
```

Die wichtigsten Aufrufparameter sind der Benutzername, das Passwort und der Zielrechner. Grundsätzlich können Sie sich mit jedem beliebigen Rechner, auf dem eine MySQL-Datenbank läuft, verbinden, soweit Sie dort als Benutzer bekannt sind und eine Netzwerkverbindung zu diesem Zielrechner besteht. Der Aufruf unter Angabe eines Benutzernamens, Passworts und Zielrechners erfolgt in folgender Form:

```
$>mysql -u<Benutzername> -p<Passwort> -h<Zielrechner>
```

Eingaben in den mysql-Client werden mit einem Semikolon (;) oder \g abgeschlossen. Diese Information erhalten Sie auch zur Erinnerung bei jedem Start des mysql-Clients. Um den mysql-Client zu verlassen, ist der Befehl `quit` oder `exit` einzugeben.

Der Start und das Beenden der mysql-Shell sieht beispielsweise wie folgt aus:

```
$>mysql -uroot -pmypassword
```

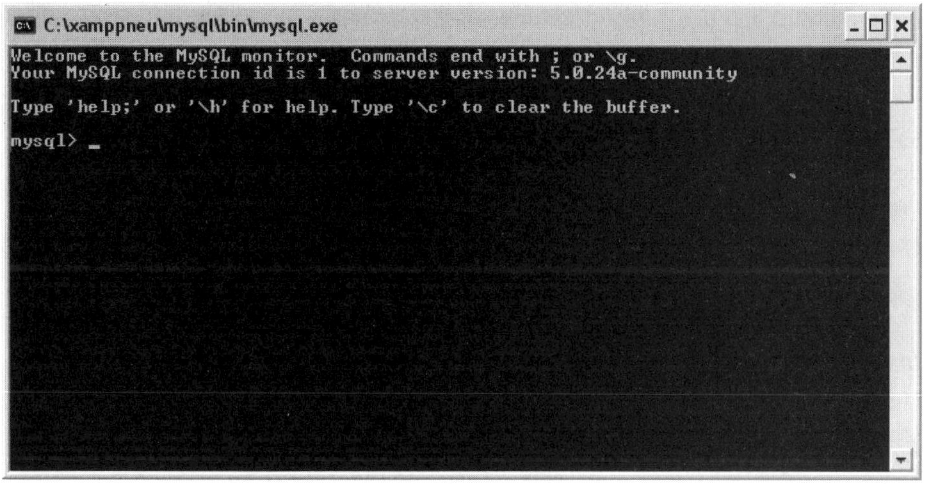

Bild 2.15: mysql-Shell mit mysql-Prompt

Die mysql-Shell meldet sich mit einem *mysql>*-Prompt. Dort können Sie dann die Befehle eingeben.

### mysql-Shell im Batchmodus betreiben

Um die mysql-Shell im Batch-Modus zu benutzen, können Sie die Anweisungen, die Sie ausführen wollen, in eine Skriptdatei schreiben und anschließend über folgende Kommandozeile ausführen:

```
$>mysql <Datenbankname> <Skriptname> <Ausgabedatei>
```

Im Skript stehen alle Befehle, die abgearbeitet werden sollen. Mit `<Skriptname>` werden diese Befehle eingelesen. Die Ausgabe kann mit `<Ausgabedatei>` in eine Datei umgeleitet werden. Auf diese Weise lassen sich wiederkehrende Aufgaben automatisieren.

### mysqladmin

Dies ist ein Programm zur Unterstützung von administrativen Aufgaben von der Kommandozeile. Mit *mysqladmin* können Sie

- den Server herunterfahren,
- Datenbanken anlegen,
- Datenbanken löschen,
- Versions-, Prozess- und Statusinformationen anzeigen,
- Rechtetabellen neu laden.

Der Start von *mysqladmin* erfolgt von der Kommandozeile aus mit:

`$>mysqladmin [OPTIONEN] Befehl Befehl`

Wie bei allen Kommandozeilentools von MySQL können Sie die Hilfe und die zur Verfügung stehenden Optionen mit folgender Kommandozeile abrufen:

`$>mysqladmin --help`

Beispielhaft ist hier der Aufruf der Prozessliste von MySQL aufgezeigt, mit der Sie überwachen können, welche Prozesse aktuell auf der Datenbank laufen:

`$>mysqladmin -uuser -ppasswort -hxxx.xxx.xxx.xxx processlist`

Sie können natürlich auch auf entfernten Rechnern mithilfe der Angabe des Hosts (-h), des Usernamens (-u) und des dazugehörigen Passworts (-p) die gewünschten Optionen ausführen, soweit Ihnen entsprechende Rechte auf der Datenbank eingeräumt wurden.

Um einen MySQL-Server herunterzufahren, ist folgender Befehl einzugeben:

`$>mysqladmin -uroot -ppasswort shutdown`

### *mysqlshow*

Dieses Programm zeigt Informationen über eine Datenbank, Tabellen, Spalten und Indizes an. *mysqlshow* wird wie folgt aufgerufen:

`$>mysqlshow [OPTIONS] [<Datenbank> [<Tabelle> [<Spalte>]]]`

Wenn Sie sich Informationen zu einer Tabelle anzeigen lassen wollen, kann die Ausgabe wie folgt aussehen:

`$>mysqlshow -uuser -ppasswort -h127.0.0.72 mysqlpraxis kunden`

### 2.9.6 Weitere Hilfsprogramme

#### *myisamchk*

Hierbei handelt es sich um ein Hilfsprogramm zur Überprüfung, Optimierung und Reparatur von MySQL-Tabellen.

#### *mysqldump*

Dieses Programm erzeugt eine Kopie der Datenbank oder Teile davon als ASCII-Datei in vollständiger SQL-Syntax. Es ist äußerst hilfreich beim Transfer von Datenbanken oder bei Backup-Aufgaben.

#### *mysqltest*

MySQL liefert unter Unix ein Testsystem mit, das es Ihnen erlaubt, auch komplexe Datenbankabläufe zu simulieren.

#### *mysqlimport*

Ein Hilfsprogramm zum Importieren von Tabellen und Daten.

## mysqlhotcopy

Dies ist ein Perl-Skript zur schnellen Sicherung von Datenbanken und Tabellen. Es ist lediglich bei der Unix-Version vorhanden.

## perror

Dieses Programm dient zur Übersetzung von Fehlernummern und wird folgendermaßen aufgerufen:

```
$>perror <Fehlernummer> <Fehlernummer> ...
```

### Beispiel

```
$>perror 13 23
Keine Berechtigung
Zu viele offene Dateien im System
```

### 2.9.7 Grafische MySQL-Clients

Natürlich können Sie alle Arbeiten auf der Datenbank mit Bordmitteln wie *mysql-Client* erledigen. Wesentlich komfortabler und produktiver kann dies jedoch mit grafischen Clientprogrammen erfolgen.

Diese bieten die üblichen Vorteile von Copy&Paste über mehrere Fenster bis hin zur Mausbedienung. Im Folgenden werden einige dieser grafischen Clients vorgestellt.

#### EMS SQL Manager 2005 for MySQL

*EMS SQL Manager* ist eine optimale Anwendung zur Entwicklung und Verwaltung von MySQL-basierten Datenbanken. Die Anwendung arbeitet mit verschiedenen MySQL-Versionen von 3.23 bis 5.1 und unterstützt sämtliche MySQL-Eigenschaften, einschließlich Views, Stored Procedures und Funktionen, InnoDB-Fremdschlüssel usw. Sie bietet viele nützliche Werkzeuge, mit denen die Entwicklung und Verwaltung optimal unterstützt wird. Den *EMS SQL Manager* zähle ich persönlich zu meinen Favoriten, wenn es um MySQL-Datenbanken geht. Features:

- Volle Unterstützung von MySQL-Versionen von 3.23 bis 5.1
- Schnelle Navigation und Datenbankmanagement
- Einfaches Management aller MySQL-Objekte
- Fortgeschrittene Datenmanipulations-Werkzeuge
- Zugang zum MySQL-Server durch HTTP-Protokoll
- Ausgezeichnete visuelle Textwerkzeuge für Query-Bildung
- Das Verbinden über den lokalen Port durch den SSH-Tunnel
- Optimierte Datenexport und -import-Eigenschaften
- Erweitertes Sicherheitsmanagement
- Visual Database Designer

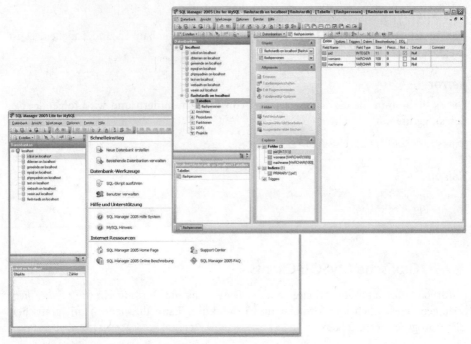

Bild 2.16: EMS SQL Manager (Windows)

> **Hinweis:** Der *EMS SQL Manager* steht auch in einer Lite Distribution zur Verfügung, und die Programmoberfläche ist auch in Deutsch zu haben.
>
> **Hinweis:** Verfügbar ist der *EMS SQL Manager* unter *www.sqlmanager.net* und auf der Buch-CD.

### phpMyAdmin

Wer ohne Installation von Software auf den Clients auskommen möchte, kann auch auf eine serverseitige Lösung zurückgreifen. Da MySQL häufig auf Servern läuft, ist eine serverseitige Lösung zumindest für die Daten- und Rechteverwaltung eine praktikable Sache. Dabei ist momentan *phpMyAdmin* das verbreiteste unter den serverseitigen Programmen.

phpMyAdmin läuft auf Webservern, die die Programmiersprache PHP unterstützen und entsprechend konfiguriert sind. Um das Programm einsetzen zu können, benötigen Sie also einen Webserver, an den die Zielclients angebunden sind.

## 2.9 MySQL – Installation

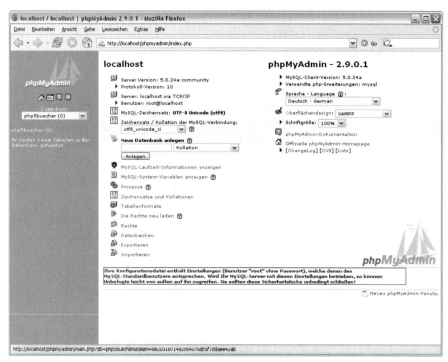

Bild 2.17: Aufruf von phpMyAdmin im Browser

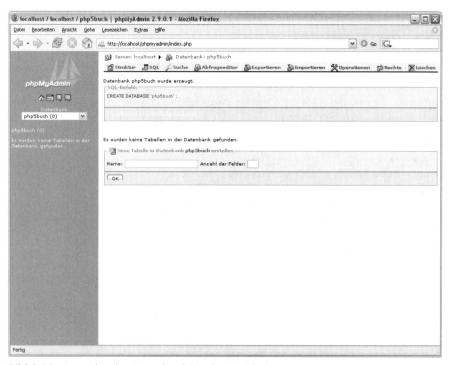

Bild 2.18: Ausgabe der Datenbank in phpMyAdmin

Alle wichtigen Operationen, wie das Anlegen von Datenbanken und Datenbanktabellen oder die Benutzerverwaltung, sind hiermit komfortabel zu verwalten, ohne dass Sie sich mit den Kommandozeilenwerkzeugen und Befehlen auseinandersetzen müssen.

## Installation von phpMyAdmin

Die Installation von phpMyAdmin erweist sich als äußerst einfach, wenn man einige wesentliche Schritte beachtet:

- Entpacken Sie die Datei *phpMyAdmin-2.9.0.1.zip* in Ihr Dokumentenverzeichnis des Webservers und benennen Sie den hierbei erzeugten Ordner in *phpmyadmin* um. So wird das Aufrufen von phpMyAdmin wesentlich erleichtert.
- Öffnen Sie die im neuen Verzeichnis *phpmyadmin* enthaltene Datei *config.inc.php* mit einem Texteditor wie Notepad oder nutzen Sie einen PHP-Editor von der Buch-CD.

Nun geht es noch darum, die folgenden Zeilen zu bearbeiten und die Daten für den lokalen Betrieb einzutragen.

Als Erstes sollten Sie die URI zu Ihrer phpmyadmin-Installation festlegen.

```
$cfgPmaAbsoluteUri = 'http://localhost/phpmyadmin/';
```

Als Host tragen Sie localhost ein.

```
$cfgServers[$i]['host'] = 'localhost';
```

Für den Zugriff auf phpMyAdmin liegt der Benutzer root vor. Ein Passwort ist nicht erforderlich und der entsprechende Eintrag hierfür kann leer bleiben.

```
$cfgServers[$i]['user'] = 'root';
```

```
$cfgServers[$i]['password'] = '';
```

Sollten Sie bereits einen Benutzer und ein Passwort angelegt haben, müssen Sie diese hier eintragen. Das ist beispielsweise immer dann notwendig, wenn Sie phpMyAdmin bei Ihrem Provider einsetzen wollen.

*Beispiel – puretec.de*

```
$cfgServers[$i]['host'] = 'db09.puretec.de';
$cfgServers[$i]['port'] = '3306';
$cfgServers[$i]['stduser'] = 'root';
$cfgServers[$i]['stdpass'] = '';
$cfgServers[$i]['user'] = 'pxxxxxxx';
$cfgServers[$i]['password'] = 'xxxxxxxx';
$cfgServers[$i]['only_db'] = 'db1829';
```

**Hinweis:** Verfügbar ist phpMyAdmin unter *www.phpmyadmin.de* und auf der Buch-CD.

**Tipp:** Einen Onlinetest von phpMyAdmin können Sie unter folgender URL durchführen: *www.phpmyadmin.net/phpMyAdmin/index.php*.

## Navicat

*Navicat* ist ein leistungsfähiges Datenbankadministrations- und Entwicklungswerkzeug, das nicht nur optimal für professionelle Entwickler, sondern auch für Neueinsteiger leicht einzusetzen ist. Die Benutzeroberfläche von Navicat hilft Ihnen schnell Informationen zu erzeugen, zu organisieren, abzurufen und gemeinsam zu nutzen.

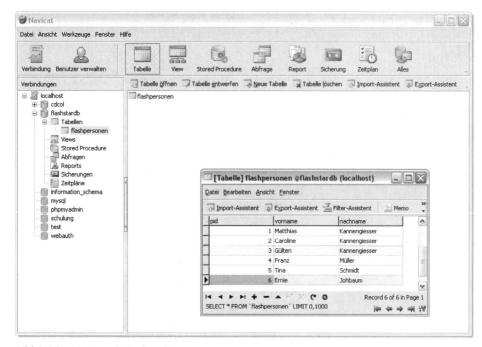

Bild 2.19: Navicat (Windows)

Features:

- Unterstützung mehrfacher Verbindungen zu MySQL-Servern
- Erzeugen und Löschen von Datenbanken, Tabellen, Indizes und Benutzern
- Erstellen und Ausführen von SQL-Abfragen
- Bearbeiten von Benutzerrechten (Sicherheitsrichtlinien)
- Sichern/Wiederherstellen von Datenbanken
- Datenübertragung – Replikation von Datenbanken
- Foreign Keys – unterstützt die Definition von Fremdschlüsseln
- Stapelverarbeitung und Zeitplanung
- Datenimport/-export der populärsten Datenformate, einschließlich Access, Excel, XML, PDF und TXT
- Datenimport von ODBC-Datenquellen
- Datensynchronisation und Struktursynchronisation

- Unicode-Unterstützung
- Stored Procedure

Durch die kontinuierliche Weiterentwicklung nimmt der Funktionsumfang stetig zu. Navicat stellt daher eine optimale Alternative zur Kommandozeile dar.

> **Hinweis:** Navicat kann unter folgender URL bezogen werden: *www.navicat.de*.

## SQLyog

*SQLyog* steht dem EMS SQL Manager und Navicat in nichts nach. Webyog Softworks stellt mit SQLyog ein leistungsfähiges Datenbankadministrations- und Entwicklungswerkzeug zur Verfügung.

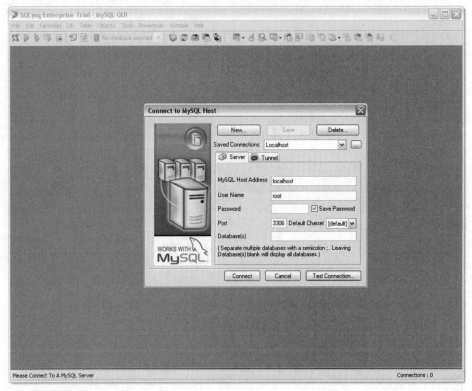

Bild 2.20: SQLyog-Start

Features:

- Erzeugen und Löschen von Datenbanken, Tabellen, Indizes und Benutzern
- Erstellen und Ausführen von SQL-Abfragen
- Bearbeiten von Benutzerrechten (Sicherheitsrichtlinien)
- Sichern/Wiederherstellen von Datenbanken
- Datenübertragung – Replikation von Datenbanken

- Datensynchronisation und Struktursynchronisation
- Ausgezeichnete visuelle Textwerkzeuge für Query-Bildung
- Das Verbinden über den lokalen Port durch den SSH-Tunnel
- Optimierte Datenexport und -import-Eigenschaften
- Stored Procedure

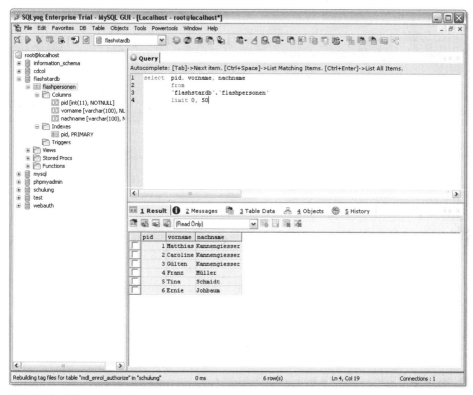

Bild 2.21:  SQLyog im Einsatz

Hinweis: SQLyog kann unter folgender URL bezogen werden: *www.webyog.com*.

## MySQL Maestro

*MySQL Maestro* gehört zwar noch nicht zu den bekanntesten Datenbankadministrations- und Entwicklungswerkzeugen, aber dies kann sich schnell ändern. Der Funktionsumfang der aktuellen Version ist beeindruckend. Darüber hinaus stehen zahlreiche zusätzliche Werkzeuge wie z. B. der MySQL Data Wizard zur Verfügung, welche die Ausarbeitung von SQL-Abfragen wesentlich erleichtern.

# Kapitel 2: Installation und Konfiguration

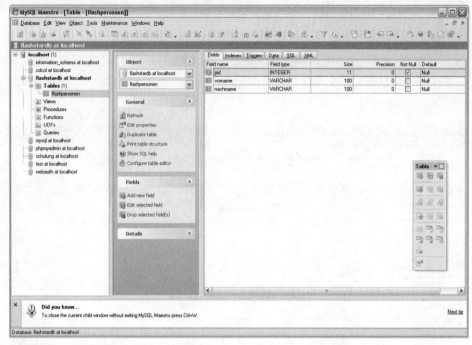

Bild 2.22: MySQL Maestro (Windows)

Features:

- Erzeugen und Löschen von Datenbanken, Tabellen, Indizes und Benutzern
- Erstellen und Ausführen von SQL-Abfragen
- Bearbeiten von Benutzerrechten (Sicherheitsrichtlinien)
- Datenübertragung – Replikation von Datenbanken
- Sichern/Wiederherstellen von Datenbanken
- Datensynchronisation und Struktursynchronisation
- Ausgezeichnete visuelle Textwerkzeuge für Query-Bildung
- Das Verbinden über den lokalen Port durch den SSH-Tunnel
- Optimierte Datenexport und -import-Eigenschaften
- MySQL Data Wizard
- Stored Procedure
- BLOB Viewer

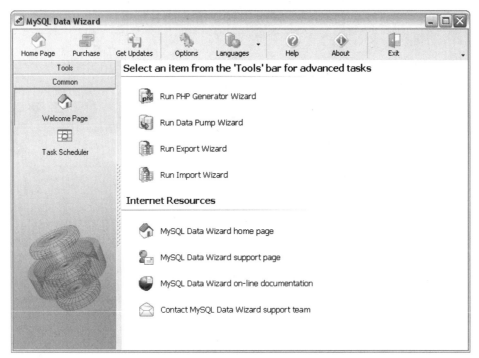

Bild 2.23: MySQL Maestro Data Wizard

Hinweis: MySQL Maestro kann unter folgender URL bezogen werden: *www.sqlmaestro.com*.

## MySQL Turbo Manager

*MySQL Turbo Manager* dürfte ebenfalls ein Geheimtipp sein und sich in Zukunft zu einem äußerst interessanten Datenbankadministrations- und Entwicklungswerkzeug entwickeln.

Features:

- Erstellen und Ausführen von SQL-Abfragen
- Import-/Exportfunktionen
- Replikation zwischen verschiedenen Datenbanken
- Anzeigen und Löschen von Datenbankprozessen
- Datenbanktabellendiagnose
- Datenbank-Query Builder

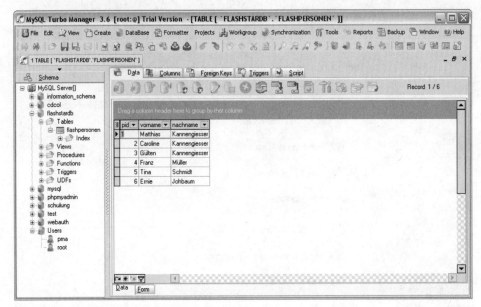

Bild 2.24: Oberfläche von MySQL Turbo Manager

> **Hinweis:** MySQL Turbo Manager kann unter folgender URL bezogen werden: *www.mentattech.com*.

### KSql

Wer einen grafischen Client für Linux sucht, kann *KSql* verwenden. Die Homepage von KSql ist *http://ksql.sourceforge.net*. Dort finden Sie die neueste Version und weitere Hinweise.

KSql hat folgenden Funktionsumfang:

- SQL-Befehle können in einem Editor bearbeitet werden.
- SQL-Befehle können gespeichert werden.
- Verbindung zu mehreren Datenbanken gleichzeitig ist möglich.
- Export von HTML wird unterstützt.
- Unterstützt neben MySQL auch weitere Datenbanken.

Voraussetzungen für KSql sind:

- KDE 1.1.1 oder höher
- Qt 1.42 oder höher
- Gcc 2.7.x oder höher

KSql ist häufig in Linux-Distributionen wie SuSE enthalten, sodass eine separate Installation entfallen kann.

> **Hinweis:** KSql kann unter folgender Adresse bezogen werden: *ksql.sourceforge.net*.

## 2.9.8 Anwendungen der MySQL-AB-Gruppe

Im Zusammenhang mit grafischen MySQL-Clients hat sich in den letzten Jahren auch einiges aus dem Hause der MySQL-AB-Gruppe ergeben. Die wohl attraktivsten Anwendungen dürften die folgenden drei Hilfswerkzeuge sein, welche allesamt kostenlos von der MySQL-AB-Gruppe zur Verfügung gestellt werden. Sie sollten sich diese Hilfswerkzeuge auf keinen Fall entgehen lassen, da Sie mit ihrer Hilfe die Funktionsweise eines MySQL-Datenbankservers in einem wesentlich kürzeren Zeitraum erlernen.

Sollten Ihnen die folgenden Funktionsbeschreibungen der Anwendungen zu blumig erscheinen, rate ich Ihnen eines: Werfen Sie unbedingt selbst einen Blick darauf. Danach werden Sie sicher nachvollziehen können, wieso mich der Leistungsumfang und die Umsetzung überzeugt haben.

### *MySQL Administrator*

Der *MySQL Administrator* ist ein leistungsfähiges Werkzeug, wenn es darum geht, die MySQL-Umgebung zu verwalten. Sie erhalten einen deutlich besseren Überblick über den Status der Datenbanken.

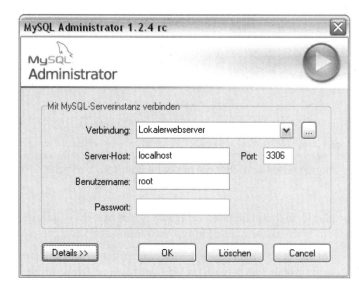

Bild 2.25: Konfiguration einer Datenbankserververbindung

Der MySQL Administrator integriert Wartung und Administration einer Datenbank in einer einheitlichen Umgebung mit klar strukturierter bedienbarer Benutzeroberfläche.

Der MySQL Administrator ermöglicht es Entwicklern und Datenbankadministratoren, alle Operationen der Befehlszeilenebene über die grafische Benutzeroberfläche auszuführen – Server konfigurieren, Benutzer verwalten und Zustände der Datenbanken überwachen. Darüber hinaus können Arbeiten wie die Überwachung von Datenbankreplikationen, Backup und Restore und das Überprüfen von Protokolldateien über die grafische Benutzeroberfläche von MySQL Administrator erledigt werden.

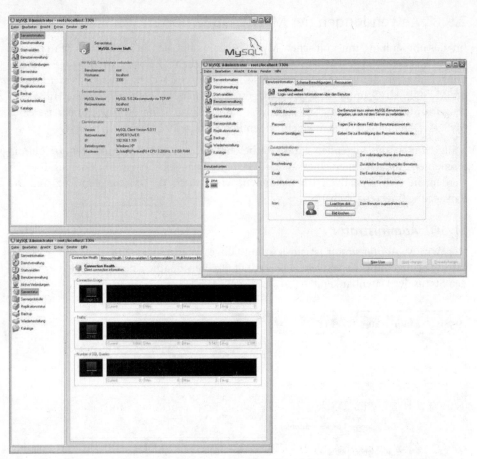

Bild 2.26: Zahlreiche Operationen lassen sich über die grafische Benutzeroberfläche steuern.

Ein weiteres Feature ist die plattformübergreifende Verfügbarkeit des MySQL Administrator. Es steht sowohl eine Windows- als auch eine Linux-Distribution zur Verfügung.

Bisher war eine Funktionalität in diesem Umfang meist kommerziellen Distributionen vorbehalten. Auf einer Bewertungsskala von 1 bis 10 würde der MySQL Administrator eine glatte 10 erhalten.

Bild 2.27: Der integrierte Tabelleneditor macht die Bearbeitung zum Kinderspiel.

## MySQL Administrator-Distributionen

Sollten Sie nach aktuellen Distributionen fahnden, empfiehlt sich ein Blick auf *www.mysql.de/products/administrator/*.

## MySQL Migration Toolkit

Das *MySQL Migration Toolkit* ist eine leistungsfähige Arbeitsumgebung, die es Ihnen erlaubt, Ihre proprietären Datenbanken auf MySQL zu übertragen. Das MySQL Migration Toolkit implementiert eine bewährte Methodik, und ein Assistent führt Sie durch alle erforderlichen Arbeitsschritte, um Ihr Projekt zur Datenbankmigration erfolgreich vollenden zu können.

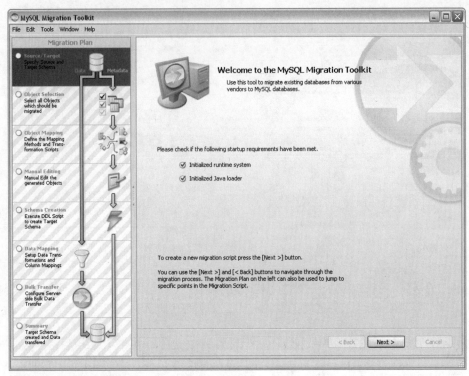

Bild 2.28: MySQL Migration Toolkit im Einsatz

## MySQL Workbench

Die MySQL-AB-Gruppe stellt Ihnen mit der *MySQL Workbench* eine brauchbare Lösung zur Datenbankmodellierung zur Verfügung. Der Einsatz eines Datenbankmodellierungstools wie der MySQL Workbench ist bei umfassenden Produktionen unverzichtbar.

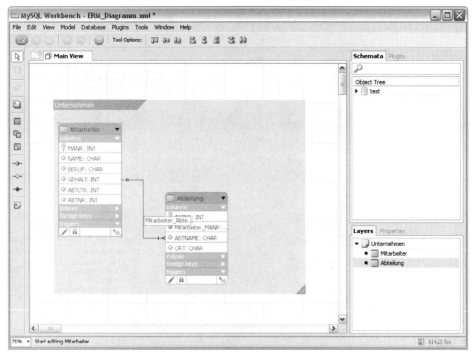

Bild 2.29: Datenbankmodellierung mit MySQL Workbench

## *MySQL Query Browser*

Die MySQL-AB-Gruppe hat sich mit dem MySQL Query Browser etwas einfallen lassen, das es in dieser Form bisher noch nicht gab – einen vollwertigen Datenbankserver-Browser. Der MySQL Query Browser ist ein einfach zu bedienendes Visualisierungswerkzeug zur Erstellung, Ausführung und Optimierung von SQL-Abfragen für Ihren MySQL-Datenbankserver. Er bietet Ihnen eine vollständige Auswahl an Drag-and-Drop-Werkzeugen, um Ihre Abfragen visualisiert zu erstellen, zu analysieren und zu verwalten.

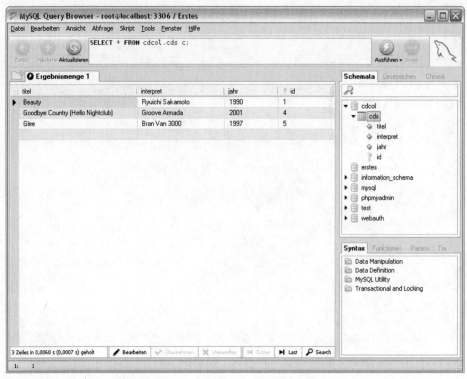

Bild 2.30: Der MySQL Query Browser ist weit mehr als ein Browser.

Am MySQL Query Browser wurde einige Zeit lang gewerkelt, und die aktuelle Version kann sich durchwegs sehen lassen. Vom Funktionsumfang her gehen die Funktionen des MySQL Query Browsers weit über die eines herkömmlichen Webbrowsers hinaus, da ohne Weiteres sämtliche Verwaltungs- und Bearbeitungsoptionen zur Verfügung stehen. So lassen sich beispielsweise Datensätze bearbeiten oder Datenbanken optimieren. Wer den MySQL Query Browser bei der alltäglichen Arbeit mit einem MySQL-Datenbankserver nicht einsetzt, ist selber schuld.

Der MySQL Query Browser wird ebenfalls unter dem »Dualen Lizenzierungsmodell« zur Verfügung gestellt.

### MySQL Query Browser-Distributionen

Sollten Sie nach aktuellen Distributionen fahnden, empfiehlt sich ein Blick auf *dev.mysql.com/downloads/query-browser/*.

### 2.9.9 Anwendung zur Datenbankmodellierung

Die visuelle Darstellung von Datenbanktabellenbeziehungen ist unverzichtbar bei umfangreichen Produktionen. Die MySQL-AB-Gruppe stellt Ihnen mit der MySQL Workbench eine brauchbare Lösung zur Verfügung. Eine weitere Alternative will ich Ihnen jedoch nicht vorenthalten.

## DBDesigner 4

Nun haben Sie bereits die Wahl zwischen zahlreichen nützlichen Werkzeugen. Ein weiteres Tool zur Datenbankmodellierung ist DBDesigner. Es versetzt Sie in die Lage, Relationen zwischen einzelnen Datenbanktabellen zu visualisieren und auch umfangreiche Projekte im Griff zu haben.

FabForce liefert mit dem DBDesigner 4 ein brauchbares Datenbankmodellierungstool.

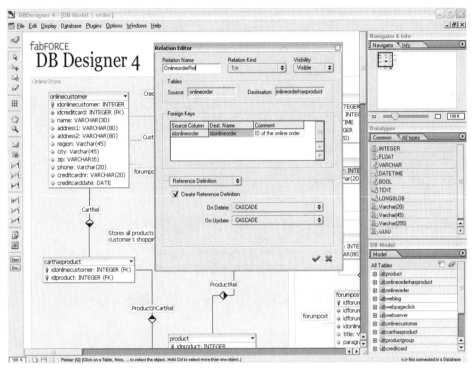

Bild 2.31: DBDesigner visualisiert die Verwaltung von Verknüpfungen (Relations).

Es handelt sich hierbei um eine Anwendung, die sowohl als Windows- als auch als Linux-Distribution vorliegt.

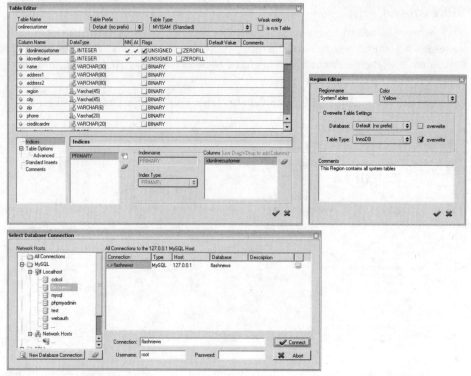

Bild 2.32: Verwaltung von Datenbankverbindungen, Region- und Tabelleneditor

Vom Funktionsumfang her kann sich der DBDesigner mit Anwendungen wie

- Oracles Designer
- IBMs Rational Rose
- ERwin von Computer Associates
- Kompanys DataArchitect
- MySQL Workbench

messen. Ein gravierender Unterschied zu den aufgeführten Anwendungen namhafter Hersteller: Der DBDesigner ist ein Open-Source-Projekt und wird unter der GNU General Public License vertrieben.

Der DBDesigner kann auch unter ODBC-, Oracle- und MSSQL-Datenbanken eingesetzt werden. Wie Sie den Abbildungen entnehmen können, kann sich die grafische Umsetzung durchaus sehen lassen, und in meinen Augen ist dieses Datenbankmodellierungstool ein wahrer Schatz.

### FabForce DB Designer-Distributionen

Sollten Sie nach aktuellen Distributionen fahnden, empfiehlt sich ein Blick auf www.fabforce.net/dbdesigner4/.

## 2.10 Entwicklungsumgebungen

Um umfangreiche dynamische Webseiten entwickeln zu können, bedarf es einer ausgewogenen Mischung an Hilfswerkzeugen. Entwicklungsumgebungen wie Zend Studio, Maguma Workbench, NuSphere PHPEd oder Dev-PHP dürften die benötigten Werkzeuge für Sie bereitstellen, um erfolgreich und ohne Umwege zum Ziel zu gelangen.

Durch den Einsatz solcher Entwicklungsumgebungen kann die Arbeit übersichtlicher und produktiver gestaltet werden, ähnlich wie es C++- und Java-Entwickler schon seit Jahren gewohnt sind. Der Einsatz einer IDE ist langfristig der einzig sinnvolle Weg.

### 2.10.1 Entwicklungsumgebungen und Editoren

Entwicklern stehen zwei Klassen von Werkzeugen zur Verfügung – Editoren oder Integrierte Entwicklungsumgebungen (IDE). Zur Entwicklung einfacher PHP-Applikationen reicht jeder simple Texteditor wie z. B. Windows Notepad. Professionelle PHP-Entwickler wissen jedoch, dass die Entwicklung von PHP-Applikationen erheblich mehr bedeutet als nur die Eingabe von Codezeilen. Die Verwendung eines Texteditors zur Entwicklung von PHP-Applikationen kommt der Verwendung von Disketten zur Datenübertragung Ihrer digitalen Bilder oder Medien gleich. Es mag funktionieren, aber niemand ersetzt Ihnen die unnötige Wartezeit.

Entwicklungsumgebungen sind darauf ausgelegt, die Bedürfnisse des professionellen PHP-Entwicklers durch Bereitstellung sämtlicher zur Kodierung, zum Debugging, zum Management und zum Einsatz komplexer PHP-Applikationen erforderlichen Tools zu erfüllen. Zusätzlich zur Kodierung von PHP, HTML und JavaScript ermöglichen Ihnen IDEs Folgendes:

- *Debugging Ihrer Applikationen* – Wenn Sie noch keinen Debugger verwenden, sollte Ihnen klar sein, dass Sie Zeit verschwenden, und nicht zu knapp! Ein Debugger reduziert den Pflegeaufwand und die Verwaltungskosten für Codes, indem er Fehler findet, sobald sie auftreten.

- *Code-Profil* – Suchen und beseitigen Sie Leistungsengpässe, indem Sie zu erratende Unbekannte aus der Gleichung entfernen.

- *Integrieren Sie ein CVS* – Sie können mittels eines CVS aktualisieren, einchecken oder ausführen. Dies ist ein fantastisches Feature für teamorientierte Entwicklungsarbeit.

- *Projekte* – Fassen Sie mehrere Dateien und Verzeichnisse in einer einzelnen Projekteinheit zusammen, um Ihre Applikation schnell zu durchsuchen und darin zu navigieren.

- *Darstellung* – Zeigen und erlernen Sie die Hierarchie der Funktionen, Klassen, Methoden, Eigenschaften und Konstanten in Ihrer Applikation.

- *Code Completion* – Ähnlich wie beim Debugging kann die Wichtigkeit der Code Completion nicht ausreichend betont werden. Wenn Sie von einem einfachen Editor ohne Code Completion kommen, werden Sie feststellen, dass Ihre Produktivität zunimmt.

Wenn Sie die Realisierung von Projekten ernstnehmen und ein professionelles Tool benötigen, das es Ihnen ermöglicht, Ihre Applikationen zu entwickeln, zu debuggen, zu verwalten und einzusetzen, sollten Sie sich für eine Entwicklungsumgebung entscheiden. Sie ersparen sich damit viel Frust!

### 2.10.2 Zend Studio

Das Zend Studio ist wohl eine der umfangreichsten PHP-Entwicklungsumgebungen. Es handelt sich dabei um eine auf Java basierende IDE.

Bild 2.33: Installationsroutine von Zend Studio

> **Tipp:** Sollten Sie ein Installations-Kit wie XAMPP im Einsatz haben, ist es vollkommen ausreichend, die Zend Studio-Clientversion zu installieren.

Der Preis der Basisversion ist im Vergleich zu C++/Java-IDEs minimal. Erst wenn man seine Projekte kompilieren möchte, wird es teuer, aber die Kosten rentieren sich auf jeden Fall.

## 2.10 Entwicklungsumgebungen 101

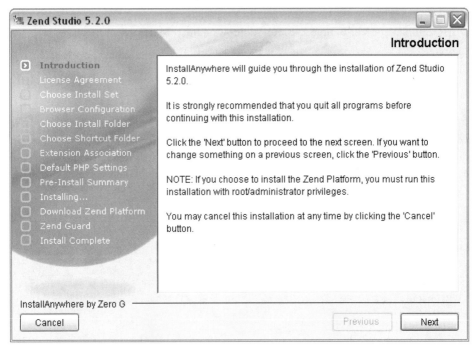

Bild 2.34: Installationsphasen der Zend Studio-Clientversion 5.2

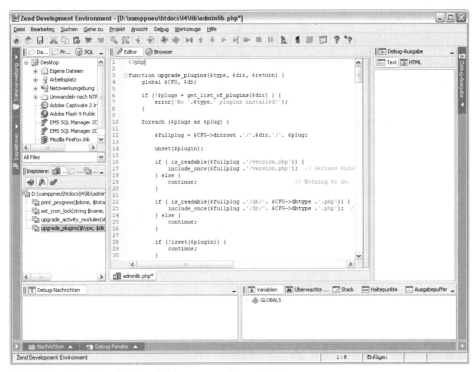

Bild 2.35: Zend Studio-Entwicklungsumgebung im Einsatz

Da die Entwicklungsumgebung auf Java basiert, stehen für sämtliche gängigen Systeme Distributionen zur Verfügung, z. B. für Windows, Linux, MacOS X.

Jeder, der viel mit PHP entwickelt und Zeit bei der Entwicklung sparen möchte, dem sei dieses Tool ans Herz gelegt.

### 2.10.3 Maguma Workbench

Mit der Workbench wendet sich Maguma an den ambitionierten PHP-Programmierer, der auch in komplizierten Skripts den Überblick behalten will. Ich finde, dies ist dem Maguma-Team durchwegs gelungen. Die Workbench braucht den Vergleich mit der Zend Studio-Entwicklungsumgebung nicht zu scheuen.

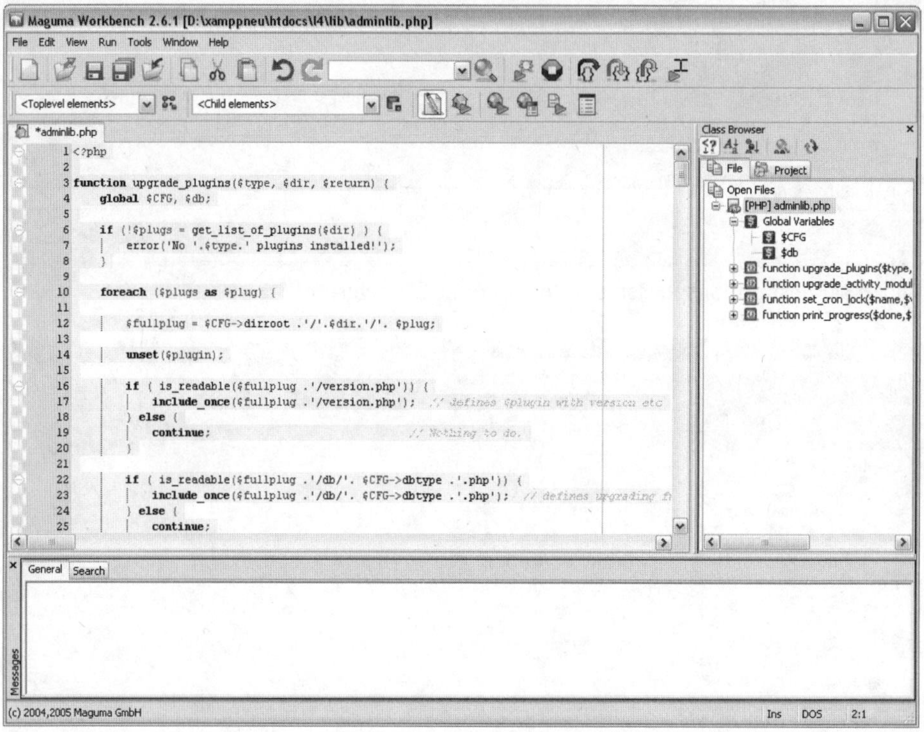

Bild 2.36: Workbench 2.6.1

Die Version 2.6.1 unterstützt PHP 5 und steht als Distribution sowohl für Windows als auch für Linux zur Verfügung.

### 2.10.4 NuSphere PHPEd

PHPEd von NuSphere steht dem Zend Studio in nichts nach. Die Funktionen der PHP-Entwicklungsumgebung sind beeindruckend. Arbeitsprozesse wie umfangreiches Debugging oder Performancetest (Benchmarks) werden durch die IDE wesentlich erleichtert.

## 2.10 Entwicklungsumgebungen

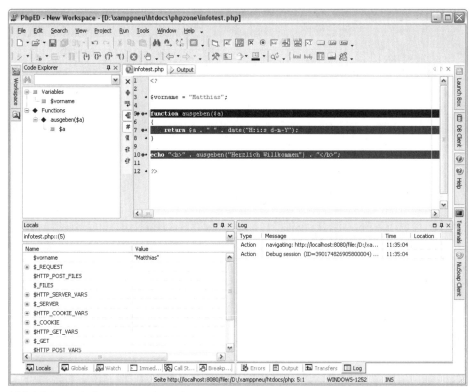

Bild 2.37: NuSphere PHP Ed 4.6.1

### 2.10.5 DEV-PHP

Natürlich soll Ihnen eine kostengünstige Alternative nicht vorenthalten werden. Es handelt sich um ein Open-Source-Projekt diverser PHP-Entwickler wie Leonardo Garcia und Urs Mäder, die es sich zur Aufgabe gemacht haben, eine freie PHP-Entwicklungsumgebung unter dem Namen DEV-PHP zur Verfügung zu stellen.

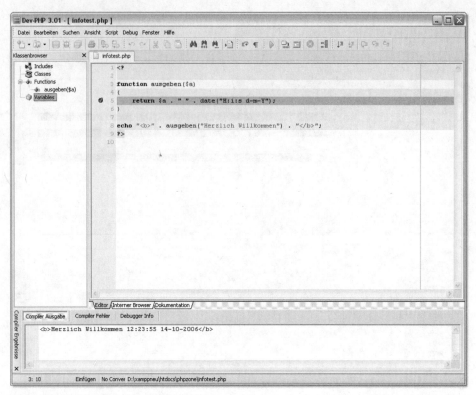

Bild 2.38: DEV-PHP 3.0.1 im Einsatz

## 2.10.6 Macromedia Dreamweaver 8

Macromedia Dreamweaver 8 enthält sämtliche Optionen, die Sie zum Erstellen professionell wirkender Websites und Anwendungen benötigen. Die Software bietet neben visuellen Layout-Tools auch Funktionen zur Anwendungsentwicklung und zur Codebearbeitung und gewährleistet somit, dass alle Entwickler und Designer unabhängig von ihren Vorkenntnissen schnell visuell ansprechende, den üblichen Standards entsprechende Sites und Anwendungen erstellen können. Da Dreamweaver sich mit beliebigen Servertechnologien kombinieren lässt, können Entwickler leistungsstarke Internetanwendungen erstellen, die Benutzer mit Datenbanken, Webdiensten und Legacy-Systemen verbinden.

## 2.10 Entwicklungsumgebungen

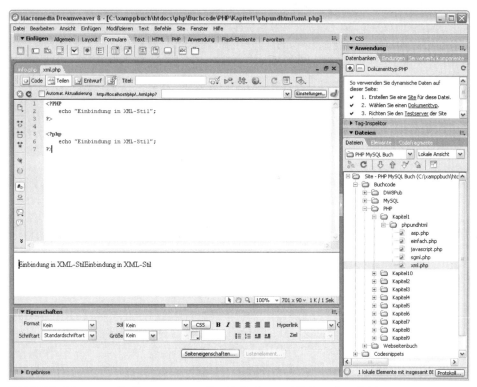

Bild 2.39: Macromedia Dreamweaver 8 mit Code- und Entwurfsansicht

# 3 Sprachelemente und Syntax

In diesem Kapitel werden die wesentlichen Bestandteile und Strukturen der PHP-Programmierung vorgestellt. Da diese in allen Programmiersprachen in ähnlicher Form vorhanden sind, können Leser mit ausreichender Programmiererfahrung das Kapitel gerne überspringen, ohne den roten Faden zu verlieren. Dies ist aber nicht anzuraten, da doch immer wieder mit kleineren und größeren Abweichungen zwischen Programmiersprachen zu rechnen ist. Selbst erfahrenen Programmierern wird empfohlen, das Kapitel zumindest quer zu lesen. Für Leser ohne Programmiererfahrung ist es ohnehin eines der zentralen Kapitel des Buches. Denken Sie jedoch daran, dass ich bewusst darauf verzichtet habe, eine ausführliche Einführung in diesem Buch abzuhandeln, schließlich will ich Sie möglichst zielstrebig an die besonders schwierigen Themen der Programmierung heranführen und nicht die Onlinereferenz nachahmen.

## 3.1 Integration von PHP

Hier nochmals eine kurze Zusammenfassung der Schreibweisen:

*SGML-Stil (Standard Generalized Markup Language)*
```
<?
   echo "Einbindung in SGML-Stil";
?>
```

*XML (Extensible Markup Language)*
```
<?PHP
   echo "Einbindung in XML-Stil";
?>
<?php
   echo "Einbindung in XML-Stil";
?>
```

*ASP-Stil (Active Server Pages)*
```
<%
   echo "Einbindung in ASP-Stil";
%>
```

*<script>-Tag*
```
<script language="php">
   echo "Einbindung im JavaScript-Stil";
</script>
```

## 3.1.1 Notationshinweise

Am Anfang ist die Versuchung groß, unübersichtliche Skripts zu erstellen, da Leerzeichen, Zeilenumbrüche und Tabulatoren vom PHP-Interpreter ignoriert werden. Sie können eine HTML-Seite samt PHP-Bestandteil wie folgt schreiben:

```
<html>
<head><title>Erste Schritte</title></head>
<body><?php echo "Dies ist ein Test" ?>
</body>
</html>
```

aber auch so:

```
<html>
<head>
   <title>Erste Schritte</title>
</head>
<body>
<?php
   echo "Dies ist ein Test"
?>
</body>
</html>
```

Je nach Umfang des in PHP geschriebenen Codes wird die eine oder andere Variante günstiger sein. Eine optisch eindeutige Trennung von HTML und PHP hat sich in der Praxis als sinnvoll erwiesen. Im nächsten Abschnitt wird das Einschließen von Dateien vorgestellt. Sie sollten so oft wie möglich Ihre PHP-Bestandteile auslagern. Diese Dateien werden dann Module genannt. Sie können so den Code in der HTML-Seite überschaubar halten. Bei größeren Anwendungen vereinfacht sich die Wartung deutlich.

> **Achtung:** Befehle werden in PHP generell mit einem Semikolon abgeschlossen, lediglich wenn der Befehl allein zwischen <?php und ?> steht, ist dies optional.

## 3.1.2 Einbindung externer Skripts

### Include

Der Befehl `include("dateiname");` fügt an dieser Stelle den Inhalt der Datei *'dateiname'* ein. Dadurch ist es möglich, Quellcode, der in mehreren Dateien benötigt wird, zentral zu halten, sodass Änderungen einfacher durchzuführen sind.

Die Datei, die eingefügt wird, wird als HTML-Code interpretiert. Deshalb muss, wenn in der Datei nur PHP-Code steht, diese Datei mit `<?php` anfangen und mit `?>` enden bzw. mit anderen PHP-Code-Markierungen.

Wenn `include()` in Verbindung mit Bedingungen oder Schleifen eingesetzt wird, muss es immer in geschweiften Klammern geschrieben werden. Der Abschnitt, der sich innerhalb der geschweiften Klammern befindet, wird in der Programmierung auch als Anweisungsblock bezeichnet.

```
// Falsch
if ( $Bedingung )
include ("Datei.inc");

// Richtig
if ( $Bedingung ) {
include ("Datei.inc");
}
```

## require

Ganz analog zu include() funktioniert require(). Es wird aber von PHP etwas anders behandelt. Der require()-Ausdruck wird beim ersten Aufruf durch die Datei ersetzt. Wie bei include() wird erst einmal aus dem PHP-Modus herausgegangen. Ein wesentlicher Unterschied zu include() stellt die Reaktion auf nicht vorhandene Dateien dar. Während include() lediglich ein »*Warning*« ausgibt und das PHP-Skript anschließend weiter ausgeführt wird, wird bei require() das laufende PHP-Skript mit einem »*Fatal error:*« abgebrochen.

```
// Schreibweisen
require 'funktionen.php';
require $externedaten;
require ('funktionen.txt');
```

## include_once, require_once

Seit PHP 4 gibt es neben den Funktionen include() und require() auch noch die Funktionen include_once() und require_once(). Der Name zeigt schon, wo der Unterschied liegt: Bei den *_once()-Funktionen wird die Datei nur einmal eingefügt, unabhängig davon, wie häufig man versucht sie einzufügen.

Der Sinn ist einfach: Bei umfangreichen Webseiten gibt es häufig eine Datei, die die zentralen Funktionen enthält. Da diese in den Webseiten benötigt werden, fügt man sie immer am Anfang ein. Soweit kein Problem. Sobald aber mehrere zentrale Funktionsdateien existieren, die sich auch untereinander benötigen, wird es schwierig, weil jede nur einmal eingefügt werden darf, um z. B. Probleme mit Wiederholungen bei der Definition von Funktionen und Wertzuweisungen von Variablen zu vermeiden.

## Tipps im Umgang mit externen Dateien

Normalerweise können Benutzer den Inhalt der Skripts nicht sehen. Jede Datei mit der Endung *.php3*, *.php4* oder *.php* wird vom Webserver an den PHP-Interpreter weitergeleitet und von diesem verarbeitet. Es ist natürlich ohne Weiteres möglich, jede andere Endung anzugeben. Oft werden Dateien, die mit include() eingeschlossen werden sollen, mit *.inc* bezeichnet. Auch diese Endung wird nicht verarbeitet. Das ist für den Ablauf des Skripts egal – die Verarbeitung erfolgt im Rahmen des »umgebenden« Skripts und damit unter dessen Regie.

Was jedoch nicht egal sein dürfte, ist das damit aufkommende Sicherheitsproblem. Sollte ein Benutzer den Pfad zu den Include-Dateien herausbekommen, kann er deren Namen in der Adresszeile des Browsers direkt eingeben. Der Webserver wird die Endung nicht kennen und dem Browser die Datei direkt zusenden. Dieser erkennt ein einfaches Textdokument und stellt es dar. Da in Include-Dateien auch Kennwörter für Datenbanken stehen können, wäre dies äußerst problematisch.

Dieses Problem kann man jedoch recht schnell beseitigen. Benennen Sie sämtliche Include-Dateien in *.inc.php* um. So haben Sie eine eindeutige Kennzeichnung und erzwingen im Notfall das Parsen des Codes durch den PHP-Interpreter. Das mag zwar zu einer Fehlermeldung führen, sollte diese Datei einzeln aufgerufen werden, an den Inhalt gelangt der Benutzer dennoch nicht.

### 3.1.3 PHP und JavaScript

Oft wird von der Kombination PHP/JavaScript gesprochen. Beides hat direkt nichts miteinander zu tun. JavaScript wird im Browser abgearbeitet und PHP auf dem Server. Beide Sprachen basieren auf dem ECAMScript 3-Standard, daher sind eine Vielzahl von Sprachbestandteilen in ihrer Anwendung und Syntax identisch. Betrachten Sie JavaScript als Erweiterung zu HTML. Der neueste Entwicklungsstand AJAX geht ohnehin von JavaScript als Anweisungssprache aus, welche zum neuen Web 2.0-Standard gehört.

Selbstverständlich können Sie ebenso wie HTML auch JavaScript-Anweisungen dynamisch erzeugen oder mit variablen Attributen versehen. Es bleibt Ihnen überlassen, was Sie daraus machen. Ich werde im Übrigen nicht näher auf JavaScript eingehen, Sie können mir glauben, PHP ist spannend genug.

## 3.2 Einführung in PHP

Der folgende Abschnitt wendet sich vor allem an die PHP-Entwickler, die für die tägliche Arbeit eine kompakte Referenz benötigen, die sich zum Nachschlagen äußerst gut eignet.

### 3.2.1 Ausdrücke

Sollte man PHP mit einem Satz charakterisieren wollen, könnte man sagen, dass es sich um eine ausdrucksorientierte Sprache handelt.

Damit stellt sich gleich zu Begin die Frage, was denn ein Ausdruck ist. Ein Ausdruck ist ganz allgemein eine Aneinanderreihung von Zeichen unter Beachtung einer vorgegebenen Syntax. Ausdrücke können ganz unterschiedlich aufgebaut sein. Das wichtigste Charakteristikum von Ausdrücken ist, dass sie immer einen Wert – und sei es den Wert 0 oder "" (leerer String) – besitzen. Ausdrücke stellen somit die wichtigsten Komponenten von PHP dar.

#### *Elementare Ausdrücke*

Der folgende Ausdruck ist im vorstehenden Sinne ein gültiger, elementarer PHP-Ausdruck.

```
1000
```

Es handelt sich um eine Integer-Konstante mit dem Wert 1000. Weitere elementare Ausdrücke sind beispielsweise Konstanten und Variablen.

## Zusammengesetzte Ausdrücke

Zusammengesetzte Ausdrücke entstehen dadurch, dass elementare Ausdrücke mithilfe von Operatoren verknüpft oder dass Werte von Ausdrücken mithilfe von Zuweisungsoperatoren anderen Ausdrücken zugewiesen werden.

In der folgenden Anweisung wird dem Ausdruck $zahl der Ausdruck 1000, d. h. eine Integer-Konstante mit dem Wert 1000 zugewiesen.

```
$zahl = 1000;
```

Nach dieser Zuweisung ist der Wert von $zahl ebenfalls 1000. Somit sind hier zwei Werte im Spiel:

- Der Wert der Integer-Konstanten, nämlich 1000.
- Der Wert von $zahl, der auf 1000 geändert wird.

In der folgenden Anweisung wird dem Ausdruck $punkte der Ausdruck $zahl zugewiesen.

```
$punkte = $zahl;
```

Der gesamte Ausdruck, also $punkte = $zahl, hat aufgrund des vorhergehenden Ausdrucks nun den Wert 1000. $punkte ist also ebenfalls ein Ausdruck mit dem Wert 1000. Der Ausdruck $punkte = $zahl ist dabei gleichbedeutend mit dem Ausdruck $punkte = $zahl = 1000.

## Funktionen als Ausdrücke

Ein weiteres Beispiel für Ausdrücke sind Funktionen. Funktionen sind ebenfalls Ausdrücke mit dem Wert ihres Rückgabewerts. Die folgende Funktion wert() ist also ein Ausdruck mit dem Wert 1000.

```
<?php
function wert() {
   return 1000;
}
// Ausgabe (1000)
echo wert();
?>
```

Bei dem zusammengesetzten Ausdruck

```
$resultat = wert();
```

handelt es sich somit ebenfalls um einen Ausdruck mit dem Wert 1000.

## Prä- und Post-Inkrement in Ausdrücken

Komplexere Ausdrücke in PHP verwenden die von der Sprache C bekannten Prä- und Post-Inkremente sowie die entsprechenden Dekremente.

Sowohl Prä-Inkremente als auch Post-Inkremente erhöhen den Wert einer Variablen. Der Unterschied besteht im Wert des Inkrement-Ausdrucks:

- Das Prä-Inkrement, welches ++$var geschrieben wird, enthält als Wert den Wert der erhöhten Variablen.

- Das Post-Inkrement, welches `$var++` geschrieben wird, enthält dagegen den ursprünglichen Wert der Variablen vor der Erhöhung, d. h., PHP erhöht den Wert der Variablen erst, nachdem es ihren Wert ausgelesen hat.

*Beispiel – Prä-Inkrement*
```
<?php
$zahl = 1000;
echo ++$zahl;
?>
```

*Ausgabe*
```
1001
```

*Beispiel – Post-Inkrement*
```
<?php
$zahl = 1000;
echo $zahl++;
?>
```

*Ausgabe*
```
1000
```

### Wann ist ein Ausdruck wahr?

Oft ist man nicht am spezifischen Wert eines Ausdrucks interessiert, sondern bewertet lediglich, ob der Ausdruck wahr oder falsch ist.

PHP kennt die Booleschen Konstanten TRUE (1) und FALSE (0). Ein Ausdruck ist in PHP dann wahr, wenn ihm, wie im folgenden Beispiel, die boolesche Konstante TRUE oder ein anderer Ausdruck, dessen Wert TRUE ist, zugewiesen wurde.

```
<?php
$signal = TRUE;
echo "$signal";
?>
```

*Ausgabe*
```
1
```

### Vergleichsausdrücke

Eine weitere, auf dem im vorherigen Abschnitt eingeführten Wahrheitswert basierende Kategorie von Ausdrücken sind die Vergleichsausdrücke. Vergleichsausdrücke werden z. B. in bedingten Anweisungen unter Verwendung von Vergleichsoperatoren eingesetzt:

```
if($signal == TRUE) Anweisung;
```

In Vergleichsausdrücken wird immer der Wert zweier Teilausdrücke verglichen. Der Wert des Gesamtausdrucks ist, abhängig vom Ergebnis des Vergleichs, entweder also falsch (0) oder wahr (1).

## Kombinierte Zuweisungs- und Operator-Ausdrücke

Sollten Sie schon mit der Sprache C gearbeitet haben, kennen Sie die Möglichkeit, Zuweisungs- und Operator-Ausdrücke zu kombinieren. In PHP ist dies ebenfalls möglich.

Um zum Beispiel den Wert einer Variablen um 100 zu erhöhen, kann in einer Anweisung der folgende Ausdruck verwendet werden:

```
$zahl += 100
```

Das ist gleichbedeutend mit:

»Nehme den Wert von `$zahl`, addiere 100 hinzu und weise den entstandenen Wert der Variablen `$zahl` zu«.

In solchen kombinierten Zuweisungs- und Operator-Ausdrücken kann jeder Operator, der zwei Elemente verbindet, zusammen mit einem Zuweisungsoperator verwendet werden.

```
<?php
$zahl = 100;
echo $zahl *= 10;
?>
```

*Ausgabe*
```
1000
```

## Konditionale Operatoren in Ausdrücken

Ein weiterer Typ von Ausdrücken, der in PHP oft gebraucht wird und den Sie vielleicht von der Sprache C her kennen, ist der dreifache konditionale Operator:

```
Ausdruck ? Ausdruck2 : Ausdruck3
```

Wenn der Wert des ersten Ausdrucks wahr ist, dann wird der Wert des zweiten Ausdrucks zurückgegeben. Andernfalls, d. h., wenn der Wert von Ausdruck1 falsch ist, nimmt der Wert des Gesamtausdrucks den Wert des dritten Ausdrucks an.

*Beispiel*
```
<?php
$punkte = 1000;
$highscore = 500;
$resultat = ($highscore > $punkte ) ? "Alter" : "Neu";
echo $resultat;
?>
```

*Ausgabe*
```
Neu
```

*Beispiel*
```
<?php
$punkte = 500;
$highscore = 1000;
$resultat = ($highscore > $punkte ) ? "Alter" : "Neu";
echo $resultat;
?>
```

*Ausgabe*
```
Alter
```

### 3.2.2 Anweisungen

Anweisungen werden zur Laufzeit eines Programms abgearbeitet und bewirken in der Regel Änderungen an Datenobjekten oder Interaktionen mit der Programmumgebung.

PHP kennt folgende Anweisungen:

- Zuweisungen
- Funktionsaufrufe
- Schleifen
- Bedingungen

Anweisungen werden in PHP wie in der Programmiersprache C mit einem Semikolon beendet.

*Beispiel*
```php
<?php
echo ("Hallo Welt!");
?>
```

*Ausgabe*
```
Hallo Welt!
```

Nachdem Sie genau wissen, was ein Ausdruck ist, fällt die Definition des Begriffs Anweisung nicht mehr schwer. Eine Anweisung ist ein Ausdruck, gefolgt von einem Semikolon, und hat somit die Form:

```
Ausdruck;
```

**Gültige Anweisungen**
```php
<?php
$vorname = "Gülten";
echo $vorname;
?>
```

### 3.2.3 Codezeile

Eine Codezeile in PHP muss immer mit einem Semikolon beendet werden. Diese Schreibweise hat sich bei den nach der ECMA-Spezifikation genormten Programmiersprachen durchgesetzt, zu denen unter anderem auch JavaScript gehört.

*Beispiel*
```php
<?php
// Array - Codezeilen mit Semikolon
$personen = array();
$personen[0] = "Caroline";
$personen[1] = "Matthias";
```

```php
// Ausgabe - Matthias
echo $personen[1];
?>
```

### 3.2.4 Semikolons

Semikolons legen in PHP das Ende einer Anweisung fest. Dies basiert auf Programmiersprachen wie C/C++ oder Java. Zusätzlich dient es als Abgrenzung der Anweisungen untereinander.

*Beispiel*

```php
<?php
// Schreibweise - Fehlerfrei
$vorname = "Caroline";
$nachnName = "Kannengiesser";

// Schreibweise - Fehlerhaft
$vorname = "Caroline"
$nachname = "Kannengiesser"
?>
```

Sie sollten auf das Setzen der Semikolons immer achten.

> **Achtung:** Anweisungsblöcke oder Kontrollstrukturen werden nicht in jeder Zeile mit einem Semikolon abgeschlossen, besonders dann nicht, wenn bereits ein Blocktrennzeichen, wie z. B. eine geschweifte Klammer, existiert.

*Beispiel*

```php
<?php

$signal = true;

if ($signal == true) {;
   echo "Signal ist true";
} else {;
   echo "Signal ist false";
};
?>
```

Das Beispiel ist syntaktisch gesehen fehlerfrei und wird auch korrekt ausgeführt. Nur ist dies etwas zu viel des Guten, folgende Schreibweise wäre zu empfehlen:

```php
<?php

$signal = true;

if ($signal == true) {
   echo "Signal ist true";
} else {
   echo "Signal ist false";
}
?>
```

*Beispiel*
```php
<?php
for ($i = 0; $i <= 10; $i++) {;
   echo "Wert: " . $i . "<br>";
};
?>
```

*Besser*
```php
<?php
for ($i = 0; $i <= 10; $i++) {
   echo "Wert: " . $i . "<br>";
}
?>
```

Wie Sie sehen, veranschaulichen diese beiden Fallbeispiele die korrekte Platzierung des Semikolons in einem Anweisungsblock. Bei der Definition einer Funktion kann am Ende ein Semikolon gesetzt werden, dies ist jedoch optional.

*Beispiel*
```php
<?php
// Definition
function addition($zahlEins,$zahlZwei) {
   return $zahlEins + $zahlZwei;
};

// Aufruf der Funktion
$resultat = addition(10,5);

// Ausgabe
echo $resultat;
?>
```

### 3.2.5 Leerzeichen

PHP ignoriert Leerzeichen, Tabulatoren und Zeilentrenner, solange die im Programm enthaltenen Schlüsselwörter, Bezeichner, Zahlen und andere Einheiten nicht durch ein Leerzeichen oder einen Zeilenumbruch getrennt werden.

*Beispiel*
```php
<?php
function setze
Ausgabe ($parameter wert) {
   echo $par ameter wert;
}
setzeAusgabe("Ausgabe bitte!");
?>
```

Dieses Fallbeispiel wäre vielleicht, unter dem Aspekt künstlerischer Freiheit betrachtet, ein schönes Bild, syntaktisch jedoch leider eine Katastrophe. Genau dies sollte man vermeiden.

*Beispiel*
```
<?php
function setzeAusgabe ($parameterwert) {
   echo $parameterwert;
}
setzeAusgabe("Ausgabe bitte!");
?>
```

So sollte sich der PHP-Code darstellen. Es bleibt Ihnen überlassen, Leerzeichen, Tabs und Zeilentrenner zu verwenden. Diese sollten aber die Syntaxregeln beachten, dann steht einer optimalen Formatierung des Code nichts im Weg, sodass die Programme leicht lesbar und verständlich sind.

**Hinweis:** Leerzeichen werden auch als Whitespace bezeichnet.

### 3.2.6 Groß- und Kleinschreibung

In Sprachen, die zwischen Groß- und Kleinschreibung unterscheiden, würden die folgenden beiden Ausdrücke zwei eigenständige Variablen erzeugen.

*Beispiel*
```
<?php
// Variablen
$zahl = 1000;
$Zahl = "tausend";

// Ausgabe 1000
echo $zahl;
?>
```

Der in PHP integrierte Standard erwartet dies auch, die Groß- und Kleinschreibung ist durchgängig zu beachten. Nun kommt es zu einem Problem. PHP wurde kontinuierlich weiterentwickelt. Daher werden auch folgende Schreibweisen zugelassen:

```
<?php
function AkTdAtuM() {
   $zeit = Time();
   $datum = GeTDatE($zeit);
   echo $datum[mday] . ". " . $datum[month] . " " . $datum[year];
}

// Ausführen - 10. Dezember 2003
aktdatum();
?>
```

*Besser:*
```
<?php
function aktDatum() {
   $zeit = time();
   $datum = getdate($zeit);
   echo $datum[mday] . ". " . $datum[month] . " " . $datum[year];
}
```

```
// Ausführen - 10. December 2003
aktDatum();
?>
```

Der Schlüssel zum Erfolg ist es, eine einheitliche Schreibweise einzuhalten. Man sollte im Quelltext einen Stil beibehalten und nicht immer mal groß- und mal kleinschreiben. Syntaktisch wäre es zwar in den meisten Fällen nicht falsch, öffnet jedoch in vielen Fällen Syntaxfehlern Tür und Tor.

### 3.2.7 Geschweifte Klammern

In PHP nehmen die geschweiften Klammern einen besonderen Platz ein. Die PHP-Anweisungen werden, wie im folgenden Skript dargestellt, mit geschweiften Klammern ({}) zu Blöcken zusammengefasst:

*Beispiel*
```
<?php
$signal = true;

if ($signal == true) {
   //Anweisungsblock
   echo "Signal ist true";
   $signal = false;
}
?>
```

### 3.2.8 Runde Klammern

Runde Klammern dienen zum Zusammenfassen von bevorzugten Operationen, zum Beispiel um sie anderen Operationen nachzustellen. Außerdem können Sie mithilfe von runden Klammern die Reihenfolge der Verarbeitung von PHP-Operationen festlegen.

*Beispiel*
```
<?php
// Berechnung wertEins
$wertEins = 10 * 2 + 3;
// Berechnung wertZwei
$wertZwei = 10 * (2 + 3);

// Ausgabe (23)
echo $wertEins;
// Ausgabe (50)
echo $wertZwei;
?>
```

Beim Definieren einer Funktion werden die Parameter in runde Klammern gesetzt:

*Beispiel*
```
function meineFunktion ($vorname, $nachname, $anschrift){
   ...
}
```

Bei Aufrufen einer Funktion werden alle zu übergebenden Parameter in runde Klammern gesetzt:

```
meineFunktion ("Mike","Müller","Kapweg 10");
```

## 3.2.9 Schlüsselwörter

Es gibt eine Reihe von reservierten Wörtern in PHP. Das sind Wörter, die im PHP-Code nicht als Bezeichner (z. B. als Namen für Variablen, Funktionen etc.) verwendet werden dürfen.

*Reservierte PHP-Schlüsselwörter*

| | | |
|---|---|---|
| and | E_PARSE | old_function |
| $argv | E_ERROR | or |
| as | E_WARNING | parent |
| $argc | eval | PHP_OS |
| break | exit() | $PHP_SELF |
| case | extends | PHP_VERSION |
| cfunction | FALSE | print() |
| class | for | require() |
| continue | foreach | require_once() |
| declare | function | return() |
| default | $HTTP_COOKIE_VARS | static |
| do | $HTTP_GET_VARS | switch |
| die() | $HTTP_POST_VARS | stdClass |
| echo() | $HTTP_POST_FILES | $this |
| else | $HTTP_ENV_VARS | TRUE |
| elseif | $HTTP_SERVER_VARS | var |
| empty() | if | xor |
| enddeclare | include() | virtual() |
| endfor | include_once() | while |
| endforeach | global | __FILE__ |
| endif | list() | __LINE__ |
| endswitch | new | __sleep |
| endwhile | not | __wakeup |
| E_ALL | NULL | |

**Hinweis:** Die Tabelle erhebt keinen Anspruch auf Vollständigkeit.

## 3.2.10 Zuweisungen

Sie haben in den PHP-Beispielen bereits Variablen im Einsatz gesehen. Bei der Zuweisung der Variablenwerte gilt es, Folgendes zu beachten: Wenn man der Variablen $a den Wert der Variablen $b zuweisen will, muss man dies mithilfe des Zuweisungsoperators (Gleichheitszeichen) durchführen. Das bedeutet aber auch, dass man Vergleiche in PHP nicht mit dem einfachen Gleichheitszeichen durchführen kann. Wie man dies erreicht, erfahren Sie noch im Abschnitt 3.6 »Operatoren«.

Zuweisung (Variable $a u. $b):

```
$a = $b;
```

## 3.2.11 Echo-Befehl

Der wichtigste Befehl, der Ihnen bei PHP über den Weg laufen wird, ist der echo-Befehl. Mit ihm haben Sie die Möglichkeit, Strings auszugeben. Der Text, der ausgegeben werden soll, muss natürlich in Anführungsstrichen stehen, da der Server sonst versucht, ihn als PHP-Befehl zu interpretieren. Dieses Vorgehen wird *Quoten* oder *Quoting* genannt *(to quote: Zitieren)*.

Bei den Anführungsstrichen gibt es zwei verschiedene:

- einfache '
- doppelte "

Es gibt auch einen Unterschied zwischen den beiden:

- Bei den doppelten Anführungsstrichen versucht der Server, den Text zu interpretieren.
- Bei den einfachen hingegen behandelt er ihn nicht speziell, sondern gibt ihn direkt aus.

```
$punkte = 1000;
echo 'Der akt. Punktestand $punkte !\ n';
echo "Der akt. Punktestand $punkte !\ n";
```

Das erste echo gibt »*Der akt. Punktestand $punkte !\ n*« aus, das zweite hingegen »*Der akt. Punktestand 1000 !*« mit anschließendem Zeilenumbruch.

```
echo "Mein \" Name \" ist Hase ";
```

Die Ausgabe bei diesem echo ist »*Mein »Name« ist Hase«*. Wie man sieht, müssen doppelte Anführungsstriche, die ausgegeben werden sollen, besonders gekennzeichnet werden. Diesen Vorgang nennt man *Escapen*. Es ist insbesondere für das Ausgeben von HTML-Quelltext in Verbindung mit echo und print nötig und kann zu Problemen führen, wenn man vergisst, in allen Teilstrings zu »quoten«.

> **Hinweis:** Beim Escapen entkommt das »escapte« Zeichen der Interpretierung durch den Sprachinterpreter, im vorliegenden Fall PHP.

## 3.2.12 Print-Befehl

Neben dem `echo`-Befehl gibt es auch den `print`-Befehl. Im Endeffekt leisten beide dasselbe: Sie geben Text aus. `echo` ist ein internes Sprachkonstrukt, wohingegen `print` ein Ausdruck (Expression) ist. `echo` kann mehrere Argumente haben, die nicht in Klammern stehen dürfen. `print` kann nur genau ein Argument haben. Alle folgenden Anweisungen sind zulässig und geben dasselbe aus:

```php
$wort1 = "Hallo ";
$wort2 = "Welt !";

echo $wort1 ," ", $wort2;

echo $wort1 ." ". $wortr2;
print ($wort1 ." ". $wort2);

$satz = print ($wort1 ." ". $wort2);
```

## 3.2.13 Unterschied zwischen echo und print

Im Gegensatz zu `echo` ist `print` eine richtige Funktion. Es gibt Fälle, in denen die Ausgabe mit einer Rückgabe gekoppelt werden muss, beispielsweise beim trinären Bedingungsoperator (Konditionaloperator):

```php
<?php
    $wert == 0 ? print "wert ist 0" : print "wert ist nicht 0";
?>
```

Diese Konstruktion wertet eine Bedingung aus und führt entsprechend dem Ergebnis den ersten oder zweiten Teil aus. Es kommt zwar nur auf die Ausgabe an, die Konstruktion erwartet aber Rückgabewerte, der Raum zwischen ? : und ; darf aus syntaktischen Gründen nicht »leer« sein. Hier kann also niemals ein `echo` stehen.

*Beispiel*

```php
<?php
    $wert == 0 ? echo "wert ist 0" : echo "wert ist nicht 0";
?>
```

*Ausgabe*

```
Parse error: parse error, unexpected T_ECHO in C:\php5xampp-dev\htdocs\
php5\ersteschritte.php on line 2
```

Wie Sie sehen, führt der Einsatz von `echo` zu einer Fehlermeldung.

`print` darf nur ein Argument haben. Wenn Sie mehrere Werte haben, nutzen Sie die Schreibweise mit Anführungszeichen oder setzen eine Zeichenkette mit dem Operator . zusammen. Hier ist `echo` flexibler, es sind beliebig viele Argumente erlaubt, die jeweils durch ein Komma getrennt werden:

```php
<?php
 $vorname = "Matthias";
 echo "Hallo ", $vorname ,"!";
?>
```

Der einzige Unterschied zu der Verknüpfung der Zeichenketten dürfte die Geschwindigkeit sein. In der Praxis ist die Ausgabe jedoch ohnehin der schnellste Teil des Skripts. Damit bleibt als einziges Argument der optische Eindruck:

```
<?php
 $vorname = "Matthias";
 echo "Hallo " . $vorname . "!";
?>
```

### 3.2.14 Heredoc

Eine andere Möglichkeit, Strings einzufassen, besteht im Gebrauch der *heredoc*-Syntax ( "<<<"). Hierfür ist nach <<< ein Bezeichner zu setzen. Nun folgt der eigentliche String und dann derselbe Bezeichner, um den String abzuschließen. Der schließende Bezeichner muss in der ersten Spalte der Zeile stehen.

**Achtung:** Es ist sehr wichtig zu beachten, dass die Zeile mit dem schließenden Bezeichner keine anderen Zeichen enthält, ausgenommen möglicherweise ein Semikolon (;). Das bedeutet, dass der Bezeichner nicht eingerückt werden darf. Es dürfen weiterhin keine Leerzeichen oder Tabulatoren vor oder nach dem Semikolon stehen.

```
echo <<<EINTRAG
Beispiel eines Strings
über mehrere Skript-Zeilen
durch Gebrauch der heredoc-Syntax.
EINTRAG;
```

Heredoc-Text funktioniert wie ein String innerhalb doppelter Anführungszeichen, nur ohne doppelte Anführungszeichen. Anführungszeichen innerhalb von heredoc-Texten müssen also keiner Sonderbehandlung (Escapen) unterzogen werden. Sie können dennoch die oben aufgeführten Escape-Anweisungen verwenden. Variablen werden ausgewertet, aber besondere Aufmerksamkeit muss komplexen Variablen gewidmet werden, genau wie bei Strings.

```
$name = 'Matthias';

echo <<<BUCH
Diese Buch stammt vom <b>$name</b> und stellt Ihnen PHP vor.
BUCH;
```

**Hinweis:** Die heredoc-Unterstützung wurde in PHP 4 eingeführt.

Die Anwendung ist natürlich nicht auf den `echo`-Befehl beschränkt. Sie können auch einer Variablen einen solchen Block übergeben:

```
<?php
$personen = <<<NAMEN
Matthias Kannengiesser,<br>
Caroline Kannengiesser,<br>
Gülten Kannengiesser
NAMEN;

print $personen;
?>
```

Das sieht unter Umständen viel übersichtlicher und einfacher aus, als wenn die Werte hintereinander stehen. Denken Sie aber daran, dass hier die Zeilenumbrüche erhalten bleiben – nicht in jedem Fall funktioniert das problemlos.

*Typische Probleme*

Am Anfang passiert es oft, dass der Interpreter nach dem Einbau der Blöcke Fehler meldet. Das folgende Beispiel funktioniert nicht wie erwartet:

```
<?php
$ausgabe = 1;
if ($ausgabe == 1) {
   $personen = <<<NAMEN
   Matthias Kannengiesser,<br>
   Caroline Kannengiesser,<br>
   Gülten Kannengiesser
   NAMEN;

   echo $personen;
}
?>
```

*Ausgabe*

```
Parse error: parse error, unexpected $end in C:\php5xampp-
dev\htdocs\php5\ersteschritte.php on line 16
```

Der Fehler liegt nicht direkt im Code, sondern in der Art, wie PHP diesen verarbeitet. Das Ende der heredoc-Sequenz wird nur erkannt, wenn das Schlüsselwort NAMEN am Anfang der Zeile steht. Durch die Einrückung wird es nicht mehr erkannt.

*Korrekt*

```
<?php
$ausgabe = 1;
if ($ausgabe == 1) {
   $personen = <<<NAMEN
   Matthias Kannengiesser,<br>
   Caroline Kannengiesser,<br>
   Gülten Kannengiesser
NAMEN;

   echo $personen;
}
?>
```

## 3.2.15 Kommentare

Wer kennt die Situation nicht: Man hat eine längere Berechnung durchgeführt, einen Artikel verfasst oder eine Skizze erarbeitet und muss diese Arbeit nun anderen Personen erklären. Leider ist die Berechnung, der Artikel oder die Skizze schon ein paar Tage alt und man erinnert sich nicht mehr an jedes Detail oder jeden logischen Schritt. Wie soll man seine Arbeit auf die Schnelle nachvollziehen?

In wichtigen Fällen hat man deshalb bereits beim Erstellen dafür gesorgt, dass jemand anders (oder man selbst) diese Arbeit auch später noch verstehen kann. Hierzu werden Randnotizen, Fußnoten und erläuternde Diagramme verwendet – zusätzliche Kommentare also, die jedoch nicht Bestandteil des eigentlichen Papiers sind.

Auch Ihre Programme werden mit der Zeit immer größer werden. Sie benötigen deshalb eine Möglichkeit, Ihren Text mit erläuternden Kommentaren zu versehen. Da sich Textmarker auf dem Monitor schlecht machen, besitzt die Sprache ihre eigenen Möglichkeiten, mit Kommentaren umzugehen.

Jedes Programm, auch das kleinste, sollte sauber kommentiert werden. Eine ordentliche Dokumentation erleichtert die Arbeit während der Entwicklung erheblich. Kommentare sind ein wesentlicher Bestandteil der Dokumentation. Stil und Inhalt sollten dem Programmierer die Übersicht in seinem Code garantieren, aber auch anderen, die mit dem Programm zu tun haben, etwa den Teamkollegen bei Projektarbeiten. Denken Sie daran, dass Ihre Überlegungen bei der Umsetzung eines Problems nicht immer ohne Weiteres nachvollziehbar sind. Oft gibt es sehr viele Lösungen für eine Idee, die umgesetzt werden soll. Warum Sie eine bestimmte Lösung gewählt haben und wie diese anzuwenden ist, wird in Kommentaren beschrieben.

Kommentare im PHP-Code werden nicht mit übertragen. Der Interpreter ignoriert diese Zeilen und entfernt sie vor der Übertragung. PHP unterstützt Kommentare sowohl nach Art von C/C++ als auch nach Art Java/JavaScript. Dabei ist zwischen einzeiligen und mehrzeiligen Kommentaren zu unterscheiden. Ich werde Ihnen nun die unterstützen Kommentare vorstellen.

Im folgenden Kommentar wird festgehalten, wer die Autoren sind.

Einzeiliger Kommentar:

```
// Autor: Matthias Kannengiesser
// Autorin: Caroline Kannengiesser
```

Einzeiliger Kommentar am Zeilenende:

```
$name = "Caroline"; // Dies ist ein Kommentar am Zeilenende
```

Mehrzeiliger Kommentar:

```
/*
-- Anfang Beschreibung --
...
-- Ende Beschreibung --
*/
```

> **Tipp:** Ein Kommentar kann auch dazu verwendet werden, einen Codeabschnitt zeitweilig, ohne direkt ältere Codezeilen zu löschen, zu deaktivieren. So etwas bezeichnet man in der Programmierung als auskommentieren. Ein Vorteil beim Auskommentieren von Code liegt darin, diesen zu einem späteren Zeitpunkt ohne größeren Aufwand wiederherzustellen bzw. aktivieren zu können, indem die Kommentarzeichen entfernt werden.

Für den letzten Fall gibt es noch eine weitere Variante. Mit dem Zeichen # können ebenfalls Kommentare gekennzeichnet werden:

```
$vorname = "Matthias"; # Name des Autors
```

Hier ein Beispiel, in dem alle drei Kommentararten vorkommen:

```
<?php
/*
Hier ein mehrzeiliger Kommentar
im PHP-Code
*/
$vorname = "Matthias"; # Vorname des Autors
$nachname = "Kannengiesser"; // Nachname des Autors
echo $vorname /* Ausgabe */
?>
```

Sie sehen, was letztlich zum Einsatz kommt, bleibt ganz Ihnen überlassen.

## 3.3 Datentypen

Daten sind nicht gleich Daten. Nehmen Sie z. B. die Daten 1000 und "Gülten". Sicherlich werden Sie erkennen, dass Sie es hier mit unterschiedlichen Typen von Daten zu tun haben:

10 ist eine Zahl.

»Gülten« ist eine Folge von Zeichen.

Auch PHP trifft diese Unterscheidung und geht dabei sogar noch einen Schritt weiter. PHP unterstützt acht »primitive« Typen, davon

vier skalare Typen:
- Boolean
- Integer
- Fließkommazahl (float)
- String / Zeichenkette

zwei zusammengesetzte Typen:
- Array
- Object

und zuletzt zwei spezielle Typen:
- Resource
- NULL

Ein Datentyp beschreibt die Art der Informationen, die eine Variable oder ein PHP-Element enthalten kann.

Der Typ einer Variablen wird normalerweise nicht vom Programmierer bestimmt. Vielmehr wird zur Laufzeit von PHP entschieden, welchen Datentyp eine Variable erhält, abhängig vom Kontext, in dem die Variable verwendet wird.

### 3.3.1 Strings/Zeichenketten

Ein String, auch Zeichenkette genannt, ist eine Folge von Buchstaben, Ziffern und Sonderzeichen. Ein String wird von Anführungszeichen eingeschlossen, entweder von einfachen (Apostrophen) oder doppelten. Hierbei ist zu beachten, dass unbedingt gerade Anführungszeichen <Umschalt>+<2> und Apostrophe <Umschalt>+<#> verwendet werden. Im Gegensatz zu anderen Programmiersprachen ist es hierbei egal, ob einfache oder doppelte Anführungszeichen verwendet werden, Hauptsache, die Zeichenkette wird mit derselben Art von Anführungszeichen beendet und eingeleitet.

```
$meineMutter = "Gülten";
$meineSchwester = 'Caroline';
```

Die verschiedenen Anführungszeichen haben unter anderem den folgenden Sinn: Wenn Sie beispielsweise einen Apostrophen in einer Zeichenkette verwenden wollen, können Sie diese Zeichenkette schlecht mit Apostrophen eingrenzen, da der PHP-Interpreter dann nicht weiß, wo die Zeichenkette aufhört. In diesem Fall müssen Sie die andere Sorte von Anführungszeichen verwenden.

*Beispiel*

```
// Fehlerhaft
$spruch = 'Ich bin's!';
// Korrekt
$spruch = "Ich bin's!";
```

Wenn man aber in der Verlegenheit ist, beide Arten von Anführungszeichen in einer Zeichenkette verwenden zu müssen, kommt man in Schwierigkeiten. Hier hilft der Backslash (\) weiter. Das dem Backslash folgende Zeichen wird entwertet, d. h., es hat in der Zeichenkette keine besondere Bedeutung. Beim Anführungszeichen oder Apostrophen bedeutet das, dass die Zeichenkette hiermit nicht beendet wird.

*Beispiel*

```
// Backslash
$spruch = 'Ich bin\'s!';
```

Wenn man nun den Backslash selbst in der Zeichenkette verwenden will, muss man auch ihn entwerten.

```
// Verzeichnis
$dateiPfad = "C:\\PROGRAMME";
```

> **Hinweis:** Sollten Sie vorhaben, andere Zeichen zu escapen, wird der Backslash ebenfalls ausgegeben! Daher besteht für gewöhnlich keine Notwendigkeit, den Backslash selbst zu escapen.

Die Kombination eines Zeichens mit einem vorangestellten Backslash wird übrigens als Escape-Sequenz bezeichnet. Neben den Anführungszeichen können noch eine Reihe weiterer Zeichen in PHP nur durch eine solche Escape-Sequenz dargestellt werden. Diese werden Ihnen weiter unten in diesem Abschnitt vorgestellt.

### *Syntax*

Ein String kann auf drei verschiedene Weisen geschrieben werden:

- Einfache Anführungszeichen (single quoted)
- Doppelte Anführungszeichen (double quoted)
- Heredoc-Syntax

### *Einfache Anführungszeichen (Single-quoted)*

Der leichteste Weg, einen einfachen String zu schreiben, ist der Einschluss in einfache Anführungszeichen (').

```
<?php
// Ausgabe - PHP 5 lässt es krachen
echo 'PHP 5 lässt es krachen';

// Ausgabe - Herzlich willkommen, Wir sind Ihre...
echo 'Herzlich Willkommen,
    Wir sind Ihre...';
?>
```

Anders als bei den zwei anderen Schreibweisen werden Variablen innerhalb von single-quoted Strings nicht ausgewertet.

```
<?php
$person = "Caroline";

// Ausgabe - Guten Morgen, $person
echo 'Guten Morgen, $person';
?>
```

### *Doppelte Anführungszeichen (Double-quoted)*

Wenn ein String in doppelten Anführungszeichen (") eingeschlossen wird, versteht PHP mehr Escape-Folgen für spezielle Zeichen:

| Zeichenfolge | Bedeutung |
| --- | --- |
| \n | Zeilenvorschub (LF oder 0x0A als ASCII-Code) |
| \r | Wagenrücklauf (CR oder 0x0D als ASCII-Code) |
| \t | Tabulator (HT oder 0x09 als ASCII-Code) |
| \\ | Backslash / Rückstrich |

| Zeichenfolge | Bedeutung |
|---|---|
| \$ | Dollar-Symbol |
| \' | Einfaches Anführungszeichen |
| \" | Doppelte Anführungszeichen |
| \[0-7]{1,3} | Die Zeichenfolge, die dem regulären Ausdruck entspricht, ist ein Zeichen in Oktal-Schreibweise. |
| \x[0-9A-Fa-f]{1,2} | Die Zeichenfolge, die dem regulären Ausdruck entspricht, ist ein Zeichen in Hexadezimal-Schreibweise. |

Sollten Sie versuchen, sonstige Zeichen zu escapen, wird der Backslash ebenfalls ausgegeben.

Der wohl wichtigste Vorteil von double-quoted Strings ist die Tatsache, dass Variablen ausgewertet werden.

```
<?php
$person = "Caroline";

// Ausgabe - Guten Morgen, Caroline
echo "Guten Morgen, $person";
?>
```

### Heredoc

Der Einsatz von Heredoc-Syntax wurde bereits im Abschnitt 3.2.14 beschrieben, daher hier lediglich einige weitere Besonderheiten.

Heredoc-Text funktioniert wie ein String innerhalb doppelter Anführungszeichen, nur ohne doppelte Anführungszeichen. Anführungszeichen innerhalb von heredoc-Texten müssen also keiner Sonderbehandlung (Escapen) unterzogen werden, aber Sie können dennoch die oben aufgeführten Escape-Anweisungen verwenden. Variablen werden ausgewertet.

```
<?php
echo <<<ANREDE
Herzlich willkommen,
Meine Damen und Herren...
ANREDE;
?>
```

### Variablen-Analyse (Parsing)

Wird ein String in doppelten Anführungszeichen oder mit heredoc angegeben, werden enthaltene Variablen ausgewertet (geparst).

Es gibt zwei Syntaxtypen, eine einfache und eine komplexe.

- Die einfache Syntax ist die geläufigste und bequemste. Sie bietet die Möglichkeit, eine Variable, einen Array-Wert oder eine Objekt-Eigenschaft auszuwerten (zu parsen).

- Die komplexe Syntax wurde in PHP 4 eingeführt und ist an den geschweiften Klammern {} erkennbar, die den Ausdruck umschließen.

## Einfache Syntax

Sobald ein Dollarzeichen ($) auftaucht, wird der Parser versuchen, einen gültigen Variablennamen zu bilden. Schließen Sie Ihren Variablennamen in geschweifte Klammern ein, wenn Sie ausdrücklich das Ende des Namens angeben wollen.

```
<?php
$marke = 'Audi';

/*
 Ausgabe - Auid's sind goldig
 Da ' kein gültiges Zeichen für einen
 Variablennamen darstellt.
*/
echo "$marke's sind goldig";

/*
 Ausgabe - Sie haben zahlreiche gefahren
 Da s ein gültiges Zeichen für einen
 Variablennamen darstellt, wird der
 Interpreter nach einer Variablen mit
 dem Namen $markes suchen.
*/
echo "Sie haben zahlreiche $markes gefahren";

//Ausgabe - Sie haben zahlreiche Audis gefahren
echo "Sie haben zahlreiche ${marke}s gefahren";
?>
```

Auf ähnliche Weise können Sie erreichen, dass ein Array-Index oder eine Objekt-Eigenschaft ausgewertet wird. Bei Array-Indizes markiert die schließende eckige Klammer (]) das Ende des Index. Für Objekteigenschaften gelten die gleichen Regeln wie bei einfachen Variablen, obwohl es bei Objekteigenschaften keinen Trick gibt, wie dies bei Variablen der Fall ist.

```
<?php
$autos = array( 'Viper' => 'gelb' , 'Ferrari' => 'rot' );

/*
 Ausgabe - Ein Ferarri ist rot
 Achtung: außerhalb von String-Anführungszeichen funktioniert das anders.
*/
echo "Ein Ferarri ist $autos[Ferrari].";
?>
```

```
<?php
// Klasse
class Fahrzeug
{
    var $plaetze;

    function Fahrzeug()
    {
        $this->plaetze = 4;
    }
}
```

```
// Objekt
$meinauto = new Fahrzeug;

// Ausgabe - Dieses Auto hat Platz für 4 Personen.
echo "Dieses Auto hat Platz für $meinauto->plaetze Personen.";

// Ausgabe - Dieses Auto hat Platz für Personen.
// Funktioniert nicht. Für eine Lösung siehe die komplexe Syntax.
echo "Dieses Auto hat Platz für $meinauto->plaetze00 Personen.";
?>
```

Für komplexere Strukturen sollten Sie die komplexe Syntax verwenden.

### Komplexe (geschweifte) Syntax

Diese Syntax wird nicht komplex genannt, weil etwa die Syntax selbst komplex ist, sondern weil Sie auf diesem Weg komplexe Ausdrücke einbeziehen können.

Tatsächlich können Sie jeden beliebigen Wert einbeziehen, der einen gültigen Namensbereich als String besitzt. Schreiben Sie den Ausdruck einfach auf die gleiche Art und Weise wie außerhalb des Strings, und umschließen Sie ihn mit { und }. Da Sie '{' nicht escapen können, wird diese Syntax nur erkannt, wenn auf { unmittelbar $ folgt. (Benutzen Sie "{\$" oder "\{$", um ein wörtliches "{$" zu erhalten.) Hier ein Beispiel:

```
<?php
// Klasse
class Fahrzeug
{
    var $plaetze;

    function Fahrzeug()
    {
        $this->plaetze = 4;
    }
}

// Objekt
$meinauto = new Fahrzeug;

// Ausgabe - Dieses Auto hat Platz für 400 Personen.
echo "Dieses Auto hat Platz für {$meinauto->plaetze}00 Personen.";
?>
```

### Umwandlung von Zeichenketten

Sobald ein String als numerischer Wert ausgewertet wird, wird der resultierende Wert und Typ wie folgt festgelegt. Der String wird als float ausgewertet, wenn er eines der Zeichen '.', 'e' oder 'E' enthält. Ansonsten wird er als Integer-Wert interpretiert.

Der Wert wird durch den Anfangsteil des Strings bestimmt. Sofern der String mit gültigen numerischen Daten beginnt, werden diese als Wert benutzt. Andernfalls wird der Wert 0 (Null) sein. Gültige numerische Daten sind ein optionales Vorzeichen, gefolgt von einer oder mehreren Zahlen (optional mit einem Dezimalpunkt). Wahlweise kann auch ein Exponent angegeben werden. Der Exponent besteht aus einem 'e' oder 'E', gefolgt von einer oder mehreren Zahlen.

```
<?php
$wert = 1 + "10.5";
// Ausgabe - $wert ist float (11.5)
echo $wert;

$wert2 = 1 + "Matze3";
// Ausgabe - $wert2 ist integer (1)
echo $wert2;

$wert3 = "10 Autos" + 1;
// Ausgabe - $wert3 ist integer (11)
echo $wert3;
?>
```

### 3.3.2 Zahlen

Zahlen sind der grundlegendste Datentyp überhaupt und benötigen wenig Erläuterung. Es kann sich dabei um ganze Zahlen oder Fließkommazahlen handeln. Ganze Zahlen (Integer) können dezimal, oktal oder hexadezimal geschrieben werden.

Der Datentyp für die Zahlen umfasst:

- ganzzahlige Zahlenwerte wie 10, 50, 1000000 oder −1000, die auch als Integer-Zahlen bezeichnet werden,
- Zahlen mit Nachkommastellen wie 9.95 oder 3.1415, die auch als Gleitkommazahlen (Float-Zahlen) bezeichnet werden.

> **Achtung:** Sie sollten dabei beachten, dass der Punkt hier zur Abtrennung der Nachkommastellen und nicht wie im Deutschen üblich zur Kennzeichnung der Tausenderstellen dient.

#### Schreibweise von ganzzahligen Werten

*Beispiel*
```
$zahleins = 9000;
```

Dieser Zahlenwert kann auch als Hexadezimalzahl angegeben werden. Um dem PHP-Interpreter anzuzeigen, dass die folgende Zahl eine Hexadezimalzahl ist, stellen Sie dem Zahlenwert das Präfix 0x voran.

*Beispiel*
```
$zahlEins = 0x2328;  // entspricht dezimal 9000
```

Und nun zu den Fließkommazahlen:
```
$zahlzwei = 999.99;
```

Wie Sie sehen, werden Fließkommazahlen mit einem Punkt zwischen den Vorkomma- und Nachkommastellen geschrieben. Alternativ können Sie Fließkommazahlen auch in der Exponentialschreibweise angeben.

```
$zahldrei = 999.99e2; // entspricht 99999
```

> **Hinweis:** Der Buchstabe e wird in Fließkommazahlen zur Kennzeichnung eines nachfolgenden Exponenten zur Basis 10 verwendet. 999.99e2 bedeutet also 999.99 * $10^2$, nicht zu verwechseln mit der Euler'schen Zahl.

PHP-Programme bearbeiten Zahlen, indem sie die arithmetischen Operatoren benutzen, die die Sprache zur Verfügung stellt. Dazu gehören:

- Addition (+)
- Substraktion (-)
- Multiplikation (*)
- Division (/)
- Modulo (%)

Die vollständigen Einzelheiten bezüglich dieser und anderer arithmetischer Operatoren finden sich im Abschnitt 3.6 »Operatoren«. Zusätzlich zu diesen grundlegenden mathematischen Operationen unterstützt PHP komplizierte mathematische Operationen durch eine große Anzahl an mathematischen Funktionen, die zu den Kernbestandteilen der Sprache gehören.

*Beispiel*
```
// Sinus von x berechnen
$sinusx = sin($x);
```

Die Anweisung ermöglicht es Ihnen, den Sinus eines Zahlenwerts x zu berechnen. Im Abschnitt der praktischen Anwendungsbeispiele werde ich Ihnen einige nützliche Formeln zeigen.

### Integer-Typen

In der Mathematik würde der Integer-Typ dem Wertebereich aus der Menge Z = {..., -2, -1, 0, 1, 2, ...} entsprechen. Wie bereits gesagt, können Ganzzahlen in dezimaler (10-basierter), hexadezimaler (16-basierter) oder oktaler (8-basierter) Schreibweise angegeben werden, wahlweise mit einem vorangestellten -/+-Zeichen. Schreibweisen:

- Für Oktalzahlen wird eine vorangestellte 0 benötigt.
- Für Hexadezimalzahlen wird ein vorangestelltes 0x benötigt.

*Beispiel*
```
<?php
// Dezimalzahl
$zahl = 1234;
echo $zahl;

// Negative Zahl
$zahl = -123;
echo $zahl;

// Oktalzahl (87)
$zahl = 0127;
echo $zahl;
```

```
// Hexadezimalzahl (255)
$zahl = 0xFF;
echo $zahl;
?>
```

Die Größe eines Integer-Werts ist von der jeweiligen Plattform abhängig, ein Maximalwert von ungefähr zwei Milliarden ist jedoch üblich (32 Bit).

## Integer-Überlauf

Sollten Sie eine Zahl jenseits der Grenzen des Typs `integer` angeben, wird diese als Typ `float` interpretiert. Wenn Sie eine Operation ausführen, deren Ergebnis eine Zahl jenseits der Grenzen des Typs `integer` ist, wird ebenso eine Zahl vom Typ `float` zurückgegeben.

*Beispiel*
```
<?php
// Ausgabe: int(2147483647)
$zahl = 2147483647;
var_dump($zahl);

// Ausgabe: float(2147483648)
$zahl = 2147483648;
var_dump($zahl);
?>
```

Dies gilt auch für Integer in hexadezimaler Schreibweise,

*Beispiel*
```
<?php
// Ausgabe: int(2147483647)
var_dump(0x7fffffff);

// Ausgabe: float(2147483648)
var_dump(0x80000000);
?>
```

und für Integer, welche aus einer Rechenoperation resultieren.

*Beispiel*
```
<?php
// Ausgabe: float(1.0E+11)
$zahl = 100000 * 1000000;
var_dump($zahl);
?>
```

In PHP gibt es keinen Operator für Integer-Divisionen. 1/2 ergibt 0.5.

*Beispiel*
```
<?php
// Ausgabe: float(0.5)
var_dump(1/2);
?>
```

## Umwandlung in Integer-Wert

Um einen Wert ausdrücklich in einen Integer zu konvertieren, benutzen Sie entweder die Umwandlung mittels (int) oder (integer). In den allermeisten Fällen ist es jedoch nicht notwendig, die Umwandlung selbst vorzunehmen. Ein Wert wird automatisch konvertiert, falls ein Operator, eine Funktion oder eine Kontrollstruktur ein Integer-Argument erfordert.

*Beispiel*

```php
<?php
// Ausgabe (10)
echo (int) 10.99;
// Ausgabe (10)
echo (integer) 10.99;
?>
```

## Booleans in Integer

False ergibt 0 (Null), und true ergibt 1 (eins).

*Beispiel*

```php
<?php
// Boolean
echo (int) true;   // 1
echo (int) false;  // 0
?>
```

## Fließkommazahlen in Integer

Bei der Umwandlung von float nach integer wird die Zahl in Richtung Null gerundet.

*Beispiel*

```php
<?php
// Ausgabe (9999)
echo (int) 9999.4567;
?>
```

Wenn der float jenseits der Grenzen von integer liegt (üblicherweise +/- 2.15e+9 = 2^31), ist das Ergebnis nicht definiert, da float nicht genug Präzision besitzt, um ein genaues integer-Ergebnis zu liefern. Keine Warnung oder Fehlermeldung wird in diesem Fall ausgegeben.

Sie sollten nie einen Teilausdruck nach integer umwandeln, da dies in einigen Fällen zu unerwarteten Ergebnissen führen kann.

*Beispiel*

```php
<?php
// Ausgabe (8)
echo ( (0.7+0.1) * 10 );
// Ausgabe (7)
echo (int) ( (0.7+0.1) * 10 );
?>
```

## Strings in Integer

Natürlich lassen sich auch Zeichenketten in Integer umwandeln.

```
<?php
// Ausgabe (10)
echo 2 * "5 Äpfel";

// Ausgabe (6)
echo "5 Autos " + 1;

// Ausgabe (1)
echo 1 + "C-64";
?>
```

## Float-Typen

Fließkommazahlenwerte, auch als floats, doubles oder reelle Zahlen bezeichnet, können durch eine der folgenden Anweisungen zugewiesen werden:

```
<?php
// Ausgabe (1.234)
$wert = 1.234;
echo $wert;

// Ausgabe (1200)
$wert = 1.2e3;
echo $wert;

// Ausgabe (7E-10)
$wert = 7E-10;
echo $wert;
?>
```

Die Größe einer Fließkommazahl ist plattformabhängig, dennoch stellt ein Maximum von ~1.8e308 mit einer Genauigkeit von 14 Nachkommastellen einen üblichen Wert dar (das entspricht 64-Bit im IEEE-Format).

## Fließkomma-Präzision

Es ist ziemlich normal, dass einfache Dezimalzahlen wie 0.1 oder 0.7 nicht in ihre internen binären Entsprechungen konvertiert werden können, ohne einen kleinen Teil ihrer Genauigkeit zu verlieren. Das kann zu verwirrenden Ergebnissen führen.

```
<?php
// Ausgabe (7)
echo floor((0.1 + 0.7) * 10)
?>
```

Sie haben sicher 8 erwartet. Dieses Ergebnis stützt sich auf die Tatsache, dass es unmöglich ist, einige Dezimalzahlen durch eine endliche Anzahl an Nachkommastellen darzustellen. Dem Wert 1/3 entspricht z. B. der interne Wert von 0.3333333. Daher sollten Sie nie den Ergebnissen von Fließkomma-Operationen bis auf die letzte Nachkommastelle trauen und sie lieber auf Gleichheit prüfen.

> **Tipp:** Benötigen Sie eine größere Genauigkeit, sollten Sie die mathematischen Funktionen beliebiger Genauigkeit oder die Gmp-Funktionen verwenden.

### 3.3.3 Boolesche Werte

Die Datentypen für Zahlen und Strings können beliebig viele verschiedene Werte annehmen. Der Datentyp Boolean kennt hingegen nur zwei mögliche Werte. Die zwei zulässigen Booleschen Werte sind true (wahr) und false (falsch). Ein boolescher Wert stellt einen Wahrheitswert dar, er besagt, ob ein Sachverhalt wahr ist oder nicht.

> **Hinweis:** Die beiden Schlüsselwörter true und false unterscheiden nicht zwischen Groß- und Kleinschreibung.
>
> **Tipp:** Um boolesche Werte besser zu verstehen, sollte man sich das einfache Schema eines Lichtschalters vorstellen. Ist das Licht an, steht der Lichtschalter auf Ein, dies entspricht dem booleschen Wert true. Ist das Licht aus, steht der Lichtschalter auf Aus, dies wiederum entspricht dem booleschen Wert false. Natürlich kann dieses Schema nur angewendet werden, wenn die Birne in der Lampe in Ordnung ist und der Stecker steckt.

*Beispiel*

```
// Licht ist eingeschaltet
$licht = true;
// Licht ist ausgeschaltet
$licht = false;
```

Boolesche Werte sind im Allgemeinen das Ergebnis von Vergleichen, die in einem Programm vorgenommen werden. Wie sieht ein solcher Vergleich aus?

```
$name == "Matthias";
```

Hier sehen Sie einen Teil eines Vergleichs. Hierbei wird überprüft, ob der Wert der Variablen name der Zeichenkette "Matthias" entspricht. Sollte dies der Fall sein, ist das Ergebnis des Vergleichs der boolesche Wert true. Wenn der Wert der Variablen name nicht der Zeichenkette entsprechen sollte, dann ist das Ergebnis des Vergleichs false. Boolesche Werte werden in PHP für gewöhnlich durch Vergleiche erzeugt und zur Ablaufsteuerung genutzt.

In einer if-else-Konstruktion wird eine Aktion ausgeführt, wenn ein boolescher Wert true ist, aber eine andere, wenn dieser Wert false ist. Häufig wird ein Vergleich, der einen booleschen Wert erzeugt, unmittelbar mit einer Anweisung kombiniert, die diesen Wert benutzt.

*Beispiel*

```
<?php
if ($name == "Matthias") {
   $spruch = "Hallo " + $name;
   echo $spruch;
} else {
   $spruch = "Sie kenne ich nicht!";
   echo $spruch;
}
?>
```

Dieses Beispiel prüft, ob der Wert in der Variablen $name der Zeichenkette "Matthias" entspricht. Wenn ja, dann wird in die Variable $spruch die Zeichenkette "Hallo

Matthias" eingesetzt, sonst wird in die Variable $spruch die Zeichenkette "Sie kenne ich nicht!" eingesetzt.

PHP ist in der Lage, die Zahlenwerte 1 und 0 als boolesche Werte true und false zu interpretieren.

*Beispiel*
```
$signaleins = true;
$signalzwei = 1;
```

Beide Anweisungen enthalten unterschiedliche Datentypen, jedoch erst aus dem Kontext heraus wird ersichtlich, ob es sich bei der Variablen $signalzwei um einen Zahlenwert oder einen booleschen Wert handelt.

*Beispiel*
```
<?php
// Variable
$signalzwei = 1;

// Zahl
$summe = $signalzwei + 5;

// Boolescher Wert
if ($signalzwei == true) {
   $zustand = "Signal ist Ein";
   echo $zustand;
}
?>
```

**Achtung:** C/C++-Programmierer sollten beachten, dass PHP einen eigenen Datentyp Boolean hat. Dies steht im Gegensatz zu C und C++, die einfache ganzzahlige Werte benutzen, um boolesche Werte nachzuahmen.

## *Umwandlung nach boolean*

Um einen Wert ausdrücklich nach boolean zu konvertieren, benutzen Sie entweder die Umwandlung mittels (bool) oder (boolean).

*Beispiel*
```
<?php
// Ausgabe (1)
echo (bool) ((100));
// Ausgabe (1)
echo (boolean) ((100));
?>
```

In den allermeisten Fällen ist es jedoch nicht notwendig, die Umwandlung selbst vorzunehmen. Ein Wert wird automatisch konvertiert, falls ein Operator, eine Funktion oder eine Kontrollstruktur ein boolean-Argument erfordert.

Bei der Umwandlung nach boolean werden folgende Werte als false angesehen:

- das boolesche FALSE
- die Integer 0 (Null)

- die Fließkommazahl 0.0 (Null)
- die leere Zeichenkette und die Zeichenkette "0"
- ein Array ohne Elemente
- ein Objekt ohne Elemente
- der spezielle Type null (einschließlich nicht definierter Variablen)

Jeder andere Wert wird als true angesehen, einschließlich jeder Ressource.

> **Achtung:** -1 wird als TRUE angesehen, wie jede andere Zahl ungleich null. Ob es sich hierbei um eine negative oder positive Zahl handelt, ist nicht relevant!

### 3.3.4 Objekte

Objekte gehören dem PHP-Datentyp Object an. Ein Objekt ist eine Sammlung benannter Daten. Die Namen dieser Datenelemente werden als Eigenschaften, Attribute oder Properties des Objekts bezeichnet. Einige sprechen auch von den Feldern des Objekts. Diese Benennung kann jedoch zu Verwirrung führen, da es Felder (Arrays) auch als eigenständigen Datentyp gibt. Sie sollten daher eine der ersten drei Benennungen verwenden. Um die Eigenschaft eines Objekts anzusprechen, sprechen wir zunächst das Objekt an, setzen dahinter ein -> und fügen anschließend den Namen der Eigenschaft an.

*Beispiel*
```
$meinRechner->hersteller
$meinRechner->cpu
```

Hier haben wir ein Objekt namens $meinRechner mit den Eigenschaften hersteller und cpu. Die Eigenschaften von Objekten verhalten sich dabei in PHP wie Variablen. Sie können alle Datentypen enthalten, einschließlich Arrays, Funktionen und anderer Objekte. Wie bereits erwähnt, wird eine Funktion, die als Eigenschaft eines Objekts gespeichert ist, oft auch als Methode bezeichnet. Um eine Methode eines Objekts aufzurufen, benutzen Sie wiederum die Schreibweise mit dem ->, um den Funktions-Datenwert in dem Objekt ansprechen zu können.

*Beispiel*
```
$meinRechner->starten();
```

Ich will Ihnen noch ein lauffähiges Beispiel für die aufgeführten Eigenschaften der Funktion mit auf den Weg geben:

```
<?php
/*
 Klasse (class)
 Definiert Eigenschaften, Methoden und Funktionen
 einer Gruppe von Objekten
*/
class Rechner {

    var $cpu;
    var $hersteller;
```

```
    function Rechner($taktrate,$unternehmen)
    {
        $this->cpu = $taktrate;
        $this->hersteller = $unternehmen;
    }
    function starten()
    {
        echo "Rechner gestartet!";
    }
}
// Objekt erzeugen
$meinRechner = new Rechner(2000,"Intel");
// Ausgabe - Object id #1
echo $meinRechner;
// Ausgabe - Intel
echo $meinRechner->hersteller;
// Ausgabe - Rechner gestartet!
echo $meinRechner->starten();
?>
```

## 3.3.5 Arrays

Ein Array in PHP ist im eigentlichen Sinne eine geordnete Abbildung. Eine Abbildung ist ein Typ, der Werte auf Schlüssel abbildet. Dieser Typ ist auf mehrere Arten optimiert, sodass Sie ihn auf verschiedene Weise benutzen können:

- als reales Array
- als Liste (Vektor)
- als Hash-Tabelle
- als Verzeichnis
- als Sammlung
- als Stapel (Stack)
- als Warteschlange (Queue)

und vieles mehr.

Da Sie ein weiteres PHP-Array als Wert benutzen können, ist es recht einfach, Baumstrukturen zu simulieren und Verschachtelungen vorzunehmen.

### *Angabe mit array()*

Ein Array kann mithilfe des Sprachkonstrukts `array()` erzeugt werden. Es benötigt eine bestimmte Anzahl von Komma-getrennten Schlüssel/Wert-Paaren.

Ein Schlüssel ist entweder eine Zahl vom Typ `integer` oder ein String. Wenn ein Schlüssel die Standarddarstellung einer Integer-Zahl ist, wird es als solche interpretiert werden:

- "8" wird als 8 interpretiert
- "08" wird als 08 interpretiert

## Wert
Der Wert eines Arrayeintrags kann ein beliebiger Datentyp sein.

## Schlüssel
Falls Sie einen Schlüssel weglassen, wird das Maximum des Integer-Indizes genommen und der neue Schlüssel wird dieses Maximum + 1 sein. Das gilt auch für negative Indizes, da ein Integer negativ sein kann. Ist zum Beispiel der höchste Index -6, wird der neue Schlüssel den Wert -5 haben. Falls es bis dahin keine Integer-Indizes gibt, wird der Schlüssel zu 0 (Null). Falls Sie einen Schlüssel angeben, dem schon ein Wert zugeordnet wurde, wird dieser Wert überschrieben.

Wenn Sie `true` als Schlüssel benutzen, wird dies als Schlüssel vom Typ `integer 1` ausgewertet. Benutzen Sie `false` als Schlüssel, wird dies als Schlüssel vom Typ `integer 0` ausgewertet. Die Benutzung von `NULL` als Schlüssel führt dazu, dass der Schlüssel als leerer String gewertet wird. Verwenden Sie einen leeren String als Schlüssel, wird ein Schlüssel mit einem leeren String und seinem Wert erzeugt oder überschrieben. Das entspricht nicht der Verwendung von leeren Klammern.

Sie können keine Arrays oder Objekte als Schlüssel benutzen. Der Versuch wird mit einer Warnung enden: `Illegal offset type`.

```
// Schlüssel ist entweder ein string oder integer
// Wert kann irgendetwas sein.
array( [Schlüssel =>] Wert, ...)
```

Hier einige Beispiele:

```
<pre>
<?php
$arrays = array (
    "Fruechte" => array ("a"=>"Kirsche", "b"=>"Birne"),
    "Zahlen"   => array (1, 2, 3, 4, 5, 6),
    "Autos"    => array ("Audi", 5 => "Mercedes", "BMW")
);
print_r($arrays);
?>
</pre>
```

*Ausgabe*

```
Array
(
    [Fruechte] => Array
        (
            [a] => Kirsche
            [b] => Birne
        )

    [Zahlen] => Array
        (
            [0] => 1
            [1] => 2
            [2] => 3
            [3] => 4
```

```
            [4] => 5
            [5] => 6
        )
    [Autos] => Array
        (
            [0] => Audi
            [5] => Mercedes
            [6] => BMW
        )
)
```

## Automatischer Index mit array()

```
<pre>
<?php
$meinarray = array( 10,
                    20,
                    30,
                    40,
                    50,
                    60,
                    70,
                    4=>1,
                    5=>1,
                    6=>13
                    );
print_r($meinarray);
?>
</pre>
```

*Ausgabe*

```
Array
(
    [0] => 10
    [1] => 20
    [2] => 30
    [3] => 40
    [4] => 1
    [5] => 1
    [6] => 13
)
```

## Auf 1 basierter Index mit array()

```
<pre>
<?php
$monate  = array(1 => 'Januar', 'Februar', 'März');
print_r($monate);
?>
</pre>
```

*Ausgabe*
```
Array
(
    [1] => Januar
    [2] => Februar
    [3] => März
)
```

### Erzeugen/Verändern mit eckigen Klammern

Sie können ein bestehendes Arrays durch explizites Zuweisen von Werten verändern. Weisen Sie dem Array Werte zu, indem Sie den Schlüssel in eckigen Klammern angeben. Sie können den Schlüssel auch weglassen. In diesem Fall schreiben Sie einfach ein leeres Klammerpaar ("[]") hinter den Variablennamen.

```
// Schlüssel ist entweder ein String oder ein nicht-negativer Integer
// Wert kann irgendetwas sein.
$arr[Schlüssel] = Wert;
$arr[] = Wert;
```

*Beispiel*
```
<pre>
<?php
$monate  = array(1 => 'Januar', 'Februar', 'März');
$monate[4] = "April";
$monate[] = "Mai";
print_r($monate);
?>
</pre>
```

*Ausgabe*
```
Array
(
    [1] => Januar
    [2] => Februar
    [3] => März
    [4] => April
    [5] => Mai
)
```

Falls das Array bis dahin nicht existiert, wird es erzeugt. Das ist also eine alternative Syntax, um ein Array zu erzeugen. Um einen bestimmten Wert zu ändern, weisen Sie diesem einfach einen neuen Wert zu.

*Beispiel*
```
<pre>
<?php
$personen[0] = "VW";
$personen[1] = "BMW";
$personen[2] = "OPEL";
print_r($personen);
?>
</pre>
```

*Ausgabe*
```
Array
(
    [0] => VW
    [1] => BMW
    [2] => OPEL
)
```

Sollten Sie ein Schlüssel/Wert-Paar entfernen wollen, benutzen Sie unset().

*Beispiel*
```
<pre>
<?php
$personen[0] = "VW";
$personen[1] = "BMW";
$personen[2] = "OPEL";

// Löschen
unset ($personen[1]);
print_r($personen);
?>
</pre>
```

*Ausgabe*
```
Array
(
    [0] => VW
    [2] => OPEL
)
```

### Nützliche Funktionen

Es existiert eine Vielzahl von nützlichen Funktionen, um mit Arrays zu arbeiten. Einige davon werde ich im Abschnitt 3.10 »Arrays« gesondert behandeln.

*Beispiel*
```
<?php
// Array
$daten[0] = 100;
$daten[1] = 300;
$daten[2] = 500;
$anzahl = count($daten);
// Ausgabe (3)
echo $anzahl;
?>
```

### Schreibweisen und ihre Besonderheiten

Warum ist `$daten[eintrag]` falsch? – Sie sollten immer Anführungszeichen für einen assoziativen Index eines Arrays benutzen. Zum Beispiel sollten Sie `$daten['eintrag']` und nicht `$daten[eintrag]` benutzen. Aber warum ist `$daten[eintrag]` falsch? Sicher ist Ihnen folgende Syntax in einigen PHP-Skripts bereits begegnet:

```php
<?php
$daten[eintrag] = "Matze";
// Ausgabe - Matze
echo $daten[eintrag];
?>
```

Es ist falsch, funktioniert aber. Warum ist diese Schreibweise falsch? Der Grund ist, dass dieser Code eine undefinierte Konstante eintrag enthält anstatt eines Strings 'eintrag', beachten Sie die Anführungszeichen. PHP könnte in Zukunft Konstanten definieren, die unglücklicherweise für Ihren Code den gleichen Namen verwenden. Es funktioniert, weil die undefinierte Konstante in einen String mit gleichem Namen umgewandelt wird. Sprich, PHP nimmt an, dass Sie eintrag wörtlich gemeint haben, wie den String 'eintrag', aber vergessen haben, die Anführungszeichen zu setzen. Daher ist die folgende Schreibweise zu bevorzugen:

```php
<?php
$daten['eintrag'] = "Matze";
// Ausgabe - Matze
echo $daten['eintrag'];
?>
```

> **Hinweis:** Noch mehr rund um das Thema Arrays erfahren Sie im Abschnitt 3.10 »Arrays«.

### 3.3.6 Resource Type

Eine Ressource ist eine spezielle Variable, die eine Referenz auf eine externe Ressource enthält. Ressourcen werden von bestimmten Funktionen erzeugt und benutzt.

Einige Ressourcen:

- COM – Referenz auf ein COM-Objekt
- ftp – FTP-Verbindung
- gd – GD-Grafik
- imap – Verbindung zu einem IMAP- oder POP3-Server herstellen
- msql query – mSQL-Ergebnis
- mysql result – MySQL-Ergebnis
- file – Dateihandle
- xml – XML-Parser

> **Hinweis:** Der Ressource-Typ wurde in PHP 4 eingeführt.

#### *Freigabe von Ressourcen*

Aufgrund des Reference-Counting-Systems, das mit der PHP 4-Zend-Engine eingeführt wurde, wird automatisch erkannt, wenn auf eine Ressource nicht mehr zugegriffen wird. Wenn dies der Fall ist, werden alle Ressourcen, die für diese Resource in Gebrauch waren, durch den Müllsammler (Garbage Collector) freigegeben. Aus diesem Grund ist es nur in seltenen Fällen notwendig, Speicher manuell durch Aufruf von `free_result`-Funktionen freizugeben.

> **Achtung:** Persistente Datenbankverbindungen stellen einen Sonderfall dar, sie werden durch den Garbage Collector nicht automatisch entfernt.

### 3.3.7 NULL

Das PHP-Schlüsselwort `NULL` ist ein besonderer Wert, der für »kein Wert« steht. Technisch gesehen ist `NULL` ein Wert des Typs `Object`. Wenn eine Variable diesen Wert besitzt, weiß man demnach, dass sie kein gültiges Objekt oder Array enthält. Zudem weiß man, dass sie auch weder eine Zahl, eine Zeichenkette, einen booleschen Wert noch eine Funktion enthält.

C/C++-gewohnte Programmierer sollten auch beachten, dass `NULL` in PHP nicht wie in C/C++ dasselbe ist wie 0. Unter bestimmten Umständen wird `NULL` zwar in eine 0 umgewandelt, aber es liegt keine Äquivalenz vor.

Eine Variable wird als `NULL` interpretiert, wenn

- ihr die Konstante `NULL` als Wert zugewiesen wurde,
- ihr bis jetzt kein Wert zugewiesen wurde,
- sie mit `unset()` gelöscht wurde.

*Beispiel*
```
<?php
// Ausgane - Vorname ist NULL
if ($vorname == NULL) echo "Vorname ist NULL";
?>
```

Der Wert `NULL` kann in verschiedenen Situationen verwendet werden. Hier einige Beispiele für derartige Situationen:

- Eine Variable hat noch keinen Wert erhalten.
- Eine Variable enthält keinen Wert mehr.
- Eine Funktion kann keinen Wert zurückgeben, weil kein entsprechender Wert verfügbar ist; in diesem Fall wird der Nullwert zurückgegeben.

> **Hinweis:** `NULL` ist der einzig mögliche Wert des Typs `NULL`.

### 3.3.8 Besonderheiten der verschiedenen Typen

#### Automatische Typkonvertierung

Ein bedeutender Unterschied zwischen PHP und Sprachen wie C/C++ und Java liegt darin, dass PHP nicht typisiert ist. Dies bedeutet, dass Variablenwerte beliebige Datentypen enthalten können. Im Gegensatz hierzu können Variablen in C/C++ und Java jeweils nur einen einzigen Datentyp enthalten.

*Beispiel*
```
$zahl = 5;
$zahl = "fünf";
```

In PHP ist diese Zuweisung zulässig. Einer Variablen zahl wird zunächst eine Zahl und später eine Zeichenkette zugewiesen. In C/C++ oder Java wären diese Codezeilen unzulässig. Da PHP eine Sprache ohne explizite Typen ist, müssen Variablendeklarationen auch keinen Datentyp angeben, wie dies in C/C++ und Java der Fall ist. In diesen Sprachen deklariert man eine Variable, indem man den Namen des Datentyps angibt, den die Variable aufnehmen soll, und dahinter wird der Name der Variablen angegeben.

*Beispiel*
```
// Deklaration einer Integer-Variablen in C/C++ oder Java
int zahl;
```

In PHP hingegen verwenden Sie für die Variablendeklaration lediglich einen gültigen Variablennamen, brauchen aber keinen Typ anzugeben.

*Beispiel*
```
// Deklaration einer PHP-Variablen ohne Typ
$zahl = 100;
```

Eine Folge aus dem Nichtvorhandensein von Typen in PHP besteht darin, dass Werte automatisch zwischen verschiedenen Typen konvertiert werden können. Wenn man z. B. versucht, eine Zahl an eine Zeichenkette anzuhängen, setzt PHP die Zahl automatisch in die entsprechende Zeichenkette um, die dann angehängt werden kann.

*Beispiel*
```
<?php
// Variablen
$wort = "Besucher";
$nummer = 5;
$kombination = $nummer . $wort;
// Ausgabe - 5 Besucher
echo $kombination;
?>
```

Sie haben nun erfahren, dass PHP untypisiert ist. Diese Tatsache verleiht der Sprache die Flexibilität und Einfachheit, die für eine Skriptsprache wünschenswert ist. Im folgenden Abschnitt werden Sie die automatische Typkonvertierung genauer kennenlernen, da sie ein wesentlicher Bestandteil der Sprache ist.

Ein Beispiel für die automatische Typkonvertierung von PHP ist der +-Operator. Ist einer der zu addierenden Werte vom Typ float, werden alle Werte als float-Typ behandelt. Auch das Ergebnis der Addition wird vom Typ float sein. Andernfalls werden die Werte als integer-Typen angesehen und das Ergebnis wird ebenfalls vom Typ integer sein. Beachten Sie, dass hierdurch NICHT der Typ der Operanden selbst beeinflusst wird; der Unterschied liegt einzig und allein in der Auswertung dieser Operanden.

*Beispiel*
```
<?php
// String
$wert = "0";
// Integer
$wert += 2;
// Ausgabe - 2 (Integer)
echo $wert;
?>
```

Hier eine Zusammenfassung zur automatischen Typzuweisung:

- In Anführungszeichen "" oder ' ' eingeschlossene Zeichen werden als String interpretiert.
- Eine Zahl ohne Punkt wird als Ganzzahl interpretiert.
- Eine Zahl mit Punkt wird als Fließkommazahl interpretiert.
- Bei der Auswertung von Ausdrücken bestimmt der verwendete Operator den Datentyp des Ergebnisses.

### 3.3.9 Typumwandlung

#### *Explizite Typumwandlung*

Typumwandlung in PHP funktioniert oft wie in C. Der Name des gewünschten Typs wird vor der umzuwandelnden Variablen in Klammern gesetzt, dies wird auch als Cast-Operation bezeichnet.

*Beispiel*
```
<?php
// Integer
$zahl = 100;
// Float
$zahl = (float) $zahl;
// Ausgabe - float(100)
echo var_dump($zahl);
?>
```

Folgende Umwandlungen sind möglich:

- (int),(integer) – nach integer
- (bool),(boolean) – nach boolean
- (float),(double),(real) – nach float
- (string) – nach string
- (array) – nach array
- (object) – Wandlung zum Objekt

Anstatt eine Variable in einen String umzuwandeln, können Sie die Variable auch in doppelte Anführungszeichen einschließen.

Beachten Sie, dass Tabulatoren und Leerzeichen innerhalb der Klammern erlaubt sind. Deshalb sind die folgenden Beispiele identisch:

```
$zahl=(int)$zahl;
$zahl=( int )$zahl;
```

Es ist nicht immer offenkundig, was bei der Typumwandlung geschieht. Sollten Sie eine Umwandlung eines Arrays zu einem String vornehmen oder erzwingen, ist das Ergebnis das Wort »Array«. Wenn Sie eine Umwandlung eines Objekts zu einem String vornehmen oder erzwingen, ist das Ergebnis das Wort »Objekt«.

Bei der Umwandlung einer skalaren oder Stringvariablen zu einem Array wird die Variable das erste Element des Arrays:

```
<?php
$vorname = 'Caroline';
$personen = (array) $vorname;
// Ausgabe - Caroline
echo $personen[0];
?>
```

Sobald eine skalare oder Stringvariable in ein Objekt gewandelt wird, wird die Variable zu einem Attribut des Objekts; der Eigenschaftsname wird `scalar`:

```
<?php
$vorname = 'Caroline';
$obj = (object) $vorname;
// Ausgabe - Caroline
echo $obj->scalar;
?>
```

Bei der Umwandlung sollten Sie berücksichtigen, dass nicht sämtliche Richtungen sinnvoll sind. In der folgenden Tabelle stelle ich Ihnen sinnvolle mögliche Kombinationen vor.

| Zieltyp | Sinnvolle Quelltypen | Unwandlungsprinzip |
|---|---|---|
| integer | double | Dezimale werden abgeschnitten (keine Rundung). |
| int | string | Wird keine Zahl erkannt, wird 0 zurückgegeben. |
| double | integer | unverändert |
| real | string | Wird keine Zahl erkannt, wird 0 zurückgegeben. |
| string | integer | Gibt die Zahl als Zeichenkette zurück. |
|  | double | Gibt die Zahl als Zeichenkette zurück. |
| array | object | Wird direkt umgewandelt. |
|  | integer | Es entsteht ein Array mit einem Element vom Ursprungstyp. |
|  | string | Es entsteht ein Array mit einem Element vom Ursprungstyp. |
|  | double | Es entsteht ein Array mit einem Element vom Ursprungstyp. |

| Zieltyp | Sinnvolle Quelltypen | Unwandlungsprinzip |
|---------|----------------------|--------------------|
| object  | array                | Wird direkt umgewandelt. |
|         | integer              | Es entsteht ein Objekt mit einer Eigenschaft, die durch die Variable repräsentiert wird. |
|         | string               | Es entsteht ein Objekt mit einer Eigenschaft, die durch die Variable repräsentiert wird. |
|         | double               | Es entsteht ein Objekt mit einer Eigenschaft, die durch die Variable repräsentiert wird. |

## Zeichenkettenkonvertierung

Bei der Umwandlung von Zeichenketten wendet PHP bestimmte Regeln an. Mit deren Kenntnis können Sie das Ergebnis voraussagen und von der Umwandlung sicher Gebrauch machen:

- integer entsteht, wenn die Zeichenkette mit einem gültigen numerischen Zeichen (Ziffer, Plus oder Minus) beginnt und dahinter nicht die Zeichen . , e oder E folgen. Ist der erste Teil der Zeichenkette ein gültiger Ausdruck, wird der Rest ignoriert.
- float (double) entsteht, wenn die Zeichenkette mit einem gültigen numerischen Zeichen (Ziffer, Plus oder Minus) beginnt und dahinter die Zeichen . , e oder E folgen. Ist der erste Teil der Zeichenkette ein gültiger Ausdruck, wird der Rest ignoriert.

**Hinweis:** Die Zeichen e und E dienen der Darstellung von Exponenten. Die Schreibweise Enn steht für x10$^{nn}$. Generell dient der Punkt . als Dezimaltrennzeichen. Sie müssen dies bei Zuweisungen von Variablen berücksichtigen. Zur Ausgabe lassen sich Zahlen mit der Funktion number_format in die benötigte Form bringen (deutsche Schreibweise mit Komma).

## Umwandlungsfunktion

Neben der Angabe des Datentyps als cast-Ausdruck kann auch die Funktion settype() eingesetzt werden. In manchen Ausdrücken wird eine Funktion erwartet, oft dient der Einsatz jedoch lediglich der besseren Lesbarkeit.

settype(string var, string type)

Der Typ der Variablen var wird festgelegt als type. Mögliche Werte für type sind:

- "integer"
- "double"
- "string"
- "array"
- "object"

*Beispiel*
```
<?php
$preis = 9.99;
settype($preis,"integer");
// Ausgabe (9)
echo $preis
?>
```

*Beispiel*
```
<?php
$preis = 9.99;
settype($preis,"object");
// Ausgabe Object id #1
echo $preis;
// Ausgabe (9.99)
echo $preis->scalar;
?>
```

> **Hinweis:** Bei erfolgreicher Umwandlung liefert settype() TRUE, sonst FALSE. So haben Sie die Möglichkeit, auf eine fehlerhafte Umwandlung mithilfe einer Bedingung zu reagieren.

*Beispiel*
```
<?php
$preis = 9.99;
// Ausgabe (9)
if (settype($preis,"integer") == 1) {
   echo $preis;
} else {
   echo "Fehler!";
}
?>
```

Sollte Ihnen settype() zu umständlich sein, können Sie auch die abgeleiteten val-Funktionen verwenden:

- intval(string var) – Diese Funktion wandelt in integer um.
- doubleval (string var) – Diese Funktion wandelt in double um.
- strval(string var) – Diese Funktion wandelt in string um.

*Beispiel*
```
<?php
$preis = 9.99;
// Ausgabe (9)
echo intval($preis);
?>
```

## 3.3.10 Datentypen bestimmen

### Einsatz von var_dump()

Um beispielsweise den Typ und den Wert eines bestimmten Ausdrucks zu überprüfen, können Sie var_dump() einsetzen.

*Beispiel*
```
<pre>
<?php
$personen = array(array('Matthias','Kannengiesser',29),
         array('Caroline','Kannengiesser',25),
         array('Gülten','Kannengiesser', 59,
               array('Eltern','Mutter')));
```

```
var_dump($personen);
?>
</pre>
```

*Ausgabe*
```
array(3) {
  [0]=>
  array(3) {
    [0]=>
    string(8) "Matthias"
    [1]=>
    string(13) "Kannengiesser"
    [2]=>
    int(29)
  }
  [1]=>
  array(3) {
    [0]=>
    string(8) "Caroline"
    [1]=>
    string(13) "Kannengiesser"
    [2]=>
    int(25)
  }
  [2]=>
  array(4) {
    [0]=>
    string(6) "Gülten"
    [1]=>
    string(13) "Kannengiesser"
    [2]=>
    int(59)
    [3]=>
    array(2) {
      [0]=>
      string(6) "Eltern"
      [1]=>
      string(6) "Mutter"
    }
  }
}
```

Diese Funktion hat die Aufgabe, Informationen über Typ und Wert des Parameters zurückzugeben. Arrays und Objekte werden rekursiv, von innen nach außen, durchlaufen und mit entsprechender Einrückung dargestellt. Sollten Sie zur Fehlersuche lediglich eine lesbare Darstellung eines Typs benötigen, steht Ihnen hierfür gettype() zur Verfügung.

### Einsatz von gettype()

*Beispiel*
```
<?php
$vorname = "Caroline";
$alter = 25;
```

```
// Ausgabe - string
echo gettype($vorname);
// Ausgabe - integer
echo gettype($alter);
?>
```

Die Funktion gibt die bereits bekannten Typbezeichner als Zeichenkette zurück. Konnte der Typ nicht erkannt werden, so wird die Zeichenkette unknown type erzeugt.

> **Achtung:** Um den Typ zu prüfen, sollten Sie nicht gettype() verwenden. Stattdessen sollten Sie die is_type-Funktionen verwenden. Diese finden Sie weiter unten in der Tabelle.

Bei logischen Ausdrücken ist die Verwendung von gettype() zu umständlich. Sie können daher eine ganze Reihe von is_type-Funktionen einsetzen, die True (1) oder False (0) zurückgeben.

| Funktion | Beschreibung |
|---|---|
| is_long(string var)<br>is_integer(string var)<br>is_int(string var) | Ermittelt, ob es sich um einen Ausdruck vom Typ integer handelt. Gibt 1 zurück, wenn die Variable vom Typ integer ist. |
| is_double(string var)<br>is_real(string var)<br>is_float(string var) | Ermittelt, ob es sich um einen Ausdruck vom Typ double bzw. float handelt. Gibt 1 zurück, wenn die Variable vom Typ double oder float ist. |
| is_string(string var) | Ermittelt, ob es sich um einen Ausdruck vom Typ string handelt. Gibt 1 zurück, wenn die Variable vom Typ string ist. |
| is_numeric(string var) | Ermittelt, ob es sich um einen numerischen Typ (integer, double) handelt. Gibt 1 zurück, wenn die Variable vom Typ integer oder double ist. |
| is_bool(string var) | Ermittelt, ob es sich um einen Ausdruck vom Typ boolean handelt. Gibt 1 zurück, wenn die Variable vom Typ boolean ist. |
| is_array(string var) | Ermittelt, ob es sich um einen Ausdruck vom Typ array handelt. Gibt 1 zurück, wenn die Variable vom Typ array ist. |
| is_object(string var) | Ermittelt, ob es sich um einen Ausdruck vom Typ object bzw. eine Objektvariable handelt. Gibt 1 zurück, wenn die Variable vom Typ object ist. |
| is_null | Ermittelt, ob es sich um einen Ausdruck vom Typ null handelt. Gibt 1 zurück, wenn die Variable vom Typ null ist. |
| is_resource | Ermittelt, ob es sich um einen Ausdruck vom Typ resource handelt. Gibt 1 zurück, wenn die Variable vom Typ resource ist. |
| is_scalar | Ermittelt, ob es sich um einen Ausdruck vom Typ integer, float, string oder boolean handelt. Gibt 1 zurück, wenn die Variable vom Typ integer, float, string oder boolean ist. |

*Beispiel*
```
<?php
$preis = "9.99";
// Ausgabe - Es ist ein String
```

```
if (is_string($preis)) {
   echo "Es ist ein String";
} else {
   echo "Kein String";
}
?>
```

*Beispiel*
```
<?php
$signal = FALSE;
// Ausgabe - Ist bool
if (is_bool($signal)) {
   echo "Ist bool";
} else {
   echo "Kein bool";
}
?>
```

Allerdings verhalten sich die Funktionen nicht alle einheitlich. So akzeptiert die Funktion `is_numeric()` auch numerische Werte, die in Anführungszeichen, also als Strings, übergeben werden. Der Wert darf lediglich keine Buchstaben enthalten.

*Beispiel*
```
<?php
$wert = "9.99";
// Ausgabe - Ist eine Zahl
if (is_numeric($wert)) {
   echo "Ist eine Zahl";
} else {
   echo "Ist keine Zahl";
}
?>
```

Wenn Sie die Umwandlung in einen bestimmten Typ erzwingen wollen, erreichen Sie dies entweder durch `cast`-Ausdrücke oder durch Gebrauch der Funktion `settype()`.

Beachten Sie, dass sich eine Variable in bestimmten Situationen unterschiedlich verhalten kann, abhängig vom Typ, dem die Variable zum Zeitpunkt ihrer Verarbeitung entspricht.

## 3.4 Variablen

### 3.4.1 Was ist eine Variable?

Eine der wichtigsten Merkmale einer Programmiersprache ist die Fähigkeit, Daten zu verwalten. Diese Daten werden in Variablen gespeichert und können aus diesen auch wieder ausgelesen werden. Eine Variable kann man sich wie einen Behälter für Informationen vorstellen.

*Variablen*

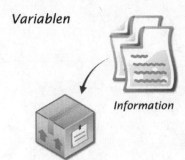

Bild 3.1:  Variable – ein Behälter, der Daten bzw. Informationen enthält

Eine Variable ist wie

- ein Lager mit einer eindeutigen Kennung, in das man Dinge ablegen und herausnehmen kann.
- eine Einkaufstüte, in die Sie Waren hineinlegen und herausnehmen können.
- ein Notizzettel, auf dem Sie Termine eintragen, entfernen oder ändern können.

Dabei müssen Sie sich eines klarmachen: Der Behälter an sich bleibt immer gleich, lediglich sein Inhalt kann sich ändern. Machen Sie sich aber keine Sorgen, Sie können theoretisch so viele Variablen erzeugen, wie es Ihr Arbeitsspeicher zulässt.

> **Hinweis:** Variablen findet man in praktisch jeder Programmiersprache, sei es C/C++, Java, JavaScript oder PHP. Sie dienen dazu, Daten zu repräsentieren, die sich im Laufe eines Programms verändern können. Das Pendant zu den Variablen sind die Konstanten, deren Wert sich nicht ändert.

Es empfiehlt sich, einer Variablen beim Definieren stets einen bekannten Wert zuzuweisen. Dies wird als Initialisieren einer Variablen bezeichnet. Die Initialisierung ermöglicht es Ihnen, den Wert der Variablen zu überwachen und Veränderungen zu erfassen.

Der Datentyp des Werts einer Variablen bestimmt, wie dieser sich bei einer Zuweisung in einem Skript ändert. Zu den am häufigsten in Variablen gespeicherten Informationen gehören:

- Benutzerinformation (wie Benutzername, Anschrift, Telefonnummer etc.)
- Ergebnisse aus mathematischen Berechnungen

### 3.4.2 Variablendefinition

Variablen bestehen aus drei Teilen:

- dem Variablennamen,
- einem Speicherbereich,
- einem Wert.

Um in einer Variablen einen Wert ablegen zu können, muss es irgendein Medium geben, in dem der Wert der Variablen festgehalten werden kann. Wären Variablen

Notizzettel, wäre Papier das gesuchte Medium. Da Variablen jedoch im Computer existieren, scheidet das Medium Papier aus.

### Wo werden die Werte der Variablen gespeichert?

Natürlich im Arbeitsspeicher, genauer gesagt im Arbeitsspeicher des Computers, auf dem Serverrechner, auf dem der PHP-Code ausgeführt wird.

Sie sollten sich dabei folgendes Szenario vor Augen halten: Der PHP-Code, den wir erstellen, wird erst beim Aufruf des PHP-Dokuments ausgeführt. Trifft nun der PHP-Interpreter dabei auf eine Variablendefinition, reserviert er im Arbeitsspeicher einen passenden Speicherbereich und verbindet diesen mit der Variablen. Wird im PHP-Code der Wert der Variablen abgefragt, liest der Interpreter den aktuellen Wert aus, der im Speicherbereich der Variablen abgelegt ist, und liefert ihn zurück. Wird der Variablen ein neuer Wert zugewiesen, schreibt der Interpreter den neuen Wert in den Speicherbereich der Variablen, dabei wird der alte Wert gelöscht.

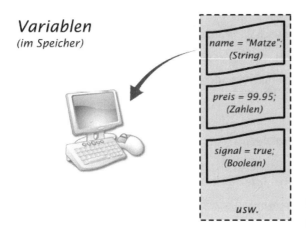

Bild 3.2: Variablen im Arbeitsspeicher

Die Besonderheit liegt darin, dass die gesamte Speicherverwaltung vom Interpreter übernommen wird. Sie brauchen sich als Programmierer nicht weiter darum kümmern, in welchen Speicherbereich die Variable abgelegt wurde. Ein Programmierer sollte wissen, dass hinter einer Variablen ein Speicherbereich steht, doch für die tägliche Arbeit genügt es zu wissen, dass Variablen über ihre Namen angesprochen werden. Dies hat auch Auswirkungen auf die gängige Sprachregelung.

*Beispiel*
```
$vorname = "Matthias";
```

Für den Interpreter bedeutet diese Anweisung:

»Nimm die Zeichenkette Matthias und schreibe sie in den Speicherbereich, der für die Variable mit Namen $vorname reserviert wurde.«

Wir sagen dazu einfach:

»Der Variablen $vorname wird die Zeichenkette Matthias zugewiesen.«

## 3.4.3 L- und R-Wert

Wie Sie wissen, sind Variablen mit Speicherbereichen verbunden. Über den Variablennamen können Sie sowohl einen Wert in einer Variablen speichern als auch den Wert einer Variablen auslesen. Woher weiß der Interpreter, ob Sie den Wert einer Variablen auslesen oder einen neuen Wert in einer Variablen speichern wollen?

Dies ist im Grunde recht einfach. Nach der Definition repräsentiert der Variablenname grundsätzlich den Wert der Variablen. Nur wenn der Variablenname auf der linken Seite einer Zuweisung auftaucht, steht er für den Speicherbereich, in dem der Inhaltswert des rechten Teils der Zuweisung abzulegen ist.

In einer einzigen Zuweisung kann ein Variablenname also sowohl den Wert der Variablen als auch den Speicherbereich der Variablen repräsentieren:

*Beispiel*
```
zahlEins = zahlEins + 10;
```

Aus diesem Grund spricht man auch von

- L-Wert (Linkswert = Speicherbereich der Variablen) und
- R-Wert (Rechtswert = aktueller Wert der Variablen).

Sie sollten sich diesen Zusammenhang besonders gut merken, da Sie immer wieder damit konfrontiert werden.

## 3.4.4 Benennen von Variablen

Wie Sie bereits wissen, besitzt jede Variable einen Namen oder auch *Bezeichner*. Bei der Benennung von Variablen sind einige Regeln zu beachten:

- Bezeichner müssen immer mit einem Dollarzeichen ($) beginnen.
- Die darauf folgenden Zeichen können beliebige Buchstaben, Ziffern oder Unterstriche sein.
- Zwischen Groß- und Kleinschreibung wird unterschieden.
- Es dürfen keine von PHP reservierten Wörter als Bezeichner verwendet werden.
- Bezeichner müssen in einer Zeile Platz finden.
- Bezeichner dürfen keine Leerzeichen enthalten.

> **Achtung:** Der Variablenname sollte auch nie mehr als 255 Zeichen haben.

*Gültige Variablennamen*
```
$einheit = "Meter";
$zahl = 1000;
$_bilder = "foto.jpg";
$spielerName = "Thomas";
$max_wert = 100;
```

*Ungültige Variablennamen*
```
1einheit = "Meter";
%zahl = "100%";
$ = "Dollarzeichen";
_ = "Unterstrich";
max wert = 100;
wert: = "Zehntausend";
```

## 3.4.5 Variablenwerte

Wenn Sie eine oder mehrere Variablen deklariert haben, stellt sich die Frage, was Sie mit den Variablen anfangen können. Der erste Schritt wäre, der Variablen einen Wert zuzuweisen.

Wie man einer Variablen einen Wert zuweist, haben Sie bereits an zahlreichen Beispielen im Buch gesehen. Der Variablen wird der neue Wert mithilfe des (=)-Operators zugewiesen.

*Beispiel*
```
$artikelnummer = 12568;
$firmenname = "Madania Netware";
```

Die Syntax ist nicht schwierig, die Variable ist folgendermaßen aufgebaut:

- Links steht die Variable, der ein neuer Wert zugewiesen wird.
- Es folgt der Zuweisungsoperator (=)-Operator.
- Rechts vom Zuweisungsoperator steht der neue Wert der Variablen.
- Abgeschlossen wird die Zeile mit einem Semikolon.

> **Hinweis:** Beim (=)-Operator handelt es sich um einen Zuweisungsoperator. Der Operator sorgt dafür, dass der Variablen ein neuer Wert zugewiesen wird. Ein Vergleich findet hier nicht statt. Natürlich kann auch auf der rechten Seite des Zuweisungsoperators ein Ausdruck stehen, den der Interpreter zu einem einzelnen Wert umberechnen kann.

*Beispiel*
```
$summe = 10 + 10;    // Die Variable $summe enthält den Wert 20
```

In so einem Fall berechnet der Interpreter zuerst den Ausdruck auf der rechten Seite. Das Ergebnis der Berechnung weist er als neuen Wert der Variablen $summe zu. Die Variable hat danach den Wert 20. Nun kennen Sie auch die interne Arbeitsweise des Interpreters. Sie sollten nun versuchen, den gespeicherten Wert abzurufen. Denn eine Variable samt ihrem Wert ist nur dann interessant, wenn Sie den Wert der Variablen zu einem späteren Zeitpunkt abrufen können, beispielsweise um ihren Wert einer anderen Variablen zuzuweisen oder um ihn in die Berechnung einer Formel einfließen zu lassen.

*Beispiel*
```
$zahleins = 25;
$zahlzwei = 75;

$zahleins = $zahlzwei;
```

Hier wird der Variablen $zahleins der Wert der Variablen $zahlzwei zugewiesen. Danach enthalten beide Variablen den Wert 75.

Obwohl es in der Programmierung relativ häufig vorkommt, dass man einer Variablen den Wert einer anderen Variablen zuweist, ist es meist interessanter, wenn auf der Grundlage des einen Werts ein neuer Wert berechnet wird.

*Beispiel*

```
<?php
// Prozentberechnung (Anteil in Prozent)
$gesamt = 1000;
$aktanteil = 100;

// Wert 10 (entspricht 10%)
$prozentanteil = ($aktanteil * 100)/$gesamt;
// Ausgabe (10)
echo $prozentanteil;
?>
```

Hier wird der Wert der Variablen $aktanteil mithilfe des Multiplikations-Operators mit dem Faktor 100 multipliziert und anschließend durch den Wert der Variablen gesamt mithilfe des Divisions-Operators dividiert. Das Ergebnis wird in $prozentanteil gespeichert. Beachten Sie, dass die Werte der Variablen $aktanteil und gesamt dabei nicht verändert werden. Diese werden lediglich abgefragt und fließen in die Berechnung ein.

### Variablenwerte ohne Hilfe temporärer Variablen austauschen

Sollten Sie die Werte zweier Variablen vertauschen wollen, ohne hierbei zusätzliche Variablen in Anspruch zu nehmen, können Sie die Funktion list() verwenden.

*Beispiel*

```
<?php
$wert1 = 100;
$wert2 = 999;
list($wert1,$wert2) = array($wert2,$wert1);
// Ausgabe (999)
echo "$wert1<br>";
// Ausgabe (100)
echo "$wert2<br>";
?>
```

Wie Sie sehen, werden den Elementen eines Arrays einzelne Variablen zugewiesen. Das Gegenstück auf der rechten Seite des Ausdrucks array() ermöglicht Ihnen, Arrays aus einzelnen Werten zu bilden. Indem Sie das Array, das von array() zurückgegeben wird, den Variablen in list() zuweisen, verändern Sie die Anordnung dieser Werte. Dies funktioniert im Übrigen auch mit mehr als zwei Variablen.

*Beispiel*

```
<?php
$wert1 = 100;
$wert2 = 999;
$wert3 = 10000;
```

```
list($wert1,$wert2,$wert3) = array($wert3,$wert2,$wert1);
// Ausgabe (10000)
echo "$wert1<br>";
// Ausgabe (999)
echo "$wert2<br>";
// Ausgabe (100)
echo "$wert3<br>";
?>
```

**Achtung:** Diese Methode ist nicht schneller als der Einsatz von temporären Variablen. Sie sollten sie aus Gründen der Lesbarkeit und nicht der Geschwindigkeit einsetzen.

### Woher können die Daten einer Variablen noch kommen?

Hier einige mögliche Quellen:

Im einfachsten Fall sind es vordefinierte konstante Werte (Konstanten).

*Beispiel*
```
<?php
$version = PHP_VERSION;
$betrieb_os = PHP_OS;

// Ausgabe 5.1.6
echo $version;
// Ausgabe WINNT
echo $betrieb_os;
?>
```

Sie rufen eine Funktion bzw. Methode auf, die einen Ergebniswert zurückliefert.

*Beispiel*
```
<?php
$wert = abs(-10);
// Ausgabe (10)
echo $wert;
?>
```

## 3.4.6 Umwandeln und Prüfen von Variablen

PHP stellt eine Vielzahl von Funktionen zur Verarbeitung von Variablen zur Verfügung, sodass es dem Entwickler nicht schwer fallen wird, sie im Griff zu haben.

### Einsatz von isset()

Bei logischen Vergleichen kann es äußerst wichtig sein zu prüfen, ob eine Variable mit 0 oder einem Leerstring gefüllt wurde, oder überhaupt noch nicht zugewiesen wurde. Sie können mit der Funktion isset() testen, ob eine Variable existiert.

*Beispiel*
```
<?php
$preis = 9.99;
if (isset($preis)) {
```

```
   echo $preis;
} else {
   echo "Umsonst!";
}
?>
```

*Ausgabe*
```
9.99
```

Wie man sieht, lässt sich die Funktion hervorragend in einer Bedingung unterbringen und somit kann man jederzeit überprüfen, ob die jeweilige Variable bereits existiert oder nicht.

### Einsatz von empty()

Wenn Sie nur testen möchten, ob ein Wert zugewiesen wurde, ist die Funktion `empty()` genau das Richtige.

*Beispiel*
```
<?php
$vorname = "";
if (empty($vorname)) {
   echo "Ist leer und existiert";
} else {
   echo "Ist nicht leer und existiert";
}
?>
```

*Ausgabe*
```
Ist leer und existiert
```

Die Funktion gibt 1 (True) zurück, wenn der Inhalt der Variablen 0 oder ein leerer String ist und die Variable existiert.

### Einsatz von unset()

Sollten Sie vorhaben, eine Zuweisung bzw. Variable wieder aufzuheben und die Variable damit zu löschen, steht Ihnen die Funktion `unset()` zur Verfügung.

*Beispiel*
```
<?php
$vorname = "Caroline";
unset($vorname);
if (isset($vorname)) {
   echo "Existiert!";
} else {
   echo "Existiert Nicht!";
}
?>
```

*Ausgabe*
```
Existiert Nicht!
```

Hier eine Aufstellung der wichtigsten Funktionen zum Prüfen von Variablen samt ihren Rückgabewerten.

| Funktion | Beschreibung | Rückgabewert |
|---|---|---|
| is_integer | Prüft, ob die Variable vom Typ integer ist. | TRUE (1)/FALSE (0) |
| is_int | Prüft, ob die Variable vom Typ integer ist. | TRUE (1)/FALSE (0) |
| is_long | Prüft, ob die Variable vom Typ integer ist. | TRUE (1)/FALSE (0) |
| is_real | Prüft, ob die Variable vom Typ real ist. | TRUE (1)/FALSE (0) |
| is_double | Prüft, ob die Variable vom Typ double ist. | TRUE (1)/FALSE (0) |
| is_float | Prüft, ob die Variable vom Typ float ist. | TRUE (1)/FALSE (0) |
| is_bool | Prüft, ob die Variable vom Typ bool ist. | TRUE (1)/FALSE (0) |
| is_array | Prüft, ob die Variable vom Typ array ist. | TRUE (1)/FALSE (0) |
| is_object | Prüft, ob die Variable vom Typ object ist. | TRUE (1)/FALSE (0) |
| is_string | Prüft, ob die Variable vom Typ string ist. | TRUE (1)/FALSE (0) |
| is_null | Prüft, ob die Variable vom Typ null ist. | TRUE (1)/FALSE (0) |
| is_numeric | Prüft, ob die Variable eine Zahl oder ein numerischer String ist. | TRUE (1)/FALSE (0) |
| is_resource | Prüft, ob die Variable eine Ressource ist. | TRUE (1)/FALSE (0) |
| is_scalar | Prüft, ob die Variable vom Typ integer, float, string oder boolean ist. | TRUE (1)/FALSE (0) |
| isset | Prüft, ob die Variable definiert ist. | TRUE (1)/FALSE (0) |
| unset | Löscht eine Variable aus dem Speicher. | 1 |
| empty | Prüft, ob die Variable »leer« ist. | TRUE (1)/FALSE (0) |
| intval | Wandelt den Typ einer Variablen in integer um. | integer |
| strval | Wandelt den Typ einer Variablen in string um. | string |
| doubleval | Wandelt den Typ einer Variablen in double um. | double |
| floatval | Wandelt den Typ einer Variablen in float um. | float |
| gettype | Ermittelt den Typ der Variablen. | string |
| settype | Legt den Typ der Variablen fest. | TRUE (1)/FALSE (0) |

### Einsatz von get_defined_vars()

Dies Funktion `get_defined_vars()` gibt ein mehrdimensionales Array zurück, welches eine Liste sämtlicher definierter Variablen enthält. Dabei handelt es sich um Variablen aus der Entwicklungsumgebung, vom Server oder um nutzerdefinierte Variablen.

*Beispiel – Servervariablen*

```
<pre>
<?php
$liste = get_defined_vars();
print_r($liste["_SERVER"]);
?>
</pre>
```

*Ausgabe*

```
Array
(
    [HTTP_ACCEPT] => */*
    [HTTP_ACCEPT_LANGUAGE] => de
    [HTTP_ACCEPT_ENCODING] => gzip, deflate
    [HTTP_USER_AGENT] => Mozilla/4.0…
    [HTTP_HOST] => localhost
    [HTTP_CONNECTION] => Keep-Alive
    [HTTP_CACHE_CONTROL] => no-cache
    [PATH] => C:\WINDOWS;C:\WINDOWS\COMMAND
    [COMSPEC] => C:\WINDOWS\COMMAND.COM
    [WINDIR] => C:\WINDOWS
    [SERVER_SIGNATURE] => Apache/2.0.48 (Win32) PHP/5.0…
    [SERVER_SOFTWARE] => Apache/2.0.48 (Win32) PHP/5.0…
    [SERVER_NAME] => localhost
    [SERVER_ADDR] => 127.0.0.1
    [SERVER_PORT] => 80
    [REMOTE_ADDR] => 127.0.0.1
    [DOCUMENT_ROOT] => C:/php5xampp-dev/htdocs
    [SERVER_ADMIN] => admin@localhost
    [SCRIPT_FILENAME] => C:/php5xampp-dev/htdocs/test.php
    [REMOTE_PORT] => 1334
    [GATEWAY_INTERFACE] => CGI/1.1
    [SERVER_PROTOCOL] => HTTP/1.1
    [REQUEST_METHOD] => GET
    [QUERY_STRING] =>
    [REQUEST_URI] => /php5/test.php
    [SCRIPT_NAME] => /php5/test.php
    [PHP_SELF] => /php5/test.php
)
```

*Beispiel – Array-Schlüssel des Systems*

```
<pre>
<?php
print_r(array_keys(get_defined_vars()));
?>
</pre>
```

*Ausgabe*

```
Array
(
    [0] => GLOBALS
    [1] => _ENV
    [2] => HTTP_ENV_VARS
    [3] => _POST
    [4] => HTTP_POST_VARS
    [5] => _GET
    [6] => HTTP_GET_VARS
    [7] => _COOKIE
    [8] => HTTP_COOKIE_VARS
    [9] => _SERVER
    [10] => HTTP_SERVER_VARS
```

```
   [11] => _FILES
   [12] => HTTP_POST_FILES
   [13] => _REQUEST
)
```

*Beispiel*
```
<pre>
<?php
$liste = get_defined_vars();
print_r($liste);
?>
</pre>
```

*Ausgabe*
Die Ausgabe habe ich Ihnen erspart, nur so viel sei verraten: Sie erfahren hier recht interessante Dinge über Ihren Server.

### 3.4.7 Gültigkeitsbereiche und Sichtbarkeit von Variablen

Ein wichtiges Thema im Zusammenhang mit Variablen ist deren Gültigkeitsbereich und Sichtbarkeit. Generell gilt, dass in PHP Variablen immer nur in ihrem lokalen Kontext sichtbar sind.

Dieser beinhaltet auch den Bereich für Dateien, die per `include`- oder `require`-Anweisung eingebunden wurden, z. B.:

```
$autor = "Matthias";
include "buch.inc.php";
```

Die Variable `$autor` ist auch in der eingebundenen Datei *buch.inc.php* verfügbar. Eine innerhalb einer Funktion definierte Variable ist außerhalb der Funktion nicht sichtbar. Umgekehrt gilt dasselbe, d. h., eine außerhalb sämtlicher Funktionsblöcke global definierte Variable hat innerhalb eines Funktionsblocks keine Gültigkeit.

*Beispiel*
```
<?php
// Globaler Bereich
$preis = 9.99;
function berechne() {
   // Referenz auf einen lokalen Bereich
   return $preis;
}
$betrag = berechne();
if ($betrag) {
   echo $betrag;
} else {
   echo "Keine Ausgabe, die Variable ist lokal nicht sichtbar!";
}
?>
```

*Ausgabe*
```
Keine Ausgabe, die Variable ist lokal nicht sichtbar!
```

Um zu erreichen, dass die globale Variable `$preis` auch lokal innerhalb der Funktion `berechne` bekannt ist, muss diese explizit mithilfe des Schlüsselworts `global` innerhalb der Funktion bekannt gemacht werden, man lädt sie sozusagen ein.

*Beispiel*
```
<?php
$preis = 9.99;
function berechne() {
   global $preis;
   return $preis;
}
$betrag = berechne();
if ($betrag) {
   echo $betrag;
} else {
   echo "Keine Ausgabe, die Variable ist lokal nicht sichtbar!";
}
?>
```

*Ausgabe*
```
9.99
```

**Hinweis:** Auf den Einsatz und die Verwendung von Funktionen wird im Abschnitt 3.8 »Funktionen und Prozeduren eingegangen«.

### Zugriff über $GLOBALS

Eine andere Möglichkeit, im lokalen Kontext einer Funktion auf eine globale Variable zuzugreifen, steht über das von PHP definierte Array `$GLOBALS` zur Verfügung.

Hierbei handelt es sich um ein assoziatives Array, das die Namen der globalen Variablen als Schlüsselwörter verwendet. Den Zugriff innerhalb des lokalen Kontextes einer Funktion über das Array `$GLOBALS` auf die lokale Variable `$preis` zeigt folgendes Beispiel:

```
<?php
$preis = 9.99;
function berechne() {
   return $GLOBALS[preis];
}
echo berechne();
?>
```

*Ausgabe*
```
9.99
```

### Speicherklassen von Variablen

Eine weitere wichtige Eigenschaft von Variablen ist deren Speicherklasse. Normale Variablen verlieren beim Verlassen des lokalen Kontextes ihren Wert und werden beim Wiedereintritt neu initialisiert.

Sollen Variablen auch nach dem Verlassen eines Funktionsblocks ihren Wert behalten, müssen sie mithilfe des Schlüsselworts `static` als statische Variablen deklariert werden.

Im folgenden Beispiel hat die Variable $zaehler keine statische Lebensdauer, sie wird bei jedem Neueintritt in den Funktionsblock erneut initialisiert. Das Ergebnis der Ausgabe bleibt trotz zweimaligen Aufrufs der Funktion setzeZaehler() 1.

```php
<?php
function setzeZaehler() {
   $zaehler = 0;
   $zaehler++;
   return $zaehler;
}
$zustand1 = setzeZaehler();
// Ausgabe (1)
echo $zustand1;
$zustand2 = setzeZaehler();
// Ausgabe (1)
echo $zustand2;
?>
```

Wird die Variable $zaehler jedoch als statisch erklärt, behält sie auch nach dem Verlassen des Funktionsblocks und dem Wiedereintritt bei einem erneuten Aufruf der Funktion setzeZaehler() ihren Wert, sodass sich, wie das folgende Beispiel zeigt, ein anderes Ergebnis einstellt:

```php
<?php
function setzeZaehler() {
   static $zaehler = 0;
   $zaehler++;
   return $zaehler;
}
$zustand1 = setzeZaehler();
// Ausgabe (1)
echo $zustand1;
$zustand2 = setzeZaehler();
// Ausgabe (2)
echo $zustand2;
?>
```

Eine weitere interessante Anwendung in diesem Zusammenhang sind rekursive Funktionen. Dies sind Funktionen, die sich aus sich selbst heraus aufrufen. Hierbei besteht die Gefahr, sogenannte Endlosschleifen bzw. Endlosrekursionen zu programmieren, welche die Performance des jeweiligen Systems äußerst negativ beeinflussen. Sie müssen also einen Weg vorsehen, diese Rekursion zu beenden. Die folgende Funktion setzeZaehler() zählt rekursiv bis 10. Die statische Variable $zaehler wird benutzt, um die Rekursion zu beenden:

```php
<?php
function setzeZaehler() {
   static $zaehler = 0;

   $zaehler++;
   echo $zaehler;
   if ($zaehler < 10) {
       setzeZaehler();
   }
}
```

```
// Ausgabe (12345678910)
setzeZaehler();
?>
```

> **Achtung:** Sollten Sie keine statische Variable verwenden, kommt es zu einer Endlosschleife.

### 3.4.8 Dynamische Variablen

Interessant ist die Möglichkeit in PHP, auch Variablennamen selbst in Variablen zu speichern und so quasi auf Variablen zuzugreifen. Die Zuweisung erfolgt in zwei Schritten. Zuerst wird eine normale Variable erzeugt, der Sie den Namen der dynamischen Variablen zuordnen:

```
$varname = "meinevariable";
```

Eine dynamische Variable nimmt den Wert einer Variablen als Namen. Der implizierten Variablen können Sie einen Wert zuweisen, indem zwei $$-Zeichen vorangestellt werden:

```
$$varname = "PHP";
```

Sollten Sie die zuvor gezeigte Definition verwendet haben, gibt das Skript nun mit `echo($meinevariable)` den Wert `"PHP"` aus. Einmal erfolgte Zuweisungen bleiben von späteren Umbenennungen der führenden Variablen unberührt. Das folgende Beispiel zeigt einige Varianten:

```
<?php
$varname = "meinevariable";
echo "Variable varname ist: $varname <BR>";
$name = "PHP";
echo "Variable name ist: $name <BR>";
$$varname = "Dynamisch";
echo "Variable varname ist: $meinevariable <BR>";
$varname = "Programmieren";
echo "Variable varname ist: $meinevariable <BR>";
echo "Variable varname ist: $varname <BR>";
?>
```

*Ausgabe*

```
Variable varname ist: meinevariable
Variable name ist: PHP
Variable varname ist: Dynamisch
Variable varname ist: Dynamisch
Variable varname ist: Programmieren
```

Sie sollten sich dieses Ergebnis in Ruhe betrachten.

#### Dynamische Variablen mit Arrays

Dynamische Variablen können auch mit Arrays genutzt werden. In diesem Fall kann es zu Zuordnungsproblemen kommen. Der PHP-Interpreter kann nicht immer eindeutig erkennen, auf welchen Teil der Konstruktion sich die Indizes beziehen. So könnte `$$zahl[1]` sowohl eine Variable (`$zahl[1]`) sein als auch Teil eines Arrays (`$$zahl`) mit dem Index 1. In solchen Fällen fassen Sie die logisch zusammenhängenden Teile des Ausdrucks mit geschweiften Klammern zusammen, entweder `${$zahl[1]}` oder `${$zahl}[1]`.

### Anwendungsmöglichkeiten

Diese komplizierte Art der Verarbeitung von Variablen mag auf den ersten Blick wenig sinnvoll erscheinen. Das folgende Beispiel zeigt, wie sie angewendet werden kann.

Angenommen, Sie möchten sich Variablen über mehrere Skripts hinweg merken. Das kann in einer Datei oder einer Datenbank sein. In jedem Fall speichern Sie die zu speichernden Variablen in einem Array, wobei immer der Name der Variablen und der Inhalt zusammen ein Element bilden.

*Beispiel*
```
<?php
$personen = array(
    "vorname" => "Caroline",
    "nachname" => "Kannengiesser",
    "ort" => "Berlin",
    "alter" => 25
    );
if (is_array($personen)) {
    while (list($name,$wert) = each($personen)) {
        ${$name} = $wert;
        echo "$name : $name / ${$name} / $wert <BR>";
    }
}
?>
```

*Ausgabe*
```
vorname : vorname / Caroline / Caroline
nachname : nachname / Kannengiesser / Kannengiesser
ort : ort / Berlin / Berlin
alter : alter / 25 / 25
```

> **Tipp:** Betrachten Sie die Ausgabe und urteilen Sie selbst!

Wenn dieses Skript abläuft, entstehen vier Variablen: `$vorname`, `$nachname`, `$ort` und `$alter`. Diese sind mit den Daten "Caroline", "Kannengiesser", 25 und "Berlin" gefüllt. Stellen Sie sich vor, anstatt des Arrays eine serialisierte Zeichenkette zu haben – dann steht der Speicherung im Tabellenfeld einer Datenbank nichts mehr im Wege.

Übrigens: Die wesentliche Codezeile, mit deren Hilfe aus der jeweiligen Zeichenkette eine gleichlautende Variable wird, ist `${$name} = $wert`.

### 3.4.9 Vordefinierte Variablen

PHP bietet jedem ausgeführten Skript eine Vielzahl von vordefinierten Variablen an. Ich werde mich im folgenden Abschnitt auf einige wesentliche Variablen beschränken.

## Umgebungs-/Environment-Variablen

Diese Variablen werden aus der Umgebung, in der PHP läuft, in den globalen Namensbereich von PHP importiert. Viele werden durch die jeweilige Shell, in der PHP läuft, unterstützt bzw. gebildet. Da es verschiedenste Systemumgebungen mit den unterschiedlichsten Shells gibt, ist es nicht möglich, eine abschließende Liste der definierten Umgebungsvariablen aufzustellen. Lesen Sie deshalb in der Anleitung zu Ihrer Shell nach, um eine Liste dieser systembezogenen Variablen zu erhalten.

## PHP-Variablen

Diese Variablen werden durch PHP selbst erzeugt. $HTTP_*_VARS-Variablen stehen nur zur Verfügung, wenn die Option track_vars in der *php.ini* auf "on" gesetzt ist. Wenn dies der Fall ist, werden diese Variablen immer gesetzt, selbst wenn es leere Arrays sind. Das verhindert, dass ein böswilliger Benutzer diese Variablen manipuliert.

Wenn register_globals aktiviert ist, stehen auch diese Variablen im globalen Namensbereich des Skripts zur Verfügung, z. B. getrennt von den Arrays $HTTP_*_VARS und $_*.

| Variable | Beschreibung |
|---|---|
| $argv | Ein Array von Argumenten, die dem Skript übergeben werden. Wird das Skript an der Befehlszeile aufgerufen, ermöglicht dies C-ähnlichen Zugriff auf die Kommandozeilen-Parameter. Beim Aufruf per GET-Methode enthält dieses Array die Abfragewerte. |
| $argc | Anzahl der per Kommandozeile dem Skript übergebenen Parameter, wenn das Skript aus der Kommandozeile aufgerufen wurde. |
| $PHP_SELF | Der Dateiname des gerade ausgeführten Skripts, relativ zum Wurzelverzeichnis des Dokuments. Bei Kommandozeilen-Aufrufen ist diese Variable nicht verfügbar. |
| $HTTP_COOKIE_VARS | Ein assoziatives Array von Variablen, das dem aktuellen Skript über HTTP-Cookies übergeben wurde. |
| $_COOKIE | Ein assoziatives Array von Variablen, das dem aktuellen Skript über HTTP-Cookies übergeben wurde. Automatisch global in jedem Geltungsbereich. Eingeführt in PHP 4.1.0. |
| $HTTP_GET_VARS | Ein assoziatives Array von Variablen, das dem aktuellen Skript per HTTP-GET-Methode übergeben wurde. |
| $_GET | Ein assoziatives Array von Variablen, das dem aktuellen Skript per HTTP-GET-Methode übergeben wurde. Automatisch global in jedem Geltungsbereich. Eingeführt in PHP 4.1.0. |
| $HTTP_POST_VARS | Ein assoziatives Array aus Variablen, welches dem aktuellen Skript per HTTP-POST-Methode übergeben wurde. |
| $_POST | Ein assoziatives Array aus Variablen, welches dem aktuellen Skript per HTTP-POST-Methode übergeben wurde. Automatisch global in jedem Geltungsbereich. Eingeführt in PHP 4.1.0. |
| $HTTP_POST_FILES | Ein assoziatives Array aus Variablen, das Informationen über per HTTP POST-Methode hochgeladene Dateien enthält. |

| Variable | Beschreibung |
|---|---|
| $_FILES | Ein assoziatives Array aus Variablen, das Informationen über per HTTP POST-Methode hochgeladene Dateien enthält. Automatisch global in jedem Geltungsbereich. Eingeführt in PHP 4.1.0. |
| $HTTP_ENV_VARS | Ein assoziatives Array aus Variablen, die dem aktuellen Skript über die Umgebung zur Verfügung stehen. |
| $_ENV | Ein assoziatives Array aus Variablen, die dem aktuellen Skript über die Umgebung zur Verfügung stehen. Automatisch global in jedem Geltungsbereich. Eingeführt in PHP 4.1.0. |
| $HTTP_SERVER_VARS | Ein assoziatives Array aus Variablen, die dem aktuellen Skript vom jeweiligen HTTP-Server übermittelt werden. |
| $_SERVER | Ein assoziatives Array aus Variablen, die dem aktuellen Skript vom jeweiligen HTTP-Server übermittelt werden. Automatisch global in jedem Geltungsbereich. Eingeführt in PHP 4.1.0. |
| $HTTP_SESSION_VARS | Ein assoziatives Array aus Session-Variablen, die dem aktuellen Skript übergeben wurden. |
| $_SESSION | Ein assoziatives Array aus Session-Variablen, die dem aktuellen Skript übergeben wurden. Automatisch global in jedem Geltungsbereich. Werden dem Array $_SESSION neue Einträge hinzugefügt, werden diese automatisch als Session-Variablen registriert, genau so, als ob die Funktion session_register() aufgerufen worden wäre. Eingeführt in PHP 4.1.0. |
| $_REQUEST | Ein assoziatives Array zusammengesetzt aus den GET-, POST- und Cookie-Variablen. Mit anderen Worten alle Informationen, die vom Benutzer kommen und denen in Bezug auf Sicherheit nicht zu trauen ist. Automatisch global in jedem Geltungsbereich. Eingeführt in PHP 4.1.0. |

**Hinweis:** Die neuen "Superglobals" bzw. register_globals stehen seit der PHP-Version 4.1.0. zur Verfügung. Dieses sind die Arrays $_GET, $_POST, $_ENV, $_SERVER, $_COOKIE, $_REQUEST, $_FILES und $_SESSION. Sie werden informell als Superglobals bezeichnet, da sie immer zur Verfügung stehen, ohne Berücksichtigung des Geltungsbereichs. Damit sind die alten beziehungsweise die $HTTP_*_VARS Arrays ausgemustert. Im folgenden Abschnitt erfahren Sie mehr darüber.

### 3.4.10 Einsatz von register_globals

Welche PHP-Version verwenden Sie? Finden Sie es heraus! Prüfen Sie bei dieser Gelegenheit, wie die Variable *register_globals* bei Ihnen eingestellt ist. Dies gelingt mithilfe des folgenden PHP-Skripts:

```
<?
phpinfo();
?>
```

Im Browserfenster wird eine umfangreiche Übersichtseite erscheinen. Scrollen Sie in dieser Datei ein Stück nach unten und überprüfen Sie die Einstellung der Variablen

`register_globals`.

Die Einstellung der Variablen können Sie in der Konfigurationsdatei *php.ini* jederzeit selbst vornehmen. Der Eintrag in der Konfigurationsdatei stellt sich wie folgt dar:

`register_globals = On`

Seit der PHP-Version 4.2 wird diese Variable jedoch standardmäßig auf `Off` gesetzt.

`register_globals = Off`

Sie merken es vor allem dann, wenn Sie Ihren eigenen Webserver betreiben und updaten. Schalten Sie daher bei Problemen mit Ihren PHP-Skripts (vorerst) zurück auf `On`. Nach einem Neustart des Webservers stehen die geänderten Einstellungen zur Verfügung. Die meisten Provider mit PHP-Unterstützung haben in der Regel noch nicht auf `register_globals = Off` umgeschaltet. Zu groß wäre wohl der Aufschrei vieler Kunden. Schließlich bedeutete diese Maßnahme, dass viele Skripts auf einen Schlag nicht mehr funktionierten. Vor allem bei umfangreichen Projekten wäre die Umstellung mit einem erheblichen Aufwand verbunden. Denn hinter dieser Änderung stecken z. B. die Informationen aus »GET« und »POST«, »COOKIES« und »SERVER« – also praktisch der gesamte Bereich externer Variablenquellen. Und diese Werte stehen nach der Änderung der Einstellung für register_globals nun nicht mehr zur Verfügung.

Die Informationen aus dieser Quelle können nun nicht mehr so einfach per $Variablennamen ausgelesen werden. Am Beispiel einer Formularauswertung will ich Ihnen dies verdeutlichen. Bisher war PHP wirklich einfach gestrickt. Der Name eines Formularfelds wurde automatisch zur Variablen.

`<input type="text" name="telefon">`

Im auswertenden PHP-Skript wurde folgendermaßen auf den Inhalt des Formularfelds zugegriffen:

`$telefon`

Dabei spielte es übrigens keine Rolle, ob das Formular per

`method = "post"`

oder

`methode = "get"`

abgeschickt wurde. Selbst die Werte von Cookies konnte man anhand ihres Namens ermitteln. Diese Schreibweise stellt sich als recht bequem dar, aber auch äußerst problematisch, wenn es um Eindeutigkeit und Sicherheit geht.

### Probleme der Schreibweise – Eindeutigkeit

Es kann durchaus zu Verwechslungen kommen, vor allem wenn Sie nicht zu den diszipliniertesten Entwicklern gehören. Sie erzeugen etwa ein Formularfeld, das *name* heißt. Zufälligerweise steckt auch ein gleichnamiges Cookie in Ihrem Quellcode. Dann haben Sie ein Problem, denn sowohl der Inhalt des Formularfelds als auch der Wert des Cookies stehen nun über `$name` zur Verfügung. Diese Schwierigkeiten könnte man mit einer konsequenten Variablenbennenung vermeiden. Beginnen Sie Cookie-Variablen grundsätzlich mit einem kleinen c und Formular-Variablen mit einem kleinen f.

### Probleme der Schreibweise – Sicherheit

Kommen wir nun zum Sicherheitsproblem. Es gibt bei schlampig programmiertem Code viele Angriffsmöglichkeiten für potenzielle Hacker. Schauen Sie sich einmal folgenden Teil eines PHP-Skripts an:

```
if ($pw=="g1882m") {
   $login = true;
}
```

Hier wird mit der Signalvariablen $login gearbeitet. Nur bei Kenntnis des richtigen Passworts soll diese auf true gesetzt werden. Dummerweise wurde diese Variable am Anfang des Beispiels nicht mit false initialisiert. Kein großes Problem, denkt man – bei dem recht komplexen Passwort. Im Gegenteil! Auf diese Weise kann ein Angreifer nun ganz einfach ohne Kenntnis des Passworts in den geschützten Bereich gelangen. Wie? Er muss an die URL lediglich

```
?login=true oder ?login=1
http://localhost/beispiel.php?login=true
```

anhängen. Schon wird die Variable $login auf true gesetzt und der Zugang ist auch ohne Passwortkenntnis möglich. Dies wiederum stellt ein riesiges Sicherheitsloch dar.

### Neue Schreibweise = mehr Eindeutigkeit und Sicherheit

Dieses Problem hat das PHP-Entwicklerteam erkannt und spätestens mit Einführung von PHP 4.1 elegant behoben. Sämtliche über method = "post" versendeten Formulardaten sind im neuen Array $_POST gespeichert, die per method = "get" erhältlichen Daten dagegen im neuen Array $_GET. Dazu gehören auch die an die URL angehängten Parameter. Es handelt sich bei $_POST und $_GET übrigens um assoziative Arrays. Der Schlüssel wird aus dem Namen des entsprechenden Formularfelds bzw. der entsprechenden Cookie-Variablen gebildet. Wenn der Wert des URL-Anhangs ?login=true erfasst werden soll, gelingt dies über $_GET["login"]. Bei konsequent abgeschalteten register_globals ist eine Verwechslung mit einer Variablen $login nun nicht mehr möglich.

Um diese alten Möglichkeiten vollkommen zu unterbinden, wird seit PHP-Version 4.2 daher auch register_globals = Off als Standard gesetzt. Diese Einstellung bietet optimale Sicherheit und ist daher für zukünftige Projekte dringend zu empfehlen.

### Erweiterungen

Ich will Ihnen natürlich nicht vorenthalten, dass seit Version 4.1 neben $_POST und $_GET folgende weitere assoziative Arrays eingeführt wurden:

$_COOKIE

Dieses Array enthält sämtliche Cookie-Variablen. Mit $_COOKIE["besucher"] würden Sie den Wert des Cookies *besucher* ermitteln.

$_REQUEST

Dieses Array nimmt eine Sonderposition ein. Es enthält sämtliche Werte aus $_POST, $_GET und $_COOKIE. Ich empfehle, den Einsatz von $_REQUEST zu vermeiden, da es die Bemühungen um mehr Eindeutigkeit zunichte macht. Mit $_REQUEST["login"] können Sie z. B. sowohl auf ein Formularfeld namens login als auch auf das gleichnamige Cookie zurückgreifen. Mit den neuen Variablen entfallen übrigens die bis Version 4.1 gültigen Arrays:

- $HTTP_POST_VARS
- $HTTP_GET_VARS
- $HTTP_COOKIE_VARS

Dies bedeutet wiederum eine Vereinfachung der Schreibweise.

Zusätzlich werden die neuen Arrayvariablen $_SERVER, $_ENV und $_SESSION zur Verfügung gestellt. $_ENV ist für die Umgebungsvariablen und $_SESSION für das Session-Management verantwortlich. Am interessantesten ist sicher die erstgenannte Variable $_SERVER. Sie enthält sämtliche Servervariablen, also die Variablen, die der Webserver übergibt.

Wenn man früher Pfad und Dateinamen ermitteln wollte, schrieb man $PHP_SELF. Heute wird via $_SERVER["PHP_SELF"] auf diesen Wert zugegriffen.

### Tipps zur neuen Schreibweise

Auf den ersten Blick wird die Schreibweise durch die neue Array-Syntax komplizierter. So konnte ein Formularfeld im PHP-Skript nach der alten Schreibweise unkompliziert ausgelesen und weiterverarbeitet werden.

```
<input type="text" name="telefon">
```

Auslesen und Verarbeiten:

```
echo "Sie haben folgende Nummer $telefon";
```

Eine Verkettung des umgebenden Strings mit der Variablen ist dabei nicht nötig. Nach der neuen Syntax geht das offenbar nicht mehr so einfach. Versuchen Sie dies noch einmal:

```
echo "Sie haben folgende Nummer $_POST['telefon']";
```

Die Ausgabe enthält nicht den Inhalt der Variablen, sondern es wird der String $_POST ['telefon'] ausgegeben. Dabei nützt es auch nichts, dass Sie die Regeln beherzigen, bei der Verschachtelung von Anführungszeichen nur ungleiche Anführungszeichen zu verwenden. Es wurden für den Arrayschlüssel die einfachen Anführungszeichen und für den gesamten String die doppelten Anführungszeichen verwendet. Doch das hilft alles nichts. Es muss verkettet werden:

```
echo "Sie haben folgende Nummer" . $_POST['telefon'];
```

Vor allem bei umfangreichen Auswertungen wird es dadurch schnell unübersichtlich und kompliziert. Doch folgender Trick könnte Ihnen bei Ihrer Arbeit behilflich sein.

Lassen Sie die normalerweise üblichen Anführungszeichen um den Arrayschlüssel herum einfach weg:

```
echo "Sie haben folgende Nummer $_POST[telefon]";
```

Diese anführungszeichenfreie Schreibweise ist immer dann möglich, wenn die Arrayvariable selbst innerhalb eines Anführungszeichenpaares steht. In allen anderen Fällen sollten Sie den Schlüssel je nach Bedarf stets mit einfachen oder doppelten Anführungszeichen versehen.

## 3.5 Konstanten

Eine Konstante ist ein Bezeichner (Name) für eine simple Variable. Wie der Name schon ausdrückt, kann sich der Wert einer Konstanten zur Laufzeit eines Skripts nicht ändern. Eine Konstante unterscheidet zwischen Groß- und Kleinschreibung (case-sensitive). Nach gängiger Konvention werden Konstanten immer in Großbuchstaben geschrieben.

- Eine Konstante können Sie über die Funktion `define()` definieren. Einmal definiert, kann eine Konstante weder verändert noch gelöscht werden.
- Konstanten können nur skalare Daten wie `boolean`, `integer`, `float` und `string` enthalten.

Unterschiede zwischen Konstanten und Variablen:

- Konstanten haben kein Dollarzeichen ($) vorangestellt.
- Konstanten können nur über die Funktion `define()` definiert werden, nicht durch einfache Zuweisung.
- Konstanten können überall definiert werden und auf ihren Wert können Sie ohne Rücksicht auf Namensraumregeln von Variablen zugreifen.
- Sobald Konstanten definiert sind, können sie nicht neu definiert oder gelöscht werden.
- Konstanten können nur skalare Datenwerte besitzen.

```
<?php
define("SPRUCH", "Willkommen!");
// Ausgabe - "Willkommen!"
echo SPRUCH;
?>
```

Konstanten sind in allen Programmier- und Skriptsprachen nützlich, um feste, immer wieder benötigte Werte mit verständlichen Begriffen zu umschreiben. Der Einsatz erhöht die Lesbarkeit des Quellcodes.

### 3.5.1 Vordefinierte Konstanten

Viele dieser Konstanten werden jedoch von verschiedenen Erweiterungen definiert, die nur zur Verfügung stehen, wenn diese Erweiterungen selbst zur Verfügung stehen, entweder über dynamisches Laden zur Laufzeit, oder sie sind einkompiliert. Eine Auswahl von Konstanten habe ich für Sie in der folgenden Tabelle zusammengestellt:

| Konstante | Beschreibung |
|---|---|
| __LINE__ | Liefert die aktuelle Zeilennummer einer Datei. Wird die Konstante in einer Datei verwendet, die per include() oder require() eingebunden wurde, liefert sie die Zeilennummer innerhalb der eingebundenen Datei. |
| __FILE__ | Liefert den vollständigen Pfad- und Dateiname einer Datei. Wird diese Konstante in einer Datei verwendet, die per include() oder require() eingebunden wurde, liefert sie den Pfad- und Dateinamen der eingebundenen Datei, nicht den der aufrufenden Datei. |
| __FUNCTION__ | Der Name einer Funktion. Steht seit PHP 4.3.0 zur Verfügung. |
| __CLASS__ | Der Name einer Klasse. Steht seit PHP 4.3.0 zur Verfügung. |
| __METHOD__ | Der Name einer Klassenmethode. Steht seit PHP 5.0 zur Verfügung. |
| NULL | Der Wert NULL. NULL bedeutet im Gegensatz zu einem Leerstring oder der Zahl 0, dass keine Eingabe erfolgt ist. Dies ist beispielsweise bei der Abfrage von Datenbankfeldern von Bedeutung. Die Prüfung des Datentyps einer Variablen, die NULL enthält, mit der Funktion gettype(), ergibt NULL. |
| PHP_OS | Der Name des Betriebssystems, auf dem der PHP-Interpreter ausgeführt wird. |
| PHP_VERSION | Eine Zeichenkette, die die Versionsnummer des PHP-Interpreters enthält. |
| TRUE | Der Wert Wahr (1). Die Konstante TRUE existiert seit PHP 4.0. |
| FALSE | Der Wert Falsch (0). Die Konstante FALSE existiert seit PHP 4.0. |
| E_ERROR | Fehler, der sich von einem parsing error unterscheidet. Die Ausführung des Skripts wird beendet. |
| E_WARNING | Warnung, das aktuelle Skript wird jedoch weiter ausgeführt. |
| E_PARSE | Ungültige Syntax in der Skriptdatei. Die Ausführung des Skripts wird beendet. |
| E_NOTICE | Anmerkung. Hinweis auf mögliche Fehler. Das aktuelle Skript wird jedoch weiter ausgeführt. |
| E_CORE_ERROR | Fehler, welcher während der Initialisierung des PHP-Interpreters auftritt. Die Ausführung des Skripts wird beendet. |
| E_CORE_WARNING | Warnung, welche während der Initialisierung des PHP-Interpreters auftritt. Das aktuelle Skript wird jedoch weiter ausgeführt. |
| E_STRICT | Wurde zur Abwärtskompatibilität seit PHP 5.0 eingeführt. |

## 3.6 Operatoren

Bevor Sie die in PHP zur Verfügung stehenden Operatoren kennenlernen, gibt es eine kurze Einführung zu Vorrang (Priorität) und Assoziativität der Operatoren.

## 3.6.1 Operator-Rangfolge

Die Operator-Rangfolge legt fest, wie »eng« ein Operator zwei Ausdrücke miteinander verbindet. Zum Beispiel ist das Ergebnis des Ausdrucks 1 + 5 * 3 gleich 16 und nicht 18, da der Mulitiplikations-Operator (*) in der Rangfolge höher steht als der Additions-Operator (+). Wenn nötig, können Sie Klammern setzen, um die Rangfolge der Operatoren zu beeinflussen. Zum Beispiel: (1 + 5) * 3 ergibt 18.

In dieser Tabelle sind alle PHP-Operatoren und ihre Assoziativität vom höchsten bis zum niedrigsten Vorrang aufgeführt.

| Operator | Beschreibung | Assoziativität |
| --- | --- | --- |
| Höchster Vorrang | | |
| new | Objekt zuweisen | keine Richtung |
| [ ] | Arrayelement | rechts |
| + | unäres Plus | rechts |
| - | unäres Minus | rechts |
| ~ | Bit-Komplement | rechts |
| ! | logisches NOT | rechts |
| ++ | Post-Inkrement | rechts |
| -- | Post-Dekrement | rechts |
| ( ) | Funktionsaufruf | rechts |
| ++ | Prä-Inkrement | rechts |
| -- | Prä-Dekrement | rechts |
| * | * | links |
| / | / | links |
| % | Modulo | links |
| . | Strukturelement | links |
| + | + | links |
| - | - | links |
| << | bitweise Verschiebung nach links | links |
| >> | bitweise Verschiebung nach rechts | links |
| < | kleiner als | keine Richtung |
| <= | kleiner als oder gleich | keine Richtung |
| > | größer als | keine Richtung |
| >= | größer als oder gleich | keine Richtung |
| == | gleich | keine Richtung |
| != | ungleich | keine Richtung |
| === | strikt gleich | keine Richtung |
| & | bitweises AND | links |
| ^ | bitweises XOR | links |
| \| | bitweises OR | links |

| Operator | Beschreibung | Assoziativität |
| --- | --- | --- |
| && | logisches AND | links |
| \|\| | logisches OR | links |
| ?: | bedingt | links |
| = | Zuweisung | rechts |
| *=, /=, %=, +=, -=, &=, \|=, ^=, ~=, <<=, >>= | zusammengesetzte Zuweisung | rechts |
| and | logisches AND | links |
| xor | logisches XOR | links |
| or | logisches OR | links |
| , | mehrfache Auswertung | links |
| Niedrigster Vorrang | | |

## 3.6.2 Vorrang der Operatoren

In der Operatorliste wird der Begriff »Höchster/Niedrigster Vorrang« verwendet. Der Vorrang der Operatoren bestimmt, in welcher Reihenfolge die Operationen ausgeführt werden. Operatoren mit höherem Vorrang werden vor denen mit einem niedrigeren Vorrang ausgeführt.

*Beispiel*
```
$summe = 10 + 5 * 2;        // Ergebnis: 20
```

Der Multiplikationsoperator (*) hat einen höheren Vorrang als der Additionsoperator (+), deswegen wird die Multiplikation vor der Addition ausgeführt, »Punktrechnung vor Strichrechnung«. Zudem hat der Zuweisungsoperator (=) den niedrigsten Vorrang, deswegen wird die Zuweisung erst ausgeführt, wenn alle Operationen auf der rechten Seite abgeschlossen sind. Der Vorrang von Operatoren kann durch Verwendung von Klammern außer Kraft gesetzt werden. Um in dem obigen Beispiel die Addition zuerst auszuführen, müssten wir also schreiben:

```
$summe = (10 + 5) * 2;      // Ergebnis: 30
```

Wenn Sie sich in der Praxis einmal unsicher sind, welcher der von Ihnen verwendeten Operatoren den Vorrang besitzt, ist es äußerst sinnvoll, Klammern zu verwenden, um so die Berechnungsreihenfolge explizit vorzugeben.

> **Tipp:** Durch Klammerung mit runden Klammern ( ) kann die vorgegebene Hierarchie überwunden werden.

## 3.6.3 Assoziativität der Operatoren

Wenn ein Ausdruck mehrere Operatoren enthält, die hinsichtlich ihrer Rangfolge gleichwertig sind, wird die Reihenfolge ihrer Ausführung durch ihre Assoziativität bestimmt. Hierbei wird zwischen zwei Richtungen unterschieden.

- Linksassoziativität (in Links-Rechts-Richtung)
- Rechtsassoziativität (in Rechts-Links-Richtung)

Der Multiplikationsoperator ist beispielsweise linksassoziativ. Daher sind die beiden folgenden Anweisungen austauschbar.

*Beispiel*
```
$summe = 5 * 10 * 2;        // Ergebnis: 100
$summe = (5 * 10) * 2;      // Ergebnis: 100
```

Eine tabellarische Übersicht über die Operatoren und ihre Assoziativität finden Sie in der Operatorliste, welche weiter oben im Abschnitt 3.6.1 zu finden ist.

Nachdem die Zusammenhänge von Operatorvorrang und Assoziativität geklärt wurden, können wir nun mit den Operatoren beginnen.

### 3.6.4 Arithmetische Operatoren

#### Addition

Der Additionsoperator (+) addiert die beiden numerischen Operanden.

*Beispiel*
```
// Addition
$summe = 7 + 3;             // Ergebnis: 10
$summe = 13 + 9 + 1;        // Ergebnis: 23
```

#### Subtraktion

Der Subtraktionsoperator (-) subtrahiert seinen zweiten Operanden vom ersten. Beide Operanden müssen Zahlen sein.

*Beispiel*
```
// Subtraktion
$summe = 10 - 5;            // Ergebnis: 5
$summe = 1.5 - 0.5;         // Ergebnis: 1
```

Wenn (-) als unärer Operator vor einem einzigen Operanden eingesetzt wird, führt er eine unäre Negation durch, d. h., eine positive Zahl wird in die entsprechende negative umgewandelt, und umgekehrt.

*Beispiel*
```
// Unäre Negation
$summe = -5;                // Ergebnis: -5
$summe = - (+5);            // Ergebnis: -5
$summe = - (-5);            // Ergebnis: 5
// Nicht so!
$summe = --5;               // Ergebnis: 4
```

## Multiplikation

Der Multiplikationsoperator (*) multipliziert seine beiden Operanden, auch hier müssen beide Operanden Zahlen sein.

*Beispiel*
```
// Multiplikation
$summe = 10 * 2;            // Ergebnis: 20
$summe = 5.75 * 2;          // Ergebnis: 11.5
```

## Division

Der Divisionsoperator (/) dividiert seinen ersten Operanden durch den zweiten. Beide Operanden müssen Zahlen sein.

*Beispiel*
```
// Division
$summe = 10 / 2;            // Ergebnis: 5
$summe = 5.75 / 2;          // Ergebnis: 2.875
```

> **Achtung:** Der Divisions-Operator ("/") gibt immer eine Fließkommazahl zurück, sogar wenn die zwei Operanden Ganzzahlen sind (oder Zeichenketten, die in Ganzzahlen umgewandelt wurden).

## Modulo

Der Modulo-Operator (%) bildet den Rest aus einer Division zweier Operanden. Beide Operanden müssen Zahlen sein. Modulo ist also nichts anderes als die Ganzzahldivision mit Rest. Dabei bildet der Rest der Division das Ergebnis der Modulo-Operation.

*Beispiel*
```
// Modulo
$summe = 10 % 2;            // Ergebnis: (10 / 2 = 5) Rest 0
$summe = 10 % 3;            // Ergebnis: (10 / 3 = 3) Rest 1
```

| Operator | Bezeichnung | Bedeutung |
|---|---|---|
| + | Positives Vorzeichen | +$a ist/entspricht $a. |
| - | Negatives Vorzeichen | -$a kehrt das Vorzeichen um. |
| + | Addition | $a + $b ergibt die Summe von $a und $b. |
| - | Subtraktion | $a - $b ergibt die Differenz von $a und $b. |
| * | Multiplikation | $a * $b ergibt das Produkt aus $a und $b. |
| / | Division | $a / $b ergibt den Quotienten von $a und $b. |
| % | Restwert (Modulo) | $a % $b ergibt den Restwert der Division von $a durch $b. |

### 3.6.5 Zuweisungsoperator

Wie Sie bereits im Abschnitt zu den Variablen gesehen haben, wird in PHP (=) dazu verwendet, um einer Variablen einen Wert zuzuweisen.

*Beispiel*
```
$vorname = "Matze";
```

Auch wenn man eine solche PHP-Zeile nicht als Ausdruck ansieht, der ausgewertet werden kann und einen Wert hat, handelt es sich doch wirklich um einen Ausdruck. Technisch gesehen ist (=) ein Operator. Der Operator (=) erwartet als linken Operanden eine Variable. Als rechter Operand wird ein beliebiger Wert eines beliebigen Typs erwartet. Der Wert eines Zuweisungsausdrucks ist der Wert des rechten Operanden. Da (=) als Operator definiert ist, kann er auch als Bestandteil komplexerer Ausdrücke verwendet werden.

*Beispiel*
```
$zahlEins = 200;
$zahlZwei = 250;
$pruefen = zahlEins == zahlZwei;      // Ergebnis: false
```

> **Hinweis:** Wenn Sie so etwas verwenden wollen, sollte Ihnen vorher der Unterschied zwischen den Operatoren (=) und (==) vollkommen klar sein.

Der Zuweisungsoperator ist von rechts nach links assoziativ, das bedeutet, dass bei mehreren Zuweisungsoperatoren innerhalb eines einzigen Ausdrucks von rechts nach links ausgewertet wird. Als Folge davon kann man Code wie den folgenden schreiben, um mehreren Variablen jeweils denselben Wert zuzuweisen.

*Beispiel*
```
// Initialisierung mehrerer Variablen in einem Ausdruck
$i = $j = $k = 100;
```

## Zuweisung mit Operation

Neben dem Zuweisungsoperator (=) unterstützt PHP noch eine Reihe weiterer Zuweisungsoperatoren, die eine Kurzform bzw. Kurznotation dafür darstellen, dass eine Zuweisung mit einer anderen Operation verbunden wird.

*Beispiel*
```
// Initialisierung
$preis = 10.00;
$mwst = 1.60;
// Kurzform
$preis += $mwst;                      // Ergebnis: 11.6
// Gleichbedeutend
$preis = $preis + $mwst               // Ergebnis: 11.6
```

Entsprechend gibt es auch -=, *=, /=, %= usw.

*Beispiel*
```
// Initialisierung
$zahlEins = 50;
$zahlZwei = 25;

// Kurzformen
$zahlEins += $zahlZwei;               // Ergebnis: 75
```

```
$zahlEins -= 5;           // Ergebnis: 70
$zahlEins *= 2;           // Ergebnis: 140
$zahlZwei /= 5;           // Ergebnis: 5
$zahlZwei %= 2;           // Ergebnis: 1
```

Abschließend eine Übersicht über die Zuweisungsoperatoren in PHP.

| Operator | Bezeichnung | Bedeutung |
|---|---|---|
| = | Einfache Zuweisung | `$a = $b` weist `$a` den Wert von `$b` zu und liefert `$b` als Rückgabewert. |
| += | Additionszuweisung | `$a += $b` weist `$a` den Wert von `$a + $b` zu und liefert `$a + $b` als Rückgabewert. |
| -= | Subtraktionszuweisung | `$a -= $b` weist `$a` den Wert von `$a - $b` zu und liefert `$a - $b` als Rückgabewert. |
| *= | Multiplikationszuweisung | `$a *= $b` weist `$a` den Wert von `$a * $b` zu und liefert `$a * $b` als Rückgabewert. |
| %= | Modulozuweisung | `$a %= $b` weist `$a` den Wert von `$a % $b` zu und liefert `$a % $b` als Rückgabewert. |
| /= | Divisionszuweisung | `$a /= $b` weist `$a` den Wert von `$a / $b` zu und liefert `$a / $b` als Rückgabewert. |
| .= | Zeichenkettenzuweisung | `$a .= $b` weist `$a` den Wert von `$a . $b` zu und liefert `$a . $b` als Rückgabewert. |

### Zuweisung »by reference«

Im Zusammenhang mit Zuweisungen ist noch ein wichtiger Punkt zu beachten:

Bei den bisher betrachteten Zuweisungen wird der Wert einer Variablen einer anderen Variablen zugewiesen. Es existieren also zwei unterschiedliche Variablen und somit auch zwei unterschiedliche Speicherbereiche, die nach der erfolgten Zuweisung zwar denselben Wert aufweisen, aber ansonsten völlig unabhängig voneinander im Arbeitsspeicher existieren. Diese Zuweisungsart wird auch als Zuweisung »by value« bezeichnet.

Seit PHP 4 steht Ihnen jedoch noch eine weitere Form der Zuweisung zur Verfügung, bei der nach erfolgter Zuweisung beide Variablen auf denselben Speicherbereich verweisen. In diesem Zusammenhang spricht man auch von Zuweisungen »by reference«. Wenn Sie Zuweisungen »by reference« vornehmen, weisen Sie also nicht einer Variablen den Wert einer anderen zu, sondern einer Variablen den Speicherbereich einer anderen, sodass im Ergebnis jetzt beide Variablen auf denselben Speicherbereich verweisen und somit nur noch eine Variable existiert, die allerdings zwei unterschiedliche Variablennamen besitzt.

*Beispiel*

```
<?
$vorname = "Matthias";
$meinname = &$vorname;
// Ausgabe - Matthias
echo $meinname;
// Ausgabe - Matthias
echo $vorname;
```

```
$vorname = "Caroline";
// Ausgabe - Caroline
echo $meinname;
// Ausgabe - Caroline
echo $vorname;
$meinname = "Gülten";
// Ausgabe - Gülten
echo $meinname;
// Ausgabe - Gülten
echo $vorname;
?>
```

| Operator | Bezeichnung | Bedeutung |
|---|---|---|
| $a = &$b | Zuweisung »by reference« | Der Speicherbereich der Variablen $a wird auf den Speicherbereich der Variablen $b gesetzt. |

### 3.6.6 Vergleichsoperatoren

In diesem Abschnitt lernen Sie die Vergleichsoperatoren von PHP kennen. Es handelt sich hierbei um Operatoren, die Werte verschiedener Typen vergleichen und einen Booleschen Wert (true oder false) liefern, je nach Ergebnis des Vergleichs. Die Vergleichsoperatoren werden am häufigsten in Konstruktionen wie if-Anweisungen und for while-Schleifen eingesetzt. Hier haben sie die Aufgabe, den Programmablauf zu steuern.

#### Kleiner als

Der Operator (<) hat das Ergebnis true, wenn sein erster Operand kleiner ist als der zweite, sonst liefert er false. Die Operanden müssen Zahlen oder Strings sein. Strings werden dabei alphabetisch auf der Basis der Codewerte der Zeichen verglichen.

*Beispiel*
```
// Kleiner als (mit Zahlen)
$preisHose = 75.50;
$preisJacke = 110.95;
$pruefen = $preisHose < $preisJacke;        // Ergebnis: true
```

*Beispiel*
```
// Kleiner als (mit Strings)
$kundeEins = "Fred";
$kundeZwei = "Toni";
$pruefen = $kundeEins < $kundeZwei;         // Ergebnis: true
```

#### Größer als

Der Operator (>) hat das Ergebnis true, wenn sein erster Operand größer ist als der zweite, sonst liefert er false. Die Operanden müssen Zahlen oder Strings sein. Auch hier werden die Strings alphabetisch auf der Basis der Codewerte der Zeichen verglichen.

*Beispiel*
```
// Größer als (mit Zahlen)
$preisBrille = 65;
$preisUrlaub = 1150;
$pruefen = $preisUrlaub > $preisBrille;        // Ergebnis: true
```

*Beispiel*
```
// Größer als (mit Strings)
$kundeEins = "Timo";
$kundeZwei = "Bernd";
$pruefen = $kundeEins > $kundeZwei;            // Ergebnis: true
```

### Kleiner oder gleich

Der Operator (<=) hat das Ergebnis true, wenn sein erster Operand kleiner als der zweite oder gleich diesem ist, sonst liefert er false. Die Operanden müssen Zahlen oder Strings sein und Strings werden dabei alphabetisch auf der Basis der Codewerte der Zeichen verglichen.

*Beispiel*
```
// Kleiner oder gleich (mit Zahlen)
$preisBrille = 65;
$preisUrlaub = 1150;
$pruefen = $preisBrille <= $preisUrlaub;       // Ergebnis: true

$preisBürste = 5.95;
$preisEimer = 5.95;
$pruefen = $preisBürste <= $preisEimer;        // Ergebnis: true
```

*Beispiel*
```
// Kleiner oder gleich (mit Strings)
$kundeEins = "Bernd";
$kundeZwei = "Timo";
$pruefen = $kundeEins <= $kundeZwei;  // Ergebnis: true

$wortEins = "Sonntag";
$wortZwei = "Sonntag";
$pruefen = $wortEins <= $wortZwei;     // Ergebnis: true
```

### Größer oder gleich

Der Operator (>=) hat das Ergebnis true, wenn sein erster Operand größer als der zweite oder gleich diesem ist, sonst liefert er false. Die Operanden müssen Zahlen oder Strings sein und auch hier werden Strings alphabetisch auf der Basis der Codewerte der Zeichen verglichen.

*Beispiel*
```
// Größer oder gleich (mit Zahlen)
$preisAuto = 35000;
$preisUrlaub = 1150;
$pruefen = $preisAuto >= $preisUrlaub;         // Ergebnis: true
```

```
$preisBürste = 5.95;
$preisEimer = 5.95;
$pruefen = $preisBürste >= $preisEimer;      // Ergebnis: true
```

*Beispiel*

```
// Größer oder gleich (mit Strings)
$kundeEins = "Thomas";
$kundeZwei = "Caroline";
$pruefen = $kundeEins >= $kundeZwei;  // Ergebnis: true

$wortEins = "Sonntag";
$wortZwei = "Sonntag";
$pruefen = $wortEins >= $wortZwei;    // Ergebnis: true
```

Hier noch ein Beispiel mit jeweils einer Kontrollstruktur – einer if-Anweisung und einer for-Schleife.

*Beispiel*

```
// Initialisierung
$preisAuto = 27500;
$preisBoot = 22500;

// Nach dem Vergleich enthält die Variable kaufen "Nein!"
if ($preisAuto <= $preisBoot) {
   $kaufen = "Ja!";
} else {
   $kaufen = "Nein!";
}
```

*Beispiel*

```
// for-Schleife
// Ergebnis im Ausgabefenster 0 1 2 3 4 5 6 7 8 9 10
for ($i=0;$i<=10;$i++) {
   echo $i;
}
```

**Achtung:** Die Vergleichsoperatoren vergleichen zwei Strings in Bezug auf deren Anordnung zueinander. Der Vergleich benutzt hierbei die alphabetische Ordnung. Zu beachten ist, dass diese Ordnung auf der von PHP verwendeten Zeichenkodierung Latin-1 (ISO8859-1) beruht, die eine Erweiterung des ASCII-Zeichensatzes darstellt. In dieser Codierung kommen alle Großbuchstaben (ohne Umlaute) vor sämtliche Kleinbuchstaben, d. h., die Großbuchstaben sind kleiner!

*Beispiel*

```
// Groß- u. Kleinbuchstaben Vergleich
$ortEins = "Zoo";
$ortZwei = "spielplatz";
$pruefen = $ortEins < $ortZwei;              // Ergebnis: true
```

Abschließend eine Übersicht über die Vergleichsoperatoren in PHP.

| Operator | Bezeichnung | Bedeutung |
|---|---|---|
| < | Kleiner als | $a < $b ergibt true, wenn $a kleiner $b ist. |
| > | Größer als | $a > $b ergibt true, wenn $a größer $b ist. |
| <= | Kleiner oder gleich | $a <= $b ergibt true, wenn $a kleiner oder gleich $b ist. |
| >= | Größer oder gleich | $a >= $b ergibt true, wenn $a größer oder gleich $b ist. |

## 3.6.7 Gleichheitsoperatoren

### Gleichheit

Der Operator (==) liefert true, wenn seine beiden Operanden gleich sind, sind sie ungleich, liefert er false. Die Operanden können beliebige Typen haben, aber die Definition von »gleich« hängt vom Typ ab.

Noch etwas sollten Sie berücksichtigen, normalerweise sind zwei Variablen nicht gleich, wenn sie verschiedene Typen haben. Da PHP aber bei Bedarf automatisch Datentypen umwandelt, ist dies nicht immer der Fall.

*Beispiel*
```
echo $pruefen = "1" == 1;           // Ergebnis: true
echo $pruefen = true == 1;          // Ergebnis: true
echo $pruefen = false == 0;         // Ergebnis: true
```

**Achtung:** Beachten Sie, dass der Gleichheitsoperator (==) etwas ganz anderes als der Zuweisungsoperator (=) ist, auch wenn Sie im Deutschen beide oft einfach als »gleich« lesen. Es ist wichtig, diese beiden Operatoren zu unterscheiden und in jeder Situation jeweils den richtigen Operator zu verwenden.

### Ungleichheit

Auch hier gilt, der Operator (!=) liefert true, wenn seine beiden Operanden ungleich sind, sind sie gleich, liefert er false. Die Operanden können beliebige Typen haben, wie beim Operator (==).

*Beispiel*
```
// Ungleichheit
$zahlEins = 999;
$zahlZwei = 99;
$pruefen = $zahlEins != $zahlZwei;        // Ergebnis: true
```

*Beispiel*
```
// Initialisierung
$kundeEins = "Martin Klein";
$kundeZwei = "Fred Mustermann";

// Ergebnis: "Nicht identischer Kunde"
if ($kundeEins != $kundeZwei) {
   resultat = "Nicht identischer Kunde";
```

```
} else {
  resultat = "Identischer Kunde";
}
```

> **Hinweis:** Eine alternative Schreibweise für Ungleichheit stellt der folgende Operator dar: <>

## Strikte Gleichheit

Der Operator (===) funktioniert ähnlich wie der Gleichheitsoperator, führt jedoch keine Typumwandlung durch. Wenn zwei Operanden nicht denselben Typ aufweisen, gibt der strikte Gleichheitsoperator den Wert `false` zurück.

*Beispiel*
```
// Initialiserung
$preisBuchEins = 45.95;
$preisBuchZwei = "45.95";

// Ergebnis: "Ungleich"
if ($preisBuchEins === $preisBuchZwei) {
  $pruefen = "Gleich";
} else {
  $pruefen = "Ungleich";
}
```

## Strikte Ungleichheit

Der Operator (!==) funktioniert genau umgekehrt wie der strikte Gleichheitsoperator.

*Beispiel*
```
// Initialiserung
$preisBuchEins = 45.95;
$preisBuchZwei = "45.95";

// Ergebnis: "Ungleich"
if ($preisBuchEins !== $preisBuchZwei) {
  $pruefen = "Ungleich";
} else {
  $pruefen = "Gleich";
}
```

Abschließend eine Übersicht über die Gleichheitsoperatoren in PHP.

| Operator | Bezeichnung | Bedeutung |
| --- | --- | --- |
| == | Gleichheit | $a==$b ergibt `true`, wenn $a gleich $b ist. |
| === | Strikte Gleichheit | $a===$b ergibt `true`, wenn $a gleich $b ist vom gleichen Typ. |
| != | Ungleichheit | $a!=$b ergibt `true`, wenn $a ungleich $b ist. |
| <> | Ungleichheit | $a!=$b ergibt `true`, wenn $a ungleich $b ist. |
| !== | Strikte Ungleichheit | $a!==$b ergibt `true`, wenn $a ungleich $b ist vom gleichen Typ. |

## 3.6.8 Logische Operatoren

Logische Operatoren dienen zum Vergleichen boolescher Werte (true und false) und geben einen dritten booleschen Wert zurück. Bei der Programmierung werden sie normalerweise zusammen mit Vergleichsoperatoren verwendet, um auf diese Weise komplexe Vergleiche auszudrücken, die sich auf mehr als eine Variable beziehen.

### *Logisches Und*

Der Operator (&&) ergibt dann und nur dann true, wenn gleichzeitig der erste und der zweite Operand true sind. Ergibt schon der erste Operand ein false, ist das Ergebnis ebenfalls false. Das ist der Grund dafür, weshalb sich der Operator (&&) gar nicht erst damit aufhält, den zweiten Operanden noch zu überprüfen.

*Beispiel*

```
$wertEins = true;
$wertZwei = true;
// Beide Ausdrücke sind gleichwertig
// Ergebnis: true
echo $resultat = $wertEins && $wertZwei;
// Ergebnis: true
if ($wertEins && $wertZwei) $resultat = true;
```

*Beispiel*

```
$wertEins = (10 * 2);
$wertZwei = (10 + 10);
// Beide Ausdrücke sind gleichwertig
// Ergebnis: true
if ($wertEins && $wertZwei) $resultat = true;
```

Um den logischen Operator (&&) noch besser zu verstehen, hier eine Wahrheitstabelle.

| Operand 1 | Operand 2 | Operand 1 && Operand 2 |
|---|---|---|
| true | false | false |
| false | true | false |
| true | true | true |
| false | false | false |

### *Logisches Oder*

Der Operator (ll) ergibt nur dann true, wenn der erste oder der zweite Operand wahr ist oder auch beide gleichzeitig. Genau wie (&&) wertet auch dieser Operator den zweiten Operanden nicht aus, wenn der erste Operand das Ergebnis schon endgültig festlegt. Ergibt der erste Operand true, dann ist das Ergebnis ebenfalls true, der zweite Operand kann das Ergebnis nicht mehr ändern und wird daher nicht ausgewertet.

*Beispiel*

```
$wertEins = (10 * 2);
$wertZwei = (10 + 10);
// Logische Operator (||) - OR
// Ergebnis: true
if ($wertEins || $wertZwei) $resultat = true;
```

Um den logischen Operator (||) noch besser zu verstehen, hier eine Wahrheitstabelle.

| Operand 1 | Operand 2 | Operand 1 || Operand 2 |
|---|---|---|
| true | false | True |
| false | true | True |
| true | true | True |
| false | false | false |

## Logisches Entweder-Oder

Der Operator (xor) ergibt nur dann true, wenn genau einer der beiden Operanden wahr ist. Der Operator wertet immer beide Operanden aus. Sind beide Operanden true, dann ist das Ergebnis false.

*Beispiel*
```
$wertEins = (10 * 2);
$wertZwei = (10 + 10);

// Logische Operator (XOR)
// Ergebnis: wahr
if ($wertEins == 20 xor $wertZwei == 10) $resultat = "wahr";
else $resultat = "falsch";

// Ergebnis: falsch
if ($wertEins == 20 xor $wertZwei == 20) $resultat = "wahr";
else $resultat = "falsch";
```

Um den logischen Operator (xor) noch besser zu verstehen, hier eine Wahrheitstabelle.

| Operand 1 | Operand 2 | Operand 1 xor Operand 2 |
|---|---|---|
| true | false | True |
| false | true | True |
| true | true | false |
| false | false | false |

## Logisches Nicht

Der Operator (!) ist ein unärer Operator, der vor seinem einzigen Operanden steht. Sein Zweck besteht darin, den booleschen Wert seines Operanden umzukehren.

*Beispiel*
```
$wertEins = true;
// Logische Operator (!) - NICHT
// Ergebnis: false
$resultat = !$wertEins;
```

Um den logischen Operator (!) noch besser zu verstehen, hier eine Wahrheitstabelle.

| Operand 1 | ! Operand 1 |
|---|---|
| true | false |
| false | true |

Zusammenfassend eine Übersicht über die logischen Operatoren in PHP.

| Operator | Bezeichnung | Bedeutung |
|---|---|---|
| && / and | Logisches UND (AND) Verknüpfung | $a && $b ergibt true, wenn sowohl $a, als auch $b wahr sind. Ist $a bereits falsch, so wird false zurückgegeben und $b nicht mehr ausgewertet. |
| \|\| / or | Logisches ODER (OR) Disjunktion | $a \|\| $b ergibt true, wenn mindestens einer der beiden Ausdrücke $a oder $b wahr ist. Ist bereits $a wahr, so wird true zurückgegeben und $b nicht mehr ausgewertet. |
| xor | Exklusiv-ODER (XOR) | $a xor $b ergibt true, wenn genau einer der beiden Ausdrücke $a oder $b wahr ist. |
| ! | Logisches NICHT Negation | !$a ergibt false, wenn $a wahr ist und true, wenn $a false ist. |

### 3.6.9 Bit-Operatoren

Bitweise Operatoren wandeln Fließkommazahlen intern in 32-Bit-Ganzzahlen um. Welche Rechenoperation jeweils ausgeführt wird, hängt vom verwendeten Operator ab. In jedem Falle werden bei der Berechnung des Ergebniswerts jedoch die einzelnen Binärziffern (Bits) der 32-Bit-Ganzzahl unabhängig voneinander ausgewertet. Glücklicherweise werden Sie diese doch recht komplizierten Operatoren relativ selten bis gar nicht benötigen.

Ich will Ihnen jedoch die Vorzüge der Bitwise-Operatoren nicht vorenthalten. Die Bitwise-Operatoren werden von den meisten PHP-Entwicklern, wie bereits erwähnt, ignoriert, da sie es nicht gewohnt sind, binär zu arbeiten. Das Zahlensystem, welches nur zwei Werte kennt, nämlich 0 oder 1, ist einer Vielzahl von Entwicklern suspekt. Ich empfehle Ihnen jedoch, den Bitwise-Operatoren eine Chance zu geben.

#### *Fallbeispiel – Rechner-Tuning*

Stellen Sie sich vor, Sie betreiben einen Shop. In diesem bieten Sie das Tunen von Rechnern an (Aufrüstung).

Folgende Komponenten können nachgerüstet werden:

- Zweite Festplatte
- Netzwerkkarte
- DVD-Brenner
- TV-Karte

Nun könnten Sie zur Verwaltung dieser Komponenten pro Kunde Variablen verwenden, welche die Wünsche des Kunden berücksichtigen.

```
$extraHD = true;
$netzkarte = true;
$brenner = true;
$tvkarte = true;
```

Einen Nachteil besitzt dieser Ansatz: Wir benötigen für jede Komponente eine separate Variable, welche jeweils den booleschen Wert

- true (installieren)
- false (nicht installieren)

speichert.

Dies bedeutet natürlich auch, dass jede Variable Speicherplatz in Anspruch nimmt. Genau hierfür eignet sich hervorragend der Einsatz von Bitwise-Operatoren.

Diese ermöglichen die Verwaltung von Daten auf binärer Ebene und lassen sich hervorragend kombinieren, sodass Sie nicht mehr vier Variablen benötigen, sondern lediglich eine – Sie haben richtig gelesen, eine!

> **Hinweis:** Dies schont den Speicher und ist vor allem um einiges schneller in der Verarbeitung, da Sie auf der untersten Ebene mit Ihrem Computer kommunizieren, sozusagen Maschinencode schreiben, denn die binäre Ebene kennt nur 0/1.

### *Bit-Programmierung in die Praxis umsetzen*

Sie sollten sich zuerst im Klaren darüber sein, wie Ihr Computer Prozesse verarbeitet. In PHP gibt es die Möglichkeit, über die Bitwise-Operatoren diese Ebene zu erreichen und zu nutzen.

Ein binärer Zahlenwert wird in Zahlensequenzen von Nullen und Einsen gespeichert. Die Basis in diesem binären Zahlensystem liegt bei 2. Um dieses Zahlensystem an unser Dezimalzahlensystem (mit Basis 10) anzupassen, müssen Sie die Beziehung zwischen beiden Systemen kennen. Hier einige binäre Zahlensequenzen, welche in Dezimalsequenzen umgewandelt werden, auf der linken Seite binär und auf der rechten dezimal (inkl. Umrechnung):

| | |
|---|---|
| 1 Bit | 1 // 1: (1 x 1) = 1 |
| 2 Bit | 10 // 2: (1 x 2) + (0 x 1) = 2 |
| 2 Bit | 11 // 3: (1 x 2) + (1 x 1) = 3 |
| 3 Bit | 100 // 4: (1 x 4) + (0 x 2) + (0 x 1) = 4 |
| 4 Bit | 1000 // 8: (1 x 8) + (0 x 4) + (0 x 2) + (0 x 1) = 8 |
| 4 Bit | 1001 // 9: (1 x 8) + (0 x 4) + (0 x 2) + (1 x 1) = 9 |
| 4 Bit | 1100 // 12: (1 x 8) + (1 x 4) + (0 x 2) + (0 x 1) = 12 |
| 4 Bit | 1111 // 15: (1 x 8) + (1 x 4) + (1 x 2) + (1 x 1) = 15 |

6 Bit 111111 // 63: (1 x 32) + (1 x 16) + (1 x 8) + (1 x 4) + (1 x 2) + (1 x 1) = 63

Wie Sie sehen, ist die Beziehung recht einfach, wenn man sich einmal die Umrechnung vor Augen hält. Immer wenn der binären Zahlensequenz eine weitere Ziffer hinzugefügt wird, wird sie die nächste Bit-Stufe erreichen und die Potenz wächst um das Doppelte.

Wenn Sie sich nun auf unser aktuelles Problem beziehen, haben wir es mit einer 4-Bit-Stufe zu tun. Da jede Variable durch ein Bit repräsentiert werden kann, würde sich diese Stufe hervorragend eignen.

Die vier Variablen lassen sich in eine einzige Variable vereinen.

```
$auswahl = 1     // 0001; (extraHD)
$auswahl = 2     // 0010; (netzkarte)
$auswahl = 4     // 0100; (brenner)
$auswahl = 8     // 1000; (tvkarte)
```

Natürlich können Sie auch Komponenten miteinander kombinieren:

```
$auswahl = 5     // 0101; (extraHD und brenner)
$auswahl = 6     // 0110; (netzkarte und brenner)
$auswahl = 10    // 1010; (netzkarte und tvkarte)
$auswahl = 15    // 1111; (alle Komponenten)
```

Wie Sie sehen, ist die Zusammensetzung individuell zu bestimmen, ohne Probleme lassen sich diese Kombinationen in Form von Zahlen sichern. Das binäre System dahinter sorgt für die korrekte Zuordnung.

Wie können Sie nun die Komponenten hinzufügen, d. h., wie ereichen Sie es, den Brenner oder die TV-Karte der Variablen $auswahl zu übergeben, ohne die davor ausgewählte Komponente zu löschen?

*Ein Beispiel*

```
$auswahl = 0; // Rechner ohne zusätzliche Komponenten
```

Beim Hinzufügen von Komponenten können die einzelnen Komponenten gezielt bestimmt werden:

```
$auswahl += 2; // 0010 Rechner erhält eine Netzwerkkarte
$auswahl += 1; // 0011 Rechner erhält eine zusätzliche HD
$auswahl += 4; // 0111 Rechner erhält DVD-Brenner
$auswahl += 8; // 1111 Rechner erhält TV-Karte
```

Der Rechner ist voll aufgerüstet!

Der Vorteil besteht nun darin, dass man natürlich auch Komponenten entfernen kann.

```
$auswahl -= 4;   // 1011 DVD-Brenner wird entfernt
$auswahl -= 2;   // 1001 Netzwerkkarte wird entfernt
```

Der Rechner enthält lediglich eine extraHD und eine TV-Karte!

Nun sollten Sie sich die praktische Umsetzung betrachten, denn, um in PHP bitweise zu programmieren, kommen Sie um die Bitwise-Operatoren nicht herum.

*Beispiel*

```
<?
// Alle Komponenten ausgewählt (kompletter Rechner)
$extraHD   =    (1<<0);      // 1 Bit: 0 (false), 1 (true)
$netzkarte =    (1<<1);      // 2 Bit: 0 (false), 2 (true)
```

```
$brenner   =    (1<<2);         // 3 Bit: 0 (false), 4 (true)
$tvkarte   =    (1<<3);         // 4 Bit: 0 (false), 8 (true)

// Die Komponenten in die Auswahl ablegen (Ergebnis 15)
$auswahl = $extraHD | $netzkarte | $brenner | $tvkarte;

// Hier nun eine Funktion, die den Preis berechnet
function berechne($auswahl) {
   $preis = 0;
   // Wenn das erste Bit gesetzt wurde, 200 Euro
   if ($auswahl & 1) {
      echo "+ Extra HD";
      $preis += 200;
   }
   // Wenn das zweite Bit gesetzt wurde, 150 Euro
   if ($auswahl & 2) {
      echo "+ Netzwerkkarte";
      $preis += 150;
   }
   // Wenn das dritte Bit gesetzt wurde, 450 Euro
   if ($auswahl & 4) {
      echo "+ DVD Brenner";
      $preis += 450;
   }
   // Wenn das vierte Bit gesetzt wurde, 100 Euro
   if ($auswahl & 8) {
      echo "+ TV-Karte";
      $preis += 100;
   }
   return $preis;
}

// Nun testen Sie die Umsetzung
echo berechne($auswahl);

/*
 Ausgabe:
 + Extra HD
 + Netzwerkkarte
 + DVD Brenner
 + TV-Karte
 900
*/

// Lediglich extraHD und tvkarte ausgewählt
$extraHD   =    (1<<0);         // 1 Bit: 0 (false), 1 (true)
$netzkarte =    (0<<1);         // 2 Bit: 0 (false), 2 (true)
$brenner   =    (0<<2);         // 3 Bit: 0 (false), 4 (true)
$tvkarte   =    (1<<3);         // 4 Bit: 0 (false), 8 (true)

// Die Komponenten in die Auswahl ablegen (Ergebnis 9)
$auswahl = $extraHD | $netzkarte | $brenner | $tvkarte;

// Nun testen Sie die Umsetzung
echo berechne($auswahl);

/*
```

```
Ausgabe:
+ Extra HD
+ TV-Karte
300
*/

?>
```

Ich hoffe, Ihnen mit diesem Fallbeispiel einen Einblick in die Arbeit der Bitwise-Operatoren verschafft zu haben. Sie müssen natürlich selbst entscheiden, wie weit Sie diese in Ihre Anwendungen einbinden wollen.

### Auflistung der bitweisen Operatoren

| Operator | Bezeichnung | Bedeutung |
|---|---|---|
| & | And/UND | $a & $b – Bits, die in $a und $b gesetzt sind werden gesetzt. |
| \| | Or/ODER | $a \| $b – Bits, die in $a oder $b gesetzt sind werden gesetzt. |
| ^ | Xor/Entweder ODER | $a ^ $b – Bits, die entweder in $a oder $b gesetzt sind, werden gesetzt, aber nicht in beiden. |
| ~ | Not/Nicht | ~ $a – Die Bits, die in $a nicht gesetzt sind, werden gesetzt, und umgekehrt. |
| << | Shift left/Nach link verschieben | $a << $b – Verschiebung der Bits von $a um $b Stellen nach links (jede Stelle entspricht einer Multiplikation mit zwei). |
| >> | Shift right/Nach rechts verschieben | $a >> $b – Verschiebt die Bits von $a um $b Stellen nach rechts (jede Stelle entspricht einer Division durch zwei). |

## 3.6.10 String-Operator

Der String-Operator ('.'), auch Zeichenkettenoperator genannt, nimmt eine Sonderstellung unter den Operatoren ein. Mit ihm lassen sich Strings zusammenfügen bzw. verbinden.

```
$a = "Hallo ";
$b = $a . "Welt !"; // Ergebnis $b = "Hallo Welt !"
```

Strings lassen sich mithilfe des String-Operators auch über mehrere Zeilen hinweg beschreiben.

```
$a = "Hallo ";
$a .= "Welt !"; // Ergebnis: $a = "Hallo Welt !"
```

## 3.6.11 Konditionaloperator

Der Konditionaloperator (? :) ist der einzige Operator, welcher drei Operanden benötigt. Der erste steht vor dem ?, der zweite zwischen ? und :, und der dritte hinter dem :. Er wird übrigens auch als Bedingungsoperator bezeichnet, da man ihn für die Erzeugung einer einfachen if else-Anweisung nutzen kann.

(BEDINGUNG) ? AUSDRUCK1 : AUSDRUCK2;

*Beispiel*
```
<?
$kAlter = 10;

// if-else Umsetzung
if ($kAlter >= 18) {
  echo "Erwachsener";
} else {
  echo "Zu jung!";
}

// Konditionaloperator (?:) Umsetzung
($kAlter >= 18) ? print "Erwachsener" : print "Zu jung!";
?>
```

Da der Operator die Ausdrücke nicht nur ausführt, sondern auch die Ergebnisse der Ausdrücke zurückliefert, können Sie ihn auch dazu verwenden, einer Variablen, in Abhängigkeit von einer Bedingung, unterschiedliche Werte zuzuweisen.

*Beispiel*
```
// Initialisierung
$besuchName = "Matze";

$besuch = ($besuchName == "") ? "Hallo !" : "Hallo $besuchName";

echo $besuch; // Ausgabe: Hallo Matze
```

> **Hinweis:** Die ?:-Syntax ist zwar sehr kurz und prägnant, sie ist aber auch relativ schwer zu lesen. Setzen Sie sie daher sparsam und nur in Fällen ein, wo sie leicht zu verstehen ist. Die Möglichkeit, komplexe Bedingungen aus mehreren Teilausdrücken zu verwenden, ist zwar gegeben, aber nicht ratsam.

## 3.6.12 Gruppierungsoperator

Der Gruppierungsoperator ( ) wird verwendet, um bevorzugte Operationen zusammenzufassen, und dient bei Funktionen zum Übergeben von Parametern (Argumenten). Zusätzlich hat er die Aufgabe, Ausdrücke zu gruppieren, hierbei kommt er vor allem bei if-Anweisungen zum Einsatz. Eine Besonderheit ist übrigens, dass er keine feste Anzahl von Operanden hat.

*Beispiel*
```
// Berechnung (Addition/Multiplikation)
$resultat = (1 + 2) * (3 + 4);       // Ergebnis: 21
$resultat = (1 + 2) * 3 + 4;         // Ergebnis: 13
$resultat = 1 + (2 * 3) + 4;         // Ergebnis: 11
$resultat = 1 + (2 * (3 + 4));       // Ergebnis: 15
```

*Beispiel*
```
// Funktion (Parameter)
echo $resultat = sin(90);            // Ergebnis: 0.89
```

> **Achtung:** Der Gruppierungsoperator bestimmt die Reihenfolge, in der die Operatoren im Ausdruck ausgeführt werden. Runde Klammern setzen die automatische Vorrangreihenfolge außer Kraft und bewirken, dass die Ausdrücke in Klammern zuerst ausgewertet werden. Bei verschachtelten Klammern wird der Inhalt der innersten Klammern vor dem Inhalt der äußeren Klammern ausgewertet.

### 3.6.13 Inkrement- bzw. Dekrementoperatoren

PHP unterstützt Prä- und Post-Inkrement- und Dekrementoperatoren im Stil der Programmiersprache C.

Zwei in der Programmierung häufig benötigte Operationen sind die Erhöhung bzw. Verminderung eines Zahlenwerts um 1.

- Die Erhöhung um 1 bezeichnet man als Inkrement.
- Die Verminderung um 1 bezeichnet man als Dekrement.

Für Inkrement und Dekrement gibt es in PHP zwei spezielle Operatoren:

- ++ (Inkrement)
- -- (Dekrement)

Beide Operatoren weisen gegenüber den anderen arithmetischen Operatoren einige Besonderheiten auf:

- Sie haben nur einen Operanden.
- Sie können ihrem Operanden vor- oder nachgestellt werden (Präfix/Postfix).
- Sie verändern den Wert ihres Operanden.

Sie sollten sich folgendes Beispiel betrachten. Angenommen, Sie wollen den Wert einer Variablen i um 1 vermindern. Ohne Dekrementoperator würden Sie dafür schreiben:

```
$i= $i - 1;
```

Mit dem Dekrementoperator geht es schneller:

```
$i--;
```

Statt der Postfixnotation – dabei wird der Operator seinem Operanden nachgestellt – können Sie auch die Präfixnotation verwenden, hier ist der Operator seinem Operanden vorangestellt.

```
--$i;
```

Sofern Sie den Dekrement- oder Inkrementoperator allein verwenden, ist es gleich, ob Sie die Postfix- oder Präfixnotation verwenden. Wenn Sie den Dekrement- oder Inkrementoperator in einem Ausdruck verwenden, müssen Sie jedoch klar zwischen Postfix- und Präfixnotation unterscheiden, denn beide führen zu unterschiedlichen Ergebnissen.

*Beispiel*

```
$summe = 0;
$zahl = 20;
$summe = ++$zahl;      // Ergebnis: $summe  und $zahl  gleich 21
```

Hier wird der Wert der Variablen $zahl um 1 hochgesetzt und der neue Wert wird der Variablen $summe zugewiesen. Nach Ausführung der Anweisung sind $summe und $zahl gleich. Anders sieht es aus, wenn Sie den Operator nachstellen.

*Beispiel*
```
$summe = 0;
$zahl = 20;
$summe = $zahl++;      // Ergebnis: $summe  20 und $zahl  21
```

Hier wird ebenfalls der Wert der Variablen $zahl um 1 hochgesetzt, doch der Variablen $summe wird noch der alte Wert zugewiesen. Nach Ausführung der Anweisung hat $summe den Wert 20, während $zahl den Wert 21 hat. Ein weiteres Beispiel soll dies mithilfe einer if-Anweisung veranschaulichen.

*Beispiel*
```
if (++$gehalt >= 2000) {
   ...
}
```

Im Beispiel mit der Präfixnotation wird der Wert der Variablen $gehalt zuerst um 1 erhöht und anschließend mit der Zahl 2000 verglichen.

*Beispiel*
```
if ($gehalt++ >= 2000) {
   ...
}
```

Im Beispiel mit der Postfixnotation wird der Wert der Variablen $gehalt zuerst mit der Zahl 2000 verglichen und anschließend um 1 erhöht.

| Operator | Bezeichnung | Bedeutung |
|---|---|---|
| ++ | Präinkrement | ++$a ergibt $a+1 und erhöht $a um 1. |
| ++ | Postinkrement | $a++ ergibt $a und erhöht $a um 1. |
| -- | Prädekrement | --$a ergibt $a-1 und verringert $a um 1. |
| -- | Postdekrement | $a-- ergibt $a und verringert $a um 1. |

## 3.6.14 Objekterzeugungs-Operator

Der Operator new wird durch ein Schlüsselwort dargestellt und nicht durch Sonderzeichen. Es handelt sich hier um einen Operator, der vor seinem Operanden steht.

```
new Konstruktor
```

Konstruktur muss ein Funktionsaufruf-Ausdruck sein, d. h., es muss ein Ausdruck darin vorkommen, der sich auf eine Funktion bezieht, sogar auf eine ganze spezielle Funktion.

*Beispiel*
```
<?php
// Klasse
class Haus
{
```

```
    var $zimmer;
    function Haus($zimmer)
    {
        $this->zimmer = $zimmer;
    }
}
// Objekt
$meinHaus = new Haus(8);

// Ausgabe - Object id #1
echo $meinHaus;
// Ausgabe (8)
echo $meinHaus->zimmer;
?>
```

Der Operator new funktioniert wie folgt: Zuerst wird ein neues Objekt ohne jegliche Eigenschaften angelegt und anschließend wird die angegebene Konstruktorfunktion mit den angegebenen Parametern aufgerufen.

### 3.6.15 Array-Operatoren

Der einzige Array-Operator in PHP ist der +-Operator. Das rechtsstehende Array wird an das linksstehende Array angehängt, wobei doppelte Schlüssel NICHT überschrieben werden.

*Beispiel*
```
<pre>
<?php
$personen = array("a" => "Matthias", "b" => "Carolline");
$fruechte = array("a" =>"Kirsche", "b" => "Erdbeere", "c" => "Birne");
$gesamt = $personen + $fruechte;
var_dump($gesamt);
?>
</pre>
```

*Ausgabe*
```
array(3) {
  ["a"]=>
  string(8) "Matthias"
  ["b"]=>
  string(9) "Carolline"
  ["c"]=>
  string(5) "Birne"
}
```

Selbstverständlich lassen sich Arrays auch mithilfe der Gleicheits- oder Vergleichsoperatoren vergleichen. Beim Vergleich gilt es zu beachten, das Arrayelemente als gleich angesehen werden, wenn sie dieselben Schlüssel und Werte beinhalten.

*Beispiel*
```
$personen = array("Matthias", "Caroline");
$personen2 = array(1 =>"Caroline", 0 => "Matthias");
```

```
// Gleichheit
var_dump($personen == $personen2); // bool(true)

// Strikte Gleichheit (Identisch)
var_dump($personen === $personen2); // bool(false)
```

## 3.6.16 Operatoren zur Programmausführung

PHP unterstützt einen Operator zur Ausführung externer Programme, die sogenannten Backticks (``). Achtung: Die Backticks sind keine einfachen Anführungszeichen! PHP versucht, den Text zwischen den Backticks als Kommandozeilen-Befehl auszuführen. Die Ausgabe des aufgerufenen Programms wird zurückgegeben und kann somit einer Variablen zugewiesen werden.

```
<pre>
<?php
$ausgabe = `ls -al`;
echo $ausgabe;
?>
</pre>
```

**Achtung:** Der Backtick-Operator steht nicht zur Verfügung, wenn der Safe Mode aktiviert ist oder die Funktion `shell_exec()` deaktiviert wurde.

## 3.6.17 Fehlerkontroll-Operatoren

PHP unterstützt einen Operator zur Fehlerkontrolle. Es handelt sich hierbei um das @-Symbol. Stellt man @ in PHP vor einen Ausdruck, werden alle Fehlermeldungen, die von diesem Ausdruck erzeugt werden könnten, ignoriert.

**Hinweis:** Ist das `track_errors`-Feature aktiviert, werden alle Fehlermeldungen, die von diesem Ausdruck erzeugt werden, in der Variablen `$php_errormsg` gespeichert. Da diese Variable mit jedem neuen Auftreten eines Fehlers überschrieben wird, sollte man sie möglichst bald nach Verwendung des Ausdrucks überprüfen, wenn man mit ihr arbeiten will.

*Beispiel*
```
<?php
// Beabsichtigter Dateifehler
// Beabsichtigter Mailfehler
$email = @mail ('nicht_vorhandene_mail') or
    die ("Mail konnte nicht versandt werden:'$php_errormsg'");

// Das funktioniert bei jedem Ausdruck
// erzeugt keine Notice, falls der Index
// $key nicht vorhanden ist.
$value = @$cache[$key];
?>
```

Der @ Fehlerkontroll-Operator verhindert jedoch keine Meldungen, welche aus Fehlern beim Parsen resultieren.

> **Achtung:** Der @-Operator funktioniert nur bei Ausdrücken. Eine einfache Daumenregel: Wenn Sie den Wert von etwas bestimmen können, dann können Sie den @-Operator davor schreiben. Zum Beispiel können Sie ihn vor Variablen, Funktionsaufrufe und vor `include()` setzen, vor Konstanten und so weiter. Nicht verwenden können Sie diesen Operator vor Funktions- oder Klassendefinitionen oder vor Kontrollstrukturen wie zum Beispiel `if` und `foreach` und so weiter.
>
> **Achtung:** Zum gegenwärtigen Zeitpunkt deaktiviert der Fehlerkontroll-Operator @ die Fehlermeldungen selbst bei kritischen Fehlern, die die Ausführung eines Skripts beenden. Unter anderem bedeutet das, wenn Sie @ einer bestimmten Funktion voranstellen, diese aber nicht zur Verfügung steht oder falsch geschrieben wurde, Ihr PHP-Skript einfach beendet wird, ohne Hinweis auf die Ursache.

## 3.7 Kontrollstrukturen

Die Kontrollstrukturen haben die Aufgabe, den Ablauf eines Programms zu beeinflussen. Sie sind in der Lage, die Programmausführung in Abhängigkeit von einer Bedingung zu steuern oder einzelne Anweisungen oder Anweisungsblöcke wiederholt auszuführen. In diesem Abschnitt soll Ihnen die Arbeitsweise der Kontrollstrukturen nähergebracht werden. Sie werden dabei feststellen, dass PHP eine Vielzahl von Steuerungsmöglichkeiten besitzt.

### 3.7.1 if-Anweisung

Die `if`-Anweisung dient dazu, anhand einer Bedingung, z. B. des Werts einer Variablen, des Rückgabewerts einer Funktion oder des Wahrheitswerts eines booleschen Werts, zu entscheiden, ob die nachfolgende Anweisung ausgeführt werden soll oder nicht.

**Definition**
```
if (Bedingung/Ausdruck)
     Anweisung;
```

## 3.7 Kontrollstrukturen

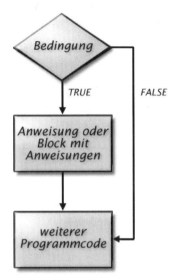

Bild 3.3: Ablaufschema einer if-Anweisung

*Beispiel*
```
$punkteStand = 100;

// Schreibweise
if ($punkteStand == 100)
   echo "Vorhanden!";

// Schreibweise (ebenfalls möglich)
if ($punkteStand == 100) echo "Vorhanden!";
```

Sie können die if-Anweisung wie folgt übersetzen:

»Wenn (if) die Bedingung erfüllt (true liefert, also die Variable $punkteStand existiert), dann führe die Anweisung aus (Variable kommt zustande mit dem Wert "Vorhanden!"). Ist die Bedingung nicht erfüllt, führe die Anweisung nicht aus.«

> **Hinweis:** Die if-Anweisung entscheidet über die Ausführung der direkt nachfolgenden Anweisung bzw. des nachfolgenden Anweisungsblocks. Üblicherweise rückt man die betreffenden Anweisungen im Quelltext um zwei bis drei Leerzeichen ein. Dies dient jedoch ausschließlich der besseren Lesbarkeit des Codes, auf die Ausführung der if-Anweisung hat die Einrückung keinen Einfluss.

Wenn Sie mit einer if-Anweisung nicht nur die Ausführung einer einzelnen, sondern mehrerer aufeinanderfolgender Anweisungen steuern wollen, müssen Sie die betreffenden Anweisungen in geschweifte Klammern setzen.

### Definition
```
if (Bedingung/Ausdruck) {
       Anweisung/en;
}
```

```
$punkteStand = 100;

// Anweisungsblock
if ($punkteStand == 100) {
   echo "Vorhanden!";
   $bonus = 50;
}
```

> **Hinweis:** Eine Folge von Anweisungen, die in geschweifte Klammern eingefasst ist, bezeichnet man als Anweisungsblock. Einige Programmierer würden dies auch als zusammengesetzte Anweisungen bezeichnen. Es bleibt Ihnen überlassen, wie Sie das Gebilde nennen.

### Alternative Syntax

In PHP steht Ihnen für die if-Anweisung eine alternative Schreibweise zur Verfügung.

### Definition

```
if (Bedingung/Ausdruck): Anweisung; endif;
```

*Beispiel – alternative Schreibweise*

```
$vorname = "Caroline";
if ($vorname == "Caroline"):
   echo "Name: $vorname";
   echo "Mehrzeilig!";
endif;
```

### Verwechslung von == und = vermeiden

Um Verwechslungen beim Durchführen von Vergleichen innerhalb von if-Anweisungen zu vermeiden, sollten Sie sich folgenden Rat zu Herzen nehmen:

Schreiben Sie anstatt

```
<?
$mitarbeiter = 10;
if ($mitarbeiter == 10) { echo "10 Mitarbeiter"; }
?>
```

besser:

```
<?
$mitarbeiter = 10;
if (10 == $mitarbeiter) { echo "10 Mitarbeiter"; }
?>
```

Denn sollten Sie die Konstante auf der linken Seite mit einem Zuweisungsoperator versehen, wird der PHP-Interpreter eine Fehlermeldung ausgeben.

```
<?
$mitarbeiter = 10;
// Führt zu:
// parse error, unexpected '='
if (10 = $mitarbeiter) { echo "10 Mitarbeiter"; }
?>
```

Die Gefahr, durch einen Eingabefehler falsche Werte zu erhalten, verringert sich hierdurch und Sie können relativ sicher sein, innerhalb von if-Anweisungen keine falsch platzierten Zuweisungen vorliegen zu haben.

> **Hinweis:** Diese Schreibweise hat sich in vielen Fällen jedoch nicht durchgesetzt. Es scheint eine Frage des Geschmacks zu sein, da eine Vielzahl von PHP-Entwicklern doch lieber ihrem eigenen Können vertrauen.

### 3.7.2 if-else-Anweisung

Die einfache if-Anweisung entspricht der Anweisung »Wenn die Bedingung erfüllt ist, dann führe die Anweisung aus. Danach fahre mit der Ausführung des Programms fort.« Die zweite Form der if-Anweisung führt den else-Teil ein, der ausgeführt wird, wenn die Bedingung nicht erfüllt, also der Ausdruck false ist. Die Aussage der Anweisung lautet dann: »Wenn die Bedingung erfüllt ist, dann führe die Anweisung aus, ansonsten (else) führe die Anweisung im erweiterten Teil aus. Danach fahre normal mit der Ausführung des Programms fort.«

**Definition**
```
if (Bedingung/Ausdruck)
        Anweisung;
else
        Anweisung;
```

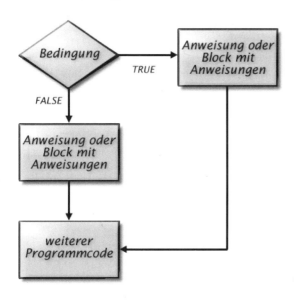

Bild 3.4: Ablaufschema einer if-else-Anweisung

**Beispiel**
```
$punkteStand = 50;

// Schreibweise
if ($punkteStand >= 100)
```

```
    echo "Wahr";
else
    echo "Unwahr!";
```

Wie sieht es nun mit einem Anweisungsblock in einer if-else-Anweisung aus? Auch das ist kein Problem.

**Definition**

```
if (Bedingung/Ausdruck) {
        Anweisung/en;
} else {
        Anweisung/en;
}
```

```
$punkteStand = 50;

// Anweisungsblock
if ($punkteStand >= 100) {
   echo "Wahr";
} else {
   echo "Unwahr!";
}
```

**Alternative Syntax**

In PHP steht Ihnen für die if-else-Anweisung eine alternative Schreibweise zur Verfügung.

**Definition**

```
if (Bedingung/Ausdruck): Anweisung/en; else: Anweisung/en; endif;
```

*Beispiel – Schreibweise wie gehabt*
```
<?php
$chef = "Schmidt";
if ($chef == "Schmidt") {
   echo "Chef ist Schmidt";
} else {
   echo "Unbekannter Chef";
}
?>
```

*Beispiel – alternative Schreibweise*
```
<?
$chef = "Schmidt";
if ($chef == "Schmidt"):
?>
Chef ist Schmidt
<?
else:
?>
Unbekannter Chef
<?
endif
?>
```

Eine weitere Möglichkeit wäre, die alternative Schreibweise wie folgt zu verwenden:

```
$signal = TRUE;
if ($signal):
   echo "Aktiv: $signal";
   echo "Mehrzeilig!";
else:
   echo "Inaktiv";
   echo "Mehrzeilig";
endif;
```

Mit der Einführung des Schlüsselworts `endif` kann das Ende des Blocks explizit angegeben werden. Der `else`-Befehl ist mit einem Doppelpunkt zu versehen, um die Zugehörigkeit zum Block zu kennzeichnen. Die geschweiften Klammern entfallen!

### 3.7.3  if-elseif-Anweisung

Die `if-elseif`-Anweisung wird vor allem für Mehrfachverzweigungen eingesetzt. Damit lassen sich in Abhängigkeit vom Wert einer Variablen verschiedene Anweisungen ausführen.

*Definition*

```
if (Bedingung/Ausdruck) {
        Anweisung/en;
} elseif (Bedingung/Ausdruck) {
        Anweisung/en;
} elseif (Bedingung/Ausdruck) {
        Anweisung/en;
} else {
        Anweisung/en;
}
```

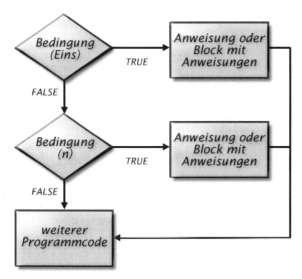

Bild 3.5: Ablaufschema einer `if-elseif`-Anweisung

*Fallbeispiel*

wenn meinLohn den Wert  
1000 hat: führe Anweisung A aus  
2000 hat: führe Anweisung B aus  
3000 hat: führe Anweisung C aus  
4000 hat: führe Anweisung D aus  
in allen andern Fällen: führe Anweisung E aus  

Beachten Sie den grundsätzlichen Unterschied zur if-else-Anweisung. Die Bedingung einer if-else-Anweisung ist immer ein boolescher Wert, der nur einen der beiden Werte true oder false annehmen kann. Folglich verzweigt die if-else-Anweisung auch nur in zwei alternative Anweisungsblöcke. Bei der Mehrfachverzweigung wird dagegen der Wert einer Variablen abgefragt: Der Programmierer kann grundsätzlich ebenso viele alternative Verzweigungen formulieren, wie es Werte für die Variable gibt.

```
$meinLohn = 3000;

// Mehrfachverzweigung (if-elseif-Anweisung)
// Ergebnis: "C"
if ($meinLohn == 1000) {
  // Anweisung A
  $ausgabe = "A";
} elseif ($meinLohn == 2000) {
  // Anweisung B
  $ausgabe = "B";
} elseif ($meinLohn == 3000) {
  // Anweisung C
  $ausgabe = "C";
} elseif ($meinLohn == 4000) {
  // Anweisung D
  $ausgabe = "D";
} else {
  // Anweisung E
  $ausgabe = "E";
}

echo $ausgabe;
```

Lassen Sie sich aber nicht von der Einrückung täuschen. Es handelt sich hier immer noch um vier, immer tiefer verschachtelte if-else-Anweisungen. Der Interpreter prüft zuerst, ob der Wert von meinLohn gleich 1.000 ist. Ist dies nicht der Fall, prüft er im else-Teil, ob meinLohn gleich 2.000 ist. Stimmt auch dies nicht, verzweigt er zum else-Teil mit dem Vergleich meinLohn gleich 3.000. Stimmt auch dies nicht, verzweigt er zum else-Teil mit dem Vergleich meinLohn gleich 4.000. Liefert auch dieser Vergleich false, landet der Interpreter in dem letzten else-Teil, der alle anderen nicht überprüften Fälle abfängt.

### Alternative Syntax

In PHP steht auch für die if-elseif-Anweisung eine alternative Schreibweise zur Verfügung.

## Definition

```
if (Bedingung/Ausdruck):
        Anweisung/en;
elseif:
        Anweisung/en;
else:
        Anweisung/en;
endif;
```

*Beispiel – Schreibweise wie gehabt*
```
<?php
$chef = "Schmidt";
if ($chef == "Müller") {
  echo "Müller ist der Chef";
} elseif ($chef == "Schmidt") {
  echo "Scmidt ist der Chef";
} else {
  echo "Unbekannter Chef";
}
?>
```

*Beispiel – alternative Schreibweise*
```
<?
$chef = "Schmidt";
if ($chef == "Müller"):
?>
Müller ist der Chef
<?
elseif ($chef == "Schmidt"):
?>
Schmidt ist der Chef
<?
else:
?>
Unbekannter Chef
<?
endif
?>
```

### 3.7.4 switch-case-Anweisung

Eine Alternative zur if-elseif-Anweisung stellt die switch-Anweisung dar. Sie ermöglicht ebenfalls eine Mehrfachverzweigung, jedoch wirkt der Code wesentlich übersichtlicher und trägt zum besseren Verständnis bei.

## Definition

```
switch (Bedingung/Ausdruck){
        case wert:
                Anweisung/en;
        case wert:
```

```
            Anweisung/en;
    [default wert:]
            [Anweisung/en;]
}
```

```
$meinLohn = 3000;

// Mehrfachverzweigung (switch-Anweisung)
// Ergebnis: "C"
switch ($meinLohn) {
   case 1000:
        // Anweisung A
        $ausgabe = "A";
        break;
   case 2000:
        // Anweisung B
        $ausgabe = "B";
        break;
   case 3000:
        // Anweisung C
        $ausgabe = "C";
        break;
   case 4000:
        // Anweisung D
        $ausgabe = "D";
        break;
   default:
        // Anweisung E
        $ausgabe = "E";
}

echo $ausgabe;
```

Es dreht sich auch hierbei wieder alles um den Ausdruck, der in der Regel eine Variable ist. Der `default`-Teil wird ausgeführt, wenn keiner der vorherigen Werte zutrifft. Dieser Teil der `switch`-Anweisung ist optional. Jeder Programmblock muss mit dem Kommando `break` abgeschlossen werden, damit die `switch`-Anweisung nicht unnötig weiter durchlaufen wird, wenn es zu einer Übereinstimmung mit einer der `case`-Werte kommt.

> **Hinweis:** `break` bricht die Ausführung der aktuellen `for`-, `foreach` `while`-, `do..while`- oder `switch`-Anweisungs-Sequenz ab.

### Erweiterte Syntax

Die Beschränkung des Bedingungstests auf Gleichheit mag als ernsthafte Behinderung erscheinen. Glücklicherweise kennt PHP eine erweiterte Notation der Syntax, die das Problem teilweise behebt. Dabei können mehrere Vergleiche hintereinander ausgeführt werden, die Operanden sind quasi Oder-verknüpft:

```
<?php
$meinLohn = 3000;

// Mehrfachverzweigung (switch-Anweisung)
```

```
switch ($meinLohn) {
    case 1000: case 2000: case 3000:
        // Anweisung A
        $ausgabe = "Zwischen 1000 u. 3000";
        break;
    case 4000: case 5000:
        // Anweisung D
        $ausgabe = "Zwischen 4000 u. 5000";
        break;
    default:
        // Anweisung E
        $ausgabe = "Kein Angabe";
}
// Ausgabe - Zwischen 1000 u. 3000
echo $ausgabe;
?>
```

## Alternative Syntax

## Definition

```
switch (Bedingung/Ausdruck):
        case wert:
                Anweisung/en;
        default:
                Anweisung/en;
endswitch;
```

Hier ein Beispiel für die alternative Schreibweise einer `switch`-Anweisung.

```
<?
$meinLohn = 3000;

// Mehrfachverzweigung (switch-Anweisung)
// Ergebnis: "C"
switch ($meinLohn):
    case 1000:
        // Anweisung A
        $ausgabe = "A";
        break;
    case 2000:
        // Anweisung B
        $ausgabe = "B";
        break;
    case 3000:
        // Anweisung C
        $ausgabe = "C";
        break;
    case 4000:
        // Anweisung D
        $ausgabe = "D";
        break;
    default:
        // Anweisung E
        $ausgabe = "E";
```

```
endswitch;
echo $ausgabe;
?>
```

## 3.7.5 while-Schleife

Während die if-Anweisung die grundlegende Steueranweisung ist, mit deren Hilfe in PHP Entscheidungen gefällt werden, können mit dem Sprachelement while Anweisungen wiederholt ausgeführt werden.

### Definition
```
while (Bedingung/Ausdruck) {
      Anweisung/en;
}
```

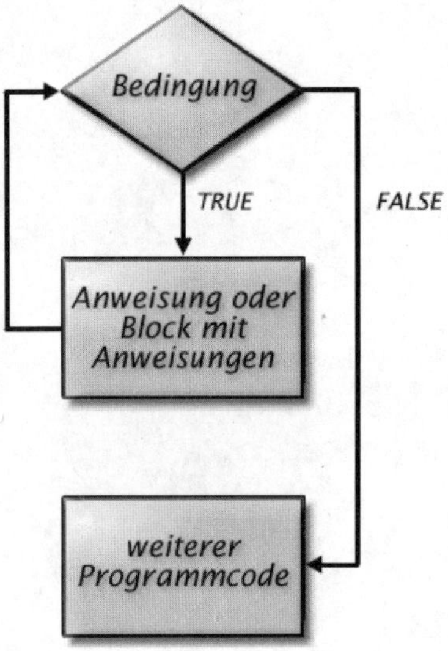

Bild 3.6: Ablaufschema einer while-Schleife

### Beispiel
```
// Laufvariable (Zählvariable)
$i = 0;

// while-Anweisung
// Ausgabe: 0 1 2 3 4 5 6 7 8 9
while ($i < 10) {              // Bedingung
   echo "$i<br>";              // Anweisungsblock
   $i++;                       // Inkrementierung der Laufvariablen
}
```

Und so funktioniert die while-Anweisung: Zunächst wird der angegebene Ausdruck berechnet. Ist er false, geht der Interpreter zur nächsten Anweisung im Programm über. Sollte dieser jedoch true sein, wird die angegebene Anweisung bzw. der entsprechende Anweisungsblock ausgeführt. Anschließend wird der Ausdruck neu berechnet. Wiederum geht der Interpreter zur im Programm folgenden Anweisung über, falls der Wert des Ausdrucks `false` sein sollte. Ansonsten wird erneut die Anweisung ausgeführt, die den Hauptteil der Schleife ausmacht. Dieser Kreislauf wird so lange durchlaufen, bis der Ausdruck schließlich `false` ergibt. Dann wird die Ausführung der `while`-Anweisung beendet, und der PHP-Interpreter fährt mit der sequenziellen Abarbeitung des Programms fort.

> **Hinweis:** Schleifendurchläufe bezeichnet man auch als Iterationen.

Hier noch ein Beispiel, mit dessen Hilfe Sie die Zeichen der ASCII-Tabelle im Handumdrehen erzeugt haben:

```
$zaehler = 32;
while ($zaehler < 127) {
    $zeichen = chr($zaehler);
    echo $zeichen . " |";
    $zaehler++;;
}
```

*Ausgabe*

```
 |! |" |# |$ |% |& |' |( |) |* |+ |, |- |. |/ |0 |1 |2 |3 |4 |5 |6 |7 |8
|9 |: |; |< |= |> |? |@ |A |B |C |D |E |F |G |H |I |J |K |L |M |N |O |P
|Q |R |S |T |U |V |W |X |Y |Z |[ |\ |] |^ |_ |` |a |b |c |d |e |f |g |h
|i |j |k |l |m |n |o |p |q |r |s |t |u |v |w |x |y |z |{ || |} |~ |
```

## Alternative Syntax

Auch für die `while`-Schleife existiert in PHP eine alternative Schreibweise.

## Definition

```
while (Bedingung/Ausdruck):
        Anweisung/en;
endwhile;
```

*Beispiel – bisherige Schreibweise*

```
<?php
$zaehler = 0;
$max = 10;
while ($zaehler < $max) {
    if ($zaehler % 2) {
        $zaehler++;
        continue;
    }
    echo "Zaehler: $zaehler <br>";
    $zaehler++;
}
?>
```

*Beispiel – alternative Schreibweise*

```
<?
$zaehler = 0;
$max = 10;
while ($zaehler < $max):
    if ($zaehler % 2) {
```

```
 $zaehler++;
 continue;
}
?>
Zaehler: <? echo $zaehler;?><br>
<? $zaehler++; ?>
<? endwhile ?>
```

### 3.7.6 do-while-Schleife

Die do-while-Anweisung ist der while-Anweisung sehr ähnlich. Der einzige Unterschied besteht darin, dass die Schleifenbedingung nicht am Anfang, sondern am Ende der Schleife überprüft wird. Deshalb führt die do-while-Anweisung mindestens einen Durchlauf aus.

### Definition

```
do {
      Anweisung/en;
} while (Bedingung/Ausdruck);
```

Bild 3.7: Ablaufschema einer do-while-Schleife

### Beispiel

```
// Laufvariable (Zählvariable)
$i = 0;
```

```
// do-while-Anweisung
// Ausgabe: 0 1 2 3 4 5 6 7 8 9
do {
    echo "$i<br>";          // Anweisungsblock
    $i++;                   // Inkrementierung der Laufvariablen
} while ($i < 10);          // Bedingung
```

**Hinweis:** Für do...while können Sie keine alternative Schreibweise anwenden.

### 3.7.7 for-schleife

Die `for`-Anweisung ist für Schleifen oft praktischer als die `while`-Anweisung. Hier wird ausgenutzt, dass die meisten Schleifen einem bestimmten Schema folgen. Normalerweise gibt es eine Schleifenvariable, die vor Beginn der Schleife initialisiert wird. Vor jedem Schleifendurchlauf wird der Wert dieser Variablen innerhalb des Ausdrucks überprüft. Schließlich wird sie am Ende der Schleife, unmittelbar vor der erneuten Auswertung des Ausdrucks, inkrementiert oder in anderer Weise geändert. Sie hat außerdem den Vorzug, dass die Initialisierung, der Ausdruck (Bedingung) und die Veränderung der Schleifenvariablen übersichtlich im Kopf der Schleife zusammengefasst sind.

**Definition**

```
for (Init Schleifenvariable; Bedingung; Veränderung) {
    Anweisung/en;
}
```

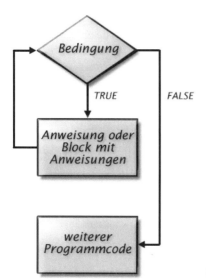

Bild 3.8: Ablaufschema einer `for`-Schleife

Am einfachsten lässt sich erklären, was die for-Anweisung bewirkt, wenn man die äquivalente while-Anweisung angibt:

```
// Laufvariable (Zählvariable)
$i = 0;

// while-Anweisung
// Ausgabe: 0 1 2 3 4 5 6 7 8 9
while ($i < 10) {            // Bedingung
   echo "$i<br>";            // Anweisungsblock
   $i++;                     // Inkrementierung der Laufvariablen
}

// for-Anweisung
// Im Ausgabefenster: 0 1 2 3 4 5 6 7 8 9
for ($i=0;$i<10;$i++) {
   echo "$i<br>";            // Anweisungsblock
}

// Schreibweise (Variante 2)
for ($i=0;$i<10;$i++)
   echo "$i<br>";            // Anweisung
```

Wie Sie hier lesen, stehen in dieser Schreibweise alle wichtigen Informationen über die Schleifenvariable in einer einzigen Codezeile. Damit ist die Arbeitsweise der Schleife klar ersichtlich. Außerdem wird dadurch, dass die Veränderung der Schleifenvariablen innerhalb der eigentlichen for-Anweisung steht, der Anweisungsblock vereinfacht.

### Flexibilität der for-Schleife

Alle drei Parameter der for-Schleife sind äußerst flexibel einsetzbar. So sind die drei Parameter der for-Schleife optional. Ohne eine Iterationsvariable wird die Schleife endlos durchlaufen. Sie können in diesem Fall wieder auf break zurückgreifen, um die Schleife mit einer zusätzlichen Bedingung zu verlassen.

*Beispiel*

```
<?php
$zaehler = 1;
for (;;) {
   if ($zaehler > 10) {
      break;
   }
   print $zaehler;
   $zaehler++;
}
?>
```

**Hinweis:** continue kann ebenfalls zum Einsatz kommen.

Der flexible Umgang mit den Schleifenparametern kennt praktisch keine Grenzen. Auch das folgende Beispiel ist syntaktisch korrekt:

```
<?php
for ($i = 0, $j = 10;$i<$j;$i++) {
   $j--;
```

```
        echo "i ist jetzt: $i<br>";
        echo "j ist jetzt: $j<br>";
}
?>
```

*Ausgabe*
```
i ist jetzt: 0
j ist jetzt: 9
i ist jetzt: 1
j ist jetzt: 8
i ist jetzt: 2
j ist jetzt: 7
i ist jetzt: 3
j ist jetzt: 6
i ist jetzt: 4
j ist jetzt: 5
```

Es spielt offensichtlich keine Rolle, ob hier Variablen zum Einsatz kommen oder nicht. Wenn Sie beispielsweise lediglich eine Liste ausgeben wollen, können Sie den Befehl recht knapp halten:

```
<?php
for ($i = 1; $i <= 10; print $i, $i++) ;
?>
```

Innerhalb des `for`-Befehls können also weitere Befehle, durch Kommata getrennt, eingesetzt werden. Im Beispiel wird übrigens nicht zufällig der Befehl `print` anstatt des flexibleren `echo` verwendet. Wie bei der Befehlsbeschreibung bereits erläutert, gibt `echo` nichts zurück, während `print` die Ausführung im Erfolgsfall mit TRUE quittiert. Normalerweise wird der Rückgabewert nicht benötigt und gelöscht. Die `for`-Schleife erwartet jedoch von jedem direkt eingegebenen Wert, dass er sich als Ausdruck verhält – Ausdrücke geben immer etwas zurück. An dieser Stelle kann `echo` also nicht funktionieren. Versuchen Sie es dennoch, erhalten Sie einen Laufzeitfehler.

## Alternative Syntax

Natürlich, wie kann es anders sein, gibt es auch für die `for`-Schleife eine alternative Schreibweise.

## Definition

```
for (Init Schleifenvariable; Bedingung; Veränderung):
        Anweisungen/en;
endfor;
```

*Beispiel – alternative Schreibweise*
```
<? for ($i = 0; $i <= 10; $i++): ?>
i ist jetzt: <? echo $i ?><br>
<? endfor; ?>
```

*Ausgabe*
```
i ist jetzt: 0
i ist jetzt: 1
```

```
i ist jetzt: 2
i ist jetzt: 3
i ist jetzt: 4
i ist jetzt: 5
i ist jetzt: 6
i ist jetzt: 7
i ist jetzt: 8
i ist jetzt: 9
i ist jetzt: 10
```

### 3.7.8 foreach-Schleife

Die `foreach`-Schleife ermöglicht es, auf einfache Weise ein Array zu durchlaufen. `foreach` funktioniert nur in Verbindung mit Arrays. Wenn Sie versuchen, `foreach` mit einer Variablen eines anderen Datentyps oder einer nicht initialisierten Variablen zu benutzen, gibt PHP einen Fehler aus.

*Definition*

```
foreach (array_expression as $value) {
      Anweisung/en;
}
```

Mithilfe von `foreach` wird das Durchlaufen eines Arrays wesentlich vereinfacht. Gegenüber der `while`-Schleife mit `list` und `each` ist die `foreach`-Schleife syntaktisch deutlich im Vorteil.

*Beispiel – while*

```
<?php
$zahlen = array (10, 20, 30, 40);
while (list(, $value) = each ($zahlen)) {
    echo "Wert: $value<br>\n";
}
?>
```

*Beispiel – foreach*

```
<?php
foreach ($zahlen as $value) {
    echo "Wert: $value<br>\n";
}
?>
```

Das Array wird von Anfang bis Ende durchlaufen und bei jedem Schleifendurchlauf wird das aktuelle Element der Variablen `array_expression` zugewiesen. Jedes Arrayelement kann wiederum ein Array sein, dann könnte mit einer verschachtelten foreach-Schleife auch dieses Array ausgewertet werden.

*Beispiel – mit assoziativem Array*

```
$personen = array("Matthias","Caroline","Gülten");

foreach ($personen as $person) {
    echo "Name: $person<br>\n";
}
```

```
// Ausgabe:
// Name: Matthias
// Name: Caroline
// Name: Gülten
```

Typischerweise ist es erlaubt, einzelne Elemente eines solchen Arrays mit unterschiedlichen Datentypen zu belegen. Das können auch weitere Arrays sein.

### Erweiterte Syntax

Sollten Sie Arrays mit Schlüssel-Wert-Paaren bauen, kann `foreach` mit einer erweiterten Syntax diese Paare direkt auslesen. Die grundlegende Syntax lautet:

### Definition

```
foreach (array as $key => $value) {
     Anweisung/en;
}
```

Hier wird der Operator => eingesetzt, der schon bei der Konstruktion des Arrays verwendet wurde.

### Beispiel

```
<?php
$person = array("Vorname" => "Caroline",
                "Nachname" => "Kannengiesser",
                "Alter" => 25,
                "Ort" => Berlin);
foreach ($person as $key => $val) {
   echo "Feld $key hat den Wert: $val<br>";
}
?>
```

### Ausgabe

```
Feld Vorname hat den Wert: Caroline
Feld Nachname hat den Wert: Kannengiesser
Feld Alter hat den Wert: 25
Feld Ort hat den Wert: Berlin
```

> **Hinweis:** Mehr zum Thema Arrays finden Sie im Abschnitt 3.10 »Arrays«.

## 3.7.9 Verschachtelte Kontrollstrukturen

Sie haben nun alle Kontrollstrukturen aus PHP kennengelernt. Sie lassen sich nicht nur jeweils einzeln ausführen, sondern können auch miteinander kombiniert werden. Das Kombinieren von Kontrollstrukturen untereinander wird in der Programmierung als Verschachtelung bezeichnet.

Sie kennen sicher die aus Russland stammenden »Matuschkas«, das sind die ineinander geschachtelten Puppen. Jedes Mal, wenn Sie eine Puppe öffnen, kommt eine weitere, kleinere Puppe zum Vorschein. Dies wird fortgeführt, bis Sie zur letzten Puppe kommen, die sich nicht mehr öffnen lässt. Sie können sich verschachtelte Kontrollstrukturen so ähnlich aufgebaut vorstellen. Man schaut immer in die nächste hinein, dem Prinzip der Kiste in der Kiste entsprechend. Dabei kommt die Verschachtelung sowohl bei `if`-Anweisungen und `switch`-Anweisungen als auch bei Schleifen vor.

*Beispiel*
```
<?php
/*
    Beispiel Haus (Verschachtelung: 3 Stufen)
    Aufbau der Stufen:
    // if-Stufe 1
        // if-Stufe 2
            // if-Stufe 3
            // else-Stufe 3
        // else-Stufe 2
    // else-Stufe 1
*/
$haus = true;
$hausTuer = true;
$hausSchluessel = true;

if ($haus == true) {
    echo "Haus in Sicht - Tür vorhanden?";
    if ($hausTuer == true) {
        echo "Tür vorhanden - passender Schlüssel?";
        if ($hausSchluessel == true) {
            echo "Passender Schlüssel - Haus betreten!";
        } else {
            echo "Leider keinen passenden Schlüssel!";
        }
    } else {
        echo "Leider hat das Haus keine Tür";
    }
} else {
    echo "Kein Haus in Sicht!";
}
?>
```

*Ausgabe*
```
Haus in Sicht - Tür vorhanden?
Tür vorhanden - passender Schlüssel?
Passender Schlüssel - Haus betreten!
```

> **Tipp:** Ein Limit für die Anzahl von Verschachtelungen gibt es nicht. Aber je weniger Stufen die Verschachtelung verwendet, desto leichter ist der Code zu verstehen. Sie sollten bei der Verschachtelung die Faustregel beachten, dass Sie nicht mehr als drei Stufen verwenden sollten, um nicht den Überblick zu verlieren.

Bei der Verschachtelung von Kontrollstrukturen sollten Sie unbedingt darauf achten, dass Sie Ihre Codezeilen einrücken. Dies wirkt sich vor allem besonders positiv auf die Lesbarkeit des Codes aus.

*Beispiel*
```
<?php
// switch-Anweisung, in der sich if-Anweisungen befinden.
$lohn = 1000;
$mitarbeiter = "Mike";

// Ausgabe - Mike du erhältst 1000 Euro pro Monat
switch ($lohn) {
   case 1000:
      if ($mitarbeiter == "Mike") {
            echo "Mike du erhälst 1000 Euro pro Monat";
      }
      break;
   case 2000:
      if ($mitarbeiter == "Gülten") {
            echo "Gülten du erhälst 2000 Euro pro Monat";
      }
      break;
   default:
      echo "Sie sind kein Mitarbeiter unserer Firma!";
}
?>
```

Sie sehen, eine Verschachtelung kann durch das Einrücken der Codezeilen um einiges besser überblickt werden.

**Hinweis:** Die Verschachtelung lässt sich natürlich mit sämtlichen Kontrollstrukturen durchführen.

## 3.7.10 break

Diese Anweisung darf nur innerhalb von `for-`, `foreach` `while-`, `do-while-` oder `switch`-Anweisungen oder in einem Anweisungsblock, der mit einer bestimmten `case`-Bedingung in einer `switch`-Anweisung verknüpft ist, verwendet werden. Wird die `break`-Anweisung ausgeführt, wird die aktuell ausgeführte Schleife verlassen. Diese Anweisung wird normalerweise dazu verwendet, eine Schleife vorzeitig zu beenden.

*Beispiel*
```
<?php
// while-Anweisung (mit Break)
$zufall = 1;
// Ausgabe - 1 2 3 4 5
while ($zufall <= 10) {
   echo $zufall;
   if ($zufall == 5) {
      break;
   }
   $zufall++;
}
?>
```

Diese while-Schleife wird so lange durchlaufen, bis die Variable $zufall den Wert 5 aufweist. Sollte dies der Fall sein, wird der Schleifendurchlauf durch break beendet.

### 3.7.11 continue

Die continue-Anweisung steht mit der break-Anweisung in einem sehr engen Zusammenhang. Wie schon die break-Anweisung, kann auch continue nur innerhalb von while-, do-while, for- und foreach-Anweisungen verwendet werden. Wenn die continue-Anweisung ausgeführt wird, wird der aktuelle Durchlauf der ausgeführten Schleife beendet und die nächste Iteration begonnen. Die continue-Anweisung verhält sich dabei in jeder Schleifenart unterschiedlich.

- In einer while-Schleife weist continue den Interpreter an, den restlichen Teil der Schleife zu übergehen und an den Anfang der Schleife zu springen, wo die Bedingung geprüft wird.
- In einer do-while-Schleife weist continue den Interpreter an, den restlichen Teil der Schleife zu übergehen und an das Ende der Schleife zu springen, wo die Bedingung geprüft wird.
- In einer for-Schleife weist continue den Interpreter an, den restlichen Teil der Schleife zu übergehen und zur Auswertung des auf die for-Schleife folgenden Ausdrucks zu springen.
- In einer foreach-Schleife weist continue den Interpreter an, den restlichen Teil der Schleife zu übergehen und zurück an den Anfang der Schleife zu springen, wo der nächste Wert in der Aufzählung verarbeitet wird.

*Beispiel*
```
<?php
// while-Anweisung (mit continue)
$zufall = 1;
// Ausgabe - 1 2 3 4 5 6 7 8 9 10
while ($zufall <= 10) {
   echo $zufall;
   $zufall++;
   continue;
   echo "Ich werde nie aufgerufen";
}
?>
```

*Beispiel*
```
<?php
$zaehler = 0;
$max = 10;
while($zaehler < $max) {
   if ($zaehler % 2) {
        $zaehler++;
        continue;
   }
   echo "Zähler: $zaehler <br>";
```

```
    $zaehler++;
}
?>
```

*Ausgabe*
```
Zähler: 0
Zähler: 2
Zähler: 4
Zähler: 6
Zähler: 8
```

**Hinweis:** continue kann optional ein numerisches Argument erhalten, das angibt, wie viele Ebenen von enthaltenen Schleifen übersprungen werden sollen.

## 3.8 Funktionen und Prozeduren

Funktionen dienen dem Zusammenfassen mehrerer Befehle zu einem Aufruf. Dadurch werden Programme lesbarer, weil klar ist, wozu ein Befehlsblock dient. Bei einigen Programmiersprachen findet eine Unterscheidung zwischen Funktionen statt, die einen Wert zurückgeben, und solchen, die keinen Wert zurückgeben. In Pascal/Delphi etwa gibt es neben Funktionen, die einen Wert zurückgeben, die Prozeduren, die keinen Wert zurückgeben. PHP macht hier, genau wie C und C++, keinen Unterschied.

### Definition
```
function meineFunk($arg_1, $arg_2, ..., $arg_n) {
Anweisung/en;
return $retval;
}
```

Der Funktion werden die Argumente Arg 1 bis Arg n übergeben und sie gibt den Wert der Variablen retval zurück. Wird kein return in der Funktion benutzt, hat man dasselbe Verhalten wie bei einer Prozedur in Pascal/Delphi. Rückgabewerte müssen, im Gegensatz zu Pascal/Delphi, nicht abgefragt werden.

### Beispiel
```
function quadratSumme($num) {
   return $num * $num ;
}
echo quadratSumme(4); // Ergebnis: 16
```

### return
Der Befehl return enthält als Parameter den Rückgabewert. Dies kann ein Ausdruck oder eine einzelne Variable sein. An welcher Stelle innerhalb der Funktion Sie return einsetzen, spielt keine Rolle. Auch die mehrfache Notation ist zulässig – hier wird nach dem Motto »Wer zuerst kommt, malt zu erst« verfahren und die Funktion wird sofort verlassen. Aus Gründen sauberer Programmierung sollten Sie jedoch return nur einmal an Ende einer Funktion einsetzen.

## Späte Bindung in PHP

Seit PHP 4 können Sie eine Funktion an jeder beliebigen Stelle Ihres Skripts definieren. Der PHP-Interpreter verarbeitet als Erstes sämtliche Funktionsdefinitionen und anschließend die anderen Bestandteile des Skripts.

### 3.8.1 Funktionsargumente

Die Übergabe von Argumenten an die Funktion, die dann dort Parametern entsprechen, kann auf unterschiedliche Art und Weise erfolgen. Im einfachsten Fall geben Sie Variablennamen an:

```
function schreiben($spruch, $vorname) {
 echo "$spruch, $vorname";
}
```

Der Aufruf der Funktion kann nun erfolgen, indem Werte eingesetzt werden:

```
schreiben("Herzlich Willkommen", "Caroline");
```

Der Rückgabewert interessiert hier nicht, also wird auch kein return benötigt. Beim Aufruf können natürlich auch Variablen eingesetzt werden. Das folgende Beispiel entspricht der ersten Variante:

```
$vorname = "Caroline";
$spruch = "Herzlich Willkommen";

function schreiben($spruch, $vorname) {
 echo "$spruch, $vorname";
}
schreiben($spruch, $vorname);
```

### Lokale und globale Variablen

Die Variablennamen können gleich sein, da Variablen innerhalb einer Funktion lokal sind und nicht im Konflikt mit den globalen Variablen stehen.

*Beispiel*

```
<?php
function schreiben($spruch, $vorname) {
 echo "$spruch, $vorname <br>";
 $spruch = "Neuer Spruch";
 $vorname = "Neuer Name";
}
$vorname = "Caroline";
$spruch = "Herzlich Willkommen";
schreiben($spruch, $vorname);
schreiben($spruch, $vorname);
?>
```

*Ausgabe*

```
Herzlich Willkommen, Caroline
Herzlich Willkommen, Caroline
```

## Übergabe per Referenz

Die Veränderung der übergebenen Variablen kann aber manchmal erwünscht sein. So könnte eine Funktion sämtliche übergebenen Werte in `$inhalt` kursiv schreiben, beispielsweise für Zitate.

```php
<?php
function schreibeZitat(&$inhalt) {
 $inhalt = "<i>$inhalt</i>";
}
$spruch = "Hallo Welt!";
echo "$spruch<br>";
schreibeZitat($spruch);
echo $spruch;
?>
```

*Ausgabe*
```
Hallo Welt!
Hallo Welt!
```

Der Name der Variablen spielt keine Rolle. Entscheidend ist die Kennzeichnung der Argumente mit &. In diesem Fall wird der globalen Variablen der neue Wert zugewiesen. Diese Vorgehensweise wird als Parameterübergabe durch Referenz bezeichnet (by reference). Der normale Weg ist die Übergabe von Werten (by value), Änderungen wirken sich dann nicht auf die Quelle aus.

### 3.8.2 Vorgabewerte für Parameter

Eine Funktion kann C++-artige Vorgabewerte für skalare Parameter wie folgt definieren:

```php
<?php
function mixen ($typ = "Kaffee") {
    return "Tasse $typ<br>";
}
echo mixen ();
echo mixen ("Tee");
?>
```

*Ausgabe*
```
Tasse Kaffee
Tasse Tee
```

Der Vorgabewert muss ein konstanter Ausdruck sein, darf also keine Variable oder ein Element einer Klasse sein. Bitte beachten Sie, dass alle Vorgabewerte rechts von den Nicht-Vorgabeparametern stehen sollten – sonst wird es nicht funktionieren.

*Beispiel*
```php
<?php
function mixen ($typ = "Maxi", $geschmack) {
    return " $typ Becher $geschmack-Mix.";
}
echo mixen ("Kirsch");
?>
```

*Ausgabe*
```
Warning: Missing argument 2 for mixen() in C:\php5xampp-
dev\htdocs\php5\test2.php on line 2
Kirsch Becher -Mix.
```

*Lösung*
```
<?php
function mixen ($geschmack, $typ = "Maxi") {
    return "$typ Becher $geschmack-Mix.";
}
echo mixen ("Kirsch");
?>
```

*Ausgabe*
```
Maxi Becher Kirsch-Mix.
```

### 3.8.3 Variable Argumentlisten

In PHP3 konnten noch keine variablen Argumentlisten verwendet werden. Um diesen Nachteil zu umgehen, wurden Arrays eingesetzt. Sie können die Anzahl der Argumente dann mithilfe von Array-Funktionen bestimmen.

*Beispiel*
```
<?php
function formatieren($tag,$argumente) {
    $anzahlargs = count($argumente);
    for ($i = 0; $i < $anzahlargs; $i++) {
      $resultat .= "<".$tag.">".$argumente[$i]."</".$tag.">";
    }
    return $resultat;
}
$personen = array("Matthias","Caroline","Gülten");
// Ausgabe - Kursiv
echo formatieren ("i",$personen) . "<br>";
// Ausgabe - Unterstrichen
echo formatieren ("u",$personen);
?>
```

*Ausgabe*
```
MatthiasCarolineGülten
MatthiasCarolineGülten
```

Wie man sieht, besteht der Trick darin, `array` zu verwenden. Die Anzahl der Argumente kann leicht mit der Funktion `count` ermittelt werden. Für die Übergabe wird das Array mit der Funktion `array` aus Einzelwerten erzeugt. Wie viele dies sind, spielt nun keine Rolle mehr.

Seit PHP 4 sind variable Argumentlisten zulässig. Dies wird bei internen Funktionen wie beispielsweise `max` verwendet. Die Funktion ermittelt den maximalen Wert einer beliebig langen Liste von Argumenten.

Es gibt spezielle Funktionen, mit denen der Parameterblock untersucht werden kann:

- `func_num_args` – Diese Funktion gibt die Anzahl der Parameter zurück.
- `func_get_arg` – Hiermit ermitteln Sie einen konkreten Parameter, die Auswahl erfolgt durch eine Nummer.
- `func_get_args` – Diese Funktion gibt ein Array mit den Parametern zurück.

*Beispiele*

```
<?php
function meinefunk() {
    $anzahlargs = func_num_args();
    echo "Anzahl der Argumente: $anzahlargs";
}
// Ausgabe - Anzahl der Parameter (3)
meinefunk (10, 20, 30);
?>
```

```
<?php
function meinefunk() {
    $anzahlargs = func_num_args();
    echo "Anzahl der Argumente: $anzahlargs<br>";
    if ($anzahlargs >= 2) {
        echo "Das 2. Argument ist: " . func_get_arg (1);
    }
}
// Ausgabe
// Anzahl der Argumente: 3
// Das 2. Argument ist: 20
meinefunk (10, 20, 30);
?>
```

```
<?php
function meinefunk() {
    $anzahlargs = func_num_args();
    $arg_liste = func_get_args();
    for ($i = 0; $i < $anzahlargs; $i++) {
        echo "Argument $i ist: " . $arg_liste[$i] . "<br>";
    }
}
// Ausgabe
// Argument 0 ist: 10
// Argument 1 ist: 20
// Argument 2 ist: 30
meinefunk (10, 20, 30);
?>
```

### 3.8.4 Rückgabewerte

Wie Sie bereits erfahren haben, können Sie mit dem optionalen Befehl `return` Werte zurückgeben. Es können Variablen jeden Typs zurückgegeben werden, auch Listen oder Objekte. Die Variable beendet sofort die Funktion, und die Kontrolle wird wieder an die aufrufende Zeile zurückgegeben.

## Rückgabe mehrerer Werte

Ist es möglich, mehr als einen Wert zurückzugeben? – Nein, mehrere Werte von einer Funktion zurückzugeben ist nicht möglich, aber ein ähnliches Resultat kann man durch die Rückgabe von Listen erreichen. Hilfestellung gibt hierbei der Befehl list.

*Beispiel*
```
<?php
function ausgaben() {
   return array (10, 20, 30);
}
list ($erste, $zweite, $dritte) = ausgaben();
// Ausgabe (20)
echo $zweite;
?>
```

### 3.8.5 Fehlercode als Rückgabewert

Eine komplexe Funktion sollte nicht nur den üblichen Rückgabewert erzeugen, sondern bei Bedarf auch noch einen Fehlercode. Dieser Fehlercode wird ebenfalls in einer return-Anweisung definiert. Kann die Funktion die erwartete Operation nicht ausführen, soll sie stattdessen den Fehlercode liefern. Der Entwickler ist dann in der Lage, den Rückgabewert in einer if-Abfrage auszuwerten und für die Programmsteuerung zu nutzen. Das folgende Beispiel erfüllt diese Anforderung:

*Beispiel*
```
function bruttoberechnen($betrag, $mwst) {
   if ($betrag > 0 && $mwst > 0) {
      return $betrag + ($betrag * $mwst / 100);
   } else {
      return -1;
   }
}
```

Die Funktion erwartet die Angabe eines Nettobetrags und der Mehrwertsteuer, daraus wird dann der Bruttobetrag errechnet. Es wird überprüft, ob die Variablen einen Wert größer 0 liefern. Nur wenn das der Fall ist, erfolgen Berechnung und Rückgabe des berechneten Werts. Wenn eine der Variablen nur einen Wert kleiner oder gleich 0 enthält, wird der alternative else-Zweig ausgeführt. Die dort untergebrachte return-Anweisung erzeugt dann den Rückgabewert –1. Diesen Wert verwenden Sie als Fehlercode. Beim Aufruf der Funktion können Sie den Fehlercode berücksichtigen und auswerten.

```
$resultat = bruttoberechnen (100, 0);        // -1

if ($resultat > -1) {
   echo $resultat;
} else {
   echo "Falsche Argumente!";
}
```

> **Hinweis:** In den vorangegangenen Beispielen wurde als Rückgabewert für die Anzeige einer Fehlerfunktion immer der Wert −1 verwendet. Sie können natürlich jeden beliebigen Wert dafür vorgeben. Der Wert sollte sich nur deutlich von den normalen Funktionswerten unterscheiden. Viele Funktionen geben bei einem Fehler beispielsweise den Wahrheitswerts `false` (0) zurück. Bei Stringfunktionen können Sie auch einen Leerstring verwenden.

### 3.8.6 Dynamisch Funktionen erzeugen

Sie möchten eine Funktion anlegen und definieren, während das Skript vom PHP-Interpreter abgearbeitet wird. Hierfür stellt Ihnen PHP die Funktion `create_function()` zur Verfügung.

*Beispiel*
```
<?php
$addieren = create_function('$a,$b', 'return $a+$b;');
// Ausgabe (15)
echo $addieren(10,5)
?>
```

Der erste Parameter für `create_function()` ist ein String, welcher die Argumente der Funktion enthält, und der zweite ist der Anweisungsblock. Die Verwendung von `create_function()` ist außerordentlich langsam. Sie sollten daher eine Funktion vorab definieren und nur in Ausnahmefällen auf `create_function()` zurückgreifen.

### 3.8.7 Bedingte Funktionen

Wenn eine Funktion nur unter bestimmten Bedingungen definiert wird, muss die Definition dieser Funktion noch vor deren Aufruf abgearbeitet werden.

```
<?php
$signal = TRUE;

function meinefunk() {
  echo "Wurde aufgerufen!";
}
// Ausgabe - Wurde aufgerufen
if ($signal) meinefunk();
?>
```

### 3.8.8 Verschachtelte Funktionen

Sie haben bereits erfahren, dass Sie in PHP Kontrollstrukturen verschachteln können. Das gilt auch für Funktionen. Im folgenden Beispiel wird eine Funktion `zeigeAutoren()` definiert. Sie enthält zwei weitere Funktionen `zeigeAutor()` und `zeigeAutorin()`.

*Beispiel*
```
<?php
// Verschachtelte Funktionen
function zeigeAutoren() {
```

```
    function zeigeAutor() {
        echo "Matthias Kannengiesser";
    }
    function zeigeAutorin() {
        echo "Caroline Kannengiesser";
    }
    zeigeAutor();
    zeigeAutorin();
}
// Aufruf
zeigeAutoren();
?>
```

*Ausgabe*
```
Matthias Kannengiesser
Caroline Kannengiesser
```

Sie greifen, wie Sie sehen, auf die verschachtelte Funktion zu, indem Sie die übergeordnete Funktion `zeigeAutoren()` aufrufen. Hierbei verhalten sich die verschachtelten Funktionen wie lokale Variablen. Sie sind somit nur für die übergeordnete Funktion zugänglich (Parent-Funktion). Folgender Aufruf wäre daher außerhalb der Parent-Funktion nicht möglich:

```
// Aufruf (nicht möglich)
zeigeAutor();
```

> **Tipp:** Mithilfe der verschachtelten Funktionen haben Sie die Möglichkeit, den Zugriff von außen auszuschließen.

### Sonderfall: Aufruf von Parent- und anschließend Child-Funktion

An dieser Stelle würde ich gerne noch auf einen Sonderfall hinweisen, den Sie bei der Programmierung berücksichtigen sollten.

```
<?php
function zeigeAutoren()
{
   function zeigeAutor()
   {
       echo "Matthias Kannengiesser";
   }
   function zeigeAutorin()
   {
       echo "Caroline Kannengiesser";
   }
   zeigeAutor();
   zeigeAutorin();
}

// Aufruf der Parent-Funktion
zeigeAutoren();

// Anschließend kann auch auf die Child-Funktionen
// (untergeordneten Funktionen) außerhalb zugegriffen
```

```
// werden!
//
// Dies setzt jedoch voraus, dass die Parent-Funktion
// mindestens einmal vorab aufgerufen wurde!!!
zeigeAutor();
zeigeAutorin();
?>
```

Da vorab die Parent-Funktion aufgerufen wurde, steht dem PHP-Intepreter nun auch der direkte Zugriff auf die Child-Funktionen zur Verfügung. Schließlich befinden sich diese ja immer noch im Speicher und sind durch den Aufruf der Parent-Funktion nun auch außerhalb abrufbar.

> **Hinweis:** Eine solche Anwendung, direkt nach dem Aufruf der Parent-Funktion außerhalb der Funktion auf die Child-Funktionen zuzugreifen, kommt jedoch äußerst selten vor. Die Verschachtelung soll schließlich genau so etwas vermeiden, um beispielsweise Programmabläufe besser von einander unterscheiden zu können und abzugrenzen. Es liegt jedoch immer auch beim Entwickler, wie die Entscheidung aussieht!

### 3.8.9 Variablenfunktionen

PHP unterstützt das Konzept der Variablenfunktionen. Wenn Sie an das Ende einer Variablen Klammern hängen, versucht PHP eine Funktion aufzurufen, deren Name der aktuelle Wert der Variablen ist. Dies kann unter anderem für Callbacks, Funktionstabellen usw. genutzt werden.

*Beispiel*
```
<?php
function meinefunk()
{
    echo "In meinefunk()<br>";
}

function meinefunk2($arg = '')
{
    echo "In meinefunk2(); der Parameter ist '$arg'.<br>";
}

$func = 'meinefunk';
$func();          // ruft meinefunk() auf

$func = 'meinefunk2';
$func('Funk: Hallo Welt');  // ruft meinefunk2() auf
?>
```

*Ausgabe*
```
In meinefunk()
In meinefunk2(); der Parameter ist 'Funk: Hallo Welt'.
```

Variablenfunktionen funktionieren nicht mit Sprachkonstrukten wie `echo()`, `print()`, `unset()`, `isset()`, `empty()`, `include()` und `require()`. Sie müssen Ihre eigenen Wrapperfunktionen verwenden, um diese Konstrukte als variable Funktionen benutzen zu können.

*Beispiel*
```
<?php
// Wrapperfunktion für echo
function sendeecho($string)
{
    echo $string;
}

$func = 'sendeecho';
$func('Echo: Hallo Welt');   // ruft sendeecho() auf
?>
```

*Ausgabe*
```
Echo: Hallo Welt
```

### 3.8.10 Rekursive Funktionen

Sie werden nun noch eine weitere Methode kennenlernen, Funktionen zu verwenden. Es handelt sich dabei um rekursive Funktionen. Dies ist eine Funktion, die sich selbst aufruft. Rekursive Funktionen werden vor allem dort eingesetzt, wo man nicht genau vorherbestimmen kann, wie verschachtelt eine Datenstruktur ist.

*Rekursion allgemein*

Unter einer Rekursion versteht man die Definition eines Programms, einer Funktion oder eines Verfahrens durch sich selbst. Rekursive Darstellungen sind im Allgemeinen kürzer und leichter verständlich als andere Darstellungen, da sie die charakteristischen Eigenschaften einer Funktion betonen.

Ein Algorithmus heißt rekursiv, wenn er Abschnitte enthält, die sich selbst aufrufen. Er heißt iterativ, wenn bestimmte Abschnitte des Algorithmus innerhalb einer einzigen Ausführung des Algorithmus mehrfach durchlaufen werden. Iteration und Rekursion können oft alternativ in Programmen eingesetzt werden, da man jede Iteration in eine Rekursion umformen kann, und umgekehrt. In der Praxis liegt jedoch oftmals die iterative oder die rekursive Lösung auf der Hand und die jeweils alternative Form ist gar nicht so leicht zu bestimmen.

> **Hinweis:** Programmtechnisch läuft eine Iteration auf eine Schleife, eine Rekursion auf den Aufruf einer Methode durch sich selbst hinaus.

*Fallbeispiel*

Nehmen Sie einen Papierstreifen und versuchen Sie ihn so zu falten, dass sieben genau gleich große Teile entstehen. Dabei dürfen Sie kein Lineal oder sonst ein Hilfsmittel verwenden. Sie werden feststellen, das die Aufgabe gar nicht so einfach ist!

Wenn Sie statt sieben jedoch acht Teile machen, wird es plötzlich einfach: Einmal in der Mitte falten, dann nochmals falten ...

Genau das ist das Prinzip der Rekursion: Ein Problem wird auf ein »kleineres« Problem zurückgeführt, das wiederum nach demselben Verfahren bearbeitet wird. Rekursion ist eine wichtige algorithmische Technik.

Am obigen Beispiel haben Sie auch gesehen, dass die Lösung einer Aufgabe, wenn sie mit Rekursion möglich ist, sehr einfach gelöst werden kann. Hier nun zwei rekursive Fallbeispiele.

### Fakultät einer Zahl n (n!) rekursiv

Bei der Berechnung der Fakultätsfunktion geht man aus von der Definition der Fakultät:

```
0! = 1
n! = 1 * 2 * 3 * ... * n für n>0
```

Man beginnt bei den kleinen Zahlen. Der Wert von 0! ist 1, der Wert von 1! ist 0!*1, der Wert von 2! ist 1!*2, der Wert von 3! ist 2!*3 usw.

Nimmt man eine Schleifenvariable $i, die von 1 bis n durchgezählt wird, so muss innerhalb der Schleife lediglich der Wert der Fakultät vom vorhergehenden Schleifendurchlauf mit dem Wert der Schleifenvariablen multipliziert werden.

*Lösung 1 (iterativ)*
```
<?php
function fak($n) {
   $resultat = 1;
   for ($i=1; $i<=$n; $i++) {
       $resultat = $i*$resultat;
       }
   return $resultat;
}
echo fak(1) . "<br>";
echo fak(2) . "<br>";
echo fak(3) . "<br>";
echo fak(4) . "<br>";
?>
```

*Ausgabe*
```
1
2
6
24
```

Bei der rekursiven Berechnung der Fakultätsfunktion geht man ebenfalls von der Definition der Fakultät aus, beginnt jedoch nicht bei den kleinen Zahlen, sondern bei den großen Zahlen und läuft dann zu den kleinen Zahlen zurück (recurrere = lat. zurücklaufen).

```
n! = 1 * 2 * 3 * ... * n für n>0
0! = 1
```

Im Gegensatz zur Iteration schaut man jetzt auf die Funktion f(n) und versucht, diese Funktion durch sich selbst, aber mit anderen Aufrufparametern darzustellen.

Die mathematische Analyse ist hier ziemlich leicht, denn man sieht sofort, dass

f(n) = n * f(n-1)

ist. Damit hat man das Rekursionsprinzip bereits gefunden. Die Rekursion darf jedoch nicht ewig andauern, sie muss durch ein Abbruchkriterium angehalten werden. Dies ist die Bedingung 0!=1.

*Lösung 2 (rekursiv)*
```
<?php
function fak($n){
    if ($n==0) {
    return 1;
    } else {
    return $n*fak($n-1);
    }
}
echo fak(1) . "<br>";
echo fak(2) . "<br>";
echo fak(3) . "<br>";
echo fak(4) . "<br>";
?>
```

*Ausgabe*
```
1
2
6
24
```

Der else-Zweig wird angesprungen, wenn die Abbruchbedingung nicht erreicht wird. Hier ruft die Methode sich selbst wieder auf. Hierbei ist zu beachten, dass die Anweisung, die die Methode aufruft, noch gar nicht abgearbeitet werden kann, solange die aufgerufene Methode kein Ergebnis zurückliefert.

Der if-Zweig wird angesprungen, wenn die Abbruchbedingung erreicht ist.

Um Ihnen die Analyse zu vereinfachen, habe ich die rekursive Lösung etwas angepasst.

```
<?php
function fak($n){
   //Aufruf
   echo "Eintritt mit $n<br>";
       if ($n==0) {
               return 1;
       } else {
               $ergebnis = $n*fak($n-1);
               // Rücksprung
               echo "Austritt mit $n: $ergebnis<br>";
               return $ergebnis;
       }
}
fak(4);
?>
```

*Ausgabe*
```
Eintritt mit 4
Eintritt mit 3
Eintritt mit 2
Eintritt mit 1
Eintritt mit 0
Austritt mit 1: 1
Austritt mit 2: 2
Austritt mit 3: 6
Austritt mit 4: 24
```

Zu jedem Aufruf gehört auch genau ein Rücksprung! Sie können dies beim Programmablauf mithilfe der eingefügten Ausgabezeilen nachvollziehen.

Man beachte die Anzahl der Aufrufe. Im iterativen Fall wird die Methode ein einziges Mal aufgerufen und im Schleifenkörper n Mal durchlaufen. Bei der rekursiven Berechnung wird die Methode n+1 Mal aufgerufen. Dabei muss jedes Mal Speicherplatz auf dem Stack reserviert werden. Da Parameter als lokale Variablen kopiert werden, wird auch dabei Speicherplatz verbraucht. Bei Rekursionen ist daher unbedingt darauf zu achten, dass die Abbruchbedingung bzw. das Rekursionsende korrekt implementiert wurde.

## Türme von Hanoi

Ein Turm aus n verschieden großen Scheiben soll mit möglichst wenig Zügen (Umsetzungen) vom Startplatz S auf den Zielplatz Z transportiert werden. Ein dritter Platz steht als Hilfsplatz H zur Verfügung. Dabei gelten die folgenden Spielregeln:

- Jeder Zug besteht darin, eine Scheibe zu bewegen.
- Niemals darf eine größere Schiebe über einer kleineren Scheibe zu liegen kommen.

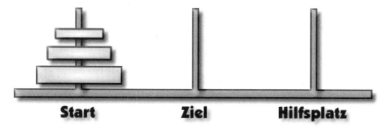

Bild 3.9: Türme von Hanoi

## Schlüsselprinzip: Rekursion

Wenn wir das Problem in einem etwas einfacher gelagerten Fall lösen können, dann kann man diese Lösung auch für den schwierigeren Fall verwenden.

2 Scheiben:

- übertrage den Turm mit 1 Scheibe vom Start- auf den Hilfsplatz
- bewege die Scheibe 2 vom Start- auf den Zielplatz
- übertrage den Turm mit 1 Scheibe vom Hilfs- auf den Zielplatz

3 Scheiben:

- übertrage den Turm mit 2 Scheiben vom Start- auf den Hilfsplatz
- bewege die Scheibe 3 vom Start- auf den Zielplatz
- übertrage den Turm mit 2 Scheiben vom Hilfs- auf den Zielplatz

...

n Scheiben:

- übertrage den Turm mit n-1 Scheiben vom Start- auf den Hilfsplatz
- bewege die Scheibe n vom Start- auf den Zielplatz
- übertrage den Turm mit n-1 Scheiben vom Hilfs- auf den Zielplatz

### Die Baumstruktur beim Aufrufen der Syntax

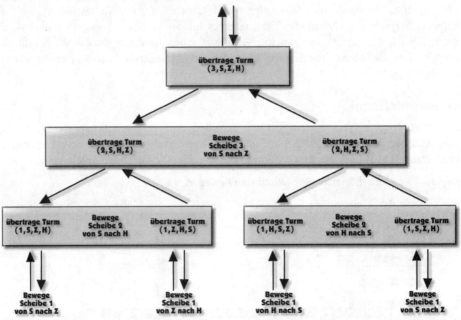

Bild 3.10: Ablauf der Rekursion

*Lösung*

```
<?php
function setzeTurm($n, $start, $ziel, $hilf) {
    if ($n>0) {
        setzeTurm ($n-1, $start, $hilf, $ziel);
        echo("Bewege Scheibe $n vom $start-Platz zum $ziel-Platz.<br>");
        setzeTurm ($n-1, $hilf, $ziel, $start);
    }
}

setzeTurm (3,'Start','Ziel','Hilfsplatz');
?>
```

*Ausgabe*
```
Bewege Scheibe 1 vom Start-Platz zum Ziel-Platz.
Bewege Scheibe 2 vom Start-Platz zum Hilfsplatz-Platz.
Bewege Scheibe 1 vom Ziel-Platz zum Hilfsplatz-Platz.
Bewege Scheibe 3 vom Start-Platz zum Ziel-Platz.
Bewege Scheibe 1 vom Hilfsplatz-Platz zum Start-Platz.
Bewege Scheibe 2 vom Hilfsplatz-Platz zum Ziel-Platz.
Bewege Scheibe 1 vom Start-Platz zum Ziel-Platz.
```

Weitere Beispiele für rekursive Probleme sind:

- Wege aus einem Labyrinth
- Sortierverfahren
- Szierpinski-Dreiecke
- Baum des Pythagoras
- Kockkurven
- Julia- und Mandelbrotmengen
- Logistisches Wachstum
- Fibonacchi-Folge
- Springer-Problem
- 8-Damen-Problem

## 3.9 Referenzen in PHP

### 3.9.1 Was sind Referenzen?

Referenzen sind in PHP ein Mechanismus, um verschiedene Namen für den gleichen Inhalt von Variablen zu ermöglichen. Sie sind nicht mit Zeigern in C zu vergleichen, sondern Aliasdefinitionen für die Symboltabelle. PHP unterscheidet zwischen:

- Variablenname
- Variableninhalt

Dabei kann der gleiche Variableninhalt unterschiedliche Namen besitzen. Der bestmögliche Vergleich ist der mit Dateinamen und Dateien im Dateisystem von Unix:

- Variablennamen sind Verzeichniseinträge.
- Variableninhalt ist die eigentliche Datei.

Referenzen können als Hardlinks im Dateisystem verstanden werden.

### 3.9.2 Was leisten Referenzen?

PHP-Referenzen erlauben es, zwei Variablennamen sich auf den gleichen Variableninhalt beziehen zu lassen.

Das heißt im folgenden Beispiel, dass sich $punkte und $punktestand auf dieselbe Variable beziehen:

```php
<?php
$punkte = 1000;
$punktestand = &$punkte;

// Ausgabe (1000)
echo $punktestand;
?>
```

**Achtung:** $punkte und $punktestand sind hier gleichwertig, und $punkte ist nicht nur ein Zeiger auf $punktestand oder umgekehrt, sondern $punkte und $punktestand zeigen auf denselben Inhalt.

Seit PHP 4.0.4 kann & auch in Verbindung mit new verwendet werden.

```php
<?php
class Haus
{
   var $etagen;
   function Haus($etagen)
   {
        $this->etagen = $etagen;
   }
}

$meinhaus = &new Haus(2);
$hausetagen = &$meinhaus->etagen;
// Ausgabe (2)
echo $hausetagen;
$hausetagen = 10;
// Ausgabe (10)
echo $meinhaus->etagen;
?>
```

Wenn der &-Operator nicht verwendet wird, erzeugt PHP eine Kopie des Objekts. Wenn nun $this innerhalb der Klasse verwendet wird, bezieht es sich auf die aktuelle Instanz der Klasse. Die Zuordnung ohne & erzeugt eine Kopie der Instanz (d. h. des Objekts) und $this wird sich auf die Kopie beziehen. In der Regel will man aus Performance- und Speichergründen nur eine einzige Instanz einer Klasse erzeugen.

### pass-by-reference

Eine weitere Einsatzmöglichkeit von Referenzen ist die Übergabe von Parametern an eine Funktion mit *pass-by-reference*. Hierbei beziehen sich der lokale Variablenname und der Variablenname der aufrufenden Instanz auf denselben Variableninhalt:

```php
<?php
function ausgabe(&$var) {
    return $var++;
}

$zahl=5;
// Ausgabe (5)
```

```
echo ausgabe ($zahl);
// Ausgabe (6)
echo $zahl;
?>
```

### *return-by-reference*

Daneben besteht die Möglichkeit, aus Funktionen heraus Werte mit *return-by-reference* zurückzugeben. Das Zurückgeben von Ergebnissen per Referenz aus Funktionen heraus kann in manchen Fällen recht nützlich sein. Hierbei ist folgende Syntax zu beachten:

```
<?php
function &ausgabe($param) {
    return $param;
}

$wert =&ausgabe(5);
// Ausgabe (5)
echo $wert;
?>
```

In diesem Beispiel wird also die Eigenschaft des von `ausgabe()` gelieferten Werts gesetzt, nicht die der Kopie, wie es der Fall wäre, wenn die Funktion `ausgabe()` ihr Ergebnis nicht per Referenz liefern würde.

> **Achtung:** Im Gegensatz zur Parameterübergabe per Referenz ist bei der Rückgabe mittels Referenz an beiden Stellen die Angabe des & notwendig.

### 3.9.3 Referenzen aufheben

Wird eine Referenz aufgehoben, so wird nur die Bindung zwischen einem Variablennamen und dem Variableninhalt entfernt. Der Inhalt der Variablen wird hierbei nicht gelöscht.

```
<?php
$wert = 10;
$zahl =&$wert;
unset ($wert);
// Ausgabe (10)
echo $zahl;
?>
```

Die Variable `$zahl` wird nicht gelöscht, sondern es wird nur die Bindung des Variablennamens `$wert` an den Variableninhalt aufgehoben. Dieser Variableninhalt ist immer noch über `$zahl` verfügbar.

> **Hinweis:** Auch in diesem Fall sieht man die Analogie zwischen Unix und den Referenzen: Das Aufheben einer Referenz entspricht einem Aufruf von `unlink` unter Unix.

### 3.9.4 Referenzen entdecken

Viele Sprachelemente von PHP sind intern mit der Benutzung von Referenzen implementiert, daher gilt alles bisher Gesagte auch für folgende Konstrukte:

#### *global references*

Die Verwendung von `global $var` erzeugt im aktuellen Gültigkeitsbereich eine Referenz auf die globale Variable `$var`, sie ist also äquivalent zu Folgendem:

```
$var=&$GLOBALS["var"];
```

Dies hat zur Folge, dass das Anwenden von `unset()` auf `$var` keinen Einfluss auf die globale Variable hat.

#### *$this*

In einer Objektmethode ist `$this` immer eine Referenz auf die aufrufende Objektinstanz.

## 3.10 Arrays

Was machen Sie, wenn Sie in Ihrem PHP-Code einen einzelnen Wert, sagen wir den Namen einer Person, speichern wollen? Sie richten eine Variable `$person` ein und speichern in dieser den Wert. Diese Arbeitsweise habe ich Ihnen bereits erläutert. Was machen Sie jedoch, wenn Sie, sagen wir, zehn Namen von Personen speichern wollen? Sie verwenden zehn Variablen mit Namen `$person1`, `$person2` und so weiter. Was machen Sie, wenn Sie nun hundert Namen von Personen speichern wollen? ... Dieses Spiel könnte man nun bis ins Endlose betreiben. Was Ihnen jedoch dabei klar werden soll, ist die Tatsache, dass Variablen zum Speichern und Verarbeiten von Werten nur dann sinnvoll einzusetzen sind, wenn Sie eine überschaubare Anzahl von Werten haben.

Zusätzlich haben Sie in diesem Beispiel sicher sehr schnell festgestellt, dass die Werte in diesem Fall immer Namen von Personen sein werden, die gespeichert werden sollen. Müssen Sie sich nun die Finger wund tippen? Natürlich nicht! Genau hierfür haben Ihnen die PHP-Entwickler Arrays zur Verfügung gestellt. Diesen Datentyp werden wir im folgenden Abschnitt genauer durchleuchten, Sie haben ihn bereits einige Male im Einsatz gesehen.

### 3.10.1 Was sind Arrays?

Ein Array ist ein Datentyp, in dem beliebig viele Werte abgespeichert werden können. Während eine Variable eines elementaren Datentyps immer nur einen einzelnen Wert enthält, kann eine Arrayvariable eine größere Anzahl verschiedenster Werte enthalten. Das Verhältnis zwischen einer Variablen und einem Array entspricht in etwa dem Verhältnis zwischen einem Segelboot und einem Ozeandampfer oder einem Fahrrad und einem Bus.

Eine Variable ist wie ein Segelboot, das lediglich einer Person Platz bietet. Die Person stellt dabei den Variablenwert dar. Ebenso wie der Wert einer Variablen wechseln kann,

kann auch ein Segelboot im Laufe der Zeit von unterschiedlichen Personen verwendet werden. Wenn Sie nun wissen wollen, wem das Segelboot gehört, müssen Sie wissen, wie Sie zu diesem Segelboot gelangen. Zu diesem Zweck hat jedes Segelboot einen Heimathafen, ebenso wie jede Variable einen Variablennamen hat, über den Sie auf die Variable zugreifen.

Wenn Sie ein Array verwenden, führt Sie der Arrayname lediglich zu dem Array, also zu einem Datenbehälter, in dem mehrere Werte abgelegt sein können. Der Name des Arrays führt Sie aber noch nicht zu einem einzelnen, in der Arraystruktur abgelegten Wert. Ebenso führt Sie der Heimathafen eines Ozeandampfers lediglich zum Ozeandampfer, aber noch nicht zu einer bestimmten, in dem Ozeandampfer befindlichen Wohneinheit. Dazu fehlt Ihnen noch die Angabe, wo im Ozeandampfer Sie die gesuchte Wohneinheit finden. Im Falle des Arrays nutzt man zur Adressierung der einzelnen Werte im Array die Tatsache, dass alle Werte im Array durchnummeriert sind, man bezeichnet dies auch als indiziert. Um auf einen bestimmten Wert im Array zuzugreifen, hängt man daher die Nummer des Werts in eckigen Klammern an den Arraynamen an.

## 3.10.2 Terminologie

Eine Arrayvariable ist eine ganz normale Variable, die sich allerdings dadurch auszeichnet, dass sie keinen einfachen Wert wie Zahlen, Strings etc., sondern ein Array enthält. Ein Array ist in diesem Sinne eine Datenstruktur, die in sich beliebig viele Elemente aufnehmen kann.

Die Elemente eines Arrays können Werte wie Zahlen, Strings, boolesche Werte, aber auch andere Arrays, Objekte oder Funktionen sein.

Im Allgemeinen wird nur selten zwischen Array und Arrayvariable unterschieden, d. h., man spricht nicht von der Arrayvariablen $meinFeld, die ein Array enthält, sondern man sagt einfach: »das Array meinFeld«. Dieser Sprachregel werden wir uns anschließen und lediglich in Fällen, wo es für das Verständnis wichtig ist, zwischen Array und Arrayvariable unterscheiden.

## 3.10.3 Arrays erzeugen

Arrays kann man auf unterschiedlichste Weise erzeugen. Ich stelle Ihnen die Möglichkeiten zur Erzeugung eines Arrays im folgenden Abschnitt vor.

### *Indizierte Arrays*

Um beispielsweise die Namen von bestimmten Personen zu speichern, können Sie indizierte Arrays verwenden. Hierzu benötigen Sie folgende Schreibweise:

```
$personen[] = "Matthias";
$personen[] = "Caroline";
$personen[] = "Gülten";
$personen[] = "Toni";
```

Daraus entsteht ein indiziertes Array. Der Index entsteht, indem jeder neue Wert an das Ende angehängt wird. Indizierte Arrays beginnen von 0 mit der Indizierung. Sie können natürlich auch gleich die Indexwerte einsetzen. Das folgende Beispiel entspricht dem vorhergehenden:

```
$personen[0] = "Matthias";
$personen[1] = "Caroline";
$personen[2] = "Gülten";
$personen[3] = "Toni";
```

Was die Indizierung betrifft, kann man sich Folgendes merken:

- Die Indizierung beginnt bei 0.
- Die letzte Indexnummer eines Arrays entspricht der Anzahl der Einträge bzw. Elemente (n), weniger 1 (n-1).

Sie müssen bei Zuweisungen nicht gezwungenermaßen Indizes angeben. Sie können beispielsweise ein leeres Array erzeugen, um sicherzugehen, dass der PHP-Interpreter dies erkennt, und anschließend das Array mit Werten füllen.

```
$daten = array();
$daten[] = "Erster Eintrag";
$daten[] = "Zweiter Eintrag";
```

### array()

Als Alternative können Sie mit array() arbeiten.

```
$personen = array("Matthias","Caroline","Gülten","Toni");
```

> **Tipp:** array() kann zusätzlich verschachtelt werden, um Arrays von Arrays von Arrays usw. zu erzeugen. Hiermit lassen sich komplexe Datenstrukturen abbilden.

Zur Ausgabe der im Array enthaltenen Einträge gehen Sie wie folgt vor:

```
echo "$personen[0]<br>";
echo "$personen[1]<br>";
echo "$personen[2]<br>";
echo "$personen[3]<br>";
```

### Assoziative Arrays

Von assoziativen Arrays oder Hashes spricht man, wenn die Elemente im Array nicht über Indizes, sondern über Strings bzw. Schlüssel angesprochen werden. Das bereits gezeigte Beispiel könnte als assoziatives Array wie folgt aussehen:

```
$personen["P1"] = "Matthias";
$personen["P2"] = "Caroline";
$personen["P3"] = "Gülten";
$personen["P4"] = "Toni";
```

Zur Ausgabe der im Array enthaltenen Einträge gehen Sie wie folgt vor:

```
echo $personen["P1"] ."<br>";
echo $personen["P2"] ."<br>";
echo $personen["P3"] ."<br>";
echo $personen["P4"] ."<br>";
```

Ein assoziatives Array lässt sich natürlich auch mithilfe von array() erzeugen. Hierfür benötigen Sie zur Angabe des Schlüssels den Operator =>.

```
$personen = array(
                "P1" => "Matthias",
                "P2" => "Caroline",
                "P3" => "Gülten",
                "P4" => "Toni"
                );
```

*Ausgabe*
```
echo $personen["P1"] ."<br>";
echo $personen["P2"] ."<br>";
echo $personen["P3"] ."<br>";
echo $personen["P4"] ."<br>";
```

Dies bringt zwar keinen Performancegewinn, der Quelltext wird jedoch bei konsequenter Anwendung leichter lesbar. Echte Vorteile ergeben sich bei der Nutzung von Daten, deren Umfang und Struktur Sie nicht genau abschätzen können oder nicht kennen. Wenn Sie indizierte Arrays mit Zählschleifen abfragen, kommen nur numerische Indizes in Betracht. Der direkte Zugriff auf ein bestimmtes Element, dessen Index Sie nicht kennen, bleibt Ihnen verwehrt.

### Ein Array erzeugen, das nicht mit dem Index 0 beginnt

Sie wollen einem Array mehrere Elemente auf einmal zuweisen, hierbei soll jedoch der erste Index nicht 0 sein. Bringen Sie array() dazu, einen anderen Index zu verwenden, indem Sie die Syntax mit dem Operator => verwenden.

*Beispiel*
```
$personen = array( 1 => "Matthias", "Caroline", "Gülten");
```

*Ausgabe*
```
echo $personen[1];
```

Übrigens ist diese Anpassung des Index nicht nur auf die Zahl 1 beschränkt. Sie funktioniert mit jedem Integer-Wert.

*Beispiel*
```
$personen = array( 10 => "Matthias", "Caroline", "Gülten");
```

*Ausgabe*
```
echo $personen[10];
echo $personen[11];
echo $personen[12];
```

Sie können den Operator auch mehrmals innerhalb eines Aufrufs einsetzen.

*Beispiel*
```
$personen = array( 10 => "Matthias", "Caroline", 17 => "Gülten");
```

*Ausgabe*
```
echo $personen[10];
echo $personen[11];
echo $personen[17];
```

In PHP ist es sogar möglich, negative Zahlen im `array()`-Aufruf zu verwenden.

*Beispiel*
```
$personen = array( -10 => "Matthias", "Caroline", 17 => "Gülten");
```

*Ausgabe*
```
echo $personen[-10];
echo $personen[0];
echo $personen[17];
```

Dies funktioniert sogar bei Zahlen, die keine Integer-Werte sind. Technisch gesehen, ist das, was Sie dann erhalten, ein assoziatives Array.

> **Hinweis:** Sie haben jederzeit die Möglichkeit, numerische und String-Schlüssel in einer `array()`-Definition zu vermischen, von dem Gebrauch dieser Möglichkeit ist jedoch Abstand zu nehmen, da dies zu Verwirrung und Fehlern führen kann.

### 3.10.4 Arrays löschen

Wenn Sie einem Array eine leere Zeichenkette zuweisen, wird es nicht gelöscht. Dabei gehen zwar sämtliche Einträge verloren, das Array selbst existiert jedoch immer noch. Um ein Array völlig zu löschen, verwenden Sie `unset()`.

```
unset($personen);
```

#### *Array leeren*

Sie haben auch die Möglichkeit, ein Array zu leeren, anstatt es zu löschen. Ein Array wird mithilfe von `array()` geleert.

```
$personen=array();
```

### 3.10.5 Mehrdimensionale Arrays

Die Elemente eines Arrays können nicht nur Werte einfacher Datentypen (Zahlen, Strings, boolesche Werte), sondern auch Objekte oder andere Arrays sein. Letzteres eröffnet einige interessante Möglichkeiten. Um Ihnen den Einstieg in mehrdimensionale Arrays zu erleichtern, sollten Sie sich folgendes Beispiel anschauen:

```
// Array erzeugen
// Hinweis: das Array kunden enthält Elemente vom Typ Array
$kunden = array(
    array("Maier","Toni"),
    array("Müller","Fred"),
    array("Schmidt","Bernd")
);
```

```
// Wie kommen Sie nun an die Vornamen der Kunden heran?
echo $kunden[0][1];            // Ergebnis: Toni
echo $kunden[1][1];            // Ergebnis: Fred
echo $kunden[2][1];            // Ergebnis: Bernd
```

Was hierbei sicher auffällt, ist die besondere Struktur des Arrays $kunden. Es enthält wiederum Arrays. Jeder Kunde stellt ein eigenes Array dar, welches Elemente besitzt. Die Elemente der ungeordneten bzw. verschachtelten Arrays sind der Nachname und der Vorname des jeweiligen Kunden. Das Auslesen der Vornamen aus dem Array $kunden sollten Sie sich wie das Durchschauen von Akten vorstellen. In der ersten eckigen Klammer steht der Index des Arrays $kunden. Mithilfe des Index können Sie die einzelnen Akten einsehen. Im Beispiel haben Sie davon drei zur Auswahl. Die Akte des ersten Kunden trägt dabei den Index 0, da diese Akte im Array $kunden das erste Element symbolisiert. Sie haben nun die Akte!

In der zweiten eckigen Klammer steht der Index des untergeordneten Arrays (Akte). Mithilfe dieses Index können Sie die Elemente des untergeordneten Arrays abrufen. Es stehen sowohl der Nachname, das erste Element (Index 0), als auch der Vorname, das zweite Element (Index 1), zur Verfügung. Der Vorname des ersten Kunden trägt dabei den Index 1, da dieses Element im untergeordneten Array das zweite Element darstellt. Sie sind am Ziel! Um diese Arbeitsweise zu vertiefen, folgt ein weiteres Beispiel.

*Fallbeispiel*

Stellen Sie sich die Sitzplätze eines Flugzeugs vor, 40 Sitzplätze verteilt auf 10 Reihen zu je 4 Sitzplätzen. Ihre Aufgabe soll es nun sein, die Belegung dieser Sitzplätze in einem Programm zu verwalten und mithilfe von PHP umzusetzen. Hierbei bietet es sich an, die Plätze in Form eines Arrays zu verwalten.

*Beispiel*

```
// Array Erzeugen (leeres Array)
$sitze = array();
```

Dieser Ansatz erscheint auf den ersten Blick recht gut, nur gibt es ein Problem: Die Anordnung der Plätze ist jeweils in 10 Reihen zu je 4 Sitzplätzen aufgeteilt. In dem Array $sitze haben Sie jedoch nur die Möglichkeit, die Elemente eindimensional anzuordnen, ohne zwischen Reihen und Sitzplätzen pro Reihe zu unterscheiden. Sie merken dies vor allem dann, wenn jemand Platz 25 in Reihe 7 bucht und Sie dieses Element im Array auf true setzen wollen; true repräsentiert in diesem Fall belegt.

Geschickter ist es, jede einzelne Reihe als ein eigenes Array zu betrachten und das gesamte Flugzeug demnach als ein Array von zehn untergeordneten Arrayelementen anzusehen.

*Beispiel*

```
// For-Schleife (legt die untergeordneten Arrays fest)
for ($i = 0; $i < 10; $i++) {
   $sitze[$i] = array(0,0,0,0);
}
```

Wie Sie sehen, ist noch eine for-Schleife eingesetzt worden, um Ihnen das Eingeben der untergeordneten Arrays zu ersparen. Der nächste Schritt besteht darin, die Elemente für die einzelnen Sitzplätze auf false zu setzen, um anzuzeigen, dass sie nicht belegt sind.

Dazu werden wir zwei verschachtelte for-Schleifen verwenden. Die äußere for-Schleife geht die Elemente im Array sitze durch, sprich die einzelnen Reihen. Die innere for-Schleife geht die einzelnen Plätze des aktuellen Reihen-Arrays durch. Auf die einzelnen Elemente greift man dann über zwei Indexangaben zu. Die erste bezeichnet die Reihe, die zweite den Platz in der Reihe.

*Beispiel*

```
// Zuweisung der Belegung (Ausgangssituation: false)
for ($reihe = 1; $reihe <= count($sitze); $reihe++) {
   for ($platz = 1; $platz <= count($sitze[$reihe-1]); $platz++) {
      $sitze[$reihe-1][$platz-1] = 0;
   }
}
```

Nun sollten Sie zur Probe einen Sitzplatz buchen, wie wäre es mit Sitzplatz 25 in Reihe 7, und anschließend die gesamte Belegung ausgeben lassen.

*Beispiel*

```
// Sitzplatz 25 (Reihe 7) belegen
$sitze[6][0] = "belegt";
// Ausgabe der Belegung im Ausgabefenster
for ($reihe = 1; $reihe <= count($sitze); $reihe++) {
   print_r($sitze[$reihe-1]);
}
```

*Beispiel vollständig*

```
<pre>
<?php
$sitze = array();
// For-Schleife (legt die untergeordneten Arrays fest)
for ($i = 0; $i < 10; $i++) {
   $sitze[$i] = array(0,0,0,0);
}

// Zuweisung der Belegung (Ausgangssituation: false)
for ($reihe = 1; $reihe <= count($sitze); $reihe++) {
   for ($platz = 1; $platz <= count($sitze[$reihe-1]); $platz++) {
      $sitze[$reihe-1][$platz-1] = 0;
   }
}

// Sitzplatz 25 (Reihe 7) belegen
$sitze[6][0] = "belegt";
// Ausgabe der Belegung im Ausgabefenster
for ($reihe = 1; $reihe <= count($sitze); $reihe++) {
   print_r($sitze[$reihe-1]);
}
?>
</pre>
```

*Ausgabe*

```
Array
([0] => 0    [1] => 0    [2] => 0    [3] => 0)
Array
```

```
([0] => 0      [1] => 0      [2] => 0      [3] => 0)
Array
([0] => 0      [1] => 0      [2] => 0      [3] => 0)
Array
([0] => 0      [1] => 0      [2] => 0      [3] => 0)
Array
([0] => 0      [1] => 0      [2] => 0      [3] => 0)
Array
([0] => 0      [1] => 0      [2] => 0      [3] => 0)
Array
([0] => belegt [1] => 0      [2] => 0      [3] => 0)
Array
([0] => 0      [1] => 0      [2] => 0      [3] => 0)
Array
([0] => 0      [1] => 0      [2] => 0      [3] => 0)
Array
([0] => 0      [1] => 0      [2] => 0      [3] => 0)
```

**Hinweis:** Das in diesem Fallbeispiel eingesetzte count() wird Ihnen im Abschnitt 3.10.6 »Arrayfunktionen« noch näher erläutert.

Was Sie bisher gesehen haben, waren mehrdimensionale lineare Arrays, sprich lediglich indizierte Arrays. Wie sieht es jedoch mit assoziativen Arrays aus? Betrachten Sie folgendes Beispiel:

```
<?php
$personen = array(
            "P1" => array("Matthias","Kannengiesser"),
            "P2" => array("Caroline","Kannengiesser"),
            "P3" => array("Gülten","Kannengiesser"),
            "P4" => array("Toni","Schmidt")
            );
echo "Person 1: " . $personen["P1"][0] . " " . $personen["P1"][1];
?>
```

*Ausgabe*
```
Person 1: Matthias Kannengiesser
```

Wie Sie sehen, lässt sich das Prinzip der mehrdimensionalen Arrays auch auf assoziative Arrays anwenden, ja sogar eine Kombination aus indizierten und assoziativen Arrays ist ohne Weiteres möglich. Was die Ausgabe bzw. Verarbeitung der Array-Elemente betrifft, stehen Ihnen noch Alternativen in der Schreibweise zur Verfügung. Hier einige Beispiele:

```
// Ohne Anführungszeichen
echo "Person 1: " . $personen[P1][0] . " " . $personen[P1][1];

// Mit einfachen Anführungszeichen
echo "Person 1: " . $personen['P1'][0] . " " . $personen['P1'][1];

// Mit doppelten Anführungszeichen
echo "Person 1: " . $personen["P1"][0] . " " . $personen["P1"][1];
```

Natürlich können Sie auch in diesen Fällen eine Schleife verwenden, um die einzelnen Elemente des Arrays zu durchlaufen.

*Beispiel*

```php
<?php
$personen = array(
            "P1" => array("Matthias","Kannengiesser"),
            "P2" => array("Caroline","Kannengiesser"),
            "P3" => array("Gülten","Kannengiesser"),
            "P4" => array("Toni","Schmidt")
            );
// Ohne Anführungszeichen
for ($i = 1; $i <= count($personen); $i++) {
   echo "Person $i: " . $personen[P.$i][0] . " " . $personen[P.$i][1] .
"<br>";
}
// Mit einfachen Anführungszeichen
for ($i = 1; $i <= count($personen); $i++) {
   echo "Person $i: " . $personen['P'.$i][0] . " " . $personen['P'.$i][1] .
"<br>";
}
// Mit doppelten Anführungszeichen
for ($i = 1; $i <= count($personen); $i++) {
   echo "Person $i: " . $personen["P".$i][0] . " " . $personen["P".$i][1] .
"<br>";
}
?>
```

In sämtlichen Fällen erfolgt folgende Ausgabe:

```
Person 1: Matthias Kannengiesser
Person 2: Caroline Kannengiesser
Person 3: Gülten Kannengiesser
Person 4: Toni Schmidt
```

Sie könnten natürlich auch eine foreach-Schleife einsetzen, um das Array zu durchlaufen.

```php
<?php
$personen = array(
            "P1" => array("Matthias","Kannengiesser"),
            "P2" => array("Caroline","Kannengiesser"),
            "P3" => array("Gülten","Kannengiesser"),
            "P4" => array("Toni","Schmidt")
            );
// Mit foreach
foreach ($personen as $wert) {
   echo "Person: " . $wert[0]. " " . $wert[1] . "<br>";
}
?>
```

*Ausgabe*

```
Person: Matthias Kannengiesser
Person: Caroline Kannengiesser
Person: Gülten Kannengiesser
Person: Toni Schmidt
```

Nun, wer die Wahl hat, hat die Qual!

## 3.10.6 Arrayfunktionen

In PHP stehen Ihnen zahlreiche vordefinierte Arrayfunktionen zur Verfügung, mit denen die Verarbeitung von Verwaltung von Arrays wesentlich erleichtert wird.

### Funktionen für mehrere Elemente

Nachfolgend sind die Funktionen zur Navigation innerhalb eines Arrays und zum Zugriff auf einzelne Arrayelemente zusammengestellt.

| Funktion | Syntax | Beschreibung |
| --- | --- | --- |
| array_walk() | $success = array_walk($array, 'func'); | Wendet eine benutzerdefinierte Funktion auf die Elemente eines Arrays an. |
| count() | $anzahl = count($array); | Gibt die Anzahl der Elemente eines Arrays an. |
| sizeof() | $anzahl = sizeof($array); | Gibt die Anzahl der Elemente eines Arrays an. |
| current() | $aktpos = current($array); | Gibt das aktuelle Element eines Arrays zurück. |
| pos() | $aktpos = pos($array); | Gibt das aktuelle Element eines Arrays zurück. |
| each() | $eintrag = each($array); | Gibt das nächste Schlüssel-Werte-Paar eines assoziativen Arrays zurück. |
| end() | $letzes = end($array); | Setzt den internen Arrayzeiger auf das letzte Element. |
| key() | $schluessel = key($array); | Gibt den Schlüssel der aktuellen Position des Arrayzeigers zurück. |
| next() | next($array); | Setzt den internen Arrayzeiger um 1 weiter. |
| prev() | prev($array); | Setzt den internen Arrayzeiger um 1 zurück. |
| reset() | $erstes = reset($array); | Setzt den internen Arrayzeiger auf das erste Element eines Arrays zurück. |

### Sortierfunktionen

Bei der Arbeit mit Arrays und ihren Elementen wird Ihnen sicher schnell die Frage in den Sinn kommen, ob es nicht auch Arrayfunktionen gibt, die Ihnen beim Sortieren der Einträge behilflich sind. Doch, gibt es!

Sortiert werden kann in unterschiedlichen Sortierrichtungen, entweder nach den Werten der Elemente oder nach deren Schlüsseln.

| Funktion | Syntax | Beschreibung |
| --- | --- | --- |
| arsort() | arsort($array); | Sortiert ein Array rückwärts unter Beibehaltung der Zuordnung der Indizes. |
| asort() | asort($array); | Sortiert ein Array vorwärts unter Beibehaltung der Zuordnung der Indizes. |

| Funktion | Syntax | Beschreibung |
|---|---|---|
| krsort() | krsort($array); | Sortiert ein assoziatives Array absteigend nach Schlüsseln. |
| ksort() | ksort($array); | Sortiert ein assoziatives Array aufsteigend nach Schlüsseln. |
| rsort() | rsort($array); | Sortiert ein eindimensionales Array absteigend. |
| natcasesort() | natcasesort($array); | Sortiert ein Array in natürlicher Reihenfolge, Groß-/Kleinschreibung wird ignoriert. |
| natsort() | natsort($array); | Sortiert ein Array in natürlicher Reihenfolge. |
| sort() | sort($array); | Sortiert ein eindimensionales Array aufsteigend. |
| uasort() | uasort($array,func); | Sortiert ein assoziatives Array mit einer Vergleichsfunktion. |
| uksort() | uksort($array,func); | Sortiert ein assoziatives Array anhand der Schlüssel unter Verwendung einer Vergleichsfunktion. |
| usort() | usort($array,func); | Sortiert ein Array anhand der Werte unter Verwendung einer Vergleichsfunktion. |

### Sonstige Arrayfunktionen

Hier noch eine Reihe von Arrayfunktionen, welche für spezielle Arrayoperationen zur Verfügung gestellt werden:

| Funktion | Syntax | Beschreibung |
|---|---|---|
| extract() | extract($array [, extract_type [, prefix]]); | Erstellt aus einem assoziativen Array Variablen. Es behandelt die Schlüssel des assoziativen Arrays $array als Variablennamen und die Werte als Variablenwerte. Seit Version 4.0.5 gibt diese Funktion die Anzahl der extrahierten Variablen zurück. |
| list() | list($var1,...,$varN) = $array; | Weist einer Gruppe von Variablen Werte in einer Operation zu. Anwendung nur auf indizierte Arrays möglich. |
| range() | range(min,max[,step]); | Erzeugt ein Array mit Ganzzahlen aus dem angegebenen Wertebereich von min bis max. Der Parameter step wurde in 5.0.0 als optionaler Parameter eingeführt. Ist ein step-Wert angegeben, wird diese Schrittweite zwischen den Elementen in der Sequenz verwendet. Ist step nicht angegeben, wird automatisch der Wert 1 für die Schrittweite angenommen. |
| shuffle() | shuffle($array); | Mischt die Elemente eines Arrays nach dem Zufallsprinzip. |

## Neue Arrayfunktionen seit PHP 4

PHP stellt seit der Version 4 eine Reihe von neuen Arrayfunktionen zur Verfügung.

| Funktion | Syntax | Beschreibung |
| --- | --- | --- |
| array_change_key_case() | $array1 = array_change_key_case($array[, case]); | Liefert ein Array mit allen String-Schlüsseln in Klein- (CASE_LOWER) oder Großbuchstaben (CASE_UPPER). |
| array_chunk() | $array1 = array_chunk ($array, size [, preserve_keys]); | Splittet ein Array in Teile auf. Am Ende kann auch ein Array mit weniger Werten erzeugt werden. Die Arrays werden als Teile eines mehrdimensionalen Arrays erzeugt, welches bei Null beginnt und numerisch indiziert ist. Sie können PHP dazu zwingen, die originalen Schlüssel des Arrays input beizubehalten, indem Sie den optionalen Parameter preserve_keys auf TRUE setzen. Geben Sie FALSE an, werden in jedem erzeugten Array neue numerische Indizes erzeugt, welche bei Null beginnen. Default ist FALSE. |
| array_combine() | $array1 = array_combine ($arraykeys, $arrayvalues); | Liefert ein Array $array1 mithilfe eines Arrays $arraykeys, welches die Schlüssel vorgibt, und eines Arrays $arrayvalues, welches die Werte vorgibt. Die Anzahl der Elemente beider Arrays muss übereinstimmen, sonst wird FALSE zurückgegeben. |
| array_count_values() | $array1 = array_count_values($array); | Zählt sämtliche Elemente eines Arrays und gibt die Häufigkeit ihres Auftretens zurück. |
| array_diff_assoc() | $array1 = array_diff_assoc($array1,...,$arrayN); | Ermittelt die Unterschiede von Arrays. Die Schlüssel werden für den Vergleich ebenfalls verwendet. |
| array_diff_key() | $array1 = array_diff_key ( array array1, ..., arrayN) | Ermittelt den Unterschied zwischen Arrays, indem es die Schlüssel vergleicht. Diese Funktion arbeitet wie array_diff() mit dem Unterschied, dass der Vergleich mit den Schlüsseln statt den Werten arbeitet. |
| array_diff_uassoc() | $array1 = array_diff_uassoc($array1,...$arrayN[, callback key_compare_function]); | Ermittelt den Unterschied von Arrays mit zusätzlicher Indexprüfung, welche durch eine benutzerdefinierte Funktion vorgenommen wird. |

| Funktion | Syntax | Beschreibung |
|---|---|---|
| array_diff_ukey() | $array1 = array_diff_ukey ($array1,...$arrayN[, callback key_compare_ function]); | Ermittelt den Unterschied von Arrays mittels einer Callback-Funktion für den Vergleich der Schlüssel. Diese Funktion ähnelt array_diff(), aber der Vergleich arbeitet auf den Schlüsseln anstatt den Werten. |
| array_diff() | $array1 = array_diff ($array1,...,$arrayN); | Ermittelt die Unterschiede von Arrays. Die Schlüssel bleiben erhalten. |
| array_fill() | $array1 = array_fill (start_index, num, value); | Füllt ein Array mit Werten. |
| array_filter() | $array1 = array_filter ($array[, callback function]); | Filtert Elemente eines Arrays mittels einer Callback-Funktion. Ist $array ein assoziatives Array, bleiben die Schlüssel erhalten. |
| array_flip() | $array1 = array_flip ($array); | Vertauscht Werte und Schlüssel in einem Array. |
| array_intersect_assoc() | $array1 = array_intersect_assoc ($array1,..., arrayN); | Ermittelt die Schnittmenge von Arrays mit einer zusätzlichen Indexüberprüfung. Beachten Sie, dass anders als von array_intersect() die Schlüssel zum Vergleich herangezogen werden. |
| array_intersect_key() | $array1 = array_intersect_ key($array1,..., arrayN); | Ermittelt die Schnittmenge von Arrays, indem es die Schlüssel vergleicht. |
| array_intersect_uassoc() | $array1 = ar-ray_intersect_ uassoc($array1,...$arrayN[, callback key_compare_ function]); | Ermittelt die Schnittmenge von Arrays mit Indexprüfung; vergleicht Indizes mit einer Callback-Funktion. |
| array_intersect_ukey() | $array1 = ar-ray_intersect_ ukey($array1,...$arrayN[, callback key_compare_ function]); | Ermittelt die Schnittmenge zweier Arrays mittels eines durch eine Callback-Funktion durchgeführten Schlüsselvergleiches. |
| array_intersect() | $array1 = array_intersect ($array1,..., arrayN); | Ermittelt die Schnittmenge von Arrays. |
| array_key_exists() | $array1 = array_key_exists (key,search); | Prüft, ob ein Schlüssel in einem Array existiert. Gibt TRUE zurück, wenn key in dem Array vorhanden ist. key kann jeder für einen Array-Index mögliche Wert sein. |
| array_keys() | $array1 = array_keys ($array [, search_value]); | Liefert alle Schlüssel eines Arrays. Ist der optionale Parameter search_value angegeben, werden nur die Schlüssel für diesen Wert zurückgegeben. Andernfalls werden sämtliche Schlüssel von $array zurückgegeben. |

| Funktion | Syntax | Beschreibung |
| --- | --- | --- |
| array_map() | $array1 = array_map (callback, $array1,...,arrayN); | Wendet eine Callback-Funktion auf die Elemente von Arrays an. |
| array_merge_recursive() | $array1 = array_merge_ recursive($array1,..., arrayN); | Führt zwei oder mehr Arrays zusammen. Das daraus resultierende Array wird zurückgegeben. |
| array_merge() | $array1 = array_merge ($array1,...,arrayN); | Führt zwei oder mehr Arrays rekursiv zusammen. Das daraus resultierende Array wird zurückgegeben. |
| array_multisort() | $array1 = array_multisort ($arrayr1 [, arg [, ... [, arrayN...]]]); | Sortiert mehrere oder multidimensionale Arrays. Die Struktur der Argumente ist etwas ungewöhnlich, aber flexibel. Das allererste Argument muss ein Array sein. Die nachfolgenden Argumente können entweder ein Array oder eines der folgenden Sortierflags sein. Flags für Sortierreihenfolge: SORT_ASC – sortiere in aufsteigender Reihenfolge, SORT_DESC – sortiere in absteigender Reihenfolge. Flags für Sortiertypen: SORT_REGULAR – vergleiche Felder normal, SORT_NUMERIC – vergleiche Felder numerisch und SORT_STRING – vergleiche Felder als Strings. Gibt bei Erfolg TRUE zurück, im Fehlerfall FALSE. |
| array_pad() | $array1 = array_pad ($array1, pad_size, pad_value); | Vergrößert ein Array auf die spezifizierte Länge mit einem Wert. Liefert eine Kopie von $array1, welche auf die von pad_size spezifizierte Größe mit dem Wert pad_value erweitert wurde. Ist der Parameter pad_size positiv, wird das Array rechts erweitert, ist er negativ, dann erfolgt die Erweiterung links. Ist der absolute Wert von pad_size kleiner oder gleich der Länge von input, erfolgt keine Erweiterung. |
| array_pop() | $element = array_pop($array); | Entfernt das letzte Element eines Arrays und gibt dieses zurück. |
| array_push() | $array1 = array_push ($array1, $element,... $elementN); | Fügt Elemente am Ende des Arrays an. |

| Funktion | Syntax | Beschreibung |
|---|---|---|
| array_rand() | $array1 = array_rand ($array [, num_req]); | Liefert einen oder mehrere zufällige Einträge eines Arrays. Die Funktion übernimmt das Array $array1 und ein optionales Argument num_req, welches die gewünschte Anzahl Einträge spezifiziert. Ist num_req nicht angegeben, wird ein Defaultwert von 1 angenommen. |
| array_reduce() | $array1 = array_reduce ($array1, callback function [, initial]); | Iterative Reduktion eines Arrays zu einem Wert mittels einer Callback-Funktion. Ist der optionale Parameter initial angegeben, wird er am Beginn des Prozesses benutzt oder als Resultat verwendet, sollte das Array leer sein. |
| array_reverse() | $array1 = array_reverse ($array1); | Gibt ein Array in umgekehrter Reihenfolge zurück. |
| array_search() | $array1 = array_search (needle, $array1 [, strict]); | Diese Funktion durchsucht $array1 nach needle und gibt bei Erfolg den Schlüssel zurück, andernfalls FALSE. Ist der optionale dritte Parameter strict auf TRUE gesetzt, prüft array_search() auch die Typen von needle in haystack. |
| array_shift() | $element = array_shift ($array1); | Entfernt ein Element vom Anfang eines Arrays und gibt es zurück. |
| array_slice() | $array1 = array_slice ($array1, pos, length); | Gibt die Anzahl der Elemente des Arrays ab Position pos zurück. |
| array_splice() | $array1 = array_splice ($array1, pos,length, $array2); | Entfernt die Anzahl der Elemente des Arrays und fügt Elemente des Arrays $array2 hinzu. $array1 enthält die ersetzten Elemente. |
| array_sum() | $array1 = array_sum ($array); | Liefert die Summe der Werte in einem Array. |
| array_udiff_assoc() | $array1 = array_udiff_assoc($array1,...,$arrayN [, callback data_compare_func]) | Ermittelt den Unterschied zwischen Arrays mit zusätzlicher Indexprüfung, vergleicht mittels einer Callback-Funktion. Beachten Sie, dass Schlüssel anders als von array_diff() und array_udiff() für den Vergleich herangezogen werden. Der Vergleich der Arrayinhalte wird von einer benutzerdefinierten Callback-Funktion durchgeführt. In dieser Hinsicht ist das Verhalten anders als jenes von array_diff_assoc(), welche eine eingebaute Vergleichsfunktion verwendet. |

| Funktion | Syntax | Beschreibung |
|---|---|---|
| array_udiff_uassoc() | $array1 = array_udiff_uassoc($array1,...,$arrayN [, callback data_compare_func]) | Ermittelt den Unterschied zwischen Arrays mit zusätzlicher Indexprüfung, vergleicht Daten und Indizes mittels einer Callback-Funktion. |
| array_udiff() | $array1 = array_udiff ($array1,...,$arrayN [, callback data_compare_func]) | Ermittelt den Unterschied zwischen Arrays mittels einer Callback-Funktion für den Datenvergleich. |
| array_uintersect_assoc() | $array1 = array_uintersect_assoc ($array1,...,$arrayN [, callback data_compare_func]) | Ermittelt die Schnittmenge von Arrays mit zusätzlicher Indexprüfung, vergleicht Daten mittels einer Callback-Funktion. Beachten Sie, dass anders als in array_uintersect() die Schlüssel zum Vergleich herangezogen werden. |
| array_uintersect_uassoc() | $array1 = array_uintersect_uassoc ($array1,...,$arrayN [, callback data_compare_func, callback key_compare_func]) | Ermittelt die Schnittmenge von Arrays mit zusätzlicher Indexprüfung, vergleicht Daten und Schlüssel mittels einer Callback-Funktion. Beachten Sie, dass anders als in array_uintersect() die Schlüssel zum Vergleich herangezogen werden. Sowohl Daten als auch Indizes werden durch eine Callback-Funktion verglichen. |
| array_uintersect() | $array1 = array_uintersect ($array1,...,$arrayN [, callback data_compare_func]) | Ermittelt die Schnittmenge von Arrays, vergleicht Daten mittels einer Callback-Funktion. |
| array_unique() | array_unique($array1); | Entfernt doppelte Werte aus einem Array. |
| array_unshift() | $array1 = array_unshift ($array1,var1,...,varN); | Fügt einzelne Elemente am Anfang eines Arrays ein. |
| array_values() | $array1 = array_values ($array1); | Gibt sämtliche Werte eines assoziativen Arrays zurück. |
| array_walk_recursive() | array_walk_recursive ($array1, callback function [, data]) | Wendet eine Benutzerfunktion rekursiv auf jedes Element eines Arrays an. Gibt bei Erfolg TRUE zurück, im Fehlerfall FALSE. Ist der optionale Parameter data angegeben, so wird er als dritter Parameter an die Funktion funcname übergeben. |
| array_walk() | array_walk($array1, callback function [, data]) | Wendet eine Benutzerfunktion auf jedem Element eines Arrays an. Gibt bei Erfolg TRUE zurück, im Fehlerfall FALSE. Ist der optionale Parameter data angegeben, so wird er als dritter Parameter an die Funktion funcname übergeben. |

| Funktion | Syntax | Beschreibung |
| --- | --- | --- |
| compact() | $var1=1;$varN=N;<br>$array1 = compact ($var1,...varN); | Übernimmt die Variablennamen und deren Werte in ein Array. |
| in_array() | in_array(20,$array1 [,strict]); | Gibt TRUE zurück, wenn ein Wert in einem Array vorhanden ist. Ist der dritte Parameter strict auf TRUE gesetzt, prüft in_array() auch die Typen. |

### 3.10.7 Funktionen für mehrere Elemente

*Einsatz von array_walk()*

Oft werden Funktionen genutzt, um Elemente zu bearbeiten. Um nun eine Funktion, gleich ob intern oder selbst definiert, auf alle Elemente eines Arrays anzuwenden, verwenden Sie die Funktion array_walk().

*Beispiel*

```php
<?php
$produkte = array (
            "a"=>"Gurke",
            "b"=>"Lauch",
            "c"=>"Brokoli",
            "d"=>"Kohl"
            );

function formatieren (&$item1, $key, $prefix) {
    $item1 = "$prefix: $item1";
}

function ausgeben ($item2, $key) {
    echo "$key. $item2<br>";
}

echo "Funktion ausgeben:<br>";
array_walk ($produkte, 'ausgeben');

array_walk ($produkte, 'formatieren', 'Gemüse');
echo "Nach der Formatierung:<br>";

array_walk ($produkte, 'ausgeben');
?>
```

*Ausgabe*

```
Funktion ausgeben:
a. Gurke
b. Lauch
c. Brokoli
d. Kohl
Nach der Formatierung:
a. Gemüse: Gurke
b. Gemüse: Lauch
```

c. Gemüse: Brokoli
d. Gemüse: Kohl

Die genaue Anzahl der Elemente des Arrays müssen Sie dazu nicht kennen. `array_walk()` arbeitet mit der ersten Dimension und übergibt jedes Element, egal ob Array oder nicht, an die aufgerufene Funktion. Theoretisch kann man hier erneut mit `array_walk()` arbeiten, um die nächste Dimension zu erreichen.

> **Hinweis:** Sollte die Funktion, die `array_walk()` aufruft, nicht vorhanden sein bzw. den Funktionsbezeichner falsch geschrieben haben, erfolgt keine Fehlermeldung. Es wird lediglich eine Warnung ausgegeben. Achten Sie daher auf die korrekte Schreibweise.

### Einsatz von count() / sizeof()

Um die Anzahl der Einträge eines Arrays herauszubekommen, können Sie entweder `count()` oder `sizeof()` verwenden.

*Beispiel*
```php
<?php
$produkte = array (
            "a"=>"Gurke",
            "b"=>"Lauch",
            "c"=>"Brokoli",
            "d"=>"Kohl"
            );

// Ausgabe (4)
echo count($produkte);
// Ausgabe (4)
echo sizeof($produkte);
?>
```

### Einsatz von current()/pos()

Jedes Arrays hat einen internen Arrayzeiger, welcher auf sein aktuelles Element verweist. Um das aktuelle Element eines Arrays auszulesen, stehen Ihnen die Funktionen `current()` und `pos()` zur Verfügung.

*Beispiel*
```php
<?php
$produkte = array (
            "a"=>"Gurke",
            "b"=>"Lauch",
            "c"=>"Brokoli",
            "d"=>"Kohl"
            );

// Ausgabe (Gurke)
echo current($produkte);
// Ausgabe (Gurke)
echo pos($produkte);
?>
```

## Einsatz von key()

Für den Schlüssel des aktuellen Elements steht Ihnen die Funktion key() zur Verfügung.

*Beispiel*
```
<?php
$produkte = array (
            "a"=>"Gurke",
            "b"=>"Lauch",
            "c"=>"Brokoli",
            "d"=>"Kohl"
            );

// Ausgabe (a)
echo key($produkte);
?>
```

## Einsatz von list()

Mit Hilfe von list() übertragen Sie die Elemente eines Arrays auf einzelne Variablen. Dies erleichtert unter Umständen die Weiterverarbeitung.

*Beispiel*
```
<?php
$produkte = array (
            "Gurke",
            "Lauch",
            "Brokoli",
            "Kohl"
            );
list($produkta, $produktb, $produktc, $produktd) = $produkte;
// Ausgabe - Gurke
echo $produkta;
// Ausgabe - Kohl
echo $produktd;
?>
```

## Einsatz von each()

Mithilfe der Funktion each() haben Sie eine ideale Ergänzung zu list(). Hiermit wird ein komplettes Schlüssel-Werte-Paar an ein eindimensionales Array übergeben. Um genau zu sein, werden vier Werte übergeben, die den Schlüsseln 0,1,key und value entsprechen.

*Beispiel*
```
<?php
$personen = array (
            "P1"=> "Matthias",
            "P2"=> "Caroline",
            "P3"=> "Gülten",
            "P4"=> "Toni"
            );
$person = each($personen);
```

```
echo $person . "<br>";
echo "0: " . $person["0"] . "<br>";
echo "1: " . $person["1"] . "<br>";
echo "key: " . $person["key"] . "<br>";
echo "value: " . $person["value"] . "<br>";
?>
```

*Ausgabe*
```
Array
0: P1
1: Matthias
key: P1
value: Matthias
```

**Hinweis:** Sämtliche assoziativen Arrays verfügen über diese Eigenschaften. Die numerischen Schlüssel sowie key und value sind von Anfang an vorhanden und werden nicht erst durch each() erzeugt.

## Kombination von each() und list()

In Kombination mit list() lassen sich so auch komplexe Arrays sehr leicht in ihre Bestandteile zerlegen, die Ausgabe von each() wird hierbei direkt in list() übergeben. Sehr häufig wird dabei eine while-Schleife mit einbezogen. Sobald each() keine weiteren Elemente vorfindet, wird FALSE zurückgegeben und die Schleife beendet. Der interne Arrayzeiger wird übrigens automatisch durch each() weitergesetzt.

*Beispiel*
```
<?php
$personen = array (
            "P1"=> array("Matthias","Kannengiesser"),
            "P2"=> array("Caroline","Kannengiesser"),
            "P3"=> array("Gülten","Kannengiesser"),
            "P4"=> array("Toni","Schmidt")
            );
while (list ($key, $val) = each ($personen)) {
    echo "$key => $val[0] $val[1]<br>";
}
?>
```

*Ausgabe*
```
P1 => Matthias Kannengiesser
P2 => Caroline Kannengiesser
P3 => Gülten Kannengiesser
P4 => Toni Schmidt
```

## Einsatz von prev() und next()

Sollten Sie each() mehrfach anwenden, werden nacheinander sämtliche Elemente des Arrays ausgegeben. Der interne Arrayzeiger, der auf das aktuelle Element des Arrays zeigt, wandert im Array weiter. Dies ist unter Umständen nicht erwünscht. Sie können daher mit den Funktionen prev() und next() den Zeiger vor- und zurücksetzen.

*Beispiel*
```php
<?php
$personen = array (
            "Matthias",
            "Caroline",
            "Gülten",
            "Toni"
            );
// Ausgabe - Caroline
echo next($personen);
// Ausgabe - Gülten
echo next($personen);
// Ausgabe - Caroline
echo prev($personen);
?>
```

### Einsatz von reset() und end()

Um einen definierten Ausgangspunkt für den internen Arrayzeiger zu erhalten, stehen Ihnen die Funktionen reset() und end() zur Verfügung. Mit reset() wird der Zeiger auf den ersten Eintrag des Arrays gesetzt und mit end() auf den letzten.

*Beispiel*
```php
<?php
$personen = array (
            "Matthias",
            "Caroline",
            "Gülten",
            "Toni"
            );
// Ausgabe - Toni
echo end($personen);
// Ausgabe - Matthias
echo reset($personen);
?>
```

### 3.10.8 Sortierfunktionen

Zu einer effizienten Datenverarbeitung gehören natürlich auch spezielle Funktionen, die es Ihnen ermöglichen, Ihre Daten zu sortieren. Hierfür stellt Ihnen PHP eine mehr als ausreichende Anzahl von Funktionen zur Verfügung.

### Einsatz von sort() und rsort()

Diese beiden Funktionen ermöglichen es Ihnen, Ihre indizierten bzw. linearen Arrays auf einfache Art und Weise zu sortieren.

- Die Funktion sort() sortiert ein Array aufsteigend unter Beibehaltung der Zuordnung der Indizes (*sort*).

- Die Funktion rsort() sortiert ein Array absteigend unter Beibehaltung der Zuordnung der Indizes (*reverse sort*.)

*Beispiel – sort()*

```php
<?php
$personen = array (
            "Matthias",
            "Caroline",
            "Gülten",
            "Toni"
            );
sort ($personen);
reset ($personen);
// Ausgabe - Schlüssel und Werte
while (list ($key, $val) = each ($personen)) {
    echo "$key $val<br>";
}
?>
```

*Ausgabe*

```
0 Caroline
1 Gülten
2 Matthias
3 Toni
```

*Beispiel – rsort()*

```php
<?php
$personen = array (
            "Matthias",
            "Caroline",
            "Gülten",
            "Toni"
            );
rsort ($personen);
reset ($personen);
// Ausgabe - Schlüssel und Werte
while (list ($key, $val) = each ($personen)) {
    echo "$key $val<br>";
}
?>
```

*Ausgabe*

```
0 Toni
1 Matthias
2 Gülten
3 Caroline
```

Der optionale zweite Parameter `sort_flags` kann benutzt werden, um das Sortierverhalten mit den folgenden Flags zu beeinflussen.

Flags für Sortiertypen:

- SORT_REGULAR – Vergleiche Einträge normal
- SORT_NUMERIC – Vergleiche Einträge numerisch
- SORT_STRING – Vergleiche Einträge als Strings

## Einsatz von asort() und arsort()

Diese beiden Funktionen ermöglichen es Ihnen, Ihre assoziativen Arrays auf einfache Art und Weise zu sortieren.

- Die Funktion `asort()` sortiert ein Array vorwärts unter Beibehaltung der Zuordnung der Indizes (*associative sort*).
- Die Funktion `arsort()` sortiert ein Array rückwärts unter Beibehaltung der Zuordnung der Indizes (*associative reverse sort*).

*Beispiel – asort()*
```
<?php
$personen = array (
            "P1"=>"Matthias",
            "P2"=>"Caroline",
            "P3"=>"Gülten",
            "P4"=>"Toni"
            );
asort ($personen);
reset ($personen);
// Ausgabe - Schlüssel und Werte
while (list ($key, $val) = each ($personen)) {
    echo "$key $val<br>";
}
?>
```

*Ausgabe*
```
P2 Caroline
P3 Gülten
P1 Matthias
P4 Toni
```

*Beispiel – arsort()*
```
<?php
$personen = array (
            "P1"=>"Matthias",
            "P2"=>"Caroline",
            "P3"=>"Gülten",
            "P4"=>"Toni"
            );
arsort ($personen);
reset ($personen);
// Ausgabe - Schlüssel und Werte
while (list ($key, $val) = each ($personen)) {
    echo "$key $val<br>";
}
?>
```

*Ausgabe*
```
P4 Toni
P1 Matthias
P3 Gülten
P2 Caroline
```

Der optionale zweite Parameter `sort_flags` kann benutzt werden, um das Sortierverhalten mit den folgenden Flags zu beeinflussen. Flags für Sortiertypen:

- SORT_REGULAR – Vergleiche Einträge normal
- SORT_NUMERIC – Vergleiche Einträge numerisch
- SORT_STRING – Vergleiche Einträge als Strings

### Einsatz von ksort()

Sollten Sie das Array wieder in die ursprüngliche Reihenfolge bringen wollen, wenden Sie `ksort()` an. Die Funktion sortiert aufsteigend nach den Schlüsseln.

*Beispiel*
```
<?php
$personen = array (
            "P1"=>"Matthias",
            "P2"=>"Caroline",
            "P3"=>"Gülten",
            "P4"=>"Toni"
            );
arsort ($personen);
reset ($personen);
// Ausgabe - Schlüssel und Werte
while (list ($key, $val) = each ($personen)) {
    echo "$key $val<br>";
}
ksort ($personen);
reset ($personen);
// Ausgabe - Schlüssel und Werte
while (list ($key, $val) = each ($personen)) {
    echo "$key $val<br>";
}
?>
```

*Ausgabe*
```
P4 Toni
P1 Matthias
P3 Gülten
P2 Caroline

P1 Matthias
P2 Caroline
P3 Gülten
P4 Toni
```

### Einsatz von usort(), uasort() und uksort()

Sollten Sie Ihre eigene Vorstellung eines sortierten Arrays haben, können Sie die Funktionen `usort()`, `uasort()` und `uksort()` einsetzen. Gegenüber den bereits beschriebenen Variationen können Sie als zusätzlichen Parameter eine Funktion übergeben, die bestimmte Sortiermerkmale festlegt. Die Funktion muss den Sortiervorgang nach folgendem Schema durch Rückgabe eines bestimmten Code steuern:

- 0 – Zwei miteinander verglichene Werte sind gleich.
- 1 – Der zweite Parameter ist größer als der erste.
- -1 – Der erste Parameter ist größer als der zweite.

Entsprechend interpretiert PHP beim Sortiervorgang dies als Einordnungskriterium.

*Beispiel – aufsteigend*

```
<?php
$personen = array (
            "ma"=>"Matthias",
            "ca"=>"Caroline",
            "gü"=>"Gülten",
            "to"=>"Toni",
            "mi"=>"Maria",
            "do"=>"Doro"
            );
function vergleich($a, $b) {
   if ($a == $b) return 0;
   elseif ($a > $b) return 1;
   else return -1;
}
uksort($personen, vergleich);
// Ausgabe
foreach($personen as $key=>$element) {
   echo "$key: $element<br>";
}
?>
```

*Ausgabe*

```
ca: Caroline
do: Doro
gü: Gülten
ma: Matthias
mi: Maria
to: Toni
```

*Beispiel – absteigend*

```
<?php
$personen = array (
            "ma"=>"Matthias",
            "ca"=>"Caroline",
            "gü"=>"Gülten",
            "to"=>"Toni",
            "mi"=>"Maria",
            "do"=>"Doro"
            );
function vergleich($a, $b) {
   if ($a == $b) return 0;
   elseif ($a > $b) return -1;
   else return 1;
}
uksort($personen, vergleich);
// Ausgabe
```

```
foreach($personen as $key=>$element) {
   echo "$key: $element<br>";
}
?>
```

*Ausgabe*
```
to: Toni
mi: Maria
ma: Matthias
gü: Gülten
do: Doro
ca: Caroline
```

### 3.10.9 Sonstige Arrayfunktionen

Es stehen Ihnen noch eine Reihe weiterer Funktionen zur Verfügung.

#### Einsatz von extract()

Diese Funktion wird verwendet, um Variablen eines Arrays in die aktuelle Symboltabelle zu importieren. Es behandelt die Schlüssel eines assoziativen Arrays als Variablennamen und die Werte als Variablenwerte.

> **Hinweis:** Seit Version 4.0.5 gibt diese Funktion die Anzahl der extrahierten Variablen zurück.

*Beispiel*
```
<?php
$objekte = array (
                  "auto"    => "gross",
                  "miete"   => 1000,
                  "dreieck" => "grün"
                 );
// Ausgabe (3)
echo extract ($objekte);
// Ausgabe - groß, 1000, grün
print "$auto, $miete, $dreieck";
?>
```

extract() prüft jeden Schlüssel darauf, ob er einen gültigen Variablennamen ergibt, und auch auf eventuelle Kollisionen mit existierenden Variablen in der Symboltabelle. Die Art, wie ungültige/numerische Schlüssel und Kollisionen behandelt werden, wird mithilfe des optionalen Parameters extract_type spezifiziert. Dieser kann einen der folgenden Werte annehmen:

*EXTR_OVERWRITE*
Im Falle einer Kollision wird die existierende Variable überschrieben.

*EXTR_SKIP*
Im Falle einer Kollision wird die existierende Variable nicht überschrieben.

*EXTR_PREFIX_SAME*
Im Falle einer Kollision wird dem Variablennamen ein Präfix vorangestellt.

*EXTR_PREFIX_ALL*
Allen Variablennamen wird ein Präfix vorangestellt. Seit PHP 4.0.5 gilt dies auch für numerische Variablen.

*EXTR_PREFIX_INVALID*
Nur ungültigen/numerischen Variablennamen wird ein Präfix vorangestellt. Dieses Flag wurde mit PHP 4.0.5 eingeführt.

*EXTR_IF_EXISTS*
Überschreibt die Variable nur, wenn sie bereits in der aktuellen Symboltabelle existiert, sonst geschieht nichts. Dies ist dann hilfreich, wenn Sie eine Liste mit gültigen Variablen definieren und dann z. B. nur Variablen extrahieren, welche Sie aus `$_REQUEST` definiert haben. Dieses Flag wurde in PHP 4.2.0 eingeführt.

*EXTR_PREFIX_IF_EXISTS*
Erstellt nur Variablennamen mit Präfix, wenn die Version ohne Präfix derselben Variablen in der aktuellen Symboltabelle existiert. Dieses Flag wurde in PHP 4.2.0 eingeführt.

*EXTR_REFS*
Extrahiert Variablen als Referenzen. Das heißt, dass die Werte der importierten Variablen noch immer auf die Werte des Parameters `var_array` referenzieren. Sie können dieses Flag alleine oder auch in Kombination mit einem anderen Flag verwenden, indem Sie Oder-Verknüpfungen im `extract_type` erstellen. Dieses Flag wurde in PHP 4.3.0 eingeführt.

Ist `extract_type` nicht spezifiziert, so wird `EXTR_OVERWRITE` verwendet.

### Einsatz von range()

Mithilfe von `range()` können Sie ein Array mit Ganzzahlen aus einem vorgegebenen Wertebereich auffüllen.

*Beispiel*
```
<?php
$zahlen = range(1,10);
// Ausgabe - 12345678910
foreach($zahlen as $element) {
   echo "$element";
}
?>
```

Seit PHP 5 steht Ihnen noch der optionale Parameter `step` für die Schrittweite zur Verfügung. Ist ein Wert für `step` angegeben, wird diese Schrittweite zwischen den Elementen in der Sequenz verwendet. Ist `step` nicht angegeben, wird automatisch der Wert 1 angenommen.

*Beispiel*
```php
<?php
// Entspricht
// Array(0,20,40,60,80,100)
$zahlen = range(0,100,20);
// Ausgabe - 0 20 40 60 80 100
foreach($zahlen as $number) {
    echo "$number<br>";
}
?>
```

*Beispiel*
```php
<?php
foreach(range(0, 100, 10) as $number) {
    echo "$number -";
}
?>
```

*Ausgabe*
```
0 -10 -20 -30 -40 -50 -60 -70 -80 -90 -100 -
```

Natürlich lässt sich dies auch auf Zeichenfolgen anwenden.

*Beispiel*
```php
<?php
foreach(range("A", "Z", 5) as $buchstabe) {
    echo "$buchstabe - ";
}
?>
```

*Ausgabe*
```
A - F - K - P - U - Z -
```

**Hinweis:** step sollte immer als positive Zahl angegeben werden.

### Einsatz von shuffle()

Mithilfe der Funktion shuffle() können Sie, wie das folgende Beispiel zeigt, ein Array zufallsgesteuert in Unordnung bringen.

*Beispiel*
```php
<?php
$personen = array (
            "ma"=>"Matthias",
            "ca"=>"Caroline",
            "gü"=>"Gülten",
            "to"=>"Toni",
            "mi"=>"Maria",
            "do"=>"Doro"
            );
```

```
shuffle($personen);
foreach($personen as $key=>$element) {
   echo "$key: $element<br>";
}
?>
```

*Ausgabe*
```
0: Caroline
1: Matthias
2: Doro
3: Toni
4: Gülten
5: Maria
```

**Hinweis:** Eventuell vorhandene assoziative Indizes gehen hierbei verloren.

### 3.10.10 Nützliche Arrayfunktionen

Wie Sie bereits erfahren haben, stellt Ihnen PHP eine Reihe Arrayfunktionen zur Verfügung. Wir werden uns einige dieser Funktionen näher betrachten und ihre Funktionsweise vorstellen.

#### *Einsatz von array_unshift()*

Mithilfe der Funktion `array_unshift()` haben Sie die Möglichkeit, einzelne Elemente am Anfang eines Arrays einzufügen.

*Beispiel*
```
<?php
$zahlen = array(10,20,30,40,50);
array_unshift($zahlen,"a","b","c");

foreach ($zahlen as $element) {
   echo "$element .";
}
?>
```

*Ausgabe*
```
a b c 10 20 30 40 50
```

#### *Einsatz von array_push()*

Die Funktion `array_push()` fügt ein oder mehrere Elemente an das Ende eines Arrays an.

*Beispiel*
```
<pre>
<?php
$werte = array('wagen', 'punkt', 'mutter');
$resultat = array_push($werte,"mama","papa");
print_r($werte);
```

```
echo $resultat;
?>
</pre>
```

*Ausgabe*
```
Array
(
    [0] => wagen
    [1] => punkt
    [2] => mutter
    [3] => mama
    [4] => papa
)
5
```

### *Einsatz von array_shift()*

Die Methode `array_shift()` entfernt das erste Element eines Arrays.

*Beispiel*
```
<pre>
<?php
$werte = array('wagen', 'punkt', 'mutter');
$resultat = array_shift($werte);
print_r($werte);
echo $resultat;
?>
</pre>
```

*Ausgabe*
```
Array
(
    [0] => punkt
    [1] => mutter
)
wagen
```

### *Einsatz von array_pop()*

Die Methode `array_pop()` entfernt das letzte Element eines Arrays.

*Beispiel*
```
<pre>
<?php
$werte = array('wagen', 'punkt', 'mutter');
$resultat = array_pop($werte);
print_r($werte);
echo $resultat;
?>
</pre>
```

*Ausgabe*
```
Array
(
    [0] => wagen
    [1] => punkt
)
mutter
```

### Einsatz von array_splice()

Die Funktion `array_splice()` eignet sich hervorragend, um Elemente aus einem Array zu entfernen und diese durch andere Elemente eines Arrays zu ersetzen. Hierbei können Sie selbst wählen, an welcher Position im Array dieser Eingriff durchgeführt werden soll.

*Beispiel*
```php
<?php
$zahlen = array(10,20,30,40,50);
$buchstaben = array("a","b","c");

// $resultat = array_splice($array1, postion, anzahl, $array2);
$resultat = array_splice($zahlen, 2, 2,$buchstaben);

foreach ($zahlen as $element) {
   echo "$element ";
}
foreach ($resultat as $element) {
   echo "$element ";
}
?>
```

*Ausgabe*
```
10 20 a b c 50
30 40
```

Die ersetzten Elemente werden in dem Array `$resultat` abgelegt. Für die Angabe der Position eines Arrayelements gilt es immer zu beachten, dass das erste Arrayelement die Position 0 hat.

### Einsatz von array_reverse()

Die Methode `array_reverse()` kehrt die Reihenfolge der Arrayelemente im Array selbst um. Ist der optionale zweite Parameter `preserve_keys` TRUE, bleibt die Reihenfolge der Schlüssel erhalten.

*Beispiel*
```
<pre>
<?php
$werte = array('wagen', 'punkt', 'mutter');
$resultat = array_reverse($werte);
print_r($resultat);
$resultat = array_reverse($werte,true);
print_r($resultat);
?>
</pre>
```

*Ausgabe*
```
Array
(
    [0] => mutter
    [1] => punkt
    [2] => wagen
)
Array
(
    [2] => mutter
    [1] => punkt
    [0] => wagen
)
```

## Einsatz von array_keys()

Wie unter Verwendung der Funktion `array_keys()` die Schlüssel eines Arrays einem anderen Array zugewiesen werden können, sehen Sie im folgenden Beispiel:

```
<pre>
<?php
$array1 = array ("Zahl" => 100, "Farbe" => "rot");
print_r(array_keys ($array1));

$array2 = array ("Wert" => 100, "Eintrag" => "rot");
$array2 = array_keys($array1);
print_r($array2);
?>
```

*Ausgabe*
```
Array
(
    [0] => Zahl
    [1] => Farbe
)
Array
(
    [0] => Zahl
    [1] => Farbe
)
```

Ist der optionale Parameter `search_value` angegeben, werden nur die Schlüssel für diesen Wert zurückgegeben. Andernfalls werden sämtliche Schlüssel zurückgegeben.

*Beispiel*
```
<pre>
<?php
$array1 = array ("Zahl" => 100, "Farbe" => "rot");
print_r(array_keys ($array1));

$array2 = array ("Wert" => 100, "Eintrag" => "rot");
$array2 = array_keys($array1,"rot");
print_r($array2);
?>
</pre>
```

*Ausgabe*
```
Array
(
    [0] => Zahl
    [1] => Farbe
)
Array
(
    [0] => Farbe
)
```

### Einsatz von array_map()

Mithilfe von `array_map()` wird eine sogenannte Callback-Funktion auf das vorhandene Array angewandt. Die Anzahl der Parameter, welche die Callback-Funktion zulässt, sollte der Anzahl der an `array_map()` übergebenen Arrays entsprechen.

*Beispiel*
```
<pre>
<?php
function multiplizieren($n) {
    return $n*$n;
}
$zahlen = array(1, 2, 3, 4, 5);
$multzahlen = array_map("multiplizieren", $zahlen);
print_r($multzahlen);
print_r($zahlen);
?>
</pre>
```

*Ausgabe*
```
Array
(
    [0] => 1
    [1] => 4
    [2] => 9
    [3] => 16
    [4] => 25
)
Array
(
    [0] => 1
    [1] => 2
    [2] => 3
    [3] => 4
    [4] => 5
)
```

Wie man sieht, bleiben die Elemente des ursprünglichen Arrays erhalten!

Natürlich lassen sich mit `array_map()` auch mehrere Arrays verarbeiten. Hierzu müssen Sie lediglich berücksichtigen, dass die Anzahl Ihrer Funktionsparameter mit der Anzahl der übergebenen Arrays übereinstimmt.

*Beispiel*
```
<pre>
<?php
function verbinden($n, $m) {
    return array ($n => $m);
}

$vok_de = array("auto", "bus", "motorrad", "fahrrad");
$vok_en = array("car", "bus", "motorcycle", "bicycle");

$vokabelheft = array_map("verbinden", $vok_de, $vok_en);
print_r($vokabelheft);
?>
</pre>
```

*Ausgabe*
```
Array
(
    [0] => Array
        (
            [auto] => car
        )

    [1] => Array
        (
            [bus] => bus
        )

    [2] => Array
        (
            [motorrad] => motorcycle
        )

    [3] => Array
        (
            [fahrrad] => bicycle
        )

)
```

oder so:
```
<pre>
<?php
function zeige_vokabeln($n, $m) {
    return "Vokabeln (Deutsch/Englisch): $n / $m";
}

$vok_de = array("auto", "bus", "motorrad", "fahrrad");
$vok_en = array("car", "bus", "motorcycle", "bicycle");

$vokabelheft = array_map("zeige_vokabeln", $vok_de, $vok_en);
print_r($vokabelheft);
?>
</pre>
```

*Ausgabe*
```
Array
(
    [0] => Vokabeln (Deutsch/Englisch): auto / car
    [1] => Vokabeln (Deutsch/Englisch): bus / bus
    [2] => Vokabeln (Deutsch/Englisch): motorrad / motorcycle
    [3] => Vokabeln (Deutsch/Englisch): fahrrad / bicycle
)
```

Bei Verwendung von zwei oder mehr Arrays sollten diese möglichst die gleiche Länge haben, da die Callback-Funktion parallel auf die entsprechenden Elemente angewandt wird. Haben die Arrays unterschiedliche Längen, wird das kürzeste um leere Elemente erweitert.

Eine weitere interessante Anwendung dieser Funktion ist die Konstruktion eines Arrays bestehend aus Arrays, was mit NULL als Name der Callback-Funktion leicht realisiert werden kann.

*Beispiel*
```
<pre>
<?php
$vok_de = array("auto", "bus", "motorrad", "fahrrad");
$vok_en = array("car", "bus", "motorcycle", "bicycle");
$vok_fr = array("voiture", "autobus", "motocyclette", "bicyclette");

$vokabelheft = array_map(null, $vok_de, $vok_en, $vok_fr);
print_r($vokabelheft);
?>
</pre>
```

*Ausgabe*
```
Array
(
    [0] => Array
        (
            [0] => auto
            [1] => car
            [2] => voiture
        )

    [1] => Array
        (
            [0] => bus
            [1] => bus
            [2] => autobus
        )

    [2] => Array
        (
            [0] => motorrad
            [1] => motorcycle
            [2] => motocyclette
        )
```

```
        [3] => Array
            (
                [0] => fahrrad
                [1] => bicycle
                [2] => bicyclette
            )
)
```

### Einsatz von array_merge()

Wollen Sie zwei oder mehr Arrays miteinander verbinden, steht Ihnen die Funktion array_merge() zur Verfügung.

*Beispiel*
```
<pre>
<?php
$vok_de = array("auto", "bus", "motorrad");
$vok_fr = array(
                "W1"=>"voiture",
                "W2"=>"autobus",
                "W3"=>"motocyclette"
                );
$vok_en = array("car", "bus", "motorcycle");

$worte = array_merge ($vok_de, $vok_fr, $vok_en);
print_r($worte);
?>
</pre>
```

*Ausgabe*
```
Array
(
    [0] => auto
    [1] => bus
    [2] => motorrad
    [W1] => voiture
    [W2] => autobus
    [W3] => motocyclette
    [3] => car
    [4] => bus
    [5] => motorcycle
)
```

### Einsatz von array_pad()

Mithilfe der Funktion array_pad() kann ein Array um eine beliebige Anzahl von Elementen erweitert werden und entweder am Anfang oder am Ende mit einem angegebenen Wert, z. B. einem *, aufgefüllt werden.

*Beispiel*
```
<?php
$werte = array(10,20,30,40,50);
$anfang = array_pad($werte,-10,'*');
$ende = array_pad($werte,10,'*');
```

```
foreach ($anfang as $element) {
   echo "$element ";
}
echo "<br>";
foreach ($ende as $element) {
   echo "$element ";
}
?>
```

*Ausgabe*

```
* * * * * 10 20 30 40 50
10 20 30 40 50 * * * * *
```

### Einsatz von array_slice()

Die Funktion `array_slice()` gibt aus einem Array eine angegebene Anzahl von Elementen, die ab einer Position gefunden werden, an ein zweites Array zurück. Ist die Positionsangabe positiv, beginnt die Sequenz am Anfang des Arrays, sonst am Ende des Arrays.

*Beispiel*

```
<?php
$werte = array(10,20,30,40,50);
$vomanfang = array_slice($werte,2,2);
$vomende = array_slice($werte,-2,2);
foreach ($vomanfang as $element) {
   echo "$element ";
}
echo "<br>";
foreach ($vomende as $element) {
   echo "$element ";
}
?>
```

*Ausgabe*

```
30 40
40 50
```

In diesem Fall

```
$resultat1 = array_slice($werte,0,2);
$ resultat1 = array_slice($werte,2);
```

erhalten Sie folgende Ausgabe:

```
10 20
30 40 50
```

### Einsatz von array_values()

Mithilfe der Funktion `array_values()` können Sie auf einfache Weise sämtliche Werte eines assoziativen Arrays ermitteln.

*Beispiel*
```
<?php
$personen = array(
            "P1"=>"Matthias",
            "P2"=>"Caroline",
            "PX"=>"Gülten"
            );
$resultat = array_values($personen);
foreach ($resultat as $element) {
   echo "$element ";
}
?>
```

*Ausgabe*
Matthias Caroline Gülten

### Einsatz von in_array()

Mithilfe der Funktion in_array() kann ein Array nach einem bestimmten Wert durchsucht werden. Die Funktion liefert hierbei den Wahrheitswert TRUE zurück, wenn der gesuchte Wert gefunden wurde.

*Beispiel*
```
<?php
$personen = array(
            "P1"=>"Matthias",
            "P2"=>"Caroline",
            "PX"=>"Gülten"
            );
if (in_array("Caroline",$personen)) {
   echo "Gefunden";
} else {
   echo "Nicht gefunden";
}
?>
```

*Ausgabe*
Gefunden

### Einsatz von compact()

Die Funktion compact() übergibt die Namen von Variablen als Indizes und deren Werte als zugehörige Elemente in ein Array. So lassen sich auf einfache Weise Variablen in ein assoziatives Array überführen.

*Beispiel*
```
<?php
$p1 = "Matthias";
$p2 = "Caroline";
$px = "Gülten";
$personen = compact("p1","p2","px");
foreach ($personen as $key=>$element) {
```

```
    echo "$key=>$element<br>";
}
?>
```

*Ausgabe*
```
p1=>Matthias
p2=>Caroline
px=>Gülten
```

### Einsatz von array_combine()

Die Funktion `array_combine()` erzeugt ein Array mithilfe eines Arrays, welches die Schlüssel vorgibt, und eines Arrays, welches die Werte vorgibt. Die Funktion steht Ihnen erst ab PHP 5 zur Verfügung.

*Beispiel*
```
<pre>
<?php
$groessen = array('klein', 'mittel', 'gross');
$werte = array('wagen', 'punkt', 'mutter');
$resultat = array_combine($groessen, $werte);
print_r($resultat);
?>
</pre>
```

*Ausgabe*
```
Array
(
    [klein] => wagen
    [mittel] => punkt
    [groß] => mutter
)
```

**Achtung:** Die Anzahl der Elemente beider Arrays muss übereinstimmen, sonst wird FALSE zurückgegeben.

### Einsatz von array_chunk()

Mithilfe der Funktion `array_chunk()` teilen Sie ein Array in einzelne Arrays auf, welche eine von Ihnen festgelegte Anzahl von Werten besitzen. Am Ende kann auch ein Array mit weniger Werten erzeugt werden. Die Arrays werden als Teile eines mehrdimensionalen Arrays erzeugt, welches numerisch indiziert ist. Sie können PHP dazu zwingen, die ursprünglichen Schlüssel des Arrays beizubehalten, indem Sie den optionalen dritten Parameter `preserve_keys` auf TRUE setzen. Geben Sie FALSE an, werden in jedem erzeugten Array neue numerische Indizes erzeugt, welche bei 0 beginnen, Standard ist FALSE.

*Beispiel*
```
<pre>
<?php
$werte = array('wagen', 'punkt', 'mutter');
```

```
print_r(array_chunk($werte, 2));
print_r(array_chunk($werte, 2, TRUE));
?>
</pre>
```

*Ausgabe*
```
Array
(
    [0] => Array
        (
            [0] => wagen
            [1] => punkt
        )

    [1] => Array
        (
            [0] => mutter
        )

)
Array
(
    [0] => Array
        (
            [0] => wagen
            [1] => punkt
        )

    [1] => Array
        (
            [2] => mutter
        )

)
```

## *Einsatz von array_multisort()*

Mithilfe von `array_multisort()` werden mehrere indizierte oder multidimensionale Arrays auf einmal sortiert. Bei der Sortierung werden die Schlüsselassoziationen beibehalten.

Die Struktur der Argumente ist etwas ungewöhnlich, aber flexibel. Das allererste Argument muss ein Array sein. Die nachfolgenden Argumente können entweder ein Array oder eines der folgenden Sortierflags sein.

Flags für Sortierreihenfolge:

- SORT_ASC – Sortiere in aufsteigender Reihenfolge
- SORT_DESC – Sortiere in absteigender Reihenfolge

Flags für Sortiertypen:

- SORT_REGULAR – Vergleiche Felder normal
- SORT_NUMERIC – Vergleiche Felder numerisch
- SORT_STRING – Vergleiche Felder als Strings

**Hinweis:** Gibt bei Erfolg TRUE zurück, im Fehlerfall FALSE.

*Beispiel – Sortieren mehrerer Arrays*
```
<pre>
<?php
$werte1 = array ("10", 100, 100, "a");
$werte2 = array (1, 3, "2", 1);
array_multisort ($werte1, $werte2);
print_r($werte1);
print_r($werte2);
?>
</pre>
```

*Ausgabe*
```
Array
(
    [0] => 10
    [1] => a
    [2] => 100
    [3] => 100
)
Array
(
    [0] => 1
    [1] => 1
    [2] => 2
    [3] => 3
)
```

*Beispiel – Sortieren eines mehrdimensionalen Arrays*
```
<pre>
<?php
$werte = array (
   array ("10", 100, 100, "a"),
   array (1, 3, "2", 1)
);
array_multisort ($werte[0], SORT_ASC, SORT_STRING,
                 $werte[1], SORT_DESC, SORT_NUMERIC);
print_r($werte);
?>
</pre>
```

*Ausgabe*
```
Array
(
    [0] => Array
        (
            [0] => 10
            [1] => 100
            [2] => 100
            [3] => a
        )
```

```
    [1] => Array
        (
            [0] => 1
            [1] => 3
            [2] => 2
            [3] => 1
        )
)
```

### Einsatz von array_rand()

Mithilfe der Funktion `array_rand()` erhalten Sie einen oder mehrere zufällige Einträge eines Arrays. Die Funktion übernimmt das Array und ein optionales Argument `num_req`, welches die gewünschte Anzahl Einträge spezifiziert. Ist `num_req` nicht angegeben, wird auf 1 gesetzt.

*Beispiel*
```
<pre>
<?php
$personen = array (
            "Matthias",
            "Caroline",
            "Gülten",
            "Toni",
            "Saban"
        );
$rand_keys = array_rand ($personen, 2);
print $personen[$rand_keys[0]] . "<br>";
print $personen[$rand_keys[1]] . "<br>";;
?>
</pre>
```

*Ausgabe*
```
Caroline
Toni
```

Sie haben bereits nahezu sämtliche Arrayfunktionen kennengelernt. Es warten jedoch noch mehr auf Sie! Wie Sie sicher bereits bemerkt haben, sind Arrays ein recht interessantes Thema und können Ihnen die Arbeit an Ihren Programmen vereinfachen, vor allem dort, wo es eine Vielzahl von Daten zu bearbeiten oder verwalten gibt. Dies ist besonders heute im Zeitalter der Datenbanken einer der Schwerpunkte!

### Einsatz von array_search()

Mithilfe der Funktion `array_search()` erhalten Sie entweder den gefundenen Schlüssel oder FALSE zurück. Zusätzlich liefert die Funktion die Position des gesuchten Elements.

*Beispiel*
```
<?php
$personen = array("Matthias", "Caroline", "Gülten");
$suchwort = "Caroline";
$position = array_search($suchwort,$personen);

if ($position !== false) {
```

```
    echo "$suchwort liegt auf Position $position";
} else {
    echo "Person $suchwort nicht enthalten";
}
?>
```

*Ausgabe*
```
Caroline liegt auf Position 1
```

Bitte achten Sie darauf, den Vergleich mit !== durchzuführen, denn sollte Ihr gesuchtes Element im Array an der Position 0 gefunden werden, ergibt die if-Anweisung ein logisches FALSE, und dies würde zu einem falschen Resultat führen.

*Beispiel*
```
<?php
$personen = array("Matthias", "Caroline", "Gülten");
$suchwort = "Matthias";
$position = array_search($suchwort,$personen);
if ($position != false) {
    echo "$suchwort liegt auf Position $position";
} else {
    echo "Person $suchwort nicht enthalten";
}
?>
```

*Ausgabe*
```
Person Matthias nicht enthalten
```

## Doppelgänger aus einem Array entfernen

Sie haben ein Array und würden gerne Duplikate entfernen. Dafür nutzen Sie die Funktion array_unique(). Sie gibt ein neues Array zurück, welches keine doppelten Werte enthält.

*Beispiel*
```
<pre>
<?php
$zahlen = array(10,1,10,20,30,10,5);
$neuesarray = array_unique($zahlen);
print_r($neuesarray);
?>
</pre>
```

*Ausgabe*
```
Array
(
    [0] => 10
    [1] => 1
    [3] => 20
    [4] => 30
    [6] => 5
)
```

> **Hinweis:** Wie Sie sehen, bleiben die Indizes erhalten.

## Kleinstes und größtes Arrayelement ausgeben

Sollten Sie das kleinste und das größte Element eines Arrays ermitteln wollen, können Sie hierfür die Funktionen `min()` und `max()` verwenden. Dies ist vor allem bei Zeittafeln oder chronlogischen Abfolgen äußerst wichtig.

*Beispiel – max()*
```
<?php
$personen = array("Matthias", "Caroline", "Gülten");
// Ausgabe - Caroline
echo $kleinstes = min($personen);
?>
```

*Beispiel – min()*
```
<?php
$personen = array("Matthias", "Caroline", "Gülten");
// Ausgabe - Matthias
echo $groesstes = max($personen);
?>
```

## Array in eine Zeichenkette umwandeln

Sie haben ein Array, welches Sie in eine Zeichenkette (String) umwandeln wollen. Hierfür könnten Sie z. B. eine `foreach`-Schleife verwenden.

*Beispiel*
```
<?php
$personen = array("matthias", "caroline", "gülten");
foreach ($personen as $element) {
 $zeichen .= $element;
}
// Ausgabe - matthiascarolinegülten
echo $zeichen;
?>
```

Das hat recht gut funktioniert. Doch wie kommen wir an die einzelnen Bestandteile der Zeichenkette heran? Die aktuell vorliegende Variable `$zeichen` enthält eine zusammenhängende Zeichenkette, in der wir keine Unterscheidungsmöglichkeit haben, wann welcher Teilstring beginnt und wann er endet. In diesem Fall könnten wir unsere Schleife optimieren, indem wir ein Trennzeichen hinzufügen.

*Beispiel*
```
<?php
$personen = array("matthias", "caroline", "gülten");
foreach ($personen as $element) {
 $zeichen .= ",$element";
}
// Ausgabe - ,matthias,caroline,gülten
echo $zeichen;
// Führendes Trennzeichen entfernen
```

```
// Ausgabe - matthias,caroline,gülten
echo $zeichen = substr($zeichen,1);
?>
```

Anhand der Ausgabe ist zu erkennen, dass nach dem Schleifendurchlauf noch eine Bearbeitung der Zeichenkette durch die Stringfunktion `substr()` stattgefunden hat, um das erste Trennzeichen (,) zu entfernen.

> **Hinweis:** In PHP stehen Ihnen eine Reihe von Stringfunktionen zur Verfügung. Auf die Stringfunktionen werde ich im Abschnitt 3.13 dieses Kapitels eingehen.

### Vereinigung, Schnitt- oder Differenzmengen zweier Arrays

Nehmen wir an, Sie haben zwei Arrays und wollen diese miteinander vergleichen. Hierbei sollen folgende Schwerpunkte gesetzt werden:

- Ermitteln der Vereinigungsmenge, alle Elemente
- Ermitteln der Schnittmenge, Elemente, die in beiden Arrays vorkommen, und nicht nur in einem
- Ermitteln der Differenzmenge, Elemente, die in einem, aber nicht in beiden vorhanden sind

Als Vorlage dienen die folgenden beiden Arrays:

```
$vok_a = array("ein","zwei","drei","vier");
$vok_b = array("ein","zwei","vier");
```

*Ermitteln der Vereinigungsmenge*

```
<pre>
<?php
$vok_a = array("ein","zwei","drei","vier");
$vok_b = array("ein","zwei","vier");
$vereinen = array_unique(array_merge($vok_a,$vok_b));
print_r($vereinen );
?>
</pre>
```

*Ausgabe*

```
Array
(
    [0] => ein
    [1] => zwei
    [2] => drei
    [3] => vier
)
```

Um die Vereinigungsmenge zu finden, mischen Sie die beiden Arrays mithilfe der Funktion `array_merge()` und erhalten damit ein größeres Array mit sämtlichen Werten. Leider lässt die Funktion jedoch doppelte Werte zu, wenn sie zwei indizierte Arrays miteinander mischt, daher rufen Sie zusätzlich noch die Funktion `array_unique()` auf, um diese herauszufiltern.

*Ermitteln der Schnittmenge*
```
<pre>
<?php
$vok_a = array("ein","zwei","drei","vier");
$vok_b = array("ein","zwei","vier");
$schnitt = array_intersect($vok_a,$vok_b);
print_r($schnitt);
?>
</pre>
```

*Ausgabe*
```
Array
(
    [0] => ein
    [1] => zwei
    [3] => vier
)
```

Bei der Bildung der Schnittmenge ist Ihnen die Funktion array_intersect() behilflich.

*Ermitteln der Differenzmenge*
```
<pre>
<?php
$vok_a = array("ein","zwei","drei","vier");
$vok_b = array("ein","zwei","vier");
$differenz = array_diff($vok_a,$vok_b);
print_r($differenz );
?>
</pre>
```

*Ausgabe*
```
Array
(
    [2] => drei
)
```

Die Funktion array_diff() gibt ein Array zurück, welches sämtliche Elemente in $vok_a enthält, die nicht in $vok_b vorkommen.

## Elementkombination eines Arrays ermitteln

Sie wollen sämtliche Elementkombinationen eines Arrays ermitteln, die einige oder alle Elemente des Arrays enthalten, sprich die Potenzmenge. Hier die zuständige Funktion:

```
function set_potenz($liste) {
  // Initialisierung durch ein leeres Array
  $resultate = array(array());
  foreach ($liste as $element) {
      foreach($resultate as $kombination) {
              array_push($resultate, array_merge(array($element),
$kombination));
      }
  }
  return $resultate;
}
```

Diese Funktion gibt ein Array aus Arrays zurück, das sämtliche Kombination von Elementen beinhaltet, einschließlich der leeren Menge.

*Beispiel*
```
$werte = array("A","B","C");
$potenzmenge = set_potenz($werte);
print_r($potenzmenge);
```

*Ausgabe*
```
Array
(
    [0] => Array
        ( )

    [1] => Array
        ( [0] => A )

    [2] => Array
        ( [0] => B )

    [3] => Array
        ( [0] => B    [1] => A )

    [4] => Array
        ( [0] => C )

    [5] => Array
        ( [0] => C    [1] => A )

    [6] => Array
        ( [0] => C    [1] => B )

    [7] => Array
        ( [0] => C    [1] => B    [2] => A )
)
```

$potenzmenge enthält anschließend acht Arrays, sprich acht mögliche Kombinationen. Die erste foreach-Schleife arbeitet sämtliche Elemente des Arrays ab, während die innere foreach-Schleife sämtliche vorhandenen, aus den vorherigen Elementen erzeugten Kombinationen durchläuft. Dies ist auch der schwierige Teil innerhalb der Funktion. Sie müssen genau wissen, wie sich PHP während der Schleifendurchläufe verhält.

Die Funktion array_merge() kombiniert das Element mit den vorherigen Kombinationen. Beachten Sie jedoch, dass das Array $resultate, dem das neue Array mit array_push() hinzugefügt wird, dasjenige ist, das in dem foreach durchlaufen wird. Normalerweise würde dies zu einer Endlosschleife führen, wenn Sie Einträge zu $resultate hinzufügen. In PHP ist dies jedoch nicht der Fall, denn PHP arbeitet mit einer Kopie des ursprünglichen Arrays. Wenn Sie aber eine Ebene höher in die äußere Schleife zurückspringen und das foreach mit dem nächsten $element erneut ausführen, wird es zurückgesetzt. Daher können Sie direkt mit $resultate arbeiten und das Array als Stapelspeicher für Ihre Kombinationen verwenden. Indem Sie alles als Array speichern, erhalten Sie zusätzliche Flexibilität bei der Bearbeitung der einzelnen Arrays bzw. Kombinationen.

Um die Ergebnisse formatiert zwischen den Elementen innerhalb der Kombinationen und Zeilenwechsel zwischen den Kombinationen auszugeben, können Sie folgende Codezeilen einsetzen:

```
$werte = array("A","B","C");
echo "<table border=1>";
foreach (set_potenz($werte) as $element) {
   print "<tr><td> " . join(" ", $element) . "</td></tr>";
}
echo "</table>";
```

Und hier die Kombinationen mit jeweils zwei Elementen:

```
$werte = array("A","B","C");
echo "<table border=1>";
foreach (set_potenz($werte) as $element) {
   if (2 == count($element)) {
   print "<tr><td> " . join(" ", $element) . "</td></tr>";
   }
}
echo "</table>";
```

**Achtung:** Der Durchlauf dauert bei einer großen Menge von Elementen sehr lange. Aus einer Menge mit n Elementen entstehen $2^{n+1}$ Mengen. Mit anderen Woren, wenn n um 1 erhöht wird, verdoppelt sich die Anzahl der Elemente.

### Permutationen und Arrays

Abschließend noch ein Beispiel zum Thema Permutation. Sie haben ein Array mit Elementen und wollen sämtliche Möglichkeiten berechnen, wie diese unterschiedlich angeordnet werden können.

```
$begriffe=array("ich","bin","dort");
```

*Beispiel*

```
<?php
// Permutationen ermitteln (Rekursiv)
function setze_permutation($liste, $permliste = array()) {
    if (empty($liste)) {
        print join(' ', $permliste) . "<br>";
    } else {
        for ($i = count($liste) - 1; $i >= 0; --$i) {
            $neueliste = $liste;
            $neuepermliste = $permliste;
            list($werte) = array_splice($neueliste, $i, 1);
            array_unshift($neuepermliste, $werte);
            setze_permutation($neueliste, $neuepermliste);
        }
    }
}
// Entspricht - array("ich","bin","dort");
$begriffe = split(" ","ich bin dort");
setze_permutation($begriffe);
?>
```

*Ausgabe*

```
ich bin dort
bin ich dort
ich dort bin
dort ich bin
bin dort ich
dort bin ich
```

### 3.10.11 Nützliche Arrayoperationen

Dieser Abschnitt liefert noch einige nützliche Codebeispiele.

#### Prüfen von Arrayschlüsseln und Elementen

Wenn Sie prüfen wollen, ob ein Array einen bestimmten Schlüssel oder ein bestimmtes Element (Wert) enthält, dann könnten folgende Codezeilen gute Dienste leisten:

*Beispiel – Prüfen, ob ein Schlüssel im Array enthalten ist*

```php
<?
$mitarbeiter = array(
                "M1"=>"Manfred",
                "M2"=>"Toni",
                "M3"=>"Tim",
                "M4"=>"Fred"
                );
if (isset($mitarbeiter['M3'])) {
   echo "Schlüssel gehört zu " . $mitarbeiter['M3'];
} else {
   echo "Diese Schlüssel ist nicht vorhanden!";
}
?>
```

Sie sehen bei der Überprüfung, ob ein Schlüssel vorhanden ist. Gehen Sie genauso vor wie bei der Überprüfung von Variablen, indem Sie isset() verwenden.

*Beispiel – Prüfen, ob ein Element im Array enthalten ist*

```php
<?
$mitarbeiter = array(
                "M1"=>"Manfred",
                "M2"=>"Toni",
                "M3"=>"Tim",
                "M4"=>"Fred"
                );
if (in_array("Tim",$mitarbeiter)) {
   echo "Mitarbeiter ist " . $mitarbeiter['M3'];
} else {
   echo "Mitarbeiter nicht vorhanden!";
}
?>
```

Mithilfe von `in_array()` können Sie prüfen, ob ein Element eines Arrays einen bestimmten Wert enthält. Standardmäßig vergleicht `in_array()` die Elemente mit dem Gleichheitsoperator ==.

> **Hinweis:** Um die strikte Gleichheitsprüfung mit === durchzuführen, übergeben Sie `true` als dritten Parameter an `in_array()`.

## 3.11 Mathematische Funktionen

Nachdem Sie die in PHP zur Verfügung stehenden Arrayfunktionen kennengelernt haben, werden nachfolgend auch gleich die von PHP unterstützten elementaren mathematischen Funktionen zusammengestellt, sodass Sie in der Lage sind, mit PHP beliebige mathematische Ausdrücke zu formulieren und zu berechnen.

| Funktion | Beispiel | Beschreibung |
|---|---|---|
| abs($x) | abs(-10) => 10 | Absoluter Betrag |
| acos($x) | acos(0.5) => 1.0471975511966 | Arcus Cosinus (Bogenmaß) |
| asin($x) | asin(0.5) => 0.5235987755983 | Arcus Sinus (Bogenmaß) |
| atan($x) | atan(0.5) => 0.46364760900081 | Arcus Tangens (Bogenmaß) |
| atan2($x,$y) | atan2(0.5,0.5) => 0.78539816339745 | Diese Funktion berechnet den Arcus-Tangens aus den Parametern $x und $y. |
| cos($x) | cos(0.5) => 0.87758256189037 | Cosinus (Bogenmaß) |
| exp($x) | exp(2) => 7.3890560989307 | $e^x$, Potenz zur Basis e (Eulersche Zahl) |
| max($x[args]) | max(20,10,9,29,10) => 29 | Maximalwert einer Argumentliste |
| min($x[args]) | min(20,10,9,29,10) => 9 | Minimalwert einer Argumentliste |
| log($x) | log(2) => 0.69314718055995 | Natürlicher Logarithmus |
| log10($x) | log10(1000) => 3 | Dekadischer Logarithmus |
| pow($x,$y) | pow(2,10) => 1024 | Potenzfunktion $x^y$ |
| sin($x) | sin(0.5) => 0.4794255386042 | Sinus (Bogenmaß) |
| sqrt($x) | sqrt(16) => 4 | Quadratwurzel |
| tan($x) | tan(0.5) => 0.54630248984379 | Tangens (Bogenmaß) |

### 3.11.1 Umwandlungsfunktionen

Als Nächstes folgen die in PHP zur Verfügung stehenden Umwandlungsfunktionen.

| Funktion | Beispiel | Beschreibung |
|---|---|---|
| floor(float) | floor(10.8) => 10 | Ganzzahliger Teil einer Zahl. Rundet zur nächsten Ganzzahl ab. |
| ceil(float) | ceil(10.8) => 11 | Rundet auf die nächste Ganzzahl. |

*Kapitel 3: Sprachelemente und Syntax*

| Funktion | Beispiel | Beschreibung |
|---|---|---|
| round(float,[$stellen]) | round(10.8) => 11<br>round(10.8476,2) => 10.85 | Rundet eine Fließkommazahl auf die optionale Stellenzahl $stellen. |
| base_convert(nummer, ausgangsbasis, zielbasis) | base_convert(100,2,10) => 4 | Wandelt von einem beliebigen Zahlensystem der Basis 2 bis 36 in ein anderes um. |
| bindec(binaerwert) | bindec(1001) => 9 | Binär -> dezimal. Umwandlung von binär nach dezimal. |
| decbin(dezimalwert) | decbin(9) => 1001 | Dezimal -> binär. Umwandlung von dezimal nach binär. |
| dechex(dezimalwert) | dechex(255) => ff | Dezimal -> hexadezimal. Umwandlung von dezimal nach hexadezimal. |
| decoct(dezimalwert) | decoct(1024) => 2000 | Dezimal -> oktal. Umwandlung von dezimal nach oktal. |
| deg2rad(float) | deg2rad(180) => 3.1415926535898 | Diese Funktion wandelt den übergebenen Winkel von Grad in Bogenmaß. |
| hexdec(hexwert) | hexdec(ff) => 255 | Hexadezimal -> dezimal. Umwandlung von hexadezimal nach dezimal. |
| rad2deg(float) | rad2deg(3.1415926535898) => 180 | Diese Funktion wandelt den übergebenen Winkel von Bogenmaß in Grad. |
| octdec(oktalwert) | octdec(2000) => 1024 | Oktal -> dezimal. Umwandlung von oktal nach dezimal. |

### *Logarithmus mit beliebiger Basis*

Sollten Sie den Logarithmus mit einer beliebigen Basis berechnen müssen, verwenden Sie folgende Definition:

```
function logx($mant,$basis) {
    return log($mant)/log($basis);
}
```

*Ausgabe*

```
// Ausgabe (0.5)
echo logx(2,4)
```

Das erste Argument ist die zu berechende Mantisse, das zweite die Basis des Logarithmus. Seit PHP 4.3 können Sie jedoch auch die vordefinierte Funktion log() verwenden.

*Beispiel*

```
// Ausgabe (0.5)
echo log(2,4);
```

## Runden von Fließkommazahlen

Sie wollen Fließkommazahlen runden, entweder um einen Integer-Wert zu erhalten oder um die Anzahl der Dezimalstellen zu begrenzen. Dafür stehen Ihnen in PHP gleich drei nützliche Funktionen zur Verfügung.

*Beispiel – round() – auf nächste Ganzzahl runden*
```
<?php
$zahl = round(2.4);
// Ausgabe (2)
echo $zahl;
?>
```

*Beispiel – ceil() – zum Aufrunden*
```
<?php
$zahl = ceil(2.4);
// Ausgabe (3)
echo $zahl;
?>
```

*Beispiel – floor() – zum Abrunden*
```
<?php
$zahl = floor(2.4);
// Ausgabe (2)
echo $zahl;
?>
```

## Genauigkeit

Eine festgelegte Anzahl von Ziffern nach dem Dezimalzeichen erhalten Sie, wenn Sie round() ein optionales Argument für die Genauigkeit übergeben.

*Beispiel*
```
<?php
$preis = 99.99;

$mwst = $preis * 0.16;
// Ausgabe (15.9984)
echo "MwSt: $mwst<br>";

$gesamt = $preis + $mwst;
echo "Gesamt: $gesamt<br>";

$gesamtrund = round($gesamt,2);
echo "Gesamt: $gesamtrund<br>";
?>
```

*Ausgabe*
```
MwSt: 15.9984
Gesamt: 115.9884
Gesamt: 115.99
```

## 3.11.2 Mathematische Konstanten

In PHP stehen Ihnen zahlreiche mathematische Konstanten zur Verfügung.

| Konstante | Exakter Wert | Beschreibung |
|---|---|---|
| M_PI | 3.14159265358979323846 | Der Wert (Pi) |
| M_E | 2.7182818284590452354 | E (Eulersche Zahl) |
| M_LOG2E | 1.4426950408889634074 | $\log_2 e$ |
| M_LOG10E | 0.43429448190325182765 | $\log_{10} e$ |
| M_LN2 | 0.69314718055994530942 | $\log_e 2$ |
| M_LN10 | 2.30258509299404568402 | $\log_e 10$ |
| M_PI_2 | 1.57079632679489661923 | pi/2 |
| M_PI_4 | 0.78539816339744830962 | pi/4 |
| M_1_PI | 0.31830988618379067154 | 1/pi |
| M_2_PI | 0.63661977236758134308 | 2/pi |
| M_2_SQRTPI | 1.12837916709551257390 | 2/sqrt(pi) |
| M_SQRT2 | 1.41421356237309504880 | sqrt(2) |
| M_SQRT1_2 | 0.70710678118654752440 | 1/sqrt(2) |

**Achtung:** Bis auf M_PI sind diese Konstanten erst seit PHP 4.0 verfügbar.

## 3.11.3 Zufallszahlen

Zufallszahlen werden häufig benötigt, um Vorgänge zu steuern oder beispielsweise Kennwörter zu erzeugen. Zufallsfolgen beruhen auf mathematischen Funktionen, die zwar einen chaotischen Verlauf haben, aber dennoch einer strengen Folge gehorchen, sie sind pseudozufällig. Die Zufälligkeit wird erst erzeugt, wenn der Startwert variiert. Die folgende Tabelle zeigt Funktionen zum Abruf der Zufallswerte und zum Setzen des Startwerts.

| Funktion | Beispiel | Beschreibung |
|---|---|---|
| srand($x) | srand(100); srand((double)microtime()*1000000); | Setzt den Startwert für den Zufallsgenerator. |
| rand([$min],[$max]) | rand() => 7438  rand(0,10) => 4 | Gibt eine Zufallszahl zwischen 0 und 1 oder, wenn benutzt, zwischen $min und $max zurück. |
| getrandmax() | getrandmax() => 32767 | Gibt die höchstmögliche Zahl an, die rand() zurückgeben kann. |
| mt_srand($x) | mt_srand(100); mt_srand((double)microtime()*1000000); | Setzt den Startwert für den Zufallsgenerator. |

## 3.11 Mathematische Funktionen

| Funktion | Beispiel | Beschreibung |
|---|---|---|
| mt_rand([$min],[$max]) | mt_rand() => 322911911<br>mt_rand(0,10) => 7 | Gibt eine Zufallszahl zwischen 0 und 1 oder, wenn benutzt, zwischen $min und $max zurück. |
| mt_getrandmax() | mt_getrandmax() => 2147483647 | Gibt die höchstmögliche Zahl an, die mt_rand() zurückgeben kann. |

*Beispiel*
```
<?php
// PNG-Grafik definieren
header("Content-type: image/png");

$kunden = array(
            "IBM",
            "Apple",
            "Microsoft",
            "Macromedia",
            "Adobe"
            );

$zufall = mt_rand(0,count($kunden)-1);

$kunde = $kunden[$zufall];

$breite = 200;
$hoehe = 50;
$bild = imagecreate($breite, $hoehe);
$weiss = imagecolorallocate($bild, 255, 255, 255);
$schwarz = imagecolorallocate ($bild, 0, 0, 0);
imagefilledrectangle($bild, 0, 0, $breite, $hoehe, $weiss);
imagestring($bild, 4, 1, 30, "Kunde: ".$kunde, $schwarz);
imagepng($bild);
imagedestroy($bild);
?>
```

Hiermit lassen sich zufällig dynamisch erzeugte Signaturen realisieren, welche mithilfe der Funktionen der GD-Bibliothek in eine PNG-Datei überführt werden. Sie können gerne auch folgendes Beispiel testen:

```
<?php
// PNG-Grafik definieren
header("Content-type: image/png");

$zeit = date("H:i:s", time());
$datum = date("d.m.Y", time());
$ip = $_SERVER["REMOTE_ADDR"];
$breite = 200;
$hoehe = 50;
$bild = imagecreate($breite, $hoehe);
$weiss = Imagecolorallocate($bild, 255, 255, 255);
$schwarz = Imagecolorallocate ($bild, 0, 0, 0);
imagefilledrectangle($bild, 0, 0, $breite, $hoehe, $weiss);
imagestring($bild, 4, 1, 1, "Uhrzeit: ".$zeit, $schwarz);
imagestring($bild, 4, 1, 15, "Datum: ".$datum, $schwarz);
```

```
imagestring($bild, 4, 1, 30, "Deine IP: ".$ip, $schwarz);
imagepng($bild);
imagedestroy($bild)
?>
```

Das Beispiel erzeugt eine PNG-Datei, welche die aktuelle Uhrzeit, das Datum und die IP-Adresse des Besuchers enthält. Es eignet sich somit ebenfalls zur Erzeugung von dynamischen Signaturen.

### Ziehung von Zufallszahlen ohne Wiederholung

Eine weitere Anwendung wäre es, aus einem Zahlenbereich von $min bis $max zufällig $anz Zahlen auszuwählen, ohne dass Zahlen doppelt vorkommen.

*Beispiel*
```
<?PHP
function gen_zahlen($min, $max, $anz) {
    $werte = range($min, $max);
    mt_srand ((double)microtime()*1000000);
    for($x = 0; $x < $anz; $x++) {
        $i = mt_rand(1, count($werte))-1;
        $erg[] = $werte[$i];
        array_splice($werte, $i, 1);
    }
    return $erg;
}

$zufalls_array = gen_zahlen(1, 100, 10);
echo join("-", $zufalls_array);
?>
```

*Ausgabe*
```
63-84-24-67-42-9-13-33-32-23
```

Wie Sie sehen, wurden 10 Zahlen nach dem Zufallsprinzip ermittelt, ohne das eine doppelt vorkommt.

### Ziehung von Zufallseinträgen ohne Wiederholung

Nach demselben Prinzip lassen sich auch Einträge aus einem Array zufällig ausgeben, ohne dass es zu Wiederholungen kommt.

*Beispiel*
```
<?PHP
$kunden = array(
            "IBM",
            "Microsoft",
            "Adobe",
            "Macromedia",
            "Apple",
            "SAP"
```

```
                    );
function gen_zufall($anz,$daten) {
    mt_srand ((double)microtime()*1000000);
    for($x = 0; $x < $anz; $x++) {
        $i = mt_rand(1, count($daten))-1;
        $erg[] = $daten[$i];
        array_splice($daten, $i, 1);
    }
    return $erg;
}
$zufalls_array = gen_zufall(3,$kunden);
echo join("-", $zufalls_array);
?>
```

*Ausgabe*
`Adobe-Apple-Microsoft`

Sie können die Funktion sogar zum Mischen von Arrays verwenden, indem Sie die folgende Codezeile wie folgt anpassen:

`$zufalls_array = gen_zufall(count($kunden),$kunden);`

Und schon erhalten Sie sämtliche Einträge des Arrays, jedoch gut vermischt.

> **Hinweis:** Die Funktionen mit dem Präfix `mt_` sollten bevorzugt werden, da sie um einiges schneller arbeiten. Sie wurden von Mersenne Twister (mt) entwickelt. Mehr erfahren Sie unter folgenden Adressen:
> www.scp.syr.edu/~marc/hawk/twister.html
> www.math.keio.ac.jp/~matumoto/emt.html

## 3.12 Datums- und Zeitfunktionen

Datums- und Zeitberechnungen nehmen im praktischen Umgang mit Webanwendungen einen großen Raum ein. Entsprechend umfangreich ist der Funktionsumfang in PHP.

### 3.12.1 Kalenderfunktionen

Diese Funktionen sollen die Umwandlung von Daten zwischen verschiedenen Kalendern erleichtern. Die gemeinsame Basis für diese Umwandlung bildet das Julianische Datum J. D. (nicht zu verwechseln mit dem julianischen Kalender). Das J. D. entspricht der Anzahl der Tage seit dem 1. 1. 4713 v. Chr. Jede Umrechnung zwischen zwei beliebigen Kalendern erfordert den Zwischenschritt über das J. D.

Ich verzichte auf eine ausführliche Darstellung der Kalenderfunktionen und beschränke mich auf eine Tabelle.

| Funktion | Beschreibung |
|---|---|
| jdtogregorian($day) | Konvertiert ein Datum des julianischen Kalenders in das gregorianische Format. |
| gregoriantojd($month, $day, $year) | Konvertiert das gregorianische Format in ein Datum des julianischen Kalenders. |
| jdtojulian($day) | Wandelt ein julianisches Datum in einen julianischen Tagswert um. |
| juliantojd($month, $day, $year) | Wandelt einen julianischen Tagswert wieder in die entsprechende julianische Datumsangabe um. |
| jdtojewish($day) | Wandelt einen julianischen Tagswert in ein Datum des jüdischen Kalenders um. |
| jewishtojd($month, $day, $year) | Wandelt vom jüdischen Kalender in einen julianischen Tagswert um. |
| jdtofrench($month, $day, $year) | Wandelt ein julianisches Datum in ein Datum des Kalenders der Französischen Revolution (Republik) um. |
| frenchtojd($month, $day, $year) | Wandelt ein Datum der Französischen Revolution zu einem julianischen Datum um. |
| jdmonthname($day) | Diese Funktion gibt einen Monatsnamen zurück, die Datumsangabe muss dem julianischen Kalender entsprechen. Die Ausgabe kann jedoch durch einen zweiten Parameter gesteuert werden, der den Ursprungskalender bestimmt. |
| jddayofweek($day) | Bestimmt den Wochentag aus einem julianischen Datum. |
| easter_date($year) | Die Funktion gibt den Unix-Zeitcode für Ostersonntag des angegebenen Jahres zurück. |
| easter_days($year) | Gibt die Anzahl der Tage aus, die Ostern nach dem 21. März des angegebenen Jahres liegt. |

### Einsatz von easter_date() und easter_days()

Die beiden Oster-Funktionen sind eine genauere Betrachtung wert, da vom Ostertermin viele andere Feiertage abhängen. Zunächst sollten Sie sich die Definition der Unix-Zeitcodes in Erinnerung rufen. Die Unix-Welt begann 1970 und die Definition lässt Daten bis 2037 zu. Wollen Sie Daten vor oder nach diesen Jahren berechnen, können Sie easter_date() nicht einsetzen. Die Funktion easter_days() erschwert zwar unter Umständen die Anwendung, ist jedoch unabhängig von derartigen Grenzdaten.

> **Hinweis:** Was es mit der Funktion date() auf sich hat, erfahren Sie im folgenden Abschnitt »Datumsfunktionen«.

## 3.12.2 Datumsfunktionen

Wichtiger als die Kalenderfunktionen sind allgemeine Datumsberechnungen. Die folgende Tabelle stellt die wichtigsten Datumsfunktionen zusammen.

| Funktion | Beispiel | Beschreibung |
|---|---|---|
| checkdate($month,$day, $year) | checkdate(10,11,2004) => TRUE (1) | Gibt TRUE zurück, wenn das angegebene Datum korrekt ist. Benötigt drei Argumente für Monat, Tag und Jahr. |
| date_sunrise($timestamp [, $format [, $latitude [, $longitude [, $zenith [, $gmt_offset]]]]]) | date_sunrise(time(), SUNFUNCS_RET_STRING, 38.4, -9, 90, 1) => Mon Dec 20 2004, sunrise time : 08:54 | Gibt die Zeit für den Sonnenaufgang eines Tags und Ort aus. Das Format kann mithilfe der Konstanten SUNFUNCS_RET_STRING, SUNFUNCS_RET_DOUBLE oder SUNFUNCS_RET_TIMESTAMP festgelegt werden. |
| date_sunset($timestamp [, $format [, $latitude [, $longitude [, $zenith [, $gmt_offset]]]]]) | date_sunset(time(), SUNFUNCS_RET_STRING, 38.4, -9, 90, 1) => Mon Dec 20 2004, sunset time : 18:13 | Gibt die Zeit für den Sonnenuntergang eines Tags und Orts aus. Das Format kann mithilfe der Konstanten SUNFUNCS_RET_STRING, SUNFUNCS_RET_DOUBLE oder SUNFUNCS_RET_TIMESTAMP festgelegt werden. |
| date("format",$timestamp) | date("d.M.Y") => 10.Jan.2004 | Formatiert ein Datum. |
| getdate($timestamp) | getdate(mktime (0,0,0,1,1,2005)) | Gibt ein assoziatives Array mit Datums- und Zeitangaben zurück. |
| gmdate("format", $timestamp) | gmdate("d.M.Y") => 10.Jan.2004 | Wie date(), berücksichtigt jedoch GMT. |
| idate("format"[,$timestamp]) | idate('Y'); | Gibt einen Zahlenwert für die Datum- oder Zeitangabe zurück. |

**Hinweis:** GMT ist die Kurzform für Greenwich Mean Time.

Für die Arbeit mit Daten ist oft das aktuelle Datum von großer Bedeutung. Sie sollten hierbei jedoch beachten, dass der Server sich immer auf sein eigenes Systemdatum bezieht. Sollten Sie beispielsweise Ihre Website in den USA hosten, wird das Ergebnis nicht unbedingt den Erwartungen entsprechen, vor allem dann nicht, wenn Besucher aus Europa zeitabhängig begrüßt werden sollen.

Wenden wir uns nun den wichtigsten Datumsfunktionen und ihren Parametern zu.

## Einsatz von getdate()

Die Funktion `getdate()` gibt ein assoziatives Array mit Datums- und Zeitangaben zurück. Das Array setzt sich aus folgenden Bestandteilen zusammen:

| Schlüssel | Rückgabewerte (Beispiele) | Beschreibung |
|---|---|---|
| "seconds" | zwischen 0 und 59 | Anzahl der Sekunden |
| "minutes" | zwischen 0 und 59 | Anzahl der Minuten |
| "hours" | zwischen 0 und 23 | Anzahl der Stunden |

| Schlüssel | Rückgabewerte (Beispiele) | Beschreibung |
|---|---|---|
| "mday" | zwischen 1 und 31 | Numerischer Tag des Monats |
| "wday" | zwischen 0 (für Sonntag) und 6 (für Samstag) | Numerischer Wochentag |
| "mon" | zwischen 1 und 12 | Monatszahl |
| "year" | Beispiele: 1999 oder 2003 | Vierstellige Jahreszahl |
| "yday" | zwischen 0 und 366 | Numerischer Tag des Jahres |
| "weekday" | zwischen Sonntag und Samstag | Ausgeschriebener Wochentag |
| "month" | zwischen Januar und Dezember | Ausgeschriebener Monatsname, wie Januar oder März |
| 0 | Abhängig vom System, typischerweise ein Wert zwischen -2147483648 und 2147483647. | Sekunden basierend auf dem Unix-Zeitcode, ähnlich den Werten, die von der Funktion time() zurückgegeben und von date() verwendet werden. |

*Beispiel*
```
<pre>
<?php
print_r(getdate());
?>
</pre>
```

*Ausgabe*
```
Array
(
    [seconds] => 30
    [minutes] => 52
    [hours] => 22
    [mday] => 10
    [wday] => 6
    [mon] => 1
    [year] => 2004
    [yday] => 9
    [weekday] => Saturday
    [month] => January
    [0] => 1073771550
)
```

*Beispiel – year*
```
<?php
$zeit = getdate();
// Ausgabe (2004)
echo $zeit["year"];
?>
```

## Einsatz von date()

Für die Darstellung eines Datums gibt es eine Vielzahl von Formatierungsmöglichkeiten. Die Funktion date() gibt ein Datum formatiert zurück, sodass Sie lokale Besonderheiten berücksichtigen können. Die Funktion benötigt zwei Argumente, eine Formatierungsanweisung und eine Zeitinformation als Unix-Zeitstempel. Sollte der zweite Parameter weggelassen werden, wird die aktuelle Zeit verwendet. Innerhalb der Formatieranweisung sind folgende Symbole von Bedeutung:

| Symbol | Rückgabewerte (Beispiele) | Beschreibung |
| --- | --- | --- |
| a | am oder pm | Kleingeschrieben: ante meridiem und post meridiem |
| A | AM oder PM | Großgeschrieben: ante meridiem und post meridiem |
| B | 000 bis 999 | Swatch-Internet-Zeit |
| d | 01 bis 31 | Tag des Monats, 2-stellig mit führender Null |
| D | Mon bis Sun | Tag der Woche als Abkürzung mit drei Buchstaben |
| F | January bis December | Monat als ganzes Wort |
| g | 1 bis 12 | 12-Stunden-Format, ohne führende Nullen |
| G | 0 bis 23 | 24-Stunden-Format, ohne führende Nullen |
| h | 01 bis 12 | 12-Stunden-Format, mit führenden Nullen |
| H | 00 bis 23 | 24-Stunden-Format, mit führenden Nullen |
| i | 00 bis 59 | Minuten mit führenden Nullen |
| I (großes i) | 1 bei Sommerzeit, ansonsten 0. | Fällt ein Datum in die Sommerzeit |
| j | 1 bis 31 | Tag des Monats ohne führende Nullen |
| l (kleines 'L') | Sunday bis Saturday | Ausgeschriebener Tag der Woche |
| L | 1 für ein Schaltjahr, ansonsten 0. | Schaltjahr oder nicht |
| m | 01 bis 12 | Monat als Zahl, mit führenden Nullen |
| M | Jan bis Dec | Monatsname als Abkürzung mit drei Buchstaben |
| n | 1 bis 12 | Monatszahl, ohne führende Nullen |
| O | +0200 | Zeitunterschied zur Greenwich Mean Time (GMT) in Stunden |
| r | Thu, 21 Dec 2000 16:01:07 +0200 | RFC-822-formatiertes Datum |
| s | 00 bis 59 | Sekunden, mit führenden Nullen |
| S | st, nd, rd oder th. | Zur Verwendung mit j empfohlen. Anhang der englischen Aufzählung für einen Monatstag, zwei Zeichen |
| t | 28 bis 31 | Anzahl der Tage in einem Monat |
| T | Beispiele: EST, MDT ... | Zeitzoneneinstellung des Rechners |
| U | Siehe auch time() | Sekunden seit Beginn des Unix-Zeitcodes (January 1 1970 00:00:00 GMT) |
| w | 0 (für Sonntag) bis 6 (für Samstag) | Numerischer Tag einer Woche |
| W | Beispiel: 42(die 42 Woche im Jahr) | ISO-8601 Wochennummer des Jahres, die Woche beginnt am Montag |

| Symbol | Rückgabewerte (Beispiele) | Beschreibung |
|---|---|---|
| y | Beispiele: 99 oder 03 | Zweistellige Ausgabe der Jahreszahl |
| Y | Beispiel: 1999 oder 2003 | Vierstellige Ausgabe der Jahreszahl |
| z | 0 bis 365 | Der Tag eines Jahres |
| Z | -43200 bis 43200 (entspricht: -12 / +12 Stunden) | Offset der Zeitzone in Sekunden. Der Offset für Zeitzone West nach UTC ist immer negativ und für Zeitzone Ost nach UTC immer positiv. |

**Achtung:** Sämtliche andere Zeichen werden ignoriert und unverändert zurückgegeben.

*Beispiel*
```
<?php
// Ausgabe 10.Jan.2004 23:14:16
echo date("d.M.Y H:i:s");
?>
```

**Hinweis:** Die Funktion gmdate() leistet das Gleiche wie die Funktion date(), mit dem Unterschied, dass anstelle der lokalen Zeitzone GMT verwendet wird.

### Einsatz von idate()

Die Funktion idate() gibt einen Zahlenwert für eine Datums- bzw. Zeitangabe zurück. Die Funktion benötigt zwei Argumente, eine Formatierungsanweisung und eine Zeitinformation als Unix-Zeitstempel. Sollte der zweite Parameter weggelassen werden, wird die aktuelle Zeit verwendet.

Innerhalb der Formatieranweisung sind folgende Symbole von Bedeutung:

| Symbol | Beschreibung |
|---|---|
| B | Swatch-Internet-Zeit |
| d | Tag des Monats |
| h | Stunde (12:00 Format) |
| H | Stunde (24:00 Format) |
| i | Minuten |
| I | 1, wenn Sommerzeit, sonst 0 |
| L | 1, wenn Schaltjahr, sonst 0 |
| m | Monat |
| s | Sekunden |
| t | Tag im Monat |
| U | Sekunden seit Beginn der Unix-Epoche, entspricht der von time() erzeugten Ausgabe. |
| w | Tag der Woche, wobei 0 der Sonntag ist. |
| W | ISO-8601-Wochennummer. Die erste Woche beginnt am ersten Montag im Jahr. |

| Symbol | Beschreibung |
|---|---|
| y | Jahr (1 oder 2 Ziffern, 2006 wird als »6« zurückgegeben) |
| Y | Jahr (4 Ziffern) |
| z | Tag im Jahr |
| Z | Offset der Zeitzone in Sekunden |

*Beispiel*
```
<?php
// Ausgabe: 2006
echo idate("Y");
// Ausgabe: 6
echo idate("y");
?>
```

**Hinweis:** Die Funktion idate() ist erst mit PHP 5 eingeführt worden.

### 3.12.3 Zeitfunktionen

Ganz ähnlich wie mit dem Datum kann auch mit der Zeit gearbeitet werden. Die folgende Tabelle enthält eine Auflistung der wesentlichen Zeitfunktionen.

| Funktion | Beispiel | Beschreibung |
|---|---|---|
| localtime ([$tstamp [, is_associative]]) | localtime() | Ermittelt die lokalen Zeitwerte. Sollte der optionale Parameter is_associative auf 1 gesetzt werden, wird ein assoziatives Array zurückgeliefert, ansonsten ein indiziertes. |
| mktime($hour, $min, $sec, $month, $day, $year, $dst) | mktime(0,0,0,1,1,2005) => 1104534000 | Gibt den Unix-Zeitstempel (Timestamp) für ein Datum zurück. Der Parameter $dst gibt an, ob es sich um Sommerzeit (1) oder Winterzeit (0) handelt. |
| gmmktime($hour, $min, $sec, $month, $day, $year, $dst) | gmmktime(0,0,0,1,1,2005) => 1104537600 | Gibt den GMT-Zeitstempel (Timestamp) für ein Datum zurück. Der Parameter $dst gibt an, ob es sich um Sommerzeit (1) oder Winterzeit (0) handelt. |
| time() | time() => 1073770551 | Gibt den Unix-Zeitstempel sekundengenau zurück. |
| microtime() | microtime() => 0.96976100 1073770614 | Wie time(), aber die Genauigkeit liegt im Mikrosekundenbereich. Ist nicht unter Windows verfügbar. |

| Funktion | Beispiel | Beschreibung |
|---|---|---|
| strftime("format",$tstamp) | strftime("%A") => Saturday | Formatiert eine Zeitausgabe. |
| gettimeofday() | print_r(gettimeofday()) => Array ( [sec] => 1073770692 [usec] => 849883 [minuteswest] => -60 [dsttime] => 1 ) | Gibt die aktuelle Tagszeit zurück. |
| gmstrftime("format",$tstamp) | gmstrftime("%A") => Saturday | Wie strftime(), jedoch mit GMT als Zeitzone. |

## Einsatz von microtime()

Mithilfe der Funktion sind Sie in der Lage, den aktuellen Unix-Zeitstempel mit Mikrosekunden zu erhalten. Seit PHP 5 steht Ihnen für diese Funktion ein optionaler Parameter get_as_float zur Verfügung. Sollten Sie den Parameter mit true (1) setzen, gibt microtime() eine Fließkommazahl (float) zurück.

*Beispiel*
```php
<?php

// PHP 4 ohne Parameter
function getmicrotime()
{
    list($usec, $sec) = explode(" ",microtime());
    return ((float)$usec + (float)$sec);
}

$time_start = getmicrotime();

for ($i=0; $i < 1000; $i++) {
    //mach nichts,1000 mal
}

$time_end = getmicrotime();
$time = $time_end - $time_start;

echo "Nichts getan in $time Sekunden<br>";

// PHP 5 mit Parameter
$time_start = microtime(1);

for ($i=0; $i < 1000; $i++) {
    //mach nichts,1000 mal
}

$time_end = microtime(1);
$time = $time_end - $time_start;

echo "Nichts getan in $time Sekunden<br>";
?>
```

*Ausgabe*
```
Nichts getan in 0.00095582008361816 Sekunden
Nichts getan in 0.00088214874267578 Sekunden
```

## Einsatz von mktime()

Zahlreiche Datums- und Zeitfunktionen rechnen mit der internen Angabe des Unix-Zeitstempels. Diese Angabe stellt die Anzahl der Sekunden seit dem 01.01.1970 00:00 Uhr dar. Um nun eine solche Angabe für ein spezifisches Datum zu erhalten, setzen Sie `mktime()` ein. Hier der Zeitstempel für 1.1.2004:

```
// Ausgabe 1072911600
echo mktime(0,0,0,1,1,2004);
```

Der letzte Tag eines Monats kann als der Tag "0" des nächsten Monats ausgedrückt werden. Jedes der folgenden Beispiele gibt die Zeichenkette "Letzter Tag im Feb. 2000 ist der 29." zurück.

```
$letzertag = mktime (0,0,0,3,0,2004);
// Letzter Tag im Feb. 2000 ist der 29.
echo strftime ("Letzter Tag im Feb. 2004 ist der %d.", $letzertag);
```

```
$lastday = mktime(0,0,0,4,-31,2004);
// Letzter Tag im Feb. 2004 ist der 29.
echo strftime ("Letzter Tag im Feb. 2000 ist der %d.", $letzertag);
```

## Datumsberechnungen

Manchmal müssen mit Daten Berechnungen vorgenommen werden. Die folgenden Beispiele zeigen, wie man das mit den gezeigten Funktionen leicht realisieren kann:

```
gestern = mktime(0,0,0,date("m"), date("d")-1, date("Y"));
$morgen = mktime(0,0,0,date("m"), date("d")+1, date("Y"));
$letztenmonat = mktime(0,0,0,date("m")-1, date("d"), date("Y"));
$naechstesjahr = mktime(0,0,0,date("m"), date("d"), date("Y")+1);

echo "Gestern: $gestern<br>";
echo "Morgen: $morgen<br>";
echo "Letzenmonat: $letztenmonat<br>";
echo "Nächstesjahr: $naechstesjahr<br>";
```

*Ausgabe*
```
Gestern: 1073689200
Morgen: 1073862000
Letzenmonat: 1071097200
Nächstesjahr: 1105398000
```

oder mithilfe von `date` formatiert:

```
echo "Gestern: ". date("d.M.Y",$gestern) . "<br>";
echo "Morgen: ". date("d.M.Y",$morgen) . "<br>";
echo "Letztenmonat: ". date("d.M.Y",$letztenmonat) . "<br>";
echo "Nächstesjahr: ". date("d.M.Y",$naechstesjahr) . "<br>";
```

*Ausgabe*
```
Gestern: 10.Jan.2004
Morgen: 12.Jan.2004
Letztenmonat: 11.Dec.2003
Nächstesjahr: 11.Jan.2005
```

## Einsatz von localtime()

Die Funktion `localtime()` gibt entweder ein indiziertes oder ein assoziatives Array zurück, welches hinsichtlich seiner Struktur identisch ist mit dem des Funktionsaufrufs in C.

*Beispiel – indiziertes Array*

```
<pre>
<?php
print_r(localtime());
?>
</pre>
```

*Ausgabe*

```
Array
(
    [0] => 4
    [1] => 35
    [2] => 23
    [3] => 10
    [4] => 0
    [5] => 104
    [6] => 6
    [7] => 9
    [8] => 0
)
```

*Beispiel – assoziatives Array*

```
<pre>
<?php
print_r(localtime(mktime(0,0,0,10,1,2004),1));
?>
</pre>
```

*Ausgabe*

```
Array
(
    [tm_sec] => 0
    [tm_min] => 0
    [tm_hour] => 0
    [tm_mday] => 1
    [tm_mon] => 9
    [tm_year] => 104
    [tm_wday] => 5
    [tm_yday] => 274
    [tm_isdst] => 1
)
```

Die Bezeichner der verschiedenen Schlüssel dieses assoziativen Arrays lauten:

- "tm_sec" – Sekunde
- "tm_min" – Minute
- "tm_hour" – Stunde

- "tm_mday" – Tag des Monats
- "tm_mon" – Monat des Jahres, beginnt bei 0 (Januar), endet bei 11 (Dezember)
- "tm_year" – Jahr seit 1900
- "tm_wday" – Tag der Woche
- "tm_yday" – Tag des Jahres
- "tm_isdst" – für das Datum ist die Sommerzeit zu berücksichtigen

### Einsatz von strftime()

Die Funktion strftime() arbeitet ähnlich wie date() und formatiert eine Datums- und Zeitangabe anhand einer Formatierungsanweisung. Sie sollten jedoch beachten, dass die strftime()-Parameter nur teilweise mit denen von date() übereinstimmen und in einigen Fällen eine völlig andere Bedeutung haben.

| Symbol | Rückgabewerte (Beispiele) | Beschreibung |
| --- | --- | --- |
| %a | Mon bis Sun | Abgekürzter Name des Wochentags, abhängig von der gesetzten Umgebung. |
| %A | Monday bis Sunday | Ausgeschriebener Name des Wochentags, abhängig von der gesetzten Umgebung. |
| %b | Jan bis Dec | Abgekürzter Name des Monats, abhängig von der gesetzten Umgebung. |
| %B | January bis December | Ausgeschriebener Name des Monats, abhängig von der gesetzten Umgebung. |
| %c | siehe setlocale() weiter unten | Wiedergabewerte für Datum und Zeit, abhängig von der gesetzten Umgebung. |
| %C | 00 bis 99 | Jahrhundert, Jahr geteilt durch 100, gekürzt auf Integer. |
| %d | 01 bis 31 | Tag des Monats als Zahl. |
| %e | 1 bis 31 | Tag des Monats als Dezimalwert, einstelligen Werten wird ein Leerzeichen vorangestellt. |
| %H | 00 bis 23 | Stunde als Zahl im 24-Stunden-Format. |
| %I (großes i) | 01 bis 12 | Stunde als Zahl im 12-Stunden-Format. |
| %j | 001 bis 366 | Tag des Jahres als Zahl. |
| %m | 01 bis 12 | Monat als Zahl, ohne führende 0. |
| %M | 00 bis 59 | Minute als zweistelliger Dezimalwert. |
| %n | - | Neue Zeile |
| %p | am oder pm | Entweder am oder pm, abhängig von der gesetzten Umgebung. |
| %S | 0 bis 59 | Sekunden als Dezimalwert. |
| %t | - | Tabulator |
| %U | 00-06 | Wochennummer im Jahr, startet die Zählung am ersten Sonntag. |

| Symbol | Rückgabewerte (Beispiele) | Beschreibung |
|---|---|---|
| %W | 00-06 | Wochennummer im Jahr, startet die Zählung am ersten Montag. |
| %w | 0 (Sonntag) bis 6 (Samstag) | Numerische Darstellung des Wochentags. |
| %x | siehe setlocale() weiter unten | Vollständige Datumsangabe entsprechend den lokalen Einstellungen. |
| %X | siehe setlocale() weiter unten | Vollständige Datumsangabe entsprechend den lokalen Einstellungen. |
| %y | 04 | Zweistellige Ausgabe der Jahreszahl. |
| %Y | 2004 | Vierstellige Ausgabe der Jahreszahl. |
| %Z | -43200 bis 43200(entspricht: -12 / +12 Stunden) | Offset der Zeitzone in Sekunden. Der Offset für Zeitzone West nach UTC ist immer negativ und für Zeitzone Ost nach UTC immer positiv. |
| %% | % | Prozentzeichen |

### Einsatz von setlocale()

Interessant ist an dieser Funktion, dass sich die Ausgabe mithilfe der Funktion setlocale() an die sprachlichen Besonderheiten einer bestimmten Region anpassen lässt.

*Beispiel*
```
<?php
echo strftime("%A auf Deutsch ");
setlocale(LC_TIME,'de_DE@euro', 'de_DE', 'de', 'ge');
echo strftime("%A");
?>
```

*Ausgabe*
```
Sunday auf Deutsch Sonntag
```

Es stehen diverse Kurzformen für die deutschsprachige Region zur Verfügung.

Die Funktion setlocale() hat folgenden Aufbau:

setlocale(category, localid);

Der Parameter category wird durch folgende Werte bestimmt:

- LC_ALL – Für alle folgenden Werte.
- LC_COLLATE – Wirkt auf Zeichenkettenvergleiche.
- LC_CTYPE – Wirkt auf die Zeichensetzung, beispielsweise in strtoupper().
- LC_MONETARY – Wirkt auf Währungsfunktionen wie localeconv().
- LC_NUMERIC – Bestimmt das Dezimaltrennzeichen.
- LC_TIME – Wirkt auf Datums- und Zeitformatierungen mit strftime().
- LC_MESSAGES – Für Systemmeldungen (verfügbar, wenn PHP mit liblintl kompiliert wurde).

Als `localid` wird der ISO-Landescode angegeben, auf dessen Parameter die Ausgabe gesetzt werden soll. Wird eine leere Zeichenkette genutzt, versucht PHP entsprechende Variablen in der Betriebssystemumgebung zu finden. Wird eine 0 angegeben, werden die aktuellen Einstellungen nicht geändert, dafür jedoch zurückgegeben. Die Funktion gibt `FALSE` zurück, wenn der lokale Code nicht implementiert wurde.

## 3.13 Stringfunktionen

Mithilfe der zahlreichen Stringfunktionen können Strings (Zeichenketten) auf verschiedene Art bearbeitet. Die wichtigsten Stingfunktionen werden in diesem Abschnitt vorgestellt.

### 3.13.1 Ersetzen von Zeichen in Zeichenketten

Immer wieder benötigte Funktionen aus dieser Funktionsgruppe sind die Funktionen zum Entfernen von führenden oder angehängten Leerzeichen sowie die Funktionen zur Sonderzeichenbehandlung.

| Funktion | Beispiel | Beschreibung |
| --- | --- | --- |
| addcslashes($str, $charlist) | $str = addcslashes ($zeichen, "\0..\37!@\177..\377") | Setzt C-typische Escape-Zeichen (Backslash "\") vor Sonderzeichen. |
| stripcslashes($str) | $str = stripcslashes ($zeichen) | Entfernt C-typische Escape-Zeichen (Backslash "\") vor Sonderzeichen. |
| addslashes($str) | $str = addslashes($zeichen); | Setzt Escape-Zeichen (Backslash "\") vor Sonderzeichen. |
| stripslashes($str) | $str = stripslashes($zeichen); | Entfernt Escape-Zeichen (Backslash "\") vor Sonderzeichen. |
| quotemeta($str) | $str = quotemeta($zeichen) | Setzt Backslash vor . \\ + * ? [ ^ ] ( $ ) |
| chop($str) | $str = chop($zeichen) | Entfernt Leerzeichen am Ende eines Strings. |
| ltrim($str) | $str = ltrim($zeichen) | Entfernt führende Leerzeichen eines Strings. |
| rtrim($str) | $str = rtrim($zeichen) | Entfernt Leerzeichen und Zeilenumbrüche am Ende eines Strings. |
| strtr($str,$from,$to) | $str = strtr($str, "ab", "ba") | Ersetzt Zeichen einer Zeichenkette anhand einer Austauschliste. |
| str_replace($strs,$stra,$str) | $str = str_replace ($strs,$stra,$str) | Ersetzt im String `$str` alle Vorkommen eines Suchstrings `$strs` mit einem Austauschstring `$stra`. |
| str_ireplace($strs,$stra,$str) | $str = str_ireplace ($strs,$stra,$str) | Wie `str_replace()`. Groß- und Kleinschreibung werden jedoch nicht berücksichtigt. |

| Funktion | Beispiel | Beschreibung |
| --- | --- | --- |
| substr_ replace ($strs,$stra,$str) | $str = substr_replace ($str,$strs,$pos) | Ersetzt im String $str das Vorkommen eines Teilstings $strs ab einer bestimmten Position $pos. |
| trim($str) | $str = trim($str); | Entfernt Leerzeichen am Anfang und Ende einer Zeichenfolge. |

## Einsatz von addslashes()

Die Funktion `addslashes()` wird zum »Escapen« von Zeichenfolgen verwendet, sodass Sonderzeichen in Strings wie normale Zeichen interpretiert werden.

*Beispiel*
```
<?php
$spruch = "Toni's Eck";
// Ausgabe - Toni\'s Eck
echo addslashes($spruch);
?>
```

Diese Bearbeitung der Zeichenkette ist vor allem beim Arbeiten mit Datenbanken von Bedeutung, da nicht durch Escaping behandelte Sonderzeichen in Strings, die Datenbankfeldern übergeben werden sollen, zu Laufzeitfehlern führen, wenn das Datenbanksystem das Sonderzeichen als Ende des Strings und alle nachfolgenden Zeichen als fehlerhafte SQL-Befehle interpretiert.

## Einsatz von stripslashes()

Mit der Funktion `stripslashes()` können die durch `addslashes()` eingefügten Backslashes wieder aus der Zeichenkette entfernt werden, sodass die Zeichenkette bei der Ausgabe korrekt dargestellt wird.

*Beispiel*
```
<?php
$spruch = "Toni\'s Eck";
// Ausgabe - Toni's Eck
echo stripslashes($spruch);
?>
```

## Einsatz von str_replace()

Um auf einfache Weise eine Zeichenkette durch eine andere zu ersetzen, nutzen Sie die Funktion `str_replace()`.

*Beispiel*
```
<?php
$spruch = "Hallo Welt";
$spruch = str_replace("Welt","Germany",$spruch);
// Ausgabe - Hallo Germany
echo $spruch;
?>
```

## 3.13.2 Umwandeln, Teilen und Verbinden von Zeichenketten

Häufig erforderliche Operationen sind das Umwandeln von Groß- und Kleinbuchstaben, und umgekehrt, sowie das Zerlegen von Zeichenketten anhand von vorgegebenen Trennzeichen.

| Funktion | Beispiel | Beschreibung |
| --- | --- | --- |
| chunk_split($str[, length, end]]) | $str1 = chunk_split($spruch,1, "<br>") | Zerlegt einen String in Teile gleicher Länge. Gibt man keine Länge an wird die Zeichenkette automatisch nach 76 Zeichen geteilt. |
| strrev($str) | $str1 = strrev($spruch) | Invertiert Zeichenketten. |
| strtolower($str) | $str1 = strtolower($spruch); | Wandelt die Zeichenkette in Kleinbuchstaben um. |
| strtoupper($str) | $str1 = strtoupper($spruch); | Wandelt die Zeichenkette in Großbuchstaben um. |
| ucfirst($str) | $str1 = ucfirst($spruch); | Wandelt das erste Zeichen in Großbuchstaben um. |
| ucwords($str) | $str1 = ucwords ($spruch); | Wandelt das erste Zeichen jedes Worts in Großbuchstaben um. |
| ord($str) | $wert = ord("Z") | Gibt den ASCII-Wert zurück. |
| quoted_printable_decode ($str) | $str1 = quoted_printable_ decode($spruch) | Dekodiert Quoted Printable-Zeichenfolgen in 8-Bit-Werte. |
| bin2hex($str) | $str1 = bin2hex($spruch) | Binär -> hexadezimal. Umwandlung von binär nach hexadezimal |
| convert_cyr_string($str,$ from,$to) | $str1 = convert_cyr_string ($spruch,$from,$to) | Konvertiert Zeichen zwischen kyrillischen Zeichensätzen. |
| convert_uudecode($str) | $str1 = convert_uudecode ($spruch) | Dekodiert eine unkodierte Zeichenkette. |
| convert_uuencode($str) | $str1 = convert_uuencode ($spruch) | Verschlüsselt eine Zeichenkette unter Verwendung des UUencode-Algorithmus (Unix-to-Unix-Verschlüsselung). |
| explode($sep,$str[, limit]) | $array = explode($sep,$str1) | Teilt Zeichenketten mit dem Trennzeichen `$sep` und gibt ein Array zurück. Der Parameter `limit` ist optional und legt fest, dass nur maximal `limit` Elemente im Array zurückgegeben werden. Das letzte Element des Arrays enthält dann den restlichen String. |
| strtok($str,$sep) | $str1 = strtok($spruch,$sep) | Trennt Zeichenketten mithilfe des angegebenen Trennzeichens `$sep`. |

| Funktion | Beispiel | Beschreibung |
|---|---|---|
| implode($sep,$array) | $str = implode($sep,$array) | Gibt Arrayelemente unter Verwendung von Trennzeichen an den $str zurück. |
| join($sep,$array) | $str = join($sep,$array) | Identisch mit implode(). |

### Einsatz von chunk_split()

Mithilfe der Funktion chunk_split() lässt sich ein String in Teile gleicher Länge zerlegen. Gibt man keine Länge an wird die Zeichenkette automatisch nach 76 Zeichen geteilt.

*Beispiel*
```
<?php
$spruch = "Wir zerlegen die Zeichenkette";
echo chunk_split($spruch,10,"<br>");
?>
```

*Ausgabe*
```
Wir zerleg
en die Zei
chenkette
```

*Als Quelltext*
```
Wir zerleg<br>en die Zei<br>chenkette<br>
```

### Einsatz von explode()

Mithilfe der Funktion explode() lassen sich durch Einsatz eines Trennzeichens Zeichenketten zerlegen. Als Ergebnis erhält man ein Array zurück, welches die Teile der zerlegten Zeichenkette enthält.

*Beispiel*
```
<?php
$spruch = "Wir zerlegen die Zeichenkette";
$array = explode(" ",$spruch);
foreach ($array as $element) {
   echo "$element<br>";
}
?>
```

*Ausgabe*
```
Wir
zerlegen
die
Zeichenkette
```

## 3.13 Stringfunktionen

### Einsatz von strtok()

Die Funktion leistet im Prinzip genau dasselbe wie `explode()`. Jedoch liefert die Funktion nur den jeweils nächsten Teil (Token) zurück und muss, um die Zeichenkette vollständig zu verarbeiten, mehrmals aufgerufen werden.

*Beispiel*

```php
<?php
$spruch = "Wir zerlegen die Zeichenkette";
$teil1 = strtok($spruch, " ");
$teil2 = strtok(" ");

// Ausgabe - Wir
echo $teil1;
// Ausgabe - zerlegen
echo $teil2;
?>
```

Natürlich lässt sich dieser Vorgang mithilfe einer `while`-Schleife wesentlich vereinfachen.

*Beispiel – mit Schleife*

```php
<?php
$spruch = "Wir zerlegen die Zeichenkette";
$teil1 = strtok($spruch, " ");
echo "$teil1<br>";
while ($teil1) {
    $teil1 = strtok(" ");
    echo "$teil1<br>";
}
?>
```

*Ausgabe*

```
Wir
zerlegen
die
Zeichenkette
```

### Einsatz von implode()

Die Funktion `implode()` stellt die zu `explode()` umgekehrte Funktionalität zur Verfügung. Sie können die Elemente eines Arrays zu einer Zeichenkette zusammenfassen und an eine Stringvariable übergeben.

*Beispiel*

```php
<?php
$spruch = "Wir zerlegen die Zeichenkette";
// Array erzeugen
$array = explode(" ", $spruch);

// Array Einträge in Zeichenkette überführen
// (Trennzeichen *)
$zeichen = implode("*", $array);
```

```
// Ausgabe - Wir*zerlegen*die*Zeichenkette
echo $zeichen;
?>
```

### 3.13.3 Suchen und Vergleichen von Zeichenketten

Die Funktionen dieser Funktionsgruppe dienen dem Vergleich von Zeichenketten sowie der Suche nach Zeichen und Zeichenketten.

| Funktion | Beispiel | Beschreibung |
| --- | --- | --- |
| strcmp($str1,$str2) | $resultat = strcmp($str1,$str2) | Vergleicht zwei Zeichenketten. Wenn $str1 < $str2, wird −1, im umgekehrten Fall 1 und bei Gleichheit 0 zurückgegeben. |
| strcasecmp($str1,$str2) | $resultat = strcasecmp($str1,$str2) | Wie strcmp(), aber case-insensitive, d. h. berücksichtigt Groß- und Kleinschreibung nicht. |
| strnatcmp($str1,$str2) | $resultat = strnatcmp ($str1,$str2) | Wie strcmp(), aber unter Berücksichtigung einer »natürlichen« Sortierreihenfolge bei numerischen Strings, d. h. »abc90de« ist kleiner als »abc100e«. |
| strnatcasecmp($str1,$str2) | $resultat = strnatcasecmp ($str1,$str2) | Wie strnatcmp(), aber case-insensitive, d. h. berücksichtigt Groß- und Kleinschreibung nicht. |
| strpos($str,$strs,$pos) | $pos = strpos($str,$strs,$pos) | Findet die Position des ersten Auftretens einer Zeichenkette $strs ab Position $pos. |
| stripos ($str, $strs) | $pos = stripos ($str, $strs) | Findet die Position des ersten Auftretens eine Strings $strs innerhalb der Zeichenkette $str. |
| strrpos($str,$char) | $pos = strrpos ($str, $char) | Findet die Position des letzten Auftretens eines einzelnen Zeichens $char. |
| strripos($str,$strs[,$pos]) | $pos = strripos ($str,$char) | Findet die Position des letzten Auftretens einer Zeichenkette $strs ab Position $pos. |
| strspn($str1,str2) | $anzahl = strspn ($str1,$str2) | Ermittelt die Anzahl der übereinstimmenden Zeichen. |
| strcspn($str1,$str2) | $anzahl = strcspn ($str1,$str2) | Ermittelt die Anzahl der nicht übereinstimmenden Zeichen. |
| strstr($str,$strs) | $str1 = strstr($str,$strs) | Sucht das erste Auftreten einer Zeichenkette $strs und gibt diese und alle folgenden Zeichen zurück. |

| Funktion | Beispiel | Beschreibung |
|---|---|---|
| stristr($str,$strs) | $str1 = stristr($str,$strs) | Wie `strstr()`, Groß- bzw. Kleinschreibung werden jedoch nicht berücksichtigt. |
| strchr($str,$strs) | $str1 = strchr($str,$strs) | Sucht das erste Auftreten einer Zeichenkette `$strs` und gibt diese und alle folgenden Zeichen zurück. |
| strrchr($str,$strs) | $str1 = strrchr($str,$strs) | Sucht das letzte Auftreten einer Zeichenkette `$strs` und gibt diese und alle folgenden Zeichen zurück. |
| substr($str,$start,$length) | $str1 = substr ($str,$start,$length) | Gibt Teil einer Zeichenkette ab `$start` mit der Länge `$length` zurück. |
| substr_count($str,strs) | $anzahl = substr_count ($str,strs) | Ermittelt, wie oft eine Zeichenkette `$strs` in einem String `$str` vorkommt. |
| similar_text ($str1, $str2[, $prozent]) | similar_text ($str1, $str2,$prozent); | Berechnet die Ähnlichkeit zweier Zeichenketten. Falls Sie als Referenz ein drittes Argument angeben, wird die Ähnlichkeit als Prozentwert errechnet. |
| soundex($str) | soundex ("Knuth") == soundex ("Kant") | Berechnet die Laut-Ähnlichkeit eines Strings. |
| levenshtein($str1,$str2) | $diff = levenshtein ($str1,$str2) | Errechnet die Differenz zwischen den als Argumente übergebenen zwei Strings. Ist einer der Strings länger als die zulässigen 255 Zeichen, wird -1 zurückgegeben. Die Levenshtein-Differenz ist definiert als die minimale Anzahl an Zeichen, die ersetzt, eingefügt oder gelöscht werden müssen, um den `$str1` nach `$str2` umzusetzen. |
| metaphone($str) | metaphone("Hallo") == metaphone("Hello"); | Berechnet den metaphone-Schlüssel eines Strings. Genau wie `soundex()` berechnet `metaphone` den gleichen Schlüssel für ähnlich klingende Wörter. Die Metaphone-Funktion arbeitet genauer als `soundex()`, da sie die Grundregeln der englischen Aussprache kennt. Die durch `metaphone` erzeugten Schlüssel sind von variabler Länge. |

## Einsatz von strcmp()

Mithilfe von `strcmp()` werden zwei Zeichenketten auf der Binärebene verglichen. Folgende Werte werden zurückgegeben:

- -1 – `$str1` kleiner als `$str2`
- 0 – Bei Gleichheit der Zeichenkette `$str1` und `$str2`.
- 1 – `$str1` größer `$str2`

*Beispiel*

```
<?php
$spruch1 = "Hallo Welt";
$spruch2 = "Hallo Welt";
$resultat = strcmp($spruch1, $spruch2);

if ($resultat == 0) {
   echo "Sind Gleich!";
} elseif ($resultat < 0) {
   echo "spruch1 ist kleiner als spruch2";
} else {
   echo "spruch1 ist grösser als spruch2";
}
?>
```

*Ausgabe*

```
Sind Gleich!
```

Bei einem mit der Funktion `strcmp()` durchgeführten Vergleich wird z. B. der String `spruch99abc` größer als der String `spruch100abc` sein. Sollte bei derartigen, teilweise numerischen Strings eine natürliche Sortierreihenfolge, welche die enthaltenen Zahlen mitberücksichtigt, erforderlich sein, kann die Funktion `strnatcmp()` verwendet werden.

*Beispiel*

```
<?php
$spruch1 = "spruch99abc";
$spruch2 = "spruch100abc";
$resultat = strnatcmp($spruch1, $spruch2);

if ($resultat == 0) {
   echo "Sind Gleich";
} elseif ($resultat < 0) {
   echo "spruch1 ist kleiner als spruch2";
} else {
   echo "spruch1 ist grösser als spruch2";
}
?>
```

*Ausgabe*

```
spruch1 ist kleiner als spruch2
```

Der Einsatz von `strcmp()` hätte bei diesem Beispiel das umgekehrte Ergebnis zur Folge.

## 3.13.4 Ausgabe von Zeichen und Zeichenketten

Zur Ausgabe von Zeichen und Zeichenfolgen stehen Ihnen in PHP die folgenden Funktionen zur Verfügung:

| Funktion | Beispiel | Beschreibung |
| --- | --- | --- |
| chr($wert) | $zeichen = chr($wert) | Gibt das dem ASCII-Wert entsprechende Zeichen zurück. |
| echo($vars) | echo $var1, $var2, $var3 | Gibt eine Zeichenfolge aus. |
| fprintf ($res, $format [, $vars]) | fprintf ($res, "%s%s%s ", $var1) | Gibt eine Zeichenfolge an eine Stream-Quelle aus. |
| print($vars) | print($var1) | Gibt eine Zeichenfolge aus. |
| printf($format,$vars) | printf("%s%s%s ",$var1,$var2,$var3) | Gibt eine formatierte Zeichenfolge aus. |
| sprintf($format,$vars) | sprintf("%s%s%s ",$var1,$var2,$var3) | Gibt eine formatierte Zeichenfolge zurück. |
| vprintf($format, $array) | vprintf("%s%s%s ",$array) | Gibt eine formatierte Zeichenfolge aus. |
| vsprintf($format, $array) | vsprintf("%s%s%s ",$array) | Gibt eine formatierte Zeichenfolge zurück. |
| flush() | flush() | Löscht den Ausgabepuffer. |

### Einsatz von printf() und sprintf()

Im Unterschied zur Funktion `print()` können mit den beiden Funktionen `printf()` und `sprintf()` mehrere Argumente übergeben werden.

Ein zusätzlich anzugebender Formatstring, der aus den Formatzeichen der nachfolgenden Auflistung zusammengestellt werden kann, bestimmt dabei das Format der auszugebenden Daten. Jede der Formatierungsanweisungen besteht aus einem Prozentzeichen (%), gefolgt von einem oder mehreren der folgenden Elemente:

| Symbol | Bedeutung |
| --- | --- |
| % | Ein Prozentzeichen ("%"). Es ist kein Argument erforderlich. |
| b | Das Argument wird als integer angesehen und als Binärwert ausgegeben. |
| c | Das Argument wird als integer angesehen und das entsprechende ASCII-Zeichen wird ausgegeben. |
| d | Das Argument wird als integer angesehen und ein Dezimalwert (signed) ausgegeben. |
| u | Das Argument wird als integer angesehen und ein Dezimalwert (unsigned) ausgegeben. |
| f | Das Argument wird als float angesehen und eine Fließkommazahl ausgegeben. |
| o | Das Argument wird als Integer angesehen und und als Oktalzahl ausgegeben. |
| s | Das Argument wird als String angesehen und auch als solcher ausgegeben. |
| x | Das Argument wird als integer angesehen und als Hexadezimalwert ausgegeben (mit Kleinbuchstaben). |
| X | Das Argument wird als integer angesehen und als Hexadezimalwert ausgegeben (mit Großbuchstaben). |

Das nächste Skript zeigt die Ausgabe von drei Variablen mithilfe der Funktion printf().

*Beispiel*
```
<?php
$mk = "Matthias<br>";
$ck = "Caroline<br>";
$gk = "Gülten<br>";
printf("%s%s%s", $mk,$ck,$gk);
?>
```

*Ausgabe*
```
Matthias
Caroline
Gülten
```

## Unterschied echo() und print()

Bei der Funktion echo() handelt es sich um ein internes Sprachkonstrukt von PHP und bei print() um einen Ausdruck, dessen Wert (1) wie im folgenden Beispiel anderen Ausdrücken zugewiesen werden kann:

```
<?php
$spruch = "Ausgabe der Zeichenkette";
$resultat = print($spruch);
echo "<br>";
print($resultat);
?>
```

*Ausgabe*
```
Ausgabe der Zeichenkette
1
```

## Unterschied printf() und sprintf()

Der Unterschied zwischen printf() und sprintf() besteht darin, dass bei printf() die Ausgabe in die Standardausgabe erfolgt, während sprintf() die auszugebenden Daten an eine Variable zurückgibt:

```
<?php
$mk = "Matthias<br>";
$ck = "Caroline<br>";
$gk = "Gülten<br>";
$resultat = sprintf("%s%s%s", $mk,$ck,$gk);
print $resultat;
?>
```

*Ausgabe*
```
Matthias
Caroline
Gülten
```

## 3.13.5 URL- und HTML-spezifische Zeichenkettenfunktionen

Die Funktionen dieser Gruppe werden benötigt, wenn mithilfe der HTTP-Methode GET Daten mit entsprechenden Sonderzeichen im Query-String via URL übertragen werden sollen. Ein weiterer Anwendungsbereich dieser Funktion ist, wenn Zeichen, die in HTML eine besondere Bedeutung haben, z. B. < und >, auf einer HTML-Seite dargestellt werden sollen, ohne dass der Browser diese Zeichen als HTML-Sonderzeichen interpretiert.

| Funktion | Beispiel | Beschreibung |
| --- | --- | --- |
| get_meta_tags($file) | $array = get_meta_tags ("inhalt.htm") | Extrahiert <META>-Tags und gibt diese in einem Array zurück. |
| htmlentities($str [, quote_style [, charset]]) | $str1 = htmlentities($str) | Konvertiert HTML- und Sonderzeichen, um die Interpretation zu verhindern. Für quote_style kann eine der folgenden Konstanten verwendet werden.<br>• ENT_COMPAT – Konvertiert doppelte Anführungszeichen und behält einfache Anführungszeichen bei (Standard).<br>• ENT_QUOTES – Konvertiert doppelte und einfache Anführungszeichen.<br>• ENT_NOQUOTES – Lässt doppelte und einfache Anführungszeichen unkonvertiert. |
| htmlspecialchars_decode ($str, [quote_style]) | $str1 = htmlspecialchars_ decode($str) | Diese Funktion ist das Gegenstück zu htmlspecialchars(). Sie konvertiert besondere HTML-Auszeichnungen zurück in Buchstaben. Für den quote_style gelten die gleichen Konstanten wie bei htmlentities(). |
| htmlspecialchars($str [, quote_style [, charset]]) | $str1 = htmlspecialchars ($str) | Konvertiert HTML-Zeichen, wie & " ' < >, um die Interpretation zu verhindern. Für den quote_style gelten die gleichen Konstanten, wie bei htmlentities(). |
| nl2br($str) | echo nl2br($str1) | Wandelt Zeilenumbrüche in <BR>-Tags um. |
| parse_str($str) | parse_str($str1) | Zerlegt den Query_String in seine Variablen. |
| parse_url($url) | $array = parse_url($url) | Zerlegt die URL in ihre einzelnen Bestandteile. Als Rückgabewert dieser Funktion erhalten Sie ein assoziatives Array mit den einzelnen Bestandteilen der URL. |
| rawurldecode($str) | echo rawurldecode($str1) | Wandelt Zeichenketten, die durch rawurlencode() kodiert wurden, in eine normale Zeichenkette um. |
| rawurlencode($str) | echo rawurlencode($str1) | Konvertiert die Umlaute und Sonderzeichen einer Zeichenkette in Prozentzeichen und den zweistelligen, hexadezimalen ASCII-Wert zur Verwendung in einer URL. |

| Funktion | Beispiel | Beschreibung |
|---|---|---|
| strip_tags($str [,allow_tags]) | echo strip_tags($str1) | Entfernt HTML- und PHP-Tags. Mithilfe des optionalen Parameters allow_tags können bestimmte HTML- und PHP-Tags als zulässig festgelegt werden. |
| urldecode($str) | echo urldecode($str1) | Wandelt eine Zeichenkette um, welche über eine URL übermittelt oder mit der Funktion urlencode() kodiert wurde. |
| urlencode($str) | echo urlencode($str1) | Konvertiert die Umlaute und Sonderzeichen einer Zeichenkette in Prozentzeichen und den zweistelligen, hexadezimalen ASCII-Wert zur Verwendung in einer URL. |
| wordwrap ($str,$pos,$sep) | $str = wordwrap ($text, $length,$sep); | Bricht die Zeilen des Strings $str an der mittels $pos angegebenen Position um. Diese Zeilenumbrüche werden mit dem im (optionalen) Parameter $sep spezifizierten Steuerzeichen durchgeführt. |

### Einsatz von htmlspecialchars()

Ein dieser Funktion übergebener String wird von der Funktion so umgewandelt, dass HTML-spezifische Sonderzeichen vom Browser nicht mehr als solche behandelt, sondern als normale Zeichen ausgegeben werden.

Das folgende Beispiel demonstriert dieses Verhalten. Wenn Sie den String des folgenden Skripts mit echo() im Browser ausgeben wollen, werden Sie zunächst gar nichts sehen. Dies liegt daran, dass der Browser die Zeichen < und > als HTML-Sonderzeichen zur Kennzeichnung von HTML-Tags interpretiert, wodurch der Inhalt des Strings zur Definition eines HTML-Grundgerüsts ohne weiteren Inhalt wird, was im Browser zu keiner Anzeige führt. Soll der String dennoch angezeigt werden, muss er vor der Ausgabe so umgewandelt werden, dass die Sonderzeichen ihre HTML-spezifische Bedeutung verlieren. Diese Aufgabe erledigt htmlspecialchars().

*Beispiel*
```
<?php
$html = '<html>
<head>
<title>HTML</title>
<meta name="author" content="Caroline K">
</head><body bgcolor="#FFFFFF" text="#000000">Test</body>
</html>';
echo $html;
?>
```

Der vorstehende echo()-Befehl erzeugt erwartungsgemäß keine Ausgabe. Wird $html vor der Ausgabe im Browser mit htmlspecialchars() konvertiert, verlieren die Sonderzeichen < und > ihre HTML-spezifische Bedeutung, sodass die Zeichenfolge nun tatsächlich angezeigt wird.

```
echo htmlspecialchars($html);
```

*Ausgabe*
```
<html> <head> <title>HTML</title> <meta name="author" content="Caroline
K"> </head><body bgcolor="#FFFFFF" text="#000000">Test</body> </html>
```

### Einsatz von htmlentities()

Die Funktion `htmlentities()` kann für die gleiche Aufgabe verwendet werden. Der Unterschied zwischen `htmlspecialchars()` und `htmlentities()` besteht darin, dass `htmlentities()` zusätzlich zu den von `htmlspecialchars()` umgewandelten Zeichen < > & " ' auch Umlaute und andere Sonderzeichen konvertiert.

*Beispiel*
```
<?php
$html = "Übung";
// Ausgabe (Quelltext) - &Uuml;bung
echo htmlentities($html);
?>
```

### Einsatz von rawurlencode()

Die Funktion konvertiert die Umlaute und Sonderzeichen einer Zeichenkette in Prozentzeichen, gefolgt von dem zugehörigen zweistelligen, hexadezimalen ASCII-Wert, um zu ermöglichen, dass der String in einer URL verwendet werden kann.

Zum Beispiel wird auf diese Weise das im String des folgenden Skripts enthaltene Sonderzeichen &, das in einer URL eine Sonderbedeutung hat, in das Zeichen %26 umgewandelt, wodurch es diese spezielle Bedeutung verliert. Die in einer URL nicht zulässigen Leerzeichen werden auf diese Weise in %20 umgewandelt.

*Beispiel*
```
<?php
$teilurl = "wert ein&wert zwei";
echo rawurlencode($teilurl);
?>
```

*Ausgabe*
```
wert%20ein%26wert%20zwei
```

### Einsatz von rawurldecode()

Mithilfe der Funktion `rawurldecode()` kann die Konvertierung von `rawurlencode()` wieder rückgängig gemacht werden.

*Beispiel*
```
<?php
$teilurl = "wert%20ein%26wert%20zwei";
echo rawurldecode($teilurl);
?>
```

*Ausgabe*
```
wert ein&wert zwei
```

## Einsatz von nl2br()

Diese Funktion ersetzt sämtliche Zeilenumbrüche in der Zeichenkette durch einen HTML-Zeilenumbruch <br>. Sie wird z. B. verwendet, wenn Daten, die aus Multi-Line-Feldern von Datenbanken stammen, HTML-gerecht aufbereitet werden sollen.

*Beispiel*
```
<?php
$datenbankinhalt = "Hier ein
Umbruch aus
einer Datenbank";
echo nl2br($datenbankinhalt);
?>
```

*Ausgabe*
```
Hier ein
Umbruch aus
einer Datenbank
```

*Ausgabe – Quelltext*
```
Hier ein<br />
Umbruch aus<br />
einer Datenbank
```

## Einsatz von parse_url()

Die Funktion zerlegt die URL in ihre einzelnen Bestandteile. Als Rückgabewert dieser Funktion erhalten Sie ein assoziatives Array mit den einzelnen Bestandteilen der URL. Diese Bestandteile bestehen aus:

- scheme – Protokoll der Anfrage (z. B. http, ftp, etc.)
- host – Name (z. B. www.atomicscript.de)
- port – Portnummer (z. B. 8000)
- user – Username (für Logins)
- pass – Userpasswort (für Logins)
- path – Pfad zu Datei (z. B. /info.php)
- query – Anfrage an eine Datei (z. B. signal=ein)
- fragment – Sprungziel (Anker) innerhalb der Datei (z. B. unten)

*Beispiel*
```
<?php
$urltotal =
"http://matze:123@www.atomicscript.de:8000/info.php?signal=eins#unten";

$urlarray = parse_url($urltotal);

foreach ($urlarray as $key=>$element) {
 echo "$key => $element<br>";
}
?>
```

*Ausgabe*
```
scheme => http
host => www.atomicscript.de
port => 8000
user => matze
pass => 123
path => /info.php
query => signal=eins
fragment => unten
```

### 3.13.6 Zusätzliche Funktionen

Hier eine Auflistung weiterer Stringfunktionen.

| Funktion | Beispiel | Beschreibung |
|---|---|---|
| count_chars($str,mode) | $array = count_chars ($spruch); | Ermittelt, wie oft in einer Zeichenkette jedes Zeichen der ASCII-Zeichentabelle vorkommt. Der optionale Parameter mode ist auf 0 voreingestellt. |
| crypt($str,[salt]) | echo cryp($inhalt) | Verschlüsselung einer Zeichenkette mit der Standard-DES-Verschlüsselung. Der Parameter salt ist optional und gibt an, wie stark die Verschlüsselung ist. |
| str_pad($str,length[, $str_pad[, pad_type]]) | $str1 = str_pad ($zeichen,10, "*") | Erweitert einen String auf eine bestimmte Länge unter Verwendung eines anderen Strings. Wird str_pad nicht gesetzt, so wird der String mit Leerzeichen gefüllt. |
| str_repeat($str,mult) | $str1 = str_repeat ($zeichen, 10) | Wiederholt eine Stringausgabe. Die Anzahl der Wiederholungen wird mithilfe des Parameter mult festgelegt. |
| str_shuffle($str) | Str1 = str_shuffle($zeichen) | Mischt die Zeichen innerhalb einer Zeichenkette. |
| str_split($str,length) | $array = str_split($zeichen,2) | Wandelt eine Zeichenkette in ein Array um. Wenn der optionale Parameter length gesetzt wurde, werden die einzelnen Einträge des Arrays auf eine bestimmte Anzahl von Zeichen beschränkt. Sollte der Parameter nicht gesetzt werden, wird jeder Eintrag aus einem Zeichen bestehen. |
| str_word_count($str[, format]) | $zahl = str_word_count ($zeichen) | Zählt die Worte in $str. Wenn der optionale Parameter format nicht angegeben wird, wird ein Integer mit der Anzahl der Worte zurückgegeben. Andernfalls wird ein Array zurückgegeben, dessen Inhalt von format abhängt. |

| Funktion | Beispiel | Beschreibung |
|---|---|---|
| strlen($str) | echo strlen($zeichen) | Gibt die Länge einer Zeichenkette zurück. |
| md5($str) | echo md5($inhalt) | Verschlüsselt eine Zeichenkette nach der MD5-Methode. |
| md5_file($file) | echo md5_file($datei) | Verschlüsselt den Dateinamen einer Datei nach der MD5-Methode. |
| sha1($str) | echo sha1($inhalt) | Verschlüsselt eine Zeichenkette nach der Sha1-Methode (US Secure Hash Algorithm 1). |
| sha1_file($file) | echo sha1_file($datei) | Verschlüsselt den Dateinamen einer Datei nach der Sha1-Methode. |
| number_format($float [, $decimals [,dec_point [, dec_thousands_sep]]]) | echo number_format (1999.95, 2, "," , ".") | Hiermit lässt sich eine Zahl formatieren. Die Parameter haben folgende Bedeutung:<br>• $float ist der zu formatierende Wert.<br>• $decimals ist die Anzahl der Nachkommastellen.<br>• dec_point legt das Zeichen der Nachkommastelle fest.<br>• dec_thousands_sep legt das Tausendertrennzeichen fest. |
| sscanf($str,format,[$vars]) | $str1 = sscanf($zeichen, "%s %s %s",$var1) | Überträgt einen String in ein angegebenes Format und gibt die Werte in Form eines Arrays zurück. |

## *Einsatz von count_chars()*

Die Funktion ermittelt, wie oft in einer Zeichenkette jedes Zeichen der ASCII-Zeichentabelle vorkommt. Der optionale Parameter mode ist auf 0 voreingestellt. Abhängig von mode gibt die Funktion Folgendes zurück:

- 0 – ein Array mit den Bytewerten als Schlüssel und deren Häufigkeit jedes Bytes als Wert.
- 1 – wie 0, allerdings werden nur Bytewerte mit einer Häufigkeit größer 0 aufgelistet.
- 2 – wie 0, allerdings werden nur Bytewerte mit einer Häufigkeit von 0 aufgelistet.
- 3 – einen String, der alle vorkommenden Zeichen enthält.
- 4 – einen String, der alle nicht vorkommenden Zeichen enthält.

*Beispiel – mit mode 0*

```
<?php
$spruch = "Ein einfacher Text";
$resultat = count_chars($spruch);
foreach($resultat as $key=>$element) {
 echo "$key => $element<br>";
}
?>
```

*Beispiel – mit mode 3*
```
<?php
$spruch = "Ein einfacher Text";
$resultat = count_chars($spruch,3);
echo $resultat;
?>
```

*Ausgabe*
```
ETacefhinrtx
```

## Einsatz von crypt()

Die Funktion verschlüsselt eine Zeichenkette mit der Standard-DES-Verschlüsselung. Der Parameter salt ist optional und gibt an, wie stark die Verschlüsselung ist. Ist kein salt-Argument angegeben, wird es von PHP nach dem Zufallsprinzip erzeugt. Auf Systemen, wo die crypt()-Funktion mehrere Verschlüsselungen unterstützt, werden die folgenden Konstanten auf 0 oder 1 gesetzt, je nachdem, ob der entsprechende Typ verfügbar ist:

- CRYPT_STD_DES – Standard-DES-Schlüssel mit 2-Zeichen-Salt
- CRYPT_EXT_DES – Erweiterter DES-Schlüssel mit einem 9-Zeichen-Salt
- CRYPT_MD5 – MD5-Schlüssel mit 12-Zeichen-Salt, beginnend mit $1$
- CRYPT_BLOWFISH – Erweiterter DES-Schlüssel, 16-Zeichen-Salt, beginnend mit $2$

*Beispiel*
```
<?php
$wort = "Geheim";
echo crypt($wort);
?>
```

*Ausgabe*
```
$1$wU0.3b/.$8AcHombM6Np9aSgknBp9f.
```

> **Achtung:** Der verschlüsselte String kann nicht entschlüsselt werden, da crypt() eine Einweg-Verschlüsselung ist.

## Einsatz von str_shuffle()

Die Funktion ermöglicht es Ihnen, die Zeichen innerhalb einer Zeichenkette nach dem Zufallsprinzip zu mischen.

*Beispiel*
```
<?php
$wort = "Geheim";
// Ausgabe - ehmGei
echo str_shuffle($wort);
?>
```

## Einsatz von number_format()

Mithilfe der Funktion lässt sich eine Zahl formatieren.

number_format($float [, $decimals [,dec_point [, dec_thousands_sep]]])

Die Parameter haben folgende Bedeutung:

- $float ist der zu formatierende Wert.
- $decimals ist die Anzahl der Nachkommastellen.
- dec_point legt das Zeichen der Nachkommastelle fest.
- dec_thousands_sep legt das Tausendertrennzeichen fest.

*Beispiel*

```
<?php
// Zahl
$number = 19999.95;

// englische Notation (default)
// Ausgabe (19,999.95)
$english_format = number_format($number, 2);
echo "$english_format<br>";

// deutsche Notation
// Ausgabe (19.999,95)
$deutsch_format = number_format($number, 2,",",".");
echo "$deutsch_format<br>";

// französische Notation
// Ausgabe (19 999,95)
$franz_format = number_format($number, 2, ',', ' ');
echo "$franz_format<br>";
?>
```

## Ermitteln des Plurals

Dieser letzte Punkt gehört streng genommen nicht zu den Stringfunktionen. Ich bin mir jedoch sicher, dass Sie diesen Tipp recht nützlich finden werden.

Sie möchten Wörter, die auf den Werten von Variablen basieren, korrekt in den Plural setzen. Dann könnten Sie den bereits vorgestellten Konditionaloperator hierfür einsetzen. Wie dies funktioniert, wird im folgenden Beispiel gezeigt:

```
<?php
$anzahl = 4;
print "Ihr Warenkorb enthält $anzahl " . ($anzahl == 1 ? "Produkt" : "Produkte") . ".";
?>
```

*Ausgabe*

```
Ihr Warenkorb enthält 4 Produkte.
```

# 4 Programmierung mit PHP

Wir werden uns nun in der Welt der PHP-Programmierung genauer umschauen, einen Überblick über die Sprachbestandteile und ihre Arbeitsweise haben Sie bereits im vorherigen Kapitel erhalten.

## 4.1 Formulare und PHP

Formulare stellen in der Welt der interaktiven und dynamischen Websites die Verbindung zum Anwender dar. Der Anwender wird durch sie in die Lage versetzt, Daten einzugeben, und der Server kann auf diese Daten in vielfältiger Weise reagieren. Die Umsetzung von Formularen erfolgt in den meisten Fällen mithilfe von HTML-Tags, wie dem <form>-Tag. Die Übertragung der Daten zum Server übernimmt HTTP mit den Methoden POST oder GET.

> **Hinweis:** Formulare bzw. Eingabemasken können Ihnen auch in Form von JavaApplets und Flash-Anwendungen begegnen. Vor allem Flash-Anwendungen spielen eine immer größere Rolle.

### 4.1.1 GET und POST

Die sinnvollste Methode für die jeweilige Webanwendung einzusetzen, liegt in den Händen des Entwicklers, daher sollten einige Hintergrundinformationen zu den beiden Übertragungsmethoden vorhanden sein.

#### POST

Die POST-Methode wird vorwiegend eingesetzt, um dem Server mitzuteilen, dass eine Anforderung des Clients weitere Daten enthält. POST bietet in diesem Zusammenhang folgende Funktionen an:

- Übertragung eines Datenblocks, dazu gehören auch die Inhalte eines Formulars
- Übertragung von Nachrichten auf eine Nachrichtengruppe, Mailingliste etc.
- Mitteilung existierender Ressourcen

Die aktuell durch POST ausgelöste Aktion wird durch den Server festgelegt und ist abhängig von der Request-URI. Der gesendete Datenblock stellt hierbei einen Bestandteil dieser URI dar, ähnlich wie eine Datei Bestandteil eines Verzeichnisses ist. Der durch POST ausgelöste Prozess muss nicht direkt an eine Ressource gerichtet sein, die durch die URI adressiert wird. In diesem Fall wird entweder 200 (OK) oder 204 (No Content) als Statusmeldung übertragen. Um an dieser Stelle die Theorie auf den Punkt zu bringen: Praktisch gesehen dient POST dazu, Formulardaten vom Browser zum Server zu übertragen.

### GET

Die GET-Methode ist in der Lage, Informationen jeglicher Art mithilfe der Ergebnis-URI zu identifizieren. Wenn die URI auf einem Prozess basiert, welcher Daten zurückgibt, besteht dieser aus den erzeugten Daten. Die vollständige URI besteht aus der URL, einem Fragezeichen als Trennzeichen und den Daten.

*Beispiel*
```
http://www.meinedomain.de/ausgabe.php?inhalt=Hallo Besucher
```

Es ist ebenfalls möglich, eine GET-Anforderung mit Bedingungen zu senden, beispielsweise `If-Modified-Since`, `If-Unmodified-Since`, `If-Match`, `If-None-Match`, `If-Range`. In diesen Fällen werden die Daten nur dann übertragen, wenn die Bedingungen erfüllt sind.

### *Unterschiede und Gemeinsamkeiten von GET und POST*

Die vorliegenden Ausführungen haben sicher einige Unterschiede deutlich gemacht. Für den Einsatz in PHP-basierten Webanwendungen ist lediglich eines von Interesse:

- Die POST-Methode überträgt die Daten im Körper (Body) der Nachricht. Damit sind die Daten ein Teil der Nachricht, welche aus Kopf (Header) und Körper (Body) zusammengesetzt ist. In diesem Fall ist der Platz übrigens nicht beschränkt.

- Die GET-Methode nutzt die URI zur Übertragung der Daten und hängt diese quasi an die URL mit an. Die Länge der URL ist jedoch bestimmten Beschränkungen von Seiten der Browser unterworfen. Daher sollte die Datenmenge möglichst eine Größe von 2 Kilobyte nicht überschreiten. Dies ist im Übrigen schnell erreicht, da neben den eigentlichen Daten auch jedes Trennzeichen und jeder Variablen- bzw. Feldname mit übertragen wird.

Mit POST umgehen Sie die Beschränkungen von Seiten der Browser. Als einziger Nachteil könnte in Performance-orientierten Systemen der größere Zeitaufwand zur Übertragung der Nachricht angesehen werden. Dieser Nachteil kommt dadurch zustande, dass der Server zusätzlich zum Kopf auch den gesamten Körper der Nachricht übertragen muss.

### *GET oder POST?*

Hier einige handfeste Tipps für die Entscheidung, welche Übertragungsmethode Sie einsetzen sollten.

Allgemein betrachtet ist es besser, die Methode GET zu verwenden: Formulare sind wesentlich leichter zu debuggen und der Anwender kann sich ein fertig ausgefülltes Formular mit Parametern in die Bookmarks oder einen Hyperlink legen – das ist besonders bequem und ergonomisch.

Enthält das Formular Werte, die nicht in der URL angezeigt werden sollen, die auch nicht Bestandteil des Referers sein und nicht in Proxy-Logs auftauchen sollen, dann ist

- die Verwendung von POST anzuraten. Dies ist zum Beispiel immer dann der Fall, wenn ein Eingabeelement *Password* verwendet wird.

Ebenfalls sollte POST verwendet werden, wenn die Länge von Eingabeelementen nicht nach oben begrenzt ist, also immer dann, wenn eine TEXTAREA verwendet wird.

Schließlich ist die Verwendung von POST zwingend notwendig, wenn ein File-Upload durchgeführt werden soll, einmal wegen der prinzipiell unbegrenzten Länge, aber auch weil das notwendige Attribut `ENCTYPE="multipart/form-data"` nur in Verbindung mit POST funktioniert.

### 4.1.2 Ermitteln von Formulardaten

Die Daten eines Formulars innerhalb eines PHP-Skripts weiter zu verarbeiten, ist eine der grundlegenden Aufgaben vieler Webanwendungen.

#### HTML-Formulare

Mithilfe von HTML-Formularen sind Sie in der Lage, Daten vom Browser zum Server zu übermitteln. Ein Formular setzt sich aus dem `<form>`-Tag und den enthaltenen Formularelementen wie Textfeldern, Checkboxen, Auswahllisten etc. zusammen.

> **Achtung:** Bei der Realisierung von HTML-Formularen sollten Sie darauf achten, dass die Formularelemente nur innerhalb des `<form></form>`-Containers existieren. Außerhalb werden sie von den meisten Browsern gar nicht erst angezeigt oder falsch dargestellt. Zusätzlich verlieren sie ihre Funktionalität.

Die wohl einfachste Form eines Formulars stellt sich wie folgt dar:

```html
<html>
<head>
<title>Kontaktformular</title>
</head>
<body>
<form action="mailto:matthiask@atomicscript">
  <p>
    Betreff: <input type="text" name="Betreff" size="30">
  </p>
  <p>
    E-Mail: <input type="text" name="email" size="30">
  </p>
  <p>
    Kommentar: <input type="text" name="nachricht" size="30">
  </p>
  <p>
    <input type="submit" name="Submit" value="Submit">
    <input type="reset" name="Reset" value="Reset">
  </p>
</form>
</body>
</html>
```

Das Formular ist in der Lage, eine E-Mail zu versenden. Dieser Vorgang läuft jedoch clientseitig ab. Voraussetzung ist, dass neben dem Browser auch ein E-Mail-Client zur Verfügung steht, welcher vom Browser gesteuert werden kann.

Sollte dies nicht gegeben sein, ist der Einsatz eines serverseitigen Skripts notwendig, welches unabhängig vom Browser E-Mails versenden kann. Hierfür ist innerhalb des Formulars lediglich eine Zeile anzupassen:

```
<form action="mail.php" method="post">
```

Wie Sie sehen, wird zum einen als auszuführender Befehl für den <form>-Tag keine lokale Anweisung mehr verwendet, sondern auf ein Skript verwiesen, welches sich auf dem Server befindet. Zum anderen wird explizit auf die zu verwendende Übertragungsmethode verwiesen. Im vorliegenden Fall handelt es sich um POST.

### Einsatz von Formularelementen

Im vorherigen Beispiel haben Sie bereits zwei Formularelemente kennengelernt, es handelte sich um das Eingabetextfeld und die Schaltfläche. In HTML stehen Ihnen weit aus mehr Formularelemente zur Verfügung. Das wohl vielfältigste Tag innerhalb eines HTML-Formulars ist das <input>-Tag.

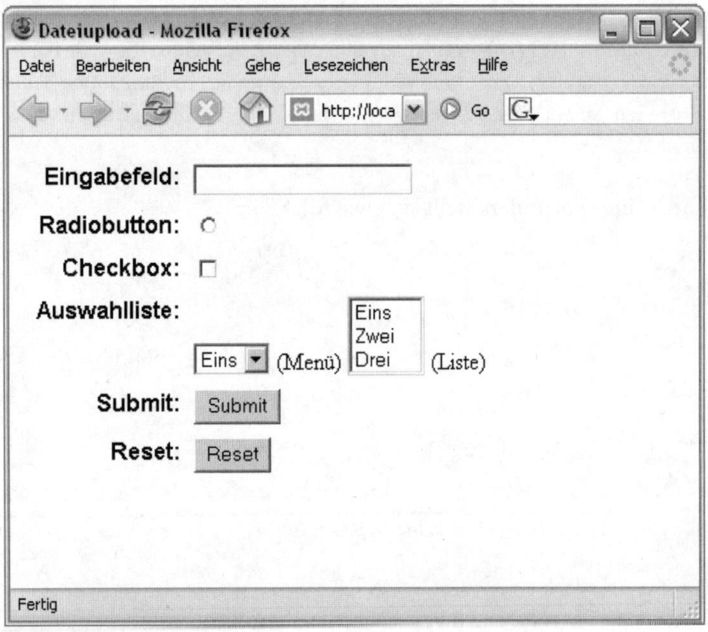

Bild 4.1: Übersicht der HTML-Formularelemente

Die folgenden Formularelemente sind Bestandteile des <input>-Tags. Ich habe sie in der folgenden Tabelle für Sie aufgelistet.

| Element | Attribute | Bedeutung |
|---|---|---|
| text | size,value,name,maxlength | Erzeugt ein einzeiliges Eingabetextfeld. |
| radio | value,checked,name | Erzeugt eine Optionsschaltfläche. Im Gegensatz zu einer Checkbox kann lediglich eine Schaltfläche innerhalb einer Gruppe aktiviert werden. Die Radiobuttons werden zu einer Gruppe verknüpft, sobald sie denselben Namen besitzen, welcher mithilfe des `name`-Attributs festgelegt wird. |
| checkbox | value,checked,name | Erzeugt einen Auswahlkasten. Das Attribut `value` wird zum Server übertragen, sobald die Checkbox aktiviert wurde. Mithilfe des Attributs `checked` kann die Checkbox bereits beim Aufruf des Formulars aktiviert werden. Checkboxen ermöglichen auch bei Zugehörigkeit zur selben Gruppe eine Mehrfachauswahl. |
| password | size,value,name | Bewirkt, dass die eingegebenen Zeichen als Sternchen im Eingabefeld erscheinen. |
| hidden | value,name | Erzeugt ein unsichtbares Feld, welches dazu dient, versteckte Statusinformationen zu übermitteln. |
| button | value,name | Erzeugt eine Schaltfläche. |
| image | src,name,width,height,alt | Erzeugt ein Bild, welches beispielsweise eine Schaltfläche ersetzt. |
| file | name,size,maxlength,accept | Erzeugt ein Eingabefeld samt Schaltfläche zum Übertragen von Dateien. |
| submit | name,value | Erzeugt einen Sendeschalter. Diese Schaltfläche überträgt beim Anklicken den Inhalt des Formulars an das im `<form>`-Tag mit dem Attribut `action` angegebene Skript. |
| reset | name,value | Erzeugt eine Schaltfläche zum Zurücksetzen der Eingaben innerhalb der Formularelemente. |

Die Attribute haben folgende Bedeutung:

- `name` – Name, nach dem das Element im Skript identifiziert werden kann. Entspricht dem Variablennamen innerhalb von PHP-Skripts. Elemente, die kein Namensattribut besitzen, werden nicht übertragen.
- `value` – Vorbelegter Wert oder Beschriftung. Dieser Wert wird ebenfalls versendet. Entspricht dem Variableninhalt (Wert) innerhalb von PHP-Skripts.
- `size` – Legt die Feldgröße in Standardzeichen fest.
- `checked` – Aktiviert das jeweilige Element. Entspricht `true` (aktiv).
- `src` – Verweist auf den Ort des verknüpften Bildes.
- `maxlength` – Legt die Anzahl der Zeichen fest, die in einem Feld eingegeben werden können.

> **Hinweis:** Bei der Verarbeitung des `<input>`-Tags sollten Sie darauf achten, dass die Variablen auch Anführungszeichen enthalten könnten, was wiederum das Ende des `value`-Attributs kennzeichnen würde. Um dies zu verhindern, sollte man sie mithilfe der Funktion `htmlspecialchars()` umwandeln lassen.

Zusätzlich stehen Ihnen noch zwei weitere Formularelemente zur Verfügung, welche es Ihnen beispielsweise ermöglichen, Auswahllisten, Sprungmenüs oder mehrzeilige Texteingaben zu erstellen.

- `<select></select>` – Dieses Element stellt eine Auswahlliste in Form eines Dropdown-Menüs dar. Jedes Element wird durch ein weiteres Tag, `<option></option>`, eingeleitet.
- `<textarea></textarea>` – Mit diesem Element werden mehrzeilige Textfeldeingaben möglich, da es im Unterschied zum `<input>`-Tag einen Anfangs- und einen Endtag besitzt.

### 4.1.3 Auswertung von Formularen

Die Auswertung und Übergabe der Formulardaten in PHP ist recht einfach. PHP erkennt selbständig angehängte Daten, egal, ob diese mit GET innerhalb der URI oder mit POST innerhalb des Körpers der Nachricht versandt wurden. Jedes Formularelement ist durch das Attribut `name` gekennzeichnet und eindeutig identifizierbar. Es erscheint in PHP als Variable mit dem Namen des Elements, gefüllt mit den eingegebenen Werten. Durch Bilder erzeugte Schaltflächen übermitteln in den Variablen `$name_x` und `$name_y` die Position des Mauszeigers, relativ zur linken oberen Ecke des Bildes.

*Beispiel*

```
<html>
<head>
<title>Kontaktformular</title>
</head>
<body>
<?php

if (!$_POST['gesendet'] && !$_POST['name']) {

?>
<form method="POST" action="<?php echo $PHP_SELF ?>">
  <p>Name:
    <input type="text" name="name" size="30">
  </p>
  <p>E-mail:
    <input type="text" name="email" size="30">
  </p>
  <p>Buchbewertung: 1
    <input type="radio" name="bewertung" value="1">
    2
    <input type="radio" name="bewertung" value="2">
    3
    <input type="radio" name="bewertung" value="3">
```

```
         4
         <input type="radio" name="bewertung" value="4">
         5
         <input type="radio" name="bewertung" value="5">
         6
         <input type="radio" name="bewertung" value="6">
      </p>
      <p>Kommentar:
         <textarea name="kommentar" cols="30" rows="5"></textarea>
      </p>
      <p>Lieblingsthema:
         <select name="auswahl">
            <option value="PHP">PHP</option>
            <option value="MySQL">MySQL</option>
            <option value="JAVA">JAVA</option>
            <option value="ASP">ASP</option>
         </select>
      </p>
      <p>
         <input type="submit" name="Submit" value="Submit">
         <input type="reset" name="reset" value="Reset">
         <input type="hidden" name="gesendet" value="1">
      </p>
</form>
<?php

} else {
echo "
Folgende Daten wurden übermittelt:<p>
<b>Name:</b> $_POST[name]<br>
<b>E-Mail:</b> $_POST[email]<br>
<b>Buchbewertung:</b> $_POST[bewertung]<br>
<b>Kommentar:</b> $_POST[kommentar]<br>
<b>Lieblingsthema:</b> $_POST[auswahl]
<p>
<form method=POST action=$PHP_SELF>
<input type='submit' name='Submit' value='Noch einen Kommentar?'>
</form>
</p>
";
}

?>
</body>
</html>
```

Sie sollten sich das Beispiel genauer betrachten:

- Das Skript ruft sich selbst auf, der eigene Name wird der vordefinierten Variablen $PHP_SELF entnommen.

- Das Skript ist zweigeteilt, es enthält sowohl das HTML-Formular zum Senden als auch das Skript zum Auswerten.
- Die Überprüfung, ob es sich um die Darstellungs- oder Auswertungsphase handelt, wird anhand der Variablen $_POST['gesendet'] und $_POST[name] vorgenommen.
- PHP wertet gefüllte Formularelemente (Variablen) als true, ungefüllte oder nicht vorhandene als false.
- In der Auswertungsphase werden die Daten wiedergegeben. Das Formular kann erneut aufgerufen werden, indem ein neues Formular gesendet wird.

Das vorliegende Beispiel war vergleichsweise einfach. Es gibt jedoch Formularelemente, die mehr als einen Wert zurückgeben können. So ist es in HTML prinzipiell erlaubt, mehrere Elemente mit demselben Namen zu belegen. Natürlich sollten Sie dies möglichst vermeiden, aber es wäre nicht schlecht, darauf angemessen reagieren zu können. Eine typische Anwendung sind mehrere Checkboxen in einer Gruppe:

```
<input type="checkbox" name="thema" value="Autos">
<input type="checkbox" name="thema" value="Filme">
<input type="checkbox" name="thema" value="Essen">
<input type="checkbox" name="thema" value="Sport">
```

Es gibt auch Fälle, in denen Mehrfachangaben ausdrücklich erwünscht sind. So können Sie beispielsweise bei <select> mit dem Attribut multiple eine Mehrfachauswahl zulassen:

```
<select name="thema" size="4" multiple>
  <option value="Autos">Autos</option>
  <option value="Filme">Filme</option>
  <option value="Essen">Essen</option>
  <option value="Sport">Sport</option>
</select>
```

Bei der Auswertung steht Ihnen diese Auswahl nur in einer einzigen Variablen zur Verfügung. Was passiert mit den Werten? Es könnte sein, dass PHP sie als Array erkennt. Aber was geschieht, wenn Sie die Variable abrufen?

```
<html>
<head>
<title>Mehrfach Auswahl</title>
</head>
<body>
<form name="form1" method="post" action="<?php echo $PHP_SELF ?>">
  <p>
    <select name="thema" size="4" multiple>
      <option value="Autos">Autos</option>
      <option value="Filme">Filme</option>
      <option value="Essen">Essen</option>
      <option value="Sport">Sport</option>
    </select>
  </p>
  <p>
    <input type="submit" name="Submit" value="Submit">
  </p>
</form>
```

```php
<?php
   if ($_POST['thema']) echo "Thema enthält: $_POST[thema]";
?>
</body>
</html>
```

Wie Sie sehen werden, wird im Fall der Mehrfachauswahl lediglich immer nur der letzte ausgewählte Wert der Auswahlliste angezeigt. Offensichtlich wird kein Array gebildet, denn die Auswahl `$thema[0]` verweist nicht wie vermutet auf den ersten Eintrag der ausgewählten Elemente; die Zeichenkette wird als Array erfasst, und lediglich der erste Buchstabe wird ausgegeben.

Wie sieht nun die Lösung des Problems aus? Sie müssen PHP bereits mit dem Namen der Variablen mitteilen, dass ein Array verwendet werden soll, und dafür folgende Stelle im Skript anpassen:

```
<select name="thema[]" size="4" multiple>
```

Sie kennzeichnen den Namen mit eckigen Klammern `[]`, die in HTML keine weitere Bedeutung haben. PHP nimmt nun an, dass mehr als ein Wert folgt, und erzeugt ein Array. Dies geschieht natürlich auch dann, wenn tatsächlich nur ein Wert vorliegt. Die Auswertung kann dann recht komfortabel mithilfe einer Schleife durchgeführt werden:

```php
<?php
   if ($_POST['thema']) {
        echo "Es sind folgende Themen enthalten:<br>";
        foreach($_POST['thema'] as $element) {
             echo "$element<br>";
        }
   }
?>
```

### 4.1.4 Formularelemente auf Existenz prüfen

Im vorherigen Beispiel wurde bereits davon Gebrauch gemacht, dass nicht vorhandene oder nicht ausgefüllte Formularelemente gezielt ausgewertet werden können. Daher ist es äußerst wichtig zu wissen, wie sich einzelne Formularelemente verhalten.

#### *Radiobuttons/Optionsschalter*

Radiobuttons dienen der Auswahl aus einer fest begrenzten Anzahl von Werten. Gruppen entstehen, indem mehrere dieser Felder denselben Namen erhalten. Wird keines der Felder ausgewählt, erscheint es nicht als Variable. Wird eines ausgewählt, wird der Wert übertragen. Sie können die Angabe eines Werts erzwingen, indem eine Option mit dem Attribut `checked` gesetzt wird.

#### *Checkbox/Kontrollkästchen*

Checkboxen übertragen den Wert des Attributs `value`. Sollte `value` nicht angegeben sein, wird die aktivierte Checkbox übertragen. Eine nicht aktivierte Checkbox überträgt nichts.

### Text, Hidden und Textarea

Textfelder in allen drei Varianten geben immer wenigstens eine leere Zeichenkette zurück und damit auch den Namen. Bei text und hidden bestimmt der Inhalt des Attributs value, was standardmäßig gesendet wird. Bei <textarea> steht der Standardtext zwischen den Tags.

### Select

Auswahllisten können völlig unselektiert bleiben, dann wird jedoch nichts übertragen. Sie können aber eine Standardauswahl erzwingen, indem das Attribut default innerhalb des <option>-Tags gesetzt wird.

### Submit

Sendeschaltflächen werden nicht übertragen, solange value nicht ausgefüllt wurde. Die Schaltfläche verwendet normalerweise value als Bezeichner. Wird nichts angegeben, erscheint der Standardtext »Submit« oder »Anfrage absenden«, wird aber nicht gesendet.

### Besonderheit

Die Formularelemente eines verschickten Formulars werden beim Aufrufen der Empfängerseite, welche im action-Attribut angegeben wurde, automatisch in Variablen gleichen Namens umgewandelt, auf die man im Verlauf des jeweiligen Skripts direkt zugreifen kann. Sollten Sie auf solche Variablen auch in Funktionen zugreifen wollen, ohne sie global definieren zu müssen, können Sie seit PHP 4.2 die superglobalen Arrays $_GET, $_POST oder $_REQUEST, je nach Übertragungsmethode, verwenden.

> **Hinweis:** In älteren PHP-Versionen befinden sich diese Arrays in $HTTP_GET_VARS, $HTTP_POST_VARS oder $http_REQUEST_VARS und müssen außerhalb des Skripts explizit als global deklariert werden.

## 4.1.5 Dynamische Formulare

Die Formularelemente samt der Angabe der Werte wurden in den bisherigen Beispielen stets fest in die Formulare eingebunden. Es wäre sicher jedoch wesentlich praktischer, wenn man dies automatisieren und bestimmte Formularelemente dynamisch erzeugen könnte.

Es wäre sicherlich einen Versuch wert, die Auswahlliste dynamisch mithilfe einer Schleife zu erzeugen:

```
<html>
<head>
<title>Dynamische Mehrfach-Auswahl</title>
</head>
<body>
<form name="form1" method="post" action="<?php echo $PHP_SELF ?>">
  <p>
  <?php
    $themen = array("Autos","Filme","Essen","Sport");
```

```
    ?>
      <select name="thema[]" size="4" multiple>
    <?php
      foreach ($themen as $element) {
         echo "<option value=$element>$element</option>";
      }
    ?>
      </select>
    </p>
    <p>
      <input type="submit" name="Submit" value="Submit">
    </p>
</form>

<?php
   if ($_POST['thema']) {
      echo "Es sind folgende Themen enthalten:<br>";
      foreach($_POST['thema'] as $element) {
         echo "$element<br>";
      }
   }
?>
</body>
</html>
```

Bild 4.2: Dynamisches Formular samt Ausgabe

Sollten Sie assoziative Arrays verwenden, können Sie die Indizes als Werte für die `<option>`-Tags einsetzen und den zugewiesenen Wert für die Anzeige verwenden.

*Beispiel*
```
<html>
<head>
<title>Dynamische Mehrfach-Auswahl</title>
```

```php
</head>
<body>
<form name="form1" method="post" action="<?php echo $PHP_SELF ?>">
  <p>
  <?php
    $themen = array(
        "AU"=>"Autos",
        "FI"=>"Filme",
        "ES"=>"Essen",
        "SP"=>"Sport",
        "CO"=>"Computer"
        );
  ?>
    <select name="thema[]" size="<?php echo count($themen)?>" multiple>
  <?php
   foreach ($themen as $key=>$element) {
       echo "<option value='$key'>$element</option>";
   }
  ?>
    </select>
  </p>
  <p>
    <input type="submit" name="Submit" value="Submit">
  </p>
</form>
<?php
   if ($_POST['thema']) {
       echo "Es sind folgende Themen enthalten:<br>";
       foreach($_POST['thema'] as $element) {
            echo "$element<br>";
       }
   }
?>
</body>
</html>
```

Die Auswahlliste wurde übrigens zusätzlich in der Länge (`size`) auf die Anzahl der Elemente angepasst.

Zur besseren Übersicht lassen sich solche dynamischen Bestandteile eines Formulars auch in externe Skripts auslagern.

*Beispiel – function.inc.php*

```php
<?php
// Auswahlisten Funktion für Hobbies
function setze_hobbies() {
    $themen = array(
        "AU"=>"Autos",
        "FI"=>"Filme",
        "ES"=>"Essen",
        "SP"=>"Sport",
        "CO"=>"Computer"
        );
```

```
        foreach ($themen as $key=>$element) {
            echo "<option value=$key>$element</option>";
        }
    }
}
// Ausgabe der ausgewählten Werte mithilfe des globalen
// Arrays $_POST
function form_ausgabe() {
    if ($_POST['thema']) {
        echo "Es sind folgende Themen enthalten:<br>";
        foreach($_POST['thema'] as $element) {
            echo "$element<br>";
        }
    }
}
?>
```

Die eigentliche Formulardatei, nennen wir sie *dynform.php*, stellt sich nun wesentlich übersichtlicher dar:

```
<?php include("./function.inc.php"); ?>
<html>
<head>
<title>Dynamische Mehrfach-Auswahl</title>
</head>
<body>
<form name="form1" method="post" action="<?php echo $PHP_SELF ?>">
  <p>
    <select name="thema[]" size="<?php echo count($themen)?>" multiple>
    <?php setze_hobbies(); ?>
    </select>
  </p>
  <p>
    <input type="submit" name="Submit" value="Submit">
  </p>
</form>
<?php echo form_ausgabe(); ?>
</body>
</html>
```

Sie sollten vor allem auf die korrekte Schreibweise der ersten Codezeile der *dynform.php*-Datei achten.

### 4.1.6 Formulare über mehrere Seiten

Wer von Ihnen bereits komplexe Formulare erstellt hat, der kennt das Problem: Bei Formularen, die sich über mehrere Seiten erstrecken, müssen die jeweiligen Eingaben von Formular zu Formular übergeben werden. Dies kann recht aufwendig sein, da es meist über versteckte Formularfelder geschieht. Mit einer kleinen PHP-Funktion kann man die versteckten Formularfelder dynamisch erzeugen.

*Beispiel – function.inc.php*

```php
<?php
function form_daten() {
   if (isset($_POST)) {
       foreach ($_POST as $key => $element) {
               echo "<input type=\"hidden\" name=\"$key\" value=\"$element\">";
       }
   }
   else {
       foreach ($_GET as $key => $element) {
               echo "<input type=\"hidden\" name=\"$key\" value=\"$element\">";
       }
   }
}
?>
```

Die Funktion `form_daten()` ist recht einfach aufgebaut. Die Bedingung prüft mithilfe der Funktion `isset()`, ob die jeweiligen Arrays gesetzt wurden. Anschließend wird das entsprechende superglobale Array `$_POST` oder `$_GET` durch die `foreach`-Schleife weiter verarbeitet. Mit ihr wird der Schlüssel oder Index des Arrays sowie der zugewiesene Wert ermittelt und dann im versteckten Formularfeld wieder ausgegeben, sodass die Daten erneut an das nächste Skript verschickt werden können.

*Beispiel – form1.php*

```html
<html>
<head>
<title>Formular - 1</title>
</head>
<body>
<form method="post" action="form2.php">
  <p>
    Vorname: <input type="text" name="vorname"><br>
    Nachname: <input type="text" name="nachname"><br>
    Strasse: <input type="text" name="strasse"><br>
    Ort: <input type="text" name="ort"><br>
    Plz: <input type="text" name="plz"><br>
  </p>
  <p>
    <input type="submit" name="Submit" value="Weiter...">
  </p>
  </form>
</body>
</html>
```

*Beispiel – form2.php*

```php
<?php include("./function.inc.php"); ?>
<html>
<head>
<title>Formular - 2</title>
</head>
<body>
```

```
<form method="post" action="senden.php">
  <p>
  Kreditinstitut: <input type="text" name="bank"><br>
  BLZ: <input type="text" name="blz"><br>
  Konto-Nr.: <input type="text" name="kto_nr"><br>
  <?php form_daten(); ?>
  </p>
  <p>
  <input type="submit" value="absenden">
  </p>
</form>
</body>
</html>
```

Natürlich können Sie das Beispiel ohne Weiteres erweitern!

## 4.1.7 Fragen zu Formularelementen

In diesem Abschnitt wollen wir einige der Formularelemente genauer betrachten.

### Verarbeitung von Checkboxen/Kontrollkästchen

Wenn die Checkboxen nicht markiert sind, werden sie überhaupt nicht übermittelt. Andernfalls haben sie den im Attribut value angegebenen Wert. Man kann die Elemente auf die folgenden beiden Arten erzeugen:

```
# Fall 1: Verschiedene Namen, gleicher Wert
<input type="checkbox" name="cb[1]" value="yes" />
<input type="checkbox" name="cb[2]" value="yes" />

# Fall 2: "Gleiche" Namen, verschiedene Werte
<input type="checkbox" name="cb[]" value="1" />
<input type="checkbox" name="cb[]" value="2" />
```

Die Abfrage erfolgt in beiden Fällen mit:

```
if (isset($_REQUEST['cb'])) {
  reset($_REQUEST['cb']);
  foreach ($_REQUEST['cb'] as $key=>$element) {
    echo "$key: $element<br>";
  }
} else {
  echo "Keine Checkboxen<br>";
}
```

Im Fall 1 wertet man die Variable $key aus, im Fall 2 die Variable $element. Entscheidend ist auch hier, dass der Variablenname bei mehr als einer Checkbox mit [] endet, damit in PHP ein Array zur Verfügung steht.

### Verarbeitung von Radiobuttons/Optionsschaltern

Radiobuttons verhalten sich analog zu Checkboxen, mit der Ausnahme, dass hier eine Mehrfachauswahl nicht möglich ist. Beim Erstellen des HTML-Codes sollte darauf geachtet werden, dass zusammengehörige Buttons den gleichen Namen haben müssen.

```
<?php
  $farben = array(
    array('name' => 'grün', 'value' => 'g'),
    array('name' => 'blau', 'value' => 'b'),
    array('name' => 'rot',  'value' => 'r')
  );
  foreach ($farben as $element) {
    echo
      printf('<input type="radio" name="farbe" value="%s" %s/> %s<br />',
        $element['value'],
        (isset($_REQUEST['farbe']) and $_REQUEST['farbe'] ==
$element['value']) ? 'checked="checked" ' : '',
        $element['name']
      );
  }
?>
```

## *Verarbeitung von Submit*

Um die Aktivierung einer Submit-Schaltfläche zu überprüfen, muss diese über einen Namen verfügen.

```
<input type="submit" name="submit" value="Senden">
```

Anschließend ist bei einem Mausklick oder einem Tastendruck auf die Submit-Schaltfläche eine Variable mit dem Namen der Schaltfläche vorhanden:

```
if (isset($_REQUEST['submit'])) { ... }
```

Soll es um die Verarbeitung von mehr als einer Submit-Schalfläche gehen, stehen Ihnen mehrere Optionen zur Verfügung:

- Haben die Schaltflächen den gleichen Namen, kann man den `value` auswerten; die PHP-Variable heißt so wie die Schaltfläche (`$_REQUEST['submit']`).

- Haben die Schaltflächen unterschiedliche Namen, erhält man je nach betätigter Schaltfläche eine Variable mit anderem Namen registriert; mit `isset()` kann man prüfen, ob eine bestimmte Variable vorhanden ist, d. h., ob eine bestimmte Schaltfläche angeklickt wurde.

- Benennt man die Schaltflächen in der Array-Schreibweise, z. B. `name="submit[0]"`, wobei zwischen den eckigen Klammern eindeutige Werte stehen müssen, erhält man in PHP ein Array mit genau einem Element; der Schlüssel (Key) dieses Elements ist die aktivierte Schaltfläche.

## *Verarbeitung von Reset*

Zunächst sollte man überlegen, ob man überhaupt einen Reset-Schalter benötigt. Bei einer HTML-Reset-Schaltfläche setzt der Browser alle Eingabefelder auf den Anfangszustand zurück; da damit kein Request an den Server verbunden ist, kriegt PHP davon nichts mit. Möchte man einen Button realisieren, der Eingabeelemente mit vordefinierten Inhalten wirklich löscht, muss man eine Submit-Schaltfläche verwenden:

```
<?php
  if (isset($_REQUEST['loeschen'])) {
    unset($_REQUEST['eingabe']);
```

```
    }
?>
<form method="post" action="<?php echo $PHP_SELF ?>" >
<input type="text" name="eingabe" value="<?php @print
$_REQUEST['eingabe']; ?>">
<input type="submit" name="submit" value="Absenden">
<input type="reset" value="Reset">
<input type="submit" name="loeschen" value="Löschen">
</form>
```

### 4.1.8 Prüfen auf fehlende oder fehlerhafte Eingaben

Die Überprüfung von Formulareingaben ist in Hinblick auf die Sicherheit eines Skripts ein nicht zu unterschätzender Faktor.

#### Erkennen fehlender Eingaben

Die Länge einer Textfeldeingabe lässt sich mit der PHP-Funktion `strlen()` ermitteln. Leere Strings sind in PHP `false`, d. h., durch eine Überprüfung (`if ($_REQUEST ['textfeldname'])`) lässt sich feststellen, ob der Anwender eine Eingabe gemacht hat.

#### Textfelder generell

Wenn ein Textfeld nur bestimmte Zeichen enthalten darf, ist es oft am einfachsten zu überprüfen, ob der übermittelte String Zeichen enthält, die nicht erlaubt sind.

```
if (preg_match('/[^0-9a-z_.-]/i', $_REQUEST['textfeldname'])) {
    echo "Ungültige Zeichen im Textfeld.";
}
```

#### Zahlenfelder

Um zu überprüfen, ob ein Textfeld eine Zahl enthält, eignet sich die Funktion `is_numeric()`. Diese Funktion akzeptiert allerdings auch Zeichen, die nicht Ziffern sind (z. B. -1.6e-12). Sollen nur Ziffern akzeptiert werden, helfen wieder reguläre Ausdrücke:

```
if (preg_match('/\D/', $_REQUEST['textfeldname']))
    echo "'Ungültige Zeichen im Zahlenfeld.";
}
```

#### URLs

Zum Überprüfen einer URL reicht es meist aus, deren Anfang zu analysieren:

```
if (! preg_match('=(https?|ftp)://[a-z0-9]([a-z0-9-]*[a-z0-9])?\.[a-z0-
9]=i', $_REQUEST['textfeldname']))
    echo "Ungültige URL im Adressfeld.";
}
```

Diese Überprüfung soll nur ein Ansatz sein und lässt sich beliebig erweitern bzw. optimieren. Die tatsächliche Erreichbarkeit gewährleistet diese Vorgehensweise allerdings nicht. Mithilfe der Funktion `fopen()` lässt sich die momentane Erreichbarkeit einer URL feststellen.

## 4.1.9 Formulardaten und globale Servervariablen

Sofern in der Konfigurationsdatei *php.ini* die Option track_vars aktiviert ist, werden GET, POST und COOKIE-Variablen in den superglobalen Arrays $_GET, $_POST, $_COOKIE abgelegt. Dies erfolgt selbst dann, wenn bei der Konfigurationsoption gpc_order der automatische Variablenimport vollständig deaktiviert wurde.

Im Gegensatz zur Verwendung der automatisch generierten Importvariablen hat das Auslesen von Formulardaten über globale Servervariablen den Vorteil einer besseren Kontrolle darüber, woher die Variablen stammen und welchen Einfluss sie auf den Programmablauf nehmen könnten.

Betrachten Sie folgendes Beispiel:

```
<html>
<head>
<title>Servervariablen und Formulare</title>
</head>
<body>
<form method="post" action="<?php echo $PHP_SELF ?>">
  <p>Vorname:
    <input type="text" name="vorname">
  </p>
  <p>Nachname:
    <input type="text" name="nachname">
  </p>
  <p>Ort:
    <input type="text" name="ort">
  </p>
  <p>
    <input type="submit" name="Submit" value="Submit">
  </p>
</form>
<?php

if (isset($_POST[Submit])) {
   reset($_POST);
   foreach($_POST as $key=>$element) {
       echo "$key: $element<br>";
   }
}

?>
</body>
</html>
```

Bild 4.3: Ausgabe – globale Servervariablen

**Hinweis:** Ein ähnliches Beispiel habe ich Ihnen bereits im Abschnitt 4.1.6 »Formulare über mehrere Seiten« vorgestellt.

Eine mögliche Variante, wie die Formulardaten an automatisch erzeugte Variablen übergeben werden können, zeigt das folgende Beispiel, welches auf demselben Formular basiert.

```
<html>
<head>
<title>Servervariablen und Formulare</title>
</head>
<body>
<form method="post" action="<?php echo $PHP_SELF ?>">
  <p>Vorname:
    <input type="text" name="vorname">
  </p>
  <p>Nachname:
    <input type="text" name="nachname">
  </p>
  <p>Ort:
    <input type="text" name="ort">
  </p>
  <p>
    <input type="submit" name="Submit" value="Submit">
  </p>
</form>
<?php

if (isset($_POST[Submit])) {
   reset($_POST);
   foreach($_POST as $key=>$element) {
        ${"form_$key"} = $element;
```

```
    }
    echo "Vorname: $form_vorname<br>";
    echo "Nachname: $form_nachname<br>";
    echo "Ort: $form_ort<br>";
}
?>
</body>
</html>
```

Bild 4.4: Ausgabe – dynamisch erzeugte Variablen

## 4.2 Daten via URL

Wie Sie wissen, wird neben POST auch die Methode GET zum Übertragen von Daten verwendet. Diese erfolgt durch Anhängen der Werte an die URL. Der folgende Abschnitt beschreibt, wie Sie Skripts per Hyperlink verknüpfen.

Zu Beginn des Kapitels wurde die GET-Methode bereits vorgestellt, die Daten an die URL anhängt. Es ist nahe liegend, auf diese Methode nicht nur über Formulare, sondern auch direkt zuzugreifen. Dieser direkte Zugriff erfolgt mithilfe des <a>-Tags.

*Beispiel*
```
<a href="projekt.php?var1=wert1&var2=wert2">Aufrufen</a>
```

Drei spezielle Zeichen finden hierbei Verwendung:

- Die Trennung zwischen URL und Daten ist das Fragezeichen (?).
- Die Trennung der einzelnen Variablen-/Wertepaare ist das Ampersand (&).
- Die Trennung innerhalb der Paare erfolgt mittels Gleichheitszeichen (=).

Eine Extrahierung der Daten ist wie bei Formularen nicht notwendig. Sämtliche Daten stehen in Form von einzelnen Variablen zur Verfügung. Im folgenden Beispiel sollten Sie sich die Arbeitsweise genauer betrachten:

*Beispiel – links.php*
```
<html>
<head>
<title>Daten via URL</title>
</head>
<body>
<a href="themen.php?thema=1">Sport</a>
<a href="themen.php?thema=2">Autos</a>
<a href="themen.php?thema=3">Filme</a>
<a href="themen.php?thema=4">Computer</a>
</body>
</html>
```

*Beispiel – themen.php*
```
<html>
<head>
<title>Gewählt</title>
</head>
<body>
Sie haben folgendes Thema gewählt:
<?php
switch ($_GET[thema]) {
   case 1: echo "Sport"; break;
   case 2: echo "Autos"; break;
   case 3: echo "Filme"; break;
   case 4: echo "Computer"; break;
}
?>
</body>
</html>
```

### 4.2.1 Kodierung von Daten

Solange Sie lediglich Nummern übertragen, wird diese Form einwandfrei funktionieren. Sie sollten sich folgende Codezeile näher betrachten:

```
<a href="skript.php?name=Ihr Name?">Ihr Name?</a>
```

Wenn der Eintrag »Ihr Name?« z. B. aus einem Formular übernommen wurde, kann das Skript nicht richtig funktionieren. Leezeichen sind an dieser Stelle nicht zulässig. Die Daten müssen daher auf ein Format gebracht werden, in dem die Sonderzeichen tatsächlich als Sonderzeichen erkannt werden.

Sie können hierfür die Funktionen `urlencode()` und `urldecode()` einsetzen.

- Mit `urlencode()` ersetzen Sie diese Zeichen durch die Zeichenfolge »%HH«, wobei HH den Hexcode des betreffenden Zeichens im ASCII-Zeichensatz darstellt.

- Mit `urldecode()` wandeln Sie eine so codierte URL wieder um.

Wenn Sie eine URL erzeugen, sollten Sie folgenden Code verwenden:

```
$kodiert = urlencode($name);
```

Anschließend setzen Sie den Wert in den entsprechenden Hyperlink ein:

```
echo "<a href="skript.php?name=$name">Ihr Name?</a>
```

### 4.2.2 Achtung – Escape-Zeichen

Bei der Kodierung und Dekodierung können diverse Probleme auftreten, vor allem wenn die Daten mehrfach weiterverarbeitet werden.

PHP enthält im Abschnitt [Data Handling] der Konfigurationsdatei *php.ini* den folgenden Eintrag:

```
magic_quotes_gpc = On
```

In diesem Fall werden einfache und doppelte Anführungszeichen mit dem Escape-Zeichen (\) versehen. Auch der Backslash selbst wird so gekennzeichnet, als doppelter Backslash. Die Zeichenfolge »Matze's "Mail!"« würde sich wie folgt darstellen:

```
Matze\'s\"Mail!\"
```

Sollten Sie mit Datenbanken arbeiten, ist dieser Effekt erwünscht, denn oft werden zeichenbasierte Daten in Anführungszeichen gesetzt. Für die Ausgabe in HTML stört das. Sie müssen den Escape-Effekt ausschalten. Wenn Sie generell diese Funktion nicht nutzen, lohnt die Deaktivierung in der Datei *php.ini*:

```
magic_quotes_gpc = Off
```

Wollen Sie lediglich gelegentlich die Angabe der Escape-Zeichen unterdrücken, können Sie die Funktion `stripslashes()` einsetzen:

```
echo stripslashes($name);
```

### 4.2.3 Arbeiten mit dem $QUERY_STRING

Ein anderes Problem tritt auf, wenn Sie Formularfelder und Variablen in der URL mit denselben Namen verwenden. In solchen Fällen wird vorrangig die URL dekodiert. Sie können dennoch auf den Inhalt der Variablen zugreifen.

In diesem Fall steht Ihnen die globale Variable `$QUERY_STRING` bzw. `$_SERVER[QUERY_STRING]` zur Verfügung, die den gesamten Teil nach dem ?-Zeichen enthält. Hier müssen Sie sich zwar selbst um die Analyse der einzelnen Elemente kümmern, umgehen damit jedoch die automatische Auswertung des PHP-Interpreters. Da Ihnen der Zugriff auf die Formularvariable verwehrt ist, bleibt auch hier die Nutzung der Servervariablen. Das folgende Beispiel zeigt die Anwendung:

```
<html>
<head>
<title>Formular</title>
</head>
<body>
<?php
```

```
echo "Daten aus gesendet: $_POST[gesendet]<p>";
echo "Daten aus \$QUERY_STRING: $_SERVER[QUERY_STRING]<P>";
if (is_array($_POST)) {
   foreach($_POST as $key=>$element) {
       echo "<b>$key</b>: $element<br>";
   }
}
?>
<form action="<?php echo $PHP_SELF?>?gesendet=ja" method="post">
<input type="hidden" name="gesendet" value="no">
<input type="submit">
</form>
</body>
</html>
```

*Ausgabe*

```
Daten aus gesendet: no

Daten aus $QUERY_STRING: gesendet=ja

gesendet: no
```

Sie sehen zusätzlich, wie Sie die URL zur Datenübertragung auch innerhalb eines Formulars nutzen können. Interessant ist die Reaktion bei der Anwendung der Übertragungsmethode GET im Formular:

```
<form action="<?php echo $PHP_SELF?>?gesendet=ja" method="get">
<input type="hidden" name="gesendet" value="no">
<input type="submit">
```

*Ausgabe*

```
Daten aus gesendet: no

Daten aus $QUERY_STRING: gesendet=no
```

In diesem Fall nehmen die Formularelemente den Platz der Daten in der URL ein, die bereits im action-Attribut angelegten Parameter werden ignoriert. Dieses Verhalten hat nichts mit PHP zu tun, sondern basiert auf HTTP und den Vorschriften zur Verarbeitung von Daten mithilfe der Methoden GET und POST.

Beim Weiterreichen von Daten ist die Anwendung von $QUERY_STRING bzw. $_SERVER [QUERY_STRING] sogar besonders bequem. Wenn Sie auf Cookies verzichten müssen und eine Anwendung erstellen, die aus mehreren Skripts besteht, ist eine »Verfolgung« des Anwenders unerlässlich. Es werden dann meist sogenannte Session-IDs verwendet, welche per Zufallsprinzip aus zufällig erzeugten Nummern und Zeichenfolgen zusammengesetzt sind, die den Anwender immer wieder eindeutig zuordnen.

**Hinweis:** Zu den Themen Cookies und Sessions erfahren Sie mehr indem Abschnitt 4.3 und 4.4.

## 4.2.4 Gleichlautende Variablen

Bei der automatischen Generierung von Daten kann es vorkommen, dass mehrere gleichlautende Variablen unterschiedliche Werte enthalten:

```
<a href="liste.php?x=1&x=2&x=3">Liste</a>
```

In diesem Fall extrahiert PHP nur die letzte Variable und den dazugehörigen Wert. Die Ausgabe von `echo $x;` würde im vorliegenden Beispiel 3 ausgeben. Wenn Sie sich jedoch alle Daten mithilfe von `$QUERY_STRING` ausgeben lassen,

```
echo $_SERVER[QUERY_STRING];
```

werden Sie feststellen, dass tatsächlich sämtliche Daten übertragen wurden. Sie müssten in diesem speziellen Fall die Daten selbst mithilfe der Funktion `explode()` dekodieren. Die Funktion zerlegt eine Zeichenkette anhand eines Trennzeichens in ein eindimensionales Array. Anschließend erfolgt die nochmalige Trennung durch Gleichheitszeichen.

*Beispiel – link.php*

```
<html>
<head>
<title>Verweis</title>
</head>
<body>
<a href="liste.php?x=1&x=2&x=3">Liste</a>
</form>
</body>
</html>
```

*Beispiel – liste.php*

```
<?php
$daten = explode("&",$_SERVER[QUERY_STRING]);
foreach ($daten as $element) {
   $werte[] = explode("=",$element);
}
foreach ($werte as $element) {
   echo "$element[0]: $element[1]<br>";
}
?>
```

*Ausgabe*

```
x: 1
x: 2
x: 3
```

**Hinweis:** Sie sollten gleichnamige Variablen möglichst vermeiden und es erst gar nicht zu einer solchen Situation kommen lassen.

## 4.3 Cookies via PHP

Mit PHP lassen sich HTTP-Cookies verarbeiten. Sie haben die Möglichkeit, diese zu erzeugen, auszulesen und zu entfernen. Cookies stellen einen einfachen Mechanismus zur Verfügung, der von einem Webserver genutzt werden kann, um beim Client Informationen anzulegen und abzurufen.

Cookies als solche wurden von dem Softwareunternehmen Netscape als merkfähige Ergänzung des zustandslosen HTTP-Protokolls entwickelt. Sie sollten dazu beitragen, die Transparenz von Anwenderinteraktionen im Web zu verbessern.

Cookies stehen seit der Version 1.1 des Netscape Navigator zur Verfügung. Die Einführung der Cookies durch Netscape erfolgte zunächst, ohne dass hierüber Informationen an die Clientanwender gegeben wurden, was zu teilweise absurden Spekulationen über Sinn und Zweck geführt hat. Noch heute haftet den Cookies ein eher negatives Image an.

Bei Cookies handelt es sich um Sammlungen von Variablen, die auf dem Rechner des Clients in Form von maximal 4 Kilobyte großen Textdateien abgelegt werden und die dazu dienen, Informationen zwischenzuspeichern. Diese Informationen können dazu genutzt werden, um beispielsweise das Webangebot einer Website zu personalisieren und damit den Wünschen des Anwenders besser gerecht zu werden.

- Ein Cookie ist eine Textinformation mit einer maximalen Größe von 4 Kilobyte.
- Ein Browser kann maximal 300 Cookies speichern.
- Pro Domain können maximal 20 Cookies angelegt werden.
- Cookies können vom Browser nur an den dafür definierten Server zurückgesendet werden.
- Vorhandene Cookies werden in PHP als Variablen importiert, die den Namen des Cookies tragen. Darüber hinaus enthält die globale Servervariable $_COOKIE ($HTTP_COOKIE_VARS) alle gesetzten Cookies.

Da das Verfallsdatum der Cookies vom installierenden Webserver explizit festgelegt werden kann, ist ihre Lebensdauer sehr unterschiedlich. Manche sind nur so lange aktiv, wie der Browser geöffnet ist, andere haben eine Lebensdauer von mehreren Monaten oder Jahren. Nachdem das Verfallsdatum eines Cookies erreicht wurde, wird es vom Browser automatisch gelöscht. Ein spezielles Cookie kann nur von dem Server ausgelesen werden, der es angelegt hat. Zwar kann ein Webserver auch Cookies für einen anderen Server anlegen lassen, diese können dann jedoch nur von dem Server ausgelesen werden, für den die Cookies angelegt wurden.

### 4.3.1 Spezifikation von Cookies

Cookies unterliegen der Spezifikation, die durch Netscape festgelegt wurde. In der Regel erzeugt der Server mithilfe eines CGI-Skripts als Reaktion auf einen URL-Zugriff ein Cookie, indem er einen *Set-Cookie*-HTTP-Header als Teil einer HTTP-Response im folgenden Format an den Client sendet:

```
SET-Cookie: NAME=VALUE; expires=DATE; path=PATH; domain=DOMAIN_NAME; secure
```

> **Hinweis:** Bis auf das Attribut NAME sind sämtliche Angaben im Header optional.

## NAME

Das Attribut NAME ist eine Zeichenkette, die das Cookie benennt und in der mit Ausnahme von Strichpunkt, Komma und Leerzeichen alle anderen Zeichen erlaubt sind. In der Clientanwendung stehen die Daten des Cookies dann unter diesem Namen zur Verfügung.

## EXPIRES

Das Attribut expires spezifiziert das Verfallsdatum des Cookies, wobei das folgende Format zu verwenden ist:

```
Wochentag, DD-Mon-YYYY HH:MM:SS GMT
```

*Beispiel*
```
Tuesday, 27-Jan-04 01:25 GMT
```

Die einzig zulässige Zeitzone ist GMT. Wird expires nicht angegeben, verfällt das Cookie am Ende der Sitzung (Session).

## PATH

Das Attribut path legt den Pfad fest, an den der Browser das Cookie übermitteln soll, die hierarchisch darunter liegenden Verzeichnisse sind dabei mit eingeschlossen. Fehlt die Angabe, gilt der Pfad der ursprünglichen Anfrage.

## DOMAIN

Das Attribut domain gibt die Domain an, für welche ein Cookie gesendet werden darf. Auf diese Weise ist sichergestellt, dass in einem Cookie enthaltene Informationen nur an den Webserver weitergegeben werden, der hierzu beim Anlegen des Cookies durch Eintrag der Internetdomäne und des URL-Pfads autorisiert wurde.

## SECURE

Das Attribut secure legt fest, ob eine Übermittlung des Cookies lediglich über eine SSL-Verbindung (Secure Socket Layer) erfolgen darf.

Hier eine tabellarische Übersicht der Attribute:

| Attribut | Beispiel | Beschreibung |
|---|---|---|
| name | Auf 'cookiename' wird mittels $_COOKIE['cookiename'] zugegriffen. | Der Name des Cookies. |
| value | Ist der name z. B. 'cookiename', so erhält man den Wert mittels $_COOKIE['cookiename']. | Der Wert des Cookies. Dieser Wert wird auf dem Client gespeichert. |

| Attribut | Beispiel | Beschreibung |
|---|---|---|
| expire | time()+60*60*24*30 wird das Cookie in 30 Tagen ablaufen lassen. Ist der Parameter nicht gesetzt, verfällt das Cookie am Ende der Session, sobald der Browser geschlossen wird. | Der Zeitpunkt, wann das Cookie verfällt. Dies ist ein Unix-Timestamp, also die Anzahl Sekunden seit der Unix-Epoche. Sie können diesen Wert mittels der Funktion time() oder mktime() und der Anzahl Sekunden bis zum gewünschten Ablauf des Cookies setzen. |
| path | Ist dieser auf '/' gesetzt, wird das Cookie innerhalb der gesamten Domain verfügbar. Ist dieser auf '/verzeichnis/' gesetzt, wird das Cookie nur innerhalb des Verzeichnisses /verzeichnis/ der domain sowie allen Unterverzeichnissen wie z. B. /verzeichnis/nocheins/ verfügbar sein. | Der Pfad zu dem Server, auf welchem das Cookie verfügbar sein wird. Der Standardwert ist das Verzeichnis, in dem das Cookie gesetzt wurde. |
| domain | Um das Cookie für alle Subdomains von atomicscript.de verfügbar zu machen, setzen Sie es auf '.atomicscript.de'. Der . ist zwar nicht erforderlich, erhöht aber die Kompatibilität zu den Browsern. Ein Setzen auf www.atomicscript.de macht das Cookie nur in der www-Subdomain verfügbar. | Die Domain, der das Cookie zur Verfügung steht. |
| secure | 0 oder 1 | Gibt an, dass das Cookie nur über eine sichere HTTPS-Verbindung übertragen werden soll. Ist es auf 1 gesetzt, wird das Cookie nur gesendet, wenn eine sichere Verbindung besteht. Der Standardwert ist 0. |

## 4.3.2 Cookies in PHP

Cookies können mit PHP durch die Funktion setcookie() erzeugt werden. Die Syntax lautet wie folgt:

setcookie(name[, value[, expires[, path[, domain[, secure]]]]]);

Da Cookies Bestandteile eines HTTP-Headers sind, muss diese Funktion genau wie bei der Funktion header()aufgerufen werden, noch bevor irgendeine andere Ausgabe an den Browser erfolgt. Im folgenden Beispiel wird mithilfe der Funktion setcookie() ein Cookie gesetzt:

*Beispiel*

```
<?php
// Inhalt festlegen
$inhalt = "Ich bin dein Cookie!";
// Cookie erzeugen
```

```
setcookie("cook_first_one",$inhalt, time()+600);
// Prüfen
if (!$_COOKIE[cook_first_one]) {
  echo "Cookie ist nicht vorhanden!";
} else {
  echo $_COOKIE[cook_first_one];
}
?>
```

Die Funktion erzeugt ein Cookie mit dem Namen cook_first_one und dem Inhalt aus der Variablen $inhalt. Der Parameter expires, der die Lebensdauer des Cookies in Sekunden nach dem 1.1.1970 angibt, wird durch die Funktion time() und ein Offset von 600 Sekunden erzeugt. Die Funktion time() gibt dabei den aktuellen Unix-Zeitstempel zurück, sodass auf diese Weise für das Cookie eine Lebensdauer von zehn Minuten festgelegt wird. Wird keine Zeit angegeben, ist das Cookie so lange gültig, bis der Browser geschlossen wird.

Die übrigen Parameter für path, domain und secure wurden nicht gesetzt.

Beim Aufruf der Seite wird das entsprechende Cookie gesetzt. Sofern Sie Ihren Browser entsprechend konfiguriert haben, wird vor dem Setzen von Cookies eine entsprechende Meldung angezeigt, aus der Sie alle wesentlichen Daten des Cookies entnehmen können.

Bild 4.5: Browser meldet Cookie

Darüber hinaus passiert zunächst gar nichts. Beim nächsten Aufruf derselben Seite kann die im Cookie abgelegte Information verwendet werden. Dem verarbeitenden Skript steht das Cookie in Form einer Variablen $cook_first_one zur Verfügung. Der Inhalt wird mithilfe des echo-Befehls ausgegeben.

> **Hinweis:** Beachten Sie, dass der Wertebereich des Cookies automatisch URL-konform kodiert (urlencoded()) wird, sobald Sie das Cookie senden, und wenn es gelesen wird, wird es automatisch URL-konform dekodiert (urldecode()) und einer Variablen zugewiesen, die denselben Namen wie das Cookie trägt.

## Namenskonflikte

Da das Auslesen der Cookies durch Übergabe des Inhalts in eine gleichlautende Variable erfolgt, kann es Namenskonflikte mit GET- oder POST-Daten geben. Welche Datenquelle den Vorrang besitzt, kann in der Konfigurationsdatei *php.ini* festgelegt werden. Suchen Sie den folgenden Eintrag im Abschnitt [Data Handling]:

```
gpc_order = gpc;
```

Wenn der Eintrag nicht existiert, fügen Sie ihn hinzu. Der Reihenfolge wird durch das Argument bestimmt:

- g steht für GET
- p für POST
- c für Cookie

Mit gpc ist also die Reihenfolge GET->POST->Cookie gemeint. Um solche Konflikte zu vermeiden, sollten Sie Cookies konsequent nach einem bestimmten Schema benennen, z. B. *cook_xxxxx* oder *co_xxxx*. Dann können Namenskonflikte erst gar nicht entstehen.

Sollte diese Methode keine ausreichende Flexibilität bieten, können Sie die Cookies auch direkt aus der globalen Servervariablen $_COOKIE ($HTTP_COOKIE_VARS) auslesen. Im folgenden Beispiel wird die globale Servervariable verwendet, um sämtliche Cookies auszugeben:

```
<?php
foreach ($_COOKIE as $key=>$element) {
   echo "$key: $element<br>";
}
?>
```

*Ausgabe*

```
cook_first_one: Ich bin dein Cookie!
```

## Cookies mit mehreren Variablen

In der Praxis werden im Attribut value eines Cookies in der Regel die Inhalte mehrerer Variablen untergebracht. Hierzu sind einige Techniken erforderlich, bei denen die bereits beschriebenen Arrayfunktionen von PHP eingesetzt werden können.

Um die Inhalte von mehreren Variablen einem Cookie zu übergeben, kann wie folgt vorgegangen werden. Zunächst werden die Variablen mit der Funktion array() an ein Array übergeben.

Anschließend wird dieses Array mit der Funktion implode() in eine Zeichenfolge konvertiert. Diese Zeichenfolge wird dann dem Attribut value des Cookies als Wert zugewiesen.

*Beispiel*

```
<?php
// Prüfen - Cookie vorhanden?
if (isset($_COOKIE['cook_besucher'])) {
```

```php
    // Cookie Daten extrahieren
    $cook_daten = explode("&",$_COOKIE['cook_besucher']);
    // Extrahierte Cookie Daten ausgeben und an dynamische
    // Variablen übergeben.
    foreach ($cook_daten as $key=>$element) {
        echo "$key: $element<br>";
        ${"co_$key"} = $element;
    }
    // Formatierte Ausgabe
    echo "
    <html>
      <head>
      <title>Personalisierte Website</title>
      </head>
    <body>
    <p><font color=$co_2>Herzliche Willkommen $co_0 $co_1<br>
    Ihre Lieblingsfarbe ist: $co_2</font>
    </body>
      </html>";
} else {
    // Formular aufrufen
    eingabe_form();
}

// Eingabeformular + Cookie-Generierung
function eingabe_form() {
  if (!$_POST['Submit']) {
     echo "
     <html>
     <head>
     <title>Personalisierte Website</title>
     </head>
     <body>
     <form method='post' action='$PHP_SELF'>
     <p>Vorname:
       <input type='text' name='vorname'>
     </p>
     <p>Nachname:
       <input type='text' name='nachname'>
     </p>
     <p>Hintergrund:
       <select name='farbe'>
         <option value='#FF0000'>Rot</option>
         <option value='#00FF00'>Gr&uuml;n</option>
         <option value='#0000FF'>Blau</option>
       </select>
     </p>
     <p>
       <input type='submit' name='Submit' value='Sichern'>
     </p>
     </form>
     </body>
      </html>";
  } else {
```

```
    $daten = array($_POST["vorname"],$_POST["nachname"],$_POST["farbe"]);
    $daten_string = implode("&",$daten);
    setcookie("cook_besucher", $daten_string, time()+600);
    echo "Cookie wurde gesetzt!";
    unset($_POST['Submit']);
  }
}
?>
```

Bild 4.6: Schritt 1: Eingabeformular

Bild 4.7: Schritt 2: Cookie wurde gesetzt.

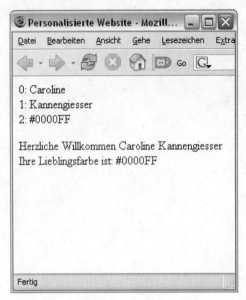

Bild 4.8: Schritt 3: Cookie-Daten werden ausgegeben.

Um die im Cookie enthaltenen Daten verwenden zu können, müssen sie entsprechend behandelt werden. Hierzu überführen wir die Zeichenfolge des Cookies in die einzelnen Variablen `$co_0`, `$co_1` und `$co_2`. Die Funktion, die Ihnen hierbei behilflich ist, ist `explode()`. Mit ihr und dem in der Cookie-Zeichenfolge enthaltenen Trennzeichen werden die Bestandteile in das Array `$cookie_daten` überführt.

Die in diesem Array abgelegten Werte können dann entweder direkt aus dem Array ausgelesen oder auch in die entsprechenden Variablen `$co_0` bis `$co_2` umgewandelt und dann weiterverwendet werden.

> **Hinweis:** Diese Vorlage kann Ihnen dazu dienen, Ihre eigene Website zu personalisieren. Ihre Besucher werden es Ihnen sicher danken.

### Cookies im Array

Sie können auch ein Array an Cookies setzen, indem Sie die Array-Schreibweise verwenden. Hierdurch werden so viele Cookies gesetzt, wie Ihr Array Elemente hat. Sobald das Cookie von Ihrem Skript gelesen wird, werden sämtliche Werte in ein einziges Array mit dem Cookienamen eingelesen:

```php
<?php
// Coookies im Array erzeugen
setcookie ("cookie[eins]", "Erster");
setcookie ("cookie[zwei]", "Zweiter");
setcookie ("cookie[drei]", "Dritter");

// Nach dem Neuladen der Seite wieder ausgeben
if (isset($_COOKIE['cookie'])) {
    foreach ($_COOKIE['cookie'] as $key=>$element) {
        echo "$key : $element<br>";
```

```
      }
}
?>
```

*Ausgabe*
```
eins : Erster
zwei : Zweiter
drei : Dritter
```

### 4.3.3 Cookies löschen

Natürlich können Sie Cookies auch entfernen. Hierbei handelt es sich jedoch weniger um einen üblichen Löschvorgang als vielmehr ein Bearbeiten des Verfallsdatums, welches im Attribut `expires` festgelegt wurde.

Beim Löschen eines Cookies sollten Sie daher sicherstellen, dass das Verfallsdatum in der Vergangenheit liegt, um den Mechanismus zum Löschen des Cookies im Browser auszulösen.

*Beispiel*
```
<?php
// Setzen des Verfallsdatums um 1 Stunde vorher
setcookie ("cook_first_one", "", time() - 3600);
?>
```

## 4.4 Session-Management via PHP

Das Session-Management von PHP ist ein Mechanismus, welcher es ermöglicht, unterschiedliche Anfragen eines Clients über einen Zeitraum hinweg in Beziehung zu setzen. Da es sich bei HTTP um ein verbindungsloses Protokoll handelt, bedeutet dies, dass Client und Server nach jedem Kommando den Prozess beenden und im weiteren Verlauf des Kommunikationsprozesses für jedes weitere Kommando einen erneuten Prozess starten. Hierbei besteht zwischen verschiedenen Anfragen desselben Clients keine Beziehung. Für die Abwicklung von Geschäftsprozessen ist dieses Verhalten von HTTP zunächst sehr hinderlich, wie Sie am Beispiel eines Online-Shops leicht nachvollziehen können: Der Kunde ruft die Startseite eines Online-Shops auf und erhält dort in aller Regel eine Kennnummer, über die er im Verlauf des gesamten Prozesses der Onlinebestellung identifiziert werden soll.

Anschließend wechselt er in den Katalogbereich und füllt seinen Einkaufskorb. Möchte der Kunde die ausgewählten Artikel bestellen, wechselt er auf die entsprechende Seite und gibt dort Name, Anschrift und Bankverbindung an.

Im Verlauf dieses Prozesses hat der Kunde auf diese Weise in der Regel zwei bis drei verschiedene Seiten vom Server angefordert, der, wenn nicht entsprechende Maßnahmen getroffen werden, aufgrund des verbindungslosen HTTP-Protokolls die für den Bestellvorgang relevanten Informationen der jeweils zuvor besuchten Seite wieder vergessen hat.

Mit dem Session-Management sind die grundlegenden Funktionen, die für die Behandlung solcher über mehrere HTTP-Requests hinweg zusammenhängenden Transaktionen erforderlich sind, zum festen Bestandteil von PHP geworden.

Das Session-Management erstellt dabei automatisch die für die Behandlung von Sessions erforderlichen Session-IDs und kümmert sich um die Serialisierung und Speicherung der an die Session gebundenen Daten.

PHP nutzt zur Speicherung der Sessiondaten das Dateisystem des jeweiligen Webservers.

Bei der Speicherung werden die Session-Variablen von PHP automatisch serialisiert, d. h. in eine Zeichenkette umgewandelt.

Beim Start einer Session prüft PHP zunächst, ob eine gültige Session-ID existiert. Sollte das nicht der Fall sein, wird sie angelegt.

Wenn bereits eine gültige Session-ID vorhanden ist, werden die für diese Session vorgehaltenen Variablen im globalen Namensraum des Skripts verfügbar gemacht.

Durch Aufruf der Funktion `session_register()` können im weiteren Verlauf Session-Variablen erzeugt werden, um deren Speicherung sich PHP automatisch kümmert und die im Verlauf der gesamten Session referenziert werden können.

Mithilfe der Funktion `session_unregister()` können Session-Variablen wieder entfernt werden, was bei einer Online-Shop-Lösung erforderlich werden kann, wenn ein Kunde schon ausgewählte Artikel wieder aus seinem Warenkorb entfernt.

## Zusammenfassung

- Unterschiedliche HTTP-Requests eines Clients können als Session behandelt werden.
- Für jeden Anwender wird eine verschlüsselte, zufallsgenerierte Session-ID erzeugt.
- Auf der Clientseite wird die Session-ID unter Verwendung von Cookies gespeichert.
- Sollte der Anwender die Verwendung von Cookies nicht gestatten, wird die Session-ID unter Verwendung von GET/POST-Variablen oder der URL von Skript zu Skript weitergeleitet.
- Sessiondaten werden auf dem Server entweder in Textdateien, in Datenbanken oder im Prozessspeicher des Webservers gespeichert.
- Sofern PHP mit der configure-Option – enable-trans-id kompiliert wurde, erfolgt die Weiterleitung der Session-ID für den Fall, dass Cookies nicht erlaubt sind, automatisch.

### 4.4.1 Konfiguration des Session-Moduls

Das Session-Modul von PHP lässt sich über Optionen innerhalb der Konfigurationsdatei *php.ini* konfigurieren.

Die wichtigsten dieser Optionen und deren Standardeinstellungen sind in der nachfolgenden Tabelle enthalten:

| Option | Bedeutung |
|---|---|
| session.save_handler = files | Handle, welches auf das eingesetzte Speichermodul verweist. Bei Standardeinstellung (files) wird das Dateisystem des Servers verwendet. Zusätzliche Einstellungsmöglichkeiten sind: mm (Prozessorspeicher) und user (benutzerdefiniert). |
| session.save_path = /tmp | Werden zum Speichern der Sessiondaten Dateien verwendet, kann deren Pfad angegeben werden. |
| sessions.use_cookies = 1 | Zum Speichern der Session-ID werden standardmäßig Cookies verwendet. |
| session-name = PHPSESSID | Name der Session, wird auch als Name des Cookies verwendet. |
| session.auto_start = 0 | Startet das Session-Modul bei jedem Request automatisch. |
| session.cookie_lifetime = 0 | Lebensdauer der Cookies in Sekunden (0 bedeutet bis zum nächsten Browserstart). |
| session.cookie_path = / | Pfad, für den das Cookie Gültigkeit besitzt. |
| session.cookie_domain = | Domain, für die das Cookie Gültigkeit besitzt. |
| session.serialize_handler = php | Verweise auf den Serialisierer. Gegenwärtig wird ein internes PHP-Format (php) und WDDX (wddx) unterstützt. WDDX steht nur zur Verfügung, wenn PHP mit WDDX-Support kompiliert wurde. |
| session.gc_probability = 1 | Wahrscheinlichkeit (0..1), dass die Routine zum Aufräumen (garbage collection) des Speichers bei jedem Sessionstart gestartet wird. |
| session.gc_maxlifetime = 1440 | Zeit in Sekunden, nach der alle Sessiondaten zerstört werden. |

## Session-ID/PHPSESSID

Die Session-ID (PHPSESSID) ist einer der interessantesten Bestandteile. Sie ist ein zufällig ausgewählter Schlüssel, der die Sessiondaten auf dem Server eindeutig identifiziert. Dieser Schlüssel kann z. B. über Cookies oder als Bestandteil der URL an ein anderes Skript übergeben werden, damit dieses die Sessiondaten auf dem Server wiederfinden kann.

## Erzeugen einer eindeutigen Benutzer-ID

Zur Erzeugung einer eindeutigen Benutzer-ID können Sie die Funktion uniqid() einsetzen. Sie erwartet als Argument eine Zeichenfolge, die der ID als Präfix vorangestellt wird.

*Beispiel*
```
<?php
echo uniqid("Session");
?>
```

*Ausgabe*
```
Session401804f3d8f96
```

Sie können natürlich auch andere Zeichenfolgen voranstellen oder darauf verzichten. In diesem Fall ist ein Leerstring als Argument zu übergeben. Diese ID können Sie dann in Hyperlinks oder versteckten Feldern verwenden.

Eine ID lässt sich auch mithilfe eines Zufallszahlengenerators erzeugen. Im Grunde stellt dies jedoch lediglich die Arbeitsweise der Funktion uniqid() dar. Die von der Funktion gelieferte ID basiert auf der aktuellen Zeit in Mikrosekunden. Sie ist damit nur eingeschränkt als »eindeutig« zu bezeichnen. Es empfiehlt sich daher, eine komplexere ID zu bilden, bei der beispielsweise als Argument der uniqid()-Funktion die Zufallszahlenfunktion rand() verwendet wird.

*Beispiel*

```
<?php
$u_id = uniqid ("");
$besser_id = uniqid (rand());

echo $u_id . "<br>";
echo $besser_id . "<br>";
?>
```

*Ausgabe*

```
401806dc1432f
19439401806dc14352
```

Wenn Sie eindeutige IDs benötigen und beabsichtigen, diese über das Internet an den Anwender weiterzuleiten, beispielsweise als Session-Cookies, ist es ratsam, wie folgt vorzugehen:

```
<?php
$u_id = md5 (uniqid (""));
$besser_id = md5 (uniqid (rand()));

echo $u_id . "<br>";
echo $besser_id . "<br>";
?>
```

*Ausgabe*

```
bf5fce050c14b8bf73aaefd1f87609c8
b31da72fe23ea7f329011da0f4ab4e15
```

Hierdurch wird eine 32-Zeichen-ID (128-Bit-Hexwert) erzeugt, die nur sehr schwer vorhersehbar ist.

### 4.4.2 Session-Funktionen in PHP

Natürlich stellt Ihnen PHP eine Reihe von Funktionen zur Verfügung, welche speziell auf das Session-Management abgestimmt sind. In der folgenden Tabelle habe ich die wichtigsten zusammengefasst:

| Funktion | Bedeutung |
|---|---|
| session_start() | Initialisiert bzw. startet eine Session. |
| session_cache_expire() | Liefert die aktuelle Cacheverfallszeit. |
| session_cache_limiter() | Liefert die aktuelle Cacheverwaltung oder setzt die aktuelle Cacheverwaltung. |
| session_decode() | Dekodiert die Daten einer Session aus einer Zeichenkette. |
| session_destroy() | Beendet eine Session und entfernt sämtliche Sessiondaten. |
| session_encode() | Kodiert die Daten der aktuellen Session als Zeichenkette. |
| session_get_cookie_params() | Liefert die Session-Cookie-Parameter. |
| session_id() | Liefert die aktuelle Session-ID oder öffnet die Session mit einer übergebenen ID. |
| session_is_registered() | Überprüft, ob eine globale Variable in einer Session registriert ist. |
| session_module_name() | Liefert das Session-Modul oder setzt das aktuelle Session-Modul. |
| session_name() | Liefert den Namen der aktuellen Session oder startet eine neue Session unter dem angegebenen Namen. |
| session_regenerate_id() | Ersetzt die aktuelle Session-ID durch eine neu erzeugte. |
| session_register() | Registriert eine oder mehrere globale Variablen in der aktuellen Session. |
| session_save_path() | Liefert den aktuellen Speicherpfad der Session oder setzt den aktuellen Speicherpfad der Session. |
| session_set_cookie_params() | Setzt die Session-Cookie-Parameter. |
| session_set_save_handler() | Setzt benutzerdefinierte Session-Speicherfunktionen. |
| session_unregister() | Hebt die Registrierung einer globalen Variablen in der aktuellen Session auf und löscht diese dadurch. |
| session_unset() | Löscht sämtliche Session-Variablen. |
| session_write_close() | Speichert die Session-Daten und beendet die Session. |

## *Einsatz von session_start()*

Mithilfe der Funktion session_start() sind Sie in der Lage, eine Session zu erzeugen oder die aktuelle Session wieder aufzunehmen, die auf der Session-ID basiert, welche mit einer Anfrage, z. B. durch GET, POST oder ein Cookie, übermittelt wurde.

*Beispiel – start.php*

```php
<?php
// Session Starten
session_start();

echo 'Willkommen auf Seite 1';

// Session Variablen setzen
$_SESSION['vorname'] = 'Caroline';
$_SESSION['alter'] = 27;
$_SESSION['zeit'] = time();
```

```
echo '<br><a href="seite2.php">Weiter</a><br>';
?>
```

*Beispiel – seite2.php*
```
<?php
session_start();
echo 'Willkommen auf Seite 2<br>';
echo $_SESSION['vorname']."<br>";
echo $_SESSION['alter']."<br>";
echo date('d.m.Y H:i:s', $_SESSION['zeit'])."<br>";
echo '<br><a href="start.php">Zum Anfang</a>';
?>
```

*Ausgabe*
```
Willkommen auf Seite 2
Caroline
27
28.10.2006 22:06:04
```

Sie können die Session-ID auch explizit mithilfe der Konstanten SID übergeben.

```
echo '<br><a href="seite2.php?' . SID . '">Seite 2</a>';
```

Nach dem Aufruf von start.php enthält automatisch auch die zweite Seite, seite2.php, die Session-Daten.

> **Hinweis:** Bei Verwendung Cookie-basierter Sessions müssen Sie session_start() aufrufen, bevor irgendetwas an den Browser geschickt wird.
>
> **Achtung:** Ab PHP 4.3.3 resultiert der Aufruf von session_start(), nachdem die Session schon gestartet wurde, in einem Fehler der Stufe E_NOTICE. Der zweite Session-Start wird in diesem Fall einfach ignoriert.

### Einsatz von session_destroy()

Mithilfe der Funktion session_destroy() sind Sie in der Lage, sämtliche auf die aktuelle Session bezogenen Daten zu löschen. Hierbei sollten Sie auf die beiden folgenden Methoden zurückgreifen:

*Beispiel – Löschen einer Session*
```
<?php
// Initialisierung der Session.
session_start();
// Löschen aller Session-Variablen.
session_unset();
// Zum Schluss Löschen der Session.
session_destroy();
?>
```

*Beispiel – Löschen einer Session mit $_SESSION*

```php
<?php
// Initialisierung der Session.
session_start();
// Löschen aller Session-Variablen.
$_SESSION = array();
// Zum Schluss Löschen der Session.
session_destroy();

?>
```

Sollten Sie mit einer benannten Session arbeiten,

```php
// Session starten
session_name("Sitzung");
session_start();
```

dürfen Sie beim Löschvorgang nicht vergessen, die Funktion session_name() mit anzugeben.

*Beispiel*

```php
<?php
// Initialisierung der Session.
session_name("Sitzung");
session_start();
// Löschen aller Session-Variablen.
session_unset();
// Zum Schluss Löschen der Session.
session_destroy();

?>
```

## Session und Arrays

Das folgende Beispiel soll Ihnen zeigen, dass der Mechanismus auch mit Arrays einwandfrei funktioniert.

*Beispiel – startprodukte.php*

```php
<?php
// Session starten
session_start();

// Array erzeugen
$produkte = array("Brillen", "Autos", "Computer");

// Array mit der Session verknüpfen
$_SESSION["produkte"] = $produkte;

// oder mit session_register("produkte");

// Weiterleitung
echo "<a href=ausgabe.php>Ausgabe</a>";

?>
```

*Beispiel – ausgabe.php*

```
<?php
session_start();
$s_name = session_name();
echo "<b>Session-Name:</b> $s_name<br>";
foreach ($_SESSION["produkte"] as $element) {
        echo "$element<br>";
}
?>
```

> **Hinweis:** Sollte der Einsatz von $_SESSION nicht möglich sein, können Sie auch session_register() einsetzen. Dies wird jedoch seit PHP 4.1.0 nicht mehr empfohlen.

### Einsatz von session_name()

In der Konfigurationsdatei *php.ini* wird der Name der Session in dem Parameter session.name festgelegt – standardmäßig auf PHPSESSID. Sollten Sie ohne Eingriff in die *php.ini* oder in die Webserverkonfiguration diesen Namen ändern wollen, steht die Funktion session_name() zu Verfügung. Diese Funktion muss vor dem (Re)initialisieren der Sessiondaten (session_start()) ausgeführt werden.

*Beispiel*

```
<?php
    // Einen anderen Namen für die Session festlegen
    session_name("meineSession");
    session_start();
?>
```

### 4.4.3 Weitergabe der Session-ID über Cookies

Das Session-Modul von PHP versucht zunächst, die automatisch generierte Session-ID in einem Cookie abzulegen und sich im weiteren Verlauf zur Übertragung der ID auf die nächste Seite dieses Cookies zu bedienen. Dies ist jedoch nur möglich, wenn der Client das Setzen von Cookies zulässt. Die Übertragung der Session-ID mithilfe von Cookies ist die von PHP vorgesehene Standardmethode, die den Anwender davon befreit, sich selbst um die Weiterleitung der ID auf die jeweils nächste Seite kümmern zu müssen. Für das zuvor erläuterte Beispiel kann dies anhand der Meldung des Browsers nachvollzogen werden. Natürlich nur dann, wenn der Browser eine entsprechende Konfiguration aufweist.

Bild 4.9: Die Session-ID wird in einem Cookie angelegt.

## 4.4.4 Weitergabe der Session-ID über GET/POST

Werden vom Client keine Cookies zugelassen, steht die aktuelle Session-ID über die Session-Konstante SID zur Verfügung, die dann unter Verwendung der HTTP-Methoden GET oder POST bzw. über entsprechende Links oder die header()-Funktion auf die jeweils nächste Seite übertragen werden muss.

Ein entsprechender Hyperlink zur Weiterleitung der Session-ID könnte beispielsweise wie folgt aussehen:

*Beispiel – start.php*
```
<?php
session_start();
$_SESSION["vorname"] = "Matthias";
echo '<br><a href="ausgeben.php?' . SID . '">Zur Ausgabe</a>';
echo "<br>Session-ID: " . SID;
?>
```

*Beispiel – ausgeben.php*
```
<?php
session_start();
echo $_SESSION["vorname"];
?>
```

*Ausgabe*
```
Matthias
```

## 4.4.5 Weitergabe der Session-ID über header()

Eine weitere Möglichkeit zur Übertragung der Session-ID ist die Verwendung der `header()`-Funktion. Die Funktion `header()` sendet an den Browser einen HTTP-Header.

Im folgenden Beispiel wird der *Location-Response-Header* gesendet. Dieser Header kann zur Weiterleitung an eine andere URL verwendet werden und enthält die exakte Adresse der Ressource, einschließlich des Query-Strings, der im vorliegenden Fall die Session-ID enthält.

```
<?php
session_start();
$s_name = session_name();
$s_id = session_id();
header("Location: ausgeben.php?$s_name=$s_id");
$_SESSION["vorname"] = "Matthias";
?>
```

**Achtung:** Die `header()`-Funktion muss aufgerufen werden noch bevor irgendeine andere Ausgabe erfolgt, siehe Kapitel 8.

**Hinweis:** Sie erfahren im Übrigen noch einiges mehr über Sessions und Sicherheit in Kapitel 8.

## 4.5 Überprüfung des Verbindungsstatus

Ein PHP-Skript ist in der Lage, den Verbindungsstatus zu überprüfen und gegebenenfalls darauf zu reagieren. PHP unterscheidet zwischen drei Zuständen:

NORMAL = 0

ABBORTED = 1

TIMEOUT = 2

Der übliche Zustand während der Verarbeitung eines Skripts ist NORMAL. Wird die Verbindung jedoch unterbrochen, etwa clientseitig durch Klicken des Abbruch-Schalters, liefert die entsprechende Funktion den Status ABBORTED. Bei Überschreitung eines festgelegten Zeitlimits bricht PHP die Ausführung eines Skripts auch selbständig ab. In diesem Fall wird der Status TIMEOUT übergeben. Zur Ermittlung und Bearbeitung des aktuellen Verbindungsstatus können Sie die folgenden Funktionen einsetzen:

| Funktion | Bedeutung |
| --- | --- |
| connection_aborted() | Prüft, ob die Verbindung abgebrochen wurde. |
| connection_status() | Ermittelt den Status der Verbindung. |
| connection_timeout() | Prüft, ob die Verbindung das Zeitlimit überschritten hat und beendet wurde. |

| Funktion | Bedeutung |
| --- | --- |
| ignore_user_abort() | Arbeitet das Skript weiter ab, auch wenn der Anwender den Abbrechen-Schalter gedrückt hat. Es erfolgt hierbei jedoch keine Ausgabe an den Browser mehr. |
| register_shutdown_function() | Bestimmt eine Funktion, die beim Beenden eines PHP-Skripts ausgeführt wird. |

Eine Unterbrechung aufgrund eines TIMEOUT kann beispielsweise auftreten, wenn das Skript auf die Antwort einer Datenbankabfrage warten muss. Voreingestellt sind 30 Sekunden. Sie können diesen Wert in der Konfigurationsdatei *php.ini* mithilfe der Option max_execution_time heraufsetzen. Wenn PHP nicht im sicheren Modus (safe mode) arbeitet, lässt sich zu diesem Zweck auch die Funktion set_time_limit() einsetzen.

### Shutdown-Funktion

Bricht die Verbindung ab, da der Anwender den Abbrechen-Schalter gedrückt hat, wird üblicherweise auch die Ausführung des Skripts abgebrochen. Bei bestimmten Operationen kann es jedoch sinnvoll sein, das Skript vollständig abzuarbeiten, etwa um noch offene Dateien zu schließen. Für Skripts, die solche kritischen Operationen enthalten, können Sie daher die Funktion ignore_user_abort() nutzen, um die weitere Abarbeitung des Skripts zu erzwingen. Alternativ besteht auch die Möglichkeit, mit register_shutdown_function() eine Funktion festzulegen, die beim Beenden eines Skripts ausgeführt wird. Diese benutzerdefinierte Funktion wird aufgerufen, wenn PHP den Abbruch der Verbindung durch den Anwender registriert oder das Skript regulär beendet wird.

## 4.6 Servervariablen

Der Webserver liefert zahlreiche Informationen über sich selbst und den Systemzustand. Oft können mit diesen Angaben komfortable Skripts programmiert werden. Einige Daten liefert auch der Browser an den Server, und dieser stellt sie wiederum dem Browser als Servervariablen zur Verfügung.

### 4.6.1 CGI-Umgebung

Jeder Webserver liefert innerhalb der CGI-Umgebung eine ganze Reihe von Variablen, die in PHP problemlos abgerufen werden können. Die folgende Tabelle zeigt die wichtigsten CGI-Variablen:

| Variable | Bedeutung |
| --- | --- |
| $AUTH_TYPE | Authentifizierungstyp bei gesicherten Sites. |
| $CONTENT_LENGTH | Länge des gesendeten Inhalts in Byte. |
| $CONTENT_TYPE | Angabe des Inhaltstyps, z. B. text/html. |

| Variable | Bedeutung |
|---|---|
| $GATEWAY_INTERFACE | Bezeichnung der Schnittstelle, z. B. CGI/1.1. |
| $HTTP_ACCEPT | Was HTTP akzeptieren soll, normalerweise */*. |
| $HTTP_COOKIE | Eventiell vorhandene Cookie-Daten. |
| $HTTP_REFERER | Die letzte Adresse, von welcher der Browser kam. |
| $HTTP_USER_AGENT | Kennung des Browsers, z. B. Mozilla/4.0. |
| $PATH_INFO | Informationen zum Pfad des Skripts. |
| $PATH_TRANSLATED | Physischer Pfad. |
| $REMOTE_ADDR | Die IP-Adresse des Clients, z. B. 192.168.200.1. |
| $REMOTE_HOST | Name des Clients, welcher die Anfrage gestartet hat, z. B. www.atomicscript.de. |
| $REMOTE_USER | Anmeldename des Anwenders bei gesicherten Seiten. |
| $REMOTE_IDENT | Identifikator |
| $REMOTE_METHOD | Die Art der Anfrage, bei einem Seitenaufruf meist GET, bei einem Formular auch POST. |
| $QUERY_STRING | GET-Daten, z. B. varname=varvalue&session=1234. |
| $SCRIPT_NAME | Pfad und Name zum Skript, z. B. /cgi-bin/ausgabe.php. |
| $SERVER_NAME | Name des Hosts, z. B. www.selfas.de. |
| $SERVER_PORT | Der Serverport, über den das Skript aufgerufen wurde, im WWW meist 80. |
| $SERVER_PROTOCOL | Protokoll des Servers, z. B. HTTP/1.1. |
| $SERVER_SOFTWARE | Beschreibung der auf dem Server verfügbaren Software. So meldet sich der Server, z. B. Apache/2.0.13. |

Der Aufruf erfolgt mithilfe der globalen Variablen $_SERVER:

```
<?php
echo $_SERVER['SERVER_NAME'];
?>
```

> **Hinweis:** Die genaue Anzahl und Verfügbarkeit der Variablen hängt vom verwendeten Webserver ab.

### 4.6.2 Erzeugen von eigenen Logfiles

Mit den Servervariablen lassen sich auf einfache Weise auch eigene Logfiles erzeugen. Üblicherweise sind die meisten Webserver so eingestellt, dass solche Logfiles automatisch angelegt werden. Sie als Entwickler haben jedoch nicht bei jedem Provider einen direkten Zugriff auf Logfiles. In diesem Fall kann Ihnen PHP beim Anlegen Ihrer eigenen Logfiles behilflich sein. Sie werden natürlich nicht sämtliche Servervariablen in Ihr Logfile aufnehmen müssen. Es empfiehlt sich, folgende Servervariablen zu erfassen:

- $REMOTE_ADDR
- $REQUEST_METHOD

- $PHP_SELF
- $HTTP_USER_AGENT
- $HTTP_REFERER

Zusätzlich sollten Sie noch mithilfe der date()- und time()-Funktion das Datum und die Uhrzeit des Aufrufs erfassen. Übertragen Sie folgendes Skript in die Datei *logfile.php*:

```
<?php
$logdatei=fopen("logs/logfile.txt","a");
fputs($logdatei,
   date("d.m.Y, H:i:s",time()) .
   ", " . $_SERVER['REMOTE_ADDR'] .
   ", " . $_SERVER['REQUEST_METHOD'] .
   ", " . $_SERVER['PHP_SELF'] .
   ", " . $_SERVER['HTTP_USER_AGENT'] .
   ", " . $_SERVER['HTTP_REFERER'] ."\n"
   );
fclose($logdatei);
?>
```

Die Serverdaten werden in die Datei *logfile.txt* im Verzeichnis *logs* gespeichert. Sie müssen lediglich dafür sorgen, dass das Verzeichnis existiert und die entsprechenden Zugriffsrechte gesetzt wurden, um eine Datei zu erzeugen.

Mit der Funktion fopen() wird die Datei geöffnet und in den entsprechenden Modus versetzt (a = append, hinzufügen). In dieser geöffneten Datei wird nun mit fputs() eine Zeichenfolge geschrieben, die das aktuelle Datum und die aktuelle Uhrzeit enthält, gefolgt von der IP-Adresse des Clientrechners, anschließend die Art der Anfrage, den Namen des aufgerufenen Skripts, Informationen über den Browser und die Seite, welche der Browser vorher besucht hat. Vergessen Sie nicht, noch einen Zeilenvorschub hinzuzufügen \n, damit gewährleistet werden kann, dass jeder Aufruf in einer eigenen Zeile angelegt wird. Die Einträge der einzelnen Aufrufe werden jeweils durch ein Komma voneinander getrennt, sodass die Daten auch leicht in Programme wie Access oder Excel eingelesen werden können. Am Ende des Skripts wird noch dafür gesorgt, dass die Datei mit fclose() wieder geschlossen wird.

**Hinweis:** Nähere Informationen zu fopen(), fclose() etc. erhalten Sie im Abschnitt 4.7 »Dateisystem via PHP«.

## *Einsatz der logfile.php*

Um für jede Seite Ihrer Website die *logfile.php* automatisch mit aufrufen zu lassen und somit einsetzen zu können, bietet es sich an, die Datei im Header einer jeden Seite mithilfe einer include()-Anweisung einzubinden.

*Beispiel*

```
<?php
include("logfile.php");
?>
```

Dies führt dazu, dass bei jedem Seitenaufruf eine neue Zeile in der Datei *logfile.txt* mit den entsprechenden Daten erzeugt wird.

Diese Daten können Sie nun nach Belieben mit anderer Software bearbeiten. Sie können auch wahlweise zusätzliche Servervariablen hinzufügen und damit die Aussagekraft Ihrer Logfiles erweitern.

## 4.7 Dateisystem via PHP

PHP ermöglicht es Ihnen, auf das Dateisystem eines Webservers direkt zu zugreifen. Sie sind in der Lage, Dateien zu schreiben, zu lesen und zu löschen. Zusätzlich können Sie auch auf die Verzeichnisse des Dateisystems zugreifen. Die hierfür zur Verfügung gestellten Funktionen sollten Sie jedoch vorsichtig einsetzen. Schließlich greifen Sie auf das Dateisystems des Servers zu, und nicht auf das des Anwenders. Wenn Ihre Webanwendung bei einem Provider läuft, sollten Sie unbedingt nachfragen, ob dieser den direkten Zugriff auf das Dateisystem gestattet.

Im folgenden Abschnitt werde ich Ihnen zunächst einen Überblick über das Dateisystem liefern und anschließend auf die Erzeugung von Dateien und Verzeichnisse eingehen.

### 4.7.1 Informationen über Dateien und Verzeichnisse

Für die Arbeit mit Dateien und Verzeichnissen sollten Sie ausreichend Informationen über die vorliegenden Pfadstrukturen, einzelne Verzeichnisse und Dateien erlangen. PHP stellt Ihnen eine Reihe nützlicher Funktionen zur Verfügung, einige davon habe ich für Sie in der folgenden Tabelle zusammengefasst:

| *Funktion* | *Beispiel* | *Bedeutung* |
| --- | --- | --- |
| basename (path [,suffix]) | basename ($path,".php"); | Liefert aus einer Pfadangabe den Namen einer Datei, inklusive der Dateiendung. Wird der optionale Parameter suffix gesetzt, wird die Endung aus dem Dateinamen entfernt. |
| chgrp (filename, group) | chgrp ("/verzeichnis/datei", " Mitarbeiter "); | Ändert die Gruppenzugehörigkeit einer Datei. |
| chmod (filename, mode) | chmod ("/verzeichnis/datei", 0755); | Ändert die Zugriffsrechte einer Datei. |
| chown (filename, user) | chown ("/verzeichnis/datei", "fred"); | Ändert den Eigentümer der Datei. Nur der Superuser kann den Eigentümer einer Datei ändern. |
| dirname(path) | dirname ($path); | Liefert aus einer Pfadangabe den Pfad ohne den Dateinamen. |
| disk_free_space(directory) | disk_free_space("/"); | Liefert den freien Speicherplatz in einem Verzeichnis. |

| Funktion | Beispiel | Bedeutung |
| --- | --- | --- |
| disk_total_space(directory) | disk_total_space("/"); | Liefert die Gesamtgröße eines Verzeichnisses. |
| file_exists(filename) | file_exists($filename); | Prüft, ob eine bestimmte Datei vorhanden ist. |
| file_get_contents (filename [, use_include_path [, context]]) | file_get_contents($filename); | Liest die gesamte Datei in einen String. Diese Funktion ist mit der Funktion file() identisch, außer dass file_get_contents() die Datei in einem String zurückgibt. |
| file_put_contents (filename, data [, flags [, context]]) | file_put_contents($filename); | Schreibt eine Zeichenfolge in eine Datei. |
| fileatime (filename) | fileatime($filename); | Liefert das Datum des letzten Zugriffs für eine Datei. |
| filegroup (filename) | filegroup($filename); | Liefert die Gruppenzugehörigkeit einer Datei. |
| filemtime (filename) | filemtime ($filename); | Liefert Datum und Uhrzeit der letzten Dateiänderung. |
| fileowner (filename) | fileowner ($filename); | Liefert den Eigentümer der Datei. |
| fileperms (filename) | fileperms ($filename); | Liefert die Zugriffsrechte (Dateiattribute) einer Datei. |
| filesize (filename) | filesize ($filename); | Liefert die Größe einer Datei in Byte. |
| filetype (filename); | filetype ($filename); | Liefert den Typ einer Datei (file, dir). |
| is_dir (filename) | is_dir ($filename); | Prüft, ob der Dateiname ein Verzeichnis ist. |
| is_executable (filename) | is_executable ($filename); | Prüft, ob eine Datei ausführbar ist bzw. es sich um eine ausführbare Datei handelt. |
| is_file (filename) | is_file ($filename); | Prüft, ob der Dateiname eine reguläre Datei ist. |
| is_link (filename) | is_link ($filename); | Prüft, ob der Dateiname ein symbolischer Link ist. |
| is_readable (filename) | is_readable ($filename); | Prüft, ob eine Datei gelesen werden kann. |
| is_uploaded_file (filename) | is_uploaded_file ($filename); | Prüft, ob die Datei mittels HTTP POST geladen wurde. |
| is_writable (filename) | is_writable ($filename); | Prüft, ob in eine Datei geschrieben werden kann. |

| Funktion | Beispiel | Bedeutung |
|---|---|---|
| touch (filename [, time [,atime]]) | touch ($filename); | Setzt Datum und Uhrzeit der letzten Änderung und des letzten Zugriffs der durch filename angegebenen Datei auf den durch time angegebenen Wert. |
| umask(mask) | umask(0022); | Ändert die aktuelle umask, die Zugriffsrechte bzw. Berechtigung. |

Die meisten Funktionen erwarten eine Pfadangabe als Argument. Diese muss sich in der Regel auf eine existierende Datei beziehen. Den beiden Funktionen basename() und dirname() genügt ein String, der einen Pfad bezeichnet. Ob Datei und Verzeichnis existieren, ist dabei nicht relevant, wie die folgenden Codezeilen beweisen:

```php
<?php
// Dateiname samt Endung
echo basename("C:/xamppbuch/php/php.exe");

// Pfad ohne Dateiname
echo dirname("C:/xamppbuch/php/php.exe");
?>
```

*Ausgabe*
```
php.exe
C:/xamppbuch/php
```

Die folgenden Anweisungen erwarten jedoch, dass der im Argument angegebene Pfad existiert:

```php
<?php
// (True oder False)
echo file_exists("C:/xamppbuch/php/php.exe") . "<br>";

// Größe
echo filesize("C:/xamppbuch/php/php.exe") . "<br>";

// Typ
echo filetype("C:/xamppbuch/php/php.exe") . "<br>";
?>
```

*Ausgabe*
```
1
28725
file
```

Sollte der Pfad nicht existieren, geben die Funktionen den Wert `false` zurück. Dies gilt auch für Funktionen wie `is_file()`, `is_dir()`, `is_writable()`, usw. Im Erfolgsfall erhalten Sie den Wert `true`.

*Beispiel*
```php
<?php
echo is_dir("C:/xamppbuch/php") . "<br>";
```

```
echo is_executable("C:/xamppbuch/php/php.exe") . "<br>";
echo is_file("C:/xamppbuch/php/php.exe") . "<br>";
?>
```

*Ausgabe*
```
1
1
1
```

Die Funktionen eignen sich übrigens hervorragend für den Einsatz in IF-Anweisungen.

*Beispiel*
```
<?php
if (is_dir("C:/xamppbuch/php")) {
   echo "Verzeichnis ist vorhanden!";
}
?>
```

*Ausgabe*
```
Verzeichnis ist vorhanden!
```

**Achtung:** Die Pfadangaben dürfen keinen abschließenden Slash enthalten, z. B. C:/xamppbuch/php/. Dies würde zu einer Fehlermeldung führen!

## 4.7.2 Verzeichnisoperationen

Für die Verwaltung des Verzeichnissystems und dessen Manipulation stellt Ihnen PHP ebenfalls eine Reihe von Funktionen zur Verfügung. Die wichtigsten Funktionen habe ich in der folgenden Tabelle zusammengefasst:

| Funktion | Beispiel | Bedeutung |
| --- | --- | --- |
| chdir(directory) | chdir ($directory); | Wechselt das aktuelle Verzeichnis. |
| getcwd () | echo getcwd (); | Liefert das aktuelle Arbeitsverzeichnis. |
| mkdir (path,mode) | mkdir ($path, 0700); | Erzeugt ein Verzeichnis mit dem angegebenen Namen. Mode ist standardmäßig 0777, was den weitestmöglichen Zugriff bedeutet. |
| rmdir (directory) | rmdir ($directory); | Löscht ein Verzeichnis. |

**Hinweis:** Ich werde in den folgenden Beispielen lediglich den Schrägstrich (/) als Trennzeichen für Verzeichnisse verwenden. Dieses Zeichen wird von Unix und inzwischen auch von Windows akzeptiert. Der auf DOS-Systemen übliche Backslash wird hingegen nur von Windows unterstützt.

Die Funktionen erwarten als Argument eine Pfadangabe. Es kann sich um einen relativen oder um einen absoluten Pfad handeln:

```
<?php
if (chdir("C:/xamppbuch")) {
  echo "Verzeichnis gewechselt!";
}
?>
```

Im Erfolgsfall wird der Wert `true` zurückgegeben, andernfalls `false`. Sinnvoll ist die Funktion, wenn Sie in anderen Funktionen relative Pfade einsetzen wollen. Die folgende Anweisung liefert, wenn die Datei existiert, immer den Wert `true`:

```
echo file_exists("C:/xamppbuch/php/php.exe");
```

Das gilt jedoch nicht für folgende Schreibweise, die keine Pfadangabe enthält:

```
echo file_exists("php.exe");
```

Hier müssen Sie zuvor mit der Funktion `chdir()` das aktuelle Verzeichnis setzen, um anschließend mit `file_exists()` die Datei zu prüfen.

### Einsatz von mkdir() und rmdir()

Mit der Funktionen `mkdir()` sind Sie in der Lage, ein neues Verzeichnis anzulegen. Die Funktion `rmdir()` dagegen löscht Verzeichnisse. Auch diese beiden Funktionen beziehen sich, wenn keine vollständigen Pfade übergeben werden, auf das aktuelle Verzeichnis. Sicherer ist natürlich die Angabe vollständiger Pfade:

```
<?php
echo mkdir("C:/ xamppbuch/neu",0700);
?>
```

Um dieses Verzeichnis zu löschen, können Sie die Funktion `rmdir()` einsetzen:

```
<?php
echo rmdir("C:/ xamppbuch/neu");
?>
```

Beide Funktionen liefern bei fehlerfreier Ausführung den Wert `true`, andernfalls wird eine Fehlermeldung ausgegeben.

### 4.7.3 Berechtigungen von Dateien und Verzeichnissen

Sowohl die Funktion `chmod()` als auch das zweite Argument der Funktion `mkdir()` ermöglichen die Vergabe von Berechtigungen für Dateien und Verzeichnisse. Diese Zahl setzt sich aus vier Stellen zusammen.

- Die erste Stelle kann eine Spezialeinstellung für die jeweilige Datei sein, wie *setuid* (4), *setgid* (2) oder *sticky* (1).
- Die zweite Stelle stellt die Benutzerberechtigungen des Dateieigentümers dar.
- Die dritte Stelle steht für die Gruppenberechtigung und bestimmt, was Benutzer der Gruppe, der die Datei angehört, mit ihr machen können.

- Die vierte Stelle steht für die globalen Berechtigungen und bestimmt, was alle Benutzer mit der Datei machen dürfen.

Um den korrekten Wert für jede Stelle zu berechnen, addieren Sie die von Ihnen für die jeweilige Stelle gewünschten Berechtigungen anhand der Werte der folgenden Tabelle:

| Wert | Berechtigung | Spezialeinstellung |
|---|---|---|
| 4 | Lesen | setuid |
| 2 | Schreiben | setgid |
| 1 | Ausführen | sticky |

Ein Berechtigungswert von 0755 bedeutet:

Spezialeinstellung:

`Keine (0)`

Dateieigentümer:

Kann die Datei: lesen, schreiben und ausführen

`4 = lesen + 2 = schreiben + 1 = ausführen => 7`

Benutzer der Gruppe:

Können die Datei: lesen und ausführen

`4 = lesen + 1 = ausführen => 5`

Alle anderen Benutzer:

Können die Datei: lesen und ausführen

`4 = lesen + 1 = ausführen => 5`

Die Berechtigung neu erstellter Dateien und Verzeichnisse sind von der Einstellung *umask* abhängig. Dies ist ein Berechtigungswert, welcher von der Default-Berechtigung einer Datei (0666) bzw. eines Verzeichnisses (0777) entfernt bzw. ausmaskiert wird. Wenn die *umask* beispielsweise 0022 ist, ist 0644 die Standardberechtigung für eine neue mit `fopen()` erstellte Datei und 0755 die Standardberechtigung für ein neues Verzeichnis, das mit `mkdir()` erstellt wird.

### *Einsatz von umask()*

Mit der Funktion `umask()` können Sie die *umask* abfragen und einstellen. Diese gibt die aktuelle *umask* zurück und ändert sie auf den Wert des übergebenen Arguments, falls vorhanden. Im folgenden Beispiel wird lediglich der Eigentümer und der Superuser in der Lage sein, auf die Datei zuzugreifen:

```
$alte_umask = umask(0077);
touch("privat.txt");
umask($alte_umask);
```

Der erste Aufruf von `umask()` maskiert sämtliche Berechtigungen der Gruppe und aller anderen Benutzer. Wenn die Datei erstellt ist, stellt der Aufruf `umask()` die *umask* auf die vorherigen Einstellungen zurück.

> **Hinweis:** Wenn PHP als Server-Modul läuft, stellt es die *umask* am Ende jedes HTTP-Requests auf seinen Standardwert zurück.
>
> **Achtung:** Die Funktion `umask()` funktioniert nicht unter Windows!

### 4.7.4 Auslesen von Verzeichnissen

Zu den wichtigsten Aufgaben der Dateifunktionen gehört das Auslesen der Bestandteile eines Verzeichnisses. Für diese Aufgabe stehen Ihnen folgende Funktionen zur Verfügung:

| Funktion | Beispiel | Bedeutung |
| --- | --- | --- |
| closedir (dir_handle) | closedir ($handle); | Löscht einen Verweis (Handle) auf ein Verzeichnis. |
| dir (directory) | dir ("/etc"); | Liefert ein Objekt, das für ein Verzeichnis steht. |
| opendir (path) | opendir ($path); | Erzeugt einen Verweis (Handle) auf ein Verzeichnis. |
| readdir (dir_handle) | readdir ($handle); | Ermittelt den jeweils nächsten Datei- oder Verzeichnisnamen aus einem Verzeichnis. |
| rewinddir (dir_handle) | rewinddir ($handle); | Positioniert den `readdir`-Zeiger wieder auf dem ersten Eintrag eines Verzeichnisses. |
| scandir (directory [, sorting_order]) | scandir ($directory); | Listet sämtliche Dateien und Verzeichnisse eines angegebenen Pfads auf. Die Sortierreihenfolge ist alphabetisch aufsteigend. Sollte der optionale Parameter `sorting_order` verwendet werden, wird die Sortierreihenfolge alphabetisch absteigend sein. |

Im Grunde verbergen sich hinter den oben vorgestellten Funktionen zwei Konzepte für den Zugriff auf Verzeichnisse und das Auslesen von Dateien:

- Zugriff über einen Verweis (Handle, Referenz).
- Zugriff über ein Objekt, das Sie mit der Funktion `dir()` erhalten. Auf dieses Objekt lassen sich dann Eigenschaften und Methoden anwenden.

#### Zugriff via Verweise

Einen Verweis erhalten Sie mithilfe der Funktion `opendir()`. Das folgende Beispiel zeigt, wie Sie Dateien aus einem Verzeichnis auslesen:

```
<?php
$handle=opendir ('.');
```

```php
echo "Verzeichnis-Handle: $handle<br>";
echo "Dateien:<br>";
while (false !== ($file = readdir ($handle))) {
    echo "$file<br>";
}
closedir($handle);
?>
```

*Ausgabe*
```
Verzeichnis-Handle: Resource id #2
Dateien:
.
..
konstanten.php
```

Beachten sie, dass `readdir()` auch die Einträge "." und ".." zurückgibt. Wollen Sie das nicht, müssen Sie sie ausschließen:

```php
<?php
$handle=opendir ('.');
echo "Verzeichnis-Handle: $handle<br>";
echo "Dateien:<br>";
while ($file = readdir ($handle)) {
    if ($file != "." && $file != "..") {
        echo "$file<br>";
    }
}
closedir($handle);
?>
```

*Ausgabe*
```
Verzeichnis-Handle: Resource id #2
Dateien:
konstanten.php
```

## Zugriff via Objekt

Kommen wir nun zum zweiten Konzept, nämlich dem Zugriff mithilfe des `dir`-Objekts. Es handelt sich hierbei um ein Pseudo-Objekt, d. h. eine Mischung aus Funktion und objektorientierter Lösung. Dem Objekt stehen diverse Eigenschaften und Methoden zur Verfügung, welche in folgender Tabelle aufgeführt sind:

| Funktion | Bedeutung |
| --- | --- |
| handle | Diese Eigenschaft liefert einen Verweis, welcher sich mit den weiter oben vorgestellten Funktionen nutzen lässt. |
| path | Diese Eigenschaft liefert den Pfad des `dir`-Objekts. |
| close() | Diese Methode gibt das Objekt wieder frei. |

| Funktion | Bedeutung |
|---|---|
| read() | Diese Methode liefert bei jedem Aufruf den jeweils nächsten Verzeichniseintrag. |
| rewind() | Diese Methode setzt den internen Zeiger für die read-Operationen wieder auf den ersten Eintrag. |

Das Auslesen eines Verzeichnisses entspricht den bereits vorgestellten Beispielen. Lediglich die Syntax stellt sich etwas anders dar:

```
<?php

$verzeichnis = dir(".");
echo "Verzeichnis-Handle: $verzeichnis<br>";
echo "Dateien:<br>";

while ($file = $verzeichnis->read()) {
        echo "$file<br>";
}

$verzeichnis->close();

?>
```

*Ausgabe*
```
Verzeichnis-Handle: Object id #1
Dateien:
.
..
konstanten.php
```

> **Hinweis:** Dieses Pseudo-Objekt als spezielle Syntax wird vor allem beim objektorientierten Anwendungen eingesetzt.

### 4.7.5 Dateioperationen und Dateifunktionen

In diesem Abschnitt befassen wir uns mit der Verarbeitung von Dateien. Sie lernen Funktionen kennen, die es Ihnen ermöglichen, Dateien zu

- erzeugen,
- öffnen,
- schreiben,
- lesen,
- kopieren und
- umzubenennen.

In der folgenden Tabelle finden Sie eine Aufstellung der wichtigsten Funktionen:

| Funktion | Beispiel | Bedeutung |
|---|---|---|
| file (filename [, use_include_path]) | file ($filename); | Liest den Inhalt einer Datei in ein Array ein. |
| fclose(handle) | fclose($dateihandle); | Schließt einen offenen Dateizeiger und damit auch die Datei. |
| fgetc (handle) | fgetc($dateihandle); | Liest das Zeichen, auf welches der Dateizeiger zeigt. |
| fgetcsv (handle, length [, delimiter [, enclosure]]) | fgetcsv($dateihandle); | Liest eine Zeile von der Position des Dateizeigers und prüft sie auf durch Kommata getrennte Werte (CSV – comma separated values). |
| fgets (handle [, int length]) | fgets($dateihandle); | Liest eine Zeile von der Position des Dateizeigers. |
| fgetss (handle int length [, string allowable_tags]) | fgetss($dateihandle); | Liest eine Zeile von der Position des Dateizeigers und entfernt HTML-Tags. |
| flock (handle, operation [, wouldblock]) | flock($dateihandle,2); | Sperrt eine Datei für schreibende und lesende Zugriffe. |
| fopen (filename, mode [, use_include_path [, zcontext]]) | $handle = fopen ("/home/matze/file.txt", "r"); | Öffnet eine bestehende oder erzeugt eine neue Datei. |
| fputs (handle, str [, length]) | fputs($dateihandle); | Schreibt eine Zeile in eine Datei. |
| fread (handle, length) | fread ($dateihandle, filesize ($filename)); | Liest eine bestimmte Anzahl von Bytes aus einer Datei. |
| fwrite (handle, str [, length]) | fwrite($dateihandle, $somecontent) | Schreibt eine bestimmte Anzahl von Bytes in eine Datei. |
| readfile (filename [, use_include_path]) | echo readfile($filename); | Liest den Inhalt einer Datei und schreibt ihn in den Ausgabepuffer. |

## *Einsatz von file() und readfile()*

Der Einsatz der Funktionen `file()` und `readfile()` ermöglicht es Ihnen, recht einfach auf den kompletten Inhalt einer Datei zuzugreifen. Die Funktion `readfile()` sendet den Inhalt direkt an den Browser und `file()` schreibt den Inhalt in ein Array.

Die folgende Anweisung reicht aus, um die Datei *info.txt* im Browser anzuzeigen:

`readfile("info.txt");`

Die Funktion gibt im Erfolgsfall die Zahl der übertragenen Zeichen zurück. Sollte es nicht funktionieren, liefert sie den Wert `false`. Wenn Sie auf eine Pfadangabe verzichten, muss sich die Datei im selben Verzeichnis befinden wie das Skript, das die Anweisung enthält. Die Funktion eignet sich hervorragend zur Einbindung von HTML-Dateien.

Mit der Funktion `file()` kommen Sie ebenfalls an den Inhalt einer Datei. Sie müssen lediglich beachten, dass der Inhalt in ein Array überführt wird:

```php
<?php
$datei = file("info.txt");
foreach($datei as $zeile) {
   echo "$zeile<br>";
}
?>
```

### 4.7.6 Lesen und Schreiben von Dateien

Um eine Datei zu öffnen, benötigen Sie die Funktion `fopen()`. Diese erwartet zwei Argumente:

- Name der Datei
- Dateiattribut

Die Funktion liefert als Rückgabewert einen Verweis (Handle) auf die Datei. Diesen Verweis benötigen Sie für Lese- und Schreiboperationen, beispielsweise in Verbindung mit `fread()`.

*Beispiel*

```php
<?php
$datei = fopen("info.txt","r");
echo fread($datei,1000);
fclose($datei);
?>
```

oder

```php
<?php
// Fehlermeldung wird unterdrückt und die eigene angezeigt
@$datei = fopen("info.txt","r") or die("Kann info.txt nicht öffnen!");
echo fread($datei,1000);
fclose($datei);
?>
```

Das Dateiattribut, welches sich im zweiten Argument der `fopen()`-Funktion befindet, ist `"r"` und stellt die Datei lediglich zum Lesen zur Verfügung.

In der folgenden Tabelle habe ich Ihnen die zur Verfügung stehenden Modi aufgelistet:

| Modus | Bedeutung |
| --- | --- |
| r | Öffnet die Datei nur zum Lesen und positioniert den Dateizeiger auf den Anfang der Datei. |
| r+ | Öffnet die Datei zum Lesen und Schreiben und setzt den Dateizeiger auf den Anfang der Datei. |

| Modus | Bedeutung |
|---|---|
| w | Öffnet die Datei nur zum Schreiben und setzt den Dateizeiger auf den Anfang der Datei sowie die Länge der Datei auf 0 Byte. Wenn die Datei nicht existiert, wird versucht sie anzulegen. |
| w+ | Öffnet die Datei zum Lesen und Schreiben und setzt den Dateizeiger auf den Anfang der Datei sowie die Länge der Datei auf 0 Byte. Wenn die Datei nicht existiert, wird versucht sie anzulegen. |
| a | Öffnet die Datei nur zum Schreiben. Positioniert den Dateizeiger auf das Ende der Datei. Wenn die Datei nicht existiert, wird versucht sie anzulegen. |
| a+ | Öffnet die Datei zum Lesen und Schreiben. Positioniert den Dateizeiger auf das Ende der Datei. Wenn die Datei nicht existiert, wird versucht sie anzulegen. |

Sie sollten vor allem auf die Angaben »w« und »w+« achten. Damit sind Sie in der Lage, Dateien zu löschen oder zu erzeugen. Die Angabe »a« (append) sollten Sie verwenden, wenn Sie an eine bereits bestehende Datei weitere Daten anhängen wollen.

Die folgende Tabelle soll Ihnen die Entscheidung für den einen oder anderen Modus beim Verarbeiten von Dateien erleichtern:

| Modus | Lesbar? | Schreibbar? | Dateizeiger | Kürzen? | Erzeugen? |
|---|---|---|---|---|---|
| r | Ja | Nein | Anfang | Nein | Nein |
| r+ | Ja | Ja | Anfang | Nein | Nein |
| w | Nein | Ja | Anfang | Ja | Ja |
| w+ | Ja | Ja | Anfang | Ja | Ja |
| a | Nein | Ja | Ende | Nein | Ja |
| a+ | Ja | Ja | Ende | Nein | Ja |

### Dateien von einem entfernten Server

Sollten Sie Dateien von einem entfernten Server öffnen wollen, zu dem Sie via HTTP oder FTP Zugang haben, dann können Sie hierfür ebenfalls `fopen()` einsetzen:

`$datei = fopen("http://www.selfas.de/info.txt","r");`

Um mithilfe von `fopen()` Dateien zu öffnen, die einen Benutzernamen und ein Passwort voraussetzen, platzieren Sie die Authentifizierungsinformationen wie folgt in die URL:

`$datei = fopen("ftp://benutzername:passwort@ftp.selfas.de/pub/info.txt","r");`

`$datei = fopen("http://benutzername:passwort@www.selfas.de/info.txt","r");`

Die Dateien werden mithilfe des *URL-fopen-Wrapper* übertragen. In der Standardkonfiguration ist dieser freigegeben, lässt sich jedoch durch die Option `allow_url_fopen` in Ihrer *php.ini* sperren. Wenn Sie Dateien auf einem entfernten Server nicht mit `fopen()` öffnen können, sollten Sie Ihre Serverkonfiguration überprüfen.

## Einsatz von fgets()

Neben dem bereits vorgestellten `fread()` steht Ihnen zum Auslesen einer Datei auch noch `fgets()` zur Verfügung. Die beiden unterscheiden sich in einem wesentlichen Punkt: `fread()` liest immer so viele Zeichen, wie im zweiten Argument angegeben werden, `fgets()` liest nur bis zum nächsten Zeilenumbruch, auch wenn im zweiten Argument ein größerer Wert angegeben wurde.

> **Hinweis:** `fread()` ignoriert beim Auslesen einer Datei die enthaltenen Zeilenumbrüche.

*Beispiel – Inhalt von info.txt*
```
Matthias
Caroline
```

*Beispiel – auslesen.php mit fread()*
```
<?php

$datei = fopen("info.txt","r");
echo fread($datei,1000);
fclose($datei);

?>
```

*Ausgabe*
```
Matthias
Caroline
```

*Beispiel – auslesen.php mit fgets()*
```
<?php

$datei = fopen("info.txt","r");
echo fgets($datei,1000);
fclose($datei);

?>
```

*Ausgabe*
```
Matthias
```

Und noch die folgende Variante:

```
<?php

$datei = fopen("info.txt","r");
echo fread($datei,1000);
echo fgets($datei,1000);
fclose($datei);

?>
```

*Ausgabe*
```
Matthias
Caroline
```

Das vorliegende Beispiel zeigt, wie die Funktionen arbeiten. Bei jedem Aufruf setzen sie den internen Dateizeiger an das Ende des eingelesenen Abschnitts. Bei fgets() ist das in der Regel eine Zeile. Sollte jedoch eine Zeile länger sein als im zweiten Argument angegeben, wird lediglich ein Teil der Zeile eingelesen. Sie sollten die Funktion fgets() in einer Schleife einsetzen, um nacheinander sämtliche Zeilen auszugeben. Die Ausgabe wird nun durch HTML-Angaben formatiert:

```php
<?php
$datei = fopen("info.txt","r");
$zeile = true;
while ($zeile) {
   $zeile = fgets($datei, 100);
   echo "<b>$zeile<b><br>";
}
fclose($datei);
?>
```

*Ausgabe*
```
Matthias
Caroline
```

Da fgets() ein Leerzeichen zurückgibt und dieses von der while-Schleife als false interpretiert wird, können Sie den Rückgabewert als Abbruchkriterium einsetzen. Die Schleife endet automatisch, wenn in der Datei keine weiteren Zeilen vorkommen.

### Zählen von Zeilen und Absätzen

Die Funktion fgets() kann Ihnen auch dabei behilflich sein, eine Datei zu analysieren, wie beispielsweise die Anzahl der Zeilen oder Absätze zu ermitteln.

*Beispiel – Ermitteln der Anzahl von Zeilen*
```php
<?php

$zeilen = 0;

if ($datei = fopen("daten.txt","r")) {
  while (!feof($datei)) {
    if (fgets($datei,1048576)) {
       $zeilen++;
    }
  }
}

echo $zeilen;

fclose($datei);
?>
```

*Beispiel – Ermitteln der Anzahl von Absätzen*
```php
<?php

$absaetze = 0;

if ($datei = fopen("daten.txt","r")) {
```

```
    while (! feof($datei)) {
      $z = fgets($datei,1048576);
      if (("\n" == $z) || ("\r\n" == $z)) {
        $absaetze++;
      }
    }
}
echo $absaetze;

fclose($datei);

?>
```

> **Hinweis:** Der Wert für das zweite Argument in fgets() wurde bewusst so hoch gesetzt, um möglichst sämtliche Zeichen pro Zeile zu erfassen.

### Sonderfall Datensätze

Eine Datei, welche datensatzähnliche Strukturen wie Trennzeichen aufweist, kann ebenfalls auf diese Weise analysiert werden.

*Inhalt der db.txt-Datei*
```
Matthias Kannengiesser
-*-
Caroline Kannengiesser
-*-
Gülten Kannengiesser
-*-
```

*Beispiel – Ermitteln der Anzahl von Datensätzen*
```
<?php
$dsatz = 0;
$dsatz_trenner = '-*-';

if ($datei = fopen('db.txt','r')) {
  while (! feof($datei)) {
    $z = rtrim(fgets($datei,1048576));
    if ($z == $dsatz_trenner) {
      $dsatz++;
    }
  }
}
echo $dsatz;

fclose($datei);

?>
```

### Bearbeiten einzelner Wörter einer Datei

Um mithilfe der Funktion fgets() einzelne Wörter bearbeiten bzw. erfassen zu können, sollten Sie zusätzlich reguläre Ausdrücke mit der Funktion preg_split() verarbeiten.

*Inhalt – daten.txt*
```
Matthias ist dort
Caroline ist hier
```

*Beispiel*
```php
<?php

$datei = fopen('daten.txt','r');
while (! feof($datei)) {
    if ($z = fgets($datei,1048576)) {
        // Zeile nach Wörtern durchsuchen
        $worte = preg_split('/\s+/',$z,-1, PREG_SPLIT_NO_EMPTY);
        // Alle Wörter einer Zeile bearbeiten
        foreach ($worte as $wort) {
                echo "<b>$wort</b><br>";
        }
        // Nächste Zeile (als Absatz)
        echo "<p>";
    }
}
fclose($datei);
?>
```

*Ausgabe*
```
Matthias
ist
dort

Caroline
ist
hier
```

*Quelltext-Ausgabe*
```
<b>Matthias</b><br><b>ist</b><br><b>dort</b><br><p><b>Caroline</b><br><b>ist</b><br><b>hier</b><br><p>
```

Der Code verwendet das Metazeichen \s der Perl-kompatiblen Regular Expression Engine. Hiermit werden Leerzeichen (Whitespaces) jeglicher Art verarbeitet, wie Leerzeichen, Tabulatoren, Zeilenvorschübe, Wagenrückläufe und Seitenvorschübe.

### 4.7.7 Erzeugen und Schreiben von Dateien

Eine neue Datei anzulegen ist mithilfe der Funktionen fopen() und fwrite() recht einfach.

*Beispiel*
```php
<?php

$datei = fopen("daten.txt","w");
echo fwrite($datei, "Hallo Welt",100);
fclose($datei);

?>
```

*Ausgabe*

```
10
```

Die Funktion gibt die Anzahl der Zeichen zurück, welche in die neue Datei daten.txt geschrieben wurden. Das letzte Argument von fwrite() ist übrigens optional; sollte die Anzahl der Zeichen aus der Zeichenfolge den Wert überschreiten, wird die Zeichenfolge auf den festgelegten Wert gekürzt. Zusätzlich ist zu beachten, dass fwrite() den internen Dateizeiger weitersetzt. Dieser steht nach der Ausführung hinter dem letzten geschriebenen Zeichen. Sollten Sie fwrite() erneut aufrufen, wird die neue Zeichenfolge an den vorhandenen Text angefügt.

### In eine vorhandene Datei schreiben

Beim Schreiben in eine vorhandene Datei kommt es vor allem darauf an, mit welcher Zugriffsmethode Sie die Datei öffnen. Hierbei sind folgende Situationen zu unterscheiden:

- Sie wollen weitere Daten an die Datei anfügen. In diesem Fall wählen Sie den Wert »a« (bzw. »a+«). Die Datei wird dann so geöffnet, dass ein schreibender Zugriff nur am Ende der Datei erfolgen kann.

- Sie wollen an einer beliebigen Stelle Daten in die Datei schreiben. Die an dieser Stelle befindlichen Daten werden dann jedoch überschrieben. In diesem Fall öffnen Sie die Datei mit der Einstellung »r+«. Der Dateizeiger steht dann am Anfang der Datei. Um an einer beliebigen Stelle zu schreiben, muss der Dateizeiger mit der Funktion fseek() positioniert werden.

- Sie wollen eine bestehende Datei ganz neu schreiben, also keine bestehenden Daten übernehmen. In diesem Fall wählen Sie den Zugriffsmodus »w« (bzw. »w+«). Im Grunde wird die Datei hierdurch gelöscht und mit dem gleichen Namen neu erzeugt.

Die interessanteste Methode dürfte die zweite Variante sein. Hierbei handelt es sich um einen Zugriff auf eine bereits bestehende Datei, jedoch an einer beliebigen Stelle und nicht am Anfang oder am Ende der Datei. Hierfür benötigen Sie Funktionen, mit denen Sie die Position des Dateizeigers abfragen und setzen können. Diese habe ich in der folgenden Tabelle für Sie zusammengefasst:

| Funktion | Beispiel | Bedeutung |
| --- | --- | --- |
| feof (handle) | echo feof($dateihandle); | Prüft, ob der Dateizeiger am Ende der Datei steht. |
| fseek (handle, offset [,postion]) | fseek ($dateihandle, 10, SEEK_CUR); | Positioniert den Dateizeiger auf eine beliebige Stelle innerhalb der Datei. |
| ftell (handle) | echo ftell($dateihandle); | Ermittelt die aktuelle Position des Dateizeigers. |
| rewind(handle) | rewind($dateihandle); | Positioniert den Dateizeiger an den Anfang der Datei. |

Die Funktion fseek() benötigt einen offset (Versatzwert), um den Dateizeiger ausgehend von einer festgelegten Position neu zu positionieren. Auf welche Startposition sich der Versatz bezieht, bestimmen Sie im letzten Argument. Dieses Argument ist optional.

Wenn Sie darauf verzichten, zählt der Versatzwert vom Anfang der Datei. Die Startposition lässt sich mithilfe einer der folgenden Konstanten bestimmen:

- SEEK_SET – Als Startposition wird der Dateianfang angenommen. Der Versatzwert steht dann auch für die absolute Position. Diese Konstante entspricht dem Standardwert und muss daher nicht unbedingt angegeben werden.
- SEEK_CUR – Als Startposition wird die aktuelle Position angenommen. Der Versatzwert bezieht sich dann auf diese Position.
- SEEK_END – Als Startposition wird das Dateiende angenommen. Das bedeutet, dass der Dateizeiger auch nach dem eigentlichen Ende der Datei positioniert werden kann. Diese Eigenschaft macht es möglich, eine strukturierte Datei mit Datensätzen fester Länge zu erzeugen. Die Datei muss hierzu nicht mit SEEK_END geöffnet werden.

Die aktuelle Position können Sie mit der Funktion ftell() auslesen. Das folgende Beispiel kombiniert beide Funktionen und stellt die relative Positionierung mit SEEK_CUR dar:

```php
<?php
$datei = fopen("daten.txt","r+");
fseek($datei, 50, SEEK_CUR);
echo ftell($datei) . "<br>";
fseek($datei, 15, SEEK_CUR);
echo ftell($datei) . "<br>";
fclose($datei);
?>
```

*Ausgabe*
50
65

Beachten Sie, dass die Datei mit dem Zugriffsmode »r+« geöffnet wurde. Der Dateizeiger lässt sich dann auch für das Schreiben frei positionieren. Verwenden Sie hingegen den Modus »a« (bzw. »a+«), werden sämtliche Daten an das Ende der Datei angefügt, unabhängig davon, wo gerade der Dateizeiger steht. Die Positionierung mit fseek() können Sie dann lediglich für das Auslesen nutzen.

### 4.7.8 Kopieren, Umbenennen und Löschen von Dateien

Zusätzlich zu den bisherigen Funktionen stehen Ihnen noch die Funktionen copy(), rename() und unlink() zur Verfügung, mit deren Hilfe Sie Dateien kopieren, umbenennen und löschen können.

*Beispiel – Kopieren*
```php
<?php
if (@copy("daten.txt", "datenkopie.txt")) {
  echo "Kopiert";
} else {
  echo "Fehler!";
}
?>
```

*Beispiel – Umbennen*
```php
<?php
if (@rename("datenkopie.txt", "datenumbenannt.txt")) {
  echo "Umbenannt";
} else {
  echo "Fehler!";
}
?>
```

*Beispiel – Löschen*
```php
<?php
if (@unlink("datenumbenannt.txt")) {
  echo "Gelöscht";
} else {
  echo "Fehler!";
}
?>
```

**Hinweis:** Das @-Zeichen dient zur Fehlerunterdrückung!

### 4.7.9 Serialisierung von Daten

Funktionen wie `file()` oder `file_get_contents()` sorgen dafür, dass der Inhalt einer Datei eingelesen wird. Diese Daten werden anschließend deserialisiert. Eine Variable können Sie mithilfe von `serialize()` in ein speicherbares Format übertragen.

#### Einsatz von serialize() und unserialize()

Die `serialize()`-Funktion gibt eine Zeichenfolge zurück, die eine einem Byte-Stream entsprechende Wiedergabe von einer Variablen enthält und beliebig abgespeichert werden kann. Diese Funktion dient der Speicherung oder Übergabe von PHP-Werten, ohne dass diese ihren Wert oder ihre Struktur verlieren.

*Beispiel*
```php
<?php

$personen = array(
            "Matthias",
            "Caroline",
            "Gülten"
            );
$daten = serialize($personen);
echo $daten;

?>
```

*Ausgabe*
```
a:3:{i:0;s:8:"Matthias";i:1;s:8:"Caroline";i:2;s:6:"Gülten";}
```

Eine solche Zeichenfolge können Sie mithilfe der Funktion unserialize() wieder in eine gültige Variable umwandeln.

*Beispiel*
```
<pre>
<?php
$daten = 'a:3:{i:0;s:8:"Matthias";i:1;s:8:"Caroline";i:2;s:6:"Gülten";}';
$personen = unserialize($daten);
print_r ($personen);
?>
</pre>
```

*Ausgabe*
```
Array
(
    [0] => Matthias
    [1] => Caroline
    [2] => Gülten
)
```

## 4.7.10 Verriegelung von Dateien

Jeder Schreibvorgang innerhalb einer Webanwendung birgt das Risiko, dass Daten überschrieben werden. Sie können sich durch ein in PHP zur Verfügung gestelltes Verriegelungsverfahren davor schützen, sodass Inhalte einer Datei nicht ungewollt verändert werden können.

Eine Datei wird hierbei durch einen Lock geschützt. Dieses von den meisten Betriebssystemen unterstützte Verfahren sperrt eine Datei, sodass ein ungewollter Zugriff ausgeschlossen werden kann. Die Funktion für die Verriegelung ist flock().

Diese Funktion erwartet neben dem Datei-Handler als zweites Argument einen Integerwert für die durchzuführende Verriegelungsoperation. Ihnen stehen folgende Verriegelungs-Konstanten zur Verfügung:

| Konstante | Wert | Bedeutung |
| --- | --- | --- |
| LOCK_SH | 1 | lock shared, verteilt lesende Verriegelung, andere Prozesse können lesend zugreifen. |
| LOCK_EX | 2 | lock exclusive, keinem anderen Prozess den Zugriff ermöglichen. |
| LOCK_UN | 3 | lock unlock, Verriegelung aufheben, sowohl lesend als auch schreibend. |
| LOCK_NB | 4 | lock non-blocking, in Verbindung mit LOCK_EX und LOCK_UN, beendet den Zugriffsversuch, ohne zu warten, bis die Datei für Zugriffe frei ist. |

Um eine Datei zu sperren, benötigt die Funktion einen Datei-Handler, den Sie mit fopen() erhalten. Als Operation können Sie entweder einen verteilten oder einen exklusiven Zugriff erlauben oder eine Verriegelung wieder aufheben. Die Option LOCK_

NB legt fest, wie reagiert werden soll, wenn eine Datei gesperrt vorgefunden wird. Um dies anzugeben, notieren Sie nach der Operation einen senkrechten Strich und danach die Konstante. Sie sollten diese nur dann einsetzen, wenn Sie Zugriffe während der Verriegelung durch flock() zulassen wollen.

Der Einsatz einer Verriegelung macht jedoch nur dann Sinn, wenn alle Programme die gleiche Art und Weise der Verriegelung nutzen. Eine Verriegelung von Dateien wird im Übrigen lediglich empfohlen. Solange Sie kein flock() verwenden, um den Verriegelungsstatus einer Datei festzulegen, können Sie auf diese bequem Lese-/Schreibzugriffe ausführen.

### 4.7.11 Auslesen von CSV-Dateien

Abschließend wird noch die Funktion fgetcsv() vorgestellt. Vorab jedoch noch eine kurze Einführung in die Struktur von CSV-Dateien (comma separated values). Hierbei handelt es sich um Textdateien, deren Einträge in Zeilen und Spalten (Felder) unterteilt sind. Die Zeilen werden durch Zeilenumbrüche gekennzeichnet und die Felder durch Kommata oder andere Trennzeichen. Für das Auslesen solcher Dateien können Sie die Funktion fgetcsv() einsetzen. Die Funktion erwartet eine Textdatei, die beispielsweise wie folgt strukturiert ist:

```
1,erster Mitarbeiter,Matthias,Kannengiesser

2,zweiter Mitarbeiter,Caroline,Kannengiesser
```

Jeder Aufruf von fgetcsv() liefert die jeweils nächste Zeile. Die Funktion benötigt mindestens zwei Argumente:

- Dateihandle
- Maximale Anzahl der auszulesenden Zeichen

*Beispiel*
```
<?php

$datei = fopen("csvdaten.txt", "r");
$daten = fgetcsv($datei, 1000);
while ($daten) {
   echo implode(" - ", $daten) . "<br>";
   $daten = fgetcsv($datei, 1000);
}
?>
```

*Ausgabe*
```
1 - erster Mitarbeiter - Matthias - Kannengiesser
2 - zweiter Mitarbeiter - Caroline - Kannengiesser
```

Das optionale dritte Argument kann ein anderes Trennzeichen für die Felder enthalten. Das Komma stellt den Standardwert für das dritte Argument dar.

## 4.7.12 Nützliche Dateioperationen

Zum Thema Dateioperationen habe ich noch einige nützliche Codeschnipsel zur Verarbeitung von Dateien für Sie parat.

### Zeilen gezielt auslesen

Die Zeilen einer Datei gezielt auszulesen kann leicht umgesetzt werden. Sie können dafür entweder die Funktion file() oder fgets() einsetzen. Die Funktion file() setzt voraus, dass genügend freier Arbeitsspeicher zur Verfügung steht, da in ihrem Fall die Datei vollständig eingelesen wird.

*Beispiel – file()*
```
<?php

$daten = file("daten.txt");
// Zweite Zeile ausgeben
echo $daten[1];
?>
```

*Beispiel – fgets()*
```
<?php

$zeilen_zaehler = 0;
$ziel_zeile = 2;

$datei = fopen('daten.txt','r');
while ((! feof($datei)) && ($zeilen_zaehler < $ziel_zeile)) {
    if ($zeile = fgets($datei,1048576)) {
        $zeilen_zaehler++;
    }
}
fclose($datei);

echo $zeile;
?>
```

### Inhalt einer Datei rückwärts einlesen

Wozu das gut sein soll? Beispielsweise könnten Sie in einem Gästebuch neue Beiträge mithilfe von fopen() und dem Anhängmodus »a« (append) ans Dateiende anhängen. Aber wie sieht es mit der Ausgabe aus? Der neueste Eintrag soll schließlich an den Anfang der Ausgabe. Hier eine praktische Lösung.

*Beispiel*
```
<?php

$daten = file("daten.txt");
$daten = array_reverse($daten);

foreach ($daten as $eintrag) {
   echo "$eintrag<br>";
}
?>
```

Natürlich können Sie, anstatt sämtliche Zeilen rückwärtig auszugeben, lediglich eine festgelegte Anzahl von Zeilen ausgeben, etwa die letzten 10 Zeilen.

*Beispiel*
```php
<?php

$daten = file('daten.txt');
$anzahl = 10;

for ($i = 0, $j = count($daten); $i <= $anzahl; $i++) {
    echo $daten[$j - $i] . "<br>";
}

?>
```

### *Zeile per Zufall – Spruchgenerator*

Wie wäre es mit einem Spruchgenerator, der bei jedem Aufruf zufällig eine Zeile ausliest?

```php
<?php
// Zufallsgenerator
function gen_zahl($max = 1) {
  $faktor = 1000000;
  return ((mt_rand(1,$faktor * $max)-1)/$faktor);
}

// Spruchgenerator
function gen_spruch($dateiname) {
$zeilen_nr = 0;

$datei = fopen($dateiname,'r');
while (! feof($datei)) {
    if ($z = fgets($datei,1048576)) {
        $zeilen_nr++;
        if (gen_zahl($zeilen_nr) < 1) {
            $spruch = $z;
        }
    }
}
fclose($datei);
return $spruch;
}

// Ausgabe
echo gen_spruch("daten.txt");

?>
```

Wie Sie feststellen werden, habe ich die Zufallszahlen-Funktion `gen_zahl()` von der Spruchgenerator-Funktion `gen_spruch()` getrennt, damit Sie die Zufallszahlen-Funktion auch für andere Zwecke nutzen können.

Sie können es natürlich auch einfacher haben, wenn Sie die Funktion `file()` und anschließend die Funktion `shuffle()` einsetzen.

*Beispiel*
```
<?php
// Spruchgenerator
function gen_spruch($dateiname) {
   $daten = file($dateiname);
   shuffle ($daten);
   return $daten[0];
}

// Ausgabe
echo gen_spruch("daten.txt");
?>
```

## Datei ohne eine temporäre Datei ändern

Stellen Sie sich vor, Sie wollen an einer Datei Änderungen vornehmen, dies jedoch ohne eine temporäre Datei zwischenzuspeichern. In diesem Fall öffnen Sie eine Datei mit dem Modus »r+« und korrigieren nach dem Schreiben der Änderungen die Länge der Datei mithilfe der Funktion ftruncate(). Diese ist in der Lage, eine Datei auf eine angegebene Länge zu kürzen.

*Beispiel*
```
<?php
// Datei zum Lesen und Schreiben öffnen
$datei = fopen('daten.txt','r+');

// Gesamte Datei einlesen
$daten = fread($datei,filesize('daten.txt'));

// Konvertiert *Wort* zu <b>Wort</b>
$daten = preg_replace('@\*(.*?)\*@i','<b>$1</b>',$daten);

// Konvertiert /Wort/ zu <u>Wort</u>
$daten = preg_replace('@/(.*?)/@i','<u>$1</u>',$daten);

// Dateizeiger an den Anfang zurücksetzen
rewind($datei);

// Neue Daten in die Datei schreiben
if (-1 == fwrite($datei,$daten)){
   echo "Fehler!";
}

// Dateilänge auf die tatsächliche Datengröße anpassen
ftruncate($datei,ftell($datei));

// Datei schließen
fclose($datei);
?>
```

Ihre daten.txt könnte folgende Daten enthalten:
```
/Matthias/ ist dort
*Caroline* ist hier
```

Nach der Änderung stellt sich der Inhalt wie folgt dar:

```
<u>Matthias</u> ist dort
<b>Caroline</b> ist hier
```

### Schreiben und Lesen von komprimierten Dateien

Um Daten in komprimierter Form als Datei anlegen zu können, steht Ihnen in PHP die *zlib*-Erweiterung zur Verfügung.

*Beispiel – Schreiben*

```
<?php
$datei = gzopen('daten.gz','w');
$daten = "Hier der Text";
if (-1 == gzwrite($datei,$daten))   {
   echo "Fehler!";
} else {
   echo "Datei erzeugt!";
}

gzclose($datei);

?>
```

*Beispiel – Lesen*

```
<?php
$datei = gzopen('daten.gz','r');

while ($zeile = gzgets($datei,1024)) {
   echo $zeile;
}

gzclose($datei);

?>
```

Die *zlib*-Erweiterung enthält zahlreiche Dateizugriffsfunktionen wie gzopen(), gzread() und gzwrite(), welche in der Lage sind, Daten beim Schreiben zu komprimieren und beim Lesen zu dekomprimieren. Der von *zlib* verwendete Kompressions-Algorithmus ist mit den Tools *gzip* und *gunzip* kompatibel.

### Datei nach einem Muster durchsuchen

Um ein bestimmtes Muster innerhalb einer Datei zu finden und die betreffenden Zeilen auszugeben, sollten Sie sich auf reguläre Ausdrücke und die Funktionen preg_grep(), file() und fgets() stützen.

Entweder Sie lesen die Datei vollständig mithilfe von file() in den Speicher oder Sie gehen zeilenweise vor, indem Sie die Funktion fgets() einsetzen.

Wir verwenden folgende Textdatei:

*Inhalt – daten.txt*

```
ActionScript Praxisbuch
ActionScript Profireferenz
```

```
MySQL Praxisbuch
PHP 5 Praxisbuch
```

*Beispiel – file()*
```
<?php

// Nur Praxisbücher
$muster = "/\bpraxisbuch\b/i";

// Liste der gefundenen Einträge
$prasix_buecher = preg_grep($muster, file('daten.txt'));

// Ausgabe
foreach ($prasix_buecher as $buch) {
   echo "$buch<br>";
}
?>
```

*Ausgabe*
```
ActionScript Praxisbuch
MySQL Praxisbuch
PHP 5 Praxisbuch
```

*Beispiel – fgets()*
```
<?php

// Nur Praxisbücher
$muster = "/\bpraxisbuch\b/i";

// Datei öffnen
@$datei = fopen('daten.txt', 'r') or die("Fehler!");

// Durchsuchen der Datei - zeilenweise
while (!feof($datei)) {
    $zeile = fgets($datei, 4096);
    if (preg_match($muster, $zeile)) {
        $prasix_buecher[] = $zeile;
    }
}

// Ausgabe
foreach ($prasix_buecher as $buch) {
   echo "$buch<br>";
}

// Datei schließen
fclose($datei);
?>
```

*Ausgabe*
```
ActionScript Praxisbuch
MySQL Praxisbuch
PHP 5 Praxisbuch
```

Die erste Methode ist ungefähr drei- bis viermal schneller als die zweite. Die zweite Methode benötigt für die Suche jedoch weniger Speicher. In diesem Fall müssen Sie als

Entwickler entscheiden, was Ihnen wichtiger ist. Und noch etwas: Die zweite Methode ist nicht in der Lage, Zeichenfolgen, die sich über mehrere Zeilen erstrecken, zu finden, da in ihrem Fall der reguläre Ausdruck auf jede Zeile einzeln angewendet wird.

## Dateidownload mit PHP

Grundsätzlich können Sie einen Dateidownload auf zwei verschiedene Arten realisieren:

- Man schreibt ein PHP-Skript, das einen Redirect auf die zu ladende Datei generiert.
- Man startet den Download durch das PHP-Skript.

Die Methode per Redirect hat den Nachteil, dass Anwender die Ziel-URL des Redirect mitbekommen und später dann direkt und ungeschützt auf diese Datei zugreifen können.

Will man dies verhindern, muss der Download innerhalb von PHP abgewickelt werden. Die zu ladenden Dateien liegen dann außerhalb der Document Root des Webservers und besitzen somit keine URL. Sie sind lediglich durch PHP abzurufen. In PHP sendet man den passenden MIME-Typ als Header und schickt dann die gewünschte Datei hinterher. Natürlich kann man vorher noch einen Downloadzähler aktualisieren oder überprüfen, ob der Anwender überhaupt für den Download autorisiert ist.

```
<?php
// $download sei der Bezeichner für die zu ladende Datei
$download = $_GET['download'];

// Dieses Verzeichnis liegt außerhalb des Document Root und
// ist nicht per URL erreichbar.
$basedir = "/home/www/download";

// Übersetzung von Download-Bezeichner in Dateinamen.
$dateiliste = array(
  "file1" => "area1/datei1.zip",
  "file2" => "area1/datei2.zip",
  "file3" => "area2/datei1.zip"
);

// Einbruchsversuch abfangen.
if (!isset($dateiliste[$download])) die("Datei $download nicht vorhanden.");

// Vertrauenswürdigen Dateinamen erzeugen.
$datei = sprintf("%s/%s", $basedir, $dateiliste[$download]);

// Passenden Datentyp erzeugen.
header("Content-Type: application/octet-stream");

// Passenden Dateinamen im Download-Requester vorgeben,
// z. B. den Original-Dateinamen
$speicher_name = basename($dateiliste[$download]);
header("Content-Disposition: attachment; filename=\"$speicher_name\"");

// Datei ausgeben.
readfile($datei);

?>
```

## Einsatz von file_get_contents() und file_put_contents()

Die Funktion `file_get_contents()` wurde in PHP 4.3.0 eingeführt. Nun wurde auch `file_put_contents()` nachgereicht. Die Funktion `file_get_contents()` arbeitet ähnlich wie `file()`, nur mit dem Unterschied, dass der Inhalt einer Datei als Zeichenfolge ausgegeben wird und nicht in Form eines Arrays, wie es bei `file()` der Fall ist. Der Einsatz dieser neuen Funktion führt übrigens durch Memory Mapping zu einer deutlichen Performanceverbesserung. Sie sollten sie einsetzen, wenn dies Ihr Betriebssystem zulässt.

*Syntax*

`file_get_contents(filename[,path[,context]])`

Die Funktion `file_put_contents()` arbeitet vom Prinzip her wie die Kombination aus den Funktionen `fopen()`, `fwrite()` und `fclose()`. Die Funktion liefert nach einem erfolgreichen Speichervorgang die Datenmenge in Byte zurück.

*Syntax*

`file_put_contents(filename,data[,flags[,context]])`

Beide Funktionen sind übrigens *binary safe.*

*Beispiel*

```
<?php
// Auslesen
$inhalt = file_get_contents("info.txt");
echo "Daten: $inhalt<br>";

$inhalt .= "mehr anfügen\n";

// Schreiben
$menge = file_put_contents("info.txt",$inhalt);
echo "Datenmenge: $menge Bytes";
?>
```

*Ausgabe*

```
Daten: Hier ein Text!
Datenmenge: 86 Bytes
```

### 4.7.13 Nützliche Verzeichnisoperationen

Auch zum Thema Verzeichnisoperationen liefern wir noch ein paar nützliche Codeschnipsel. Das erste gibt nach einem Muster eine Liste von Dateinamen.

*Beispiel – Nur Dateinamen, die .jpg enthalten*

```
<?php
@$verzeichnis = dir(".") or die("Fehler!");
echo "Dateien:<br>";

while ($datei = $verzeichnis->read()) {
    if (preg_match('/.jpg/',$datei)) {
        echo "$datei<br>";
```

```
        }
    }
$verzeichnis->close();
?>
```

Das Muster lässt sich einfach auf jedes Dateiformat anpassen. Um die gefundenen Bilder auszugeben, bedarf es lediglich einer kleinen Anpassung der echo-Anweisung: echo "<img src=$file><br>";.

### Alternative – scandir()

Die Funktion scandir() ermöglicht es Ihnen, sämtliche Dateien und Verzeichnisse eines Pfads aufzulisten. Hierbei sorgt die Funktion dafür, dass die gefundenen Dateien und Verzeichnisse in Form eines Arrays zurückgegeben werden. Der optionale Parameter sorting_order erlaubt es, die Reihenfolge der Elemente im Array zu bestimmen, aufsteigend oder absteigend (1).

*Beispiel*
```
<pre>
<?php

$verzeichnis    = '.';
$daten1 = scandir($verzeichnis);
$daten2 = scandir($verzeichnis, 1);

print_r($daten1);
print_r($daten2);

?>
</pre>
```

*Ausgabe*
```
Array
(
    [0] => .
    [1] => ..
    [2] => test.php
    [3] => test2.txt
)
Array
(
    [1] => test2.txt
    [2] => test.php
    [3] => ..
    [4] => .
)
```

### Alternative – Glob

Eine Alternative, um den Inhalt eines Verzeichnisses auszugeben und hierbei lediglich festgelegte Dateiformate zuzulassen, stellt die Funktion glob() dar.

*Beispiel – Nur Dateinamen, die .jpg enthalten, aus dem Verzeichnis »daten«*
```
<?php
echo "Dateien:<br>";
foreach (glob("daten/*.jpg") as $dateiname) {
    echo "$filename Dateigrösse " . filesize($dateiname) . "<br> \n";
}
?>
```

Die Funktion `glob()` stellt eine Reihe von Konstanten zur Verfügung, mit deren Hilfe Sie noch wesentlich effektiver Verzeichnisinhalte auslesen können.

- GLOB_MARK – Fügt jedem gefundenen Eintrag einen Slash hinzu. Gerade bei Verzeichnissen ist dies wünschenswert, da Dateinamen direkt angehängt werden können.
- GLOB_NOSORT – Deaktiviert die Sortierung. Die Standardeinstellung ist auf alphabetische Sortierung eingestellt.
- GLOB_NOCHECK – Falls kein Eintrag gefunden wird, kann man sich hiermit das Suchmuster zurückgeben lassen.
- GLOB_NOESCAPE – Metazeichen im Suchtreffer werden nicht mit einem Backslash versehen. Unter Windows sollten Sie diese Option setzen.
- GLOB_BRACE – Setzt einen Platzhalter für mehrere Suchaufzählungen. Der Platzhalter {a,b,c} findet 'a', 'b', oder 'c'.
- GLOB_ONLYDIR – Bei der Suche werden nur Verzeichnisse berücksichtigt.
- GLOB_ERR – Stoppt bei einem Lesefehler. Diese Konstante steht erst ab PHP 5.1 zur Verfügung.

Die Konstanten können auch miteinander verbunden werden. Hier ein Syntaxbeispiel:
```
glob("{[ad]*_?.jpg, [ad]*_?.gif}", GLOB_BRACE|GLOB_ERR)
```
Folgende Platzhalter stehen zur Verfügung:

- *{Platzhalter,Platzhalter}* – Wurde die Konstante GLOB_BRACE gesetzt, so können Sie in geschweiften Klammern mehrere Suchmuster durch ein Komma getrennt angeben. Hierbei handelt es sich dann um eine ODER-Verknüpfung. *{*.jpg,*.gif,*.pdf}* findet Dateien mit der Endung *.jpg*, *.gif* oder *.pdf*. `glob("{*.jpg,*.gif,*pdf}", GLOB_BRACE)`.
- *?* – Das Fragezeichen steht für genau ein beliebiges Zeichen. `glob("bild?1.jpg")` findet z. B. die Datei *bild_1.jpg*.
- *\** – Das Sternchen steht für kein oder eine beliebige Anzahl Zeichen. `glob("bi*.gif")` findet z. B. die Dateien *bild.gif*, *bitmap.gif* etc.
- *[]* – Die eckigen Klammern finden genau ein Zeichen aus einer in den Klammern definierten Zeichengruppe. Wie auch bei den geschweiften Klammern muss die Konstante GLOB_BRACE gesetzt werden.
- *[acp]* – Genau der Buchstabe "a" oder "c" oder "p".
- *[ad]* – Genau die Buchstaben "a", "b", "c" und "d".
- *[0-9]* – Die Zahlen 0-9.

- *[!Aacp]* – Das Ausrufezeichen negiert den Ausdruck. Es darf also nicht "A", "a", "c" oder "p" vorkommen.

*Beispiel – Nur Dateinamen, die .jpg oder .png enthalten, aus dem Verzeichnis »daten«*

```php
<?php

echo "Dateien:<br>";

foreach (glob("daten/{*.png,*.gif}", GLOB_BRACE) as $filename) {
    echo "$filename Dateigrösse " . filesize($filename) . "<br> \n";
    echo "<img src=$filename><br> \n";
}

?>
```

### Bearbeiten sämtlicher Dateien eines Verzeichnisses

Wollen Sie sämtliche Dateien eines Verzeichnisses und dessen Unterverzeichnisse samt Dateien auflisten und bearbeiten, ist dies mit einer Rekursion möglich. Hierfür habe ich eine nützliche Funktion, die Sie jederzeit einsetzen und auf Ihre Bedürfnisse anpassen können:

```php
<?php

// Sämtliche Dateien in und unterhalb des Verzeichnisses erfassen
function lese_verzeichnisse($v_name,$funk_name,$max_tiefe = 10,$tiefe = 0)
{
    if ($tiefe >= $max_tiefe) {
        error_log("Maximale Tiefe $max_tiefe von $v_name.");
        return false;
    }
    $sub_vers = array();
    $files = array();
    if (is_dir($v_name) && is_readable($v_name)) {
        $verzeichnis = dir($v_name);
        while (false !== ($datei = $verzeichnis->read())) {
            // . und .. nicht ausgeben
            if (('.' == $datei) || ('..' == $datei)) {
                continue;
            }
            // Verzeichnisse und symbolische Links
            if (is_dir("$v_name/$datei")) {
                array_push($sub_vers,"$v_name/$datei");
            } else {
                $funk_name("$v_name/$datei");
            }
        }
        $verzeichnis->close();
        // Rekursiver Durchlauf, um die jeweiligen
        // Unterverzeichnisse zu erreichen
        foreach ($sub_vers as $sub_ver) {
lese_verzeichnisse($sub_ver,$funk_name,$max_tiefe,$tiefe+1);
        }
    }
}
```

```
// Funktion zur Formatierung der Ausgabe
function printatime($p_datei) {
   print "<a href=$p_datei>".basename($p_datei)."</a><br>";
}
lese_verzeichnisse('.','printatime');
?>
```

Die Funktion bearbeitet sämtliche gefundenen Dateien, indem sie der Ausgabe einen Hyperlink hinzufügt, sodass sich die Dateien einzeln ansprechen lassen.

## Besonderheit

Da `is_dir()` true zurückgibt, wenn es auf einen symbolischen Link trifft, der auf ein Verzeichnis verweist, folgt die Funktion auch symbolischen Links. Sollten Sie den symbolischen Links nicht folgen wollen, ändern Sie die Codezeile:

```
if(is_dir("$v_name/$datei")){
```

in:

```
if(is_dir("$v_name/$datei")&&(!is_link("$v_name/$datei"))){
```

### 4.7.14 Datei-Upload via HTML-Formular

Sollten Sie Ihren Kunden die Pflege ihrer Daten überlassen, ist es in den meisten Fällen erforderlich, einen Datei-Upload bereitzustellen. Eine sinnvolle, wenn auch nicht immer effektive Alternative zum FTP-Zugriff ist der Upload von Dateien mithilfe von Formularen.

## Aufbau des Formulars

Damit der Browser eine Datei vom Client zum Server überträgt, benötigen Sie ein `<input>`-Feld vom Typ `file` und das Attribut `enctype="multipart/form-data"` des `<form>`-Tags. Zusätzlich ist die Übertragungsmethode POST zwingend erforderlich, damit der Datei-Upload fehlerfrei durchgeführt werden kann. Es können sowohl Text- als auch Binärdaten hochgeladen werden.

*Beispiel – Formular (up_form.html)*

```
<html>
<head>
<title>Dateiupload</title>
</head>
<body>
<p><font face="Arial, Helvetica, sans-serif" size="6">Dateiupload via HTML
</font></p>
<form method="post" action="upload.php" enctype="multipart/form-data">
  Datei:
  <input type="hidden" name="MAX_FILE_SIZE" value="100000">
  <input type="file" name="datei" size="40" maxlength="100000">
  <input type="submit" name="Submit" value="Senden">
</form>
</body>
</html>
```

Bild 4.10: HTML-Formular (up_form.html)

PHP stellt Ihnen die Möglichkeit zur Verfügung, über ein im Formular definiertes verstecktes Feld mit dem Namen MAX_FILE_SIZE die maximale Dateigröße festzulegen. Sollte eine größere Datei übertragen werden, so wird diese verworfen und ein Fehler ausgegeben. Sie sollten sich jedoch grundsätzlich nicht nur auf das versteckte Feld verlassen, sondern sollten serverseitig überprüfen, was tatsächlich übertragen wurde.

### Informationen zur Datei

Bevor wir uns mit dem *upload.php*-Skript befassen, sollte ich Ihnen noch die Überprüfungsmöglichkeiten des Servers erläutern. Sobald eine Datei an den Server übertragen wird, wird automatisch das globale Array $_FILES erzeugt. In diesem assoziativen Array sind sämtliche Informationen zur Datei gespeichert.

*Beispiel – Erfassen der $_FILES-Informationen*

```
<html>
<head>
<title>Dateiupload</title>
</head>
<body>
<p><font face="Arial, Helvetica, sans-serif" size="6">Dateiupload via HTML
</font></p>
<form method="post" action="<? echo $PHP_SELF ?>" enctype="multipart/form-
data">
  Datei:
  <input type="hidden" name="MAX_FILE_SIZE" value="100000">
  <input type="file" name="datei" size="40" maxlength="100000">
  <input type="submit" name="Submit" value="Senden">
</form>
<?php

// Dateiinformationen (Ausgabe über Schleife)
if (isset($_FILES["datei"])) {
  foreach ($_FILES["datei"] as $key=>$element) {
```

```
        echo "[$key] => $element<br>";
    }
}
?>
</body>
</html>
```

*Ausgabe*

```
[name] => eingabe.zip
[type] => application/x-zip-compressed
[tmp_name] => C:\WINDOWS\TEMP\php7023.TMP
[error] => 0
[size] => 20764
```

Hinter diesen fünf Elementen stecken folgende Details:

| Element | Syntax | Bedeutung |
| --- | --- | --- |
| name | $_FILES["datei"]["name"] | Der ursprüngliche Dateiname auf der Clientmaschine. Der genaue Dateiname mit evtl. vorhandenen Laufwerksbuchstaben, Pfadseparatoren und anderen Sonderzeichen ist betriebssystemabhängig. |
| type | $_FILES["datei"]["type"] | Dieses Element enthält den MIME-Type der Datei, so wie er dem Server vom Browser übermittelt worden ist. Dieser Wert kann unter Umständen nicht richtig sein, je nach Einstellung des Browsers. Beim Ermitteln des Typs von hochgeladenen Grafiken sollte stattdessen die Funktion getimagesize() verwendet werden. |
| size | $_FILES["datei"]["size"] | Die Größe der hochgeladenen Datei in Byte. |
| tmp_name | $_FILES["datei"]["tmp_name"] | Dieses Element enthält den Namen der Datei in einem temporären Verzeichnis auf dem Server. Sie kann von dort mit einem move_uploaded_file()-Aufruf abgeholt werden. Das ist auch notwendig, da die Originaldatei am Ende des Skripts automatisch gelöscht wird. |
| error | $_FILES["datei"]["error"] | Dieses Element wurde mit PHP 4.2.0 eingeführt und enthält den Status des Datei-Uploads. Die möglichen Werte und dazugehörigen Konstanten finden Sie weiter unten. |

Die wohl wichtigsten Informationen stecken in $_FILES["datei"]["size"], $_FILES["datei"]["type"] und $_FILES["datei"]["error"].

Mithilfe des Elemente $_FILES["datei"]["error"] können Sie kontrollieren, ob und welcher Fehler aufgetreten ist.

| Fehlerkonstante | Wert | Bedeutung |
| --- | --- | --- |
| UPLOAD_ERR_OK | 0 | Es liegt kein Fehler vor, die Datei wurde erfolgreich hochgeladen. |
| UPLOAD_ERR_INI_SIZE | 1 | Die hochgeladene Datei überschreitet die in der Anweisung upload_max_filesize in *php.ini* festgelegte Größe. |
| UPLOAD_ERR_FORM_SIZE | 2 | Die hochgeladene Datei überschreitet die in dem HTML-Formular mittels der Anweisung MAX_FILE_SIZE angegebene maximale Dateigröße. |
| UPLOAD_ERR_PARTIAL | 3 | Die Datei wurde nur teilweise hochgeladen. |
| UPLOAD_ERR_NO_FILE | 4 | Es wurde keine Datei zum Server übertragen, das Feld war leer. |

Auch wenn kein Fehler aufgetreten ist, entbindet Sie dies nicht von der Aufgabe zu überprüfen, ob die Datei tatsächlich Ihren gewünschten Anforderungen entspricht. Grundsätzlich kann jede Benutzereingabe manipuliert sein, daher sollten Sie vor allem beim Datei-Upload möglichst auf Nummer sicher gehen.

> **Hinweis:** Dateien, welche den Fehler UPLOAD_ERR_INI_SIZE oder UPLOAD_ERR_FORM_SIZE erzeugen, werden automatisch vom Server gelöscht.
>
> **Achtung:** PHP 4-Versionen, die kleiner als PHP 4.1 sind, kennen das globale Array $_FILES nicht. Stattdessen können Sie auf das assoziative Array $HTTP_POST_FILES zurückgreifen.

### Ablegen der Datei auf dem Server

Nun haben Sie es fast schon überstanden. Sobald eine Datei an den Server gesendet wurde, wird sie in einem temporären Verzeichnis unter einem temporären Namen gespeichert. Diese Datei wird jedoch automatisch gelöscht, wenn das verarbeitende Skript beendet ist. Sie müssen daher diese Datei zum endgültigen Ablageverzeichnis kopieren. Sie sollten sich nun der *upload.php* zuwenden, auf die im HTML-Formular für den Datei-Upload verwiesen wurde.

*Beispiel – upload.php*

```php
<?php

// Prüfen des Arrays $_FILES
if (isset($_FILES["datei"])) {

// Upload-Status
if ($_FILES["datei"]["error"] == UPLOAD_ERR_OK) {

// Muster zur Überprüfung der im Dateinamen
// enthaltenen Zeichen (Optional)
$regExp = "/^[a-z_]([a-z0-9_-]*\.?[a-z0-9_-])*\.[a-z]{3,4}$/i";

// Dateiname und Dateigröße
if (preg_match($regExp,$_FILES["datei"]["name"]) &&
$_FILES["datei"]["size"] > 0 && $_FILES["datei"]["size"] < 100000) {

// Temporäre Datei in das Zielverzeichnis
```

```
// des Servers verschieben.
move_uploaded_file($_FILES["datei"]["tmp_name"],"shots/".$_FILES["datei"][
"name"]);

// Redirect zur Erfolgsmeldung
header("Location: status.html");
}
else {
echo "Fehler: Im Dateinamen oder Dateigrössen Limit!";
}
}
else {
echo "Fehler: Während der Übertragung aufgetreten!";
}
}
else {
echo "Fehler: Dateiupload fehlgeschlagen!";
}
?>
```

*Beispiel – status.html*

```
<html>
<head>
<title>Dateiupload   Erfolgreich</title>
</head>
<body>
<p><font face="Arial, Helvetica, sans-serif" size="6">Upload:
Erfolgreich</font></p>
<p><font face="Arial, Helvetica, sans-serif"><a href="up_form.html">[Zum
Dateiupload]</a></font></p>
</body>
</html>
```

Eine sichere Funktion für Kopiervorgänge ist die Funktion move_uploaded_file(). Diese Funktion prüft, ob die angegebene Datei tatsächlich eine Uploaddatei ist, und verschiebt sie in das Zielverzeichnis. Dies können Sie der Codezeile aus dem Skript entnehmen:

```
move_uploaded_file($_FILES["datei"]["tmp_name"],"shots/".$_FILES["datei"][
"name"]);
```

Mit dem ersten Argument wird der Dateiname der temporären Datei festgelegt und mit dem zweiten Argument legt man das Zielverzeichnis samt neuem Dateinamen fest. Im vorliegenden Fall entspricht der neue Dateiname dem ursprünglichen Dateinamen des Clientsystems.

> **Achtung:** Die Funktion move_uploaded_file() ist lediglich für tatsächlich per Upload übertragene Dateien geeignet. Sollten Sie vorhaben, eine Datei des Dateisystems zu verschieben, so müssen Sie auf die Funktion copy() zurückgreifen und anschließend die Originaldatei entfernen.

## Upload mehrerer Dateien

Das Auswählen mehrerer Dateien oder gar ganzer Verzeichnisse ist mit einem <input>-Feld nicht möglich. Auch das Vorgeben eines bestimmten Verzeichnisses oder vollständigen Pfads ist bei <input>-Feldern unterbunden, und zwar aus Sicherheitsgründen!

Bild 4.11: Datei-Upload via HTML

Bild 4.12: Gleich mehrere auf einen Streich

Mehrere Dateien lassen sich beispielsweise wie folgt übertragen:

- Verwenden Sie mehrere file <input>-Felder – pro Datei eines.

> **Tipp:** Ich empfehle Ihnen die gleiche Array-Sende-Syntax wie bei Auswahllisten mit Mehrfachauswahl und Checkboxen zu verwenden. Vergessen Sie nicht, die eckigen Klammern ([]) an den Namen des file <input>-Feldes anzuhängen, um in PHP ein Array mit den Dateiinformationen zu erhalten.

- In Form von einer .zip- oder .tar-Datei
- per FTP

*Beispiel*

```
<form action="multiupload.php" method="post" enctype="multipart/form-data">
   Dateien:<br>
   <input name="datei[]" type="file"><br>
   <input name="datei[]" type="file"><br>
   <input type="submit" value="Senden">
</form>
```

Wenn das obige Formular übermittelt ist, werden die Arrays $_FILES["datei"], $_FILES["datei"]["name"] und $_FILES["datei"]["size"] erzeugt. Der Name der ersten und zweiten Datei findet sich in diesem Beispiel unter:

```
$_FILES["datei"]["name"][0] // Erste Datei
$_FILES["datei"]["name"][1] // Zweite Datei
```

Diese Indizierung gilt auch für alle weiteren Dateiinformationen, wie $_FILES["datei"] ["tmp_name"][0], $_FILES["datei"]["size"][0], $_FILES["datei"]["type"][0] und $_FILES["datei"]["error"][0].

Hier ein Beispiel, in dem eine HTML-Datei, ein PHP-Skript und ein Verzeichnis benötigt werden.

- HTML-Datei (Bezeichnung: *multiup_form.html*)
- PHP-Skript (Bezeichnung: *muliupload.php*)
- Verzeichnis (Bezeichnung: *shots*)

*HTML-Datei (multiup_form.html)*

```
<html>
<head>
<title>Dateiupload</title>
</head>
<body>
<p><font face="Arial, Helvetica, sans-serif" size="6">Dateiupload via HTML
</font></p>
<form action="multiupload.php" method="post" enctype="multipart/form-data">
   Dateien:<br>
   <input type="hidden" name="MAX_FILE_SIZE" value="100000">
   <input name="datei[]" type="file" maxlength="100000"><br>
   <input name="datei[]" type="file" maxlength="100000"><br>
   <input name="datei[]" type="file" maxlength="100000"><br>
   <input type="submit" value="Senden">
</form>
</body>
</html>
```

*PHP-Skript (muliupload.php)*

```
<?

// Prüfen des Arrays $_FILES
if (isset($_FILES["datei"]))
```

```php
    {
        foreach ($_FILES["datei"] as $ids=>$dateieninfos)
        {
            if ($ids == "name")
            {
                foreach ($dateieninfos as $id=>$info)
                {
                    // Upload-Status
                    if ($_FILES["datei"]["error"][$id] == UPLOAD_ERR_OK)
                    {
                        // Muster zur Überprüfung der im Dateinamen
                        // enthaltenen Zeichen (Optional)
                        $regExp = "/^[a-z_]([a-z0-9_-]*\.?[a-z0-9_-])*\.[a-z]{3,4}$/i";

                        // Dateiname und Dateigröße
                        if (preg_match($regExp,$_FILES["datei"]["name"][$id]) && $_FILES["datei"]["size"][$id] > 0 && $_FILES["datei"]["size"][$id] < 100000)
                        {
                            // Temporäre Datei in das Zielverzeichnis
                            // des Servers verschieben.
 move_uploaded_file($_FILES["datei"]["tmp_name"][$id],"shots/".$_FILES["datei"]["name"][$id]);

                            // Erfolgsmeldung
                            echo "<b>Datei " . $_FILES["datei"]["name"][$id] . "</b> - Erfolgreich angelegt!<br>\n";
                        }
                        else
                        {
                            echo  "<b>Fehler bei " . $_FILES["datei"]["name"][$id] . "</b> - Im Dateinamen oder Dateigrössen Limit!<br>\n";
                        }
                    }
                    else
                    {
                        echo  "<b>Fehler bei " . $_FILES["datei"]["name"][$id] . "</b> - Während der Übertragung aufgetreten!<br>\n";
                    }
                }
            }
        }
    }
    else
    {
    echo "<b>Fehler</b> - Dateiupload fehlgeschlagen!";
    }

?>
<a href="up_form.html">Weitere Dateienuploaden</a>
```

# 5 Lösungen für den Alltag

In diesem Kapitel befassen wir uns mit einigen Beispielen, die im Alltag eines PHP-Entwicklers immer wieder vorkommen, und bieten Ihnen eine Sammlung nützlicher Lösungsansätze. Sehen Sie diesen Teil des Buchs als eine Art Ideenpool an.

Die folgenden Anwendungsbeispiele lassen sich sowohl mit PHP 4 als auch PHP 5 anwenden. Sie sollten lediglich sicherstellen, dass Sie über einen PHP-fähigen Server verfügen.

## 5.1 Online-Besucherzähler

Ein Counter (Besucherzähler), welcher den Besucher der Website darüber aufklärt, wie viele Besucher bereits vor ihm die jeweilige Website oder Webanwendung aufgerufen haben, eignet sich für hervorragend als Beispiel für PHP-Programmierung und den Einsatz in Dreamweaver. Dabei setze ich allerdings einige fundamentale Grundkenntnisse wie den Umgang mit Variablen, benutzerdefinierten Funktionen und include()-Bestandteilen voraus.

Werfen wir doch gleich mal gemeinsam einen Blick auf die Codezeilen.

### *Textcounter*

```php
<?php
// Simple Counter v1.0
// Für die korrekte Funktionsweise des Counters ist darauf zu
// achten, dass die entsprechenden Schreibrechte auf dem
// Webserver gesetzt sind.
// Counterdateiname
$datei="counter.txt";

// Anzahl der führenden Nullen
$stellen = 5;

if(file_exists($datei)){
  // Falls die Datei existiert, wird sie ausgelesen und
  // der dort enthaltene Wert um Eins erhöht.
  $fp=fopen($datei,"r+");
  $zahl=fgets($fp,$stellen);
  $zahl++;
  rewind($fp);
  flock($fp,2);
  fputs($fp,$zahl,$stellen);
  flock($fp,3);
  fclose($fp);
```

```
}else{
    // Die Datei counter.txt existiert nicht, sie wird
    // neu angelegt und mit dem Wert 1 gefüllt.
    $fp=fopen($datei,"w");
    $zahl="1";
    fputs($fp,$zahl,$stellen);
    fclose($fp);
}

// Diese Funktion sorgt für die Formatierung
// in diesem Fall für die führenden Nullen
$zahl=sprintf("%0".$stellen."d",$zahl);

?>
```

Ich empfehle Ihnen, diese Codezeilen in eine Datei namens *counter.php* abzuspeichern. Durch die if-Anweisung wird entweder eine vorhandene Textdatei *counter.txt* ausgelesen und deren Wert anschließend um 1 erhöht oder eine neue Textdatei *counter.txt* angelegt und der Wert mit 1 initialisiert. Die Variable $fp enthält den Dateizeiger (engl. FilePointer), welcher auf die entsprechende Datei verweist. Die Funktion rewind() sorgt dafür, dass der Dateizeiger wieder an die Anfangsposition zurückgesetzt wird, um anschließend mit der Funktion fputs() den in der Variablen $zahl enthaltenen Wert zu verwenden und den bisherigen Inhalt der Datei zu überschreiben. Mithilfe der Funktion flock() wird sichergestellt, dass die Datei während des Schreibvorgangs verriegelt wird. Dies ist notwendig, um beispielsweise einen simultanen Zugriff auf die Datei zu verhindern, durch diesen könnte die Datei möglicherweise zerstört werden und es zu einem Datenverlust kommen. Im Fall des Besucherzählers würde dies zum Zurücksetzen des Besucherzählers führen.

Im letzten Schritt wird der Inhalt der Variablen $zahl formatiert, und zwar so, dass eine festgelegte Zahl von führenden Nullen hinzugefügt wird. Die Funktion sprintf() dient dabei der formatierten Ausgabe von Zeichenketten. Der Aufruf des Counters kann anschließend aus jedem beliebigen PHP-Skript Ihrer Website erfolgen, und zwar wie folgt:

```
<?php
include("counter.php");
echo $zahl;
?>
```

*Ausgabe*

```
00001
```

Natürlich steht es Ihnen frei, die Ausgabe des Counters mithilfe von HTML-Tags zu formatieren. Es liegt bei Ihnen, die Formatierung entweder in der Code- oder der Entwurfsansicht durchzuführen.

## 5.1 Online-Besucherzähler

Bild 5.1: *simplecounter.php*-Datei in Dreamweaver (Code-/Entwurfsansicht)

*Beispiel*
```
<html>
<head>
<title>Simple Counter</title>
</head>
<body>
<font face=Arial color=blue size=5>Besucher:</font>
<?php

include("counter.php");
echo "<font face=Arial color=blue size=5>$zahl</font>";

?>
</body>
</html>
```

Bild 5.2: Im Einsatz: Der formatierte Besucherzähler (Textversion)

## 5.1.1 Grafikcounter

Nachdem Sie nun den Textcounter kennengelernt haben, wäre es sicher interessant, eine grafikbasierte Lösung zu erstellen. Das vorhandene Skript des Textcounters muss dafür lediglich um einige Codezeilen ergänzt werden.

Das erforderliche Skript zur Umsetzung des Counters stellt sich wie folgt dar:

```php
<?php
// Grafik Counter v1.0
// Für die korrekte Funktionsweise des Counters ist darauf zu
// achten, dass die entsprechenden Schreibrechte auf dem
// Webserver gesetzt sind.

// Counterdateiname
$datei="counter.txt";

// Anzahl der führenden Nullen
$stellen = 5;

// Festlegen der Bild-Dimensionen
$breite="15";
$hoehe="19";

if(file_exists($datei)){
  // Falls die Datei existiert, wird sie ausgelesen und
  // der dort enthaltene Wert um eins erhöht.
  $fp=fopen($datei,"r+");
  $zahl=fgets($fp,$stellen);
  $zahl++;
  rewind($fp);
  flock($fp,2);
  fputs($fp,$zahl,$stellen);
  flock($fp,3);
  fclose($fp);
}else{
  // Die Datei counter.txt existiert nicht, sie wird
  // neu angelegt und mit dem Wert 1 gefüllt.
  $fp=fopen($datei,"w");
  $zahl="1";
  fputs($fp,$zahl,$stellen);
  fclose($fp);
}

// Diese Funktion sorgt für die Formatierung
// in diesem Fall für die führenden Nullen
$zahl=sprintf("%0".$stellen."d",$zahl);

// Hier wird der Zähler aus Bildern zusammengesetzt
for($i=0;$i<$stellen;$i++){
$bild_counter=$bild_counter . "<img src=bilder/" . substr($zahl,$i,1) .
".gif align=absmiddle width=$breite height=$hoehe>";
}
?>
```

Für die grafische Lösung wurden lediglich die beiden Variablen $breite und $hoehe hinzugefügt, welche die Bilddimensionen festlegen. Die einzelnen Bilder, aus denen sich der Counter zusammensetzt, werden mithilfe der for-Schleife festgelegt. Dabei ist darauf zu achten, dass die einzelnen Grafiken von *0.gif* bis *9.gif* im angegebenen Verzeichnis *bilder* vorliegen müssen.

Nun betrachten Sie die Codezeile innerhalb der for-Schleife etwas genauer. Die Variable $bild_counter, welche immer an sich selbst angehängt wird, erzeugt mithilfe der for-Schleife die benötigten <img>-Tags, die auf die entsprechenden Stellen der Zahl verweisen. Ist die erste Stelle beispielsweise eine Zwei, dann lautet der korrekte Hyperlink:

```
<img src=bilder/2.gif align=absmiddle width=15 height=19>
```

Um den Wert der Stelle und damit des Namens der Bilddatei zu ermitteln, die die entsprechende Ziffer enthält, wird die Funktion substr() verwendet. Diese sucht aus einer Zeichenkette ein oder mehrere Zeichen heraus, je nachdem, welche Parameter an die Funktion übergeben wurden. Der erste Parameter enthält die zu untersuchende Zeichenkette ($zahl). Der zweite Parameter gibt die Position innerhalb der Zeichenkette an, an der die Funktion ansetzen soll ($i), und legt damit auch den Startwert fest. Der dritte Parameter legt fest, wie viele Zeichen ab dem Startwert zurückgegeben werden sollen (1). Der Startwert muss nacheinander die Werte 0 bis $stellen durchlaufen, um sämtliche Stellen von $zahl zu untersuchen.

Natürlich können Sie auch JPEG-Bilder verwenden, hierzu müssen Sie lediglich die Codezeile innerhalb der for-Schleife wie folgt anpassen:

```
$bild_counter=$bild_counter . "<img src=bilder/" . substr($zahl,$i,1) . ".jpg align=absmiddle width=$breite height=$hoehe>";
```

Auch in diesem Fall empfehle ich Ihnen, das Skript in eine separate Datei abzuspeichern, wie z. B. *grafikcounter.php*. Der Aufruf des Counters kann anschließend aus jedem beliebigen PHP-Skript Ihrer Website erfolgen, und zwar wie folgt:

```
<?php
include("grafikcounter.php");
echo $bild_counter;

?>
```

Bild 5.3: Der formatierte Besucherzähler (Grafikversion) im Einsatz

### 5.1.2 Counter mit IP-Sperre

Die dritte und letzte Variante eines Besucherzählers, die ich Ihnen vorstellen will, hat eine IP-Sperre. Diese IP-Sperre ermöglicht es Ihnen, den jeweiligen Besucher lediglich ein einziges Mal pro Besuch zu registrieren, und zwar für eine festgelegte Zeit. Natürlich stellt dies keinen absoluten Schutz vor Refresh-Aufrufen dar, aber immerhin lässt sich hiermit der Besucherzähler wesentlich sinnvoller betreiben.

Das erforderliche Skript zur Umsetzung des Counters sieht so aus:

```
<?php
//////////////////////////////////////
// Counter + Reloadsperre v1.0
//////////////////////////////////////

// 0=keine Reloadsperre, 1=Reloadsperre
$aktiv = 1;
// Zeit der Reloadsperre in Minuten
$zeit = 1;
// IP-Datei
$ipdatei = "ips.txt";
// Counterdatei
$datei = "counter.txt";
// Anzahl der führenden Nullen
$stellen = 5;
// Festlegen der Bild-Dimensionen
$breite="15";
$hoehe="19";
```

```php
////////////////////////////////////////
// IP-Reloadsperre
////////////////////////////////////////

function pruf_IP($rem_addr) {
  global $ipdatei,$zeit;
  @$ip_array = file($ipdatei);
  $reload_dat = fopen($ipdatei,"w");
  $this_time = time();
  for ($i=0; $i<count($ip_array); $i++) {
    list($ip_addr,$time_stamp) = explode("|",$ip_array[$i]);
    if ($this_time < ($time_stamp+60*$zeit)) {
      if ($ip_addr == $rem_addr) {
        $gefunden=1;
      }
      else {
        fwrite($reload_dat,"$ip_addr|$time_stamp");
      }
    }
  }
  fwrite($reload_dat,"$rem_addr|$this_time\n");
  fclose($reload_dat);
  return ($gefunden==1) ? 1 : 0;
}

////////////////////////////////////////
// Counter-Abfrage
////////////////////////////////////////

if (file_exists($datei) && ($aktiv==0 || ($aktiv==1 &&
pruf_IP($_SERVER['REMOTE_ADDR'])==0))) {
  // Falls die Datei existiert, wird sie ausgelesen und
  // der dort enthaltene Wert um Eins erhöht.
  $fp=fopen($datei,"r+");
  $zahl=fgets($fp,$stellen);
  $zahl++;
  rewind($fp);
  flock($fp,2);
  fputs($fp,$zahl,$stellen);
  flock($fp,3);
  fclose($fp);
}else if (!file_exists($datei) && ($aktiv==0 || ($aktiv==1 &&
pruf_IP($_SERVER['REMOTE_ADDR'])==0))) {
  // Die Datei counter.txt existiert nicht, sie wird
  // neu angelegt und mit dem Wert 1 gefüllt.
  $fp=fopen($datei,"w");
  $zahl="1";
  fputs($fp,$zahl,$stellen);
  fclose($fp);
} else {
  // Die Datei existiert zwar, jedoch handelt
  // es sich wahrscheinlich um den gleichen Besucher
  $fp=fopen($datei,"r");
  $zahl=fgets($fp,$stellen);
  fclose($fp);
```

```
}
$zahl=sprintf("%0".$stellen."d",$zahl);
?>
```

Diese Lösung setzt sich ähnlich zusammen wie der Text- bzw. Grafikcounter. Es ist lediglich eine Funktion `pruf_IP()` hinzugekommen, die Sie in die Lage versetzt, die jeweilige IP-Adresse des Besuchers und die Besuchszeit zu speichern. Hierzu wird eine Textdatei *ips.txt* angelegt, in dieser befinden sich sämtliche Besucher-IPs samt Besuchszeiten. Die Reloadsperre ist für jeden Besucher eine Minute lang aktiv. Dies lässt sich mithilfe der Variablen `$zeit` natürlich ohne Weiteres verlängern. Die durch die Funktion erzeugten Einträge innerhalb der *ips.txt*-Datei setzen sich wie folgt zusammen: *ipadresse|besuchszeit*.

*Beispiel – Zeile aus der ips.txt-Datei*
```
127.0.0.1|1075942181
```

Die Counter-Abfrage und auch die Ausgabeformatierung sind in ihren wesentlichen Bestandteilen identisch mit den vorherigen Lösungen. Der Aufruf des Counters kann anschließend aus jedem beliebigen PHP-Skript Ihrer Website erfolgen und zwar, wie folgt:

*Beispiel – Textcounter*
```
<?php
include("counter.php");
echo "<font face=Arial color=blue size=5>$zahl</font>";
?>
```

*Beispiel – Grafikcounter*
```
<?php
include("counter.php");
// Hier wird dann der Zähler aus Bildern zusammengesetzt
for($i=0;$i<$stellen;$i++){
$bild_counter=$bild_counter . "<img src=bilder/" . substr($zahl,$i,1) .
".gif align=absmiddle width=$breite height=$hoehe>";
}
echo $bild_counter;
?>
```

**Tipp:** Nehmen Sie sich genügend Zeit, um sich mit der IP-Sperre zu befassen. Diese Funktion kann Ihnen auch für weitere Anwendungen, beispielsweise bei einem Gästebuch, nützliche Dienste erweisen, um doppelte Einträge zu vermeiden.

### 5.1.3 User online

Ich hatte Ihnen bereits zu Beginn gezeigt, wie Sie einen Besucherzähler umsetzen können und zusätzlich eine IP-Zeitsperre hinzufügen. Genau dasselbe Prinzip können Sie einsetzen, um Ihren Besuchern anzuzeigen, wie viele Besucher aktuell auf Ihrer Website verweilen.

Hierfür müssen Sie lediglich an der Funktion `pruf_IP()` einige kleinere Veränderungen vornehmen:

```
function pruf_IP($rem_addr) {
  global $ipdatei,$zeit,$anzahl;
  @$ip_array = file($ipdatei);
  $reload_dat = fopen($ipdatei,"w");
  $this_time = time();
  $anzahl = count($ip_array);
  for ($i=0; $i<$anzahl; $i++) {
    list($ip_addr,$time_stamp) = explode("|",$ip_array[$i]);
    if ($this_time < ($time_stamp+60*$zeit)) {
      if ($ip_addr == $rem_addr) {
        $gefunden=1;
      }
      else {
        fwrite($reload_dat,"$ip_addr|$time_stamp");
      }
    }
  }
  fwrite($reload_dat,"$rem_addr|$this_time\n");
  fclose($reload_dat);
  return ($gefunden==1) ? 1 : 0;
}
```

Mit der Variablen `$anzahl` ermitteln Sie, wie viele Besucher in einem festgelegten Zeitraum online sind.

Bild 5.4: Anzahl der Besucher – gesamt und aktuell

> **Hinweis:** Das vollständige Skript finden Sie auf der Buch-CD, da es sich kaum von der zuvor vorgestellten Counter-Lösung unterscheidet. Sie können jedoch auch gerne versuchen, das Skript selbst zu vervollständigen.

## 5.2 Online-Gästebuch

Nun sollten Sie versuchen, sich mit einem etwas komplexeren Problem zu befassen, nämlich der Umsetzung eines Gästebuchs. Ein Gästebuch findet man heutzutage auf einer Vielzahl von Websites, ob bei Privatpersonen, Firmen oder Vereinen. Es seinen Besuchern zu ermöglichen, eine Nachricht zu hinterlassen, hatte schon immer einen gewissen Reiz.

Das Gästebuch setzt sich aus folgenden Dateien zusammen:

- *buch_eintrag.php* – In diesem Skript befindet sich die Eingabemaske (Formular), welche es dem Besucher ermöglicht, einen Gästebucheintrag vorzunehmen.
- *buch_funktionen.php* – In diesem Skript werden die Daten, welche aus *buch_eintrag.php* stammen, gefiltert und überprüft und anschließend von *funktionen.php* weiter verarbeitet.
- *funktionen.php* – In diesem Skript wird dafür gesorgt, dass die *buch_inhalt.htm* und die *ips.txt* erzeugt werden. Sollte die *buch_inhalt.htm* bereits vorhanden sein, wird der Inhalt durch die Daten des neuen Eintrags ergänzt. Sollte die *ips.txt* vorhanden sein, wird überprüft, ob der Besucher einen doppelten Eintrag vornehmen möchte, was jedoch durch die Reload-Sperre verhindert wird.
- *ips.txt* – Enthält die gesperrten IP-Adressen samt Zeitstempel.
- *autorespond.php* – In diesem Skript wird dafür gesorgt, dass sowohl der Gästebuchbetreiber (webmaster) als auch der Besucher eine Mail erhalten.
- *buch.php* – In diesem Skript wird überprüft, ob die *buch_inhalt.htm* bereits existiert und, falls ja, der Inhalt der Datei ausgegeben.
- *buch_inhalt.htm* – In dieser Datei befinden sich sämtliche Gästebucheinträge.
- *automail.txt* – Dabei handelt es sich um die Autorespond-Nachricht, welche nach einem Eintrag ins Gästebuch an den Besucher per Mail versandt wird.
- *main.css* – Diese CSS-Datei sorgt für die Formatierung des Gästebuchs.

Sowohl die *main.css* als auch die *automail.txt* befinden sich in einem jeweils gesonderten Ordner. Folgende Ordner sorgen für Übersicht.

- *bild* – Dieser Ordner enthält das Gästebuchlogo (*gbuchlogo.gif*), hier können Sie nach Belieben weitere Grafikdateien ablegen.
- *css* – Dieser Ordner enthält die CSS-Datei (*main.css*), welche für das Layout des Gästebuchs zuständig ist.
- *text* – Dieser Ordner enthält die Textdatei (*automail.txt*) mit der Autorespond-Nachricht für den Besucher.

## 5.2 Online-Gästebuch

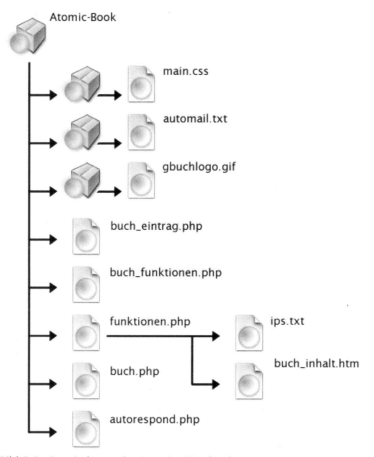

Bild 5.5: Dateischema des Atomic-Gästebuchs

Nun sollten Sie einen Blick auf die eingesetzten Skripts werfen:

### 1. Buch_eintrag.php

```
<html>
<head>
<title>G&auml;stebuch v1.0</title>
<link rel='stylesheet' href='css/main.css' type='text/css'>
</head>
<body bgcolor='#FFFFFF' text='#000000'>
<p align='center'><img src='bild/gbuchlogo.gif' width='800'
height='80'></p>
<form method='post' action='buch_funktionen.php'>
  <table width='400' align='center'>
    <tr align='left'>
      <td class='latestnews' colspan='6'> Kommentar</td>
    </tr>
    <tr>
      <td colspan='6' class='autor' height='10'>
        <div align='right'></div>
      </td>
```

```
          </tr>
          <tr>
            <td valign='top' width='9'>
              <div class='morelink'>&raquo; </div>
            </td>
            <td valign='top' class='blocksatz' width='36'>Name: </td>
            <td valign='top' class='blocksatz' width='190'>
              <input type='text' name='fname' class='contentblack' size='30'
maxlength='50'>
            </td>
            <td valign='top' class='morelink' width='6'>&raquo;</td>
            <td valign='top' class='blocksatz' width='40'>Rubrik:</td>
            <td valign='top' class='blocksatz' width='91'>
              <select name='fbetreff' class='contentblack'>
                <option value='Kritik'>Kritik</option>
                <option value='Anregung'>Anregung</option>
                <option value='Lob'>Lob</option>
                <option value='Allgemein'>Allgemein</option>
              </select>
            </td>
          </tr>
          <tr>
            <td valign='top' width='9'>
              <div class='morelink'>&raquo; </div>
            </td>
            <td valign='top' class='blocksatz' width='36'>E-mail: </td>
            <td valign='top' class='blocksatz' colspan='4'>
              <input type='text' name='femail' class='contentblack' size='30'
maxlength='50'>
            </td>
          </tr>
          <tr>
            <td valign='top' width='9'>
              <div class='morelink'>&raquo; </div>
            </td>
            <td valign='top' class='blocksatz' width='36'>Inhalt: </td>
            <td valign='top' class='blocksatz' colspan='4'>
              <textarea name='finhalt' class='contentblack' cols='30' rows='5'
wrap='PHYSICAL'></textarea>
            </td>
          </tr>
          <tr>
            <td valign='top' width='9'>
              <div class='morelink'>&raquo; </div>
            </td>
            <td valign='top' class='blocksatz' width='36'>Home: </td>
            <td valign='top' class='blocksatz' colspan='4'>
              <input type='text' name='fhome' class='contentblack' size='30'
maxlength='50'>
            </td>
          </tr>
          <tr>
            <td valign='top' width='9'>
              <div class='morelink'> </div>
```

```
          </td>
          <td valign='top' class='blocksatz' width='36'> </td>
          <td valign='top' class='blocksatz' colspan='4'>
            <input type='submit' name='senden' value='senden'
class='contentblack'>
            <input type='reset' name='losch' value='L&ouml;schen'
class='contentblack'>
          </td>
        </tr>
        <tr>
          <td colspan='6' class='autor' height='10'>
            <div align='right'></div>
          </td>
        </tr>
        <tr>
          <td colspan='6' class='latestnews'> </td>
        </tr>
      </table>
</form>
<p align="center"><a href='buch.php' class="contentlink">Beitr&auml;ge
Lesen</a></p>
</body>
</html>
```

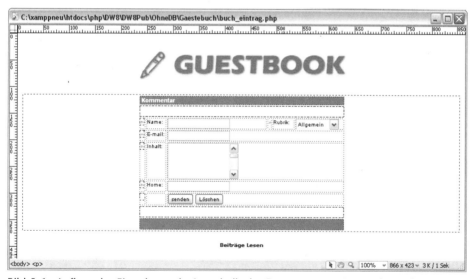

Bild 5.6: Aufbau der Eingabemaske innerhalb der Dreamweaver-Entwurfsansicht

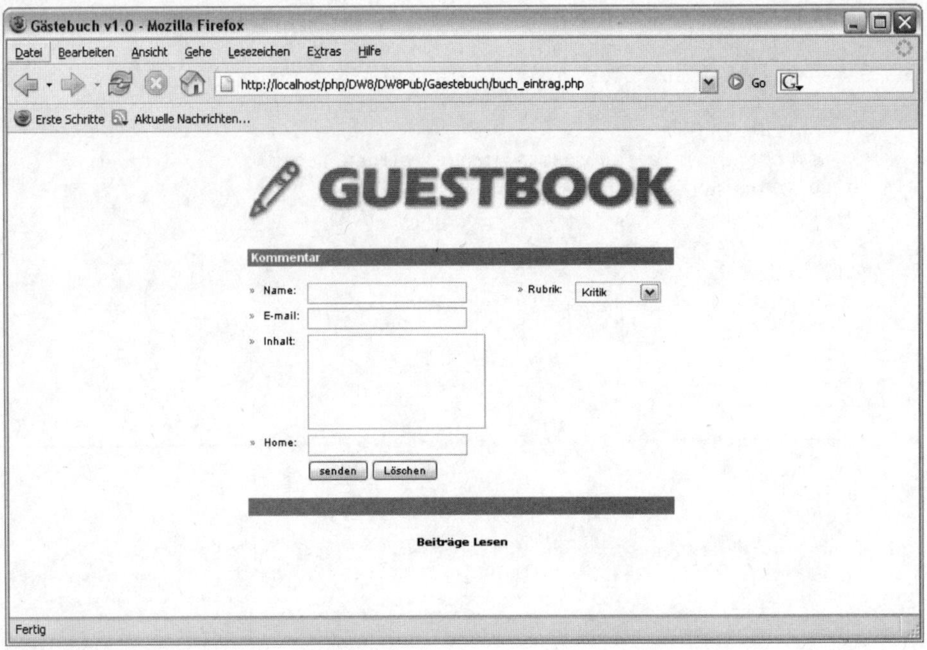

**418** *Kapitel 5: Lösungen für den Alltag*

Bild 5.7: Eingabemaske des Gästebuchs

## 2. Buch_funktionen.php

```php
<?php
//Stammen die Daten vom Formular?
if (isset($_POST["senden"])) {

//Textfeldeingaben filtern
function daten_reiniger($inhalt) {
   if (!empty($inhalt)) {
        //HTML- und PHP-Code entfernen.
        $inhalt = strip_tags($inhalt);
        //Umlaute und Sonderzeichen in
        //HTML-Schreibweise umwandeln
        $inhalt = htmlentities($inhalt);
        //Entfernt überflüssige Zeichen
        //Anfang und Ende einer Zeichenkette
        $inhalt = trim($inhalt);
        //Backslashes entfernen
        $inhalt = stripslashes($inhalt);
   }
return $inhalt;
}

//Schreibarbeit durch Umwandlung ersparen
foreach ($_POST as $key=>$element) {
   //Dynamische Variablen erzeugen, wie g_fname, etc.
   //und die Eingaben Filtern
   ${"g_".$key} = daten_reiniger($element);
}
```

```
//Anfang - Prüfung
//Kein richtiger Name eingegeben
if(strlen($g_fname)<3){
$error_msg="Bitte geben Sie Ihren Namen an";
}

//Kein Eintrag vorgenommen
if(strlen($g_finhalt)<3){
$error_msg.="<br>Bitte geben Sie auch etwas in das Gästebuch ein.";
}

//Mailadresse korrekt angegeben - entsprechende Formatierung vornehmen
if(ereg("^[_a-zA-Z0-9-]+(\.[_a-zA-Z0-9-]+)*@([a-zA-Z0-9-]+\.)+([a-zA-Z]{2,4})$",$g_femail)){
$format_femail="<a href=mailto:" . $g_femail . ">E-Mail</a>";
} else {
$error_msg.="<br>Fehlerhafte E-mail!<br>";
}

//Es wurde auch eine Homepageadresse angegeben - entsprechende
Formatierung vornehmen
if(ereg("^([a-zA-Z0-9-]+\.)+([a-zA-Z]{2,4})$",$g_fhome)){
    //http:// fehlt in der Angabe der Adresse - hier ergänzen
    if(!ereg("^http:////",$g_fhome)){
    $g_fhome="http://" . $g_fhome;
    }
$g_fhome="<a href=" . $g_fhome . " target=_blank>Website</a>";
} else {
$g_fhome="<a href=" . $g_fhome . " target=_blank>Website</a>";
}
//Ende - Prüfung

//Prüfen, ob Fehler vorgekommen sind!
if($error_msg){
echo "
<html>
<head>
<title>G&auml;stebuch v1.0</title>
<link rel='stylesheet' href='css/main.css' type='text/css'>
</head>
<body bgcolor='#FFFFFF' text='#000000'>
<p align='center'><img src='bild/gbuchlogo.gif' width='800'
height='80'></p>
<table width='300' align='center'>
  <tr>
    <td align='center' class='latestnews' colspan='3'>- FEHLER - <br>
    <p>$error_msg</p>
    <a href='javascript:history.back()'
class='contentlink'>Zur&uuml;ck</a><br>
    Eintrag konnte nicht angelegt werden.<br>
    Versuchen Sie es bitte erneut!<br>
    </td>
  </tr>
</table>
</body>
</html>
```

```
";
} else {
$g_fdatum=date("Y-m-d H:i:s");

$eintrag="
<table width='400' align='center'>
  <tr align='left'>
    <td class='latestnews' colspan='2'> $g_fbetreff</td>
  </tr>
  <tr>
    <td colspan='2' class='autor'>
      <div align='right'>$g_fdatum</div>
    </td>
  </tr>
  <tr>
    <td valign='top' width='13'>
      <div class='morelink'>&raquo; </div>
    </td>
    <td valign='top' class='blocksatz' width='375'>". nl2br($g_finhalt)
."</td>
  </tr>
  <tr>
    <td colspan='2' class='contentblack'>
      <div align='right'>$g_fname</div>
    </td>
  </tr>
  <tr>
    <td valign='top' colspan='2'>
      <table width='100%' border='0' cellspacing='0' cellpadding='0'>
        <tr>
         <td class='autor'>
            <div align='left'>[ $format_femail ]</div>
          </td>
          <td class='autor'>
            <div align='right'>[ $g_fhome ]</div>
          </td>
        </tr>
      </table>
    </td>
  </tr>
  <tr>
    <td colspan='2' class='latestnews'> </td>
  </tr>
</table>
";

include("funktionen.php");

}

} else {
echo "
<html>
<head>
<title>G&auml;stebuch v1.0</title>
```

```
<link rel='stylesheet' href='css/main.css' type='text/css'>
</head>
<body bgcolor='#FFFFFF' text='#000000'>
<p align='center'><img src='bild/gbuchlogo.gif' width='800'
height='80'></p>
<table width='300' align='center'>
  <tr>
    <td align='center' class='latestnews' colspan='3'>- FEHLER - <br>
      Eintrag konnte nicht angelegt werden.<br>
      Versuchen Sie es bitte erneut!<br>
    <a href='buch_eintrag.php' class='contentlink'>Zur&uuml;ck</a></td>
  </tr>
</table>
</body>
</html>
";
}
?>
```

Wie Sie sehen, werden die Daten aus den Formularelementen durch die Funktion daten_reiniger() gefiltert. Folgende Bestandteile werden gefiltert:

- strip_tags() – Entfernt HTML- und PHP-Code.
- htmlentities() – Wandelt Umlaute und Sonderzeichen in HTML-Schreibweise um.
- trim() – Entfernt überflüssige Zeichen am Anfang und Ende einer Zeichenkette.
- stripslashes() – Entfernt Backslashs aus der Zeichenfolge.

Bild 5.8: Fehlermeldung bei fehlerhaften Angaben

Die gefilterten Daten werden anschließend nochmals überprüft, vor allem der Inhalt der E-Mail und des Home-Formularelements wird mithilfe von regulären Ausdrücken genauer unter die Lupe genommen.

### 3. Funktionen.php

```php
<?php

/////////////////////////////////////////
// Gästebuch + Reloadsperre v1.0
/////////////////////////////////////////

// 0=keine Reloadsperre, 1=Reloadsperre
$aktiv = 1;
// Zeit der Reloadsperre in Minuten
$zeit = 5;
// IP-Datei
$ipdatei = "ips.txt";
// Buchdatei
$datei = "buch_inhalt.htm";

/////////////////////////////////////////
// IP-Reloadsperre
/////////////////////////////////////////

function pruf_IP($rem_addr) {
  global $ipdatei,$zeit;
  @$ip_array = file($ipdatei);
  $reload_dat = fopen($ipdatei,"w");
  $this_time = time();
  for ($i=0; $i<count($ip_array); $i++) {
    list($ip_addr,$time_stamp) = explode("|",$ip_array[$i]);
    if ($this_time < ($time_stamp+60*$zeit)) {
      if ($ip_addr == $rem_addr) {
        $gefunden=1;
      }
      else {
        fwrite($reload_dat,"$ip_addr|$time_stamp");
      }
    }
  }
  fwrite($reload_dat,"$rem_addr|$this_time\n");
  fclose($reload_dat);
  return ($gefunden==1) ? 1 : 0;
}

/////////////////////////////////////////
// Abfrage
/////////////////////////////////////////

if (isset($_POST["senden"])) {
if (file_exists($datei) && ($aktiv==0 || ($aktiv==1 && pruf_IP($_SERVER['REMOTE_ADDR'])==0))) {
  // Falls die Datei existiert, wird sie ausgelesen und
  // die enthaltenen Daten werden durch den neuen Beitrag
  // ergänzt
  $fp=fopen($datei,"r+");
```

```php
    $daten=fread($fp,filesize($datei));
    rewind($fp);
    flock($fp,2);
    fputs($fp,"$eintrag \n $daten");
    flock($fp,3);
    fclose($fp);
    include("autorespond.php");
    header("Location:buch.php");
}else if (!file_exists($datei) && ($aktiv==0 || ($aktiv==1 &&
pruf_IP($_SERVER['REMOTE_ADDR'])==0))) {
    // Die Datei buch_inhalt.htm existiert nicht, sie wird
    // neu angelegt und mit dem aktuellen Beitrag gespeichert.
    $fp=fopen($datei,"w");
    fputs($fp,"$eintrag \n");
    fclose($fp);
    include("autorespond.php");
    header("Location:buch.php");
} else {
    // Die Datei existiert zwar, jedoch handelt
    // es sich wahrscheinlich um den gleichen Besucher
    header("Location:buch.php");
}
} else {
echo "
<html>
<head>
<title>G&auml;stebuch v1.0</title>
<link rel='stylesheet' href='css/main.css' type='text/css'>
</head>
<body bgcolor='#FFFFFF' text='#000000'>
<p align='center'><img src='bild/gbuchlogo.gif' width='800'
height='80'></p>
<table width='300' align='center'>
  <tr>
    <td align='center' class='latestnews' colspan='3'>- FEHLER - <br>
      Eintrag konnte nicht angelegt werden.<br>
      Versuchen Sie es bitte erneut!<br>
      <a href='buch_eintrag.php' class='contentlink'>Zur&uuml;ck</a></td>
  </tr>
</table>
</body>
</html>
";
}
?>
```

Der Inhalt dieses Skripts sollte Ihnen bereits bekannt vorkommen, es besteht nämlich größtenteils aus Bestandteilen des Besucherzählers.

*4. Autorespond.php*

```php
<?php

if (isset($_POST["senden"])) {
```

```
// Mail an Webmaster
$webmaster="matthiask@flashstar.de";

$mailinhalt = "
Atomic-Book - Eintrag\n
_____\n
Person: $g_fname\n
E-mail: $g_femail\n
WWW: $g_fhome\n
_____\n
Betreff: $g_fbetreff\n
Kommentar:\n$g_finhalt\n
_____\n
Zeit: $g_fdatum\n
_____\n";

@mail($webmaster, "$g_fbetreff (von $g_fname) - Eintrag", $mailinhalt,
"From: $g_femail");

// Autoresponder
$datei = "text/automail.txt";
$fp = fopen($datei, "r");
$inhalt = fread($fp,filesize($datei));
fclose($fp);

@mail("$g_femail", "Atomic-Book - Danke für Ihren Eintrag",
"$inhalt\n\n","From:$webmaster");

} else {
echo "
<html>
<head>
<title>G&auml;stebuch v1.0</title>
<link rel='stylesheet' href='css/main.css' type='text/css'>
</head>
<body bgcolor='#FFFFFF' text='#000000'>
<p align='center'><img src='bild/gbuchlogo.gif' width='800'
height='80'></p>
<table width='300' align='center'>
  <tr>
    <td align='center' class='latestnews' colspan='3'>- FEHLER - <br>
      Eintrag konnte nicht angelegt werden.<br>
      Versuchen Sie es bitte erneut!<br>
    <a href='buch_eintrag.php' class='contentlink'>Zur&uuml;ck</a></td>
  </tr>
</table>
</body>
</html>
";
}
?>
```

Um die Gästebucheinträge lediglich zu betrachten, wird folgendes Skript benötigt:

*5. Buch.php*

```
<html>
<head>
<title>G&auml;stebuch v1.0</title>
<link rel='stylesheet' href='css/main.css' type='text/css'>
</head>
<body bgcolor='#FFFFFF' text='#000000'>
<p align='center'><img src='bild/gbuchlogo.gif' width='800' height='80'></p>
<?php

$meldung="
<table width='300' align='center'>
  <tr>
    <td align='center' class='latestnews' colspan='3'><br>- LEER -<br>
      <p><a href='buch_eintrag.php' class='contentlink'>Zur&uuml;ck</a></p>
    </td>
  </tr>
</table>
";

if (!@include("buch_inhalt.htm")) {
 echo $meldung;
}
?>
<p align="center"><a href='buch_eintrag.php' class="contentlink">Beitr&auml;g Schreiben</a></p>
</body>
</html>
```

**Hinweis:** Sollten Sie keine Lust haben, die aufgeführten Skripts abzutippen, finden Sie sämtliche Skripts samt *main.css* und *automail.txt* auf der Buch-CD.

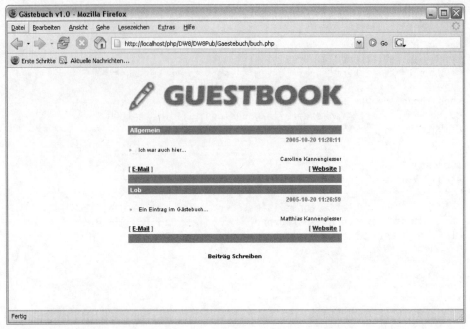

Bild 5.9: Ausgabe des Gästebuchs

## 5.3 Online-Umfrage

Dieses Thema ist immer wieder etwas, das Entwickler und Anwender gleichermaßen vor eine Herausforderung stellt, die es zu bewältigen gilt. Der Anwender muss eine Wahl treffen, und der Entwickler muss dafür sorgen, dass die Stimmabgabe ordnungsgemäß verarbeitet wird.

Im folgenden Beispiel versuche ich, Ihnen als Entwickler eine Lösung an die Hand zu geben, mit deren Hilfe Sie hoffentlich in der Lage sind, erfolgreich Online-Umfragen durchzuführen, sei es für Wahlen oder für die Lieblingsfarbe Ihrer Besucher.

Die Online-Umfrage setzt sich aus zwei wesentlichen Skripts zusammen.

- *umfrage.php* – In diesem Skript wird mithilfe eines Arrays, welches die möglichen Auswahlmöglichkeiten enthält, eine dynamische Eingabemaske (Formular) erzeugt, mit deren Hilfe der Besucher in der Lage ist, seine Stimme abzugeben. Die Stimmen für die jeweiligen Auswahlmöglichkeiten werden in der Textdatei *stimmen.txt* gespeichert. Nach der Stimmabgabe wird ein Cookie erzeugt, das eine erneute Stimmabgabe verhindert soll.

- *eregbnis.php* – In diesem Skript werden die Umfrageergebnisse aus der Textdatei *stimment.txt* in grafischer Form ausgegeben.

Zusätzlich wurden folgende drei Ordner angelegt:

- *bild* – Enthält das Gästebuchlogo (*umfragelogo.gif*), hier können Sie nach Belieben weitere Grafikdateien ablegen.

- *css* – Enthält die CSS-Datei (*umfrage.css*), welche für das Layout der Online-Umfrage zuständig ist.
- *daten* – In diesem Ordner befindet sich die Textdatei (*stimmen.txt*), welche die abgegebenen Stimmen der Onlinewähler enthält.

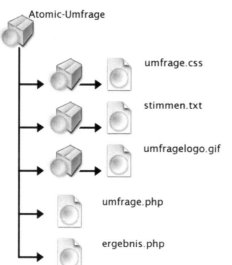

Bild 5.10: Dateischema der Atomic-Umfrage

*1. Umfrage.php*

```php
<?php
if (isset($_POST["ergebnis"])) {
   // Aktuelle Sperre 1 Minute
   // 30 Tage Sperre time()+60*60*24*30
   setcookie("abgestimmt","ja",time()+60);
}

$thema = "Atomic-Umfrage 2005";
$auswahl = array("Super","Sehr Gut","Gut","Naja","Schlecht");
$anzahl = count($auswahl);

?>
<html>
<head>
<title>Atomic-Umfrage</title>
<link rel='stylesheet' type='text/css' href='css/umfrage.css'>
</head>
<body>
<img src='bild/umfragelogo.gif' width='506' height='62'><br>
<h3><?php echo $thema ?></h3>
<form method='post' action='<?php echo $PHP_SELF; ?>'>
<p>
<?php

foreach ($auswahl as $key=>$eintrag) {
   echo "<input type='radio' name='ergebnis' value='$key'> $eintrag<br>\n";
}
```

```php
?>
</p>
<?php
if (empty($_COOKIE["abgestimmt"]) && !isset($_POST["ergebnis"])) {

// Submit nur zeigen, wenn Formular noch nicht abgeschickt wurde
echo "<input type='submit' value='Daten senden'>";

} else {
echo "<p>Danke für die Übermittlung der Daten!</p>\n";

// Formular abgeschickt? Aber bisher noch nicht abgestimmt?
if (empty($_COOKIE["abgestimmt"]) && isset($_POST["ergebnis"])) {

// Dateiname in Variable speichern
$datei="daten/stimmen.txt";

// Datei vorhanden?
if (file_exists($datei)) {
   $fp=fopen($datei,"r+");
} else {
   $fp=fopen($datei,"w");
}

// Datei einlesen
$stimmen=fread($fp,filesize($datei));

// String aus Datei in Array zerlegen
$stimmen=explode(",",$stimmen);

// Der gewählte Punkt wird um 1 erhöht!
$stimmen[$_POST["ergebnis"]]++;

// Stimmen in einem String zusammensetzen
for ($i=0;$i<$anzahl;$i++) {
   $total .= $stimmen[$i] .",";
}

// Neuen String in Datei schreiben
rewind($fp);
fputs($fp,$total);
fclose($fp);
}
}
?>
</form>
<p>
[ <a href='ergebnis.php' target='_blank'>Umfrageergebnisse betrachten</a> ]
</p>
</body>
</html>
```

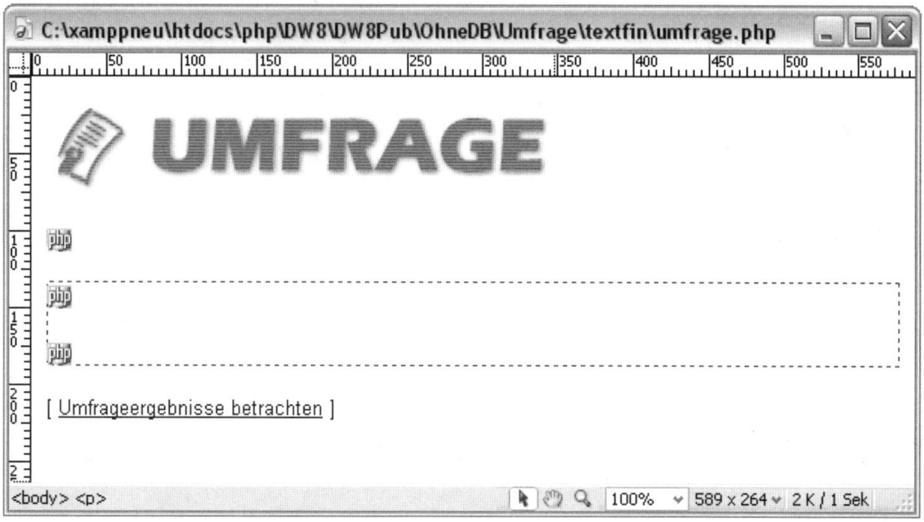

Bild 5.11: Aufbau der dynamischen Bestandteile der Eingabemaske

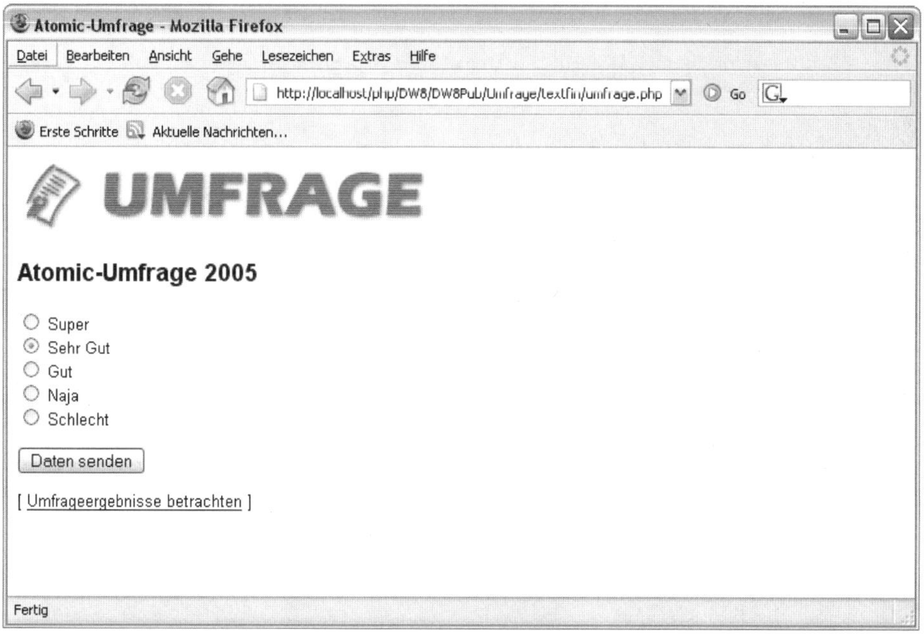

Bild 5.12: Umfrage samt Eingabemaske

Die vorliegende Umsetzung legt mithilfe eines Cookies fest, dass jeder Onlinewähler lediglich einmal pro Minute eine Stimme abgeben kann. Natürlich lässt sich diese Sperrzeit beliebig erhöhen.

> **Hinweis:** Die eingesetzte Sperre stellt keinen absoluten Schutz dar. Sie können damit jedoch bereits eine gewisse Kontrolle über die Online-Umfrage erreichen. Eine Kombination aus Cookie und IP-Zeitsperre würde zusätzliche Sicherheit bieten, eine absolute Sperre wird es jedoch ohne größeren Aufwand nicht geben.

Um die Umfrageergebnisse zu betrachten, wird folgendes Skript verwendet:

*2. Ergebnis.php*

```php
<?php

$thema = "Atomic-Umfrage 2005";
$auswahl = array("Super","Sehr Gut","Gut","Naja","Schlecht");
$farben = array("9999FF","8888FF","7777FF","6666FF","5555FF");
$anzahl = count($auswahl);

?>
<html>
<head>
<title>Atomic-Umfrage - Ergebnis</title>
<link rel="stylesheet" type="text/css" href="css/umfrage.css">
</head>
<body>
<img src='bild/umfragelogo.gif' width='506' height='62'><br>
<h3><?php echo $thema; ?> - Ergebnisse</h3>
<?php
$datei="daten/stimmen.txt";
@$fp=fopen($datei,"r");
@$stimmen=fread($fp,filesize($datei));
@fclose($fp);
// String zerlegen, Array entsteht
$stimmen=explode(",",$stimmen);

for ($i=0;$i<$anzahl;$i++) {
   $gesamt += $stimmen[$i];
}

if ($gesamt>0) {
// Höchstlänge der Balken angeben
$laenge=400;

for ($i=0;$i<$anzahl;$i++) {
// Anteil der Balken
$blaenge=$stimmen[$i]*$laenge/$gesamt;

// Werte auf ganze Zahlen runden
$blaenge= round($blaenge);

// Prozentwert ermitteln und ausgeben
$prozent = sprintf('%1.1f', 100*$stimmen[$i]/$gesamt);

echo "
<table border='0'>
<tr>
<td width='100'>$auswahl[$i]</td>
<td> </td><td width='$blaenge' bgcolor='$farben[$i]'> </td>
<td> <i>$prozent% ($stimmen[$i])</i></td>
```

```
</tr>
</table>
";
}

echo "<p>Anzahl der Stimmen: <b>$gesamt</b></p>";
} else {
echo "<p>Bisher wurden noch keine Stimmen abgegeben!</p>";
}
?>
</body>
</html>
```

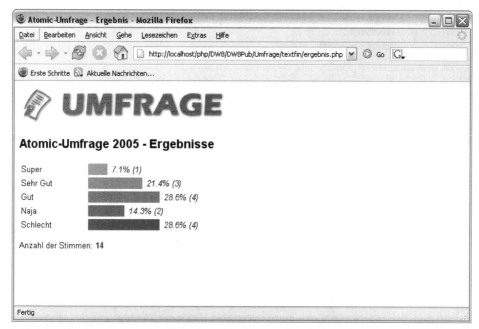

Bild 5.13: Umfrageergebnis – Tabellenfelder dienen hier als Anzeige

Sie können durch eine leichte Anpassung die Umfrageergebnisse auch mithilfe von Grafikdateien wiedergeben. Hierfür müssen Sie lediglich die folgende echo-Codezeile einsetzen.

```
echo "
<table border='0'>
<tr>
<td width='100'>$auswahl[$i]</td>
<td> </td><td><img src='bild/balken_ende_l.gif' width='6' height='10'><img src='bild/balken.gif' width='$blaenge' height='10'><img src='bild/balken_ende_r.gif' width='6' height='10'> </td>
<td> <i>$prozent% ($stimmen[$i])</i></td>
</tr>
</table>
";
```

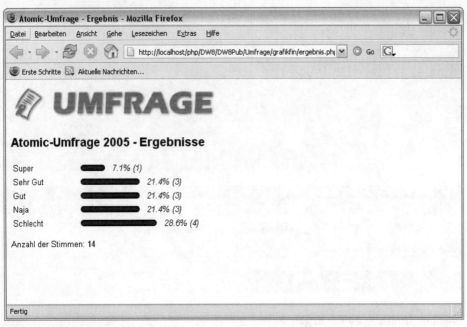

Bild 5.14: Umfrageergebnis – Balkendarstellung

## 5.4 Formular samt Autoresponder

Nun kommen wir zu einem weiteren Punkt, der sich wohl nicht vermeiden lässt, nämlich der Umsetzung eines Kontaktformulars. Was wäre eine Website ohne ein Kontaktformular, schließlich sollen mögliche Besucher, Interessenten oder Kunden in der Lage sein, mit dem Betreiber der Website Kontakt aufzunehmen.

Um ein voll funktionsfähiges Kontaktformular umzusetzen, bedarf es nicht viel. Soll es jedoch beliebig viele Formularelemente verarbeiten können, sodass es für unterschiedliche Zwecke eingesetzt werden kann, müssen Sie etwas mehr Know-how haben.

Zur Umsetzung der Eingabemaske benötigen Sie zunächst eine HTML-Seite mit dem Namen *kontaktformular.htm*, welche ein von Ihnen entworfenes Formular enthält. Beim Einsatz der Formularelemente innerhalb der HTML-Seite ist darauf zu achten, dass das E-Mail-Textfeld den Namen *mailer_email* erhält. Alle anderen Formularelemente können Sie beliebig bezeichnen.

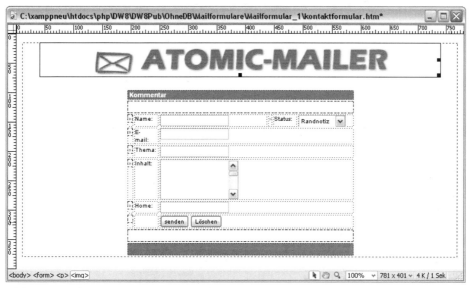

Bild 5.15: Aufbau der *kontaktformular.htm*-Eingabemaske

Für die Verarbeitung der Formulardaten sind zwei Skripts verantwortlich:

- *atomicmailer.php* – In diesem Skript werden die Daten, welche aus *kontaktformular.htm* stammen, gefiltert und überprüft und anschließend von *autorespond.php* weiterverarbeitet.

- *autorespond.php* – In diesem Skript wird dafür gesorgt, dass sowohl der Betreiber (webmaster) als auch der Besucher eine Mail erhalten. Der Betreiber erhält die Angaben des Besuchers und der Besucher eine Benachrichtigung darüber, dass seine Anfrage so schnell wie möglich bearbeitet wird.

Zusätzlich wurden folgende drei Ordner angelegt:

- *bild* – Enthält das Mailerlogo (*mailerlogo.gif*), hier können Sie nach Belieben weitere Grafikdateien ablegen.

- *css* – Enthält die CSS-Datei (*main.css*), welche für das Layout des Kontaktformulars zuständig ist.

- *text* – Enthält die Textdatei (*automail.txt*) mit der Autorespond-Nachricht für den Besucher.

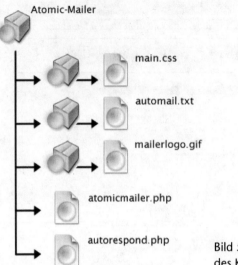

Bild 5.16: Dateischema des Kontaktformulars

## 1. Atomicmailer.php

```php
<?php
$form_name = "kontaktformular.htm";

//Stammen die Daten vom Formular?
if (isset($_POST["senden"])) {

// Textfeldeingaben filtern
function daten_reiniger($inhalt) {
   if (!empty($inhalt)) {
       // HTML- und PHP-Code entfernen.
       $inhalt = strip_tags($inhalt);
       // Umlaute und Sonderzeichen in
       //HTML-Schreibweise umwandeln
       $inhalt = htmlentities($inhalt);
       // Entfernt überflüssige Zeichen
       // Anfang und Ende einer Zeichenkette
       $inhalt = trim($inhalt);
       // Backslashes entfernen
       $inhalt = stripslashes($inhalt);
   }
return $inhalt;
}

// Schreibarbeit durch Umwandlung ersparen
foreach ($_POST as $key=>$element) {
   if ($key != "senden") {
   // Eingaben Filtern
   $daten = daten_reiniger($element);
   // Dynamische Variablen erzeugen, wie mailer_name, etc.
   ${"mailer_".$key} = $daten;
   $maildaten .= "$key: $daten\n";
   }
}
```

```
//Mailadresse korrekt angegeben - Name entsprechend formatieren
if(!ereg("^[_a-zA-Z0-9-]+(\.[_a-zA-Z0-9-]+)*@([a-zA-Z0-9-]+\.)+([a-zA-
Z]{2,4})$",$mailer_email)){
$error_msg.="Fehlerhafte E-mail!<br>";
}

// Prüfen, ob Fehler vorgekommen sind!
if($error_msg){
echo "
<html>
<head>
<title>Atomic-Mailer v1.0 - Fehler</title>
<link rel='stylesheet' href='css/main.css' type='text/css'>
</head>
<body bgcolor='#FFFFFF' text='#000000'>
<p align='center'><img src='bild/mailerlogo.gif' width='700'
height='59'></p>
<table width='300' align='center'>
  <tr>
    <td align='center' class='latestnews' colspan='3'>- FEHLER - <br>
      <p>$error_msg</p>
      <a href='$form_name' class='contentlink'>Zur&uuml;ck</a><br>
      Ihre Anfrage konnte nicht übermittelt werden.<br>
      Versuchen Sie es bitte erneut!<br>
    </td>
  </tr>
</table>
</body>
</html>
";

} else {
$mailer_datum=date("Y-m-d H:i:s");

echo "
<html>
<head>
<title>Atomic-Mailer v1.0 - Versand</title>
<link rel='stylesheet' href='css/main.css' type='text/css'>
</head>
<body bgcolor='#FFFFFF' text='#000000'>
<p align='center'><img src='bild/mailerlogo.gif' width='700'
height='59'></p>
<table width='300' align='center'>
  <tr>
    <td align='center' class='latestnews' colspan='3'>- Vielen Dank! -
<br>
      Ihre Anfrage wurde erfolgreich verschickt.<br>
      Vielen Dank!<br>
      <a href='$form_name' class='contentlink'>Zur&uuml;ck</a></td>
  </tr>
</table>
</body>
</html>
";
```

```
include("autorespond.php");
    }

} else {
echo "
<html>
<head>
<title>Atomic-Mailer v1.0 - Fehler</title>
<link rel='stylesheet' href='css/main.css' type='text/css'>
</head>
<body bgcolor='#FFFFFF' text='#000000'>
<p align='center'><img src='bild/mailerlogo.gif' width='700'
height='59'></p>
<table width='300' align='center'>
  <tr>
    <td align='center' class='latestnews' colspan='3'>- FEHLER - <br>
      Ihre Anfrage konnte nicht übermittelt werden.<br>
      Versuchen Sie es bitte erneut!<br>
      <a href='$form_name' class='contentlink'>Zur&uuml;ck</a></td>
  </tr>
</table>
</body>
</html>
";
}
?>
```

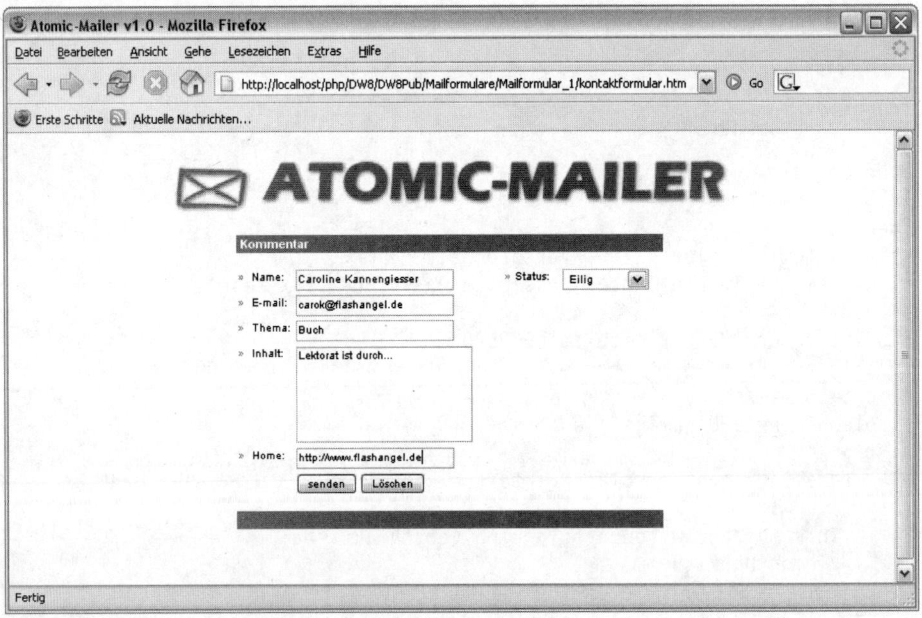

Bild 5.17: Kontaktformular im Einsatz

## 2. Autorespond.php

```php
<?php

if (isset($_POST["senden"])) {

// Mail an Webmaster
$webmaster="matthiask@flashstar.de";

$mailinhalt = "
Atomic-Mailer - Anfrage\n
_____\n
E-mail: $mailer_email\n
_____\n
$maildaten
_____\n
Zeit: $mailer_datum\n
_____\n";

@mail($webmaster, "Atomic-Mailer - Anfrage", $mailinhalt, "From: $mailer_email");

// Autoresponder
$datei = "text/automail.txt";
$fp = fopen($datei, "r");
$inhalt = fread($fp,filesize($datei));
fclose($fp);

@mail("$mailer_email", "Atomic-Mailer - Danke für Ihre Anfrage", "$inhalt\n\n","From:$webmaster");

} else {
echo "
<html>
<head>
<title>Atomic-Mailer v1.0</title>
<link rel='stylesheet' href='css/main.css' type='text/css'>
</head>
<body bgcolor='#FFFFFF' text='#000000'>
<p align='center'><img src='bild/mailerlogo.gif' width='700' height='59'></p>
<table width='300' align='center'>
  <tr>
    <td align='center' class='latestnews' colspan='3'>- FEHLER - <br>
      Die Anfrage konnte nicht übermittelt werden.<br>
      Versuchen Sie es bitte erneut!<br>
      <a href='kontaktformular.htm' class='contentlink'>Zur&uuml;ck</a></td>
  </tr>
</table>
</body>
</html>
";
}
?>
```

## Variante Formmailer

Formulare gibt es in unterschiedlichen Formen und Darstellungsweisen. Eines jedoch haben sie gemeinsam, alle versenden Daten via GET oder POST. Die Frage ist nur, wie der Server diese Daten verarbeitet und wie PHP dabei behilflich sein kann. Ich möchte Ihnen dazu einen Formmailer vorstellen.

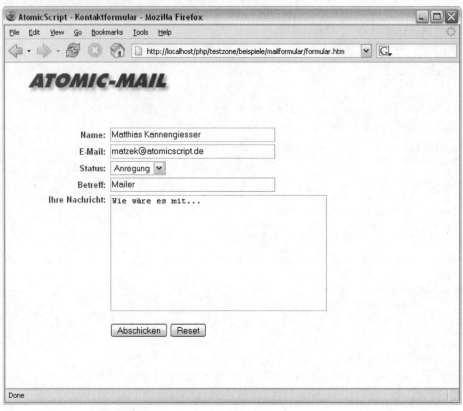

Bild 5.18: Formmailer-Formular – HTML-Dokument

Das Formular selbst ist ein einfaches HTML-Dokument, welches über JavaScript-Abfragen und Formularelemente verfügt. Die wohl interessanteste Passage im HTML-Dokument sind folgende Codezeilen:

```
<input type="hidden" name="mailer" value="Atomic Mailer">
<input type="hidden" name="trennzeichen" value=": ">
<input type="hidden" name="automailtext" value="answer.txt">
<input type="hidden" name="weiterleitung" value="meldung.htm">
```

Innerhalb des `<form>`-Tags werden die Übertragungsmethode und das betreffende PHP-Dokument festgelegt. Die `<input>`-Felder, welche versteckt sind, dienen als Konfigurationshilfe.

- Das `mailer`-Feld legt den Namen des Formmailers innerhalb der Betreffzeile einer E-Mail fest.

- Das trennzeichen-Feld wird in der E-Mail einen Doppelpunkt zwischen dem jeweiligen Formularelement und dem Inhalt setzen.
- Das automailtext-Feld enthält den für die automatische Rückantwort benötigten Dateinamen.
- Das weiterleitung-Feld verweist auf die URL bzw. auf das Dokument, welches nach dem erfolgreichen Versenden der Mail erscheinen soll.

**Achtung:** Sie sollten bei der Erweiterung des Formulars unbedingt darauf achten, dass Sie diese vier versteckten Felder nicht entfernen und, falls Sie sie anpassen wollen, lediglich die Inhalte der value-Attribute bearbeiten.

Im PHP-Dokument *mailform.php* sind die für die Mailübertragung verantwortlichen Codezeilen enthalten. Um die Formulardaten an eine bestimmte E-Mail-Adresse und einen Webmaster zu versenden, müssen Sie die zwei folgenden Codezeilen anpassen:

```
$webmaster = "Matthias Kannengiesser";
$webmastermail = "matthiask@flashstar.de";
```

Sämtliche übrigen Codezeilen müssen nicht angepasst werden. Der Formmailer verfügt über folgende Funktionen:

- Der Webmaster erhält eine formatierte Mail des Nutzers.
- Sämtliche Formularelemente werden verschickt, egal, wie viele Formularelemente auch immer im *formular.htm* enthalten sind. Ausnahmen bilden die Inhalte der versteckten Felder und der Senden-Schalter.

Bild 5.19: Fehler bzw. erfolgreiche Übertragung der Formulardaten

- Festlegung von benutzerdefinierten Fehlermeldungen
- Abfangen der System-Fehlermeldungen
- Der Benutzer des Formulars erhält eine automatische Rückmeldung

## 5.5 Dynamische Navigation via Hyperlinks

Im Folgenden geht es um eine dynamische Navigation, welche mithilfe eines PHP-Skripts umgesetzt wurde.

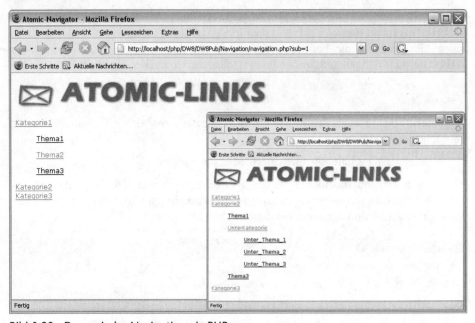

Bild 5.20: Dynamische Navigation via PHP

Wie Sie in der Abbildung sehen, handelt es sich um einen Navigationsbaum, der einzelne Unterkategorien (Verästelungen) enthält.

Um diese Navigation umzusetzen, benötigen Sie folgendes Skript:

*Navigation.php*

```
<html>
<head>
<title>Atomic-Navigator</title>
<link rel="stylesheet" type="text/css" href="css/main.css">
</head>
<body>
<img src='bild/naviogo.gif' width='607' height='57'><br>
<font face="Verdana,Arial" size="2">
<br>
<?php
$kategorien = array(
```

```php
'Kategorie1' => 'navigation.php?sub=1',
'Kategorie2' => 'navigation.php?sub=2',
'Kategorie3' => 'navigation.php?sub=3'
);

$themen_1 = array(
'Thema1' => 'http://www.selfas.de',
'Thema2' => 'http://www.flashstar.de',
'Thema3' => 'http://www.atomicscript.de'
);

$themen_2 = array(
'Thema1' => 'http://www.php.net',
'UnterKategorie' => 'navigation.php?sub=2&unter=1',
'Thema3' => 'http://www.mysql.org'
);

$themen_ebene_2 = array(
'Unter_Thema_1' => 'http://www.flashangel.de/',
'Unter_Thema_2' => 'http://www.flashpower.de',
'Unter_Thema_3' => 'http://www.cybercollege.de'
);

$themen_3 = array(
'Thema1' => 'http://www.madania.de',
'Thema2' =>'http://www.tutorials.de',
'Thema3' => 'http://www.apachefriends.org'
);

foreach ($kategorien as $key => $wert) {
echo "<a href='$wert'>$key</a><br>";
if (($key == "Kategorie1") && ($_GET[sub] == "1")) {
        foreach ( $themen_1 as $key => $wert ) {
                echo "<ul><a href='$wert'>$key</a></ul>";
        }
}
if (($key == "Kategorie2") && ($_GET[sub] == "2")) {
        foreach ( $themen_2 as $key => $wert ) {
                echo "<ul><a href='$wert'>$key</a></ul>";
                if (($key == "UnterKategorie") && ($_GET[sub] == "2") && ($_GET[unter] == "1"))
                {
                        foreach ( $themen_ebene_2 as $key => $wert )
{
                                echo "<ul><ul><a href='$wert'>$key</a></ul></ul>";
                                if ($key == "Unter_Thema_3") {$b = "2";}
                        }
                }
        }
}
if (($key == "Kategorie3") && ($_GET[sub] == "3")) {
        foreach ( $themen_3 as $key => $wert ) {
                echo "<ul><a href='$wert'>$key</a></ul>"; }
}
```

```
}
?>
</font>
</body>
</html>
```

Sie können durch den Einsatz von `<img>`-Tags die Navigation beliebig mit grafischen Elementen versehen.

> **Hinweis:** Ist Ihnen bereits aufgefallen, wie häufig wir die bereits erarbeiteten Funktionen und Codezeilen für diverse Problemstellungen einsetzen konnten? Danach sollte man als Entwickler streben, so spart man sich eine Menge Zeit.

# 6 Neuerungen in PHP 5

Dieses Kapitel enthält nicht nur Neues, da Sie bereits in den vorherigen Kapiteln sämtliche wesentlichen Sprachbestandteile kennengelernt haben. Dies schließt auch PHP 5 ein. Ich habe es mir jedoch erlaubt, die Neuerungen der Zend Engine 2 genauer unter die Lupe zu nehmen.

## 6.1 OOP und PHP 5

Die Zend Engine 2 ist der Versuch, PHP 5 für den Einsatz im Enterprise-Sektor konkurrenzfähig zu machen und einzugliedern. Sicherlich wurde PHP auch schon vorher von Firmen gezielt eingesetzt, aber die Unterstützung in puncto Zuverlässigkeit und Sicherheit, die eine Programmiersprache geben sollte, war keineswegs zufriedenstellend ausgeprägt.

Die wesentliche Änderung von PHP 5 und der von Zend entwickelten Zend Engine stellt die vollständig überarbeitete Unterstützung für die objektorientierte Programmierung in PHP dar. PHP 5 bietet gegenüber PHP 4 wesentlich bessere Möglichkeiten im Umgang mit Klassen und Objekten, wie z. B. Destruktoren, Exceptions (Fehlerbehandlungsroutinen), Interfaces (Schnittstellen), und eine verbesserte Kapselung. Im Gegensatz zu PHP 4 werden bei Zuweisungen und Übergaben Objekte immer als Referenz behandelt. In Zukunft dürfen Sie sich noch auf weitere Features wie Mehrfachvererbung und strikte Typisierung freuen.

> **Achtung:** In PHP 4 werden Objekte bei Übergabe an Funktionen oder bei Zuweisungen immer als Kopie übergeben und nicht als Referenz!

Zunächst ein Blick auf die neuen zur Verfügung stehenden Schlüsselwörter.

| Schlüsselwort | Beschreibung |
| --- | --- |
| abstract | Deklariert Klassen oder Methoden als abstrakt. |
| clone | Wird verwendet, um eine Kopie eines Objekts zu erzeugen. |
| const | Definiert klassenspezifische Konstanten. |
| final | Deklariert Klassen oder Methoden als endgültig. |
| implements | Angabe, wenn eine Klasse ein Interface implementiert. |
| interface | Deklariert eine Objektschnittstelle. |
| instanceof | Entspricht is_a() und sollte stattdessen in PHP 5 verwendet werden. Gibt TRUE zurück, wenn das Objekt von einer Klasse abstammt. |

| Schlüsselwort | Beschreibung |
| --- | --- |
| private | Private Mitglieder wie Eigenschaften und Methoden sind für Aufrufer der Klasse nicht sichtbar. |
| protected | Geschützte Mitglieder wie Eigenschaften und Methoden sind für Aufrufer der Klasse nicht sichtbar, können jedoch in direkt abgeleiteten Klassen verwendet werden. |
| public | Öffentliche Mitglieder wie Eigenschaften und Methoden sind für alle Aufrufer der Klasse sichtbar. Dies ist der Standardwert, das heißt, ohne Angabe des Schlüsselworts sind alle Mitglieder öffentlich. |
| self | Kann in Klassen verwendet werden, um Bezug zu Methoden innerhalb derselben Klasse zu nehmen. |
| static | Methoden oder Eigenschaften können ohne Instanz eines Objekts verwendet werden. |
| try | Leitet einen Block ein, der der Ausnahmebehandlung unterliegt. |
| catch | Leitet einen Block ein, der eine spezifische Ausnahme behandelt. |
| throw | Generiert eine Ausnahme (engl. exception). |
| __autoload | Global verfügbare Funktion, mit deren Hilfe Klassenabhängigkeiten zur Laufzeit erfüllt werden können. Wird aufgerufen, wenn ein Objekt der Klasse erzeugt werden soll, die Klasse aber nicht deklariert ist. |
| __call | Ruft dynamisch Methoden auf. Die so deklarierte Funktion wird immer dann aufgerufen, wenn in der betreffenden Klasse keine Methode des verlangten Namens vorgefunden wird. |
| __construct | Reservierter Name für den Konstruktor einer Klasse. Der Konstruktor wird aufgerufen, bevor das Objekt erzeugt wird. Dieser wird vor allem verwendet, um einen definierten Zustand zu erzeugen. Auslöser ist der Aufruf des Schlüsselworts new. |
| __destruct | Reservierter Name für den Destruktor einer Klasse. Der Destruktor wird aufgerufen unmittelbar bevor das Objekt zerstört wird. Dieser wird vor allem verwendet, um mit dem Objekt verbundene Ressourcen zu bereinigen. |
| _get | Ruft dynamisch Eigenschaften zum Lesen auf. Die so deklarierte Funktion wird immer dann aufgerufen, wenn in der betreffenden Klasse keine Methode des verlangten Namens vorgefunden wird. |
| __set | Ruft dynamisch Eigenschaften zum Schreiben auf. Die so deklarierte Funktion wird immer dann aufgerufen, wenn in der betreffenden Klasse keine Methode des verlangten Namens vorgefunden wird. |
| __METHOD__ | Unechte Konstante. Wird diese innerhalb einer Klasse verwendet, enthält sie den Namen der Klasse und der Methode. Innerhalb einer Funktion, jedoch außerhalb einer Klasse enthält sie lediglich den Funktionsnamen. |

## 6.1.1 Klassendefinition in PHP 5

Wenn es um die objektorientierte Programmierung geht, dann stellt die Definition einer Klasse den Ausgangspunkt dar. Um in PHP eine solche Klasse deklarieren zu können, wird das Schlüsselwort class benötigt, welches auch in diversen anderen Hochsprachen sein Unwesen treibt.

*Beispiel – Klasse (samt Mitgliedern, wie Eigenschaften und Methoden)*
```php
<?php
// Klassen - Definition
class Produkt
{
   // Klassen - Eigenschaften
   public $name       = "Vaio X20";
   public $hersteller = "Sony";
   public $preis = 1999.95;

   // Klassen - Methode
   public function Kaufen($kaeufer)
   {
     echo "Käufer: $kaeufer\n";
      echo "Verkauf eines ";
      echo $this->name . " von ";
      echo $this->hersteller . "\n";
      echo "-------------------\n";
      echo "Preis: " . $this->preis;
   }
}
?>
```

Definiert wurde hier eine Klasse mit dem Namen Produkt. Sie enthält die drei Eigenschaften $name, $hersteller und $preis, die mit Standardwerten belegt werden. Das Schlüsselwort public vor den Variablennamen deklariert sie als öffentliche Mitglieder. Zusätzlich enthält die Klasse noch eine Methode Kaufen, welche ebenfalls als öffentliches Mitglied deklariert wurde.

Bisher liegt lediglich die Klassendefinition vor, als Nächstes folgt die Erzeugung eines Objekts, um auf die Klassenbestandteile (Mitglieder bzw. Elemente) zugreifen zu können.

## 6.1.2 Objekte erzeugen und verwenden

Objekte sind in der Lage, Aktionen auszuführen. Dazu muss jedoch erst ein solches Objekt mithilfe des Schlüsselworts new erzeugt werden.

*Beispiel – Objekt erzeugen und auf Methode zugreifen*
```php
// Objekt - Erzeugung
$einkauf = new Produkt();

// Methoden - Aufruf
echo "Onlineshop: \n";
$einkauf->Kaufen("Caroline");
```

*Ausgabe*
```
Onlineshop:
Käufer: Caroline
Verkauf eines Vaio X20 von Sony
-------------------
Preis: 1999.95
```

Das erzeugte Objekt $einkauf wird in einer Objektvariablen gespeichert. Anschließend kann das Objekt verwendet werden. Auf Eigenschaften und Methoden wird über die Verweissyntax $objetname->... zugegriffen.

### 6.1.3 Konstruktoren und Destruktoren

Der bereits aus PHP 4 bekannte Konstruktor ist Teil eines Phasenmodells, wobei das Objekt nach dem Initialisierungszustand (Konstruktor) zur Benutzung freisteht und am Ende beseitigt wird (Destruktor). Ein typisches Szenario, welches wir auch bei Aktionen im Alltag wieder finden, wenn wir beispielsweise etwas auf- und abbauen.

**Funktionsweise von Konstruktoren und Destruktoren**

Ein Konstruktor ist nichts anderes als eine Funktion, die immer dann aufgerufen wird, wenn das Objekt der Klasse instanziert wird. Der Konstruktor wird ab sofort mit __construct() deklariert, obwohl er auch dann weiterhin als Konstruktor erkannt wird, wenn er den Namen der Klasse trägt. Konstruktoren und Destruktoren besitzen im Gegensatz zu gewöhnlichen Funktionen keinen Returntyp. Sämtliche Aufräumarbeiten, die zum sorgfältigen Beseitigen eines Objekts beitragen, übernimmt der parameterlose Destruktor __destructor(). Dazu gehört neben der zuletzt aufgerufenen Referenz die Freigabe jeglicher Speicherressourcen für das Objekt.

Ein Objekt existiert, wie alle anderen Variablen auch, bis zum Ende des Skripts oder bis es gezielt zerstört, also auf NULL gesetzt oder mit unset() vernichtet wird. Normalerweise ergeben sich daraus keine Konsequenzen, PHP sorgt automatisch für die Freigabe des belegten Speichers. Es gibt jedoch Anwendungsfälle, in denen externe Programme an der Kommunikation beteiligt sind, wie z. B. Datenbanken. In solchen Fällen wäre es fatal, wenn ein Objekt eine Verbindung zur Datenbank herstellt und dann zerstört wird, während die Verbindung bestehen bleibt. Es entstehen verwaiste Verbindungen. Verfügt eine Datenbank lediglich über rudimentäre Kontrollmechanismen oder eine begrenzte Anzahl von erlaubten Verbindungen, führt dies früher oder später zu Fehlern. Um das Verhalten am Ende der Existenz eines Objekts zu kontrollieren, sind somit Destruktoren genau das richtige Mittel. Sie werden unmittelbar vor der endgültigen Zerstörung aufgerufen.

*Beispiel – Konstruktor und Destruktor*

```
<?php
class MeineKlasse {
    public function __construct() {
        echo "Befinden uns im Konstruktor.<br>";
        $this->name = "MeineKlasse";
    }

    public function __destruct() {
        echo "Zerstöre die Klasse: " . $this->name . ".<br>";
    }
}

$objekt = new MeineKlasse();
?>
```

*Ausgabe*
```
Befinden uns im Konstruktor.
Zerstöre die Klasse: MeineKlasse.
```

*Beispiel – ohne public-Schlüsselwort*
```php
<?php
class Lebewesen
{
   function __construct()
   {
      echo "Konstruktor";
   }
   function __destruct()
   {
      echo "Destruktor";
   }
}

$objekt = new Lebewesen();
print_r($objekt);
?>
```

*Ausgabe*
```
Konstruktor Lebewesen Objekt
(
)
Destruktor
```

> **Achtung:** Bei abgeleiteten Klassen werden Konstruktoren und Destruktoren der Elternklasse nicht automatisch ausgeführt und müssen explizit mit `parent::__construct()` beziehungsweise mit `parent::__destruct()` aufgerufen werden. Das Schlüsselwort `parent` verweist dabei auf die Klasse, von der mit `extends` geerbt wurde. Der Konstruktor bzw. Destruktor wird über seinen Namen aufgerufen. Nach `parent` darf lediglich mit dem statischen Verweisoperator `::` gearbeitet werden, da zum Zeitpunkt des Konstruktoraufrufs das Objekt noch nicht existiert und deshalb die Definition direkt benutzt wird.

### 6.1.4 Zugriffsbeschränkung (Datenkapselung)

Eigenschaften und Methoden von Klassen lassen sich mit den Schlüsselwörtern `private` und `protected` vor unerlaubtem Zugriff schützen. Damit ist es möglich, die Sichtbarkeit von Eigenschaften und Methoden einzuschränken. Zugriff auf als `private` deklarierte Eigenschaften und Methoden besteht nur innerhalb der Klasse selbst, Eigenschaften oder Methoden, die als `protected` deklariert wurden, stehen dagegen zusätzlich auch in abgeleiteten Klassen zur Verfügung. Das Schlüsselwort `public` schränkt den Zugriff in keiner Weise ein und entspricht dem Klassenmodell in PHP 4. Mit `public`, `private` oder `protected` kann in PHP 5 der Zugriff auf Eigenschaften, Methoden und Klassen genau festgelegt und eine gute Kapselung erreicht werden.

Zusammengefasst kann man sagen: Es handelt sich bei `public`, `private` oder `protected` um Schlüsselwörter, die sich zum Verstecken und Kapseln von Daten innerhalb von Klassen eignen und mit deren Hilfe man in der Lage ist, die Daten nur noch den in der Klasse definierten Methoden zugänglich zu machen und somit den unbefugten Zugriff von außen strikt zu unterbinden.

### Einsatzmöglichkeiten und Funktionsweise

Mit der Datenkapselung wird die Trennung von Nutzungs- und Implementierungsschicht, von Realisierung und Nutzung verfolgt: Ein Entwickler, der eine Klasse eines anderen Entwicklers nutzen möchte, braucht die internen Abläufe der Klasse nicht zu kennen, er verwendet nur die vereinbarte Schnittstelle.

Zu diesem Zweck werden den Eigenschaften und Methoden einer Klasse bei ihrer Deklaration eine von drei möglichen Sichtbarkeiten zugewiesen:

- `public` – Standardwert. Objekte sämtlicher Klassen können die Eigenschaften oder die Methoden sehen und verwenden. Aus Gründen der Abwärtskompatibilität ist die Angabe optional und kann entfallen.

- `private` – Nur Objekte derselben Klasse können die Eigenschaften oder die Methoden sehen und verwenden. Sie sollten beachten, dass abgeleitete Klassen oder Aufrufe von Objekten nicht darauf zugreifen.

- `protected` – Verhält sich wie `private`, jedoch dürfen Objekte von Subklassen auf `protected`-deklarierte Eigenschaften und Methoden ihrer Superklasse zugreifen.

> **Hinweis:** `public` stellt im Grunde nichts anderes dar als ein Alias von `var`, welches in PHP 4 eingesetzt wird, um Klassenattribute festzulegen. Die Deklaration von Eigenschaften mit `var` wird weiterhin unterstützt, sollte aber in PHP 5 nicht verwendet werden, es sei denn, die Skripts sollen PHP 4-kompatibel sein.

## 6.1.5 OOP – Rundgang

In älteren PHP-Generationen wurden Objekte wie simple Datentypen behandelt, dies hat sich nun geändert. Objekte verweisen nun nicht mehr auf ihren Wert (*by value*), sondern auf ihr Handle (*by reference*), ein Handle stellt dabei einen Verweis auf einen Objektbezeichner dar.

Um die Neuerungen aus PHP 5 im Überblick darzustellen, sollten wir uns einem Beispiel zuwenden.

*Beispiel*
```
<?php
//--- class ---/
//
// Aufruf zum erstellen einer Klasse!
// Alles, was sich innerhalb der geschweiften
// Klammern des Klassenaufrufs befindet,
// unterliegt der strengen Klassenhierarchie
```

```php
// von PHP 5

class MeineKlasse {

  //
  //--- var ---
  //
  // Die Variablendefinitionen, die innerhalb
  // der Klasse existent sind! Optional können
  // hier Parameter vordefiniert werden!
  // (String,Array,Boolean,Integer)
  //

  var $zeit;
  var $eingabe;
  var $meldung = "Ausgabe beendet!";

  //
  //--- private ---
  //
  // Mit Private definiert man Parameter, die nur
  // innerhalb dieser Klasse aufgerufen werden
  // können und somit NICHT vererbbar sind und von
  // sogenannten Subklassen (Unterklassen) nicht
  // abgerufen werden können!
  //

  private $MathePI;

  //
  //--- __construct ---
  //
  // Diese Funktion wird beim Aufruf der Klasse
  // Automatisch aufgerufen! Dem Konstruktor kann
  // man optionale Parameter beim Aufruf der Klasse
  // übergegeben. Dieser dient dazu, die Variablen
  // eines Objekts zu initialisieren. Er kann und
  // darf NIE Funktionsergebnis liefern!
  //

  function __construct($eingabe, $zeit) {
    // Nehme den Parameter entgegen und weise ihm die
    // vordefinierten Variable eingabe und zeit zu.
    $this->eingabe = $eingabe;
    $this->zeit = $zeit;
  }

  //
  //--- protected ---
  //
  // Mit protected werden innerhalb der Klasse
  // Funktionen definiert, die nur in der Klasse
  // selbst von anderen Funktionen aufgerufen
  // werden können! Sie sind daher außerhalb
  // der Klasse NICHT ausführbar.
  //
  // Hinweis: print & echo Befehle haben hier
```

```php
// nichts zu suchen!
//
protected function saved_funk() {
  // Nehme Eigenschaft input und rufe die private
  // Funktion auf!
    return floor(($this->eingabe)*($this->private_funk()));
}

//
//--- public ---
//
// Mit public hingegen definiert man eine
// Funktion, die innerhalb als auch außerhalb
// der Klasse angesprochen werden darf! Dies
// gilt übrigens auch für Variablen!
//
public function ausgabe_funk() {
    // Rufe die geschützte Funktion auf!
    return $this->saved_funk();
}

//
//--- private ---
//
// Der Parameter private ist mit der protected-
// Funktion vergleichbar, wobei er noch strikter
// vorgeht. Er verhindert eine Vererbung an
// weitere Klassen. Privat ist nur in der
// definierten Superklasse erreichbar und sonst
// nirgends!
//
private function private_funk() {
    // Zuweisung des Werts PI an die Eigenschaft
    // MathePi
    return $this->MathePI = M_PI;
}

//
//--- __destruct ---
//
// Ist eine Callback-Funktion, die bei jedem
// Aufruf der Klasse zurückgegeben wird! Daher
// auch NICHT Explizit aufgerufen werden muss!
// Sie ist dann sinnvoll, wenn man einen bestimmten
// Wert fest zurückgeben möchte! Es werden nur
// echo- und print-Befehle wiedergegeben!
//
// Ausnahme ist hier das Schreiben in Sessions
// oder Cookies, die zuvor definiert wurden!
//
function __destruct() {
    $inhalt  = "Ausgabe " . $this->zeit . "<br>";
    $inhalt .= "Von <b>" . __FUNCTION__ . "</b> aus " . $this;
```

```
        $inhalt .= " der Superklasse <b>" . __CLASS__ . "</b><br>";
        $inhalt .= $this->meldung . "<br>";
        echo $inhalt;
    }
}
?>
```

Nachdem Sie sich mithilfe der Beispielklasse einen Überblick über die Struktur einer Klasse verschafft haben, gehen wir nun dazu über, ein Objekt mithilfe der Klasse zu erzeugen.

```
<?php
echo "<h3>MeineKlasse</h3>";

$zeitStempel = date("h:i:s ", mktime());

// Objekt erzeugen
$meinObjekt = new MeineKlasse(16, $zeitStempel);

// Ansprechen der public-Funktion
$ausgabe = $meinObjekt->ausgabe_funk();
echo "Ergebnis: " . $ausgabe . "<br>";

?>
```

*Ausgabe*
```
MeineKlasse
Ergebnis: 50
Ausgabe 11:45:14
Von __destruct aus Object id #1 der Superklasse MeineKlasse
Ausgabe beendet!
```

Des Weiteren ist es möglich, ein Objekt zu klonen und ihm neue Parameter zu übergeben.

```
<?php
// Klon von meinObjekt
$neuesObjekt = clone $meinObjekt;

// Abruf der Funktion über den Klon
$klonausgabe = $neuesObjekt->ausgabe_funk();
echo "Ergebnis: " . $klonausgabe . "<br>";
?>
```

## 6.1.6 Objekte klonen

Das durch die Zend Engine 2 veränderte Objektreferenzverhalten führt dazu, dass man stets eine Referenz auf eine Ursprungsklasse erzeugen kann und niemals eine Kopie eines Objekts samt Eigenschaften erhält. Wenn man komplexe Datenstrukturen hat und eine Klasse A erzeugt, die im weiteren Verlauf noch benötigt wird, es aber zusätzlich noch eine Klasse B gibt, die eine Kopie benötigt, um damit einzelne Teile der Objektstruktur zu bearbeiten, ohne dabei die Ursprungsinstanz der Klasse A zu verändern, spielt das neu eingeführte Klonen von Objekten eine bedeutsame Rolle. Hierdurch erhält man sämtliche Eigenschaften des Ursprungsobjekts, inklusive aller Referenzabhängigkeiten.

Wird nun eine Kopie eines Objekts benötigt, kann diese Kopie mithilfe von `clone` erzeugt werden. Ein Objekt wird nach dem Aufruf von `clone $objekt` geklont.

*Beispiel*

```php
<?php
class Fahrzeug
{
    function __construct($typ)
    {
        $this->name = $typ;
    }
    function ProduziereFahrzeug($obj, $name)
    {
        $obj->name = $name;
    }
}
$mobil = new Fahrzeug("PKW");
$neues_mobil = clone $mobil;

$neues_mobil->ProduziereFahrzeug($neues_mobil, "Fahrrad");

// Ausgabe - PKW
echo $mobil->name;
// Ausgabe - Fahrrad
echo $neues_mobil->name;

echo "Original Objekt:\n";
print_r($mobil);
echo "\n\n";
echo "Geklontes Objekt:\n";
print_r($neues_mobil);

?>
```

*Ausgabe*

```
PKW
Fahrrad

Original Objekt:
Fahrzeug Object
(
    [name] => PKW
)

Geklontes Objekt:
Fahrzeug Object
(
    [name] => Fahrrad
)
```

Sollen sämtliche Objekteigenschaften geklont werden, dann wird zu allererst überprüft, ob Sie die `__clone()`-Methode selbstständig definiert haben, um das Klonen selbst zu übernehmen. In diesem Fall sind Sie dafür verantwortlich, die notwendigen Eigenschaften im erzeugten Objekt zu deklarieren. Sollte dies nicht der Fall sein, wird die interne Methode __clone(), über die sämtliche Klassen verfügen, für dieses Objekt ausgeführt, die sämtliche Objekteigenschaften dupliziert. Bei einer abgeleiteten Klasse kann die __clone()-Methode der Elternklasse mit parent::__clone() verwendet werden.

*Beispiel*
```php
<?php
class Lebewesen
{
   public $name = "";

   function __construct()
   {
       $this->name = "Zelle";
   }
   function __clone()
   {
       $this->name = "Klon-Zelle";
       echo "Ich wurde geklont: ";
   }
}
class Menschen extends Lebewesen
{
   function __construct()
   {
       parent::__clone();
   }
}

$objekt = new Menschen();
print_r($objekt);
?>
```

*Ausgabe*
```
Ich wurde geklont: Menschen Object
(
    [name] => Klon-Zelle
)
```

*Beispiel – Vertiefung*
```php
<?php
class Form {
   public $form_farbe;
   public $form_breite;
   public $form_hoehe;

   function setze_farbe($farbe) {
       $this->form_farbe = $farbe;
   }
```

```
    function __clone() {
        $this->form_farbe = $this->form_farbe;
        $this->form_breite = 100;
        $this->form_hoehe = $this->form_hoehe;
    }
}

$form_objekt = new Form();
$form_objekt->setze_farbe("blau");
$form_objekt->form_breite = 300;
$form_objekt->form_hoehe = 300;

$clone_objekt = clone $form_objekt;
echo $clone_objekt->form_farbe ."<br>";
echo $clone_objekt->form_breite ."<br>";
echo $clone_objekt->form_hoehe ."<br>";

?>
```

*Ausgabe*
```
blau
100
300
```

Beim Beispiel handelt es sich um eine fiktive Form, wobei sich inmitten der Klasse die `__clone()`-Methode befindet. Dadurch besteht die Möglichkeit, Objekteigenschaften mit neuen Werten zu belegen. Nach der Instanz des Form-Objekts werden die Klassenvariablen mit einem Wert initialisiert und die Objekteigenschaften werden weiterführend durch den Aufruf von `clone $form_objekt` geklont. Bei den nachfolgenden Ausgaben des geklonten Objekts ist festzustellen, dass die Breite innerhalb der `__clone()`-Methode modifiziert wurde und daher einen veränderten Wert ausgibt. Der Farb- und Höhenwert wurde nicht verändert und entspricht dem der zuvor initialisierten Klassenvariablen.

*Beispiel – abschließende Anwendung*
```
<?php

class Adresse {
    static $id = 0;

    function Adresse() {
        $this->id = self::$id++;
    }

    function __clone() {
        $this->id = self::$id++;
        $this->vorname = $this->vorname;
        $this->nachname = $this->nachname;
        $this->ort = "New York";
    }
}

$obj = new Adresse();
$obj->vorname = "Matthias";
$obj->nachname = "Kanengiesser";
$obj->ort = "Berlin";
```

```
print $obj->id . "<br>";

$clone_obj = clone $obj;
print $clone_obj->id . "<br>";
print $clone_obj->vorname . "<br>";
print $clone_obj->nachname . "<br>";
print $clone_obj->ort . "<br>";
?>
```

*Ausgabe*
```
0
1
Matthias
Kanengiesser
New York
```

### 6.1.7  Klassenvererbung in PHP 5

An der Klassenvererbung wurden kaum Änderungen vorgenommen. Achten Sie bitte darauf, dass die als `private` deklarierten Methoden nicht an Subklassen oder vererbte Klassen weitergegeben werden, sie sind nicht vererblich.

```
<?php
//
// Superklasse erweitern
//
class ErweiterteKlasse extends MeineKlasse {

  var $neueingabe;

  function __construct($in) {
        $this->neueingabe = $in;
  }

  public function nehmeInfo() {
     $daten  = "Rufe mit ErweiterteKlasse Funktionen in MeineKlasse auf :";
     $daten .= $this->ausgabe_funk() + $this->neueingabe . "<br>";
     $daten .= "Wie Sie sehen wird die private Methode nicht";
   $daten .= " zurückgegeben! ;) <br>";
     return $daten;
  }

}
$erweitertesObjekt = new ErweiterteKlasse(5, $zeitStempel);
echo $erweitertesObjekt->nehmeInfo();
?>
```

### *Erweiterung von Subklassen*

Natürlich sind Sie nicht nur auf eine Vererbungsebene beschränkt. Sie können eigentlich auch eine Subklasse oder eine Subklasse einer Subklasse erweitern. Zum Beispiel könnten Sie eine Klasse `Mercedes` schreiben, die die Klasse `Auto`, oder eine Klasse `Lear`, die

die Klasse Plane erweitert. Der Ablauf ist immer genau so, als würden Sie eine ganz normale Klasse erweitern. Es ist vollkommen unwichtig, ob die Superklasse eine Subklasse einer anderen Klasse ist oder nicht.

### 6.1.8 Finale Klassen und Methoden

Sie haben bereits erfahren, dass sich Klassen mithilfe des Schlüsselworts extends vererben lassen. In manchen Fällen soll dies aber nicht so sein, entweder für eine Klasse als solche oder auch nur für einzelne Methoden. Denn manche Methoden sind für die Funktion der Objekte von elementarer Bedeutung. Gelingt der Schutz mit private nicht, da der Zugriff von außen benötigt wird, muss das Überschreiben durch das Schlüsselwort final verhindert werden. Von einer so gekennzeichneten Klasse kann nicht geerbt werden, und bei als final gekennzeichneten Methoden ist das Überschreiben verboten.

*Beispiel – Syntax*
```
// Finale Klasse
final class Produkt
{
    ...
    // Finale Methode
    final public function Kaufen($kaeufer)
    {
        ...
    }
}
```

**Hinweis:** Für Methoden kann final mit private und protected kombiniert werden; Eigenschaften können nicht final sein.

### 6.1.9 Abstraktion von Klassen und Methoden

Werden Klassen oder Methoden als abstract gekennzeichnet, wird der Benutzer explizit dazu aufgefordert, hier eigenen Code zu schreiben. Somit ist abstract das genaue Gegenteil von final – statt des ausdrücklichen Verbots folgt nun das ausdrückliche Gebot. Der Entwickler der Klassen gibt damit Struktur, Namen und Aufbau vor, nicht jedoch die konkrete Implementierung, da dies möglicherweise von der Anwendung abhängt.

Eine Ableitung von Objekten von abstrakten Klassen ist nicht möglich. Es muss deshalb immer eine Implementierung erfolgen. Dies gilt auch für abstrakte Methoden. Es ist jedoch möglich, eine Klasse als abstrakt zu definieren und einige der Methoden bereits voll auszuformulieren.

```
<?php
// Durch abstract wird die Klasse für direkte
// Aufrufe blockiert
abstract class SuperKlasse {
```

```php
   // Die Variable $wert mit protected verriegeln
   protected $wert = 5;

   // Funktionsname zur Vererbung freigeben
   abstract function ausgabe();

   function multiplitzieren($eingabe) {
      return $eingabe*$this->wert;
   }
}
// Unterklasse (Subklasse)
class ErweiterteKlasse extends SuperKlasse {
   // RICHTIG
   function ausgabe() {
      // Die Funktion ist der Abstract-Klasse bekannt und kann
      // somit auf sie zugreifen!
      return $this->multiplitzieren(10);
   }

   // FALSCH
   function ausgeben() {
      // Dies kann nicht funktionieren, da die Funktion
      // ausgeben() der Abstract-KLASSE nicht bekannt ist!
      return $this->multiplitzieren(10);
   }

}
// Aufruf der extends-Klasse
$testObjekt = new ErweiterteKlasse();

// Nicht vergessen! Die Funktion ausgabe() kann nur
// bei der extends(vererbten)-Klasse aufgerufen werden,
// nicht bei der Superklasse, die mit abstract
// verriegelt wurde!
echo  $testObjekt->ausgabe();
?>
```

*Ausgabe*

50

*Beispiel*

```php
<?php
// mit abstract die Klasse für direkte Aufrufe blocken
abstract class Fahrzeug {
   // Variable $tueren mit protected verriegeln
   protected $tueren = 4;

   // Gebe Methodenname zur Vererbung Frei
   abstract function ausgabe();

   function starten($wert) {
      return  $wert . " mit " . $this->tueren . " Türen wurde gestartet!";
   }
}
```

```
// Erstelle Subklasse und nehme mit extens die abstract-OberKlasse
class PKW extends Fahrzeug {
  // RICHTIG
  function ausgabe() {
    // Die Funktion ist der abstrakten Klasse bekannt und
    // kann somit auf sie zugreifen!
    return $this->starten("PKW");
  }
  // FALSCH
  function abfahren() {
    // Das kann nicht funktionieren, da die Funktion
    // abfahren() der abstrakten Klasse nicht bekannt
    // ist!
    return $this->starten("PKW");
  }
}

// Aufruf der Klasse
$meinpkw = new PKW();

// Achtung: Die Funktion ausgabe() kann lediglich bei der
// extends (vererbten) Klasse aufgerufen werden, nicht bei
// der Oberklasse, die mit abstract verriegelt ist!
echo  $meinpkw->ausgabe();

?>
```

*Ausgabe*

```
PKW mit 4 Türen wurde gestartet!
```

**Hinweis:** Der Sinn einer abstrakten Klasse liegt darin, dass wenn man eine Vererbung auf mehrere Oberklassen vornimmt, es zu keinen Variablenverletzungen kommen soll. Sie ist also bei mehrfacher Vererbung sehr zu empfehlen.

Abschließend noch einige Besonderheiten, die es beim Einsatz von abstract zu beachten gilt:

- Von abstrakten Klassen kann kein Objekt instanzliiert werden.
- Von einer abstrakten Klasse kann nur abgeleitet werden.
- Methoden abstrakter Klassen, die selbst als abstract definiert sind, müssen bei einer Ableitung implementiert werden.
- Eine abstrakte Klasse kann Methoden enthalten, die nicht als abstract definiert sind. Sobald jedoch eine Methode als abstract definiert ist, muss auch die Klasse insgesamt abstract sein.

### 6.1.10 Interface – Objektschnittstellen

Vor allem bei umfangreichen PHP-Anwendungen kommt es äußerst selten vor, dass lediglich ein einzelner Entwickler daran arbeitet. Angenommen, Sie gehören zu einem Team von Entwicklern, bei dem jeder einzelne Entwickler an einem separaten Teil –

d. h. einer anderen Klasse – einer umfangreicheren PHP-Anwendung arbeitet. Die meisten dieser Klassen stehen miteinander nicht in Beziehung. Dennoch müssen die verschiedenen Klassen miteinander kommunizieren können. Sie müssen also eine Schnittstelle oder ein Kommunikationsprotokoll definieren, das alle Klassen befolgen.

Eine Möglichkeit wäre, dass Sie eine Kommunikationsklasse erstellen, welche sämtliche Methoden definiert, und dann jede einzelne Klasse dieser übergeordneten Klasse erweitern oder von ihr erben lassen. Da die Anwendung jedoch aus unverwandten Klassen besteht, ist es nicht sinnvoll, sämtliche Klassen in eine gemeinsame Klassenhierarchie zu pressen. Die bessere Lösung ist das Erstellen einer Schnittstelle, in der die Methoden deklariert werden, die diese Klassen zur Kommunikation verwenden. Anschließend können Sie jede Klasse diese Methoden implementieren lassen, d. h. ihre jeweils eigenen Definitionen zur Verfügung stellen. Für eine erfolgreiche Programmierung sind in der Regel keine Schnittstellen erforderlich. Werden Schnittstellen sinnvoll eingesetzt, kann das Design Ihrer Anwendung effektiver, skalierbarer und leichter zu pflegen sein.

## Schnittstellen – Definition

In der objektorientierten Programmierung sind Schnittstellen (engl. interfaces) mit Klassen vergleichbar, deren Methoden deklariert wurden, die aber sonst nichts anderes »tun«. Eine Schnittstelle setzt sich somit aus »leeren« Methoden zusammen. Eine andere Klasse kann die von der Schnittstelle deklarierten Methoden implementieren. Objektschnittstellen können auch als Sonderfälle von abstrakten Klassen gelten. Schnittstellen werden mit dem Schlüsselwort `interface`, gefolgt von einem Namen, deklariert und enthalten per Definition nur abstrakte Methoden. Auf die explizite Angabe von `abstract` bei Methoden kann verzichtet werden. Im Unterschied zu abstrakten Klassen werden Schnittstellen mit dem Schlüsselwort `implements` von einer Klasse implementiert.

## Schnittstellen erstellen

Schnittstellen werden auf dieselbe Art und Weise erstellt wie Klassen. Schnittstellen deklarieren Sie mit dem Schlüsselwort `interface`. Darauf folgen der Name der Schnittstelle und dann die geschweiften Klammern, die den Körper der Schnittstelle definieren.

Innerhalb von Schnittstellen dürfen keine Eigenschaften enthalten sein, und von sämtlichen Methoden darf nur der »Kopf« geschrieben werden, direkt abgeschlossen mit einem Semikolon, statt der geschweiften Klammern.

Bei der Implementierung wird wie bei der Klassenvererbung vorgegangen, anstatt `extends` kommt jedoch das Schlüsselwort `implements` zum Einsatz.

```
<?php
interface einInterface {
   public function machWas();
}
interface anderesInterface {
   public function machWasAnderes();
}
```

```php
class MeineKlasse implements einInterface, anderesInterface {
    public function machWas() {
        // ...
    }

    public function machWasAnderes() {
        // ...
    }
}
?>
```

Wie Sie sehen, kann eine Klasse eine beliebige Anzahl an Schnittstellen über das Schlüsselwort implements implementieren.

Da die Klasse MeineKlasse die Schnittstellen einInterface und anderesInterface implementiert, können Objekte dieser Klasse beispielsweise an Methoden übergeben werden, die als Parameter ein Objekt vom Typ MeineKlasse, einInterface oder anderesInterface erwarten, sämtliche dieser Typanforderungen kann ein solches Objekt erfüllen.

Abschließend habe ich noch ein vertiefendes praktisches Beispiel für Sie.

*Beispiel*

```php
<?php
interface Warenkorb
{
    function ArtikelPlatzieren($artikel);
    function ArtikelEntfernen($artikel);
}

class Onlineshop implements Warenkorb
{
    private $bestellung = array();
    private $auftrag;

    function ArtikelPlatzieren($artikel)
    {
        array_push($this->bestellung, $artikel);
    }

    function ArtikelEntfernen($artikel)
    {
        if (in_array($artikel, $this->bestellung)) {
            $raus = array_search($artikel,$this->bestellung);

            unset($this->bestellung[$raus]);
        }
    }

    function Bestellen()
    {
        foreach ($this->bestellung as $key)
        {
            $auftrag .= $key . "\n";
```

```
        }
        return $auftrag;
    }
}

$kunde = new Onlineshop();
$kunde->ArtikelPlatzieren("Sony TV X100");
$kunde->ArtikelPlatzieren("Panasonic DVR");
$kunde->ArtikelPlatzieren("ActionScript Praxisbuch");
$kunde->ArtikelPlatzieren("5 Kilo Hanteln");

echo "Im Warenkob (nach Artikelplatzierung):\n" . $kunde->Bestellen() .
"\n";

$kunde->ArtikelEntfernen("Panasonic DVR");

echo "Im Warenkob (nach ArtikelEntfernen):\n" . $kunde->Bestellen() .
"\n";
?>
```

*Ausgabe*
```
Im Warenkob (nach Artikelplatzierung):
Sony TV X100
Panasonic DVR
ActionScript Praxisbuch
5 Kilo Hanteln

Im Warenkob (nach ArtikelEntfernen):
Sony TV X100
ActionScript Praxisbuch
5 Kilo Hanteln
```

### 6.1.11 Statische Eigenschaften und Methoden

Statische Eigenschaften und Methoden werden direkt von der Klasse aus angesprochen, und nicht über das Objekt. Damit teilen sich sämtliche Objekte einer Klasse diese Mitglieder, ganz gleich, ob es sich dabei um Eigenschaften oder Methoden handelt. Anstatt ein Objekt der Klasse zu erzeugen, um dann von diesem aus auf die Attribute und Methoden zugreifen zu können, kann immer direkt auf die Eigenschaften und Methoden der Klasse zugegriffen werden. Sollten Sie eine statische Eigenschaft oder Methode erzeugen wollen, verwenden Sie beim Deklarieren das Schlüsselwort `static`.

Einsatzfälle für statische Variablen und Methoden:

- Nutzen Sie statische Mitglieder für Aufgaben, die keinen Bezug zu den spezifischen Daten eines Objekts haben, beispielsweise Umrechnungen.
- Statische Mitglieder ermöglichen die Implementierung von Verweiszählern, wie beispielsweise Eigenschaften, die allen Objekten gleich sind.
- Statische Mitglieder ermöglichen den direkten Aufruf ohne vorherige Instanziierung. Dies ist sinnvoll, wenn man ohnehin nur ein Objekt benötigt.

```php
<?php
class Klasse {
    static $static_var = 5;
    public $mein_prop = 'Hallo';

    public static function ausgabe() {
        return "Ein Text...";
    }

}
// Abfrage der statischen Variablen
echo Klasse::$static_var;

// Abfrage der statischen Funktion
echo Klasse::ausgabe();

$objekt = new Klasse;

// Abfrage der public-Variablen durch das Objekt
echo $objekt->mein_prop;

?>
```

*Beispiel – Anzahl der erzeugten Objekte bzw. Entwickler*

```php
<?php
class Entwickler
{
    static $zaehler;

    public function __construct()
    {
        Entwickler::$zaehler++;
    }

    public function GetEntwicklerAnzahl()
    {
        return Entwickler::$zaehler;
    }
}
$entwickler1 = new Entwickler();
$entwickler1 = new Entwickler();
$entwickler1 = new Entwickler();

echo "Es existieren " . $entwickler1->GetEntwicklerAnzahl() . "
Entwickler.";
?>
```

*Ausgabe*

```
Es existieren 3 Entwickler.
```

Um auf einfache Weise eine Klasse zu schaffen, die in der Lage ist, die Anzahl ihrer erzeugten Objekte zu erfassen, ist das Schlüsselwort `static` Gold wert. Durch Einsatz von `static` ist die Variable `$counter` der Klasse `Entwickler` in den Klassenkontext überführt worden. Diese Variable existiert für sämtliche Objekte lediglich einmal. Sobald ein neues Objekt erzeugt wird, wird der Wert im Konstruktor um 1 erhöht. Um dabei die Variablen `$counter` verarbeiten zu können, erfolgt der Zugriff über einen

Klassenverweis, die Pseudovariable $this kann nicht verwendet werden. Dabei wird der Zugriff durch den statischen Verweisoperator :: und den vollständigen Namen der Variablen, inklusive $-Zeichen, ermöglicht. Dies gilt sowohl für Zugriffe innerhalb der Klasse, wie im vorliegenden Beispiel, als auch für externe.

> **Hinweis:** Statische Variablen und Methoden können darüber hinaus als public, private oder protected gekennzeichnet werden.

*Beispiel – statische Methoden*
```
<?php
class Datenbank
{
    // Variablendeklaration
    protected $db;

    // Statische Methode
    public static function verbindeDB($host, $user, $password)
    {
        @$db = new mysqli($host, $user, $password);

        if (mysqli_connect_errno()) {
            printf("Verbindungsfehler: %s\n", mysqli_connect_error());
            exit();
        }
        return $db;
    }
    public function oeffneDB()
    {
        $this->db = $this->verbindeDB("localhost", "root", "");
        return $this->db;
    }
}
// Methodenaufruf ohne Objekterzeugung
// Lediglich bei static-Methoden möglich!
$privatzugang_a = Datenbank::verbindeDB("localhost", "root", "");
echo $privatzugang_a;

// Aus einem Objekt heraus
$zugang = new Datenbank();
$privatzugang_b = $zugang->oeffneDB();
echo $privatzugang_b;
?>
```

### 6.1.12 Verweisoperator/Gültigkeitsbereichsoperator (::)

Der Gültigkeitsbereichsoperator, auch Verweisoperator genannt, ist ein Kürzel, das Zugriff auf statische, konstante und überschriebene Mitglieder einer Klasse ermöglicht.

> **Hinweis:** Wenn solche Elemente außerhalb der Klassendefinition angesprochen werden sollen, muss der Name der Klasse verwendet werden.

*Beispiel – :: außerhalb der Klassendefinition*
```php
<?php

class Flugzeug
{
    const MAX_FLUGHOEHE = 15000;
}

echo Flugzeug::MAX_FLUGHOEHE . " Fuss";
?>
```

*Ausgabe*
```
15000 Fuss
```

## Schlüsselwörter self und parent

Die zwei speziellen Schlüsselwörter self und parent werden verwendet, um auf Mitglieder wie Eigenschaften und Methoden innerhalb einer Klassendefinition zuzugreifen. Die beiden Schlüsselwörter weisen folgende Besonderheiten auf:

- self – Kann in Klassen verwendet werden, um Bezug auf Methoden innerhalb derselben Klase zu nehmen.

- parent – Verweist auf die Klasse, von der mit extends geerbt wurde.

*Beispiel – :: innerhalb der Klassendefinition*
```php
<?php
class Flugzeug
{
    const MAX_FLUGHOEHE = 15000;
}

class A320 extends Flugzeug
{
    public static $hoehen_toleranz = 3000;

    public static function fliegen() {
        echo "Flughöhe (max): " . parent::MAX_FLUGHOEHE . " Fuss\n";
        echo "Flughöhen (Toleranz): " . self::$hoehen_toleranz . " Fuss\n";
    }
}

A320::fliegen();
?>
```

*Ausgabe*
```
Flughöhe (max): 15000 Fuss
Flughöhen (Toleranz): 3000 Fuss
```

Wenn eine abgeleitete Klasse die Definition der Methode eines Vaters überschreibt, wird PHP die Methode des Vaters nicht aufrufen. Es obliegt der abgeleiteten Klasse, ob die Methode der Vaterklasse aufgerufen wird oder nicht. Dies gilt ebenfalls für Konstruktoren und Destruktoren, Überladung und magische Methodendefinitionen.

*Beispiel – Methode einer übergeordneten Klasse aufrufen*
```php
<?php
class Lebewesen
{
    protected function erzeugen() {
        echo "Lebewesen::erzeugen()\n";
    }
}

class Menschen extends Lebewesen
{
    // Definition der übergeordneten Klasse überschreiben
    public function erzeugen()
    {
        // Trotzdem die Funktion der übergeordneten Klasse aufrufen
        parent::erzeugen();
        echo "Menschen::erzeugen()\n";
    }
}
$mensch = new Menschen();
$mensch->erzeugen();
?>
```

*Ausgabe*
```
Lebewesen::erzeugen()
Menschen::erzeugen()
```

## 6.1.13 Klassenkonstanten

Vor PHP 5 waren Konstanten immer global, was den Einsatz etwas problematisch machte, da Namenskonflikte fast schon vorprogrammiert waren. Da sich Konstanten von Objekt zu Objekt nicht ändern, verhalten sie sich wie statische Mitglieder und werden auch genau wie diese verwendet. Der einzige Unterschied besteht darin, dass sich der Inhalt nicht verändern lässt – außer während der Definition. Diese Definition erfolgt innerhalb der Klasse.

Im Gegensatz zu den globalen Konstanten, die mit der define()-Funktion erzeugt werden, erfolgt die Deklaration in Klassen mit dem Schlüsselwort const.

Der Zugriff auf eine solche Konstante erfolgt über *Klassenname::Konstante*. Soll der Zugriff auf die Konstante aus einer Methode derselben Klasse erfolgen, so kann auch *self::Konstante* verwendet werden.

*Beispiel – const und static*
```php
<?php
class MeineKlasse {
   const Konstante = 16;
   static $statisch = 1;

   function erhoehen() {
       return self::$statisch++;
   }
}
```

```php
}
$a = new MeineKlasse;
$b = new MeineKlasse;
echo "MeineKlasse::Konstante = " . MeineKlasse::Konstante . "<br>";
echo "\$a->erhoehen() = " . $a->erhoehen() . "<br>";
echo "\$b->erhoehen() = " . $b->erhoehen() . "<br>";
?>
```

*Ausgabe*
```
MeineKlasse::Konstante = 16
$a->erhoehen() = 1
$b->erhoehen() = 2
```

*Beispiel – Physik*
```php
<?php
class Physik
{
    const ATOM_GEWICHT = 1.00895;
}
echo "Wert: " . Physik::ATOM_GEWICHT;
?>
```

*Ausgabe*
```
Wert: 1.00895
```

### 6.1.14  Objekte – Referenzen und Kopien

Das Sprachverhalten der Zend Engine sah es bisher vor, beim Anlegen oder bei der Übergabe von Objektinstanzen nicht das eigentliche Objekt zu übergeben, sondern lediglich eine Kopie davon, so wie man es von Variablen kennt. Dieses Verhalten wird als *copy by value* bezeichnet und sorgte oft für Verwirrung. Die eigentliche Problematik liegt darin, dass etwaige Änderungen der Eigenschaften des Objekts sich nicht auf das Objekt selbst auswirken würden, sondern auf die Kopie des Objekts. Um tatsächlich nur eine Referenz auf das Objekt anzuwenden, konnte man sich nur mit der expliziten Deklarierung des &new-Operators behelfen.

Die künftige Verhaltensweise und Umgangsweise von Objekten orientiert sich strikt an Hochsprachen wie Java. Dort wird eine Objektinstanz mit einem *object handle* referenziert (*by reference*) und dieses Handle bezieht sich in allen Aktionen auf das Ursprungsobjekt. Der große Vorteil dabei ist, dass PHP 5 dies implizit erledigt, was nicht nur eleganter und flexibler ist, sondern auch spürbar die Performance steigert. Der konsequente Wechsel zum *object by reference*-Paradigma bietet aber auch Vorteile beim Umgang in puncto Usability und Semantik, wodurch Features wie Destruktoren und Dereferenzierung profitieren.

```php
<?php
class Fahrzeug
```

```
{
    function __construct($typ)
    {
        $this->name = $typ;
    }
    function ProduziereFahrzeug($obj, $name)
    {
        $obj->name = $name;
    }
}
$mobil = new Fahrzeug("PKW");
$mobil->ProduziereFahrzeug($mobil, "LKW");
// Ausgabe - LKW
echo $mobil->name;
?>
```

### 6.1.15 Magische Methoden (Interzeptormethoden)

Die Interzeptormethoden oder auch magischen Methoden von PHP 5 werden automatisch beim Zugriff auf nicht bekannte Eigenschaften und Methoden eines Objekts, beim Versuch, ein Objekt einer nicht deklarierten Klasse zu erzeugen, sowie bei der Typumwandlung eines Objekts in einen String aufgerufen.

- __autoload($className) wird aufgerufen, wenn ein Objekt der Klasse $className erzeugt werden soll, die Klasse aber nicht deklariert ist.
- __call($methodName, $parameters) wird aufgerufen, wenn eine nicht deklarierte Methode $methodName mit einem Objekt aufgerufen wird. Der zweite Parameter $parameters enthält die Parameter des Methodenaufrufs.
- __get($memberName) wird aufgerufen, wenn lesend auf das Attribut $memberName eines Objekts zugegriffen wird, das Attribut aber nicht gesetzt ist.
- __set($memberName, $value) wird aufgerufen, wenn schreibend auf das Attribut $memberName eines Objekts zugegriffen wird und das Attribut vorher nicht gesetzt war. Der zweite Parameter $value enthält den Wert, mit dem das Attribut belegt werden soll.
- __toString() wird aufgerufen, wenn eine Typumwandlung eines Objekts in einen String durchgeführt werden soll.

#### Einsatz von __autoload()

Die global verfügbare __autoload()-Funktion kann verwendet werden, um eigentlich nicht definierte Klassen nachzuladen. Wird auf eine nicht definierte Klasse zugegriffen, wird, falls vorhanden, __autoload() aufgerufen und ausgeführt. Ist __autoload() entsprechend implementiert, können Klassen bequem nachgeladen werden. Damit ist es möglich, Klassen zur Laufzeit erst einzubinden, wenn sie tatsächlich benötigt werden.

Das folgende Beispiel zeigt den einfachsten Fall der Verwendung von __autoload() und geht davon aus, dass alle Klassen in einer Datei deklariert sind, deren Name sich aus dem Namen der Klasse und der Dateiendung *.php* zusammensetzt.

*Beispiel – einfacher Klassenlader mithilfe von __autoload()*
```php
<?php
function __autoload($klassenname)
{
   include_once("$klassenname.php");
}
$daten = new Kontakte($host, $nutzer, $passwort);
?>
```

In diesem Beispiel steht die Klasse Kontakte eigentlich nicht zur Verfügung, da sie weder definiert noch eingebunden ist. Beim Versuch, Kontakte zu instanziieren, wird __autoload() aufgerufen und die Klasse mit include_once() nachgeladen.

> **Hinweis:** Ist die geforderte Klasse nach Ausführung der __autoload()-Funktion weiterhin unbekannt, so wird eine Fehlermeldung ausgegeben.

### Einsatz von __call()

Die __call()-Funktion wird aufgerufen, wenn versucht wird, eine nicht deklarierte Methode mit einem Objekt aufzurufen. Mit der __call()-Methode ist es möglich, dem Funktionsaufruf Parameter an die __call()-Funktion zu übergeben. Der __call()-Funktion stehen dabei zwei Parameter zur Verfügung:

- Im ersten steht der Name der aufrufenden Methode zur Verfügung.
- Im zweiten Parameter stehen die übergebenen Werte als numerisches Array zur Verfügung.

> **Hinweis:** Die __call()-Methode wird zum Überladen von Methoden verwendet. Klassenmethoden können überladen werden, um eigenen in Ihrer Klasse definierten Code auszuführen, indem man diese speziell benannte Methode definiert.

*Beispiel*
```php
<?php
class Handies
{
   public $anzahl = 0;

   function __call($funktionsname, $parameter)
   {
        $this->anzahl = count($parameter);
        echo "Aufruf von $funktionsname mit $this->anzahl Parameter \n";
        if ($this->anzahl > 0) print_r($parameter);
   }
}

$test = new Handies();
$test->SetzeHersteller("Nokia","Siemens");
$test->SetzePreise(99.95, 199.99, 50);
?>
```

*Ausgabe*

```
Aufruf von SetzeHersteller mit 2 Parameter
Array
(
    [0] => Nokia
    [1] => Siemens
)
Aufruf von SetzePreise mit 3 Parameter
Array
(
    [0] => 99.95
    [1] => 199.99
    [2] => 50
)
```

Im folgenden Beispiel wird der Datentyp geprüft und anschließend an die passende Funktion übergeben!

```
<?php
// Datentyp prüfen via __call()
class Auswertung {

  function __call($eingabe,$inhalt) {

    if($eingabe=='pruefen') {

      if(is_integer($inhalt[0]))
          $this->ausgabe_integer($inhalt[0]);

      if(is_string($inhalt[0]))
          $this->ausgabe_string($inhalt[0]);

      if(is_array($inhalt[0]))
          $this->ausgabe_array($inhalt[0]);

    }
  }

  private function ausgabe_integer($daten) {
    echo("Der Wert " . $daten . " ist ein Integer!<br>");
  }

  private function ausgabe_string($daten) {
    echo("Der Wert " . $daten . " ist ein String!<br>");
  }

  private function ausgabe_array($daten) {
    echo("Die Werte " . implode(",", $daten) . " sind in einem Array!<br>");
  }

}

// Klassenaufruf
$test = new Auswertung();

$test->pruefen(3);
$test->pruefen("3");
```

```
$array = array(10,20,30);
$test->pruefen($array);
?>
```

*Ausgabe*

```
Der Wert 3 ist ein Integer!
Der Wert 3 ist ein String!
Die Werte 10,20,30 sind in einem Array!
```

### Einsatz von __set() und __get()

Eine weitere Variante der __call()-Methode sind __set() und __get(). Mit ihnen kann man direkt beim Aufruf die Werte beeinflussen. Die beiden Methoden sind spezielle Methoden, auf die von außerhalb der Klasse als Attribute zugegriffen werden kann, welche jedoch in der Klasse selbst als Methoden definiert vorliegen. Einer der wichtigsten Vorteile der Methoden ist, dass sie Eigenschaften erzeugen können, die von außerhalb wie Attribute erscheinen, die intern jedoch mit komplexen Abläufen arbeiten.

### Funktionsweise von __set() und __get()

Wird auf Eigenschaften eines Objekts zugegriffen, die nicht explizit definiert sind, wird die __set()-Methode aufgerufen, um einen Wert zu definieren. Soll dieser Wert abgefragt werden, wird die __get()-Methode aufgerufen. Sind weder __set() noch __get() implementiert, kommt es bei einem Zugriff auf nicht definierte Eigenschaften zu Fehlern.

Eine Besonderheit stellt folgendes Verhalten der beiden Methoden dar:

- Wenn man mit __set() eine Eigenschaft definiert und mit __get() nicht, erhält man eine »Nur-Schreib«-Eigenschaft.

- Wenn man mit __get() eine Eigenschaft definiert und mit __set() nicht, erhält man eine »Nur-Lese«-Eigenschaft.

> **Hinweis:** Die __get()/__set()-Methoden werden zum Überladen von Mitgliedern verwendet. Klassenmitglieder können überladen werden, um eigenen in ihrer Klasse definierten Code auszuführen, indem man diese speziell benannten Methoden definiert.

*Beispiel*

```
<?php
class Handies
{
   private $mobils = array(
   "Nokia" => 10,
   "Siemens" => 20
   );

   public function __get($varname)
   {
        return $this->mobils[$varname];
   }
```

```
    public function __set($varname, $wert)
    {
        $this->mobils[$varname] = $wert;
    }
}

$handy = new Handies();

$handy->Nokia++;
$handy->Siemens++;

echo "Wert von Nokia: " . $handy->Nokia . "\n";
echo "Wert von Siemens: " . $handy->Siemens . "\n";
?>
```

*Ausgabe*
```
Wert von Nokia: 11
Wert von Siemens: 21
```

### Einsatz von __toString()

Die neue __toString() Methode ermöglicht es Ihnen, eine Typumwandlung vorzunehmen und ein Objekt in einen String umzuwandeln.

Verfügt eine Klasse in PHP 5 über eine __toString()-Methode, so wird sie aufgerufen, wenn ein Objekt der Klasse in einen String umgewandelt werden soll. So gibt das folgende Beispiel »Der Kontostand beträgt 9999.95 Euro.« aus anstatt Object id #1. Letzteres wäre der Fall, wenn die Klasse Bankkonto über keine __toString()-Methodendeklaration verfügen würde.

```
<?php
class Bankkonto {
    private $guthaben = 9999.95;

    public function __toString() {
        return sprintf('Der Kontostand beträgt %01.2f Euro.',$this->guthaben);
    }
}

$meinKonto = new Bankkonto;
print $meinKonto;
?>
```

*Ausgabe*
```
Der Kontostand beträgt 9999.95 Euro.
```

## 6.1.16 Typen-Hinweise (class type hints)

PHP ist eine schwach typisierte Sprache und verfügt über keine strikte Typisierung. PHP legt intern fest, welchen Datentyp eine Variable annimmt oder eine Funktion zurückgibt. Es gibt zwar die bereits behandelten Umwandlungsfunktionen, letztlich besteht aber kein Typzwang, wie dies in Programmiersprachen üblich ist. Anstatt auf eine strikte

Typisierung kann jedoch auf einen klassenbasierten Typen-Hinweise (engl. type hints) zugegriffen werden. Dieser Typen-Hinweis wird zur Laufzeit ausgewertet. Damit kann festgelegt werden, dass an Methoden nur Objekte einer bestimmten Klasse übergeben werden können.

## Funktionsweise von Typen-Hinweisen

Die Forderungen an den Typ eines Parameters können durch die Angabe eines Klassen- oder Schnittstellennamens in der Signatur der Methode erfolgen. Die Typenprüfung erfolgt jedoch nicht zum Zeitpunkt der Kompilierung, sondern erst zur Laufzeit. Diese sogenannten Class Type Hints ersparen dem Entwickler einiges an Schreibarbeit, wie die beiden folgenden Beispiele zeigen.

*Beispiel – Class Type Hints*

```
<?php
interface Reinlassen
{
   function Zutrittgestatten();
}

class Vipzone implements Reinlassen
{
   function Zutrittgestatten()
   {
       echo "VIP Bereich.\n";
   }
}

class Normalzone implements Reinlassen
{
   function Zutrittgestatten()
   {
       echo "Öffentlicher Bereich.\n";
   }
}

class Privatperson
{
   function Betreten(Normalzone $ticket)
   {
       echo $ticket->Zutrittgestatten();
   }
}

class Vipperson
{
   function Betreten(Reinlassen $ticket)
   {
       echo $ticket->Zutrittgestatten();
   }
}

$vip = new Vipperson();
echo "VIP-Person Zutritt zu:\n";
$vip->Betreten(new Normalzone);
```

```
$vip->Betreten(new Vipzone);

$normalperson = new Privatperson();
echo "Normal-Person Zutritt:\n";
$normalperson->Betreten(new Normalzone);
$normalperson->Betreten(new Vipzone);

?>
```

*Ausgabe*

```
VIP-Person Zutritt zu:
Öffentlicher Bereich.
VIP Bereich.
Normal-Person Zutritt:
Öffentlicher Bereich.


Fatal error:  Argument 1 passed to Privatperson::Betreten() must be an
instance of Normalzone
```

Wie man an diesem Beispiel sieht, kann das Objekt $normalperson nur den öffentlichen Bereich betreten, während es beim Objekt $vip egal ist, welcher Bereich betreten wird. Die Angabe von function Betreten(Normalzone $ticket) entspricht:

```
function Betreten($ticket)
{
   if (!($ticket instanceof Normalzone))
   {
       die("Argument 1 must be an instanc of vipzone");
   }
   echo $ticket->Zutrittgestatten();
}
```

*Ausgabe*

```
VIP-Person Zutritt zu:
Öffentlicher Bereich.
VIP Bereich.
Normal-Person Zutritt:
Öffentlicher Bereich.
Argument 1 must be an instanc of Vipzone
```

*Beispiel – Typprüfung mit Class Type Hints*

```
<?php

class Rechnung {
   function berechne(Rechnung $rechnung) {
       // ...
   }
}
?>
```

*Beispiel – Typprüfung mit dem instanceof-Operator*

```
<?php
class Rechnung {
   function berechne($rechnung) {
```

```
            if (!($rechnung instanceof Rechnung)) {
                    die('Parameter muss vom Typ Rechnung sein.');
            }
            // ...
    }
}
?>
```

> **Hinweis:** Diese beiden Beispiele unterscheiden sich lediglich in der Art der Typprüfung durch die Class Type Hints bzw. den `instanceof`-Operator.

### 6.1.17 Ausnahmebehandlung

Wenn man sich in der Programmierung mit der Fehlerbehandlung befassen möchte, muss man sich von Anfang an darüber im Klaren sein, dass es dabei nicht um syntaktische Fehler geht. Diese werden bereits vom PHP-Interpreter frühzeitig abgefangen und gemeldet.

*Beispiel – fehlerhafter Aufruf von printf()*
```
<?php
printf("Hallo %s" "Matze");
?>
```

*Ausgabe – Syntaxfehlermeldung (parse error)*
```
Parse error: parse error, unexpected T_CONSTANT_ENCAPSED_STRING in...
```

Bei der Fehlerbehandlung dreht sich alles um die Verarbeitung von Ausnahmen (engl. exceptions). Eine Ausnahme stellt ein Ereignis dar, welches zur Laufzeit eines Programms eintritt und den normalen Kontrollfluss unterbricht. Man kann sagen, Ausnahmen treten immer dann auf, wenn ein Skript vorzeitig aufgrund unerwarteter Umstände abgebrochen wird oder fehlerhafte Ergebnisse liefert.

> **Hinweis:** Solche Ausnahmen werden in der Programmierung auch als Laufzeitfehler oder Ausnahmefehler bezeichnet.

Typische Umstände für eine Ausnahme sind:
- Es tritt ein Problem auf.
- Es kann nicht normal fortgefahren werden.
- Das Problem kann nicht an Ort und Stelle behoben werden.
- Jemand anders muss sich um das Problem kümmern.

Das Ziel bei der Verarbeitung solcher Ausnahmen ist es, möglichst sämtliche Fehler abzufangen und darauf angemessen zu reagieren, und sei es auch nur in Form einer benutzerfreundlichen Fehlermeldung.

In puncto Fehlerbehandlung bot PHP bisher keine vordefinierten Möglichkeiten, um auf Ausnahmen zu reagieren. Als Entwickler war man auf eigene Lösungen angewiesen, beispielsweise durch das Abfangen von Rückgabewerten bei Funktionen. Bei jeder Funktion, egal ob es sich um eine benutzerdefinierte oder vordefinierte Funktion handelte, die einen Fehler verursachen konnte, musste deren Rückgabewert überprüft und an Ort und Stelle entsprechend reagiert werden.

*Beispiel – Funktion division()*

```
<?php
function division($a,$b)
{
   return($a/$b);
}

echo division (10,5); // 2
echo division (10,0); // Division by zero
?>
```

Die erste Wertübergabe führt zu einem sinnvollen Ergebnis, bei der zweiten handelt es sich um die Division durch 0, und solch eine Ausnahme musste in Form einer benutzerdefinierten Lösung abgefangen werden.

*Beispiel – Funktion division() mit benutzerdefinierter Ausnahmebehandlung*

```
<?php
function division($a,$b)
{
   // Überprüfung, ob durch Null dividiert werden soll
   if ($b == 0)
   {
      // Gibt benutzerdefinierte Fehlermeldung zurück
      return "Division durch null nicht durchführbar!";
   }
   return($a/$b);
}

echo division (10,5); // 2
echo division (10,0); // Division durch null nicht durchführbar!
?>
```

> **Hinweis:** Diese Form einer Fehlerbehandlung werden Sie auch zukünftig einsetzen können.

In PHP 5 steht Ihnen ein zusätzliches Mittel zur Verarbeitung von Ausnahmen zur Verfügung. Es handelt sich um die try-throw-catch-Fehlerbehandlung, welche auch als Ausnahmebehandlung (engl. exception) bezeichnet wird.

Der Nutzen liegt einerseits in der gewonnenen Flexibilität, da sich beliebige eigene Fehlertypen verwenden lassen, andererseits aber auch in der Möglichkeit, Fehlerbehandlungscodes zu bündeln und somit den Fehler von seiner Behandlung auch örtlich zu trennen, um lesbarere Skripts zu erhalten.

Wenn also etwa eine Methode einen Fehler erkennt, auf den sie nicht reagieren kann, so »wirft« (throw) sie eine Ausnahme des entsprechenden Typs. Der Programmablauf des

Programms wird dadurch unterbrochen. Diese Ausnahme wird daraufhin im dafür vorgesehenen `catch`-Block wieder »aufgefangen« und verarbeitet.

*Beispiel – Funktion division() samt try-throw-catch-Fehlerbehandlung*

```php
<?php
function division($a,$b)
{
    // Überprüfung, ob durch Null dividiert werden soll
    if ($b == 0)
    {
        // Ausnahme melden (werfen)
        throw new exception("Division durch null nicht durchführbar!");

    }
    return($a/$b);
}
// Einleiten der Ausnahmebehandlung
try
{
    echo division (10,5); // 2
    echo division (10,0); // Erzeugt eine Ausnahme!
}
// Verarbeitung des Ausnahmefehlers
catch (exception $fehler)
{
    echo $fehler->getMessage() . "\n";
}
?>
```

Im vorliegenden Beispiel wird der Ausnahmefehler »*Division durch null nicht durchführbar!*« ausgegeben. Bei sämtlichen Anweisungen innerhalb des `try`-Blocks werden eventuelle Ausnahmen abgefangen. Das bedeutet, wenn Sie wie im vorliegenden Fall eine Funktion aufrufen, die eine Ausnahme erzeugt, wird sie abgefangen, solange der Aufruf aus einem `try`-Block heraus erfolgt. Mithilfe der `throw`-Anweisung wird der Ausnahmefehler gemeldet. Der Programmablauf wird unterbrochen und der passende `catch`-Block gesucht. Für die Reaktion auf die Ausnahme ist der `catch`-Block zuständig. Die Übergabe des Fehlers erfolgt in Form eines Parameters, welcher innerhalb des `catch`-Blocks abgerufen werden kann. Dieser steht Ihnen somit für die eigentliche Fehlerbehandlung zur Verfügung.

Sollten Sie mit dem Konzept noch nicht aus einer anderen Programmiersprache vertraut sein, können Sie sich die Ausnahmebehandlung von PHP vereinfacht als eine Art Flaschenpost vorstellen.

»Irgendwo auf der Welt tritt ein Ausnahmefall ein. Der in Not Geratene kann sich nicht selbst aus der Lage befreien, kann aber mittels einer in einer Flasche untergebrachten Nachricht versuchen, jemand anderen zu einer geeigneten Reaktion zu bewegen. Er wirft die Flaschenpost ins Meer, irgendjemand wird sie irgendwann und irgendwo aus dem Wasser fischen und hoffentlich angemessen darauf reagieren.«

Diese sicherlich etwas seltsame Metapher zeigt neben dem ungefähren Verhalten auch den eigentlichen Zweck der Ausnahmebehandlung. Sie soll immer dann helfen, wenn etwas Unvorhergesehenes geschieht. Skripts, in denen Ausnahmebehandlungen allgemein und oft zur Kontrolle des Programmablaufs oder zur Kommunikation eingesetzt werden, sind nicht zu empfehlen. Die Flaschenpost ist schließlich auch nur äußerst selten das Kommunikationsmittel der Wahl!

Einige weitere Beispiele sollen Ihnen dabei behilflich sein, die Arbeitsweise von Ausnahmebehandlungen genauer zu betrachten.

*Beispiel – Ausnahmebehandlung*
```
<?php

$alter = 20;
$nutzer = "Otto";

try
{
   if ($alter < 18)
   {
       throw new exception($alter . " ist zu Jung!");
   }
   else
   {
       if ($nutzer != "Caroline")
       {
            throw new exception($nutzer . " ist nicht Caroline!");
       }
   }
}
catch (exception $e)
{
   echo $e->getMessage() . "\n";
}
catch (exception $e)
{
   echo $e->getMessage() . "\n";
}
?>
```

*Ausgabe*
```
Otto ist nicht Caroline!
```

Die folgenden Methoden stellt die exception-Standardklasse bereit:

__clone, __construct, getMessage, getCode, getFile, getLine, getTrace, getTraceAsString, und __toString.

*Beispiel – Erweiterung von Ausnahmebehandlungen*
```
<?php

class MeineException {
   function __construct($exception) {
       $this->exception = $exception;
```

```
    }
    function Display() {
        echo "MeineException: $this->exception<br>";
    }
}
class MeineErweiterteException extends MeineException {
    function __construct($exception) {
        $this->exception = $exception;
    }

    function Display() {
        echo "MeineException: $this->exception<br>";
    }
}
try {
    throw new MeineErweiterteException('Testlauf');
}
catch (MeineException $exception) {
    $exception->Display();
}
catch (Exception $exception) {
    echo $exception;
}
?>
```

> **Hinweis:** Eine ideale Einsatzmöglichkeit bildet neben jeglichen sensiblen oder fehleranfälligen Codepassagen jede transaktions- oder datenbankbasierte Webanwendung.

### Built-In Backtracing

Das Backtracing ist eine äußerst nützliche Eigenschaft, die unmittelbar an die Ausnahmebehandlung anknüpft, und sollte im besten Fall während der throw-Anweisung aufgerufen werden mit throw new MeineErweiterteException(debug_backtrace()). Es ermöglicht, die durch die exception-Standardklasse ausgelösten Ausnahmebedingungen bzw. Fehler zu präzisieren, eine Liste der Funktionsaufrufe an der aktuellen Position (Zeilennummer) zurückzugeben und ein Backtrace aufzuzeichnen. Somit werden Webanwendungen leichter zu debuggen und zu warten sein, und Fehler sind besser zu reproduzieren. Dabei liefert die debug_backtrace()-Funktion ein Array mit vier Rückgabewerten zurück:

- die aktuelle Zeilenangabe,
- die aktuelle Positionsangabe,
- die aufgerufenen Funktionsnamen,
- die aufgerufenen Skriptnamen.

## 6.1.18 Dereferenzierung von Objekten

Bei der Dereferenzierung von Objekten ist es grundsätzlich möglich, aus einer Funktion heraus ein Objekt zurückzugeben, welches ohne Instanz auskommt und trotzdem den Aufruf von Klassenmethoden des zurückgegebenen Objekts im globalen Namensraum erlaubt.

### Funktionsweise der Dereferenzierung von Objekten

Um ein Objekt anzusprechen, welches die Instanz eines anderen Objekts ist, war bislang ein Zwischenschritt über eine temporäre Variable notwendig. Mit PHP 5 lässt sich der gesuchte Name mit einem einzigen Ausdruck und ohne Umwege ermitteln.

*Beispiel*
```
<?php
// Klassendefinition
class Person
{
    var $Name;
    var $Vater;
    var $Mutter;

    function  construct($wert){
        $this->Name = $wert;
    }
}
// Verwandtschaftliche Beziehungen definieren
$objOpa = new Person('Armin');
$objVater = new Person('Wendelinus');
$objVater->Vater = $objOpa;
$objMatze = new Person('Matze');
$objMatze->Vater = $objVater;

// Name von Matthias Opa - PHP 4-Variante
$objTemp1 = $objMatze->Vater;
$objTemp2 = $objTemp1->Vater;
echo "Matzes Opa heisst " . $objTemp2->Name;

// PHP 5 mit Objekt-Dereferenzierung
echo "Matzes Opa heisst " . $objMatze->Vater->Vater->Name;
?>
```

Diese Verknüpfungskette, an der man sich von einem Objekt zum nächsten entlangbewegt, mag unnötig aufgebläht erscheinen. Sie müssen sich dabei jedoch immer vor Augen halten, dass Sie somit auf temporäre Variablen verzichten können und dass bei vernünftiger Objektmodellierung der Code dabei auch die echten Beziehungen der Objekte untereinander ausdrückt. So kann der Ausdruck $objMatze->Vater->Vater->Name wie folgt übersetzt werden: »von Matzes Vater, der Vater, der Name«. Bei der auf PHP 4 basierenden Variante muss man schon genauer hinsehen, um die Beziehungen zu erkennen.

Das Prinzip funktioniert nicht nur mit Instanzvariablen, sondern auch mit Methoden – sofern diese Objektreferenzen als Rückgabewert liefern. Damit sind Konstrukte möglich wie:

objKleiderSammllung->getHochzeitsKleid()->strFarbe;
"Das Hochzeits Kleid hat die Farbe..."

*Beispiel – Vertiefung Objekt-Dereferenzierung*

```php
<?php
class PKW
{
    protected $name = "";

    function __construct($typ)
    {
        $this->name = $typ;
    }

    function Bauen()
    {
        echo $this->name . " bauen\n";
    }
}
class Motorrad
{
    protected $name = "";

    function __construct($typ)
    {
        $this->name = $typ;
    }

    function Bauen()
    {
        echo $this->name . " bauen\n";
    }
}
function Produzieren($obj, $name)
{
    switch ($obj)
    {
        case "PKW":
                return new PKW($name);
        case "Motorrad":
                return new Motorrad($name);
    }
    return new PKW($name);
}
Produzieren("PKW", "Mini")->Bauen();
Produzieren("Motorrad", "Kawasaki")->Bauen();

?>
```

*Ausgabe*
```
Mini bauen
Kawasaki bauen
```

### 6.1.19 Einsatz von instanceof

Mit Hilfe von `instanceof` kann ermittelt werden, ob ein Objekt zu einer bestimmten Klasse gehört. Sollte das Objekt eine Instanz der Klasse sein, gibt `instanceof` den Wert `true` zurück, andernfalls wird der Wert `false` zurückgegeben.

```php
<?php
class Klasse {}

$objekt = new Klasse();

// Prüfen
if ($objekt instanceof Klasse) {
    echo "Ist eine Instanz!";
}
?>
```

Sie können auch Objekte aus Sub- und Superklassen prüfen.

```php
<?php
class SuperKlasse {}

class SubKlasse extends SuperKlasse {}

$objekt = new SubKlasse();

// Prüfen
if ($objekt instanceof SubKlasse) {
    echo "Ist eine Instanz!";
}
if ($objekt instanceof SuperKlasse) {
    echo "Ist eine Instanz!";
}
?>
```

*Ausgabe*
```
Ist eine Instanz von! Ist eine Instanz von!
```

### 6.1.20 Neue Konstante __METHOD__

In PHP 4 standen Ihnen die Konstanten, __LINE__, __FUNCTION__ und __FILE__ zur Verfügung. Nun gibt es zusätzlich noch die Konstante __METHOD__. Mit ihrer Hilfe können Sie die jeweilige Klasse und Methode ausgeben. Sollten Sie die Konstante in einer Funktion einsetzen, wird die Funktion ausgegeben. Die __METHOD__-Konstante eignet sich vor allem zur Analyse oder Fehleranalyse.

*Beispiel*
```php
<?php

class MeineKlasse {

    function ausgeben() {
        echo "Kalssenmethode von " . __METHOD__;
    }

}

$objekt = new MeineKlasse;
$objekt->ausgeben();

?>
```

*Ausgabe*
```
Kalssenmethode von MeineKlasse::ausgeben
```

Die Ausgabe des folgenden Beispiels klärt darüber auf, wann welche Methode aufgerufen wurde.

```php
<?php
class AusgabeKlasse {
   function zeigen() {
       echo "Datei: " . __FILE__ . "<br>";
       echo "Codezeile: " . __LINE__ . "<br>";
       echo "Funktion: " . __FUNCTION__ . "<br>";
       echo "Klasse & Methode: " . __METHOD__ . "<br>";
   }
}
$objekt = new AusgabeKlasse();

// Ausgabe des Klassen- und Methodenbezeichner
$objekt->zeigen();

function ausgeben() {
   echo "Datei: " . __FILE__ . "<br>";
   echo "Codezeile: " . __LINE__ . "<br>";
   echo "Funktion: " . __FUNCTION__ . "<br>";
   echo "Methode: " . __METHOD__ . "<br>";
}

// Ausgabe des Funktionsbezeichners
ausgeben();

?>
```

*Ausgabe*
```
Datei: C:\xamppbuch\htdocs\Kapitel7\oop_method.php
Codezeile: 6
Funktion: zeigen
Klasse & Methode: AusgabeKlasse::zeigen
```

```
Datei: C:\xamppbuch\htdocs\Kapitel7\oop_method.php
Codezeile: 19
Funktion: ausgeben
Methode: ausgeben
```

## 6.1.21 Entwurfsmuster (Design Patterns)

Die Idee der Entwurfsmuster wurde in der Softwareentwicklung aus der Architektur übernommen. Erich Gamma, Mitte der neunziger Jahre Wissenschaftler an der Hochschule in Zürich, promovierte über die Übertragung dieser Methode auf die Softwareentwicklung. Im Anschluss ging er nach Amerika, wo er zusammen mit Richard Helm, Ralph Johnson und John Vlissides das Buch »Design Patterns – Elements of Reusable Design« herausbrachte. Dieses Autorenquartett hat sich den Spitznamen »Gang of Four« (Viererbande) eingehandelt. *GoF* wird gelegentlich auch als Verweis für besagtes Buch verwandt. In der Architektur ist die Idee, Entwurfsmuster zu verwenden, aber bei Weitem nicht so verbreitet wie in der Softwareentwicklung.

Ein Entwurfsmuster beschreibt in Textform eine in der Praxis erfolgreiche Lösung für ein mehr oder weniger häufig auftretendes Entwurfsproblem. Die Beschreibung eines Entwurfsmusters folgt gewissen Regeln:

- Beschreibung eines konkreten Problems
- Beschreibung einer konkreten Lösung
- Verallgemeinerung der Lösung
- Diskussion über Vor- und Nachteile des Musters
- Codebeispiele
- Verwandte Entwurfsmuster

Der primäre Nutzen eines Entwurfsmusters liegt in der Beschreibung einer Lösung für eine bestimmte Klasse von Problemen. Weiterer Nutzen ergibt sich aus der Tatsache, dass jedes Muster einen Namen hat. Dies vereinfacht die Diskussion unter Softwareentwicklern, da man abstrahiert über eine Softwarestruktur sprechen kann. So sind Entwurfsmuster zunächst einmal sprachunabhängig.

Wenn der Einsatz von Entwurfsmustern dokumentiert wird, ergibt sich ein weiterer Nutzen dadurch, dass aufgrund der Beschreibung des Musters ein Bezug hergestellt wird zur dort vorhandenen Diskussion des Problemkontextes und den Vor- und Nachteilen der Lösung.

Moderne Hochsprachen unterstützen einige der gängigen Entwurfsmuster bereits mit bestimmten Sprachmitteln, sodass man sich in der Praxis vor allem bei der Nutzung moderner Sprachen im Prozess der objektorientierten Analyse (OOA) und des objektorientierten Designs (OOD) der Entwurfsmuster bedient, die dort unter Umständen noch immer implementationsneutral in der Unified Modeling Language (UML) angewandt werden.

Im Lauf der Zeit wurden Lösungen für bestimmte Probleme gefunden, die erfolgreich eingesetzt wurden und somit einen Katalog mit insgesamt 23 Entwurfsmustern bildeten.

Laut *GoF* lassen sich sämtliche Entwurfsmuster in folgende drei grundlegende Mustergruppen zusammenfassen:

- *Creational Patterns* (Erzeugungsmuster)
- *Structural Patterns* (Strukturmuster)
- *Behavioral Patterns* (Verhaltensmuster)

Zu den bekanntesten Entwurfsmustern gehören unter anderem der *Model View Controler* (MVC), das *Actor-Role Pattern* und das *Singleton Pattern*.

> **Hinweis:** Patterns sollen den Entwickler bei seiner Arbeit unterstützen. Die Aufgabe des Entwicklers besteht somit nicht mehr darin, das Rad neu zu erfinden, sondern vielmehr darin, das passende Rad zu verwenden.

### Was Patterns nicht sind...

Für eine Vielzahl von Entwicklern sind Entwurfsmuster aus der Anwendungsentwicklung nicht mehr wegzudenken. Sollten auch Sie sich näher mit Entwurfsmustern auseinandersetzen wollen, dann gilt es Folgendes zu beachten, um Missverständnisse von vornherein zu vermeiden:

- Entwurfsmuster sind keine Algorithmen. Algorithmen lösen Probleme (Suchen, Sortieren etc.) und bieten weniger Flexibilität in der Implementierung.
- Entwurfsmuster sind kein Allheilmittel! Erfindungsgeist ist bei der Anwendung von Entwurfsmustern immer noch gefragt.
- Entwurfsmuster sind keine Frameworks. Frameworks setzen sich aus wiederverwendbarem Code zusammen, Entwurfsmuster enthalten lediglich Beispiele von Code. Frameworks werden für festgelegte Anwendungsbereiche eingesetzt, Entwurfsmuster hingegen können überall eingesetzt werden.

### Singleton-Entwurfsmuster

Das Singleton-Entwurfsmuster ist ein in der Softwareentwicklung eingesetztes Muster und gehört zur Gruppe der Erzeugungsmuster. Es stellt sicher, dass zu einer Klasse nur genau ein Objekt erzeugt werden kann, und ermöglicht einen globalen Zugriff auf dieses Objekt.

Das Entwurfsmuster findet Verwendung, wenn nur ein Objekt zu einer Klasse existieren darf und ein einfacher Zugriff auf dieses Objekt benötigt wird, oder wenn das einzige Objekt durch Unterklassenbildung spezialisiert werden soll.

In der Praxis wird diese Technik verwendet, um Ressourcen schonend zu programmieren. Verbindungen zu Ressourcen, die nur einmalig vorhanden sind, wie beispielsweise Dateien, werden über Singleton-Klassen verwaltet.

Weitere Anwendungsbeispiele sind:

- Ein zentrales Protokollobjekt, das Ausgaben in eine Datei schreibt
- Datenbankzugriffe, die mit einer Datenbank verbunden werden sollen und lediglich auf ein Verbindungsobjekt zurückgreifen

Die folgende Singleton-Klasse soll Ihnen den Einstieg in die Welt der Entwurfsmuster erleichtern.

*Beispiel – Singleton (Entwurfsmuster)*

```php
<?php
class Singleton
{
   static private $instance = false;
   private $text = 'Keine Meldung im Objekt';

   private function __construct() {}

   static function instance()
   {
      if(!Singleton::$instance)
      {
         Singleton::$instance = new Singleton();
      }
      return Singleton::$instance;
   }

   function setText($text)
   {
      $this->text = $text;
   }

   function getText()
   {
      return $this->text;
   }
}

class Einchecken
{
   function __construct()
   {
      $single = Singleton::instance();
      $single->setText('Sie sind herzlich Willkommen!');
   }
}

class Auschecken
{
   function __construct()
   {
      $single = Singleton::instance();
      $single->setText('Auf wiedersehen!');
   }
}

$single = Singleton::instance();
echo $single->getText() . "<br />";

$passagier = new Einchecken();
echo $single->getText() . "<br />";
```

```
$passagier = new Auschecken();
echo $single->getText() . "<br />";
?>
```

*Ausgabe*
```
Keine Meldung im Objekt
Sie sind herzlich Willkommen!
Auf wiedersehen!
```

Das Beispiel nutzt in jeder Klasse, die Singleton verwendet, immer wieder dasselbe Objekt, da eine erneute Erzeugung im Rahmen eines einfachen Methodenaufrufs völlig sinnlos wäre – man hätte am Ende nur eine Anzahl verwaister Objekte im Speicher.

### 6.1.22 Anpassung von PHP 4 auf PHP 5

Das PHP-Entwicklerteam hatte bei der Entwicklung von PHP 5 nicht nur die Neuerungen und Optimierungen ins Auge gefasst, sondern es wurde darüber hinaus versucht, die Abwärtskompatibilität zu PHP 4 zu gewährleisten. Im folgenden Abschnitt finden Sie eine kompakte Übersicht über Änderungen in PHP 5, die eine Anpassung von bestehenden PHP 4-basierten Anwendungen erfordert.

#### Neue Schlüsselwörter

Sollten Sie sich mit den Neuerungen der Zend Engine 2 befasst haben, dann sind Ihnen sicher die neuen Schlüsselwörter bereits aufgefallen. Diese Schlüsselwörter dürfen nun nicht mehr als Bezeichner von Klassen, Konstanten, Methoden oder Funktionen verwendet werden:

- abstract
- catch
- clone
- final
- implements
- interface
- private
- protected
- public
- throw
- try

**Hinweis:** Bei der Anpassung Ihrer PHP 4-basierten Anwendungen nach PHP 5 müssen Klassen, Konstanten, Methoden oder Funktionen, die einen dieser Namen besitzen, umbenannt werden.

## Interzeptor-Methoden/Magische Methoden

Sollten Sie in PHP 4 vorwiegend auf prozedurale Lösungsansätze zurückgegriffen haben, dann müssen Sie bei der Anpassung Ihrer Anwendungen folgende Methodennamen berücksichtigen:

- __autoload
- __call
- __clone
- __construct
- __destruct
- __get
- __set
- __toString

**Hinweis:** Bei der Anpassung Ihrer PHP 4-basierten Anwendungen auf PHP 5 müssen Methoden, die einen dieser Namen haben, umbenannt werden.

### 6.1.23 Praxis – Lebewesen

Hier ein abschließendes Beispiel zu den OOP-Erweiterungen, damit Sie sich ein Bild davon machen können, welch schöpferischer Akt sich im Einsatz objektorientierter Programmierung verbirgt.

```php
<?php
// Schnittstelle
// Gewährleistet die Kommunikation zwischen Klassen
interface Wachstum {
  // Zu implementierende Methode
  function altern();
}

// Abstraktion einer Klasse
abstract class Lebewesen implements Wachstum {
  // Eigenschaften schützen, sodass über ein
  // Objekt kein direkter Zugriff möglich ist!
  protected $alter = 0;
  protected $geschlecht;

  public function altern(){}

  public final function getAlter() {
      return $this->alter;
  }
}
// Klasse Mensch wird durch die Superklasse
// Lebewesen erweitert (Vererbung)
class Mensch extends Lebewesen {
    protected static $vorfahre = "Affe";
```

```php
    protected $name;

    // Konstruktor
    public function __construct($name, $geschlecht) {
      $this->name = $name;
      $this->geschlecht = $geschlecht;
      $this->altern();
    }

    // Destruktor
    public function __destruct() {
       echo "<br>...und so scheidet ".$this->name." dahin";
    }

    // Finale Methoden
    public final function altern() {
      $this->alter++;
    }

    public final function getName() {
      return $this->name;
    }

    public function umbenennen($neuerName) {
      $this->name = $neuerName;
    }

    public function geburtstagFeiern() {
       $this->altern();
       echo "tröööööt";
    }

    // Statische Methoden
    public static final function neueEvolutionstheorie($neuerVorfahre) {
      Mensch::$vorfahre = $neuerVorfahre;
    }

    public static final function getVorfahre() {
      return Mensch::$vorfahre;
    }
}
// Klasse Deutscher erbt von Mensch
class Deutscher extends Mensch {
    public function __construct($name, $geschlecht) {
       parent::__construct($name, $geschlecht);
    }

    public function umbenennen($neuerName, $geduldsfaden=false) {
       $erfolg = $this->behoerdengang($geduldsfaden);
       if ($erfolg) $this->name = $neuerName;
    }

    // Private Methode
```

```php
    private function behoerdengang($geduldsfaden) {
      try {
        if (!$geduldsfaden)
          throw new Exception("Umbennenung fehlgeschlagen!");
        return true;
      } catch (Exception $prop) {
        echo $prop->getMessage()."<br>";
        return false;
      }
    }
  }
}

// Autor erzeugen (Objekt)
$autor = new Mensch("Matthias", "m");

// Auf die Methode getName() zugreifen
echo $autor->getName()."<br>";

// Autor umbenennen
$autor->umbenennen("Matze");

// Neuen Namen ausgeben
echo "Neuer Name: ".$autor->getName()."<br>";

// Folgende Codezeile erzeugt einen Fehler
// da die Eigenschaft geschützt ist!
// echo $autor->geschlecht;

// An das Alter gelangt man mit Hilfe der
// Funktion getAlter()
echo "Alter des Autors: " . $autor->getAlter() ."<br>";

// Stammt Autor vom Mensch ab?
if ($autor instanceof Mensch) {
 echo $autor->getName()." ist ein Mensch!<br>";
}
// Wer sind die Vorfahren der Menschen
echo "Der Mensch ist ein Nachfahre von ".Mensch::getVorfahre()."<br>";

// Neue Theorie
Mensch::neueEvolutionstheorie("Alien");

// Wer sind nun die Vorfahren der Menschen
echo "Der Mensch ist ein Nachfahre von ".Mensch::getVorfahre()."<br>";

// Autorin erzeugen (Objekt)
$autorin = new Deutscher("Caroline", "w");

// Die Methode behoerdengang ist über
// das Objekt nicht zu erreichen, da
// diese als private gekennzeichnet ist!
// $autorin->behoerdengang(true);

// Gibt den Ausnahmefall aus, da das
// zweite Argument false ist (throw/catch).
$autorin->umbenennen("Caro", false);

?>
```

*Ausgabe*

```
Matthias
Neuer Name: Matze
Alter des Autors: 1
Matze ist ein Mensch!
Der Mensch ist ein Nachfahre von Affe
Der Mensch ist ein Nachfahre von Alien
Umbennenung fehlgeschlagen!

...und so scheidet Matze dahin
...und so scheidet Caroline dahin
```

# 7 Datenbankprogrammierung

In einem brauchbaren PHP-Buch sollte das Thema Datenbankprogrammierung auf keinen Fall fehlen, und in diesem Kapitel erhalten Sie einen Eindruck davon, wie komfortabel und effizient Sie mit PHP und MySQL datenbankbezogene Problemstellungen lösen können.

## 7.1 MySQL und PHP

Ein weiteres neues Feature von PHP 5 stellt die verbesserte MySQL-Erweiterung MySQLi dar. Dabei steht MySQLi für »MySQL improved«. Seit PHP 5 nimmt die Zahl der OOP-Jünger unter den PHP-Entwicklern weiter zu. Mit MySQLi sind Sie nun auch via PHP in der Lage, Ihr DBMS und die damit verbundenen Datenbanken auf eine objektorientierte Art und Weise anzusprechen. Im folgenden Abschnitt wird Ihnen das Prinzip vorgestellt.

MySQLi ist deutlich performanter als die Standard-MySQL-Erweiterung, da in der verbesserten Erweiterung auf die Abwärtskompatibilität verzichtet wurde. Die neue MySQLi-Erweiterung ersetzt die Standarderweiterung nicht, sondern ermöglicht Ihnen einen Zugriff auf die hinzugefügten Funktionen in MySQL 4.1 und 5.

Einige wesentliche Vorteile im Überblick:

- Multi-Query-Ausführung
- Prozedurale und objektorientierte Syntax
- Einfache Erweiterung durch PHP und C
- Transaktions- und Load-Balancing-Steuerung
- Debugging und optimiertes Error-Handling
- Verbesserte Verbindungsunterstützung, durch SSL verschlüsselte Verbindungen, Datenkomprimierung via gzip u. a.

Insgesamt betrachtet, bietet die MySQLi-Erweiterung zahlreiche Funktionen, die Ihnen bereits in der Standard-MySQL-Erweiterung begegnet sind. Der Unterschied besteht oftmals lediglich im vorangestellten Präfix, das von `mysql_` und `mysqli_` erweitert wurde. Aufgrund dieser Tatsache erweist sich die Umstellung im Regelfall als relativ einfach.

> **Hinweis:** Der Einsatz der verbesserten MySQL-Erweiterungen sollte jedoch nur dann erfolgen, wenn Sie eine MySQL-Distribution Version 4.1 oder höher verwenden. Sollten Sie eine ältere Version verwenden, ist es sicherer, auf die Standard-MySQL-Erweiterung zurückzugreifen.

## 7.1.1 MySQLi-Installation

Seit PHP 5 gehört die MySQL-Erweiterung aus rechtlichen Gründen nicht mehr zum integrierten Paket. In PHP 4 waren die MySQL-Erweiterungen noch fest integriert. Mit PHP 5 muss man die MySQL-Erweiterung zusätzlich einbinden, wie zu den Zeiten von PHP 3. Auf einem Windows-basierten Entwicklungssystem erfolgt dies durch das Auskommentieren der entsprechenden Zeile in der PHP-Konfigurationsdatei (*php.ini*):

```
extension=php_mysql.dll
```

Darüber hinaus haben Sie die Wahl, statt der alten MySQL-Erweiterung die neue, objektorientierte MySQLi-Unterstützung zu nutzen:

```
extension=php_mysqli.dll
```

Nachdem Sie die MySQL- bzw. MySQLi-Erweiterung eingebunden haben, können Sie die erfolgreiche Konfiguration mit `phpinfo()` überprüfen.

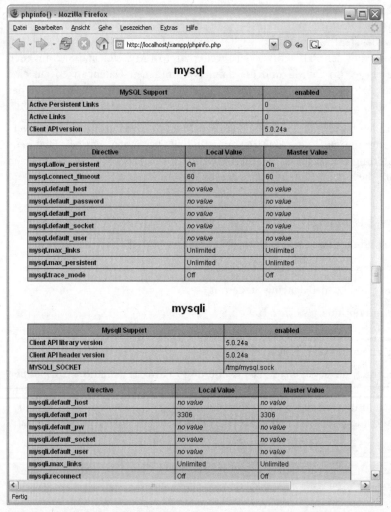

Bild 7.1: MySQL- und MySQLi-Erweiterung erfolgreich installiert.

**Hinweis:** Im vorliegenden Kapitel werde ich vor allem auf die Vorzüge der neuen MySQLi-Unterstützung eingehen.

### 7.1.2 MySQLi – erste Gehversuche

Sollten Sie sich für den Einsatz von MySQLi entschieden haben, gilt es nun, sich mit der Syntax und dem prozeduralen bzw. objektorientierten Prinzip der Programmierung auseinanderzusetzen.

#### MySQL-Datenbankverbindung prüfen und Version ermitteln

Nachdem die MySQL-Erweiterung installiert wurde, sollte ein Testlauf erfolgen. Der Zugriff auf den Datenbankserver via MySQLi-Erweiterung kann auf prozedurale oder objektorientierte Weise erfolgen. Um es kurz zu machen, werfen wir nun einen Blick auf die prozedurale Lösung.

*Beispiel – prozedurale Syntax (Arbeitsweise)*

```php
<?php
// Verbindungsvariable samt Zugangsdaten festlegen
@$db = mysqli_connect("localhost", "root", "", "testbank");

// Verbindung überprüfen
if (mysqli_connect_errno()) {
    printf("Verbindung fehlgeschlagen: %s\n", mysqli_connect_error());
    exit();
}

// SQL-Befehl ausführen
$befehl = mysqli_query($db, "SELECT version() AS version");

// Antwort der Datenbank in ein assoziatives Array übergeben
$resultat = mysqli_fetch_assoc($befehl);

// MySQL-Version aus dem Resultat-Array auslesen
echo "Wir arbeiten mit MySQL-Version {$resultat['version']}";

// Verbindung zum Datenbankserver beenden
mysqli_close($db);
?>
```

Die objektorientierte Programmierung richtet sich an Objekte, diese wiederum werden aus sogenannten Klassen abgeleitet, welche eine Art Gruppe von gleichen Objekten darstellen. Um einen Zugriff auf unsere Datenbank zu erhalten, geht man im Fall der objektorientierten Programmierung wie folgt vor:

*Beispiel – objektorientierte Syntax (Arbeitsweise)*

```php
<?php
// Verbindungs-Objekt samt Zugangsdaten festlegen
@$db = new mysqli("localhost", "root", "", "testbank");

// Verbindung überprüfen
if (mysqli_connect_errno()) {
    printf("Verbindung fehlgeschlagen: %s\n", mysqli_connect_error());
```

```
    exit();
}

// SQL-Befehl ausführen
$befehl = $db->query("SELECT version() AS version");

// Antwort der Datenbank in ein Objekt übergeben
$resultat = $befehl->fetch_object();

// MySQL-Version aus dem Resultat-Objekt auslesen
echo "Wir arbeiten mit MySQL-Version {$resultat->version}";

// Verbindung zum Datenbankserver beenden
$db->Close();
?>
```

Bei der objektorientierten Lösung wird als Erstes dafür gesorgt, dass die `mysqli()`-Klasse ein Verbindungsobjekt zum Datenbankserver bereitstellt, welches den Zugriff auf die benötigten Methoden ermöglicht und darüber hinaus die Zugangsdaten enthält.

`$db = new mysqli("localhost", "root", "", "testbank");`

Im Beispiel führt die Instanziierung des Objekts in `$db` auch gleich zum Öffnen der Verbindung. Der SQL-Befehl `SELECT` in Verbindung mit der `query()`-Methode ermittelt anschließend die Versionsnummer des MySQL-Datenbankservers.

`$befehl = $db->query("SELECT version() AS version");`

Das Resultat lässt sich anschließend in ein Objekt überführen.

`$resultat = $befehl->fetch_object();`

Der darauf folgende Zugriff auf die Objektfelder (Eigenschaften) erfolgt über deren Bezeichnung, im vorliegenden Fall: `$resultat->version`.

`echo "Wir arbeiten mit MySQL-Version {$resultat->version}";`

Abschließend wird noch mit der `close()`-Methode dafür gesorgt, dass die Verbindung wieder geschlossen wird.

> **Hinweis:** Die testdatenbank-sql-Datei finden Sie auf der Buch-CD.
>
> **Achtung:** Da es sich bei der MySQLi-Erweiterung um eine experimentelle Erweiterung handelt, kann die einwandfreie Funktionsweise von MySQL 5 oder höher nicht garantiert werden. Die verwendeten Skripts wurden mit MySQL 5.0.24 getestet und Sie sollten PHP 5.1 oder höher für die MySQLi-Erweiterungen verwenden.

### 7.1.3 MySQLi und SQL-Abfragen

Sollten Sie Gefallen an MySQLi gefunden haben, dann werfen Sie doch mal einen Blick auf die folgenden Skripts. Die ersten Schritte bestehen darin:

- Eine Datenbank anzulegen (CREATE DATABASE ...)
- Eine Datenbanktabelle zu erzeugen (CREATE TABLE ...)
- Anschließend einige Datensätze hinzuzufügen (INSERT INTO ...)
- Abschließend die Datensätze auszugeben (SELECT ...)

## Anlegen der Datenbank

```php
<?php
// Verbindungs-Objekt samt Zugangsdaten festlegen
@$db = new mysqli('localhost', 'root', '');

// Verbindung überprüfen
if (mysqli_connect_errno()) {
   printf("Verbindung fehlgeschlagen: %s\n", mysqli_connect_error());
   exit();
}

// SQL-Befehl
$sql_befehl = "CREATE DATABASE IF NOT EXISTS testbank";

if ($db->query($sql_befehl)) {
   // Meldung bei erfolgreicher Erstellung der Datenbank
   echo "Datenbank erfolgreich angelegt.";
} else {
   // Meldung bei Fehlschlag
   echo "Datenbank konnte nicht angelegt werden!";
}
// Verbindung zum Datenbankserver beenden
$db->close();
?>
```

## Anlegen der Datenbanktabelle

```php
<?php
// Verbindungs-Objekt samt Zugangsdaten festlegen
@$db = new mysqli('localhost', 'root', '', 'testbank');

// Verbindung überprüfen
if (mysqli_connect_errno()) {
   printf("Verbindung fehlgeschlagen: %s\n", mysqli_connect_error());
   exit();
}

// SQL-Befehl
$sql_befehl = "CREATE TABLE IF NOT EXISTS stadt (
  id INT(11) NOT NULL AUTO_INCREMENT,
  name VARCHAR(50) DEFAULT NULL,
  bevdichte FLOAT DEFAULT NULL,
  PRIMARY KEY (id)
)";

if ($db->query($sql_befehl)) {
   // Meldung bei erfolgreicher Erstellung der Datenbanktabelle
   echo "Datenbanktabelle erfolgreich angelegt.";
} else {
   // Meldung bei Fehlschlag
   echo "Datenbanktabelle konnte nicht angelegt werden!";
}
// Verbindung zum Datenbankserver beenden
$db->close();
?>
```

## Hinzufügen der Datensätze

```php
<?php

// Verbindungs-Objekt samt Zugangsdaten festlegen
@$db = new mysqli('localhost', 'root', '', 'testbank');

// Verbindung überprüfen
if (mysqli_connect_errno()) {
    printf("Verbindung fehlgeschlagen: %s\n", mysqli_connect_error());
    exit();
}

// SQL-Befehl
$sql_befehl = "
INSERT INTO stadt
(id, name, bevdichte)
VALUES
('', 'New York', 100),
('', 'Berlin', 75)";

if ($db->query($sql_befehl)) {
    // Meldung bei erfolgreicher Erstellung der Datensätze
    echo "Datensätze erfolgreich angelegt.";
} else {
    // Meldung bei Fehlschlag
    echo "Datensätze konnte nicht angelegt werden!";
}

// Verbindung zum Datenbankserver beenden
$db->close();

?>
```

## Ausgabe der Datensätze

```php
<?php
// Verbindungs-Objekt samt Zugangsdaten festlegen
@$db = new mysqli('localhost', 'root', '', 'testbank');

// Verbindung überprüfen
if (mysqli_connect_errno()) {
    printf("Verbindung fehlgeschlagen: %s\n", mysqli_connect_error());
    exit();
}

if ($resultat = $db->query('SELECT * FROM stadt ORDER by id')) {
    // Antwort der Datenbank in ein Objekt übergeben und
    // mithilfe der while-Schleife durchlaufen
    while($daten = $resultat->fetch_object() ){
        echo "ID: ". $daten->id;
        echo "Name der Stadt: " . $daten->name;
    }
    // Speicher freigeben
    $resultat->close();
} else {
    // Sollten keine Datensätze enthalten sein, diese Meldung ausgeben
    echo "Es konnten keine Daten aus der Datenbank ausgelesen werden";
```

```
}
// Verbindung zum Datenbankserver beenden
$db->close();
?>
```

Wie Sie feststellen können, werden die SQL-Abfragen fehlerfrei abgearbeitet. Es liegt an Ihnen, ob Sie es mit MySQLi und der objektorientierten Programmierung versuchen wollen!

### 7.1.4 Referenz zur MySQLi-Unterstützung

Die folgenden tabellarischen Auflistungen der wichtigsten MySQLi-Methoden (Funktionen) und Eigenschaften sollen es Ihnen erleichtern, sich mit MySQLi vertraut zu machen. Sämtliche Methoden werden, wie Sie bereits erfahren haben, auf einem Verbindungsobjekt der MySQLi-Klasse oder auf einem Resultatobjekt ausgeführt, z. B.:

```
$db = new mysqli('localhost', 'root', 'passwort', 'testbank');
$db->query('SELECT * FROM stadt ORDER by id');
```

Die prozedurale Alternative steht Ihnen selbstverständlich ebenfalls für jede MySQLi-Methode zur Verfügung, z. B.:

```
$db = mysqli_connect("localhost", "root", "passwort", "test");
mysqli_query($db, 'SELECT * FROM stadt ORDER by id');
```

#### *MySQLi-Objekt*

Die folgende Tabelle fasst Eigenschaften des MySQLi-Objekts zusammen (z. B. $db).

| Eigenschaft | Bedeutung |
| --- | --- |
| affected_rows | Liefert die Anzahl von Datensätzen, die durch das letzte UPDATE geändert, durch das letzte DELETE gelöscht oder durch das letzte INSERT eingefügt wurden. Kann direkt nach mysqli_query() aufgerufen werden, bei UPDATE-, DELETE- oder INSERT-Anweisungen. Bei SELECT-Anweisungen funktioniert affected_rows() wie num_rows(). |
| errno | Liefert den Fehlercode für die zuletzt aufgerufene Funktion in Form einer Zahl (Integer). |
| error | Liefert eine Fehlermeldung für die zuletzt aufgerufene Funktion in Form eine Zeichenkette (String). |
| field_count | Liefert die Anzahl von Spalten der letzten Anfrage auf der Verbindung. |
| host_info | Liefert eine Zeichenkette zurück, die den Typ der benutzten Verbindung beschreibt, inklusive des Server-Hostnamens, z. B. »localhost via TCP/IP«. |
| info | Liefert Informationen über die zuletzt ausgeführte Anfrage. |
| insert_id | Liefert die Kennung, die für eine AUTO_INCREMENT-Spalte durch die vorherige Anfrage erzeugt wurde. Benutzen Sie diese Funktion, nachdem Sie eine INSERT-Anfrage für eine Tabelle durchgeführt haben, die ein AUTO_INCREMENT-Feld enthält. |

| Eigenschaft | Bedeutung |
|---|---|
| protocol_version | Liefert die Protokollversion zurück, die von der aktuellen Verbindung genutzt wird (Standardwert: Protocol version: 10). |
| sqlstate | Liefert den SQL-Status und Fehlercodes einer vorher gesendeten Abfrage. |
| thread_id | Liefert die Thread-ID der aktuellen Verbindung. Der Wert kann als Argument für `mysqli_kill()` benutzt werden, um den Thread zu entfernen. |
| thread_safe | Ermittelt den aktuellen Status der Thread-Sicherheit. |
| warning_count | Liefert die Anzahl der Warnungen, die die letzte Abfrage erzeugt hat. |

Die folgende Tabelle enthält Methoden des MySQLI-Objekts (z. B. $db).

| Methode | Bedeutung |
|---|---|
| autocommit | Aktiviert bzw. deaktiviert die automatische Bestätigung von Transaktionen. |
| change_user | Wechselt den Benutzer für die aktuelle Verbindung. |
| character_set_name | Liefert den aktuellen Zeichensatz für die Verbindung. |
| close | Schließt die geöffnete Verbindung. |
| commit | Bestätigt die aktuelle Transaktion. |
| connect | Öffnet eine Verbindung zu einem MySQL-Datenbankserver. |
| get_client_info | Liefert Informationen über den MySQL-Client. |
| get_client_version | Liefert Informationen über die verwendete MySQL-Version. |
| get_host_info | Liefert eine Zeichenkette zurück, die den Typ der benutzten Verbindung beschreibt, inklusive des Server-Hostnamens, z. B. »localhost via TCP/IP«. |
| init | Initialisiert ein MySQLi-Objekt, welches von `mysqli_real_connect` verwendet werden kann. |
| info | Liefert Informationen über die zuletzt ausgeführte Anfrage. |
| kill | Versucht, den von MySQL belegten Thread zu entfernen. Dabei wird eine Thread-ID (pid) verwendet. Um die Thread-ID der aktuellen Verbindung zu ermitteln, kann `mysqli_thread_id` genutzt werden. |
| multi_query | Sendet eine oder mehrere Abfragen an die Datenbank. Die Abfragen werden durch ein Semikolon voneinander getrennt. |
| more_results | Überprüft, ob weitere Abfrageergebnisse von Mehrfachabfragen vorhanden sind. |
| next_result | Nächstes Abfrageergebnis einer Mehrfachabfrage abrufen. |
| options | Setzt diverse Verbindungsoptionen. |
| ping | Sendet einen Ping zur Kontrolle der Verbindung an den Datenbankserver. |
| prepare | Ermöglicht die Vorbereitung einer Abfrage. Vorbereitete Abfragen sind bei wiederholter Ausführung deutlich schneller. |
| query | Sendet eine Abfrage direkt an den Datenbankserver. |
| real_connect | Öffnet eine Verbindung zu einem MySQL-Datenbankserver. |

## 7.1 MySQL und PHP

| Methode | Bedeutung |
|---|---|
| real_query | Führt eine Abfrage aus. |
| rollback | Ermöglicht die Rückabwicklung einer Transaktion. |
| select_db | Legt eine andere Datenbank als Standardauswahl fest. Dies entspricht dem SQL-Befehl USE. |
| send_query | Sendet eine Abfrage an die Datenbank. |
| sqlstate | Liefert den SQL-Status und Fehlercodes einer vorher gesendeten Abfrage. |
| ssl_set | Legt eine gesicherte SSL-Verbindung fest. |
| stat | Liefert den aktuellen Status des Systems. |
| stmt_init | Initialisiert eine Abfrage und gibt ein Objekt zurück, mit dessen Hilfe die Abfrage gesteuert werden kann. |
| thread_safe | Ermittelt den aktuellen Status der Thread-Sicherheit. |
| use_result | Bereitet ein Abfrageergebnis zur Verwendung vor. |

### Anweisungsobjekt

Die folgende Tabelle fasst Eigenschaften des Anweisungsobjekts zusammen (z. B. $befehl).

| Eigenschaft | Bedeutung |
|---|---|
| affected_rows | Liefert die Anzahl von Datensätzen, die durch das letzte UPDATE geändert, durch das letzte DELETE gelöscht oder durch das letzte INSERT eingefügt wurden. Kann direkt nach mysqli_query() aufgerufen werden, bei UPDATE-, DELETE- oder INSERT-Anweisungen. Bei SELECT-Anweisungen funktioniert affected_rows() wie num_rows(). |
| errno | Liefert den Fehlercode für die zuletzt aufgerufene Funktion. |
| error | Liefert eine Fehlermeldung für die zuletzt aufgerufene Funktion. |
| param_count | Liefert die Anzahl der Parameter für die aktuelle Abfrage. |
| sqlstate | Liefert den SQL-Status und Fehlercodes einer vorher gesendeten Abfrage. |
| ssl_set | Legt eine gesicherte SSL-Verbindung fest. |

Die folgende Tabelle enthält die Methoden des Anweisungsobjekts (z. B. $befehl).

| Methode | Bedeutung |
|---|---|
| bind_param | Erzeugt Parameter für eine vorbereitete Abfrage. |
| bind_result | Erzeugt ein Abfrageergebnis-Objekt. |
| close | Schließt die geöffnete Verbindung. |
| data_seek | Setzt den Abfrageergebnis-Zeiger auf einen festgelegten Datensatz. |
| execute | Führt eine vorbereitete Abfrage aus. |
| fetch | Liefert das vorbereitete Abfrageergebnis mit verschiedenen Optionen. |
| get_metadata | Liefert globale Informationen zu einer vorbereiteten Abfrage. |
| prepare | Ermöglicht die Vorbereitung einer Abfrage. Vorbereitete Abfragen sind bei wiederholter Ausführung deutlich schneller. |
| send_long_data | Versendet große Datenpakete. |
| store_result | Übermittelt die Abfrageergebnisse der zuletzt ausgeführten Abfrage. |

## Ergebnis-Objekt

Die folgende Tabelle enthält Eigenschaften des Ergebnis-Objekts (z. B. $resultat).

| Eigenschaft | Bedeutung |
| --- | --- |
| current_field | Liefert das aktuelle Feld des Abfrageergebnisses. |
| field_count | Liefert die Anzahl der Felder. |
| length | Liefert die Länge (Breite) eines Felds. |
| num_rows | Liefert die Anzahl der Reihen im Abfrageergebnis. |

Die folgende Tabelle fasst die Methoden des Ergebnis-Objekts zusammen (z. B. $resultat).

| Methode | Bedeutung |
| --- | --- |
| close | Schließt die geöffnete Verbindung. |
| data_seek | Setzt den Abfrageergebnis-Zeiger auf einen festgelegten Datensatz. |
| fetch_field_direct | Liefert direkt ein festgelegtes Feld. |
| fetch_field | Liefert das nächste Feld einer Liste. |
| fetch_fields | Liefert Felder als Array. |
| fetch_lengths | Ermittelt die Breite des aktuellen Felds. |
| fetch_object | Liefert einen Datensatz als Objekt. Felder sind nun Eigenschaften. |
| fetch_row | Liefert einen Datensatz als numerisches bzw. einfaches Array. |
| fetch_assoc | Liefert einen Datensatz als assoziatives Array. Die Schlüssel sind die Spaltennamen. |
| field_seek | Setzt den Abfrageergebnis-Zeiger auf ein festgelegtes Feld. |

### 7.1.5 Referenz zur MySQL-Unterstützung

Sollten Sie MySQL 3.x oder 4.0 verwenden, können Sie auch auf die MySQL-Unterstützung zurückgreifen. In der folgenden Übersicht sind die wichtigsten MySQL-Funktionen enthalten. Dabei werden diese Begriffe verwendet:

- $res, jeweils der erforderliche oder zurückgegebene Verweis auf die Ergebnisliste einer durchgeführten Abfrage
- $db, Name der Datenbank
- $sql, eine Stringvariable mit einem SQL-Befehl
- $lkid, Verbindungs-Handle einer bestehenden Datenbankverbindung. Dieser Parameter ist optional; falls nicht angegeben, wird die aktuell geöffnete Verbindung verwendet.
- $succ, liefert den Rückgabewert der betreffenden Funktion, der den Erfolg (True,1) oder Misserfolg (False, 0) der durchgeführten Operation anzeigt.

| Funktion | Beispiel | Beschreibung |
|---|---|---|
| mysql_affected_rows | $anz=mysql_affected_rows($lkid) | Liefert die Anzahl betroffener Datensätze durch die letzte INSERT-, UPDATE- oder DELETE-Anfrage an den Server, die mit der angegebenen Verbindungskennung assoziiert wird. Wird die Verbindungskennung nicht angegeben, wird die letzte durch mysql_connect() geöffnete Verbindung angenommen. |
| mysql_change_user | $succ=mysql_change_user($name,$passwd,$db,$lkid) | Ändert den angemeldeten Benutzer der aktuell aktiven Datenbankverbindung oder steht für die Verbindung, die mit dem optionalen Parameter Verbindungs-Kennung bestimmt wurde. Wurde eine Datenbank angegeben, wird diese zur aktiven Datenbank, nachdem der Benutzer gewechselt hat. |
| mysql_client_encoding | $succ= mysql_client_encoding ($db) | Liefert den Namen des Zeichensatzes für die aktuelle Verbindung. |
| mysql_close | mysql_close($lkid) | Schließt eine Verbindung zum Datenbankserver. |
| mysql_connect | $succ=mysql_connect ($host,$user,$passwd) | Öffnet eine Verbindung zum Datenbankserver. |
| mysql_create_db | $succ=mysql_create_db($db,$lkid) | Erzeugt eine Datenbank mit dem Namen $db. |
| mysql_data_seek | $succ=mysql_data_seek ($res,$row) | Bewegt den internen Datensatzzeiger eines Anfrageergebnisses zum Datensatz mit der übergebenen Nummer. Der nächste Aufruf von mysql_fetch_row() liefert den entsprechenden Datensatz. |
| mysql_db_query | $res=mysql_db_query ($db,$sql,$lkid) | Aufruf einer SQL-Anfrage $sql an die Datenbank. |
| mysql_drop_db | $succ=mysql_drop_db ($db,$lkid) | Versucht, eine komplette Datenbank vom Server, der mit der übergebenen Verbindungs-Kennung assoziiert wird, zu löschen. |
| mysql_errno | $err=mysql_errno ($lkid) | Liefert die Nummer einer Fehlermeldung einer zuvor ausgeführten MySQL-Operation. |
| mysql_error | $errmsg=mysql_error ($lkid) | Liefert den Fehlertext der zuvor ausgeführten MySQL-Operation. |
| mysql_escape_string | mysql_escape_string (unescaped_string) | Maskiert einen String zur sicheren Benutzung in mysql_query. |
| mysql_fetch_array | $arr=mysql_fetch_array ($res,$type) | Liefert einen Datensatz als assoziatives Array, als numerisches Array oder beides. $type gibt den Typ des Arrays an: MYSQL_ASSOC: assoziativ MYSQL_NUM: numerisch MYSQL_BOTH: beides |

| Funktion | Beispiel | Beschreibung |
|---|---|---|
| mysql_fetch_assoc | $arr=mysql_fetch_assoc($res) | Liefert ein assoziatives Array, das den geholten entsprechenden Datensatz enthält. Sind keine weiteren Datensätze vorhanden, gibt diese Funktion FALSE zurück. |
| mysql_fetch_field | $obj=mysql_fetch_field($res,$offset) | Liefert ein Objekt mit Feldinformationen aus einem Anfrageergebnis. |
| mysql_fetch_lengths | $arr=mysql_fetch_lengths($res) | Liefert ein Array, das die Länge eines jeden Felds in dem zuletzt über mysql_fetch_row() geholten Datensatz enthält – oder FALSE im Fehlerfall. |
| mysql_fetch_object | $obj=mysql_fetch_object($res,$type) | Liefert ein Objekt mit Eigenschaften, die den Feldern des geholten Datensatzes entsprechen, oder FALSE, wenn keine weiteren Datensätze vorhanden sind. |
| mysql_fetch_row | $arr=mysql_fetch_row($res) | Liefert einen Datensatz aus dem Anfrageergebnis mit der übergebenen Kennung. Der Datensatz wird als Array geliefert. Jedes Feld wird in einem Array-Offset abgelegt. Der Offset beginnt bei 0. |
| mysql_field_flags | $opt=mysql_field_flags($res,$offset) | Liefert die Flags des Felds mit dem übergebenen Offset. Die Flags werden als einzelne Werte pro Flag und durch ein einziges Leerzeichen getrennt geliefert, sodass sie leicht mit explode() getrennt werden können. |
| mysql_field_len | $len=mysql_field_len($res,$offset) | Liefert die Länge des angegebenen Felds. |
| mysql_field_name | $name=mysql_field_name($res,$index) | Liefert den Namen des Felds, das dem angegebenen Feldindex entspricht. Der Parameter Ergebnis-Kennung muss eine gültige Ergebnis-Kennung sein. Feldindex bestimmt den numerischen Offset des Felds. |
| mysql_field_seek | $erg=mysql_field_seek($res,$offset) | Setzt den Feldzeiger auf den angegebenen Feldoffset. Wird beim nächsten Aufruf von mysql_fetch_field() kein Feldoffset übergeben, wird der Feldoffset zurückgeliefert, der bei mysql_field_seek() angegeben wurde. |
| mysql_field_table | $name=mysql_field_table($res,$offset) | Liefert den Namen der Tabelle, die das genannte Feld enthält. |
| mysql_field_type | $type=mysql_field_type($res,$offset) | Liefert den Typ eines Felds in einem Ergebnis. |
| mysql_free_result | $succ=mysql_free_result($res) | Gibt den Speicher frei, der mit der Ergebnis-Kennung assoziiert ist. |
| mysql_get_client_info | $name=mysql_get_client_info() | Liefert eine Zeichenkette mit der Version der Clientbibliothek. |

| Funktion | Beispiel | Beschreibung |
|---|---|---|
| mysql_get_host_info | $name=mysql_get_host_info($res) | Liefert eine Zeichenkette, die den Typ der benutzten Verbindung Verbindungs-Kennung beschreibt. Der Hostname des Servers ist ebenfalls enthalten. Fehlt der Parameter $res, wird die zuletzt hergestellte Verbindung benutzt. |
| mysql_get_proto_info | $name=mysql_get_proto_info ($res) | Liefert die Protokollversion, die die Verbindung Verbindungs-Kennung nutzt. Fehlt der Parameter $res, wird die zuletzt hergestellte Verbindung benutzt. |
| mysql_get_server_info | $name=mysql_get_server_info($res) | Liefert die Serverversion, die die Verbindung mit der Verbindungs-Kennung nutzt. Fehlt $res, wird die zuletzt hergestellte Verbindung benutzt. |
| mysql_info | $name=mysql_info ($res) | Liefert genaue Informationen über die zuletzt ausgeführte Abfrage zurück, die über den Parameter $res ausgeführt wurde. Wird der optionale Parameter Verbindungs-Kennung nicht angegeben, so wird die letzte offene Verbindung benutzt. |
| mysql_insert_id | $id=mysql_insert_id ($lkid) | Liefert die ID, die bei der letzten INSERT-Operation für ein Feld vom Typ AUTO_INCREMENT vergeben wurde. Wenn die Verbindungskennung nicht angegeben wird, wird die zuletzt geöffnete Verbindung angenommen. |
| mysql_list_dbs | $res=mysql_list_dbs ($lkid) | Liefert eine Ergebnis-Kennung, die alle Datenbanken auf dem Datenbankserver enthält. Um diese Ergebnis-Kennung zu durchlaufen, benutzen Sie die Funktion mysql_tablename() oder irgendeine der Funktionen, die mit Ergebnistabellen umgehen kann, etwa mysql_fetch_array(). |
| mysql_list_fields | $res=mysql_list_fields ($db,$table,$lkid) | Gibt einen Verweis auf Felder einer Tabelle zurück. |
| mysql_list_processes | $pid=mysql_list_processes($res) | Liefert eine Ergebnis-Kennung, die alle laufenden MySQL-Prozesse enthält. |
| mysql_list_tables | $res=mysql_list_tables ($db,$lkid) | Gibt eine Liste der Tabellen einer Datenbank zurück. |
| mysql_num_fields | $anz=mysql_num_fields($res) | Liefert die Anzahl der Felder in der Ergebnismenge, die mit dem Parameter Ergebnis-Kennung angegeben wurde. |

| Funktion | Beispiel | Beschreibung |
|---|---|---|
| mysql_num_rows | $anz=mysql_num_rows($res) | Liefert die Anzahl der Datensätze einer Ergebnismenge. Diese Funktion ist nur gültig für SELECT-Befehle. Haben Sie eine INSERT-, UPDATE- oder DELETE-Abfrage ausgeführt und möchten die Anzahl der betroffenen Datensätze ermitteln, verwenden Sie die Funktion mysql_affected_rows(). |
| mysql_pconnect | $succ=mysql_pconnect($host,$user,$passwd) | Öffnet eine persistente Verbindung zu einem MySQL-Datenbankserver. |
| mysql_ping | mysql_ping($res) | Überprüft, ob die Verbindung zum Server funktioniert oder nicht. Ist die Verbindung abgebrochen, wird ein automatischer Reconnect versucht. |
| mysql_query | $succ=mysql_query($sql,$lkid) | Sendet eine Anfrage an die zurzeit aktive Datenbank, die mit der angegebenen Verbindungskennung assoziiert wird. Wird die Verbindungskennung nicht angegeben, wird die zuletzt geöffnete Verbindung angenommen. Wenn keine offene Verbindung besteht, wird versucht, eine Verbindung aufzubauen, wie beim Aufruf von mysql_connect() ohne Argumente, und diese wird dann benutzt. |
| mysql_real_escape_string | mysql_real_escape_string(unescaped_string,$res) | Diese Funktion maskiert spezielle Zeichen in unescaped_string, unter Berücksichtigung des aktuellen Zeichensatzes der Verbindung, zur sicheren Benutzung in mysql_query(). |
| mysql_result | $erg=mysql_result($res,$row,$field) | Gibt den Inhalt des Abfrageergebnisses für ein Feld zurück. |
| mysql_select_db | $succ=mysql_select_db($db,$lkid) | Wählt eine Datenbank aus. |
| mysql_stat | $status=mysql_stat($res) | Liefert den momentanen Serverstatus zurück. |
| mysql_tablename | $name=mysql_tablename($res,$i) | Liefert den zu einem Feld dazugehörigen Tabellennamen. |
| mysql_thread_id | $tid= mysql_thread_id($res) | Liefert die aktuelle Thread-ID. |

| Funktion | Beispiel | Beschreibung |
|---|---|---|
| mysql_unbuffered_query | $succ=mysql_unbuffered_query ($sql,$res) | Sendet eine SQL-Anfrage an MySQL, ohne dass die Datensätze des Ergebnisses automatisch geholt und gepuffert werden, wie es bei der Verwendung von `mysql_query()` der Fall ist. Einerseits spart dieses Vorgehen eine erhebliche Menge an Speicher bei SQL-Anfragen ein, die große Ergebnismengen liefern. Andererseits können Sie unmittelbar mit dem Anfrageergebnis arbeiten, sobald der erste Datensatz gefunden wurde: Sie müssen nicht darauf warten, dass die gesamte SQL-Anfrage abgeschlossen ist. Wird auf verschiedene Datenbanken gleichzeitig zugegriffen, muss der optionale Parameter `$res` angegeben werden. |

**Tipp:** Neben MySQL kann seit PHP 5 auch SQLite eingesetzt werden. SQLite ist keine Clientbibliothek, die zur Verbindung mit einem großen Datenbankserver genutzt wird. SQLite selbst ist der Server. Die SQLite-Bibliothek liest und schreibt direkt von und auf die Datenbankdateien auf der Festplatte.

## 7.2 Verwaltung von MySQL-Benutzern

In diesem Abschnitt wird Ihnen aufgezeigt, wie Sie mithilfe von phpMyAdmin in der Lage sind, die MySQL-Benutzerverwaltung zu nutzen.

Wählen Sie im linken Navigationsbereich aus dem Listenmenü die Datenbank *mysql* aus und lassen Sie sich den Inhalt der Tabelle *user* anzeigen. Die Benutzerliste könnte sich wie Bild 7.2 darstellen.

Neben dem in den Spalten *user* und *password* gespeicherten Benutzernamen und Passwort ist in der Spalte *host* der Rechner angegeben, von dem aus der Zugriff erfolgen darf.

Standardmäßig ist ein Benutzer mit dem Benutzernamen *root* angelegt, dieser benötigt für den Zugriff auf MySQL kein Passwort. Der Benutzer ist zusätzlich mit sämtlichen Rechten ausgestattet, was Sie daran erkennen können, dass in allen Spalten ein *Y* für »yes« eingetragen ist.

In der zweiten Zeile finden sich dieselben Einträge, nur dass bei *host* der Platzhalter % eingetragen ist. Hiermit wird festgelegt, dass der Benutzer von allen Rechnern aus ohne ein Passwort auf MySQL zugreifen darf. Die Beschränkung des Zugriffs auf *localhost* ist damit nicht wirksam. Damit existieren sozusagen keine Zugriffsbeschränkungen, was jedoch beim Einsatz einer lokalen Testumgebung nicht besonders dramatisch ist.

# Kapitel 7: Datenbankprogrammierung

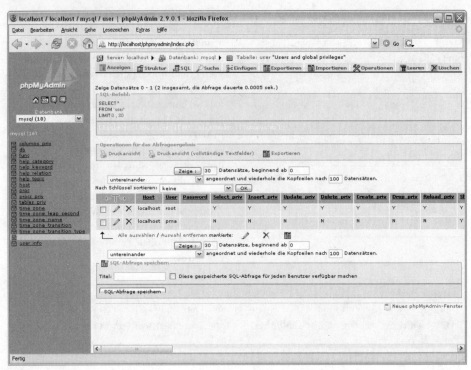

Bild 7.2: In der Tabelle werden die Rechte der Benutzer verwaltet.

## 7.2.1 Anlegen und Bearbeiten von Benutzern

Zum Anlegen eines neuen Benutzers klicken Sie im rechten Fenster auf *Neue Zeile einfügen*. Im folgenden Bild wird für *localhost* ein Benutzer matthias angelegt, der sämtliche Rechte erhält und das Passwort geheim erhält.

## 7.2 Verwaltung von MySQL-Benutzern

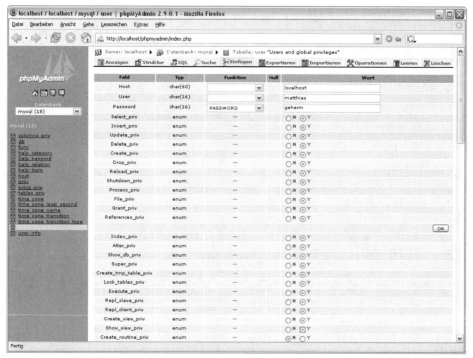

Bild 7.3: Benutzer matthias, Passwort geheim

Für die Rechtevergabe stehen Ihnen folgende Rechte (Privilegien) zur Verfügung:

| Recht | Bedeutung |
| --- | --- |
| Select_priv | Das Recht, Daten aus der Datenbank auszulesen. Sollte dieses Recht nicht erteilt sein, können keinerlei Daten aus der Datenbank ausgelesen werden. |
| Insert_priv | Das Recht, Daten in Tabellen einzufügen. |
| Update_priv | Das Recht, Daten in Tabellen zu ändern. |
| Delete_priv | Das Recht, Daten aus Tabellen zu löschen. |
| Create_priv | Das Recht, Datenbanken oder Tabellen anzulegen. |
| Drop_priv | Das Recht, Datenbanken oder Tabellen zu löschen. |
| Reload_priv | Das Recht, administrative Kommandos auszuführen. |
| Shutdown_priv | Das Recht zum Herunterfahren von MySQL. Dabei wird auf andere Benutzer, die möglicherweise noch mit der MySQL verbunden sind, keine Rücksicht genommen. |
| Process_priv | Das Recht, lesend auf Eingabeaufforderungen zuzugreifen. |
| File_priv | Das Recht, jede Datei zu lesen. |
| Grant_priv | Das Recht, Zugriffsrechte zu vergeben, die über die eigenen Rechte nicht hinausgehen. |
| Revoke_priv | Das Recht, anderen Benutzern Rechte zu entziehen. |
| Index_priv | Das Recht, Indizes einer Tabelle zu erzeugen und zu ändern. |
| Alter_priv | Das Recht, die Struktur von Tabellen zu ändern, beispielsweise ein zusätzliches Feld anfügen. |

Abschließend müssen Sie unten auf der Seite auf *OK* klicken, um den Benutzer anzulegen. Durch die Auswahl der Funktion *PASSWORD* wird das Passwort dabei verschlüsselt und ist danach nicht mehr im Klartext innerhalb der Tabelle *user* zu sehen.

### Angaben eines Benutzers ändern

Um die Angaben wie Name, Passwort und Rechte eines Benutzers zu ändern, müssen Sie lediglich auf *Ändern* klicken, und schon stehen Ihnen sämtliche Felder zur Bearbeitung zur Verfügung.

### Benutzer löschen

Um einen Benutzer zu löschen, klicken Sie auf *Löschen*. Grundsätzlich sollten Sie darauf achten, dass Ihnen ein Benutzer mit sämtlichen Rechten zur Verfügung steht.

## 7.3 PHP und MySQL-Verbindung

Jetzt sollten Sie prüfen, ob eine *Verbindung* zum MySQL-Server aufgebaut werden kann und via PHP auf vorhandene Datenbanken zugegriffen werden kann.

*Prozedurale Syntax*

```php
<?php

// Verbindungsvariable samt Zugangsdaten festlegen
@$db = mysqli_connect('localhost', 'matthias', 'geheim');

// Verbindung überprüfen
if (mysqli_connect_errno()) {
    printf("Verbindung fehlgeschlagen: %s\n", mysqli_connect_error());
    exit();
}

echo "Verbindung erfolgreich: " . mysqli_get_host_info($db) . "\n</br>";
echo "Server: " . mysqli_get_server_info($db);

// Verbindung zum Datenbankserver beenden
mysqli_close($db);

?>
```

*Objektorientierte Syntax*

```php
<?php

// Verbindungs-Objekt samt Zugangsdaten festlegen
@$db = new mysqli('localhost', 'matthias', 'qeheim');

// Verbindung überprüfen
if (mysqli_connect_errno()) {
    printf("Verbindung fehlgeschlagen: %s\n", mysqli_connect_error());
    exit();
}

echo "Verbindung erfolgreich: " . $db->host_info . "\n</br>";
echo "Server: " . $db->server_info;
```

```
// Verbindung zum Datenbankserver beenden
$db->close();

?>
```

Die erste Zeile stellt eine Verbindung zum MySQL-Server her. Dabei werden der Name des Hosts, der Benutzername und das Passwort übergeben. Optional kann als viertes Argument noch die zu verwendende Datenbank eingetragen werden. Auf einem lokalen Rechner verwenden Sie als Hostname *localhost*. Optional kann eine Portnummer übergeben werden. Der Standardwert für die Portnummer lautet 3306. Mit Portnummer hätte die Skriptzeile folgende Struktur:

```
@$db = new mysqli('localhost', 'matthias', 'geheim', '', '3306');
```

Sollte es zu Problemen beim Verbindungsaufbau kommen, wird die Ausgabe *Verbindung fehlgeschlagen: Fehlercode* sein.

> **Achtung:** Das Verbindungsobjekt $db sollte immer gesetzt werden, um mit dessen Hilfe jederzeit auf die bestehende Verbindung zum MySQL-Server zugreifen zu können und beispielsweise die Verbindung zu beenden: $db->close(). Der Bezeichner für die Verbindungsvariable kann natürlich frei gewählt werden, anstatt $db würde sich auch $db_verbindung oder $server eignen.

Sollte der Verbindungsaufbau erfolgreich sein, erhalten Sie die Ausgabe *Verbindung erfolgreich* und Serverversion ($db->server_info) samt Verbindungstyp ($db->host_info). Anschließend wird mit der letzten Skriptzeile dafür gesorgt, dass die Verbindung zum MySQL-Server wieder beendet wird.

Sie sollten folgendes Skript testen.

*Objektorientierte Syntax*

```
<?php
// Verbindungs-Objekt samt Zugangsdaten festlegen
@$db = new mysqli('localhost', 'matthias', 'geheim');

// Verbindung überprüfen
if (mysqli_connect_errno()) {
    printf("Verbindung fehlgeschlagen: %s\n", mysqli_connect_error());
    exit();
}

// SQL-Befehl
$sql_befehl = "SHOW DATABASES";
if ($resultat = $db->query($sql_befehl)) {
    // Meldung bei erfolgreicher Abfrage
    while($daten = $resultat->fetch_object() ){
        // Namen der Datenbanken ausgeben
        echo $daten->Database . "\n</br>";
    }
    // Anzahl der Abfragezeilen
    $anzahl = $resultat->num_rows;
    // Ausgabe
    printf("Abfrage enthält %d Datenbank(en).\n</br>", $anzahl);
```

```php
    // Speicher freigeben
    $resultat->close();
} else {
    // Meldung bei Fehlschlag
    echo "Zugriff fehlgeschlagen!";
}

// Verbindung zum Datenbankserver beenden
$db->close();

?>
```

*Prozedurale Syntax*

```php
<?php

// Verbindungs-Objekt samt Zugangsdaten festlegen
@$db = mysqli_connect('localhost', 'matthias', 'geheim');

// Verbindung überprüfen
if (mysqli_connect_errno()) {
    printf("Verbindung fehlgeschlagen: %s\n", mysqli_connect_error());
    exit();
}

// SQL-Befehl
$sql_befehl = "SHOW DATABASES";

if ($resultat = mysqli_query($db, $sql_befehl)) {
    // Meldung bei erfolgreicher Abfrage
   while($daten = mysqli_fetch_object($resultat) ){
        // Namen der Datenbanken ausgeben
         echo $daten->Database . "\n</br>";
    }
    // Anzahl der Abfragezeilen
    $anzahl = mysqli_num_rows($resultat);
    // Ausgabe
    printf("Abfrage enthält %d Datenbank(en).\n</br>", $anzahl);
    // Speicher freigeben
    mysqli_free_result($resultat);
} else {
    // Meldung bei Fehlschlag
    echo "Zugriff fehlgeschlagen!";
}

// Verbindung zum Datenbankserver beenden
mysqli_close($db);

?>
```

Die Ausgabe sollte in etwa wie folgt aussehen:

```
cdcol
mysql
testbank
praxisbuch
test
webauth
Abfrage enthält 6 Datenbank(en).
```

## Fehlermeldungen unterdrücken

Ich hätte da noch einen speziellen Typ für Sie. Wenn die Verbindung fehlschlägt, wird eine Fehlermeldung erzeugt und ausgegeben. In diesem Fall können Sie diese Fehlermeldung unterdrücken, indem Sie vor den Verbindungsaufbau das @-Zeichen setzen. Das ist vor allem sinnvoll, wenn Sie eine eigene Fehlerbehandlung vornehmen wollen.

*Beispiel – objektorientierte Syntax*

```php
<?php

// Verbindungs-Objekt samt Zugangsdaten festlegen
@$db = new mysqli('localhost', 'matthias', 'geheim');

// Verbindung überprüfen
if (mysqli_connect_errno()) {
   printf("Verbindung fehlgeschlagen: %s\n", mysqli_connect_error());
   exit();
}
else
{
   echo "Verbindung erfolgreich!";
}

?>
```

Sollten Sie eine Verbindungsvariable verwenden wollen, lässt sich eine Fehlerbehandlung auch wie folgt realisieren:

*Beispiel – prozedurale Syntax*

```php
<?php

// Verbindungsvariable samt Zugangsdaten festlegen
@$db = mysqli_connect('localhost', 'matthias', 'geheim');

// Verbindung überprüfen
if (mysqli_connect_errno()) {
   printf("Verbindung fehlgeschlagen: %s\n", mysqli_connect_error());
   exit();
}
else
{
   echo "Verbindung erfolgreich!";
}
?>
```

Soll es noch etwas kompakter sein, dann ist diese Lösung genau richtig.

*Beispiel – prozedurale Syntax*

```php
<?php

// Verbindungsvariable samt Zugangsdaten festlegen
@$db = mysqli_connect('localhost', 'matthias', 'geheim') OR
die("Verbindung fehlgeschlagen: " . mysqli_connect_error());
// Verbindung - Ausgabe
echo "Verbindung erfolgreich!";
?>
```

Die erste Zeile versucht eine Datenbankverbindung aufzubauen und erzeugt im Erfolgsfall eine Verbindungsvariable, auf die Sie im weiteren Verlauf des Skripts mit der Variablen $db zugreifen können. Lässt sich die Verbindung nicht aufbauen, gibt die Funktion die() eine Fehlermeldung aus und bricht die Bearbeitung des Skripts ab.

## 7.4 PHP und MySQL-Zugriffe

Im folgenden Abschnitt werden Sie diverse MySQLi-Methoden und SQL-Abfragen kennenlernen, die Ihnen den Zugriff und die Verwaltung eines Datenbankverwaltungssystems (DBMS) ermöglichen.

> **Hinweis:** In den Skripts wird vor allem die objektorientierte Syntax verwendet. Auf der Buch-CD finden Sie die Lösungen, welche die prozedurale Verarbeitung enthalten.

### 7.4.1 Datenbank erstellen

Wie Sie bereits wissen, ist eine Datenbank unter MySQL nichts anderes als ein Verzeichnis. Die Einrichtung einer Datenbank bedeutet somit, ein Verzeichnis zu erzeugen. Die MySQLi-Methode query() ermöglicht es Ihnen, via SQL-Abfrage ein solches Verzeichnis anzulegen.

```php
<?php
// Verbindungs-Objekt samt Zugangsdaten festlegen
@$db = new mysqli('localhost', 'matthias', 'geheim');

// Verbindung überprüfen
if (mysqli_connect_errno()) {
    printf("Verbindung fehlgeschlagen: %s\n", mysqli_connect_error());
    exit();
}

// SQL-Befehl
$sql_befehl = "CREATE DATABASE IF NOT EXISTS testbank";

if ($db->query($sql_befehl)) {
    // Meldung bei erfolgreicher Erstellung der Datenbank
    echo "Datenbank erfolgreich angelegt.";
} else {
    // Meldung bei Fehlschlag
    echo "Datenbank konnte nicht angelegt werden!";
}

// Verbindung zum Datenbankserver beenden
$db->close();
?>
```

Beim Anlegen der Datenbank ist Ihnen die SQL-Abfrage CREATE DATABASE IF NOT EXISTS testbank behilflich. Sollte die Datenbank nicht angelegt werden können, wird eine Fehlermeldung ausgegeben.

## 7.4.2 Datenbanktabelle erstellen

Nachdem Sie nun eine Datenbank erstellt haben, erzeugen Sie eine Tabelle. Eine Tabelle wird ebenfalls mithilfe der MySQLi-Methode `query()` erzeugt. Das folgende Skript sorgt dafür, dass Ihnen die Tabelle *Mitglieder* innerhalb der Datenbank *Verein* zur Verfügung gestellt wird.

```php
<?php
// Verbindungs-Objekt samt Zugangsdaten festlegen
@$db = new mysqli('localhost', 'matthias', 'geheim');

// Verbindung überprüfen
if (mysqli_connect_errno()) {
    printf("Verbindung fehlgeschlagen: %s\n", mysqli_connect_error());
    exit();
}

// SQL-Befehl - Anlegen der Datenbank
$sql_befehl = "CREATE DATABASE IF NOT EXISTS Verein";

if ($db->query($sql_befehl)) {
    // Meldung bei erfolgreicher Erstellung der Datenbank
    echo "Datenbank erfolgreich angelegt.";
    // Datenbankwechseln (verwenden)
    //Alternative: $db->query("USE Verein");
    $db->select_db("Verein");
} else {
    // Meldung bei Fehlschlag
    echo "Datenbank konnte nicht angelegt werden!";
    exit();
}

// SQL-Befehl - Anlegen der Datenbanktabelle
$sql_befehl = "CREATE TABLE IF NOT EXISTS Mitglieder (
MitgliedID INTEGER NOT NULL AUTO_INCREMENT,
MitgliedVorname CHAR(40),
MitgliedNachname CHAR(40),
Aufgabe CHAR(40),
Geburtsdatum DATE,
PRIMARY KEY (MitgliedID)
)";

if ($db->query($sql_befehl)) {
    // Meldung bei erfolgreicher Erstellung der Datenbanktabelle
    echo "Datenbanktabelle erfolgreich angelegt.";
} else {
    // Meldung bei Fehlschlag
    echo "Datenbanktabelle konnte nicht angelegt werden!";
}

// Verbindung zum Datenbankserver beenden
$db->close();
?>
```

Das Skript erscheint Ihnen vielleicht etwas lang. Die Sicherheitsabfragen führen dazu, dass das Skript schnell an Umfang gewinnt. Bei Prozessen, die vom Erfolg anderer Prozesse abhängig sind, sollten Sie jedoch immer prüfen, ob der vorhergehende Prozess samt Operationen erfolgreich abgeschlossen wurde oder nicht. Es wird überprüft, ob die Datenbank, die erzeugt werden soll, bereits vorhanden ist. Sollte dies nicht der Fall sein, wird sie erzeugt. Anschließend wird auf die Datenbank *Verein* verwiesen. Dann kommt es zur Festlegung der Tabellenfelder und deren Datentypen.

### Primärschlüsselfeld

Die vorliegende Tabelle enthält noch eine Besonderheit, und zwar einen Primärschlüssel, welcher durch die `MitgliedID` symbolisiert wird. Eine Tabelle benötigt in der Regel einen Primärschlüssel, über den der einzelne Datensatz eindeutig identifiziert werden kann. Sie können hierfür mehrere Spalten einsetzen. Sinnvoller ist es jedoch meist, einzelne Felder zu verwenden. Mit dem Zusatz `PRIMARY KEY` erklären Sie das zuvor definierte Feld `MitgliedID` zum Schlüsselfeld. Hier sind dann automatisch nur noch eindeutige Einträge zulässig. Der Zusatz `NOT NULL` legt fest, dass dieses Feld nicht leer bleiben darf. Der Anwender ist somit gezwungen, hier einen Wert einzugeben.

### Primärschlüsselfeld und AUTO_INCREMENT

Das Problem, in ein Schlüsselfeld immer eindeutige Einträge eingeben zu müssen, lässt sich mithilfe von `AUTO_INCREMENT` lösen. Sobald ein Feld als `auto_increment-feld` deklariert wurde, werden beim Hinzufügen neuer Datensätze automatisch passende Einträge in dem Feld eingesetzt. Der Anwender muss sich um dieses Feld gar nicht mehr kümmern. MySQL ermittelt automatisch den bisher höchsten Eintrag und erhöht diesen um den Wert 1. Diese Lösung des Problems ist der bequemste und gleichzeitig der sicherste Weg.

### Datentypen

MySQL unterstützt eine Reihe von *Spaltentypen*, die in drei Kategorien unterteilt werden können: Numerische Typen, Datums- und Zeit-Typen sowie Zeichenketten-Typen.

Der jeweilige Typ sollte möglichst genau auf die Daten abgestimmt sein, die Sie speichern wollen. Durch die Spaltentypen erhalten Sie eine gewisse Eingabekontrolle, da falsche Daten eventuell schon bei der Eingabe mit einer Fehlermeldung abgewiesen werden. Wenn ein Feld beispielsweise nur ganzzahlige Werte enthalten soll, ist der Typ `INTEGER` zu wählen. Hier eine Zusammenstellung der wichtigsten Spaltentypen (Datentypen):

| Typ | Bedeutung |
|---|---|
| TINYINT | Eine sehr kleine Ganzzahl. Der vorzeichenbehaftete Bereich ist -128 bis 127, der vorzeichenlose Bereich ist 0 bis 255. |
| SMALLINT | Eine kleine Ganzzahl. Der vorzeichenbehaftete Bereich ist -32768 bis 32767, der vorzeichenlose Bereich ist 0 bis 65535. |
| MEDIUMINT | Eine Ganzzahl mittlerer Größe. Der vorzeichenbehaftete Bereich ist -8388608 bis 8388607, der vorzeichenlose Bereich ist 0 bis 16777215. |
| INT/INTEGER | Eine Ganzzahl normaler Größe. Der vorzeichenbehaftete Bereich ist -2147483648 bis 2147483647, der vorzeichenlose Bereich ist 0 bis 4294967295. |

## 7.4 PHP und MySQL-Zugriffe

| Typ | Bedeutung |
|---|---|
| BIGINT | Eine große Ganzzahl. Der vorzeichenbehaftete Bereich ist -9223372036854775808 bis 9223372036854775807, der vorzeichenlose Bereich ist 0 bis 18446744073709551615. |
| FLOAT | Eine kleine Fließkommazahl (einfacher Genauigkeit). Der Wertebereich umfasst -3.402823466E+38 bis -1.175494351E-38, 0 und 1.175494351E-38 bis 3.402823466E+38. |
| DOUBLE / REAL | Eine normal große Fließkommazahl (doppelter Genauigkeit). Der Wertebereich umfasst -1.7976931348623157E+308 bis -2.2250738585072014E-308, 0 und 2.2250738585072014E-308 bis 1.7976931348623157E+308. |
| DATE | Ein Datum. Der unterstützte Wertebereich ist '1000-01-01' bis '9999-12-31'. MySQL zeigt DATE-Werte im 'YYYY-MM-DD'-Format an, gestattet jedoch, DATE-Spalten Werte als Zeichenkette oder als Zahl zuzuweisen. |
| DATETIME | Eine Datums-Zeit-Kombination. Der unterstützte Wertebereich ist '1000-01-01 00:00:00' bis '9999-12-31 23:59:59'. MySQL zeigt DATETIME-Werte im 'YYYY-MM-DD HH:MM:SS'-Format an, gestattet jedoch, DATETIME-Spalten Werte als Zeichenkette oder als Zahl zuzuweisen. |
| TIMESTAMP | Ein Zeitstempel. Der Wertebereich ist '1970-01-01 00:00:00' bis irgendwann im Jahr 2037. |
| TIME | Ein Zeit-Typ. Der Wertebereich ist '-838:59:59' bis '838:59:59'. MySQL zeigt TIME-Werte im 'HH:MM:SS'-Format an, gestattet jedoch, TIME-Spalten Werte entweder als Zeichenkette oder als Zahle zuzuweisen. |
| CHAR | Eine Zeichenkette fester Länge, die beim Speichern rechts steht und mit Leerzeichen bis zur angegebenen Länge aufgefüllt wird. Der Wertebereich liegt zwischen 1 bis 255 Zeichen. |
| VARCHAR | Eine Zeichenkette variabler Länge. Der Wertebereich liegt zwischen 1 bis 255 Zeichen. |
| TINYBLOB / TINYTEXT | Eine BLOB- oder TEXT-Spalte mit einer maximalen Länge von 255 ($2^8 - 1$) Zeichen. |
| BLOB / TEXT | Eine BLOB- oder TEXT-Spalte mit einer maximalen Länge von 65535 ($2^{16} - 1$) Zeichen. |
| MEDIUMBLOB / MEDIUMTEXT | Eine BLOB- oder TEXT-Spalte mit einer maximalen Länge von 16777215 ($2^{24} - 1$) Zeichen. |
| LONGBLOB / LONGTEXT | Eine BLOB- oder TEXT-Spalte mit einer maximalen Länge von 4294967295 ($2^{32} - 1$) Zeichen. |

Bei der Definition von Feldern ist neben der Typangabe gelegentlich auch noch die Feldlänge anzugeben. Das gilt vor allem für die Typen CHAR und VARCHAR.

```
MitgliedNachname CHAR(40)
```

Bei ganzzahligen Typen wie INTEGER (INT), SMALLINT und BIGINT können Sie mit UNSIGNED noch bestimmen, ob ein Wert mit oder ohne Vorzeichen dargestellt werden soll:

```
ProduktNr INTEGER UNSIGNED
```

Für Felder wie `MitgliedID`, welche lediglich positive Werte enthalten, kann es sinnvoll sein, `UNSIGNED` zu verwenden.

### Anzahl der Datenbanktabellen in einer Datenbank

Sollten Sie in Erfahrung bringen wollen, wie viele Datenbanktabellen innerhalb einer Datenbank vorhanden sind, können Sie folgendes Skript einsetzen, um eine entsprechende Auflistung zu erhalten.

```php
<?php
// Verbindungs-Objekt samt Zugangsdaten festlegen
@$db = new mysqli('localhost', 'matthias', 'geheim', 'Verein');

// Verbindung überprüfen
if (mysqli_connect_errno()) {
    printf("Verbindung fehlgeschlagen: %s\n", mysqli_connect_error());
    exit();
}

// SQL-Befehl
$sql_befehl = "SHOW TABLES";

if ($resultat = $db->query($sql_befehl)) {
    // Meldung bei erfolgreicher Abfrage
    while($daten = $resultat->fetch_object() ){
        // Namen der Datenbankentabellen ausgeben
        echo $daten->Tables_in_verein . "\n</br>";
    }
    // Anzahl der Abfragezeilen
    $anzahl = $resultat->num_rows;
    // Ausgabe
    printf("Abfrage enthält %d Tabelle(n).\n</br>", $anzahl);
    // Speicher freigeben
    $resultat->close();
} else {
    // Meldung bei Fehlschlag
    echo "Zugriff fehlgeschlagen!";
}
// Verbindung zum Datenbankserver beenden
$db->close();
?>
```

### 7.4.3 Datenverwaltung

Kommen wir zur Datenverwaltung. Damit sind sämtliche Verarbeitungsprozesse wie Einfügen, Ändern, Löschen und Ausgeben von Datensätzen einer Datenbanktabelle gemeint. Die Verarbeitung erfolgt über die MySQL-Anweisungen `INSERT`, `UPDATE`, `DELETE` und `SELECT`.

> **Achtung:** Im folgenden Abschnitt gehen wir davon aus, dass Sie die in den vorherigen Abschnitten vorgestellte Datenbank samt Datenbanktabelle erzeugt haben.

## INSERT – Datensätze einfügen

Die erzeugte Datenbanktabelle *Mitglieder* enthält noch keine Datensätze, die Sie bearbeiten könnten. Daher sollten Sie als Erstes einen oder mehrere Datensätze, je nach Bedarf, hinzufügen. Dabei wird Ihnen die MySQLi-Methode `query()`, die Sie bereits kennengelernt haben, behilflich sein.

```php
<?php
// Verbindungs-Objekt samt Zugangsdaten festlegen
@$db = new mysqli('localhost', 'matthias', 'geheim', 'Verein');

// Verbindung überprüfen
if (mysqli_connect_errno()) {
    printf("Verbindung fehlgeschlagen: %s\n", mysqli_connect_error());
    exit();
}

// Datensatz-Inhalte festlegen
$sql_befehl = "
INSERT INTO Mitglieder (
   MitgliedID,
   MitgliedVorname,
   MitgliedNachname,
   Aufgabe,
   Geburtsdatum
) VALUES (
   '',
   'Matthias',
   'Kannengiesser',
   'Leitung',
   '1974-11-20'
)";

if ($db->query($sql_befehl)) {
    // Meldung bei Erfolg
    echo "Datensatz erfolgreich hinzugefügt!";
} else {
    // Meldung bei Fehlschlag
    echo "Datensatz konnte nicht hinzugefügt werden!";
}

// Verbindung zum Datenbankserver beenden
$db->close();
?>
```

Das Beispiel enthält sämtliche erforderlichen Prozesse. Sie sollten sich vor allem den SQL-Befehl genauer betrachten. Mit `INSERT INTO` bestimmen Sie die Tabelle, in die Sie den Datensatz hinzufügen wollen. Anschließend werden sämtliche benötigten Felder aufgelistet. Die Inhalte bzw. Werte der Felder sind im `VALUES`-Abschnitt anzugeben. Achten Sie vor allem auf die einfachen Anführungszeichen. Da der gesamte String in doppelte Anführungszeichen eingeschlossen ist, müssen Sie hier einfache Anführungszeichen verwenden.

Der SQL-Befehl kann im vorliegenden Fall etwas gekürzt werden, da Sie bereits während der Erzeugung der Tabelle festgelegt haben, dass das Feld `MitgliedID` ein Primärschlüsselfeld ist, das automatisch eine Wertveränderung erfährt. Die Variable `$sql_befehl` könnte somit wie folgt angepasst werden:

```
$sql_befehl = "
INSERT INTO Mitglieder (
  MitgliedID,
  MitgliedVorname,
  MitgliedNachname,
  Aufgabe,
  Geburtsdatum
) VALUES (
  '',
  'Matthias',
  'Kannengiesser',
  'Leitung',
  '1974-11-20'
)";
```

Sollten Sie bei der Übergabe der Felder die Reihenfolge einhalten, in der Sie die Datenbanktabelle angelegt haben, können Sie die Angabe sogar noch weiter anpassen:

```
$sql_befehl = "
INSERT INTO Mitglieder VALUES (
  '',
  'Matthias',
  'Kannengiesser',
  'Leitung',
  '1974-11-20'
)";
```

### Gleichzeitiges Speichern mehrerer Datensätze

MySQL unterstützt auch, abweichend vom SQL-Standard, das gleichzeitige Speichern mehrerer Datensätze in einer Zelle. Die Syntax lautet dann wie folgt:

```
// Mehrere Datensätze festlegen
$sql_befehl = "
INSERT INTO Mitglieder (
  MitgliedID,
  MitgliedVorname,
  MitgliedNachname,
  Aufgabe,
  Geburtsdatum
) VALUES (
  '',
  'Matthias',
  'Kannengiesser',
  'Leitung',
  '1974-11-20'
),(
  '',
  'Caroline',
  'Kannengiesser',
  'Leitung',
  '1979-01-04'
```

```
),(
    '',
    'Thomas',
    'Mustermann',
    'Mitglied',
    '1967-10-10'
)";
```

oder ohne Feldbezeichnungen:

```
// Mehrere Datensätze festlegen
$sql_befehl = "
INSERT INTO Mitglieder VALUES (
    '',
    'Matthias',
    'Kannengiesser',
    'Leitung',
    '1974-11-20'
),(
    '',
    'Caroline',
    'Kannengiesser',
    'Leitung',
    '1979-01-04'
),(
    '',
    'Thomas',
    'Mustermann',
    'Mitglied',
    '1967-10-10'
)";
```

## UPDATE – Datensätze bearbeiten

Zur Bearbeitung von Datensätzen wird die MySQL-Anweisung UPDATE verwendet. Diese Anweisung kann gleich mehrere Datensätze und Felder ändern und sollte daher sehr sorgfältig eingesetzt werden. Sie werden nun erfahren, wie die Bearbeitung von Datensätzen aussieht.

```
<?php

// Verbindungs-Objekt samt Zugangsdaten festlegen
@$db = new mysqli('localhost', 'matthias', 'geheim', 'Verein');

// Verbindung überprüfen
if (mysqli_connect_errno()) {
    printf("Verbindung fehlgeschlagen: %s\n", mysqli_connect_error());
    exit();
}

// Datensätze aktualisieren (bearbeiten)
$sql_befehl = "
UPDATE Mitglieder
SET Aufgabe = 'Chef'
WHERE MitgliedNachname = 'Kannengiesser'
";
```

```
if ($db->query($sql_befehl)) {
    // Meldung bei Erfolg
    echo "Anzahl geänderter Datensätze: " . $db->affected_rows;
} else {
    // Meldung bei Fehlschlag
    echo "Datensatz konnte nicht bearbeitet werden!";
}

// Verbindung zum Datenbankserver beenden
$db->close();

?>
```

Es werden sämtliche Datensätze bearbeitet, die im Feld `MitgliedNachname` *Kannengiesser* enthalten. Innerhalb des jeweiligen Datensatzes wird das Feld `Aufgabe` bearbeitet.

Natürlich können Sie auch ohne Weiteres mehrere Felder gleichzeitig bearbeiten. Die einzelnen Änderungen werden durch Kommas getrennt.

```
// Datensatz-Bearbeitung festlegen
$sql_befehl = "
UPDATE Mitglieder
SET Aufgabe = 'Chef',
    MitgliedVorname = 'Matze',
WHERE MitgliedNachname = 'Kannengiesser'
";
```

### DELETE – Datensätze löschen

Zum Löschen von Datensätzen wird die MySQL-Anweisung `DELETE` verwendet. Diese Anweisung kann ebenfalls gleich mehrere Datensätze und Felder löschen und sollte daher genau so sorgfältig wie die MySQL-Anweisung `UDPATE` eingesetzt werden. Hier ein Beispiel zum Löschen von Datensätzen:

```
<?php

// Verbindungs-Objekt samt Zugangsdaten festlegen
@$db = new mysqli('localhost', 'matthias', 'geheim', 'Verein');

// Verbindung überprüfen
if (mysqli_connect_errno()) {
    printf("Verbindung fehlgeschlagen: %s\n", mysqli_connect_error());
    exit();
}

// Datensätze löschen
$sql_befehl = "
DELETE FROM Mitglieder
WHERE MitgliedNachname = 'Kannengiesser' AND Geburtsdatum = '1974-11-20'
";

if ($db->query($sql_befehl)) {
    // Meldung bei Erfolg
    echo "Anzahl gelöschter Datensätze: " . $db->affected_rows;
} else {
    // Meldung bei Fehlschlag
    echo "Datensatz konnte nicht gelöscht werden!";
```

```
}
// Verbindung zum Datenbankserver beenden
$db->close();
?>
```

An diesem Beispiel lässt sich zusätzlich erkennen, wie man den WHERE-Abschnitt des SQL-Befehls erweitern und somit den zu löschenden Datensatz genauer eingrenzen kann. Schließlich wäre es schade, wenn sämtliche *Kannengiesser* aus der Tabelle entfernt würden.

### SELECT – Datensätze ausgeben

Es stehen Ihnen unzählige Möglichkeiten zur Verfügung, die Daten aus einer Datenbank abzufragen und auszugeben. Wir werden Ihnen jedoch lediglich einige ausgewählte Varianten vorstellen.

*Beispiel – Ausgabe eines Datensatzes und Zugriff auf Datenfelder*
```
<?php
// Verbindungs-Objekt samt Zugangsdaten festlegen
@$db = new mysqli('localhost', 'matthias', 'geheim', 'Verein');
// Verbindung überprüfen
if (mysqli_connect_errno()) {
    printf("Verbindung fehlgeschlagen: %s\n", mysqli_connect_error());
    exit();
}
// Datensatz-Ausgabe festlegen
$sql_befehl = "SELECT * FROM Mitglieder";
if ($resultat = $db->query($sql_befehl)) {
    // Datensatzzeile als Array übergeben
    $datensatz = $resultat->fetch_array();
    // Ausgabe
    echo $datensatz[0];              // 3
    echo $datensatz[1];              // Caroline
    echo $datensatz["Aufgabe"];  // Chef
    // Speicher freigeben
    $resultat->close();
} else {
    // Meldung bei Fehlschlag
    echo "Zugriff fehlgeschlagen!";
}
// Verbindung zum Datenbankserver beenden
$db->close();
?>
```

Die MySQL-Anweisung liefert sämtliche Spalten (Datenfelder) und Zeilen (Datensätze) der im FROM-Abschnitt bezeichneten Tabelle, also sämtliche Datensätze der Datenbanktabelle. Die echo-Zeilen geben einzelne Feldinhalte aus. Die Methode fetch_array() sorgt dafür, dass die Inhalte in Form eines Arrays zur Verfügung gestellt werden.

## Beispiel – Ausgabe sämtlicher Datensätze und Datenfelder

```php
<?php
// Verbindungs-Objekt samt Zugangsdaten festlegen
@$db = new mysqli('localhost', 'matthias', 'geheim', 'Verein');

// Verbindung überprüfen
if (mysqli_connect_errno()) {
    printf("Verbindung fehlgeschlagen: %s\n", mysqli_connect_error());
    exit();
}

// Datensatz-Ausgabe festlegen
$sql_befehl = "SELECT * FROM Mitglieder";

if ($resultat = $db->query($sql_befehl)) {
    // Durchlaufen der Datenbankabfrage
    while($datensatz = $resultat->fetch_array() ){
        // Datenfelder - linear abrufen
        echo $datensatz[0] . "\n</br>";
        echo $datensatz[1] . "\n</br>";
        echo $datensatz[2] . "\n</br>";
        echo $datensatz[3] . "\n</br>";
        echo $datensatz[4] . "\n</br>";

        // Datenfelder - assoziativ abrufen
        echo $datensatz["MitgliedID"] . "\n</br>";
        echo $datensatz["MitgliedVorname"] . "\n</br>";
        echo $datensatz["MitgliedNachname"] . "\n</br>";
        echo $datensatz["Aufgabe"] . "\n</br>";
        echo $datensatz["Geburtsdatum"] . "\n</br>";

        // Datenfelder - Inhalte extrahieren und
        // als Variablen zur Verfügung stellen
        extract($datensatz);
        echo $MitgliedID . "\n</br>";
        echo $MitgliedVorname . "\n</br>";
        echo $MitgliedNachname . "\n</br>";
        echo $Aufgabe . "\n</br>";
        echo $Geburtsdatum . "\n</br>";
    }
    // Speicher freigeben
    $resultat->close();
} else {
    // Meldung bei Fehlschlag
    echo "Zugriff fehlgeschlagen!";
}

// Verbindung zum Datenbankserver beenden
$db->close();

?>
```

Die `while`-Schleife durchläuft mithilfe von `fetch_array()` sämtliche Datensätze, die durch `SELECT` geliefert wurden. Sie gibt die Feldinhalte in Form eines Arrays aus. Die PHP-Funktion `extract()` ermöglicht es Ihnen, mithilfe der Feldbezeichnungen auf die

Feldinhalte zuzugreifen und diese auszugeben. Die Ausgabe kann durch zusätzliche HTML-Strukturen und CSS optimiert werden.

```html
<!DOCTYPE HTML PUBLIC "-//W3C//DTD HTML 4.01 Transitional//EN"
"http://www.w3.org/TR/html4/loose.dtd">
<html>
<head>
<meta http-equiv="Content-Type" content="text/html; charset=iso-8859-1">
<title>Mitgliedsdaten aus der Datenbank Verein</title>
<style type="text/css">
<!--
table {
   width: 500px;
   border: thin solid #000000;
}
body {
   font-family: Arial, Helvetica, sans-serif;
}
tr {
   background-color: #FFCC33;
   text-align: center;
}
thead {
   background-color: #CCCCCC;
   font-weight: bold;
   text-align: center;
}
-->
</style>
</head>
<?php
// Verbindungs-Objekt samt Zugangsdaten festlegen
@$db = new mysqli('localhost', 'matthias', 'geheim', 'Verein');

// Verbindung überprüfen
if (mysqli_connect_errno()) {
    printf("Verbindung fehlgeschlagen: %s\n", mysqli_connect_error());
    exit();
}

// Tabellenkopf
echo "
<table>
<thead>
   <td>Mitglied-ID</td>
   <td>Vorname</td>
   <td>Nachname</td>
   <td>Aufgabe</td>
   <td>Geburtsdatum</td>
</thead>
";

// Datensatz-Ausgabe festlegen
$sql_befehl = "SELECT * FROM Mitglieder";
```

```
if ($resultat = $db->query($sql_befehl)) {
   // Durchlaufen der Datenbankabfrage
   while($datensatz = $resultat->fetch_array() ){
       // Datenfelder - Inhalte extrahieren und
       // als Variablen zur Verfügung stellen
       extract($datensatz);
       // Tabelleninhalt
       echo "
       <tr>
               <td>$MitgliedID</td>
               <td>$MitgliedVorname</td>
               <td>$MitgliedNachname</td>
               <td>$Aufgabe</td>
               <td>$Geburtsdatum</td>
       </tr>
       ";
   }
   // Speicher freigeben
   $resultat->close();
} else {
   // Meldung bei Fehlschlag
   echo "Zugriff fehlgeschlagen!";
}

// Tabellenende
echo "</table>";

// Verbindung zum Datenbankserver beenden
$db->close();

?>
<body>
</body>
</html>
```

Bild 7.4: Ausgabe im Browser

### Einsatz von mysqli_fetch_object() oder fetch_object()

Mithilfe der MySQLi-Methode `fetch_object()` wird anstelle eines Arrays ein Objekt erzeugt. Auf die einzelnen Spalten kann über die Eigenschaften des Objekts zugegriffen werden. Diese erhalten ganz einfach die Feldnamen der Datenbanktabelle als Bezeichnungen zugewiesen. Für die Ausgabe ist dann die in PHP übliche Objekt-Syntax: *Objekt -> Eigenschaft* zu verwenden.

```php
<?php
// Verbindungs-Objekt samt Zugangsdaten festlegen
@$db = new mysqli('localhost', 'matthias', 'geheim', 'Verein');

// Verbindung überprüfen
if (mysqli_connect_errno()) {
    printf("Verbindung fehlgeschlagen: %s\n", mysqli_connect_error());
    exit();
}

// Datensatz-Ausgabe festlegen
$sql_befehl = "SELECT * FROM Mitglieder";

if ($resultat = $db->query($sql_befehl)) {
    // Durchlaufen der Datenbankabfrage
    while($datensatz = $resultat->fetch_object() ){
        // Datenfelder - objekt abrufen
        echo $datensatz->MitgliedID . "\n</br>";
        echo $datensatz->MitgliedVorname . "\n</br>";
        echo $datensatz->MitgliedNachname . "\n</br>";
        echo $datensatz->Aufgabe . "\n</br>";
        echo $datensatz->Geburtsdatum . "\n</br>";
    }
    // Speicher freigeben
    $resultat->close();
} else {
    // Meldung bei Fehlschlag
    echo "Zugriff fehlgeschlagen!";
}
// Verbindung zum Datenbankserver beenden
$db->close();
?>
```

Der Unterschied zwischen `fetch_array()` und `fetch_object()` ist nur marginal. Die Performance ist bei beiden gleich. Sie haben somit die Qual der Wahl.

### Zusätze für SELECT

Die SELECT-Syntax ist jedoch noch viel umfangreicher. So können die Felder für die Ausgabe auch durch arithmetische oder String-Operatoren erzeugt werden. Eine Abfrage kann sich über verschiedene Tabellen des gesamten relationalen Datenbankmodells erstrecken. Alternativ wird die Selektion mit Bedingungen verknüpft. Hier eine Übersicht der SELECT-Befehle:

| Element | Beschreibung |
| --- | --- |
| SELECT | Liste der Spalten, die ausgegeben werden sollen, einschließlich generierter Spalten. |
| FROM | Liste der Tabellen, die abgefragt werden. |

| Element | Beschreibung |
|---|---|
| WHERE | Suchbedingung zur Eingrenzung von Datensätzen. Über WHERE können auch verschiedene Tabellen verknüpft werden. |
| HAVING | Analog zu einer Funktion wie WHERE, allerdings mit der Möglichkeit, Felder des eigenen SELECT mit einzubeziehen. |
| GROUP BY | Angabe der Spalte, die zur Gruppierung von gleichartigen Datensätzen verwendet werden soll. |
| ORDER BY | Legt die Ausgabereihenfolge der selektierten Datensätze fest. |
| LIMIT | Beschränkung der Anzahl der auszugebenden Datensätze. |

Um eine Ausgabe zu erhalten, werden folgende Datensätze der Datenbanktabelle *Mitglieder* vorausgesetzt:

```
$sql_befehl = "
INSERT INTO Mitglieder VALUES (
    '',
    'Matthias',
    'Kannengiesser',
    'Leitung',
    '1974-11-20'
),(
    '',
    'Caroline',
    'Kannengiesser',
    'Leitung',
    '1979-01-04'
),(
    '',
    'Thomas',
    'Mustermann',
    'Mitglied',
    '1967-10-10'
)";
```

*Beispiel – limit*

```
<?php
// Verbindungs-Objekt samt Zugangsdaten festlegen
@$db = new mysqli('localhost', 'matthias', 'geheim', 'Verein');

// Verbindung überprüfen
if (mysqli_connect_errno()) {
    printf("Verbindung fehlgeschlagen: %s\n", mysqli_connect_error());
    exit();
}

// Datensatz-Ausgabe festlegen
$sql_befehl = "SELECT * FROM Mitglieder LIMIT 2";

if ($resultat = $db->query($sql_befehl)) {
    // Durchlaufen der Datenbankabfrage
    while($datensatz = $resultat->fetch_object() ){
        // Datenfelder - objekt abrufen
```

```php
        echo $datensatz->MitgliedID . "\n</br>";
        echo $datensatz->MitgliedVorname . "\n</br>";
        echo $datensatz->MitgliedNachname . "\n</br>";
        echo $datensatz->Aufgabe . "\n</br>";
        echo $datensatz->Geburtsdatum . "\n</br>";
    }
    // Speicher freigeben
    $resultat->close();
} else {
    // Meldung bei Fehlschlag
    echo "Zugriff fehlgeschlagen!";
}

// Verbindung zum Datenbankserver beenden
$db->close();

?>
```

*Ausgabe*

```
1
Matthias
Kannengiesser
Leitung
1974-11-20

2
Caroline
Kannengiesser
Leitung
1979-01-04
```

*Beispiel – order by*

```php
<?php

// Verbindungs-Objekt samt Zugangsdaten festlegen
@$db = new mysqli('localhost', 'matthias', 'geheim', 'Verein');

// Verbindung überprüfen
if (mysqli_connect_errno()) {
    printf("Verbindung fehlgeschlagen: %s\n", mysqli_connect_error());
    exit();
}

// Datensatz-Ausgabe festlegen
$sql_befehl = "SELECT * FROM Mitglieder order by MitgliedVorname";

if ($resultat = $db->query($sql_befehl)) {
    // Durchlaufen der Datenbankabfrage
    while($datensatz = $resultat->fetch_object() ){
        // Datenfelder - objekt abrufen
        echo $datensatz->MitgliedID . "\n</br>";
        echo $datensatz->MitgliedVorname . "\n</br>";
        echo $datensatz->MitgliedNachname . "\n</br>";
        echo $datensatz->Aufgabe . "\n</br>";
        echo $datensatz->Geburtsdatum . "\n</br>";
    }
    // Speicher freigeben
```

```
        $resultat->close();
} else {
    // Meldung bei Fehlschlag
    echo "Zugriff fehlgeschlagen!";
}

// Verbindung zum Datenbankserver beenden
$db->close();

?>
```

*Ausgabe*

```
1
Caroline
Kannengiesser
Leitung
1979-01-04

2
Matthias
Kannengiesser
Leitung
1974-11-20

3
Thomas
Mustermann
Mitglied
1967-10-10
```

*Beispiel – Kombination*

```
<?php

// Verbindungs-Objekt samt Zugangsdaten festlegen
@$db = new mysqli('localhost', 'matthias', 'geheim', 'Verein');

// Verbindung überprüfen
if (mysqli_connect_errno()) {
    printf("Verbindung fehlgeschlagen: %s\n", mysqli_connect_error());
    exit();
}

// Datensatz-Ausgabe festlegen
$sql_befehl = "SELECT * FROM Mitglieder order by MitgliedVorname LIMIT 2";

if ($resultat = $db->query($sql_befehl)) {
    // Durchlaufen der Datenbankabfrage
    while($datensatz = $resultat->fetch_object() ){
        // Datenfelder - Objekt abrufen
        echo $datensatz->MitgliedID . "\n</br>";
        echo $datensatz->MitgliedVorname . "\n</br>";
        echo $datensatz->MitgliedNachname . "\n</br>";
        echo $datensatz->Aufgabe . "\n</br>";
        echo $datensatz->Geburtsdatum . "\n</br>";
    }
    // Speicher freigeben
    $resultat->close();
```

```
} else {
    // Meldung bei Fehlschlag
    echo "Zugriff fehlgeschlagen!";
}
// Verbindung zum Datenbankserver beenden
$db->close();
?>
```

*Ausgabe*
```
2
Caroline
Kannengiesser
Leitung
1979-01-04

1
Matthias
Kannengiesser
Leitung
1974-11-20
```

**Hinweis:** Teilweise gelten einige dieser Befehle auch für UPDATE, DELETE und INSERT.

## 7.4.4 Datenbanken und Tabellen löschen

Im folgenden Abschnitt werden Sie erfahren, wie Sie die Datenbanken und Tabellen via PHP und MySQL löschen können.

### Tabelle löschen

```
<?php
// Verbindungs-Objekt samt Zugangsdaten festlegen
@$db = new mysqli('localhost', 'matthias', 'geheim', 'Verein');

// Verbindung überprüfen
if (mysqli_connect_errno()) {
    printf("Verbindung fehlgeschlagen: %s\n", mysqli_connect_error());
    exit();
}

// SQL-Befehl
$sql_befehl = "DROP TABLE Mitglieder";

if ($db->query($sql_befehl)) {
    // Meldung bei Erfolg
    echo "Datenbanktabelle erfolgreich gelöscht.";
} else {
    // Meldung bei Fehlschlag
    echo "Datenbanktabelle konnte nicht entfernt werden!";
}
```

## Datenbank löschen

```php
// Verbindung zum Datenbankserver beenden
$db->close();
?>
```

```php
<?php
// Verbindungs-Objekt samt Zugangsdaten festlegen
@$db = new mysqli('localhost', 'matthias', 'geheim', 'Verein');

// Verbindung überprüfen
if (mysqli_connect_errno()) {
    printf("Verbindung fehlgeschlagen: %s\n", mysqli_connect_error());
    exit();
}

// SQL-Befehl
$sql_befehl = "DROP DATABASE Verein";

if ($db->query($sql_befehl)) {
    // Meldung bei Erfolg
    echo "Datenbank erfolgreich gelöscht.";
} else {
    // Meldung bei Fehlschlag
    echo "Datenbank konnte nicht entfernt werden!";
}

// Verbindung zum Datenbankserver beenden
$db->close();
?>
```

### 7.4.5 Datenbanktabellen ändern

Nachdem Sie nun wissen, wie man Datenbanktabellen erzeugt und entfernt, wollen wir Ihnen nun noch zeigen, wie Sie Änderungen an der Datenbanktabellenstruktur vornehmen können.

Sie haben die Möglichkeit, einzelne Felder hinzuzufügen, zu löschen oder deren Typ zu ändern. Die Änderungen erfolgen dabei mithilfe der MySQL-Anweisung ALTER, die Sie mit query() oder mysqli_query() an den Server senden.

#### Felder hinzufügen

Das folgende Beispiel demonstriert, wie neue Felder in eine Datenbanktabelle eingefügt werden kann:

```php
<?php
// Verbindungs-Objekt samt Zugangsdaten festlegen
@$db = new mysqli('localhost', 'matthias', 'geheim', 'Verein');

// Verbindung überprüfen
if (mysqli_connect_errno()) {
    printf("Verbindung fehlgeschlagen: %s\n", mysqli_connect_error());
```

```php
        exit();
}

// SQL-Befehl
$sql_befehl = "ALTER TABLE Mitglieder ADD Telefon CHAR(14)";

if ($db->query($sql_befehl)) {
    // Meldung bei Erfolg
    echo "Datenbanktabelle wurde erfolgreich erweitert.";
} else {
    // Meldung bei Fehlschlag
    echo "Datenbanktabelle konnte nicht geändert werden!";
}

// Verbindung zum Datenbankserver beenden
$db->close();
?>
```

Im vorliegenden Beispiel wird das Feld Telefon mit dem Typ CHAR hinzugefügt.

### Feldtyp ändern

Wollen Sie den Typ eines bestehenden Feldes ändern, lässt sich dies wie folgt umsetzen:

```php
<?php
// Verbindungs-Objekt samt Zugangsdaten festlegen
@$db = new mysqli('localhost', 'matthias', 'geheim', 'Verein');

// Verbindung überprüfen
if (mysqli_connect_errno()) {
    printf("Verbindung fehlgeschlagen: %s\n", mysqli_connect_error());
    exit();
}

// SQL-Befehl
$sql_befehl = "ALTER TABLE Mitglieder MODIFY Telefon INTEGER";

if ($db->query($sql_befehl)) {
    // Meldung bei Erfolg
    echo "Datenbanktabelle wurde erfolgreich modifiziert.";
} else {
    // Meldung bei Fehlschlag
    echo "Datenbanktabelle konnte nicht modifiziert werden!";
}

// Verbindung zum Datenbankserver beenden
$db->close();
?>
```

Nun besitzt das Feld Telefon den Typ INTEGER.

**Achtung:** Das Ändern des Typs eines Feldes sollte äußerst sorgfältig durchgeführt werden. Nicht jeder Typ lässt sich in einen anderen Typ umwandeln. Daher ist darauf zu achten, dass es zu keinem Datenverlust kommt.

## Feld löschen

Das Löschen von Feldern bereitet keine Schwierigkeiten. Natürlich sollte klar sein, dass die Entfernung eines Feldes grundsätzlich zu einem Datenverlust führt.

```php
<?php

// Verbindungs-Objekt samt Zugangsdaten festlegen
@$db = new mysqli('localhost', 'matthias', 'geheim', 'Verein');

// Verbindung überprüfen
if (mysqli_connect_errno()) {
    printf("Verbindung fehlgeschlagen: %s\n", mysqli_connect_error());
    exit();
}

// SQL-Befehl
$sql_befehl = "ALTER TABLE Mitglieder DROP COLUMN Telefon";

if ($db->query($sql_befehl)) {
    // Meldung bei Erfolg
    echo "Datenbankfeld wurde erfolgreich gelöscht.";
} else {
    // Meldung bei Fehlschlag
    echo "Datenbankfeld konnte nicht gelöscht werden!";
}

// Verbindung zum Datenbankserver beenden
$db->close();

?>
```

## Ermitteln der Tabellenstruktur via MySQLi-Unterstützung

Die meisten Methoden, die Informationen über Tabellen und Felder liefern, beziehen sich auf die Tabelleninhalte (Ergebnistabellen). Wie gelangt man jedoch an die Tabellenstruktur? – Selbstverständlich steht Ihnen auch hierfür eine Kombination aus SQL-Abfragen und MySQLi-Methoden zur Verfügung, die es Ihnen ermöglichen, auf die Tabellenstruktur zuzugreifen.

### Beispiel – DESCRIBE

```php
<?php

// Verbindungs-Objekt samt Zugangsdaten festlegen
@$db = new mysqli('localhost', 'matthias', 'geheim', 'Verein');

// Verbindung überprüfen
if (mysqli_connect_errno()) {
    printf("Verbindung fehlgeschlagen: %s\n", mysqli_connect_error());
    exit();
}

// SQL-Befehl
$sql_befehl = "DESCRIBE Mitglieder";

if ($resultat = $db->query($sql_befehl)) {
    // Abfrageergebnis durchlaufen
    while($feldinfo = $resultat->fetch_assoc())
    {
```

```
        // Datenfeldinformationen durchlaufen
        foreach ($feldinfo as $wert)
        {
            if (!empty($wert))
            {
                echo $wert . " / ";
            }
        }
        echo "<br>";
    }
    $resultat->close();
} else {
    // Meldung bei Fehlschlag
    echo "Datenbanktabelle konnte nicht modifiziert werden!";
}
// Verbindung zum Datenbankserver beenden
$db->close();
?>
```

*Ausgabe*

```
MitgliedID / int(11) / NO / PRI / auto_increment /
MitgliedVorname / char(40) / YES /
MitgliedNachname / char(40) / YES /
Aufgabe / char(40) / YES /
Geburtsdatum / date / YES /
```

### 7.4.6 Verknüpfte Tabellen (WHERE/JOIN)

Ein wichtiges Thema bei der Selektion von Daten aus der Datenbank ist die Verknüpfung von verschiedenen Tabellen für die Ausgabe. Das relationale Datenmodell bzw. die Anlage der Tabellen mit relationalen Verknüpfungen gewährleistet Ihnen eine effektive Datenhaltung. Wie an verschiedenen Stellen bereits erläutert wurde, sind diese relationalen Verknüpfungen zwischen verschiedenen Tabellen ein ständiger Begleiter bei der Datenbankarbeit. Auch bei SELECT-Abfragen über mehr als eine Tabelle ist es notwendig, diese relationalen Verknüpfungen handhaben zu können, da die Verknüpfung in den SELECT-Statements von Ihnen formuliert werden muss. Diese Verknüpfungen werden als *Joins* bezeichnet.

Sie können Tabellen auf zwei verschiedene Arten miteinander verknüpfen:

- Über eine WHERE-Bedingung oder
- über den SQL-Befehl JOIN.

#### Einführungsbeispiel für Verknüpfungen

Um Verknüpfungen zu demonstrieren, fangen wir am besten mit einem einfachen Beispiel an. In diesem Beispiel liegen zwei Tabellen vor. Die Tabelle, die alle Produkte enthalt, ist referenziell mit der Tabelle aller Anbieter verknüpft. Es handelt sich dabei also um eine 1:n-Beziehung.

Für dieses Beispiel soll nunmehr eine Tabelle erzeugt werden, die alle Anbieter und deren Produkte auflistet. In der Praxis wäre die Tabelle natürlich noch länger und würde beispielsweise Preisinformationen etc. enthalten. An dieser Stelle ist ein vereinfachtes Beispiel jedoch ausreichend, um Ihnen beim Thema Joins schnellere Erfolgserlebnisse zu ermöglichen.

Die zu erzeugende Tabelle hat dann folgendes Aussehen:

| Name | Produkt |
| --- | --- |
| Deutsche Telekom | T-ISDN |
| Deutsche Telekom | T-Net |
| Deutsche Telekom | T-Mobile |
| VIAG Interkom | Call by Call |
| VIAG Interkom | Preselect |
| Mobilcom | City Call |
| Mobilcom | Call by Call |

Um das richtige Ergebnis zu erreichen, müssen Sie die Verknüpfungen in der Abfrage nachbilden und die sachliche Zuordnung »Produkt gehört zu Anbieter« darstellen.

Eine Möglichkeit, diese Abfrage zu formulieren, lautet:

```
SELECT anbieter.name, telprodukte.produkt FROM anbieter, telprodukte WHERE anbieter.id=telprodukte.ida;
```

Die Verknüpfung der Tabelle ist also in der WHERE-Bedingung dargestellt. Wenn Sie diese Abfrage ohne die WHERE-Bedingung formulieren, würde Ihnen MySQL eine Liste aller möglichen Kombinationen aus Anbietern und Produkten liefern.

> **Hinweis:** Gelegentlich kann es vorkommen, dass die Schlüsselfelder der beteiligten Tabellen denselben Namen tragen. In diesem Fall werden Sie die Bedingung unter Angabe des jeweiligen Tabellennamens nach dem Muster *Tabelle.Spalte* präzisieren müssen.

### Bezeichnung von Spalten

Die Verwendung des Sterns * als Ersatzzeichen liefert sämtliche Spalten der verknüpften Tabelle. Das ist jedoch nur in seltenen Fällen erforderlich. Üblicherweise benötigen Sie nur eine bestimmte Anzahl von Spalten. In der SELECT-Anweisung sind dann die Spalten aufzulisten, die in der Ergebnistabelle erscheinen sollen. Grundsätzlich können Sie die Spalten wie gewohnt mit ihrem Namen auflisten, auch wenn sie unterschiedlichen Tabellen angehören:

```
SELECT kundenNr, Firma, Ort
FROM kunden, anbieter
WHERE kundenNr=KdNr
```

Dabei ist jedoch auf gleichnamige Spalten zu achten.

Um diese unterscheiden zu können, müssen Sie die Feldnamen gegebenenfalls mit dem vorangestellten Tabellennamen kennzeichnen:

```
SELECT kunden.kundenNr, kunden.Firma
       anbieter.nr, anbieter.Firma, anbieter.Ort
...
```

Eine solche Schreibweise erleichtert zudem die Lesbarkeit des Codes. Wollen Sie gleichnamige Felder ausgeben, ist hierfür ein Aliasname zu bestimmen, damit sich die Felder in der Ergebnistabelle unterscheiden lassen:

```
SELECT kunden.Firma AS Kfirma ...
```

Im PHP-Skript greifen Sie über diese Namen auf die betreffenden Spalten zu.

### *Verknüpfung mehrerer Tabellen über WHERE*

Sind mehr als zwei Tabellen zu verknüpfen, wird die Abfrage um die entsprechenden Tabellen und WHERE-Bedingungen erweitert.

Die Syntax lautet dann wie folgt:

```
SELECT <Feldliste> FROM Tabelle_1, Tabelle_2, ..., Tabelle_n WHERE
Tabelle_i.Spaltenname Tabelle_j.Spaltenname AND Tabelle_m.Spaltenname;
```

Wobei i,j,m für den jeweiligen Tabellennamen steht und nach FROM aufgelistet sein muss.

### *Relationsalgebra*

Die Verknüpfung von Tabellen unterliegt grundsätzlich der Relationsalgebra. Dahinter verbirgt sich nichts anderes als das Erzeugen neuer Relationen auf der Basis vorhandener Relationen. Joins sind dabei die Verbundmenge aus zwei oder mehr Relationen. Je nach Formulierung der Verknüpfung wird das Ergebnis ausgegeben.

Über den Typ der Verknüpfungsart werden verschiedene Joins unterschieden:

- *Inner Join*
  Gibt nur die Datensätze zurück, bei denen die Verknüpfungsbedingung übereinstimmt. Das Einführungsbeispiel ist ein solcher Inner Join. Zum Anbieter wurden diejenigen Produkte ausgewählt, die diesem Anbieter zugeordnet sind. Es wurden keine Datensätze von Anbietern ausgegeben, die keine Produkte anbieten, bzw. es sind keine Produkte ausgegeben worden, die keinem Anbieter zugeordnet sind. Beim Inner Join handelt es sich um die typische Form, die Sie beim Verknüpfen von Tabellen benötigen.

- *Outer Join*
  Gibt dieselben Datensätze wie ein Inner Join zurück. Allerdings werden hier alle Datensätze einer Tabelle ausgegeben, auch wenn keine korrespondierenden Datensätze in der jeweils anderen Tabelle vorhanden sind. In diesem Fall wird ein leerer Datensatz verknüpft.

- *Theta Join*
  Üblicherweise werden Tabellen über gleiche Datensätze in bestimmten Feldern verknüpft. Die Verknüpfungsbedingung muss aber nicht unbedingt mit dem Gleich-

heitsoperator gebildet werden. Auch Ungleichheit und Kleiner-/Größer-Vergleiche sind möglich. In diesem Fall spricht man von einem Theta Join.

### Left und Right Join

Hieraus resultieren dann die Begriffe *Left* und *Right Join*, je nachdem, von welcher der beiden Tabellen alle Datensätze ausgegeben werden. Bezogen auf unser Beispiel ist ein Outer Join eine Abfrage, bei der auch dann alle Anbieter ausgegeben werden, wenn ihnen keine Produkte zugeordnet sind.

Um Tabellen miteinander verknüpfen zu können, müssen die Felder, über die die Tabellen verknüpft werden, über einen kompatiblen Datentyp verfügen. Im Einführungsbeispiel wurden die Tabellen über die ID verknüpft, die jeweils als INTEGER definiert sind.

### Verknüpfung über JOIN-Syntax

Beim Einführungsbeispiel handelte es sich um die alte SQL-Methode zur Realisierung von Verknüpfungen mit WHERE.

SELECT anbieter.name, telprodukte.produkt FROM anbieter, telprodukte WHERE anbieter.id = telprodukte.ida;

Die Verknüpfung innerhalb von Abfragen zwischen Tabellen kann jedoch, außer über die oben gezeigte WHERE-Bedingung, auch ANSI-SQL-92-konform über das Schlüsselwort JOIN und die Angabe der Verknüpfungsbedingung deklariert werden. Mit einem LEFT JOIN sieht die oben genannte Abfrage wie folgt aus:

SELECT anbieter.name, telprodukte.produkt FROM anbieter LEFT JOIN telprodukte ON anbieter.id=telprodukte.ida;

*Ausgabe*

| Name | Produkt |
| --- | --- |
| Deutsche Telekom | T-ISDN |
| Deutsche Telekom | T-Net |
| Deutsche Telekom | T-Mobile |
| VIAG Interkom | Call by Call |
| VIAG Interkom | Preselect |
| Mobilcom | City Call |
| Mobilcom | Call by Call |

Die allgemeine Syntax hinter dem FROM des SELECT-Befehls lautet:

<Tabellenrefenz>, JOIN [ON <Verknüpfungsbedingung>] WHERE [<Suchbedingung>]

Verknüpfungsabfragen können beliebig komplex werden. Die Definition umfangreicher JOIN-Abfragen kann durchaus einige Zeit in Anspruch nehmen.

Die JOIN-Syntax soll nochmals an einem weiteren Beispiel gezeigt werden, einem Belegungsplan für die Kursbelegung in Hochschulen oder die Belegung von Zimmern in einem Hotel. Dies sind in der Regel n:m-Beziehungen. Das heißt für die Beispiele:

- Ein Kurs kann von vielen Schülern besucht werden und ein Schüler kann viele Kurse besuchen.
- Ein Hotel kann von vielen Gästen bewohnt werden und ein Gast kann diverse Zimmer buchen.

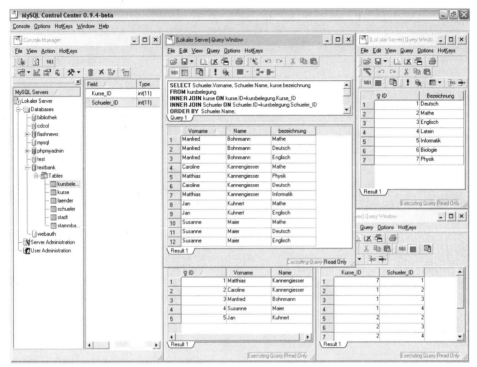

Bild 7.5: Kursbelegung, Schüler und Kurse unter Kontrolle in MySQLCC

**Tipp:** Sie sollten eine Testdatenbank mit dem Namen *testbank* für die folgenden Beispiele anlegen.

Die Tabellendefinitionen hierfür sehen wie folgt aus:

```
CREATE TABLE kurse (
  ID int(11) NOT NULL auto_increment,
  Bezeichnung varchar(50) default NULL,
  PRIMARY KEY (ID)
);
```

## Daten

```
INSERT INTO kurse VALUES (1, 'Deutsch');
INSERT INTO kurse VALUES (2, 'Mathe');
INSERT INTO kurse VALUES (3, 'Englisch');
INSERT INTO kurse VALUES (4, 'Latein');
INSERT INTO kurse VALUES (5, 'Informatik');
INSERT INTO kurse VALUES (6, 'Biologie');
INSERT INTO kurse VALUES (7, 'Physik');
```

und

```
CREATE TABLE studenten (
  ID int(11) NOT NULL auto_increment,
  Vorname varchar(50) default NULL,
  Name varchar(50) default NULL,
  PRIMARY KEY  (ID)
);
```

*Daten*

```
INSERT INTO studenten VALUES (1, 'Bernd', 'Klein');
INSERT INTO studenten VALUES (2, 'Caroline', 'Kannengiesser');
INSERT INTO studenten VALUES (3, 'Manfred', 'Bohnmann');
INSERT INTO studenten VALUES (4, 'Susanne', 'Maier');
INSERT INTO studenten VALUES (5, 'Jan', 'Kuhnert');
INSERT INTO studenten VALUES (6, 'Tanja', 'Biedorf');
```

Dies sind die beiden Tabellen für die Kurse und die Studenten. Aufgrund der n:m-Beziehung wird im relationalen Datenmodell eine zusätzliche Tabelle *Kursbelegung* benötigt, die die Zuordnung von Studenten und Kursen beinhaltet. Die Tabellendefinition, einschließlich der Fremdschlüssel, sieht so aus:

```
CREATE TABLE Kursbelegung (
   Kurse_ID INT,
   Studenten_ID INT,
   FOREIGN KEY (Kurse_id) REFERENCES Kurse(ID),
   FOREIGN KEY (Studenten_id) REFERENCES Studenten(ID)
);
```

*Daten*

```
INSERT INTO kursbelegung VALUES (1,1);
INSERT INTO kursbelegung VALUES (1,2);
INSERT INTO kursbelegung VALUES (1,3);
INSERT INTO kursbelegung VALUES (1,4);
INSERT INTO kursbelegung VALUES (2,2);
INSERT INTO kursbelegung VALUES (2,3);
INSERT INTO kursbelegung VALUES (2,4);
INSERT INTO kursbelegung VALUES (2,5);
INSERT INTO kursbelegung VALUES (3,3);
INSERT INTO kursbelegung VALUES (3,4);
INSERT INTO kursbelegung VALUES (3,5);
INSERT INTO kursbelegung VALUES (3,6);
```

Um jetzt eine Liste zu erhalten, die alle Studenten mit ihren belegten Kursen auflistet, sind alle Tabellen miteinander zu verknüpfen:

```
SELECT Studenten.Vorname, Studenten.Name, kurse.bezeichnung
FROM kursbelegung
INNER JOIN kurse ON kurse.ID=kursbelegung.Kurse_ID
INNER JOIN Studenten ON Studenten.ID=kursbelegung.Studenten_ID
ORDER BY Studenten.Name;
```

In diesem Fall werden also zwei Verknüpfungen in einer Abfrage realisiert, nämlich die Verknüpfung zwischen den Tabellen *kursbelegung* und *Studenten* sowie zwischen den Tabellen *kursbelegung* und *Kurse*. Das Ergebnis dieser Abfrage sieht wie folgt aus:

| Vorname | Name | Bezeichnung |
|---|---|---|
| Tanja | Biedorf | Englisch |
| Manfred | Bohnmann | Englisch |
| Manfred | Bohnmann | Mathe |
| Manfred | Bohnmann | Deutsch |
| Caroline | Kannengiesser | Deutsch |
| Caroline | Kannengiesser | Mathe |
| Bernd | Klein | Deutsch |
| Jan | Kuhnert | Englisch |
| Jan | Kuhnert | Mathe |
| Susanne | Maier | Mathe |
| Susanne | Maier | Deutsch |
| Susanne | Maier | Englisch |

Wer macht was an der Uni?

### Theta Join – Joins auf der Basis von Vergleichen

Inner Joins können auch mit Vergleichen durchgeführt werden, die nicht das Gleichheitszeichen beinhalten. Es kann beispielsweise eine Verknüpfung zwischen Tabellen erzeugt werden, die einen Vergleich benötigen.

Gegeben sind beispielsweise zwei Tabellen, die die Bevölkerungsdichte von Ländern und Städten enthalten.

Die Tabellen haben folgendes Aussehen:

```
CREATE TABLE Stadt (
  id int auto_increment PRIMARY KEY,
  name varchar(50) ,
  bevdichte float
);
```

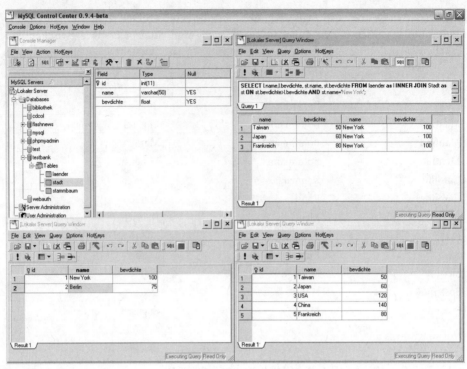

Bild 7.6: Tabellen der Länder und Städte – samt Vergleich

## Daten

```
INSERT INTO 'stadt' VALUES (1, 'New York', 100);
INSERT INTO 'stadt' VALUES (2, 'Berlin', 75);
```

und

```
CREATE TABLE Laender (
  id int auto_increment PRIMARY KEY,
  name varchar(50),
  bevdichte float
);
```

## Daten

```
INSERT INTO laender VALUES (1, 'Taiwan', 50);
INSERT INTO laender VALUES (2, 'Japan', 60);
INSERT INTO laender VALUES (3, 'USA', 120);
INSERT INTO laender VALUES (4, 'China', 140);
INSERT INTO laender VALUES (5, 'Frankreich', 80);
```

Ermittelt werden sollen jetzt alle Länder, die eine geringere Bevölkerungsdichte als die Stadt New York aufweisen. Die Abfrage hierfür lautet:

```
SELECT l.name,l.bevdichte, st.name, st.bevdichte FROM laender as l INNER
JOIN Stadt as st ON st.bevdichte>l.bevdichte AND st.name='New York';
```

## Ergebnis

```
+-----------+-----------+----------+-----------+
| name      | bevdichte | name     | bevdichte |
+-----------+-----------+----------+-----------+
| Taiwan    |        50 | New York |       100 |
| Japan     |        60 | New York |       100 |
| Frankreich|        80 | New York |       100 |
+-----------+-----------+----------+-----------+
```

Und noch ein Fallbeispiel. Gegeben sind zwei Tabellen, die die Fläche von Ländern und Bundesländern enthalten. Die Tabellen haben folgendes Aussehen:

```
CREATE TABLE bundeslaender (
  id int auto_increment PRIMARY KEY,
  name varchar(50) ,
  flaeche float
);
```

und

```
CREATE TABLE laender (
  id int auto_increment PRIMARY KEY,
  name varchar(50),
  flaeche float
);
```

Ermittelt werden sollen jetzt alle Länder, die kleiner sind als das Bundesland Bayern. Die Abfrage hierfür lautet:

```
SELECT l.name,l.flaeche, bl.name,bl.flaeche FROM laender as l INNER JOIN
bundeslaender as bl ON bl.flaeche>l.flaeche AND bl.name='Bayern';
```

## Self Join

Verbindungen müssen nicht nur zwischen verschiedenen Tabellen bestehen. Tabellen können auch als SELF JOIN mit sich selbst verbunden werden. Ein Beispiel wäre ein Stammbaum, der Personen und deren Väter enthält.

Um jetzt herauszufinden, welche Personen Geschwister sind, kann ein Self Join verwendet werden. Das folgende Beispiel beschreibt dies:

```
CREATE TABLE stammbaum (
   name varchar(50),
   Vater varchar(50)
);
```

# 542 Kapitel 7: Datenbankprogrammierung

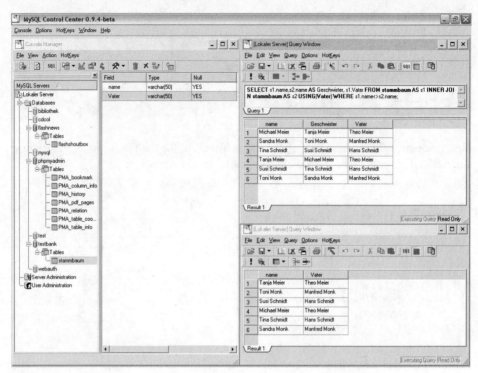

Bild 7.7: Den Stammbaum genau durchleuchten – wer gehört zu wem?

## Daten

```
INSERT INTO stammbaum VALUES ('Tanja Meier', 'Theo Meier');
INSERT INTO stammbaum VALUES ('Toni Monk', 'Manfred Monk');
INSERT INTO stammbaum VALUES ('Susi Schmidt', 'Hans Schmidt');
INSERT INTO stammbaum VALUES ('Michael Meier', 'Theo Meier');
INSERT INTO stammbaum VALUES ('Tina Schmidt', 'Hans Schmidt');
INSERT INTO stammbaum VALUES ('Sandra Monk', 'Manfred Monk');
```

Die SQL-Abfrage hierfür lautet:

```
SELECT s1.name,s2.name AS Geschwister, s1.Vater FROM stammbaum AS s1 INNER
JOIN stammbaum AS s2 USING(Vater) WHERE s1.name<>s2.name;
```

Im Ergebnis werden dann zu jeder Person die Geschwister ermittelt.

```
+---------------+---------------+---------------+
| Name          | Geschwister   | Vater         |
+---------------+---------------+---------------+
| Michael Meier | Tanja Meier   | Theo Meier    |
| Sandra Monk   | Toni Monk     | Manfred Monk  |
| Tina Schmidt  | Susi Schmidt  | Hans Schmidt  |
| Tanja Meier   | Michael Meier | Theo Meier    |
| Susi Schmidt  | Tina Schmidt  | Hans Schmidt  |
| Toni Monk     | Sandra Monk   | Manfred Monk  |
+---------------+---------------+---------------+
```

> **Hinweis:** Wie Sie sehen, kann auch bei der Verwendung von JOIN- und ON-Klauseln noch eine zusätzliche WHERE-Klausel enthalten sein. Die Bedingung kann sich dabei auf die linke, die rechte oder beide Tabellen beziehen. Es sind somit auch zusammengesetzte Bedingungen möglich.

### Outer Join

Beim Outer Join werden sämtliche Datensätze einer der beteiligten Tabellen angezeigt. Ob es sich dabei um die linke oder rechte Tabelle handelt, bestimmen Sie mit den Schlüsselwörtern LEFT und RIGHT. Das folgende Beispiel zeigt sämtliche Datensätze der linken Tabelle an, in diesem Falls der Tabelle *kunden*:

```
SELECT * FROM kunden
LEFT OUTER JOIN anbieter ON kundenNr = KdNr
```

Wenn für einen Datensatz der linken Tabelle *kunden* keine Datensätze in der rechten Tabelle *anbieter* enthalten sind, werden in den betreffenden Spalten NULL-Werte ausgegeben. In der Regel können Sie auf das Schlüsselwort OUTER sogar verzichten.

```
SELECT * FROM kunden
LEFT JOIN anbieter ON kundenNr = KdNr
```

Damit ist dennoch ein Outer Join gemeint. Eine LEFT-JOIN-Verknüpfung werden Sie recht häufig nutzen können. Sie entspricht der Tabellenbeziehung 1:n, welche Sie bereits kennengelernt haben. Wesentlich seltener dürfte ein RIGHT-JOIN sein. Dies würde bedeuten, dass in der rechten Tabelle Datensätze enthalten sind, denen in der linken keine Datensätze entsprechen. Bei der Struktur der Beispieltabelle kann dies durchaus vorkommen. Zwar wäre ein Anbieter ohne Kunden arm dran, aber das soll es bekanntermaßen ja auch geben.

## 7.4.7 Tabellen vereinigen (UNION)

Manchmal kann es vorkommen, dass verschiedene Tabellen teilweise identisch aufgebaut sind oder Felder mit demselben Inhalt besitzen. So könnte eine Tabelle beispielsweise alle Mitglieder und eine weitere alle Interessenten für eine Mitgliedschaft enthalten, die getrennt voneinander aufgeführt werden, da für die Mitglieder teilweise andere Daten gespeichert werden als für die Interessenten.

Um solche Tabellen in einer einzigen Abfrage ausgeben zu können, müssen die Tabellen so kombiniert werden, dass jeweils Teilmengen verwendet werden. Hierfür steht ab Version 4 von MySQL der UNION-Befehl zur Verfügung. UNION fügt identische Datensätze aus verschiedenen Tabellen zu einem Datensatz zusammen und eliminiert dabei doppelte Datensätze. Die Syntax für UNION lautet:

```
mysql>SELECT <Feldname> FROM <Tabellenname> UNION SELECT <Feldname> FROM <Tabellenname>;
```

## 544 Kapitel 7: Datenbankprogrammierung

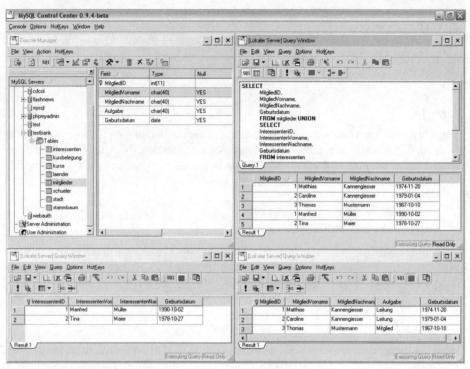

Bild 7.8: Auflistung der Mitglieder und der Interessenten

Hier ein Beispiel zur Ausgabe von Daten aus zwei Tabellen.

Tabellen – *mitglieder* und *interessenten*

```
CREATE TABLE IF NOT EXISTS mitglieder (
  MitgliedID int(11) NOT NULL auto_increment,
  MitgliedVorname char(40) default NULL,
  MitgliedNachname char(40) default NULL,
  Aufgabe char(40) default NULL,
  Geburtsdatum date default NULL,
  PRIMARY KEY (MitgliedID)
);

INSERT INTO mitglieder VALUES (1, 'Matthias', 'Kannengiesser', 'Leitung',
'1974-11-20');
INSERT INTO mitglieder VALUES (2, 'Caroline', 'Kannengiesser', 'Leitung',
'1979-01-04');
INSERT INTO mitglieder VALUES (3, 'Thomas', 'Mustermann', 'Mitglied',
'1967 10 10');

CREATE TABLE IF NOT EXISTS interessenten (
  InteressentenID int(11) NOT NULL auto_increment,
  InteressentenVorname char(40) default NULL,
  InteressentenNachname char(40) default NULL,
  Geburtsdatum date default NULL,
  PRIMARY KEY (InteressentenID)
```

```
);

INSERT INTO interessenten VALUES (1, 'Manfred', 'Müller', '1990-10-02');
INSERT INTO interessenten VALUES (2, 'Tina', 'Maier', '1978-10-27');
```

*Beispiel – Skript zur Erzeugung der Datenbank, Datenbanktabelle und Datensätze*

```
<?php

// Verbindungs-Objekt samt Zugangsdaten festlegen
@$db = new mysqli('localhost', 'matthias', 'geheim');

// Verbindung überprüfen
if (mysqli_connect_errno()) {
   printf("Verbindung fehlgeschlagen: %s\n", mysqli_connect_error());
   exit();
}

// SQL-Befehl - Anlegen der Datenbank
$sql_befehl = "CREATE DATABASE IF NOT EXISTS Personen";

if ($db->query($sql_befehl)) {
   // Meldung bei erfolgreicher Erstellung der Datenbank
   echo "Datenbank erfolgreich angelegt.";
   // Datenbankwechseln (verwenden)
   //Alternative: $db->query("USE Verein");
   $db->select_db("Personen");
} else {
   // Meldung bei fehlschlag
   echo "Datenbank konnte nicht angelegt werden!";
   exit();
}

// SQL-Befehl - Anlegen der Datenbanktabelle
$db->query("
CREATE TABLE IF NOT EXISTS mitglieder (
  MitgliedID int(11) NOT NULL auto_increment,
  MitgliedVorname char(40) default NULL,
  MitgliedNachname char(40) default NULL,
  Aufgabe char(40) default NULL,
  Geburtsdatum date default NULL,
  PRIMARY KEY  (MitgliedID)
)
"
);

$db->query("
INSERT INTO mitglieder VALUES
(1, 'Matthias', 'Kannengiesser', 'Leitung', '1974-11-20'),
(2, 'Caroline', 'Kannengiesser', 'Leitung', '1979-01-04'),
(3, 'Thomas', 'Mustermann', 'Mitglied', '1967-10-10')
"
);

$db->query("
CREATE TABLE IF NOT EXISTS interessenten (
  InteressentenID int(11) NOT NULL auto_increment,
  InteressentenVorname char(40) default NULL,
```

```
    InteressentenNachname char(40) default NULL,
    Geburtsdatum date default NULL,
    PRIMARY KEY (InteressentenID)
)
");

$db->query("
INSERT INTO interessenten VALUES
(1, 'Manfred', 'Müller', '1990-10-02'),
(2, 'Tina', 'Maier', '1978-10-27')
");

if ($db->query($sql_befehl)) {
    // Meldung bei erfolgreicher Erstellung der Datenbanktabelle
    echo "Datenbanktabellen erfolgreich angelegt.";
} else {
    // Meldung bei Fehlschlag
    echo "Datenbanktabellen konnte nicht angelegt werden!";
}

// Verbindung zum Datenbankserver beenden
$db->close();

?>
```

Der UNION-Befehl samt Skript für die Ausgabe der Datensätze sieht wie folgt aus:

```
<?php

// Verbindungs-Objekt samt Zugangsdaten festlegen
@$db = new mysqli('localhost', 'matthias', 'geheim', 'Personen');

// Verbindung überprüfen
if (mysqli_connect_errno()) {
    printf("Verbindung fehlgeschlagen: %s\n", mysqli_connect_error());
    exit();
}

// Datensatz-Ausgabe festlegen
$sql_befehl = "
SELECT
   MitgliedID,
   MitgliedVorname,
   MitgliedNachname,
   Geburtsdatum
   FROM mitglieder UNION
   SELECT
   InteressentenID,
   InteressentenVorname,
   InteressentenNachname,
   Geburtsdatum
   FROM interessenten
";

if ($resultat = $db->query($sql_befehl)) {
    // Durchlaufen der Datenbankabfrage
    while($datensatz = $resultat->fetch_array() ){
        // Datenfelder - Inhalte extrahieren und
```

```
            // als Variablen zur Verfügung stellen
            extract($datensatz);
            echo "
                <p>
                    $MitgliedID<br>
                    $MitgliedVorname<br>
                    $MitgliedNachname<br>
                    $Geburtsdatum
                </p>
            ";
        }
        // Speicher freigeben
        $resultat->close();
    } else {
        // Meldung bei Fehlschlag
        echo "Zugriff fehlgeschlagen!";
    }
    // Verbindung zum Datenbankserver beenden
    $db->close();
?>
```

*Ausgabe*

```
1
Matthias
Kannengiesser
1974-11-20

2
Caroline
Kannengiesser
1979-01-04

3
Thomas
Mustermann
1967-10-10

1
Manfred
Müller
1990-10-02

2
Tina
Maier
1978-10-27
```

## 7.5 Backups von Daten und Tabellen

Einen wichtigen Punkt sollten wir Ihnen noch mit auf den Weg geben, nämlich das Sichern von Strukturen und Daten Ihrer Datenbanktabellen. Mithilfe von phpMyAdmin stellt dies kein all zu großes Problem dar.

## 7.5.1 Sichern von Struktur und Daten

Wie bereits erwähnt, versetzt Sie phpMyAdmin in die Lage, die Struktur und Daten einer oder mehrerer Tabellen zu sichern und in eine Sicherungsdatei (Backup) zusammenzufassen.

### Sichern von mehreren Tabellen

Um die Angaben für mehrere oder sämtliche Tabellen zu sichern, klicken Sie zunächst im linken Navigationsbereich auf den Namen der Datenbank. Anschließend wählen Sie aus dem rechten Fenster *Exportieren*. Nun haben Sie die Möglichkeit, die gewünschten Tabellen auszuwählen und festzulegen, ob Struktur und Daten oder nur eines von beiden gesichert werden soll. Mit dem Häckchen vor der Option *Senden* legen Sie fest, dass die SQL-Befehle als Datei gespeichert werden sollen.

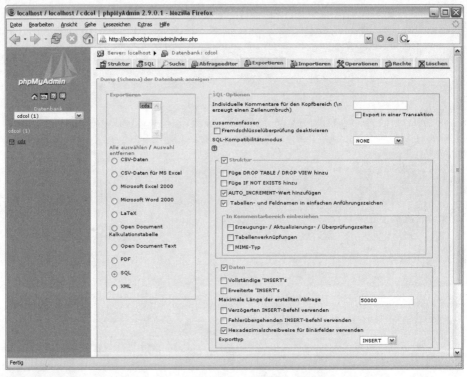

Bild 7.9: Struktur und Daten der ausgewählten Tabellen sichern

Abschließend klicken Sie auf *OK* und geben den Speicherort für die Sicherungsdatei an.

Wenn Sie in dieser Form mit phpMyAdmin Sicherungsdateien erstellen, wird die Struktur in einem CREATE-Befehl festgehalten und zum Speichern der Daten für jeden Datensatz ein INSERT-Befehl erzeugt.

```
#
# Tabellenstruktur für Tabelle 'mitarbeiter'
#
CREATE TABLE 'mitarbeiter' (
```

```
'MNr' int(11) NOT NULL auto_increment,
'VNr' int(11) default NULL,
'AbtNr' int(11) NOT NULL default '0',
'Name' varchar(30) NOT NULL default '',
'GebDat' date default NULL,
'Telefon' varchar(30) default NULL,
PRIMARY KEY ('MNr')
);

#
# Daten für Tabelle 'mitarbeiter'
#
INSERT INTO 'mitarbeiter' VALUES (1,  NULL, 3, 'Matthias', '1974-11-20', NULL);
INSERT INTO 'mitarbeiter' VALUES (2, 1, 1, 'Caroline', '1979-01-04', '1235');
INSERT INTO 'mitarbeiter' VALUES (5, 1, 1, 'Toni',  NULL, '8989');
INSERT INTO 'mitarbeiter' VALUES (6, 5, 2, 'Maik',  NULL, '8976');
```

Sie können sich den Inhalt der Sicherungsdatei in einem beliebigen Texteditor betrachten.

### Sichern von einzelnen Tabellen

Sollen Struktur und Daten lediglich einer Tabelle gesichert werden, können Sie als ersten Schritt im Navigationsbereich statt der Datenbank direkt die Tabelle und anschließend *Exportieren* auswählen.

### Sicherungsdatei selbst erstellen

Eine bestehende Sicherungsdatei können Sie in einem Texteditor auch jederzeit selbst erstellen:

```
# Datenbank : 'Verlag'
DROP TABLE IF EXISTS autoren;

CREATE TABLE autoren (autorID INT NOT NULL AUTO_INCREMENT PRIMARY KEY,
autor VARCHAR(50));

INSERT INTO autoren (autor) VALUES ('Matthias'), ('Caroline'));
```

Mit diesen drei SQL-Befehlen löschen Sie eine gegebenenfalls vorhandene Tabelle *autoren* und erstellen sie wieder neu. Anschließend werden die zwei Einträge zur Spalte *autor* hinzugefügt.

## 7.5.2 Ausführung von gespeicherten SQL-Befehlen

Um die in einer Datei gespeicherten SQL-Befehle auszuführen, klicken Sie innerhalb des rechten Fensters von phpMyAdmin auf *SQL* und anschließend auf *Durchsuchen* und wählen die gewünschte Datei aus.

## Kapitel 7: Datenbankprogrammierung

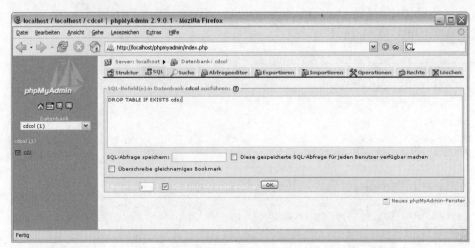

Bild 7.10: Sicherungsdatei mit SQL-Befehlen in phpMyAdmin auswählen

Abschließend klicken Sie auf *OK*, um die in der Datei befindlichen SQL-Befehle auszuführen. Sollte dabei ein Fehler auftreten, wird die Ausführung abgebrochen und eine Fehlermeldung ausgegeben.

Im Prinzip können Sie diesen Weg auch nutzen, um bei Ihrem Provider Struktur und Daten neuer Tabellen aufzuspielen, so gehen die lokal auf der Testumgebung angelegten Daten nicht verloren und können direkt für die Webanwendung genutzt werden.

> **Hinweis:** Im nächsten Kapitel erwarten Sie einige praktische PHP/MySQL-Anwendungsbeispiele, um die in diesem Kapitel erworbenen Erkenntnisse umgehend anzuwenden.

# 8 Know-how

In diesem Kapitel gehe ich noch auf einige spezielle Themen ein. Darunter sind unter anderem der effiziente Einsatz der Funktion mail(), Cacheverarbeitung und Cookie/Session-basierte Authentifizierung.

## 8.1 Mail via PHP

In diesem Abschnitt sollen einige grundlegende Fragen zur mail()-Funktion beantwortet werden.

### 8.1.1 Mail versenden via PHP

Bei genauer Betrachtung der mail()-Funktion wird Ihnen auffallen, dass diese einige Parameter voraussetzt, wobei der vierte Parameter zur Definition zusätzlicher Headerzeilen dient. Diese Headerzeilen können den MIME-Type einer Mail bestimmen, den Absender der Mail festlegen oder auch beliebige vom Standard abweichende Header (X-Mailer: etc.) enthalten.

*Beispiel*
```
<?php
$nachricht = "<b>Herzlich Willkommen...<b>";
$an       = "empfaenger@test.de";
$betreff  = "Betrefftext";
$xtra     = "From: mail@sender.de (Mr. Sender)\r\n";
$xtra    .= "Content-Type: text/html\r\nContent-Transfer-Encoding: 8bit\r\n";
$xtra    .= "X-Mailer: PHP ". phpversion();
mail($an, $betrefft, $nachricht, $xtra);
?>
```

### 8.1.2 Attachment via Mail

Bei der mail()-Funktion von PHP kann man im vierten Argument jeden beliebigen zusätzlichen Header angeben, wie Sie im vorherigen Beispiel erfahren haben. Attachments werden MIME-kodiert. Die HTML Mime Mail Class von Richard Heyes kapselt diese Funktionalität und ermöglicht das Versenden von Attachments. Unter folgender URL finden sich auch Anwendungsbeispiele:

*www.phpguru.org/mime.mail.html*

## 8.1.3 Gültigkeit einer Mail prüfen

Der Mailer eines Systems kann eine Mail lediglich dann zustellen, wenn das Domain Name System (DNS) für die Zieladresse einen *Mail Exchanger* (MX) *Resource Record* (RR) oder einen *Address* (A) *Resource Record* enthält. Wenn Sie testen wollen, ob die Empfängeradresse für eine Mail gültig ist, benötigen Sie Zugriff auf das Internet und einen DNS-Server, den man befragen kann. Dann kann man die Anfrage, die der Mailer später einmal stellen wird, um die Mail zuzustellen, manuell mithilfe der Funktion checkdnsrr() nachvollziehen. Die Funktion liefert true, wenn ein passender RR vorhanden ist.

*Beispiel*
```
<?php
$email = "user@host.de";
list($user, $host) = explode("@", $email);

if (checkdnsrr($host, "MX") or checkdnsrr($host, "A")) {
  print "Mail ist anscheinend zustellbar.<BR>\n";
} else {
  print "Mail ist leider nicht zustellbar.<BR>\n";
}
?>
```

**Hinweis:** Eine DNS-Anfrage kann je nach Verfügbarkeit des DNS-Systems bis zu mehreren Minuten dauern. Der betreffende Webserverprozess ist in diesem Zeitraum blockiert. Das Vorhandensein der benötigten RRs garantiert jedoch nicht, dass der gewünschte Anwender existiert und die Mail empfangen kann.

## 8.1.4 Versenden einer Mail an mehrere Empfänger

Das Versenden einer Mail an mehrere Empfänger können Sie mithilfe von spezialisierter Software realisieren. Mailinglisten-Server wie die folgenden bieten Ihnen diesen Service:

- Ecartis – www.ecartis.org
- Ezmlm – www.ezmlm.org
- Majordomo – www.greatcircle.com/majordomo

Alternativ kann man sich mit einer deutlich primitiveren Lösung in PHP behelfen, indem man gemäß den vorherigen Beispielen zusätzliche Headerzeilen mit BCC-Empfängern (Blind Carbon Copy) erzeugt. Auf diese Weise generiert man eine einzelne Mail, die an mehrere Empfänger versandt werden kann. Gleichzeitig vermeidet man durch die Verwendung von BCC-Empfängern, dass die Empfänger im Kopf der Mail mit aufgeführt werden und auf diese Weise ein überdimensionaler Header entsteht.

*Beispiel*
```
<?php
// Empfaengerliste
$empfaenger = array(
    "x@mail.de",
    "y@mail.de",
```

```
            "z@mail.de"
            );
// BCC-Erzeugen
foreach ($empfaenger as $key => $email) {
    $bcc .= "Bcc: $email\r\n";
}
// Mail samt BCC-Empfänger versenden
mail(
    "erster@mail.de",
    "Newsletter",
    "Hier das Neueste...",
    $bcc
    );
?>
```

## 8.1.5 HTML via Mail

Nachdem Sie erfahren haben, wie Sie eine Mail an mehrere Empfänger versenden können und der vierte Parameter der `mail()`-Funktion Ihnen nun auch nicht mehr fremd ist, will ich Ihnen noch ein Beispiel zeigen, mit dem Sie in der Lage sind, auch HTML-E-Mails zu versenden.

*Beispiel*

```
<?php
// Empfänger
// beachten Sie das Komma ', '
$empfaenger  = 'matzek@atomicscript.de' . ', ';
$empfaenger .= 'madokan@atomicscript.de';

// Betreff
$betreff = 'Geburtstags-Erinnerungen für Oktober';

// Meldung
$meldung = '
<html>
<head>
  <title>Geburtstags-Erinnerungen für Oktober</title>
</head>
<body>
  <p>Hier sind die Geburtstage im Oktober:</p>
  <table>
    <tr>
      <th>Person</th><th>Tag</th><th>Monat</th><th>Jahr</th>
    </tr>
    <tr>
      <td>Manfred</td><td>10.</td><td>Oktober</td><td>1974</td>
    </tr>
    <tr>
      <td>Toni</td><td>17.</td><td>Oktober</td><td>1973</td>
    </tr>
  </table>
</body>
```

```
</html>
';
// Bei HTML-E-Mails muss der 'Content-type'-Header gesetzt werden
$header  = 'MIME-Version: 1.0' . "\r\n";
$header .= 'Content-type: text/html; charset=iso-8859-1' . "\r\n";

// Headerangaben, wie To, From, CC, Bcc, etc. können
// zusätzlich angefügt werden.
$header .= 'To: Matthias <matthias@beispiel.de>, Caroline
<caro@beispiel.de>' . "\r\n";
$header .= 'From: Geburtstags-Erinnerungen <geburtstag@beispiel.de>' .
"\r\n";
$header .= 'Cc: geburtstagsarchiv@beispiel.de' . "\r\n";
$header .= 'Bcc: geburtstagscheck@beispiel.de' . "\r\n";

// Mail versenden
mail($empfaenger, $betreff, $meldung, $header);
?>
```

## 8.2 PHP & HTTP

Neben dem eigentlichen Inhalt (Körper) einer Seite versendet der Server einige zusätzliche Informationen an den Client. Diese werden vor dem eigentlichen Inhalt im Header (Kopf) gesendet. Mithilfe dieser Informationen gibt der Server Aufschluss darüber, was es mit der übertragenen Seite auf sich hat und welchen Status sie besitzt:

- Handelt es sich um die gewünschte Seite (Status 200 – Found)?
- Wurde die Seite nicht gefunden (Status 404 – Not Found)?
- Befindet sich die Seite unter einer anderen Adresse (Status 301 – Moved Permanently)?
- Wird eine Authentifizierung zum Anzeigen des Inhalts benötigt (Status 401 – Unauthorized)?

Zusätzlich zum Status einer Seite kann auch Folgendes übermittelt werden:

- *Last-Modified* – Gibt an, wann die Seite zum letzten Mal verändert wurde.
- *Cache-Control* – Gibt an, ob sie gecacht werden darf.
- *Expires* – Gibt an, wann die Seite verfällt.
- *Content-Typ* – Gibt an, um welchen Typ es sich bei ihrem Inhalt handelt.

Normalerweise versendet der Server automatisch den benötigten Header. Mithilfe der PHP Funktion `header()` sind Sie jedoch in der Lage, diesen zu manipulieren. Sie müssen nur beachten, dass kein anderes Zeichen vor der `header()`-Funktion ausgegeben werden darf, die Seite muss unbedingt mit dem PHP-Code `<?php` beginnen und darf vor dieser Codemarke nichts enthalten, noch nicht einmal ein Leerzeichen. Auch innerhalb der Codemarken dürfen Ausgaben via `echo`, `print` etc. erst nach dem Senden der Headerdaten durchgeführt werden.

## 8.2.1 Automatische Weiterleitung mit Redirect

Um einen Redirect zu erzeugen, muss man die HTTP-Header Location senden und dort die neue URL angeben.

```
header('Location: absolute_url');
```

Die Angabe `absolute_url` entspricht der gewünschten URL, auf die weitergeleitet werden soll. Nach den RFC-Spezifikationen muss es sich um eine absolute URL-Angabe handeln, auch wenn fast alle Browser eine relative URL verstehen.

*Beispiel*
```
header("Location: http://www.atomiscript.de");
exit;
```

Die `exit`-Anweisung im vorliegenden Beispiel ist optional, allerdings würde es nichts bringen, nach dem Header noch etwas auszugeben, da sowieso keine Darstellung erfolgt.

> **Hinweis:** Bei dieser Anweisung sendet Apache automatisch den Statuscode 302.

## 8.2.2 Not Found 404

Sollten Sie Ihren Server so konfiguriert haben, dass er als Fehlerseite eine PHP-Seite anzeigt, wird der Statuscode 200 (OK) gesendet. Dies kann jedoch bei Suchmaschinen dazu führen, dass Ihre Fehlerseite mit indiziert wird. Um dies zu vermeiden, legen Sie den Statuscode für die Seite selbst fest.

```
header('HTTP/1.0 404 Not Found');
```

Der Statuscode 404 (Not Found) wird durch die `header()`-Funktion gesetzt und somit auch von Suchmaschinen als Fehlerseite erkannt.

## 8.2.3 Cache-Control

Für den Cache-Control stehen Ihnen in PHP ebenfalls Funktionen zur Verfügung, die man im Header einsetzen kann. Die Standardbefehle zum Steuern des Caches lauten `Last-Modified`, `Cache-Control` und `Pragma`. Sie werden auch von sämtlichen Browsern interpretiert.

### Zeitbegrenztes Cachen

Im folgenden Beispiel wird das Cachen einer Seite zugelassen, jedoch wird eine befristete Zeitspanne festgelegt, bis zu der die Seite verfällt oder aktualisiert werden muss.

```
<?php
// Cache-Lebensdauer (in Minuten)
$dauer = 15;
$exp_gmt = gmdate("D, d M Y H:i:s", time() + $dauer * 60) ." GMT";
$mod_gmt = gmdate("D, d M Y H:i:s", getlastmod()) ." GMT";

header("Expires: " . $exp_gm);
header("Last-Modified: " . $mod_gmt);
```

```
header("Cache-Control: public, max-age=" . $dauer * 60);
// Speziell für MSIE 5
header("Cache-Control: pre-check=" . $dauer * 60, FALSE);
?>
```

Die Funktion `getlastmod()` gibt die Zeit der letzten Änderung der aktuell aufgerufenen Seite an. Um das Cachen einer Seite auf private Caches zu begrenzen, muss man den Code wie folgt anpassen:

```
<?php
// Cache-Lebensdauer (in Minuten)
$dauer = 15;
$exp_gmt = gmdate("D, d M Y H:i:s", time() + $dauer * 60) ." GMT";
$mod_gmt = gmdate("D, d M Y H:i:s", getlastmod()) ." GMT";

header("Expires: " . $exp_gm);
header("Last-Modified: " . $mod_gmt);
header("Cache-Control: private, max-age=" . $dauer * 60);
// Speziell für MSIE 5
header("Cache-Control: pre-check=" . $dauer * 60, FALSE);
?>
```

### 8.2.4 Cachen vermeiden

Sie haben auch die Möglichkeit, das Cachen einer Seite explizit zu unterbinden:

```
<?php
// Datum aus Vergangenheit
header("Expires: Mon, 12 Jul 1995 05:00:00 GMT");
// Immer geändert
header("Last-Modified: " . gmdate("D, d M Y H:i:s") . " GMT");
header("Cache-Control: no-store, no-cache, must-revalidate");
// Speziell für MSIE 5
header("Cache-Control: post-check=0, pre-check=0", false);
header("Pragma: no-cache");
?>
```

#### Problematik mit Internet Explorer

Leider werden `Pragma` und `no-cache` im IE nicht interpretiert – hier gibt es drei Befehle, auf die Sie zurückgreifen können:

- `No-Check` – Besagt, dass der Client keine Cachekontrolle durchführen soll. Anders ausgedrückt, es wird gecacht, aber nie aktualisiert!
- `Post-Check` – Der Client vergleicht den Browsercache mit der Seite nach einer vorgegebenen Zeit (interval expires). Wenn nichts angegeben wird, übernimmt der Browser selbst die Verwaltung.
- `Pre-Check` – Der Browser fragt die Webseite auf die letzte Aktualisierung ab und vergleicht bei einem Unterschied den Cache mit der Seite. Es wird die Zeit der letzten Änderung genommen, also das Datum der Datei.

Die einzige Möglichkeit, das Problem zu umgehen, liegt darin, den Cache des IE zu deaktivieren oder ihm zu untersagen, diese Seiten zu cachen! Dies kann sowohl via PHP als auch HTML erfolgen:

*PHP*
```
header("Cache-Control: post-check=0, pre-check=0", FALSE);
```

*HTML*
```
<meta http-equiv="Cache-Control" content="post-check=0">
<meta http-equiv="Cache-Control" content="pre-check=0">
```

### Cachen vermeiden via GET-Parameter
Eine Alternative zum Header ist das Anhängen von Parametern an die URL einer Seite.

*Beispiel*
```
// URL
http://www.atomiscript.de/index.php

// Alternative
http://www.atomiscript.de/index.php?zufall=xxx
```

Sie müssen lediglich sicherstellen, dass xxx immer etwas anderes ist. Dies lässt sich beispielsweise mithilfe der `time()`-Funktion erreichen.

*Beispiel*
```
<?php
$zeit = time();
echo "<a href =
http://www.atomiscript.de/index.php?zufall=$zeit>AtomicScript</a>";
?>
```

## 8.2.5 Download

In bestimmten Fällen ist es erwünscht, dass ein PHP-Skript die von ihm erzeugten Daten nicht einfach in Form einer HTML-Seite ausgibt, sondern sie an den Client sendet. Dieser sollte diese in Form einer Datei speichern oder an andere Applikationen übergeben.

Solche Fälle tauchen vorwiegend bei Anhängen (Attachments) in einem Webmail-System auf. Normalerweise wird die Ausgabe eines PHP-Skripts als HTML interpretiert, das der Browser darstellt. Damit der Browser die Datei jedoch speichert, muss die Angabe über den Typ des Dateiinhalts für die Übertragung geändert werden. Hierfür stehen Ihnen Content-Type und Content-Disposition zur Verfügung:

```
header("Content-Type: application/octetstream");
```

Soweit nichts anderes angegeben wird, benutzt der Browser den Dateinamen des PHP-Skripts aus der URL als Dateinamen zum Abspeichern.

```
header("Content-Disposition: attachment; filename=dateiname.ext");
```

Mit diesem Header wird der Dateiname auf `dateiname.ext` gesetzt. Sie sollten vor allem darauf achten, dass keine Quoting-Zeichen wie etwa Hochkommata vorkommen.

Grund hierfür ist, dass bestimmte Browser wie der Internet Explorer sonst die Quoting-Zeichen als Teil des Dateinamens interpretieren.

> **Achtung:** Eventuelle Pfadangaben werden übrigens ignoriert, d. h., es ist möglich den Dateinamen festzulegen, aber nicht, in welches Verzeichnis die Datei gespeichert werden sollte.

### Problematik mit Internet Explorer

Microsoft verarbeitet die RFCs scheinbar anders als alle anderen Browser, sodass der IE 5.5 nur folgenden Header versteht:

```
header("Content-Disposition: filename=dateiname.ext");
```

Über die Variable `$HTTP_USER_AGENT` können Sie PHP auch entscheiden lassen, welche Variante wahrscheinlich die richtige ist.

```
header("Content-Disposition: ".(strpos($HTTP_USER_AGENT,"MSIE 5.5")?"":"attachment;")."filename=dateiname.ext");
```

### Nachteil der Header-Methode

Die Methode, den Dateinamen über den Header festzulegen, hat jedoch einen kleinen Nachteil: Sollte der Anwender später im Browser nicht auf den Link klicken, um dann die Datei zu speichern, sondern direkt über *Save Link as* speichern, konnte noch kein Header gesendet werden, sodass der Browser den Dateinamen nicht kennt und wieder den Dateinamen des Skripts vorschlägt. Das kann nur umgangen werden, indem man dafür sorgt, dass der gewünschte Dateiname in der URL steht. Dies ist wiederum nur über Funktionen des Webservers möglich. Beim Apache sind das die Funktionen `Rewrite` und `Redirect`.

Die Erfahrung hat gezeigt, dass ein `Content-Transfer-Encoding`-Header die ganze Sache sicherer macht, auch wenn er laut RFC 2616 nicht benutzt wird.

```
header("Content-Transfer-Encoding: binary");
```

Die meisten Browser zeigen beim Download häufig einen Fortschrittsbalken an. Dies funktioniert allerdings nur dann, wenn der Browser weiß, wie groß die Datei ist. Die Größe der Datei in Byte wird über den `Content-Length`-Header angegeben.

```
header("Content-Length: {Dateigrösse}");
```

Zusammenfassend können wir nun folgenden Header benutzen, wenn die Ausgabe eines Skripts heruntergeladen werden soll:

```
<?php
// Dateityp, der immer abgespeichert wird
header("Content-Type: application/octetstream");

// Dateiname mit Sonderbehandlung des IE 5.5
header("Content-Disposition: ".(!strpos($HTTP_USER_AGENT,"MSIE 5.5")?"attachment; ":"")."filename=datei name.ext");

// Im Grunde ueberfluessig, hat sich anscheinend bewährt
header("Content-Transfer-Encoding: binary");

// Zwischenspeichern auf Proxies verhindern
```

```
header("Cache-Control: post-check=0, pre-check=0");
// Dateigröße für Downloadzeit-Berechnung
header("Content-Length: {Dateigroesse}");
?>
```

> **Hinweis:** Diese Headerkombination sollte zuverlässig funktionieren. Bei der Vielzahl von Browsern, die sich nicht immer an die RFCs halten, ist jedoch nicht ausgeschlossen, dass diese Kombination angepasst werden muss.

### 8.2.6 Authentifizierung via HTTP

Es besteht die Möglichkeit, den Browser ein Fenster öffnen zu lassen, in dem Name und Passwort eingetragen werden müssen. Dies jedoch nur dann, wenn PHP als Modul und nicht als CGI läuft.

Die Umsetzung stellt sich recht einfach dar:

```
<?php
  if($PHP_AUTH_USER!="Matthias" OR $PHP_AUTH_PW!="Kannen") {
    Header('HTTP/1.1 401 Unauthorized');
    Header('WWW-Authenticate: Basic realm="Privatezone"');
    echo "Sie haben den Vorgang abgebrochen!";
    exit;
  }
?>
<html>
<head>
 <title>Privatzone</title>
</head>
<body>
<h1>Hier ist die Privatzone von </h1>
<h2>
<?php
  echo "Benutzer: ".$PHP_AUTH_USER." Passwort: ".$PHP_AUTH_PW;
?>
</h2>
</body>
</html>
```

Bild 8.1: Login-Fenster

Bild 8.2: Privatzone des Anwenders

Beim ersten Aufruf sind beide Variablen $PHP_AUTH_USER und $PHP_AUTH_PW nicht gesetzt. Hierdurch wird der Abschnitt der IF-Anweisung bearbeitet. In diesem werden die beiden Header zurückgegeben, die den Browser veranlassen, nach dem Benutzernamen und dem Passwort zu fragen. Die Bezeichnung für den Privatbereich können Sie nach Belieben anpassen, sämtliche übrigen Bestandteile des Headers sollten Sie genauso übernehmen. Die echo-Anweisung wird lediglich dann ausgegeben, wenn der Anwender bei der Passwortabfrage auf *Abbrechen* klickt oder im Falle des Internet Explorers drei Versuche, sich zu authentifizieren, misslungen sind. Dann springt der Webserver nach dem echo aus der Datei und der Rest wird nicht mehr ausgegeben. Sollte der Anwender jedoch das korrekte Passwort mit dem korrekten Benutzernamen eingeben, wird der Bereich innerhalb der IF-Anweisung nicht bearbeitet und der Rest der Datei interpretiert.

Sollten Sie auf Nummer sicher gehen wollen, sollten Sie die globalen Servervariablen $_SERVER wie folgt einbinden:

```php
<?php
  if($_SERVER["PHP_AUTH_USER"]!="Matthias" OR
$_SERVER["PHP_AUTH_PW"]!="Kannen") {
    Header('HTTP/1.1 401 Unauthorized');
    Header('WWW-Authenticate: Basic realm="Privatezone"');
    echo "Sie haben den Vorgang abgebrochen!";
    exit;
  }
?>
<html>
<head>
  <title>Privatzone</title>
</head>
<body>
<h1>Hier ist die Privatzone von </h1>
<h2>
<?php
  echo "Benutzer: ".$_SERVER["PHP_AUTH_USER"]." Passwort: ".$_SERVER["PHP_AUTH_PW"];
?>
</h2>
</body>
</html>
```

Das PHP-Skript erhält über folgende Servervariablen die Anmeldedaten:

| Variable | Wert |
| --- | --- |
| $_SERVER["PHP_AUTH_USER"] | Benutzername |
| $_SERVER["PHP_AUTH_PW"] | Passwort im Klartext |
| $_SERVER["PHP_AUTH_TYPE"] | Authentifizierungstyp |

Das Skript kann die Gültigkeit der so übergebenen Daten prüfen. Diese Variablen stehen Ihnen immer nur dann zur Verfügung, wenn das PHP-Skript die Authentifizierung veranlasst hat. Hat sich ein Anwender einmal am System angemeldet, werden die Anmeldungsdaten im Browser gesichert. Bei jedem Aufruf einer Resource im geschützten Bereich sendet dieser automatisch die Authentifizierungsdaten mit. Der Anwender muss sich somit nur einmal anmelden. Sie sollten jedoch beachten, dass im Authentifizierungsschema Basic das Passwort im Klartext gesendet wird. Es wäre daher ratsam, gegebenenfalls HTTPS zu verwenden, um eine sichere Übertragung zu gewährleisten.

### Sicherheitsproblem

Ein weiteres Sicherheitsproblem ist zu berücksichtigen: Der Browser speichert nämlich den Benutzernamen und das Passwort, sodass die Autoren derjenigen Seiten, die man nach der Passworteingabe abruft, theoretisch das Passwort abfragen könnten. Dies kann man jedoch ganz einfach verhindern, indem man den Browser komplett beendet oder den PHP-Abschnitt wie folgt anpasst:

```
<?php
  if($PHP_AUTH_USER!="Matthias" OR $PHP_AUTH_PW!="Kannen") {
    Header('HTTP/1.1 401 Unauthorized');
    Header('WWW-Authenticate: Basic realm="Privatezone"');
    echo "Sie haben den Vorgang abgebrochen!";
    exit;
  } else {
    unset($PHP_AUTH_PW);
  }
?>
```

### Variante via $_SERVER

```
<?php
  if($_SERVER["PHP_AUTH_USER"]!="Matthias" OR
$_SERVER["PHP_AUTH_PW"]!="Kannen") {
    Header('HTTP/1.1 401 Unauthorized');
    Header('WWW-Authenticate: Basic realm="Privatezone"');
    echo "Sie haben den Vorgang abgebrochen!";
    exit;
  } else {
    unset($_SERVER["PHP_AUTH_USER"]);
  }
?>
```

## 8.3 Sicherheit

Um Sicherheitsrisiken beim eigenen Webserver oder einem vom Provider bereitgestellten Webspace und deren Beseitigung sollte man sich als sicherheitsbewusster Entwickler kümmern. Natürlich wird es nie absolute Sicherheit geben, aber mit ein wenig Aufwand kann man es den bösen Jungs zumindest etwas schwerer machen.

Im Abschnitt »Authentifizierung via http«, haben Sie bereits erfahren, wie Sie eine Datei sichern können. Im folgenden Abschnitt werden wir uns um weitere Möglichkeiten kümmern.

> **Hinweis:** Die hier aufgeführten Möglichkeiten erheben nicht den Anspruch, absolute Sicherheit zu bieten. Es gibt eine einfache Tatsache, die unumstößlich ist: Für jedes Schloss gibt es auch einen Schlüssel, und alle Türen können geöffnet werden!

### 8.3.1 HTTP-Authentifizierung via HTACCESS

Die Authentifizierung über das HTTP-Protokoll ist sicher eine der bequemsten Möglichkeit, einen Anwender zu einer Identifizierung zu veranlassen. Der Server bzw. das Skript sendet einen HTTP-Header an den Browser, der zur Authentifizierung auffordert. Der Anwender erhält daraufhin vom Browser ein Loginfenster präsentiert, wie Sie es bereits im Abschnitt »Authentifizierung via http« kennengelernt haben. Der Anwender loggt sich ein und erhält Zugriff auf den geschützten Bereich. Kann dieser nicht identifiziert werden, so wird der Zugriff verweigert und der Anwender erhält eine Fehlermeldung. Der Apache-Webserver ermöglicht es, ein Verzeichnis und sämtliche Unterverzeichnisse durch eine sogenannte *.htaccess*-Datei zu schützen. Eine solche Datei sieht wie folgt aus:

```
AuthUserFile /htdocs/user/www.domain.de/admin/.htpasswd
AuthName Madania
AuthType Basic
<Limit GET>
require valid-user
</Limit>
```

> **Tipp:** Unter Unix sorgt der Punkt vor dem *htaccess*-Dateinamen dafür, dass diese Datei versteckt wird. Dies können Sie auch auf eigene Dateien anwenden.

Hat sich ein Anwender über die Webserver-Authentifizierung angemeldet, können Sie mithilfe der globalen Servervariablen $_SERVER["REMOTE_USER"] den Benutzernamen des angemeldeten Anwenders und mit $_SERVER["AUTH_TYPE"] die Authentifizierungsmethode ermitteln.

#### Anpassen der Passwortdatei

Die Webserver-Identifizierung hat einen wesentlichen Nachteil: Sie müssen den Anwender nicht nur für die jeweilige Webanwendung registrieren, sondern auch beim Webserver. Eine Passwortänderung muss dem Server ebenfalls mitgeteilt werden.

Natürlich können Sie jederzeit den Serveradministrator darum bitten, die Anpassungen vorzunehmen, doch ich will Ihnen eine Lösung vorstellen, mit der es einfach ist, die Änderungen selbst vorzunehmen.

Ein Eintrag in einer gültigen Passwortdatei, welche in den meisten Fällen den Dateinamen *.htpasswd* besitzt, setzt sich aus einer Zeile zusammen. Die Zeile stellt sich wie folgt dar:

*Nutzername:Passwort*

Diese Zeile können Sie mithilfe von PHP auch selbst erzeugen bzw. anfügen, und zwar mit der Funktion setze_passwort():

```php
<?php
// Passwort-Funktion
function setze_passwort($pwddatei,$nutzer,$nutzer_pwd="") {
 if (empty($nutzer) || empty($pwddatei) || strlen($nutzer)<3) {
   return false;
 }
 // Sollte die Datei existieren, wird ein Backup
 // mit einem Zeitstempel erzeugt
 if (file_exists($pwddatei)) {
  $pwd=file($pwddatei);
  copy("$pwddatei",$pwddatei.time());
 } else {
  $pwd=array();
 }
 // Neue Passwort-Variable initialisieren
 $neu_pwd="";
 // Sämtliche Benutzer durchlaufen
 foreach($pwd as $eintrag) {
   if (strstr($eintrag,$nutzer.":")==$eintrag) {
       $change_nutzer=true;
       if (empty($nutzer_pwd)) {
         continue;
       }
       $neu_pwd.=$nutzer.":".crypt($nutzer_pwd,$nutzer[2].$nutzer[1])."\n";
   } else {
       $neu_pwd.=trim($eintrag)."\n";
   }
 }
 // Benutzer neues Passwort zuweisen
 if (!isset($change_nutzer)) {
   if (empty($nutzer_pwd)) {
     return false;
   } else {
     $neu_pwd.= $nutzer.":".crypt($nutzer_pwd,$nutzer[2].$nutzer[1])."\n";
   }
 }
 // Daten sichern
 $datei=fopen($pwddatei,"w");
```

```
  if (is_resource($datei)) {
    flock($datei,LOCK_EX);
    fwrite($datei,$neu_pwd);
    flock($datei,LOCK_UN);
    fclose($datei);
    return true;
  } else {
    return false;
  }
}
?>
```

Ich empfehle Ihnen, die Funktion in eine Datei mit dem Namen *phpcrypt.php* abzulegen. So können Sie bei Bedarf auf die Funktion zugreifen.

*Beispiel – Anlegen eines Benutzers (Anwenders)*

```
<?php
// Funktion einbinden
include("phpcrypt.php");

// Zieldatei, Benutzer, Passwort
if (setze_passwort(".htpasswd","matthias","test")) {
   echo "Erfolgreich";
} else {
   echo "Fehlgeschlagen";
}
?>
```

Die Funktion selbst ist in der Lage,

- ein Nutzerpasswort zu ändern,
- einen neuen Benutzer samt Passwort anzulegen,
- einen Benutzer samt Passwort zu löschen.

Sie erhält den Dateinamen, den Benutzernamen und das Passwort. Sollte das Passwort nicht vorhanden bzw. leer sein, wird der betreffende Benutzer aus der Datei entfernt. Sie ist in der Lage, die Passwortdatei zu erzeugen oder eine vorhandene zu öffnen. Sollte die Passwortdatei vorhanden sein, wird sie nach entsprechenden Benutzernamen durchsucht. Sollte der Benutzername vorhanden sein, wird dessen Passwort entweder ersetzt oder, wenn das Passwort, welches im Argument $nutzer_pwd festgelegt wird, leer sein sollte, der Benutzer aus der Datei entfernt. Wird kein Benutzer gefunden, wird ein neuer Eintrag in der Passwortdatei angelegt. Die jeweiligen Passwörter in der Passwortdatei müssen verschlüsselt abgelegt werden. Die Funktion, die Ihnen bei der Verschlüsselung behilflich ist, ist crypt(). Sie erhält das Passwort im Klartext übergeben und als Schlüsselbasis wird der dritte und zweite Buchstabe des Benutzernamens verwendet. Das so erzeugte Passwort wird dem String hinzugefügt, welcher sich aus Benutzername und verschlüsseltem Passwort zusammensetzt und in der Variablen $neu_pwd liegt. Anschließend wird die neu erzeugte Passwortdatei gespeichert. Da ein Eingriff in die Passwortdatei auch zu Problemen führen kann, sollte man an eine Sicherung der möglicherweise vorhandenen Passwortdatei denken. Daher wird bei jeder Anpassung der Passwortdatei eine Kopie der Datei angelegt, sofern diese vorhanden ist. Sollten sämtliche Prozesse innerhalb der Funktion `setze_passwort()` fehlerfrei durchlaufen worden sein, wird diese `true` zurückliefern, andernfalls `false`.

> **Achtung:** Es wird nicht geprüft, ob Sie bzw. das PHP-Skript das Recht haben, Änderungen an der Datei vorzunehmen. Daher sollten Sie vorab klären, ob dem so ist.

### 8.3.2 Session-basierte Authentifizierung

Eine weitere Möglichkeit der Authentifizierung besteht darin, die Zugangsdaten eines Anwenders auszuwerten und in einer Session zu registrieren. Sie sollten bei der Übertragung mithilfe eines HTML-Formulars berücksichtigen, dass das Passwort im Klartext übertragen wird und daher die POST-Methode eingesetzt werden sollte. Sie könnten zusätzlich clientseitig das Passwort mithilfe von JavaScript verschlüsseln. Dies setzt jedoch voraus, dass beim Anwender die Ausführung von JavaScript zugelassen ist.

Um das folgende Beispiel so flexibel wie möglich zu gestalten, sollten Sie dafür sorgen, dass die Benutzeridentifizierung in eine externe Datei ausgelagert wird. Ich habe hierfür die Datei *check.php* angelegt. In dieser befindet sich folgende Funktion:

```php
<?php
// Nutzeridenifikations-Funktion
function check_nutzer($pwddatei=".htpasswd") {
 session_start();

 if (isset($_SESSION["versuch"]) && $_SESSION["versuch"]>2) {
   return false;
 }
 if (!isset($_SESSION["auth"]) && !isset($_POST["username"])) {
   return false;
 }
 if (isset($_POST["username"])) {
   if (!isset($_SESSION["versuch"])) {
    $_SESSION["versuch"]=1;
   } else {
    $_SESSION["versuch"]++;
   }
   if (!isset($_COOKIE[session_name()])) {
    return false;
   }
   $nutzer = trim($_POST["username"]);
   $pwd   = trim($_POST["passwort"]);
   if (strlen($nutzer)<3) {
    return false;
   ]
   $pwd=$nutzer.":".crypt($pwd,$nutzer[2].$nutzer[1])."\n";
   $pwd_liste=file($pwddatei);
```

```php
    if (array_search($pwd,$pwd_liste)!== false) {
     $_SESSION["auth"]=$nutzer;
     return true;
    } else {
     return false;
    }
  }
  if (isset($_GET["logout"])) {
   session_destroy();
   session_unset();
   unset($_SESSION);
   return false;
  } else {
   return true;
  }
}
?>
```

Die Datei, welche die Eingabemaske samt Funktionsaufruf enthält, wird als *login.php* angelegt:

```php
<?php
include("check.php");
if (!check_nutzer()) {

?>
<html>
<head>
<title>Eingang</title>
</head>
<body>
<h1>Login</h1>
<form method="post" action="<?php echo $PHP_SELF ?>">
  <p>Benutzer:
    <input type="text" name="username">
  </p>
  <p>Passwort:
    <input type="password" name="passwort">
  </p>
  <p>
    <input type="submit" name="Submit" value="Login">
  </p>
</form>
<?php
if (isset($_SESSION["versuch"]) && $_SESSION["versuch"] < 3) {
 echo "Login nicht erfolgreich!
 Es stehen Ihnen noch ".
 (3-$_SESSION["versuch"]) .
 " Versuche zur Verfügung!";
} else if ($_SESSION["versuch"] == 3) {
 echo "Es stehen Ihnen keine
 weiteren Versuche zur Verfügung!";
```

```
    }
?>
</body>
</html>
<?php
} else {
?>
<html>
<head>
<title>Private Zone</title>
</head>
<body>
<h1>Herzlich Willokmmen</h1>
<a href="<?php echo $PHP_SELF ?>?logout=1">Logout</a>
</body>
</html>
<?php
}
?>
```

Bild 8.3: Loginformular (Eingabemaske) und Privatbereich

Wie Sie anhand des ersten Arguments $pwddatei der Funktion erkennen können, verwende ich in diesem Fall die mithilfe der setze_passwort()-Funktion erzeugte Passwortdatei, um die Authentifizierung durchzuführen. Es steht Ihnen natürlich frei, der Passwortdatei einen beliebigen Namen zuzuweisen. Achten Sie lediglich darauf, dass sich jeder Benutzereintrag aus einem Benutzernamen und einem verschlüsselten Passwort zusammensetzt. Die Funktion selbst sorgt dafür, dass die benötigte Session initialisiert wird, und prüft, ob ein Anwender angemeldet ist oder nicht. Gegebenenfalls wird der Anwender identifiziert bzw. abgemeldet.

Ist ein Anwender angemeldet oder war seine Anmeldung erfolgreich, gibt die Funktion true zurück, andernfalls false. Mithilfe der Rückgabewerte können Sie somit entscheiden, was bei einem erfolgreichen bzw. nicht erfolgreichen Login geschehen soll. Die Funktion ist zusätzlich in der Lage zu erkennen, wie oft versucht wurde, sich einzuloggen. Dem Anwender stehen drei Versuche zur Verfügung. Nach drei Versuchen, welche in der Sessionvariablen $_SESSION["versuch"] gespeichert sind, wird die Funktion grundsätzlich den Rückgabewert false liefern. Dies gilt auch in dem Fall, wenn weder die Sessionvariable $_SESSION["auth"] noch die Postvariable $_POST["username"] existieren. In diesem Fall wird davon ausgegangen, dass der Anwender noch keinen Loginversuch unternommen hat.

Sobald der Anwender das Loginformular abgeschickt hat, beginnt der Authentifizierungsprozess. Die Sessionvariable $_SESSION["versuch"] wird in der Session registriert bzw. um den Wert 1 erhöht. Anschließend wird überprüft, ob die Session durch ein Cookie übergeben wurde. Sollte dieses nicht existieren, wird die Funktion abgebrochen und false zurückgegeben. Der Benutzernamen und das Passwort werden in den Variablen $nutzer und $pwd gespeichert. Dabei werden mithilfe der Funktion trim() eventuell vorhandene Leerzeichen vor und nach dem Benutzernamen und Passwort entfernt.

Eine weitere Bedingung ist, dass der Benutzername nicht kürzer als drei Zeichen sein darf. Damit ein identischer Eintrag in der Passwortdatei gefunden werden kann, wird ein String gebildet, welcher genauso aufgebaut ist wie eine Zeile in der Passwortdatei. Anschließend wird der Inhalt dieser Datei mithilfe der Funktion file() in das Array $pwd_liste eingelesen. Dieses Array wird mithilfe der Funktion array_search() durchsucht. Ist der Rückgabewert der Suche ungleich false, so bedeutet dies, der Anwender ist in der Passwortdatei enthalten und hat sich mit dem richtigen Passwort angemeldet. Die Sessionvariable $_SESSION["auth"] wird angelegt und in ihr der Benutzername gespeichert. Die Funktion liefert dann noch den Wert true zurück. Sollte der Anwender bereits angemeldet sein, wird geprüft, ob in der URL der Parameter logout enthalten ist. Ist dies der Fall, wird die Session beendet und die Funktion gibt false zurück, andernfalls true.

### Session-Variante

Ich stelle noch eine weitere Variante vor, sodass Sie selbst entscheiden können, welche von beiden Lösungen Ihnen zusagt. Bei der folgenden Variante handelt es sich um eine Umsetzung, die ohne eine externe Passwortdatei auskommt.

Sie basiert auf insgesamt drei Dateien:

- *login.php* – Enthält die Eingabemaske samt Authentifizierungsfunktion.
- *gruss.php* – Auf diese Seite gelangt der Anwender nach dem Login.
- *logout.php* – Hier wird der Anwender ausgeloggt und verabschiedet.

*Beispiel – login.php*

```php
<?
session_start();

function check_auth($nutzer,$pwd) {
   $nutzer_liste = array ("matthias" => "mad",
                         "caroline" => "car");
   if (isset($nutzer_liste[$nutzer]) && ($nutzer_liste[$nutzer] == $pwd)) {
       return true;
   } else {
       return false;
   }
}

$geheim_wort = 'geheim';

unset($_POST["$username"]);

if ($_SESSION['login']) {
   list($s_username, $session_hash) = explode(',',$_SESSION['login']);
   if (md5($s_username.$geheim_wort) == $session_hash) {
       $_POST["$username"] = $s_username;
   } else {
       echo "Sie haben an ihrer Session rumgesaut!";
   }
}

if ($_POST["$username"]) {
   header('Location: gruss.php');
} else {
if (check_auth($_POST['username'], $_POST['passwort'])) {
    session_start();
    $_SESSION['login'] =
$_POST['username'].','.md5($_POST['username'].$geheim_wort);
   echo "Sie sind eingeloggt!";
   echo "<p><a href='gruss.php'>Weiter</a>";
} else {
echo <<<Login
<form method="post" action="login.php">
Benutzername:<br>
Benutzer:
<input type="password" name="username"><br>
Passwort:
<input type="text" name="passwort"><br>
<input type="submit" value="Login">
</form>
Login;
}
}
?>
```

*Beispiel – gruss.php*

```php
<?
session_start();

$geheim_wort = 'geheim';

unset($_POST["$username"]);

if ($_SESSION['login']) {
    list($s_username, $session_hash) = explode(',',$_SESSION['login']);
    if (md5($s_username.$geheim_wort) == $session_hash) {
        $_POST["$username"] = $s_username;
    } else {
        echo "Sie besitzen keine gültige Session!";
    }
}

if ($_POST["$username"]) {
    echo "Guten Tag " . $_POST["$username"];
    echo "<a href='logout.php'>Ausloggen</a>";
} else {
    echo "Guten Tag, anonymer Besucher!";
}
?>
```

*Beispiel – logout.php*

```php
<?
session_start();

$geheim_wort = 'geheim';

unset($_POST["$username"]);

if ($_SESSION['login']) {
    list($s_username, $session_hash) = explode(',',$_SESSION['login']);
    if (md5($s_username.$geheim_wort) == $session_hash) {
        $_POST["$username"] = $s_username;
    } else {
        echo "Sie besitzen keine gültige Session!";
    }
}

if ($_POST["$username"]) {
    unset($_SESSION['login'],$login);
    echo "Bis bald ". $_POST["$username"];
    echo "<br><a href='login.php'>Login</a>";
} else {
    echo "Fehler beim Ausloggen!";
}
?>
```

## 8.3.3 Cookie-basierte Authentifizierung

Auf der Grundlage der zweiten Lösung für die Session-basierte Authentifizierung können Sie nach dem gleichen Schema vorgehen, um eine Cookie-basierte Lösung einzusetzen. Diese basiert ebenfalls auf insgesamt drei Dateien:

- *cookielogin.php* – Enthält die Eingabemaske samt Authentifizierungsfunktion.
- *gruss.php* – Auf diese Seite gelangt der Anwender nach dem Login.
- *logout.php* – Hier wird der Anwender ausgeloggt und verabschiedet.

Die Cookie-basierte Lösung setzt voraus, dass der Anwender das Anlegen von Cookies auf dem Client gestattet. Sie hat gegenüber der Session-basierten Lösung den Vorteil, dass der Anwender selbst nach einem Neustart des Systems oder des Browsers eingeloggt bleibt. Erst nachdem sich der Anwender ordnungsgemäß ausgeloggt hat, wird er nicht mehr als authentifizierter Anwender erkannt.

*Beispiel – cookielogin.php*

```php
<?
function check_auth($nutzer,$pwd) {
   $nutzer_liste = array ("matthias" => "mad",
                          "caroline" => "car");
   if (isset($nutzer_liste[$nutzer]) && ($nutzer_liste[$nutzer] == $pwd)) {
      return true;
   } else {
      return false;
   }
}

$geheim_wort = 'geheim';
unset($username);

if ($_COOKIE['login']) {
   list($c_username, $cookie_hash) = split(',',$_COOKIE['login']);
   if (md5($c_username.$geheim_wort) == $cookie_hash) {
      $_POST["$username"] = $c_username;
   } else {
      echo "Sie besitzen kein gültiges Cookie!";
   }
}

if ($_POST["$username"]) {
   header('Location: gruss.php');
} else {
if (check_auth($_POST['username'], $_POST['passwort'])) {
   setcookie('login',
$_POST['username'].','.md5($_POST['username'].$geheim_wort),time()+60*60*24*30);
   echo "Sie sind eingeloggt!";
   echo "<p><a href='gruss.php'>Weiter</a>";
} else {
echo <<<Login
<form method="post" action="cookielogin.php">
Benutzername:<br>
Benutzer:
<input type="text" name="username"><br>
```

```
Passwort:
<input type="password" name="passwort"><br>
<input type="submit" value="Login">
</form>
Login;
}
}

?>
```

*Beispiel – gruss.php*

```
<?

$geheim_wort = 'geheim';
unset($_POST["$username"]);

if ($_COOKIE['login']) {
   list($c_username, $cookie_hash) = split(',',$_COOKIE['login']);
   if (md5($c_username.$geheim_wort) == $cookie_hash) {
       $_POST["$username"] = $c_username;
   } else {
       echo "Sie besitzen kein gültiges Cookie!";
   }
}

if ($_POST["$username"]) {
   echo "Guten Tag " . $_POST["$username"];
   echo "<a href='logout.php'>Ausloggen</a>";
} else {
   echo "Guten Tag, anonymer Besucher!";
}

?>
```

*Beispiel – logout.php*

```
<?

$geheim_wort = 'geheim';
unset($_POST["$username"]);

if ($_COOKIE['login']) {
   list($c_username, $cookie_hash) = split(',',$_COOKIE['login']);
   if (md5($c_username.$geheim_wort) == $cookie_hash) {
       $_POST["$username"] = $c_username;
   } else {
       echo "Sie besitzen kein gültiges Cookie!";
   }
}

if ($_POST["$username"]) {
   setcookie('login','',time()-84000);
   echo "Bis bald ". $_POST["$username"];
   echo "<br><a href='cookielogin.php'>Login</a>";
} else {
   echo "Fehler beim Ausloggen!";
}

?>
```

Das Cookie verfällt nach 30 Tagen von selbst (time()+60*60*24*30).

# Teil II – MySQL

| | | |
|---|---|---|
| 9 | Installation | 575 |
| 10 | Datenbankentwurf | 607 |
| 11 | Datenbanken und Tabellen | 625 |
| 12 | Arbeiten mit Daten | 661 |
| 13 | PHP & MySQL Praxis | 725 |
| 14 | Verwaltung und Sicherheit | 743 |
| 15 | Schritte zur MySQL-Anwendung | 781 |
| 16 | MySQL-Referenz | 797 |

# 9 Installation

Die ordnungsgemäße Installation von Software vor ihrem Gebrauch ist unverzichtbar. MySQL wurde ursprünglich unter Unix entwickelt und erfordert daher etwas mehr Know-how für korrekte Installation als die meisten Windows-Softwarepakete. Wir wollen Ihnen daher in diesem Kapitel alle wesentlichen Schritte für eine erfolgreiche Installation erläutern. Zusätzlich werden Sie einige Details über vorhandene Hilfsprogramme von MySQL erfahren, sodass Sie auch mit diesen arbeiten können.

## Installationsschritte

Die Installation eines MySQL-Servers lässt sich in folgende vier Schritte untergliedern:

- Installation des MySQL-Servers, gegebenenfalls Kompilierung des Quellcodes.
- Installation von Hilfsprogrammen für die Administration und Überwachung. MySQL liefert für diesen Zweck einige Hilfsprogramme, mit sogenannten Tools. Allerdings ist es in vielen Fällen hilfreich und effektiver, noch weitere Programme von Drittanbietern zu installieren. Später werden einige dieser Programme vorgestellt.
- Einrichten von Benutzern und Überprüfung sicherheitsrelevanter Fragen. Insbesondere beim Einsatz von MySQL in Inter- und Intranetumgebungen sollten Sie das System gegen unbeabsichtigten Datenverlust oder vor unberechtigtem Zugang zu den Daten absichern.
- Installation der Produktiv- bzw. Anwendungsumgebung. Der MySQL-Server wird erst durch die Anwendungen zu einem effektiven Werkzeug. Je nach Anwendung und Zielsetzung benötigen Sie einen entsprechenden Webserver. Für Desktopanwendungen sind dies beispielsweise grafische Clients, die auf den Zieleinsatz konfiguriert oder programmiert sind.

**Hinweis:** Da das Einrichten von Benutzern und die Überprüfung des Sicherheitssystems eine immer wiederkehrende Arbeit ist, wird dieses Thema in Kapitel 14 behandelt.

**Achtung:** In diesem Buch wird nicht ausführlich beschrieben, wie ein Webserver einzurichten ist. Die Installation von Webservern wie Apache, IIS oder PWS würden den Rahmen des Buchs sprengen. Es werden jedoch die Schnittstellen von MySQL ausführlich behandelt, sodass die Anbindung eines Webservers auch zu meistern sein sollte.

## Binär- und Quellcodeversionen

Insgesamt ist die Installation eines MySQL-Servers eine überschaubare Angelegenheit. Inzwischen sind eine Reihe von kompilierten, vorkonfigurierten Binarversionen verfügbar, die wenig Installationsaufwand erfordern. Auch die meisten Linux-Distributionen wie Suse oder RedHat haben die Installation des MySQL-Pakets fest in die Installationsroutine integriert, sodass hier nur die entsprechende MySQL-Option aktiviert werden muss. Auch unter Windows erleichtert ein Installationsprogramm ohne großen Ballast die Installation.

Als Open-Source-Software wird MySQL mit dem gesamten Quellcode zur Verfügung gestellt. Sie können die Binärversion des MySQL-Servers mit den von Ihnen gewünschten Optionen auch selbst kompilieren.

Bevor Sie die Installation durchführen, sollten Sie also entscheiden, ob Sie eine Binärversion, also eine bereits kompilierte Version installieren oder die Sources selbst übersetzen wollen. Eine kompilierte Version, die für die Zielplattform verfügbar ist und den gewünschten Funktionsumfang besitzt, ist in der Regel eine gute Wahl, da die Programme von MySQL AB mit den besten Optionen übersetzt wurden und damit das Risiko von Fehlkonfigurationen vermieden wird.

## 9.1 MySQL-Server installieren

Die Installation eines MySQL-Servers kann in folgende Schritte unterteilt werden:

- Beschaffung des MySQL-Programms
- Installation des MySQL-Servers, gegebenenfalls Kompilierung des Quellcodes
- Konfiguration des Systems

### 9.1.1 Installation auf Unix-/Linux-Systemen

Die MySQL AB-Gruppe hält von der Binärversion für *Linux- und Unix-Betriebssysteme* in der Regel ein gepacktes *TAR-Archiv* (*.tar.gz) zum Download bereit.

Für *Linux* ist darüber hinaus noch eine Version als *RPM-Archiv* (Red Hat Paket Manager) verfügbar. Für *Linux* (Intel) ist dieses RPM-Archiv die einfachste Möglichkeit, *Linux* zu installieren. Dies gilt jedoch nur, wenn Sie keine Distribution verwenden, die MySQL menügesteuert installiert.

Für die Installation des MySQL-Servers benötigen Sie das Paket MySQL-VERSION.i386.rpm, wobei VERSION für die aktuelle Versionsnummer steht, beispielsweise 3.23.46 oder 4.1.0. Dieses Archiv ist momentan ca. 9 MB groß. Für die 3.23-Version ist es die MAX-Version, sie ist daran erkenntlich, dass die Archive MAX im Namen tragen.

Die Installation erfolgt über die Kommandozeile mit

```
$>rpm -i MySQL-VERSION.i386.rpm
```

Das RPM-Archiv legt die Daten in /var/lib/mysql ab und übernimmt die notwendigen Einträge in /etc/rc.d, damit der MySQL-Server automatisch beim Booten als Prozess startet.

Nach der Installation sollte der MySQL-Server betriebsbereit sein. Weiter unten werden Hinweise gegeben, wie Sie die Installation überprüfen können.

## Installation eines TAR-Archivs

Wenn Sie eine Binärversion installieren wollen, die als TAR-Archiv vorliegt, gehen Sie wie folgt vor:

Sie benötigen hierfür ein TAR-Archiv, das mit *mysql-Version-OS.tar.gz* bezeichnet ist. *Version* steht dabei für die jeweilige Versionsnummer und *OS* für das Betriebssystem, beispielsweise *mysql-3.23.46-pc-linux-gnu-i686.tar.gz*.

Legen Sie, soweit nicht schon vorhanden, eine Gruppe mit dem Namen *mysql* an.

```
$>groupadd mysql
```

> **Achtung:** Der Befehl `groupadd` kann je nach Betriebssystem variieren.

Legen Sie, soweit noch nicht vorhanden, einen Benutzer mit dem Namen *mysql* an:

```
$>useradd -g mysql mysql
```

> **Achtung:** Der Befehl `useradd` kann ebenfalls je nach Betriebssystem variieren.

Wechseln Sie in das Zielverzeichnis, beispielsweise /usr/local/mysql. Sie benötigen in dem Zielverzeichnis Rechte, um Verzeichnisse erzeugen zu können.

Entpacken Sie das gepackte Archiv mit dem Befehl

```
$>gunzip /Pfad_des_Archivs/mysql-Version-OS.tar.gz | tar xvf
```

Linken Sie die Version auf Ihr MySQL-Verzeichnis.

```
$>ln -s mysql-Version-OS mysql
```

Im Verzeichnis *bin*, beispielsweise */usr/local/mysql/bin*, Ihres MySQL-Installationsverzeichnisses befinden sich alle Hilfs- und Clientprogramme, die MySQL mitliefert. Damit diese später gefunden werden, sollte Ihre PATH-Variable um dieses Verzeichnis ergänzt werden.

Wechseln Sie in das Verzeichnis *scripts*, beispielsweise */usr/local/mysql/scripts*, Ihres Installationsverzeichnisses. Führen Sie das Skript `mysql_install_db` aus, um die Rechtetabelle von MySQL zu erzeugen. Dieses Skript muss nur bei einer Neuinstallation ausgeführt werden.

Aktualisieren Sie die Verzeichnisrechte der MySQL-Installation. Der Besitzer der ausführbaren Dateien sollte *root*-Rechte besitzen und das Datenverzeichnis dem Besitzer zugewiesen werden, der den *mysqld* (MySQL-Server) startet. In unserem Fall ist das der Benutzer *mysql*.

```
$>chown -R root /usr/local/mysql
$>chown -R mysql /usr/local/mysql/data
$>chgrp -R mysql /usr/local/mysql
```

> **Achtung:** Die Verzeichnisse können bei Ihnen natürlich auch andere Bezeichnungen haben.

Abschließend müssen Sie Ihr System noch so vorbereiten, dass der MySQL-Server beim Booten des Betriebssystems automatisch startet. Dies erfolgt gewöhnlich über ein Skript in /etc/init.de und einen Link nach /etc/rc3.d/S99mysql sowie /etc/rco.d/S01mysql. Im Verzeichnis *support-files* finden Sie mit `mysql-server` ein vorbereitetes Skript, das Sie verwenden können.

### Installation der Source-Distribution

Für die Übersetzung von MySQL auf ein Unix-/Linux-System werden folgende Programme benötigt, die auf dem entsprechenden Zielrechner installiert sein müssen:

- ein *gunzip* und *tar* zum Entpacken der Archive
- einen ANSI C++-Compiler wie *gcc*. Empfohlen wird eine Version größer oder gleich 2.95.2. Die Verfügbarkeit eines entsprechenden Compilers ist auch vom Betriebssystem abhängig. Nähere Informationen hierzu können Sie der Datei INSTALL-SOURCE, die in den Sources enthalten ist, entnehmen.
- ein Make-Programm wie *GNU make*

Der Ablauf der Installation ist wie folgt:

Sie benötigen ein TAR-Archiv, das mit *mysql-Version.tar.gz* bezeichnet ist. Sie finden diese Datei auf der Homepage von MySQL bzw. auf der Buch-CD.

Legen Sie, soweit nicht schon vorhanden, eine Gruppe mit dem Namen *mysql* an.

`$>groupadd mysql`

Legen Sie, soweit noch nicht vorhanden, einen Benutzer mit dem Namen *mysql* an:

`$>useradd -g mysql mysql`

Wechseln Sie in ein Verzeichnis, in dem die Sourcen gespeichert werden sollen, beispielsweise */usr/src/mysql*. Entpacken Sie dort das gepackte Archiv mit dem Befehl

`$>gunzip /Pfad_des_Archivs/mysql-Version-OS.tar.gz | tar xvf`

Führen Sie

`$>./configure -prefix=/usr/local/mysql`

mit gegebenenfalls weiteren gewünschten Optionen aus. Weitere Optionen erhalten Sie über den Befehl `configure -help`.

Führen Sie

`$>make`

aus. Führen Sie

`$>make install`

aus.

Wechseln Sie in das Verzeichnis *scripts*, beispielsweise */usr/local/mysql/scripts*, Ihres Installationsverzeichnisses. Führen Sie dort das Skript `mysql_install_db` aus, um die Rechtetabelle von MySQL zu erzeugen. Dieses Skript muss nur bei einer Neuinstallation ausgeführt werden.

Aktualisieren Sie die Verzeichnisrechte der MySQL-Installation. Der Besitzer der ausführbaren Dateien sollte *root*-Rechte haben und das Datenverzeichnis dem Besitzer zugewiesen werden, der den *mysqld* (MySQL-Server) startet. In unserem Fall ist das der Benutzer *mysql*.

```
$>chown -R root /usr/local/mysql
$>chown -R mysql /usr/local/mysql/data
$>chgrp -R mysql /usr/local/mysql
```

Kopieren Sie die Beispielkonfigurationsdatei nach /ect:

```
$>cp support-files/my-medium.cnf /etc/my.cnf
```

Testen Sie durch Starten des Servers, ob der MySQL-Server betriebsbereit ist. Der Befehl hierfür lautet

```
$>/usr/local/mysql/bin/mysqld_safe --user=mysql &
```

Abschließend müssen Sie Ihr System noch so vorbereiten, dass der MySQL-Server beim Booten des Betriebssystems automatisch startet. Dies erfolgt gewöhnlich über ein Skript in /etc/init.d und einen Link nach /etc/rc3.d/S99mysql und /etc/rco.d/S10mysql. Im Verzeichnis *support-files* finden Sie mit mysql.server ein vorbereitetes Skript, das Sie verwenden können.

### mysqld_safe

Unter Unix-Systemen wird ein Skript mit dem Namen mysqld_safe mitgeliefert, das zusätzliche Sicherheitsfeatures für den Start des MySQL-Servers bietet. Hierzu gehören der automatische Restart nach einem Fehler oder die Protokollierung von Servervorgängen. Das Skript benötigt mit kleinen Ausnahmen dieselben Parameter wie *mysqld* und muss in der Regel nicht editiert werden.

## 9.1.2 Installation auf Windows-Systemen

Für Windows-Systeme ist es am sinnvollsten, die Binärversion zu verwenden, die mit einem kompletten Installationsprogramm versehen ist.

Die Windows-Version läuft auf sämtlichen Windows 32-Bit-Systemen, also Win9x, ME, NT, Windows 2000 und XP. Auf dem Windows-Rechner muss ein TCP/IP-Stack installiert sein, damit MySQL installiert werden kann.

### Administratorrechte

Unter den Serverbetriebssystemen Windows NT und Windows XP benötigen Sie für die Installation entsprechende Rechte. Die Installation des MySQL-Servers sollte hier mit Administrationsrechten erfolgen.

Die Dateien liegen auf dem MySQL-Server als gepackte ZIP-Datei. Sie benötigen also noch ein entsprechendes Programm wie Winzip zum Entpacken des Archivs. In dem Archiv befindet sich eine *setup.exe*, mit der Sie das Installationsprogramm starten können.

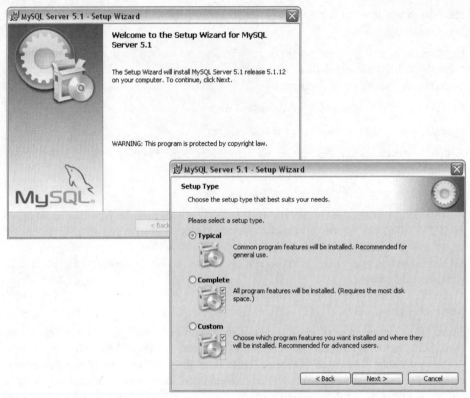

Bild 9.1: Installationsroutine des *MySQL-Installer*

Befolgen Sie die Anweisungen des Installationsprogramms. Falls Sie MySQL in ein anderes Verzeichnis als das vorgeschlagene Verzeichnis *C:\mysql* installieren wollen, wählen Sie ein entsprechendes Verzeichnis aus.

Auch für Windows steht eine Sourcecode-Version zur Verfügung. Für die Übersetzung des Sourcecodes benötigen Sie allerdings zwingend den Microsoft Visual C++ 6.0 Compiler und können im Gegensatz zu Unix-Versionen nicht auf einen Open-Source-Compiler zurückgreifen.

### *Installationspakete – Windows*

Bei MySQL 5.1 können Sie zwischen drei Installationspaketen für MySQL unter Windows auswählen. Die folgenden Pakete sind verfügbar:

- *Essentials-Paket* – Dieses Paket erkennen Sie am Dateinamen mit dem Aufbau *mysql-essential-5.1.12-beta-win32.msi*. Es enthält die für die Installation von MySQL unter Windows mindestens erforderlichen Dateien, einschließlich des Konfigurations-Assistenten. Nicht enthalten sind optionale Komponenten wie der eingebettete Server und die Benchmark-Reihe.
- *Complete-Paket* – Dieses Paket erkennen Sie am Dateinamen mit dem Aufbau *mysql-5.1.12-beta-win32.zip*. Es enthält sämtliche Dateien, die für eine vollständige Windows-Installation erforderlich sind, einschließlich des Konfigurations-Assistenten.

Ferner enthalten sind optionale Komponenten wie der eingebettete Server und die Benchmark-Reihe.

- *Noinstall-Archiv* – Dieses Paket erkennen Sie am Dateinamen mit dem Aufbau *mysql-noinstall-5.1.12-beta-win32.zip*. Es enthält sämtliche im Complete-Paket enthaltenen Dateien mit Ausnahme des Konfigurations-Assistenten. Das Paket umfasst kein automatisiertes Installationsprogramm, muss also manuell installiert und konfiguriert werden.

**Tipp:** Für die meisten Benutzer wird das Essentials-Paket empfohlen.

### 9.1.3 Installation überprüfen

War die Installation erfolgreich, sollte der MySQL-Server als Prozess laufen. Eine Ausnahme stellen Windows 9x und ME dar.

Unter Unix-Systemen können Sie mit `ps -a | gre mysqld` die Prozessliste anzeigen lassen. Ist der MySQL-Server betriebsbereit, sollte er wie folgt als Prozess aufgelistet sein:

```
$>ps -a | grep mysqld
11015 pts/1           00:00:00 mysqld
11017 pts/1           00:00:00 mysqld
```

Unter Windows sollte ein entsprechender Eintrag (*mysqld.exe*) in der Taskleiste vorhanden sein.

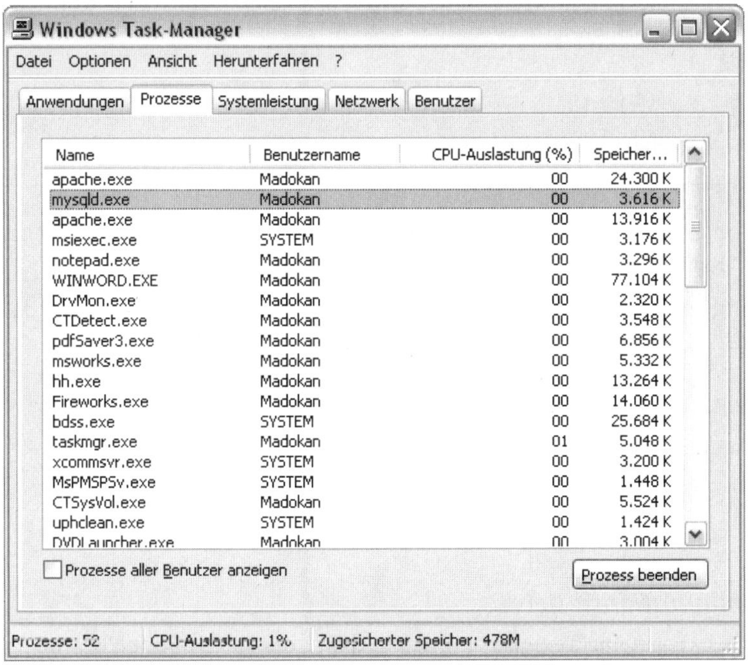

Bild 9.2: Taskleiste, in der *mysql* als Prozess aufgeführt ist

Eine bestehende Installation können Sie auch testen, indem Sie eine Verbindung zum MySQL-Server herstellen. Dies kann mit folgender Kommandozeile bewirkt werden:

```
$>mysql -uroot
```

Läuft der Server, sollte die Verbindung mit der Shell des *mysql-clients* in der folgenden Form quittiert werden:

```
Welcome to the MySQL monitor. Commands end with ; or \g.
Your MySQL connection id is 1 to server version: 3.23.49
Type 'help;' or '\h' for help. Type '\c' to clear the buffer.

mysql>
```

Läuft der Datenbankserver nicht, wird der Versuch, die Verbindung aufzubauen, mit folgender Fehlermeldung quittiert:

```
ERROR 2002: Can't connect to local MySQL server through socket '/tmp/mysql.sock' (111)
```

### 9.1.4 Die Konfigurationsdatei my.cnf / my.ini

MySQL verfügt seit der Version 3.22 über die Möglichkeit, optional mithilfe von Konfigurationsdateien Grundeinstellungen vorzunehmen bzw. verschiedene Parameter des MySQL-Servers voreinzustellen. Damit besteht die Möglichkeit, eine Reihe von Parametern für den laufenden Betrieb zu optimieren.

Diese Konfiguration kann bei Unix-Systemen auf System-, Datenbank- oder auch Benutzerebene erfolgen. Bei Windows-Systemen steht eine benutzerabhängige Konfiguration dagegen nicht zur Verfügung.

#### *Unix-Systeme*

Bei Unix-Systemen gilt folgende Systematik:

- */etc/my.cnf*: Systemweite Einstellungen
- */<Datenverzeichnis>/my.cnf*: Serverspezifische Einstellungen. Das Datenverzeichnis ist dabei in der Regel */usr/local/mysql/data* oder */usr/local/var*.
- *~/.my.cnf*: Benutzerspezifische Einstellungen, wobei ~ für das Homeverzeichnis des Benutzers steht

#### *Windows-Systeme*

Bei Windows-Systemen gelten folgende Regeln:

- *<Windows-Systemverzeichnis>my.ini* oder *C:\my.ini*: Systemweite Einstellungen
- *C:\mysql\data*: Benutzerspezifische Einstellungen

#### *Aufbau der Konfigurationsdatei*

Die Konfigurationsdatei ist eine Textdatei und kann daher mit jedem Editor bearbeitet werden. Folgende Regeln gelten für den Inhalt der Datei:

- # am Anfang der Zeile steht für Kommentar

- [group] ist das Programm, für das die nachfolgenden Parameter gelten. Die Konfigurationsdatei kann bei den Programmen *mysqld*, *mysql_safe*, *mysqladmin*, *mysqldump*, *mysqlimport*, *mysqlshow*, *mysqlcheck*, *mysqlisamcheck*, *mysqlisampack* benutzt werden.
- option entspricht der –option in der Kommandozeile
- option=<Wert> entspricht der –option=<Wert> in der Kommandozeile
- set-variable=<Variablenbezeichnung>=<Wert> entspricht der gleichen Option wie auf der Kommandozeile zur Einstellung von Variablen

In den vorangegangenen Abschnitten zur Installation wurden bereits die Kommandozeilenoptionen für den Start des MySQL-Servers erwähnt. Die vollständige Liste der Parameter zu den einzelnen Programmen ist in der Referenz in Kapitel 16 aufgeführt. Grundsätzlich können diese Parameter damit auch in der *my.cnf* bzw. *my.ini* eingegeben werden.

*Beispiel*

Am besten lässt sich die Funktionsweise der Konfigurationsdatei an einem Beispiel erläutern. Wenn Sie für den mysql-Client den Benutzernamen voreinstellen wollen, um sich Eingabearbeiten zu ersparen, lautet die Definition:

```
[client]
user=<IhrBenutzername>
```

Wird jetzt mysql von der Kommandozeile aufgerufen, ist dieser Benutzername bereits gesetzt und muss nicht eingegeben werden.

Von besonderem Interesse sind dabei die Einstellungen für Ihren MySQL-Server. Wenn Sie etwa das Datenverzeichnis unter */datadisk/mysqldata/* einrichten und die Anzahl der maximal zulässigen Connections mit 200 definieren wollen, lautet der Eintrag wie folgt:

```
[mysqld]
datadir=/datadisk/mysqldata
set-variable=max_connections=200
```

Das Prinzip ist also recht einfach. In den eckigen Klammern steht das betreffende Zielprogramm, darunter alle für dieses Programm eingestellten Parameter.

> **Hinweis:** Sie sollten darauf achten, dass Pfadangaben bei MySQL unter Windows in der Unix-Notation (also *c:/mysql/data*) oder als maskierter Backslash erfolgen müssen (*c:\\mysql\\data*).

## 9.1.5 Zeichensätze/Lokalisierung

Der eingestellte Zeichensatz bei MySQL hat Einfluss auf

- die Sortierung bei Abfragen (ORDER BY, GROUP BY),
- die Erstellung von Indizes,
- Fehlermeldungen.

Mit der Standardinstallation von MySQL wird der Zeichensatz ISO-8859-1 (Latin-1) aktiviert, für die Meldung die englische Spracheinstellung.

MySQL unterstützt momentan über 20 Sprachen, darunter auch Deutsch. Um die deutsche Sprachanpassung zu aktivieren, müssen Sie deshalb den MySQL-Server mit bestimmten Optionen starten.

## Sprachanpassung

Für die Sprach- und Zeichensatzeinstellung existieren die Variablen language und default-character-set. Zur Aktivierung der deutschen Spracheinstellung müssen Sie die Variable language = german einstellen. Dies kann entweder beim Start des MySQL-Servers (*mysqld*) über die Aufrufoption -*language = german* oder über die *my.cnf bzw. my.ini* (Windows) erfolgen. Fehlermeldungen werden anschließend in deutscher Sprache ausgegeben.

Für die Einstellung auf den deutschen Zeichensatz ist analog dazu die Variable default-character-set = latin1_de oder german1 zu setzen. Der richtige Parameter dieser Einstellung ist leicht zu finden. Im Installationsverzeichnis unter *share\charsets* befinden sich die verschiedenen verfügbaren Zeichensätze. In der Datei mit dem Namen *Index* sind die Zeichensätze dann noch einmal aufgelistet.

Die Definitionen der deutschen Spracheinstellung, des deutschen Zeichensatzes in der *my.cnf buw. my.ini* sehen wie folgt aus:

```
[mysql]
default-character-set=latin1_de
language=german
```

Wer testen möchte, ob der Zeichensatz den eigenen Bedürfnisse genügt, kann folgende Abfrage ausführen:

```
mysql> CREATE DATABASE testdb;
mysql>CREATE TABLE charsettest(
zeichen CHAR(1)
);
mysql>INSERT INTO charsettest VALUES ('A'), ('Ä'), ('O'), ('Ö'), ('U'),
('Ü');
```

Mit folgender Anweisung kann die Sortierung überprüft werden:

```
mysql>SELECT * FROM charsettest ORDER BY zeichen;
```

Die Sortierung der Ausgabe sollte dann in der richtigen Reihenfolge erscheinen.

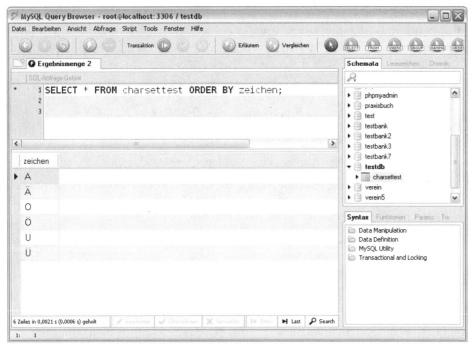

Bild 9.3: Ausgabe mit deutscher Sortierung

### 9.1.6 MySQL-Installation aktualisieren

Von MySQL AB werden regelmäßig Änderungen und Weiterentwicklungen an MySQL durchgeführt. Insbesondere die Minor-Releases, die an der dritten Zahl der Versionsnummer erkenntlich sind, werden in sehr kurzen Zeitabständen, teilweise wöchentlich, neu veröffentlicht. Die Änderungen der Minor-Releases sind in der Regel gering und bestehen in Bugfixes und kleineren Verbesserungen. Natürlich stellt sich die Frage, wann Sie Ihre MySQL-Installation aktualisieren sollten. In der Regel ist ein Update von MySQL nur dann nötig, wenn Sie eine der neuen Funktionen benötigen oder das Bugfix für erforderlich halten. Ein Update der MySQL-Datenbank kann wie folgt durchgeführt werden:

- Führen Sie eine Datensicherung durch. Dies betrifft auch die mysql-Datenbank mit den Rechteinformationen sowie die Konfigurationsdatei *my.cnf* bzw. *my.ini* unter Windows.
- Stoppen Sie den MySQL-Server (mysqld).
- Installieren Sie die aktuelle Version.
- Starten Sie den MySQL-Server neu.

### 9.1.7 Mehrere MySQL-Server auf einem Rechner

Grundsätzlich können Sie auch mehrere MySQL-Server auf einem Rechner parallel installieren und betreiben. Dies könnte beispielsweise von praktischem Interesse sein, wenn Sie neue Versionen testen wollen oder die Server für verschiedene Einsatzzwecke unterschiedlich konfiguriert sein sollen. Um mehrere MySQL-Server auf einem Rechner zu betreiben, müssen diese Server auf verschiedenen TCP/IP-Ports und Sockets laufen. Standardmäßig wird für MySQL der Port 3306 eingestellt.

### Vorteile

Die Vorteile von mehreren parallel installierten MySQL-Servern sind:

- Es können verschiedene MySQL-Versionen installiert werden.
- Es können MySQL-Versionen installiert werden, die unterschiedlich konfiguriert sind.
- Die Server können mit verschiedenen User-IDs betrieben werden und somit auch aus sicherheitstechnischen Aspekten, die Zugriffsrechte auf Betriebssystemebene betreffen, völlig unabhängig voneinander arbeiten.
- Da die Server unabhängig voneinander laufen, wirken sich Fehlfunktionen des einen Servers nicht auf den anderen aus.

### Nachteile

- Es müssen mehrere Server administriert werden.
- Verschiedene Server dürfen nicht Daten in derselben Datenbank aktualisieren.
- Benutzernamen können nicht automatisch zwischen verschiedenen Installationen geteilt werden.
- Die Clients müssen für die abweichenden Ports konfiguriert werden.
- Das Speichermanagement muss besser überwacht werden. MySQL reserviert über die Variablen `key_buffer_size` und `table_cache` Speicher für die Verbindungen und Abfragen. Diese Speicherreservierung verdoppelt bzw. vervielfacht sich dann.

Damit verschiedene MySQL-Server betrieben werden können, müssen Sie beim Start des Servers zumindest jeweils abweichende Portnummern und Sockets angeben. Optional können Sie auch noch ein anderes Datenverzeichnis angeben. Dort können Sie dann auch eine eigene Konfigurationsdatei für den Server verwalten. Der Aufruf des MySQL-Servers hat dann folgende Parameter:

```
$>mysqld --port=<Portnummer>
   --socket=<Dateiname> [--datadir=<Pfad>]
```

Wenn Sie einen zweiten MySQL-Server starten wollen, kann der Befehl wie folgt lauten:

```
$>mysqld --port=3307 --socket=/tmp/mysqld2.sock
```

Ein Socket ist im Übrigen als eine eindeutige Identifikation definiert, über die Informationen an das Netzwerk übermittelt werden.

MySQL hält zur Verwaltung von verschiedenen MySQL-Servern noch das Tool *mysqld_multi* bereit.

## 9.1.8 LAMP (Linux-Apache-MySQL-PHP)

Im Bereich Internetanwendungen wird MySQL momentan am häufigsten in sogenannten LAMP-Systemen eingesetzt. LAMP ist die Abkürzung für:

- (L)inux
- (A)pache
- (M)ySQL
- (P)HP

LAMP-Installationen laufen bei einer Vielzahl von Internet-Service-Providern, die damit wiederum eine Vielzahl von Kunden bedienen. Aufgrund der weiten Verbreitung soll an dieser Stelle näher auf diese Konfiguration eingegangen werden.

### *Leistungsfähigkeit von LAMP-Systemen*

Wenn man eine LAMP-Installation aus der Sicht eines MySQL-Betreibers sieht, ist sie nichts anderes als der Zusammenbau eines leistungsfähigen Open-Source-Systems, das Webserver, Datenbank und Programmierumgebung auf dem Betriebssystem Linux vereint. Die Leistungsfähigkeit beruht dabei auf folgenden Faktoren:

- Apache ist derzeit mit über 60% aller Installationen der weit verbreitetste Webserver. Er ist stabil, leistungsfähig und bietet die Möglichkeit, MySQL und PHP als Modul systemnah anzubinden.
- PHP als Programmiersprache ist sehr leistungsfähig, um dynamische Internetanwendungen zu erstellen. PHP kann um Zusatzmodule erweitert werden, die es erlauben, zur Laufzeit Grafiken, PDF-Dateien oder Flash-Filme zu generieren.
- Alle Komponenten sind als Open Source frei zugänglich.

Um ein LAMP-System aufzubauen, benötigen Sie ein Linux-System, auf dem Sie Apache und PHP installieren. Eine einfache Möglichkeit, zu einem solchen System zu gelangen, ist, eine der Standarddistributionen wie Suse oder Red Hat zu verwenden. Diese Distributionen enthalten praktisch schon alles, was benötigt wird. Sie können darüber hinaus problemlos installiert werden. Nachteil dieser Distributionen ist der teilweise überholte Versionsstand der einzelnen Komponenten, weil aufgrund der Vorlaufzeiten für das Produkt in der Regel nicht die aktuelle Version enthalten ist.

Wer ein LAMP-System einmal ohne großen Aufwand kennenlernen möchte, kann sich auch einfach Webspace bei einem Provider mieten, der LAMP-Systeme benutzt.

Sie erhalten bei einem solchen Webspace-Angebot ein komplett konfiguriertes LAMP-System sowie einen Zugang, um Daten und Programme zu speichern. Die MySQL-Datenbank können Sie beispielsweise über *phpMyAdmin* administrieren. Dabei haben Sie in der Regel keinen Einfluss auf die Konfiguration. Falls Sie die Konfiguration des Systems kennenlernen wollen, eignet sich sehr gut der PHP-Befehl `phpinfo()`. Das folgende kurze Skript gibt Ihnen die wichtigsten Informationen zur Gesamtkonfiguration des Systems:

```
<?php
phpinfo();
?>
```

Sie sollten das Skript in ein PHP-Dokument ablegen, das eine einfache Textdatei mit der Endung *.php* darstellt. Details zur Konfiguration des MySQL-Servers können Sie sich in einer solchen Konstellation mit folgendem Befehl anzeigen lassen:

```
mysql>SHOW Variables;
```

Wer allerdings Wert darauf legt, ein LAMP-System genau kennenzulernen und individuell zu konfigurieren, muss sich intensiv mit den einzelnen Komponenten auseinandersetzen.

### 9.1.9 WAMP (Windows-Apache-MySQL-PHP)

Eine weitere Kombination stellt das WAMP-System dar. WAMP ist die Abkürzung für:

- (W)indows
- (A)pache
- (M)ySQL
- (P)HP

Bild 9.4: Konfigurationsdaten eines WAMP-Systems

## 9.2 MySQL bei Internet-Service-Providern

### 9.2.1 Angebote

Inzwischen bieten die meisten Internet-Service-Provider nicht mehr nur die Domainverwaltung mit E-Mail-Möglichkeit und Webspace zur Speicherung von HTML-Seiten an. Aufgrund der bestehenden Wettbewerbssituation werden dem Kunden auch eine Reihe von Mehrwertangeboten unterbreitet. Die Kombination von PHP und MySQL ist inzwischen sehr verbreitet und findet sich bei schätzungsweise 60% aller ISPs wieder.

Folgende Arten von Angeboten kann man momentan von ISPs beziehen:

*Webspace*

Der ISP stellt einen vorkonfigurierten Webserver zur Verfügung und übernimmt dessen Verwaltung und Betrieb. Für MySQL erhalten Sie in der Regel eine vordefinierte Datenbank mit einem eigenen Zugang.

*Dedizierter Server*

Der ISP stellt einen vorkonfigurierten Webserver zur Verfügung. Die Verwaltung obliegt jedoch in der Regel Ihnen. Häufig werden hier noch Zusatzleistungen wie Datensicherung durch den Provider angeboten.

*Eigener Webserver*

Sie stellen die Hardware und konfigurieren/verwalten Ihr System selbst. Der ISP stellt Ihnen also die Anbindung an das Internet bereit, eine IP-Adresse sowie die Möglichkeit, einen Server aufzustellen.

Bei allen Angeboten kommen in der Regel noch die Kosten für das Datenvolumen (Traffic) hinzu.

Die Entscheidung, welches Angebot Sie nutzen, ist von Ihren Anforderungen abhängig. Entscheidungsgründe können folgende sein:

- Preis
- Leistungsumfang
- Administration (Verwaltung)
- Sicherheit

Vereinzelt werden auch kostenfreie Angebote mit MySQL-Servern bekannt. Auf solchen Systemen kann man gut die Benutzung von MySQL ausprobieren, ohne schwerwiegende Konsequenzen befürchten zu müssen. Wie lange solche Angebote allerdings dann wirklich kostenfrei sind, ist ungewiss.

### 9.2.2 Funktionsumfang von MySQL feststellen

Wenn Sie sich für ein Webspace-Angebot interessieren, stellt sich die Frage, welchen Umfang die Installation aufweist. Die ISPs geben häufig nur das Merkmal »mit MySQL« an, ohne den Umfang näher zu spezifizieren. Wenn Sie ein Webspace-Angebot nutzen, haben Sie in der Regel keinen Einfluss auf den Installationsumfang. Ebenso ist kein Zugriff auf die generelle Konfigurationsdatei *my.inf* möglich, sodass Konfigurationsoptionen nicht genutzt werden können.

Wenn Sie spezielle Anforderungen an die Installation von MySQL stellen, sollten Sie diese vor Abschluss eines Vertrags mit dem ISP prüfen. Spezielle Anforderungen können beispielsweise sein:

- Funktionsumfang. Je nach Versionsstand können bestimmte Funktionen oder SQL-Kommandos nicht zur Verfügung stehen.
- Unterstützung bestimmter Tabellentypen wie InnoDB oder Berkeley DB.
- Lastverhalten eines MySQL-Servers kann durch Variablen beeinflusst werden. So gibt es die Variable `max_connections`, die die Anzahl der maximal zulässigen gleichzeitigen Verbindungen zum MySQL-Server festlegt.
- Zugriffsrechte. Viele ISPs beschränken den MySQL-Zugang leider auf den lokalen Rechner. Sämtliche Administrationsaufgaben können dann nur über ein serverseitiges Administrationstool wie *phpMyAdmin* oder *Telnet* (bzw. SSH) erledigt werden.

Wer also vor Abschluss eines Vertrags mit einem ISP auf Nummer sicher gehen will, sollte die eigenen Ansprüche mit dem Angebot des ISPs vergleichen. Wer zukünftig keine Überraschungen bei Versionswechsel erleben möchte, sollte zusätzlich versuchen, den Funktionsumfang der MySQL-Version schriftlich zu fixieren.

Wenn Sie bereits ein Webspace-Angebot nutzen, können Sie sich den Versionsumfang von MySQL über *SHOW VARIABLES* anzeigen lassen, soweit der Provider diese Funktion nicht abgeschaltet hat.

Falls Sie wissen wollen, welche Benutzerrechte Ihnen auf der Datenbank eingeräumt sind, können Sie leider nicht den Befehl *SHOW GRANTS* anwenden, da Ihnen die Zugriffsrechte auf die MySQL-Datenbank fehlen. Ob ein externer Zugriff auf Ihre Datenbank möglich ist, können Sie deshalb nur über einen Test feststellen:

```
mysql>mysql -h<www.domain.de> -u<Username> -p<Passwort> <Datenbankname>
```

Wenn Sie eine Verbindung aufbauen können, ist ein externer Zugriff möglich. Wenn Sie jedoch die Fehlermeldung

```
ERROR 1045: Access denied for user: '<Verbindungsdaten>' (Using password: YES)
```

erhalten, ist ein externer Zugriff nicht möglich.

### 9.2.3 Server-Sharing (Webspace)

Bei Internet-Service-Providern, von denen Sie Webspace mit MySQL-Unterstützung unterhalten, teilen Sie sich in der Regel den Webserver mit ca. 200-300 anderen Kunden. Die MySQL-Datenbank kann auf demselben Rechner installiert sein. Häufig ist es aber auch so, dass der Datenbankserver auf einem eigenen Rechner läuft und sich somit wesentlich mehr Kunden einen MySQL-Datenbankserver teilen. Diese anderen Kunden besitzen dieselben Rechte auf dem Server. Jeder Kunde hat dabei seinen eigenen Bereich, der durch das Rechtesystem des Servers bzw. von MySQL von dem der anderen Kunden abgegrenzt ist.

Die Performance und die Probleme, die ein Webserver bereiten kann, hängen damit auch entscheidend von den anderen Kunden ab. Da Sie aber deren Anwendung und die Qualität der Programmierung der Anwendung nicht kennen, kann es vorkommen, dass andere Benutzer die Performance herabsetzen.

Der Internet-Service-Provider wird in der Regel versuchen, einen optimalen Betrieb zu gewährleisten, um allen Kunden gerecht zu werden. In der Regel wird der ISP das Gemeinwohl über die Einzelinteressen stellen. Man sollte also stets die allgemeinen Benimmregeln einhalten. Hierzu gehört in erster Linie, die Installation von Anwendungen zu vermeiden, die den Webserver über Gebühr belasten. Unter Umständen geht Ihr Provider bei solchen Anwendungen streng vor und sperrt zur Sicherstellung des Betriebs Ihre Seiten. Da die Beurteilung, ob eine Anwendung eine außergewöhnliche Belastung des Servers darstellt, durch den ISP erfolgt, sollte auch hier kein Risiko eingegangen werden.

Die Vorteile des Server-Sharing sind:

- Günstiger Preis
- Stabile Konfiguration
- In der Regel regelmäßige Wartung und Updates der Server-Software

Als Nachteile sind zu nennen:

- Serverlast und Performance sind abhängig von anderen Benutzern
- Keine Einflussnahme auf Softwareversionen. Bei Umstellungen können bestimmte Funktionen nicht mehr verfügbar sein.
- Geringere Sicherheitsstufe

Auch bei der Auswahl des richtigen ISPs gilt, dass der Anwendungsfall vorgibt, welche Serverinstallation notwendig ist.

### 9.2.4 Eigener Webserver mit MySQL

Mit einem eigenen Webserver per MySQL können Begrenzungen, die durch den Provider vorgegeben sind, beseitigt werden. In den vorangegangenen Abschnitten wurden bereits einige Aspekte erwähnt. Folgende Vorteile kann ein eigener Webserver bieten:

- Individuelle Installation des MySQL-Servers. Zu nennen wäre die Unterstützung von transaktionsfähigen Tabellentypen wie InnoDB.
- Höhere Sicherheitsstandards. Auf dem Webserver kann ein wesentlich höherer Sicherheitslevel erreicht werden, da keine fremden Personen Zugang zu dem Rechner haben.
- Individuelle Webserverkonfiguration. Auch das Umfeld von MySQL kann individuell eingerichtet werden.
- Eigene Konfiguration des MySQL-Servers. Der Zugriff auf die Konfigurationsdatei *my.cnf (bzw. my.ini)* ist nur dem Betreiber der MySQL-Datenbank möglich.

- Mehrere Datenbanken. Bei Webspace-Angeboten wird Ihnen häufig nur eine Datenbank eingerichtet. Sie müssen also alle Tabellen auf einer Datenbank aufbauen. Dies erschwert insbesondere die Realisierung von mehreren unabhängigen Projekten.
- Automatisierung. Auf einem eigenen Webserver können eine Reihe von Vorgängen, wie beispielsweise die Datensicherung, automatisiert werden.

Als Nachteile eines eigenen Webservers können gelten:

- Räumliche Trennung. Bei Problemen, insbesondere mit der Hardware, sind direkte Arbeiten am Rechner nur in den Geschäftsräumen des ISP während der Geschäftszeiten möglich.
- Update-Verwaltung. Updates von Betriebssystemen oder einzelnen Softwarekomponenten müssen selbstständig durchgeführt werden.
- Höherer Verwaltungsaufwand. Sämtliche Administrationsarbeiten müssen selbst durchgeführt werden. Der höhere Aufwand besteht vor allem in der Administration des Rechners und des Betriebssystems und weniger der Pflege der MySQL-Datenbank.

Ob Sie sich für einen eigenen Webserver oder für ein Webspace-Angebot entscheiden, hängt letztendlich von Ihren persönlichen Zielen ab. Erfahrungsgemäß sind Sie bei umfangreichen Projekten oder sicherheitskritischen Anwendungen mit einem eigenen Webserver besser beraten.

## 9.3 Kommandozeilenwerkzeuge von MySQL

MySQL verfügt über eine Reihe von Kommandozeilenwerkzeugen. Diese lassen sich vor allem für Administrationsaufgaben einsetzen. Sie finden diese in Ihrem Installationsverzeichnis von MySQL im Unterverzeichnis *bin*.

### 9.3.1 mysql – die SQL-Shell

Das wichtigste Tool, das im Standardumfang von MySQL mitgeliefert wird und auf allen Betriebssystemen verfügbar ist, ist das Kommandozeilenwerkzeug *mysql*. Dieser Client wird von MySQL AB als einfache SQL-Shell bezeichnet. Das Praktische an diesem Tool ist die Möglichkeit, es nicht nur interaktiv, sondern auch im Batchmodus benutzen zu können. Wenn Sie den Client *mysql* interaktiv verwenden wollen, erfolgt der Programmstart durch Eingabe von `mysql` mit Parametern. Bei korrektem Aufruf und korrekter Installation startet das Programm mit einer Verbindung zum MySQL-Server und bietet einen Kommandozeilenprompt an. In diese Kommandozeile können Sie dann die Befehle eingeben.

#### Start der mysql-shell

Der Start der mysql-Shell erfolgt über Eingabe von `mysql` in die Kommandozeile. Die mysql-Shell verfügt dabei über eine Reihe von Parametern für den Aufruf. Diese können wie folgt angezeigt werden:

```
$>mysql -help
```

Die wichtigsten Aufrufparameter sind der Benutzername, das Passwort und der Zielrechner. Grundsätzlich können Sie sich mit jedem beliebigen Rechner, auf dem eine MySQL-Datenbank läuft, verbinden, soweit Sie dort als Benutzer bekannt sind und eine Netzwerkverbindung zu diesem Zielrechner besteht. Der Aufruf mit Angabe eines Benutzernamens, Passworts und Zielrechners erfolgt in folgender Form:

```
$>mysql -u<Benutzername> -p<Passwort> -h<Zielrechner>
```

Eingaben in den mysql-Client werden mit einem Semikolon (;) oder \g abgeschlossen. Diese Information erhalten Sie auch zur Erinnerung bei jedem Start des mysql-Clients. Um den mysql-Client zu verlassen, ist der Befehl `quit` oder `exit` einzugeben.

Der Start und das Beenden der mysql-Shell sieht beispielsweise wie folgt aus:

```
$>mysql -uroot -pmypassword
```

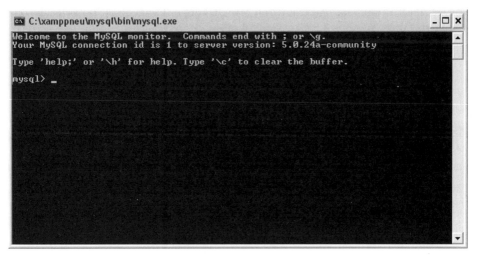

Bild 9.5: mysql-Shell mit mysql-Prompt

Die mysql-Shell meldet sich mit einem mysql>-Prompt. Dort können Sie dann die Befehle eingeben.

### Mysql-Shell im Batchmodus betreiben

Um die mysql-Shell im Batchmodus zu benutzen, können Sie die Anweisungen, die Sie ausführen wollen, in eine Skriptdatei schreiben und anschließend über folgende Kommandozeile ausführen:

```
$>mysql <Datenbankname> <Skriptname> <Ausgabedatei>
```

Im Skript stehen alle Befehle, die abgearbeitet werden sollen. Mit <Skriptname> werden diese Befehle eingelesen. Die Ausgabe kann mit <Ausgabedatei> in eine Datei umgeleitet werden.

Auf diese Weise können wiederkehrende Aufgaben automatisiert werden.

## 9.3.2 mysqladmin

Dies ist ein Programm zur Unterstützung von administrativen Aufgaben von der Kommandozeile. Mit *mysqladmin* können Sie:

- den Server herunterfahren,
- Datenbanken anlegen,
- Datenbanken löschen,
- Versions-, Prozess- und Statusinformationen anzeigen und
- Rechtetabellen neu laden.

Der Start von *mysqladmin* erfolgt von der Kommandozeile aus mit:

```
$>mysqladmin [OPTIONEN] Befehl Befehl
```

Wie bei allen Kommandozeilentools von MySQL können Sie die Hilfe und die zur Verfügung stehenden Optionen mit folgender Kommandozeile abrufen:

```
$>mysqladmin --help
```

Beispielhaft ist hier der Aufruf der Prozessliste von MySQL aufgezeigt, mit der Sie überwachen können, welche Prozesse aktuell auf der Datenbank laufen:

```
$>mysqladmin -uuser -ppasswort -hxxx.xxx.xxx.xxx processlist
```

Sie können natürlich auch auf entfernten Rechnern mithilfe der Angabe des Hosts (-h), des Usernamens (-u) und des dazugehörigen Passworts (-p) die gewünschten Optionen ausführen, soweit Ihnen entsprechende Rechte auf der Datenbank eingeräumt wurden.

Um einen MySQL-Server herunterzufahren, ist folgender Befehl einzugeben:

```
$>mysqladmin -uroot -ppasswort shutdown
```

## 9.3.3 mysqlshow

Dieses Programm zeigt Informationen über eine Datenbank, Tabellen, Spalten und Indizes an. *mysqlshow* wird wie folgt aufgerufen:

```
$>mysqlshow [OPTIONS] [<Datenbank> [<Tabelle> [<Spalte>]]]
```

Wenn Sie sich Informationen zu einer Tabelle anzeigen lassen wollen, kann die Ausgabe wie folgt aussehen:

```
$>mysqlshow -uuser -ppasswort -h127.0.0.72 mysqlpraxis kunden
```

## 9.3.4 Weitere Hilfsprogramme

### *myisamchk*

Dabei handelt es sich um ein Hilfsprogramm zur Überprüfung, Optimierung und Reparatur von MySQL-Tabellen.

## mysqldump

Dieses Programm erzeugt eine Kopie der Datenbank oder Teile davon als ASCII-Datei in vollständiger SQL-Syntax. Es ist äußerst hilfreich beim Transfer von Datenbanken oder bei Backup-Aufgaben.

## mysqltest

MySQL liefert unter Unix ein Testsystem mit, das es Ihnen erlaubt, auch komplexe Datenbankabläufe zu simulieren.

## mysqlimport

Ein Hilfsprogramm zum Importieren von Tabellen und Daten.

## mysqlhotcopy

Dies ist ein Perl-Skript zur schnellen Sicherung von Datenbanken und Tabellen. Es ist lediglich bei der Unix-Version vorhanden.

## perror

Dieses Programm dient zur Übersetzung von Fehlernummern und wird folgendermaßen aufgerufen:

```
$>perror <Fehlernummer> <Fehlernummer> ...
```

*Beispiel*

```
$>perror 13 23
Keine Berechtigung
Zu viele offene Dateien im System
```

## 9.4 Grafische MySQL-Clients

Natürlich können Sie alle Arbeiten auf der Datenbank mit Bordmitteln wie *mysql-Client* erledigen. Wesentlich komfortabler und produktiver kann dies jedoch mit grafischen Clientprogrammen erfolgen.

Diese bieten die üblichen Vorteile von Copy&Paste über mehrere Fenster bis hin zur Mausbedienung.

## 596 Kapitel 9: Installation

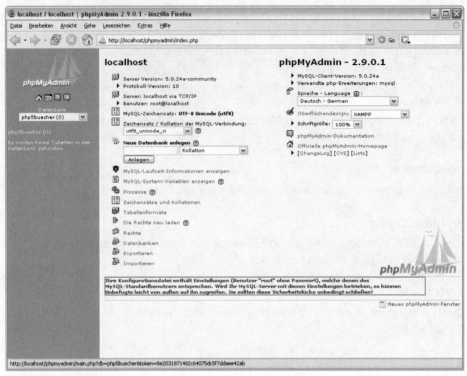

Bild 9.6: Onlineverwaltung – phpMyAdmin

Bild 9.7: SQLManager unter Windows

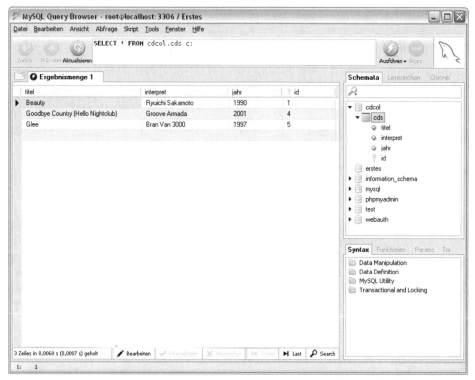

Bild 9.8: MySQL Query Browser

Die Auswahl an brauchbaren grafischen MySQL-Clients ist beeindruckend. Sie haben die Qual der Wahl!

> **Hinweis:** Auf der Buch-CD haben wir Ihnen einige MySQL-Clients zusammengestellt. Diese können Sie auf Herz und Nieren testen!

## 9.5 Programmierschnittstellen

In diesem Abschnitt sollen die einzelnen Programmierschnittstellen vorgestellt werden. Beschrieben wird, wie die Programmierschnittstelle beschaffen ist, welche zusätzliche Software gegebenenfalls benötigt wird und wie das funktionierende Gesamtsystem aussieht.

### 9.5.1 C/C++

Die C API ist ein fester Bestandteil von MySQL und in die mysqlclient-Library eingebunden. Außer über Java bedienen sich die meisten APIs der C-Schnittstelle.

Wenn Sie den Aufbau der Schnittstelle studieren möchten, eignen sich hierfür sehr gut die verschiedenen Clientprogramme, die bei MySQL mitgeliefert werden. Sie finden den Quellcode im Verzeichnis /client der Source-Distribution.

Software, die Ihnen bei der Umsetzung von C/C++-basierten MySQL-Anwendungen behilflich sein könnten, sind:

- ANSI C
- Visual C++

Weitergehende Informationen zur C-Schnittstelle finden Sie auf der MySQL-Homepage.

### 9.5.2 Perl

Perl gehört zu den bekannten und bewährten Skriptsprachen, insbesondere unter Unix. Perl wird vor allem eingesetzt, um betriebssystemnahe Verwaltungsarbeiten oder die Automatisierung von Abläufen zu unterstützen. Auch im Bereich Webanwendungen ist Perl, insbesondere mit dem Schlagwort CGI-Skript, in Verbindung zu bringen. Allerdings ist die Verwendung von Perl für Webanwendungen rückläufig, da gerade die Anforderung steigender Hitraten bei Webseiten von Perl nicht optimal unterstützt wird.

Während die MySQL-Unterstützung bei PHP lediglich während der PHP-Installation aktiviert werden muss, ist für die Anbindung von MySQL an Perl zusätzliche Software in Form des DBI/DBD-Interfaces zu installieren.

Voraussetzung ist natürlich, dass auf dem Rechner Perl installiert ist. Im Unix-Bereich wird Perl bei vielen Administrationsaufgaben benötigt, sodass es häufig schon installiert ist. Gängige Linux-Distributionen installieren Perl automatisch mit.

Ob Perl installiert ist, können Sie einfach mit dem folgenden Befehl feststellen:

```
$>perl -v
```

Ein installiertes Perl meldet in diesem Fall die Versionsnummer zurück.

Falls Sie Perl noch nicht installiert haben, finden Sie unter *http://www.perl.com* oder *http://www.active-state.com* entsprechende Downloadmöglichkeiten und Installationsanweisungen für Perl.

#### DBI und DBD

DBI (DataBase Interface) ist eine universelle Schnittstelle für Perl, um auf verschiedene Datenbanken zuzugreifen. Für die jeweilige Zieldatenbank wird noch ein entsprechender Treiber benötigt, der im Falle von MySQL den Namen DBD:mysql trägt. DBD:mysql (DataBase Driver) ist der Treiber für die MySQL-Datenbank, und zwar für das DBI-Interface. DBI/DBD setzt eine Perl-Version 5.004 oder höher voraus.

### 9.5.3 PHP

Die Kombination von MySQL und PHP gehört z.Z. zu den verbreitetsten Kombinationen. Der Grund ist relativ einfach. Hiermit lassen sich sehr effektive dynamische Webseiten realisieren. Einer der großen Vorteile von PHP ist die Möglichkeit, den Code direkt in HTML-Code zu integrieren. Damit kann aus einem bestehenden statischen HTML-Dokument innerhalb kürzester Zeit ein dynamisches HTML-PHP-Dokument mit Datenbankanbindung werden.

Die Entwickler selbst bezeichnen PHP (Hypertext Preprocessor) als serverseitige Open-Source-Skriptsprache, die in HTML eingebettet ist, wobei die Bezeichnung »in HTML eingebettet« eigentlich irreführend ist. PHP kann auch ohne HTML eingesetzt werden und benötigt auch nicht zwingend einen Server. Die Betonung sollte daher eher auf serverseitiger Skriptsprache liegen.

Die Homepage für PHP ist *http://www.php.net*. Dort finden Sie die neuesten Releases, umfangreiche Dokumentationen sowie Support durch Mailinglisten.

PHP, das seine Ursprünge im Unix-Bereich hat, hat in den vergangenen Jahren eine rasante Verbreitung gefunden. Ende 2001 verfügten bereits über 6,5 Mio. Domains über PHP-Unterstützung. Genaue Zahlen finden Sie unter *http://www.php.net/usage.php*.

Die Gründe für die hohe Verbreitung von PHP sind schnell aufgeführt:

- Verfügbar auf Open-Source-Basis
- Relativ leichte Syntax für eine Programmiersprache
- Gute Anbindung an den z.Z. weit verbreiteten Apache-Webserver
- An C angelehnte Syntax
- Hoher Leistungsumfang
- Programmierung liefert schnelle Resultate

PHP ist für die verbreitetsten Unix-Systeme, Windows und MacOS verfügbar. Sie können PHP sowohl als serverseitige als auch als Kommandozeilen-Skriptsprache verwenden. Sehr verbreitet ist PHP in Verbindung mit einem Webserver. Weitaus häufiger ist PHP hier in Kombination mit dem Apache-Webserver anzutreffen. Allerdings können Sie PHP auch mit anderen Webservern wie dem AOL-Server oder Roxen verwenden.

Die Beschreibung der Installation eines Webservers mit PHP und MySQL-Unterstützung würde den Rahmen dieses Buchs sprengen. Hierfür sei auf die entsprechenden Anleitungen verwiesen. Falls Sie die ersten Schritte mit der PHP-MySQL-Programmierung auf einem Webserver machen wollen, ist es sicherlich keine schlechte Wahl, eine Standard-Linux-Distribution, beispielsweise von Suse oder Red Hat, zu verwenden. Dort ist ein Webserver mit PHP und MySQL schon nach der Installation betriebsfertig.

Die Sprachsyntax von PHP ist an C angelehnt, besitzt allerdings nicht deren Komplexität, sodass auch Neulinge leicht Zugang zu dieser Programmiersprache finden.

PHP ist aber nicht zwingend an einen Webserver gebunden. Unter Apache wird PHP als Modul angebunden. PHP kann aber auch ohne Webserver als Skriptsprache, wie beispielsweise Perl, verwendet werden.

Um MySQL mit PHP nutzen zu können, muss PHP mit der MySQL-Option kompiliert werden. Dies erfolgt unter PHP mit der Option -with -mysql. PHP verfügt in seinem Sourceverzeichnis unter */ext/mysql* über den Code der *libmysql*, um die Schnittstelle zu realisieren.

Ob eine PHP-Installation mit MySQL erfolgreich war, können Sie anhand einer einfachen Verbindung testen.

Verwenden Sie hierzu einen Texteditor und tragen Sie in das Textdokument folgende PHP-Codezeilen ein:

```
<?php
$verbindung = new mysqli("localhost", "root", "");
echo $verbindung;
?>
```

Anschließend wird dieses Dokument mit der Endung *.php* gespeichert und mithilfe des Browsers ausgeführt.

Wenn die Installation funktioniert und Sie die richtigen Verbindungsparameter angegeben haben, sollte eine Connection-ID zurückgegeben werden.

*Beispiel*
```
Object id #1
```

Wenn die Installation fehlerhaft ist, wird dieses Skript mit einer Fehlermeldung antworten. Kommen wir nun noch zu einigen weiteren PHP-Beispielen, die Ihnen die Arbeit mit MySQL verdeutlichen sollen.

*Beispiel*

Abruf eines Datensatzfeldes aus einer Tabelle der Datenbank *mysqlpraxis*.

```
<html>
<head>
<title>MySQL - Datenbanktest</title>
</head>
<body bgcolor="#FFFFFF" text="#000000">
<?php

// Verbindung zum MySQL-Server herstellen
$verbindung = new mysqli("localhost", "root", "", "mysqlpraxis");

// Verbindung prüfen
if (mysqli_connect_errno()) {
    printf("Verbindungsfehler: %s\n", mysqli_connect_error());
    exit();
}

// Datenbanktabelle kunden auslesen
$resultat = $verbindung->query("SELECT ort  FROM anschriften LIMIT 1");

// Resultat in eine Liste übergeben
$liste = $resultat->fetch_array();

// Ersten Eintrag ausgeben
echo $liste[0];

// Verbindung schließen
$verbindung->close();

?>
</body>
</html>
```

Noch ein weiteres Beispiel, welches die Verbindung mit dem MySQL-Server überprüft.

```
<html>
<head>
<title>MySQL - Servertest</title>
</head>
<body bgcolor="#FFFFFF" text="#000000">
<?php

// Verbindung zum MySQL-Server herstellen
$verbindung = new mysqli("localhost", "root", "", "mysqlpraxis");

// Verbindung prüfen
if (mysqli_connect_errno()) {
   printf("Verbindungsfehler: %s\n", mysqli_connect_error());
   exit();
}
else
{
   echo "Verbindung !";
}

// Verbindung schließen
$verbindung->close();
?>
</body>
</html>
```

### 9.5.4 Java

Für MySQL gibt es auch JDBC(Java Database Connectivity)-Treiber von Drittanbietern. Es lässt sich damit auch innerhalb von Java-Applikationen hervorragend einsetzen.

Das JDBC API gehört zum Umfang von Java und ist sowohl in der Java 2 Standard Edition (J2SE) als auch in der Java 2 Enterprise Edition (J2EE) verfügbar.

Java verfügt mit dieser JDBC-Schnittstelle über einen Satz von Klassen und Interfaces, die es erlauben, standardisiert von Java-Programmen auf verschiedene Datenbanken zuzugreifen und mit ihnen zu kommunizieren. Somit können Sie vollständige Java-Applikationen mit einem MySQL-Datenbank-Backend erstellen.

JDBC sorgt vor allem für:

- den Aufbau der Verbindung zur Datenbank,
- die Übermittlung von SQL-Kommandos und
- die Übermittlung der Rückgaben aus der Datenbank.

Damit JDBC mit der gewünschten Datenbank kommunizieren kann, werden spezielle Treiber benötigt, die die JDBC-Befehle für die Datenbank-API verständlich aufbereiten.

Unterschieden werden dabei je nach Treiberkonzept vier Kategorien:

- JDBC-ODBC-Bridges: Die Verbindung wird über einen ODBC-Treiber realisiert. Auf jedem Rechner muss die ODBC-Software installiert sein.

- Native-API partly-Java-Treiber: JDBC-Aufrufe werden auf dem jeweiligen Clientrechner in Datenbankaufrufe des jeweiligen Datenbanksystems umgewandelt. Auch hier muss auf dem jeweiligen Rechner die Software, die die Konvertierung vornimmt, installiert sein.

- JDBC Net pure-Java-Teiber: Diese Treiberart konvertiert JDBC-Aufrufe in ein unabhängiges Netzwerkprotokoll, das dann vom Server in einen entsprechenden Aufruf für die Datenbank umgewandelt wird. Das Protokoll ist herstellerabhängig.

- Native protocol pure-Java-Treiber: Diese Art von Treibern wandelt JDBC-Aufrufe direkt in das passende Netzwerkprotokoll des jeweiligen Datenbanksystems um. Damit sind direkte Befehlsaufrufe auf dem Datenbanksystem möglich.

> **Hinweis:** Der JDBC-Treiber für MySQL ist unter *sourceforge.net/projects/mmmysql* verfügbar. Er gehört zu der Gruppe der Native protocol pure-Treiber und bietet damit eine stabile und Performance-orientierte Anbindung innerhalb von Java-Programmen.

### 9.5.5 Python

Falls Sie mit Python nicht vertraut sind, aber viel in Perl programmieren, sollten Sie sich diese Sprache unbedingt ansehen. Python ist eine objektorientierte Skriptsprache. Sie kombiniert die Stärken von Sprachen wie Perl und Tcl mit einer klaren Syntax, was zu Anwendungen führt, die sich einfach pflegen und erweitern lassen.

Auch in Python existiert eine API für die Kommunikation mit Datenbanken. MySQL wird ebenfalls unterstützt. Wer mehr zum Thema Python erfahren möchte, findet auf folgender Homepage entsprechende Dokumentationen:

*http://www.python.org*

## 9.6 MySQL-Cluster

Für IT-Anwendungen gilt häufig die Tatsache, dass mit dem Betrieb auch die Anforderungen wachsen. Dies gilt vor allem für Internetanwendungen, da hier die Anzahl der Benutzer und die Onlinezeiten ständig zunehmen. Hierzu kommt, dass diese Anwender über immer mehr Erfahrung im Umgang mit dem Internet verfügen.

### Anforderungen

Die zentralen Anforderungen, die heute an Internetanwendungen ab einer gewissen Größe gestellt werden, sind daher Hochperformance (High Performance) und Hochverfügbarkeit (High Availability). Eine Standardvorgehensweise zum Erreichen dieser Ziele beruht auf der Realisierung geclusterter Umgebungen. Ein Cluster ist erst einmal ein Verbund von Rechnern, der für den gleichen Einsatzzweck arbeitet. Eine höhere Performance wird in Clustern durch eine Lastverteilung (Load-Balancing) erreicht. Eine Anfrage kann von mehreren Rechnern beantwortet werden, bei vielen Anfragen muss jeder Rechner jedoch nur einen Teil der Gesamtlast tragen. Die Hochverfügbarkeit in Clustern wird dadurch erreicht, dass der Ausfall eines einzelnen Rechners keinen Ausfall des Gesamtsystems bewirkt. Bei Ausfall eines Rechners wird die Anfrage an einen anderen weitergeleitet (Failover). Die Anwendungen auf solchen Clustern sind also in der Regel, auf die Gesamtzeit gesehen, von Ausfällen wenigst bedroht.

Da MySQL für Internetanwendungen als Datenbank-Backend grundsätzlich hervorragend geeignet ist, soll an dieser Stelle einmal ein Blick auf die Möglichkeiten geworfen werden, wie Hochverfügbarkeit und Hochperformance erreicht werden können, wobei Ausfallsicherheit und Lastverteilung die Ziele sind.

### *Realisierungswege*

Unter MySQL sind solche Systeme folgendermaßen zu realisieren:

- über das MySQL-Replikationssystem,
- über RAID-Systeme (Hardware- oder Software-RAID),
- durch Load-Balancing (Hardware- oder Software).

### 9.6.1 Replikationssystem

Mit MySQL lassen sich seit der Version 3.23.15 Master/Slave-Replikationssysteme aufbauen. Prinzip ist, dass Sie einen Master-Server und beliebig viele mit diesem Master verbundene Slave-Rechner betreiben. Die Slaves besitzen durch Spiegelung den gleichen Datenbestand wie der Master und können bei Problemen des Masters sofort einspringen.

Technisch wird dieses Master/Slave-System dadurch erreicht, dass der Master ein sogenanntes Update-Protokoll anlegt und die jeweiligen Slave-Rechner sich automatisch mit dem dort aktuell verzeichneten Datenbestand synchronisieren. Falls einmal die Verbindung unterbrochen sein sollte, versucht der Slave in regelmäßigen Abständen automatisch die Verbindung wiederherzustellen und den aktuellen Datenbestand zu beschaffen.

Ein derart eingerichtetes System kann zwei Ziele erreichen:

- Das Gesamtsystem besitzt eine höhere Ausfallsicherheit, da der Datenbestand gespiegelt ist. Der Ausfall eines Slaves wirkt sich nicht auf den Betrieb aus. Sollte der Master ausfallen, kann ein Slave zum Master umdeklariert werden und das System ohne Datenrücksicherung weiter betrieben werden.
- Man kann eine Lastverteilung bei lesenden Anfragen realisieren, da auf allen Rechnern der gleiche Datenbestand vorliegt. Schreibende Zugriffe sind allerdings nur auf dem Master zulässig.

Die Installation eines Replikationssystems kann auch zur Datensicherung verwendet werden. Aus diesem Grund werden die Installation und die Einrichtung in Kapitel 14 beschrieben.

### 9.6.2 RAID

Um die Ausfallsicherheit eines MySQL-Systems zu erhöhen, können Sie einen Hardware-RAID einsetzen. RAID ist die Abkürzung für »Redundant Array of Independent

Disks«. Das System besteht aus mehreren Festplatten, die nach außen hin als ein System auftreten. Ein RAID-System verbessert also die Ausfallsicherheit eines Rechners.

Durch einen entsprechenden Hardwarecontroller oder über Software werden die Festplattenzugriffe gesteuert. Hardware-RAIDs sind oftmals besser geeignet, da sie eine bessere Performance aufweisen, einen eigenen Prozessor besitzen und nicht den Prozessor des Rechners mit verwenden müssen. Je nach Verhalten des RAID-Systems werden verschiedene RAID-Level unterschieden. Die häufigsten sind:

- RAID 0: Data Stripping, die Daten werden gleichmäßig in Blöcken über alle Platten verteilt. RAID 0 ist kein echtes RAID-System, da die Daten nicht redundant, sondern lediglich verteilt gehalten werden. Der Ausfall einer Festplatte führt hier unweigerlich zu einem Datenverlust. Der Datendurchsatz ist allerdings bei RAID-Systemen hoch.
- RAID 1: Mirroring, die Daten werden 1:1 gespiegelt, wodurch die doppelte Anzahl von Festplatten benötigt wrid. Ein RAID 1-System ist theoretisch unbegrenzt skalierbar.
- RAID 5: Die Daten werden über mehrere Laufwerke verteilt, analog zu RAID 0. Zusätzlich wird eine Prüfsumme (Parity) berechnet, die über die Festplatten verteilt wird. Sollte nun eine Festplatte ausfallen, kann über die Prüfsumme der Datenbestand rekonstruiert werden.
- RAID 10: Dieses Level ist eine Kombination aus RAID 0 und RAID 1. RAID 10 bietet die Geschwindigkeitsvorteile von RAID 0 und die Sicherheitsvorteile von RAID 1. Nachteilig ist die Kapazitätsverringerung der Festplatten, die sich auf 50% beläuft.

Um die Sicherheit eines Systems zu erhöhen, wird häufig noch mit Hot-Fix-Festplatten gearbeitet. Eine Hot-Fix-Festplatte ist eine Reserveplatte, die während des Betriebs ohne weitere Funktion mitläuft und im Falle der Fehlfunktion einer anderen Festplatte sofort deren Funktion übernimmt.

Eine defekte Festplatte in einem RAID-System ist sofort auszutauschen, da sonst ein weiterer Ausfall einer Festplatte zu Datenverlusten führt.

RAID-Systeme können also insgesamt gesehen die Ausfallwahrscheinlichkeit des Systems verringern.

### 9.6.3 Load-Balancing

In Internetumgebungen ist häufig die Rechnerbelastung ein Problem. Vor allem zu Spitzlastzeiten können Rechnersysteme aufgrund mangelnder Leistung oder zu hoher Verbindungszahlen Ausfälle im Antwortverhalten verursachen. Ein bewährtes Mittel, hier Abhilfe zu schaffen, ist Load-Balancing. Damit bezeichnet man ein Verfahren, Anfragen an einen Server automatisch auf verschiedene Rechner zu verteilen, um so die Einzelbelastung eines Rechners zu reduzieren. Der Benutzer merkt aber von dieser automatischen Anfrageverteilung nichts. Load-Balancing ist vor allem für lesende Anfragen sinnvoll, da hier der Datenbestand nicht verändert wird und damit nicht synchronisiert werden muss. Load-Balancing führt also zu einer Lastverteilung.

Um ein Load-Balancing zu realisieren, benötigen Sie zwei oder mehrere Rechner, die Anfragen beantworten können.

Load Balancing kann hardware- oder softwaremäßig realisiert werden. Am Markt sind spezielle Hardware-Load-Balancer verfügbar, die allerdings auch ihren Preis haben. Softwarelösungen sind in der Regel ein einfaches Redirect, d. h., ankommende Anfragen werden zufällig auf Rechner verteilt.

Eine Aufgabe, die bei solchen Systemen noch gelöst werden muss, ist die Synchronisierung des Datenbestands auf den einzelnen Rechnern. Dies könnte durch die oben beschriebene Replikation gelöst werden.

## 9.7 Embeded MySQL

Mit Version 4 hat eine interessante Neuerung in Form der *libmysqld* Einzug in MySQL gehalten. Damit kann eine MySQL-Datenbank in beliebigen Anwendungen oder Endgeräten eingebunden werden.

Auf diese Weise können Anwendungen bedient werden, die nicht auf einer Inter- oder Intranetstruktur aufbauen. Interessant können dabei CD-ROM-Produkte mit einer unterlegten MySQL-Datenbank sein. Diese MySQL-Datenbank hat dann den gleichen Funktionsumfang wie eine reguläre MySQL-Datenbank. Da MySQL äußerst stabil und performant ist, können diese Embedded-Lösungen in Zukunft durchaus eine weite Verbreitung finden.

### *Einschränkungen*

Da dieses Feature relativ neu ist, unterliegt es derzeit einigen Beschränkungen oder befindet sich noch in der Entwicklung und Optimierung.

- Die Geschwindigkeit wird in Zukunft noch verbessert werden.
- Funktionen können noch nicht selektiv deaktiviert werden, um die Größe der Library zu verkleinern.
- Kein Support der RAID-Funktionen von MySQL.
- UDF-Funktionen können nicht als eigene Funktionen implementiert werden.
- Der ISAM-Tabellentyp wird nicht unterstützt.
- Keine benutzerdefinierten Funktionen (UDFs).
- Kein Stack Trace bei einem Core Dump.
- Sie können ihn nicht als Master oder Slave einrichten – keine Replikation.
- Auf Systemen mit wenig Arbeitsspeicher sind sehr große Ergebnismengen unter Umständen unbenutzbar.
- Von außen über Sockets oder TCP/IP kann sich kein Prozess mit dem Embedded-Server verbinden. Allerdings kann er sich mit einer zwischengeschalteten Anwendung verbinden, die ihrerseits für diesen Remote-Client oder externen Prozess Verbindung mit dem Embedded-Server aufnimmt.

> **Tipp:** Manche dieser Beschränkungen können Sie ändern, indem Sie die Include-Datei *mysql_embed.h* bearbeiten und MySQL neu kompilieren.

Um eine *libmysqld* herzustellen, müssen Sie den Quellcode neu mit der Option `--with-embedded-server` übersetzen. Wie MySQL zu kompilieren ist, wurde bereits ausführlich erläutert.

Mit erfolgreicher Kompilierung wird eine *libmysqld.so* bzw. unter Windows eine *libmysqld.dll* erzeugt, die das gleiche API wie die Standardversion von MySQL aufweist.

Um eine Embedded-Library benutzen zu können, muss gegen die *libmysqld* gelinkt werden, und folgende Funktionen müssen im Quellcode vorhanden sein:

| | |
|---|---|
| mysql_server_init() | Wird zur Initialisierung aufgerufen und muss vor allen MySQL-Funktionen erfolgen |
| mysql_server_end() | Wird aufgerufen, bevor das Programm beendet wird |
| mysql_thread_init() | Wird zur Initialisierung eines Thread aufgerufen |
| mysql_thread_end() | Sollte vor `pthread_exit()` aufgerufen werden |

> **Tipp:** In der Quellcode-Distribution von MySQL finden sich unter \\*libmysqld*\\*examples* einige Beispiele zum Nachvollziehen.

# 10 Datenbankentwurf

*Was ist eine Datenbank?*

Diese Frage wollen wir Ihnen noch beantworten, bevor wir uns den Datenbankentwürfen zuwenden. Die Antwort scheint komplex, ist jedoch kurz, prägnant und ziemlich einfach. Eine Datenbank ist eine strukturierte Sammlung von Daten – das ist auch schon alles. Um mit diesen Daten bzw. der Datenbank arbeiten zu können, benötigen Sie üblicherweise noch geeignete Software, wobei hier von einem Datenbankmanagementsystem, kurz *DBMS* gesprochen wird.

Ohne grundlegende Kenntnisse können Datenbanken und DBMS-Systeme nicht effektiv betrieben werden. Fehler schon beim Anlegen der Datenbank werden später während des Betriebs mitgeführt und können sich nachteilig auf die Performance und die Datenbankverwaltung auswirken. In diesem Kapitel wenden wir uns den wichtigsten Grundlageninformationen zum Aufbau von relationalen Datenbanken und deren Modellierung zu.

## 10.1 Phasen der Datenbankentwicklung

Grundsätzlich haben Sie beim Betreiben eines Datenbanksystems die Aufgabe, die Daten so zu organisieren, dass zunächst eine effektive Datensicherung möglich ist. Weiterhin müssen Sie daran denken, wie der Anwender später die Daten bei der Arbeit zu sehen bekommen soll. Vor jeder Datenbankarbeit steht die Aufgabe, das geplante Projekt ausreichend zu planen und zu definieren. Diese Phase bezeichnet man auch als *Projektdefinition*. Anschließend folgt die *Entwurfsphase* der Datenbank. Relationale Datenbanksysteme werden dabei durch ein logisches Schema beschrieben, das durch die Tabellenstruktur und ihre Beziehungen gegeben ist. Unter dem Begriff externes Schema wird die Aufbereitung der Daten für den Benutzer oder für die Verwendung innerhalb von Anwendungsprogrammen verstanden.

Der erste Schritt bei der Benutzung einer Datenbank liegt immer in deren Einrichtung. Dabei wird das logische Schema der Datenbank festgelegt, um später Daten eingeben, verwalten und auswerten zu können. Diese Phase wird im Allgemeinen als *Implementierungsphase* bezeichnet. Datenbankmanagementsysteme stellen für die Definition der logischen und physischen Struktur eine Datendefinitionssprache zur Verfügung: die *DDL* (*Data Definition Language*). Zu dieser Kategorie gehören Befehle zum Anlegen der Datenbank und der Tabellen sowie die Definition der Felder einer Tabelle.

Ist eine Datenbank eingerichtet, kann sie durch Hinzufügen, Ändern oder Löschen von Daten verändert werden. Befehle hierfür werden im Allgemeinen unter dem Begriff *Datenmanipulationssprache* (*DML, Data Manipulation Language*) geführt.

Bild 10.1: Phasen der Datenbankentwicklung und -anwendung

Die grundsätzliche Struktur der Datenbank wird auch als *Datenbankdesign* oder *Datenbankentwurf* bezeichnet, weil mit den Tabellen und ihren Beziehungen schon wesentliche Verhaltensmerkmale festgelegt werden. Die Erstellung des grundsätzlichen Datenbankdesigns ist keine leichte Aufgabe, da die Daten, die im Anwendungsfall benötigt werden, in ein abstraktes logisches Schema zu bringen sind. Bei komplexen Anwendungen wird hierfür recht viel Zeit benötigt. Ein wichtiger Punkt bei der Erstellung des Datenbankdesigns ist das Verständnis der Anwendungen. Es sollte also bei Anlage der Datenbank schon bekannt sein, welche Daten wie behandelt werden sollen.

Zur richtigen Handhabung des Datenbankdesigns gibt es eigene Abhandlungen und eine Reihe von Hilfsregeln. Im Rahmen dieses Buchs sollen die wichtigsten Punkte erklärt werden, damit Sie anschließend in der Lage sind, ein effektives logisches Datenbanklayout zu erzeugen und dieses effizient zu verwalten.

## 10.2 Datenbankmanagementsysteme

Die wirtschaftliche Bedeutung von Datenbankmanagementsystemen und darauf aufbauenden datenbankgestützten Anwendungen ist heutzutage größer denn je.

### Steinzeit

In der »Steinzeit« der Datenverarbeitung war jedes Programm vollständig für alles zuständig, sogar für das Schreiben und Lesen derjenigen Daten, die den Programmlauf überdauern sollten.

Konsequenz: Der weitaus größte Anteil der Programmierbefehle beschäftigte sich mit dem Ansteuern der Speicherhardware und war demzufolge von dieser auch abhängig. Ein Fortschritt in der Speichertechnologie bedeutete ein Umschreiben der Programme.

## Mittelalter

Das »Mittelalter« ist gekennzeichnet durch eine Dateiverwaltung, die den Programmen geeignete Zugriffsmethoden zur Verfügung stellt und diese somit unabhängig von der Hardware macht. Aber immer noch verwaltet jedes Programm seine Daten, und dies hat bei der Vielzahl von Programmen einen grundlegenden Nachteil: Identische Daten finden sich in vielen verschiedenen Dateien wieder und sind kaum zuverlässig konsistent zu halten. Abhilfe schafft nur die gemeinsame Nutzung einer Datei durch viele Programme mit wiederum einem höchst unerwünschten Nebeneffekt: Die Programme sind insofern voneinander abhängig geworden, als eine Änderung der Dateistruktur, die für ein Programm notwendig wird, die Anpassung aller Programme verlangt, die diese Datei ebenfalls benutzen.

## Neuzeit

Der »Neuzeit« wollen wir das Datenbankkonzept zuschreiben, mit dem wir das Ziel der Datenunabhängigkeit anstreben: Wir zentralisieren die Verwaltung der Daten und heben die strikte Zuordnung einzelner Datenelemente zu einzelnen Programmen auf. Ein Programm »weiß« nicht, wie die Daten tatsächlich gespeichert sind, sondern fordert die Daten in der benötigten Zusammenstellung und im richtigen Format vom Datenbankmanagementsystem an. Eine strukturelle Änderung des Datenbestandes, beispielsweise durch die Aufnahme neuer Datenelemente, bleibt den Programmen verborgen. Die Datenbank beliefert sie mit einer Sicht auf den Datenbestand, der vollständig der alten, unveränderten Situation entspricht.

Die Zentralisierung der Daten vergrößert entscheidend den Schaden, der durch Verfälschung oder Verlust von Daten droht. Gleichzeitig schafft sie eine Situation, in der die Wahrscheinlichkeit für einen Schadensfall beliebig minimiert werden kann: durch zentrale Maßnahmen der Qualitätssicherung (*Datenintegrität*) und Datensicherung (*Recovery*).

Wie Sie sehen, kann man die Entwicklung hin zu den Datenbankmanagementsystemen durchaus in evolutionären Schritten wiedergeben.

## 10.3 Datenmodell

Um mit den Inhalten einer Datenbank arbeiten zu können, müssen diese zuvor im Rahmen des Datenmodells beschrieben werden. Das Datenmodell legt dabei folgende Informationen fest:

- Eigenschaften der Datenelemente
- Struktur der Datenelemente
- Abhängigkeiten von Datenelementen, die zu Konsistenzbedingungen führen
- Regeln zum Speichern, Ändern, Auffinden und Löschen von Datenelementen

In der Praxis wird das relationale Datenmodell zur Zeit am häufigsten verwendet. Beim relationalen Datenmodell werden die Daten in Tabellen, die in Beziehung zueinander stehen, gespeichert. Ebenfalls Verwendung findet das objektorientierte Datenmodell. Dabei werden Objekte in unveränderter Form, also nicht in Tabellenform, in der Datenbank gespeichert. Werden relationale um objektorientierte Datenmodelle ergänzt, spricht man von objekt-relationalen Modellen. Für die Arbeit mit MySQL benötigen Sie jedoch nur das relationale Datenmodell.

### CASE-Tools

Für die Erstellung des Datenmodells und des Datenbankdesigns ist es unter Umständen sinnvoll, spezielle Tools zu verwenden. Diese bezeichnet man als CASE-Tools (Computer Aided Software Engineering). CASE-Tools können die Arbeit in folgender Form unterstützen:

- Die visuelle Modellierung des Datenmodells erleichtert den Überblick und die Handhabung.
- Die Grafiken können in Projektdokumentationen, wie dem Pflichtenheft, verwendet werden.
- Die SQL-Syntax zur Erzeugung der Datenbank kann automatisch als Reverse Engineering erzeugt werden.

## 10.4 Datenbankentwurf mit ERM

Für die Erstellung des Datenbankentwurfs bedient man sich häufig der Methode, den Entwurf nach dem Entity-Relationship-Modell (ERM) zu erstellen. Es dient zur Entwicklung des Datenmodells.

### Entität

Als Entität wird eine eigenständige Einheit oder ein Exemplar bezeichnet, das im betrachteten Modell eindeutig gekennzeichnet werden kann. Dies kann ein Produkt sein, ein Unternehmen, eine Person oder eine Veranstaltung.

Eine Entität besteht aus Eigenschaften. Sie hat einen Namen und kann erzeugt, geändert oder gelöscht werden.

### Entitätstypen

Die Zusammenfassung von Entitäten gleicher Eigenschaften wird als Entitätstyp bezeichnet.

### Beziehungen

Die Entitäten können in Beziehung gesetzt werden, um deren Verhalten genauer zu beschreiben. Eine solche Beziehung (Relationship) wäre »Kunde kauft Produkt«.

Beziehungen werden über den Beziehungstyp genauer charakterisiert. Beziehungstypen werden im Hinblick auf deren spätere Behandlung im relationalen Datenmodell in folgende drei Formen unterteilt:

- **1:1-Beziehung**
  Es besteht eine eindeutige Beziehung zwischen zwei Tabellen. Jeder Datensatz der einen Tabelle besitzt genau einen verbundenen Datensatz in einer anderen Tabelle.

1:1-Beziehungen können in der Regel auch in einer einzigen Tabelle dargestellt werden. Beispiele hierfür:

- Jedes Buch erhält genau eine ISBN-Nummer. Jeder ISBN-Nummer kann genau ein Buch zugeordnet werden.
- Jedem Fahrzeug ist genau ein KFZ-Kennzeichen zugewiesen. Jedes KFZ-Kennzeichen kann genau einem Fahrzeug zugewiesen werden.
- Ein Ehepartner ist mit genau einem Ehepartner verheiratet.

- **1:n-Beziehung**
  Einem Datensatz der einen Tabelle sind mehrere Datensätze einer anderen Tabelle zugeordnet. Beispiel hierfür:

  - Einem Buch kann immer nur ein Verlag zugeordnet werden, jedoch können einem Verlag mehrere Bücher zugeordnet werden (1 Verlag : n Bücher).
  - Ein Kunstwerk kann, zur gleichen Zeit, nur in einem Museum als Original vorliegen. Im Museum dagegen werden mehrere Werke ausgestellt (1 Museum : n Kunstwerke).
  - Ein Kind hat genau eine leibliche Mutter, diese Mutter kann mehrere Kinder haben (1 Mutter : n Kinder).

- **n:m-Beziehung**
  Ein Datensatz der einen Tabelle kann mehreren Datensätzen der anderen Tabelle zugeordnet werden, und umgekehrt. Beispiel hierfür:

  - Ein Buch kann von mehreren Personen ausgeliehen werden, eine Person kann mehrere Bücher ausleihen (n Personen : m Bücher).
  - Ein Professor unterrichtet üblicherweise mehrere Studenten. Ein Student besucht Vorlesungen von mehreren Professoren (n Professoren : m Studenten).
  - Eine Immobilie kann mehreren Eigentümern (Eigentümergemeinschaft) gehören. Ein Eigentümer kann mehrere Immobilien besitzen (n Eigentümer : m Immobilien).

Alle Beziehungen in einem Datenmodell werden als Entity-Relationship-Modell oder kurz ERM bezeichnet. ERM werden zur besseren Lesbarkeit häufig grafisch dargestellt.

## *Schlüssel*

Um ERM erstellen zu können, müssen die Entitäten über eindeutige Werte verfügen, die als Schlüssel bezeichnet werden, damit eine Beziehung unzweifelhaft dargestellt werden kann. Jede Entität kann über mehrere Schlüssel verfügen. Ein Schlüssel kann dabei aus einer oder mehreren Eigenschaften bzw. Attributen (Spalten) bestehen.

Die Beziehung »Kunde kauft Produkt« als 1:n-Beziehung kann wie folgt dargestellt werden:

Bild 10.2: Kunden-Schema

*Kunden*

| Kundennr. | Vorname | Nachname | PLZ | ... |
|---|---|---|---|---|
| 1 | Matthias | Kannengiesser | 12878 | |
| 2 | Caroline | Kannengiesser | 12891 | |
| 3 | Gülten | Kannengiesser | 12899 | |
| 4 | Toni | Müller | 80277 | |
| 5 | Manfred | Reinwolf | 40990 | |

Kundenliste

Bild 10.3: Produkte-Schema

*Produkte*

| Produktnr. | Bezeichnung | Preis | Beschreibung | ... |
|---|---|---|---|---|
| 1000 | Produkt A | 99.95 | Radiowecker... | |
| 1001 | Produkt B | 39.95 | Musikalbum... | |
| 1002 | Produkt C | 10.00 | Rasierer... | |
| 1003 | Produkt D | 5.50 | Füller... | |
| 1004 | Produkt E | 150.00 | DVD-Player... | |

Produktliste

Aus der Verbindung von Kunden- und Produktnummer entsteht die Relation »kaufen«.

Bild 10.4: Verkäufe-Schema

*Verkäufe*

| Kundennr. | Produktnr. |
|---|---|
| 1 | 1001 |
| 4 | 1003 |
| 1 | 1002 |
| 5 | 1003 |
| 2 | 1004 |

Verkaufsliste

## 10.5 Relationales Datenmodell

Um die Daten in einem internen Schema zur Datenverwaltung strukturieren zu können, liegt MySQL das relationale Datenmodell zugrunde.

### Attribute

Im relationalen Datenmodell wird die Beziehung der Sachverhalte durch das Konzept der Relationen dargestellt. Eine Relation besteht aus Attributen, die die Objekte mit einem Bezeichner und einem Wert beschreiben.

Beispiele für Attribute sind:

```
Produkt = "DVD-Player"
Hersteller = "Panasonic"
Preis = "150.00"
Modell = "T-100"
```

### Tupel

Die Menge aller Attribute wird als Tupel bezeichnet, das zum Beispiel wie folgt aussieht:

```
tupel = [Produkt = "DVD-Player", Hersteller = "Panasonic", Preis =
"150.00", Modell = "T-100"]
```

## Relation

Die Menge aller Tupel mit gleichen Attributen wird nun wiederum als Relation bezeichnet.

Im relationalen Datenmodell werden zur Darstellung bzw. Behandlung von Beziehungen ebenfalls Schlüssel benötigt. Über den Primärschlüssel werden Datensätze eindeutig identifiziert, Fremdschlüssel dienen zur Beschreibung der Beziehungen zwischen verschiedenen Relationen.

## 10.6 Primärschlüssel

Im relationalen Datenmodell spielt die Verknüpfung von verschiedenen Tabellen eine entscheidende Rolle. Um Tabellen eindeutig verknüpfen zu können, muss allerdings jeder Datensatz einer Tabelle eindeutig identifiziert und adressiert werden. Ein Attribut, das einen Datensatz mit allen seinen Feldwerten eindeutig identifiziert, wird als Primärschlüssel bezeichnet.

### Regeln für Primärschlüssel

Für einen Primärschlüssel muss immer gelten:

- Er darf nicht leer sein.
- Es dürfen keine Duplikate in den Datensätzen derselben Tabelle existieren.
- Jede Tabelle hat genau einen Primärschlüssel.

Primärschlüssel können beispielsweise Artikelnummern oder Mitarbeiternummern sein. In vielen Fällen besitzen Datensätze allerdings keinen Primärschlüssel, der sich aus den Daten ergibt, wie beispielsweise im Telefonbuch. In diesem Fall ist ein zusätzliches Feld zu definieren, das diesen Primärschlüssel aufnimmt, beispielsweise eine durchnummerierte ID.

## 10.7 Fremdschlüssel und referenzielle Integrität

Die Verknüpfung zwischen Relationen erfolgt über Werte, die als Fremdschlüssel bzw. Foreign Keys bezeichnet werden. Ein Fremdschlüssel ist ein Attribut, das sich auf einen Wert des Primärschlüssels einer anderen oder derselben Relation bezieht.

Die Relation mit dem Primärschlüssel wird häufig als Vater- oder Masterrelation bezeichnet, die Relation mit dem Fremdschlüssel als abhängige Relation.

Am Beispiel »Kunde kauft Produkt« erläutert, ergeben sich folgende Schlüsselsituationen:

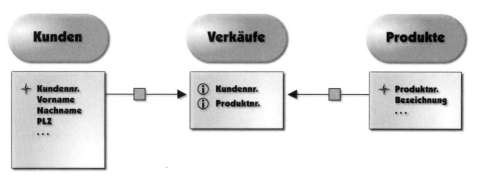

Bild 10.5: Die Tabelle *Verkäufe* besteht aus den beiden Fremdschlüsseln *Produktnr.* und *Kundennr.*

- In den Relationen *Produkte* und *Kunden* werden die Primärschlüssel als *Produktnr.* bzw. *Kundennr.* angelegt.
- Die Relation *Verkäufe* besitzt Verknüpfungen zur Kunden- und Produkttabelle. Hier sind die Fremdschlüssel *Produktnr.* und *Kundennr.* als Fremdschlüssel definiert.

## *Referenzielle Integrität*

Für Beziehungen über Fremdschlüssel wird in der Regel gefordert, dass für einen Wert des Fremdschlüssels auch immer ein Wert in der Masterrelation besteht. Diese Forderung wird als referenzielle Integrität bezeichnet.

Aus dieser referenziellen Integrität ergeben sich bei Änderungen oder beim Löschen von Datensätzen (Tupeln) Konsequenzen. Wird ein Datensatz aus der Masterrelation gelöscht, sollte automatisch in der abhängigen Relation eine Aktion folgen. Hierzu sind folgende Verhaltensweisen möglich:

- **Nicht zulässig**
  Ein Datensatz in der Masterrelation darf nicht gelöscht werden, wenn noch referenzierte Datensätze in der Detailtabelle bestehen, etwa Kunde und Rechnung.

- **Weitergeben** (CASCADE)
  Wird ein Datensatz aus der Masterrelation gelöscht, werden alle betroffenen Datensätze in der Detailtabelle ebenfalls gelöscht.

- **Auf** NULL (SET NULL) oder **Vorgabewert** (SET DEFAULT) setzen
  Wird ein Datensatz aus der Masterrelation gelöscht, werden alle Verweise in der Detailtabelle auf NULL oder einen anderen Wert gesetzt.

MySQL überprüft mit seinen Standardtabellentypen wie MyISAM momentan nicht die referenzielle Integrität. Mit dem InnoDB-Tabellentyp wird die referenzielle Integrität unterstützt, allerdings sind hier zurzeit noch nicht die oben definierten Verhaltensregeln implementiert.

## 10.8 Optimierung des Datenmodells

Die Definition des Datenmodells ist insbesondere bei komplexen Problemlösungen nicht einfach. Anfängern unterlaufen dabei häufiger Fehler, weil die Daten nicht so behandelt werden können wie bei einer herkömmlichen Datenverwaltung auf Papier. Um die Erstellung des Datenmodells zu vereinfachen und Fehler in Form von Redundanzen zu vermeiden, wurden Regeln entwickelt, nach denen das Datenmodell effektiv erstellt werden kann. Das Prinzip dabei ist, komplexe Beziehungen von Tabellen in einfache Beziehungen zu bringen, um Datenstrukturen zu erreichen, die stabil und flexibel gegenüber Erweiterungen des Datenmodells sind.

### Normalisierung

Diese Behandlung wird als Normalisierung bezeichnet. Sie erfolgt in mehreren Schritten, die weiter unten beschrieben werden.

Unterschätzt wird oft auch die für die Erstellung eines guten Datenbankdesigns notwendige Zeit. Zeit, die in ein möglichst optimales Datenbankdesign investiert wird, zahlt sich durch bessere Performance, leichtere Wartung und geringeren Aufwand bei der Programmierung aus.

Anhand des Beispiels einer Kundendatei, die Bestellungen speichert, wird im Folgenden die Normalisierung von Datenbanken erläutert.

Als Grundlage dient eine Tabelle, in der alle Bestellungen des Kunden aufgelistet sind.

Bild 10.6: Bestellung Schemata

| Kunde | Ort/PLZ | Gekaufte Produkte | Besteller |
|---|---|---|---|
| TC Consulting | Berlin/13887 | Epson TX, DVDX | L. Bernhard |
| Pop-Connect | München/80179 | LC-HUB, DVDX | B. Maier |
| Wurz AG | Hamburg/40838 | Siemens PC | F. Windhorst |
| Co-TV | Köln/75879 | T-HUB, Epson TX | G. Schmidt |
| TC | Berlin/13887 | Epson TX | L. Bernhard |

Rohdaten

Die Tabelle ist so angelegt, wie man wahrscheinlich die Verkäufe auf dem Papier mitprotokollieren würde. Bei der Durchsicht der Tabelle fallen folgende Punkte auf:

- Mehrere Informationen werden in einer Spalte notiert.
- Doppelte Spalteneinträge bei offenbar identischen Adressen.
- Abweichungen zwischen Produktcode und Produktbezeichnung, obwohl offensichtlich dieselbe Ware bezeichnet ist.

Folgende Probleme können dadurch bei einer Bearbeitung in einer Datenbank entstehen:

- Die Zusammenfassung gleichartiger Datensätze, wie die Umsätze bezogen auf einen Kunden, ist erschwert oder nicht möglich.
- Es müssen Daten wiederholt eingegeben werden.
- Durch dieselben Einträge entsteht eine Redundanz, die die Dateigröße der Datenbank unnötig vergrößert.

## *Normalformen*

Durch ein besseres Datenbankdesign können negative Effekte dieser Art vermieden werden. Dies ist auch die Zielsetzung der Normalisierung über eine standardisierte Behandlung von Tabellen. Insgesamt gibt es neun Regeln, die auch als 1. bis 9. Normalform bezeichnet werden, von denen aber nur die Formen 1. bis 5. praxisrelevant und hier besprochen und anhand des Beispiels oben vorgestellt werden sollen.

## *1. Normalform*

Eine Relation befindet sich in der 1. Normalform, wenn keine Spalte mit demselben Inhalt vorliegt und es somit keine Wiederholungen gibt. Außerdem dürfen in dieser Form Daten in einer Tabelle keine untergeordnete Relation bilden. Weiterhin muss eine Tabelle in der 1. Normalform einen Attributswert besitzen, der eine Zeile einer Tabelle eindeutig identifiziert. Dieser Attributswert wird als Schlüsselattribut bezeichnet.

Für unser Beispiel sind deshalb alle Zeilen, in denen jeweils mehrere Informationen in den Spalten *Ort/PLZ* und *Gekaufte Produkte* vorhanden sind, aufzulösen. Durch die Auflösung in mehrere Zeilen sind die einzelnen Zeilen jedoch nicht mehr eindeutig zu unterscheiden. Deshalb müssen zusätzlich eindeutige Schlüssel, beispielsweise in Form einer *Kunden-ID (KID)* und *Produkt-ID (PID)*, hinzugefügt werden.

Die 1. Normalform sieht in diesem Fall wie folgt aus:

# 618 Kapitel 10: Datenbankentwurf

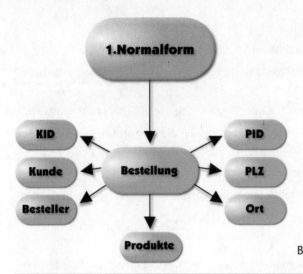

Bild 10.7: Schema 1. Normalfom

| KID | Kunde | Besteller | PLZ | Ort | PID | Gekaufte Produkte |
|---|---|---|---|---|---|---|
| 1 | TC Consulting | L. Bernhard | 13887 | Berlin | 1000 | Epson TX |
| 1 | TC Consulting | L. Bernhard | 13887 | Berlin | 1001 | DVDX |
| 2 | Pop-Connect | B. Maier | 80179 | München | 1002 | LC-HUB |
| 2 | Pop-Connect | B. Maier | 80179 | München | 1001 | DVDX |
| 3 | Wurz AG | F. Windhorst | 40838 | Hamburg | 1003 | Siemens PC |
| 4 | Co-TV | G. Schmidt | 75879 | Köln | 1004 | T-HUB |
| 4 | Co-TV | G. Schmidt | 75879 | Köln | 1000 | Epson TX |
| 1 | TC | L. Bernhard | 13887 | Berlin | 1000 | Epson TX |

Schon besser

In der 1. Normalform sind jetzt alle Daten so gespeichert, dass sie einzeln behandelt werden können. Allerdings können auch hier weiterhin Anomalien vorkommen. Eine Anomalie wäre die unterschiedliche Schreibweise und Adresse des Kunden *TC*. Zur Vermeidung solcher Anomalien ist es sinnvoll, die Tabelle in die 2. Normalform zu überführen.

## 2. Normalform

Damit eine Tabelle in der 2. Normalform vorliegen kann, müssen mindestens die Kriterien der 1. Normalform erfüllt sein. Die 2. Normalform ist dadurch charakterisiert, dass jedes Nicht-Schlüsselattribut vom Primärschlüssel funktional abhängig ist. Praktisch wird das dadurch erreicht, dass die Informationen in mehreren Tabellen gespeichert werden. Die Tabellen werden so organisiert, dass Informationen, die vom Primärschlüssel abhängig sind, in eigenen Tabellen zusammengefasst werden. In unserem Beispiel gehören Name und Adresse sowie die Produkte in eine eigene Tabelle. Die Tabellen sehen dann wie folgt aus:

## 10.8 Optimierung des Datenmodells

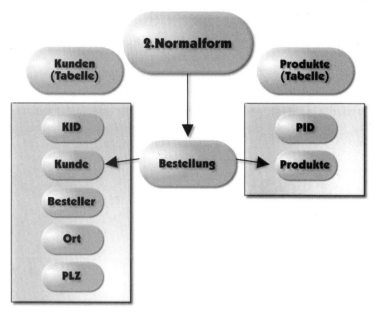

Bild 10.8: Schema Kunden und Produkte

*Tabelle Kunden*

| KID | Kunde | Besteller | Ort | PLZ |
|---|---|---|---|---|
| 1 | TC Consulting | L. Bernhard | Berlin | 13887 |
| 2 | Pop-Connect | B. Maier | München | 80179 |
| 3 | Wurz AG | F. Windhorst | Hamburg | 40838 |
| 4 | Co-TV | G. Schmidt | Köln | 75879 |

Übersichtlich ...

*Tabelle Produkte*

| PID | Gekaufte Produkte |
|---|---|
| 1000 | Epson TX |
| 1001 | DVDX |
| 1002 | LC-HUB |
| 1003 | Siemens PC |
| 1004 | T-HUB |

... und eindeutig

Damit ist ein erstes Ziel, Anomalien einzuschränken, erreicht, weil zusammengehörige Informationen konsistent sind. So werden beispielsweise unterschiedliche Schreibweisen für die einzelnen Kunden vermieden. Allerdings hat diese Form noch den Schwachpunkt, dass Änderungen bei Produktbezeichnungen in allen betroffenen Spalten vorgenommen werden müssen. Zur Lösung dieses Problems wurde die 3. Normalform definiert.

## 3. Normalform

Zusätzlich zur 2. Normalform gilt die Regel, dass alle nicht zum Primärschlüssel gehörenden Attribute nicht von diesem transitiv (*funktional*) abhängen. Alle Spalten dürfen also nur vom Schlüsselattribut und nicht von anderen Werten abhängen. Sind weitere solcher Abhängigkeiten vorhanden, müssen sie aufgelöst werden.

In unserem Beispiel ist der Besteller ein solcher Fall. Der Besteller ist eine Eigenschaft der Firma, da verschiedene Personen eine Bestellung aufgeben können. Damit ist die Tabelle *Kunden* noch nicht in der 3. Normalform. Die Auflösung erfolgt analog der 2. Normalform, indem eigene Tabellen erzeugt werden. Die 3. Normalform sieht wie folgt aus:

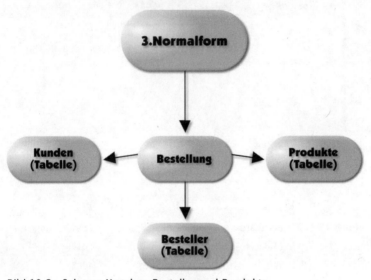

Bild 10.9: Schema Kunden, Besteller und Produkte

*Tabelle Kunden*

| KID | Kunde | Ort | PLZ |
|---|---|---|---|
| 1 | TC Consulting | Berlin | 13887 |
| 2 | Pop-Connect | München | 80179 |
| 3 | Wurz AG | Hamburg | 40838 |
| 4 | Co-TV | Köln | 75879 |

Jetzt funktioniert's auch ...

*Tabelle Besteller*

| BID | KID | Besteller |
|---|---|---|
| 1 | 1 | L. Bernhard |
| 2 | 2 | B. Maier |
| 3 | 3 | F. Windhorst |
| 4 | 4 | G. Schmidt |

... mit den Bestellern ...

*Tabelle Produkte*

| PID | Gekaufte Produkte |
|---|---|
| 1000 | Epson TX |
| 1001 | DVDX |
| 1002 | LC-HUB |
| 1003 | Siemens PC |
| 1004 | T-HUB |

... und deren Produkten

## 4. Normalform

Die 4. Normalform bezieht sich auf Mehrfachabhängigkeiten von Attributen auf einen übergeordneten Schlüssel. Diese Mehrfachabhängigkeiten müssen in Einzelabhängigkeiten aufgelöst werden.

*Fallbeispiel Standorte*

| Standortnummer | Standortname | Stadt |
|---|---|---|
| 10001 | Stuttgart Produktion 1 | Stuttgart |
| 20003 | Berlin Verwaltung | Berlin |
| 30012 | München Vertrieb | München |

Die Standortnummer bestimmt den Namen des Standorts. In dieser Relation würde die Standortnummer aber auch noch den Namen der Stadt beinhalten, welcher sich aber aus dem Standortnamen ergibt (fiktives Beispiel!). So können Änderungsanomalien wie z. B. Einfügeanomalien oder auch Löschanomalien entstehen. Um die im Beispiel gezeigte Relation in 4. Normalform zu überführen, müsste man zwei Relationen erstellen – einmal Standortnummer und Standortname, und in einer zweiten Standortname und Stadt.

## 5. Normalform

Wenn durch die 4. Normalform keine verlustfreie Zerlegung in Einzelabhängigkeiten möglich ist, müssen eventuell mehrere übergeordnete Schlüssel hinzugezogen werden, bis nur noch Einzelabhängigkeiten vorliegen.

Allerdings ist die Auflösung der Datenbanken in Normalformen nur ein Hilfsmittel zur Erstellung eines guten Datenbankdesigns. Die vollständige Auflösung in Normalformen bringt im Allgemeinen auch einige Nachteile mit sich. So wird die Anzahl einzelner Tabellen unter Umständen relativ hoch, sodass insbesondere bei der Programmierung der Datenbanken ein erhöhter Aufwand entstehen kann. Je mehr Tabellen vorhanden sind, umso schwieriger wird auch die Definition von SQL-Befehlen, weil alle Tabellen über entsprechende Befehle verknüpft werden müssen.

Häufig wird auch als Argument gegen eine vollständige Normalisierung von Datenbanken eine schlechtere Performance genannt. Ob die Performance von SQL-Statements im Einzelfall wirklich schlechter ist, kann allerdings oft nur durch entsprechende Analyseprogramme, die beide Varianten vergleichen, festgestellt werden. Der Aufwand für einen solchen Vergleich ist unter Umständen beträchtlich.

## 10.9 Implementierung und Nutzung von SQL

Ohne die Kenntnisse von SQL-Kommandos ist der Betrieb von MySQL nicht möglich. Während Ihnen andere Datenbanken häufig grafische Werkzeuge zur Definition zur Verfügung stellen und Sie somit mit der SQL-Syntax wenig in Berührung kommen, bietet MySQL solche Werkzeuge nicht an.

Die Hauptaufgabe von SQL-Ausdrücken ist das Lesen oder Verändern von vorhandenen Daten der Datenbank oder das Hinzufügen von neuen Daten in die Datenbank. Sie können nur über den SQL-Befehlsvorrat mit den Daten in Ihrer MySQL-Datenbank arbeiten. Die Beherrschung der SQL-Befehlssyntax ist deshalb für einen effektiven Umgang mit MySQL unverzichtbar. Falls Sie neu mit MySQL arbeiten, sollten Sie sich insbesondere mit den Befehlen zum Anlegen, Ändern, Entfernen und Ausgeben von Daten vertraut machen.

SQL verfügt allgemein über Kommandos zur Datenbearbeitung, die sogenannte Data Manipulation Language (DML), sowie Kommandos, mit denen das Datenbankdesign definiert bzw. geändert werden kann, die Data Definition Language (DDL), und zu guter Letzt die Data Query Language (DQL). Diesen dreien sind die Data Control Language (DCL)-Kommandos übergeordnet, die zur Verwaltung und Sicherung der Datenbanken und Datenbanktabellen verwendet werden.

### 10.9.1 DCL-Befehle

SQL-Befehle der DCL-Kategorie können wie folgt gegliedert werden:

- GRANT-Ausdrücke ermöglichen das Festlegen von Zugriffrechten.
- REVOKE-Ausdrücke ermöglichen das Aufheben von Zugriffsrechten.
- CREATE DATABASE-Ausdrücke dienen zum Anlegen von Datenbanken.
- DROP DATABASE-Ausdrücke dienen zum Löschen von Datenbanken.
- USE-Ausdrücke ermöglichen es, Datenbanken auszuwählen.
- CONNECT-Ausdrücke ermöglichen es, eine Verbindung zur Datenbank herzustellen.

### 10.9.2 DML-Befehle

SQL-Befehle der DML-Kategorie können wie folgt gegliedert werden:

- INSERT-Ausdrücke ermöglichen das Speichern von neuen Datensätzen in der Datenbank.
- UPDATE-Ausdrücke ermöglichen die Bearbeitung von bestehenden Datensätzen.
- DELETE-Ausdrücke ermöglichen das Löschen von Datensätzen aus der Datenbank.

## 10.9.3 DDL-Befehle

SQL-Befehle der DDL-Kategorie können wie folgt gegliedert werden:

- `CREATE`-Ausdrücke ermöglichen das Anlegen und Definieren von Datenbanken und Tabellen.
- `ALTER`-Ausdrücke ermöglichen die Veränderung von Eigenschaften und Strukturen von Datenbanken und Tabellen.
- `DROP`-Ausdrücke ermöglichen das Entfernen von Datenbanken und Tabellen.

## 10.9.4 DQL-Befehle

SQL-Befehle der DQL-Kategorie können wie folgt gegliedert werden:

- `SELECT`-Ausdrücke dienen zur Abfrage von Datensätzen aus der Datenbank. Es können einzelne oder mehrere Datensätze oder gezielt einzelne Felder von Datensätzen ausgegeben werden. Dabei können eine oder mehrere Tabellen abgefragt werden.

SQL-Ausdrücke sind wiederum in sich gegliedert. Sie bestehen dabei im Allgemeinen aus folgenden Elementen:

| Element | Beschreibung |
| --- | --- |
| Spaltenname | Spalte einer bezeichneten Tabelle, die ausgegeben, mit der verglichen oder mit der gerechnet wird. |
| Arithmetische Operatoren | +,-,* und /; sie werden zur Berechnung benötigt. |
| Logische Operatoren | Schlüsselwörter `AND`, `OR` und `NOT`, die für einfache Suchfunktionen oder innerhalb von Verknüpfungen zu komplexen Suchanfragen verwendet werden. Ein logischer Operator gibt als Ergebnis immer `wahr` oder `falsch` zurück. |
| Vergleichsoperatoren | <,>,<=,>=, und <> dienen dem Vergleich von zwei Werten. Ein Vergleichsoperator gibt immer `wahr` oder `falsch` zurück. In Suchabfragen stehen darüber hinaus weitere spezialisierte Vergleichsoperatoren wie beispielsweise `LIKE`, `EXISTS`, `IN`. |
| Verknüpfungsoperatoren | Dienen zur Verkettung von Zeichenketten. |

Obwohl die SQL-Syntax standardisiert ist, unterscheiden sich die verschiedenen Datenbanken nach den grundsätzlichen SLQ-Befehlen `INSERT`, `SELECT`, `UPDATE` oder `DELETE` doch erheblich. Die Unterschiede liegen in der Syntax und im Umfang der Befehle. Insofern ist auch die SQL-Syntax zu studieren.

Um Tabellen einer Datenbank abzufragen, ist es immer notwendig, die Struktur der Tabelle sowie die Definition der Tabellenspalten und ihrer Datentypen zu kennen.

Welche Datentypen unter MySQL zur Verfügung stehen, erfahren Sie im nächsten Kapitel.

# 11 Datenbanken und Tabellen

*Überblick*

Nach der erfolgreichen Installation und Festlegung des Datenbankdesigns sollten wir uns der Datenbank und den Tabellen zuwenden.

Die Anlage einer vollständigen Datenbank mit ihren Tabellen und Daten erfolgt in MySQL in mehreren Schritten. Zuerst wird die Datenbank angelegt, es folgt die Anlage aller notwendigen Tabellen und anschließend die Speicherung von Daten in der Datenbank.

- Datenbank anlegen
- Tabellen anlegen
- Daten anlegen

Falls Sie ein größeres Projekt planen, sollten Sie vor Anlage der Datenbank und der notwendigen Tabellen das logische Schema der Datenbank, wie im vorherigen Kapitel beschrieben, erarbeitet haben.

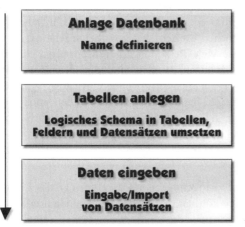

Bild 11.1: Ablauf beim Anlegen einer Datenbank

Wenn Sie festgelegt haben, welche Inhalte Ihre Datenbank aufweisen soll und in welchen Feldern die Informationen hierfür zu speichern sind, kann die eigentliche Arbeit mit MySQL beginnen. Hierzu benötigen Sie die im vorangegangenen Kapitel eingeführten SQL-Befehle und ein Programm, um die SQL-Befehle an den MySQL-Server zu senden. Sie können hierfür eines der im Kapitel 9 vorgestellten Programme verwenden.

Falls Sie bisher noch nicht mit Datenbanken gearbeitet haben oder es gewöhnt waren, mit grafischen Programmen wie MS-Access die Datenbank- und Tabellenstruktur zu definieren, müssen Sie sich jetzt daran gewöhnen, dass alle Definitionen von Datenbanken und Tabellen über SQL-Befehle erfolgen. Dies ist vor allem für Anfänger gewöhnungsbedürftig.

Denken Sie bei der Definition von Tabellen auch immer daran, dass Sie ein relationales Datenbanksystem vor sich haben, d. h. in der Regel eine Reihe von Verknüpfungen zwischen verschiedenen Tabellen. Diese Verknüpfungen aufzustellen, zu verwalten aber auch zu optimieren, ist eine durchaus lohnende Aufgabe und gar nicht so schwer, wie es auf den ersten Blick erscheinen mag. Sie werden im Folgenden sehen, wie schnell Sie Ihre ersten Tabellen erstellt haben.

Bevor wir jedoch zum Anlegen von Tabellen kommen, sollten Sie erst noch einen kurzen Überblick über die Datentypen erhalten, die in MySQL zur Verfügung stehen. Die Auflistung der Datentypen ist sicherlich ein trockenes Thema, da es letztendlich nur darum geht, »Daten in ein passendes Schubfach eines Regals zu stecken«, um im weiteren Verlauf mit diesen effektiver und einfacher arbeiten zu können. Da Datentypen auf die Performance, Größe und Möglichkeiten der Auswertung der Daten aber einen entscheidenden Einfluss haben, gehören sie zum Basiswissen. Bei näherer Betrachtung der Datentypen werden Sie feststellen, dass es dabei eine Reihe verschiedener Typen mit unterschiedlichem Verhalten zu studieren gilt.

## 11.1 Datentypen

Die kleinste Einheit, die mit SQL-Befehlen verändert werden kann, ist ein Spaltenwert einer Tabelle, auch Attribut genannt. Wie dieser Wert zu behandeln ist, hängt vom Datentyp ab, den dieser Wert besitzt. Ein Datentyp charakterisiert also Daten und legt dabei die Möglichkeiten der Behandlung fest, wie beispielsweise Abfragen. Ein Datentyp kann vielleicht mit einem Fahrzeugtyp verglichen werden, der Sie dabei unterstützt, eine Transportaufgabe zu bewältigen. Wenn Sie viele Personen zu transportieren haben, nehmen Sie einen Bus mit ausreichend Sitzplätzen. Wollen Sie lediglich eine Person transportieren, können Sie beispielsweise ein Fahrrad verwenden. Analoges gilt für Datentypen. Wenn Sie in einem Feld lange Zeichenketten speichern wollen, muss das Feld ausreichend Platz zur Verfügung stellen, oder wenn Sie mit Zahlenwerten arbeiten, benötigen Sie einen Feldtyp, der arithmetische Operationen ermöglicht.

### Kategorien von Datentypen

Jedes Attribut einer Tabelle besitzt immer zwingend einen Datentyp, der die Eigenschaften dieses Werts bestimmt. Diese Typen können bei MySQL in folgende drei Kategorien unterteilt werden:

- Zeichenketten (Zeichen, String)
- Numerische Datentypen (Zahlen)
- Datums- und Zeit-Datentypen

### Zeichenketten

Wenn Sie beispielsweise in einer Adressendatei Namen wie Müller oder Windhorst speichern wollen, ist das eine Zeichenkette. Sie werden damit, beim späteren Arbeiten mit der Datenbank, vielleicht Abfragen tätigen wie »Suche alle Adressen mit dem Namen Müller«. Es könnte aber auch sein, dass Sie alle Namen selektieren wollen, die mit einem »W« beginnen. Diese Abfragen müssen über einen sogenannten Zeichenkettenvergleich erzeugt werden.

## *Zahlen*

Kaum anders sieht es aus, wenn Sie zu den Adressen zusätzlich ein Einkommen gespeichert haben. Dann handelt es sich um Zahlen, und eine Abfrage würde mit arithmetischen Mitteln erfolgen, wie beispielsweise »Suche alle Personen, deren Einkommen größer als 25.000 EUR ist«. An diesem Beispiel können Sie sehen, dass eine Abfrage wie »Suche alle Adressen, deren Namen größer Müller ist«, nicht funktionieren kann, da »größer Müller« keinen gültigen Wert hat. Es handelt sich schließlich nicht um eine Zahl, sondern um eine Zeichenkette. Sie kommen also bei der Arbeit mit MySQL nicht um die Kenntnisse von Datentypen und deren Möglichkeiten herum.

## *Datums- und Zeitwerte*

Die Behandlung der Datentypen bei Abfragen wird von MySQL vorgegeben. So können mathematische Berechnungen verständlicherweise nur mit numerischen Werten durchgeführt werden, für Datumsvergleiche werden dementsprechend Datums- und Zeitwerte benötigt. SQL unterstützt dabei, im Gegensatz zu vielen anderen Programmiersprachen, Datums- und Zeitwerte, sodass Operationen mit Datums- und Zeitwerten einfach umgesetzt werden können. Ein Beispiel für eine Operation mit Zeitwerten ist die Berechnung der Anzahl von Stunden zwischen zwei Zeitwerten.

Beim Anlegen einer Datenbank ist grundsätzlich ein präziser Wert zum Speichern der Information zu wählen. Bei unpassenden oder zu klein gewählten Datentypen kann die Information nicht richtig oder nicht vollständig gespeichert werden. Bei zu groß dimensionierten Datentypen wird die Datenbank unnötig vergrößert, was sich negativ auf die Performance des Systems auswirken kann.

Auch bei der Konvertierung von Daten, der Übertragung von Daten in eine MySQL-Datenbank oder der Übertragung von Daten in eine andere Datenbank gewährleistet der korrekte Datentyp eine verlustfreie Datenübernahme. So können Zeichen nicht versehentlich in Zahlenfeldern gespeichert werden.

Die folgende Abbildung gibt Ihnen einen Überblick über die in MySQL vorhandenen Datentypen.

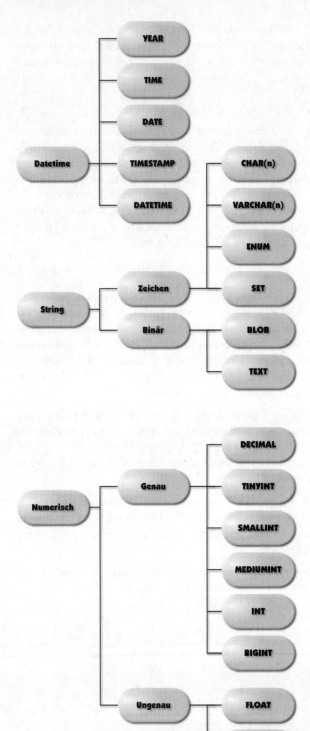

Bild 11.2: MySQL-Datentypen im Überblick

Im Folgenden werden nähere Informationen zu wichtigen Datentypen gegeben.

## 11.1.1 Zeichenketten-Datentypen

Bei Datentypen für Zeichenketten wird nochmals zwischen zeichenorientierten und binären Datentypen unterschieden. Der Unterschied besteht darin, dass zeichenorientierte Datentypen in Bezug auf ihren Inhalt auf der Basis des verwendeten Zeichensatzes behandelt und sortiert werden, während binäre Datentypen binär verglichen werden. Textfelder werden in anderen Datenbanken auch als Memo-Felder bezeichnet.

Zeichenorientierte Datentypen sind CHAR, VARCHAR und TEXT.

### *CHAR*

CHAR(n) sind Zeichenketten mit einer festen Länge, wobei n die Anzahl der Zeichen darstellt. *n* darf maximal 255 betragen. Ein Feld, das mit CHAR(100) definiert ist, kann also maximal 100 Zeichen aufnehmen. Für CHAR-Felder werden von der Datenbank immer *n* Bytes an Speicherplatz reserviert und zwar unabhängig davon, wie viele Zeichen tatsächlich jeweils gespeichert werden. Der Speicherbedarf von CHAR-Feldern lässt sich daher einfach über die Anzahl der Bytes mal Länge der Felder berechnen.

### *VARCHAR*

Diesen festen Speicherverbrauch besitzen VARCHAR(n)-Datentypen nicht. Hier wird nur der Speicherplatz belegt, der auch der Länge der jeweils gespeicherten Zeichenkette entspricht. Auch für diesen Datentyp gilt jedoch, dass *n* den maximalen Wert von 255 nicht überschreiten darf.

In der Regel sind VARCHAR-Felder aufgrund der besseren Speichernutzung CHAR-Feldern vorzuziehen. Hinzu kommt noch, dass CHAR-Felder mit allen Stellen, also auch den Leerstellen, ausgegeben werden, was zu Formatierungsschwierigkeiten führen kann.

### *TEXT*

Falls Sie größere Zeichenketten speichern wollen, können Sie das mithilfe des Datentyps TEXT tun. Dabei können Sie Zeichenketten bis zu einer variablen Länge von $2^{16}-1$ Zeichen speichern. Außer TEXT können Sie auch, in Abhängigkeit von der benötigten Feldgröße,

- TINYTEXT (255 Zeichen),
- MEDIUMTEXT ($2^{24}-1$ Zeichen),
- LONGTEXT ($2^{32}-1$ Zeichen)

verwenden.

### *BLOB*

Zu den binären Datentypen zählen BLOB, TINYBLOB, MEDIUMBLOB und LONGBLOB. Die maximale Zeichenlänge entspricht der des Datentyps TEXT.

Bei TEXT- und BLOB-Datentypen werden auch führende Leerzeichen gespeichert, während VARCHAR führende Leerzeichen entfernt.

## 11.1.2 Numerische Datentypen

MySQL unterstützt alle numerischen Datentypen, die in ANSI SQL-92 definiert sind. Dies sind Datentypen mit fester Länge wie NUMERIC, DECIMAL, INTEGER (INT) und SMALLINT sowie die Fließkommazahlen FLOAT, REAL und DOUBLE.

Darüber hinaus hat MySQL einige Erweiterungen implementiert. So können INTEGER-Werte, je nach Länge, noch als TINYINT (1 Byte), MEDIUMINT (3 Byte) und BIGINT (8 Byte) definiert werden.

Diese Erweiterungen der Datentypen bieten gegenüber dem SQL-Standard Optimierungsvorteile in der Datenbankgröße. Erkauft werden diese Vorteile allerdings mit einer geringeren SQL-Kompatibilität. Falls Sie also eine hohe Kompatibilität zu anderen SQL-Datenbanken erreichen wollen, da Sie sich beispielsweise die Übertragung von Daten offen halten wollen, sollten Sie wenn möglich immer die Standard-SQL-Typen verwenden.

### Ganzzahlen

INTEGER-Werte, also Ganzzahlen, werden einfach mit dem konkreten Datentyp deklariert. Optional kann noch mit dem Schlüsselwort UNSIGNED festgelegt werden, dass nur positive Werte zulässig sind.

So definiert beispielsweise

- INT eine Ganzzahl mit der Länge von 32 Bit (4 Byte), zulässige Werte sind also -2147483648 bis +2147483647.
- TINYINT UNSIGNED eine positive Ganzzahl mit einer Länge von 8 Bit (1 Byte), zulässige Werte sind also 0 bis 255.

### Fließkommazahlen

MySQL bietet mit FLOAT und DOUBLE (REAL) zwei Typen für Fließkommazahlen an. Der Unterschied zwischen diesen beiden besteht lediglich in ihrer Größe. Während der 32-Bit-(4-Byte)-Datentyp FLOAT eine einfache Genauigkeit aufweist, kann DOUBLE 64 Bit (8 Byte) mit doppelter Genauigkeit groß sein. REAL und DOUBLE sind unter MySQL synonyme Bezeichnungen. Fließkommazahlen können optional mit zwei Parametern in der Form DOUBLE(M,D) für die Definition der Länge und der Nachkommastelle definiert werden. Hinzuweisen ist noch darauf, dass das Dezimaltrennzeichen immer ein Punkt sein muss.

### Festkommazahl

Während Fließkommazahlen beliebig viele Nachkommastellen haben können, werden Festkommazahlen mit fester Stellenzahl definiert. So wird der Festkommazahlentyp DECIMAL mit der Anzahl der Vorkomma- und Nachkommastellen definiert. Mit

umsatz DECIMAL(9,2)

wird eine Dezimalzahl für das Feld umsatz definiert, das neun Ziffern mit zwei Nachkommastellen besitzt.

Für DECIMAL sind in MySQL auch die Synonyme DEC, NUMERIC und FIXED möglich.

## 11.1.3 Datums- und Zeitdatentypen

Datums- und Zeitdatentypen sind sehr praktische Datentypen für Felder, in denen Datums- und Zeitinformationen wie ein Geburtsdatum oder das Datum der letzten Änderung gespeichert werden sollen. Mit diesem Typ lassen sich insbesondere Datums- und Zeitberechnungen wie die Differenzberechnung von Tagen auf Basis des Datums wesentlich leichter durchführen.

MySQL bietet folgende Datums- und Zeitdatentypen an:

### *DATETIME, DATE*

Mit DATETIME und DATE können Datumstypen definiert werden. DATETIME nimmt dabei Werte auf, die sowohl das Datum als auch die Zeit in der Form

JJJJ-MM-DD HH:MM:SS (Beispiel: 2003-02-20 12:30:00)

speichern. DATE kann benutzt werden, wenn nur das Datum gespeichert werden soll. Das Format hierfür ist:

JJJJ-MM-DD (Beispiel: 2003-01-30).

### *TIMESTAMP*

Ein besonderer Datumstyp ist TIMESTAMP. Bei Einfüge- oder Updatevorgängen wird ein Feld, das über einen solchen Datentyp definiert wurde, automatisch mit dem aktuellen Datum und der aktuellen Zeit versehen. Standardgemäß erfolgen Ausgaben von TIMESTAMP-Feldern 14-stellig in der Form

JJJJMMDDHHMMSS (Beispiel: 20030221172730).

Die Angabe im Beispiel würde also für den 21. Februar 2003, 17 Uhr 27 Minuten und 30 Sekunden stehen. Falls sich mehrere TIMESTAMP-Felder in einer Tabelle befinden, wird nur das jeweils erste aktualisiert.

> **Achtung:** Seit MySQL 5.1 wird ein TIMESTAMP-Wert als String im Format 'YYYY-MM-DD HH:MM:SS' zurückgegeben, dessen Anzeigebreite auf 19 Zeichen festgelegt ist. Um den Wert als Zahl zu erhalten, sollten Sie +0 zur Zeitstempelspalte hinzufügen. Das vor MySQL 4.1 verwendete TIMESTAMP-Format wird von MySQL 5.1 nicht unterstützt.

### *TIME*

Sollen Zeitwerte gespeichert werden, steht hierfür der Datentyp TIME zur Verfügung. Zeiten werden im Format

HH:MM:SS (Beispiel: 12:55:00)

gespeichert. Da MySQL auch Zeitdifferenzen berechnen kann, dürfen Felder dieses Typs Werte zwischen -838:59:59 und 838:59:59 annehmen. Ungültige Eingaben werden auf den Wert 00:00:00 gesetzt.

## YEAR

Weiterhin kennt MySQL den Datentyp YEAR, der vierstellige Jahreswerte zwischen 1901 und 2155 speichern kann. Mit nur einem Byte verbraucht dieser Datentyp sehr wenig Speicherplatz. Werte in YEAR-Feldern können als Zahl (2000, 1998, etc.) oder als Zeichenkette ('2000', '1998', etc) ausgegeben werden. Die Zahlen 70 bis 99 werden dabei in 1970 bis 1999, die übrigen in 2000 bis 2069 umgesetzt. Falls Sie ungültige Werte oder leere Werte speichern, werden diese als 0000 gespeichert.

Für die Behandlung von Datums- und Zeitwerten stehen in MySQL eine Reihe von Funktionen wie die Berechnung von Zeitdifferenzen zur Verfügung. Da diese thematisch zu den Abfragen gehören, kommen wir in Kapitel 12 noch darauf zurück.

### 11.1.4 Aufzählungen

Als besondere Datentypen hält MySQL noch die Aufzählungstypen ENUM und SET bereit. Sie sind Varianten von Zeichendatentypen und dienen dazu, eine Liste von definierten Werten zu speichern. Wenn Sie beispielsweise eine Datenbank zur Verwaltung von Medienprodukten erstellen wollen und dabei die Produkte nach ihrer Art wie Video, Buch, CD oder DVD kategorisieren möchten, ist der Einsatz dieser Aufzählungstypen sinnvoll.

ENUM- bzw. SET-Datentypen werden wie folgt definiert:

```
ENUM ('Buch','CD','DVD','Video') bzw.
SET ('Buch','CD','DVD','Video')
```

Die gewünschten Werte werden also mit Komma getrennt und in Hochkommas definiert. Der Unterschied zwischen beiden Typen besteht in den verschiedenen Möglichkeiten, die definierten Werte zu speichern. Während ENUM-Typen nur einen jeweils definierten Wert erlauben, können in SET-Feldern auch Kombinationen gespeichert werden. Im oben gezeigten Beispiel könnte in einem SET-Feld DVD, CD gespeichert werden.

ENUM- und SET-Typen werden intern mit einem fortlaufenden numerischen Index versehen. Aus diesem Grund sind diese Datentypen, insbesondere bei verknüpften Abfragen und Einfügevorgängen, schneller. Ein weiterer Vorteil ist die Tatsache, dass nur die definierten Werte zugelassen werden, Fehleingaben also datenbankseitig abgefangen werden. Nachteilig an ENUM- und SET-Typen ist die fehlende SQL-92-Kompatibilität.

### 11.1.5 Datentyp-Mapping

Zum Abschluss des Themas soll noch ein kurzer Blick auf das sogenannte Datentyp-Mapping geworfen werden. Das Mapping von Datentypen ist immer dann erforderlich, wenn Sie Daten nach oder aus MySQL heraus in eine andere SQL-Datenbank überführen möchten. Um das Bild der Regalschubfächer zu nutzen, muss in einem solchen Fall das jeweilige Schubfach, in dem diese Daten gespeichert werden sollen, die passende Größe besitzen. Ist das Datenfeld zu klein, kann es zu Datenverlusten kommen.

Die folgende Tabelle zeigt das Datentyp-Mapping zwischen Standard-SQL und den MySQL-Datentypen.

| MySQL | Standard-SQL |
|---|---|
| TINYINT | BOOL |
| TINYINT | BOOLEAN |
| CHAR(n) Binary | BINARY (n) |
| VARCHAR(n) | CHAR VARYING (n) |
| DECIMAL | DEC |
| DECIMAL | FIXED |
| FLOAT | FLOAT4 |
| DOUBLE | FLOAT8 |
| TINYINT | INT1 |
| SMALLINT | INT2 |
| MEDIUMINT | INT3 |
| INT | INT4 |
| BIGINT | INT8 |
| MEDIUMBLOB | LONG VARBINARY |
| MEDIUMTEXT | LONG VARCHAR |
| MEDIUMTEXT | LONG |
| MEDIUMINT | MIDDLEINT |
| DECIMAL | NUMERIC |
| VARCHAR(n) Binary | VARBINARY(n) |

Datentyp-Mapping

Wenn Sie also Inhalte eines Feldes, das als INT8 definiert ist, nach MySQL transferieren wollen, werden die Inhalte sicher problemlos in ein Feld passen, das unter MySQL als `BIGINT` definiert wurde.

## 11.1.6 Datentypenübersicht

Die Anzahl der Datentypen in MySQL ist beeindruckend. Die folgende Übersicht soll Ihnen dabei behilflich sein, sämtliche Datentypen auf einen Blick zu erfassen.

Die folgenden Konventionen gelten für Tabellen:

- M gibt die maximale Anzeigebreite für Integer-Typen an. Bei Fließkomma- und Festkommatypen beschreibt M die maximale Anzahl der Stellen. Bei String-Typen schließlich ist M die maximale Länge. Der maximal zulässige Wert für M hängt vom jeweiligen Datentyp ab.
- D gibt bei Fließkomma- und Festkommatypen die Anzahl der Stellen nach dem Dezimalpunkt an. Der maximale Wert ist 30. Allerdings sollte dieser nie größer gewählt werden als M – 2.

- Z dient als Platzhalter für ZEROFILL.
- Eckige Klammern ('[' und ']') zeigen optionale Bestandteile der Typendefinition an.

| Datentyp | Beschreibung |
|---|---|
| BIT[(M)] | Bitfeldtyp. M gibt die Anzahl von Bits pro Wert in einem Bereich zwischen 1 und 64 an. Wenn M weggelassen wird, wird standardmäßig 1 verwendet. |
| TINYINT [(M)] [UNSIGNED] [Z] BOOL | Ganzzahlen von 0 bis 255 oder -128 bis 127. |
| BOOLEAN | Diese Typen sind Synonyme für TINYINT(1). Der Wert Null wird als falsch ausgewertet, Werte ungleich null als wahr. |
| SMALLINT [(M)] [UNSIGNED] [Z] | Ganzzahlen, entweder von 0 bis 65.535 oder von -32.768 bis +32.767. |
| MEDIUMINT [(M)] [UNSIGNED] [Z] INT [(M)] [UNSIGNED] [Z] | Ganzzahlen, entweder von 0 bis 16.777.215 oder von -8.388.608 bis +8.388.607. |
| INTEGER[(M)] [UNSIGNED] [Z] | Ganzzahlen, entweder von 0 bis 4.294.967.295 oder von -2.147.283.648 bis +2.147.283.647. |
| BIGINT [(M)] [UNSIGNED] [Z] | Ganzzahlen, entweder von 0 bis 18.446.744.073.709.551.615 oder von -9.223.372.036.854.775.808 bis +9.223.372.036.854.775.807. |
| DECIMAL[(M,D)] [UNSIGNED] [Z] DEC[(M[,D)] [UNSIGNED] [Z] NUMERIC[(M[,D)] [UNSIGNED] [Z] FIXED[(M[,D])] [UNSIGNED] [Z] | Ungepackte Fließkommazahl, immer vorzeichenbehaftet. Zahlen werden als Zeichenkette gespeichert, jede Ziffer steht in einem Byte. Komma, Vorzeichen usw. belegen jeweils ein Byte. |
| DOUBLE[(M,D)] [UNSIGNED] [Z] DOUBLE PRECISION[(M,D)] [UNSIGNED] [Z] REAL[(M,D)] [UNSIGNED] [Z] | Fließkommazahl normaler Größe – mit doppelter Genauigkeit. Zulässige Werte sind der Bereich zwischen -1.7976931348623157E+308 und -2.2250738585072014E-308, 0 und der Bereich zwischen 2.2250738585072014E-308 und 1.7976931348623157E+308. |
| FLOAT[(M,D)] [UNSIGNED] [Z] | Fließkommazahl – mit einfacher Genauigkeit. Zulässige Werte sind der Bereich zwischen -3.402823466E+38 und -1.175494351E-38, 0 und der Bereich zwischen 1.175494351E-38 und 3.402823466E+38. |
| FLOAT(precision) [UNSIGNED] [Z] | Fließkommazahl. p steht für die Genauigkeit in Bit, aber MySQL verwendet diesen Wert nur zur Bestimmung, ob als Datentyp für das Ergebnis FLOAT oder DOUBLE zugewiesen werden soll. Liegt p zwischen 0 und 24, dann wird FLOAT (ohne M- und D-Werte) als Typ gewählt. Liegt p zwischen 25 und 53, dann wird DOUBLE (ohne M- und D-Werte) als Typ gewählt. Der Bereich der Ergebnisspalte entspricht den Datentypen FLOAT mit einfacher Genauigkeit oder DOUBLE mit doppelter Genauigkeit. |

| Datentyp | Beschreibung |
|---|---|
| DATE | Datum im Format »YYYY-MM-DD«. Der Wertebereich geht vom 1.1.1000 bis zum 31.12.9999. |
| DATETIME | Datum und Zeit im Format »YYYY-MM-DD hh:mm:ss«. |
| TIMESTAMP[(M)] | Zeitstempel, Wertebereich von 1.1.1970 bis zum 31.12.2036. Für die Angabe des Anzeigebereiches M gilt:<br>14: YYYYMMDDhhmmss<br>12: YYMMDDhhmmss<br>8: YYYYMMDD<br>6: YYMMDD<br>Seit MySQL 5.1 wird ein TIMESTAMP-Wert als String im Format 'YYYY-MM-DD HH:MM:SS' zurückgegeben, dessen Anzeigebreite auf 19 Zeichen festgelegt ist. Um den Wert als Zahl zu erhalten, sollten Sie +0 zur Zeitstempelspalte hinzufügen. Das vor MySQL 4.1 verwendete TIMESTAMP-Format wird von MySQL 5.1 nicht unterstützt. |
| TIME | Zeit im Wertebereich von -838:59:59 bis +838:59:59 mit dem Ausgabeformat »hh:mm:ss«. |
| YEAR[(2\|4)] | Ein Jahr im zwei- oder vierstelligen Format. Das vierstellige Format ist standardmäßig voreingestellt. In diesem Format sind zulässige Werte der Bereich zwischen 1901 und 2155 sowie 0000. Im zweistelligen Format ist der Bereich 70 bis 69 zulässig; er bezeichnet die Jahre 1970 bis 2069. |
| CHAR(M) [BINARY \| ASCII \| UNICODE] | Zeichenkette fester Länge M. Wertebereich 1 bis 255. Leerzeichen am Ende werden automatisch für die Ausgabe entfernt. Sortieren und Selektieren berücksichtigt Groß- und Kleinschreibung nicht, wenn Sie nicht BINARY verwenden. |
| VARCHAR(M) [BINARY] | Zeichenkette variabler Länge, maximal M. Wertebereich 1 bis 255. Leerzeichen am Ende wird automatisch für die Ausgabe entfernt. Sortieren und Selektieren berücksichtigt Groß- und Kleinschreibung nicht, wenn Sie nicht BINARY verwenden. Seit MySQL 5.1 beachtet die Spezifikation den SQL-Standards und entfernt am Anfang stehende Leerzeichen aus VARCHAR-Werten nicht. |
| BINARY(M) | Der Typ BINARY ähnelt CHAR, speichert aber Strings aus binären Bytes statt nichtbinärer Zeichen-Strings. |
| VARBINARY(M) | Der Typ VARBINARY ähnelt VARCHAR, speichert aber Strings aus binären Bytes statt nichtbinärer Zeichen-Strings. |

| Datentyp | Beschreibung |
|---|---|
| TINYBLOB, TINYTEXT | BLOB oder TEXT mit maximal 255 Byte. |
| BLOB, TEXT | BLOB oder TEXT mit maximal 65 535 Byte. |
| MEDIUMBLOB, MEDIUMTEXT | BLOB oder TEXT mit maximal 16 777 215 Byte. |
| LONGBLOB, LONGTEXT | BLOB oder TEXT mit maximal 4 294 967 295 Byte. |
| ENUM('wert1', 'wert2', ...,) | Aufzählung. Ein Feld dieses Typs kann nur eine Zeichenkette enthalten, die einem Objekt der Aufzählung entspricht. |
| SET('wert1', 'wert2' , ...,) | Wie ENUM, kann aber mehrere Werte aus der Liste enthalten. |

## 11.2 Datenbank anlegen und löschen

Im Kapitel 10 wurden die Grundlagen des Datenbankdesigns und die Vorgehensweise bei der Arbeit mit Datenbanken besprochen. Es sollen hier nochmals die einzelnen Schritte eines Datenbankprojekts, nämlich die *Projektdefinition*, der *Datenbankentwurf* sowie die *Implementierung und Nutzung* in Erinnerung gerufen werden. Steht der Datenbankentwurf, kann die Implementierung in MySQL beginnen.

### Datenbank anlegen

Eine neue Datenbank wird mit folgendem Befehl erzeugt:

```
mysql>CREATE DATABASE [IF NOT EXISTS] <Datenbankname>;
```

Dieser Befehl legt eine Datenbank ohne Tabelle an. Gleichzeitig wird von MySQL ein Verzeichnis im MySQL-Datenverzeichnis mit dem Namen der Datenbank angelegt. Dieses Verzeichnis nimmt dann beim späteren Arbeiten alle Dateien auf.

Wenn Sie eine Datenbank mit dem Namen *Adressen* anlegen wollen, lautet der Befehl hierzu wie folgt:

```
mysql>CREATE DATABASE Adressen;
```

Mit der Option IF NOT EXISTS kann die Existenz der Datenbank überprüft werden. Vorhandene Datenbanken werden nicht überschrieben. Mit IF NOT EXISTS wird vor allem das Erscheinen von Fehlermeldungen unterbunden, was innerhalb von Anwendungen zu Programmabbrüchen führen kann. Die Datenbankbezeichnung darf maximal 64 Zeichen besitzen. Erlaubt sind dabei alle Zeichen, die auch bei der Benennung von Dateien möglich sind, d. h. / und . sind als Datenbankbezeichnungen nicht möglich, ebenso wenig numerische Zeichen. Gleiches gilt für die Benennung von Tabellen.

## 11.2 Datenbank anlegen und löschen

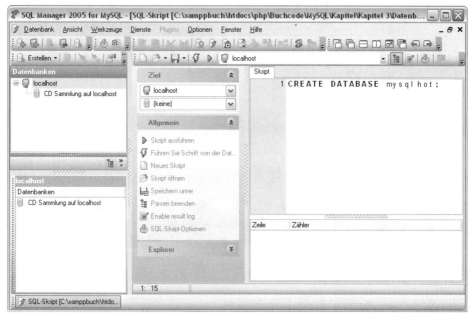

Bild 11.3: Datenbank mithilfe des Tools SQL Manager 2005 erzeugen

### Datenbank löschen

Das Löschen von Datenbanken können Sie mit folgendem Befehl durchführen:

```
mysql>DROP DATABASE <Datenbankname>;
```

Dabei ist zu beachten, dass die Datenbank mit allen Tabellen unwiderruflich gelöscht wird. Insofern erfolgt an dieser Stelle der warnende Hinweis, dass das Löschen von kompletten Datenbanken nur sehr bewusst erfolgen sollte.

Um die oben angelegte Datenbank wieder zu löschen, lautet der Befehl wie folgt:

```
mysql>DROP DATABASE Adressen;
```

In Mehrbenutzersystemen ist es ratsam, zur Verhinderung unerwünschter Zugriffe, die das Löschen von Datenbanken verursachen können, entsprechende Zugriffsrechte auf Datenbankebene zu vergeben.

> **Hinweis:** Wie der Zugriffsschutz in MySQL beschrieben und wie Datenbanken gegen unbeabsichtigtes Löschen geschützt werden können, lesen Sie in Kapitel 14.

### Datenbanken anzeigen

Um alle vorhandenen Datenbanken auf einem System anzuzeigen, steht folgender Befehl zur Verfügung.

```
mysql>SHOW DATABASES;
```

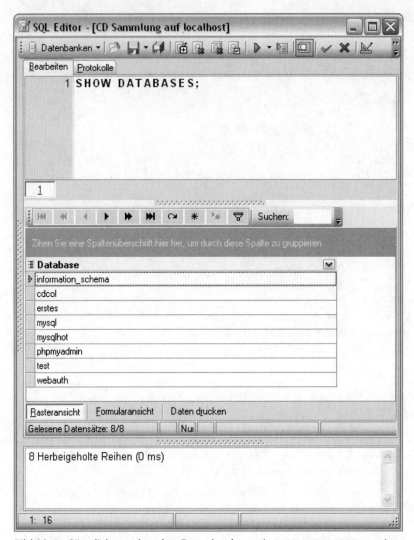

Bild 11.4: Sämtliche vorhanden Datenbanken mit SHOW DATABASES anzeigen

## *mysqladmin*

Datenbanken können alternativ auch mit dem MySQL beiliegenden Kommandozeilenwerkzeug *mysqladmin* erzeugt oder gelöscht werden.

Die Befehlssyntax für das Anlegen von Datenbanken lautet somit:

```
$>mysqladmin CREATE <Datenbankname>;
$>mysqladmin DROP <Datenbankname>;
```

Ob Sie die SQL-Befehle oder *mysqladmin* zur Anlage bzw. zum Löschen von Datenbanken verwenden, bleibt Ihnen überlassen. Einen Unterschied zwischen beiden Arten gibt es nicht.

## Aktive Datenbank festlegen

Wenn Sie später auf eine Datenbank zugreifen wollen, muss immer zuerst die gewünschte Datenbank ausgewählt werden. Unter MySQL erfolgt das mit dem Befehl

```
mysql>USE <Datenbankname>;
```

Alle nachfolgenden Befehle verwenden dann die gewählte Datenbank als Standard.

## 11.3 Tabellen

### 11.3.1 Tabellen anlegen

Nachdem die gewünschte Datenbank angelegt ist, können Sie anschließend die Tabellenstruktur festlegen. Neue Tabellen werden mit dem Befehl CREATE TABLE erzeugt. Als Parameter beim Erzeugen einer Tabelle werden die Datenbankfelder sowie die Definition ihrer Datentypen mit angegeben.

### Einstiegsbeispiel

Zum Einstieg werden wir die Kundentabelle entsprechend Kapitel 10 anlegen. Geben Sie hierzu die folgenden Zeilen ein:

```
mysql> CREATE TABLE kunden(
id INT,
name VARCHAR(60),
ort VARCHAR(40),
plz CHAR(5)
);
```

Schon haben Sie Ihre erste Tabelle erstellt.

Ein CREATE TABLE sieht in der einfachsten Form folgendermaßen aus:

```
mysql> CRAETE TABLE <Tabellenname> (<Spaltenname> <Datentyp>,...);
```

Diese Syntax entspricht dem oben gezeigten Beispiel.

Sie benötigen also bei der Anlage einer Tabelle die bereits angesprochenen Datentypen zur Festlegung der Spalteninhalte. Oft stellt sich dabei die Frage, welcher Datentyp der am besten geeignete ist. Um diese Frage beantworten zu können, sollten Sie den Inhalt und die maximale Größe der zu speichernden Informationen kennen.

In der Grundsyntax ist das Anlegen von Tabellen relativ einfach. Allerdings müssen in der Tabellendefinition alle Informationen des relationalen Datenmodells mit seinen Verknüpfungen sowie der Indizierung vorgegeben sein.

### Syntax für CREATE TABLE

Die Syntax des CREATE TABLE-Befehls kennt deshalb noch eine Reihe von Parametern, die auf das Verhalten der Tabelle Einfluss nehmen. Zu nennen sind hier beispielsweise die Definition von Indexfeldern oder die optionale Angabe von Tabellentypen. Auch wenn die Syntax im ersten Augenblick ein wenig unübersichtlich erscheint, können wir sie Ihnen an dieser Stelle nicht ersparen. Die grundsätzliche Syntax des CREATE TABLE-Befehls lautet wie folgt:

```
mysql> CREATE [TEMPORARY] TABLE [IF NOT EXISTS] <Tabellenname> [<Erstel-
lungsanweisung>] [<Tabellenoptionen>] [<Auswahlanweisung>];
```

<Tabellenname> ist dabei der von Ihnen gewünschte Tabellenname.

<Erstellungsanweisung> definiert alle Felder der Tabelle, einschließlich ihrer Datentypen und dem Feldverhalten. Der Aufbau der <Erstellungsanweisung> lautet dabei grundsätzlich wie folgt:

```
Spaltenname type [NOT NULL | NULL] [DEFAULT default_value]
[AUTO_INCREMENT] [PRIMARY KEY] [Referenzdefinition]
```

<Tabellenoptionen> sind alle Optionen, die Sie für Ihre Tabelle vordefinieren können, wie etwa der Tabellentyp oder der Speicherort der Tabelle.

Feldern in der Tabelle können Werte als sogenannte *Default-Werte* vorgestellt werden. Dies erfolgt mit dem Schlüsselwort DEFAULT. Ein häufiger Anwendungsfall ist die Verhinderung von NULL-Werten. Wenn Sie einen Datensatz einfügen und dabei für ein Feld keinen Wert eintragen, würde MySQL, wenn kein DEFAULT-Wert gesetzt wurde, standardgemäß NULL für »nicht bekannt«, eintragen. Folgendes Beispiel setzt den DEFAULT-Wert für das Feld »aktiv« auf 'Y':

```
mysql> CREATE TABLE kunden(
id INT,
name VARCHAR(60),
ort VARCHAR(40),
plz CHAR(5),
aktiv CHAR(1) DEFAULT 'Y'
);
```

Mit <Auswahlanweisung> nach dem CREATE-Befehl können Sie automatisch Tabellen mit einem SELECT-Befehl, also über die Abfrage von Tabellen, mit Werten füllen.

## Alle Tabellen anzeigen

Sollten Sie sämtliche Tabellen einer Datenbank anzeigen wollen, können Sie den Befehl mit der folgenden Syntax verwenden:

```
mysql>SHOW TABLES FROM <Datenbankname>;
```

*Beispiel*

```
mysql>SHOW TABLES FROM mysqlpraxis;

+---------------------+
| Tables in mysqlpraxis |
+---------------------+
| kunden              |
+---------------------+
```

Beim Anlegen einer Tabelle legen Sie im Allgemeinen auch die Schlüsselfelder sowie die relationalen Abhängigkeiten zwischen verschiedenen Tabellen fest und auch die Felder, die indiziert werden sollen.

## 11.3.2 Schlüsselfelder für Tabellen

Wie bereits erwähnt, werden eindeutige Schlüsselfelder benötigt, um relationale Verknüpfungen zwischen verschiedenen Tabellen herstellen zu können. Dieser Wert, mit dem jeder Datensatz einer Tabelle eindeutig identifiziert werden kann, wird als Primärschlüssel bezeichnet.

### *Primärschlüssel definieren*

Ein einfaches, aber effektives Verfahren zur Definition eines Primärschlüssels für eine Tabelle ist es, in jeder Tabelle ein Feld mit einer ausreichend großen INTEGER-Zahl (32 oder 64 Bit) zu definieren.

Bei der Anlage einer Tabelle werden solche Felder sinnvollerweise so definiert, dass keine NULL-Werte und keine doppelten Werte zugelassen werden. Hierfür stehen innerhalb der <Erstellungsanweisung> des CREATE TABLE-Befehls folgende Optionen zur Verfügung, die diese Vorgabe unterstützen:

- NOT NULL für die Vorgabe, dass keine leeren Werte gespeichert werden dürfen. NOT NULL folgt hinter der Definition des Datentyps. MySQL ergänzt bei fehlendem Eintrag, je nach Datentyp, automatisch einen Wert nach folgenden Regeln:
  - Bei numerischen Werten, abgesehen von AUTO_INCREMENT-Feldern, ist das 0. Bei AUTO_INCREMENT-Feldern wird der nächste Wert in der Sequenz verwendet.
  - Bei Datumsfeldern, außer TIMESTAMP, wird der erste gültige Wert verwendet. Bei TIMESTAMP setzt MySQL das aktuelle Datum und die aktuelle Zeit ein.
- Zeichen-Datentypen, wie beispielsweise VARCHAR, erhalten einen leeren String, außer ENUM-Typen, die den ersten definierten Wert zugewiesen bekommen.
- UNIQUE bzw. PRIMARY KEY legen fest, dass keine doppelten Werte für dieses Feld vorkommen dürfen. Doppelte Werte werden von MySQL mit dem Fehler 'Duplicate Key' abgewiesen. Durch die Abweisung von doppelten Werten ist sichergestellt, dass Tabellenverknüpfungen über diese Felder eindeutig sind. Dabei können mehrere Felder zu einem UNIQUE oder PRIMARY KEY zusammengeführt werden. Innerhalb einer Tabelle dürfen nur ein PRIMARY KEY, hingegen mehrere UNIQUE-Felder definiert werden.

Die Definition erfolgt in folgender Form:

```
UNIQUE (<Spaltenname>...) bzw.
PRIMARY KEY (<Spaltenname>...)
```

Der Unterschied zwischen PRIMARY KEY und UNIQUE besteht darin, dass PRIMARY KEY Felder erwartet, die als NOT NULL definiert sind. Falls Anwendungen, die auf die MySQL-Datenbank zugreifen, einen PRIMARY KEY erwarten, obwohl keiner definiert ist, liefert MySQL das erste UNIQUE-Feld zurück, das keine NULL-Werte aufweist. Bezogen auf das oben genannte Beispiel sieht die Definition der Tabellen folgendermaßen aus, wenn die ID das Schlüsselfeld darstellt und als PRIMARY KEY und das AUTO_INCREMENT-Feld definiert wird:

```
mysql> CREATE TABLE kunden(
id INT NOT NULL,
name VARCHAR(60),
```

```
ort VARCHAR(40),
plz CHAR(5),
PRIMARY KEY (ID)
);
```

### 11.3.3 Indizes für Tabellen

Eine besondere Bedeutung für die Suche in und die Performance von Datenbanken haben Indizes. Indizes beschleunigen

- das Auffinden von Informationen bei Abfragen,
- die Sortierung von Tabellen,
- die Suche nach Maximal- und Minimalwerten innerhalb einer Datenreihe,
- die Abfrage über verschiedene Tabellen.

Ein Index ist nichts anderes als eine interne Aufbereitung der Daten in einer Form, die schnelleres Suchen bzw. Auffinden von einzelnen Datensätzen ermöglicht. Ist ein Index auf ein gesuchtes Merkmal vorhanden, können Vorgänge, wie beispielsweise das Suchen, beschleunigt durchgeführt werden.

Indizes werden vollständig von der Datenbank verwaltet und beim Löschen oder Hinzufügen von Datensätzen in einer Tabelle automatisch aktualisiert. Sie müssen für die Tabelle lediglich definieren, welche Datenfelder mit einem Suchindex ausgestattet werden sollen. Dabei ist es möglich, dass eine Tabelle keinen, einen oder mehrere Indizes besitzt. Indizes können aus einem oder mehreren Feldern bestehen.

#### Nachteile

Indizes haben aber auch Nachteile. Während Abfragen beschleunigt werden, werden im Gegenzug Änderungs-, Löschungs- oder Ergänzungsvorgänge verlangsamt, weil der Index jeweils neu organisiert werden muss. Indizes führen in der Regel auch zu einem höheren Bedarf an Speicherplatz auf der Festplatte, da eine zusätzliche Indexdatei angelegt wird. Beim MyISAM-Tabellentyp ist das die Datei *<Tabellenname>.MYI*, bei anderen Tabellentypen erkennen Sie die Indexdatei analog an dem *I* in der Datei-Extension.

Ein Index unter MySQL wird bei der Tabellendefinition auf Feldebene mit folgendem Befehl angelegt:

```
mysql>INDEX [<Indexname>] (<Spaltenname>,...);
```

Werden mehrere Tabellenfelder angegeben, wird der Index mit allen angegebenen Feldern erzeugt. Es handelt sich dann um einen sogenannten zusammengesetzten oder Multi-Column-Index.

Die Tabellenfelder (<Spaltenname>), auf die der Index angewendet werden soll, müssen dabei bereits in der Tabellendefinition angelegt sein. Die Angaben eines Indexnamens ist optional.

Die Definition eines Index innerhalb unserer Beispieltabelle sieht dann wie folgt aus:

```
mysql> CREATE TABLE kunden(
id INT NOT NULL,
name VARCHAR(60),
ort VARCHAR(40),
plz CHAR(5),
PRIMARY KEY (ID)
INDEX indexname (name)
);
```

Indizes können auch für bestehende Tabellen definiert werden. Da die Indizierung einer Datenbank unter Umständen einige Zeit in Anspruch nehmen kann, erfolgt eine Indizierung von Feldern sinnvollerweise vor Inbetriebnahme der Datenbank. Die Befehlssyntax für die Anlage eines Index auf eine bestehende Tabelle lautet:

```
mysql>CREATE INDEX <Indexname> ON <Tabellenname> (<Spaltenname>,...);
```

MySQL erlaubt auch die Indizierung von Teilen von Feldern. Interessant ist dies bei Feldern, die anhand der ersten *n*-Zeichen unterschieden werden können, wie beispielsweise Namensfelder. Die Definition erfolgt einfach durch eine Längenangabe nach dem Spaltennamen in folgender Form:

```
<Spaltenname>(Länge)
```

In der vollständigen Syntax sieht eine solche Längenbegrenzung des Index so aus:

```
mysql>CREATE INDEX <Indexname> ON <Tabellenname> (<Spaltenname>(10),...);
```

Oder als konkretes Beispiel:

```
mysql>CREATE INDEX KID_Name ON Anschriften (Name(10));
```

In diesem Beispiel werden die ersten zehn Zeichen des Namens für den Index verwendet, der die Bezeichnung `KID_Name` erhält.

### *Wann sollte ein Index angelegt werden?*

Auch die Anlage von Indizes sollte geplant werden, weil der positive Effekt der schnelleren Suche nach einzelnen Datensätzen durch eine erhöhte Anzahl von Festplattenzugriffen zunichte gemacht werden kann. Ebenfalls ist der Erfolg einer Indizierung von der Art und Weise abhängig, mit der die Daten später abgefragt werden. Denken Sie bei der Indizierung also auch immer an die spätere Anwendung und an den »use case«. Folgende Regeln gelten für die Anlage von Indizes unter MySQL:

- Indizes werden nur für Felder angelegt, in denen häufig gesucht wird.
- Tabellen, die vor allem zum Speichern von Informationen dienen und nicht abgefragt werden, benötigen in der Regel keinen Index. Hierzu zählen beispielsweise Logdateien.
- Die Anlage von Indizes lohnt nur bei einer großen Datenmenge in den jeweiligen Feldern. Bei lediglich zehn Einträgen in einer Tabelle lohnt eine Indizierung nicht.
- Der Datentyp darf nicht `TEXT/BLOB` sein oder `NULL`-Werte zulassen.
- Indizes sollten nur bei Feldern angewendet werden, in denen insbesondere einzelne Datensätze gesucht werden. Wenn Sie jeweils nur Teile einer Tabelle abfragen, kann

der Suchvorgang durch vermehrte Festplattenzugriffe ineffektiv werden. Ein Beispiel für einen solchen Fall ist die Ausgabe aller Mitglieder aus einer Mitgliederliste. Als Richtwert werden hier 30% der vorhandenen Einträge genannt, d. h., wenn Sie in der Regel mehr als 30% aller Datensätze einer Tabelle ausgeben, lohnt eine Indizierung nicht.

- Zusammengesetzte Indizes sollten dann eingesetzt werden, wenn häufig Abfragen über die jeweils gleichen Spalten durchgeführt werden. Diese Abfragen dürfen auch keine Oder-Abfragen sein, bei denen nur einzelne Felder abgefragt werden. In diesem Fall muss die Datenbank trotz alledem den gesamten Index durchsuchen. Sie verlieren damit den Vorteil der Indizierung.
- Eine Tabelle kann mit maximal 32 Indizes à jeweils 1 bis 16 Spalten definiert werden.

### Indizes einer Tabelle anzeigen

Wenn Sie wissen wollen, welche Indizes in einer vorhandenen Tabelle definiert sind, steht Ihnen der folgende Befehl zur Verfügung:

```
mysql>SHOW INDEX FROM <Tabellenname>;
```

### Index Löschen

Ein Index kann mit folgendem Befehl gelöscht werden:

```
mysql>ALTER TABLE <Tabellenname> DROP INDEX <Indexname>;
```

Wenn Sie Indizes nicht mehr benötigen, sollten Sie sie auch löschen, um nicht unnötigen Festplattenplatz zu belegen.

## 11.3.4 Tabellentypen

Zum Speichern der Daten auf der Festplatte verfügt MySQL über eigene Tabellentypen. Eigene Tabellentypen werden aufgrund der Notwendigkeit eines effektiven gleichzeitigen Zugriffs auf die Informationen in der Datenbank benötigt. Die Tabellentypen organisieren die Art und Weise, wie die Informationen physikalisch gespeichert werden, und haben aufgrund ihrer Entstehungsgeschichte und ihres Entwicklungsziels verschiedene Eigenschaften hinsichtlich der Unterstützung von Datentypen, der Option von Suchmöglichkeiten innerhalb der Datei, der Behandlung von Zugriffsrechten und der maximalen Dateigröße. Relativ verbreitet sind die Typen

- MEMORY/HEAP
- HASH
- InnoDB
- ISAM
- BTREE
- MERGE
- MyISAM

Für Sie könnte sich die Frage stellen, warum Sie sich überhaupt mit dem Thema Tabellentypen auseinandersetzen sollten. In der Regel können Sie den voreingestellten Tabellentyp `MyISAM` verwenden. Falls Sie allerdings Transaktionen verwenden wollen, müssen Sie hierfür einen transaktionsfähigen Tabellentyp für MySQL benutzen. Auch die Verwendung von Fremdschlüsseln (`FOREIGN KEY`) ist nur bei bestimmten Tabellentypen wie `InnoDB` möglich. Weiterhin interessant sein kann die Wahl des Tabellentyps bei Optimierungsfragen. So werden beim Tabellentyp `MEMORY` (früher `HEAP`) die Daten im Speicher abgelegt. Dieser Tabellentyp ist deshalb sehr schnell, birgt jedoch das Risiko, bei einem Absturz des Systems die kompletten Daten zu verlieren.

### Transaktionsfähige und nicht transaktionsfähige Tabellentypen

Grundsätzlich verfügt MySQL über transaktionsfähige und nicht transaktionsfähige Tabellentypen. Nicht transaktionsfähig sind die Tabellentypen

- `MEMORY/HEAP`
- `ISAM`
- `MyISAM`
- `MERGE`

Transaktionsfähig sind:

- `Berkeley DB`
- `InnoDB`

Die transaktionsfähigen Tabellentypen stehen nur zur Verfügung, wenn MySQL mit den entsprechenden Optionen kompiliert oder MySQL-Max installiert wurde. Die transaktionsfähigen Tabellentypen `InnoDB` und `Berkeley DB` werden momentan noch recht selten eingesetzt.

Insgesamt kann das Thema Tabellentypen bei MySQL, insbesondere für diejenigen, die neu mit MySQL arbeiten, etwas undurchsichtig sein. Der Grund hierfür liegt in Herkunft und späterer Historie der Tabellentypen. Die transaktionsfähigen Tabellentypen `InnoDB` und `Berkeley DB` sind erst im Laufe der Entwicklung von MySQL hinzugekommen und stammen von Drittfirmen. Das ist wichtig für die Integration ihrer Eigenschaften in MySQL. Dadurch verfügen die Tabellentypen von MySQL teilweise über erhebliche Unterschiede in der Unterstützung von MySQL-Funktionen. So kann eine `InnoDB`-Tabelle maximal 1.000 Spalten enthalten. Ein `SELECT COUNT(*)` bei `Berkeley-DB`-Tabellen ist langsamer als bei `MyISAM`-Tabellen.

Die Verwendung verschiedener Tabellentypen bietet eine Reihe von Optionen, den Leistungsumfang und die Leistungsfähigkeit von MySQL zu erweitern. Erkauft wird dies aber auf jeden Fall mit der Notwendigkeit, den Leistungsumfang des jeweiligen Tabellentyps vor der Implementierung einer Anwendung genau zu studieren und zu kennen. Eine Umstellung von Tabellentypen im Betrieb kann technische Schwierigkeiten hervorrufen. Für Anfänger wird es, soweit nicht wichtige Gründe dagegen sprechen, ratsam sein, den Standardtyp `MyISAM` von MySQL für die ersten Gehversuche zu verwenden. Da der Tabellentyp für jede Tabelle bei der Erzeugung über

```
mysql>CREATE TABLE ... TYPE=<Tabellentyp>; oder
mysql>ALTER TABLE <Tabellenname> TYPE=<Tabellentyp>;
```

geändert werden kann, können auch später noch andere Tabellentypen verwendet werden.

Falls Sie überprüfen wollen, ob Ihr MySQL `InnoDB`- oder `Berkeley-DB`-Tabellentypen unterstützt, können Sie die Variablen von MySQL abfragen.

Der Befehl hierfür lautet:

```
mysql>SHOW VARIABLES LIKE "have_%";
+---------------+----------+
| Variable_name | Value    |
+---------------+----------+
| have_bdb      | YES      |
| have_gemini   | NO       |
| have_innodb   | DISABLED |
| have_isam     | YES      |
| have_raid     | NO       |
| have_openssl  | NO       |
+---------------+----------+
```

Seit Version 3.23.6 verfügt MySQL standardmäßig über die Tabellentypen ISAM, HEAP und MyISAM.

Die wichtigsten Eigenschaften der verschiedenen Tabellentypen können Sie der folgenden Darstellung entnehmen.

### Der Tabellentyp ISAM und MyISAM

MyISAM ist der Standardtyp von MySQL und stellt eine Anpassung des ISAM-Typs für MySQL dar. ISAM ist ein Tabellentyp, der den B-Trees-Index zum Speichern von Daten verwendet. Eine wichtige Einschränkung von MyISAM ist die Abhängigkeit vom jeweiligen Betriebssystem, auf dem die Tabelle definiert wurde. Eine Transferierung der Datenbank auf ein anderes Betriebssystem ist deshalb nicht möglich. Einige Nachteile von ISAM sind durch den MyISAM-Tabellentyp beseitigt worden. So sind MyISAM-Tabellentypen betriebssystemunabhängig und können zwischen verschiedenen Betriebssystemen kopiert werden. Allerdings muss auch die MySQL-Version kompatibel sein, d. h., die MySQL-Version muss auf beiden Rechnern den MyISAM-Tabellentyp unterstützen, was erst ab MySQL-Version 3.23 der Fall ist. MyISAM verfügt über einen besseren Schutz vor Datenbankdefekten, da die korrekte Schließung der Dateien mitprotokolliert wird. Wenn MySQL mit der Option -myisam-recover gestartet wird, wird beim Start die korrekte Schließung der Datei geprüft und gegebenenfalls automatisch repariert.

Die Verwendung des ISAM-Tabellentyps ist aufgrund der oben genannten Erweiterungen und Verbesserungen durch MyISAM nicht ratsam.

### Tabellentyp InnoDB

Die Möglichkeiten des InnoDB-Tabellentyps sind durchaus beeindruckend. Zu den Eigenschaften dieses Tabellentyps gehören:

- Unterstützung von Transaktionen

- Unterstützung von Fremdschlüsseln (FOREIGN KEY)

- Automatische Fehlerbeseitigung. InnoDB-Tabellen benötigen keine Reparatur, solange keine Hardwaredefekte vorliegen.

- Row Level Locking, das eine höhere Multiuser-Performance aufweist als MyISAM-Typen mit einem Locking auf Tabellenebene.
- Keine Beschränkung der Tabellengröße, auch auf Betriebssystemen, deren Dateisysteme Dateigrößen von mehr als 2 GB nicht zulassen.
- Consistent Read. Abfragen benötigen keine Sperrung von Datensätzen und haben keine Querwirkungen auf Einfüge- und Update-Vorgänge auf derselben Tabelle.
- Schnellerer Tabellentyp: Nach eigenen Aussagen schneller als der MyISAM-Typ.

Nach erfolgreicher Installation können Sie Tabellen in der Form

```
mysql>CREATE TABLE <Tabellenname> ... TYPE=InnoDB;
```

anlegen. Bis MySQL-Version 3.23.43 mussten Sie bei jedem CREATE den Datentyp angeben. Ab Version 3.23.43 ist es auch möglich, den Tabellentyp über einen Eintrag in der MY.CNF bzw. MY.INI in Sektion *[mysqld]* voreinzustellen.

Für InnoDB ist die folgende Zeile zu ergänzen bzw. zu ändern:

```
default-table-type=innodb
```

Die Daten werden in einem eigenen Datenverzeichnis abgelegt, das über die Variable innodb_data_home_dir beim Start des MySQL-Servers über die Kommandozeile oder die Konfigurationsdateien MY.CNF bzw. MY.INI festgelegt wird.

Bei InnoDB-Tabellen wird ein bestimmter Speicherplatz für die Datenbank reserviert. Bis einschließlich Version 3.23 musste diese Größe über den Parameter innodb_data_file_path in der MY.CNF bzw. MY.INI eingestellt werden, ansonsten schlug der Start der Datenbank fehl.

So würde die Zeile

```
Innodb_data_file_path=ibdata:1024M
```

1 GB an Festplattenplatz für die Datenbank reservieren. Sie können jederzeit den belegten Festplattenplatz über den folgenden Befehl in der Spalte *Comment* abrufen:

```
mysql>SHOW TABLE STATUS FROM <Datenbankname> LIKE '<Tabellenname>';
```

Grundsätzlich müssen Sie bei InnoDB-Tabellen den freien Festplattenplatz für Ihre Tabellen genauer überprüfen. Falls dieser erschöpft sein sollte, wird automatisch ein *Rollback* durchgeführt, also die letzte Aktion rückgängig gemacht. Je nach Aktion kann der Datenbankbetrieb dadurch gestört werden. Wenn Sie eine Tabelle vom Typ InnoDB anlegen, wird im Datenverzeichnis eine *\*.frm*-Datei angelegt. Ansonsten werden die Daten in einer eigenen Datei gespeichert, folgen also nicht wie MyISAM dem Dateischema von MySQL-Typen.

Abschließend ist noch zu erwähnen, dass der InnoDB-Tabellentyp unter die Lizenzbedingungen der GPL fällt.

### *Tabellentyp MERGE*

Der MERGE-Tabellentyp ist seit MySQL-Version 3.23.25 verfügbar.

Eine MERGE-Tabelle ist eine Sammlung vorhandener und identischer MyISAM-Tabellen. Diese werden dann wie eine Tabelle behandelt.

Folgende Vorteile bieten Ihnen MERGE-Tabellen:

- Umgehen der Begrenzung von Dateigrößen, die das Betriebssystem vorgibt.
- Verbesserte Suchabfragen. Wenn Ihnen das Suchergebnis bekannt ist, kann direkt in der jeweiligen Teiltabelle gesucht werden.
- Einfachere Reparatur. Falls einmal eine Tabelle defekt sein sollte, betrifft dies nur eine oder mehrere Teiltabellen und nicht die gesamte MERGE-Tabelle.
- Einfache Verwaltung von gleichartigen Tabellen, beispielsweise Logdateien.
- Verbesserung der Ablaufgeschwindigkeit. Mit MERGE-Tabellen können große Tabellen auf mehrere Einzeltabellen verteilt werden. Da die einzelnen Tabellen eine geringere Größe haben, kann dies als Vorteil in der Ablaufgeschwindigkeit im Betrieb gelten.
- Falls Sie regelmäßig Tabellen zusammenführen müssen, können Sie mit MERGE-Tabellen einfacher ans Ziel kommen. Ein anschauliches Beispiel hierfür wäre die Zusammenführung von Ergebnissen verschiedener Außendienstmitarbeiter, die beispielsweise Kundenbesuche protokollieren. So erhält jeder Außendienstmitarbeiter eine eigene Tabelle, die nicht jeweils in eine Datenbank importiert werden muss, sondern nur virtuell als Tabelle verknüpft werden kann.
- Erzeugung von Synonymen für Tabellen. Wenn Sie ein MERGE über eine Tabelle anlegen, erhalten Sie so ein Synonym (Alias) für diese Tabelle.

### Einschränkungen von MERGE

Allerdings müssen auch die Einschränkungen des Tabellentyps beachtet werden:

- Anwendung nur auf MyISAM-Tabellentypen.
- AUTO_INCREMENT kann nicht benutzt werden.
- Schlüsselfelder werden langsamer gelesen, da MySQL in allen Teiltabellen nach dem Schlüssel suchen muss.

MERGE-Tabellen werden wie folgt erzeugt:

```
mysql>CREATE TABLE <Tabellenname> (<Tabellendefinition> TYPE=MERGE UNION
(<Mergetabelle1>,<Mergetabelle2>,...));
```

Am einfachsten sind MERGE-Tabellen am konkreten Beispiel zu erläutern. Sie benötigen mehrere identische Tabellen:

```
mysql>CREATE TABLE merge1 (
ID int(11) NOT NULL auto_increment,
loginfo char(50) default NULL,
PRIMARY KEY (ID)
) TYPE=MyISAM;
mysql>CREATE TABLE merge2 (
ID int(11) NOT NULL auto_increment,
loginfo char(50) default NULL,
PRIMARY KEY (ID)
) TYPE=MyISAM;
```

Diese Tabellen werden über eine Tabellendefinition virtuell zusammengeführt:

```
mysql>CREATE TABLE mergetotal (
ID int(11) NOT NULL '0',
loginfo char(50) default NULL,
KEY (ID)
) TYPE=MRG_MyISAM INSERT_METHOD=LAST
UNION=(merge1,merge2);
```

Der wichtigste Befehl hierfür ist `UNION=(…, …)`, der für die Verknüpfung sorgt.

Optional kann noch der Befehl `INSERT_METHOD` angegeben werden, der die Reihenfolge der Einzeltabellen beeinflusst.

Falls Sie eine `MERGE`-Tabelle neu aufbauen wollen, können Sie das wie folgt tun:

- Mit `DROP TABLE` die `MERGE`-Tabelle löschen und anschließend neu anlegen. Natürlich müssen Sie beachten, dass Sie nur die `MERGE`-Tabelle und nicht die Ursprungstabellen löschen und neu anlegen.

Dies geschieht wie folgt:

```
mysql>DROP TABLE mergetotal;
mysql>CREATE TABLE mergetotal (
...
... UNION=(merge1,merge2)
);
```

- Über `ALTER TABLE` die Tabellendefinition erzeugen.
- Die Einzeltabellen, die zur `MERGE`-Tabelle gehören, sind in der Datei *<Tabellenname>.MRG* aufgelistet.

Sie können also, wenn wir wieder auf das oben genannte Beispiel zurückkommen, über

```
ls -l MERGE1.MYI MERGE2.MYI > MERGETOTAL.MRG
```

unter Unix oder

```
dir MERGE1.MYI MERGE2.MYI > MERGETOTAL.MRG /B
```

unter DOS die `MERGE`-Definition erzeugen.

Anschließend muss

```
$>mysqladmin flush-tables
```

ausgeführt werden.

## *Tabellentyp MEMORY*

Ein wesentliches Merkmal von `MEMORY`-Tabellen ist das Speichern der Daten im Arbeitsspeicher. Dadurch sind Tabellen dieses Typs sehr schnell, allerdings wird dies mit einem höheren Risiko des Datenverlusts erkauft. Bei einem Absturz des Systems sind hier nämlich sämtliche Informationen verloren. Aus diesem Grund können `MEMORY`-Tabellen eigentlich nur für Temporärtabellen eingesetzt werden. Dann aber bieten sie aufgrund ihres performanten Verhaltens durchaus Vorteile.

> **Hinweis:** MEMORY-Tabellen wurden früher als HEAP-Tabellen bezeichnet. Heute ist MEMORY der bevorzugte Ausdruck, auch wenn HEAP aus Gründen der Abwärtskompatibilität weiter unterstützt wird.

Im Folgenden gibt es noch weitere Punkte und Einschränkungen, die beim Einsatz von MEMORY-Tabellen zu beachten sind:

- Einige Eigenschaften anderer Tabellentypen stehen nicht zur Verfügung. Dies sind die Unterstützung von BLOB/TEXT-Feldern und die AUTO_INCREMENT-Funktionen zur automatischen Erhöhung von Zählern.
- MEMORY-Tabellen unterstützen Indizes nur bei =- und <=>-Operatoren.

Bitte beachten Sie bei der Verwendung von MEMORY-Tabellen den Bedarf an Hauptspeicher, da alle Daten dort gehalten werden. Sie können diesen Bedarf anhand folgender Formel ermitteln:

```
SUMME_ÜBER_ALLE_KEYS(max_länge_des_keys + sizeof(chat*)
 * 2) + ALIGN(länge_der_Reihe+1, sizeof(char*))
```

sizeof (char*) ist 4 bei 32-Bit- und 8 bei 64-Bit-Rechnern.

Falls Sie Speicher von MEMEORY-Tabellen freigeben wollen, stehen hierfür die SQL-Befehle DELETE FROM <MEMORY_Tabelle>, TRUNCATE < MEMORY_Tabelle> oder DROP TABLE < MEMORY_Tabelle> zur Verfügung.

### Tabellentyp Berkeley DB

Berkeley DB oder kurz BDB stammt von der Sleepycat Software Inc. und ist grundsätzlich erst einmal eine *Embedded-Datenbanktechnologie*. Die Berkeley DB ist also eine Speichertechnologie für Daten, die über Softwareschnittstellen in verschiedene Anwendungen integriert werden können. Sleepycat definiert die Berkeley DB als ein Programmierwerkzeug zur Unterstützung von Softwareentwicklern für die Realisierung zuverlässiger, skalierbarer und in unternehmenskritischen Bereichen einsetzbarer Datenbanken.

Dementsprechend findet man die Berkeley DB auch in anderen Projekten wie:

- Cyrus IMAP Server (Mailserver)
- OpenLDAP (LDAP)

Auch für unternehmensinterne Zwecke wird die Berkeley DB eingesetzt. MySQL ist also im Grunde nichts anderes als ein Interface für die Berkeley DB.

Berkeley DB läuft auf solchen Systemen erfolgreich, die gleichzeitig mehrere tausend verschiedene Benutzer bedienen und Datenbankgrößen von 256 Terabyte besitzen.

Schnittstellen zu den wichtigsten Programmiersprachen wie C, C++, Java, Python, Per und Tcl sind vorhanden. Ebenso ist diese Software für nahezu alle Unix-Systeme und Unix-ähnlichen Systeme wie QNX, Embedix, Windows und MacOS X verfügbar.

## Merkmale von BDB-Tabellentypen

Folgende, besondere Merkmale weisen BDB-Tabellen auf:

- Berkeley-DB-Tabellen erfordern, im Gegensatz zu MyISAM-Tabellen, immer einen PRIMARY KEY.
- Berkeley-DB-Tabellen verfügen über ein Page-Level-Locking.
- Unterstützung von Transaktionen ist vorhanden.
- Der PRIMARY KEY ist schneller als andere Schlüsselfelder, weil er mit den Rohdaten gespeichert wird. Aus diesem Grund sollten kurze Schlüsselfelder verwendet werden, um Festplattenplatz zu sparen und die Geschwindigkeit zu verbessern.
- Falls alle Felder, die Sie aus einer Berkeley-DB-Tabelle lesen, zum selben Index oder zum PRIMARY KEY gehören, kann MySQL die Abfrage ausführen, ohne auf die aktuelle Reihe zuzugreifen.
- Abfragen, die Reihen durchzählen, beispielsweise über SELECT COUNT(*) FROM <Tabellenname>, sind langsamer, weil Berkeley-DB-Tabellen keinen Datensatzzähler besitzen.
- Berkeley-DB-Tabellen machen alle Aktionen über *Rollback* rückgängig, wenn der Festplattenplatz erschöpft ist. MyISAM-Tabellen dagegen warten, bis wieder genug Festplattenplatz zur Verfügung steht.

Um die Berkeley DB nutzen zu können, muss die BDB-Unterstützung in MySQL mitkompiliert werden. Sie können über zwei Wege eine MySQL-Version, die die Berkeley DB unterstützt, erhalten: Entweder Sie kompilieren MySQL mit der BDB-Option selbst oder nutzen das MySQL-Max-Paket.

Falls Sie nicht sicher sind, ob und mit welchen Optionen MySQL die Berkeley DB unterstützt, können Sie dies mit folgendem Befehl überprüfen:

```
mysql>SHOW VARIABLES LIKE '%bdb%';
```

Die Variable have_bdb muss auf YES stehen, damit MySQL die BDB-Tabellentypen unterstützt.

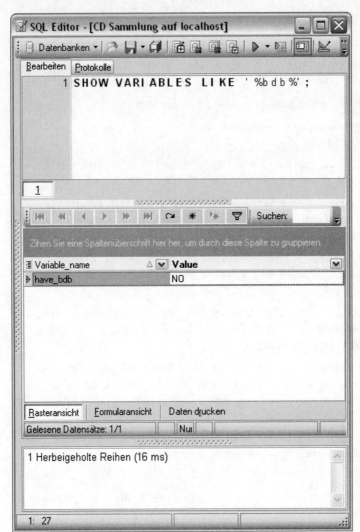

Bild 11.5: MySQL auf BDB-Eigenschaften überprüfen

## Zusammenfassung

Grundsätzlich können Sie für jede Tabelle einen anderen Tabellentyp wählen. Die Definition des Tabellentyps wird über das Schlüsselwort TYPE = gewählt. Die Syntax lautet wie folgt:

TYPE = {BDB | MEMORY | ISAM | InnoDB | MERGE | MYISAM}

MySQL wählt standardgemäß den Typ MyISAM aus. Die Auseinandersetzung mit den Tabellentypen ist ein Thema für den fortgeschrittenen Umgang mit MySQL, weil Sie diese Tabellentypen nur in bestimmten Einsatzgebieten benötigen. Als MySQL-Anfänger sollten Sie erst einmal mit dem von MySQL vorgegebenen Standardtyp arbeiten. Bitte beachten Sie dabei auch, dass nur die Tabellentypen HEAP, ISAM und MyISAM zum Standardumfang von MySQL gehören.

## Vergleich

Zusammenfassend kann zum Thema Tabellentypen gesagt werden, dass MySQL auf den Typ MyISAM konzeptioniert ist. Dieser ist ausgereift und zuverlässig. Ein Einsatz des älteren Tabellenformats ISAM ist grundsätzlich nicht zu empfehlen, da keine Vorteile existieren. HEAP und MERGE sind Tabellentypen, die insbesondere für Spezialbereiche Vorteile bringen, wie beispielsweise für schnelle Temporärtabellen. Für die transaktionsfähigen Tabellentypen BDB und InnoDB gilt insbesondere, dass diese Transaktionen unterstützen. Bei InnoDB kommt noch die Unterstützung von Fremdschlüsseln (FOREIGN KEY) hinzu (!). Wer also Anwendungen entwickeln möchte, die ohne Transaktionen nicht möglich sind, wird auf diese Tabellentypen zurückgreifen müssen. Allerdings ist ihr Einsatz nicht in jeder Beziehung praxiserprobt, sodass eine gewisse Vorsicht beim Betrieb dieser Tabellentypen zu wahren ist. Bezüglich InnoDB und BDB scheint sich InnoDB als die bessere Wahl herauszukristallisieren. Wir dürfen jedoch gespannt sein, was uns die Zukunft bringt.

Da MySQL für die Tabellen einer Datenbank auch verschiedene Tabellentypen zulässt, ist es also auch durchaus möglich, nur die Tabellen, bei denen Transaktionen notwendig sind, als Berkeley DB bzw. InnoDB zu deklarieren, während die restlichen noch als MyISAM definiert sind.

## Gemini

Der eine oder andere von Ihnen hat sicher an dieser Stelle den Tabellentyp Gemini vermisst. Der Gemini-Datentyp stammt von NuSphere und gehört ebenfalls zu den transaktionsfähigen Tabellentypen. Zwischen NuSphere und MySQL AB herrscht jedoch immer noch Eiszeit, da NuSphere eindeutige Versuche unternimmt, die MySQL AB-Gruppe zu verdrängen. Im vorliegenden Buch findet daher auch keine Beschreibung dieses Tabellentyps statt.

### 11.3.5 Autowert definieren, Tabellen kopieren

Es lohnt sich, noch einen Blick auf die weiteren Optionen zu werfen, die Sie bei der Anlage einer Tabelle wählen können.

#### AUTO_INCREMENT

MySQL besitzt mit AUTO_INCREMENT = # ein einfaches Verfahren, um Zahlenwerte, wie beispielsweise eine Datensatznummer, automatisch bei der Anlage eines neuen Datensatzes hochzuzählen. AUTO_INCREMENT wird häufig für Primärschlüssel verwendet, um eindeutige Werte automatisch zu erzeugen. Dabei sind jedoch folgende Punkte zu berücksichtigen:

- AUTO_INCREMENT kann nur bei INTEGER-Werten verwendet werden.
- AUTO_INCREMENT-Felder müssen indiziert werden und können nicht mehrfach pro Tabelle definiert werden.

Um das Eingangsbeispiel noch einmal zu verwenden, kann hier sinnvollerweise der Primärschlüssel (ID) als AUTO_INCREMENT-Feld definiert werden.

Die Definition sieht dann wie folgt aus:

```
mysql> CREATE TABLE kunden(
id INT NOT NULL AUTO_INCREMENT,
name VARCHAR(60),
ort VARCHAR(40),
plz CHAR(5),
PRIMARY KEY (ID)
);
```

Mit der `CHECKSUM = 1`-Option können Sie für jede Tabelle laufend eine Checksumme mitprotokollieren lassen, die Ihnen das Auffinden defekter Tabellen für den `MyISAM`-Tabellentyp erleichtert.

Ebenso können Sie, für jede Tabelle einzeln gesehen, den Speicherort der Dateien festlegen bzw. mit `DATA DIRECTORY=<Directory>` das Datenverzeichnis festlegen. Eine Veränderung des Speicherortes der Indexdateien erreichen Sie mit

```
INDEX DIRECTORY=<Directory>
```

Sie können mit `CREATE TABLE` auch sehr elegant vorhandene Tabellen oder Teile einer vorhandenen Tabelle in neue Tabellen kopieren. Das Prinzip dabei ist, über einen `SELECT`-Befehl die alte Tabelle mit ihrem Inhalt zu übertragen. Die Befehlssyntax lautet:

```
mysql>CREATE TABLE <Neue_Tabelle> SELECT * FROM <Alte_Tabelle>;
```

Wenn Sie beispielsweise aus der oben gezeigten Kundentabelle eine Tabelle erzeugen wollen, die alle PLZ und Orte enthält, lautet der Befehl:

```
mysql>CREATE TABLE plztabelle SELECT DISTINCT plz,ort FROM kunden;
```

> **Hinweis:** Nähere Information zur Handhabung des `SELECT`-Befehls erhalten Sie im Kapitel 12. Die vollständige Syntax des `CREATE`-Befehls finden Sie in Kapitel 16.

### 11.3.6 Fremdschlüssel (FOREIGN KEY)

Beim Fremdschlüssel (`FOREIGN KEY`) handelt es sich um einen Verweis einer Tabelle auf ein Feld einer anderen Tabelle. Wie bereits in der Einleitung erwähnt, verfügt MySQL standardgemäß über keine Unterstützung von `FOREIGN KEY`. Lediglich die Verwendung von `InnoDB`-Tabellentypen ermöglicht die Verwendung von `FOREIGN KEY`. Mit `FOREIGN KEY` wird die referenzielle Integrität von Datenbanken erzwungen. Das Prinzip dabei ist, ein Feld oder einen Satz von Feldern per Definition an einen Schlüssel einer anderen Tabelle zu binden. So kann erreicht werden, dass beim Löschen von Datensätzen automatisch auch alle verbundenen Datensätze gelöscht werden. Dies wäre im Fall der Beziehung zwischen Kunde und seiner Bestellung äußerst praktisch.

#### *Syntax für FOREIGN KEY*

Die Syntax für `FOREIGN KEY` lautet

```
FOREIGN KEY (<Indexspaltenname>, ...) REFERENCES <Tabellenname>
(<Indexspaltenname>, …)
```

*Beispiel*

Die Verwendung von Fremdschlüsseln wird im Folgenden an einem Beispiel gezeigt.

Angenommen, Sie wollen zusätzlich zu einer Kundentabelle die jeweiligen Bestellungen speichern. Sie benötigen dann zwei Tabellen, davon eine Kundentabelle:

```
mysql> CREATE TABLE kunden(
id INT NOT NULL,
name VARCHAR(60),
ort VARCHAR(40),
plz CHAR(5),
PRIMARY KEY (ID)
) TYPE=INNODB;
```

und eine Tochtertabelle, die die Bestellungen enthält:

```
mysql> CREATE TABLE bestellungen(
id INT NOT NULL,
kunden_id INT,
bezeichnung VARCHAR(40),
anzahl INT,
INDEX kun_id (kunden_id),
FOREIGN KEY (kunden_id) REFERENCES kunden (id)
) TYPE=INNODB;
```

*Auswirkung*

Über die Felder `kunden_id` der Tochtertabelle ist jetzt referenziell die ID der Kundentabelle verknüpft. Für den praktischen Betrieb hat das dann folgende Auswirkungen:

- In der Tochtertabelle können nur Kunden-IDs verwendet werden, die wirklich vorhanden sind.
- Sie können keinen Kunden löschen, für den noch Datensätze in der Tochtertabelle vorliegen.

Natürlich ist somit die referenzielle Integrität der Datenbank viel besser geschützt. Für den MySQL-Entwickler, der nicht mit `InnoDB`-Tabellen arbeitet, heißt das aber auch, dass die referenzielle Integrität immer manuell mitgeführt werden muss. Für die Kompatibilität der SQL-Syntax kann hier `FOREIGN KEY` definiert werden, dies hat aber keinen weiteren Effekt auf den Vorgang.

## 11.3.7 Ändern des Tabellenlayouts (ALTER TABLE)

Gerade während der Definitions- und Entwurfsphase eines Projekts werden häufig Änderungen im Datenbank- und Tabellenlayout vorgenommen. Sie können natürlich auch nachträglich das Tabellenlayout ändern. Hierzu steht der Befehl `ALTER TABLE` zur Verfügung, mit dem Sie

- Tabellen umbennen können,
- Felder, Indizes oder Schlüssel hinzufügen können,

- Felder, Indizes oder Schlüssel löschen können,
- die Definition eines Feldes, beispielsweise den Datentyp, ändern können.

Die allgemeine Syntax lautet:

```
mysql>ALTER TABLE <Tabellenname> <Änderungsbedingung>,
<Änderungsbedingung>;
```

Sie können also mehrere Änderungen an einer Tabelle gleichzeitig durchführen, indem Sie die gewünschten Änderungen, jeweils durch ein Komma getrennt, hintereinander aufschreiben.

### Tabellen umbenennen

Um eine *Tabelle* umzubenennen, geben Sie folgenden Befehl ein:

```
mysql>ALTER TABLE <Tabellenname> RENAME <Neuer_Tabellenname>;
```

*Beispiel*

```
mysql>ALTER TABLE kunden RENAME kundentabelle;
```

### Felder anzeigen

Bevor Sie sich mit der Bearbeitung von Feldern einer Tabelle befassen, sollten Sie noch überlegen, wie Sie ohne Weiteres sämtliche Felder anzeigen können. Hierzu ist die folgende Syntax notwendig:

```
mysql>SHOW COLUMNS FROM <Tabellenname> FROM <Datenbankname>;
```

*Beispiel*

```
show columns from kunden from mysqlpraxis;
+-------+-------------+------+-----+---------+
| Field | Type        | Null | Key | Default |
+-------+-------------+------+-----+---------+
| id    | int(11)     |      | PRI | 0       |
| name  | varchar(60) | YES  |     | NULL    |
| ort   | varchar(40) | YES  |     | NULL    |
| plz   | varchar(5)  | YES  |     | NULL    |
+-------+-------------+------+-----+---------+
```

### Felder hinzufügen

Neue Felder werden mit folgendem Befehl zu einer bestehenden Tabelle hinzugefügt:

```
mysql>ALTER TABLE <Tabellenname> ADD <Erstellungsanweisung>;
```

Die Syntax der <Erstellungsanweisung> ist dabei analog der des CREATE Befehls und dort beschrieben. Über <Erstellungsanweisung> werden die Felder mit ihrem Datentypen und gegebenenfalls dem Feldverhalten definiert. Um beispielsweise das Feld email einer bestehenden Adresstabelle hinzuzufügen, gilt folgender Befehl:

```
mysql>ALTER TABLE adressen ADD email VARCHAR(50);
```

Sie können beim Hinzufügen des neuen Feldes optional dessen Position in der Reihenfolge der bestehenden Felder definieren. Hierfür ergänzen Sie den oben genannten

Befehl mit AFTER <Spaltenname>, um das Feld hinter eine benannte Spalte zu setzen, oder aber FIRST, um die Spalte am Anfang zu platzieren.

*Beispiel*
```
mysql>ALTER TABLE adressen ADD email VARCHAR(50) AFTER name;
```

Mehrere Spalten können innerhalb einer Befehlszeile durch ein Komma getrennt hinzugefügt werden:

```
mysql>ALTER TABLE <Tabellenname> ADD <Erstellungsanweisung>, <Erstellungs-
anweisung>, ...;
```

*Beispiel*
```
mysql>ALTER TABLE adressen ADD email VARCHAR(50) AFTER name, homepage
VARCHAR(50) AFTER email;
```

Analog erfolgt die Ergänzung einer Tabelle um Index-, Primär- und Unique-Felder.

### Index hinzufügen

Neue Indexfelder werden folgendermaßen hinzugefügt:

```
mysql>ALTER TABLE <Tabellenname> ADD INDEX [Indexname] <Spaltenname>;
```

### Primärschlüssel hinzufügen

Ein Primärschlüssel wird mit folgender Syntax hinzugefügt:

```
mysql>ALTER TABLE <Tabellenname> ADD PRIMARY KEY <Spaltenname>;
```

### UNIQUE-Feld hinzufügen

Für Unique-Felder wird folgender Befehl verwendet:

```
mysql>ALTER TABLE <Tabellenname> ADD UNIQUE [Indexname] <Spaltenname>;
```

### Bestehende Felder einer Tabelle ändern (CHANGE)

Bestehende Felder einer Tabelle können über CHANGE geändert werden. Die Syntax hierfür lautet:

```
mysql>ALTER TABLE <Tabellenname> CHANGE <Spaltenname>
<Erstellungsanweisung>;
```

Wenn Sie beispielsweise das bestehende Feld email in der Länge und Namensgebung verändern wollen, kann dies so erfolgen:

```
mysql>ALTER TABLE adressen CHANGE email emails VARCHAR(100);
```

### MODIFY

Ebenfalls zum Ändern von Feldern kann MODIFY verwendet werden, das aufgrund der Oracle-Kompatibilität als Option besteht. Im Gegensatz zu CHANGE kann hier aber nicht der Name eines Feldes geändert werden.

```
mysql>ALTER TABLE adressen MODIFY email VARCHAR(100);
```

### Felder, Index oder Primary Key löschen (DROP)

Zum Löschen wird DROP verwendet. Die Syntax, um einzelne Spalten zu löschen, lautet:

```
mysql>ALTER TABLE <Tabellenname> DROP <Spaltenname>;
```

*Beispiel*
```
mysql>ALTER TABLE adressen DROP name;
```

Die Syntax, um einzelne Indizes zu löschen, lautet:

```
mysql>ALTER TABLE <Tabellenname> DROP <Indexname>;
```

Die Syntax, um einzelne Primärschlüssel zu löschen, lautet:

```
mysql>ALTER TABLE <Tabellenname> DROP <Primärschlüssel>;
```

### Interne Optimierung von Tabellen

Im Zusammenhang der Bearbeitung und Behandlung von Tabellen ist noch der interne Optimierer von MySQL zu erwähnen. MySQL überprüft bei der Anlage oder Änderung einer Tabelle die interne Struktur und führt gegebenenfalls, auch ohne Ausgabe einer Meldung, selbstständig Änderungen durch. Dies geschieht dann, wenn die Tabelle damit hinsichtlich eines geringeren Speicherverbrauchs optimiert wird:

- VARCHAR mit einer Länge von weniger als 4 Zeichen werden in CHAR geändert.
- Alle CHAR, die 4 Zeichen und mehr besitzen, werden in VARCHAR geändert, wenn bereits eine andere Spalte eine variable Länge (VARCHAR, TEXT oder BLOB) besitzt.
- TIMESTAMP-Felder bei der Definition von Längen, die nicht zwischen 2 und 14 liegen, automatisch verlängert bzw. verkürzt.

Wer ausprobieren möchte, wie der interne Optimierer von MySQL arbeitet, kann folgende Tabelle anlegen und das Ergebnis der internen Optimierung anschließend mit DESCRIBE <Tabellenname> betrachten:

```
mysql>CREATE TABLE optimtest (
id INT DEFAULT '0' NOT NULL auto_increment,
Name char(40) NOT NULL,
beschreibung1 char(45),
zusatz text,
freund1 char(1),
freund2 char(2),
freund3 char(3),
freund4 char(4),
freund5 char(5),
freund6 char(6),
PRIMARY KEY (id)
);
```

```
mysql> DESCRIBE optimtest;
```

| Field | Type | Null | Key | Default |
|---|---|---|---|---|
| id | int(11) |  | PRI | NULL |
| Name | varchar(40) |  |  |  |

```
| beschreibung1   | varchar(45)  | YES  |    | NULL    |
| zusatz          | text         | YES  |    | NULL    |
| freund1         | char(1)      | YES  |    | NULL    |
| freund2         | char(2)      | YES  |    | NULL    |
| freund3         | char(3)      | YES  |    | NULL    |
| freund4         | varchar(4)   | YES  |    | NULL    |
| freund5         | varchar(5)   | YES  |    | NULL    |
| freund6         | varchar(6)   | YES  |    | NULL    |
+-----------------+--------------+------+----+---------+
```

Zu sehen ist die oben beschriebene Änderung von CHAR-Feldern in VARCHAR-Felder.

### Optimierung von Tabellen

Mit OPTIMIZE TABLE <Tabellenname> können Tabellen vom Typ MyISAM und Berkeley DB auch einer manuellen Optimierung unterzogen werden. Dies bietet sich dann an, wenn große Teile einer Tabelle gelöscht oder viele Änderungen in Feldern variabler Länge durchgeführt wurden. Durch OPTIMIZE TABLE wird unbenutzter Speicher freigegeben und die Datenbankdatei defragmentiert.

*Beispiel*
```
mysql>OPTIMIZE TABLE optimtest;
+----------------------+----------+-----------+
| Table                | Op       | Msg_type  |
+----------------------+----------+-----------+
| mysqlpraxis.optimtest| optimize | status    |
+----------------------+----------+-----------+
```

*Zusatz*
```
+-----------------------------+
| Msg_text                    |
+-----------------------------+
| Table is already up to date |
+-----------------------------+
```

Zu erwähnen ist noch, dass Tabellen während der Laufzeit von OPTIMIZE TABLE gesperrt sind. So wird einem möglichen Datenverlust vorgebeugt.

## 11.3.8 Tabellen umbenennen und löschen

Tabellen können gegebenenfalls mit folgendem Befehl umbenannt werden.

```
mysql>RENAME TABLE <Tabellenname> TO <Neuer_Tabellenname> [,
<Tabellenname2> TO <Neuer_Tabellenname2>, ...];
```

Wenn Sie beispielsweise die Tabelle *Anschriften* in *Adressen* umbennen wollen, lautet der Befehl hierfür:

```
mysql>RENAME TABLE Anschriften TO Adressen;
```

Der Befehl RENAME TABLE führt dieselbe Aktion aus wie ALTER TABLE:

```
<Tabellenname> RENAME <Neuer_Tabellenname>.
```

## DROP TABLE

Zum Löschen einer Tabelle steht Ihnen der folgende SQL-Befehl zur Verfügung:

```
mysql>DROP TABLE <Tabellenname>;
```

Zum Löschen einer Tabelle müssen Sie über die entsprechenden Rechte verfügen. Im Gegensatz zu anderen Datenbanken bestehen bei MySQL keine weiteren Abhängigkeiten, wie etwa ein definierter FOREIGN KEY in einer anderen Tabelle, die das Löschen einer Tabelle verhindern könnten – sofern Sie nicht den Tabellentyp InnoDB verwenden. Beim Löschen von Tabellen müssen Sie also selbst auf die referenzielle Integrität Ihrer Daten achten. Löschen Sie Tabellen erst dann, wenn keine Abhängigkeiten zu anderen Tabellen mehr bestehen. Dadurch vermeiden Sie, dass Phantomdatensätze in diesen Tabellen übrig bleiben oder Anwendungen aufgrund nicht intakter Abhängigkeiten funktionsunfähig sind.

## Skriptgesteuerte SQL-Befehle

Hinzuweisen ist an dieser Stelle darauf, dass alle Schritte durch SQL-Kommandos darstellbar sind, somit also auch skriptgesteuert erfolgen können. Das bedeutet, alle Befehle können in eine Skriptdatei eingegeben werden und dann über die Kommandozeile mit der MySQL-Shell (*mysql*) abgearbeitet werden. Dies ist praktisch bei wiederkehrenden Vorgängen, weil Sie den Befehl dann nicht jedes Mal neu eingeben müssen. Dies sei an einem kurzen Beispiel erläutert:

Editieren Sie eine einfache Textdatei, die beispielsweise folgende Einträge zur Definition einer Datenbank, einer Tabelle und der Änderung einer Tabelle enthält:

```
CREATE DATABASE Lagerverwaltung;
USE Lagerverwaltung;
CREATE TABLE produkte (
ID INT,
Bezeichnung VARCHAR(100);
Bestand INT
);
ALTER TABLE produkte ADD wareneingang DATE;
```

Die einzelnen SQL-Befehle werden durch Semikolon getrennt und deshalb von MySQL als eigenständige Befehle erkannt.

Speichern Sie diese Datei unter einem beliebigen Namen, etwa *DB.SQL*.

Anschließend können Sie über die Kommandozeile mit

```
$>mysql -uuser -ppasswort <DB.SQL
```

die Eingaben im Batchmodus ausführen lassen. Auf diese Weise lassen sich sehr gut Aufgaben, die immer wieder vorkommen, automatisieren.

# 12 Arbeiten mit Daten

In diesem Kapitel soll dargestellt werden, wie Sie Daten bearbeiten können und welche Befehle hierfür benötigt werden. Das gesamte Spektrum der Verwaltung von Daten soll dabei erfasst werden.

## 12.1 Benutzerwerkzeuge und -schnittstellen

Wenn die grundsätzliche Datenbank- und Tabellenstruktur aufgebaut ist, können Daten eingegeben, mit denen dann, je nach Zielsetzung, gearbeitet wird. Dabei ist zu unterscheiden, welche Benutzergruppen mit welchem Arbeitsziel in MySQL arbeiten. In der Beschreibung der Installation von MySQL wurden bereits Hilfsprogramme für die Dateneingabe und -ausgabe vorgestellt.

### *Mit Daten in der MySQL-Datenbank arbeiten*

Um mit MySQL arbeiten zu können, haben Sie grundsätzlich folgende Möglichkeiten:

- Sie benutzen die Programme, die von MySQL zur Verfügung gestellt werden. Dies wäre beispielsweise der *mysql-Client*, bei dem auf Kommandozeile gearbeitet wird.
- Sie verwenden Standardprogramme von Drittanbietern. Dies können ein grafischer Client oder Desktopprogramme sein, mit denen der Zugriff auf MySQL möglich ist.
- Sie entwickeln die Benutzerschnittstellen mithilfe der Programmierschnittstellen von MySQL selbst. Dies können sowohl Desktop- als auch Inter-/Intranetapplikationen sein.

### *Datenbankserver*

Wie bereits erwähnt, ist MySQL ein Datenbankserver. Jegliche Programme, mit denen man die in MySQL gespeicherten Daten bearbeiten kann, besitzen ein Grundprinzip als Gemeinsamkeit: Sie alle bieten die Möglichkeit, mit dem MySQL-Datenbankserver Kontakt aufzunehmen und dazu die SQL-Befehlssyntax, die MySQL über Schnittstellen zur Verfügung stellt, zu nutzen.

Welche Programme Sie zur Dateneingabe und -pflege nutzen, hängt von Ihren Anforderungen, Kenntnissen und Vorlieben ab. Je nach Programm fallen eventuell vorab Installationsarbeiten an.

## 12.2 Daten einfügen, ändern und löschen

Eine Datenbank wie MySQL ist für die Datenspeicherung konzipiert. Das Einfügen, Ändern und Löschen von Daten gehört demnach zu den wichtigsten Aufgaben, die mit MySQL im praktischen Betrieb bewerkstelligt werden müssen.

### 12.2.1 Einfügen von Daten in Tabellen

Beim Einfügen von Daten in die Datenbank können grundsätzlich zwei Fälle unterschieden werden, die sich auch zum Teil in der Handhabung unterscheiden. Dies sind:

- Das Einfügen einzelner Datensätze durch einen Datenbankbenutzer. Je nach Realisierung der Eingabe erfolgt dies über einen grafischen oder einen Kommandozeilen-Client.

- Das Einfügen ganzer Datenbestände. Dabei könnte es sich um die Übertragung von Daten aus einer anderen Datenbank handeln oder um den Aufbau von Standardtabellen wie Postleitzahlen- oder Bankleitzahlentabellen. In diesem Fall besteht die Aufgabe darin, eine strukturierte Datei nach MySQL zu importieren. Diese Aufgabe wird im Allgemeinen vom Datenbankadministrator erledigt.

#### *Datensätze einfügen*

Alle Datensätze werden grundsätzlich mit einem INSERT-Befehl in die Datenbank eingefügt. Die grundlegende Syntax für den INSERT-Befehl lautet:

```
mysql>INSERT INTO<Tabellenname>(<Spaltenname>,...) VALUES(<Wert>,...);
```

Anzugeben sind also der Tabellenname, die Tabellenspalten und die Werte, die in den Spalten gespeichert werden sollen. Die jeweiligen Spaltennamen und Werte werden durch Kommas getrennt und der Reihenfolge nach gespeichert. Der erste Wert wird in der ersten Spalte, der zweite in der zweiten Spalte gespeichert. Diese Gliederung wird entsprechend weitergeführt.

Um einen Adressdatensatz zu füllen, könnten Sie beispielsweise folgenden Befehl eingeben:

```
mysql>INSERT INTO anschrift (name,strasse,hausnr,ort,plz,alter) VALUES
('Müller','Kleinweg',17,'Berlin','18772',27);
```

Dabei sind die Daten, mit Ausnahme von numerischen Werten, in Hochkommas zu stellen. Alle Spalten des neu eingefügten Datensatzes, die Sie nicht genannt haben, werden auf ihren DEFAULT-Wert gesetzt. Falls Sie Escape-Zeichen speichern wollen, sind diese mit einem \ zu schützen. Dies geschieht wie folgt:

```
mysql>INSERT INTO anschrift (name,strasse,hausnr,ort,plz,alter) VALUES
('\'Müller\'','Kleinweg',17,'Berlin','18772',27);
```

Die Angabe der Spaltennamen ist optional. Falls keine Spaltennamen angegeben sind, werden die Werte der Reihe nach in den Spalten gespeichert.

Sie können natürlich auch berechnete oder zusammengesetzte Werte mit dem INSERT-Befehl einfügen. Dabei kann auch auf Werte zurückgegriffen werden, die in Bezug auf den INSERT-Befehl bereits verwendet wurden. Wenn Sie beispielsweise die Summe zweier Einträge in ein weiteres Feld schreiben wollen, können Sie dies wie folgt durchführen:

```
mysql>INSERT INTO produkte (produkt_1, produkt_2, summe) VALUES
(100,95,produkt_1+produkt_2);
```

### Gleichzeitiges Speichern mehrerer Datensätze

MySQL unterstützt auch, abweichend vom SQL-Standard, das gleichzeitige Speichern mehrerer Datensätze in einer Zelle. Die Syntax lautet dann wie folgt:

```
mysql>INSERT INTO anschrift (name,strasse,hausnr,ort,plz,alter) VALUES
('Müller','Kleinweg',17,'Berlin','18772',27),
('Schmidt','Grossweg',3,'Köln','70272',21),
('Lindemann','Groibenweg',18,'Hamburg','20878',34);
```

Für den INSERT-Befehl bietet MySQL noch eine andere Syntax in folgender Form:

```
mysql>INSERT INTO <Tabellenname> SET <Spaltenname>=<Wert>,
<Spaltennanme>=<Wert>, ...;
```

Die Syntax für einen Datensatz lautet dann wie folgt:

```
mysql>INSERT INTO anschrift SET name='Müller', strasse='Kleinweg',
hausnr=17, ort='Berlin', plz='18772', alter=27;
```

Im Gegensatz zur oben genannten Syntax erfolgt die Zuweisung des Werts entsprechend der gewünschten Spalte in direktem Zusammenhang. Sie wird nicht durch die Reihenfolge der Auflistung bestimmt. Diese Syntax ist also etwas leichter zu bearbeiten, da die Zuweisung transparenter ist. Oft verzählt man sich bei der Aufzählungssyntax bei der Anzahl der Spalten und Werte, sodass der INSERT-Befehl aufgrund der nicht gleichen Anzahl an Feldern und Werten abgelehnt wird.

### Daten aus einer anderen Tabellen übernehmen

Sehr elegant können Datensatzfelder auch über einen SELECT-Befehl gefüllt werden. Im praktischen Betrieb könnte dies beispielsweise dann interessant sein, wenn Auswertungen aus einer Tabelle in einer anderen Tabelle gespeichert werden sollen. Die grundsätzliche Syntax lautet:

```
mysql>INSERT INTO <Tabellenname> (<Spaltenname>,...) SELECT <Auswahlbedingung>;
```

*Beispiel*

```
mysql>INSERT INTO premium_kunden (name, umsatze) SELECT name, sum(umsatz)
FROM anschrift GROUP BY kunden_id HAVING sum(umsatz) > 10000;
```

Dabei werden aus einer Kundentabelle all die Kunden in die Tabelle *premium_kunden* geschrieben, die eine Umsatzsumme von mehr als 10000 aufweisen. Die Tabelle *premium_kunden* muss hierfür bereits vorhanden sein.

### INSERT DELAYED

Für den INSERT-Befehl hält MySQL noch einige Optionen bereit. Die wichtigste ist die MySQL-eigene INSERT DELAYED-Option, die allerdings nur den ISAM- und MyISAM-Tabellentypen zur Verfügung steht. INSERT DELAYED verändert das Verhalten von MySQL beim Ausführen des INSERT-Befehls. Dieser Befehl ist erforderlich, da das Einfügen eines Datensatzes relativ viel Rechenzeit benötigt, etwa um vorhandene Indizes zu aktualisieren. Bei INSERT DELAYED fügt MySQL die Datensätze schonender für weitere Prozesse in die Zieltabellen ein. Zum einen, weil der INSERT-Befehl erst dann ausgeführt wird, wenn kein anderer Prozess mehr auf der Datenbank aktiv ist. Zum anderen, weil MySQL die INSERT-Anfragen von verschiedenen Clients zu einem bestimmten Zeitpunkt gesammelt in die Datenbank schreibt. Durch dieses Verhalten ist INSERT DELAYED grundsätzlich langsamer in seiner Ausführung als ein einfaches INSERT. Da die INSERT DELAYED-Befehle auch nicht immer sofort ausgeführt werden, ist bei einem Absturz des MySQL-Datenbankservers auch nicht ausgeschlossen, dass INSERT-Befehle verloren gegangen sind. Aus diesem Grund sollte INSERT DELAYED auch nur in begründeten Fällen verwendet werden. Dies kann dann der Fall sein, wenn die INSERT-Vorgänge die Performance von Abfragen negativ beeinflussen.

### Doppelte Einträge ignorieren

Eine andere Option, die für den INSERT-Befehl zur Verfügung steht, ist INSERT IGNORE. Falls beim Einfügen doppelte Einträge für einen PRIMARY KEY- oder UNIQUE-Schlüssel auftreten, werden diese ignoriert, andernfalls würde der INSERT-Befehl mit einer Fehlermeldung abbrechen.

Sie benötigen die INSERT-Befehle, wenn Sie mit einem Kommandozeilenwerkzeug wie *mysql* arbeiten oder eine MySQL-Anwendung programmieren. Wenn Sie einen grafischen Client verwenden, müssen Sie sich unter Umständen weniger um die Syntax sorgen, da Sie die Daten in Felder oder Datengrids eintragen.

Bild 12.1: In grafischen Clients können Dateneingaben auch ohne Kenntnisse der INSERT-Syntax erfolgen.

Die Möglichkeit des Imports von Datensätzen in Form einer strukturierten Datei hängt häufig von der Datenquelle ab und kann daher nicht verallgemeinert werden.

### Datensatz überschreiben

Falls Sie einen INSERT-Befehl ausführen, der zu Konflikten mit einem schon bestehenden Datensatz führt, beispielsweise durch ein Schlüsselfeld, wird das Einfügen des Datensatzes abgelehnt. Falls Sie trotzdem einen solchen Datensatz einfügen wollen, können Sie den folgenden Befehl verwenden:

```
mysql>REPLACE INTO <Tabellenname> (<Spaltenname>,...) VALUES (<Wert>,...);
```

Allerdings wird dadurch der alte Datensatz überschrieben und kann nicht wieder hergestellt werden.

## 12.2.2 Daten aktualisieren

Eine immer wiederkehrende Aufgabe ist natürlich das Ändern und Aktualisieren von bereits gespeicherten Informationen in der Datenbank. In einer Adressdatenbank kann dies beispielsweise dann notwendig sein, wenn sich die Anschrift geändert hat.

Der SQL-Befehl zum Ändern von Datensätzen heißt UPDATE und weist folgende Syntax auf:

```
mysql>UPDATE <Tabellenname> SET <Spaltenname>=<Ausdruck>,
[<Spaltenname>=<Ausdruck>,...] [WHERE <Auswahlbedingung>];
```

Wenn Sie einem Adresssatz beispielsweise eine neue Adresse geben wollen, sieht der dazugehörige Befehl wie folgt aus:

```
mysql>UPDATE anschrift SET plz='70298', ort='Köln', strasse='Johannplatz',
hausnr=23 WHERE name='Müller';
```

Über SET werden somit den gewünschten Spalten neue Werte zugewiesen. Da auch mehrere Felder, durch Kommas getrennt, angegeben werden können, haben Sie die Möglichkeit, alle Spalten eines Datensatzes gleichzeitig mit neuen Werten zu versehen. In diesem Fall wird die komplette Anschrift geändert.

### Auswahlbedingung zur Identifizierung des gewünschten Datensatzes

Anhand dieses Beispiels erkennen Sie aber auch eine grundlegende Schwierigkeit, die Sie beim Ändern eines Datensatzes bewältigen müssen: Sie müssen den entsprechenden Datensatz, der geändert werden soll, über die WHERE-Bedingung bestimmen. Wenn in der Adressdatei der Name »Müller« mehr als einmal vorkommt, werden alle Datensätze mit diesem Namen auf dieselbe Adresse gesetzt.

Die WHERE-Bedingung hat den Rang einer ganz normalen Abfrage. Wenn Sie eine UPDATE-Anweisung formulieren wollen und sich nicht sicher sind, ob die richtigen Datensätze geändert werden, ist es sinnvoll, erst einmal den SELECT-Befehl ohne UPDATE durchzuführen. Wenn das Ausgabe-Ergebnis den Wünschen entspricht, kann die Änderung mit UPDATE durchgeführt werden.

Hier ein Beispiel für diesen Fall:

Sie wollen eine Anschriftentabelle ändern und Ortsbezeichnungen aktualisieren. Dabei soll beispielsweise der Ort Berlin die neue Ortsbezeichnung »München« erhalten:

```
mysql>UPDATE anschrift SET ort='München' WHERE ort='Berlin';
```

Der Befehl würde also die Ortsnamen, die auf Berlin lauten, in München aktualisieren. Soweit so gut. Leider haben Sie über diese Methode nunmehr einen Fehler in die Datenbank gespeichert. Außer Berlin mit den Postleitzahlen 8xxxx existieren in Ihrer Datenbank zusätzlich noch Datensätze, die ein Berlin mit den Postleitzahlen 1xxxx besitzen. Das Problem eines vorschnellen Updates können Sie vermeiden, indem Sie zuerst die WHERE-Bedingung isoliert ausführen. In diesem Fall lautet die Eingabe wie folgt:

```
mysql>SELECT plz, ort FROM anschrift WHERE ort='Berlin';
```

Sie haben in diesem Fall rechzeitig erkannt, dass nicht die richtige Datensatzmenge erfasst wird. Dadurch haben Sie die Möglichkeit, Ihre Auswahl mit folgender Erweiterung zu korrigieren:

```
mysql>SELECT plz, ort FROM anschrift WHERE ort='Berlin' AND plz='12899';
```

Der richtige UPDATE-Befehl lautet dann wie folgt:

```
mysql>UPDATE anschrift SET ort='München' WHERE ort='Berlin' AND plz='12899';
```

Sie sehen also, ein Update von Tabellen, ohne gute Kenntnis der SELECT-Syntax, nutzt Ihnen in der Praxis relativ wenig.

### Alle Datensätze auf einen Wert setzen

Am einfachsten ist der UPDATE-Befehl dann anzuwenden, wenn Sie alle Datensätze auf denselben Wert setzen wollen. Wenn Sie beispielsweise bei allen Datensätzen das Merkmal letzte Überprüfung (last_check) auf das aktuelle Datum setzen wollen, kann dies wie folgt aussehen:

```
mysql>UPDATE anschrift SET last_check= now();
```

Verwenden Sie einen UPDATE-Befehl ohne die WHERE-Bedingung nur dann, wenn Sie sich Ihrer Sache wirklich sicher sind. Falls Sie den Wert einer Spalte versehentlich mit UPDATE, also ohne WHERE, auf denselben Wert gesetzt haben, rettet Sie nur noch die Datensicherung.

### Anzahl der Datensätze begrenzen

Der UPDATE-Befehl kennt zusätzlich noch die Option LIMIT <Anzahldatensätze>. Mit dieser Option kann die Anzahl der zu ändernden Datensätze auf eine feste Zahl eingeschränkt werden. Diese Option kann sinnvoll sein, um Fehleingaben abzufangen.

```
mysql>UPDATE anschrift SET ort='München', plz='80267',
strasse='Leopoldplatz', hausnr=13 WHERE name='Müller' LIMIT 1;
```

Diese MySQL-Anweisung würde also maximal einen Datensatz ändern.

Da MySQL die Anzahl der geänderten Datensätze ausgibt, kann dies als Hilfsmittel genutzt werden, um die Richtigkeit des UPDATE-Befehls zumindest im Groben zu kontrollieren.

```
mysql>UPDATE anschrift SET ort='München', plz='80267',
strasse='Leopoldplatz', hausnr=13 WHERE name='Müller' LIMIT 1;

Query OK, 5 rows affected (0.00 sec)
Rows matched: 5          Changed: 5              Warnings: 0
```

### 12.2.3 Daten löschen

Zum Löschen von Datenreihen aus einer Tabelle wird der SQL-Befehl DELETE verwendet. Um Daten löschen zu können, müssen Sie die entsprechenden Rechte zum Löschen auf der Zieltabelle besitzen.

Die Syntax von DELETE lautet wie folgt:

```
mysql>DELETE FROM <Tabellenname> WHERE <Auswahlbedingung>;
```

Die betroffenen Reihen ergeben sich also aus der WHERE-Bedingung. Falls keine WHERE-Bedingung angegeben ist, werden alle Datensätze der entsprechenden Tabelle gelöscht.

Wenn Sie beispielsweise aus einer Anschriftentabelle alle Namen löschen wollen, die »Müller« lauten, wird der SQL-Befehl wie folgt formuliert:

```
mysql>DELETE FROM anschrift WHERE name='Müller';
```

#### *TRUNCATE*

Um den gesamten Inhalt einer Tabelle zu löschen, kann ab Version 3.23.28 auch der Befehl TRUNCATE TABLE <Tabellenname> verwendet werden. Dieser Befehl bewirkt analog zu DELETE FROM <Tabellenname> das Löschen einer gesamten Tabelle. Allerdings wird bei TRUNCATE die Tabelle gelöscht und zusätzlich neu angelegt. Vorteil dieser Methode ist, dass sie in der Regel schneller ist, als alle Zeilen einer Tabelle einzeln zu löschen. Als Nachteil ist festzuhalten, dass dieser Befehl nicht ausgeführt werden kann, wenn eine aktive Transaktion besteht.

Zu beachten ist auch die je nach MySQL-Version unterschiedliche Syntax für TRUNCATE:

Ab Version 3.23.28-3.23.32:

```
mysql>TRUNCATE <Tabellenname>;
```

Ab Version 3.23.33:

```
mysql>TRUNCATE TABLE <Tabellenname>;
```

#### *Daten aus mehreren Tabellen gleichzeitig löschen*

Ab Version 4 von MySQL wurde der DELETE-Befehl um die Option, Daten aus mehreren Tabellen gleichzeitig löschen zu können, erweitert.

```
mysql>DELETE FROM <Tabellenname>, <Tabellenname>;
```

Auch in diesem Fall kann natürlich eine Einschränkung über die WHERE-Bedingung erfolgen. Dies kann dann von Vorteil sein, wenn die Option genutzt werden soll, um Datensätze einschließlich ihrer Tochterdatensätze in einem Arbeitsgang zu löschen. Hierzu ein kleines Beispiel:

Gegeben sei ein Auskunftssystem für Telefontarife. Ein Anbieter ist nicht weiter am Markt aktiv, daher soll dieser Anbieter, einschließlich aller Produkte, aus der Datenbank gelöscht werden.

Die Tabellen können dann wie folgt aussehen (in einer Anbietertabelle sind alle Anbieter aufgelistet).

| ID | Name | ... |
|---|---|---|
| 1 | Deutsche Telekom | ... |
| 2 | Mobilcom | ... |
| 3 | E-Plus | ... |
| 4 | VIAG Interkom | ... |

**Einfache Tarifauskunft**

In einer Tochtertabelle befinden sich die jeweiligen Produkte. Die Tabellen sind über die Anbieter-ID (ID bzw. IDA) referenziell miteinander verknüpft.

| ID | IDA | Produkt | ... |
|---|---|---|---|
| 1 | 1 | T-ISDN | ... |
| 2 | 1 | T-NET | ... |
| 3 | 3 | PREMIUM | ... |
| 4 | 4 | VIAG-Select | ... |
| 5 | ... | ... | |

**Verbesserte Tarifauskunft**

Um das Beispiel nachvollziehen zu können, hier die Tabellendefinitionen:

```
mysql>CREATE TABLE anbieter (id init(11) NOT NULL auto_increment, name varchar(50) default NULL, PRIMARY KEY (id));

mysql>INSERT INTO anbieter VALUES (1, 'Deutsche Telekom');
mysql>INSERT INTO anbieter VALUES (2, 'Mobilcom');
mysql>INSERT INTO anbieter VALUES (3, 'E-Plus');
mysql>INSERT INTO anbieter VALUES (4, 'VIAG Interkom');
```

und

```
mysql>CREATE TABLE produkte (id init(11) NOT NULL auto_increment, ida init(11) NOT NULL default '0', produkt varchar(50) default NULL, PRIMARY KEY (id));

mysql>INSERT INTO produkte VALUES (1,1,'T-ISDN');
mysql>INSERT INTO produkte VALUES (2,1,'T-ISDN');
mysql>INSERT INTO produkte VALUES (3,3,'PREMIUM');
mysql>INSERT INTO produkte VALUES (4,4,'VIAG-Select');
```

Nun soll der insolvente und damit nicht mehr aktive Anbieter VIAG Interkom, einschließlich all seiner Produkte, aus den Tabellen gelöscht werden.

Der Befehl hierfür lautet:

```
mysql>DELETE anbieter, produkte FROM anbieter,produkte WHERE
anbieter.id=produkte.ida AND anbieter.id=4;
```

Nach diesem Befehl sind alle Produktdatensätze, die zu VIAG Interkom gehören, sowie der Anbieter VIAG Interkom (id = 4) selbst aus der Anbietertabelle gelöscht.

> **Achtung:** Durch das Löschen von Datensätzen aus Tabellen wird die Datenbank bei MyISAM-Tabellen nicht automatisch kleiner, da die Reihen nur als unbenutzt markiert werden und bei späteren Einfügevorgängen wieder gefüllt werden. Falls Sie als unbenutzt markierte Reihen löschen wollen, können Sie dies über OPTIMIZE TABLE oder das Kommandozeilenwerkzeug *myisamchk* bewerkstelligen.

### Anzahl der Datensätze begrenzen

Die Anzahl der zu löschenden Reihen kann über LIMIT mit einer absoluten Zahl festgelegt werden.

```
mysql>DELETE FROM <Tabellenname> WHERE <Auswahlbedingung> LIMIT 10;
```

Diese MySQL-Anweisung löscht die ersten zehn betroffenen Datensätze. Die Begrenzung kann dann sinnvoll sein, wenn die Datenbank beispielsweise durch umfangreiches Löschen von Datensätzen nicht zu hoch belastet werden soll.

Als weitere Option zum Löschen von Datensätzen kann seit Version 4 von MySQL der Befehl ORDER BY verwendet werden. Ein Beispiel für die selektive Verwendung von ORDER BY ist die Verwaltung von Listen, bei denen nur aktuelle Datensätze benötigt werden, etwa bei einem Nachrichtensystem. Ältere Datensätze könnten dann mit folgendem Befehl gelöscht werden:

```
mysql>DELETE FROM news ORDER BY news_datum LIMIT 10;
```

In diesem Fall werden jeweils die 10 Datensätze mit den ältesten Datumseinträgen gelöscht.

Bei der Arbeit mit DELETE sollte Ihnen bewusst sein, dass DELETE die Daten unwiderruflich aus der Tabelle löscht.

## 12.2.4 Daten aus anderen Datenbanken bzw. Programmen übernehmen

Im praktischen Betrieb stellt sich häufig die Aufgabe, Daten aus anderen Programmen in MySQL zu übernehmen. Dies kann dann der Fall sein, wenn beispielsweise das komplette Datenbanksystem umgestellt werden soll oder man Daten aus einem anderen System erhält und in die eigene Datenbank integrieren möchte.

### Möglichkeiten des Datenimports

Der Datenimport ist in der Regel eine Angelegenheit voller Fallen, da eine korrekte Feldzuordnung definiert werden muss. Grundsätzlich existieren folgende Möglichkeiten, einen Datenimport nach MySQL durchzuführen:

- Import über `SQL-INSERT`-Befehle. In diesem Fall muss eine Datei vorliegen, in der alle zu importierenden Daten als SQL-String vorliegen.
- Import von Delimited-ASCII-Dateien mit `LOAD DATA INFILE` oder *mysqlimport*
- Hilfsprogramme zum Datenimport
- Zuhilfenahme der ODBC-Schnittstelle

Beim Import von Daten nach MySQL müssen Sie das zugrunde liegende Datenmodell und die damit verbundene Datenintegrität berücksichtigen. Wie bereits erwähnt, unterstützt MySQL die Standardtabellentypen nicht in Bezug auf die jeweiligen Fremdschlüssel (`FOREIGN KEY`), die die referenzielle Integrität der Daten unterstützen. Diese Tatsache hat für einen geplanten Datenimport Vor- und Nachteile. Ein Vorteil ist, dass Sie Tabellen, die aus externen Quellen stammen, auch völlig unabhängig voneinander in MySQL importieren können, sodass keine fehlenden Einträge in verknüpften Tabellen den Import behindern könnten. Ein Nachteil ist, dass Sie dadurch sehr leicht Phantomdatensätze produzieren können, die keine eindeutige Zuordnung besitzen. Denken Sie beispielsweise an einen Fall, in dem Sie einer Adressdatei eine Vorgangsdatei Kontaktinformationen oder Bestellungen zugeordnet haben. Da dies eine typische 1:n-Beziehung ist, in der eine Tochtertabelle mit integriert werden soll, würden, bei einem fehlenden Bezug zur Mastertabelle, wertlose Datensätze entstehen.

### Datenimport über SQL-INSERT

Für den Import von Daten über SQL-Befehle benötigen Sie alle Informationen, die Sie importieren wollen, in Form eines gültigen SQL-Strings. Ein solcher Datensatz würde wie folgt aussehen:

```
mysql>INSERT INTO banken (BLZ, Name) VALUES (10070000, 'Berliner
Volksbank');
```

Sie können einen solchen SQL-String natürlich auch manuell erzeugen, allerdings ist dies nur bei geringen Datenmengen praktikabel. Eine andere Möglichkeit besteht darin, diesen SQL-String unter Zuhilfenahme von Programmierung zu erzeugen, wofür Sie jedoch die entsprechende Programmiererfahrung benötigen. Am einfachsten ist es, wenn das Herkunftssystem bereits einen solchen SQL-String bereitstellt. Wenn Sie zwischen zwei MySQL-Datenbanken Daten austauschen wollen, ist das Kommandozeilenwerkzeug *mysqldump* dafür hervorragend geeignet, da es einen solchen SQL-String bereitstellt.

Über *mysqldump* kann eine solche Datei in MySQL erzeugt werden:

```
$>mysqldump -uuser -ppasswort <Datenbankname> <Tabellenname> <Ausgabedatei>;
```

Auch andere Datenbanksysteme können entsprechende SQL-Strings zur Verfügung stellen. In der folgenden Abbildung sehen Sie einen solchen SQL-String.

## 12.2 Daten einfügen, ändern und löschen

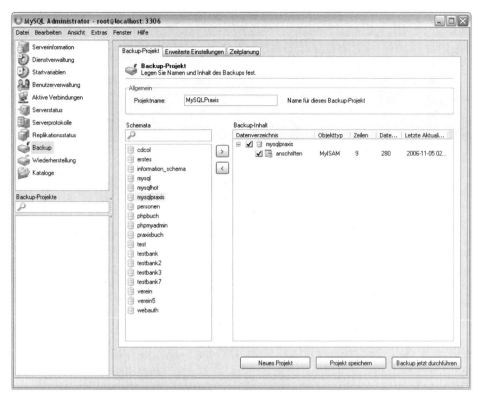

Bild 12.2: SQL-INSERT-String erzeugen

Ein wenig nachträgliche Arbeit kann hier aber noch vonnöten sein. In diesem Beispiel stehen die Feldbezeichnungen und der Tabellenname in Hochkommas, die MySQL in dieser Form nicht akzeptieren würde. Allerdings kann man mit einfachem Suchen und Ersetzen eine solche Datei schnell nachbehandeln.

Wenn Sie über eine solche Datei verfügen, kann der Import so erfolgen:

- Über die Kommandozeile, indem Sie die Importdatei an MySQL übergeben

*Beispiel*

```
$>mysql -uuser -ppasswort Datenbankname < DATEI.SQL;
```

- oder über einen grafischen Client. Dabei kopieren Sie einfach den SQL-String per Copy&Paste in das Eingabefenster und setzen den Befehl ab. Die einzelnen INSERT-Zeilen müssen dabei per Semikolon voneinander getrennt werden, damit sie als nacheinander folgende SQL-Befehle erkannt werden.

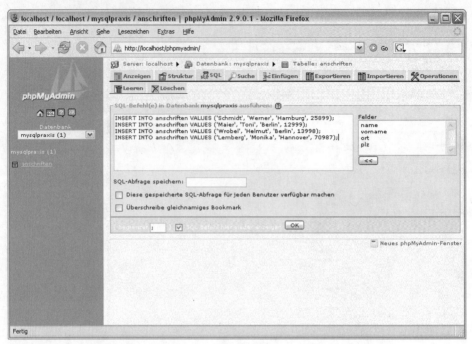

Bild 12.3: Per Copy&Paste über SQL-INSERT-Befehle eingefügte Daten

Die Tabelle muss natürlich bereits vorhanden sein, damit der Import funktioniert.

### Import über Delimited ASCII

Ein Import nach MySQL kann auch über eine Delimited ASCII-Datei erfolgen. Eine solche Datei kann folgenden Inhalt besitzen:

```
"1";"Matthias k";"Berlin";"12777"
"2";"Caroline";"Berlin";"12777"
"3";"Gülten";"Berlin";"12777"
"4";"Bernd";"München";"80889"
```

Die einzelnen Spalten sind durch ein Trennzeichen, in diesem Fall ein Semikolon, und die einzelnen Datensätze in der Regel durch einen Zeilenumbruch voneinander getrennt. Aus diesem Aufbau resultiert im Übrigen die Bezeichnung »delimited«. Häufig werden solche Dateien auch als CSV-Dateien bezeichnet, wenn sie durch ein Komma getrennt werden.

Die Tabelledefinition hierzu lautet wie folgt:

```
CREATE TABLE kunden (
  id int(11) NOT NULL auto_increment,
  name varchar(60) default NULL,
  ort varchar(40) default NULL,
  plz varchar(5) default NULL,
  PRIMARY KEY (id)
);
```

Um eine solche Datei nach MySQL einzulesen, haben Sie die zwei Möglichkeiten:
- Über den SQL-Befehl LOAD DATA INFILE oder
- über das Kommandozeilenwerkzeug *mysqlimport*.

Beide Varianten lesen die Datei auf dieselbe Weise ein. Der Unterschied besteht darin, dass die Daten einmal als SQL-Befehl innerhalb eines zur Datenbank verbundenen Clients ausgeführt und im anderen Fall über die Kommandozeile abgearbeitet werden.

### *LOAD DATA INFILE*

Fangen wir mit dem LOAD DATA INFILE-Befehl an.

Um eine Delimited ASCII-Datei einzulesen, lautet der einfachste Befehl:

```
mysql>LOAD DATA INFILE <Dateiname> INTO TABLE <Tabellenname> FIELDS TERMINATED BY '<Spaltentrennzeichen>';
```

Angenommen, unsere Importdatei ist so aufgebaut, wie oben am Beispiel dargestellt und unter dem Namen *import.txt* gespeichert. Dann lautet der Befehl

```
mysql>LOAD DATA INFILE 'import.txt' INTO TABLE kunden FIELDS TERMINATED BY ';';
```

Da die Datei in einem Vorgang importiert wird, sind folgende Dinge zu beachten:

- Die Reihenfolge der Felder der Importdatei muss mit der Reihenfolge der Felder in der Tabelle übereinstimmen.
- Die Inhalte der zu importierenden Datei müssen mit den Feldtypen korrespondieren. Die häufigsten hier auftretenden Fehler sind falsche Datumsangaben oder Zahlen mit Kommas als Dezimaltrennzeichen, die von MySQL falsch interpretiert werden.

Wenn Sie sich also Ihrer Sache nicht ganz sicher sind, sollte die Importdatei erst einmal in eine leere Tabelle importiert werden, die bei fehlerhaftem Import wieder komplett gelöscht werden kann. Falls Sie eine Datei in eine bereits mit Daten gefüllte Tabelle importieren und beim Import Fehler auftreten, ist dieser Mischdatenbestand in der Regel nur sehr mühsam wieder zu bereinigen.

### *Importformat definieren*

Der LOAD DATA INFILE-Befehl weist einige Optionen auf, die es Ihnen erlauben, auch einen sich unterscheidenden Aufbau in der Importdatei zu verarbeiten.

- Das Feldtrennzeichen wurde im oben genannten Beispiel bereits benutzt. Sie können natürlich auch jedes beliebige Trennzeichen benutzen. Die Definition von Escape-Zeichen wie dem Tabulator ist im Referenzteil tabellarisch aufgelistet.
- Das Trennzeichen des jeweiligen Datensatzes kann auch individuell definiert werden. Hierfür ist unter FIELDS die Option [LINES TERMINATED BY ''] zuständig. Die Voreinstellung für einen Datensatzwechsel ist \n, also »neue Zeile«.
- Wenn Sie eine Datei importieren wollen, deren Felder noch zusätzlich mit einem Zeichen umgeben sind, ist FIELDS OPTIONALY ENCLOSED BY '<ZEICHEN>' anzugeben.

- Sonderzeichen, die importiert werden sollen, müssen maskiert werden. Defaultmäßig erfolgt dies über ein \. Wenn Sie eine Zeichenkette mit einem Backslash, wie er beispielsweise in einer Pfadangabe vorkommt, importieren wollen, muss dieser als \\ vorliegen. Wenn Sie das Maskierungszeichen anders belegen wollen, steht Ihnen hierfür die Option FIELDS ESCAPED BY '<Maskierungszeichen>' zur Verfügung.

- Vielfach wird in solchen Delimited ASCII-Dateien die erste Zeile zur Angabe der Feldnamen genutzt. Wenn beim Import solche Zeilen ignoriert werden sollen, kann mit der Option [IGNORE <Anzahl_Zeilen> LINES] gearbeitet werden. So würde mit [IGNORE 1 LINES] die erste Zeile nicht mit importiert werden.

- Als weitere nützliche Option kann die Behandlung von UNIQUE-Feldern eingestellt werden. Standardgemäß würde MySQL bei einem Duplicate-entry-Error den Import abbrechen. Mit der Option [IGNORE] werden Datensätze, die einen Konflikt mit einem bestehenden eindeutigen Feld aufweisen, beim Import ignoriert, wobei der Import jedoch weiterläuft. Das Gegenteil davon ist die Option [REPLACE]. Hier werden vorhandene Datensätze, die in Konflikt mit einem eindeutigen Feld stehen, durch den Datensatz der Importdatei ersetzt.

Felder können auch selektiv importiert werden, indem die Zielfelder am Ende in Klammern und durch Kommas voneinander getrennt angegeben werden. Allerdings kann die Selektion nur für die Zielfelder vorgenommen werden und nicht für die zu importierende Datei.

Um die verschiedenen Optionen des Befehls noch einmal im Zusammenhang darzustellen, folgt hier ein weiteres Beispiel:

```
mysql>LOAD DATA INFILE 'import.txt' INTO TABLE kunden FIELDS TERMINATED BY
';' ENCLOSED BY '"' LINES TERMINATED BY '#' IGNORE 1 LINES
(id,name,ort,plz);
```

Mit diesem Befehl wird eine Datei mit folgenden Regeln importiert:

- Die Felder sind durch Semikolon getrennt.
- Die Datensätze sind durch # getrennt.
- Die Feldinhalte sind mit Hochkommas versehen.
- Die erste Zeile wird ignoriert.
- Die Spalten werden in die Felder *id, name, ort* und *plz* gespeichert.

Die zu importierende Datei hätte dann also folgendes Aussehen:

```
"1"#"Matthias k"#"Berlin"#"12777"
"2"#"Caroline"#"Berlin"#"12777"
"3"#"Gülten"#"Berlin"#"12777"
"4"#"Bernd"#"München"#"80889"
```

Ein Wort noch zu der zu importierenden Datei: Der Benutzer muss für diese Datei Leserechte besitzen. Sie muss außerdem gefunden werden können, d. h., in der Regel ist der Pfadname mit anzugeben. Wenn sich die Datei nicht auf dem MySQL-Datenbankserver befindet, ist LOAD DATA LOCAL INFILE zu verwenden. Unter Windows ist der Dateiname in Unix-Notation (/) oder mit doppeltem Backslash anzugeben.

## Mysqlimport

Analog zum `LOAD INTO INFILE`-Befehl funktioniert das *msqlimport*-Kommandozeilenwerkzeug. Hier werden die Parameter in die Kommandozeile eingegeben. Das Eingabebeispiel lautet:

`$>mysqlimport -fields-terminated-by=; -uuser -ppasswort kunden 'import.txt'`

Wie bei allen anderen Kommandozeilenwerkzeugen von MySQL sind hier Benutzername, Passwort und Datenbank anzugeben.

Die allgemeine Syntax von *mysqlimport* lautet:

`$>mysqlimport [Optionen] <Datenbankname> <Importdatei>`

Eine Besonderheit findet sich bei diesem Befehl: Tabellenname und Importdatei müssen denselben Namen haben. Wenn Ihre Tabelle beispielsweise *anschriften* heißt, muss auch die Importdatei *anschriften.xxx* heißen, wobei die Extension frei gewählt werden kann.

Die Optionen bei *mysqlimport* lauten in Anlehnung an das oben gezeigte Beispiel wie folgt:

- Feldtrennzeichen `-fields-terminated-by=<Zeichen>`
- Zeichen der Feldeinfassung `-fields-enclosed-by=<Zeichen>`
- Zeichen für Maskierung von Sonderzeichen `-fields-escaped-by=<Zeichen>`
- Zeilentrennzeichen `-lines-terminated-by=<Zeichen>`
- Felder, die importiert werden sollen `-c<Feldname, ...>`

Sie können auch mehrere Importdateien auf einmal importieren, indem Sie am Ende der Befehlszeile alle zu importierenden Dateien mit einem Leerzeichen getrennt voneinander auflisten.

Der *mysqlimport*-Befehl kennt jedoch noch eine Reihe weiterer Optionen:

- -l sucht die Importdatei auf dem lokalen Rechner, von dem aus *mysqlimport* gestartet wurde.
- -d löscht vor dem Import alle Datensätze der Zieltabelle.
- -c benutzt Datenkompression zwischen Client und Server.

Wie bereits erwähnt, können Daten zwischen beliebigen, auch entfernt voneinander stehenden Rechnern ausgetauscht werden. Interessant ist diese Option dann, wenn Sie beispielsweise eine große Datenmenge auf einen entfernt stehenden Rechner transferieren wollen.

An dieser Stelle sei nochmals auf die Besonderheit des Zeilenumbruchs bei Windows (DOS)-Betriebssystemen hingewiesen, der aus einem *carriage return* (\r) und einem *new line* (\n) besteht. Wenn Sie Dateien, die auf diesem Betriebssystem erzeugt wurden, korrekt importieren wollen, muss gegebenenfalls folgender Befehl gesetzt werden:

`--lines-terminate-by=\r\n`

> **Hinweis:** Wenn Sie häufiger über die Kommandozeile Daten importieren, ist es hilfreich, sich entsprechende Batchdateien (Windows/DOS) bzw. Shell-Skripts (Unix) anzulegen.

## Datei importieren

MySQL verfügt mit dem Befehl LOAD_FILE zusätzlich über die Möglichkeit, einzelne Dateien, die auf der Festplatte gespeichert sind, während einer Abfrage zu laden. Sie können damit auch einzelne Felder einer Datenbank mit Informationen füllen. Im folgenden Beispiel wird eine Bilddatei in einem als BLOB-Datentyp definierten Feld gespeichert.

```
mysql>UPDATE bilddb SET bild=LOAD_FILE("/bilder/meinbild.gif") WHERE id=1;
```

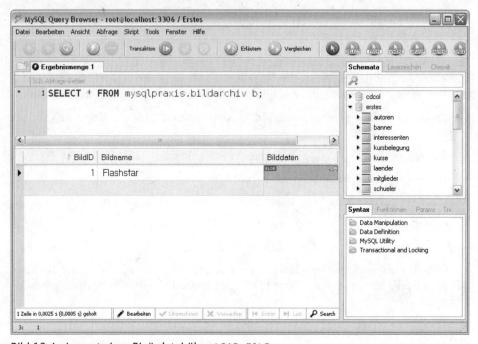

Bild 12.4:  Import einer Binärdatei über LOAD_FILE

Nicht unumstritten ist die Frage, ob große binäre Objekte überhaupt in der Datenbank gespeichert werden sollen. Gegen das Speichern großer Text- und Binärdaten in der Datenbank sprechen folgende Punkte:

- Möglicher Performanceverlust aufgrund der Datenmenge.
- Die Datenbank muss für die Abfrage konfiguriert sein. MySQL steuert über die Variable max_allowed_packet die maximale Anzahl an Bytes, die gleichzeitig übertragen werden kann. Falls dieser Wert zu klein ist, treten entsprechende Fehlermeldungen auf (*packet too large*).

Dagegen sprechen folgende Punkte für das Speichern großer Binär- und Textobjekte:

- Vereinfachen des Backups; es muss nur die Datenbank gesichert werden.
- Höhere Sicherheit; alle Informationen sind zusätzlich durch das MySQL-Sicherheitssystem geschützt.
- Vereinfachtes Handling; die Daten können über Routinen von MySQL abgefragt werden.

Generell können Sie größere Text- oder Bildinformationen als Datei auf der Festplatte ablegen und nur den entsprechenden Link in der Datenbank speichern.

### Import über die ODBC-Schnittstelle

Ein Import nach MySQL kann auch über die ODBC-Schnittstelle erfolgen. Das Prinzip dabei ist, dass man sich unter Windows die ODBC-Schnittstelle einschließlich der dazugehörigen Desktopprogramme zunutze macht, um Daten zwischen einer Datenquelle wie beispielsweise Access oder Excel und dem MySQL-Server zu kopieren.

Vorteil dieser Methode ist, dass verschiedene Datenquellen genutzt werden können und dabei auch noch, je nach Anwendungsprogramm, die relationalen Verknüpfungen in der Datenbank transparent dargestellt werden können.

Von Nachteil könnten der eventuelle Aufwand für die Installation eines ODBC-Treibers und die Eigenheiten der ODBC-Schnittstelle sein. Dies betrifft insbesondere die Unterstützung von verschiedenen Felddatentypen.

## 12.3  Befehle für die Datenausgabe

### 12.3.1  Abfragen mit SELECT

Um Daten aus der Datenbank abzufragen, bedient man sich wiederum eines passenden SQL-Befehls. Daten werden immer mit einem SELECT-Befehl aus der Datenbank abgefragt. SELECT liefert, je nach Inhalt, entweder keinen, einen oder mehrere Datensätze als Ergebnis. Der SELECT-Befehl muss aufgrund seiner Funktion und seiner verschiedenen Optionen als der SQL-Befehl angesehen werden, der am häufigsten benötigt wird. SELECT-Abfragen werden häufig auch als Query bezeichnet.

Die einfachste Syntax lautet dabei:

```
mysql>SELECT <Spaltenname>,<Spaltenname>, ... FROM <Tabellenname>;
```

Hinter SELECT werden die Felder angegeben, die ausgegeben werden sollen, hinter FROM wird der Name der Tabelle genannt, die diese Felder enthält.

*Beispiel*

Wenn Sie aus einer Kundentabelle mit dem Namen *Kunden* die Felder mit den Bezeichnungen *ID, Name, Ort* und *PLZ* selektieren wollen, würde der SELECT-Befehl wie folgt lauten:

```
mysql>SELECT id, name, ort, plz FROM Kunden;
```

Das Ergebnis sieht mit dem MySQL-Client wie folgt aus:

```
+----+-------------+----------+-------+
| id | name        | ort      | plz   |
+----+-------------+----------+-------+
|  1 | Matthias k  | Berlin   | 12777 |
|  2 | Caroline    | Berlin   | 12777 |
|  3 | Gülten      | Berlin   | 12777 |
|  4 | Bernd       | München  | 80889 |
+----+-------------+----------+-------+
```

Die SELECT-Syntax ist aber noch viel umfangreicher. So können die Felder für die Ausgabe auch durch arithmetische oder String-Operatoren erzeugt werden. Eine Abfrage kann sich über verschiedene Tabellen des gesamten relationalen Datenbankmodells erstrecken. Alternativ wird die Selektion mit Bedingungen verknüpft.

| Element | Beschreibung |
| --- | --- |
| SELECT | Liste der Spalten, die ausgegeben werden sollen, einschließlich generierter Spalten. |
| FROM | Liste der Tabellen, die abgefragt werden. |
| WHERE | Suchbedingung zur Eingrenzung von Datensätzen. Über WHERE können auch verschiedene Tabellen verknüpft werden. |
| HAVING | Analog zu einer Funktion wie WHERE, allerdings mit der Möglichkeit, Felder des eigenen SELECT mit einzubeziehen. |
| GROUP BY | Angabe der Spalte, die zur Gruppierung von gleichartigen Datensätzen verwendet werden soll. |
| ORDER BY | Legt die Ausgabereihenfolge der selektierten Datensätze fest. |
| LIMIT | Beschränkung der Anzahl der auszugebenden Datensätze. |

Übersicht der SELECT-Befehl-Elemente

Hier einige Beispiele:

```
mysql> SELECT id,name,ort,plz FROM kunden WHERE name="Bernd";
+----+-------+---------+-------+
| id | name  | ort     | plz   |
+----+-------+---------+-------+
|  4 | Bernd | München | 80889 |
+----+-------+---------+-------+

mysql> SELECT id,name,ort,plz FROM kunden ORDER BY name;
+----+------------+---------+-------+
| id | name       | ort     | plz   |
+----+------------+---------+-------+
|  4 | Bernd      | München | 80889 |
|  2 | Caroline   | Berlin  | 12777 |
|  3 | Gülten     | Berlin  | 12777 |
|  1 | Matthias k | Berlin  | 12777 |
+----+------------+---------+-------+

mysql> SELECT id,name,ort,plz FROM kunden limit 2;
+----+------------+--------+-------+
| id | name       | ort    | plz   |
+----+------------+--------+-------+
|  1 | Matthias k | Berlin | 12777 |
|  2 | Caroline   | Berlin | 12777 |
+----+------------+--------+-------+

mysql> SELECT id,name,ort,plz FROM kunden limit 1,3;
+----+----------+--------+-------+
| id | name     | ort    | plz   |
+----+----------+--------+-------+
|  2 | Caroline | Berlin | 12777 |
```

```
| 3 | Gülten     | Berlin  | 12777 |
| 4 | Bernd      | München | 80889 |
+---+------------+---------+-------+
```

## Allgemeine Form von SELECT

In der allgemeinen Form kann die SELECT-Syntax wie folgt dargestellt werden:

```
SELECT <Ausdruck>
   FROM <Tabellenname>
   WHERE <Auswahlbedingung>
   GROUP BY
   HAVING <Auswahlbedingung>
   ORDER BY
   LIMIT <von bis / Anzahl>
```

Die Reihenfolge der einzelnen Elemente der SELECT-Syntax ist zu beachten, damit der Befehl korrekt angenommen wird.

## Alle Felder ausgeben

Um alle Felder einer Tabelle auszugeben, steht (*) zur Verfügung. Die Eingabe hierfür lautet:

```
mysql>SELECT * FROM <Tabellenname>;
```

Die folgende Abfrage würde aus der Tabelle *kunden* alle Felder und Datensätze ausgeben.

```
mysql> SELECT * FROM kunden;
+----+------------+---------+-------+
| id | name       | ort     | plz   |
+----+------------+---------+-------+
|  1 | Matthias k | Berlin  | 12777 |
|  2 | Caroline   | Berlin  | 12777 |
|  3 | Gülten     | Berlin  | 12777 |
|  4 | Bernd      | M³nchen | 80889 |
+----+------------+---------+-------+
```

Die Ausgabe aller Spalten sollte allerdings innerhalb von Anwendungen vermieden werden. Hier sollten nur die Spalten selektiert werden, deren Informationen benötigt werden. Die Ausgabe bleibt so übersichtlicher und die Rechnerbelastung für die Abfrage wird in Grenzen gehalten.

## Bestimmte Felder ausgeben

Um bestimmte Felder auszugeben, werden im <Selectausdruck> die entsprechenden Spalten durch Kommas voneinander getrennt angegeben. Dabei können Felder, auch wenn diese nicht als Spalten in der Tabelle definiert worden sind, beispielsweise durch Rechenoperationen neu generiert werden.

Wollen Sie beispielsweise Name, Ort, Jahreseinkommen und monatliches Einkommen aus einer Personaltabelle ausgeben, würde das wie folgt aussehen:

```
mysql> SELECT name,ort,jahr,monat FROM personal;
+----------+----------+-------+-------+
| name     | ort      | jahr  | monat |
+----------+----------+-------+-------+
| Maier    | Berlin   | 66000 | 5500  |
| Schmidt  | Hamburg  | 54000 | 4500  |
| Hoffmann | Hannover | 36000 | 3000  |
+----------+----------+-------+-------+
```

oder

```
mysql> SELECT name,ort,jahr,jahr/12 FROM personal;
+----------+----------+-------+---------+
| name     | ort      | jahr  | jahr/12 |
+----------+----------+-------+---------+
| Maier    | Berlin   | 66000 | 5500.00 |
| Schmidt  | Hamburg  | 54000 | 4500.00 |
| Hoffmann | Hannover | 36000 | 3000.00 |
+----------+----------+-------+---------+
```

### Alias als Spaltennamen verwenden

Spaltennamen können für die Ausgabe mit einem Alias benannt werden. Dabei wird hinter dem Tabellenname mit AS der gewünschte Name angegeben. Die vollständige Syntax sieht dann wie folgt aus:

```
mysql>SELECT <Feldname> AS <Neuer_Feldname> FROM <Tabellenname>;
```

oder am Beispiel:

```
mysql> SELECT name,jahr/12 AS Monatsgehalt FROM personal;
+----------+--------------+
| name     | Monatsgehalt |
+----------+--------------+
| Maier    |      5500.00 |
| Schmidt  |      4500.00 |
| Hoffmann |      3000.00 |
+----------+--------------+
```

Die berechnete Spalte *jahr/12* wird als Monatsgehalt ausgegeben.

### Doppelte Spalten unterdrücken

Zur Unterdrückung doppelter Spalten kann vor der Angabe der Felder ein DISTINCT angegeben werden. Dann werden, wie im folgenden Beispiel, alle identischen Datensätze nur einmal ausgegeben.

```
mysql>SELECT DISTINCT <Spaltenname>, <Spaltenname>, ... FROM <Tabellenname>;
```

Die DISTINCT-Anweisung bezieht sich dabei nur auf die ausgewählten Spalten.

## 12.3 Befehle für die Datenausgabe

### Bestimmte Datensätze ausgeben

In der `WHERE`- bzw. `HAVING`-Bedingung können Einschränkungen für die gewünschte Selektion formuliert und damit gezielt Datensätze ausgewählt werden. So selektiert das folgende Beispiel alle »Meier« aus einer Namenstabelle aus:

```
mysql>SELECT name FROM kunden WHERE name='Meier';
```

Ein anderes Beispiel ist die Selektion von Adressdatensätzen, deren Einkommen über 50.000 EUR liegt:

```
mysql> SELECT name,ort,jahr FROM personal WHERE jahr > 50000;
+---------+---------+-------+
| name    | ort     | jahr  |
+---------+---------+-------+
| Maier   | Berlin  | 66000 |
| Schmidt | Hamburg | 54000 |
+---------+---------+-------+
```

Der Unterschied zwischen `WHERE` und `HAVING` liegt in der Behandlung von Feldern des `SELECT`-Befehls. `HAVING` kann sich auch auf Aliase und erzeugte Ausgabefelder beziehen, während `WHERE` nur die Originalfelder mit den Ursprungsnamen akzeptiert. `HAVING`-Ausdrücke sind schlechter intern optimiert als `WHERE`-Ausdrücke, daher sollte `WHERE`, wenn möglich, bevorzugt werden.

### Auswahl durch Selektionsbedingungen

Gewünschte Einschränkungen der Selektion werden also durch die Formulierung einer Bedingung erreicht. Für diese Selektionsbedingungen stehen mehrere Möglichkeiten zur Verfügung. Die folgende Tabelle gibt einen Überblick:

| Operatoren/Funktionen | Beschreibung |
| --- | --- |
| Vergleichsoperatoren | Selektionsbedingung, die über einen Vergleich zwischen zwei oder mehreren Werten erfolgt. Ein solcher Vergleich wäre beispielsweise die oben gezeigte Selektion nach einem bestimmten Namen. |
| Logische Operationen | Prüfen einer Bedingung auf `wahr` oder `falsch`. Eine logische Operation wäre beispielsweise die Kombination der oben genannten Beispiele: »Suche nach Meier und (`AND`) einem Einkommen, größer als 50000 EUR«. |
| Mathematische Funktionen | Normale mathematische Funktionen wie Addition, Subtraktion, Multiplikation und Division. |
| Datums- und Zeitfunktionen | MySQL kann mit Datums- und Zeit-Datentypen Operationen durchführen. Auf diesem Weg lassen sich Einschränkungen bzw. Bedingungen formulieren, wie beispielsweise die Einschränkung auf einen bestimmten Zeitraum. |

### 12.3.2 Vergleichsoperatoren

Vergleichsoperatoren sind eine Möglichkeit, die Ausgabe im `SELECT`-Befehl auf gewünschte Datensätze zu beschränken. Das Prinzip ist dabei, dass für jeden Datensatz geprüft wird, ob der Vergleich zutrifft (TRUE oder 1) oder nicht zutrifft (FALSE oder 0). Alle Datensätze, die zutreffen (TRUE sind), werden dann ausgegeben.

Wenn Sie beispielsweise, wie im oben genannten Beispiel angeführt, für die WHERE-Bedingung definieren, dass das Jahresgehalt größer als 50.000 EUR betragen soll, trifft diese Bedingung auf alle Datensätze zu, die in der Spalte Jahr eine entsprechende Zahl aufweisen. Diese Datensätze werden daher ausgegeben. Auf alle anderen Datensätze trifft dieses Kriterium nicht zu, sie sind daher FALSE und werden nicht ausgegeben.

*Beispiel*
```
mysql> SELECT name,ort,jahr FROM personal WHERE jahr < 50000;
+----------+----------+-------+
| name     | ort      | jahr  |
+----------+----------+-------+
| Hoffmann | Hannover | 36000 |
+----------+----------+-------+
```

Eine Besonderheit ist der Vergleich mit NULL-Werten, der wiederum NULL als Ergebnis ausgibt, wenn das Ergebnis wahr ist.

| *Syntax* | *Beschreibung* | *Beispiel* |
| --- | --- | --- |
| = | Gleich | SELECT name,ort,beruf FROM kunden WHERE beruf="Lehrer"; |
| <> und != | Ungleich / Nicht Gleich | SELECT name,ort,beruf FROM kunden WHERE beruf <> "Lehrer"; |
| <= | Kleiner Gleich | SELECT name,ort,jahr FROM personal WHERE jahr <= 50000; |
| < | Kleiner | SELECT name,ort,jahr FROM personal WHERE jahr < 50000; |
| >= | Größer Gleich | SELECT name,ort,jahr FROM personal WHERE jahr >= 50000; |
| > | Größer | SELECT name,ort,jahr FROM personal WHERE jahr > 50000; |
| IS NULL | Wert nicht definiert | SELECT name,ort,jahr FROM personal WHERE jahr IS NULL; (Selektiert sämtliche Datensätze, deren Einkommen nicht definiert sind.) |
| IS NOT NULL | Wert ist definiert | SELECT name,ort,jahr FROM personal WHERE jahr IS NOT NULL; (Selektiert sämtliche Datensätze, deren Einkommen definiert sind.) |
| Expr BETWEEN min AND max | Ausdruck (expr) liegt zwischen min- und max-Wert | SELECT name,ort,jahr FROM personal WHERE jahr BETWEEN 20000 AND 550000; |
| expr IN (value, ...) | Vergleicht das Vorhandensein eines Werts in einer Referenzliste | SELECT name,ort,beruf FROM personal WHERE beruf IN ('Lehrer','Dozent'); |

| Syntax | Beschreibung | Beispiel |
|---|---|---|
| Expr NOT IN (value, …) | Vergleicht das Fehlen eines Werts in einer Referenzliste | SELECT name,ort,beruf FROM personal WHERE beruf NOT IN ('Lehrer', 'Dozent'); |
| ISNULL (expr) | Prüft einen Ausdruck auf NULL. Gibt 1 zurück, wenn der Ausdruck NULL ist, andernfalls 0 | SELECT ISNULL(10/0) -> 1(Das Ergebnis ist also nicht definiert.) |

Die wichtigsten Vergleichsoperatoren von MySQL

NULL steht für keinen oder einen unbekannten Wert. NULL-Werte dürfen nicht mit 0 oder einem leeren String verwechselt werden. Dies sind für die Datenbank grundsätzlich unterschiedliche Werte:

mysql>INSERT INTO <Tabellenname>(ort) VALUES (NULL);

mysql>INSERT INTO <Tabellenname>(ort) VALUES ("");

Da diese NULL-Werte keinen definierten Wert haben, können sie auch nicht mit den arithmetischen Vergleichsoperatoren =,< oder > abgefragt werden, sondern bedürfen einer entsprechenden Deklaration wie IS NULL oder IS NOT NULL.

## 12.3.3 Abfragen mit logischen Operatoren

Als logische Operatoren werden Prozesse bezeichnet, die Werte mit UND (AND), ODER (OR) oder NICHT (NOT) vergleichen. Über logische Operatoren können auch mehrere Bedingungen miteinander verknüpft werden.

Eine logische Operation liegt etwa dann vor, wenn Sie aus Ihrer Datenbank, die Kundeninformationen enthält, sämtliche Kunden filtern wollen, die in Berlin wohnen und in den letzten 12 Monaten keine Bestellung mehr aufgegeben haben.

Alle logischen Funktionen/Operationen geben 1 (TRUE), 0 (FALSE) oder NULL (unbekannt) zurück.

| Syntax | Beschreibung | Beispiel |
|---|---|---|
| AND && | Logisches UND. Gibt TRUE zurück, wenn alle Aussagen TRUE sind. Ist einer der Operanden FALSE, ist der gesamte Ausdruck FALSE. | SELECT name,ort,beruf FROM kunden WHERE beruf="Lehrer" AND ort="Berlin"; |
| OR \|\| | Logisches ODER. Gibt TRUE zurück, wenn mindestens ein Operand TRUE ist. | SELECT name,ort,beruf FROM kunden WHERE beruf="Lehrer" OR ort="Berlin"; |
| NOT ! | Logisches NICHT. Gibt TRUE zurück, wenn das Argument FALSE ist. | SELECT name,ort,beruf FROM kunden WHERE beruf NOT IN ('Lehrer', 'Dozent'); |

Diese logischen Operatoren bietet MySQL an

## 12.3.4 Mathematische Funktionen

Natürlich ist es auch möglich, mit MySQL die verschiedenen Grundrechenarten anzuwenden.

| Syntax | Beschreibung | Beispiel |
| --- | --- | --- |
| + | Addition | SELECT Preis+MwSt FROM Bestellung; |
| - | Subtraktion | SELECT Preis-Rabatt FROM Bestellung; |
| * | Multiplikation | SELECT Preis*1.95583 AS EURO FROM Bestellung; |
| / | Division | SELECT Preis/Packung AS Einzelpreis FROM Bestellung; |

Tabelle der Grundrechenarten

Darüber hinaus hat MySQL standardgemäß noch eine Reihe nützlicher mathematischer Funktionen implementiert. Im Folgenden sind die wichtigsten mathematischen Funktionen aufgeführt:

| Syntax | Beschreibung | Beispiel |
| --- | --- | --- |
| MOD (N,M) | Gibt den Rest der Operation N/M zurück. | SELECT MOD(57,10);<br>Ergebnis: 7 |
| RAND() | Erzeugt eine zufällige Fließkommazahl zwischen 0 und 1. | SELECT RAND(); |
| ROUND(X,D)<br>ROUND(X) | Rundet eine Zahl X auf die angegebene Anzahl von Nachkommastellen D bzw. auf die nächste Integerzahl auf. | SELECT ROUND(1.3568,2);<br>Ergebnis: 1.36<br>SELECT ROUND(1.3568);<br>Ergebnis: 1 |
| GREATEST (X,Y,...) | Gibt den maximalen Wert aus einer Liste zurück. Kann auch auf Zeichen angewendet werden. | SELECT GREATEST(13.2,178,1.8,19);<br>Ergebnis: 178<br>SELECT GREATEST('A','B','C');<br>Ergebnis: C |
| LEAST(X,Y, ...) | Gibt den kleinsten Wert aus einer Liste zurück. Kann auch auf Zeichen angewendet werden. | SELECT LEAST(13.2,178,1.8,19);<br>Ergebnis: 1.8<br>SELECT LEAST('A','B','C');<br>Ergebnis: A |
| SQRT(X) | Gibt die Wurzel für X zurück. | SELECT SQRT(4);<br>Ergebnis: 2 |

Wichtigste mathematische Funktionen

## 12.3.5 Datums- und Zeitfunktionen

Im Gegensatz zu Programmiersprachen unterstützen Datenbanken Datums- und Zeitdatentypen. Der Gebrauch von Datums- und Zeiteinträgen ist bei Datenbanken relativ häufig zu finden, man denke nur einmal an die zeitliche Protokollierung von Datenbankzugriffen, die Protokollierung von Warenströmen (Lieferdatum etc.) oder an Einträge von Geburtstagen in Adresstabellen. Mit diesen Datums- und Zeitdatentypen können relativ einfache Operationen durchgeführt werden, die auf Zeitvergleichen beruhen. So können beispielsweise Altersberechnungen von Personen auf Basis des Geburtsdatums durchgeführt werden.

MySQL verfügt über Funktionen, um Datumsbestandteile wie Jahr, Monat oder Tag aus dem Datumsfeld in der Abfrage zu selektieren. So gibt folgender MySQL-Ausdruck beispielsweise nur den Monat des Geburtstags aus einer Namenstabelle aus:

```
SELECT name, MONTH(geburtstag) FROM Anschriften;
```

Anhand einer Geburtstagstabelle sollen im Folgenden die Möglichkeiten erläutert werden, die MySQL bezüglich Datums- und Zeitfunktionen bietet:

```
CREATE TABLE datumstabelle (
    ID int(11) NOT NULL auto_increment,
    Name varchar(50) default NULL,
    Geburtsdatum date default NULL,
    PRIMARY KEY (ID)
);
```

Zusätzlich werden einige Einträge dazu eingefügt, die Sie natürlich beliebig weiter ergänzen können:

```
mysql> INSERT INTO datumstabelle VALUES (1, 'Schmidt', '1945-11-20');
mysql> INSERT INTO datumstabelle VALUES (2, 'Hoffmann', '1976-03-29');
mysql> INSERT INTO datumstabelle VALUES (3, 'Blatzer', '1980-01-11');
mysql> INSERT INTO datumstabelle VALUES (4, 'Wertmann', '1967-09-23');
mysql> INSERT INTO datumstabelle VALUES (5, 'Kühne', '1957-05-20');
mysql> INSERT INTO datumstabelle VALUES (6, 'Hussemann', '1978-10-05');
mysql> INSERT INTO datumstabelle VALUES (7, 'Rubens', '1990-02-17');
```

## Mit Datumsangaben arbeiten

MySQL bietet die Möglichkeit, die einzelnen Bestandteile der Datums- und Zeitangabe separat anzusprechen und mit diesen zu arbeiten. Dies erfolgt mit Befehlen wie YEAR(datum), MONTH(datum), DAYOFMONTH(datum). Wenn Sie eine Liste erzeugen wollen, die die Anzahl der Geburtstage pro Monat ausgibt, können Sie sie dann über die entsprechende Funktion miteinander gruppieren.

## Geburtstagsstatistik

Eine Geburtstagsstatistik kann mit folgendem Befehl erzeugt werden:

```
mysql> SELECT MONTH(Geburtsdatum) AS Monat, COUNT(*) AS Anzahl FROM datumstabelle GROUP BY MONTH(Geburtsdatum);
+-------+--------+
| Monat | Anzahl |
+-------+--------+
|     1 |      1 |
|     2 |      1 |
|     3 |      1 |
|     5 |      1 |
|     9 |      1 |
|    10 |      1 |
|    11 |      1 |
+-------+--------+
```

## Geburtstagserinnerung

Wenn Sie wissen wollen, in wie vielen Tagen die einzelnen Personen Geburtstag haben, kann die Aufgabe beispielsweise mit der folgenden Abfrage erledigt werden:

```
mysql> SELECT name,geburtsdatum, NOW(), IF(DAYOFYEAR(Geburtsdatum)-
DAYOFYEAR(NOW()) > 0, DAYOFYEAR(Geburtsdatum)-DAYOFYEAR(NOW()),
365+(DAYOFYEAR(Geburtsdatum)-DAYOFYEAR(NOW()))) AS InTagen FROM
datumstabelle;

+-------------+--------------+---------------------+---------+
| name        | geburtsdatum | NOW()               | InTagen |
+-------------+--------------+---------------------+---------+
| Schmidt     | 1945-11-20   | 2003-03-27 17:22:03 |     238 |
| Hoffmann    | 1976-03-29   | 2003-03-27 17:22:03 |       3 |
| Blatzer     | 1980-01-11   | 2003-03-27 17:22:03 |     290 |
| Wertmann    | 1967-09-23   | 2003-03-27 17:22:03 |     180 |
| Kühne       | 1957-05-20   | 2003-03-27 17:22:03 |      54 |
| Hussemann   | 1978-10-05   | 2003-03-27 17:22:03 |     192 |
| Rubens      | 1990-02-17   | 2003-03-27 17:22:03 |     327 |
+-------------+--------------+---------------------+---------+
```

In diesem Beispiel sind weitere Datumsfunktionen benutzt worden. NOW() gibt das aktuelle Datum und DAYOFYEAR den Tag im jeweiligen Jahr aus. Aus dem aktuellen Datum und dem Eintrag im Feld *Geburtsdatum* wird mithilfe der DAYOFYEAR-Funktion die Tagsdifferenz ermittelt. Mit einer bedingten Anweisung, wie im vorangegangenen Abschnitt verwendet, wird der mögliche Fall berücksichtigt, dass ein Geburtstag in diesem Jahr schon verstrichen ist.

## Alter von Personen berechnen

Das abschließende Beispiel errechnet das Alter der Personen. Es muss dabei berücksichtigt werden, ob die Person bereits im aktuellen Jahr Geburtstag hatte oder nicht. Um dies zu bewerkstelligen, wird das aktuelle Datum (CURRENT_DATE) mit dem Geburtsdatum verglichen und gegebenenfalls berücksichtigt, wenn der Tag bereits verstrichen ist. Der Befehl hierfür lautet:

```
mysql> SELECT name,geburtsdatum,(YEAR(CURRENT_DATE) - YEAR(Geburtsdatum))
    - (DATE_FORMAT(CURRENT_DATE, '%d%m') < DATE_FORMAT(Geburtsdatum, '%d%m'))
AS Alter_in_Jahren FROM datumstabelle;

+-------------+--------------+-----------------+
| name        | geburtsdatum | Alter_in_Jahren |
+-------------+--------------+-----------------+
| Schmidt     | 1945-11-20   |              58 |
| Hoffmann    | 1976-03-29   |              26 |
| Blatzer     | 1980-01-11   |              23 |
| Wertmann    | 1967-09-23   |              36 |
| Kühne       | 1957-05-20   |              46 |
| Hussemann   | 1978-10-05   |              25 |
| Rubens      | 1990-02-17   |              13 |
+-------------+--------------+-----------------+
```

Im Beispiel wird davon ausgegangen, dass das Datum vierstellig gespeichert wurde. Falls die Jahresangaben nur zweistellig gespeichert wurden, wird die Abfrage komplizierter, da dann die Datumsbehandlung gemäß der bereits erwähnten Regel gilt: »Alle Jahreszahlen < 70 werden als 2000-Jahresangaben behandelt.« In diesem Fall könnte noch eine Fallunterscheidung durchgeführt werden. Der Befehl hierzu lautet wie folgt:

```
mysql> SELECT name,geburtsdatum, IF(YEAR(Geburtsdatum) < 2000,
(YEAR(CURRENT_DATE) - YEAR(Geburtsdatum)) - (DATE_FORMAT(CURRENT_DATE,
'%d%m') < DATE_FORMAT(Geburtsdatum, '%d%m')), 100 - (YEAR(Geburtsdatum) -
YEAR(CURRENT_DATE) + (DATE_FORMAT(CURRENT_DATE, '%d%m') <
DATE_FORMAT(Geburtsdatum, '%d%m')))) AS Alter_in_Jahren FROM
datumstabelle;
```

## *Weitere Datums- und Zeitfunktionen*

Wichtige Funktionen von Datums- und Zeitfeldern können Sie der folgenden Aufstellung entnehmen.

- YEAR(<Datum>) zur Ausgabe des Jahresbestandteils eines Datums
- MONTH(<Datum>) zur Ausgabe des Monats eines Datums
- DAYOFYEAR(<Datum>) zur Ausgabe der Tage des Jahres des betreffenden Datums
- DAYOFMONTH(<Datum>) zur Ausgabe der Tage des Monats des betreffenden Datums
- DAYOFWEEK(<Datum>) berechnet den Wochentag des Datumsfeldes, wobei 1 = Sonntag, 2 = Montag, ... 7 = Samstag entspricht
- WEEKDAY(<Datum>) berechnet den Wochentag des Datumsfeldes, wobei 0 = Montag, ... 6 = Sonntag entspricht

## *Berechnungen auf Datumswerten*

MySQL verfügt standardgemäß auch über Funktionen, um Berechnungen auf Datumswerten durchführen zu können. Mit diesen Funktionen lassen sich viele Aufgaben erledigen, die im Rahmen der Datensicherung häufig gebraucht werden. So kann mit NOW() das aktuelle Datum und die aktuelle Uhrzeit ausgegeben werden, was bei der Protokollierung, beispielsweise von Änderungsvermerken, nützlich sein kann. Die wichtigsten Funktionen sind im Folgenden aufgeführt:

DATE_ADD(<Datum>, INTERVAL expr type)

Addiert zum angegebenen Datum *expr-mal* das (Datums-)Intervall mit dem Typ type.

*Beispiel*

```
mysql> SELECT DATE_ADD('2003-03-30', INTERVAL 2 MONTH);
+------------------------------------------+
| DATE_ADD('2003-03-30', INTERVAL 2 MONTH) |
+------------------------------------------+
| 2003-05-30                               |
+------------------------------------------+
```

Folgende Intervallangaben sind möglich:

| Intervallangaben | Format |
|---|---|
| SECOND | Sekunden |
| MINUTE | Minuten |

| Intervallangaben | Format |
|---|---|
| HOUR | Stunden |
| DAY | Tage |
| MONTH | Monate |
| YEAR | Jahre |
| MINUTE_SECOND | mm:ss |
| HOUR_MINUTE | hh:mm |
| DAY_HOUR | dd:hh |
| YEAR_MONTH | yy-mm |
| HOUR_SECOND | hh:mm:ss |
| DAY_MINUTE | dd hh:mm |
| DAY_SECOND | dd hh:mm:ss |

Intervalle

DATE_SUB(<Datum>, INTERVAL expr type)

Subtrahiert vom angegebenen Datum *expr-mal* das (Datums-)Intervall mit dem Typ type.

*Beispiel*
```
mysql> SELECT DATE_SUB('2003-03-30', INTERVAL 2 MONTH);
+------------------------------------------+
| DATE_SUB('2003-03-30', INTERVAL 2 MONTH) |
+------------------------------------------+
| 2003-01-30                               |
+------------------------------------------+
```

- CURRENT_DATE()

Gibt das aktuelle Datum in der Form JJJJ-MM-TT oder JJJJMMDD zurück, je nachdem, ob die Funktion im Kontext als Zeichenkette oder als numerischer Wert behandelt wird.

*Beispiel*
```
mysql> SELECT CURRENT_DATE();
+----------------+
| CURRENT_DATE() |
+----------------+
| 2003-03-29     |
+----------------+
```

- CURRENT_TIME()

Gibt die aktuelle Uhrzeit in der Form HH-MM-SS oder HHMMSS zurück, je nachdem, ob die Funktion im Kontext als Zeichenkette oder als numerischer Wert behandelt wird.

*Beispiel*
```
mysql> SELECT CURRENT_TIME();
+----------------+
| CURRENT_TIME() |
+----------------+
| 13:28:55       |
+----------------+
```

- NOW()

Gibt das aktuelle Datum in der FORM 2003-03-30 12:00:00 zurück. Synonym für NOW() ist auch CURRENT_TIMESTAMP und SYSDATE() zu verwenden.

*Beispiele*
```
mysql> SELECT NOW();
+---------------------+
| NOW()               |
+---------------------+
| 2003-03-29 13:29:15 |
+---------------------+

mysql> SELECT CURRENT_TIMESTAMP;
+---------------------+
| CURRENT_TIMESTAMP   |
+---------------------+
| 2003-03-29 13:29:49 |
+---------------------+

mysql> SELECT SYSDATE();
+---------------------+
| SYSDATE()           |
+---------------------+
| 2003-03-29 13:30:05 |
+---------------------+
```

- PERIOD_ADD(P,N)

Fügt zu einem angegebenen Datum P (in der From YYMM) N Monate hinzu. Zu beachten ist dabei, dass P kein Datumswert ist.

*Beispiel*
```
mysql> SELECT PERIOD_ADD(200303, 5);
+-----------------------+
| PERIOD_ADD(200303, 5) |
+-----------------------+
|                200308 |
+-----------------------+
```

- PERIOD_DIFF(P1,P2)

Berechnet die Differenz zwischen zwei Datumswerten.

*Beispiel*
```
mysql> SELECT PERIOD_DIFF(200303, 200205);
+-----------------------------+
| PERIOD_DIFF(200303, 200205) |
+-----------------------------+
|                          10 |
+-----------------------------+
```

DATA_FORMAT(<Datum>, format)

formatiert das Datum mit der angegebenen Formatvorlage.

| Format | Beschreibung |
| --- | --- |
| %a | Abgekürzter Name des Wochentags (Sun ... Sat) |
| %b | Abgekürzter Name des Monats (Jan ... Dec) |
| %c | Monat, numerisch (0 ... 12) |
| %D | Tag im Monat mit englischem Suffix (0th, 1st, 2nd, 3rd, ...) |
| %d | Tag im Monat, numerisch (00 ... 31) |
| %e | Tag im Monat, numerisch (0 ... 31) |
| %f | Mikrosekunden (000000 ... 999999) |
| %H | Stunde (00 ... 23) |
| %h | Stunde (01 ... 12) |
| %I | Stunde (01 ... 12) |
| %i | Minuten, numerisch (00 ... 59) |
| %j | Tag im Jahr (001 ... 366) |
| %k | Stunde (0 ... 23) |
| %l | Stunde (1 ... 12) |
| %M | Monatsname (January ... December) |
| %m | Monat, numerisch (00 ... 12) |
| %p | AM oder PM |
| %r | Uhrzeit im 12-Stunden-Format (hh:mm:ss gefolgt von AM oder PM) |
| %S | Sekunden (00 ... 59) |
| %s | Sekunden (00 ... 59) |
| %T | Uhrzeit im 24-Stunden-Format (hh:mm:ss) |
| %U | Woche (00 ... 53), wobei Sonntag der erste Tag der Woche ist |
| %u | Woche (00 ... 53), wobei Montag der erste Tag der Woche ist |
| %V | Woche (01 ... 53), wobei Sonntag der erste Tag der Woche ist; wird mit %X verwendet |
| %v | Woche (01 ... 53), wobei Montag der erste Tag der Woche ist; wird mit %x verwendet |
| %W | Name des Wochentags (Sunday ... Saturday) |
| %w | Tag in der Woche (0=Sonntag ... 6=Sonnabend) |

| Format | Beschreibung |
|---|---|
| %X | Jahr der Woche, wobei Sonntag der erste Tag der Woche ist, numerisch, vierstellig; wird mit %V verwendet |
| %x | Jahr der Woche, wobei Montag der erste Tag der Woche ist, numerisch, vierstellig; wird mit %v verwendet |
| %Y | Jahr, numerisch, vierstellig |
| %y | Jahr, numerisch, zweistellig |
| %% | Literales '%'-Zeichen |
| %x | x, steht für jedes nicht oben aufgeführte 'x' |

*Beispiele*

```
mysql> SELECT DATE_FORMAT('2003-03-30', '%W');
+--------------------------------+
| DATE_FORMAT('2003-03-30', '%W') |
+--------------------------------+
| Sunday                         |
+--------------------------------+

mysql> SELECT DATE_FORMAT('2003-03-30', '%M');
+--------------------------------+
| DATE_FORMAT('2003-03-30', '%M') |
+--------------------------------+
| March                          |
+--------------------------------+

mysql> SELECT DATE_FORMAT('2003-03-30', '%M%W');
+----------------------------------+
| DATE_FORMAT('2003-03-30', '%M%W') |
+----------------------------------+
| MarchSunday                      |
+----------------------------------+

mysql> SELECT DATE_FORMAT('2003-03-30', '%v');
+--------------------------------+
| DATE_FORMAT('2003-03-30', '%v') |
+--------------------------------+
| 13                             |
+--------------------------------+
```

Der Umgang mit Datumsangaben gestaltet sich aufgrund der möglichen unterschiedlichen länderspezifischen Schreibweisen von Datumsangaben etwas unhandlich. MySQL speichert alle Datumsangaben ANSI-SQL-konform ausschließlich in der Form JJJJ-MM-DD.

## 12.3.6 Zeichenketten

MySQL bietet umfangreiche Möglichkeiten an, Zeichenketten in Abfragen zu behandeln. Dies reicht von der Verkettung von Strings über die Ausgabe von Teilstrings bis hin zur Ähnlichkeitssuche.

Die folgende Aufstellung zeigt die wichtigsten Funktionen, die für Zeichenketten zur Verfügung stehen, einschließlich repräsentativer Beispiele:

- LENGTH(str)

gibt die Länge einer Zeichenkette zurück. Synonym für LENGTH() sind OCTET_LENGTH(), CHAR_LENGTH() und CHARACTER_LENGTH().

*Beispiel:*

```
mysql> SELECT LENGTH('Caroline');
+--------------------+
| LENGTH('Caroline') |
+--------------------+
|                  8 |
+--------------------+

mysql> SELECT OCTET_LENGTH('Caroline');
+--------------------------+
| OCTET_LENGTH('Caroline') |
+--------------------------+
|                        8 |
+--------------------------+

mysql> SELECT CHAR_LENGTH('Gülten');
+-----------------------+
| CHAR_LENGTH('Gülten') |
+-----------------------+
|                     6 |
+-----------------------+

mysql> SELECT CHARACTER_LENGTH('Gülten');
+----------------------------+
| CHARACTER_LENGTH('Gülten') |
+----------------------------+
|                          6 |
+----------------------------+
```

- CONCAT(str1,str2,…)

Verknüpft die angegebenen Zeichenketten. Zu beachten ist, dass NULL zurückgegeben wird, wenn einer der Werte NULL ist. CONCAT ist sehr gut für formatierte Ausgaben zu verwenden, wenn beispielsweise Straße und Hausnummer oder Postleitzahl und Ort in einer Spalte ausgegeben werden sollen.

*Beispiel*

```
mysql> SELECT CONCAT('Caroline', ' und ', 'Gülten');
+---------------------------------------+
| CONCAT('Caroline', ' und ', 'Gülten') |
+---------------------------------------+
| Caroline und Gülten                   |
+---------------------------------------+
```

- LEFT(str,len)

gibt die angegebene Zeichenanzahl (len) der Zeichenkette (str) zurück, beginnend von links.

*Beispiel*
```
mysql> SELECT LEFT('Daumenkino', 6);
+-----------------------+
| LEFT('Daumenkino', 6) |
+-----------------------+
| Daumen                |
+-----------------------+
```

- RIGHT(str,len)

gibt die angegebene Zeichenanzahl (len) der Zeichenkette (str) zurück, beginnend von rechts.

*Beispiel*
```
mysql> SELECT RIGHT('Daumenkino', 4);
+------------------------+
| RIGHT('Daumenkino', 4) |
+------------------------+
| kino                   |
+------------------------+
```

- LOCATE(substr,str)

sucht eine Zeichenkette (substr) in einer Zielzeichenkette (str) und gibt die Position zurück, an der die Zeichenkette beginnt. Falls die Zeichenkette nicht gefunden wird, wird *0* zurückgegeben. Synonym für LOCATE() ist POSITION(substr IN str).

*Beispiel*
```
mysql> SELECT LOCATE('kino','Daumenkino');
+-----------------------------+
| LOCATE('kino','Daumenkino') |
+-----------------------------+
|                           7 |
+-----------------------------+

mysql> SELECT POSITION('kino' IN 'Daumenkino');
+----------------------------------+
| POSITION('kino' IN 'Daumenkino') |
+----------------------------------+
|                                7 |
+----------------------------------+
```

- SUBSTRING(str,pos,len)

gibt Teile einer Zeichenkette aus. Pos gibt dabei die Startposition innerhalb der Zeichenkette an und len die Länge, die der Teilstring haben soll. Synonym für SUBSTRING() sind SUBSTRING(str FROM pos FOR len) und MID(str,pos,len).

*Beispiel*
```
mysql> SELECT SUBSTRING('matze@sql.de',7,6);
+-------------------------------+
| SUBSTRING('matze@sql.de',7,6) |
+-------------------------------+
| sql.de                        |
+-------------------------------+
```

```
mysql> SELECT SUBSTRING('matze@sql.de' FROM 7 FOR 6);
+---------------------------------------+
| SUBSTRING('matze@sql.de' FROM 7 FOR 6) |
+---------------------------------------+
| sql.de                                |
+---------------------------------------+

mysql> SELECT MID('matze@sql.de',7,6);
+------------------------+
| MID('matze@sql.de',7,6) |
+------------------------+
| sql.de                 |
+------------------------+
```

- LCASE(str)

gibt die Zeichenkette str in Kleinbuchstaben aus. Synonym für LCASE() ist LOWER(str).

*Beispiel*

```
mysql> SELECT LCASE('MYSQL');
+----------------+
| LCASE('MYSQL') |
+----------------+
| mysql          |
+----------------+

mysql> SELECT LOWER('MYSQL');
+----------------+
| LOWER('MYSQL') |
+----------------+
| mysql          |
+----------------+
```

- UCASE(str)

gibt die Zeichenkette str in Großbuchstaben aus. Synonym für UCASE() ist UPPER(str).

*Beispiel*

```
mysql> SELECT UCASE('datenbank');
+--------------------+
| UCASE('datenbank') |
+--------------------+
| DATENBANK          |
+--------------------+

mysql> SELECT UPPER('datenbank');
+--------------------+
| UPPER('datenbank') |
+--------------------+
| DATENBANK          |
+--------------------+
```

- REPLACE(str,from_str,to_str)

ersetzt bei der Ausgabe im Zielstring (str) die Zeichenkette from_str durch die Zeichenkette to_str.

*Beispiel*
```
mysql> SELECT REPLACE('Daumenkino','Daumen','Film');
+---------------------------------------+
| REPLACE('Daumenkino','Daumen','Film') |
+---------------------------------------+
| Filmkino                              |
+---------------------------------------+
```

- FORMAT(x,d)

formatiert die Zahl x in ein Format wie '#,###,###.##', gerundet auf d Dezimalstellen, und gibt das Ergebnis als String zurück. Wenn d 0 ist, hat das Ergebnis keinen Dezimalpunkt und keine Nachkommastellen.

*Beispiel*
```
mysql> SELECT FORMAT(19995.123456, 4);
+---------------------------------------+
| REPLACE('Daumenkino','Daumen','Film') |
+---------------------------------------+
| 19,995.1235                           |
+---------------------------------------+
```

- LTRIM(str)

entfernt führende Leerzeichen einer Zeichenkette.

*Beispiel*
```
mysql> SELECT LTRIM('   Caroline');
+----------------------+
| LTRIM('   Caroline') |
+----------------------+
| Caroline             |
+----------------------+
```

- RTRIM(str)

entfernt Leerzeichen hinter einer Zeichenkette.

*Beispiel*
```
mysql> SELECT RTRIM('Caroline   ');
+----------------------+
| RTRIM('Caroline   ') |
+----------------------+
| Caroline             |
+----------------------+
```

- TRIM([[BOTH | LEADING | TRAILING] [remstr] FROM] str)

entfernt definierte Zeichen (remstr) aus einer Zeichenkette.

*Beispiel*
```
mysql> SELECT TRIM(BOTH 'DE' FROM 'DEDOMAINDE');
+-----------------------------------+
| TRIM(BOTH 'DE' FROM 'DEDOMAINDE') |
+-----------------------------------+
| DOMAIN                            |
+-----------------------------------+
```

```
mysql> SELECT TRIM(LEADING 'DE' FROM 'DEDOMAINDE');
+--------------------------------------+
| TRIM(LEADING 'DE' FROM 'DEDOMAINDE') |
+--------------------------------------+
| DOMAINDE                             |
+--------------------------------------+

mysql> SELECT TRIM(TRAILING 'DE' FROM 'DEDOMAINDE');
+---------------------------------------+
| TRIM(TRAILING 'DE' FROM 'DEDOMAINDE') |
+---------------------------------------+
| DEDOMAIN                              |
+---------------------------------------+
```

### 12.3.7 Auswahlanweisungen

Auswahlanweisungen wählen eine Variante aus alternativen Aktionsabläufen aus. Dies erfolgt, indem bestimmte Bedingungen getestet werden. MySQL bietet damit eine elegante Möglichkeit, auch in Abfragen verschiedene Aktionsabläufe zu steuern.

MySQL kennt zwei Arten von Auswahlanweisungen, die IF-Anweisung und die CASE-Anweisung.

Die Syntax der IF-Anweisung lautet wie folgt:

```
IF (<Bedingung>, <Anweisung für wahr>, <Anweisung für falsch>)
```

*Beispiel*

```
mysql> SELECT IF (100 > 10, 'WAHR', 'FALSCH');
+---------------------------------+
| IF (100 > 10, 'WAHR', 'FALSCH') |
+---------------------------------+
| WAHR                            |
+---------------------------------+

mysql> SELECT IF (100 < 10, 'WAHR', 'FALSCH');
+---------------------------------+
| IF (100 < 10, 'WAHR', 'FALSCH') |
+---------------------------------+
| FALSCH                          |
+---------------------------------+
```

Ein weiteres Beispiel wäre, aus einer Versandtabelle eines Warenhauses eine Gesamtliste ausgeben zu lassen. Dabei sollen sämtliche Produkte aus den Kategorien Elektronik und Haushaltswaren, die in der Datenbank unter der Kategorie mit der Kennung 10 gespeichert wurden, noch einen Hinweis »Vorsicht zerbrechlich« erhalten.

Die Datenbank kann für diesen Fall wie folgt aussehen:

```
mysql> SELECT produkt,kategorie FROM versand;
+--------------------+-----------+
| produkt            | kategorie |
+--------------------+-----------+
| Sony TV-XT         |        10 |
| Herren Badehose    |        20 |
```

```
| Damen Slips        |    20 |
| Bosch Staubsauger  |    10 |
| Standleuchte B100  |    30 |
| LC Toaster W500    |    10 |
| Schreibtisch Ronny |    40 |
+--------------------+-------+
```

Um jetzt allen Produkten, die in der Kategorie 10 verzeichnet sind, noch den gewünschten Hinweis mitzugeben, sieht der Befehl wie folgt aus:

```
mysql> SELECT produkt,kategorie,IF(kategorie=10,'Vorsicht zerbrechlich',
    '') AS Hinweis FROM versand;
+--------------------+-----------+-----------------------+
| produkt            | kategorie | ASHinweis             |
+--------------------+-----------+-----------------------+
| Sony TV-XT         |        10 | Vorsicht zerbrechlich |
| Herren Badehose    |        20 |                       |
| Damen Slips        |        20 |                       |
| Bosch Staubsauger  |        10 | Vorsicht zerbrechlich |
| Standleuchte B100  |        30 |                       |
| LC Toaster W500    |        10 | Vorsicht zerbrechlich |
| Schreibtisch Ronny |        40 |                       |
+--------------------+-----------+-----------------------+
```

Wenn also die Anweisung Kategorie=10 wahr ist, wird der Hinweis ausgegeben; andernfalls bleibt dieses Feld leer.

## CASE-Anweisung

Bei der CASE-Anweisung können auch mehr als eine Bedingung gestellt werden.

Die CASE-Anweisung kennt zwei verschiedene Varianten: Die erste Variante vergleicht einen Wert mit einem Referenzwert. Die Syntax hierfür lautet:

CASE <Referenzwert> WHEN <Vergleichswert> THEN <Resultat> [WHEN <> THEN <> ] END

Die zweite Variante gibt das Ergebnis unter Verwendung einer Bedingungsanweisung aus. Die Syntax hierfür lautet:

CASE WHEN <Bedingung> THEN <Resultat> [WHEN <> THEN <> ELSE <>]

Nehmen wir hierfür zur Erläuterung ein Beispiel, das die Versandkosten eines Produkts in Abhängigkeit zu dessen Gewicht ausgeben soll. In einer Tabelle haben Sie die Produkte und deren jeweiliges Gewicht gespeichert. Die Tabelle hierfür kann dann in einer vereinfachten Form wie folgt aussehen:

```
mysql> SELECT bezeichnung,gewicht FROM produkte;
+-------------+---------+
| bezeichnung | gewicht |
+-------------+---------+
| Buch        |     400 |
| Fernseher   |   15000 |
| Video       |     300 |
| Computer    |    5000 |
| CD          |     100 |
+-------------+---------+
```

Jetzt sollen die Produkte folgende Versandkostenzuordnung erhalten:

- Gewicht unter 200g: Versandkosten 1,50 EUR
- Gewicht 200-3.000g: Versandkosten 4,50 EUR
- Gewicht über 3.000g: Versandkosten 6,50 EUR

Der Befehl hierfür lautet:

```
mysql> SELECT bezeichnung,gewicht, CASE WHEN gewicht<=200 THEN 1.5 WHEN
(gewicht>200 AND gewicht<=2000) THEN 4.5 ELSE 6.5 END AS Versandkosten
FROM produkte;
```

Das Ergebnis sieht dann wie folgt aus:

```
+-------------+---------+---------------+
| bezeichnung | gewicht | Versandkosten |
+-------------+---------+---------------+
| Buch        |     400 |           4.5 |
| Fernseher   |   15000 |           6.5 |
| Video       |     300 |           4.5 |
| Computer    |    5000 |           6.5 |
| CD          |     100 |           1.5 |
+-------------+---------+---------------+
```

Natürlich können Sie die Auswahlanweisungen auch im Rahmen von UPDATE-Anweisungen verwenden:

*Beispiel*

```
mysql> UPDATE produkte SET gewicht = (IF (bezeichnung='CD', 120, ''));
```

Wobei für das Update abzuwägen ist, ob WHERE-Bedingungen nicht besser geeignet wären. Allerdings könnte bei komplexen Updates eventuell die Anzahl an UPDATE-Befehlen verringert werden.

### 12.3.8 Zählen

Häufig interessiert die Anzahl der Datensätze, die von einer Abfrage betroffen sind. Ein Beispiel wäre die Ermittlung von Treffern bei Suchabfragen in Katalogen oder die Ermittlung von Zieladressen für ein Rundschreiben, um die entsprechenden Kosten zu kalkulieren.

Diese Aufgabe wird am besten mit der COUNT()-Funktion erledigt. COUNT() zählt die Anzahl der Datensätze, die durch die Abfrage ermittelt werden. So würde das folgende Beispiel die Anzahl der Datensätze in einer Produkttabelle ermitteln.

```
mysql> SELECT COUNT(*) FROM produkte;
+----------+
| COUNT(*) |
+----------+
|        5 |
+----------+
```

Vielfach besteht die Aufgabe darin, gleichartige Datenbankeinträge durchzuzählen. Um beim Postleitzahlenbeispiel zu bleiben, könnte die Fragestellung lauten: »Welche Stadt weist mehr Postleitzahlen auf, Berlin oder München?« Wenn Sie gleichartige Datenbankeinträge durchzählen wollen, müssen Sie diese über GROUP BY gruppieren. Der Befehl sieht dann so aus:

```
mysql> SELECT COUNT(*), ort FROM plz_Tab WHERE ort='Berlin' OR
ort='München' GROUP BY ort;
```

COUNT() kann mit der Angabe eines Feldnamens ausgeführt werden:

```
mysql> SELECT COUNT(bezeichnung) FROM produkte;
+--------------------+
| COUNT(bezeichnung) |
+--------------------+
|                  5 |
+--------------------+
```

Während COUNT(*) alle Datensätze zählt und dabei über die interne ROWID die jeweilige Anzahl ermittelt, werden bei der Angabe eines Feldnamens nur die Datensätze gezählt, bei denen das angegebene Feld einen Wert besitzt, also NOT NULL ist.

### 12.3.9 Tabellen vereinigen (UNION)

Manchmal kann es vorkommen, dass verschiedene Tabellen teilweise identisch aufgebaut sind oder Felder mit demselben Inhalt besitzen. So könnte eine Tabelle beispielsweise alle Kunden und eine weitere alle Interessenten für ein Produkt enthalten, die getrennt voneinander aufgeführt werden, da für die Kunden teilweise andere Daten gespeichert werden als für die Interessenten.

#### Version 4 von MySQL

Um solche Tabellen in einer einzigen Abfrage ausgeben zu können, müssen die Tabellen so kombiniert werden, dass jeweils Teilmengen verwendet werden. Hierfür steht ab Version 4 von MySQL der UNION-Befehl zur Verfügung. UNION fügt identische Datensätze aus verschiedenen Tabellen zu einem Datensatz zusammen und eliminiert dabei doppelte Datensätze.

Die Syntax für UNION lautet:

```
mysql>SELECT <Feldname> FROM <Tabellenname> UNION SELECT <Feldname> FROM
<Tabellenname>;
```

Das Beispiel zur Ausgabe von Adressen aus zwei Tabellen sieht dann wie unten aus.

Die beiden Ausgangstabellen sind wie folgt aufgebaut:

```
CREATE TABLE kunden (
  id int(11) NOT NULL auto_increment,
  name varchar(60) default NULL,
  ort varchar(40) default NULL,
  plz varchar(5) default NULL,
  PRIMARY KEY  (id)
);

CREATE TABLE interessenten (
  id int(11) NOT NULL auto_increment,
```

```
  name varchar(60) default NULL,
  ort varchar(40) default NULL,
  plz varchar(5) default NULL,
  PRIMARY KEY (id)
);
```

Der `UNION`-Befehl für die Ausgabe der Datensätze lautet daher:

```
mysql>SELECT name,plz,ort FROM kunden UNION SELECT name,plz,ort FROM
interessenten;
```

### 12.3.10 Verknüpfte Tabellen

Ein wichtiges Thema bei der Selektion von Daten aus der Datenbank ist die Verknüpfung von verschiedenen Tabellen für die Ausgabe. Das relationale Datenmodell bzw. die Anlage der Tabellen mit relationalen Verknüpfungen gewährleistet Ihnen eine effektive Datenhaltung. Wie an verschiedenen Stellen bereits erläutert wurde, sind diese relationalen Verknüpfungen zwischen verschiedenen Tabellen ein ständiger Begleiter bei der Datenbankarbeit. Auch bei `SELECT`-Abfragen über mehr als eine Tabelle ist es notwendig, diese relationalen Verknüpfungen handhaben zu können, da die Verknüpfung in den `SELECT`-Statements von Ihnen formuliert werden muss. Diese Verknüpfungen werden als *Joins* bezeichnet.

Sie können Tabellen auf zwei verschiedene Arten miteinander verknüpfen:

- über eine `WHERE`-Bedingung oder
- über den SQL-Befehl `JOIN`.

#### Einführungsbeispiel für Verknüpfungen

Um Verknüpfungen zu demonstrieren, fangen wir am besten mit einem einfachen Beispiel an. In diesem Beispiel liegen zwei Tabellen vor. Die Tabelle, die alle Produkte enthält, ist referenziell mit der Tabelle aller Anbieter verknüpft. Es handelt sich dabei also um eine 1:n-Beziehung.

Für dieses Beispiel soll nunmehr eine Liste erzeugt werden, die alle Anbieter und deren Produkte auflistet. In der Praxis wäre die Liste natürlich noch länger und würde beispielsweise Preisinformationen etc. enthalten. An dieser Stelle ist ein vereinfachtes Beispiel jedoch ausreichend, um Ihnen beim Thema Joins schnellere Erfolgserlebnisse zu ermöglichen. Die zu erzeugende Liste hat dann folgendes Aussehen:

```
+-------------------+--------------+
| name              | produkt      |
+-------------------+--------------+
| Deutsche Telekom  | T-ISDN       |
| Deutsche Telekom  | T-NET        |
| Deutsche Telekom  | T-Mobile     |
| VIAG Interkom     | Call by Call |
| VIAG Interkom     | Preselect    |
| Mobilcom          | City Call    |
| Mobilcom          | Call by Call |
+-------------------+--------------+
```

Um das richtige Ergebnis zu erreichen, müssen Sie die Verknüpfungen in der Abfrage nachbilden und die sachliche Zuordnung »Produkt gehört zu Anbieter« darstellen.

Eine Möglichkeit, diese Abfrage zu formulieren, lautet:

```
mysql> SELECT anbieter.name, telprodukte.produkt FROM anbieter,
telprodukte WHERE anbieter.id = telprodukte.ida;
```

Die Verknüpfung der Tabelle ist also in der WHERE-Bedingung dargestellt. Wenn Sie diese Abfrage ohne die WHERE-Bedingung formulieren, würde Ihnen MySQL eine Liste aller möglichen Kombinationen aus Anbietern und Produkten liefern.

## Relationsalgebra

Die Verknüpfung von Tabellen unterliegt grundsätzlich der Relationsalgebra. Dahinter verbirgt sich nichts anderes als das Erzeugen neuer Relationen auf der Basis vorhandener Relationen. Joins sind dabei die Verbundmenge aus zwei oder mehr Relationen. Je nach Formulierung der Verknüpfung wird das Ergebnis ausgegeben.

Über den Typ der Verknüpfungsart werden verschiedene Joins unterschieden:

- *Inner Join*
  Gibt nur die Datensätze zurück, bei denen die Verknüpfungsbedingung übereinstimmt. Das Einführungsbeispiel ist ein solcher Inner Join. Zum Anbieter wurden diejenigen Produkte ausgewählt, die diesem Anbieter zugeordnet sind. Es wurden keine Datensätze von Anbietern ausgegeben, die keine Produkte anbieten, bzw. es sind keine Produkte ausgegeben worden, die keinem Anbieter zugeordnet sind. Beim Inner Join handelt es sich um die typische Form, die Sie beim Verknüpfen von Tabellen benötigen.

- *Outer Join*
  Gibt dieselben Datensätze wie ein Inner Join zurück. Allerdings werden hier alle Datensätze einer Tabelle ausgegeben, auch wenn keine korrespondierenden Datensätze in der jeweils anderen Tabelle vorhanden sind. In diesem Fall wird ein leerer Datensatz verknüpft.

## Left und Right Join

Hieraus resultieren dann die Begriffe *Left* und *Right Join*, je nachdem, von welcher der beiden Tabellen alle Datensätze ausgegeben werden. Bezogen auf unser Beispiel ist ein Outer Join eine Abfrage, bei der auch dann alle Anbieter ausgegeben werden, wenn ihnen keine Produkte zugeordnet sind.

Um Tabellen miteinander verknüpfen zu können, müssen die Felder, über die die Tabellen verknüpft werden, über einen kompatiblen Datentyp verfügen. Im Einführungsbeispiel wurden die Tabellen über die ID verknüpft, die jeweils als INTEGER definiert sind.

> **Hinweis:** Seit Version 4.0.2 von MySQL ist auch die CAST()-Funktion verfügbar, mit der bei der jeweiligen Abfrage die Datentypen auch angepasst werden können.

## Verknüpfung mehrerer Tabellen über WHERE

Sind mehr als zwei Tabellen zu verknüpfen, wird die Abfrage um die entsprechenden Tabellen und WHERE-Bedingungen erweitert. Die Syntax lautet dann wie folgt:

```
mysql>SELECT <Feldliste> FROM Tabelle_1, Tabelle_2, ..., Tabelle_n WHERE
Tabelle_i.Spaltenname Tabelle_j.Spaltenname AND Tabelle_m.Spaltenname;
```

wobei i,j,m für den jeweiligen Tabellennamen steht und nach FROM aufgelistet sein muss.

## Verknüpfung über JOIN-Syntax

Beim Einführungsbeispiel handelt es sich um die alte SQL-Methode zur Realisierung von Verknüpfungen mit WHERE.

Die Verknüpfung innerhalb von Abfragen zwischen Tabellen kann jedoch, außer über die oben gezeigte WHERE-Bedingung, auch ANSI-SQL-92-konform über das Schlüsselwort JOIN und die Angabe der Verknüpfungsbedingung deklariert werden. Mit einem LEFT JOIN sieht die oben genannte Abfrage wie folgt aus:

```
mysql> SELECT anbieter.name, telprodukte.produkt FROM anbieter LEFT JOIN
telprodukte ON anbieter.id = telprodukte.ida;
```

*Ausgabe*

```
+--------------------+--------------+
| name               | produkt      |
+--------------------+--------------+
| Deutsche Telekom   | T-ISDN       |
| Deutsche Telekom   | T-NET        |
| Deutsche Telekom   | T-Mobile     |
| VIAG Interkom      | Call by Call |
| VIAG Interkom      | Preselect    |
| Mobilcom           | City Call    |
| Mobilcom           | Call by Call |
+--------------------+--------------+
```

Die allgemeine Syntax hinter dem FROM des SELECT-Befehls lautet:

```
<Tabellenrefenz>, JOIN [ON <Verknüpfungsbedingung>] WHERE [<Suchbedingung>]
```

Verknüpfungsabfragen können beliebig komplex werden. Die Definition umfangreicher Join-Abfragen kann durchaus einige Zeit in Anspruch nehmen.

Die Join-Syntax soll nochmals an einem weiteren Beispiel gezeigt werden:

Ein klassisches Beispiel hierfür wäre ein Belegungsplan für die Kursbelegung in Hochschulen oder die Belegung von Zimmern in einem Hotel. Dies sind in der Regel n:m-Beziehungen. Das heißt für das erste Beispiel: Ein Kurs kann von vielen Studenten besucht werden, und ein Student kann viele Kurse besuchen.

Die Tabellendefinitionen hierfür sehen wie folgt aus:

```
CREATE TABLE kurse (
  ID int(11) NOT NULL auto_increment,
  Bezeichnung varchar(50) default NULL,
  PRIMARY KEY (ID)
);
```

*Daten*

```
INSERT INTO kurse VALUES (1, 'Deutsch');
INSERT INTO kurse VALUES (2, 'Mathe');
INSERT INTO kurse VALUES (3, 'Englisch');
INSERT INTO kurse VALUES (4, 'Latein');
INSERT INTO kurse VALUES (5, 'Informatik');
INSERT INTO kurse VALUES (6, 'Biologie');
INSERT INTO kurse VALUES (7, 'Physik');
```

und

```
CREATE TABLE studenten (
  ID int(11) NOT NULL auto_increment,
  Vorname varchar(50) default NULL,
  Name varchar(50) default NULL,
  PRIMARY KEY  (ID)
);
```

*Daten*

```
INSERT INTO studenten VALUES (1, 'Bernd', 'Klein');
INSERT INTO studenten VALUES (2, 'Caroline', 'Kannengiesser');
INSERT INTO studenten VALUES (3, 'Manfred', 'Bohnmann');
INSERT INTO studenten VALUES (4, 'Susanne', 'Maier');
INSERT INTO studenten VALUES (5, 'Jan', 'Kuhnert');
INSERT INTO studenten VALUES (6, 'Tanja', 'Biedorf');
```

Dies sind die beiden Tabellen für die Kurse und die Studenten. Aufgrund der n:m-Beziehung wird im relationalen Datenmodell eine zusätzliche Tabelle *Kursbelegung* benötigt, die die Zuordnung von Studenten und Kursen beinhaltet. Die Tabellendefinition, einschließlich der Fremdschlüssel, sieht so aus:

```
CREATE TABLE Kursbelegung (
   Kurse_ID INT,
   Studenten_ID INT,
   FOREIGN KEY (Kurse_id) REFERENCES Kurse(ID),
   FOREIGN KEY (Studenten_id) REFERENCES Studenten(ID)
);
```

*Daten*

```
INSERT INTO kursbelegung VALUES (1,1);
INSERT INTO kursbelegung VALUES (1,2);
INSERT INTO kursbelegung VALUES (1,3);
INSERT INTO kursbelegung VALUES (1,4);
INSERT INTO kursbelegung VALUES (2,2);
INSERT INTO kursbelegung VALUES (2,3);
INSERT INTO kursbelegung VALUES (2,4);
INSERT INTO kursbelegung VALUES (2,5);
INSERT INTO kursbelegung VALUES (3,3);
INSERT INTO kursbelegung VALUES (3,4);
INSERT INTO kursbelegung VALUES (3,5);
INSERT INTO kursbelegung VALUES (3,6);
```

Um jetzt eine Liste zu erhalten, die alle Studenten mit ihren belegten Kursen auflistet, sind alle Tabellen miteinander zu verknüpfen:

```
SELECT Studenten.Vorname, Studenten.Name, kurse.bezeichnung
FROM kursbelegung
INNER JOIN kurse ON kurse.ID=kursbelegung.Kurse_ID
INNER JOIN Studenten ON Studenten.ID=kursbelegung.Studenten_ID
ORDER BY  Studenten.Name;
```

In diesem Fall werden also zwei Verknüpfungen in einer Abfrage realisiert, nämlich die Verknüpfung zwischen den Tabellen *kursbelegung* und *Studenten* sowie zwischen den Tabellen *kursbelegung* und *Kurse*. Das Ergebnis dieser Abfrage sieht wie folgt aus:

| Vorname | Name | Bezeichnung |
|---|---|---|
| Tanja | Biedorf | Englisch |
| Manfred | Bohnmann | Englisch |
| Manfred | Bohnmann | Mathe |
| Manfred | Bohnmann | Deutsch |
| Caroline | Kannengiesser | Deutsch |
| Caroline | Kannengiesser | Mathe |
| Bernd | Klein | Deutsch |
| Jan | Kuhnert | Englisch |
| Jan | Kuhnert | Mathe |
| Susanne | Maier | Mathe |
| Susanne | Maier | Deutsch |
| Susanne | Maier | Englisch |

Wer macht was an der Uni?

### *Joins auf der Basis von Vergleichen*

Inner Joins können auch mit Vergleichen durchgeführt werden, die nicht das Gleichheitszeichen beinhalten. Es kann beispielsweise eine Verknüpfung zwischen Tabellen erzeugt werden, die einen Vergleich benötigen.

Gegeben sind beispielsweise zwei Tabellen, die die Fläche von Ländern und Bundesländern enthalten. Die Tabellen haben folgendes Aussehen:

```
CREATE TABLE bundeslaender (
   id int auto_increment PRIMARY KEY,
   name varchar(50) ,
   flaeche float
);
```

und

```
CREATE TABLE laender (
   id int auto_increment PRIMARY KEY,
   name varchar(50),
   flaeche float
);
```

Ermittelt werden sollen jetzt alle Länder, die kleiner als das Bundesland Bayern sind. Die Abfrage hierfür lautet:

```
SELECT l.name,l.flaeche, bl.name,bl.flaeche FROM laender as l INNER JOIN
bundeslaender as bl ON bl.flaeche>l.flaeche AND bl.name='Bayern';
```

### Self Join

Verbindungen müssen nicht nur zwischen verschiedenen Tabellen bestehen. Tabellen können auch als Self Join mit sich selbst verbunden werden. Ein Beispiel wäre ein Stammbaum, der Personen und deren Väter enthält. Um jetzt herauszufinden, welche Personen Geschwister sind, kann ein Self Join verwendet werden. Das folgende Beispiel beschreibt dies:

```
CREATE TABLE stammbaum (
   name varchar(50),
   Vater varchar(50)
);
```

### Daten

```
INSERT INTO stammbaum VALUES ('Tanja Biedorf','Manfred Biedorf');
INSERT INTO stammbaum VALUES ('Toni Meier','Manfred Meier');
INSERT INTO stammbaum VALUES ('Susanne Schmidt','Helmut Schmidt');
INSERT INTO stammbaum VALUES ('Michael Meier','Bernd Meier');
INSERT INTO stammbaum VALUES ('Joanna Schmidt','Helmut Schmidt');
INSERT INTO stammbaum VALUES ('Sandra Meier','Manfred Meier');
```

Die SQL-Abfrage hierfür lautet:

```
SELECT s1.name,s2.name AS Geschwister, s1.Vater FROM stammbaum AS s1 INNER
JOIN stammbaum AS s2 USING(Vater) WHERE s1.name<>s2.name;
```

Im Ergebnis werden dann zu jeder Person die Geschwister ermittelt.

## 12.3.11 Ausgabe sortieren

Um die Ausgabe des SELECT-Befehls zu sortieren, können als Zusatz ORDER BY und der gewünschte Feldname bzw. die Feldnamen mitangegeben werden. Die folgende Ausgabe wird somit nach Namen sortiert:

```
mysql> SELECT name,vorname,ort,plz FROM anschriften ORDER BY name;
+------------+---------+-----------+-------+
| name       | vorname | ort       | plz   |
+------------+---------+-----------+-------+
| Königsmann | Johann  | Stuttgart | 50883 |
| Lemberg    | Monika  | Hannover  | 70987 |
| Maier      | Toni    | Berlin    | 12999 |
| Schmidt    | Werner  | Hamburg   | 25899 |
| Wrobel     | Helmut  | Berlin    | 13998 |
+------------+---------+-----------+-------+
```

Ist mehr als ein Feld für die Sortierung angegeben, wird in der Reihenfolge der Feldangaben sortiert.

Die folgende MySQL-Anweisung sortiert erst nach Namen, dann nach Ort.

```
mysql> SELECT name,vorname,ort,plz FROM anschriften ORDER BY name,ort;
+------------+---------+-----------+-------+
| name       | vorname | ort       | plz   |
+------------+---------+-----------+-------+
| Königsmann | Johann  | Stuttgart | 50883 |
| Lemberg    | Monika  | Hannover  | 70987 |
| Maier      | Toni    | Berlin    | 12999 |
| Schmidt    | Werner  | Hamburg   | 25899 |
| Wrobel     | Helmut  | Berlin    | 13998 |
+------------+---------+-----------+-------+
```

Die Änderung der Sortierreihenfolge nach Ort und Name bringt folgendes Ergebnis:

```
mysql> SELECT name,vorname,ort,plz FROM anschriften ORDER BY ort,name;
+------------+---------+-----------+-------+
| name       | vorname | ort       | plz   |
+------------+---------+-----------+-------+
| Maier      | Toni    | Berlin    | 12999 |
| Wrobel     | Helmut  | Berlin    | 13998 |
| Schmidt    | Werner  | Hamburg   | 25899 |
| Lemberg    | Monika  | Hannover  | 70987 |
| Königsmann | Johann  | Stuttgart | 50883 |
+------------+---------+-----------+-------+
```

Standardgemäß wird in aufsteigender Reihenfolge sortiert. Falls Sie dagegen in absteigender Reihenfolge sortieren wollen, kann dies durch den Zusatz `DESC` erreicht werden:

```
mysql> SELECT name,vorname,ort,plz FROM anschriften ORDER BY name DESC;
+------------+---------+-----------+-------+
| name       | vorname | ort       | plz   |
+------------+---------+-----------+-------+
| Wrobel     | Helmut  | Berlin    | 13998 |
| Schmidt    | Werner  | Hamburg   | 25899 |
| Maier      | Toni    | Berlin    | 12999 |
| Lemberg    | Monika  | Hannover  | 70987 |
| Königsmann | Johann  | Stuttgart | 50883 |
+------------+---------+-----------+-------+
```

An dieser Stelle sei noch zu erwähnen, dass die Sortierung von dem in MySQL eingestellten Zeichensatz abhängt. Die Voreinstellung des Zeichensatzes kann bei der Kompilierung von MySQL oder beim Start von MySQL erfolgen.

### 12.3.12 Deutsche Sortierung

Mit Version 4 von MySQL wurde speziell für die deutsche Sortierung der Zeichensatz *latin1_de* integriert, der die Umlaute berücksichtigt. Beim Sortieren und Vergleichen von Zeichenketten wird vorher ein Mapping in folgender Form durchgeführt:

```
ä       ->      ae
ö       ->      oe
ü       ->      ue
ß       ->      ss
```

Um die Sortierung nach deutschen Umlauten zu aktivieren, muss der MySQL-Server mit der Option `--default-character-set=latin1_de` gestartet werden.

Falls Sie bei einem sich bereits in Betrieb befindlichen System den Zeichensatz ändern wollen, müssen Sie mit `myisamchk -r -q` die Sortierung der Indizes aktualisieren.

### 12.3.13 Ausgabedatei über SELECT erzeugen

Sie können auch direkt mit dem `SELECT`-Befehl eine Ausgabedatei erzeugen, die die Daten Ihres `SELECT`-Befehls als ASCII-Datei enthält. Die Syntax hierfür lautet:

```
mysql>SELECT <Selectausdruck> INTO {OUTFILE | DUMPFILE} '<Dateiname>'
<Exportoptionen> FROM <Tabellenname>;
```

Die Ausgabe der Felder erfolgt standardgemäß mit TAB-Trennung. Interessant sind die zur Verfügung stehenden Exportoptionen, da damit die Datei für den jeweiligen Verwendungszweck, wie Import in ein anderes Programm, aufbereitet werden kann.

Das Trennzeichen zwischen den Spalten einer Tabelle kann durch `FIELDS TERMINATED BY '<Trennzeichen>'` definiert werden. Die Trennzeichen von Zeilen (Datensätzen) einer Tabelle können Sie über `LINES TERMINATED BY '<Trennzeichen>'` festlegen.

Wenn Sie also eine Ausgabedatei erzeugen wollen, deren Felder durch Semikolon (;) und deren Zeilen durch ein Prozentzeichen (%) getrennt sind, lautet der Befehl wie folgt:

```
mysql>SELECT * INTO OUTFILE '/tmp/anschriften_out.txt' FIELDS TERMINATED
BY ';' LINES TERMINATED BY '%' FROM anschriften;
```

Beim Erzeugen von Ausgabedateien sind einige Dinge zu beachten. Die Ausgabedatei darf, um das Überschreiben von bereits existierenden Dateien zu vermeiden, noch nicht vorhanden sein. Sollte die Datei schon bestehen, wird MySQL dies mit dem Fehler 1086 »File already exists« beantworten.

Die Ausgabedatei kann auch nur auf dem Rechner erzeugt werden, auf dem der MySQL-Datenbankserver läuft. Falls Sie eine Ausgabedatei auf einem anderen Rechner speichern wollen, verwenden Sie das externe *mysqldump*-Programm mit der Syntax:

```
$>mysqldump --tab "SELECT ..." > <Ausgabedatei>
```

### 12.3.14 Abfragen analysieren

Die Optimierung von `SELECT`-Abfragen kann im praktischen Betrieb ein wichtiges Thema sein, um insbesondere die Performance vom komplexen Datenbankabfragen bzw. die Selektion von Datensätzen aus großen Tabellen zu verbessern. Flaschenhälse, d. h. Abfragen, die die Performance negativ beeinflussen, sind dadurch gekennzeichnet, dass sie lange Rückgabewerte aufweisen oder unter hoher Benutzerauslastung langsamer werden. Die Suche nach Flaschenhälsen kann in Applikationen eine mühsame Arbeit sein. MySQL stellt zur Analyse von Abfragen den `EXPLAIN`-Befehl zur Verfügung, mit dem sehr genau das Verhalten einer Abfrage studiert werden kann.

In der Praxis sucht man bei Performanceproblemen die Abfragen heraus, die dafür verantwortlich sein könnten. Anschließend erfolgt die Analyse per EXPLAIN und danach die Optimierung der beteiligten Tabellen und die Begutachtung der Optimierungsresultate.

## EXPLAIN

Die Syntax zur Analyse von Abfragen lautet:

```
mysql>EXPLAIN SELECT <Abfrageausdruck>;
```

*Beispiel*
```
mysql> EXPLAIN SELECT * FROM anschriften;
```

Das Ergebnis von EXPLAIN ist eine Tabelle, die folgende Spalten enthält:

table

enthält den Tabellennamen. Alle Tabellennamen der Abfrage werden in der Lesereihenfolge aufgelistet. Sie können also hier sofort sehen, welche Tabellen an der Abfrage beteiligt sind.

type

listet den Verknüpfungstyp (JOIN) auf. Folgende Einträge sind möglich:

- ALL – Eine komplette Tabellensuche wurde durchgeführt.
- ref – Alle Datensätze dieser Tabelle, auf die der Index passt, wurden in allen Kombinationen zur vorherigen Tabelle ausgelesen.
- eq_ref – Ein Datensatz dieser Tabelle, auf den der Index passt, wurde in allen Kombinationen zur vorherigen Tabelle ausgelesen. Dieser Verknüpfungstyp ist sehr effektiv, da jeweils nur ein Datensatz ausgelesen werden muss, beispielsweise dann, wenn der Index ein UNIQUE oder PRIMARY KEY ist.
- const – Die Tabelle enthält nur eine Reihe, die zu Beginn der Abfrage ausgelesen wurde. Tabellen, die mit *const* gekennzeichnet sind, werden sehr schnell ausgeführt, da sie nur einmal ausgelesen werden.
- system – Die Tabelle besitzt nur einen Datensatz.
- Range – Es werden nur Datensätze zurückgegeben, die in einer angegebenen Variationsbreite auf Basis eines Indexes vorkommen.
- Index – Eine komplette Tabellensuche in Bezug auf den Index wurde durchgeführt. In der Regel ist diese Variante schneller als ALL, da eine Indextabelle in der Regel kleiner ist.

possible_keys

zeigt die Indizes an, die MySQL benutzen könnte, um die gewünschten Datensätze zu finden. Die Indizes werden durch Kommas voneinander getrennt angezeigt.

key

zeigt die Indizes an, die tatsächlich durch MySQL verwendet wurden, um die gewünschten Datensätze zu finden.

`key_len`

zeigt die Gesamtlänge der Indizes an.

`ref`

zeigt die Spalten oder Konstanten an, die mit den Indizes (`key`) verwendet wurden, um die gewünschten Datensätze zu finden.

`rows`

enthält die geschätzte Anzahl an Datensätzen, die zur Realisierung der Abfrage ausgelesen werden müssen.

`Extra`

enthält zusätzliche Angaben zur Ausführung der Abfrage.

### 12.3.15 NULL-Marken

Vielfach treffen Sie bei der Arbeit mit der MySQL-Datenbank auf sogenannte NULL-Marken. Häufig wird hierfür auch der Begriff NULL-Wert oder NULL-values verwendet. NULL bedeutet, dass ein Attribut (Wert) für das Feld fehlt, d. h., dass der Wert leer oder unbekannt ist. NULL kann demnach bedeuten:

- Das Attribut hat einen Wert, dieser ist aber nicht bekannt.
- Das Attribut hat in der Realität keinen Wert.

NULL ist also nicht 0, da dies ein konkreter bekannter Wert ist. NULL ist auch nicht eine leere Zeichenkette wie ' '.

*Beispiel*

An einem Beispiel wäre dies am einfachsten zu erklären: Wenn Sie in einer Datenbank eine Anschriftendatei mit dem Feld *email* definieren, können folgende Fälle auftreten:

- Ihnen ist eine gültige E-Mail-Adresse bekannt. Sie tragen diese in die Datenbank ein.
- Ihnen ist bekannt, dass die Person keine E-Mail-Adresse besitzt. Sie tragen hierfür einen Leerstring in die Datenbank ein.
- Ihnen ist nicht bekannt, ob die Person eine E-Mail-Adresse besitzt. Sie tragen nichts in das Feld ein.

Der zuletzt genannte Fall ist eine solche NULL-Marke. Entsprechend sehen in diesem Fall dann auch die Abfragen aus:

Sie wollen wissen, welche Person keine E-Mail-Adresse besitzt:

```
mysql>SELECT * FROM anschriften WHERE email='';
```

Sie wollen wissen, bei welchen Personen nicht bekannt ist, ob Sie eine E-Mail-Adresse besitzen:

```
mysql>SELECT * FROM anschriften WHERE email IS NULL;
```

Wenn Sie einmal mit der MySQL-Shell einen `SELECT`-Befehl über verschiedene Tabellen Ihrer Datenbank durchführen, werden Sie vielleicht feststellen, dass häufig solche

NULL-Werte vorhanden sind. Dies geschieht genau dann, wenn Datensätze ohne Wert gespeichert werden und das entsprechende Feld diese Möglichkeit zulässt, also die Option NOT NULL bei der Tabellenanlage nicht definiert wurde.

NULL-Werte können bei Abfragen interpretierungsbedürftige Ergebnisse liefern. So würden bei einem GROUP BY alle NULL-Werte eines Feldes gruppiert werden, was jedoch nicht unbedingt eine gewünschte Gruppierung darstellen würde.

### NOT NULL

Sie hatten bereits bei der Definition von Tabellen gelernt, dass Felder optional als NOT NULL definiert werden können. Dies ist immer dann angebracht, wenn NULL-Werte in dem jeweiligen Feld nicht erwünscht sind oder diese die Abfrage negativ beeinflussen.

## 12.4 Unscharfe Suche

In den vorangegangenen Abschnitten wurde dargestellt, wie Einzelabfragen in MySQL realisiert werden. Bei der Suche nach Informationen in einer Datenbank kann es nun vorkommen, dass Sie genau wissen, was gesucht wird, oder aber, dass die Suchanfrage unscharf ist. Unscharf kann bedeuten, dass nur Teilwörter eines Feldes gesucht werden, wie beispielsweise »Suche sämtliche Buchtitel, die das Wort MySQL enthalten«, oder Ähnlichkeitsmuster benötigt werden, beispielsweise bei Namen gleichen Klangs aber unterschiedlicher Schreibweise wie »Maier« und »Meier«. In den folgenden Abschnitten werden Möglichkeiten vorgestellt, solche Suchanfragen in einer MySQL-Datenbank zu realisieren.

### 12.4.1 Suche mit LIKE und IN

MySQL verfügt mit der Funktion LIKE über die Möglichkeit, in Zeichenketten zu suchen. Gerade bei der Suche nach Teilen von Zeichenketten, wie beispielsweise der Suche nach allen Bankleitzahlen, die mit 100 anfangen, oder E-Mails, die »t-online« enthalten, kann LIKE wertvolle Dienste leisten. Sehr praktisch ist der LIKE-Befehl bei Suchfeldern, wie sie auf Internetseiten zum Durchsuchen des jeweiligen Inhalts vorkommen.

### LIKE

LIKE kann mit Wildcards benutzt werden. % steht für die Suche nach beliebig vielen Zeichen, wobei beliebig auch keines sein kann, was unter DOS als * bekannt ist. Die Wildcard, unter DOS als ? bekannt, steht für genau ein Zeichen. Wenn Sie also nach allen Bankleitzahlen suchen wollen, die mit 100 beginnen, lautet der Befehl wie folgt:

```
mysql>SELECT * FROM blztabelle WHERE blz LIKE '100%';
```

Analog dazu lautet der Befehl zur Suche nach den E-Mails, die ein »t-online« enthalten, wie folgt:

```
mysql>SELECT * FROM anschriften WHERE email LIKE '%t-online%';
```

Da MySQL standardgemäß case-insensitive sucht, also ohne Berücksichtigung der Groß- und Kleinschreibung, findet die Abfrage sowohl »t-online«, als auch »T-ONLINE«. Falls Sie die Beachtung der Groß- und Kleinschreibung bei der Suche doch einmal benötigen sollten, können Sie das `BINARY`-Schlüsselwort verwenden:

```
mysql>SELECT * FROM anschriften WHERE email LIKE BINARY '%t-online%';
```

Diese Abfrage sucht nur nach Datensätzen, die »t-online« als Kleinbuchstaben enthalten. Natürlich können Sie auch unter Ausschluss suchen. Wenn Sie beispielsweise alle Datensätze ausgeben wollen, die bestimmte E-Mails nicht enthalten sollen, kann die Abfrage wie folgt aussehen:

```
mysql>SELECT * FROM anschriften WHERE email NOT LIKE '%t-online%';
```

Vielfach besteht die Aufgabe darin, eine ganze Reihe von verschiedenen Werten bei der Auswahl zu berücksichtigen. Ein Beispiel hierfür ist die Suche nach verschiedenen Namen. In diesem Fall kann über das Schlüsselwort `IN` mit einer Auswahlliste gearbeitet werden.

```
mysql>SELECT * FROM anschriften WHERE name IN ('Meier',
'Maier','Beier','Bayer');
```

### 12.4.2 Volltextsuche

Die unscharfe Suche bleibt überschaubar, solange das gewünschte Schlagwort in einer Spalte einer Tabelle zu finden ist, wie im angeführten Beispiel der Buchtitel. Etwas schwieriger wird der Fall, wenn das gewünschte Schlagwort in mehreren Spalten einer Tabelle gesucht werden muss. Ein Beispiel hierfür ist: »Suche sämtliche Bücher, die sich mit MySQL beschäftigen«. In diesem Fall muss zusätzlich noch im beschreibenden Kurztext gesucht werden, um auch die Bücher zu finden, die MySQL nicht im Titel tragen.

Inzwischen werden vom Benutzer von Inter- und Intranet-Anwendungen umfangreiche und effektive Suchfunktionen erwartet, insofern kommt keine größere Internetseite ohne eine solche Suchfunktion aus. Spezialisierte Suchmaschinen wie Altavista oder Google benötigen lediglich ein Feld in einem Suchdialog, um diese Benutzerschnittstelle zur Verfügung zu stellen.

In diesem Abschnitt soll daher nochmals ein spezieller Blick auf die Möglichkeiten geworfen werden, eine Suche über mehrere Felder mithilfe der Volltextsuche von MySQL zu realisieren.

Die Volltextsuche von MySQL stellt einen spezialisierten Index dar. In Ergänzung zu einem normalen Index weist ein Volltextindex folgende Besonderheiten auf:

- Die Suche in einem Volltextindex erfolgt über eine spezialisierte Suchfunktion (`MATCH`).
- MySQL errechnet einen Ähnlichkeitsfaktor für das Suchmuster in jeder Datenreihe. Die Ähnlichkeit des Suchmusters im Index wird auf Basis der Anzahl der Wörter in einer Reihe, der Anzahl eindeutiger Wörter in einer Reihe, der Gesamtzahl aller Wörter und der Anzahl der Reihen, die das Suchmuster enthalten, errechnet.

- Jedes Wort des Suchmusters wird auf Basis der jeweiligen Häufigkeit gewichtet. Wörter, die seltener in der Suchmenge vorkommen, bekommen eine höhere Gewichtung als häufig gefundene Wörter. Damit werden bessere Suchergebnisse erreicht, da »Allerweltswörter« nachrangig behandelt werden.
- Innerhalb des Suchmusters kann mit Operatoren zur Verbesserung des Suchergebnisses gearbeitet werden.
- Das Suchmuster wird verworfen, wenn es in mehr als der Hälfte aller Reihen vorkommt. Unsinnige Massenergebnisse werden dadurch vermieden.

Ein Volltextindex ist insbesondere bei unstrukturierten Informationen wie Texten sinnvoll. Der Volltextindex ist auf Zeichenketten ausgelegt, also nicht auf die Suche von Zahlen.

## *FULLTEXT*

Der Volltextindex kann seit Version 3.23.23 mit dem Befehl FULLTEXT definiert werden.

```
mysql>CREATE TABLE <Spaltendefinition> FULLTEXT (<Spaltenname>,<Spaltenname>
,...);
```

Das Prinzip ist also recht einfach: Mit dem Schlüsselwort FULLTEXT und einer Liste aller Felder, die für diesen Volltextindex verwendet werden sollen, wird ein solcher Volltextindex erzeugt.

Nehmen wir als Beispiel eine Tabelle, in der Produktbeschreibungen zu einer Produktliste existieren.

Die Tabellendefinition hierzu sieht dann wie folgt aus:

```
CREATE TABLE produktetab (
  id int(11) NOT NULL auto_increment,
  bezeichnung varchar(50) default NULL,
  beschreibung text,
  PRIMARY KEY (id),
  FULLTEXT KEY bezeichnung (bezeichnung,beschreibung)
);
```

Es wird also ein Volltextindex über die Felder Bezeichnung und Beschreibung gebildet.

Sie können natürlich für bestehende Tabellen auch nachträglich einen Volltextindex definieren, indem Sie die Tabellendefinition ändern. Der Befehl lautet in Bezug auf das angeführte Beispiel wie folgt:

```
mysql>ALTER TABLE produktetab ADD FULLTEXT (bezeichnung, beschreibung);
```

Die nachträgliche Definition eines FULLTEXT für umfangreiche Tabellen über ALTER TABLE ist schneller, da nicht für jeden Datensatz beim Einfügen der Index neu erzeugt werden muss.

## *MATCH*

Die Abfrage nach einem Suchmuster in einem Volltextindex erfolgt über den Befehl MATCH. Die vollständige Syntax hierfür lautet:

```
MATCH(<Spaltenname>,...) AGAINST ('<Suchmuster>')
```

Wenn Sie in dem oben gezeigten Beispiel also nach Windows suchen wollen, lautet der Befehl wie folgt:

```
mysql>SELECT * FROM produktetab WHERE MATCH (bezeichnung, beschreibung)
AGAINST ('Windows');
```

## Ähnlichkeitsfaktor

Über den Ähnlichkeitsfaktor können die Abfragen optimiert werden. Mit einem `ORDER BY` können beispielsweise Ergebnisse mit dem höchsten Ähnlichkeitsfaktor zuerst ausgegeben werden. Auch eine Eingrenzung der Suchergebnisse über eine `WHERE`-Bedingung des `MATCH`-Feldes ist möglich. So gibt folgende MySQL-Anweisung nur Ergebnisse mit einem Ähnlichkeitsfaktor größer 0.6 aus und sortiert diese Ergebnisse nach dem angegebenen Ähnlichkeitsfaktor.

```
mysql>SELECT * MATCH (bezeichnung, beschreibung) AGAINST ('Windows') AS AF
FROM produktetab WHERE MATCH (bezeichnung, beschreibung) AGAINST
('Windows') HAVING AF > 0.6 ORDER BY AF;
```

## Version 4

Mit Version 4 wurde die Performance des Volltextindex verbessert. Ab Version 4.0.1 stehen erweiterte Möglichkeiten der Suchabfrage über die Option `IN BOOLEAN MODE` zur Verfügung.

Die vollständige Syntax hierfür lautet:

`MATCH(<Spaltenname>,...) AGAINST ('<Suchmuster>' IN BOOLEAN MODE)`

Folgende Optionen für das Suchmuster stehen zur Verfügung:

- `+` Dieses Wort muss in dem Datensatz enthalten sein, der ausgegeben wird. Diese Option ist vor allem dann sinnvoll, wenn Sie mehrere Wörter angeben wollen, die in der Ergebnismenge enthalten sein sollen, und entspricht damit einer UND-Verknüpfung.

*Beispiel*

`... AGAINST ('+Windows +LINUX') IN BOOLEAN MODE`

- `-` Dieses Word darf nicht in der Ergebnismenge vorkommen.

*Beispiel*

`... AGAINST ('+Windows -LINUX') IN BOOLEAN MODE`

- `~` Diese Wörter werden nicht ausgeschlossen, beeinflussen den Ähnlichkeitsfaktor jedoch negativ. Damit lassen sich Ergebnisse von Füllwörtern bereinigen.

*Beispiel*

`... AGAINST ('~und') IN BOOLEAN MODE`

- `()` Gruppierung von Wörtern.

*Beispiel*

`... AGAINST ('(Windows XP)') IN BOOLEAN MODE`

- < dem Wort wird ein geringerer Stellenwert zugeordnet.

*Beispiel*

`... AGAINST ('<LINUX') IN BOOLEAN MODE`

- \> dem Wort wird ein höherer Stellenwert zugeordnet.

*Beispiel*

`... AGAINST ('>Windows <LINUX') IN BOOLEAN MODE`

- \* Wildcard zur Ergänzung von Wörtern.

*Beispiel*

`... AGAINST ('Kino*') IN BOOLEAN MODE`

- Passt auf Kinofilm, Kinokarte etc.

Vor dem Einsatz eines Volltextindex in Produktivumgebungen sollten Sie auf jeden Fall einen Praxistest bezüglich der Performance sowohl für die Abfrage als auch für das Einfügen von Datensätzen durchgeführt haben. In den früheren Programmversionen war das Performanceverhalten teilweise noch nicht befriedigend.

### 12.4.3 Soundex

MySQL bietet zur phonetischen Suche noch die `SOUNDEX()`-Funktion an. Diese Funktion kann wertvolle Hilfe bei der Suche nach Datenbankinhalten leisten, die eine phonetische Ähnlichkeit besitzen. Ein Beispiel sind Namen mit unterschiedlicher Schreibweise, aber gleicher Aussprache wie »Maier« und »Meier«. Ein anderes Beispiel sind Ortsnamen oder Straßennamen. Die `SOUNDEX()`-Funktion errechnet einen Zahlencode, der die Ähnlichkeit von Zeichenketten wiedergibt.

*Beispiel*

```
mysql> SELECT SOUNDEX("Meier");
+------------------+
| SOUNDEX("Meier") |
+------------------+
| M600             |
+------------------+
```

Ergibt als Rückgabe M600.

Aufgrund dieses Zahlencodes können dann ähnliche Zeichenketten selektiert und gegebenenfalls weiterverarbeitet werden.

**Funktionsweise**

Das Prinzip, das hinter `SOUNDEX` steckt, ist relativ einfach: Jeder `SOUNDEX`-Code besteht aus einem Buchstaben und einer Zahlenkombination. Der Buchstabe gibt jeweils den Anfangsbuchstaben der entsprechenden Zeichenkette an, die restlichen Ziffern werden über die `SOUNDEX`-Regeln errechnet. Es werden dabei mindestens drei Zahlen angegeben. Falls weniger als drei Zahlen berechnet werden können, wird der `SOUNDEX`-Code mit 0 aufgefüllt. A,E,I,O,U,H,W,Y werden dabei gestrichen und die übrigen Zeichen des Alphabets zu Ähnlichkeitsgruppen zusammengefasst.

Dabei gilt folgende Regel:

```
1 = B,F,P,V
2 = C,G,J,K,Q,S,X,Z
3 = D,T
4 = L
5 = M,N
6 = R
```

Weitere Regeln für die Berechnung des SOUNDEX-Codes sind:

- Mehrfache gleiche Buchstaben, die hintereinander auftreten, werden als ein Buchstabe codiert.
- Nacheinander folgende Buchstaben, die den gleichen SOUNDEX-Code besitzen, werden gestrichen.

Ein praktisches Beispiel ist die unscharfe Suche nach Namen in einer Adressdatei. Die folgende Abfrage sucht nach allen Namen, die den gleichen SOUNDEX-Code wie »Meier« haben:

```
mysql> SELECT name, SOUNDEX(name) AS M FROM anschriften HAVING M =
SOUNDEX("Meier");
```

*Ergebnis*

```
+-------+------+
| name  | M    |
+-------+------+
| Maier | M600 |
| Meier | M600 |
+-------+------+
```

oder in diesem Fall »Schmidt«:

```
mysql> SELECT name, SOUNDEX(name) AS S FROM anschriften HAVING S =
SOUNDEX("Schmidt");
```

*Ergebnis*

```
+---------+------+
| name    | S    |
+---------+------+
| Schmidt | S530 |
| Schmitt | S530 |
| Schmid  | S530 |
+---------+------+
```

## 12.4.4 Reguläre Ausdrücke

Reguläre Ausdrücke sind definierte Suchmuster und somit eine effektive Möglichkeit, komplexe Suchanfragen an MySQL zu formulieren. Die Möglichkeiten gehen über das normale Suchen hinaus. Man kann mit regulären Ausdrücken nahezu jedes Suchmuster realisieren und feststellen, ob dieses Suchmuster in den gewünschten Feldern vorhanden ist. Die Möglichkeiten der regulären Ausdrücke lassen sich sowohl für Suchanfragen als auch für Konsistenzprüfungen der Datenbank einsetzen. Wer *grep* oder *vi* aus der Unix-

Welt kennt oder sich intensiver mit PHP oder ASP auseinandergesetzt hat, hat vielleicht schon einmal die Bekanntschaft mit regulären Ausdrücken gemacht und deren Leistungsfähigkeit schätzen gelernt.

Für Anfänger mag ein Ausdruck wie der folgende im ersten Moment etwas ungewohnt erscheinen:

```
mysql>SELECT "Ich bin eine 5 und ihr bekommt mich nicht!" REGEXP "[0-9]";
```

*Ergebnis*

```
+-----------------------------------------------------------+
| "Ich bin eine 5 und Ihr bekommt..." REGEXP "[0-9]"        |
+-----------------------------------------------------------+
|                                                         1 |
+-----------------------------------------------------------+
```

Allerdings sind reguläre Ausdrücke, wenn man das Grundprinzip einmal verstanden hat, nicht weiter schwierig in ihrer Anwendung. Reguläre Ausdrücke finden insbesondere in folgenden Fällen Anwendung:

- bei der Überprüfung, ob eine Zeichenkette den formulierten Anforderungen entspricht, wie beispielsweise einer gültigen E-Mail-Adresse.
- bei der Ausgabe von Teilinformationen eines Strings, beispielsweise »Gibt alle Namen aus, die Schmidt enthalten«.

Das Prinzip von regulären Ausdrücken ist einfach. Die Zeichenketten werden nach den von Ihnen definierten Zeichen bzw. Zeichenmustern durchsucht. Sie können dabei bestimmen, ob am Anfang oder Ende der Zeichenkette gesucht wird oder ob Wildcards verwendet werden sollen.

### *Suchoptionen*

Folgende Suchoptionen mit regulären Ausdrücken stehen Ihnen zur Verfügung:

| Ausdruck | Beschreibung |
| --- | --- |
| A | Darf A, also ein Zeichen enthalten. |
| [AB] | Darf ein A oder ein B, also alle Zeichen in der Klammer enthalten. |
| [A-Z] | Darf einen Großbuchstaben enthalten (ohne Umlaute). |
| [0-9] | Darf eine Zahl enthalten. |
| A? | A darf genau einmal (oder kein Mal) enthalten sein. |
| A+ | A darf einmal oder beliebig oft vorkommen. |
| A* | Kein, ein oder mehrere A. Passt also auch auf andere Zeichen als A. |
| A. | A und ein beliebiges Zeichen hinter A, kein Zeichen gibt ein Falsch zurück. Zeilenumbrüche werden ebenfalls als Zeichen behandelt. |
| ^Herzlich | Passt auf »Herzlich« am Anfang des Suchbereiches. |
| Gruss$ | »Gruss« darf am Ende des Suchbereiches stehen. |
| A\|B | Sucht nach A oder B. Die Suche nach mehr als zwei Werten ist möglich, beispielsweise A\|B\|C. |

| Ausdruck | Beschreibung |
|---|---|
| (ABC) | Sucht nach dem zusammenhängenden Ausdruck in den Klammern. |
| A{x} | Sucht nach maximal x Wiederholungen von A. |
| A{x,y} | Sucht nach mindestens x und maximal y Wiederholungen von A. |
| [:<:] | Trifft auf NULL-Werte am Anfang eines Worts zu. Ein Wort darf dabei aus alphanumerischen Zeichen bestehen. |
| [:>:] | Trifft auf NULL-Werte am Ende eines Worts zu. Ein Wort darf dabei aus alphanumerischen Zeichen bestehen. |

Reguläre Ausdrücke und deren Bedeutung

*Beispiel*
```
mysql> SELECT "Ist hier ein A vorhanden?" REGEXP "A*";
```

*Ergebnis (wahr)*
```
+---------------------------------------+
| "Ist hier ein A vorhanden?" REGEXP "A*" |
+---------------------------------------+
|                                     1 |
+---------------------------------------+
```

```
mysql> SELECT "Wir sind hier!" REGEXP "^Wir";
```

*Ergebnis (wahr)*
```
+--------------------------------+
| "Wir sind hier!" REGEXP "^Wir" |
+--------------------------------+
|                              1 |
+--------------------------------+
```

Es kann auch nach Zeichenklassen in folgender Form `[:Zeichenklasse:]` gesucht werden. Dieses Suchmuster sucht nach der zwischen den Doppelpunkten angegebenen Zeichenklasse. Folgende Zeichenklassen sind dabei möglich:

| Zeichenklasse | Beschreibung |
|---|---|
| [:alnum:] | Alphanumerisches Zeichen |
| [:alpha:] | Buchstabe |
| [:blank:] | Leerzeichen und Tabulator |
| [:cntrl:] | Steuerzeichen |
| [:digit:] | Dezimalziffer |
| [:graph:] | [:alpha:] [:digit:] [:punct:] |
| [:lower:] | Alle Kleinbuchstaben |
| [:print:] | [:graph:] |
| [:punct:] | Satzzeichen |
| [:space:] | Freiraum (alle Arten) |
| [:upper:] | Alle Großbuchstaben |
| [:xdigit:] | Hexadekadische Ziffer [[:digit:]A-Fa-f] |

Mögliche Zeichenklassen

Die regulären Ausdrücke von MySQL arbeiten seit Version 3.23.4 case-insensitive, d. h., es wird nicht nach Groß- und Kleinschreibung unterschieden.

Die folgenden Abfragen liefern also dasselbe Ergebnis:

```
mysql> SELECT "Kino" REGEXP "Ki.o";
+----------------------+
| "Kino" REGEXP "Ki.o" |
+----------------------+
|                    1 |
+----------------------+
mysql> SELECT "Kino" REGEXP "KI.O";
+----------------------+
| "Kino" REGEXP "KI.O" |
+----------------------+
|                    1 |
+----------------------+
```

## 12.5 Abfragen beschleunigen

### 12.5.1 Query Cache

Seit Version 4.0.1 verfügt MySQL über den Query Cache, der Abfragen und deren Ergebnisse zwischenspeichert, um die gleiche Abfrage schneller bedienen zu können.

Diese zwischengespeicherten Abfragen können aufgrund der Tatsache, dass die gleiche Abfrage nicht nochmals ausgeführt werden muss, die Geschwindigkeit einer Abfrage bis um den Faktor 2 erhöhen.

Der Einsatz von Query Cache ist insbesondere in Umgebungen sinnvoll, die häufig den gleichen Inhalt haben. Gerade im Internetbereich bestehen viele Anwendungen aus Informationssystemen, die ihren Inhalt dynamisch erzeugen. Man denke nur einmal an Nachrichten- und Content-Management-Systeme.

*Beispiel*
Am besten macht dies ein Beispiel klar: Im nachfolgenden Beispiel wird hintereinander weg zweimal aus einer Bankleitzahlentabelle, die ca. 100.000 Einträge beinhaltet, eine bestimmte BLZ gesucht. Bei der ersten Abfrage speichert MySQL die Abfrage im Query Cache, sodass die Abfrage beim zweiten Mal schneller bedient werden kann.

#### Query Cache einrichten

Wenn Sie den Query Cache nutzen wollen, müssen Sie ihn aktivieren und konfigurieren. Wie oben bereits erwähnt, ist mindestens die MySQL-Version 4.0.1 Voraussetzung. Die notwendigen Einstellungen werden in der *my.cnf* bzw. *my.ini* vorgenommen. Hierfür sind die folgenden drei Variablen zuständig:

- `query_cache_startup_type` (Aktivierungsart)
- `query_cache_size` (Größe des Caches)
- `query_cache_limit` (Größenbegrenzung für einzelne Abfragen)

## Variablen für den Query Cache

Folgende Variablen können für den Query Cache gesetzt werden:

Mit der Variablen `query_cache_size` wird der Speicher, der zum Zwischenspeichern reserviert wird, festgelegt. Bei 0 ist der Query Cache deaktiviert. Dies ist auch die Grundeinstellung. Wenn Sie also den Query Cache aktivieren wollen, müssen Sie diese Variable in der *my.cnf* bzw. *my.ini* wie folgt deklarieren:

```
[mysqld]
query_cache_size = 10000000
```

Um das Verhalten des Query Cache grundsätzlich festzulegen, dient die Variable `query_cache_startup_type`, die mit folgenden Optionen versehen werden kann:

- 0 (OFF) – Der Query Cache-Modus ist generell deaktiviert.
- 1 (ON) – Der Query Cache-Modus ist generell aktiviert. Der Query Cache kann aber für einzelne Abfragen über `SELECT SQL_NO_CACHE` abgeschaltet werden.
- 2 (DEMAND) – Der Query Cache-Modus ist in Bereitschaft, speichert Abfragen aber nur dann, wenn die Abfrage das Speichern mit `SELECT SQL_CACHE` anfordert.

Die Variable `query_cache_limit` begrenzt die Größe des Speichers für die einzelnen Abfragen. Der Standardwert hierfür liegt bei 1 MB. Das Verhalten des Query Cache kann auch während einer Verbindung geändert werden. Der Befehl hierfür lautet:

```
SQL_QUERY_CACHE = OFF | ON | DEMAND
```

bzw.

```
SQL_QUERY_CACHE = 0 | 1 | 2
```

## Verhalten in SQL-Abfragen definieren

Innerhalb der Abfrage kann zusätzlich das entsprechende Verhalten definiert werden.

```
mysql>SELECT SQL_CACHE * FROM TABELLE;
```

Schaltet den Cache an, wenn der `SQL_QUERY_CACHE` auf `DEMAND` steht.

```
mysql>SELECT SQL_NO_CACHE * FROM TABELLE;
```

Schaltet den Cache für diese Abfrage ab. Mit diesen unterschiedlichen Optionen haben Sie also auch die Möglichkeit, selektiv einzelne Abfragen zwischenzuspeichern. Insbesondere bei der Optimierung von Anwendungen kann Ihnen der Query Cache wertvolle Dienste leisten.

## Defragmentierung und Löschen

Der Query Cache kann natürlich auch defragmentiert bzw. gelöscht werden. Zum Defragmentieren verwenden Sie:

```
mysql>FLUSH QUERY CACHE;
```

Zum Löschen:

```
mysql>FLUSH TABLES;
```

## 12.6 Transaktionen

Transaktionen sind eine Gruppe von Befehlen, die gemeinsam ausgeführt werden sollen. Dabei werden alle Befehle gemeinsam ausgeführt oder keiner der Befehle. Falls während der Bearbeitung einer der Befehle ein Fehler auftritt, wird die gesamte Aktion in den Ursprungszustand zurückversetzt.

### Zusammenhängende Aktionen

Transaktionen sind ein wichtiges Hilfsmittel, um kritische zusammenhängende Aktionen in der Datenbank zu unterstützen, bei denen Fehler in der Bearbeitung zu Inkonsistenzen im Datenbestand führen können.

Bei anderen Datenbanken, beispielsweise InterBase, PostgreSQ oder Oracle, gehören Transaktionen zum Standardumfang dazu. Bei MySQL muss die Unterstützung von Transaktionen etwas differenzierter betrachtet werden. Im Grundsatz ist MySQL auch eine Datenbank, die Transaktionen unterstützt, allerdings war diese Funktionalität bei den ersten Programmversionen noch nicht verfügbar. Sie wurde erst im Sommer 2000 implementiert. Die Unterstützung von Transaktionen ist an die Tabellentypen `InnoDB` und `Berkeley DB` gebunden.

Der Standardtyp von MySQL, in diesem Fall `MyISAM`, unterstützt keine Transaktionen. Daher ist anzuraten, dass Transaktionen in Produktivumgebungen nur mit einer ausreichenden Programmerfahrung durchgeführt werden sollten.

### Funktionsweise

Das Prinzip von Transaktionen ist relativ einfach. Eine zusammenhängende Aktion wird mit einem `BEGIN` eingeleitet und mit einem `COMMIT` beendet. Alle SQL-Befehle, die zwischen diesen beiden Befehlen ausgeführt werden, werden als zusammengehörig betrachtet und mit dem `COMMIT` erst endgültig in die Datenbank geschrieben. Falls ein Fehler während der Transaktion auftritt, kann mit `ROLLBACK` die Datenbank in den ursprünglichen Zustand zurückversetzt werden. `ROLLBACK` kann dabei über die Eingabe des Befehls oder, beispielsweise bei Fehlern, automatisch ausgeführt werden. `BEGIN`, `COMMIT` und `ROLLBACK` stehen nur bei den transaktionsfähigen Tabellentypen zur Verfügung.

Zu beachten ist, dass MySQL standardgemäß mit einem `AUTOCOMMIT` arbeitet, d. h., Änderungen werden sofort in die Datenbank geschrieben. Wenn Sie mit Transaktionen arbeiten, muss dies daher mit folgender MySQL-Anweisung abgeschaltet werden.

```
SET AUTOCOMMIT = 0
```

Die Option `AUTOCOMMIT` kann im Übrigen unabhängig von Transaktionen verwendet werden. Falls Sie `AUTOCOMMIT` auf 0 setzen, müssen Sie eine endgültige Änderung der Datenbank mit `COMMIT` bestätigen.

An einem einfachen Beispiel sollen nachfolgend Transaktionen demonstriert werden, in diesem Fall anhand einer Umbuchung zwischen zwei Konten. Da für die Umbuchung zwischen zwei Konten auf dem einen Konto der Betrag gelöscht und auf dem anderen der Betrag hinzugefügt werden muss, könnte bei einem Fehler im Vorgang beispielsweise der Betrag auf dem Ausgangskonto bereits gelöscht worden sein, während er auf dem Zielkonto noch nicht gutgeschrieben wurde. Es ist auch denkbar, dass der Betrag auf dem Zielkonto bereits verbucht wurde, während er auf dem Ausgangskonto noch nicht gelöscht wurde. Bei Fehlern kann sich also die Summe des Betrags ändern – mit durchaus nachvollziehbaren fatalen Folgen.

Angenommen wird für dieses Beispiel ein Ausgangskonto, das folgende Form hat:

| Kontostand | Name | ID |
|---|---|---|
| 20000 | Maier | 100 |
| 25000 | Lemberg | 101 |
| 10000 | Hoffmann | 102 |

Jetzt sollen 10.000 EUR vom Konto Maier zum Konto Hoffmann transferiert werden. Die zusammengehörigen Aktionen sehen dann wie folgt aus:

- Kontostand Hoffmann = Kontostand + 10.000
- Kontostand Maier = Kontostand – 10.000

Die SQL-Anweisung lautet folgendermaßen:

```
mysql>
BEGIN:
UPDATE konto SET kontostand = kontostand - 10000
WHERE ID=100
UPDATE konto SET kontostand = kontostand + 10000
WHERE ID=102
COMMIT;
```

Falls die Aktion vor dem COMMIT abgebrochen wird, wird die gesamte Aktion automatisch zurückgesetzt. Sie können aber jederzeit auch mit ROLLBACK alle Änderungen bis zum letzten BEGIN rückgängig machen. Darüber hinaus beenden einige SQL-Befehle automatisch eine Transaktion. Diese sind:

- ALTER TABLE
- BEGIN
- CREATE TABLE
- DROP TABLE
- DROP DATABASE
- RENAME TABLE
- TRUNCATE

## 12.7 Benutzerdefinierte Funktionen

Benutzerdefinierte Funktionen sind MySQL-Programme, die die allgemeinen Funktionen von MySQL um eigene Funktionen erweitern. MySQL verfügt bereits über zahlreiche Funktionen wie:

- Mathematische Funktionen (SIN(X), COS(X) etc.)
- Zeichenketten-Funktionen (SOUNDEX(), CONCAT() etc.)

Sie können allerdings jederzeit eigene neue Funktionen zu MySQL hinzufügen. Dies kann auf zwei Arten erfolgen:

- Über die Definition von Funktionen, die dynamisch zur Laufzeit über die UDF-Schnittstelle (User-Definable-Function) eingebunden werden. Dabei wird eine dynamische Library als eigenständige Datei erzeugt und auf dem Zielrechner zur Verfügung gestellt. Auch bei einem Versionswechsel von MySQL können die Funktionen dann in der Regel weiterverwendet werden.
- Über die Programmierung von neuen Funktionen, die bei der Kompilierung des MySQL-Servers (mysqld) fest als Built-in-Funktionen eingebunden werden. Dabei müssen allerdings bei jedem Versionswechsel die Funktionen wieder neu eingebunden werden.

Die Schnittstelle für benutzerdefinierte Funktionen stellt folgende Features und Fähigkeiten zur Verfügung:

- Funktionen können String-, Integer- oder Real-Werte zurückgeben.
- Die Funktionen erhalten Informationen, die sie in die Lage versetzen, die Anzahl und den Typ der an sie übergebenen Argumente zu überprüfen.
- Funktionen, die nur auf einer einzigen Zeile operieren, können ebenso definiert werden wie Aggregatfunktionen, die auf Zeilengruppen arbeiten.
- Sie können MySQL anweisen, Argumenten einen bestimmten Typ aufzuzwingen, bevor sie an eine Funktion übergeben werden.
- Sie können festlegen, dass eine Funktion NULL zurückgibt oder dass ein Fehler ausgelöst wird.

### 12.7.1 CREATE FUNCTION – Erzeugen von Funktionen

Die Syntax für die Erzeugung von benutzerdefinierten Funktionen lautet wie folgt:

```
CREATE [AGGREGATE] FUNCTION <Funktionsname> RETURNS
{STRING|INTEGER|REAL|DECIMAL}
  SONAME <Gemeinsame_Bibliothek>
```

<Funktionsname> legt den Namen der Funktion fest, mit dem die Funktion in SQL-Anweisungen aufgerufen wird. Die RETURNS-Klausel zeigt den Rückgabetyp der Funktion an. DECIMAL ist zwar hinter RETURNS zulässig, aber gegenwärtig geben DECIMAL-Funktionen STRING-Werte zurück und sollten daher wie STRING-Funktionen geschrieben werden.

<Gemeinsame_Bibliothek> legt den Basisnamen der Shared-Object-Datei fest, die den Code zur Implementierung der Funktion enthält. Diese Datei muss im Plug-In-Verzeichnis liegen, welches durch den Wert der Systemvariablen plugin_dir festgelegt wird.

> **Hinweis:** Ab MySQL 5.1. muss die Shared-Object-Datei im Plug-In-Verzeichnis liegen. In früheren Versionen von MySQL konnte die Shared-Object-Datei in jedem beliebigen Verzeichnis liegen.

> **Achtung:** Zur Erstellung einer Funktion benötigen Sie INSERT-Rechte für die Datenbank, da CREATE FUNCTION in die Systemtabelle *mysql.func* eine Zeile mit dem *Namen*, *Typ* und dem *Gemeinsame Bibliothek*-Namen der Funktion einfügt.

### 12.7.2 DROP FUNCTION – Löschen von Funktionen

Selbstverständlich können Sie eine aktive benutzerdefinierte Funktion auch jederzeit entfernen bzw. deaktivieren. Die Syntax zum Löschen von benutzerdefinierten Funktionen lautet wie folgt:

```
DROP FUNCTION <Funktionsname>
```

Diese Anweisung löscht eine benutzerdefinierte Funktion namens `<Funktionsname>`.

> **Achtung:** Um eine Funktion löschen zu dürfen, benötigen Sie DELETE-Rechte für die Datenbank, denn DROP FUNCTION löscht aus der Systemtabelle *mysql.func* die Zeile, die den *Namen*, *Typ* und den *Gemeinsame Bibliothek*-Namen der Funktion enthält.

## 12.8 Vorbereitete Anweisungen

Vorbereitete Anweisungen (engl. prepared statements) werden in MySQL seit der Version 4.1 unterstützt. Seit MySQL 5.1 sind nun auch serverseitige vorbereitete Anweisungen einsetzbar. Diese Unterstützung nutzt das binäre Client/Server-Protokoll. Voraussetzung hierfür ist, dass eine geeignete Clientprogrammierschnittstelle wie z. B. PHP verwendet wird.

### *SQL-Schnittstelle*

Es existiert darüber hinaus auch eine alternative SQL-Schnittstelle für vorbereitete Anweisungen. Diese ist zwar nicht so effizient wie die Verwendung eines binären Protokolls über eine dafür vorgesehene API, sie erfordert jedoch keine Programmierung, da sie direkt auf SQL-Ebene verfügbar ist. Der Einsatz dieser SQL-Schnittstelle eignet sich in folgenden Fällen:

- Sie können sie verwenden, wenn Ihnen keine Programmierschnittstelle zur Verfügung steht.
- Sie können sie aus jedem Programm heraus verwenden, das Ihnen die Übermittlung von SQL-Anweisungen an den Server zur dortigen Ausführung gestattet.
- Sie können sie auch dann verwenden, wenn der Client eine alte Version der Clientbibliothek einsetzt. Die einzige Voraussetzung besteht darin, dass Sie eine Verbindung zu einem Server herstellen können, welcher aktuell genug ist, um die SQL-Syntax für vorbereitete Anweisungen zu unterstützen.

Die SQL-Syntax für vorbereitete Anweisungen eignet sich in folgenden Situationen:

- Sie wollen die Funktion vorbereiteter Anweisungen in Ihrer Anwendung testen, bevor Sie diese in Ihre Anwendung integrieren.

- Eine Anwendung hat Probleme mit der Ausführung vorbereiteter Anweisungen, und Sie wollen dem Problem durch Testläufe auf den Grund gehen.
- Sie wollen einen Testfall schaffen, der ein Problem im Zusammenhang mit vorbereiteten Anweisungen beschreibt. Dieser soll als Grundlage eines Fehlerberichts dienen.
- Sie müssen vorbereitete Anweisungen verwenden, haben jedoch keinen Zugang zu einer Programmierschnittstelle, die diese unterstützt.

Die SQL-Syntax für vorbereitete Anweisungen basiert auf drei SQL-Anweisungen:

- `PREPARE stmt_name FROM preparable_stmt` – Die Anweisung PREPARE bereitet eine Anweisung vor und weist ihr den Namen stmt_name zu, unter dem sie zu einem späteren Zeitpunkt referenziert werden kann.
- `EXECUTE stmt_name [USING @var_name [, @var_name] ...]` – Nach der Vorbereitung einer Anweisung können Sie diese mit einer EXECUTE-Anweisung ausführen.
- `{DEALLOCATE | DROP} PREPARE stmt_name` – Um eine vorbereitete Anweisung zu entfernen, verwenden Sie die Anweisung DEALLOCATE PREPARE.

In vorbereiteten Anweisungen können die folgenden SQL-Anweisungen verwendet werden: CREATE TABLE, DELETE, DO, INSERT, REPLACE, SELECT, SET, UPDATE und SHOW-Anweisungen. Das folgende Beispiel zeigt, wie man eine vorbereitete Anweisung unter Verwendung eines String-Literals erstellt, um den Text der Anweisung zu übergeben:

```
mysql> PREPARE stmtdatumdiff FROM 'SELECT DATEDIFF(?,?) AS
Datumsdifferenz';
mysql> SET @a = "2006-12-31";
mysql> SET @b = CURDATE();
mysql> EXECUTE stmtdatumdiff USING @a, @b;
+-----------------+
| Datumsdifferenz |
+-----------------+
|              60 |
+-----------------+
mysql> DEALLOCATE PREPARE stmtdatumdiff;
```

Das zweite Beispiel ist ähnlich, übergibt den Text der Anweisung jedoch als Benutzervariable:

```
mysql> SET @s = 'SELECT DATEDIFF(?,?) AS Datumsdifferenz';
mysql> PREPARE stmtdatumdiff2 FROM @s;
mysql> SET @a = "2006-12-31";
mysql> SET @b = "2006-11-05";
mysql> EXECUTE stmtdatumdiff2 USING @a, @b;
+-----------------+
| Datumsdifferenz |
+-----------------+
|              56 |
+-----------------+
mysql> DEALLOCATE PREPARE stmtdatumdiff2;
```

**Achtung:** Die SQL-Syntax für vorbereitete Anweisungen gestattet keine Verschachtelungen: Eine an PREPARE übergebene Anweisung darf selbst keine PREPARE-, EXECUTE- oder DEALLOCATE PREPARE-Anweisung sein.

# 13 PHP & MySQL Praxis

Zur Verbindung von PHP und MySQL sowie zu MySQLi-Methoden und SQL-Abfragen siehe Kapitel 7.3 und 7.4.

## 13.1 Praxisbeispiel

Hier nun ein Anwendungsbeispiel, um Ihnen den Einstieg zu erleichtern. Es handelt sich dabei um einen Terminkalender. Er ermöglicht es Ihnen, folgende Optionen zu verwenden:

- Anlegen von Terminen
- Löschen von Terminen
- Ausgabe von Terminen
- Monatsübersicht
- Monats- und Jahresauswahl
- Anpassung des Design via CSS

Die Anwendung stützt sich auf folgende Datenbanktabelle, welche sämtliche für den Kalender benötigten Datenstrukturen enthält.

*Datenbanktabelle – kalender*
```
CREATE TABLE kalender (
  termindatum datetime NOT NULL,
  nutzerid varchar(255) NOT NULL,
  kategorie varchar(50),
  dauer INT NOT NULL,
  notiz text,
  PRIMARY KEY (termindatum, nutzerid)
)
```

### 13.1.1 Konfiguration und Installation

Kommen wir nun noch zu den beteiligten Dateien und deren Aufgaben innerhalb der Anwendung.

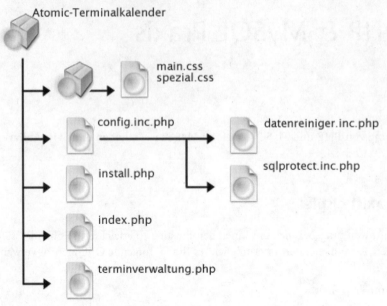

Bild 13.1: Dateischema des Terminkalenders

## Initialisierungsdateien

Die für die Anwendung benötigten PHP-Skripts sind folgende:

- *config.inc.php* – In diesem Skript befinden sich die wesentlichen Zugriffsdaten und der Verbindungsaufbau zur MySQL-Datenbank.
- *sqlprotect.inc.php* – In diesem Skript befinden sich die Überprüfungsfunktionen, welche die vom Benutzer (Client) übertragenen Daten so verarbeiten, dass eine mögliche SQL-Injektion erschwert wird.
- *datenreiniger.inc.php* – In diesem Skript befinden sich die Überprüfungsfunktionen, welche die vom Benutzer (Client) übertragenen Daten so verarbeiten, dass ein Cross-Site-Scripting-Angriff erschwert wird.
- *install.php* – Mithilfe dieses Skripts sind Sie in der Lage, die benötigten Datenbanktabellen für den Terminkalender festzulegen. Sie müssen das Skript lediglich im Browser aufrufen. Achten Sie darauf, das Skript anschließend vom Server zu entfernen!

## Design – CSS-Dateien

Das Look&Feel der Anwendung wurde mithilfe von HTML und CSS umgesetzt und setzt sich aus den beiden folgenden Dateien zusammen:

- *main.css* – Enthält die CSS-Klassen zur Darstellung des Frontends.
- *spezial.css* – Enthält die CSS-Attribute zur Manipulation der vordefinierten HTML-Tags.

## Frontend

Das Frontend der Anwendung setzt sich aus folgenden Dateien zusammen:

- *index.php* – Mit diesem Skript wird es dem Benutzer ermöglicht, ein bestimmtes Datum für einen oder mehrere Termine auszuwählen.

- *terminverwaltung.php* – Mit diesem Skript ist der Benutzer in der Lage, seine Termine zu verwalten. Es können neue Termine hinzugefügt und bestehende, entfernt werden.

### 13.1.2 Ausgabe und Zugriff

Als Nächstes werfen wir einen Blick auf die beteiligten Skripts. Selbstverständlich sind diese mit entsprechenden Kommentaren versehen, die zum Verständnis einzelner Skriptabschnitte beitragen sollen.

*1. Konfigurationsdatei – config.inc.php*

```
<?php

// Datenbank - Zugangsdaten
// Datenbankserver - Servername oder IP-Adresse
$dbserver = "localhost";

// Datenbanknutzer für den MySQL-Zugang
$nutzer = "root";

// Datenbankpasswort fpr den MySQL-Zugang
$passwort = "";

// Datenbankname - Name der Datenbank
$dbname = "mysqlpraxis";

// Datenbanktabelle - Name der Datenbanktabelle
$dbtabelle = "kalender";

// Datenbankzugriff - Fehlermeldungen
$db_fehler_datenbank = "
<html>
<head>
<title>Banner</title>
<link rel='stylesheet' href='css/main.css' type='text/css'>
</head>
<body bgcolor='#FFFFFF' text='#000000'>
<table width='300' align='center'>
  <tr>
    <td align='center' class='latestnews' colspan='3'>- FEHLER - <br>
      <p>Die Datenbank sind z.Z. nicht abrufbar.</p>
      Versuchen Sie es bitte später nochmal!<br>
    </td>
  </tr>
</table>
</body>
</html>
";
```

```php
$db_fehler_daten = "
<table width='300' align='center'>
  <tr>
    <td align='center' class='latestnews' colspan='3'>- FEHLER - <br>
    <p>Die Daten sind z.Z. nicht abrufbar.</p>
      Versuchen Sie es bitte später nochmal!<br>
    </td>
  </tr>
</table>
";

$db_fehler_erzeugen = "
<table width='300' align='center'>
  <tr>
    <td align='center' class='latestnews' colspan='3'>- FEHLER - <br>
    <p>Termin konnte nicht angelegt werden!</p>
      Versuchen Sie es bitte später nochmal!<br>
    <p><a href='javascript:history.back()'
class='autorblack'>Zurück</a></p>
    </td>
  </tr>
</table>
";

$db_fehler_entfernen = "
<table width='300' align='center'>
  <tr>
    <td align='center' class='latestnews' colspan='3'>- FEHLER - <br>
    <p>Termin konnte nicht gelöscht werden!</p>
      Versuchen Sie es bitte später nochmal!<br>
    <p><a href='javascript:history.back()'
class='autorblack'>Zurück</a></p>
    </td>
  </tr>
</table>
";

// Verbindung aufbauen
@$db = new mysqli($dbserver,$nutzer,$passwort,$dbname) or
die($db_fehler_datenbank);

// Verbindung überprüfen
if (mysqli_connect_errno()) {
    echo $db_fehler_daten;
    exit();
}

// Validations und SQL-Injection-Protection
include_once("sqlprotect.inc.php");
include_once("datenreiniger.inc.php");
?>
```

## 2. Validationsdatei – datenreiniger.inc.php

```php
<?php

// Datenreiniger Filter (z. B. für Eingabetextfelder)
function daten_reiniger($wert) {
 if (!empty($wert)) {
   //HTML- und PHP-Code entfernen.
   $wert = strip_tags($wert);
   //Sonderzeichen in
   //HTML-Schreibweise umwandeln
   $wert = htmlspecialchars($wert,ENT_QUOTES);
   //Entfernt überflüssige Zeichen
   //Anfang und Ende einer Zeichenkette
   $wert = trim($wert);
   //Backslashes entfernen
   $wert = stripslashes($wert);
 }
return $wert;
}

// Aufruf
// $gereinigter_kommentar = daten_reiniger($_POST[kommentar]);

// Datenreiniger Filter (Variante mit htmlentities())
// Hinweis zu htmlentities(): Die Funktion ist komplett
// identisch zu htmlspecialchars(), allerdings wandelt
// htmlentities() wirklich alle Zeichen, die eine
// HTML-Code-Entsprechung haben, in diese Entsprechung
// um.
function daten_reiniger_ext($wert) {
    if (!empty($wert)) {
        //HTML- und PHP-Code entfernen.
        $wert = strip_tags($wert);
        //Umlaute und Sonderzeichen in
        //HTML-Schreibweise umwandeln
        $wert = htmlentities($wert,ENT_QUOTES);
        //Entfernt überflüssige Zeichen
        //Anfang und Ende einer Zeichenkette
        $wert = trim($wert);
        //Backslashes entfernen
        $wert = stripslashes($wert);
    }
return $wert;
}

// Aufruf
// $gereinigter_kommentar = daten_reiniger_ext($_POST[kommentar]);
?>
```

## 3. Validationsdatei – sqlprotect.inc.php

```php
<?php

// Simple Version (für einfache Variablen)
function sqli_protect($wert,$db)
{
```

```php
    // Überflüssige Maskierungen aus der
    // übergebenen Variablen entfernen
    if (get_magic_quotes_gpc())
    {
        $wert = stripslashes($wert);
    }
    // Übergebenen Variablewert in Anführungszeichen
    // setzen, sofern  keine Zahl oder ein
    // numerischer String vorliegt
    if (!is_numeric($wert))
    {
        $wert = "'" . mysqli_real_escape_string($db,$wert) . "'";
    }
    return $wert;
}

// Erweiterte Version (für einfache Variaben und Arrays)
// Hinweis: Durch die Rekursion ist diese Funktion etwas langsamer!
function sqli_protect_ext($wert,$db)
{
    if( is_array($wert) )
    {
        return array_map("sqli_protect_ext", $wert);
    }
    else
    {
            // Überflüssige Maskierungen aus der
        // übergebenen Variable entfernen
        if( get_magic_quotes_gpc() )
        {
            $wert = stripslashes($wert);
        }
        // Übergebene Variblenwerte, welche einen Leer-
        // string besitzen, werden durch ein NULL ersetzt
        if( $wert == '' )
        {
            $wert = 'NULL';
        }
        // Übergebenen Variablewert in Anführungszeichen
        // setzen, sofern  keine Zahl oder ein
        // numerischer String vorliegt
        if( !is_numeric($wert) || $wert[0] == '0' )
        {
            $wert = "'" . mysqli_real_escape_string($db,$wert) . "'";
        }
        return $wert;
    }
}
?>
```

**4. Installationsdatei – install.php (nach der Installation bitte löschen)**

```php
<?
include_once("config.inc.php");
```

```
// SQL-Abfrage (Installation Datenbanktabelle)
$install_sql = "CREATE TABLE $dbtabelle
(
 termindatum datetime NOT NULL,
 nutzerid varchar(255) NOT NULL,
 kategorie varchar(50),
 dauer INT NOT NULL,
 notiz text,
 PRIMARY KEY (termindatum, nutzerid)
)";

@$resultat = $db->query($install_sql);

// Prüfen - Installation
if ($resultat) {
   echo "<center>Installation war erfolgreich<br><br> <font
color=\"#FF0000\"><b>Bitte vergessen sie nicht die install.php datei vom
server zu löschen!</b></font></center>";
} else {
   echo "<center>Fehler bei der Installation - prüfen Sie sämtliche Eingabe
innerhalb der config.inc.php datei!</center>";
}
?>
```

### 13.1.3 Terminauswahl und Übersicht

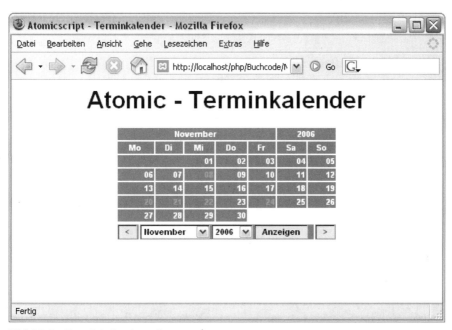

Bild 13.2: Terminkalender – Frontend

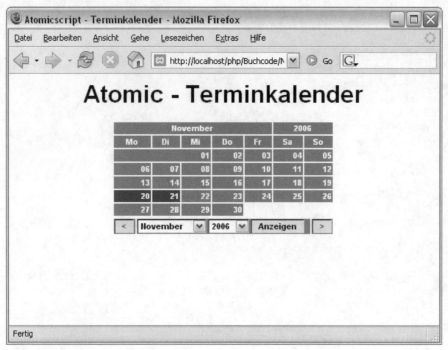

13.3: Im Frontend werden belegte Tage farblich hervorgehoben.

*5. Frontend Terminauswahl – index.php*

```
...
<?php
include_once("config.inc.php");

// Prüfen - Monatsauswahl
$aktMonat = (isset($_POST['monat'])) ? $_POST['monat'] : date('n');

// Prüfen - Jahresauswahl
$aktJahr = (isset($_POST['jahr'])) ? $_POST['jahr'] : date('Y');

// Monatsschalter - Nächster Monat
if (strlen($_POST['weiter']) > 0)
{
   $aktMonat++;
   if ($aktMonat == 13)
   {
       $aktMonat = 1;
       $aktJahr++;
   }
}

// Monatsschalter - Vorheriger Monat
if (strlen($_POST['zurueck']) > 0)
{
```

```
    $aktMonat--;
    if ($aktMonat == 0)
    {
        $aktMonat = 12;
        $aktJahr--;
    }
}

// Lokales Datum ermitteln und verarbeiten
setlocale(LC_TIME, '');

$monat = strftime('%B', mktime(0,0,0,$aktMonat,1,$aktJahr));

// Erster Tag des aktuellen Monats
$ersterTag = strftime('%w', mktime(0,0,0,$aktMonat,1,$aktJahr));
$ersterTag = ($ersterTag == 0) ? 7 : $ersterTag;

// Letzter Tag des aktuellen Monats
$letzterTag = date('t', mktime(0,0,0,$aktMonat,1,$aktJahr));

// Listenmenü Auswahl aktualisieren (Monat/Jahr)
$auswahlListe[$aktMonat] = 'selected';
$auswahlListe[$aktJahr] = 'selected';


// SQL-Abfrage (Termine/Datensätze auslesen)
$monatForm = (intval($aktMonat) < 10) ? "0" . $aktMonat : $aktMonat;
$sql_befehl = "SELECT * from $dbtabelle where termindatum LIKE '$aktJahr-$monatForm%' ORDER BY termindatum";
$resultat = $db->query($sql_befehl) or die ($db_fehler_daten);

// Termine - Termine für den Monat erfassen
$termintage = array();

while ($row = $resultat->fetch_object())
{
    $zeitstempel = strtotime($row->termindatum);
    $termintag = strftime('%d', $zeitstempel);
    array_push($termintage,$termintag);
}

echo <<<TABANFANG
<table width="300">
<tr bgcolor="#ffff00" class="latestnews">
<th colspan="5">$monat</th><th colspan="2">$aktJahr</th>
</tr>
<tr class="latestnews">
<th>Mo</th><th>Di</th><th>Mi</th><th>Do</th><th>Fr</th><th>Sa</th><th>So</th>
</tr>
<tr class="latestnews">
TABANFANG;
```

```php
// Tabelleninhalt - Tagsauswahl des aktuellen Monats
for ($i=0, $d=1; $i < $letzterTag; $i++, $d++)
{

// Prüfen - Monatsnummer (falls nötig Formatierung)
$monatForm = (intval($aktMonat) < 10) ? "0" . $aktMonat : $aktMonat;

// Prüfen - Tagenummer (falls nötig Formatierung)
$tagForm = (intval($d) < 10) ? "0" . $d : $d;

// Hyperlink - Datumsformatierung
$linkDatum = "$aktJahr-$monatForm-$tagForm";

// Termine - Markierung
$marker = "";
foreach($termintage as $wert)
{
   if ($tagForm == $wert)
   {
       $marker = "red";
   }
}

// Prüfen und Monatsanfang und sonstige Tage ausgeben
if ($i == 0)
{
   printf('<td colspan="%d" align="right" bgcolor="%s"><a
href="terminverwaltung.php?termindatum=%s" class="marker">%02d</a></td>',
$ersterTag, $marker, $linkDatum, $d);
}
else
{
   printf('<td align="right" bgcolor="%s"><a
href="terminverwaltung.php?termindatum=%s" class="marker">%02d</a></td>',
$marker, $linkDatum, $d);
}

// Prüfen und neue Tabellenzeile ausgeben
if (($i + $ersterTag) % 7 == 0)
{
   echo '</tr><tr class="latestnews">';
}

}

echo <<<TABENDE
</tr></table>
TABENDE;

echo <<<AUSWAHLSTEUERUNG
<form action="{$_SERVER['PHP_SELF']}" method="post">
<table width="300">
```

```
<tr class="latestnews">
<td>
<input type="submit" name="zurueck" value="<" />
</td>
<td>
<select name="monat">
   <option $auswahLListe[1] value="1">Januar</option>
   <option $auswahLListe[2] value="2">Februar</option>
   <option $auswahLListe[3] value="3">M&auml;rz</option>
   <option $auswahLListe[4] value="4">April</option>
   <option $auswahLListe[5] value="5">Mai</option>
   <option $auswahLListe[6] value="6">Juni</option>
   <option $auswahLListe[7] value="7">Juli</option>
   <option $auswahLListe[8] value="8">August</option>
   <option $auswahLListe[9] value="9">September</option>
   <option $auswahLListe[10] value="10">Oktober</option>
   <option $auswahLListe[11] value="11">November</option>
   <option $auswahLListe[12] value="12">Dezember</option>
</select>
<select name="jahr">
   <option $auswahLListe[2005] value="2005">2005</option>
   <option $auswahLListe[2006] value="2006">2006</option>
   <option $auswahLListe[2007] value="2007">2007</option>
   <option $auswahLListe[2008] value="2008">2008</option>
   <option $auswahLListe[2009] value="2009">2009</option>
   <option $auswahLListe[2010] value="2010">2010</option>
</select>
<input type="submit" name="anzeigen" value="Anzeigen" />
</td>
<td>
<input type="submit" name="weiter" value=">" />
</td>
</tr>
</table>
</form>
AUSWAHLSTEUERUNG;
?>
...
```

## 13.1.4 Terminverwaltung

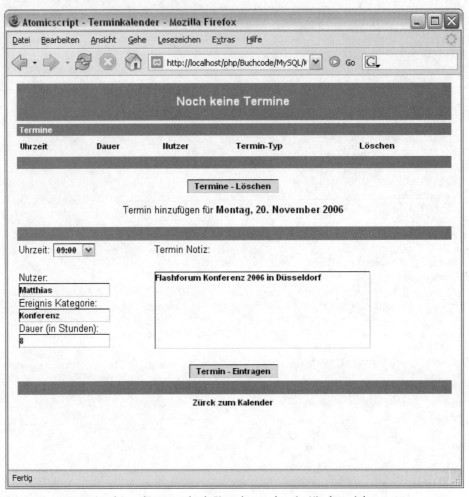

13.4: Neue Termine hinzufügen – dank Eingabemaske ein Kinderspiel

13.1 Praxisbeispiel 737

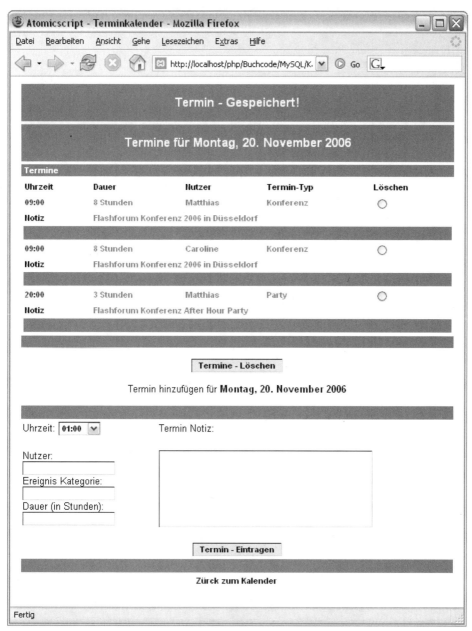

13.5: Sämtliche Termine eines Tags werden übersichtlich aufgeführt.

6. Frontend Terminverwaltung – terminverwaltung.php

```
<?php

// Weiterleitung zur Kalenderauswahl
if (!isset($_REQUEST[termindatum])) {
   header("Location:index.php");
}
```

```php
?>
...
<div align="center">
<form method="POST" action="terminverwaltung.php">
<?php

include_once("config.inc.php");

// Termin - Entfernen
if (isset($_POST[loeschen]))
{
   $daten = explode(",",$_POST[entfernen]);

   // SQL-Abfrage (Termin/Datensatz entfernen)
   $sql_befehl = "DELETE FROM $dbtabelle WHERE nutzerid=" .
   sqli_protect($daten[0],$db) . " AND termindatum=" .
   sqli_protect($daten[1],$db);

   $resultat = $db->query($sql_befehl) or die ($db_fehler_entfernen);
}

// Termin - Eintragen
if (isset($_POST[abschicken]))
{
   $stunde = ($_POST[stunde] < 10) ? "0" . $_POST[stunde] : $_POST[stunde];

   $termin = "$_POST[termindatum] $stunde:00:00";

   // SQL-Abfrage (Termin/Datensatz hinzufügen)
   $sql_befehl = "INSERT INTO $dbtabelle
(termindatum,notiz,nutzerid,kategorie,dauer)
VALUES
('$termin',"
. sqli_protect(daten_reiniger_ext($_POST[notiz]),$db) . ","
. sqli_protect(daten_reiniger_ext($_POST[nutzerid]),$db) . ","
. sqli_protect(daten_reiniger_ext($_POST[kategorie]),$db) . ","
. sqli_protect(daten_reiniger_ext($_POST[dauer]),$db) . ")";

   $resultat = $db->query($sql_befehl) or die ($db_fehler_erzeugen);

   echo "
   <table width='600'>
   <tr align='center'>
      <td class='latestnews'><h2>Termin - Gespeichert!</h2></td>
   </tr>
   </table>
   ";

   // echo "<p><b>Termin - Gespeichert!</b></p>";
}

// SQL-Abfrage (Termine/Datensätze auslesen)
$sql_befehl = "SELECT * from $dbtabelle where termindatum LIKE
'$_REQUEST[termindatum]%' ORDER BY termindatum";
$resultat = $db->query($sql_befehl) or die ($db_fehler_daten);

// Termindatum umwandeln von YYYY-MM-DD -> Tag, DD. Monat YYYY
```

```php
setlocale (LC_TIME, 'de_DE@euro', 'de_DE', 'de', 'ge');
$zeitstempel = strtotime($_REQUEST[termindatum]);
$datumsausgabe = strftime('%A, %d. %B %Y', $zeitstempel);

// Prüfen - Termine
if (!$resultat->num_rows)
{
   echo "
   <table width='600'>
   <tr align='center'>
       <td class='latestnews'><h2>Noch keine Termine</h2></td>
   </tr>
   </table>
   ";

   // echo "<b>Noch keine Termine</b><br><br>";
}
else
{
   echo "
   <table width='600'>
   <tr align='center'>
       <td class='latestnews'><h2>Termine für $datumsausgabe</h2></td>
   </tr>
   </table>
   ";

   // echo "<b>Termine für $datumsausgabe</b><br>";
}
echo <<<TABANFANG
<table width='600' colspan='5'>
  <tr align='left'>
    <td class='latestnews'> Termine</td>
  </tr>
  <tr>
    <td class='autor'>
      <table width='100%' border='0' cellspacing='2' cellpadding='2'>
        <tr>
          <td class='autorblack'>Uhrzeit</td>
          <td class='autorblack'>Dauer</td>
          <td class='autorblack'>Benutzer</td>
          <td class='autorblack'>Termin-Typ</td>
          <td class='autorblack'>L&ouml;schen</td>
        </tr>
TABANFANG;

   // Termine - Auflisten (Tabelleninhalt)
   while ($row = $resultat->fetch_object())
   {

   // Termindatum umwandeln von YYYY-MM-DD auf DD-MM-YYYY
   $zeitstempel = strtotime($row->termindatum);
   $uhrzeit = date('H:i', $zeitstempel);
```

```
    echo "
       <tr>
          <td class='autor'><b>$uhrzeit</b></td>
          <td class='autor'>$row->dauer Stunden</td>
          <td class='autor'>$row->nutzerid</td>
          <td class='autor'>$row->kategorie</td>
          <td class='autor'><input type='radio' value='$row-
>nutzerid,$row->termindatum' name='entfernen'></td>
       </tr>
        <tr>
          <td class='autor'><span class='autorblack'>Notiz</span></td>
          <td colspan='4' class='autor'>$row->notiz</td>
       </tr>
        <td colspan='5' class='latestnews'> </td>
          ";
   }
echo <<<TABENDE
</table>
     </td>
  </tr>
  <tr>
    <td class='latestnews'> </td>
  </tr>
</table>
TABENDE;

?>
<p>
   <input type="hidden" name="termindatum" value="<?php echo
$_REQUEST[termindatum];?>">
   </p>
<p>
   <input type="submit" name="loeschen" value="Termine - L&ouml;schen">
</p>
</form>
<form method="POST" action="terminverwaltung.php">
   <p>Termin hinzufügen für <strong><?php echo $datumsausgabe;
?></strong><br>
   <input type="hidden" name="termindatum" value="<?php echo
$_REQUEST[termindatum];?>">
   </p>
   <table width="600" border="0" cellspacing="2" cellpadding="2">
     <tr>
       <td colspan="2" align="left" valign="top"
class="latestnews"> </td>
     </tr>
     <tr>
       <td align="left" valign="top">Uhrzeit:
         <select name="stunde">
           <option selected="selected" value="1">01:00</option>
           <option value="2">02:00</option>
           <option value="3">03:00</option>
           <option value="4">04:00</option>
           <option value="5">05:00</option>
```

```
              <option value="6">06:00</option>
              <option value="7">07:00</option>
              <option value="8">08:00</option>
              <option value="9">09:00</option>
              <option value="10">10:00</option>
              <option value="11">11:00</option>
              <option value="12">12:00</option>
              <option value="13">13:00</option>
              <option value="14">14:00</option>
              <option value="15">15:00</option>
              <option value="16">16:00</option>
              <option value="17">17:00</option>
              <option value="18">18:00</option>
              <option value="19">19:00</option>
              <option value="20">20:00</option>
              <option value="21">21:00</option>
              <option value="22">22:00</option>
              <option value="23">23:00</option>
            </select></td>
        <td align="left" valign="top">Termin Notiz:</td>
      </tr>
      <tr>
        <td align="left" valign="top"><p>Benutzer:<br>
            <input type="text" name="nutzerid">
            <br>
Ereignis Kategorie:<br>
<input type="text" name="kategorie">
<br>
Dauer (in Stunden):<br>
<input type="text" name="dauer">
</p>        </td>
        <td align="left" valign="top"><p>
            <textarea name="notiz" cols="50" rows="6"></textarea>
          </p>        </td>
      </tr>
      <tr>
        <td colspan="2" align="center"><input type="submit" name="abschicken" value="Termin - Eintragen"></td>
      </tr>
      <tr>
        <td colspan="2" class="latestnews"> </td>
      </tr>
      <tr>
        <td colspan="2" align="center"><a href="index.php" class="autorblack">Z&uuml;rck zum Kalender</a></td>
      </tr>
    </table>
    </form>
  <br>
  </div>
...
```

**Hinweis:** Die benötigten CSS-Dateien finden Sie auf der Buch-CD.

# 14 Verwaltung und Sicherheit

In diesem Kapitel wird Ihnen gezeigt, wie eine Datenbank verwaltet wird und welche technischen Handgriffe dafür notwendig sind. Hierzu gehören die Möglichkeit, den laufenden Betrieb zu überwachen, die Protokollierung von Servervorgängen zu verfolgen, die Überprüfung der Konsistenz von Tabellen zu gewährleisten, die Einstellungen und Methoden, die die Sicherheit auf dem Server gewährleisten, zu überprüfen und die Einstellungen der Datensicherung festzulegen.

## 14.1 Laufenden Betrieb überwachen

Im laufenden Betrieb können immer wieder Schwierigkeiten auftreten. Diese können von der Überlastung des Servers durch Benutzeranfragen bis zu mutwilligen Versuchen reichen, das Passwortsystem zu überwinden. Auch defekte Datenbanken und Tabellen können die Arbeit erschweren. Für den Systemadministrator heißt das dann, möglichst schnell ein Problem zu erkennen oder vielleicht sogar schon im Vorfeld eine Warnung zu erhalten, um dann möglichst schnell die Schwierigkeit zu beseitigen.

### Überwachung mit SHOW STATUS

Dieser MySQL-Befehl ermöglicht die Serverüberwachung.

```
mysql>SHOW STATUS;
```

SHOW STATUS listet eine Reihe von Parametern auf, die für die Analyse des MySQL-Servers hilfreich sind. Die wichtigsten sind:

### Uptime

Gibt die Zeit in Sekunden an, die der MySQL-Server bereits in Betrieb ist. Wenn Sie beispielsweise bei einem Internet-Service-Provider eine MySQL-Datenbank nutzen, können Sie so überprüfen, ob oder wie häufig ein MySQL-Server neu gestartet wird. Lange Laufzeiten des Systems können dabei als ein Zeichen für Stabilität gewertet werden.

### Threads_connected

Gibt die Anzahl der aktuell geöffneten Verbindungen zurück. In der Regel ist dies also die Anzahl der Clients, die mit der Datenbank verbunden sind.

### Max_user_connections

Gibt die Anzahl der maximal möglichen Verbindungen an. Wenn also `Threads_connected` die maximale Zahl erreicht hat, ist in diesem Moment keine weitere Verbindung möglich.

### Aborted clients

Zählt Clients auf, die während eines Datentransfers unterbrochen wurden, deren Client über eine bestimmte Zeit inaktiv war oder deren Client den Datentransfer nicht ordnungsgemäß über `mysql_close()` beendet hat. `Aborted clients` kann also ein Hinweis auf Probleme im Anwendungsprogramm (Client) sein.

### Aborted connects

Zählt erfolglose Anmeldungen/Verbindungsversuche. Diese können auftreten, wenn der Benutzer keine ausreichenden Privilegien für den Zugriff auf die Datenbank besitzt oder ein falsches Passwort eingibt. Eine hohe Zahl könnte ein Hinweis darauf sein, dass ein Einbruch in Ihre Datenbank versucht wurde.

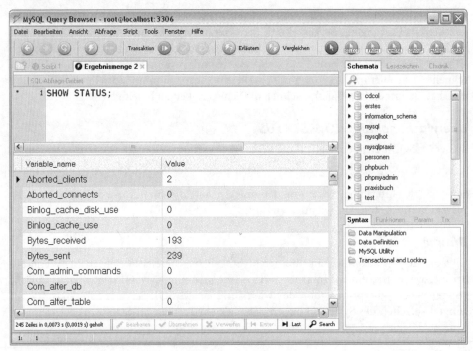

Bild 14.1: Statusinformationen durch SHOW STATUS

### Ausgabe einschränken

Wenn Sie nur bestimmte Werte der Statusinformation auslesen wollen, können Sie den Befehl mit `LIKE <Variablename>` ergänzen. Wildcards sind dabei möglich. So liest die folgende Befehlszeile nur die Variable `Uptime` aus.

```
myslq>SHOW STATUS LIKE 'Uptime';
```

## Überwachung mit mysqladmin extended status

Dieselben Informationen wie SHOW STATUS können Sie sich auch mit dem Kommandozeilenwerkzeug *mysqladmin* anzeigen lassen. Der Befehl hierfür lautet:

```
$>mysqladmin extended-status
```

## 14.2 Protokollierung von Servervorgängen

Eine umfassende Analyse ermöglicht die Protokollierung der Vorgänge, die mit dem Betrieb der MySQL-Datenbank zusammenhängen. Protokolldateien, sogenannte Logfiles, erlauben es,

- Fehler, die der MySQL-Datenbankserver meldet, zu analysieren,
- den Betrieb von MySQL zu protokollieren,
- das System zu optimieren.

Die Logfiles werden automatisch von MySQL im laufenden Betrieb angelegt. Sie können die Logfiles anschließend analysieren.

MySQL kann verschiedene Arten von Protokollen erzeugen, die in den folgenden Abschnitten beschrieben werden.

### 14.2.1 Das Fehlerprotokoll

Das Fehlerprotokoll (error log) zeichnet alle Probleme bezüglich Start, Betrieb und Herunterfahren des MySQL-Servers auf. Zusätzlich wird protokolliert, wann der MySQL-Server gestartet bzw. heruntergefahren wurde.

Das Protokoll wird unter dem Namen *<Rechnername>.err* standardgemäß im Datenverzeichnis von MySQL gespeichert.

#### Aufbau

Das Fehlerprotokoll kann folgenden Aufbau haben:

```
Mysqld started on Wed Feb 26 19:30:28 CET 2003
/usr/sbin/mysql: ready for connections
011098 20:30:29 /usr/sbin/mysql: Normal shutdown
011098 20:30:29 /usr/sbin/mysql: Shutdown Complete
mysqld ended on Wed Feb 26 20:30:29 CET 2003
```

Dieses Beispiel meldet den Start und den Shutdown des MySQL-Servers.

In diesem Fehlerprotokoll werden auch Warnungen zu fehlerhaften Tabellen gespeichert, die überprüft oder repariert werden müssen.

### 14.2.2 Laufende Betriebprotokollierung

Für die Protokollierung des laufenden Betriebs stehen Ihnen das Query-Protokoll, das benutzerabhängige Aktionen aufzeichnet, sowie das Änderungsprotokoll zur Verfügung, das alle Vorgänge aufzeichnet, die zu einer Änderung des Datenbestandes oder der Datenbank- und Tabellendefinition führen.

### Query-Protokoll

Das Query-Protokoll *(query log)* protokolliert alle Verbindungen und ausgeführten Abfragen.

### Aufbau

Ein Query-Protokoll kann folgenden Aufbau haben:

```
/usr/sbin/mysql, Version: 3.23.49-log, started with:
Tcp port: 3306 Unix socket: /tmp/mysql.sock
Time                 Id         Command Argument
011077 10:15:11      2          Connect m@localhost on
011077 10:15:13      2          Init DB mysql
011077 10:15:25      2          Query      select * from mysql
011077 10:15:27      2          Query      select * from user
011077 10:15:13      2          Quit
```

Anhand dieses Protokolls können Sie praktisch jeden Vorgang auf der MySQL-Datenbank protokollieren. Wenn Sie das Beispiel durchsehen, können Sie einzelne Aktionen über die ID den jeweiligen Benutzern zuordnen. Jede Verbindung erhält dabei eine eigene ID, sodass die einzelnen Vorgänge einer jeweiligen Verbindung zugeordnet werden können.

### Query-Protokoll aktivieren

Um ein Query-Protokoll zu erzeugen, muss der MySQL-Server mit der Option -log [=<Datei>] gestartet werden. Die Option kann beim Start des Servers *(mysqld)* über die Kommandozeile mitgegeben oder in der *my.cnf* bzw. *my.ini* eingetragen werden. Ein Eintrag in der *my.cnf* bzw. *my.ini* erfolgt in der Sektion [mysqld] und kann wie folgt aussehen:

```
# in my.cnf bzw. unter Windows in my.ini

[mysqld]

log=/var/log/mysqllog
```

In diesem Fall wird das Query-Protokoll in der Datei *mysqllog* im Verzeichnis */var/log* gespeichert.

Falls Sie keinen Dateinamen angeben, speichert MySQL die Protokolldatei standardgemäß im Datenverzeichnis von MySQL als *<Rechnername>.log*.

> **Hinweis:** Beachten Sie bitte, dass der Query-Log in seiner Größe sehr schnell anwachsen kann und Ihnen damit Probleme in Bezug auf den verfügbaren Festplattenplatz bereiten kann. Sie sollten daher überlegen, inwieweit Sie diese Protokolldatei wirklich benötigen.

## Änderungsprotokoll

MySQL bietet die Möglichkeit, alle Vorgänge, die zur Änderung der Datenbank führen, zu protokollieren. Sie können das Änderungsprotokoll als ASCII-Datei (*update log*) oder als kompaktere Binärdatei (*binary log*) speichern. Die MySQL AB-Gruppe empfiehlt, das binäre Dateiformat zu wählen, da zukünftige Versionen von MySQL nur dieses unterstützen werden.

### Update-Log aktivieren

Zur Aktivierung des Änderungsprotokolls müssen Sie wiederum den MySQL-Server mit der entsprechenden Option starten oder diese Option in der *my.cnf* bzw. *my.ini* in der Sektion [mysqld] definieren.

Für das Update-Log muss der MySQL-Server mit der folgenden Option gestartet werden.

```
$>mysqld --log-update[=<Dateiname>]
```

Für das Binary-Log ist dies analog:

```
$>mysql --log-bin[=<Dateiname>]
```

Wenn Sie das Änderungsprotokoll über einen Eintrag in der *my.cnf* bzw. unter Windows in der *my.ini* aktivieren wollen, lautet der Eintrag für das Update-Log folgendermaßen:

```
# in my.cnf bzw. my.ini
[mysqld]
log-update[=<Dateiname>]
```

bzw. für das Binary-Log:

```
# in my.cnf bzw my.ini
[mysqld]
log-bin[=<Dateinam>]
```

Wird kein Dateiname angegeben, wird die Protokolldatei im Datenverzeichnis der MySQL-Installation unter dem Namen *<Hostname>.xxx* gespeichert. *XXX* steht dabei für eine fortlaufende Nummerierung. MySQL erzeugt also dieses Protokoll unter bestimmten Bedingungen neu. Eine neue Protokolldatei mit einer neuen Nummer wird in folgenden Fällen angelegt:

- beim Neustart des MySQL-Servers,
- wenn *mysqladmin refresh* ausgeführt wird,
- beim Ausführen von *mysqladmin flush logs*,
- durch Ausführen des Befehls FLUSH LOGS.

Das Änderungsprotokoll wird auch bei der Einrichtung von Replikationssystemen verwendet.

## Abfragen analysieren mit dem Slow Query Log

Für die Analyse von langsamen Abfragen bietet MySQL noch das *Slow Query Log* an. In diesem Protokoll werden alle Abfragen gespeichert, deren Ausführung länger als die in der Umgebungsvariablen `long_query_time` definierte Ausführungszeit beträgt. Als Ausführungszeit gilt dabei nur die Zeit für die eigentliche Bearbeitung des Befehls, die Zeit für ein vorausgehendes Locking einer Tabelle geht dabei nicht mit ein.

Die Analyse von Slow Query Logs kann insbesondere dann angebracht sein, wenn der MySQL-Server Anfragen nur mit Zeitverzögerung beantwortet.

### Slow Query Log aktivieren

Auch hier erfolgt die Aktivierung über einen Kommandozeilenparameter des MySQL-Servers oder über die Konfigurationsdatei *my.cnf* bzw. unter Windows *my.ini*.

Soll das Slow Query Log beim Start des MySQL-Servers erfolgen, lautet der Parameter:

```
$>mysql --log-slow-queries[=<Dateiname>]
```

Für die Konfigurationsdatei von MySQL sieht das Ganze beispielsweise wie folgt aus:

```
# in my.cnf bzw in my.ini
[mysqld]
log-slow-queries[=<Dateiname>]
set-variable=long_query_time=3
```

Standardmäßig wird das Protokoll im Datenverzeichnis von MySQL unter dem Namen *<Rechnername>-query.log* gespeichert.

Ob eine Analyse von langsamen Abfragen notwendig ist, kann mit dem Kommandozeilenwerkzeug *mysqladmin* wie folgt ermittelt werden:

```
$>mysqladmin -uuser -ppass status
Uptime: 928    Threads: 3    Questions: 100
Slow queries:16    Opens: 18    Flush tables: 0
Open tables: 2 Queries per second avg: 0.056
```

Unter `Slow queries` wird hier die Anzahl der langsamen Abfragen aufgelistet. Ist der Wert im Vergleich zu dem der Anfragen insgesamt hoch, empfiehlt sich die genauere Analyse der langsamen Abfragen. Ein Slow Query Log besitzt in seiner einfachsten Form folgenden Aufbau:

```
C:/MYSQL/bin/mysqld-max.exe
Version : 3.23.49-max-log, started with:
Tcp port: 3306 Unix socket: MySQL
Time            Id          Command         Argument
...
use kunden;
select * from kundenliste where name like "%bern%";
...
```

Aufgelistet werden all die Abfragen, die mehr als die definierte Zeit benötigt haben. Sie können also jetzt diese einzelnen Abfragen überprüfen. Gründe für die unzureichende Performance kann beispielsweise die mangelnde Indizierung von Feldern oder eine ungünstige Abfrage sein. Eine schlechte Abfrage wäre die in der Logdatei dargestellte unscharfe Suche nach einem Begriff in einer Tabelle. MySQL muss hierfür praktisch jeden Datensatz durchsuchen, was entsprechend lange dauert. Sie sehen an diesem Beispiel, dass die Überprüfung einer Mindestzahl von Zeichen, die gesucht werden soll, durchaus sinnvoll ist.

Unter Unix/Linux liefert MySQL mit *mysqldumpslow* noch ein Skript mit, das eine Zusammenfassung der Einträge im Slow Query Log liefert.

## 14.3 Tabellenüberprüfung und -wartung

Neben der Überprüfung des laufenden Serverbetriebs bietet MySQL eine Reihe von Möglichkeiten zur Überprüfung und Wartung des Standardtabellentyps `MyISAM`. Damit lassen sich Tabellen auf Konsistenzfehler überprüfen, reparieren und optimieren.

Die regelmäßige Überprüfung von Tabellen ist vor allem bei umfangreichen und unternehmenskritischen Anwendungen bedeutsam. Grundsätzlich ist MySQL äußerst robust, Fehlverhalten der Tabellen sind die Ausnahme. Da die Speicherung der Daten aber auch von der jeweiligen Hardware und hier vor allem der Festplatten abhängt, können Fehlfunktionen auch durch Hardwaredefekte verursacht werden. Eine regelmäßige Überprüfung der Tabellen kann also frühzeitig Probleme aufzeigen. Gleichzeitig ist eine positive Prüfung der Tabellen ein Indiz dafür, dass die Datenbank problemlos läuft.

Dazu stehen Ihnen die Befehle `CHECK TABLE` und `myisamchk` zur Verfügung, die im Folgenden dargestellt werden.

### 14.3.1 Tabellenüberprüfung

#### *Tabellenüberprüfung mit CHECK TABLE*

Mit dem Befehl `CHECK TABLE` können Sie eine oder mehrere Tabellen auf Fehler hin untersuchen. Dieser Befehl kann auch auf `InnoDB`-Tabellen ausgeführt werden. Die Syntax lautet:

```
mysql>CHECK TABLE <Tabellenname> [, <Tabellenname>, ...] <Optionen>
```

*Beispiel*

```
mysql> CHECK TABLE newstab, termintab;
+---------------------+-------+----------+----------+
| Table               | Op    | Msg_type | Msg_text |
+---------------------+-------+----------+----------+
| flashnews.newstab   | check | status   | OK       |
| flashnews.termintab | check | status   | OK       |
+---------------------+-------+----------+----------+
```

Es können also durch Komma getrennt beliebig viele Tabellen auf einmal überprüft werden. In der Ausgabe gibt MySQL vier Felder zurück. Unter `Table` werden die geprüften Tabellen aufgeführt, `Op` steht immer auf check. `Msg_type` und `Msg_text` geben das Ergebnis des Prüflaufs wieder. Wenn alle geprüften Tabellen in Ordnung sind, erfolgt die Rückgabe status und OK.

Für fehlerhafte Tabellen würde CHECK TABLE beispielsweise folgende Ausgabe produzieren:

```
mysql> CHECK TABLE newstab, termintab;
+----------------------+-------+----------+-------------------+
| Table                | Op    | Msg_type | Msg_text          |
+----------------------+-------+----------+-------------------+
| flashnews.newstab    | check | warning  | ...               |
| flashnews.termintab  | check | error    | ...               |
+----------------------+-------+----------+-------------------+
```

Fehler werden also in der Msg_type-Spalte als error oder warning deklariert und in Msg_text näher spezifiziert.

Wenn bei CHECK TABLE Fehler oder Warnungen auftreten, sollte die Beseitigung der Fehler mit myisamchk versucht werden.

*Optionen*

CHECK TABLE kennt verschiedene Optionen, mit denen Sie den Umfang der Prüfung bestimmen können:

- QUICK überprüft die einzelnen Datensätze ohne Berücksichtigung fehlerhafter Links.
- FAST überprüft Tabellen, die nicht ordnungsgemäß geschlossen wurden.
- CHANGED überprüft Tabellen, die seit der letzten Überprüfung geändert oder nicht ordnungsgemäß geschlossen wurden.
- MEDIUM überprüft alle Datensätze, erzeugt eine Checksumme für die einzelnen Datensätze und vergleicht diese mit der kalkulierten Checksumme aus den Indizes.
- EXTENDED überprüft alle Indizes aller Datensätze auf 100%ige Übereinstimmung.

Optionen können auch kombiniert werden.

*Beispiel*

```
mysql>CHECK TABLE Anschriften FAST QUICK;
```

Als fehlerhaft gekennzeichnete Tabellen können nicht benutzt werden.

### Tabellenüberprüfung mit myisamchk

Analog zum Befehl CHECK TABLE können MyISAM-Tabellen mit myisamchk überprüft werden. Die Tabellen werden dabei als Datei über das Betriebssystem geprüft. Der Aufruf lautet:

```
$>myisamchk <Optionen> <Tabllenname> [.MYI, <Tabellenname> [.MYI]...]
```

Die einzelnen Tabellen befinden sich bei MySQL im jeweiligen Datenverzeichnis in dem Unterverzeichnis, das den Datenbanknamen trägt. Wenn Sie beispielsweise Ihre MySQL-Daten grundsätzlich im Verzeichnis */usr/local/mysql/data* speichern und die Tabelle *Kunden* der Datenbank *mysqlpraxis* überprüfen wollen, lautet der Befehl:

```
$>myisamchk /usr/local/mysql/data/Kunden/Kunden.MYI
```

## 14.3.2 MyISAM-Tabellen reparieren

Anzeichen dafür, dass eine oder mehrere Tabellen defekt sind, können beispielsweise folgende Dinge sein:

- Tabellen sind gegen Änderungen gesperrt.
- Die Fehlermeldung »Can't find file Tabellenname.MYI«
- Unerwartetes Dateiende.

Wie oben beschrieben, können solche Tabellen auf ihre interne Konsistenz überprüft werden. Falls sich herausstellt, dass eine Tabelle Defekte aufweist, bietet MySQL mit dem Befehl REPAIR TABLE und dem Kommandozeilenwerkzeug myisamchk Werkzeuge, um defekte Tabellen unter Umständen wieder herzustellen. Ob die Wiederherstellung Erfolg hat, hängt vom jeweiligen Einzelfall ab. Eine Reparatur muss nicht zum Erfolg führen. In diesem Fall muss dann auf die Datensicherung zurückgegriffen werden. Insgesamt ist es ratsam, vor der Reparatur von Tabellen Sicherungskopien herzustellen.

### Tabellen reparieren mit REPAIR TABLE

Falls eine MyISAM-Tabelle als fehlerhaft gekennzeichnet ist, kann versucht werden, sie mit dem Befehl REPAIR TABLE zu reparieren. Die Syntax des Befehls lautet:

```
mysql>REPAIR TABLE <Tabellenname> [QUICK] [EXTENDED];
```

Für den Versuch, die Tabelle mit dem Namen *kundenliste* zu reparieren, lautet der Befehl:

```
myql>REPAIR TABLE kundenliste;
```

Mit den Optionen QUICK bzw. EXTENDED können Sie den Reparaturvorgang genauer bestimmten. Bei QUICK wird lediglich versucht, den Index zu reparieren, bei EXTENDED wird der Index Zeile für Zeile erzeugt.

### Tabellen reparieren mit myisamchk

Mit dem Kommandozeilenwerkzeug myisamchk steht ein weiteres Hilfsmittel zur Verfügung, mit dem die Tabellenüberprüfung und -wartung erfolgen kann. Hierfür kennt der Befehl verschiedene Optionen. Die wichtigste ist die Option - -recover, die nahezu alle Fehler bearbeiten kann:

```
$>myisamchk - -recover <Datenbankverzeichnis/>*.MYI
```

Für besonders schwierige Fälle hält myisamchk die Option - -safe-recover bereit. Falls nur die Indexdatei aufgebaut werden soll, steht die Option - -quck zur Verfügung.

> **Hinweis:** Falls Sie myisamchk benutzen, sollten Sie den MySQL-Server herunterfahren, da sonst Schreib- oder Lesezugriffe auf die jeweilige Tabelle den Erfolg verhindern können.

## 14.3.3 Tabellen optimieren

MySQL versucht normalerweise, die Tabelle so klein wie möglich zu halten indem es bei Lösch- oder Änderungsvorgängen freigegebenen Tabellenplatz beim Speichern von Information wiederverwendet.

### Fragmentierung

Wenn Sie allerdings in einer Tabelle häufig Daten einfügen oder löschen, ist es möglich, dass die Tabellenspeicherung nicht mehr optimal ist, da die Daten über die ganze Datei verteilt (fragmentiert) sind und innerhalb der Datei mehr oder minder große Lücken entstehen, die nicht gefüllt werden können.

Für die Optimierung von Tabellen stehen die Befehle OPTIMIZE TABLE und myisamchk zur Verfügung.

### Tabellen optimieren mit OPTIMIZE TABLE

Um Tabellen zu defragementieren und unbenutzten Tabellenplatz verfügbar zu machen, kann für MyISAM- und BDB-Tabellen der Befehl OPTIMIZE TABLE verwendet werden. Dieser Befehl sorgt dafür, dass die Zieltabelle neu aufgebaut wird. Die allgemeine Syntax für diesen Befehl lautet:

```
mysql>OPTIMIZE TABLE <Tabellenname> [, <Tabellenname>, ...];
```

Ein konkretes Beispiel mit Ausgabe würde wie folgt aussehen:

```
mysql> OPTIMIZE TABLE kunden;
+--------------------+----------+----------+----------+
| Table              | Op       | Msg_type | Msg_text |
+--------------------+----------+----------+----------+
| mysqlpraxis.kunden | optimize | status   | OK       |
+--------------------+----------+----------+----------+
```

Während der Befehl ausgeführt wird, werden die betreffenden Tabellen gesperrt.

### Tabellen optimieren mit myisamchk

Ein anderer Weg, Tabellen zu optimieren, ist über den Befehl myisamchk. Weiter oben wurde myisamchk bereits zur Reparatur defekter Tabellen verwendet. Die Tabellenoptimierung ist nichts anderes als der Neuaufbau der Tabelle, einschließlich der Indizes.

Der analoge Befehl zu OPTIMIZE TABLE zur Optimierung von Tabellen lautet:

```
$>myisamchk --quick --check-changed-tables --sort-index --analyze
```

### Tabellen optimieren bei InnoDB-Tabellentypen

Für InnoDB-Tabellentypen können die oben beschriebenen Optimierungsmethoden derzeit noch nicht angewendet werden. Allerdings könnte eine gelegentliche Defragmentierung dieser Tabellen auch sinnvoll sein. Fragmentierte Tabellen machen sich vor allem bei umfangreichen Tabellen mit vielen Schreib- und Änderungsvorgängen bemerkbar. Für InnoDB-Tabellen können folgende Defragmentierungsmethoden angewendet werden:

- Speichern der Tabelle mit mysqldump und anschließender Reimport nach MySQL

- Änderung des `InnoDB`-Tabellentyps in `MyISAM` und zurück

*Beispiel*
```
Mysql>ALTER TABLE <Tabellenname> TYPE=MyISAM;
Mysql>ALTER TABLE <Tabellenname> TYPE=InnoDB;
```

## *Tabellen komprimieren*

Falls Sie Tabellen in Ihrer Datenbank angelegt haben, die nur gelesen werden, bietet MySQL die Option der Datenkomprimierung. Solche Tabellen können beispielsweise Hilfstabellen wie Bank- oder Postleitzahlen sein. Vorteil ist, dass solche gepackten Tabellen aufgrund der geringeren Dateigröße schneller gelesen werden können, da die Suchzeiten auf der Festplatte geringer sind.

Die Komprimierung kann mit dem Kommandozeilenwerkzeug `myisampack` durchgeführt werden. Die Syntax hierfür lautet:

```
$>myisampack [Optionen] <Dateiname>
```

Der Befehl stellt einige Optionen wie beispielsweise `-b` für die gleichzeitige Erstellung eines Backups oder `-t` für den Test der Funktion zur Verfügung. Die vollständige Liste aller Optionen finden Sie in Kapitel 9.

Im folgenden Beispiel wird eine Bankleitzahlentabelle zusammengepackt. Der Befehl gibt Ihnen am Ende die Rate der Kompression aus.

```
$>myisampack /usr/local/mysql/data/blz_verzeichnis
Compressing /usr/local/mysql/data/blz_verzeichnis.MYD:
(29190 records)
- Calculating statistics
- Compressing file
61.25%
Remember to run myisamchk -rq on compressed tables
```

Beachten Sie bitte, dass nach dem Packen der Datei der Index neu erzeugt werden muss. Dies erfolgt mit dem Befehl:

```
$>myisamchk -rq <Tabellenname>
```

Nach dem Packen sind diese Dateien automatisch schreibgeschützt, Sie können also keine Änderungen an der Tabelle vornehmen. Falls Sie Änderungen an der Tabelle vornehmen wollen, ist die Tabelle zuerst wieder zu entpacken. Dies erfolgt mit `myisamchk` wie folgt:

```
$>myisamchk -unpack <Tabellenname>
```

Wenn Sie also einmal ein Update auf eine solche gepackte Tabelle vornehmen wollen, entpacken Sie die Datei, nehmen die Änderungen vor und packen sie anschließend wieder.

## 14.4 Sicherheit

### 14.4.1 Passwortsystem

Natürlich verfügt MySQL auch über ein leistungsfähiges System zur Vergabe von Zugriffsrechten auf Datenbanken, Tabellen und Felder. Im Betrieb können beliebig viele verschiedene Datenbanken mit einer unbeschränkten Datenbank und einer unbeschränkten Anzahl von Benutzern auf dem MySQL-Server betrieben werden. Je nach Systemumgebung müssen dann für den Benutzer bzw. die Benutzergruppen die Rechte eingerichtet und vergeben werden. So könnten in einem Unternehmen beispielsweise auf demselben Rechner eine Marketing- und eine Supportdatenbank betrieben werden. Nun soll die Marketingabteilung nur Zugriffsrechte auf die Marketingdatenbank, die Supportabteilung nur Rechte auf die Supportdatenbank, die Geschäftsleitung jedoch Zugriff auf beide Datenbanken erhalten.

Ein anderes Beispiel für eine strikte Trennung von Zugriffsrechten sind MySQL-Installationen bei Internet-Service-Providern. Für jeden Benutzer werden in diesem Fall die Zugriffsrechte individuell für die jeweilige Datenbank vergeben.

Die Vergabe von Rechten auf der Datenbank ist die Aufgabe des Datenbankadministrators und sollte nur von Personen vorgenommen werden, die vertrauenswürdig sind und das entsprechende Know-how haben. Alle Personen, die mit administrativen Aufgaben für MySQL betraut sind, sollten das Rechtesystem von MySQL sehr genau kennen, da durch Fehler oder Lücken in der Rechtevergabe ein Datenmissbrauch bzw. Datenverlust möglich ist. Im Folgenden erhalten Sie Informationen, um das Passwortsystem von MySQL in dieser Hinsicht effizient zu verwalten.

#### *Zugriffslevel*

MySQL kennt vier verschiedene Level zur Vergabe von Benutzerrechten:

- *Global*
  Regelt die Zugriffsrechte auf den MySQL-Server und gilt für alle Datenbanken, die auf diesem Server laufen.

- *Datenbank*
  Regelt die Zugriffsrechte auf eine bestimmte Datenbank. Die Zugriffsrechte gelten dann für alle Tabellen dieser Datenbank.

- *Tabelle*
  Regelt die Zugriffsrechte auf eine bestimmte Tabelle. Die Zugriffsrechte gelten dann für alle Spalten dieser Tabelle.

- *Spalte*
  Regelt die Zugriffsrechte für eine bestimmte Spalte.

Zur Verwaltung des Zugriffs benutzt MySQL eine eigene Datenbank mit dem Namen *mysql*, in die die jeweiligen Zugriffsrechte eingetragen werden. Auf diese Datenbank ist deshalb auch ein besonderes Augenmerk zu richten. Zu vermeiden ist, dass nichtautorisierte Personen Schreibzugriffe auf diese Tabelle erhalten. Beachten Sie bitte, dass bei der Neuinstallation von MySQL ein *root*-Benutzer ohne Passwort eingetragen wird. Sie sollten als Administrator also auf jeden Fall überprüfen, dass ein *root*-Passwort, das Ihnen uneingeschränkten Zugriff zur Datenbank erlaubt, gesetzt ist.

### Passwort ändern

Am einfachsten können Sie ein Passwort für den bestehenden root-Benutzer über das Kommandozeilenwerkzeug *mysqladmin* einrichten. Der Befehl hierfür lautet:

```
$>mysqladmin -uroot password <Neues_Passwort>
```

Falls bereits ein Passwort für *root* besteht, können Sie es mit diesem Befehl natürlich auch verändern. Die Syntax hierfür lautet:

```
$>mysqladmin -uroot -p<Altes_Passwort> password <Neues_Passwort>
```

Natürlich können Sie oder der jeweilige Benutzer über diesen Befehl das eigene Passwort ändern. Voraussetzung ist, dass der Benutzeraccount mit Passwort bekannt ist, also beispielsweise wie folgt lautet:

```
$>mysqladmin -uBenutzer -pPasswort password <Neues_Passwort>
```

Ebenso darf diese Datenbank nicht gelöscht werden, da sonst kein Zugriff mehr auf sie möglich ist. Datenbank-Neulingen passiert es schon einmal, dass sie diese mysql-Datenbank mit den Benutzerrechten löschen. Das standardmäßige Rechtesystem lässt sich am einfachsten mit dem `mysql_install_db`-Skript wiederherstellen.

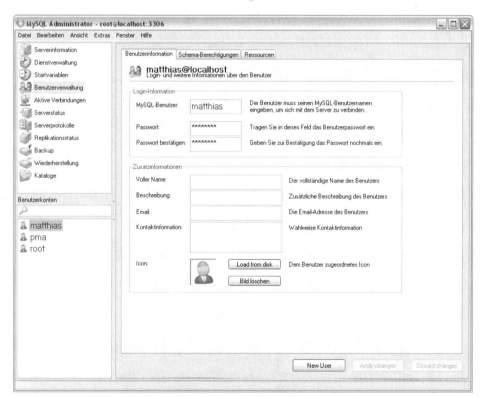

Bild 14.2: In der *mysql*-Datenbank werden sämtliche Zugriffsrechte verwaltet

## Rechteverwaltung

Die *mysql*-Datenbank hat insgesamt fünf Tabellen zur Rechteverwaltung. In der *user*-Tabelle werden die Benutzer, die Zugriffsrechte auf den MySQL-Server haben, und deren globale Einstellungen gespeichert. Zugriffsrechte auf Datenbankebene werden in den Tabellen *db* und *host* gespeichert. Die Tabelle *tables_priv* steht für Zugriffsrechte auf Tabellenebene und die Tabelle *columns_priv* für die Zugriffsrechte auf Spaltenebene zur Verfügung. Die Tabelle *func* hat mit dem Rechtesystem von MySQL nichts zu tun, sondern verwaltet die benutzerdefinierten Funktionen.

## Möglichkeiten

Zum Anlegen neuer Benutzer oder zur Änderung der Rechte von schon registrierten Benutzern haben Sie grundsätzlich folgende Möglichkeiten:

- Sie verwenden die Befehle GRANT und REVOKE.
- Sie ändern oder ergänzen die Einträge in der mysql-Datenbank mit UPDATE, INSERT oder DELETE.
- Sie benutzen ein Hilfsprogramm, das die Benutzerverwaltung grafisch unterstützt, wie beispielsweise MySQL Administrator oder SQL Manager 2005.

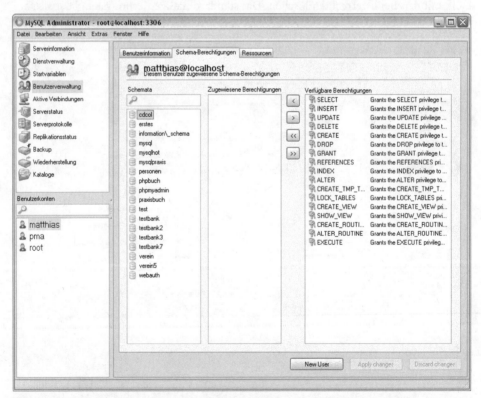

Bild 14.3: Einrichtung der Benutzerrechte mithilfe von MySQL Administrator

Prinzip dabei ist, dass Sie Benutzer anlegen und diesen Zugriffsrechte auf Datenbankserver, Datenbanken, Tabellen und Spalten zuweisen. Wenn Sie kein grafisches Hilfsprogramm für die Einrichtung von Zugriffsrechten verwenden, ist die Einrichtung für Neulinge teilweise wenig transparent und damit nicht immer ganz einfach nachzuvollziehen. Wenn Sie zum ersten Mal Zugriffsrechte definieren, sollten Sie das für einen Testbenutzer und nicht für den bereits angelegten Superuser *root* tun. Sie sollten sich also die Zeit nehmen, die Rechtevergabe mit verschiedenen Parametern zu üben und die Ergebnisse zu überprüfen.

### Benutzer anlegen und Rechte zuweisen mit GRANT

Der Befehl GRANT ist eine Möglichkeit, neue Benutzer anzulegen bzw. bestehenden Benutzern Rechte zuzuweisen. Die grundsätzliche Syntax lautet dabei wie folgt:

```
mysql>GRANT <Privilegien> [(<Spalten>)]
   ON {<Tabellenname> | * | *.* | <Datenbankname>.* }
   TO <Benutzername> [IDENTIFIED BY 'password'] [, <Benutzername>
[IDENTIFIED BY 'password'] ...]
[WITH GRANT OPTION]
```

Wenn Sie beispielsweise eine Datenbank mit dem Namen *Kunden* angelegt haben und für diese Datenbank einen neuen Benutzer mit dem Namen *CaroKlein* und dem Passwort *RUMB2#8* anlegen möchten, wobei dieser Benutzer Daten lesen, speichern, ändern oder löschen können soll, lautet der Befehl:

```
mysql>GRANT SELECT,INSERT,UPDATE,DELETE ON Kunden.* TO
CaroKlein@'localhost' IDENTIFIED BY 'RUMB2#8'
```

An diesem Beispiel lassen sich die Elemente des GRANT-Befehls gut erkennen. Der GRANT-Befehl besteht gemäß der oben dargestellten grundsätzlichen Syntax aus mehreren Teilen, die im Folgenden beschrieben werden.

### Privilegien

Die Privilegien im Abschnitt <Privilegien> regeln die Art der Zugriffsrechte auf Tabellen- und Spaltenebene. Grundsätzlich sind momentan folgende Zugriffstypen aktiv:

- ALL PRIVILEGES (T, S, D): Vergibt alle Rechte.
- ALTER (T): Der Benutzer darf Änderungen über ALTER durchführen.
- CREATE (T): Das Erzeugen von Tabellen oder Spalten ist erlaubt.
- DELETE (T): Das Löschen von Daten ist erlaubt.
- DROP (T): Das Löschen von Tabellen ist erlaubt.
- GRANT (T): Eigene Benutzerrechte dürfen für andere vergeben werden.
- INDEX (T): Indizes dürfen definiert und gelöscht werden.
- INSERT (S, T) Der Benutzer darf Daten per INSERT einfügen.
- SELECT (S, T): Der Benutzer darf Daten per SELECT lesen.
- UPDATE (S,T): Der Benutzer darf Daten per UPDATE aktualisieren.
- SHUTDOWN (D): Der Benutzer darf die Datenbank herunterfahren.
- PROCESS: Der Benutzer darf die Prozessliste einsehen und Prozesse löschen.

- `RELOAD`: Reload-Befehle, wie beispielsweise `FLUSH`, sind erlaubt.
- `USAGE`: Synonym für »keine Berechtigungen«.
- `FILE`: Zugriffe auf das lokale Dateisystem sind erlaubt.

In Klammern ist jeweils die Gültigkeit des Zugriffstyps definiert.

- »T« steht für Tabelle, d. h., dieser Zugriff kann auf Tabellenebene angewendet werden.
- »S« steht für Spalte, d. h., dieser Zugriffstyp steht für Spaltendefinitionen zur Verfügung.
- »D« bezieht sich auf die gesamte Datenbank.

### Zuweisung der Rechte auf Datenbank und Tabellen

Hinter dem `ON` des `GRANT`-Befehls wird der Datenbank- oder Tabellenname angegeben, für den die Zugriffsrechte gelten sollen. Dabei gelten folgende Regeln:

### Datenbankzugriff

Die Rechte für Datenbanken werden in der Form `ON <Datenbankname>.*` vergeben. So gilt etwa `ON Kunden.*` für alle Tabellen der Datenbank *Kunden*.

### Tabellenzugriff

Die Rechte für Tabellen werden in der Form `ON <Tabellenname>` definiert, die Wildcard kommt hier nicht zum Einsatz. Der Ausdruck `ON blz_tab` betrifft also die Tabelle *blz_tav*. Ohne weitere Angaben werden die Rechte für die aktuell gewählte Datenbank eingerichtet. Wer auf Nummer sicher gehen will, gibt den Datenbanknamen über die Dot-Notation mit an. So definiert `ON Kunden.blz_tab` die Rechte für die Tabelle *blz_tab* der Datenbank *Kunden*.

### Globale Rechte

Mit `ON *.*` vergeben Sie globale Rechte für alle Datenbanken und Tabellen.

### Alle Rechte an der aktuellen Datenbank

Mit `ON *` vergeben Sie alle Rechte an der aktuell ausgewählten Datenbank. Falls Sie keine Datenbank ausgewählt haben, werden globale Rechte verteilt.

### Rechte Benutzern zuweisen

Mit `TO` und `IDENTIFIED BY` des `GRANT` Befehls werden den Benutzer die jeweiligen Rechte mit den entsprechenden Passwörtern zugewiesen. Mit der Benutzerkennung kann auch die Angabe verbunden werden, von welchem Rechner aus ein Zugriff gestattet ist. Die Syntax lautet:

```
<Benutzername>@<Hostname> IDENTIFIED BY <Passwort>
```

Über die Definition des Hostnamens ist eine Beschränkung der Zugangsrechte auf bestimmte Rechner möglich. Hier können Sie entweder einen bestimmten Rechner angeben, über die %-Wildcard auch Gruppen von Rechnern oder einen unbeschränkten

Zugang definieren. So gestattet `<Benutzername>@'%'` beispielsweise den Zugang von jedem beliebigen Rechner aus. Dies gilt auch, wenn Sie keinen Hostnamen angeben. Der Hostname kann als IP-Adresse oder als Name angegeben werden. Mit `<Benutzername>@'%.meinedomain.de'` kann der Benutzer aus der Domain *meinedomain.de* auf den MySQL-Server zugreifen. Zur Beschränkung des Zugangs auf den jeweiligen Rechner, auf dem der *mysql*-Datenbankserver läuft, lautet der Eintrag `<Benutzername>@localhost`. Vielfach wird MySQL von Internet-Service-Providern so eingerichtet, dass Sie nur Zugang von dem jeweiligen Rechner aus haben, auf dem die Datenbank installiert ist.

Wenn Sie Spezialzeichen wie % verwenden möchten, muss der Benutzername oder der Host in Hochkommas gesetzt werden. Falls Sie mehrere Benutzer mit denselben Zugriffsrechten anlegen wollen, können Sie diese hintereinander durch Kommas getrennt auflisten.

### *Passwort*

Das Passwort wird hinter dem Benutzernamen mit `IDENTIFIED BY` definiert. MySQL verlangt nicht zwingend ein Passwort für einen Benutzer. Wird also kein Passwort für einen Benutzer definiert, kann der Benutzer ohne Angabe eines Passworts auf die Datenbank gelangen. Aus Sicherheitsgründen sollte daher für jeden Benutzer auch ein Passwort vergeben werden.

### *WITH GRANT OPTION*

Die Option `WITH GRANT OPTION` definiert, dass dieser Benutzer auch anderen Benutzern Rechte auf der Datenbank einräumen darf. Sie sollten einen Benutzer mit der `WITH GRANT OPTION` also nur dann anlegen, wenn dieser Benutzer dieses Recht, beispielsweise als Datenbankadministrator, auch wirklich benötigt. Für normale Benutzer, die keine Administrationsaufgaben wahrnehmen, ist diese Option daher in der Regel nicht anzuwenden.

Die Länge eines Usernamens darf höchstens 16 Zeichen betragen, die Länge von Host-, Tabellen-, Datenbank- und Spaltennamen höchstens 60 Zeichen.

### *Benutzerrechte aktualisieren*

Alle Rechte der jeweiligen Benutzer werden von MySQL beim Start in den Speicher geladen und stehen dann während der Betriebszeit zur Verfügung. Aus diesem Grund müssen Sie die Rechtetabellen neu einlesen, wenn Sie Rechte während des laufenden Betriebs ändern. Dies erfolgt mit dem Befehl

```
mysql>FLUSH PRIVILEGES;
```

*Beispiele*

Anlegen eines weiteren Benutzers mit Administratorrechten:

```
mysql>GRANT ALL PRIVILEGES ON *.* TO dbadmin@'%' WITH GRANT OPTION;
```

Anlegen eines Benutzers, der nur auf einer bestimmten Datenbank Lese- und Schreibrechte besitzt:

```
mysql>GRANT SELECT,UPDATE ON Kunden.* TO dbadmin@'%';
```

Anlegen eines Benutzers, der nur von dem Rechner aus, auf dem der *mysql*-Datenbankserver läuft, Zugriffsrechte besitzt:

```
mysql>GRANT ALL PRIVILEGES ON Kunden.* TO dbadmin@localhost;
```

## Benutzerrechte ändern mit REVOKE

Für bestehende Benutzer können Rechte gelöscht werden. Die Syntax hierfür lautet:

```
REVOKE priv_type [(<Spalten>)] [,priv_type [(<Spalten>)] ON
{<Tabellenname> | * | *.* | <Datenbankname>.* } FROM <Benutzername> [,
<Benutzername> ...]
```

Sie können also, analog zum GRANT-Befehl, einzelne Privilegien für bestimmte Benutzer wieder löschen.

*Beispiel*

Wenn Sie der oben angelegten Benutzerin *CaroKlein* die Änderungsrechte für alle Tabellen der Datenbank *Kunden* entziehen wollen, lautet der Befehl:

```
mysql>REVOKE UPDATE  ON Kunden.* FROM CaroKlein@'localhost';
```

Auch hier ist wieder mit FLUSH PRIVILEGES die Rechtetabelle zu aktualisieren. Anschließend kann die Benutzerin *CaroKlein* keine Änderungen mehr vornehmen.

## Benutzer anlegen und ändern mit INSERT, UPDATE, DELETE

Außer mit GRANT und REVOKE können Benutzer- und Zugriffsrechte auch direkt durch INSERT-, UPDATE- oder DELETE-Befehle auf den Systemtabellen durchgeführt werden. Diese Methode ist etwas mühsamer, da die entsprechenden Befehle länger sind und, wie oben bereits erwähnt, die Tabellen *db, host, tables_priv* und *columns_priv* für das Speichern der jeweiligen Zugriffsrechte innerhalb der MySQL-Datenbank zuständig sind. Wenn Sie also Rechte einrichten wollen, müssen die entsprechenden Einträge in den Tabellen geändert werden.

Neue Benutzer werden mithilfe des INSERT-Befehls in die Tabelle *user* geschrieben.

*Beispiel*

```
mysql>INSERT INTO user
VALUES('localhost','Klein','PASSWORD('pass'),'Y','Y','Y','Y','Y','Y','Y',
'Y','Y','Y','Y','Y','Y','Y');
```

In diesem Beispiel werden dem Benutzer *Klein* mit dem Passwort *pass* bei lokalem Zugriff die kompletten Rechte auf dem MySQL-Server zugewiesen.

Wenn Sie diesem Benutzer beispielsweise den INSERT-Befehl untersagen wollen, ist das Feld Insert_priv mit 'N' zu definieren.

```
mysql>INSERT INTO user
VALUES('localhost','Klein','PASSWORD('pass'),'Y','N','Y','Y','Y','Y','Y',
'Y','Y','Y','Y','Y','Y','Y');
```

Sie können sich die Feldliste über folgenden Befehl anzeigen lassen:

```
mysql>USE mysql;
mysql> SHOW FIELDS FROM user
```

Dies gilt auch für die Tabellen *tables_priv, db* und *host*. Folgendes ist dabei zu beachten:

Zunächst muss das Passwort verschlüsselt mit der PASSWORD()-Funktion gespeichert werden. Da MySQL bei der Anmeldung das Passwort entschlüsselt, werden unverschlüsselte Passwörter nicht erkannt. Eine Anmeldung ist so nicht möglich. Schließlich kann die Anzahl der Felder zwischen den MySQL-Versionen variieren.

Analog können Sie Rechte auf Tabellen, Datenbanken oder Hosts vergeben. Zur Einrichtung einer Zugriffsberechtigung auf eine Tabelle sieht der INSERT-Befehl wie folgt aus:

```
mysql>INSERT INTO tables_priv VALUES
('localhost','Kunden','Klein','blz_tab','root@localhost',20030112130645,'S
elect,Insert,Update,Delete,Create,Drop,Grant,References,Index,Alter','');
```

In diesem Fall werden dem Benutzer *Klein* für die Tabelle *blz_tab* der Datenbank *Kunden* für den lokalen Zugriff die Rechte 'Select, Insert, Update, Delete, Create, Drop, Grant, References, Index, Alter' vergeben.

> **Achtung:** Auch wenn Sie die Rechte mit INSERT, UPDATE oder DELETE ändern, muss die Rechtetabelle mit FLUSH PRIVILEGES zur Aktualisierung neu eingelesen werden.

### Benutzer löschen

Um Benutzer vollständig aus der Datenbank zu löschen, reicht ein

```
mysql>REVOKE ALL ON *.* FROM Benutzer@localhost;
```

nicht aus. Es werden zwar alle Privilegien gelöscht, der Benutzer bleibt jedoch als Eintrag in der Datenbank erhalten. Falls Sie einen Benutzer vollständig aus der Datenbank löschen wollen, müssen Sie alle entsprechenden Einträge in den einzelnen Tabellen (*user, db, host, column_priv* und *tables_priv*) löschen. Um einen Benutzer endgültig aus der Usertabelle zu löschen, können Sie folgenden DELETE-Befehl verwenden:

```
mysql>DELETE FROM user WHERR User = "<Benutzername>";
```

Analog sind die Einträge in den anderen Tabellen zu löschen. Natürlich ist beim Löschen zu beachten, dass Sie über die WHERE-Bedingung den richtigen Benutzer auswählen.

### Passwort für root vergessen

Falls Sie einmal das *root*-Passwort vergessen haben sollten und über keinen anderen Benutzer mit Administratorrechten die Rechte vergeben können, können Sie wie folgt einen Zugriff auf das System wiederherstellen:

- Stoppen Sie den MySQL-Server.
- Starten Sie anschließend *mysqld* von der Kommandozeile aus mit der Option --skrip-grant-tables. Durch diese Option werden sämtliche Berechtigungen ignoriert, Sie können sich einloggen.
- Danach ändern Sie das *root*-Passwort.

- Anschließend stoppen Sie den MySQL-Server und starten ihn erneut mit den üblichen Optionen.

### Benutzerrechte anzeigen

Natürlich können Sie sich die bestehenden Zugriffsrechte eines Benutzers auch anzeigen lassen. Hierfür steht Ihnen folgender Befehl zur Verfügung:

```
mysql>SHOW GRANTS FOR <Benutzername>
```

Die Anzeige der Zugriffsrechte sieht dann beispielsweise wie folgt aus:

```
+------------------------------------------------------------+
| Grants for root@%                                          |
+------------------------------------------------------------+
| GRANT ALL PRIVILEGES ON *.* TO 'root'@'%' WITH GRANT ...   |
+------------------------------------------------------------+
```

Wenn Sie einen externen Zugang zur MySQL-Datenbank realisieren möchten, beispielsweise für Außendienstmitarbeiter, die Daten direkt in die Datenbank eingeben sollen, stellt sich die Frage nach der Sicherheit der Verbindung. Grundsätzlich werden die Benutzerkennungen unverschlüsselt über Netzwerke übertragen. Wenn Sie sich mit dem mysql-Client über `mysql -h<Zielrechner> -u<User> -p<Passwort>` mit der Datenbank verbinden, werden der Benutzer und das Passwort unverschlüsselt übertragen.

### Anzeigerechte beschränken

Im Betrieb ist es vielleicht nicht erwünscht, dass ein Benutzer die gesamte Struktur der Datenbank über den Befehl SHOW DATABASES einsehen kann. Für diesen Fall kennt MySQL die Startoption `--skip-show-databases` und `--safe-show-database`. Beim ersten Befehl liefert der Befehl SHOW DATABASES überhaupt nichts zurück, bei der zweiten Option werden nur die Datenbanken angezeigt, auf denen der aktuelle Benutzer Rechte besitzt.

Diese Optionen werden entweder beim Start des MySQL-Servers als Kommandozeilenparameter (`--skip-show-database` bzw. `--safe-show-database`), oder in der *my.cnf* bzw. unter Windows in der *my.ini* unter der Sektion [mysqld] definiert.

```
# in my.cnf bzw. my.ini

[mysqld]

safe-show-database
```

### Anzahl der Abfragen beschränken

Ab Version 4.02 von MySQL kann für Benutzer die Anzahl der Abfragen pro Stunde definiert werden. Dies erfolgt über die zusätzliche Option MAX_QUERIES_PER_HOUR=#. Das # steht dabei für die maximal zulässige Anzahl pro Stunde. Bei der Definition von *0* werden keine Beschränkungen auferlegt.

Falls Sie die Verbindung sicherer gestalten wollen, steht Ihnen die oben genannte Möglichkeit zur Verfügung, den Zugang lediglich auf ganz bestimmte Domains zu beschränken. Damit können Sie Missbrauch auf ein Minimum beschränken. Weiterhin können

Sie die Sicherheit des Verbindung erhöhen, indem Sie die ab Version 4 zur Verfügung stehenden Möglichkeiten einer SSH-Verbindung oder SSL-Verschlüsselung nutzen.

## 14.4.2 Daten verschlüsselt speichern

Vielfach besteht die Anforderung, sensible Daten in einer MySQL-Datenbank zu speichern. Gerade in Internet- und E-Commerce-Projekten ist es nicht selten, dass personenbezogene Daten bis hin zu Kreditkartennummern gespeichert werden müssen.

Zur Erhöhung der Sicherheit von Daten in der MySQL-Datenbank können die Daten zusätzlich verschlüsselt in der Datenbank gespeichert werden. Hierfür stellt MySQL die Funktionen ENCODE() und DECODE() zur Verfügung. Mit diesen Funktionen können Daten mit einem Passwort-String codiert werden. Eine Dekodierung der Daten ist nur mit bekanntem Passwort möglich.

Die Verschlüsselung ist allerdings auf BLOB-Felder beschränkt:

*Beispiel*
```
mysql>CREATE TABLE crypttab
(
kostenNr BLOB,
notstr INT
);
```

Die Tabelle enthält ein BLOB-Zeichenkettenfeld und ein Zahlenfeld, mit dem die Verschlüsselung nicht funktionieren wird. Anschließend werden in die neue Tabelle einige Daten eingefügt:

```
mysql>INSERT INTO crypttab VALUES(ENCODE('GEHEIM', 'PASSWORT'), ENCODE(10, 'PASSWORT'));
```

Wenn jetzt die Daten mit einem normalen SELECT selektiert werden, können sie nicht gelesen werden.

```
mysql> SELECT * FROM crypttab;
+----------+-------+
| kostenNr | nostr |
+----------+-------+
| È ?ü 9   |     0 |
+----------+-------+
```

### *Dekodierung*

Erst die Dekodierung mit DECODE() und dem Schlüsselwort bringt wieder die Ursprungsinformation zum Vorschein.

```
mysql> SELECT DECODE(kostenNr,'PASSWORT') FROM crypttab;
+-----------------------------+
| DECODE(kostenNr,'PASSWORT') |
+-----------------------------+
| GEHEIM                      |
+-----------------------------+
```

```
mysql> SELECT DECODE(nostr,'PASSWORT') FROM crypttab;
+-------------------------+
| DECODE(nostr,'PASSWORT') |
+-------------------------+
|                         |
+-------------------------+
```

An diesem Beispiel können Sie sehen, dass lediglich das Feld mit Verschlüsselung behandelt werden kann.

### Krypto-Filesystem

Wenn Sie für Ihre Daten ein Hochsicherheitssystem aufbauen wollen, sollten Sie die Daten zusätzlich auf einer verschlüsselten Partition speichern. Auch die Erstellung von solchen verschlüsselten Filesystemen ist keine allzu aufwendige Angelegenheit. Bei Linux-Distributionen wie beispielsweise Suse kann dies schnell menügesteuert durchgeführt werden.

Falls ein solcher Rechner mit kryptographiertem Filesystem in unbefugte Hände kommen sollte, hätte der Angreifer keine Chance, an Ihre Daten heranzukommen.

Nähere Informationen zu Krypto-Filesystemen für Linux erhalten Sie auch unter der URL *encryptionhowto.sourceforge.net*.

Und noch etwas gilt es zu beachten, wenn Sie einen hohen Sicherheitsstandard mit MySQL erreichen wollen: Teilen Sie den Rechner, auf dem die MySQL-Datenbank läuft, nicht mit anderen Benutzern. So verbietet es sich grundsätzlich, eine MySQL-Datenbank mit kritischen Daten beim Internet-Service-Provider über deren Standard-Webhosting-Angebot zu betreiben. Man teilt sich nämlich in diesem Fall auch den MySQL-Datenbankserver mit anderen völlig unbekannten Benutzern. Diese Personen können zwar standardgemäß nicht in Ihre Datenbank gelangen, allerdings ist Ihnen auch nicht genau bekannt, welche Sicherheitslücken im System bestehen. So lassen sich bereits mit einem einfachen SHOW DATABASES alle Datenbanken anzeigen, die auf einem MySQL-Datenbankserver laufen. Kritische Daten gehören also immer auf einen Standalone-Rechner.

### 14.4.3 SSH-Verbindungen

Eine Möglichkeit zur Absicherung der Verbindung externer Systeme und Anwender ist es, die Verbindung nur vom lokalen System zuzulassen und die Anwender, die auf der MySQL-Datenbank arbeiten werden, sich über sichere SSH-Verbindungen einloggen zu lassen.

SSH steht für Secure Shell und bietet eine sichere, da verschlüsselte Kommunikation über unsichere Netzwerke. Sämtliche Verbindungsinformationen werden bei SSH-Verbindungen verschlüsselt über das Netz transportiert. SSH ersetzt unter Unix die Programme telnet, rlogin und rsh, also die klassischen Möglichkeiten zur Arbeit auf entfernten Rechnern. SSH steht für nahezu alle Betriebssystemplattformen zur Verfügung.

## Eigenschaften

Die Eigenschaften von SSH im Überblick:

- Schutz von Passwörtern und Daten. Passwörter werden nicht im Klartext gesendet, sondern nur verschlüsselt
- Voll integrierter sicherer Datentransfer
- Authentifizierung auf beiden Seiten der Verbindung (Client/Server), um trojanische Pferde oder Ähnliches auszuschließen
- Kompression zur Beschleunigung des Datenaustauschs
- Verschiedene Methoden der Verschlüsselung sind möglich

## Verbindung einrichten

Eine MySQL-Verbindung über SSH wird wie folgt eingerichtet:

- Installieren Sie auf dem Server, auf dem die MySQL-Datenbank läuft, einen SSH-Server. Unter Linux kann dies beispielsweise OpenSSH sein.
- Installieren Sie auf dem Client, der die Verbindung zum MySQL-Datenbankserver aufnehmen soll, einen SSH-Client.
- Richten Sie einen Benutzeraccount auf dem Rechner ein, auf dem auch der MySQL-Datenbankserver läuft.
- Richten Sie einen Benutzeraccount auf der MySQL-Datenbank ein.
- Starten Sie den SSH-Client und melden Sie sich mit dem oben eingerichteten Account an.

## Beispiel

```
ssh -L 4000:xxx:3306 xxx -l user
```

Sie können nach der Anmeldung mit *mysql* und den üblichen Optionen wie *Benutzer* und *Passwort* mit dem MySQL-Datenbankserver über die geschützte SSH-Verbindung kommunizieren.

## 14.4.4 SSL-verschlüsselte Verbindungen

Grundsätzlich kann auch der Datenverkehr zwischen einem MySQL-Server und dem Client mit den nötigen Werkzeugen und dem notwendigen Know-how abgehört und analysiert werden. Standardmäßig erfolgt bei MySQL dieser Datenverkehr zwischen Client und Server unverschlüsselt.

## SSL ab Version 4

Ab Version 4 von MySQL steht mit der SSL-Verschlüsselung des Datenverkehrs ein Feature zur weiteren Absicherung zur Verfügung. Damit können auch sensible Daten auf öffentlichen Netzwerken verwendet werden. Mit dem SSL-Protokoll sind sehr sichere Datenverbindungen möglich, da

- der Inhalt verschlüsselt über das Netz geht,

- die Identität der Teilnehmer überprüft werden kann,
- der unveränderte Empfang der Daten durch Prüfalgorithmen überwacht wird.

SSL-Verschlüsselung ist insbesondere bei Webservern und Browsern verbreitet. Wenn eine Webanwendung mit SSL realisiert werden soll, ist eine Realisierung der SSL-Funktionen im System Browser/Webserver empfehlenswert. Für MySQL bietet diese neue SSL-Funktionalität aber sicherlich auch eine Reihe von sinnvollen Anwendungen. So lassen sich unabhängig von Browsern und Webservern hochsichere Anwendungen mit einem Datenaustausch über öffentliche Netze realisieren. Als Anwendungsgebiete können beispielsweise der Austausch bzw. Abgleich von geschäftskritischen Daten verschiedener Datenbanken genannt werden. Ein weiterer Vorteil im Vergleich zum Browser/Webserver-System liegt darin, dass auch die Identität des Clients überprüft werden kann.

## Wie funktioniert SSL?

SSL ist die Abkürzung für Secure Socket Layer und eigentlich nur das Protokoll, das die verschlüsselte Verbindung zwischen dem Server und den Clients herstellt. Die gesamte Verschlüsselung besteht aus Benutzerauthentifizierung, Verschlüsselungsalgorithmen (Kryptographie) und Übertragungsüberprüfung.

## Zertifizierung

Sowohl der Client als auch der Server müssen über einen Private-Key und einen Public-Key verfügen, der bei der Installation des SSL-Software erzeugt wird. Der Public-Key erhält anschließend ein digitales Zertifikat, das die Identität der Partei und den Public-Key digital bestätigt. Die Ausstellung dieses Zertifikats kann durch ein unabhängiges Institut, die CA (Certifications Authority), vorgenommen werden. Dies ist vor allem bei unbekannten Netzteilnehmern sinnvoll, da dadurch die Echtheit des Servers unabhängig festgestellt wird. Daher werden in der Regel alle Webserver durch ein unabhängiges Institut zertifiziert.

Grundsätzlich kann dieses Zertifikat aber auch selbst erstellt werden. Zur Übertragung des Systems auf einen MySQL-Server ist es bei der Anbindung von bekannten Clients an einen MySQL-Server nicht unbedingt nötig, ein Zertifikat einer unabhängigen CA zu besorgen. Die Vertrauenswürdigkeit entsteht dann dadurch, dass das Zertfikat direkt an die Anwender gegeben wird.

Sind Parteien im Besitz eines Zertifikats, eines Private- und eines Public-Keys, können die Botschaften mit den Schlüsseln so kodiert werden, dass der Datenverkehr nur diesen beiden Parteien verständlich ist. Die Partei A verschlüsselt dabei die Botschaft mit dem eigenen Private-Key und dem Public-Key der Partei B. Erhält die Partei B die Nachricht, kann sie sie mit dem eigenen Private-Key und dem Public-Key von Partei A entschlüsseln.

Der Ablauf einer verschlüsselten Datenübertragung wird begleitet von einem mehrmaligen Austausch von Authentifizierungsinformationen zwischen Client und Server. Der Client generiert einen zufälligen Schlüssel für die Sitzung, der mit dem Public-Key des Servers verschlüsselt wurde. Dieser Schlüssel kann dann nur noch mit dem passenden Private-Key vom Server entschlüsselt werden. Der Server entschlüsselt einen einkommenden Sitzungsschlüssel, womit dann sowohl Client als auch Server über denselben eindeutigen Sitzungsschlüssel verfügen. Mit diesem Sitzungsschlüssel wird anschließend der Datenverkehr verschlüsselt. Ehe dann der Datenaustausch vollzogen wird, sendet der Server zur Überprüfung der korrekten Verbindung sicherheitshalber eine Testnachricht. Der gesamte Datenverkehr läuft anschließend verschlüsselt ab, sodass auch Daten, die während der Übermittlung abgefangen oder gelesen werden, aufgrund des fehlenden Sitzungsschlüssels unlesbar sind. Zusätzlich kann zur Verhinderung von Missbrauch auch noch überprüft werden, ob die Nachricht auf dem Web zwischen Client und Server verändert wurde.

**Hinweis:** Die SSL-Verschlüsselung des Datenverkehrs in MySQL ist ein optionales Feature, das erst bei entsprechender Kompilierung von MySQL aktiv ist. Um dieses Feature installieren zu können, sollten Sie daher über Erfahrung in der Kompilierung von Programmen verfügen.

### *Installation von OpenSSL*

Benötigt wird hierfür die OpenSSL-Implementierung des SSL-Protokolls, die unter *www.openssl.org* sowohl für kommerzielle als auch nichtkommerzielle Nutzung zur Verfügung steht.

Im ersten Schritt müssen Sie also auf Ihrem Zielrechner, auf dem später der MySQL-Server laufen soll, die OpenSSL-Bibliotheken installieren.

Je nach Betriebssystem benötigen Sie für die Installation Folgendes:

*Unter Unix (Linux):*
- Perl 5
- C-Compiler (ANSI-C)

*Unter Windows*
- Perl für Windows
- C-Compiler (Borland C, Visual C++)

Unter Unix wird OpenSSL, nachdem Sie es auf Ihrem Zielrechner kopiert und das Archiv ausgepackt haben, wie folgt installiert:

```
$>config
$>make
$>make test
$>make install
```

Die Installation von OpenSSL läuft in der Regel relativ unproblematisch. Weitergehende Informationen zur Installation von OpenSSL entnehmen Sie bitte der Datei *INSTALL*, die den Installationsdateien beiliegt.

### Angepasste Kompilierung von MySQL notwendig

Nachdem die Installation von OpenSSL abgeschlossen ist, muss MySQL neu kompiliert werden. Die Kompilierung von MySQL wurde bereits erläutert. Zur Integration der SSL-Funktionen ist MySQL zusätzlich mit zu übersetzen.

```
$>configure -with-vio -with-openssl
```

Wenn der MySQL-Server neu übersetzt ist, können Sie ihn starten. Die erfolgreiche Kompilierung der SSL-Funktionalität in MySQL können Sie durch die Abfrage der Variablen have_openssl überprüfen, die YES zurückgeben sollte.

```
mysql> SHOW VARIABLES LIKE 'have_openssl';
+---------------+-------+
| Variable_name | Value |
+---------------+-------+
| have_openssl  | YES   |
+---------------+-------+
```

### Zugriffssteuerung über das Passwortsystem

Über das Passwortsystem von MySQL können generell Zugriffsrechte für SSL-Clients vergeben werden. Zu diesem Zweck verfügt die *user*-Tabelle der MySQL-Datenbank über die Felder ssl_type, ssl_cipher, x509_issuer und x509_subject, in der alle notwendigen Informationen gespeichert werden können. Falls die Tabellenstruktur Ihrer Datenbank diese Felder noch nicht enthält, müssen Sie ein Update der *user*-Tabelle vornehmen. Zu diesem Zweck verwenden Sie am einfachsten das Skript mysql_fix_privilege_tables.sh aus dem Verzeichnis *scripts*.

Wurde das Prinzip der Verschlüsselung verstanden, ist die Definition dieser Zugriffsrechte in MySQL überschaubar.

Die Rechte werden auch wiederum bestimmten Benutzern zugeordnet. So kann beispielsweise definiert werden, dass der Benutzer x nur Zugriff auf die Datenbank über eine SSL-Verbindung erhält, ein anderer Benutzer y allerdings auch über eine nichtverschlüsselte Verbindung.

Im Feld ssl_type wird der Verschlüsselungstyp eingetragen. Zur Auswahl stehen dabei:

- None, keine Verschlüsselung.
- ANY, die Verbindung muss per SSL erfolgen.
- X509, der Client muss über ein gültiges Zertifikat verfügen.
- SPECIFIED, dabei werden zusätzlich die Inhalte des Zertifikats überprüft.

### Verschlüsselte Verbindung aufbauen

Sie haben oben gesehen, welche Vorarbeiten für den Aufbau einer verschlüsselten Verbindung mit MySQL notwendig sind. Um jetzt eine verschlüsselte Verbindung aufzunehmen, gehen Sie folgendermaßen vor.

- Starten Sie den MySQL-Server mit den SSL-Optionen neu.
- Richten Sie einen Benutzer ein, der per SSL mit dem Server kommunizieren darf.

- Um eine verschlüsselte Verbindung zwischen MySQL-Client/Server herzustellen, muss der Client mit den SSL-Optionen aufgerufen werden.

*Beispiel*
```
$>mysqld --skip-grant-tables --user=mysql& --ssl-cert=server.crt --ssl-key=server.key
mysql>GRANT ALL PRIVILEGES ON ssltest.* IDENTIFIED BY "password" REQUIRE SSL;
$>mysql -u<Benutzername> -p<Passwort> --ssl
```

Hinweis: Um die SSL-Funktionen zu testen, stehen im Verzeichnis *vio/* Ihrer MySQL-Installation nach der Kompilierung die Programme testssl, test-sslclient, test-sslserver zur Verfügung.

## 14.5 Backup und Datensicherung

Oft erkennt man den Wert einer Sache erst dann, wenn man sie verloren hat. Mit Daten ist es nicht anders. Vielfach wird unterschätzt, welchen Aufwand, aber auch welche Kosten verloren gegangene Daten verursachen. Eine regelmäßige Sicherung sowie ein Datensicherungskonzept dürfen daher bei keiner Datenbank im Einsatz fehlen. In diesem Abschnitt werden Möglichkeiten dargestellt, wie Daten einer MySQL-Datenbank gesichert werden können.

### 14.5.1 Grundsätzliche Strategien für die Datensicherung

Die Datensicherung gehört zu den wichtigen Themen beim Betrieb einer Datenbank, vor allem dann, wenn die Daten in Ihrer MySQL-Datenbank einen bezifferbaren Wert haben. Dieser Wert kann bereits allein durch den Aufwand definiert werden, den eine Wiederbeschaffung der Daten verursachen würde.

Der Aufwand, den Sie für Ihre Backup-Strategie einsetzen, sollte sich daher immer am Wert der Daten und nicht an dem der Kosten für die Datensicherung orientieren. Wie eine Datensicherung beschaffen ist, hängt natürlich erst einmal von der gesamten Organisation Ihrer IT ab.

Zunächst soll eine Übersicht zeigen, welche Möglichkeiten der Datensicherung Ihnen MySQL oder Hilfsprogramme zu MySQL bieten. In den darauf folgenden Abschnitten werden diese näher erläutert.

#### Aspekte der Datensicherung

Die wichtigsten Aspekte für die Datensicherung sind die Verfügbarkeit der Daten und die Vermeidung von Datenverlusten. Unter Verfügbarkeit werden alle Maßnahmen verstanden, die einen Ausfall beim Betrieb des MySQL-Datenbankservers verhindern. Vor allem bei unternehmenskritischen Anwendungen können Ausfälle oder unproduktive Standzeiten leicht hohe Summen kosten. Die reine Datensicherung konzentriert sich dagegen eher auf die Verhinderung von Datenverlusten. Hier ist es in erste Linie von

Interesse, alle relevanten Daten periodisch so zu sichern, dass der Datenbestand reproduzierbar ist.

### Verhinderung von Datenverlusten

Beginnen wir bei den Möglichkeiten, die sich zur Durchführung bzw. Rücksicherung einer Datensicherung anbieten. Zum vollständigen Kopieren einer Datenbank benötigen Sie die Datenbank einschließlich aller Tabellendefinitionen. Ebenfalls zu sichern ist in der Regel das Zugangs- bzw. Rechtesystem für die Datenbank. Hierfür ist die Datenbank mit dem Namen *myslq*, in der alle Rechte definiert sind, zu sichern.

Bei der Sicherung einer MySQL-Datenbank stellt die mangelnde referenzielle Integrität durch das Fehlen der Fremdschlüssel (FOREIGN KEY) durchaus einen Vorteil dar, da die einzelnen Tabellen einer Datenbank unabhängig kopiert und restauriert werden können. Bei anderen Datenbanken, die Fremdschlüssel unterstützen, ist nämlich die Reihenfolge der Sicherung und der Rücksicherung entscheidend, da nur so die Abhängigkeiten innerhalb der verschiedenen Tabellen berücksichtigt werden können. Aus diesem Grund verfügen andere Datenbanken auch über spezielle Tools zur Datensicherung, die gerade diese referenzielle Integrität berücksichtigen und sicherstellen. Damit ist das Sichern von MySQL-Datenbanken im Vergleich zu anderen Datenbanken relativ einfach.

### Möglichkeiten der Datensicherung

Sie können die Datensicherung einer MySQL-Datenbank über folgende Wege realisieren:

- Mit *mysqldump*, das eine Kopie der Datenbank mithilfe des Kommandozeilenwerkzeugs *mysqldump* erstellt
- Erstellung einer Kopie der Datenbankdateien auf Betriebssystemebene
- Ausführen des BACKUP TABLE-Befehls
- Datensicherung über den Befehl SELECT INTO OUTFILE
- Programmierung eigener Backup-Programme

Sie werden die einzelnen Varianten in den folgenden Abschnitten genauer kennenlernen.

### Tabellenlocking während der Datensicherung

Grundsätzlich ist bei der Datensicherung von im laufenden Betrieb stehenden Datenbanken zu beachten, dass eine vollständige Datensicherung nur dann gewährleistet ist, wenn zum Zeitpunkt der Sicherung keine schreibenden Zugriffe auf diese Tabellen erfolgen. Daher sind die Tabellen während der Sicherung für Schreibzugriffe zu blockieren. Dies erfolgt mit dem Befehl LOCK TABLES in folgender Form:

```
LOCK TABLES <Tabellenname> {READ | [READ LOCAL] | [LOW_PRIORITY] WRITE} [,
<Tabellenname> {READ | [LOW_PRIORITY] WRITE} ...]
```

Der LOCK-Befehl kennt verschiedene Typen zur Blockierung von Tabellen:

- READ: Bei der Option READ werden die Tabellen für alle Benutzer schreibgeschützt, Leseoperationen sind möglich.

- `WRITE`: Bei `WRITE` wird die Tabelle für alle anderen Benutzer, außer dem aktuellen Benutzer, sowohl für Schreib- als auch für Lesevorgänge gesperrt. Der Benutzer des Threads darf auf dieser Tabelle lesen und schreiben.
- `READ LOCAL`: Dabei sind `INSERT`-Befehle erlaubt, solange keine Konflikte mit dem Schreibschutz bestehen.

Sie können beliebig viele Tabellen durch einen Aufruf von `LOCK TABLES` blockieren. Die Tabellen mit den gewünschten Locks werden dann durch Kommas getrennt nacheinander formuliert.

Die Blockierung einer Tabelle wird erst wieder aufgehoben, wenn explizit das Kommando

```
mysql>UNLOCK TABLES
```

aufgerufen wird oder der Prozess, der die Blockierung verursacht hat, beendet ist.

Wenn Sie also eine Datensicherung durchführen wollen, sollten Sie immer gleichzeitig `TABLE LOCK WRITE` anwenden, um zu vermeiden, dass während der Datensicherung der Datenbestand verändert wird.

### Interne Caches für die Datensicherung leeren

Ebenso sollten vor Beginn der Datensicherung alle internen Caches geleert werden. Hier stellt MySQL den folgenden Befehl zur Verfügung:

```
mysql>FLUSH <option> [, <option>]
```

Für die Datensicherung sind hier insbesondere folgende zwei Optionen wichtig:

- `TABLES`: Schließt und öffnet alle geöffneten Tabellen, auch wenn diese in Benutzung sind.
- `[TABLE | TABLES] <Tabellenname> [, <Tabellenname>...]`. Schließt und öffnet alle unter *Tabellenname* angegebenen Tabellen. Kann also zum selektiven Locking von Tabellen verwendet werden.

Wenn Sie vor der Datensicherung alle geöffneten Tabellen schließen wollen, lautet der Befehl:

```
mysql>FLUSH TABLES;
```

## 14.5.2 Backup mit mysqldump

Mit *mysqldump* können Sie, wie oben bereits erläutert, auf Betriebssystemen Datenbankkopien bzw. Sicherungen anlegen. Im Folgenden wird an einem Beispiel erläutert, wie auf diese Weise eine Datensicherung auf einen Backup-Rechner durchgeführt werden kann. Die Sicherung auf einem Backup-Rechner ist praktisch für Arbeitskopien oder für die schnelle Wiederherstellung von Datenbankinhalten, da keine Backup-Medien wie Bänder benötigt werden.

Nehmen wir als einfaches Beispiel einmal eine Intranetanwendung, die Kundenadressen und -informationen einschließlich einiger Hilfsdateien wie ein Postleitzahlenverzeichnis enthält. Die Datenbank wird täglich von 20 Personen benutzt, die auch Änderungen in der Datenbank vornehmen. Der MySQL-Server läuft dabei auf einem Unix-System.

Die Aufgabe besteht darin, diese Datenbank täglich automatisch während der Nacht zu sichern.

*Mysqldump* ist ein Kommandozeilenwerkzeug, das im *bin*-Verzeichnis zu finden ist. Der Aufruf erfolgt mit

```
$>mysqldump [OPTION] <Datenbankname> [Tabellenname]
```

Es liest die angegebene Datenbank bzw. die angegebenen Tabellen als ASCII-SQL-Datei aus. Standardgemäß erfolgt die Ausgabe auf die Konsole. Wenn Sie also beispielsweise eingeben:

```
$>mysqldump -uuser -ppass -hhost kunden
```

erhalten Sie die folgende Bildschirmausgabe:

```
-- Host: 127.0.0.1    Database:  mysqlpraxis
-----------------------------------------------------------
-- Table structure for table 'kunden'

CREATE TABLE kunden (
  id int(11) NOT NULL auto_increment,
  name varchar(60) default NULL,
  ort varchar(40) default NULL,
  plz varchar(5) default NULL,
  PRIMARY KEY  (id)
) TYPE=MyISAM;

--
-- Dumping data for table `kunden`
--

INSERT INTO kunden VALUES (1, 'Matthias k', 'Berlin', '12777');
INSERT INTO kunden VALUES (2, 'Caroline', 'Berlin', '12777');
INSERT INTO kunden VALUES (3, 'Gülten', 'Berlin', '12777');
INSERT INTO kunden VALUES (4, 'Bernd', 'München', '80889');
```

Der Befehl `mysqldump` erzeugt also die komplette Tabellendefinition sowie die Inhalte der Tabellen in Form eines `INSERT-SQL`-Kommandos.

### Mysqldump in eine Datei umleiten

Natürlich wollen Sie Ihre Datensicherung als Datei und nicht als Bildschirmausgabe erzeugen. Sie müssen daher die Ausgabe von `mysqldump` in eine Datei umleiten. Dies funktioniert wie folgt:

```
$>mysqldump [OPTIONS] <Datenbankname> [Tabellenname] > <Ausgabedatei>
```

### Optionen von mysqldump

*Mysqldump* bietet eine Reihe von Optionen an, die Sie mit `mysqldump -help` aufgelistet bekommen. Um jetzt eine Datensicherung mit *mysqldump* herzustellen, müssen Sie einige der Optionen benutzen. Für die Datensicherung sollten die Tabellen auf jeden

Fall für Schreibzugriffe gesperrt werden. Dies erfolgt mit der Option -1. Weiterhin kann man die Ausgabe speziell für die Datensicherung optimieren. Mit der Option -e (--extenden-insert) werden die INSERT-Befehle in einer optimierten Syntax ausgegeben, die durch die Tatsache, dass mehrere INSERT-Befehle in einer Reihe formuliert werden können, schneller ist.

Die Vorbereitung für eine vollständige Rücksicherung kann mit der Option --add-drop-table erreicht werden. Dabei schreibt MySQL vor jeden CREATE TABLE- noch einen DROP TABLE IF EXIST-Befehl, sodass die Datenbank vor der Rücksicherung definitiv keine Daten der betroffenen Tabellen mehr enthält.

Speziell für Backup-Aufgaben kann auch die Option -opt verwendet werden, die die oben erwähnten Optionen beinhaltet und zusätzlich MySQL-spezifische Befehle berücksichtigt und die Ausgabe nicht puffert.

Soll die Datensicherung zwischen entfernten Rechnern erfolgen, kann zusätzlich noch die Option -C verwendet werden, die den Datenstrom komprimiert und damit effektiver macht.

Das praktische an *mysqldump*, wie im Übrigen auch an den anderen Kommandozeilenwerkzeugen von MySQL, ist die Tatsache, dass Sie mit der Option -h (Hostdefinition) auf jedem beliebigen Rechner arbeiten können. So kann eine Datensicherung auch ganz einfach auf einer entfernten MySQL-Datenbank durchgeführt werden.

### *Mysqldump auf Unix-Rechner automatisieren*

Die abschließende Aufgabe besteht jetzt darin, *mysqldump* zu automatisieren. Unter Unix legt man sich hierfür am besten ein kleines Shellskript und einen Cron-Job an, der diese Aufgabe erledigt. Das folgende Skript legt ein Unterverzeichnis mit dem aktuellen Datum und der Uhrzeit an. Anschließend werden die Datenbanken *db1*, *db2* und *db3* einzeln mithilfe von *mysqldump* ausgelesen und anschließend noch mit *gzip* gepackt.

```
# /usr/sbin/sh
DIR='date +"%Y_%m_%d - %H_%M"'
mkdir -p $DIR
cd $DIR
for S in db1 db2 db3
do mysqldump --add-drop-table -q -uusername -ppasswort
$> $S.sql
rm - rf $S.sql.gz
gzip $S.sql
done
```

Um dieses Skript beispielsweise jeden Tag um 3 Uhr automatisch ablaufen zu lassen, richten Sie sich einen Cron-Job mit crontab -e in folgender Form ein:

01 03 * * * /mysql/makebackup.sh

### *Restore von mysqldump-Dateien*

Falls Sie eine Datensicherung wieder rücksichern wollen, erfolgt dies nicht mithilfe von *mysqldump*, sondern mit der MySQL-Shell. Da in der Sicherungsdatei alle Informationen über SQL-Kommandos definiert sind, muss also nur die Sicherungskopie ausgeführt werden. Am einfachsten erfolgt dies über die Kommandozeilen mit dem mysql-Client in folgender Form:

```
$>mysql -u<Benutzername> -p<Passwort> -h<name_des_zielrechners> < <Sicherungsdatei>
```

Die Sicherungsdatei wird dabei einfach über < eingelesen. Die Rücksicherung einer Datenbank über eine bestehende Datenbank kann zur Dateninkonsistenz führen. Beim Import werden nämlich Datensätze abgelehnt, für die ein Schlüsselfeld definiert ist und die bereits einen Eintrag aufweisen. Andere Datensätze, die keine Konflikte mit Schlüsselfeldern aufweisen, sind danach doppelt vorhanden. Aus diesem Grund ist eine Rücksicherung auf eine leere Datenbank vorzunehmen. Wie oben bereits erwähnt, kann beim Erzeugen der Sicherungsdatei bereits der Löschbefehl für die bestehende Datenbank integriert werden. Aber auch dabei ist natürlich Vorsicht geboten, falls die Rücksicherung nicht wegen Totalverlusts, sondern beispielsweise wegen Inkonsistenzen innerhalb der Datenbank erfolgt. Alle Daten, die seit der letzten Sicherung erfasst wurden, sind unwiderruflich verloren.

### 14.5.3 Backup durch Datenbankkopie

Sie können MyISAM-Tabellen auch auf Betriebssystemebene kopieren. Hierzu sind das entsprechende Datenverzeichnis oder einzelne Tabellen im Datenverzeichnis zu sichern. Zu jeder Datenbank gehört ein gleichnamiges Unterverzeichnis im *data*-Verzeichnis der jeweiligen Installation. Die Tabellen zu einer Datenbank befinden sich im ebenfalls im jeweiligen Unterverzeichnis, als Datei unter ihrem Namen. Bei der Sicherung einzelner Tabellen ist darauf zu achten, dass *<Tabellen>.\** gesichert wird. Eine Tabelle besteht beim MyISAM-Tabellentyp aus drei Dateien *(\*.MYI, \*.MYD, \*.frm)*.

### 14.5.4 Backup mit BACKUP TABLE

Die Syntax von BACKUP TABLE lautet wie folgt:

```
mysql>BACKUP TABLE Tabellenname[,Tabellenname, ...] TO '<Zielverzeichnis>'
```

Dieser Befehl steht allerdings nur für MyISAM-Tabellen und erst ab MySQL-Version 3.23.25 zur Verfügung. Dabei werden die Definitions- *(\*.frm)* und Datenbankdateien *(\*.MYD)* in das Zielverzeichnis kopiert. BACKUP TABLE ist also gleichzusetzen mit einer Kopie auf Betriebssystemebene.

> **Achtung:** Zu beachten ist unter Windows-Betriebssystemen, dass das Zielverzeichnis in Unix-Notation ('/backup') oder maskiert angegeben werden muss ('c:\\backup').

MySQL gibt als Ergebnis des BACKUP TABLE-Befehls eine Information aus, die den Tabellennamen und eine Statusinformation enthält.

*Beispiel*
```
mysql> BACKUP TABLE kunden to '/dbbackup';
+------------------+--------+----------+----------+
| Table            | Op     | Msg_type | Msg_text |
+------------------+--------+----------+----------+
| mysqlpraxis.kunden | backup | status   | OK       |
+------------------+--------+----------+----------+
```

### 14.5.5 Datensicherung mit SELECT INTO OUTFILE

Sie können komplette Tabellen auch mit dem Befehl `SELECT INTO OUTFILE` sichern. Dabei wird eine Delimited-ASCII-Datei erzeugt, die die Datensätze der jeweiligen Tabelle(n) enthält. Nachteilig an dieser Methode ist, dass die Tabellenstruktur nicht ausgegeben wird.

### 14.5.6 Replikationsmechanismen von MySQL

MySQL verfügt ab der Version 3.23.15 über die Möglichkeit, verschiedene MySQL-Datenbankserver als Master/Slave-System zu synchronisieren. Dabei werden alle Informationen auf dem Hauptsystem (Master) sofort auf einem korrespondieren Rechner (Slave) so aktualisiert, dass ein identischer Datenbestand auf beiden Rechnern vorhanden ist. Da alle Änderungen auf dem Master direkt auf dem Slave nachvollzogen werden, spricht man hier von Replikation. Ein Master kann dabei beliebig viele Slave-Systeme bedienen.

*Vorteile*

Welche Vorteile bringt nun ein System, das auf diese Weise repliziert wird? Zum einen erhält man zur Laufzeit eine identische Kopie der Datenbank. Damit wird die Wahrscheinlichkeit von Datenverlusten minimiert. Falls einer der Rechner ausfällt, kann mit den Daten des anderen sofort oder mit kalkulierbarer Unterbrechung weitergearbeitet werden. Sollte ein Slave-Rechner ausfallen, kann dieser im laufenden Betrieb ersetzt werden. Das Gesamtsystem ist so angelegt, dass ein ausgewechselter Slave sich automatisch wieder synchronisiert. Falls der Master ausfallen sollte, kann ein Slave zu einem Master gemacht werden und das System wieder herstellen.

Ein weiterer Vorteil eines replizierten Systems ist die mögliche Lastverteilung von Leseanfragen an die Datenbank. Da solche lesenden Anfragen mit keiner Veränderung des Datenbestands verbunden sind, kann eine derartige Abfrage von einem beliebigen Rechner des Verbunds beantwortet werden. Da dadurch die Belastung des Master-Systems geringer wird, können unter Umständen Performancegewinne erreicht werden.

Das Replikationssystem von MySQL ist noch in der Entwicklung. Dies bedeutet, dass die volle Leistungsfähigkeit sicherlich noch nicht erreicht ist. Der derzeitige Entwicklungsstand bringt jedoch auch einige Einschränkungen bei Standardfunktionen mit sich, die beachtet werden müssen. Dies sind:

- `AUTO_INCREMENT`-, `LAST_INSERT_ID`- und `TIMESTAMP`-Werte werden nicht korrekt synchronisiert. Auf ihren Einsatz sollte also verzichtet werden. Da gerade `AUTO_`

INCREMENT häufig für eindeutige Felder verwendet wird, kann dies als spürbare Einschränkung betrachtet werden.

- Zufallszahlen RAND() werden auf dem Slave mit einem anderen Wert erzeugt. Abhilfe kann hier die Verwendung einer pseudozufälligen Zahl, wie beispielsweise ein Timestamp sein.
- Auf dem Master/Slave-System muss der gleiche Zeichensatz installiert sein.

Zum anderen haben Anwender relativ wenig Erfahrung mit dieser Funktion. Ein Einsatz erfolgt daher immer auf eigenes Risiko und ohne Absicherung durch positive Erfahrungen anderer Benutzer.

Um ein Replikationssystem aufzusetzen, muss die Versionsnummer von MySQL beachtet werden. Am unproblematischsten ist das Betreiben der gleichen MySQL-Version auf dem Master- und dem Slave-System. Slave-Rechner mit 3.23er-Version können nicht mit 4.0-Master-Systemen kommunizieren. 4.0-Slave-Systeme können erst ab Version 4.0.1 mit 3.23-Master-Systemen kommunizieren.

### Setup eines Replikationssystems

Zur Installation eines Replikationssystems benötigen Sie natürlich mehr als nur einen Rechner. Wie oben erwähnt, kann ein Replikationssystem aus einem Master und einer unbegrenzten Anzahl von Slave-Systemen bestehen. Selbstverständlich sollte der leistungsfähigste bzw. betriebssicherste Rechner als Master verwendet werden, da ein Ausfall eines Slaves nicht zum Ausfall des Gesamtsystems führen kann, der Ausfall des Masters aber das gesamte System lahmlegt.

### User für Replikation anlegen

Auf dem Master-Rechner muss ein User angelegt werden, mit dem die Slaves auf den Master zugreifen können. Dieser User benötigt FILE-Rechte, muss also auf das lokale Dateisystem des Masters zugreifen können.

```
myslq>GRANT FILE ON *.* TO slave@"%" IDENTIFIED BY '<Passwort>';
```

Um das System aufsetzen zu können, muss MySQL auf dem Master heruntergefahren werden.

```
$>mysqladmin -uroot -p<passwort> shutdown
```

Anschließend müssen die Daten des Servers auf die Slaves kopiert werden. Das System basiert darauf, dass auf einen bestimmten Datenbestand des Servers aufgesetzt wird. Bis Version 4 von MySQL müssen hierfür alle Datenbanken des Masters kopiert und auf die Slaves verteilt werden. Am einfachsten erfolgt dies als Kopie der Dateien auf Betriebssystemebene. Ab Version 4 kann hierfür auch der Befehl LOAD DATE FROM MASTER verwendet werden, dafür sind für den User allerdings auch SELECT-, RELOAD- und PROCESS-Rechte notwendig.

Auf dem Master muss anschließend das Änderungsprotokoll aktiviert werden. Außerdem benötigt der Server eine eindeutige Server-ID. Diese Parameter werden am besten in der Konfigurationsdatei von MySQL gespeichert.

Der Eintrag in *[mysqld]* in der *my.cnf* bzw. *my.ini* für diese Einstellungen sieht wie folgt aus:

```
[mysqld]
log-bin
server-id=1
```

In den Konfigurationsdateien des Slaves sind jeweils folgende Einträge vorzunehmen:

```
master-host=<Hostname des Masters>
master-user=<Benutzername für das Replikation-System>
master-password=<Benutzerpasswort für das Replikation-System>
master-port=<TCP/IP port des Masters>
server-id=<Eindeutige_Tahl_zwischen_2 und 2^32-1>
```

Starten Sie anschließend die MySQL-Datenbank auf dem Master und starten Sie die MySQL-Datenbanken auf den Slaves neu.

Für die Verwaltung des Replikationssystems stehen SQL-Kommandos zur Verfügung. Wichtige Befehle hierfür sind:

```
mysql>SHOW MASTER STATUS;
```

Zeigt Informationen zum Änderungsprotokoll des Masters an.

```
mysql>SHOW SLAVE HOSTS;
```

Gibt eine Liste aller Slaves aus, die gerade beim Master angemeldet sind (verfügbar ab Version 4.0.0).

```
mysql>SHOW SLAVE STATUS;
```

Zeigt Statusinformationen auf einem Slave an.

## 14.6 Uploads und Datensicherung bei Providern

Uploads von Daten und die Datensicherung bei ISPs, bei denen man Webspace-Angebote nutzt, sind teilweise ein mühsames Geschäft. Es folgen daher an dieser Stelle noch einige Hinweise zu diesem Thema.

Wie weiter oben bereits erwähnt wurde, gewähren die meisten ISPs bedauerlicherweise keinen externen Zugriff auf die Datenbank. Dadurch werden gerade Uploads von Daten und Datensicherungsvorgänge behindert.

Folgende Möglichkeiten haben Sie, um Uploads auf MySQL-Datenbanken durchzuführen, für die Sie keinen externen Zugriff haben:

Sie können die Datei auf den Zielserver per ftp hochladen und von dort in MySQL importieren. Die Datei muss dabei ein importfähiges Format aufweisen. Dies kann entweder Delimited ASCII oder eine Datei sein, die mithilfe von *mysqldump* erstellt wurde.

Anschließend muss diese Datei noch nach MySQL importiert werden. Wenn kein Telnet-Zugang zum Webserver besteht, bedient man sich am besten einer Skriptsprache. PHP eignet sich hierfür hervorragend.

Um eine Datei einzulesen, die mithilfe von *mysqldump* erzeugt wurde, eignet sich folgendes PHP-Skript:

```
<?php
system("mysql -uUsername -pPasswort -hDatenbankserver.de Datenbankname <
/pfad/dump.sql", $fp);
if ($fp==0) echo "Daten importiert";
else echo "Ein Fehler ist aufgetreten!";
?>
```

Dieses Skript muss an die eigenen Verhältnisse angepasst und per ftp heruntergeladen werden. Anschließend kann dieses Skript über den Browser gestartet werden.

Eine Delimited-ASCII-Datei kann entweder über `mysqlimport` oder über den Befehl `LOAD DATA INFILE` nach MySQL importiert werden.

Falls Sie per *mysqldump* eine Datei erstellt haben, ist es auch möglich, über ein serverseitiges Tool wie phpMyAdmin die Daten zu integrieren. Kopieren Sie den Inhalt der Dump-Datei in das SQL-Fenster und führen Sie den Befehl aus.

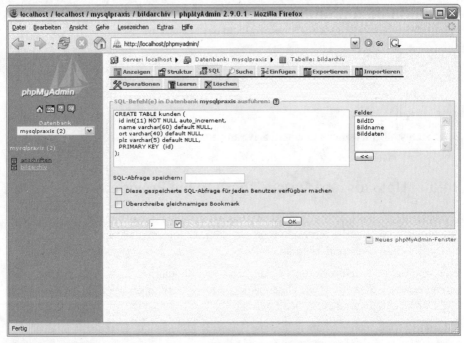

Bild 14.4: Copy & Paste über `SQL-INSERT`-Befehle (phpMyAdmin)

Falls Sie einen externen Zugriff auf Ihre Datenbank haben, sind Uploads einfacher durchzuführen. Das Kopieren der Datei auf den Zielrechner und ein Hilfsprogramm wie das PHP-Skript entfallen hier. In diesem Fall können die Daten über folgende Kommandozeile auf den Zielrechner kopiert werden:

```
$>mysql -uUsername -pPasswort -hDatenbankserver.de Datenbankname <
/pfad/dump.sql
```

Natürlich müssen Sie beim Import von Dateien auf Ihren Webserver noch einige Dinge beachten. Wenn Sie die Daten über eine Dump-Datei in eine bestehende Datenbank importieren wollen, erzeugen Sie die Dump-Datei am besten mit der Option -t. Die Definition der Tabelle wird dabei nicht erzeugt. Zu beachten ist auch, dass keine Doubletten importiert werden. Sie müssen also im Vorfeld entscheiden, ob Sie eine Datenergänzung oder einen kompletten Austausch der Datenbank vornehmen. Vorteilhaft ist bei dieser Aufgabe, dass auch einzelne Tabellen importiert werden können. Achten Sie hier jedoch immer darauf, dass die referenzielle Integrität der Daten gewährleistet ist.

*Datensicherung*

Analog zum Update einer MySQL-Datenbank beim ISP kann die Datensicherung erfolgen. Auch hier muss wieder unterschieden werden, ob ein externer Zugriff zur MySQL-Datenbank möglich ist oder nicht.

Grundsätzlich können Sie die oben dargestellten Verfahren verwenden, allerdings in umgekehrter Anordnung, d. h., Sie kopieren vom entfernten Rechner auf einen lokalen Rechner.

## 14.7 Datenbanktests durchführen

MySQL bietet unter Unix die Möglichkeit, über eine Skriptsprache auch komplexe Datenbankvorgänge automatisiert zu Testzwecken ablaufen zu lassen. So können Sie beispielsweise den korrekten Ablauf der Installation überprüfen oder das Verhalten der Datenbank unter Auslastung simulieren. MySQL liefert eine Reihe von Testskripts mit, die sich unter dem Installationsverzeichnis im Verzeichnis *mysql-text/t/*.test* befinden.

Das Prinzip dabei ist, dass SQL-Befehle als Skripts mit zusätzlichen Anweisungen wie Schleifen abgearbeitet werden können.

Der Programmaufruf lautet wie folgt:

```
$>mysqltest [OPTIONEN] [Datenbankname] <Testdatei>
```

Als Alternative können Sie die Tests auch mit dem Shell-Skript `mysql-test-run` ausführen, das sich im selben Verzeichnis befindet.

Folgendes Beispiel zeigt ein solches Testskript:

```
let $1 = 1000;
set @i=1;
while($1)
{
   set @i=@i+1;
   INSERT INTO testtab (period) VALUES (@i);
   dec $1;
}
```

Dieses Beispiel füllt die Tabelle *testtab* mit einer fortlaufenden Zahl.

## Aufbau und Regeln

Der Aufbau und die Regeln der Testskripts lauten folgendermaßen:

- Einzelne Befehle werden mit einem Semikolon (;) getrennt. Dies entspricht einem MySQL-Befehl auf Kommandozeile.

- Solange kein spezielles Kommando vorhanden ist, werden die Befehle als ganz normale SQL-Befehle von MySQL gehandhabt.

- Alle Abfragen, die eine Ausgabe erzeugen, müssen mit einem @/pfad/zur/ Ausgabedatei begonnen werden. Zum Erzeugen der Ausgabedatei ist mysqltest -r zu verwenden.

- Schleifen können, entsprechend dem Eingangsbeispiel, erzeugt werden.

- Mit sleep können Pausen in das Skript eingefügt werden.

- Fehler im Skript können abgefangen werden. Zum Unterdrücken von Fehlern muss in der Zeile vor dem jeweiligen Befehl --error-numer=<Fehlernummer> definiert werden.

Demjenigen, der sich noch intensiver mit diesem Thema befassen möchte, seien die Skripts unter *mysql-test/t* ans Herz gelegt. Sie dienen zum Testen von MySQL, eignen sich aber auch hervorragend als Studienobjekte.

## Anwendungsfälle

Diese Skripts können Ihnen eine wertvolle Hilfestellung sein, vor allem beim Testen umfangreicher Datenbanken. Sie können so, ohne explizit eine Programmiersprache bemühen zu müssen, automatisiert viele Testdatensätze produzieren und anschließend Ihre Abfrage automatisch über das System laufen lassen, um Funktions- und Performancetests durchzuführen.

Ebenfalls als Unterstützung können Ihnen diese Testskripts dienen, wenn Sie häufig MySQL-Datenbanken installieren. Sie können so die Funktionsfähigkeit der Installation automatisiert testen.

# 15 Schritte zur MySQL-Anwendung

In der Regel werden Datenbanken in eine vollständige Anwendung eingebunden. In diesem Kapitel sollen Ihnen anhand eines Online-Shops die einzelnen Schritte gezeigt werden, mit denen eine solche Anwendung per MySQL-Unterstützung realisiert werden kann.

## 15.1 Ziel

Das Beispiel nimmt ein Thema auf, das für das E-Business unabdingbar ist, nämlich die Koordinierung und Abwicklung von Bestellvorgängen über das Internet innerhalb eines Online-Shops. Die einzelnen Schritte von der Definition der Anwendung über die Erstellung des Datenbankentwurfs werden im Folgenden dargestellt.

Ratsam ist es auf jeden Fall, den gesamten Anwendungsfall vor Beginn der Definition von Datenbank und Tabellen ausreichend genau zu definieren. Auch wenn vielleicht der eine oder andere den Aufwand hierfür scheut, eine gute Anwendungsplanung wird sich immer positiv auswirken. Folgende Gründe können hierfür angeführt werden:

- Besseres Datenbankdesign. Auf der Basis vollständiger Informationen zum Umfang und Inhalt der zu speichernden Daten kann ein optimiertes Datenmodell besser erstellt werden, beispielsweise um Redundanzen zu vermeiden.
- Abfragen. Wenn Sie neue Felder in die Datenbank integrieren, müssen Sie in der Regel auch eine Reihe von SQL-Befehlen überarbeiten. Der Aufwand zur Überarbeitung der Abfragen ist dann nicht zuletzt wegen des notwendigen Bedarfs an Überprüfung der Funktion höher.
- Benutzerschnittstellen. Die Benutzerschnittstellen können kompakt realisiert werden. Ansonsten müssen bei Erweiterung der Anwendung auch die Benutzerschnittstellen erweitert werden. Im schlimmsten Fall müssen ganze Dialogelemente aufgrund neuer Gewichtung von Inhalten oder Platzbedarf neu erzeugt werden.
- Aufwandseinschätzung. Der Bedarf an Hard- und Softwarekomponenten kann genau festgelegt werden und führt somit zu keinen unliebsamen Überraschungen während des Betriebs.

## 15.2 Planung und Definition der Anwendung

### 15.2.1 Anwendungsübersicht

Bei der Anwendung handelt es sich um eine typische Shop-Lösung für das Internet. Dem Kunden wird ein Warenangebot in Form eines Katalogs angeboten. Er hat die Möglichkeit, in diesem Katalog nach einem Produkt zu suchen und dieses daraus online zu bestellen.

**Merkmale des Online-Shops**

Folgende Merkmale soll dieses Beispiel besitzen:

Bild 15.1: Merkmale des Online-Shops

*Kunden*

- Katalog mit Suchfunktion
- Bestell-/Warenkorbsystem
- Kundenkonto mit der Möglichkeit, Bestellungen und deren Status einzusehen

*Interne Verwaltung*

- Anlegen neuer Artikel in Kategorien
- Berechnung der Versandkosten nach Gewicht des Artikels
- Artikelverwaltung (Preis, Bezeichnung, Beschreibung)
- Bearbeitung der Bestellung
- Bestellstatus (offen, in Bearbeitung, versendet)
- Zahlungseingang überwachen
- Statistikfunktionen (gekaufte Artikel, Kundenstatistik)

Wie Sie sehen, erfolgt die erste Planung am zweckmäßigsten in kurzer Form als Übersicht. Diese Ausarbeitung wird häufig auch als Lastenheft bezeichnet, da sie den Zweck und den Umfang einer Anwendung allgemein verständlich definiert. Die Anwendung wird in dieser Phase mehr aus der Sicht des »use case« und weniger aus der Sicht der technischen Funktionen formuliert.

## 15.2.2 Anwendungsfunktionen

Nachdem die Anwendungsziele definiert sind, werden die Funktionen detailliert spezifiziert. Dies erfolgt zunächst, um anschließend das Datenmodell aufstellen zu können, danach können auf Basis dieser genauen Beschreibung der Funktionalität die Benutzerschnittstellen sowie die notwendigen Softwarefunktionen geplant werden. In der Praxis wird dieser Teil häufig als Pflichtenheft bezeichnet. In dieser Phase wird die Anwendung auch verstärkt bezüglich ihrer technischen Realisierbarkeit geplant. Jetzt werden auch die Funktionen konkret benannt, die realisiert werden sollen. Da unser Beispiel überschaubar bleiben soll, werden hier nur die wichtigsten Punkte aufgelistet.

Die detaillierte Beschreibung der Funktionen sieht wie folgt aus:

### Funktionen für den Kunden

*Konto einrichten*
Der Kunde kann ein persönliches Benutzerkonto beim Online-Shop einrichten. Dies dient der Hinterlegung der:

- Versanddaten (Zustelladresse)
- Kontaktinformationen (Telefon, E-Mail-Adresse)
- Login-Daten (Anmeldename, Passwort)

Nach dem Einrichten erhält der neue Kunde eine E-Mail-Benachrichtigung. Mit den Login-Daten kann der Kunde sein Konto einsehen.

*Artikel suchen*
Der Kunde erhält die Möglichkeit, Artikel des Online-Shops zu suchen.

*Artikel in Warenkorb speichern*
Der Kunde kann Produkte des Online-Shops aussuchen und in den Warenkorb legen. Der Warenkorb ist der virtuelle Einkaufswagen.

*Artikel bestellen*
Der Kunde kann beliebige Artikel bestellen. Der Bestellvorgang wird dabei über den Warenkorb ausgeführt, d. h., der Inhalt des Warenkorbs wird vom Kunden bestätigt.

*Konto prüfen*
Der Kunde kann seine Stammdaten sowie seine Bestellungen überprüfen.

### Verwaltungsfunktionen

Für die Verwaltung des Online-Shops sind folgende Funktionen vorgesehen:

*Produkte anlegen*
Über ein Verwaltungsmenü können Produkte und deren Eigenschaften angelegt werden.

*Bestellungen prüfen*
Aktuell eingegangene Bestellungen können überprüft werden.

*Bestellungen bearbeiten*
Der Status einer Bestellung kann die Zustände:

- offen
- in Bearbeitung
- versendet

erhalten. Diese Informationen bekommt der Kunde angezeigt.

*Produkte löschen*
Löschen von Artikeln aus dem Online-Katalog

*Kunden verwalten*
Verwaltung der Kundeninformationen einschließlich der Kundenstatistiken und der gekauften Artikel

## 15.3 Datenbankentwurf

### 15.3.1 Entitätstypen und Beziehungen ermitteln

Nachdem alle Anforderungen definiert sind, erfolgt im nächsten Schritt die Strukturierung der Daten. Hierzu werden alle Daten, die gespeichert werden, so strukturiert, dass sie zusammenhängende Einheiten bilden, also Entitätstypen. Die Bildung der Entitätstypen erfolgt im ersten Schritt aus der Überlegung heraus, welche Informationen zusammengehören. Folgende Entitätstypen können für das Beispiel ermittelt werden:

*Kunden*
Beinhaltet alle Kundeninformationen, wie Namens- und Adressbestandteile.

*Hersteller*
Enthält alle notwendigen Informationen zu den Herstellern der Produkte.

*Produkte*
Enthält alle Informationen zu den einzelnen Produkten wie Preis, Bezeichnung, Beschreibung etc.

*Warenkorb*
Enthält alle Produkte, die der Kunde während eines Einkaufs in den virtuellen Einkaufswagen legt. Einträge aus dem Warenkorb können während der Einkaufstour wieder gelöscht werden.

*Bestellungen*
Enthält die Informationen zu Bestellvorgängen, etwa das Datum der Bestellung.

*Bestellte Produkte*
Enthält alle Produkte, die bestellt wurden. Der Unterschied zum Warenkorb besteht darin, dass dieser Entitätstyp die rechtlichen verbindlichen Bestellungen enthält und

somit eine andere Behandlung erfährt. Daher ist das Löschen von Datensätzen in diesem Abschnitt nicht zulässig.

Bei der Einteilung von Entitätstypen gilt natürlich auch das Prinzip, Redundanzen zu vermeiden. Die Entitätstypen *Warenkorb* und *Bestellte Produkte* haben mit Speicherung einer Produktauswahl eigentlich dieselben Inhalte. An dieser Stelle würde man grundsätzlich überlegen, ob diese nicht zusammengefasst werden können. Die Trennung dieser beiden Entitätstypen erfolgt hier auf Basis der unterschiedlichen Behandlung. Der Warenkorb ist eine temporäre Tabelle mit vielen Löschvorgängen, der Entitätstyp *Bestellte Produkte* enthält dagegen die rechtlich verbindlichen Produktbestellungen.

Bild 15.2: Modellierung der Entitätstypen für das Shop-System

Sie haben an dieser Stelle schon die erste wichtige Grundlage geschaffen, die Inhalte der Datenbank von ihrer Struktur und Funktion her zu ermitteln.

Jede Entität weist bestimmte Eigenschaften auf, die für die Anwendung relevant sind. Während der Modellierung werden die benötigten Eigenschaften als Attribute des Entitätstyps erfasst. Die Eigenschaften werden dabei möglichst fein zerlegt, da später mit den einzelnen Attributen, beispielsweise bei den Auswertungen, gearbeitet wird. Je genauer diese Attribute unterteilt sind, um so mehr Kombinationen sind später möglich. Die erste Näherung der Beschreibung der Attribute kann verbal erfolgen.

Im relationalen Modell und bei der Umsetzung in die Datenbank werden aus den Entitätstypen dann die Relationen (*Tabellen*) und aus den Attributen die Tabellenspalten (*Felder*) mit ihren Datentypen.

## *Attribute*

Im nächsten Schritt müssen also die Attribute der einzelnen Entitätstypen genauer beschrieben werden. Dieser Schritt begrenzt die Informationen zu einem Entitätstyp auf das Wesentliche und bringt Sie in der Modellierung weiter, da Sie mit diesen Merkmalen nun weiterarbeiten können.

Für die Kunden sollen alle Informationen gespeichert werden, die für die Abwicklung einer Bestellung notwendig sind. Um das Beispiel überschaubar zu halten, werden Attribute, die für die Funktionsfähigkeit nicht gebraucht werden, aber in einem umfangreichen Online-Shop vorhanden sind, nicht berücksichtigt. Solche Attribute sind beispielsweise eine separate Rechnungsadresse, die Verwaltung mehrerer Währungen oder mengenabhängige Preise.

Durchaus sinnvoll ist es, bei der Ermittlung der Attribute bereits den Gültigkeitsbereich der Informationen zu benennen. Für das im nächsten Schritt zu erstellende ER-Modell ist das zwar nicht notwendig, Sie bereiten damit aber schon die spätere Umsetzung in das relationale Datenmodell vor.

Für unser Beispiel ergeben sich folgende Attribute mit entsprechenden Gültigkeitsbereichen:

*Kunden*

| Attribut | Gültigkeitsbereich |
| --- | --- |
| Anrede | Herr, Frau, Firma |
| Titel | Bezeichnung mit bis zu 20 Zeichen |
| Name1 | Bezeichnung mit bis zu 50 Zeichen |
| Name2 | Bezeichnung mit bis zu 50 Zeichen |
| Ort | Bezeichnung mit bis zu 50 Zeichen |
| Plz | Bezeichnung mit bis zu 14 Zeichen (international) |
| Straße | Bezeichnung mit bis zu 50 Zeichen |
| Hausnummer | Bezeichnung mit bis zu 6 Zeichen |
| Land | Bezeichnung mit bis zu 30 Zeichen |
| Telefonnummer | Bezeichnung mit bis zu 50 Zeichen |
| Faxnummer | Bezeichnung mit bis zu 50 Zeichen |
| E-Mail | Bezeichnung mit bis zu 50 Zeichen |
| Anmeldename | Bezeichnung mit bis zu 10 Zeichen |
| Passwort | Bezeichnung mit bis zu 60 Zeichen |

Attribute ...

*Hersteller*

| Attribut | Gültigkeitsbereich |
| --- | --- |
| Name | Bezeichnung mit bis zu 60 Zeichen |
| Ort | Bezeichnung mit bis zu 50 Zeichen |
| Plz | Bezeichnung mit bis zu 14 Zeichen (international) |
| Straße | Bezeichnung mit bis zu 50 Zeichen |
| Hausnummer | Bezeichnung mit bis zu 6 Zeichen |
| Land | Bezeichnung mit bis zu 30 Zeichen |
| Telefonnummer | Bezeichnung mit bis zu 50 Zeichen |
| Faxnummer | Bezeichnung mit bis zu 50 Zeichen |
| E-Mail | Bezeichnung mit bis zu 50 Zeichen |

... und ihre Gültigkeitsbereiche 1

## Produkte

| Attribut | Gültigkeitsbereich |
|---|---|
| Artikelnummer | Zahlen zwischen 1 und 999999 |
| Kategorie | Bezeichnung mit bis zu 40 Zeichen |
| Bezeichnung | Bezeichnung mit bis zu 50 Zeichen |
| Beschreibung | Beschreibungstext mit variabler Länge |
| Preis | Zahl zwischen 0,00 und 999999,99 |
| Umsatzsteuer | Prozentzahl |
| Bilddatei | Bezeichnung mit bis zu 50 Zeichen |
| Lagermenge | Zahl zwischen 0 und 1000000 |
| Hersteller | Bezeichnung mit bis zu 60 Zeichen |
| Hinzugefügt | Datum |
| Zuletzt geändert | Datum |
| Gewicht | Zahl zwischen 0,00 und 9999,99 |

2

## Warenkorb

| Attribut | Gültigkeitsbereich |
|---|---|
| Kundennummer | Zahl zwischen 1 und 99999 |
| Artikelnummer | Zahl zwischen 1 und 999999 |
| Anzahl | Zahl zwischen 0 und 99999 |
| Gesamtpreis | Zahl zwischen 0,00 und 999999,99 |
| Hinzugefügt am | Datum |

3

## Bestellungen

| Attribut | Gültigkeitsbereich |
|---|---|
| Bestelldatum | Datum |
| Status | »offen«, »in Bearbeitung«, »versendet« |
| Gesamtpreis | Zahl zwischen 0,00 und 99999,99 |
| Bemerkung | Bezeichnung mit bis zu 255 Zeichen |

4

## Bestellte Produkte

| Attribut | Gültigkeitsbereich |
|---|---|
| Kundennummer | Zahl zwischen 1 und 99999 |
| Artikelnummer | Zahl zwischen 1 und 999999 |
| Anzahl | Zahl zwischen 0 und 99999 |
| Preis | Zahl zwischen 0,00 und 999999,99 |

| Attribut | Gültigkeitsbereich |
|---|---|
| Umsatzsteuer | Prozentzahl |
| Bestellt am | Datum |

5

## 15.3.2 ER-Modell erstellen

Im nächsten Schritt werden die Beziehungen zwischen den Entitäten ermittelt, anschließend wird mit dem ER-Modell (Entity-Relationship-Model) die grundlegende Beziehungsstruktur der Datenbank entworfen. Diese Beziehungen sind Abhängigkeiten zwischen den Entitäten und erlauben es, die gegliederten Daten wieder passend zusammenzufügen.

Die Abhängigkeiten können dabei nicht automatisch erzeugt werden, sondern müssen manuell festgestellt werden. Ein gutes Datenmodell stellen Sie dann auf, wenn Sie alle Arbeitsschritte und Inhalte begründen können.

Für unser Beispiel sehen die Beziehungen einschließlich ihrer Beziehungstypen (1:n, 1:1, n:m) wie folgt aus:

- Kunde erstellt Warenauswahl (Warenkorb 1:1)
- Kunde nimmt Bestellung vor (1:n)
- Eine Bestellung besteht aus (bestellten) Produkten (1:n)
- Bestellte Produkte werden aus Warenkorb übernommen (1:1)
- Warenkorb besteht aus Produkten (1:n)
- Hersteller stellt Produkt her (1:n)

Die Beziehungen sehen in der grafischen Darstellung wie folgt aus:

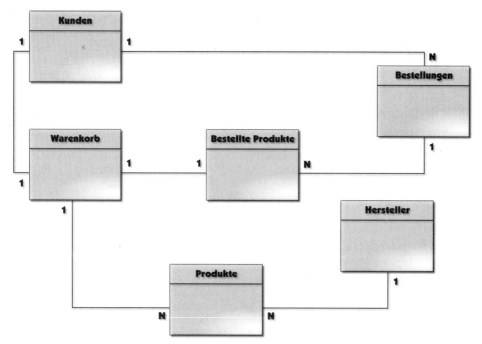

Bild 15.3: Darstellung des Beziehungen (ohne Attribute)

### 15.3.3 Relationales Datenmodell erstellen

Nachdem die Basisarbeit der Modellierung durchgeführt ist, kann im nächsten Schritt die Überführung in das relationale Datenbankmodell erfolgen. Damit erfolgt die Umsetzung des konzeptionellen Schemas in ein internes Schema zur Datenspeicherung.

Nach dieser Vorarbeit ist die Umsetzung jetzt relativ einfach. Aus den Entitätstypen werden Tabellen und aus den Attributen die Spalten der Tabellen. Da wir oben bereits einen Gültigkeitsbereich für die Attribute festgelegt haben, kann daraus der am besten geeignete Datentyp abgeleitet werden.

Was für die Aufstellung des relationalen Datenmodells noch fehlt, ist die Darstellung der Beziehungen. Diese werden im relationalen Datenbankmodell über die Schlüssel hergestellt. Auch hier ist die Ableitung einfach. Um Beziehungen über Werte herzustellen, benötigen wir einen Wert, der jeden Datensatz eindeutig bestimmt: den Primärschlüssel. Ein Primärschlüssel kann aus einem oder mehreren Feldern bestehen. Die Handhabung von Primärschlüsseln, die nur aus einem Feld bestehen, ist in der Praxis wesentlich einfacher. Aus diesem Grund werden im Allgemeinen Tabellen mit einer fortlaufenden Nummer versehen, der als Primärschlüssel dient. Mit AUTO_INCREMENT wird diese fortlaufende Nummer automatisch erzeugt.

Anschließend werden die Beziehungen zwischen den Tabellen über Fremdschlüssel definiert. Prinzip ist, dass in einer Detailtabelle ein zusätzliches Feld eingeführt wird, welches auf den Primärschlüssel einer Mastertabelle verweist.

Auch an dieser Stelle kann die Vorarbeit des ER-Modells also nahtlos in die Umsetzung des relationalen Datenmodells übergehen. Dort haben wir die Beziehungen benannt, im Datenmodell wird bei einer solchen Beziehung dann ein zusätzliches Feld in der Detailtabelle eingefügt.

### 15.3.4 Datenmodell optimieren

In diesem Abschnitt erfolgt die Optimierung durch die Normalisierung. Hier kurz zur Erinnerung die verschiedenen Normalformen.

*1. Normalform*
Alle Attribute einer Tabelle liegen in atomarer Form vor.

*2. Normalform*
Alle Werte, dass heißt, alle Nicht-Schlüsselattribute ausschließlich des Primärschlüssels, sind zu bestimmen. Die Relation muss sich in der ersten Normalform befinden.

*3. Normalform*
Es bestehen keine Abhängigkeiten von Nicht-Schlüsselattributen. Die Relation muss sich in der zweiten Normalform befinden.

Bei Betrachtung unseres ER-Modells kann festgehalten werden, dass die erste und zweite Normalform erfüllt sind. Durch die Einführung einer eindeutigen fortlaufenden ID in den Tabellen sind diese automatisch in der zweiten Normalform.

## 15.4 Benutzerschnittstellen

### 15.4.1 Softwarekomponenten definieren

Die definierten Anforderungen sowie das relationale Datenmodell sind zum jetzigen Zeitpunkt noch universell und nicht an eine bestimmte Software gebunden.

An diesem Punkt fällt dann die Entscheidung, mit welcher Software die Anwendung realisiert wird. Ein solcher Entscheidungsprozess kann durchaus aufwendig sein. In die Entscheidung sind:

- Kostenkalkulationen,
- Personalfragen und
- technologische Gesichtspunkte

einzubeziehen. Diese Entscheidung hat fundamentalen Charakter, da sie bis zur endgültigen Realisierung der Anwendung gelten sollte. Alle nachträglichen Änderungen führen in der Regel zu Zeitverzögerungen und einem erhöhten Aufwand in der Gesamtrealisierung.

Da es hier um MySQL geht, steht die Wahl des Datenbankservers fest. Aus den Anforderungen ergibt sich weiterhin, dass als Internetapplikation ein Webserver die Basistechnologie sein soll. Für unsere Zwecke nehmen wir hier Apache, den zurzeit am weitesten verbreiteten Webserver. Über den Webserver können dann alle HTML-Seiten an den Benutzer ausgeliefert werden.

Bleibt noch die Wahl der Programmiersprache, um die Funktionen sowie die Benutzerschnittstellen zu realisieren. Als Internetapplikation für Massenanwendungen sollte die Programmiersprache Internet-Operationen wie E-Mail-Unterstützung, MySQL-Unterstützung sowie eine enge Anbindung an den Webserver aufweisen. Eine gute Wahl kann auch in diesem Fall PHP sein.

In der Zusammenfassung sieht die Softwaretechnologie für unsere Beispielanwendung wie folgt aus:

| Software | Aufgabe |
|---|---|
| Apache | Webserver, Bedienung von Anfragen über das Internet |
| MySQL | Speichern aller relevanten Anwendungsdaten |
| PHP | Programmiersprache für anwendungsspezifische Funktionen |
| HTML | Seitenbeschreibungssprache für die Benutzerschnittstellen |

Unsere Auswahl

Unsere Beispielanwendung läuft also auf einem typischen LAMP-System.

## 15.4.2 Benutzerschnittstellen entwerfen

Wie bereits erläutert, lassen sich PHP und HTML sehr leicht kombinieren. Für unsere Anwendung ist dies auch in Bezug auf die Entwicklungsarbeit ideal. Die grafische Benutzeroberfläche wird per HTML definiert, alle notwendigen Funktionen können über PHP eingebaut werden.

Dies kommt auch einem Projektablauf entgegen. Sinnvoll ist es in der Regel, einen Prototyp der Anwendung zu erzeugen, um mit diesem die Benutzerführung und die Funktionalität überprüfen zu können. Durch einen Prototyp können auch noch Schwachstellen im Konzept aufgedeckt werden.

Die Kombination von HTML und PHP erlaubt ein sehr einfaches Prototyping. Die Programmoberfläche kann mit HTML-Elementen relativ schnell erstellt werden. Hierfür ist es sinnvoll, zur Webseitengestaltung ein Programm wie Dreamweaver, HomeSite oder Frontpage zu verwenden.

Bevor man die Dialoge gestaltet, sollte man sich zur besseren Planung am besten eine Liste aller benötigten Dialoge erstellen. Für den Besucher müssen folgende Dialoge erstellt werden:

*Anmeldung*
Name und Login-Daten bzw. Neuanmeldung mit Konto einrichten

*Online-Shop*
Der Hauptdialog für den Benutzer, um Produkte zu suchen und auszuwählen

*Produktdetails*
Detailinformationen zu einem Produkt anzeigen

*Warenkorb*
Anzeige aller ausgewählten Produkte. Der Benutzer hat die Möglichkeit, die Mengen zu ändern bzw. Produkte aus dem Warenkorb zu löschen.

*Kasse*
Endgültige Bestätigung der Bestellung und nochmalige Überprüfung der Kontaktdaten

*Kundenkonto*
Anzeige aller Bestellungen und ihres Status

Für die Verwaltung benötigen wir die folgenden Dialoge:

*Produktverwaltung*
Verwaltung des Produktkatalogs mit Anlegen, Aktualisieren und Löschen der Produkte

*Bestellverwaltung*
Anzeige und Bearbeitung der Bestellungen

*Kundenverwaltung*
Anzeige der Kunden einschließlich der Kontakt- und Bestellinformationen

> **Achtung:** Für die Erstellung der Benutzerschnittstellen sind wie oben erwähnt HTML-Kenntnisse notwendig, die hier als gegeben vorausgesetzt werden.

## 15.5 Implementierung

### 15.5.1 Datenbank und Tabellen anlegen

Nachdem die Anforderungen definiert sind, das Datenbankmodell erarbeitet und die Oberfläche gestaltet ist, kann im nächsten Schritt die vollständige Implementierung der Anwendung beginnen.

Hierfür müssen Sie jetzt auch endgültig die Datenbank und Tabellen in MySQL anlegen.

Zuerst muss eine Datenbank angelegt werden:

```
mysql>CREATE DATABASE shop;
```

Anschließend werden die einzelnen Tabellen angelegt. Sie können die folgenden Tabellendefinitionen per Hand eingeben.

Die Tabellendefinitionen sind im Folgenden aufgelistet. In den Tabellendefinitionen sind auch die Fremdschlüssel (`FOREIGN KEY`) definiert, die allerdings nicht von den `MyISAM`-Tabellentypen unterstützt werden. Daher wurde hier der Tabellentyp `InnoDB` gewählt. Falls Sie eine MySQL-Installation ohne `InnoDB` besitzen, lassen Sie einfach in den folgenden Tabellendefinitionen den Eintrag `[TYPE=INNODB]` weg. In den Tabellen wurden Indizes für Felder angelegt, in denen später häufig gesucht wird. Dies sind beispielsweise die Produktbezeichnung oder der Anmeldename. Ob diese Indizes vollständig ausreichend sind, kann unter Umständen erst im Betrieb mit vielen Datensätzen abschließend bewertet werden. Ergänzend sei an dieser Stelle darauf hingewiesen, dass bei `InnoDB`-Tabllen für `FOREIGN KEY` Indizes auch die Primärschlüssel benötigt werden.

## *Tabellendefinitionen*

### *Bestellte Produkte*

```
CREATE TABLE bestellte_produkte
(
  ID int DEFAULT '0' NOT NULL auto_increment,
  kunden_id int DEFAULT '0' NOT NULL,
  produkte_id int DEFAULT '0' NOT NULL,
  bestellungen_id int DEFAULT '0' NOT NULL,
  anzahl int,
  preis decimal(10,2),
  ust int,
  bestellam datetime,
  PRIMARY KEY (ID),
  KEY produktid_ind (produkte_id),
  KEY kundenid_ind (kunden_id),
  KEY bestellungenid_ind (bestellungen_id)
);
```

### *Bestellungen*

```
CREATE TABLE bestellungen
(
  ID int DEFAULT '0' NOT NULL auto_increment,
  bestelldatum datetime,
  status varchar(50),
  gesamtpreis decimal(10,2),
  bemerkung blob,
  kunden_id int,
  PRIMARY KEY (ID)
);
```

### *Hersteller*

```
CREATE TABLE hersteller
(
  ID int DEFAULT '0' NOT NULL auto_increment,
  name varchar(60),
  PRIMARY KEY (ID)
);
```

### *Kunden*

```
CREATE TABLE kunden
(
  ID int DEFAULT '0' NOT NULL auto_increment,
  anrede varchar(6),
  titel varchar(20),
  name1 varchar(60) DEFAULT '' NOT NULL,
  name2 varchar(60) DEFAULT '' NOT NULL,
  plz varchar(14),
```

```
  ort varchar(46) DEFAULT '' NOT NULL,
  strasse varchar(46),
  hausnummer varchar(6),
  land varchar(30),
  email varchar(50),
  faxnummer varchar(60),
  anmeldename varchar(10) DEFAULT '' NOT NULL,
  passwort varchar(60),
  telefonnummer varchar(60),
  PRIMARY KEY (ID),
  KEY name1_ind (name1),
  KEY name2_ind (name2),
  KEY ort_ind (ort),
  KEY anmeldename_ind (anmeldename)
);
```

*Produkte*

```
CREATE TABLE produkte
(
  ID int DEFAULT '0' NOT NULL auto_increment,
  bezeichnung varchar(60) DEFAULT '' NOT NULL,
  beschreibung text,
  kategorie varchar(60),
  preis decimal(7,2),
  umsatzsteuer int,
  bilddatei varchar(60),
  lagermenge int,
  hinzugefügt datetime,
  zuletzt_geaendert datetime,
  gewicht_kg decimal(6,2),
  hersteller_id int,
  PRIMARY KEY (ID),
  KEY bezeichnung_ind (bezeichnung)
);
```

*Warenkorb*

```
CREATE TABLE warenkorb
(
  ID int DEFAULT '0' NOT NULL auto_increment,
  kundennr int,
  artikelnr int,
  anzahl int,
  gesamtpreis decimal(10,2),
  hinzugefuegt_am datetime,
  produkte_id int DEFAULT '0' NOT NULL,
  PRIMARY KEY (ID),
  KEY produkte_ind (produkte_id)
);
```

Zusätzlich können Sie einige Testdaten in die einzelnen Tabellen eintragen. Hier einige Beispiele:

*Hersteller*
```
INSERT INTO hersteller VALUES (1,'IBM');
INSERT INTO hersteller VALUES (2,'Franzis');
INSERT INTO hersteller VALUES (3,'Microsoft');
```

*Kunden*
```
INSERT INTO kunden VALUES
(1,'Herr',NULL,'Matthias','Mustermann','18782','Berlin','Leopoldplatz','62
','Deutschland','mm@mustermann.de','09999/999999','demo','demo','09999/222
2');
```

*Produkte*
```
INSERT INTO produkte VALUES (1,'Notebook mit Tasche','Produktbeschreibung
und noch viel merh...','1',1999.95,16,'bilder/notebook.gif',10,'2003-02-03
00:00:00',NULL,0.20,1);
```

### 15.5.2 PHP-Funktionen definieren

Im ersten Schritt haben wir bereits die grundsätzlichen Anwendungsanforderungen definiert, die der Shop aufweisen soll. Diese Anwendungsanforderungen sind jetzt in PHP zu realisieren.

Bei umfangreichen Projekten stellt sich für Sie natürlich auch die Frage einer effektiven Anwendungsentwicklung. Zu den wesentlichen Prinzipien der Anwendungsentwicklung gehören:

- Einfache Wartbarkeit von Programmcode
- Wiederverwendbarkeit von Programmcode

Da dieser Teil der Anwendung bereits in Kapitel 6 anhand von Beispielen beschrieben wurde, ersparen wir es uns, die PHP-Bestandteile einzeln vorzustellen und umzusetzen.

### 15.5.3 Anwendung testen

Im letzten Schritt sollte dann die Anwendung intensiv getestet werden. In der Regel werden sich in der Anwendung noch kleinere oder größere Fehler befinden. Die abschließende Aufgabe besteht also darin, die gesamte Anwendung auf Fehler zu testen. Außer der Gesamtfunktionalität interessiert uns im Rahmen dieses Kapitels vor allem die Frage, ob die MySQL-Funktionen richtig funktionieren. Daher sollte nicht nur überprüft werden, ob das Programm richtig arbeitet, sondern auch, ob die Datenbankeingaben während der Programmbenutzung korrekt erfolgen und vollständig sind. Am besten macht man dies, indem man die Speichervorgänge in der Datenbank betrachtet, also direkt in den Tabellen die Datenänderungen mitverfolgt.

### 15.5.4 Abschließende Fragen

Abschließend könnten noch die folgenden Fragen während der Testphase beantwortet werden:

- Sind die richtigen Datenbankfelder indiziert?
- Ist die Datenbank für die zu erwartenden Zugriffszahlen konfiguriert?
- Sind Backup-Verfahren für die Datenbank notwendig, und funktionieren sie?
- Welche Größe wird die Datenbank erreichen?

# 16 MySQL-Referenz

MySQL besitzt eine sehr komplexe, aber intuitive und leicht zu erlernende SQL-Schnittstelle. Dieses Kapitel beschreibt die verschiedenen Befehle, Typen und Funktionen, die Sie kennen müssen, um MySQL effizient und effektiv zu benutzen. Es dient auch als Referenz für die gesamte in MySQL verfügbare Funktionalität.

## 16.1 Sprachsyntax

### 16.1.1 Literale

Dieser Abschnitt beschreibt die verschiedenen Arten, in MySQL Zeichenketten und Zahlen zu schreiben. Ebenfalls enthalten sind die verschiedenen Nuancen sowie die Fallstricke, in denen man sich bei den grundlegenden Datentypen von MySQL verfangen kann.

*Zeichenketten*

Eine Zeichenkette ist eine Folge von Zeichen, die entweder von Apostrophen (einfachen Anführungszeichen ' ' ) oder (doppelten) Anführungszeichen ( " " ) umgeben ist.

*Beispiele*
'Dieser Satz stellt eine Zeichenkette dar.'
"Auch dieser Satz stellt eine Zeichenkette dar."

Innerhalb einer Zeichenkette haben bestimmte Folgen eine spezielle Bedeutung. Jede dieser Folgen fängt mit einem Backslash (\) an, bekannt als Escape-Zeichen. MySQL erkennt folgende Escape-Sequenzen:

| Escape-Sequenz | Beschreibung |
| --- | --- |
| \0 | ASCII-0- (NUL) Zeichen |
| \' | Apostroph-Zeichen (') |
| \" | Anführungszeichen (") |
| \b | Backspace-Zeichen |
| \n | Neue-Zeile-Zeichen |
| \r | Wagenrücklauf-Zeichen |
| \t | Tabulator-Zeichen |

| Escape-Sequenz | Beschreibung |
|---|---|
| \z | ASCII(26) (Steuerung-Z). Dieses Zeichen kann kodiert werden, um das Problem zu umgehen, dass ASCII(26) unter Windows für Dateiende (END-OF-FILE) steht. ASCII(26) verursacht Probleme, wenn Sie *mysql-Datenbank < Dateiname* benutzen. |
| \\ | Backslash-Zeichen (\) |
| \% | Ein '%'-Zeichen. Dieses wird benutzt, um nach literalen Instanzen von '%' in Zusammenhängen zu suchen, wo '%' ansonsten als Platzhalterzeichen interpretiert werden würde. |
| \_ | Ein '_'-Zeichen. Dieses wird benutzt, um nach literalen Instanzen von '_' in Zusammenhängen zu suchen, wo '_' ansonsten als Platzhalterzeichen interpretiert werden würde. |

Beachten Sie, dass bei Gebrauch von '\%' oder '\_' in einigen Zeichenketten-Zusammenhängen diese die Zeichenketten '\%' und '\_' zurückgeben und nicht '%' und '_'.

Es gibt verschiedene Möglichkeiten, Anführungszeichen innerhalb einer Zeichenkette zu schreiben:

- Ein Apostroph-Zeichen (') innerhalb einer Zeichenkette, das mit (´) begrenzt wird, kann als Apostroph-Zeichen (') geschrieben werden.
- Ein Anführungszeichen (") innerhalb einer Zeichenkette, das mit (") begrenzt wird, kann als ("") geschrieben werden.
- Sie können dem Anführungszeichen ein Escape-Zeichen ('\') voranstellen.
- Ein (') innerhalb einer Zeichenkette, die mit (") begrenzt wird, braucht keine spezielle Behandlung und muss nicht verdoppelt oder escapet werden. In gleicher Weise benötigt (") innerhalb einer Zeichenkette, die mit (') begrenzt wird, keine spezielle Behandlung.

*Beispiele*
```
mysql> SELECT 'hallo', '"hallo"', '""hallo""', 'hal''lo', '\'hallo';
+-------+---------+-----------+--------+--------+
| hallo | "hallo" | ""hallo"" | hal'lo | 'hallo |
+-------+---------+-----------+--------+--------+

mysql> SELECT "hallo", "'hallo'", "''hallo''", "hal""lo", "\"hallo";
+-------+---------+-----------+--------+--------+
| hallo | 'hallo' | ''hallo'' | hal"lo | "hallo |
+-------+---------+-----------+--------+--------+

mysql> SELECT "Wie\nviele\nZeilen\n?";
+--------------------+
| Wie
viele
Zeilen
? |
+--------------------+
```

Wenn Sie Binärdaten in eine BLOB-Spalte einfügen, müssen folgende Zeichen durch Escape-Sequenzen repräsentiert werden:

- NULL ASCII 0 geben Sie als \0 ein.
- \ ASCII 92, Backslash geben Sie als \\ ein.
- ' ASCII 39, Apostroph geben Sie als \' ein.
- " ASCII 34, Anführungszeichen geben Sie als \" ein.

> **Hinweis:** Wenn Sie C-Code schreiben, können Sie die C-API-Funktion mysql_escape_string() für Escape-Zeichen des INSERT-Statements benutzen.

Sie sollten auf jede Zeichenkette, die eines der oben erwähnten Sonderzeichen enthalten könnte, eine der Flucht-Funktionen anwenden.

## *Zahlen*

Ganzzahlen werden als Folge von Ziffern repräsentiert. Fließkommazahlen benutzen '.' als Dezimalseparator. Jedem Zahlentyp kann ein '-' vorangestellt werden, um einen negativen Wert anzuzeigen.

*Beispiele (Ganzzahlen)*
```
1000
0
99
-50
```

*Beispiele (Fließkommazahlen)*
```
95.99
-7.9989e+10
150.00
```

Eine Ganzzahl kann in einem Fließkomma-Zusammenhang benutzt werden, sie wird dann als die äquivalente Fließkommazahl interpretiert.

## *Hexadezimale Werte*

MySQL unterstützt hexadezimale Werte. In Zahlenzusammenhängen funktionieren diese wie eine Ganzzahl mit 64-Bit-Genauigkeit. Im Zeichenketten-Zusammenhang funktionieren sie wie eine binäre Zeichenkette, wobei jedes Paar hexadezimaler Ziffern in ein Zeichen umgewandelt wird:

```
mysql> SELECT x'FF';
+-------+
| x'FF' |
+-------+
|    16 |
+-------+
```

```
mysql> SELECT 0xF+1;
+-------+
| 0xF+1 |
+-------+
|    16 |
+-------+

mysql> SELECT 0x4d7953514c;
+--------------+
| 0x4d7953514c |
+--------------+
| MySQL        |
+--------------+
```

Die x'hexadezimale_Zeichenketten'-Syntax steht ab Version 4.0 zur Verfügung und basiert auf ANSI-SQL. Die 0x-Syntax basiert auf ODBC. Hexadezimale Zeichenketten werden oft von ODBC benutzt, um Werte für BLOB-Spalten anzugeben.

### NULL-Werte

Der NULL-Wert bedeutet »keine« Daten und unterscheidet sich von Werten wie 0 bei numerischen Typen oder der leeren Zeichenkette bei Zeichenkettentypen.

NULL kann durch \N repräsentiert werden, wenn Sie die Textdatei-Import- oder Exportformate (LOAD DATA INFILE, SELECT ... INTO OUTFILE) benutzen.

### 16.1.2 Namen und Bezeichner

Datenbank-, Tabellen-, Index-, Spalten- und Alias-Namen folgen in MySQL alle denselben Regeln.

Beachten Sie, dass sich die Regeln ab MySQL-Version 3.23.6 geändert haben. Das Quoten von Bezeichnern (für Datenbank-, Tabellen- und Spaltennamen) wurde eingeführt. Mit (') bzw. (") funktioniert dies ebenfalls, um Bezeichner zu quoten, wenn Sie im ANSI-Modus fahren.

| Bezeichner | Länge (max.) | Erlaubte Zeichen |
|---|---|---|
| Datenbank | 64 | Jedes Zeichen, das für ein Verzeichnis erlaubt ist, außer '/' oder '.'. |
| Tabelle | 64 | Jedes Zeichen, das für einen Dateinamen erlaubt ist, außer '/' oder '.'. |
| Spalte | 64 | Sämtliche Zeichen |
| Alias | 255 | Sämtliche Zeichen |

Hinzuzufügen ist, dass Sie ASCII(0), ASCII(255) oder das Quote-Zeichen in einem Bezeichner nicht verwenden dürfen.

Beachten Sie, dass falls der Bezeichner ein reserviertes Wort ist oder Sonderzeichen enthält, dieser bei Anwendung immer in (') angegeben sein muss:

```
SELECT * from 'select' where 'select'.id < 10;
```

In vorherigen Versionen von MySQL sind die Namensregeln wie folgt:

- Ein Name muss aus alphanumerischen Zeichen des aktuellen Zeichensatzes bestehen und darf darüber hinaus '_' und '$' enthalten. Der vorgabemäßige Zeichensatz ist ISO-8859-1 Latin1; das kann durch die --default-character-set-Option für *mysqld* geändert werden.
- Ein Name kann mit jedem Zeichen anfangen, das in einem Namen erlaubt ist. Insbesondere kann ein Name auch mit einer Zahl anfangen. Jedoch kann ein Name nicht nur aus Zahlen bestehen.
- Sie können das '.'-Zeichen in Namen nicht benutzen, weil es benutzt wird, um das Format zu erweitern, mit dem man auf Spalten verweisen kann.

Es wird empfohlen, dass Sie keine Namen wie 1e verwenden, weil ein Ausdruck wie 1e+1 mehrdeutig ist. Er kann als der Ausdruck 1e + 1 oder als die Zahl 1e+1 interpretiert werden.

In MySQL können Sie in folgender Form auf Spalten verweisen:

| Spaltenverweis | Bedeutung |
| --- | --- |
| spalten_name | Spalte des Namens *spalten name* einer beliebigen in der Anfrage verwendeten Tabelle. |
| tabelle.spalten_name | Spalte des Namens *spalten name* der Tabelle *tabelle* der aktuellen Datenbank. |
| datenbank.tabelle. spalten_name | Spalte des Namens *spalten name* der Tabelle *tabelle* der Datenbank *datenbank*. Diese Form ist ab MySQL-Version 3.22 verfügbar. |
| 'spalte' | Eine Spalte, die ein reserviertes Wort ist oder Sonderzeichen enthält. |

Das *tabelle*- oder *datenbank.tabelle*-Präfix müssen Sie bei einem Spaltenverweis in einem Statement nicht angeben, es sei denn, der Verweis wäre ansonsten doppeldeutig.

Die Syntax `.tabelle` benennt die Tabelle *tabelle* in der aktuellen Datenbank. Diese Syntax wird aus Gründen der ODBC-Kompatibilität akzeptiert, weil einige ODBC-Programme Tabellennamen ein '.'-Zeichen voranstellen.

### 16.1.3 Groß-/Kleinschreibung

In MySQL entsprechen Datenbanken Verzeichnissen und Tabellen Dateien innerhalb dieser Verzeichnisse. Folglich hängt die Groß-/Kleinschreibung davon ab, wie das zugrunde liegende Betriebssystem die Groß-/Kleinschreibung von Datenbank- und Tabellennamen festlegt. Das bedeutet, dass Datenbank- und Tabellennamen unter Unix von der Groß-/Kleinschreibung abhängen und unter Windows nicht.

> **Hinweis:** Obwohl die Groß-/Kleinschreibung für Datenbank- und Tabellennamen unter Windows keine Rolle spielt, sollten Sie nicht auf eine angegebene Datenbank oder Tabelle innerhalb derselben Anfrage mit unterschiedlicher Schreibweise verweisen.

Folgende Anfrage würde nicht funktionieren, da sie sowohl mit `kunden_tabelle`, als auch mit `KUNDEN_TABELLE` auf eine Tabelle verweist:

```
mysql> SELECT * FROM kunden_tabelle WHERE KUNDEN_TABELLE.spalte=1;
```

Spaltennamen hängen in keinem Fall von der verwendeten Groß-/Kleinschreibung ab.

Aliase auf Tabellen hängen von der Groß-/Kleinschreibung ab. Folgende Anfrage würde nicht funktionieren, da sie auf den Alias sowohl mit a als auch mit A verweist:

```
mysql> SELECT spalten_name FROM tabelle AS a WHERE a.spalten_name = 1 OR
A.spalten_name = 2;
```

Aliase auf Spalten hängen nicht von der verwendeten Groß-/Kleinschreibung ab.

Wenn Sie Probleme damit haben, sich an die Schreibweise von Tabellennamen zu erinnern, halten Sie sich an eine durchgehende Konvention. Benutzen Sie zum Beispiel beim Erzeugen von Datenbanken und Tabellen Kleinschreibung in Namen.

Eine Möglichkeit, dieses Problem zu vermeiden ist, *mysqld* mit -O lower_case_tabelles=1 zu starten. Vorgabemäßig ist diese Option 1 unter Windows und 0 unter Unix.

Wenn `lower_case_tabelles` auf 1 steht, wandelt MySQL alle Tabellennamen in Kleinbuchstaben um, sowohl beim Speichern als auch beim Nachschlagen. Wenn Sie diese Option ändern, beachten Sie, dass Sie zuerst Ihre alten Tabellennamen in Kleinbuchstaben umwandeln müssen, bevor Sie *mysqld* starten.

### 16.1.4 Benutzervariablen

MySQL unterstützt Thread-spezifische Variablen mit der @variablename-Syntax. Eine Variable kann aus alphanumerischen Zeichen des aktuellen Zeichensatzes sowie aus '_', '$' und '.' bestehen. Der vorgabemäßige Zeichensatz ist ISO-8859-1 Latin1; das kann mit der --default-character-set-Option für *mysqld* geändert werden.

Variablen müssen nicht initialisiert werden. Sie enthalten vorgabemäßig den Wert NULL und können Ganzzahl-, Real- oder Zeichenketten-Werte speichern. Alle Variablen für einen Thread werden automatisch freigegeben, wenn der Thread beendet wird.

Sie können eine Variable mit der SET-Syntax setzen:

```
SET @variable={ ganzzahl_ausdruck | realzahl_ausdruck |
zeichenketten_ausdruck } [,@variable=...].
```

Sie können eine Variable in einem Ausdruck auch mit der @variable:=expr-Syntax setzen:

```
mysql> SELECT @x1:=(@x2:=1)+@x3:=4,@x1,@x2,@x3;
+----------------------+------+------+------+
| @x1:=(@x2:=1)+@x3:=4 | @x1  | @x2  | @x3  |
+----------------------+------+------+------+
|                    5 |    5 |    1 |    4 |
+----------------------+------+------+------+
```

(Wir mussten hier die :=-Syntax benutzen, da = für Vergleiche reserviert ist.)

Benutzervariablen können verwendet werden, wo Ausdrücke erlaubt sind. Beachten Sie, dass das momentan keine Zusammenhänge einschließt, in denen explizit Zahlen erforderlich sind, wie in der LIMIT-Klausel einer SELECT-Anweisung oder der IGNORE-Anzahl-LINES-Klausel einer LOAD DATA-Anweisung.

> **Hinweis:** In einer SELECT-Anweisung wird jeder Ausdruck erst dann ausgewertet, wenn er an den Client geschickt wird. Das heißt, dass Sie in der HAVING-, GROUP BY- oder ORDER BY-Klausel nicht auf einen Ausdruck verweisen können, der Variablen beinhaltet, die nicht im SELECT-Teil gesetzt wurden.

Folgende Anweisung funktioniert beispielsweise nicht:

```
SELECT (@aa:=id) AS a, (@aa+1) AS b FROM tabelle HAVING b=5;
```

Der Grund ist, dass @aa nicht den Wert der aktuellen Zeile enthält, sondern den Wert von id der vorher akzeptierten Zeile.

## Kommentare

Der MySQL-Server erkennt folgende Kommentare:

- # bis Zeilenende
- -- bis Zeilenende
- /* mittendrin oder mehrzeilig */

*Beispiele*

```
mysql> select 10*2;       # Kommentar geht bis zum Zeilenende
mysql> select 10/2;       -- Kommentar geht bis zum Zeilenende
mysql> select 10 /* Kommentar mittendrin */ * 2;
mysql> select 1+
/*
mehrzeiliger
Kommentar
*/
1;
```

Beachten Sie, dass Sie beim Kommentar -- mindestens ein Leerzeichen hinter -- setzen müssen.

Obwohl der Server die Kommentar-Syntax wie beschrieben versteht, gibt es einige Einschränkungen in der Art, wie der *mysql-Client* /* ... */-Kommentare parst:

- Einfache und doppelte Anführungszeichen werden verwendet, um den Anfang einer Zeichenkette zu bestimmen, selbst innerhalb eines Kommentars. Wenn die Zeichenkette nicht durch ein zweites Anführungszeichen innerhalb des Kommentars abgeschlossen wird, bemerkt der Parser nicht, dass der Kommentar zu Ende ist. Wenn Sie *mysql* interaktiv ausführen, sehen Sie, dass es »verwirrt« ist, weil sich die Eingabeaufforderung von mysql> zu to '> oder "> ändert.

- Ein Semikolon wird verwendet, um das Ende des aktuellen SQL-Statements kenntlich zu machen. Alles Folgende wird als Anfang des nächsten Statements aufgefasst.

Diese Einschränkungen gelten sowohl wenn Sie *mysql* interaktiv ausführen als auch wenn Sie Befehle in eine Datei schreiben und *mysql* mit `mysql < some-file` anweisen, seine Eingaben aus dieser Datei auszulesen.

MySQL unterstützt den ANSI-SQL-Kommentarstil '--' ohne nachfolgendes Leerzeichen nicht.

### 16.1.5 Reservierte Wörter

Ein häufiges Problem rührt daher, dass versucht wird, eine Tabelle mit Spaltennamen zu erzeugen, die den Namen von Datentypen oder in MySQL eingebauten Funktionen entsprechen, wie `TIMESTAMP` oder `GROUP`. Sie dürfen das eingeben, »ABS« ist beispielsweise ein zulässiger Spaltenname, aber es sind dann keine Leerzeichen zwischen einem Funktionsnamen und der '(' erlaubt, wenn Sie Funktionen verwenden, deren Namen auch Spaltennamen sind.

Die nachfolgend angeführten Wörter sind in MySQL explizit reserviert. Die meisten davon sind in ANSI-SQL92 als Spalten- und/oder Tabellennamen verboten. Einige wenige sind reserviert, da MySQL sie benötigt:

| action | add | aggregate | all |
|---|---|---|---|
| alter | after | and | as |
| asc | avg | avg_row_length | auto_increment |
| between | bigint | bit | binary |
| blob | Bool | both | by |
| cascade | Case | char | character |
| change | check | checksum | column |
| columns | comment | constraint | create |
| cross | current_date | current_time | current_timestamp |
| data | database | databases | date |
| datetime | day | day_hour | day_minute |
| day_second | dayofmonth | dayofweek | dayofyear |
| dec | decimal | default | delayed |
| delay_key_write | delete | desc | describe |
| distinct | distinctrow | double | drop |
| end | Else | escape | escaped |
| enclosed | Enum | explain | exists |
| fields | File | first | float |
| float4 | float8 | flush | foreign |
| from | for | full | Funktion |
| global | grant | grants | group |
| having | Heap | high_priority | hour |
| hour_minute | hour_second | hosts | identified |

| | | | |
|---|---|---|---|
| ignore | in | index | infile |
| inner | insert | insert_id | int |
| integer | interval | int1 | int2 |
| int3 | int4 | int8 | into |
| if | is | isam | join |
| key | keys | kill | last_insert_id |
| leading | left | length | like |
| lines | limit | load | local |
| lock | logs | long | longblob |
| longtext | low_priority | max | max_rows |
| match | mediumblob | mediumtext | mediumint |
| middleint | Min_rows | minute | minute_second |
| modify | month | monthname | myisam |
| natural | numeric | no | not |
| null | on | optimize | option |
| optionally | or | order | outer |
| outfile | pack_keys | partial | password |
| precision | primary | procedure | process |
| processlist | privileges | read | real |
| references | reload | regexp | rename |
| replace | restrict | returns | revoke |
| rlike | Row | rows | second |
| select | Set | show | shutdown |
| smallint | soname | sql_big_tables | sql_big_selects |
| sql_low_priority_updates | sql_log_off | sql_log_update | sql_select_limit |
| sql_small_result | sql_big_result | sql_warnings | straight_join |
| starting | status | string | table |
| tables | temporary | terminated | text |
| then | time | timestamp | tinyblob |
| tinytext | tinyint | trailing | to |
| type | Use | using | unique |
| unlock | unsigned | update | usage |
| values | varchar | variables | varying |
| varbinary | Mit | write | when |
| where | year | year_month | zerofill |

Folgende Symbole aus der Tabelle sind in ANSI-SQL verboten, aber in MySQL als Spalten- und Tabellenname zugelassen. Der Grund ist, dass einige davon sehr natürliche Namen sind und viele Leute diese bereits in Benutzung haben.

- ACTION
- BIT

- DATE
- ENUM
- NO
- TEXT
- TIME
- TIMESTAMP

## 16.2  Spalten-/Datentypen

MySQL unterstützt eine Reihe von Spaltentypen, die in drei Kategorien unterteilt werden können: Numerische Typen, Datums- und Zeit-Typen sowie Zeichenketten-Typen. Dieser Abschnitt gibt zuerst einen Überblick über die verfügbaren Typen und fasst den Speicherbedarf jedes Spaltentyps zusammen. Anschließend folgt eine detaillierte Beschreibung der Eigenschaften der Typen einer jeden Kategorie. Die detaillierte Beschreibung sollte wegen zusätzlicher Informationen über bestimmte Spaltentypen herangezogen werden, wie etwa zur Verwendung der erlaubten Formate, in denen Sie Werte festlegen können.

Die von MySQL unterstützten Spaltentypen sind unten aufgeführt. Folgende Code-Buchstaben werden in der Beschreibung benutzt:

- M gibt die maximale Anzeigebreite an. Die größte erlaubte Anzeigebreite ist 255.
- D trifft auf Fließkommatypen zu und bezeichnet die Anzahl von Ziffern nach dem Dezimalpunkt. Der größte mögliche Wert ist 30, aber er sollte nicht größer sein als M-2.
- Eckige Klammern ('[' und ']') geben Teile der Typfestlegung an, die optional sind.

Wenn Sie ZEROFILL für eine Spalte angeben, beachten Sie, dass MySQL der Spalte automatisch ein UNSIGNED-Attribut hinzufügt.

TINYINT[(M)] [UNSIGNED] [ZEROFILL]

Eine sehr kleine Ganzzahl. Der vorzeichenbehaftete Bereich ist -128 bis 127, der vorzeichenlose Bereich ist 0 bis 255.

SMALLINT[(M)] [UNSIGNED] [ZEROFILL]

Eine kleine Ganzzahl. Der vorzeichenbehaftete Bereich ist -32768 bis 32767, der vorzeichenlose Bereich ist 0 bis 65535.

MEDIUMINT[(M)] [UNSIGNED] [ZEROFILL]

Eine Ganzzahl mittlerer Größe. Der vorzeichenbehaftete Bereich ist -8388608 bis 8388607, der vorzeichenlose Bereich ist 0 bis 16777215.

INT[(M)] [UNSIGNED] [ZEROFILL]

Eine Ganzzahl normaler Größe. Der vorzeichenbehaftete Bereich ist -2147483648 bis 2147483647, der vorzeichenlose Bereich ist 0 bis 4294967295.

INTEGER[(M)] [UNSIGNED] [ZEROFILL]

Ein Synonym für INT.

BIGINT[(M)] [UNSIGNED] [ZEROFILL]

Eine große Ganzzahl. Der vorzeichenbehaftete Bereich ist -9223372036854775808 bis 9223372036854775807, der vorzeichenlose Bereich ist 0 bis 18446744073709551615.

Folgendes sollte Ihnen bei BIGINT-Spalten bewusst sein:

- Weil alle arithmetischen Berechnungen mit vorzeichenbehafteten BIGINT- oder DOUBLE-Werten durchgeführt werden, sollten Sie keine vorzeichenlosen Ganzzahlen größer als 9223372036854775807 (63 Bits) benutzen, es sei denn, Sie verwenden Bit-Funktionen. Wenn Sie es doch tun, können einige der letzten Ziffern im Ergebnis falsch sein, weil Rundungsfehler beim Umwandeln von BIGINT in DOUBLE auftreten. MySQL 4.0 kann BIGINT in folgenden Fällen handhaben:
- Benutzen Sie Ganzzahlen, um große vorzeichenlose Werte in einer BIGINT-Spalte zu speichern.
- Bei MIN(große_Ganzzahl-Spalte) und MAX(große_Ganzzahl-Spalte).
- Bei Verwendung der Operatoren (+, -, * usw.), wenn beide Operanden Ganzzahlen sind.
- Sie können immer einen genauen Ganzzahlwert in einer BIGINT-Spalte speichern, wenn Sie sie als Zeichenkette speichern, denn in diesem Fall wird diese nicht zwischendurch als Double dargestellt. '-', '+' und '*' benutzen arithmetische BIGINT-Berechnungen, wenn beide Argumente INTEGER-Werte sind. Das heißt, wenn Sie zwei Ganzzahlen multiplizieren, erhalten Sie vielleicht unerwartete Ergebnisse, wenn das Ergebnis größer ist als 9223372036854775807.

FLOAT(genauigkeit) [ZEROFILL]

Eine Fließkommazahl. Kann nicht vorzeichenlos sein. Genauigkeit ist <=24 bei einer Fließkommazahl einfacher Genauigkeit und liegt zwischen 25 und 53 bei einer Fließkommazahl doppelter Genauigkeit. Diese Typen entsprechen den unten beschriebenen FLOAT- und DOUBLE-Typen. FLOAT(X) hat denselben Wertebereich wie die entsprechenden FLOAT- und DOUBLE-Typen, jedoch ist die Anzeigebreite und die Anzahl der Dezimalstellen undefiniert. In MySQL-Version 3.23 ist das ein echter Fließkommawert. In früheren MySQL-Versionen hat FLOAT(genauigkeit) immer 2 Dezimalstellen. Beachten Sie, dass bei der Verwendung von FLOAT unerwartete Probleme auftreten können, weil alle Berechnungen in MySQL mit doppelter Genauigkeit durchgeführt werden. Diese Syntax steht wegen der ODBC-Kompatibilität zur Verfügung.

FLOAT[(M,D)] [ZEROFILL]

Eine kleine Fließkommazahl (einfacher Genauigkeit). Kann nicht vorzeichenlos sein. Der Wertebereich umfasst -3.402823466E+38 bis -1.175494351E-38, 0 und 1.175494351E-38 bis 3.402823466E+38. M ist die Anzeigebreite und D ist die Anzahl der Dezimalstellen. FLOAT ohne Argument oder mit einem Argument <= 24 steht für eine Fließkommazahl einfacher Genauigkeit.

`DOUBLE[(M,D)] [ZEROFILL]`

Eine normal große Fließkommazahl (doppelter Genauigkeit). Kann nicht vorzeichenlos sein. Der Wertebereich umfasst -1.7976931348623157E+308 bis -2.2250738585072014E-308, 0 und 2.2250738585072014E-308 bis 1.7976931348623157E+308. M ist die Anzeigebreite und D ist die Anzahl der Dezimalstellen. `DOUBLE` ohne Argument oder `FLOAT(X)` mit 25 <= X <= 53 steht für eine Fließkommazahl doppelter Genauigkeit.

`DOUBLE PRECISION[(M,D)] [ZEROFILL]`

`REAL[(M,D)] [ZEROFILL]`

Synonyme für `DOUBLE`.

`DECIMAL[(M[,D])] [ZEROFILL]`

Eine unkomprimierte Fließkommazahl. Kann nicht vorzeichenlos sein. Verhält sich wie eine `CHAR`-Spalte: »Unkomprimiert« bedeutet, dass die Zahl als Zeichenkette gespeichert wird, wobei ein Zeichen für jede Ziffer des Werts steht. Der Dezimalpunkt und bei negativen Zahlen das '-'-Zeichen werden in M nicht mitgezählt (aber hierfür wird Platz reserviert). Wenn D 0 ist, haben Werte keinen Dezimalpunkt oder Bruchteil. Der maximale Wertebereich von `DECIMAL`-Werten ist derselbe wie für `DOUBLE`, jedoch kann der tatsächliche Wertebereich einer gegebenen `DECIMAL`-Spalte durch die Auswahl von M und D eingeschränkt sein. Wenn D weggelassen wird, wird sie auf 0 gesetzt. Wenn M ausgelassen wird, wird sie auf 10 gesetzt. Beachten Sie, dass in MySQL-Version 3.22 das M-Argument den Platz für das Vorzeichen und den Dezimalpunkt beinhaltet.

`NUMERIC(M,D) [ZEROFILL]`

Synonym für `DECIMAL`.

`DATE`

Ein Datum. Der unterstützte Wertebereich ist '1000-01-01' bis '9999-12-31'. MySQL zeigt `DATE`-Werte im 'YYYY-MM-DD'-Format an, gestattet jedoch, `DATE`-Spalten Werte als Zeichenkette oder als Zahl zuzuweisen.

`DATETIME`

Eine Datums/Zeit-Kombination. Der unterstützte Wertebereich ist '1000-01-01 00:00:00' bis '9999-12-31 23:59:59'. MySQL zeigt `DATETIME`-Werte im 'YYYY-MM-DD HH:MM:SS'-Format an, gestattet jedoch, `DATETIME`-Spalten Werte als Zeichenkette oder als Zahl zuzuweisen.

`TIMESTAMP[(M)]`

Ein Zeitstempel. Der Wertebereich ist '1970-01-01 00:00:00' bis irgendwann im Jahr 2037. MySQL zeigt `TIMESTAMP`-Werte im YYYYMMDDHHMMSS-, YYMMDDHHMMSS-, YYYYMMDD- oder YYMMDD-Format an, abhängig davon, ob M 14 (oder fehlend), 12, 8 oder 6 ist, gestattet jedoch, dass Sie `TIMESTAMP`-Spalten Werte als Zeichenkette oder als Zahl zuweisen können. Eine `TIMESTAMP`-Spalte ist nützlich, um Datum und Zeit einer `INSERT`- oder `UPDATE`-Operation zu speichern, weil diese automatisch auf das Datum und die Zeit der jüngsten Operation gesetzt wird, wenn Sie nicht selbst einen Wert zuweisen. Sie können sie auch auf das aktuelle Datum und die aktuelle Zeit setzen, indem Sie einen `NULL`-Wert zuweisen. Ein `TIMESTAMP` wird immer mit 4 Bytes gespeichert. Das M-Argument betrifft nur die Anzeige der TIMESTAMP-Spalte. Beachten Sie, dass TIMESTAMP(X)-Spalten, bei denen X 8 oder 14 ist, als Zahlen interpretiert werden, während andere TIMESTAMP(X)-Spalten als Zeichenketten interpretiert werden. Das soll lediglich sicherstellen, dass Sie Tabellen mit diesen Typen verlässlich dumpen und wiederherstellen können.

TIME

Ein Zeit-Typ. Der Wertebereich ist '-838:59:59' bis '838:59:59'. MySQL zeigt TIME-Werte im 'HH:MM:SS'-Format an, gestattet jedoch, TIME-Spalten Werte entweder als Zeichenkette oder als Zahle zuzuweisen.

YEAR[(2|4)]

Ein Jahr in 2- oder 4-Ziffern-Format (Vorgabe ist 4 Ziffern). Die zulässigen Werte reichen von 1901 bis 2155, sowie 0000 im 4-Ziffern-Jahresformat und von 1970 bis 2069 im 2-Ziffern-Format (70 bis 69). MySQL zeigt YEAR-Werte im YYYY-Format an, gestattet jedoch, YEAR-Spalten Werte entweder als Zeichenkette oder als Zahl zuzuweisen. Der YEAR-Typ ist neu seit MySQL-Version 3.22.

[NATIONAL] CHAR(M) [BINARY]

Eine Zeichenkette fester Länge, die beim Speichern rechts stets und mit Leerzeichen bis zur angegebenen Länge aufgefüllt wird. Der Wertebereich von M ist 1 bis 255 Zeichen. Leerzeichen am Ende werden beim Abruf des Werts entfernt. CHAR-Werte werden nach dem vorgabemäßigen Zeichensatz ohne Berücksichtigung der Groß-/Kleinschreibung sortiert und verglichen, es sei denn, dass Schlüsselwort BINARY wird angegeben. NATIONAL CHAR (Kurzform NCHAR) ist die Art, wie ANSI-SQL bei einer CHAR-Spalte festlegt, dass der vorgabemäßige Zeichensatz verwendet werden soll. Das ist der Vorgabewert in MySQL. CHAR ist eine Abkürzung für CHARACTER. MySQL erlaubt das Anlegen einer Spalte des Typs CHAR(0). Das ist hauptsächlich nützlich, wenn Sie mit alten Applikationen kompatibel sein müssen, die auf die Existenz einer Spalte vertrauen, den Wert aber nicht tatsächlich benutzen. Es ist ebenfalls nützlich, um eine Spalte anzulegen, die nur zwei Werte annehmen kann: Eine CHAR(0), die nicht als NOT NULL definiert ist, belegt nur 1 Bit und kann zwei Werte annehmen: NULL oder "".

[NATIONAL] VARCHAR(M) [BINARY]

Eine Zeichenkette variabler Länge. HINWEIS: Leerzeichen am Ende werden beim Speichern des Werts entfernt (das unterscheidet den Typ von der ANSI-SQL-Spezifikation). Der Wertebereich von M ist 1 bis 255 Zeichen. VARCHAR-Werte werden nach dem vorgabemäßigen Zeichensatz ohne Berücksichtigung der Groß-/Kleinschreibung sortiert und verglichen, es sei denn, das Schlüsselwort BINARY wird angegeben. Stille Spaltentyp-Änderungen. VARCHAR ist eine Abkürzung für CHARACTER VARYING.

TINYBLOB
TINYTEXT

Eine BLOB- oder TEXT-Spalte mit einer maximalen Länge von 255 ($2^8 - 1$) Zeichen.

BLOB
TEXT

Eine BLOB- oder TEXT-Spalte mit einer maximalen Länge von 65535 ($2^{16} - 1$) Zeichen.

`MEDIUMBLOB`
`MEDIUMTEXT`

Eine `BLOB`- oder `TEXT`-Spalte mit einer maximalen Länge von 16777215 (2^24 − 1) Zeichen.

`LONGBLOB`
`LONGTEXT`

Eine `BLOB`- oder `TEXT`-Spalte mit einer maximalen Länge von 4294967295 (2^32 − 1) Zeichen. Beachten Sie, dass Sie nicht den gesamten Wertebereich dieses Typs benutzen können, weil das Client/Server-Protokoll und `MyISAM`-Tabellen momentan eine Beschränkung auf 16 MB pro Kommunikationspaket/Tabellenzeile haben.

`ENUM('wert1','wert2',...)`

Eine Aufzählung. Ein Zeichenkettenobjekt, das nur einen Wert haben kann, der aus den Auflistungswerten `'wert1'`, `'wert2'`, ..., `NULL` oder dem speziellen `""`-Fehlerwert ausgewählt wird. Eine ENUM kann maximal 65535 unterschiedliche Werte haben.

`SET('wert1','wert2',...)`

Eine Reihe. Ein Zeichenkettenobjekt, das 0 oder mehr Werte haben kann, von denen jeder aus den Auflistungswerten `'wert1'`, `'wert2'`, ... ausgewählt werden muss. Ein `SET` kann maximal 64 Elemente haben.

### 16.2.1 Numerische Typen

MySQL unterstützt alle numerischen Typen von ANSI/ISO-SQL92. Diese Typen beinhalten die exakten numerischen Datentypen (`NUMERIC`, `DECIMAL`, `INTEGER` und `SMALLINT` sowie die näherungsweisen numerischen Datentypen (`FLOAT`, `REAL` und `DOUBLE PRECISION`). Das Schlüsselwort `INT` ist ein Synonym für `INTEGER`, das Schlüsselwort DEC ein Synonym für `DECIMAL`.

Die `NUMERIC`- und `DECIMAL`-Typen sind in MySQL als derselbe Typ implementiert, wie es vom SQL92-Standard zugelassen wurde. Sie werden für Werte benutzt, bei denen es wichtig ist, die exakte Genauigkeit zu bewahren. Wenn Sie eine Spalte mit einem dieser Typen deklarieren, können Genauigkeit und Bereich festgelegt werden.

*Beispiel*
`gehalt DECIMAL(9,2)`

In diesem Beispiel repräsentiert 9 die Genauigkeit, die Anzahl signifikanter Dezimalziffern, die für Werte gespeichert werden. 2 repräsentiert den Bereich der Werte in Bezug auf die Anzahl von Ziffern, die nach dem Dezimalpunkt gespeichert werden. In diesem Fall liegt der Wertebereich, der in der Spalte `gehalt` gespeichert werden kann, deswegen zwischen -9999999.99 und 9999999.99. MySQL kann tatsächlich Zahlen bis 9999999.99 in dieser Spalte speichern, da nicht das Vorzeichen für positive Zahlen gespeichert werden muss.

In ANSI/ISO-SQL92 ist die Syntax `DECIMAL(p)` äquivalent zu `DECIMAL(p,0)`. Gleichermaßen ist die Syntax `DECIMAL` äquivalent zu `DECIMAL(p,0)`, wobei es der Implementation überlassen bleibt, den Wert von `p` festzulegen. MySQL unterstützt momentan keine dieser abweichenden Formen der `DECIMAL-`/`NUMERIC`-Datentypen. Das ist im Allgemeinen kein ernstes Problem, weil der hauptsächliche Nutzen dieser Typen darin liegt, sowohl Genauigkeit als auch Bereich explizit steuern zu können.

`DECIMAL`- und `NUMERIC`-Werte sind als Zeichenketten gespeichert statt als Fließkommazahlen, um die dezimale Genauigkeit dieser Werte zu bewahren. Ein Zeichen wird benutzt für jede Ziffer des Werts, den Dezimalpunkt (wenn bereich > 0) und das '-'-Zeichen (für negative Zahlen). Wenn *bereich* 0 ist, enthalten `DECIMAL`- und `NUMERIC`-Werte weder Dezimalpunkt noch Bruchteil.

Der maximale Wertebereich von `DECIMAL`- und `NUMERIC`-Werten ist derselbe wie für `DOUBLE`, aber der tatsächliche Wertebereich einer gegebenen `DECIMAL`- oder `NUMERIC`-Spalte kann durch *genauigkeit* oder *bereich* für eine gegebene Spalte beschränkt werden. Wenn einer solchen Spalte ein Wert mit mehr Ziffern nach dem Dezimalpunkt zugewiesen wird als durch *bereich* zugelassen, wird der Wert auf diesen *bereich* gerundet. Wenn einer `DECIMAL`- oder `NUMERIC`-Spalte ein Wert zugewiesen wird, dessen Größe den Wertebereich überschreitet, der von der festgelegten *genauigkeit* und *bereich* festgelegt wird, speichert MySQL den Wert des entsprechenden Endpunkts des Wertebereichs.

Als Erweiterung zum ANSI/ISO-SQL92-Standard unterstützt MySQL auch die Ganzzahltypen `TINYINT`, `MEDIUMINT` und `BIGINT`, wie oben bereits aufgelistet. Eine andere Erweiterung wird von MySQL unterstützt, um optional die Anzeigebreite eines Ganzzahlwerts in Klammern festzulegen, die auf das Basisschlüsselwort des Typs folgen (zum Beispiel INT(4)). Die optionale Breitenspezifizierung wird verwendet, um die Anzeige von Werten, deren Breite geringer ist als für die Spalte festgelegt, linksseitig mit Leerzeichen aufzufüllen. Das begrenzt allerdings weder den Wertebereich, der in der Spalte gespeichert werden kann, noch die Anzahl von Ziffern, die bei Werten angezeigt werden, die die angegebene Breite für die Spalte überschreiten. In Verbindung mit dem optionalen Erweiterungsattribut `ZEROFILL` wird, statt vorgabemäßig mit Leerzeichen, mit Nullen aufgefüllt. Bei einer Spalte, die als INT(5) `ZEROFILL` deklariert wurde, wird also 4 als 00004 dargestellt. Beachten Sie, dass Werte in einer Ganzzahlspalte, die größer sind als die Anzeigebreite, Probleme beim Erzeugen temporärer Tabellen für einige komplizierte Joins durch MySQL hervorrufen können, weil MySQL in diesen Fällen darauf vertraut, dass die Daten in die Originalspaltenbreite passen.

Alle Ganzzahltypen können ein optionales (Nicht-Standard-)Attribut `UNSIGNED` haben. Vorzeichenlose Werte können dafür benutzt werden, nur positive Zahlen in einer Spalte zuzulassen, wenn Sie einen Wertebereich benötigen, der etwas größer ausfällt.

Der `FLOAT`-Typ wird benutzt, um näherungsweise numerische Datentypen zu repräsentieren. Der ANSI/ISO-SQL92-Standard erlaubt eine optionale Festlegung der Genauigkeit in Bits, gefolgt vom Schlüsselwort `FLOAT` in Klammern. Die MySQL-Implementation unterstützt ebenfalls diese optionale Genauigkeitsfestlegung. Wenn das Schlüsselwort `FLOAT` für einen Spaltentyp ohne Genauigkeitsfestlegung benutzt wird, benutzt MySQL 4 Bytes, um die Werte zu speichern. Eine abweichende Syntax wird ebenfalls unterstützt, wobei zwei Zahlen in Klammern dem `FLOAT`-Schlüsselwort folgen. Mit dieser Option legt die erste Zahl wie gehabt den Speicherbedarf für den Wert in Bytes fest, die zweite Zahl die Anzahl von Ziffern, die nach dem Dezimalpunkt gespeichert und angezeigt werden sollen (wie bei `DECIMAL` und `NUMERIC`). Wenn MySQL in einer solchen Spalte einen Wert mit mehr Dezimalziffern nach dem Dezimalpunkt speichern soll, als für die Spalte festgelegt, wird der Wert beim Speichern gerundet, um die zusätzlichen Ziffern zu entfernen.

Die REAL- und DOUBLE PRECISION-Typen akzeptieren keine Genauigkeitsfestlegungen. Als Erweiterung zum ANSI/ISO-SQL92-Standard erkennt MySQL DOUBLE als ein Synonym für den DOUBLE PRECISION-Typ. Im Gegensatz zur Anforderung des Standards, dass die Genauigkeit für REAL kleiner sein muss als die für DOUBLE PRECISION, implementiert MySQL beide als 8-Byte-Fließkommawerte doppelter Genauigkeit (wenn er nicht im »ANSI-Modus« läuft). Für maximale Portabilität sollte Code, der das Speichern näherungsweiser numerischer Daten erfordert, FLOAT oder DOUBLE PRECISION ohne Festlegung der Genauigkeit oder Anzahl von Dezimalstellen benutzen.

Wenn ein Wert in einer numerischen Spalte gespeichert werden soll, der außerhalb des erlaubten Wertebereichs des Spaltentyps liegt, schneidet MySQL den Wert in Bezug auf den entsprechenden Endpunkt des Wertebereichs ab und speichert stattdessen diesen Wert.

Der Wertebereich einer INT-Spalte ist zum Beispiel -2147483648 bis 2147483647. Wenn Sie versuchen, -9999999999 in eine INT-Spalte einzufügen, wird der Wert auf den unteren Endpunkt des Bereichs abgeschnitten und es wird -2147483648 gespeichert. Gleichermaßen wird beim Einfügen in eine solche Spalte nicht 9999999999, sondern 2147483647 gespeichert.

Wenn die INT-Spalte UNSIGNED ist, ist die Größe des Wertebereichs dieselbe, aber ihre Endpunkte verschieben sich zu 0 und 4294967295 hin. Wenn Sie versuchen, -9999999999 bzw. 9999999999 zu speichern, werden die in der Spalte gespeicherten Werte stattdessen zu 0 bzw. 4294967296.

Umwandlungen, die durch das Abschneiden entstehen, werden als »Warnungen« bei ALTER TABLE, LOAD DATA INFILE, UPDATE und in mehrzeiligen INSERT-Statements ausgegeben.

### 16.2.2 Datum- und Zeit-Typen

Die Datums- und Zeit-Typen sind DATETIME, DATE, TIMESTAMP, TIME und YEAR. Jeder dieser Typen hat einen zulässigen Wertebereich sowie einen »0«-Wert, der benutzt wird, wenn Sie einen wirklich unzulässigen Wert speichern. Beachten Sie, dass MySQL es zulässt, dass Sie bestimmte »nicht ganz« zulässige Datumswerte speichern, zum Beispiel 1999-11-31. Der Grund hierfür ist, dass wir meinen, dass es in der Verantwortung der Applikation liegt, Datumsüberprüfungen vorzunehmen, und nicht beim SQL-Server. Um Datumsprüfungen zu beschleunigen, überprüft MySQL nur, dass der Monat im Bereich 0 bis 12 liegt und der Tag im Bereich 0 bis 31. Diese Bereiche sind deshalb so definiert, weil MySQL es zulässt, dass Sie in einer DATE- oder DATETIME-Spalte Datumsangaben speichern, bei denen der Tag oder Monat-Tag 0 sind. Das ist extrem nützlich für Applikationen, die einen Geburtstag speichern müssen, dessen exaktes Datum unbekannt ist. In diesem Fall können Sie einfach Datumsangaben wie 1999-00-00 oder 1999-01-00 speichern.

- MySQL ruft Werte für einen gegebenen Datums- oder Zeit-Typ in einem Standardformat ab, versucht aber, eine Vielzahl von Formaten zu interpretieren, die Sie bereitstellen, wenn Sie zum Beispiel einen Wert angeben, der zugewiesen oder mit einem Datums- oder Zeit-Typ verglichen werden soll. Dennoch werden nur die in den folgenden Abschnitten beschriebenen Formate korrekt unterstützt. Es wird davon ausgegangen, dass Sie zulässige Werte bereitstellen. Es können jedoch unvorhersehbare Ergebnisse zustande kommen, wenn Sie Werte in anderen Formaten angeben.

- Obwohl MySQL versucht, Werte in verschiedenen Formaten zu interpretieren, erwartet es immer, dass der Jahresanteil von Datumswerten ganz links steht. Datumsangaben müssen in der Reihenfolge Jahr – Monat – Tag gemacht werden (zum Beispiel 98-09-04), statt in der Reihenfolge Monat – Tag – Jahr oder Tag – Monat – Jahr, die anderswo häufig gebraucht werden (zum Beispiel 09-04-98, 04-09-98).

- MySQL wandelt einen Datums- oder Zeitwert automatisch in eine Zahl um, wenn der Wert in einem numerischen Zusammenhang benutzt wird, und umgekehrt.

- Wenn MySQL auf einen Datums- oder Zeitwert trifft, der außerhalb des Wertebereichs oder in sonstiger Weise für den Typ nicht zulässig ist, wird der Wert zum »0«-Wert dieses Typs umgewandelt. Die Ausnahme ist, dass TIME-Werte außerhalb des Wertebereichs auf den entsprechenden Endpunkt des TIME-Wertebereichs abgeschnitten werden.

- Die »0«-Werte sind speziell, jedoch können Sie auch diese explizit speichern oder auf sie verweisen, indem Sie die in der Tabelle dargestellten Werte benutzen. Sie können das auch mit den Werten '0' oder 0 machen, die leichter zu schreiben sind.

- »0«-Datums- oder -Zeitwerte, die über MyODBC benutzt werden, werden in MyODBC-Version 2.50.12 und höher automatisch in NULL umgewandelt, weil ODBC solche Werte nicht handhaben kann.

| Spaltentyp | »0«-Wert |
|---|---|
| DATETIME | '0000-00-00 00:00:00' |
| DATE | '0000-00-00' |
| TIMESTAMP | 00000000000000 (Länge abhängig von der jeweiligen Anzeigebreite) |
| TIME | '00:00:00' |
| YEAR | 0000 |

Format des »0«-Werts für jeden Typ

## *Jahr-2000-Problem und Datumstypen*

MySQL selbst ist Jahr-2000-konform, aber Eingabewerte, die an MySQL übergeben werden, sind das möglicherweise nicht. Jede Eingabe von Jahreswerten mit zwei Ziffern ist mehrdeutig, weil das Jahrhundert unbekannt ist. Solche Werte müssen in vierstellige Form umgedeutet werden, weil MySQL Jahre intern mit vier Ziffern speichert.

Bei DATETIME-, DATE-, TIMESTAMP- und YEAR-Typen interpretiert MySQL Datumsangaben mit mehrdeutigen Jahreswerten nach folgenden Regeln:

- Jahreswerte im Bereich 00 bis 69 werden in 2000 bis 2069 umgewandelt.
- Jahreswerte im Bereich 70 bis 99 werden in 1970 bis 1999 umgewandelt.

Denken Sie daran, dass diese Regeln nur eine vernünftige Schätzung dessen bedeuten, was die Daten tatsächlich darstellen sollen. Wenn die von MySQL benutzten Heuristiken keine korrekten Werte ergeben, müssen Sie eindeutige Eingaben in Form vierstelliger Jahreswerte bereitstellen.

ORDER BY sortiert zweistellige YEAR/DATE/DATETIME-Typen korrekt.

Beachten Sie, dass einige Funktionen wie MIN() und MAX() ein TIMESTAMP/DATE in eine Zahl umwandeln. Das heißt, dass ein Zeitstempel mit einer zweistelligen Jahresangabe bei diesen Funktionen nicht korrekt funktioniert. Das kann in diesem Fall dadurch behoben werden, dass der TIMESTAMP/DATE in ein vierstelliges Jahresformat umgewandelt wird oder etwas wie MIN(DATE_ADD(zeitstempel,INTERVAL 0 DAYS)) benutzt wird.

### DATETIME-, DATE- und TIMESTAMP-Typen

Die DATETIME-, DATE- und TIMESTAMP-Typen sind verwandt miteinander. Dieser Abschnitt beschreibt ihre Charakteristiken, wo sie sich ähneln und worin sie sich unterscheiden.

Der DATETIME-Typ wird benutzt, wenn Sie Werte benötigen, die sowohl Datums- als auch Zeitinformationen beinhalten. MySQL ruft DATETIME-Werte ab und zeigt sie im 'YYYY-MM-DD HH:MM:SS'-Format an. Der unterstützte Wertebereich ist '1000-01-01 00:00:00' bis '9999-12-31 23:59:59'.

> **Hinweis:** »Unterstützt« heißt, dass frühere Werte zwar funktionieren können, dass es aber keine Garantie dafür gibt.

Der DATE-Typ wird benutzt, wenn Sie lediglich einen Datumswert ohne Zeitanteil benötigen. MySQL ruft DATE-Werte ab und zeigt sie im 'YYYY-MM-DD'-Format an. Der unterstützte Wertebereich ist '1000-01-01' bis '9999-12-31'.

Der TIMESTAMP-Typ ist ein Typ, den Sie verwenden können, um INSERT- oder UPDATE-Operationen mit dem aktuellen Datum und der aktuellen Zeit zu stempeln. Wenn Sie mehrfache TIMESTAMP-Spalten haben, wird nur die erste automatisch aktualisiert.

Die automatische Aktualisierung der TIMESTAMP-Spalte geschieht unter einer der folgenden Bedingungen:

- Die Spalte wird in einem INSERT- oder LOAD DATA INFILE-Statement nicht explizit angegeben.

- Die Spalte wird in einem UPDATE-Statement nicht explizit angegeben, aber ein anderer Spaltenwert ändert sich. Beachten Sie, dass ein UPDATE, das eine Spalte auf einen jeweiligen Wert setzt, den diese bereits hat, nicht dazu führt, dass die TIMESTAMP-Spalte aktualisiert wird, weil MySQL das Aktualisieren in einem solchen Fall aus Effizienzgründen ignoriert.

- Wenn Sie die TIMESTAMP-Spalte explizit auf NULL setzen.

TIMESTAMP-Spalten, abgesehen von der ersten, können ebenfalls auf das aktuelle Datum und die aktuelle Zeit gesetzt werden. Setzen Sie die Spalte einfach auf NULL oder auf NOW().

Sie können jede TIMESTAMP-Spalte auf einen Wert setzen, der vom aktuellen Datum und der aktuellen Zeit abweicht, indem Sie sie explizit auf den gewünschten Wert setzen. Dies gilt sogar für die erste TIMESTAMP-Spalte. Sie können diese Eigenschaft vorzugsweise dann verwenden, wenn Sie einen TIMESTAMP auf das aktuelle Datum und die aktuelle Zeit setzen wollen oder auch, wenn Sie eine Zeile an sich erzeugen wollen, nicht aber, wenn die Zeile später aktualisiert werden soll:

- Lassen Sie MySQL die Spalte setzen, wenn die jeweilige Zeile erzeugt wird. Das initialisiert diese direkt auf das aktuelle Datum und die aktuelle Zeit.
- Wenn Sie die nachfolgenden Aktualisierungsoptionen auf die anderen Spalten in der entsprechenden Zeile anwenden wollen, setzen Sie die TIMESTAMP-Spalte explizit auf ihren aktuellen Wert.

Andererseits finden Sie es vielleicht mindestens genauso einfach, eine DATETIME-Spalte zu benutzen, die Sie auf NOW() initialisieren, als wenn die Zeile erzeugt wird und Sie das bei nachfolgenden Aktualisierungen nicht mit einbeziehen.

TIMESTAMP-Werte haben einen Wertebereich von 1970 bis irgendwann im Jahr 2037, bei einer Auflösung von einer Sekunde. Werte werden als Zahlen angezeigt.

Das Format, in dem MySQL TIMESTAMP-Werte abruft und anzeigt, hängt von der Anzeigebreite ab, wie in der Tabelle oben dargestellt. Das »volle« TIMESTAMP-Format beinhaltet 14 Ziffern. TIMESTAMP-Spalten können aber auch mit kürzeren Anzeigebreiten angelegt werden:

| Spaltentyp | Anzeigeformat |
|---|---|
| TIMESTAMP(14) | YYYYMMDDHHMMSS |
| TIMESTAMP(12) | YYMMDDHHMMSS |
| TIMESTAMP(10) | YYMMDDHHMM |
| TIMESTAMP(8) | YYYYMMDD |
| TIMESTAMP(6) | YYMMDD |
| TIMESTAMP(4) | YYMM |
| TIMESTAMP(2) | YY |

Anzeigebreiten

Alle TIMESTAMP-Spalten haben dieselbe Speichergröße, unabhängig von der jeweiligen Anzeigebreite. Die gebräuchlichsten Anzeigebreiten sind 6, 8, 12 und 14. Sie können beim Erzeugen der Tabelle beliebige Anzeigebreiten festlegen. Alle Werte, die den Wert 0 besitzen oder größer sind als 14, werden automatisch auf 14 gesetzt. Ungerade Werte im Bereich von 1 bis 13 werden auf die nächsthöhere gerade Zahl gesetzt.

Sie können DATETIME-, DATE- und TIMESTAMP-Werte mit folgenden Formaten festlegen:

- Als eine Zeichenkette im 'YYYY-MM-DD HH:MM:SS'- oder 'YY-MM-DD HH:MM:SS'-Format. Eine »entspannte« Syntax ist zugelassen – jedes Satzeichen kann als Begrenzer zwischen Datumsanteilen oder Zeitanteilen verwendet werden. Beispielsweise sind '98-12-31 11:30:45', '98.12.31 11+30+45', '98/12/31 11*30*45' und '98@12@31 11^30^45' äquivalent.

- Als eine Zeichenkette im 'YYYY-MM-DD'- oder 'YY-MM-DD'-Format. Auch hier ist eine »entspannte« Syntax zugelassen. Beispielsweise sind '98-12-31', '98.12.31', '98/12/31' und '98@12@31' äquivalent.

- Als eine Zeichenkette ohne Begrenzer im 'YYYYMMDDHHMMSS'-Format, oder im 'YYMMDDHHMMSS'-Format, vorausgesetzt, die Zeichenkette ergibt als Datum einen Sinn. '19970523091528' und '970523091528' beispielsweise werden als '1997-05-23 09:15:28' interpretiert, aber '971122129015' ist unzulässig (es hat einen Minutenanteil, der keinen Sinn ergibt) und wird in '0000-00-00 00:00:00' umgewandelt.

- Als eine Zeichenkette ohne Begrenzer im 'YYYYMMDD'- oder 'YYMMDD'-Format, vorausgesetzt, die Zeichenkette ergibt als Datum einen Sinn. '19970523' und '970523' werden als '1997-05-23' interpretiert, aber '971332' ist unzulässig (es hat einen Monatsanteil und einen Tagsanteil, der keinen Sinn ergibt) und wird in '0000-00-00' umgewandelt.

- Als eine Zahl im YYYYMMDDHHMMSS- oder YYMMDDHHMMSS-Format, vorausgesetzt, die Zahl ergibt als Datum einen Sinn. 19830905132800 und 830905132800 zum Beispiel werden als '1983-09-05 13:28:00' interpretiert.

- Als eine Zahl im YYYYMMDD- oder YYMMDD-Format, vorausgesetzt, die Zahl ergibt als Datum einen Sinn. 19830905 und 830905 zum Beispiel werden als '1983-09-05' interpretiert.

- Als Ergebnis einer Funktion, die einen Wert zurückgibt, der in einem `DATETIME`-, `DATE`- oder `TIMESTAMP`-Zusammenhang einen Sinn ergibt, wie `NOW()` oder `CURRENT_DATE`.

Unzulässige `DATETIME`-, `DATE`- oder `TIMESTAMP`-Werte werden in den »0«-Wert des jeweiligen Typs umgewandelt ('0000-00-00 00:00:00', '0000-00-00' oder 00000000000000).

Bei Werten, die als Zeichenketten angegeben werden und die Begrenzer für Datumsanteile enthalten, ist es nicht notwendig, zwei Ziffern für Monats- oder Tagswerte anzugeben, die kleiner sind als 10. '1979-6-9' ist dasselbe wie '1979-06-09'. Gleichermaßen ist es bei Zeichenketten, die Begrenzer für Zeitanteile enthalten, nicht notwendig, zwei Ziffern für Stunden-, Monats- oder Sekundenwerte anzugeben, die kleiner sind als 10. '1979-10-30 1:2:3' ist dasselbe wie '1979-10-30 01:02:03'.

Werte, die als Zahlen angegeben sind, sollten 6, 8, 12 oder 14 Ziffern lang sein. Wenn die Zahl 8 oder 14 Ziffern lang ist, wird angenommen, dass sie im YYYYMMDD- oder YYYYMMDDHHMMSS-Format steht und dass das Jahr durch die ersten 4 Ziffern angegeben wird. Wenn die Zahl 6 oder 12 Ziffern lang ist, wird angenommen, dass sie im YYMMDD- oder YYMMDDHHMMSS-Format steht und dass das Jahr durch die ersten zwei Ziffern angegeben wird. Zahlen, die nicht diesen Längen entsprechen, werden interpretiert, als ob sie mit führenden Nullen auf die nächstmögliche Länge gebracht worden wären.

Werte, die als nicht begrenzte Zeichenketten angegeben werden, werden interpretiert, indem ihre Länge als gegeben angenommen wird. Wenn die Zeichenkette 8 oder 14 Zeichen lang ist, wird angenommen, dass das Jahr durch die ersten vier Zeichen angegeben wird. Ansonsten wird angenommen, dass das Jahr durch die ersten zwei Zeichen angegeben wird. Die Zeichenkette wird von links nach rechts interpretiert, um die

Jahres-, Monats-, Tags-, Stunden- und Sekundenwerte zu finden, jeweils für so viele Anteile, wie in der Zeichenkette vorkommen. Das bedeutet, dass Sie keine Zeichenketten benutzen sollten, die weniger als 6 Zeichen besitzen. Wenn Sie zum Beispiel '9903' angeben, in der Annahme, dass das März 1999 darstellt, werden Sie feststellen, dass MySQL einen »0«-Datumswert in Ihre Tabelle einfügt. Das liegt daran, dass die Jahres- und Monatswerte 99 und 03 sind, aber der Tagsanteil fehlt (0). Somit stellt dieser Wert kein zulässiges Datum dar.

TIMESTAMP-Spalten speichern zulässige Werte mit der vollen Genauigkeit, mit der der Wert angegeben wurde, unabhängig von der Anzeigebreite. Das hat mehrere Auswirkungen:

- Geben Sie immer Jahr, Monat und Tag an, selbst wenn Ihre Spaltentypen TIMESTAMP(4) oder TIMESTAMP(2) sind. Ansonsten wäre der Wert kein zulässiges Datum und 0 würde gespeichert werden.

- Wenn Sie ALTER TABLE benutzen, um eine enge TIMESTAMP-Spalte breiter werden zu lassen, werden Informationen angezeigt, die vorher »versteckt« waren.

- Gleichermaßen führt das Verengen einer TIMESTAMP-Spalte jedoch nicht dazu, dass Informationen verloren gehen, außer in dem Sinn, dass weniger Informationen dargestellt werden, wenn die Werte angezeigt werden.

- Obwohl TIMESTAMP-Werte mit voller Genauigkeit gespeichert werden, ist die einzige Funktion, die direkt mit dem zugrunde liegenden gespeicherten Wert arbeitet, Unix_TIMESTAMP(). Alle anderen Funktionen arbeiten mit dem formatierten abgerufenen Wert. Das bedeutet, Sie können keine Funktionen wie HOUR() oder SECOND() benutzen, wenn nicht auch der relevante Teil des TIMESTAMP-Werts im formatierten Wert enthalten ist. Wenn zum Beispiel der HH-Teil einer TIMESTAMP-Spalte nicht angezeigt wird, falls die Anzeigebreite nicht mindestens 10 beträgt, wird der Versuch, HOUR() auf kürzere TIMESTAMP-Werte anzuwenden, unsinnige Ergebnisse erzeugen.

Bis zu einem gewissen Grad können Sie einem Objekt eines Datumstyps Werte eines anderen Datumstyps zuweisen. Dabei kann es jedoch zu einer kompletten Änderung des Werts oder zu Informationsverlusten kommen:

- Wenn Sie einem DATETIME- oder TIMESTAMP-Objekt einen DATE-Wert zuweisen, wird der Zeitanteil im Ergebniswert auf '00:00:00' gesetzt, weil der DATE-Wert keine Zeitinformationen enthält.

- Wenn Sie einem DATE-Objekt einen DATETIME- oder TIMESTAMP-Wert zuweisen, wird der Zeitanteil des Ergebniswerts gelöscht, weil der DATE-Typ keine Zeitinformationen speichert.

- Denken Sie daran, dass DATETIME-, DATE- und TIMESTAMP-Werte zwar in denselben Formaten angegeben werden können, dass die Typen jedoch nicht alle denselben Wertebereich haben. TIMESTAMP-Werte zum Beispiel können nicht früher als 1970 oder später als 2037 sein. Das bedeutet, dass ein Datum wie '1968-01-01', was als DATETIME oder DATE-Wert zulässig wäre, kein gültiger TIMESTAMP-Wert ist und in 0 umgewandelt werden würde, wenn er einem solchen Objekt zugewiesen wird.

Seien Sie auf der Hut, wenn Sie Datumswerte angeben:

- Das entspannte Format lässt Werte als Zeichenketten zu, die täuschen können. Ein Wert wie '10:11:12' sieht wegen des ':'-Begrenzers wie ein Zeitwert aus. Wird er aber in einem Datums-Zusammenhang benutzt, wird er als das Datum '2010-11-12' interpretiert. Der Wert '10:45:15' wird in '0000-00-00' umgewandelt, weil '45' kein zulässiger Monat ist.
- Jahreswerte, die in zwei Ziffern angegeben werden, sind mehrdeutig, weil das Jahrhundert unbekannt ist: – unknown. MySQL interpretiert zweistellige Jahreswerte nach folgenden Regeln:
- Jahreswerte im Bereich 00 bis 69 werden in 2000 bis 2069 umgewandelt.
- Jahreswerte im Bereich 70 bis 99 werden in 1970 bis 1999 umgewandelt.

## TIME-Typ

MySQL ruft TIME-Werte ab und zeigt sie im 'HH:MM:SS'-Format (oder 'HHH:MM:SS'-Format für große Stundenwerte) an. TIME-Werte rangieren von '-838:59:59' bis '838:59:59'. Der Grund dafür, dass der Stundenanteil so groß sein kann, liegt darin, dass der TIME-Typ nicht nur benutzt werden kann, um die Tageszeit zu repräsentieren (wobei die Stunden weniger als 24 sein müssen), sondern auch um eine abgelaufene Zeit oder ein Zeitintervall zwischen zwei Ereignissen (was viel größer als 24 Stunden oder sogar negativ sein kann) darzustellen.

Sie können TIME-Werte in einer Vielzahl von Formaten angeben:

- Als eine Zeichenkette im 'D HH:MM:SS.bruchteil'-Format. (Beachten Sie, dass MySQL bislang nicht den Bruchteil für die TIME-Spalte speichert.) Man kann auch folgende »entspannte« Syntax verwenden: HH:MM:SS.bruchteil, HH:MM:SS, HH:MM, D HH:MM:SS, D HH:MM, D HH oder SS. Dabei sind D Tagsangaben zwischen 0 und 33.
- Als eine Zeichenkette ohne Begrenzer im 'HHMMSS'-Format, vorausgesetzt, dass dies als Zeitangabe einen Sinn ergibt. '101112' zum Beispiel wird als '10:11:12' interpretiert, aber '109712' ist unzulässig (es hat einen Minutenanteil, der keinen Sinn ergibt) und wird in '00:00:00' umgewandelt.
- Als eine Zahl im HHMMSS-Format, vorausgesetzt, dass dies als Zeitangabe einen Sinn ergibt. 101112 zum Beispiel wird als '10:11:12' interpretiert. Folgende alternativen Formate werden ebenfalls verstanden: SS, MMSS, HHMMSS, HHMMSS.bruchteil. Beachten Sie, dass MySQL bislang noch nicht den Bruchteil speichert.
- Als Ergebnis einer Funktion, die einen Wert zurückgibt, der in einem TIME-Zusammenhang akzeptabel ist, wie CURRENT_TIME.

Bei TIME-Werten, die als Zeichenkette angegeben werden, die einen Begrenzer für den Zeitanteil beinhalten, ist es nicht notwendig, zwei Ziffern für Stunden-, Minuten- oder Sekunden-Werte anzugeben, die kleiner als 10 sind. '8:3:2' ist dasselbe wie '08:03:02'.

Seien Sie vorsichtig damit, einer TIME-Spalte »kurze« TIME-Werte zuzuweisen. Ohne Semikolon interpretiert MySQL Werte unter der Annahme, dass die am weitesten rechts stehenden Ziffern Sekunden repräsentieren. (MySQL interpretiert TIME-Werte als vergangene Zeit statt als Tagszeit.) Sie könnten zum Beispiel denken, dass '1112' und 1112 '11:12:00' bedeuten (12 Minuten nach 11 Uhr), aber MySQL interpretiert sie als '00:11:12' (11 Minuten, 12 Sekunden). Gleichermaßen wird '12' und 12 als '00:00:12' interpretiert. TIME-Werte mit Semikolon werden stattdessen immer als Tagszeit interpretiert. Das heißt, '11:12' bedeutet '11:12:00', nicht '00:11:12'.

Werte, die außerhalb des TIME-Wertebereichs liegen, ansonsten aber zulässig sind, werden auf den entsprechenden Endpunkt des Wertebereichs abgeschnitten. '-850:00:00' bzw. '850:00:00' werden in '-838:59:59' bzw. '838:59:59' umgewandelt.

Unzulässige TIME-Werte werden in '00:00:00' umgewandelt. Beachten Sie, dass es keine Möglichkeit gibt zu unterscheiden, ob ein Wert, der in Form von '00:00:00' in einer Tabelle gespeichert wurde, als '00:00:00' eingegeben wurde, da '00:00:00' selbst ein zulässiger TIME-Wert ist, oder ob es ein unzulässiger Wert war.

### YEAR-Typ

Der YEAR-Typ ist ein 1-Byte-Typ, der für die Darstellung von Jahren benutzt wird.

MySQL ruft YEAR-Werte ab und speichert sie im YYYY-Format. Der Wertebereich ist 1901 bis 2155.

Sie können YEAR-Werte in einer Vielzahl von Formaten angeben:

- Als vierstellige Zeichenkette im Wertebereich von '1901' bis '2155'.
- Als vierstellige Zahl im Wertebereich von 1901 bis 2155.
- Als zweistellige Zeichenkette im Wertebereich von '00' bis '99'. Werte in den Bereichen von '00' bis '69' und '70' bis '99' werden in YEAR-Werte der Bereiche von 2000 bis 2069 und 1970 bis 1999 umgewandelt.
- Als zweistellige Zahl im Wertebereich von 1 bis 99. Werte in den Bereichen von 1 bis 69 und 70 bis 99 werden in YEAR-Werte der Bereiche von 2001 bis 2069 und 1970 bis 1999 umgewandelt. Beachten Sie, dass der Wertebereich für zweistellige Zahlen sich geringfügig vom Wertebereich für zweistellige Zeichenketten unterscheidet, weil Sie 0 nicht direkt als Zahl eingeben können und sie dann als 2000 interpretiert wird. Sie müssen sie als Zeichenkette '0' oder '00' angeben, oder sie wird als 0000 interpretiert.
- Als Ergebnis einer Funktion, die einen Wert zurückgibt, der in einem YEAR-Zusammenhang akzeptabel ist, wie NOW().

Unzulässige YEAR-Werte werden in 0000 umgewandelt.

## 16.2.3 Zeichenketten-Typen

Die Zeichenketten-Typen sind CHAR, VARCHAR, BLOB, TEXT, ENUM und SET. Dieser Abschnitt beschreibt, wie diese Typen funktionieren, welchen Speicherbedarf sie benötigen und wie sie in Anfragen benutzt werden.

### CHAR- und VARCHAR-Typen

Die CHAR- und VARCHAR-Typen sind ähnlich, unterscheiden sich aber in der Art, wie sie gespeichert und abgerufen werden.

Die Länge einer CHAR-Spalte wird auf die Länge festgelegt, die Sie bei beim Erzeugen der Tabelle angeben. Die Länge kann zwischen 1 und 255 variieren. Ab MySQL-Version 3.23 kann die Länge zwischen 0 und 255 liegen. Wenn CHAR-Werte gespeichert werden, werden sie am rechten Ende bis hin zur festgelegten Länge mit Leerzeichen aufgefüllt. Wenn CHAR-Werte abgerufen werden, werden die Leerzeichen am Ende entfernt.

Werte in VARCHAR-Spalten sind Zeichenketten variabler Länge. Sie können eine VARCHAR-Spalte mit jeder Länge zwischen 1 und 255 deklarieren, genau wie für CHAR-Spalten. Im Gegensatz zu CHAR werden VARCHAR-Werte jedoch nur mit so vielen Zeichen wie nötig gespeichert, plus 1 Byte, um die Länge zu speichern. Die Werte werden nicht aufgefüllt, stattdessen werden Leerzeichen am Ende beim Speichern entfernt. Dieses Entfernen von Leerzeichen weicht von der ANSI-SQL-Spezifikation ab.

Wenn Sie einer CHAR- oder VARCHAR-Spalte einen Wert zuweisen, der die maximale Spaltenlänge überschreitet, wird der Wert so zurechtgeschnitten, dass er passt.

Die unten stehende Tabelle macht die Unterschiede zwischen den beiden Spaltentypen deutlich, indem das Ergebnis des Speicherns unterschiedlicher Zeichenkettenwerte in CHAR(4)- und VARCHAR(4)-Spalten angezeigt wird:

| Wert | CHAR(4) | Speicherbedarf |
|---|---|---|
| '' | '    ' | 4 Bytes |
| 'ab' | 'ab  ' | 4 Bytes |
| 'abc' | 'abc ' | 4 Bytes |
| 'abcd' | 'abcd' | 4 Bytes |
| '' | '  ' | 1 Byte |
| 'ab' | 'ab' | 3 Bytes |
| 'abc' | 'abc' | 5 Bytes |
| 'abcd' | 'abcd' | 5 Bytes |

Unterschiede bei Spaltentypen

Die Werte, die aus den CHAR(4)- und VARCHAR(4)-Spalten abgerufen werden, sind in jedem Fall gleich, weil Leerzeichen am Ende von CHAR-Spalten beim Abruf entfernt werden.

Werte in CHAR- und VARCHAR-Spalten werden unabhängig von der Groß-/Kleinschreibung sortiert und verglichen, es sei denn, beim Erzeugen der Tabelle wurde das BINARY-Attribut festgelegt. Das BINARY-Attribut bedeutet, dass Spaltenwerte in Abhängigkeit der Groß-/Kleinschreibung in Übereinstimmung mit der ASCII-Reihenfolge der Maschine sortiert und verglichen werden, auf der der MySQL-Server läuft. BINARY beeinflusst nicht, wie die Spalte gespeichert oder abgerufen wird.

Das BINARY-Attribut ist »klebrig«, das heißt, dass der gesamte Ausdruck als ein BINARY-Wert verglichen wird, sobald eine BINARY-Spalte im Ausdruck benutzt wird.

MySQL ändert eventuell »still« den Typ von CHAR- oder VARCHAR-Spalten beim Erzeugen der Tabelle.

## BLOB- und TEXT-Typen

Ein BLOB ist ein großes Binärobjekt (Binary Large OBject), das eine variable Menge von Daten enthalten kann. Die vier BLOB-Typen TINYBLOB, BLOB, MEDIUMBLOB und LONGBLOB unterscheiden sich untereinander nur hinsichtlich der maximalen Länge der Werte, die sie aufnehmen können.

Die vier TEXT-Typen TINYTEXT, TEXT, MEDIUMTEXT und LONGTEXT entsprechen den vier BLOB-Typen und haben dieselben maximalen Längen und denselben Speicherbedarf. Der einzige Unterschied zwischen BLOB- und TEXT-Typen ist, dass beim Sortieren und Vergleichen bei BLOB-Werten die Groß-/Kleinschreibung berücksichtigt wird, bei TEXT-Werten dagegen nicht. Ein TEXT ist also ein BLOB ohne Berücksichtigung der Groß-/Kleinschreibung.

Wenn Sie einer BLOB- oder TEXT-Spalte einen Wert zuweisen, der die maximale Länge des Spaltentyps überschreitet, wird der Wert so zurechtgeschnitten, dass er passt.

In fast jeder Hinsicht können Sie eine TEXT-Spalte als eine VARCHAR-Spalte betrachten, die beliebig groß sein kann. Gleichermaßen können Sie eine BLOB-Spalte als eine VARCHAR BINARY-Spalte betrachten. Die Unterschiede sind:

- Seit MySQL-Version 3.23.2 können Sie Indizes auf BLOB- und TEXT-Spalten anlegen. Ältere Versionen von MySQL unterstützten dies jedoch nicht.
- Leerzeichen am Ende werden beim Speichern von BLOB- und TEXT-Spalten nicht wie bei VARCHAR-Spalten entfernt.
- BLOB- und TEXT-Spalten können keine DEFAULT-Werte haben.

MyODBC definiert BLOB-Werte als LONGVARBINARY und TEXT-Werte als LONGVARCHAR.

Weil BLOB- und TEXT-Werte extrem lang sein können, treffen sie beim Benutzen eventuell auf Beschränkungen:

- Wenn Sie GROUP BY oder ORDER BY für BLOB- oder TEXT-Spalten benutzen wollen, müssen Sie den Spaltenwert in ein Objekt fester Länge umwandeln. Standardmäßig wird das mit der SUBSTRING-Funktion vorgenommen.

*Beispiel*
```
mysql> select kommentar from tabelle,substring(kommentar,20) as substr
ORDER BY substr;
```

Wenn Sie das nicht eingeben, werden nur die ersten max_sort_length-Bytes der Spalte beim Sortieren benutzt. Der Vorgabewert von max_sort_length ist 1024. Dieser Wert kann mit der -O-Option geändert werden, wenn der *mysqld*-Server gestartet wird. Sie können auch einen Ausdruck, der BLOB- oder TEXT-Werte enthält, gruppieren, indem Sie die Spaltenposition angeben oder ein Alias benutzen:

```
mysql> select id,substring(blob_spalte,1,100) from tabelle GROUP BY 2;
mysql> select id,substring(blob_spalte,1,100) as b from tabelle GROUP BY b;
```

- Die maximale Größe eines BLOB- oder TEXT-Objekts wird durch seinen Typ festgelegt, aber der größte Wert, den Sie tatsächlich zwischen Client und Server übertragen können, wird von der Menge verfügbaren Arbeitsspeichers und der Größe des

Kommunikationspuffers festgelegt. Sie können die Nachrichtenpuffergröße ändern, müssen das aber auf beiden Seiten tun, also beim Client und beim Server.

Beachten Sie, dass intern jeder BLOB- oder TEXT-Wert durch ein separat zugewiesenes Objekt dargestellt wird. Dies steht im Gegensatz zu allen anderen Spaltentypen, für die der Speicherplatz nur einmal pro Spalte zugewiesen wird, wenn die Tabelle geöffnet wird.

### ENUM-Typ

Ein ENUM ist ein Zeichenketten-Objekt, dessen Wert normalerweise aus einer Liste zulässiger Werte ausgesucht wird, die explizit bei der Spaltenspezifizierung beim Erzeugen der Tabelle aufgezählt werden.

Der Wert kann unter bestimmten Umständen auch die leere Zeichenkette ("") oder NULL sein:

- Wenn Sie in ENUM einen ungültigen Wert einfügen (das ist eine Zeichenkette, die es in der Auflistung zugelassener Werte nicht gibt), wird stattdessen die leere Zeichenkette als spezieller Fehlerwert eingefügt. Diese Zeichenkette kann von einer »normalen« leeren Zeichenkette dadurch unterschieden werden, dass diese Zeichenkette den numerischen Wert 0 hat. Mehr dazu später.

- Wenn ein ENUM als NULL deklariert ist, ist NULL ebenfalls ein zulässiger Wert für die Spalte und der Vorgabewert ist NULL. Wenn ein ENUM als NOT NULL deklariert ist, ist der Vorgabewert das erste Element der Auflistung erlaubter Werte.

Jeder Aufzählungswert hat einen Index:

- Werte der Auflistung zulässiger Elemente in der Spaltenspezifikation beginnen mit 1.
- Der Indexwert des Fehlerwerts *leere Zeichenkette* ist 0.
- Der Index des NULL-Werts ist NULL.

Wenn beispielsweise eine Spalte als ENUM("eins", "zwei", "drei") festgelegt wurde, kann sie einen der unten dargestellten Werte besitzen. Der Index jedes Werts wird auch dargestellt:

| Wert | Index |
|---|---|
| NULL | NULL |
| "" | 0 |
| "eins" | 1 |
| "zwei" | 2 |
| "drei" | 3 |

Wert und Index

Eine Aufzählung kann maximal 65,535 Elemente enthalten.

Groß-/Kleinschreibung ist irrelevant, wenn Sie einer ENUM-Spalte Werte zuweisen. Werte, die später aus der Spalte abgerufen werden, haben jedoch dieselbe Groß-/Kleinschreibung wie die Werte, die für das Festlegen zulässiger Werte beim Erzeugen der Tabelle verwendet wurden.

Wenn Sie ENUM in einem numerischen Zusammenhang benutzen, wird der Index des Spaltenwerts zurückgegeben. Sie können beispielsweise numerische Werte aus einer ENUM-Spalte wie folgt abrufen:

```
mysql> SELECT enum_spalte+0 FROM tabelle;
```

Wenn Sie eine Zahl in eine ENUM speichern, wird die Zahl als Index behandelt, und der gespeicherte Wert ist das Aufzählungselement mit dem entsprechenden Index. (Das funktioniert jedoch nicht bei LOAD DATA, was alle Eingaben als Zeichenketten behandelt.)

ENUM-Werte werden in der Reihenfolge sortiert, wie die Aufzählungselemente bei der Spaltenspezifizierung eingegeben wurden. Also werden ENUM-Werte nach ihren Indexzahlen sortiert. So wird beispielsweise "a" vor "b" einsortiert bei ENUM("a", "b"), aber "b" vor "a" bei ENUM("b", "a"). Die leere Zeichenkette wird vor nicht leeren Zeichenketten und NULL-Werte vor allen anderen Aufzählungswerten einsortiert.

Wenn Sie alle möglichen Werte einer ENUM-Spalte erhalten wollen, benutzen Sie: SHOW COLUMNS FROM tabelle LIKE enum_spalte und gehen die ENUM-Definition in der zweiten Spalte durch.

## *SET-Typ*

Ein SET ist ein Zeichenketten-Objekt, das 0 oder mehr Werte haben kann, wovon jedes aus einer Auflistung zulässiger Werte stammen muss, die beim Erzeugen der Tabelle festgelegt wurden. SET-Spaltenwerte, die aus mehrfachen SET-Elementen bestehen, werden angegeben, indem die Elemente durch Kommas getrennt werden. Daraus ergibt sich, dass SET-Elemente selbst keine Kommas enthalten dürfen.

Eine Spalte beispielsweise, die als SET("eins", "zwei") NOT NULL festgelegt wurde, kann folgende Werte haben:

```
""
"eins"
"zwei"
"eins,zwei"
```

Ein SET kann maximal 64 unterschiedliche Elemente besitzen.

MySQL speichert SET-Werte numerisch, wobei das niedrigste Bit in der Reihenfolge der gespeicherten Werte dem ersten SET-Element entspricht. Wenn Sie einen SET-Wert in einem numerischen Zusammenhang abrufen, hat der abgerufene Werte Bits gesetzt, die den SET-Elementen, aus denen sich der Spaltenwert zusammensetzt, entspricht. Beispielsweise können Sie numerische Werte aus einer SET-Spalte wie folgt abrufen:

```
mysql> SELECT set_spalte+0 FROM tabelle;
```

Wenn in einer SET-Spalte eine Zahl gespeichert wird, legen die Bits, die in der binären Darstellung der Zahl gesetzt sind, die SET-Elemente im Spaltenwert fest. Angenommen, eine Spalte ist als SET("a","b","c","d") festgelegt, dann haben die Elemente folgende Bitwerte:

| SET-Element | Dezimalwert | Binärwert |
|---|---|---|
| a | 1 | 0001 |
| b | 2 | 0010 |
| c | 4 | 0100 |
| d | 8 | 1000 |

**Bitwerte**

Wenn Sie dieser Spalte einen Wert von 9 zuweisen, ist das binär 1001. Daher werden der erste und der vierte SET-Wert, die Elemente "a" und "d", ausgewählt, und der Ergebniswert ist "a,d".

Bei einem Wert, der mehr als ein SET-Element enthält, spielt es keine Rolle, in welcher Reihenfolge die Elemente aufgelistet sind, wenn Sie den Wert einfügen. Es spielt ebenfalls keine Rolle, wie oft ein gegebenes Element im Wert aufgelistet ist. Wenn der Wert später abgerufen wird, erscheint jedes Element im Wert einmal, wobei die Elemente in der Reihenfolge erscheinen, in der sie beim Erzeugen der Tabelle festgelegt wurden. Wenn eine Spalte beispielsweise als SET("a","b","c","d") festgelegt ist, erscheinen "a,d", "d,a" und "d,a,a,d,d" als "a,d", wenn sie abgerufen werden.

SET-Werte werden numerisch sortiert. NULL-Werte werden vor Nicht-NULL-SET-Werten einsortiert.

Normalerweise führt man SELECT auf eine SET-Spalte mit dem LIKE-Operator oder der FIND_IN_SET()-Funktion aus:

```
mysql> SELECT * FROM tabelle WHERE set_spalte LIKE '%wert%';
mysql> SELECT * FROM tabelle WHERE FIND_IN_SET('wert',set_spalte)>0;
```

Aber auch Folgendes funktioniert:

```
mysql> SELECT * FROM tabelle WHERE set_spalte = 'wert1,wert2';
mysql> SELECT * FROM tabelle WHERE set_spalte & 1;
```

Das erste dieser Statements sucht nach einer exakten Übereinstimmung, das zweite sucht Werte, die das erste SET-Element enthalten.

Wenn Sie alle möglichen Werte einer SET-Spalte erhalten wollen, benutzen Sie: SHOW COLUMNS FROM tabelle LIKE set_spalte und gehen die SET-Definition in der zweiten Spalte durch.

### 16.2.4 Den richtigen Typ für eine Spalte wählen

Um möglichst effizient zu speichern, benutzen Sie in jedem Fall den präzisesten Typ. Wenn zum Beispiel eine Ganzzahl-Spalte für Werte im Bereich zwischen 1 und 99999 benutzt wird, ist MEDIUMINT UNSIGNED der beste Typ.

Die akkurate Darstellung monetärer Werte ist ein häufiges Problem. In MySQL sollten Sie den DECIMAL-Typ benutzen. Er wird als Zeichenkette gespeichert, weshalb kein Genauigkeitsverlust auftreten sollte. Wenn Genauigkeit nicht allzu wichtig ist, sollte auch der DOUBLE-Typ ausreichen.

Um eine hohe Präzision zu erzielen, können Sie Werte auch immer in einen Festkommawert umwandeln, der in einer `BIGINT` gespeichert wird. Dies erlaubt Ihnen, alle Berechnungen mit Ganzzahlen durchzuführen und die Ergebnisse nur wenn notwendig in Fließkommawerte zurückzuwandeln.

### 16.2.5 Speicherbedarf von Spaltentypen

Der Speicherbedarf jedes Spaltentyps, der von MySQL unterstützt wird, ist unten nach Kategorie sortiert aufgelistet:

#### *Speicherbedarf für numerische Typen*

| Spaltentyp | Speicherbedarf |
|---|---|
| TINYINT | 1 Byte |
| SMALLINT | 2 Bytes |
| MEDIUMINT | 3 Bytes |
| INT | 4 Bytes |
| INTEGER | 4 Bytes |
| BIGINT | 8 Bytes |
| FLOAT(X) | 4, wenn X <= 24, oder 8, wenn 25 <= X <= 53 |
| FLOAT | 4 Bytes |
| DOUBLE | 8 Bytes |
| DOUBLE PRECISION | 8 Bytes |
| REAL | 8 Bytes |
| DECIMAL(M,D) | M+2 Bytes, wenn D > 0, M+1 Bytes, wenn D = 0 (D+2, wenn M < D) |
| NUMERIC(M,D) | M+2 Bytes, wenn D > 0, M+1 Bytes, wenn D = 0 (D+2, wenn M < D) |

#### *Speicherbedarf für Datums- und Zeit-Typen*

| Spaltentyp | Speicherbedarf |
|---|---|
| DATE | 3 Bytes |
| DATETIME | 8 Bytes |
| TIMESTAMP | 4 Bytes |
| TIME | 3 Bytes |
| YEAR | 1 Byte |

#### *Speicherbedarf für Zeichenketten-Typen*

| Spaltentyp | Speicherbedarf |
|---|---|
| CHAR(M) | M Bytes, 1 <= M <= 255 |
| VARCHAR(M) | L+1 Bytes, wobei L <= M und 1 <= M <= 255 |
| TINYBLOB, TINYTEXT | L+1 Bytes, wobei L < 2^8 |
| BLOB, TEXT | L+2 Bytes, wobei L < 2^16 |

| Spaltentyp | Speicherbedarf |
|---|---|
| MEDIUMBLOB, MEDIUMTEXT | L+3 Bytes, wobei L < 2^24 |
| LONGBLOB, LONGTEXT | L+4 Bytes, wobei L < 2^32 |
| ENUM('wert1','wert2',...) | 1 oder 2 Bytes, abhängig von der Anzahl der Aufzählungswerte (65535 Werte maximal) |
| SET('wert1','wert2',...) | 1, 2, 3, 4 oder 8 Bytes, abhängig von der Anzahl an SET-Elementen (64 Elemente maximal) |

VARCHAR und die BLOB- und TEXT-Typen sind Typen variabler Länge, bei denen der Speicherbedarf von der tatsächlichen Länge der Spaltenwerte abhängt (in der vorstehenden Tabelle dargestellt durch L) statt von der maximal möglichen Größe des Typs. VARCHAR(10) zum Beispiel kann eine Zeichenkette mit einer maximalen Länge von 10 Zeichen enthalten. Der tatsächliche Speicherbedarf ist die Länge der Zeichenkette (L) plus 1 Byte, um die Länge zu speichern. Bei der Zeichenkette 'abcd' ist L 4 und der Speicherbedarf 5 Bytes.

Die BLOB- und TEXT-Typen benötigen 1, 2, 3 oder 4 Bytes, um die Länge des Spaltenwerts zu speichern, abhängig von der maximal möglichen Länge des Typs.

Wenn eine Tabelle irgendwelche Spaltentypen variabler Länge enthält, ist das Datensatzformat ebenfalls von variabler Länge. Beachten Sie, dass MySQL beim Erzeugen einer Tabelle unter bestimmten Umständen eine Spalte eines Typs variabler Länge in einen Typ fester Länge umwandelt, und umgekehrt.

Die Größe eines ENUM-Objekts hängt von der Anzahl unterschiedlicher Aufzählungswerte ab. Bei Aufzählungen mit bis zu 255 möglichen Werten wird 1 Byte benutzt, bei Aufzählungen mit bis zu 65535 Werten 2 Bytes.

Die Größe eines SET-Objekts hängt von der Anzahl unterschiedlicher SET-Elemente ab. Wenn die SET-Größe N ist, belegt das Objekt (N+7)/8 Bytes, gerundet auf 1, 2, 3 oder 8 Bytes. Ein SET kann maximal 64 Elemente besitzen.

## 16.3 Funktionen in SELECT- und WHERE-Klauseln

Ein SELECT-Ausdruck oder eine WHERE-Definition in einer SQL-Anweisung können aus jedem beliebigen Ausdruck bestehen, der die unten beschriebenen Funktionen benutzt.

Ein Ausdruck, der NULL enthält, erzeugt immer einen NULL-Wert, wenn es in der Dokumentation für die Operatoren und Funktionen, die im Ausdruck vorkommen, nicht anders beschrieben ist.

> **Hinweis:** Zwischen dem Funktionsnamen und der nachfolgenden Klammer darf kein Leerzeichen stehen. Dies hilft dem MySQL-Parser, zwischen Funktionsaufrufen und Tabellen- oder Spaltenverweisen zu unterscheiden, die denselben Namen haben wie eine Funktion. Leerzeichen um Argumente herum sind dagegen zulässig.

## 16.3.1 Nicht typenspezifische Operatoren und Funktionen

### Klammer
Benutzen Sie Klammern, um die Reihenfolge der Auswertung in einem Ausdruck zu erzwingen.

### Beispiel
```
mysql> SELECT 5+10*2;
+--------+
| 5+10*2 |
+--------+
|     25 |
+--------+

mysql> SELECT (5+10)*2;
+----------+
| (5+10)*2 |
+----------+
|       30 |
+----------+
```

### Vergleichsoperatoren
Vergleichsoperationen ergeben einen Wert von 1 (TRUE), 0 (FALSE) oder NULL. Diese Funktionen funktionieren sowohl bei Zahlen als auch bei Zeichenketten. Zeichenketten werden bei Bedarf automatisch in Zahlen und Zahlen in Zeichenketten umgewandelt (wie in Perl oder PHP).

MySQL führt Vergleiche nach folgenden Regeln durch:

- Wenn ein oder beide Argumente NULL sind, ist das Ergebnis des Vergleichs NULL, außer beim <=> Operator.
- Wenn beide Argumente in einer Vergleichsoperation Zeichenketten sind, werden sie als Zeichenketten verglichen.
- Wenn beide Argumente Ganzzahlen sind, werden sie als Ganzzahlen verglichen.
- Hexadezimale Werte werden als binäre Zeichenketten behandelt, wenn sie nicht mit einer Zahl verglichen werden.
- Wenn eines der Argumente eine TIMESTAMP- oder DATETIME-Spalte ist und das andere Argument eine Konstante, wird die Konstante in einen Zeitstempel umgewandelt, bevor der Vergleich durchgeführt wird. Das wird gemacht, um ODBC-freundlicher zu sein.
- In allen anderen Fällen werden die Argumente als Fließkommazahlen verglichen.

Vorgabemäßig werden Zeichenketten-Vergleiche unabhängig von der verwendeten Groß-/Kleinschreibung durchgeführt, indem der aktuelle Zeichensatz benutzt wird (vorgabemäßig ISO-8859-1 Latin1, der auch für Englisch exzellent funktioniert).

Die unten stehenden Beispiele erläutern die Umwandlung von Zeichenketten in Zahlen für Vergleichsoperationen:

```
mysql> SELECT 1 > '6x';
+----------+
| 1 > '6x' |
+----------+
|        0 |
+----------+

mysql> SELECT 7 > '6x';
+----------+
| 7 > '6x' |
+----------+
|        1 |
+----------+

mysql> SELECT 0 > '6x';
+----------+
| 0 > '6x' |
+----------+
|        0 |
+----------+

mysql> SELECT 0 = 'x6';
+----------+
| 0 = 'x6' |
+----------+
|        1 |
+----------+
```

*Gleich (=)*

```
mysql> SELECT 1 = 0;
+-------+
| 1 = 0 |
+-------+
|     0 |
+-------+
```

*Ungleich (<> oder !=)*

```
mysql> SELECT '1.0' <> 1;
+------------+
| '1.0' <> 1 |
+------------+
|          0 |
+------------+

mysql> SELECT 1.0 != '1.0';
+--------------+
| 1.0 != '1.0' |
+--------------+
|            0 |
+--------------+
```

*Kleiner oder gleich (<=)*
```
mysql> SELECT 1 <= 2;
+--------+
| 1 <= 2 |
+--------+
|      1 |
+--------+
```

*Kleiner als (<)*
```
mysql> SELECT 1 < 2;
+-------+
| 1 < 2 |
+-------+
|     1 |
+-------+
```

*Größer oder gleich (>=)*
```
mysql> SELECT 1 >= 2;
+--------+
| 1 >= 2 |
+--------+
|      0 |
+--------+
```

*Größer als (>)*
```
mysql> SELECT 1 > 2;
+-------+
| 1 > 2 |
+-------+
|     0 |
+-------+
```

*Null-sicheres gleich (<=>)*
```
mysql> SELECT 1 <=> 1;
+---------+
| 1 <=> 1 |
+---------+
|       1 |
+---------+

mysql> SELECT NULL <=> NULL;
+---------------+
| NULL <=> NULL |
+---------------+
|             1 |
+---------------+
```

IS NULL

IS NOT NULL

Testet, ob ein Wert NULL ist oder nicht:

```
mysql> SELECT 1 IS NULL;
+-----------+
| 1 IS NULL |
+-----------+
|         0 |
+-----------+

mysql> SELECT NULL IS NULL;
+--------------+
| NULL IS NULL |
+--------------+
|            1 |
+--------------+
```

ausdruck BETWEEN min AND max

Wenn ausdruck größer oder gleich min ist und ausdruck kleiner oder gleich max ist, gibt BETWEEN 1 zurück, andernfalls 0. Das ist äquivalent zum Ausdruck (min <= ausdruck AND ausdruck <= max), wenn alle Argumente vom selben Typ sind. Das erste Argument (ausdruck) legt fest, wie der Vergleich durchgeführt wird:

Wenn ausdruck eine TIMESTAMP-, DATE- oder DATETIME-Spalte ist, werden MIN() und MAX() im selben Format formatiert, als wären sie Konstanten.

Wenn ausdruck ein Zeichenketten-Ausdruck ohne Berücksichtigung der Groß-/Kleinschreibung ist, wird ein Zeichenkettenvergleich ohne Berücksichtigung der Groß-/Kleinschreibung durchgeführt.

Wenn ausdruck ein Zeichenketten-Ausdruck mit Berücksichtigung der Groß-/Kleinschreibung ist, wird ein Zeichenkettenvergleich mit Berücksichtigung der Groß-/Kleinschreibung durchgeführt.

Wenn ausdruck ein Ganzzahl-Ausdruck ist, wird ein Ganzzahlvergleich durchgeführt.

Ansonsten wird ein Fließkommazahlenvergleich durchgeführt.

```
mysql> SELECT 2 BETWEEN 1 AND 3;
+-------------------+
| 2 BETWEEN 1 AND 3 |
+-------------------+
|                 1 |
+-------------------+

mysql> SELECT 'B' BETWEEN 'A' AND 'C';
+-------------------------+
| 'B' BETWEEN 'A' AND 'C' |
+-------------------------+
|                       1 |
+-------------------------+
```

## 16.3 Funktionen in SELECT- und WHERE-Klauseln

ausdruck IN(wert,...)

Gibt 1 zurück, wenn ausdruck einen Wert hat, der in der IN-Liste enthalten ist, ansonsten 0. Wenn alle Werte Konstanten sind, werden alle Werte gemäß dem Typ von ausdruck ausgewertet und sortiert. Danach wird ein Element mittels binärer Suche gesucht. Das heißt, dass IN sehr schnell ist, wenn die IN-Werteliste ausschließlich aus Konstanten besteht. Wenn ausdruck ein Zeichenketten-Ausdruck mit Berücksichtigung der Groß-/Kleinschreibung ist, wird der Zeichenkettenvergleich unter Berücksichtigung der Groß-/Kleinschreibung durchgeführt:

```
mysql> SELECT 'Matze' IN ('Caro','Matze','Gülten');
+--------------------------------------+
| 'Matze' IN ('Caro','Matze','Gülten') |
+--------------------------------------+
|                                    1 |
+--------------------------------------+
```

ausdruck NOT IN(wert,...)
Dasselbe wie NOT(ausdruck IN(wert,...)).
ISNULL(ausdruck)

Wenn ausdruck NULL ist, gibt ISNULL() 1 zurück, ansonsten 0:

```
mysql> SELECT ISNULL(1/0);
+-------------+
| ISNULL(1/0) |
+-------------+
|           1 |
+-------------+
```

**Achtung:** Beachten Sie, dass ein Vergleich von NULL-Werten mit = immer UNWAHR ergibt!

COALESCE(liste)

Gibt das erste Nicht-NULL-Element in der Liste zurück:

```
mysql> SELECT COALESCE(NULL,1);
+------------------+
| COALESCE(NULL,1) |
+------------------+
| 1                |
+------------------+
```

INTERVAL(N,N1,N2,N3,...)

Gibt 0 zurück, wenn N < N1, 1, wenn N < N2 usw. Alle Argumente werden als Ganzzahlen behandelt. Es ist erforderlich, dass N1 < N2 < N3 < ... < Null ist, damit diese Funktion korrekt funktioniert. Das liegt daran, dass eine (sehr schnelle) binäre Suche benutzt wird:

```
mysql> SELECT INTERVAL(10,20,30,40);
+-----------------------+
| INTERVAL(10,20,30,40) |
+-----------------------+
|                     0 |
+-----------------------+
```

Wenn Sie eine Zeichenkette, die Groß-/Kleinschreibung nicht berücksichtigt, mit einem der Standardoperatoren vergleichen (=, <>..., aber nicht LIKE), werden Leerzeichen am Ende ignoriert:

```
mysql> SELECT "a" = "A ";
+-------------+
| "a" = "A "  |
+-------------+
|           1 |
+-------------+
```

*Logische Operatoren*

Alle logischen Funktionen geben 1 (TRUE), 0 (FALSE) oder NULL (unbekannt, was in den meisten Fällen dasselbe wie FALSE ist) zurück:

NICHT (NOT oder !)

Logisch NOT. Gibt 1 zurück, wenn das Argument 0 ist, ansonsten 0. Ausnahme: NOT NULL gibt NULL zurück:

```
mysql> SELECT NOT 1;
+-------+
| NOT 1 |
+-------+
|     0 |
+-------+

mysql> SELECT NOT 0;
+-------+
| NOT 0 |
+-------+
|     1 |
+-------+
```

ODER (OR oder ||)

Logisch OR. Gibt 1 zurück, wenn eines der Argumente nicht 0 und nicht NULL ist:

```
mysql> SELECT 1 OR 0;
+--------+
| 1 OR 0 |
+--------+
|      1 |
+--------+

mysql> SELECT 0 || 1;
+--------+
| 0 || 1 |
+--------+
|      1 |
+--------+
```

UND (AND oder &&)

Logisch AND. Gibt 0 zurück, wenn eines der Argumente 0 oder NULL ist, ansonsten 1:

```
mysql> SELECT 1 AND 0;
+---------+
| 1 AND 0 |
+---------+
|       0 |
+---------+

mysql> SELECT 1 AND 1;
+---------+
| 1 AND 1 |
+---------+
|       1 |
+---------+
```

## *Ablaufsteuerungsfunktionen*

IFNULL(ausdruck1,ausdruck2)

Wenn ausdruck1 nicht NULL ist, gibt IFNULL() ausdruck1 zurück, ansonsten ausdruck2. IFNULL() gibt einen numerischen oder einen Zeichenketten-Wert zurück, je nachdem, in welchem Zusammenhang es benutzt wird:

```
mysql> SELECT IFNULL(1,0);
+-------------+
| IFNULL(1,0) |
+-------------+
|           1 |
+-------------+
```

NULLIF(ausdruck1,ausdruck2)

Wenn ausdruck1 = ausdruck2 wahr ist, gibt die Funktion NULL zurück, ansonsten ausdruck1. Das ist dasselbe wie CASE WHEN x = y THEN NULL ELSE x END:

```
mysql> SELECT NULLIF(10,10);
+---------------+
| NULLIF(10,10) |
+---------------+
|          NULL |
+---------------+

mysql> SELECT NULLIF(1,10);
+--------------+
| NULLIF(1,10) |
+--------------+
|            1 |
+--------------+
```

**Achtung:** Beachten Sie, dass ausdruck1 in MySQL zweimal ausgewertet wird, wenn die Argumente gleich sind.

IF(ausdruck1,ausdruck2,ausdruck3)

Wenn ausdruck1 TRUE ist (ausdruck1 <> 0 und ausdruck1 <> NULL), gibt IF() ausdruck2 zurück, ansonsten ausdruck3. IF() gibt einen numerischen oder einen Zeichenketten-Wert zurück, je nachdem, in welchem Zusammenhang es benutzt wird:

```
mysql> SELECT IF(1<2,'ja','nein');
+---------------------+
| IF(1<2,'ja','nein') |
+---------------------+
| ja                  |
+---------------------+
```

ausdruck1 wird als Ganzzahlwert ausgewertet, woraus folgt, dass Sie das Testen auf Fließkomma- oder Zeichenketten-Werte mit einer Vergleichsoperation durchführen sollten:

```
mysql> SELECT IF(1.0<>0,1,0);
+----------------+
| IF(1.0<>0,1,0) |
+----------------+
|              1 |
+----------------+
```

Im ersten Fall gibt IF(0.1) 0 zurück, weil 0.1 in einen Ganzzahlwert umgewandelt wird, wodurch es auf IF(0) getestet wird. Das ist vielleicht nicht das, was Sie erwarten. Im zweiten Fall testet der Vergleich den Originalfließkommawert, um zu sehen, ob er nicht 0 ist. Das Ergebnis des Vergleichs wird als Ganzzahl benutzt. Der vorgabemäßige Rückgabewert von IF() (der eine Rolle spielen kann, wenn er in einer temporären Tabelle gespeichert wird) wird in MySQL-Version 3.23 wie folgt berechnet:

| Ausdruck | Rückgabewert |
| --- | --- |
| ausdruck2 oder ausdruck3 gibt Zeichenkette zurück | Zeichenkette |
| ausdruck2 oder ausdruck3 gibt Fließkommawert zurück | Fließkommawert |
| ausdruck2 oder ausdruck3 gibt Ganzzahl zurück | Ganzzahl |

Vorgabemäßiger Rückgabewert von IF()

CASE wert WHEN [vergleichs-wert] THEN ergebnis [WHEN [vergleichs-wert] THEN ergebnis ...] [ELSE ergebnis] END
CASE WHEN [bedingung] THEN ergebnis [WHEN [bedingung] THEN ergebnis ...] [ELSE ergebnis] END

Die erste Version gibt ergebnis zurück, wo wert=vergleichs-wert ist. Die zweite Version gibt das Ergebnis für die erste Bedingung zurück, die WAHR ist. Wenn es keinen übereinstimmenden Ergebniswert gab, wird das Ergebnis nach ELSE zurückgegeben. Wenn es keinen ELSE-Teil gibt, wird NULL zurückgegeben:

```
mysql> SELECT CASE 1 WHEN 1 THEN "eins" WHEN 2 THEN "zwei" ELSE "mehr" END;
+--------------------------------------------------------------+
| CASE 1 WHEN 1 THEN "eins" WHEN 2 THEN "zwei" ELSE "mehr" END |
+--------------------------------------------------------------+
| eins                                                         |
+--------------------------------------------------------------+
```

```
mysql> SELECT CASE WHEN 10>100 THEN "wahr" ELSE "unwahr" END;
+----------------------------------------------+
| CASE WHEN 10>100 THEN "wahr" ELSE "unwahr" END |
+----------------------------------------------+
| unwahr                                       |
+----------------------------------------------+
```

Der Typ des Rückgabewerts (INTEGER, DOUBLE oder STRING) ist derselbe wie der Typ des ersten zurückgegebenen Werts (der Ausdruck nach dem ersten THEN).

## 16.3.2 Zeichenketten-Funktionen

Funktionen für Zeichenkettenwerte geben NULL zurück, wenn die Länge des Ergebnisses größer ist als der max_allowed_packet-Serverparameter.

Bei Funktionen, die mit Zeichenkettenpositionen arbeiten, wird die erste Position als 1 gezählt.

ASCII(zeichenkette)

Gibt den ASCII-Code-Wert des äußersten linken Zeichens der Zeichenkette zeichenkette zurück. Gibt 0 zurück, wenn zeichenkette die leere Zeichenkette ist. Gibt NULL zurück, wenn zeichenkette NULL ist:

```
mysql> SELECT ASCII('M');
+------------+
| ASCII('M') |
+------------+
|         77 |
+------------+
```

Siehe auch ORD()-Funktion.

ORD(zeichenkette)

Wenn das äußerste linke Zeichen der Zeichenkette zeichenkette ein Multi-Byte-Zeichen ist, gibt diese Funktion den Code des Multi-Byte-Zeichens zurück, indem der ASCII-Code-Wert des Zeichens in folgendem Format zurückgegeben wird: ((erstes byte ASCII code)*256+(zweites byte ASCII code))[*256+drittes byte ASCII code...]. Wenn das äußerste linke Zeichen kein Multi-Byte-Zeichen ist, wird derselbe Wert wie bei der ASCII()-Funktion zurückgegeben:

```
mysql> SELECT ORD('M');
+----------+
| ORD('M') |
+----------+
|       77 |
+----------+
```

CONV(N,von_basis,zu_basis)

Wandelt Zahlen zwischen verschiedenen Zahlsystemen um. Gibt eine Zeichenkettendarstellung der Zahl N zurück, umgewandelt vom Verhältnis Basis von_basis zum Verhältnis Basis zu_basis. Gibt NULL zurück, wenn irgendein Argument NULL ist. Das Argument N wird als Ganzzahl interpretiert, kann aber als Ganzzahl oder Zeichenkette angegeben werden. Die kleinste Basis ist zwei und die größte Basis 36. Wenn zu_basis eine negative Zahl ist, wird N als vorzeichenbehaftete Zahl betrachtet, ansonsten wird N als vorzeichenlos behandelt. CONV arbeitet mit 64-Bit-Genauigkeit:

```
mysql> SELECT CONV("f",16,2);
+----------------+
| CONV("f",16,2) |
+----------------+
| 1111           |
+----------------+

mysql> SELECT CONV("FF",18,8);
+-----------------+
| CONV("FF",18,8) |
+-----------------+
| 435             |
+-----------------+
```

BIN(N)

Gibt eine Zeichenkettendarstellung des Binärwerts von N zurück, wobei N eine BIGINT-Zahl ist; das ist äquivalent zu CONV(N,10,2). Gibt NULL zurück, wenn N NULL ist:

```
mysql> SELECT BIN(100);
+----------+
| BIN(100) |
+----------+
| 1100100  |
+----------+
```

OCT(N)

Gibt eine Zeichenkettendarstellung des Oktalwerts von N zurück, wobei N eine BIGINT-Zahl ist; das ist äquivalent zu CONV(N,10,8). Gibt NULL zurück, wenn N NULL ist:

```
mysql> SELECT OCT(10);
+---------+
| OCT(10) |
+---------+
| 12      |
+---------+
```

HEX(N)

Gibt eine Zeichenkettendarstellung des hexadezimalen Werts von N zurück, wobei N eine BIGINT-Zahl ist; das ist äquivalent zu CONV(N,10,16). Gibt NULL zurück, wenn N NULL ist:

```
mysql> SELECT HEX(255);
+----------+
| HEX(255) |
+----------+
| FF       |
+----------+
```

## 16.3 Funktionen in SELECT- und WHERE-Klauseln

CHAR(N,...)

CHAR() interpretiert die Argumente als Ganzzahlen und gibt eine Zeichenkette zurück, die aus den Zeichen besteht, die durch die ASCII-Code-Werte dieser Ganzzahlen gegeben sind. NULL-Werte werden übersprungen:

```
mysql> SELECT CHAR(77,121,83,81,76);
+----------------------+
| CHAR(77,121,83,81,76) |
+----------------------+
| MySQL                |
+----------------------+
```

CONCAT(zeichenkette1,zeichenkette2,...)

Gibt die Zeichenkette zurück, die durch die Verkettung der Argumente entsteht. Gibt NULL zurück, wenn irgendein Argument NULL ist. Kann mehr als zwei Argumente haben. Ein numerisches Argument wird in die äquivalente Zeichenkettenform umgewandelt:

```
mysql> SELECT CONCAT('Auto', '-', 'Kino');
+----------------------------+
| CONCAT('Auto', '-', 'Kino') |
+----------------------------+
| Auto-Kino                  |
+----------------------------+
```

CONCAT_WS(trennzeichen, zeichenkette1, zeichenkette2,...)

CONCAT_WS() steht für CONCAT mit Trennzeichen und ist eine spezielle Form von CONCAT(). Das erste Argument ist das Trennzeichen für die restlichen Argumente. Das Trennzeichen kann entsprechend den übrigen Argumenten ebenfalls eine Zeichenkette sein. Wenn das Trennzeichen NULL ist, ist das Ergebnis NULL. Die Funktion überspringt jegliche NULLs und leere Zeichenketten nach dem Trennzeichen-Argument. Das Trennzeichen wird zwischen den zu verknüpfenden Zeichenketten hinzugefügt:

```
mysql> SELECT CONCAT_WS("-", "20", "November", "2002");
+-----------------------------------------+
| CONCAT_WS("-", "20", "November", "2002") |
+-----------------------------------------+
| 20-November-2002                        |
+-----------------------------------------+
```

LENGTH(zeichenkette)

OCTET_LENGTH(zeichenkette)

CHAR_LENGTH(zeichenkette)

CHARACTER_LENGTH(zeichenkette)

Gibt die Länge der Zeichenkette zeichenkette an:

```
mysql> SELECT LENGTH('MySQL');
+----------------+
| LENGTH('MySQL') |
+----------------+
|              5 |
+----------------+
```

```
mysql> SELECT CHAR_LENGTH('MySQL');
+----------------------+
| CHAR_LENGTH('MySQL') |
+----------------------+
|                    5 |
+----------------------+
```

**Achtung:** Beachten Sie, dass bei CHAR_LENGTH() Multi-Byte-Zeichen nur einmal gezählt werden.

LOCATE(teilzeichenfolge,zeichenkette)

POSITION(teilzeichenfolge IN zeichenkette)

Gibt die Position des ersten Auftretens der Teilzeichenfolge teilzeichenfolge in der Zeichenkette zeichenkette an. Gibt 0 zurück, wenn teilzeichenfolge nicht in zeichenkette enthalten ist:

```
mysql> SELECT LOCATE('Kino', 'Auto-Kino');
+-----------------------------+
| LOCATE('Kino', 'Auto-Kino') |
+-----------------------------+
|                           6 |
+-----------------------------+
```

Diese Funktion ist multibyte-sicher.

LOCATE(teilzeichenfolge,zeichenkette,position)

Gibt die Position des ersten Auftretens der Teilzeichenfolge teilzeichenfolge in der Zeichenkette zeichenkette ab Position position an. Gibt 0 zurück, wenn teilzeichenfolge nicht in zeichenkette enthalten ist:

```
mysql> SELECT LOCATE('Hey', 'HeyHoHey', 5);
+------------------------------+
| LOCATE('Hey', 'HeyHoHey', 5) |
+------------------------------+
|                            6 |
+------------------------------+
```

Diese Funktion ist multibyte-sicher.

INSTR(zeichenkette,teilzeichenfolge)

Gibt die Position des ersten Auftretens der Teilzeichenfolge teilzeichenfolge in der Zeichenkette zeichenkette an. Dies entspricht dem LOCATE() mit zwei Argumenten, es sei denn, die Argumente sind vertauscht:

```
mysql> SELECT INSTR('Auto-Kino', 'Kino');
+----------------------------+
| INSTR('Auto-Kino', 'Kino') |
+----------------------------+
|                          6 |
+----------------------------+
```

Diese Funktion ist multibyte-sicher.

`LPAD(zeichenkette,laenge,fuellzeichenkette)`

Gibt die Zeichenkette `zeichenkette` zurück, links aufgefüllt mit der Zeichenkette `fuellzeichenkette`, bis `zeichenkette laenge` Zeichen lang ist. Wenn `zeichenkette` länger als `laenge` ist, wird sie auf `laenge` Zeichen verkürzt.

```
mysql> SELECT LPAD('Kino',8,'**');
+---------------------+
| LPAD('Kino',8,'**') |
+---------------------+
| ****Kino            |
+---------------------+
```

`RPAD(zeichenkette,laenge,fuellzeichenkette)`

Gibt die Zeichenkette `zeichenkette` zurück, rechts aufgefüllt mit der Zeichenkette `fuellzeichenkette`, bis `zeichenkette laenge` Zeichen lang ist. Wenn `zeichenkette` länger als `laenge` ist, wird sie auf `laenge` Zeichen verkürzt.

```
mysql> SELECT RPAD('Kino',8,'**');
+---------------------+
| RPAD('Kino',8,'**') |
+---------------------+
| Kino****            |
+---------------------+
```

`LEFT(zeichenkette,laenge)`

Gibt die äußersten linken `laenge` Zeichen der Zeichenkette `zeichenkette` zurück:

```
mysql> SELECT LEFT('Auto-Kino', 5);
+----------------------+
| LEFT('Auto-Kino', 5) |
+----------------------+
| Auto-                |
+----------------------+
```

Diese Funktion ist multibyte-sicher.

`RIGHT(zeichenkette,laenge)`

Gibt die äußersten rechten `laenge` Zeichen der Zeichenkette `zeichenkette` zurück:

```
mysql> SELECT RIGHT('Auto-Kino', 5);
+-----------------------+
| RIGHT('Auto-Kino', 5) |
+-----------------------+
| -Kino                 |
+-----------------------+
```

Diese Funktion ist multibyte-sicher.

```
SUBSTRING(zeichenkette,position,laenge)
SUBSTRING(zeichenkette FROM position FOR laenge)
MID(zeichenkette,position,laenge)
```

Gibt eine laenge Zeichen lange Teilzeichenfolge der Zeichenkette zeichenkette ab Position position zurück. Die abweichende Form, die FROM benutzt, entspricht der ANSI-SQL92-Syntax:

```
mysql> SELECT SUBSTRING('Kaufhaus',5,4);
+---------------------------+
| SUBSTRING('Kaufhaus',5,4) |
+---------------------------+
| haus                      |
+---------------------------+
```

Diese Funktion ist multibyte-sicher.

```
SUBSTRING(zeichenkette,position)
SUBSTRING(zeichenkette FROM position)
```

Gibt eine Teilzeichenfolge der Zeichenkette zeichenkette ab Position position zurück:

```
mysql> SELECT SUBSTRING('Kaufhaus',5);
+-------------------------+
| SUBSTRING('Kaufhaus',5) |
+-------------------------+
| haus                    |
+-------------------------+
```

Diese Funktion ist multibyte-sicher.

```
SUBSTRING_INDEX(zeichenkette,begrenzer,zaehler)
```

Gibt die Teilzeichenfolge von Zeichenkette zeichenkette vor zaehler Vorkommen des Begrenzers begrenzer zurück. Wenn zaehler positiv ist, wird alles links vom letzten Begrenzer zurückgegeben (von links gezählt). Wenn zaehler negativ ist, wird alles rechts vom letzten Begrenzer (von rechts gezählt) zurückgegeben:

```
mysql> SELECT SUBSTRING_INDEX('www.franzis.de','.',2);
+-----------------------------------------+
| SUBSTRING_INDEX('www.franzis.de','.',2) |
+-----------------------------------------+
| www.franzis                             |
+-----------------------------------------+

mysql> SELECT SUBSTRING_INDEX('www.franzis.de','.',-2);
+------------------------------------------+
| SUBSTRING_INDEX('www.franzis.de','.',-2) |
+------------------------------------------+
| franzis.de                               |
+------------------------------------------+
```

Diese Funktion ist multibyte-sicher.

LTRIM(zeichenkette)

Gibt die Zeichenkette zeichenkette zurück, bei der führende Leerzeichen entfernt wurden:

```
mysql> SELECT LTRIM('    MySQL');
+-------------------+
| LTRIM('    MySQL') |
+-------------------+
| MySQL             |
+-------------------+
```

Diese Funktion ist multibyte-sicher.

RTRIM(zeichenkette)

Gibt die Zeichenkette zeichenkette zurück, bei der Leerzeichen am Ende entfernt wurden:

```
mysql> SELECT RTRIM('MySQL      ');
+-------------------+
| RTRIM('MySQL      ') |
+-------------------+
| MySQL             |
+-------------------+
```

Diese Funktion ist multibyte-sicher.

TRIM([[BOTH | LEADING | TRAILING] [entfernzeichenkette] FROM] zeichenkette)

Gibt die Zeichenkette zeichenkette zurück, bei der alle entfernzeichenketten-Präfixe und/oder -Suffixe entfernt wurden. Wenn keiner der Spezifizierer BOTH, LEADING oder TRAILING angegeben wurde, wird BOTH angenommen. Wenn entfernzeichenkette nicht angegeben ist, werden Leerzeichen entfernt:

```
mysql> SELECT TRIM('  MySQL   ');
+-------------------+
| TRIM('  MySQL   ') |
+-------------------+
| MySQL             |
+-------------------+

mysql> SELECT TRIM(LEADING '*' FROM '***MySQL***');
+--------------------------------------+
| TRIM(LEADING '*' FROM '***MySQL***') |
+--------------------------------------+
| MySQL***                             |
+--------------------------------------+

mysql> SELECT TRIM(BOTH '*' FROM '***MySQL***');
+-----------------------------------+
| TRIM(BOTH '*' FROM '***MySQL***') |
+-----------------------------------+
| MySQL                             |
+-----------------------------------+
```

```
mysql> SELECT TRIM(TRAILING '*' FROM '***MySQL***');
+---------------------------------------+
| TRIM(TRAILING '*' FROM '***MySQL***') |
+---------------------------------------+
| ***MySQL                              |
+---------------------------------------+
```

Diese Funktion ist multibyte-sicher.

SOUNDEX(zeichenkette)

Gibt eine Soundex-Zeichenkette von zeichenkette zurück. Zwei Zeichenketten, die fast gleich klingen, sollten identische Soundex-Zeichenketten haben. Eine Standard-Soundex-Zeichenkette ist vier Zeichen lang, aber die SOUNDEX()-Funktion gibt eine beliebig lange Zeichenkette zurück. Sie können SUBSTRING() auf das Ergebnis anwenden, um eine Standard-Soundex-Zeichenkette zu erhalten. Alle nicht alphanumerischen Zeichen in der angegebenen Zeichenkette werden ignoriert. Alle internationalen alphabetischen Zeichen außerhalb des Wertebereichs A bis Z werden als Vokale behandelt:

```
mysql> SELECT SOUNDEX('MySQL');
+------------------+
| SOUNDEX('MySQL') |
+------------------+
| M240             |
+------------------+
```

SPACE(N)

Gibt eine Zeichenkette zurück, die aus N Leerzeichen besteht:

```
mysql> SELECT SPACE(6);
+----------+
| SPACE(6) |
+----------+
|          |
+----------+
```

REPLACE(zeichenkette,von_zeichenkette,zu_zeichenkette)

Gibt die Zeichenkette zeichenkette zurück, bei der alle Vorkommen der Zeichenkette von_zeichenkette durch die Zeichenkette zu_zeichenkette ersetzt wurden:

```
mysql> SELECT REPLACE('www.franzis.de', 'franzis', 'google');
+------------------------------------------------+
| REPLACE('www.franzis.de', 'franzis', 'google') |
+------------------------------------------------+
| www.google.de                                  |
+------------------------------------------------+
```

Diese Funktion ist multibyte-sicher.

REPEAT(zeichenkette,zaehler)

Gibt eine Zeichenkette zurück, die aus der Zeichenkette zeichenkette besteht, die zaehler mal wiederholt wurde. Wenn zaehler <= 0 ist, wird eine leere Zeichenkette zurückgegeben.

Gibt NULL zurück, wenn zeichenkette oder zaehler NULL sind:

```
mysql> SELECT REPEAT('Hi', 3);
+-----------------+
| REPEAT('Hi', 3) |
+-----------------+
| HiHiHi          |
+-----------------+
```

REVERSE(zeichenkette)

Gibt die Zeichenkette zeichenkette in umgedrehter Reihenfolge der Zeichen zurück:

```
mysql> SELECT REVERSE('123');
+----------------+
| REVERSE('123') |
+----------------+
| 321            |
+----------------+

mysql> SELECT REVERSE('MySQL');
+------------------+
| REVERSE('MySQL') |
+------------------+
| LQSyM            |
+------------------+
```

Diese Funktion ist multibyte-sicher.

INSERT(zeichenkette,position,laenge,neue_zeichenkette)

Gibt die Zeichenkette zeichenkette zurück, wobei eine Teilzeichenfolge ab Position position mit laenge Zeichenlänge durch die Zeichenkette neue_zeichenkette ersetzt wurde:

```
mysql> SELECT INSERT('Autokino',5,6,'mobile');
+---------------------------------+
| INSERT('Autokino',5,6,'mobile') |
+---------------------------------+
| Automobile                      |
+---------------------------------+
```

Diese Funktion ist multibyte-sicher.

ELT(N,zeichenkette1,zeichenkette2,zeichenkette3,...)

Gibt zeichenkette1 zurück, wenn N = 1 ist, zeichenkette2, wenn N = 2 ist usw. Gibt NULL zurück, wenn N kleiner als 1 oder größer als die Anzahl von Argumenten ist. ELT() ist das Komplement von FIELD():

```
mysql> SELECT ELT(2, 'Hey', 'Ho', 'Hallo', 'Hi');
+------------------------------------+
| ELT(2, 'Hey', 'Ho', 'Hallo', 'Hi') |
+------------------------------------+
| Ho                                 |
+------------------------------------+
```

FIELD(zeichenkette,zeichenkette1,zeichenkette2,zeichenkette3,...)

Gibt den Index von `zeichenkette` in der Liste `zeichenkette1`, `zeichenkette2`, `zeichenkette3`, ... zurück. Gibt 0 zurück, wenn `zeichenkette` nicht gefunden wird. FIELD() ist das Komplement von ELT():

```
mysql> SELECT FIELD('Ho', 'Hey', 'Ho', 'Hallo', 'Hi');
+-----------------------------------------+
| FIELD('Ho', 'Hey', 'Ho', 'Hallo', 'Hi') |
+-----------------------------------------+
|                                       2 |
+-----------------------------------------+

mysql> SELECT FIELD('Howdy', 'Hey', 'Ho', 'Hallo', 'Hi');
+--------------------------------------------+
| FIELD('Howdy', 'Hey', 'Ho', 'Hallo', 'Hi') |
+--------------------------------------------+
|                                          0 |
+--------------------------------------------+
```

FIND_IN_SET(zeichenkette,zeichenkettenliste)

Gibt einen Wert 1 bis N zurück, wenn die Zeichenkette `zeichenkette` in der Liste `zeichenkettenliste` enthalten ist, die aus N Teilzeichenfolgen besteht. Eine Zeichenkettenliste ist eine Zeichenkette, die aus Teilzeichenfolgen zusammengesetzt ist, die durch ','-Zeichen getrennt sind. Wenn das erste Argument eine Zeichenketten-Konstante ist und das zweite eine Spalte des Typs SET, wird die FIND_IN_SET()-Funktion optimiert. Es wird empfohlen, die Bit-Arithmetik zu benutzen. Gibt 0 zurück, wenn `zeichenkette` nicht in `zeichenkettenliste` enthalten ist oder wenn `zeichenkettenliste` die leere Zeichenkette ist. Gibt NULL zurück, wenn eines oder beide Argumente NULL sind. Diese Funktion funktioniert nicht korrekt, wenn das erste Argument ein ',' enthält:

```
mysql> SELECT FIND_IN_SET('c','a,b,c,d,e');
+------------------------------+
| FIND_IN_SET('c','a,b,c,d,e') |
+------------------------------+
|                            3 |
+------------------------------+
```

MAKE_SET(bits,zeichenkette1,zeichenkette2,...)

Gibt einen Satz (eine Zeichenkette, die Teilzeichenfolgen enthält, die durch ',' getrennt sind) zurück, der aus Zeichenketten besteht, die das entsprechende Bit in `bits` gesetzt haben. `zeichenkette1` entspricht Bit 0, `zeichenkette2` Bit 1 usw. NULL-Zeichenketten in `zeichenkette1`, `zeichenkette2` usw. werden nicht an das Ergebnis angehängt:

```
mysql> SELECT MAKE_SET(1,'Matze','Caro','Gülten');
+-------------------------------------+
| MAKE_SET(1,'Matze','Caro','Gülten') |
+-------------------------------------+
| Matze                               |
+-------------------------------------+
```

## 16.3 Funktionen in SELECT- und WHERE-Klauseln

```
mysql> SELECT MAKE_SET(1 | 4,'Matze','Caro','Gülten');
+-----------------------------------------+
| MAKE_SET(1 | 4,'Matze','Caro','Gülten') |
+-----------------------------------------+
| Matze,Gülten                            |
+-----------------------------------------+
```

EXPORT_SET(bits,an,aus,[trennzeichen,[anzahl_bits]])

Gibt eine Zeichenkette zurück, in der Sie für jedes Bit, das in 'bit' gesetzt ist, eine 'an'-Zeichenkette erhalten, und für jedes zurückgesetzte Bit eine 'aus'-Zeichenkette. Jede Zeichenkette wird mit 'trennzeichen' getrennt (vorgabemäßig ','), und nur die 'anzahl_bits' (vorgabemäßig 64) von 'bits' wird benutzt:

```
mysql> SELECT EXPORT_SET(5,'Y','N','*',4);
+-----------------------------+
| EXPORT_SET(5,'Y','N','*',4) |
+-----------------------------+
| Y*N*Y*N                     |
+-----------------------------+
```

LCASE(zeichenkette)

LOWER(zeichenkette)

Gibt die Zeichenkette zeichenkette zurück, bei der alle Zeichen in Kleinschreibung gemäß dem aktuellen Zeichensatz-Mapping (Vorgabe ist ISO-8859-1 Latin1) umgewandelt wurden:

```
mysql> SELECT LCASE('MySQL');
+----------------+
| LCASE('MySQL') |
+----------------+
| mysql          |
+----------------+
```

Diese Funktion ist multibyte-sicher.

UCASE(zeichenkette)

UPPER(zeichenkette)

Gibt die Zeichenkette zeichenkette zurück, bei der alle Zeichen in Großbuchstaben gemäß dem aktuellen Zeichensatz-Mapping (Vorgabe ist ISO-8859-1 Latin1) umgewandelt wurden:

```
mysql> SELECT UCASE('MySQL');
+----------------+
| UCASE('MySQL') |
+----------------+
| MYSQL          |
+----------------+
```

Diese Funktion ist multibyte-sicher.

LOAD_FILE(datei)

Liest die Datei datei aus und gibt den Dateiinhalt als Zeichenkette zurück. Die Datei muss auf dem entsprechenden Server liegen. Sie müssen den vollen Pfadnamen zur

Datei angeben und die file-Berechtigung besitzen. Die Datei muss für alle als lesbar deklariert sein und muss kleiner sein als `max_allowed_packet`. Wenn die Datei nicht existiert oder aus den oben genannten Gründen nicht gelesen werden kann, gibt die Funktion `NULL` zurück:

```
mysql> UPDATE bild_tab SET blob_spalte=LOAD_FILE("/bilder/bild") WHERE id=1;
```

Wenn Sie nicht MySQL-Version 3.23 benutzen, müssen Sie das Lesen der Datei innerhalb Ihrer Applikation durchführen und ein `INSERT`-Statement erzeugen, um die Datenbank mit der Dateiinformation zu aktualisieren.

MySQL konvertiert Zahlen bei Bedarf automatisch in Zeichenketten, und umgekehrt:

```
mysql> SELECT 1+"1";
+-------+
| 1+"1" |
+-------+
|     2 |
+-------+
mysql> SELECT CONCAT(100,' Eier');
+---------------------+
| CONCAT(100,' Eier') |
+---------------------+
| 100 Eier            |
+---------------------+
```

Wenn Sie eine Zahl explizit in eine Zeichenkette umwandeln wollen, übergeben Sie sie als Argument an `CONCAT()`.

Wenn in einer Zeichenketten-Funktion eine binäre Zeichenkette als Argument angegeben wird, ist die resultierende Zeichenkette ebenfalls eine binäre Zeichenkette. Eine Zahl, die in eine Zeichenkette umgewandelt wird, wird als binäre Zeichenkette behandelt. Das betrifft nur Vergleichsoperationen.

### Zeichenketten-Vergleichsfunktionen

Normalerweise wird ein Vergleich unter Berücksichtigung der Groß-/Kleinschreibung durchgeführt, wenn irgendein Ausdruck in einem Zeichenkettenvergleich abhängig ist von der verwendeten Groß-/Kleinschreibung.

```
ausdruck LIKE muster [ESCAPE 'fluchtzeichen']
```

Ein Mustervergleich, der den einfachen SQL-Vergleich mit regulären Ausdrücken verwendet. Gibt 1 (`TRUE`) oder 0 (`FALSE`) zurück. Bei `LIKE` können Sie die folgenden zwei Platzhalterzeichen im Muster benutzen:

- % – Entspricht einer beliebigen Anzahl von Zeichen, selbst 0 Zeichen
- _ (Leerzeichen) – Entspricht genau einem Zeichen

```
mysql> SELECT 'Auto?' LIKE 'Auto_';
+----------------------+
| 'Auto?' LIKE 'Auto_' |
+----------------------+
|                    1 |
+----------------------+
```

```
mysql> SELECT 'Autokino' LIKE '%oki%';
+--------------------------+
| 'Autokino' LIKE '%oki%'  |
+--------------------------+
|                        1 |
+--------------------------+
```

Um auf literale Instanzen des Platzhalterzeichens zu testen, stellen Sie dem Zeichen ein Fluchtzeichen (Escape-Zeichen) voran. Wenn Sie das *Escape*-Zeichen nicht angeben, wird '\' angenommen:

- \%  Entspricht einem %-Zeichen
- \_  Entspricht einem _-Zeichen

```
mysql> SELECT 'Auto?' LIKE 'Auto\_';
+-----------------------+
| 'Auto?' LIKE 'Auto\_' |
+-----------------------+
|                     0 |
+-----------------------+

mysql> SELECT 'Auto_' LIKE 'Auto\_';
+-----------------------+
| 'Auto_' LIKE 'Auto\_' |
+-----------------------+
|                     1 |
+-----------------------+
```

Um ein anderes Escape-Zeichen anzugeben, benutzen Sie die `ESCAPE`-Klausel:

```
mysql> SELECT 'Auto_' LIKE 'Auto|_' ESCAPE '|';
+----------------------------------+
| 'Auto_' LIKE 'Auto|_' ESCAPE '|' |
+----------------------------------+
|                                1 |
+----------------------------------+
```

Die folgenden beiden Anweisungen zeigen, dass Zeichenketten-Vergleiche die Groß-/Kleinschreibung nicht berücksichtigen, solange nicht einer der Operanden eine binäre Zeichenkette ist:

```
mysql> SELECT 'matze' LIKE 'MATZE';
+----------------------+
| 'matze' LIKE 'MATZE' |
+----------------------+
|                    1 |
+----------------------+

mysql> SELECT 'matze' LIKE BINARY 'MATZE';
+-----------------------------+
| 'matze' LIKE BINARY 'MATZE' |
+-----------------------------+
|                           0 |
+-----------------------------+
```

LIKE ist bei numerischen Ausdrücken zulässig.

```
mysql> SELECT 100 LIKE '1%';
+---------------+
| 100 LIKE '1%' |
+---------------+
|             1 |
+---------------+
```

> **Hinweis:** Weil MySQL die C-Escape-Syntax in Zeichenketten benutzt (beispielsweise '\n'), müssen Sie jedes '\'-Zeichen, das Sie in LIKE-Zeichenketten benutzen, verdoppeln. Um zum Beispiel nach '\n' zu suchen, geben Sie '\\n' ein. Um nach '\' zu suchen, geben Sie '\\\\' ein. Die Backslashs werden einmal vom Parser entfernt und noch einmal, wenn der Mustervergleich durchgeführt wird, sodass letztlich ein einzelner Backslash übrig bleibt.

ausdruck NOT LIKE muster [ESCAPE 'Zeichen']

Dasselbe wie NOT (ausdruck LIKE muster [ESCAPE 'Zeichen']).

ausdruck REGEXP muster

ausdruck RLIKE muster

Führt einen Mustervergleich eines Zeichenkettenausdrucks ausdruck gegen ein Muster muster durch. Das Muster kann ein erweiterter regulärer Ausdruck sein. Gibt 1 zurück, wenn ausdruck mit muster übereinstimmt, ansonsten 0. RLIKE ist ein Synonym für REGEXP, was aus Gründen der MySQL-Kompatibilität zur Verfügung steht.

> **Hinweis:** Weil MySQL die C-Escape-Syntax in Zeichenketten benutzt (beispielsweise '\n'), müssen Sie jeden '\', den Sie in Ihren REGEXP-Zeichenketten benutzen, verdoppeln. Ab MySQL-Version 3.23.4 berücksichtigt REGEXP nicht die verwendete Groß-/Kleinschreibung für normale (nicht binäre) Zeichenketten.

```
mysql> SELECT 'Matze' REGEXP 'm%z%%';
+------------------------+
| 'Matze' REGEXP 'm%z%%' |
+------------------------+
|                      0 |
+------------------------+
mysql> SELECT 'Matze' REGEXP '.*';
+---------------------+
| 'Matze' REGEXP '.*' |
+---------------------+
|                   1 |
+---------------------+
```

REGEXP und RLIKE benutzen den aktuellen Zeichensatz (vorgabemäßig ISO-8859-1 Latin1), wenn über den Typ eines Zeichens entschieden wird.

ausdruck NOT REGEXP muster

ausdruck NOT RLIKE muster

Dasselbe wie `NOT (ausdruck REGEXP muster)`.

STRCMP(ausdruck1,ausdruck2)

STRCMP() gibt 0 zurück, wenn die Zeichenketten gleich sind, -1, wenn das erste Argument kleiner als das zweite ist (nach der aktuellen Sortierreihenfolge), und ansonsten 1:

```
mysql> SELECT STRCMP('text', 'text2');
+-------------------------+
| STRCMP('text', 'text2') |
+-------------------------+
|                      -1 |
+-------------------------+

mysql> SELECT STRCMP('text2', 'text');
+-------------------------+
| STRCMP('text2', 'text') |
+-------------------------+
|                       1 |
+-------------------------+

mysql> SELECT STRCMP('text', 'text');
+------------------------+
| STRCMP('text', 'text') |
+------------------------+
|                      0 |
+------------------------+
```

MATCH(spalte1,spalte2,...) AGAINST(ausdruck)

MATCH ... AGAINST() wird für Volltextsuche verwendet und gibt die Relevanz zurück, ein Ähnlichkeitsmaß zwischen dem Text in den Spalten (spalte1,spalte2,...) und der Anfrage ausdruck. Die Relevanz ist eine positive Fließkommazahl. 0 Relevanz bedeutet keine Ähnlichkeit. Damit MATCH ... AGAINST() funktioniert, muss zuerst ein FULLTEXT-Index erzeugt werden. MATCH ... AGAINST() ist verfügbar ab MySQL-Version 3.23.23.

## Groß-/Kleinschreibung

BINARY

Der BINARY-Operator macht die folgende Zeichenkette zu einer binären Zeichenkette. Dies ist eine einfache Möglichkeit, einen Spaltenvergleich zwangsweise in Abhängigkeit von der verwendeten Groß-/Kleinschreibung durchzuführen, selbst wenn die Spalte nicht als BINARY oder BLOB definiert ist:

```
mysql> SELECT "MySQL" = "MYSQL";
+-------------------+
| "MySQL" = "MYSQL" |
+-------------------+
|                 1 |
+-------------------+
```

```
mysql> SELECT BINARY "MySQL" = "MYSQL";
+--------------------------+
| BINARY "MySQL" = "MYSQL" |
+--------------------------+
|                        0 |
+--------------------------+
```

BINARY wurde in MySQL-Version 3.23.0 eingeführt. Beachten Sie, dass MySQL in manchen Fällen nicht in der Lage ist, den Index effizient zu nutzen, wenn Sie eine indizierte Spalte zu BINARY machen.

Wenn Sie einen BLOB ohne Berücksichtigung der Groß-/Kleinschreibung vergleichen wollen, können Sie ihn jederzeit in Großschreibung umwandeln, bevor Sie den Vergleich durchführen:

```
SELECT 'A' LIKE UPPER(blob_spalte) FROM tabelle;
```

In Planung steht, ein Casting zwischen den unterschiedlichen Zeichensätzen einzuführen, um Zeichenketten-Vergleiche noch flexibler zu machen.

### 16.3.3 Numerische Funktionen

#### Arithmetische Operationen

Es gibt die üblichen arithmetischen Operatoren. Beachten Sie, dass das Ergebnis im Falle von '-', '+' und '*' mit BIGINT-Genauigkeit (64-Bit) berechnet wird, wenn beide Argumente Ganzzahlen sind.

*Addition (+)*
```
mysql> SELECT 10+5;
+------+
| 10+5 |
+------+
|   15 |
+------+
```

*Subtraktion (-)*
```
mysql> SELECT 10-5;
+------+
| 10-5 |
+------+
|    5 |
+------+
```

*Multiplikation (\*)*
```
mysql> SELECT 10*5;
+------+
| 10*5 |
+------+
|   50 |
+------+
```

*Division (/)*

```
mysql> SELECT 10/5;
+------+
| 10/5 |
+------+
| 2.00 |
+------+
```

Die Division durch 0 ergibt ein NULL-Ergebnis:

```
mysql> SELECT 10/0;
+------+
| 10/0 |
+------+
| NULL |
+------+
```

Eine Division wird nur dann mit BIGINT-Arithmetik berechnet, wenn sie in einem Zusammenhang durchgeführt wird, in dem das Ergebnis in eine Ganzzahl umgewandelt wird.

## Mathematische Funktionen

Alle mathematischen Funktionen geben im Fehlerfall NULL zurück.

Unäres Minus (-)

Ändert das Vorzeichen des Arguments:

```
mysql> SELECT -2;
+----+
| -2 |
+----+
| -2 |
+----+
```

Wenn dieser Operator mit einer BIGINT benutzt wird, beachten Sie bitte, dass der Rückgabewert eine BIGINT ist. Das bedeutet, dass Sie ein – auf Ganzzahlen, die den Wert $-2^{63}$ haben könnten, vermeiden sollten.

ABS(X)

Gibt den absoluten Wert von X zurück:

```
mysql> SELECT ABS(-2);
+---------+
| ABS(-2) |
+---------+
|       2 |
+---------+
```

Diese Funktion kann bei BIGINT-Werten sicher benutzt werden.

`SIGN(X)`

Gibt das Vorzeichen des Arguments als -1, 0 oder 1 zurück, in Abhängigkeit davon, ob X negativ, 0 oder positiv ist:

```
mysql> SELECT SIGN(100);
+-----------+
| SIGN(100) |
+-----------+
|         1 |
+-----------+

mysql> SELECT SIGN(0);
+---------+
| SIGN(0) |
+---------+
|       0 |
+---------+

mysql> SELECT SIGN(-100);
+------------+
| SIGN(-100) |
+------------+
|         -1 |
+------------+
```

`MOD(N,M)`

`%`

Modul (wie der %-Operator in C). Gibt den Rest von N dividiert durch M zurück:

```
mysql> SELECT MOD(100, 9);
+-------------+
| MOD(100, 9) |
+-------------+
|           1 |
+-------------+

mysql> SELECT 20%3;
+------+
| 20%3 |
+------+
|    2 |
+------+
```

Diese Funktion kann bei `BIGINT`-Werten sicher benutzt werden.

`FLOOR(X)`

Gibt den größten ganzzahligen Wert zurück, der nicht größer als X ist:

```
mysql> SELECT FLOOR(1.5);
+------------+
| FLOOR(1.5) |
+------------+
|          1 |
+------------+
```

```
mysql> SELECT FLOOR(-1.5);
+-------------+
| FLOOR(-1.5) |
+-------------+
|          -2 |
+-------------+
```

Beachten Sie, dass der Rückgabewert in eine BIGINT umgewandelt wird.

CEILING(X)

Gibt den kleinsten ganzzahligen Wert zurück, der nicht kleiner als X ist:

```
mysql> SELECT CEILING(1.5);
+--------------+
| CEILING(1.5) |
+--------------+
|            2 |
+--------------+

mysql> SELECT CEILING(-1.5);
+---------------+
| CEILING(-1.5) |
+---------------+
|            -1 |
+---------------+
```

Beachten Sie, dass der Rückgabewert in eine BIGINT umgewandelt wird.

ROUND(X)

Gibt das Argument X zurück, gerundet auf die nächstliegende Ganzzahl:

```
mysql> SELECT ROUND(1.51);
+-------------+
| ROUND(1.51) |
+-------------+
|           2 |
+-------------+

mysql> SELECT ROUND(-1.6);
+-------------+
| ROUND(-1.6) |
+-------------+
|          -2 |
+-------------+
```

Beachten Sie, dass das Verhalten von ROUND() abhängig ist von der C-Bibliothek-Implementation, wenn das Argument in der Mitte zwischen zwei Ganzzahlen liegt. Einige runden auf die nächstliegende gerade Zahl immer nach oben, immer nach unten oder immer Richtung 0 auf. Wenn Sie eine bestimmte Art zu runden benötigen, sollten Sie stattdessen wohldefinierte Funktionen wie TRUNCATE() oder FLOOR() verwenden.

`ROUND(X,D)`

Gibt das Argument X zurück, gerundet auf eine Zahl mit D Dezimalstellen. Wenn D 0 ist, hat das Ergebnis keinen Dezimalpunkt oder Bruchteil:

```
mysql> SELECT ROUND(99.999, 2);
+------------------+
| ROUND(99.999, 2) |
+------------------+
|           100.00 |
+------------------+
mysql> SELECT ROUND(10.56, 1);
+-----------------+
| ROUND(10.56, 1) |
+-----------------+
|            10.6 |
+-----------------+
```

`EXP(X)`

Gibt den Wert e (die Basis des natürlichen Logarithmus) hoch X zurück:

```
mysql> SELECT EXP(10);
+--------------+
| EXP(10)      |
+--------------+
| 22026.465795 |
+--------------+
```

`LOG(X)`

Gibt den natürlichen Logarithmus von X zurück:

```
mysql> SELECT LOG(10);
+----------+
| LOG(10)  |
+----------+
| 2.302585 |
+----------+
```

Wenn Sie den Logarithmus einer Zahl X zu einer beliebigen Basis B errechnen wollen, verwenden Sie die Formel `LOG(X)/LOG(B)`.

`LOG10(X)`

Gibt den Logarithmus zur Basis 10 von X zurück:

```
mysql> SELECT LOG10(100);
+------------+
| LOG10(100) |
+------------+
|   2.000000 |
+------------+
```

## POW(X,Y)
## POWER(X,Y)

Gibt den Wert X hoch Y zurück:

```
mysql> SELECT POW(2,3);
+----------+
| POW(2,3) |
+----------+
| 8.000000 |
+----------+

mysql> SELECT POW(2,24);
+-----------------+
| POW(2,24)       |
+-----------------+
| 16777216.000000 |
+-----------------+
```

## SQRT(X)

Gibt die nicht negative Quadratwurzel von X zurück:

```
mysql> SELECT SQRT(4);
+----------+
| SQRT(4)  |
+----------+
| 2.000000 |
+----------+
```

## PI()

Gibt den Wert PI zurück. Die vorgabemäßig angezeigte Anzahl von Dezimalstellen ist 5, aber MySQL verwendet intern die volle doppelte Genauigkeit für PI.

```
mysql> SELECT PI();
+----------+
| PI()     |
+----------+
| 3.141593 |
+----------+

mysql> SELECT PI()+0.0000000000;
+-------------------+
| PI()+0.0000000000 |
+-------------------+
|      3.1415926536 |
+-------------------+
```

## SIN(X)

Gibt den Sinus von X zurück, wobei X in Radianten angegeben wird:

```
mysql> SELECT SIN(45);
+----------+
| SIN(45)  |
+----------+
| 0.850904 |
+----------+
```

## COS(X)

Gibt den Cosinus von X zurück, wobei X in Radianten angegeben wird:

```
mysql> SELECT COS(45);
+----------+
| COS(45)  |
+----------+
| 0.525322 |
+----------+
```

## TAN(X)

Gibt den Tangens von X zurück, wobei X in Radianten angegeben wird:

```
mysql> SELECT TAN(45);
+----------+
| TAN(45)  |
+----------+
| 1.619775 |
+----------+
```

## ASIN(X)

Gibt den Arcussinus von X zurück, das heißt, den Wert, dessen Sinus X ist. Gibt NULL zurück, wenn X nicht im Bereich von -1 bis 1 liegt:

```
mysql> SELECT ASIN(0.5);
+-----------+
| ASIN(0.5) |
+-----------+
| 0.523599  |
+-----------+
```

## ACOS(X)

Gibt den Arcuscosinus von X zurück, dass heißt, den Wert, dessen Cosinus X ist. Gibt NULL zurück, wenn X nicht im Bereich von -1 bis 1 liegt:

```
mysql> SELECT ACOS(0.5);
+-----------+
| ACOS(0.5) |
+-----------+
| 1.047198  |
+-----------+
```

## ATAN(X)

Gibt den Arcustangens von X zurück, das heißt, den Wert, dessen Tangens X ist:

```
mysql> SELECT ATAN(0.5);
+-----------+
| ATAN(0.5) |
+-----------+
| 0.463648  |
+-----------+
```

## ATAN2(Y,X)

Gibt den Arcustangens der beiden Variablen X und Y zurück. Dies ähnelt der Berechnung des Arcustangens von Y / X, außer dass die Vorzeichen beider Argumente dazu verwendet werden, um den Quadranten des Ergebnisses zu bestimmen:

```
mysql> SELECT ATAN2(-5,2);
+-------------+
| ATAN2(-5,2) |
+-------------+
|   -1.190290 |
+-------------+
```

## COT(X)

Gibt den Cotangens von X zurück:

```
mysql> SELECT COT(10);
+------------+
| COT(10)    |
+------------+
| 1.54235105 |
+------------+
```

## RAND()
## RAND(N)

Gibt eine Zufallszahl (Fließkommawert) im Bereich von 0 bis 1.0 zurück. Wenn ein Ganzzahl-Argument N angegeben wird, wird es als Ausgangswert verwendet:

```
mysql> SELECT RAND();
+-----------------+
| RAND()          |
+-----------------+
| 0.51634312934833 |
+-----------------+

mysql> SELECT RAND(50);
+-----------------+
| RAND(50)        |
+-----------------+
| 0.18109066149321 |
+-----------------+
```

Sie können eine Spalte mit RAND()-Werten nicht in einer ORDER BY-Klausel verwenden, weil ORDER BY die Spalte mehrfach auswerten würde. In MySQL-Version 3.23 können Sie jedoch Folgendes eingeben: SELECT * FROM tabelle ORDER BY RAND(). Das ist nützlich, um eine Zufallsstichprobe aus SELECT * FROM tabelle1,tabelle2 WHERE a=b AND c<d ORDER BY RAND() LIMIT 1000 zu erhalten. Beachten Sie, dass ein RAND() in einer WHERE-Klausel jedes Mal von Neuem ausgewertet wird, wenn WHERE ausgeführt wird.

`LEAST(X,Y,...)`

Mit zwei oder mehr Argumenten gibt die Funktion das kleinste Argument (das mit dem niedrigsten Wert) zurück. Die Argumente werden nach folgenden Regeln verglichen:

- Wenn der Rückgabewert in einem `INTEGER`-Zusammenhang verwendet wird oder alle Argumente Ganzzahl-Werte sind, werden sie als Ganzzahlen verglichen.
- Wenn der Rückgabewert in einem `REAL`-Zusammenhang verwendet wird oder alle Argumente Realzahlen sind, werden sie als Realzahlen verglichen.
- Wenn irgendein Argument eine von der Groß-/Kleinschreibung abhängige Zeichenkette ist, werden die Argumente als Zeichenketten, die von der Groß-/Kleinschreibung abhängen, verglichen.
- In sonstigen Fällen werden die Argumente als Zeichenketten verglichen, die nicht von der Groß-/Kleinschreibung abhängen.

```
mysql> SELECT LEAST(2,0,10);
+---------------+
| LEAST(2,0,10) |
+---------------+
|             0 |
+---------------+

mysql> SELECT LEAST("m","x","a","b");
+------------------------+
| LEAST("m","x","a","b") |
+------------------------+
| a                      |
+------------------------+
```

`GREATEST(X,Y,...)`

Gibt das größte Argument (das mit dem höchsten Wert) zurück. Die Argumente werden nach denselben Regeln wie bei `LEAST` verglichen:

```
mysql> SELECT GREATEST(2,0,10);
+------------------+
| GREATEST(2,0,10) |
+------------------+
|               10 |
+------------------+

mysql> SELECT GREATEST("m","x","a","b");
+---------------------------+
| GREATEST("m","x","a","b") |
+---------------------------+
| x                         |
+---------------------------+
```

## DEGREES(X)

Gibt das Argument X zurück, von Radianten in Grad umgewandelt:

```
mysql> SELECT DEGREES(PI());
+---------------+
| DEGREES(PI()) |
+---------------+
|           180 |
+---------------+

mysql> SELECT DEGREES(2*PI());
+-----------------+
| DEGREES(2*PI()) |
+-----------------+
|             360 |
+-----------------+
```

## RADIANS(X)

Gibt das Argument X zurück, von Grad in Radianten umgewandelt:

```
mysql> SELECT RADIANS(180);
+-----------------+
| RADIANS(180)    |
+-----------------+
| 3.1415926535898 |
+-----------------+

mysql> SELECT RADIANS(360);
+-----------------+
| RADIANS(360)    |
+-----------------+
| 6.2831853071796 |
+-----------------+
```

## TRUNCATE(X,D)

Gibt die Zahl X auf D Dezimalstellen beschnitten zurück. Wenn D 0 ist, hat das Ergebnis keinen Dezimalpunkt oder Bruchteil:

```
mysql> SELECT TRUNCATE(1.546,1);
+-------------------+
| TRUNCATE(1.546,1) |
+-------------------+
|               1.5 |
+-------------------+
```

> **Achtung:** Beachten Sie, dass Dezimalzahlen im Computer normalerweise nicht als exakte Zahlen, sondern als Double-Werte gespeichert werden.

### 16.3.4 Datums- und Zeit-Funktionen

Hier nunmehr ein Beispiel, das Datums-Funktionen verwendet. Die unten stehende Anfrage wählt alle Datensätze mit einem `datum_spalte`-Wert innerhalb der letzten 30 Tage aus:

```
mysql> SELECT * FROM kunden_tab WHERE TO_DAYS(NOW()) - TO_DAYS(datum_
spalte) <= 30;
```

`DAYOFWEEK(datum)`

Gibt den Wochentag-Index zurück. Für `datum` gilt:

| Index | Wochentag |
|---|---|
| 1 | Sonntag |
| 2 | Montag |
| 3 | Dienstag |
| 4 | Mittwoch |
| 5 | Donnerstag |
| 6 | Freitag |
| 7 | Samstag |

Die Wochentage

Diese Index-Werte entsprechen dem ODBC-Standard:

```
mysql> SELECT DAYOFWEEK('2003-03-30');
+-------------------------+
| DAYOFWEEK('2003-03-30') |
+-------------------------+
|                       1 |
+-------------------------+
```

`WEEKDAY(datum)`

Gibt den Wochentag-Index für `datum` zurück.

| Index | Wochentag |
|---|---|
| 0 | Montag |
| 1 | Dienstag |
| 2 | Mittwoch |
| 3 | Donnerstag |
| 4 | Freitag |
| 5 | Samstag |
| 6 | Sonntag |

Wochentag-Index

```
mysql> SELECT WEEKDAY('2003-03-30');
+-----------------------+
| WEEKDAY('2003-03-30') |
+-----------------------+
|                     6 |
+-----------------------+
```

DAYOFMONTH(datum)

Gibt den Tag des Monats für datum im Bereich 1 bis 31 zurück:

```
mysql> SELECT DAYOFMONTH('2003-03-30');
+--------------------------+
| DAYOFMONTH('2003-03-30') |
+--------------------------+
|                       30 |
+--------------------------+
```

DAYOFYEAR(datum)

Gibt den Tag des Jahres für datum im Bereich 1 bis 366 zurück:

```
mysql> SELECT DAYOFYEAR('2003-03-30');
+-------------------------+
| DAYOFYEAR('2003-03-30') |
+-------------------------+
|                      89 |
+-------------------------+
```

MONTH(datum)

Gibt den Monat für datum im Bereich 1 bis 12 zurück:

```
mysql> SELECT MONTH('2003-03-30');
+---------------------+
| MONTH('2003-03-30') |
+---------------------+
|                   3 |
+---------------------+
```

YEAR(datum)

Gibt das Jahr für datum im Bereich 1000 bis 9999 zurück:

```
mysql> SELECT YEAR('2003-03-30');
+--------------------+
| YEAR('2003-03-30') |
+--------------------+
|               2003 |
+--------------------+
```

DAYNAME(datum)

Gibt den Namen des Wochentags für datum zurück (auf Englisch):

```
mysql> SELECT DAYNAME('2003-03-30');
+-----------------------+
| DAYNAME('2003-03-30') |
+-----------------------+
| Sunday                |
+-----------------------+
```

MONTHNAME(datum)

Gibt den Namen des Monats für datum zurück (auf Englisch):

```
mysql> SELECT MONTHNAME('2003-03-30');
+-------------------------+
| MONTHNAME('2003-03-30') |
+-------------------------+
| March                   |
+-------------------------+
```

QUARTER(datum)

Gibt das Quartal des Jahres für datum im Bereich 1 bis 4 zurück:

```
mysql> SELECT QUARTER('2003-03-30');
+-----------------------+
| QUARTER('2003-03-30') |
+-----------------------+
|                     1 |
+-----------------------+
```

WEEK(datum)

WEEK(datum,erste)

Mit einem einzelnen Argument gibt diese Funktion die Woche für datum im Bereich 0 bis 53 zurück (es kann Anfänge der Woche 53 geben), und zwar für Orte, in denen Sonntag als erster Wochentag gewertet wird. In der Form der Verwendung mit zwei Argumenten gestattet WEEK() es, festzulegen, ob die Woche am Sonntag oder am Montag beginnt. Die Woche beginnt am Sonntag, wenn das zweite Argument 0 ist, und am Montag, wenn das zweite Argument 1 ist:

```
mysql> SELECT WEEK('2003-03-30');
+--------------------+
| WEEK('2003-03-30') |
+--------------------+
|                 14 |
+--------------------+
```

YEARWEEK(datum)

YEARWEEK(datum,erste)

Gibt Jahr und Woche für ein Datum zurück. Das zweite Argument funktioniert genau wie das zweite Argument von WEEK(). Beachten Sie, dass das Jahr sich in der ersten und letzten Woche des Jahres vom Jahr im Datums-Argument unterscheiden kann:

```
mysql> SELECT YEARWEEK('2003-03-30');
+------------------------+
| YEARWEEK('2003-03-30') |
+------------------------+
|                 200314 |
+------------------------+
```

## HOUR(zeit)

Gibt die Stunde für `zeit` im Bereich 0 bis 23 zurück:

```
mysql> SELECT HOUR('11:25:20');
+------------------+
| HOUR('11:25:20') |
+------------------+
|               11 |
+------------------+
```

## MINUTE(zeit)

Gibt die Minute für `zeit` im Bereich 0 bis 59 zurück:

```
mysql> SELECT MINUTE('11:25:20');
+--------------------+
| MINUTE('11:25:20') |
+--------------------+
|                 25 |
+--------------------+
```

## SECOND(zeit)

Gibt die Sekunde für `zeit` im Bereich 0 bis 59 zurück:

```
mysql> SELECT SECOND('11:25:20');
+--------------------+
| SECOND('11:25:20') |
+--------------------+
|                 20 |
+--------------------+
```

## PERIOD_ADD(P,N)

Zählt `N` Monate zur Periode `P` hinzu (im Format YYMM oder YYYYMM). Gibt einen Wert im Format YYYYMM zurück. Beachten Sie, dass das Perioden-Argument `P` kein Datumswert ist:

```
mysql> SELECT PERIOD_ADD(9910,1);
+--------------------+
| PERIOD_ADD(9910,1) |
+--------------------+
|             199911 |
+--------------------+
```

## PERIOD_DIFF(P1,P2)

Gibt die Anzahl von Monaten zwischen den Perioden `P1` und `P2` zurück. `P1` und `P2` sollten im Format YYMM oder YYYYMM vorliegen. Beachten Sie, dass die Perioden-Argumente `P1` und `P2` keine Datumswerte sind:

```
mysql> SELECT PERIOD_DIFF(199912,9810);
+--------------------------+
| PERIOD_DIFF(199912,9810) |
+--------------------------+
|                       14 |
+--------------------------+
```

```
DATE_ADD(datum,INTERVAL ausdruck typ)

DATE_SUB(datum,INTERVAL ausdruck typ)

ADDDATE(datum,INTERVAL ausdruck typ)

SUBDATE(datum,INTERVAL ausdruck typ)
```

Diese Funktionen führen Datumsberechnungen durch. Sie wurden in MySQL-Version 3.22 eingeführt. ADDDATE() und SUBDATE() sind Synonyme für DATE_ADD() und DATE_SUB(). In MySQL-Version 3.23 können Sie + und – anstelle von DATE_ADD() und DATE_SUB() verwenden, wenn der Ausdruck auf der rechten Seite eine DATE- oder DATETIME-Spalte ist (siehe Beispiel). datum ist ein DATETIME- oder DATE-Wert, der das Anfangsdatum festlegt. ausdruck ist ein Ausdruck, der den Intervallwert festlegt, der zum Anfangsdatum hinzugezählt oder von diesem abgezogen wird. ausdruck ist eine Zeichenkette; sie kann mit einem '-' für negative Intervalle beginnen. typ ist ein Schlüsselwort, das angibt, wie der Ausdruck interpretiert werden soll. Die verwandte Funktion EXTRACT(typ FROM datum) gibt das 'typ'-Intervall des Datums zurück. Folgende Tabelle zeigt, in welchem Zusammenhang die typ- und ausdruck-Argumente stehen:

| Typwert | Ausdruckformat |
|---|---|
| SECOND | Sekunden |
| MINUTE | Minuten |
| HOUR | Stunden |
| DAY | Tage |
| MONTH | Monate |
| YEAR | Jahre |
| MINUTE_SECOND | »Minuten:Sekunden« |
| HOUR_MINUTE | »Stunden:Minuten« |
| DAY_HOUR | »Tage Stunden« |
| YEAR_MONTH | »Jahre-Monate« |
| HOUR_SECOND | »Stunden:Minuten:Sekunden« |
| DAY_MINUTE | »Tage Stunden:Minuten« |
| DAY_SECOND | »Tage Stunden:Minuten:Sekunden« |

Typ und Ausdruck

MySQL erlaubt beliebige Satzzeichen-Begrenzer im ausdruck-Format. Die in der Tabelle gezeigten Begrenzer sind lediglich Vorschläge. Wenn das datum-Argument ein DATE-Wert ist und Ihre Berechnungen nur YEAR, MONTH und DAY-Anteile beinhalten (also keine Zeit-Anteile), ist das Ergebnis ein DATE-Wert. Ansonsten ist das Ergebnis ein DATETIME-Wert:

```
mysql> SELECT '1999-12-31 23:59:59' + INTERVAL 1 SECOND;
+-------------------------------------------+
| '1999-12-31 23:59:59' + INTERVAL 1 SECOND |
+-------------------------------------------+
| 2000-01-01 00:00:00                       |
+-------------------------------------------+
```

```
mysql> SELECT DATE_ADD('1999-12-31 23:59:59', INTERVAL 1 SECOND);
+----------------------------------------------------+
| DATE_ADD('1999-12-31 23:59:59', INTERVAL 1 SECOND) |
+----------------------------------------------------+
| 2000-01-01 00:00:00                                |
+----------------------------------------------------+
```

Wenn Sie einen Intervallwert angeben, der zu kurz ist (also nicht alle Intervall-Anteile beinhaltet, die vom typ-Schlüsselwort erwartet werden), nimmt MySQL an, dass Sie den äußersten linken Teil des Intervallwerts ausgelassen haben. Wenn Sie beispielsweise einen DAY_SECOND als typ angeben, wird vom Wert von ausdruck erwartet, dass dieser Tages-, Stunden-, Minuten- und Sekunden-Anteile enthält. Wenn Sie einen Wert wie »1:10« angeben, nimmt MySQL an, dass die Tages- und Stunden-Anteile fehlen und der Wert Minuten und Sekunden darstellt. »1:10« DAY_SECOND wird so interpretiert, dass es äquivalent zu "1:10" MINUTE_SECOND ist. Dies ist analog zur der Art und Weise, wie MySQL TIME-Werte interpretiert, die eher vergangene Zeit als Tageszeit darstellen. Beachten Sie, dass ein Datumswert automatisch in einen DATETIME-Wert umgewandelt wird, wenn Sie einen DATE-Wert zu etwas hinzuzählen oder von etwas abziehen, das einen Zeit-Anteil hat:

```
mysql> SELECT DATE_ADD('2000-01-01', INTERVAL 1 day);
+----------------------------------------+
| DATE_ADD('2000-01-01', INTERVAL 1 day) |
+----------------------------------------+
| 2000-01-02                             |
+----------------------------------------+
```

Wenn Sie wirklich falsche Datumsangaben benutzen, ist das Ergebnis NULL. Wenn Sie MONTH, YEAR_MONTH oder YEAR hinzuzählen und das Datumsergebnis einen Tag hat, der größer ist als der höchste Tag für den neuen Monat, wird der Tag auf den höchsten Tag des neuen Monats angepasst:

```
mysql> SELECT DATE_ADD('2003-01-30', INTERVAL 1 month);
+------------------------------------------+
| DATE_ADD('2003-01-30', INTERVAL 1 month) |
+------------------------------------------+
| 2003-02-28                               |
+------------------------------------------+
```

> **Hinweis:** Beachten Sie, dass das Wort INTERVAL und das typ-Schlüsselwort in den vorliegenden Beispielen nicht von der verwendeten Groß-/Kleinschreibung abhängen.

EXTRACT(typ FROM datum)

Die EXTRACT()-Funktion benutzt dieselbe Art von Intervalltyp-Spezifikatoren wie DATE_ADD() oder DATE_SUB(), extrahiert jedoch Anteile aus dem Datum, statt Datumsberechnungen durchzuführen:

```
mysql> SELECT EXTRACT(YEAR FROM '2003-03-30');
+---------------------------------+
| EXTRACT(YEAR FROM '2003-03-30') |
+---------------------------------+
|                            2003 |
+---------------------------------+
```

`TO_DAYS(datum)`

Gibt für ein Datum `datum` eine Tagsanzahl zurück (die Anzahl von Tagen seit dem Jahr 0):

```
mysql> SELECT TO_DAYS('2003-03-30');
+-----------------------+
| TO_DAYS('2003-03-30') |
+-----------------------+
|                731669 |
+-----------------------+
```

`TO_DAYS()` ist nicht für die Verwendung mit Werten vor Einführung des Gregorianischen Kalenders (1582) vorgesehen, weil es nicht die Tage berücksichtigt, die verloren gingen, als der Kalender geändert wurde.

`FROM_DAYS(N)`

Gibt für eine Tagsanzahl N einen DATE-Wert zurück:

```
mysql> SELECT FROM_DAYS(730000);
+-------------------+
| FROM_DAYS(730000) |
+-------------------+
| 1998-09-03        |
+-------------------+
```

`FROM_DAYS()` ist nicht für die Verwendung von Werten vor Einführung des Gregorianischen Kalenders (1582) vorgesehen, weil es nicht die Tage berücksichtigt, die verloren gingen, als der Kalender geändert wurde.

`DATE_FORMAT(datum,format)`

Formatiert den `datum`-Wert gemäß der `format`-Zeichenkette. Folgende Spezifikatoren können in der `format`-Zeichenkette verwendet werden:

| Format | Ausdruck |
|---|---|
| %M | Monatsname auf Englisch (January bis December) |
| %W | Name des Wochentags auf Englisch (Sunday bis Saturday) |
| %D | Tag des Monats mit englischem Suffix (1st, 2nd, 3rd usw.) |
| %Y | Jahr, numerisch, vier Ziffern |
| %y | Jahr, numerisch, zwei Ziffern |
| %X | Jahr der Woche, wobei Sonntag der erste Tag der Woche ist, numerisch, vier Ziffern, benutzt mit '%V' |
| %x | Jahr der Woche, wobei Montag der erste Tag der Woche ist, numerisch, vier Ziffern, benutzt mit '%v' |
| %a | Abgekürzter Name des Wochentags auf Englisch (Sun..Sat) |
| %d | Tag des Monats, numerisch (00 bis 31) |
| %e | Tag des Monats, numerisch (0 bis 31) |
| %m | Monat, numerisch (01 bis 12) |
| %c | Monat, numerisch (1 bis 12) |

| Format | Ausdruck |
|---|---|
| %b | Abgekürzter Monatsname auf Englisch (Jan bis Dec) |
| %j | Tag des Jahrs (001 bis 366) |
| %H | Stunde (00 bis 23) |
| %k | Stunde (0 bis 23) |
| %h | Stunde (01 bis 12) |
| %I | Stunde (01 bis 12) |
| %l | Stunde (1 bis 12) |
| %i | Minuten, numerisch (00 bis 59) |
| %r | Uhrzeit, 12-Stunden-Format (hh:mm:ss [AP]M) |
| %T | Uhrzeit, 24-Stunden-Format (hh:mm:ss) |
| %S | Sekunden (00 bis 59) |
| %s | Sekunden (00 bis 59) |
| %p | AM oder PM |
| %w | Wochentag (0=Sonntag bis 6=Samstag) |
| %U | Woche (0 bis 53), wobei Sonntag der erste Tag der Woche ist |
| %u | Woche (0 bis 53), wobei Montag der erste Tag der Woche ist |
| %V | Woche (1 bis 53), wobei Sonntag der erste Tag der Woche ist. Benutzt mit ' %X' |
| %v | Woche (1 bis 53), wobei Montag der erste Tag der Woche ist. Benutzt mit ' %x' |
| %% | Ein Literal '%'. |

Spezifikationen für das Datum

```
mysql> SELECT DATE_FORMAT('2003-03-30', '%W%M%Y');
+-------------------------------------+
| DATE_FORMAT('2003-03-30', '%W%M%Y') |
+-------------------------------------+
| SundayMarch2003                     |
+-------------------------------------+
```

**Achtung:** Ab MySQL-Version 3.23 ist das %-Zeichen vor Format-Spezifikator-Zeichen erforderlich. In früheren Versionen von MySQL war '%' optional.

TIME_FORMAT(zeit,format)

Dieses wird verwendet wie die DATE_FORMAT()-Funktion, aber die format-Zeichenkette darf nur die Spezifikatoren enthalten, die Stunden, Minuten und Sekunden handhaben. Andere Spezifikatoren erzeugen einen NULL-Wert oder 0.

```
mysql> SELECT TIME_FORMAT('12:25:20', '%r');
+-------------------------------+
| TIME_FORMAT('12:25:20', '%r') |
+-------------------------------+
| 12:25:20 PM                   |
+-------------------------------+
```

```
CURDATE()
CURRENT_DATE
```

Gibt das Datum von heute im 'YYYY-MM-DD'- oder YYYYMMDD-Format zurück, abhängig davon, ob die Funktion in einem Zeichenketten- oder in einem numerischen Zusammenhang verwendet wird:

```
mysql> SELECT CURDATE();
+------------+
| CURDATE()  |
+------------+
| 2003-04-12 |
+------------+

mysql> SELECT CURDATE() + 0;
+----------------+
| CURDATE() + 0  |
+----------------+
|       20030412 |
+----------------+
```

```
CURTIME()
CURRENT_TIME
```

Gibt die aktuelle Zeit als einen Wert im 'HH:MM:SS'- oder HHMMSS-Format zurück, abhängig davon, ob die Funktion in einem Zeichenketten- oder in einem numerischen Zusammenhang verwendet wird:

```
mysql> SELECT CURTIME();
+-----------+
| CURTIME() |
+-----------+
| 15:56:08  |
+-----------+

mysql> SELECT CURTIME() + 0;
+----------------+
| CURTIME() + 0  |
+----------------+
|         155628 |
+----------------+
```

```
NOW()
SYSDATE()
CURRENT_TIMESTAMP
```

Gibt das aktuelle Datum und die aktuelle Zeit als einen Wert im 'YYYY-MM-DD HH:MM:SS'- oder YYYYMMDDIIIIMMSS-Format zurück, abhängig davon, ob die Funktion in einem Zeichenketten- oder in einem numerischen Zusammenhang verwendet wird:

```
mysql> SELECT NOW();
+---------------------+
| NOW()               |
+---------------------+
| 2003-04-12 15:56:50 |
+---------------------+
```

## 16.3 Funktionen in SELECT- und WHERE-Klauseln

```
mysql> SELECT NOW() + 0;
+----------------+
| NOW() + 0      |
+----------------+
| 20030412155701 |
+----------------+
```

Unix_TIMESTAMP()

Unix_TIMESTAMP(datum)

Diese Funktion gibt, ohne Argument aufgerufen, einen Unix-Zeitstempel zurück (Sekunden seit '1970-01-01 00:00:00' GMT). Wenn Unix_TIMESTAMP() mit einem datum-Argument aufgerufen wird, gibt sie den Wert des Arguments als Sekunden seit '1970-01-01 00:00:00' GMT zurück. datum kann eine DATE-Zeichenkette, eine DATETIME-Zeichenkette, ein TIMESTAMP oder eine Zahl im Format YYMMDD oder YYYYMMDD lokaler Zeit sein:

```
mysql> SELECT Unix_TIMESTAMP();
+------------------+
| Unix_TIMESTAMP() |
+------------------+
|       1051019871 |
+------------------+
```

Wenn Unix_TIMESTAMP auf einer TIMESTAMP-Spalte verwendet wird, erhält die Funktion den Wert direkt, ohne implizierte »zeichenkette-zu-unix-zeitstempel«-Umwandlung. Wenn Sie Unix_TIMESTAMP() einen falschen Wert oder einen Wert außerhalb des Wertebereichs vergeben, gibt die Funktion den Wert 0 zurück.

FROM_UNIXTIME(unix_zeitstempel)

Gibt das unix_timestamp-Argument als Wert im 'YYYY-MM-DD HH:MM:SS'- oder YYYYMMDDHHMMSS-Format zurück, abhängig davon, ob die Funktion in einem Zeichenketten- oder in einem numerischen Zusammenhang verwendet wird:

```
mysql> SELECT FROM_UN vorgabemäßige Rückgabewert von IF()
IXTIME(1041020000);
+-------------------------+
| FROM_UNIXTIME(1041020000) |
+-------------------------+
| 2002-12-27 21:13:20     |
+-------------------------+
```

FROM_UNIXTIME(unix_zeitstempel,format)

Gibt das unix_zeitstempel-Argument als Wert zurück, der entsprechend der format-Zeichenkette formatiert ist. format kann dieselben Spezifikatoren wie die DATE_FORMAT()-Funktion enthalten:

```
mysql> SELECT FROM_UNIXTIME(1041020000, '%D%M%Y');
+-------------------------------------+
| FROM_UNIXTIME(1041020000, '%D%M%Y') |
+-------------------------------------+
| 27thDecember2002                    |
+-------------------------------------+
```

SEC_TO_TIME(sekunden)

Gibt das sekunden-Argument, umgewandelt in Stunden, Minuten und Sekunden, als Wert im 'HH:MM:SS'- oder HHMMSS-Format zurück, abhängig davon, ob die Funktion in einem Zeichenketten- oder in einem numerischen Zusammenhang verwendet wird:

```
mysql> SELECT SEC_TO_TIME(1000);
+-------------------+
| SEC_TO_TIME(1000) |
+-------------------+
| 00:16:40          |
+-------------------+

mysql> SELECT SEC_TO_TIME(1000) + 0;
+-----------------------+
| SEC_TO_TIME(1000) + 0 |
+-----------------------+
|                  1640 |
+-----------------------+
```

TIME_TO_SEC(zeit)

Gibt das zeit-Argument umgewandelt in Sekunden zurück:

```
mysql> SELECT TIME_TO_SEC('16:30:15');
+-------------------------+
| TIME_TO_SEC('16:30:15') |
+-------------------------+
|                   59415 |
+-------------------------+
```

### 16.3.5 Weitere Funktionen

#### Bit-Funktionen

MySQL verwendet BIGINT-Berechnungen (64 Bit) für Bit-Operationen, sodass diese Operatoren einen maximalen Wertebereich von 64 Bits haben.

Bitweises OR ( | )

```
mysql> SELECT 30 | 15;
+---------+
| 30 | 15 |
+---------+
|      31 |
+---------+
```

Bitweises AND (&)

```
mysql> SELECT 30 & 15;
+---------+
| 30 & 15 |
+---------+
|      14 |
+---------+
```

Bitweises <<

Verschiebt eine BIGINT-Zahl nach links:

```
mysql> SELECT 1 << 2;
+--------+
| 1 << 2 |
+--------+
|      4 |
+--------+
```

Bitweises >>

Verschiebt eine BIGINT-Zahl nach rechts:

```
mysql> SELECT 4 >> 2;
+--------+
| 4 >> 2 |
+--------+
|      1 |
+--------+
```

Bitweises ~

Invertiert alle Bits:

```
mysql> SELECT 5 & ~1;
+--------+
| 5 & ~1 |
+--------+
|      4 |
+--------+
```

BIT_COUNT(N)

Gibt die Anzahl von Bits zurück, die im Argument N gesetzt sind:

```
mysql> SELECT BIT_COUNT(30);
+---------------+
| BIT_COUNT(30) |
+---------------+
|             4 |
+---------------+
```

## Verschiedene Funktionen

DATABASE()

Gibt den aktuellen Datenbanknamen zurück:

```
mysql> SELECT DATABASE();
+------------+
| DATABASE() |
+------------+
| mysqlpraxis |
+------------+
```

Wenn es keine aktuelle Datenbank gibt, gibt DATABASE() eine leere Zeichenkette zurück.

USER()

SYSTEM_USER()

SESSION_USER()

Gibt den aktuellen MySQL-Benutzernamen zurück:

```
mysql> SELECT USER();
+----------------+
| USER()         |
+----------------+
| ODBC@localhost |
+----------------+
```

Ab MySQL-Version 3.22.11 beinhaltet dieser Wert den Client-Hostnamen sowie den Benutzernamen. Sie können nur den Benutzernamen-Anteil wie folgt extrahieren (was funktioniert, egal ob der Wert nun einen Hostnamen-Anteil hat oder nicht):

```
mysql> SELECT substring_index(USER(),"@",1);
+-------------------------------+
| substring_index(USER(),"@",1) |
+-------------------------------+
| ODBC                          |
+-------------------------------+
```

PASSWORD(zeichenkette)

Berechnet eine Passwort-Zeichenkette aus dem Klartext-Passwort zeichenkette. Diese Funktion wird verwendet, um MySQL-Passwörter zum Speichern in der *Password*-Spalte der *user*-Berechtigungstabelle zu verschlüsseln:

```
mysql> SELECT PASSWORD('Passwort');
+----------------------+
| PASSWORD('Passwort') |
+----------------------+
| 2f18e46923cc7d97     |
+----------------------+
```

Die PASSWORD()-Verschlüsselung ist nicht umkehrbar. PASSWORD() führt keine Passwortverschlüsselung entsprechend der Art der Verschlüsselung von Unix-Passwörtern durch. Sie sollten nicht annehmen, dass Ihr Unix-Passwort und Ihr MySQL-Passwort dasselbe sind. PASSWORD() ergibt denselben verschlüsselten Wert, der in der Unix-Passwortdatei gespeichert ist (siehe: ENCRYPT()).

ENCRYPT(zeichenkette[,salt])

Verschlüsselt zeichenkette unter Verwendung des Unix-crypt()-Systemaufrufs. Das salt-Argument sollte eine Zeichenkette mit zwei Zeichen sein. Ab MySQL-Version 3.22.16 darf salt auch länger als zwei Zeichen sein:

```
mysql> SELECT ENCRYPT('Passwort');
+---------------------+
| ENCRYPT('Passwort') |
+---------------------+
| NULL                |
+---------------------+
```

Wenn `crypt()` auf Ihrem System nicht verfügbar ist, gibt `ENCRYPT()` immer `NULL` zurück. `ENCRYPT()` ignoriert zumindest auf einigen Systemen alle Zeichen außer den ersten 8 Zeichen von `zeichenkette`. Dies wird durch den zugrunde liegenden `crypt()`-Systemaufruf festgelegt.

`ENCODE(zeichenkette,passwort_zeichenkette)`

Verschlüsselt `zeichenkette`, indem `passwort_zeichenkette` als Passwort verwendet wird. Um das Ergebnis zu entschlüsseln, verwenden Sie `DECODE()`. Das Ergebnis ist eine binäre Zeichenkette derselben Länge wie `zeichenkette`. Wenn Sie sie in einer Spalte speichern wollen, verwenden Sie eine `BLOB`-Spalte.

`DECODE(crypt_zeichenkette,passwort_zeichenkette)`

Entschlüsselt die verschlüsselte Zeichenkette `crypt_zeichenkette`, indem `passwort_zeichenkette` als Passwort verwendet wird. `crypt_zeichenkette` sollte eine Zeichenkette sein, die von `ENCODE()` zurückgegeben wird.

`MD5(zeichenkette)`

Berechnet eine MD5-Prüfsumme für `zeichenkette`. Der Wert wird als eine 32 Stellen lange hexadezimale Zahl zurückgegeben, die zum Beispiel als Hash-Schlüssel verwendet werden kann:

```
mysql> SELECT MD5('Passwort');
+----------------------------------+
| MD5('Passwort')                  |
+----------------------------------+
| 3e45af4ca27ea2b03fc6183af40ea112 |
+----------------------------------+
```

> **Hinweis:** Dies ist ein »RSA Data Sicherheit, Inc. MD5 Message-Digest Algorithm«.

`SHA1(zeichenkette)`

`SHA(zeichenkette)`

`SHA1()` berechnet eine 160 Bits umfassende SHA 1-Prüfsumme für den String. Der Wert wird als 40 Hexadezimalstellen umfassender Binär-String zurückgegeben. `SHA()` ist synonym zu `SHA1()`. `SHA1()` kann als aus kryptografischer Sicht sichereres Äquivalent zu `MD5()` betrachtet werden.

`DES_ENCRYPT(crypt_zeichenkette [,(schluessel_num|schluessel_zeichenkette)])`

Verschlüsselt den String mit dem angegebenen Schlüssel unter Verwendung des Triple-DES-Algorithmus. Beachten Sie, dass diese Funktion nur funktioniert, wenn MySQL mit SSL-Unterstützung konfiguriert wurde.

`DES_DECRYPT(crypt_zeichenkette[,schluessel_zeichenkette])`

Entschlüsselt einen String, der mit `DES_ENCRYPT()` verschlüsselt wurde. Wenn ein Fehler auftritt, gibt die Funktion `NULL` zurück. Beachten Sie, dass diese Funktion nur funktioniert, wenn MySQL mit SSL-Unterstützung konfiguriert wurde.

AES_ENCRYPT(crypt_zeichenkette, schluessel_zeichenkette)

AES_DECRYPT(crypt_zeichenkette, schluessel_zeichenkette)

AES_ENCRYPT() verschlüsselt einen String und gibt einen Binär-String zurück. AES_DECRYPT() entschlüsselt den verschlüsselten String und gibt den Original-String zurück. Die Verschlüsselung erfolgt mit einem 128-Bit-Schlüssel.

LAST_INSERT_ID([ausdruck])

Gibt den letzten automatisch erzeugten Wert zurück, der in eine AUTO_INCREMENT-Spalte eingefügt wurde.

```
mysql> SELECT LAST_INSERT_ID();
+------------------+
| last_insert_id() |
+------------------+
|                5 |
+------------------+
```

FORMAT(X,D)

Formatiert die Zahl X in ein Format wie '#,###,###.##', gerundet auf D Dezimalstellen. Wenn D 0 ist, hat das Ergebnis keinen Dezimalpunkt oder Bruchteil:

```
mysql> SELECT FORMAT(999.999,4);
+-------------------+
| FORMAT(999.999,4) |
+-------------------+
| 999.9990          |
+-------------------+
```

VERSION()

Gibt eine Zeichenkette zurück, die die MySQL-Serverversion anzeigt:

```
mysql> SELECT VERSION();
+-----------------+
| VERSION()       |
+-----------------+
| 3.23.49-max-debug |
+-----------------+
```

Wenn Ihre Versionsnummer mit -log endet, bedeutet das, dass Loggen angeschaltet ist.

CONNECTION_ID()

Gibt die Verbindungskennnummer (Thread_id) für die Verbindung zurück. Jede Verbindung hat ihre eigene eindeutige Kennnummer:

```
mysql> SELECT CONNECTION_ID();
+-----------------+
| CONNECTION_ID() |
+-----------------+
|               1 |
+-----------------+
```

GET_LOCK(zeichenkette,zeitueberschreitung)

Versucht eine Sperre mit dem Namen, der durch die Zeichenkette zeichenkette angegeben wird, zu erlangen – mit einem Timeout von zeitueberschreitung in Sekunden. Gibt 1 zurück, wenn die Sperre erfolgreich angelegt wurde, und 0, wenn der Versuch wegen Zeitüberschreitung abgebrochen wurde. NULL wird zurückgegeben, falls ein Fehler aufgetreten seien sollte. Dies geschieht zum Beispiel, wenn kein Arbeitsspeicher mehr frei ist oder der Thread mit mysqladmin kill gekillt wurde. Eine Sperre wird aufgehoben, wenn Sie RELEASE_LOCK() ausführen, einen neuen GET_LOCK() ausführen oder der Thread beendet wird. Diese Funktion kann verwendet werden, um Applikationssperren zu implementieren oder um Datensatzsperren zu simulieren. Sie blockiert nach dem Sperren Anfragen von anderen Clients, die denselben Namen verwenden. Clients, die sich auf einen angegebenen Namen für die Sperr-Zeichenkette einigen, können die Zeichenkette verwenden, um ein kooperatives beratendes Sperren (*advisory locking*) auszuführen:

RELEASE_LOCK(zeichenkette)

Hebt die Sperre auf, die durch die Zeichenkette zeichenkette benannt wurde, die über die Anweisung GET_LOCK() angelegt wurde. Gibt 1 zurück, wenn die Sperre aufgehoben wurde, und 0, wenn die Sperre nicht durch diesen Thread erzeugt wurde. In diesem Fall wird die Sperre nicht aufgehoben. NULL wird ausgegeben, wenn die benannte Sperre nicht existiert. Die Sperre existiert nicht, wenn sie nie durch einen Aufruf von GET_LOCK() angelegt wurde oder wenn sie bereits aufgehoben wurde.

BENCHMARK(zaehler,ausdruck)

Die BENCHMARK()-Funktion führt den Ausdruck ausdruck wiederholt zaehler mal aus. Sie kann verwendet werden, um die Zeit zu ermitteln, die MySQL benötigt, um den Ausdruck zu verarbeiten. Der Ergebniswert ist immer 0. Diese Funktion ist für die Verwendung im mysql-Client gedacht, der die Ausführungszeiten von Anfragen beispielsweise wie folgt darstellt:

```
mysql> SELECT BENCHMARK(1000000,encode('Passwort','Hey'));
+---------------------------------------------+
| BENCHMARK(1000000,encode('Passwort','Hey')) |
+---------------------------------------------+
|                                           0 |
+---------------------------------------------+
1 row in set (2.53 sec)
```

Die angegebene Zeit entspricht der am Client-Ende verstrichenen Zeit, nicht der der Prozessorzeit am Server-Ende. Es ist ratsam, BENCHMARK() mehrere Male auszuführen und das Ergebnis unter Berücksichtigung der Last, unter der die Servermaschine fährt, zu interpretieren.

INET_NTOA(ausdruck)

Gibt die Netzwerkadresse (4 oder 8 Bytes) für den numerischen Ausdruck zurück:

```
mysql> SELECT INET_NTOA(28989299);
+---------------------+
| INET_NTOA(28989299) |
+---------------------+
| 1.186.87.115        |
+---------------------+
```

INET_ATON(ausdruck)

Gibt eine Ganzzahl zurück, die den numerischen Wert einer Netzwerkadresse darstellt. Adressen können 4-Byte- oder 8-Byte-Adressen sein:

```
mysql> SELECT INET_ATON('190.180.127.1');
+----------------------------+
| INET_ATON('190.180.127.1') |
+----------------------------+
|                 3199500033 |
+----------------------------+
```

MASTER_POS_WAIT(log_name, log_position)

Blockiert die Ausführung, bis der Slave während der Replikation die festgelegte Position in der Master-Log-Datei erreicht. Wenn die Master-Information nicht initialisiert wird, wird NULL zurückgegeben. Wenn der Slave nicht läuft, blockiert die Funktion und wartet, bis er gestartet wurde, und geht dann hinter die angegebene Position. Wenn der Slave bereits hinter der angegebenen Position ist, kehrt die Funktion sofort zurück. Der Rückgabewert ist die Anzahl von Log-Events, die sie warten muss, um bis zur angegebenen Position zu kommen, oder NULL im Falle eines Fehlers. Diese Funktion ist nützlich für die Steuerung der Master/Slave-Synchronisation, ursprünglich jedoch geschrieben, um das Testen der Replikation zu erleichtern.

### 16.3.6 Funktionen zur Verwendung bei GROUP BY-Klauseln

Wenn Sie in einem Statement eine Gruppierungsfunktion verwenden, die keine GROUP BY-Klausel enthält, ist das gleichbedeutend mit der Gruppierung aller Zeilen.

COUNT(ausdruck)

Gibt die Anzahl der Zeilen mit Nicht-NULL-Werten zurück, die durch ein SELECT-Statement abgerufen werden:

```
mysql> SELECT kunden.name,COUNT(*) FROM kunden GROUP BY kunden.name;
+-------------+----------+
| name        | COUNT(*) |
+-------------+----------+
| Bernd       |        1 |
| Caroline    |        1 |
| Gülten      |        1 |
| Matthias k  |        1 |
+-------------+----------+
```

COUNT(*) ist insofern anders, als es die Anzahl der abgerufenen Zeilen zurückgibt, egal ob sie NULL-Werte enthalten oder nicht. COUNT(*) ist darauf optimiert, das Ergebnis sehr schnell zurückzugeben, wenn es mittels eines SELECT aus einer Tabelle abgerufen wird, keine weiteren Spalten abgerufen werden und es keine WHERE-Klausel gibt. Beispiel:

```
mysql> SELECT COUNT(*) FROM kunden;
+----------+
| COUNT(*) |
+----------+
|        4 |
+----------+
```

COUNT(DISTINCT ausdruck,[ausdruck...])

Gibt die Anzahl unterschiedlicher Nicht-NULL-Werte zurück:

```
mysql> SELECT COUNT(DISTINCT kunden.name) FROM kunden;
+-----------------------------+
| COUNT(DISTINCT kunden.name) |
+-----------------------------+
|                           4 |
+-----------------------------+
```

Bei MySQL erhalten Sie die Anzahl unterschiedlicher Ausdruckskombinationen, die nicht NULL enthalten, indem Sie eine Liste von Ausdrücken angeben. In ANSI-SQL müssten Sie eine Verkettung aller Ausdrücke innerhalb von CODE(DISTINCT ..) angeben.

AVG(ausdruck)

Gibt den Durchschnittswert von ausdruck zurück.

MIN(ausdruck)

MAX(ausdruck)

Gibt den kleinsten oder größten Wert von ausdruck zurück. MIN() und MAX() können Zeichenketten-Argumente aufnehmen und geben in solchen Fällen den kleinsten oder größten Zeichenketten-Wert zurück.

SUM(ausdruck)

Gibt die Summe von ausdruck zurück. Beachten Sie, dass der Rückgabewert NULL ist, wenn die Ergebnismenge keine Zeilen hat!

STD(ausdruck)

STDDEV(ausdruck)

Gibt die Standardabweichung von ausdruck zurück. Das ist eine Erweiterung zu ANSI-SQL. Die STDDEV()-Form dieser Funktion wird aus Gründen der Oracle-Kompatibilität zur Verfügung gestellt.

BIT_OR(ausdruck)

Gibt das bitweise OR aller Bits in ausdruck zurück. Die Berechnung wird mit 64-Bit-(BIGINT)-Genauigkeit durchgeführt.

BIT_AND(ausdruck)

Gibt das bitweise AND aller Bits in ausdruck zurück. Die Berechnung wird mit 64-Bit-(BIGINT)-Genauigkeit durchgeführt.

## 16.4 Datenmanipulation

### 16.4.1 SELECT-Syntax

*Definition*
```
SELECT
  [STRAIGHT_JOIN][SQL_SMALL_RESULT]
  [SQL_BIG_RESULT][SQL_BUFFER_RESULT]
  [HIGH_PRIORITY][DISTINCT | DISTINCTROW | ALL]
select_ausdruck,...
  [INTO {OUTFILE | DUMPFILE} 'datei' export_optionen]
  [FROM tabellenreferenz
  [WHERE where_definition]
  [GROUP BY {positive_ganzzahl | spalten_name | formel}
    [ASC | DESC],...]
  [HAVING where_definition]
  [ORDER BY {positive_ganzzahl | spalten_name | formel}
    [ASC | DESC],...]
  [LIMIT [offset,] zeilen]
  [PROCEDURE prozedur_name]
  [FOR UPDATE | LOCK IN SHARE MODE]]
```

SELECT wird verwendet, um ausgewählte Zeilen aus einer oder mehreren Tabellen abzurufen. select_ausdruck gibt die Spalten an, die Sie abrufen wollen. SELECT kann auch verwendet werden, um Zeilen ohne Bezug zu irgendeiner Tabelle abzurufen.

*Beispiel*
```
mysql> SELECT 10 * 10;
+---------+
| 10 * 10 |
+---------+
|     100 |
+---------+
```

Alle verwendeten Schlüsselwörter müssen genau in der oben angegebenen Reihenfolge genannt werden. Beispielsweise muss eine HAVING-Klausel nach jeglicher GROUP BY-Klausel und vor jeglicher ORDER BY-Klausel angegeben werden.

Die Elemente haben folgende Bedeutung:

[STRAIGHT_JOIN]

Weist den internen Abfrageoptimierer an, die Tabellen in der Reihenfolge zu verknüpfen, wie sie hinter FROM aufgelistet sind.

`[SQL_SMALL_RESULT]`

Definiert eine kurze Ausgabemenge bei GROUP BY oder DISTINCT. Bei Gebrauch dieser Option verwendet MySQL schnellere temporäre Tabellen.

`[SQL_BIG_RESULT]`

Definiert eine lange Ausgabemenge bei GROUP BY oder DISTINCT. MySQL verwendet sofort die Festplatte für temporäre Tabellen.

`[SQL_BUFFER_RESULT]`

Weist MySQL an, das Abfrageergebnis in einen temporären Zwischenspeicher abzulegen. Dadurch können Probleme bei verspäteter Freigabe der Tabelle durch lange Abfragen vermieden werden.

`[SQL_CACHE | SQL_NO_CACHE]`

Weist MySQL bei `SQL_CACHE` an, das Abfrageergebnis im Query Cache zu speichern, soweit die Option `SQL_QUERY_CACHE_TYPE = 2` vorliegt. Bei `SQL_NO_CACHE` wird das Abfrageergebnis nicht im Query Cache gespeichert.

`[SQL_CALC_FOUND_ROWS]`

Berechnet die Anzahl der Datensätze, die durch die Abfrage gefunden werden.

`[HIGH_PRIORITY]`

Behandelt die Abfrage mit höherer Priorität als Tabellen-Updates.

`[DISTINCT | DISTINCTROW | ALL]`

Regelt das Verhalten von doppelten Datensätzen. `DISTINCT` und sein Synonym `DISTINCTROW` bewirken, dass gleiche Datensätze nur einmal ausgegeben werden. Bei `ALL`, das Standard ist, werden auch doppelte Datensätze ausgegeben.

`select_ausdruck,...`

Hier werden alle Felder aufgelistet, die ausgegeben werden sollen. Bei einer Abfrage über mehrere Tabellen sind die Felder in der Form `<tabelle>.<spaltenname>` anzugeben. Felder können auch berechnet werden. `[INTO {OUTFILE | DUMPFILE } 'file_name' <Exportoptionen>]` erzeugt für die Abfrage eine Ausgabe.

`[FROM <Tabellenreferenz>`

Listet die notwendigen Tabellen für die Abfrage einschließlich deren Verknüpfungen auf. Für die Verknüpfung von Tabellen wird die `JOIN`-Syntax benötigt.

`[WHERE where_definition]`

Definiert die Auswahlbedingung, beispielsweise `WHERE name = 'Schmidt'`.

`[GROUP BY {positive_ganzzahl | spalten_name | formel}`
`        [ASC | DESC],...]`

Gruppiert die Ausgabe nach den angegebenen Kriterien. In der Regel erfolgt die Gruppierung nach Feldnamen. Mit `DESC` wird eine absteigende Sortierung erreicht.

`[HAVING where_definition]`

Dieselbe Funktion wie der `WHERE`-Bestandteil mit dem Unterschied, dass auch auf Felder Bezug genommen wird, die Teil der Abfrage sind.

```
[ORDER BY {positive_ganzzahl | spalten_name | formel}
    [ASC | DESC],...]
```

Sortiert die Ausgabe nach den angegebenen Kriterien. In der Regel erfolgt die Sortierung nach einem Feldnamen.

`[LIMIT [offset,] zeilen]`

Beschränkt die Ausgabe auf eine definierte Anzahl von Datensätzen. Mit `offset` kann der Startwert des Datensatzes innerhalb der Ausgabemenge definiert werden.

Zusätzlich sind in der Tabellenreferenz die Verknüpfungen zwischen den Tabellen zu definieren.

MySQL unterstützt folgende `JOIN`-Syntaxen für `SELECT`-Statements:

```
tabellen_verweis, tabellen_verweis
tabellen_verweis [CROSS] JOIN tabellen_verweis
tabellen_verweis INNER JOIN tabellen_verweis join_bedingung
tabellen_verweis STRAIGHT_JOIN tabellen_verweis
tabellen_verweis LEFT [OUTER] JOIN tabellen_verweis join_bedingung
tabellen_verweis LEFT [OUTER] JOIN tabellen_verweis
tabellen_verweis NATURAL [LEFT [OUTER]] JOIN tabellen_verweis
{ oder tabellen_verweis LEFT OUTER JOIN tabellen_verweis ON
bedingungs_ausdruck }
tabellen_verweis RIGHT [OUTER] JOIN tabellen_verweis join_bedingung
tabellen_verweis RIGHT [OUTER] JOIN tabellen_verweis
tabellen_verweis NATURAL [RIGHT [OUTER]] JOIN tabellen_verweis
tabellen_verweis ist dabei definiert wie folgt:
tabelle [[AS] alias] [USE INDEX (schluessel_liste)] [IGNORE INDEX
(schluessel_liste)]
```

Die `join_bedingung` ist definiert als:

`ON bedingungs_ausdruck |`

`USING (spalten_liste)`

Sie sollten nie irgendwelche Bedingungen im `ON`-Teil haben, die dazu verwendet werden, die Zeilen, die im Ergebnissatz auftauchen, zu beschränken. Wenn Sie so etwas tun wollen, müssen Sie dies in der `WHERE`-Klausel klären.

> **Hinweis:** Beachten Sie, dass vor Version 3.23.17 `INNER JOIN` keine join_bedingung annahm!

Die letzte oben dargestellten `LEFT OUTER JOIN`-Syntax gibt es nur aus Gründen der Kompatibilität mit ODBC.

*Beispiele*

```
mysql> select * from tabelle1,tabelle2 where tabelle1.id=tabelle2.id;

mysql> select * from tabelle1 LEFT JOIN tabelle2 ON
tabelle1.id=tabelle2.id;
```

```
mysql> select * from tabelle1 LEFT JOIN tabelle2 USING (id);
mysql> select * from tabelle1 LEFT JOIN tabelle2 ON
tabelle1.id=tabelle2.id
         LEFT JOIN table3 ON tabelle2.id=table3.id;
mysql> select * from tabelle1 USE INDEX (schluessel1,schluessel2) WHERE
schluessel1=1 und schluessel2=2 AND
         schluessel3=3;
mysql> select * from tabelle1 IGNORE INDEX (schluessel3) WHERE
schluessel1=1 und schluessel2=2 AND
         schluessel3=3;
```

## UNION-Syntax

*Definition*
```
SELECT ....
UNION [ALL]
SELECT ....
  [UNION
   SELECT ...]
```

**Hinweis:** UNION ist implementiert in MySQL 4.0.0.

UNION wird verwendet, um das Ergebnis vieler SELECT-Statements in einem Ergebnissatz zu kombinieren.

Die SELECT-Befehle sind normale SELECT-Befehle, jedoch mit folgenden Einschränkungen:

- Nur der letzte SELECT-Befehl darf INTO OUTFILE enthalten.
- Nur der letzte SELECT-Befehl darf ORDER BY enthalten.

Wenn Sie das Schlüsselwort ALL für UNION nicht verwenden, sind alle zurückgegebenen Zeilen eindeutig (*unique*), so als hätten Sie ein DISTINCT für den gesamten Ergebnissatz ausgeführt. Wenn Sie ALL angeben, erhalten Sie alle übereinstimmenden Zeilen aller verwendeter SELECT-Statements.

### 16.4.2 INSERT-Syntax

*Definition*
```
INSERT
   [LOW_PRIORITY | DELAYED] [IGNORE]
   [INTO] tabelle [(spalten_name,...)]
VALUES (ausdruck,...),(...),...
oder
INSERT
   [LOW_PRIORITY | DELAYED] [IGNORE]
   [INTO] tabelle [(spalten_name,...)]
SELECT ...
```

```
oder
INSERT
    [LOW_PRIORITY | DELAYED] [IGNORE]
    [INTO] tabelle
SET spalten_name=ausdruck, spalten_name=ausdruck, ...
```

INSERT fügt neue Zeilen in eine bestehende Tabelle ein. Die INSERT ... VALUES-Form des Statements fügt Zeilen, basierend auf explizit angegebenen Werten, ein. Die INSERT ... SELECT-Form fügt Zeilen ein, die aus einer oder mehreren anderen Tabellen ausgewählt wurden. Die INSERT ... VALUES-Form, mit mehrfachen Wertelisten, wird seit MySQL-Version 3.22.5 unterstützt. Die spalten_name=expression-Syntax wird seit MySQL-Version 3.22.10 unterstützt.

tabelle ist die Tabelle, in die Zeilen eingefügt werden sollen. Die Spaltennamenliste oder die SET-Klausel geben an, für welche Spalten das Statement Werte angibt.

### INSERT ... SELECT-Syntax

```
INSERT [LOW_PRIORITY] [IGNORE] [INTO] tabelle [(spalten_liste)] SELECT ...
```

Mit dem INSERT ... SELECT-Statement können Sie schnell eine größere Anzahl an Zeilen, aus einer oder mehreren Tabellen stammend, einfügen.

```
INSERT INTO temporaere_tabelle2 (fldID) SELECT
temporaere_tabelle1.fldOrder_ID FROM temporaere_tabelle1 WHERE
temporaere_tabelle1.fldOrder_ID > 100;
```

Folgende Bedingungen gelten für ein INSERT ... SELECT-Statement:

- Die Zieltabelle des INSERT-Statements darf nicht in der FROM-Klausel des SELECT-Teils der Anfrage erscheinen, weil es in ANSI-SQL verboten ist, aus derselben Tabelle auszuwählen (SELECT), in die eingefügt wird. Das Problem liegt darin, dass das SELECT möglicherweise Datensätze finden würde, die bereits zuvor, während desselben Laufs, eingefügt wurden. Wenn man Sub-Select-Klauseln verwendet, könnte die Situation schnell sehr verwirrend werden.

- AUTO_INCREMENT-Spalten funktionieren wie gehabt.

- Sie können die C-API-Funktion mysql_info() verwenden, um Informationen über die Anfrage zu erhalten.

- Um sicherzustellen, dass die Update-Logdatei/Binär-Logdatei verwendet werden kann, um die Originaltabellenlänge neu zu erzeugen, lässt MySQL während INSERT .... SELECT keine gleichzeitigen Einfügeoperationen zu.

Sie können natürlich auch REPLACE anstelle von INSERT verwenden, um alte Zeilen zu überschreiben.

## 16.4.3 HANDLER-Syntax

*Definition*
```
HANDLER tabelle OPEN [ AS alias ]
HANDLER tabelle READ index { = | >= | <= | < } (wert1, wert2, ... ) [ WHERE ... ]
[ LIMIT ... ]
HANDLER tabelle READ index { FIRST | NEXT | PREV | LAST } [ WHERE ... ] [ LIMIT ... ]
HANDLER tabelle READ { FIRST | NEXT } [ WHERE ... ] [ LIMIT ... ]
HANDLER tabelle CLOSE
```

Das `HANDLER`-Statement ermöglicht den direkten Zugriff auf die MySQL-Tabellenschnittstelle unter Umgehung des SQL-Optimierers, daher ist es schneller als `SELECT`.

- Die erste Form des `HANDLER`-Statements öffnet eine Tabelle und macht sie über die angefügten `HANDLER ... READ`-Routinen zugänglich. Dieses Tabellenobjekt wird nicht mit anderen Threads geteilt und wird so lange nicht geschlossen, bis der Thread `HANDLER tabelle CLOSE` aufruft oder stirbt.

- Die zweite Form holt eine oder mehrere Zeilen (festgelegt durch die `LIMIT`-Klausel), bei der der angegebene Index mit der Bedingung übereinstimmt und die `WHERE`-Bedingung erfüllt ist. Wenn der Index aus mehreren Teilen besteht (also mehrere Spalten überspannt), werden die Werte in einer durch Kommas getrennten Liste angegeben, wobei es möglich ist, nur Werte für Teile erster Spalten anzugeben.

- Die dritte Form holt eine oder mehrere Zeilen (festgelegt durch die `LIMIT`-Klausel) in der entsprechenden Index-Reihenfolge aus der Tabelle, bei denen die `WHERE`-Bedingung erfüllt ist.

- Die vierte Form (ohne Index-Angabe) holt eine (oder mehrere) Zeilen (festgelegt durch die `LIMIT`-Klausel) in natürlicher Zeilenreihenfolge aus der Tabelle (wie in der Datendatei gespeichert), bei denen die `WHERE`-Bedingung erfüllt ist. Dies ist schneller als `HANDLER tabelle READ index`, wenn denn ein kompletter Tabellen-Scan erwünscht ist.

- Die letzte Form schließt eine mit `HANDLER ... OPEN` geöffnete Tabelle.

`HANDLER` ist in gewisser Hinsicht ein Statement auf niedriger Ebene (Low-Level), das etwa keine Konsistenz gewährleistet. Das heißt, `HANDLER ... OPEN` nimmt KEINEN Schnappschuss der Tabelle auf und sperrt die Tabelle auch NICHT. Das bedeutet, dass nach `HANDLER ... OPEN` Tabellendaten verändert werden können (durch diesen oder einen anderen Thread) und dass diese Veränderungen nur teilweise in `HANDLER ... NEXT`- oder `HANDLER ... PREV`-Scans erscheinen.

## 16.4.4 INSERT DELAYED-Syntax

*Definition*
```
INSERT DELAYED ...
```

Die `DELAYED`-Option für das `INSERT`-Statement ist eine MySQL-spezifische Option, die sehr nützlich sein kann, wenn Sie Clients haben, die nicht warten können, bis das `INSERT` fertig ist. Dies ist ein häufiges Problem, wenn Sie MySQL zum Loggen benutzen und gelegentlich `SELECT`- und `UPDATE`-Statements laufen lassen, die einen längeren

Zeitraum zur Ausführung benötigen. `DELAYED` wurde in MySQL-Version 3.22.15 eingeführt. Es ist eine MySQL Erweiterung zu ANSI-SQL92.

`INSERT DELAYED` funktioniert nur bei `ISAM`- und `MyISAM`-Tabellen. Beachten Sie: Da `MyISAM`-Tabellen gleichzeitige `SELECT` und `INSERT` unterstützen, solange es keine freien Blöcke mitten in der Datenfile gibt, sollten Sie `INSERT DELAYED` bei `MyISAM` nur sehr selten verwenden.

Wenn Sie `INSERT DELAYED` benutzen, erhält der Client sofort ein Okay und die Zeile wird eingefügt, wenn die Tabelle nicht mehr von einem anderen Thread verwendet wird.

Ein weiterer großer Vorteil von `INSERT DELAYED` ist, dass Einfügeoperationen vieler Clients gebündelt und in einem Block geschrieben werden können. Dies ist sehr viel schneller als viele einzelne separate `INSERTS` durchzuführen.

Beachten Sie, dass momentan die Zeilen in der Warteschlange gehalten werden, das heißt, sie befinden sich lediglich im Arbeitsspeicher, bis sie in die Tabelle eingefügt werden. Falls Sie also *mysqld* auf die harte Tour killen (`kill -9`) oder *mysqld* unerwartet stirbt, sind Zeilen in der Warteschlange, die noch nicht auf die Festplatte geschrieben wurden, verloren!

Im Folgenden wird detailliert beschrieben, was geschieht, wenn Sie die `DELAYED`-Option für `INSERT` oder `REPLACE` verwenden. In dieser Beschreibung ist der »Thread« der Thread, der einen `INSERT DELAYED`-Befehl empfängt. »Handler« ist der Thread, der alle `INSERT DELAYED`-Statements für ein bestimmte Tabelle handhabt.

> **Achtung:** Beachten Sie, dass `INSERT DELAYED` langsamer ist als ein normales `INSERT`, wenn die Tabelle nicht verwendet wird. Außerdem gibt es einen zusätzlichen Overhead für den Server, um einen separaten Thread für jede Tabelle zu handhaben, für die Sie `INSERT DELAYED` verwenden. Das heißt, Sie sollten `INSERT DELAYED` nur benutzen, wenn Sie es wirklich benötigen.

### 16.4.5 UPDATE-Syntax

*Definition*
```
UPDATE
  [LOW_PRIORITY] [IGNORE] tabelle
SET spalten_name1=ausdruck1, [spalten_name2=ausdruck2, ...]
  [WHERE where_definition]
  [LIMIT #]
```

`UPDATE` aktualisiert Spalten in bestehenden Tabellenzeilen mit neuen Werten. Die `SET`-Klausel gibt an, welche Spalten geändert werden sollen und welche Werte ihnen zugewiesen werden. Die `WHERE`-Klausel legt, falls angegeben, fest, welche Zeilen aktualisiert werden sollen, ansonsten werden alle Zeile aktualisiert. Wenn die `ORDER BY`-Klausel angegeben ist, werden die Zeilen in der angegebenen Reihenfolge aktualisiert.

Wenn Sie das Schlüsselwort `LOW_PRIORITY` angeben, wird die Ausführung von `UPDATE` verzögert, bis keine anderen Clients mehr aus der Tabelle lesen.

Wenn Sie das Schlüsselwort IGNORE angeben, bricht das UPDATE-Statement nicht ab, selbst wenn während der Aktualisierung Fehler wegen doppelter Schlüsseleinträge auftreten. Zeilen, die Konflikte verursachen würden, werden nicht aktualisiert.

Wenn Sie auf eine Spalte von tabelle in einem Ausdruck zugreifen, benutzt UPDATE den momentanen Wert der Spalte. Folgendes Statement zum Beispiel setzt die age-Spalte auf ihren momentanen Wert plus 1:

```
mysql> UPDATE personen SET alter=alter+1;
```

UPDATE-Zuweisungen werden von links nach rechts ausgewertet. Folgendes Statement zum Beispiel verdoppelt die age-Spalte und inkrementiert sie danach:

```
mysql> UPDATE personen SET alter=alter*2, alter=alter+1;
```

Wenn Sie eine Spalte auf einen Wert setzen, den sie momentan besitzt, erkennt MySQL dies und aktualisiert sie nicht.

UPDATE gibt die Anzahl von Zeilen zurück, die tatsächlich geändert wurden. Ab MySQL-Version 3.22 gibt die C-API-Funktion mysql_info() die Anzahl von Zeilen zurück, die miteinander übereinstimmten und aktualisiert wurden, sowie die Anzahl an Warnungen, die während UPDATE ausgegeben wurden.

In MySQL-Version 3.23 können Sie LIMIT # verwenden, um sicherzustellen, dass nur eine angegebene Anzahl von Zeilen geändert wird.

### 16.4.6 DELETE-Syntax

*Definition*
```
DELETE
    [LOW_PRIORITY | QUICK] FROM tabelle
    [WHERE where_definition]
    [ORDER BY ...]
    [LIMIT zeilen]

oder

DELETE
    [LOW_PRIORITY | QUICK] tabelle[.*]
    [tabelle[.*] ...] FROM
tabellenverweis
    [WHERE where_definition]
```

**Tipp:** Das .*-Zeichen nach den Tabellennamen ist nur aus Gründen der Kompatibilität mit Access vorhanden.

DELETE löscht Zeilen aus tabelle, die mit der in where_definition angegebenen Bedingung übereinstimmen, und gibt die Anzahl der gelöschten Datensätze zurück.

Wenn Sie DELETE ohne WHERE-Klausel angeben, werden alle Zeilen gelöscht. Wenn Sie das im AUTOCOMMIT-Modus machen, funktioniert es wie TRUNCATE. In MySQL 3.23 gibt DELETE, ohne eine WHERE-Klausel, als Anzahl von betroffenen Datensätzen den Wert 0 zurück.

Wenn Sie wissen wollen, wie viele Datensätze tatsächlich gelöscht wurden, oder wenn Sie alle Zeilen löschen und eine Geschwindigkeitseinbuße in Kauf nehmen, können Sie ein DELETE-Statement in folgender Form eingeben:

```
mysql> DELETE FROM tabelle WHERE 1>0;
```

> **Hinweis:** Beachten Sie, dass dies viel langsamer ausgeführt wird als DELETE FROM-Tabelle ohne WHERE-Klausel, da es jeweils lediglich eine Zeile nach der anderen löscht.

Wenn Sie das Schlüsselwort LOW_PRIORITY angeben, wird die Ausführung von DELETE verzögert, bis kein anderer Client mehr aus der Tabelle liest.

Wenn Sie das Wort QUICK angeben, fasst der Tabellen-Handler während des Löschvorgangs keine Index-Blätter (*Index Leafs*) zusammen, was bestimmte Arten von Löschvorgängen beschleunigen kann.

In MyISAM-Tabellen werden gelöschte Datensätze in einer verknüpften Liste verwaltet. Nachfolgende INSERT-Operationen benutzen alte Datensatzpositionen neu. Um unbenutzten Platz freizugeben und Dateigrößen zu verringern, verwenden Sie das OPTIMIZE TABLE-Statement oder das *myisamchk*-Dienstprogramm, um die Tabellen neu zu organisieren. OPTIMIZE TABLE ist einfacher, *myisamchk* jedoch schneller.

Das Multi-Tabellen-Löschformat wird ab MySQL 4.0.0 unterstützt.

Die Idee ist, dass nur übereinstimmende Zeilen aus den Tabellen, die vor der FROM-Klausel stehen, gelöscht werden. Der Vorteil besteht darin, dass Sie Zeilen aus vielen Tabellen zugleich löschen können, sowie in der Möglichkeit, dass zusätzliche Tabellen zum Suchen genutzt werden können.

```
DELETE t1,t2 FROM t1,t2,t3 WHERE t1.id=t2.id AND t2.id=t3.id
```

In diesem Fall werden übereinstimmende Zeilen nur aus den Tabellen t1 und t2 gelöscht.

ORDER BY und die Verwendung mehrfacher Tabellen bei DELETE wird in MySQL 4.0 unterstützt.

Wenn eine ORDER BY-Klausel verwendet wird, werden die Zeilen in der entsprechenden Reihenfolge gelöscht. Das ist nur in Verbindung mit LIMIT wirklich sinnvoll. Beispiel:

```
DELETE FROM logdatei
WHERE user = 'caroline'
ORDER BY zeitstempel
LIMIT 1
```

Dies löscht den ältesten Eintrag (von zeitstempel), wo die Zeile entsprechend mit der WHERE-Klausel übereinstimmt.

Die MySQL-spezifische LIMIT rows-Option für DELETE weist den Server an, welche maximale Anzahl an Zeilen gelöscht wird, bevor die Kontrolle an den Client zurückgegeben wird. Dies kann verwendet werden, um sicherzustellen, dass ein bestimmter DELETE-Befehl nicht zu viel Zeit beansprucht. Sie können den DELETE-Befehl einfach wiederholen, bis die Anzahl betroffener Zeilen kleiner ist als der LIMIT-Wert.

## 16.4.7 TRUNCATE-Syntax

*Definition*
```
TRUNCATE TABLE tabelle
```

In Version 3.23 wird `TRUNCATE TABLE` auf `COMMIT ; DELETE FROM tabelle` gemappt.

Hierin unterscheidet sich `TRUNCATE TABLE` von `DELETE FROM`

- `TRUNCATE` führt ein Löschen und Neuerzeugen der Tabelle durch, was viel schneller ist, als die Zeilen jeweils eine nach der anderen zu löschen.
- Ist nicht transaktionssicher. Sie erhalten einen Fehler, wenn Sie eine aktive Transaktion haben oder eine aktive Tabellensperre.
- Gibt die Anzahl gelöschter Zeilen nicht zurück.
- Solange die Tabellendefinitionsdatei *'tabelle.frm'* gültig ist, kann die Tabelle auf diese Weise neu erzeugt werden, selbst wenn die Daten- oder Indexdateien beschädigt wurden.

`TRUNCATE` ist eine Oracle-SQL-Erweiterung.

## 16.4.8 REPLACE-Syntax

*Definition*
```
REPLACE
    [LOW_PRIORITY | DELAYED]
    [INTO] tabelle [(spalten_name,...)]
VALUES (ausdruck,...),(...),...
```

oder

```
REPLACE
    [LOW_PRIORITY | DELAYED]
    [INTO] tabelle [(spalten_name,...)]
SELECT ...
```

oder

```
REPLACE
    [LOW_PRIORITY | DELAYED]
    [INTO] tabelle
SET spalten_name=ausdruck, spalten_name=ausdruck,...
```

`REPLACE` funktioniert genau wie `INSERT`, außer dass der alte Datensatz gelöscht wird, bevor ein neuer eingefügt wird. Dies geschieht, falls ein alter Datensatz in der Tabelle denselben Wert wie der neue auf einem eindeutigen Index hat.

So können Sie auf die Werte einer alten Zeile nicht mit einem `REPLACE`-Statement zugreifen.

Wenn man einen REPLACE-Befehl verwendet, gibt mysql_affected_rows() 2 zurück, falls die neue Zeile eine alte ersetzt. Das liegt daran, dass in diesem Fall eine Zeile eingefügt wird und dann das Duplikat gelöscht wurde.

Das macht es einfach zu überprüfen, ob REPLACE eine Zeile hinzugefügt oder eine ersetzt hat.

### 16.4.9 LOAD DATA INFILE-Syntax

*Definition*
```
LOAD DATA
   [LOW_PRIORITY | CONCURRENT]
   [LOCAL] INFILE 'datei.txt'
   [REPLACE | IGNORE]
INTO TABLE tabelle
   [FIELDS
      [TERMINATED BY '\t']
      [[OPTIONALLY] ENCLOSED BY '']
      [ESCAPED BY '\\' ]
   ]
   [LINES TERMINATED BY '\n']
   [IGNORE Anzahl LINES]
   [(spalten_name,...)]
```

Das LOAD DATA INFILE-Statement liest Zeilen aus einer Textdatei in eine Tabelle mit sehr hoher Geschwindigkeit aus. Wenn das LOCAL-Schlüsselwort angegeben wird, wird die Datei vom Client-Host gelesen. Wenn LOCAL nicht angegeben wird, muss die Datei auf dem Server liegen. LOCAL ist verfügbar ab MySQL-Version 3.22.6.

Aus Sicherheitsgründen müssen Dateien, die als auf dem Server liegende Textdateien eingelesen werden, entweder im Datenbankverzeichnis liegen oder von allen lesbar sein. Darüber hinaus benötigen Sie, wenn Sie LOAD DATA INFILE mit Serverdateien benutzen, die file-Berechtigung auf dem Server-Host.

Wenn Sie das Schlüsselwort LOW_PRIORITY angeben, wird das LOAD DATA-Statement verzögert, bis keine anderen Clients mehr aus der Tabelle lesen.

Wenn Sie das Schlüsselwort CONCURRENT bei einer MyISAM-Tabelle angeben, können andere Threads Daten aus der Tabelle abrufen, während LOAD DATA ausgeführt wird. Die Verwendung dieser Option beeinflusst geringfügig die Performance von LOAD DATA, selbst wenn kein anderer Thread die Tabelle zur selben Zeit benutzt.

LOCAL ist etwas langsamer, als wenn der Server direkt auf die Dateien zugreifen kann, weil die Inhalte der Datei vom Client-Host auf den Server-Host übertragen werden müssen. Auf der anderen Seite benötigen Sie keine file-Berechtigung, um lokale Dateien zu laden.

Wenn Sie MySQL vor Version 3.23.24 verwenden, können Sie nicht aus einer FIFO lesen, falls Sie LOAD DATA INFILE benutzen. Wenn Sie aus einer FIFO lesen müssen (zum Beispiel aus der Ausgabe von *gunzip*), verwenden Sie stattdessen LOAD DATA LOCAL INFILE.

Das folgende LOAD DATA-Statement beispielsweise liest die Datei *'daten.txt'* aus dem Datenbankverzeichnis von *datenbank1* aus, da *datenbank1* die aktuelle Datenbank ist, obwohl das Statement die Datei explizit in eine Tabelle der *datenbank2*-Datenbank lädt:

```
mysql> USE datenbank1;
mysql> LOAD DATA INFILE "daten.txt" INTO TABLE datenbank2.meine_tabelle;
```

Die Schlüsselwörter REPLACE und IGNORE steuern die Handhabung von Eingabedatensätzen, die bestehende Datensätze auf eindeutigen Schlüsselwerten duplizieren. Wenn Sie REPLACE angeben, ersetzen neue Zeilen die bereits bestehenden, die denselben eindeutigen Schlüsselwert besitzen. Wenn Sie IGNORE angeben, werden Eingabezeilen, die eine bestehende Zeile auf einem Schlüsselwert duplizieren, übersprungen. Wenn Sie keine der beiden Optionen angeben, tritt ein Fehler auf, sobald ein doppelter Schlüsselwert gefunden wird, und der Rest der Textdatei wird ignoriert.

Wenn Sie Daten aus einer lokalen Datei mit dem LOCAL-Schlüsselwort laden, hat der Server keine Möglichkeit, die Übertragung der Datei mitten in einer Operation zu beenden. Daher ist das vorgabemäßige Verhalten genauso, als ob IGNORE angegeben werden würde.

Wenn Sie LOAD DATA INFILE auf einer leeren MyISAM-Tabelle vewenden, werden alle nicht eindeutigen Indizes in einem separaten Stapel erzeugt (wie bei REPAIR). Das macht LOAD DATA INFILE normalerweise viel schneller, wenn Sie viele Indizes haben.

LOAD DATA INFILE komplimentiert SELECT ... INTO OUTFILE. Um Daten aus einer Datenbank in eine Datei zu schreiben, verwenden Sie SELECT ... INTO OUTFILE. Um die Datei zurück in die Datenbank zu lesen, verwenden Sie LOAD DATA INFILE. Die Syntax der FIELDS- und LINES-Klauseln ist für beide Befehle dieselbe. Beide Klauseln sind optional, aber FIELDS muss LINES voranstehen, wenn beide angegeben werden.

Wenn Sie eine FIELDS-Klausel angeben, ist jede ihrer Unterklauseln (TERMINATED BY, [OPTIONALLY] ENCLOSED BY und ESCAPED BY) ebenfalls optional, außer der Tatsache, dass Sie zumindest eine von ihnen angeben **müssen**.

Wenn Sie keine FIELDS-Klausel verwenden, sind die Vorgabewerte dieselben, wie wenn Sie Folgendes geschrieben hätten:

```
FIELDS TERMINATED BY '\t' ENCLOSED BY '' ESCAPED BY '\\'
```

Wenn Sie keine LINES-Klausel angeben, sind die Vorgabewerte dieselben, wie wenn Sie Folgendes geschrieben hätten:

```
LINES TERMINATED BY '\n'
```

Diese Vorgabewerte LOAD DATA INFILE beim Lesen von Eingaben lassen sich wie folgt bearbeiten:

- Zeilenbegrenzungen werden an Neue-Zeile-Zeichen gesucht (\n).
- Zeilen werden an Tabulatoren (\t) in Felder aufgeteilt.
- Es wird nicht davon ausgegangen, dass Felder in Anführungszeichen eingeschlossen sind.
- Tabulatoren, denen Neue-Zeile-Zeichen oder '\', denen ein '\'-Zeichen vorangestellt ist, werden als Literale interpretiert, die Teil des Feldwerts sind.

Im Vergleich dazu lassen sich die Vorgabewerte von `SELECT ... INTO OUTFILE` wie folgt bearbeiten:

- Zwischen Feldern werden Tabulatoren (\t) geschrieben.
- Felder werden nicht in Anführungsstriche geschrieben.
- '\' wird verwendet, um Tabulator, Neue-Zeile-Zeichen oder '\' innerhalb von Feldwerten zu escapen.
- Am Ende von Zeilen werden Neue-Zeile-Zeichen (\n) geschrieben.

> **Achtung:** Beachten Sie, dass Sie `FIELDS ESCAPED BY '\\'` (mit zwei Backslashes) schreiben müssen, damit der Wert als ein einzelner Backslash gelesen wird.

Die `IGNORE anzahl LINES`-Option kann verwendet werden, um eine Kopfzeile aus Spaltennamen am Anfang der Datei zu ignorieren:

```
mysql> LOAD DATA INFILE "/tmp/datei.txt" into Tabelle test IGNORE 1 LINES;
```

Wenn Sie `SELECT ... INTO OUTFILE` zusammen mit `LOAD DATA INFILE` verwenden, um Daten aus einer Datenbank in eine Datei zu schreiben, um diese Datei später zurück in die Datenbank zu lesen, müssen die Optionen für die Behandlung von Feldern und Zeilen für beide Befehle übereinstimmen. Ansonsten interpretiert `LOAD DATA INFILE` die Inhalte der Datei nicht korrekt. Angenommen, Sie verwenden `SELECT ... INTO OUTFILE`, um eine Datei zu schreiben, deren Felder durch Kommas begrenzt sind:

```
mysql> SELECT * INTO OUTFILE 'daten.txt'
        FIELDS TERMINATED BY ','
        FROM ...;
```

Um die kommabegrenzte Datei wieder einzulesen, lautet das korrekte Statement:

```
mysql> LOAD DATA INFILE 'daten.txt' INTO TABLE tabelle2
        FIELDS TERMINATED BY ',';
```

Wenn Sie stattdessen versuchen, die Datei mit dem unten stehenden Statement einzulesen, funktioniert das nicht, da es `LOAD DATA INFILE` anweist, nach Tabulatoren zwischen Feldern zu suchen:

```
mysql> LOAD DATA INFILE 'daten.txt' INTO TABLE tabelle2
        FIELDS TERMINATED BY '\t';
```

Das wahrscheinliche Ergebnis ist, dass jede Eingabezeile als ein einzelnes Feld interpretiert wird.

`LOAD DATA INFILE` kann auch verwendet werden, um Dateien aus externen Quellen einzulesen. Eine Datei im dBASE-Format zum Beispiel besitzt Felder, die durch Kommas getrennt und in Anführungszeichen eingeschlossen sind.

Wenn Zeilen in der Datei von Neue-Zeile-Zeichen begrenzt sind, zeigt der unten stehende Befehl die Feld- und Zeilen-Handhabungsoptionen an, die für das Laden der Datei verwendet werden:

```
mysql> LOAD DATA INFILE 'daten.txt' INTO TABLE tabelle
        FIELDS TERMINATED BY ',' ENCLOSED BY '"'
        LINES TERMINATED BY '\n';
```

Jede der Feld- oder Zeilen-Handhabungsoptionen kann eine leere Zeichenkette angeben (''). Wenn nicht leer, müssen die `FIELDS [OPTIONALLY] ENCLOSED BY`- und `FIELDS ESCAPED BY`-Werte ein einzelnes Zeichen sein. Die `FIELDS TERMINATED BY`- und `LINES TERMINATED BY`-Werte können aus mehr als einem Zeichen bestehen. Um zum Beispiel Zeilen zu schreiben, die durch Wagenrücklauf/Neue-Zeile-Paare getrennt sind, oder um eine Datei einzulesen, die solche Zeilen enthält, geben Sie eine `LINES TERMINATED BY '\r\n'`-Klausel an.

`FIELDS [OPTIONALLY] ENCLOSED BY` steuert die Art von Anführungszeichen von Feldern. Wenn Sie bei der Ausgabe (`SELECT ... INTO OUTFILE`) das Wort `OPTIONALLY` auslassen, sind alle Felder vom `ENCLOSED BY`-Zeichen eingeschlossen.

> **Hinweis:** Wir haben bewusst lediglich die wesentlichen Punkte der `LOAD DATA INFILE`-Syntax in die Referenz mit aufgenommen.

## 16.5 Datendefinition

### 16.5.1 CREATE DATABASE-Syntax

*Definition*
```
CREATE DATABASE [IF NOT EXISTS] datenbank
```

`CREATE DATABASE` erzeugt eine Datenbank mit dem angegebenen Namen. Ein Fehler tritt auf, wenn die Datenbank bereits existiert und Sie `IF NOT EXISTS` nicht angeben.

Datenbanken sind in MySQL als Verzeichnisse implementiert, die Dateien enthalten, die den Tabellen in der Datenbank entsprechen. Weil es keine Tabellen in einer Datenbank gibt oder wenn diese erstmalig erzeugt wird, erzeugt das `CREATE DATABASE`-Statement nur ein Verzeichnis unter dem MySQL-Daten-Verzeichnis.

Sie können auch mit *mysqladmin* Datenbanken erzeugen.

### 16.5.2 DROP DATABASE-Syntax

*Definition*
```
DROP DATABASE [IF EXISTS] datenbank
```

`DROP DATABASE` löscht alle Tabellen in der Datenbank und die Datenbank an sich. Wenn Sie ein `DROP DATABASE` auf eine symbolisch verknüpfte Datenbank ausführen, werden sowohl der Link als auch die Originaldatenbank gelöscht. Gehen Sie mit diesem Befehl sehr vorsichtig um!

`DROP DATABASE` gibt die Anzahl von Dateien zurück, die aus dem Datenbankverzeichnis entfernt wurden. Normalerweise ist das dreimal die Anzahl der Tabellen, da normalerweise jede Tabelle einer '.MYD'-Datei, einer '.MYI'-Datei und einer '.frm'-Datei entspricht.

Der DROP DATABASE-Befehl entfernt aus dem angegebenen Datenbankverzeichnis alle Dateien mit folgenden Erweiterungen:

| .BAK | .DAT | .HSH | .ISD |
| .ISM | .ISM | .MRG | .MYD |
| .MYI | .db | .frm | |

Alle Unterverzeichnisse, die aus 2 Ziffern bestehen (RAID-Verzeichnisse), werden ebenfalls gelöscht.

Ab MySQL-Version 3.22 können Sie die Schlüsselwörter IF EXISTS benutzen, um eine Fehlermeldung zu vermeiden, die erscheint, wenn die Datenbank nicht existiert.

**Hinweis:** Sie können Datenbanken auch mit *mysqladmin* löschen.

### 16.5.3 CREATE-TABLE Syntax

*Definition*

```
CREATE [TEMPORARY] TABLE [IF NOT EXISTS] tabelle [(create_definition,...)]
[tabellen_optionen][select_statement]
create_definition:
  spalten_name typ [NOT NULL | NULL] [DEFAULT vorgabe_wert] [AUTO_INCREMENT]
     [PRIMARY KEY] [referenz_definition]
  oder  PRIMARY KEY (index_spalten_name,...)
  oder  KEY [index_name] (index_spalten_name,...)
  oder  INDEX [index_name] (index_spalten_name,...)
  oder  UNIQUE [INDEX] [index_name] (index_spalten_name,...)
  oder  FULLTEXT [INDEX] [index_name] (index_spalten_name,...)
  oder  [CONSTRAINT symbol] FOREIGN KEY index_name (index_spalten_name,...)
     [referenz_definition]
  oder  CHECK (ausdruck)

typ:
    TINYINT[(laenge)] [UNSIGNED] [ZEROFILL]
  oder  SMALLINT[(laenge)] [UNSIGNED] [ZEROFILL]
  oder  MEDIUMINT[(laenge)] [UNSIGNED] [ZEROFILL]
  oder  INT[(laenge)] [UNSIGNED] [ZEROFILL]
  oder  INTEGER[(laenge)] [UNSIGNED] [ZEROFILL]
  oder  BIGINT[(laenge)] [UNSIGNED] [ZEROFILL]
  oder  REAL[(laenge,dezimalstellen)] [UNSIGNED] [ZEROFILL]
  oder  DOUBLE[(laenge,dezimalstellen)] [UNSIGNED] [ZEROFILL]
  oder  FLOAT[(laenge,dezimalstellen)] [UNSIGNED] [ZEROFILL]
  oder  DECIMAL(laenge,dezimalstellen) [UNSIGNED] [ZEROFILL]
  oder  NUMERIC(laenge,dezimalstellen) [UNSIGNED] [ZEROFILL]
  oder  CHAR(laenge) [BINARY]
  oder  VARCHAR(laenge) [BINARY]
  oder  DATE
  oder  TIME
  oder  TIMESTAMP
  oder  DATETIME
  oder  TINYBLOB
```

```
oder  BLOB
oder  MEDIUMBLOB
oder  LONGBLOB
oder  TINYTEXT
oder  TEXT
oder  MEDIUMTEXT
oder  LONGTEXT
oder  ENUM(wert1,wert2,wert3,...)
oder  SET(wert1,wert2,wert3,...)

index_spalten_name:
   spalten_name [(laenge)]

referenz_definition:
   REFERENCES tabelle [(index_spalten_name,...)]
      [MATCH FULL | MATCH PARTIAL]
      [ON DELETE referenz_option]
      [ON UPDATE referenz_option]

referenz_option:
   RESTRICT | CASCADE | SET NULL | NO ACTION | SET DEFAULT

tabellen_optionen:
   TYPE = {BDB | HEAP | ISAM | InnoDB | MERGE | MRG_MYISAM | MYISAM }
oder   AUTO_INCREMENT = #
oder   AVG_ROW_LENGTH = #
oder   CHECKSUM = {0 | 1}
oder   COMMENT = "string"
oder   MAX_ROWS = #
oder   MIN_ROWS = #
oder   PACK_KEYS = {0 | 1 | DEFAULT}
oder   PASSWORD = "string"
oder   DELAY_KEY_WRITE = {0 | 1}
oder   ROW_FORMAT= { default | dynamic | fixed | compressed }
oder   RAID_TYPE= {1 | STRIPED | RAID0 } RAID_CHUNKS=# RAID_CHUNKSIZE=#
oder   UNION = (tabelle,[tabelle...])
oder   INSERT_METHOD= {NO | FIRST | LAST }
oder   DATA directory="verzeichnis"
oder   INDEX directory="verzeichnis"

select_statement:
   [IGNORE | REPLACE] SELECT ... (jedes zulässige SELECT-Statement)
```

CREATE TABLE erzeugt eine Tabelle mit dem angegebenen Namen in der aktuellen Datenbank.

Ab MySQL-Version 3.22 kann der Tabellenname als *datenbank.tabelle* angegeben werden. Das funktioniert unabhängig davon, ob es eine aktuelle Datenbank gibt oder nicht.

In MySQL-Version 3.23 können Sie das TEMPORARY-Schlüsselwort verwenden, wenn Sie eine Tabelle erzeugen. Eine temporäre Tabelle wird automatisch gelöscht, sobald eine Verbindung stirbt und der Name sich auf die Verbindung bezieht. Das bedeutet, dass zwei verschiedene Verbindungen denselben temporären Tabellennamen benutzen können, ohne miteinander oder mit einer bestehenden Tabelle desselben Namens in Konflikt zu geraten. Die bestehende Tabelle ist versteckt, bis die temporäre Tabelle gelöscht wird.

Ab MySQL-Version 3.23 können Sie die Schlüsselwörter IF NOT EXISTS verwenden, sodass kein Fehler auftritt, falls die Tabelle bereits besteht. Beachten Sie, dass keine Überprüfung erfolgt, sodass die Tabellenstrukturen identisch sind.

Jede Tabelle *tabelle* wird durch eigene Dateien im Datenbankverzeichnis dargestellt. Im Fall von MyISAM-Tabellen erhalten Sie:

| Datei | Zweck |
|---|---|
| tabelle.frm | Tabellendefinitionsdatei (form) |
| tabelle.MYD | Datendatei |
| tabelle.MYI | Indexdatei |

MyISAMs

*Beispiel*
```
CREATE TABLE highscore(
  vorname varchar(50) NOT NULL default '',
  nachname varchar(50) NOT NULL default '',
  punkte int(8) NOT NULL default '0',
  icon int(2) NOT NULL default '0'
);
```

## 16.5.4 ALTER TABLE-Syntax

*Definition*
```
ALTER [IGNORE] TABLE tabelle aenderungs_angabe [, aenderungs_angabe ...]
aenderungs_angabe:
    ADD [COLUMN] create_definition [FIRST | AFTER spalten_name]
  oder  ADD [COLUMN] (create_definition, create_definition,...)
  oder  ADD INDEX [index_name] (index_spalten_name,...)
  oder  ADD PRIMARY KEY (index_spalten_name,...)
  oder  ADD UNIQUE [index_name] (index_spalten_name,...)
  oder  ADD FULLTEXT [index_name] (index_spalten_name,...)
  oder   ADD [CONSTRAINT symbol] FOREIGN KEY index_name
(index_spalten_name,...)
    [referenz_definition]
  oder  ALTER [COLUMN] spalten_name {SET DEFAULT literal | DROP DEFAULT}
  oder  CHANGE [COLUMN] alter_spalten_name create_definition
  oder  MODIFY [COLUMN] create_definition
  oder  DROP [COLUMN] spalten_name
  oder  DROP PRIMARY KEY
  oder  DROP INDEX index_name
  oder  DISABLE KEYS
  oder  ENABLE KEYS
  oder  RENAME [TO] neue_tabelle
  oder  ORDER BY spalte
  oder  tabellen_optionen
```

Mit ALTER TABLE können Sie die Struktur einer bestehenden Tabelle ändern. Sie können beispielsweise Spalten hinzufügen oder löschen, Indizes erzeugen oder löschen, den Typ bestehender Spalten ändern oder Spalten bzw. die Tabelle selbst umbenennen. Sie können auch den Kommentar für die Tabelle und den Typ der Tabelle ändern.

Wenn Sie ALTER TABLE verwenden, um eine Spaltenspezifikation zu ändern, und DESCRIBE tabelle anzeigt, dass die Spalte nicht geändert wurde, ist es möglich, dass MySQL Ihre Änderungen aus einem bestimmten Grund ignoriert hat. Wenn Sie beispielsweise versuchen, eine VARCHAR-Spalte in CHAR zu ändern, benutzt MySQL dennoch VARCHAR, sollte die Tabelle weitere Spalten variabler Länge enthalten.

ALTER TABLE funktioniert mittels Anlegen einer temporären Kopie der Originaltabelle. Die Änderungen werden an der Kopie durchgeführt, erst dann wird die Originaltabelle gelöscht und die neue umbenannt. Dies wird so durchgeführt, dass alle Aktualisierungen automatisch, ohne irgendwelche fehlgeschlagenen Aktualisierungen, an die neue Tabelle weitergeleitet werden. Während ALTER TABLE ausgeführt wird, ist die alte Tabelle durch andere Clients lesbar. Aktualisierungen und Schreibvorgänge in die Tabelle werden angehalten, bis die neue Tabelle bereitsteht.

Hier ist ein Beispiel, das einige der Anwendungsfälle von ALTER TABLE aufzeigt. Wir fangen mit einer Tabelle *t1* an, die wie folgt erzeugt wird:

```
mysql> CREATE TABLE tab1 (a INTEGER,b CHAR(10));
```

Um die Tabelle von *t1* in *t2* umzubenennen, geben Sie Folgendes ein:

```
mysql> ALTER TABLE tab1 RENAME tab2;
```

Um Spalte *a* von INTEGER nach TINYINT NOT NULL zu ändern (der Name bleibt derselbe) und Spalte *b* von CHAR(10) nach CHAR(20) zu ändern und gleichzeitig von *b* nach *c* umzubenennen, geben Sie Folgendes ein:

```
mysql> ALTER TABLE tab2 MODIFY a TINYINT NOT NULL, CHANGE b c CHAR(20);
```

Jetzt wird eine TIMESTAMP-Spalte namens *d* hinzugefügt:

```
mysql> ALTER TABLE tab2 ADD d TIMESTAMP;
```

Nunmehr erzeugen wir einen Index auf Spalte *d* und gestalten Spalte *a* zum Primärschlüssel:

```
mysql> ALTER TABLE tab2 ADD INDEX (d), ADD PRIMARY KEY (a);
```

Wir entfernen Spalte *c*

```
mysql> ALTER TABLE tab2 DROP COLUMN c;
```

und fügen eine neue AUTO_INCREMENT-Ganzzahl-Spalte namens *c* hinzu:

```
mysql> ALTER TABLE t2 ADD c INT UNSIGNED NOT NULL AUTO_INCREMENT, ADD
INDEX (c);
```

> **Achtung:** Beachten Sie, dass wir c indiziert haben, weil AUTO_INCREMENT-Spalten indiziert sein müssen. Auch haben wir c als NOT NULL deklariert, da indizierte Spalten nicht NULL sein dürfen.

Wenn Sie eine AUTO_INCREMENT-Spalte hinzufügen, werden automatisch Spaltenwerte mit Zahlenfolgen eingefügt. Sie können die erste Zahl setzen, indem Sie SET INSERT_ID=# vor ALTER TABLE ausführen oder indem Sie die AUTO_INCREMENT - #-Tabellenoption verwenden.

Solange Sie bei `MyISAM`-Tabellen nicht die `AUTO_INCREMENT`-Spalte ändern, ist die Folgezahl davon auch nicht betroffen. Wenn Sie eine `AUTO_INCREMENT`-Spalte löschen und dann eine weitere `AUTO_INCREMENT`-Spalte hinzufügen, fangen die Zahlen wieder bei 1 an.

### 16.5.5 RENAME TABLE-Syntax

*Definition*
```
RENAME TABLE tabelle TO neue_tabelle[, tabelle2 TO neue_tabelle2,...]
```

Das Umbenennen wird atomisch durchgeführt, das heißt, dass kein anderer Thread auf die Tabelle(n) zugreifen kann, während umbenannt wird. Dies ermöglicht es, eine bereits bestehende Tabelle durch eine leere zu ersetzen:

```
CREATE TABLE neue_tabelle (...);
RENAME TABLE alte_tabelle TO datensicherung_tabelle, neue_tabelle TO alte_tabelle;
```

Das Umbenennen wird von links nach rechts durchgeführt, was bedeutet, dass Sie beim Vertauschen zweier Tabellennamen Folgendes tun können:

```
RENAME TABLE alte_tabelle      TO datensicherung_tabelle, neue_tabelle      TO alte_tabelle,datensicherung_tabelle TO neue_tabelle;
```

Solange zwei Datenbanken auf derselben Platte liegen, können Sie auch von einer Datenbank in eine andere umbenennen:

```
RENAME TABLE aktuelle_datenbank.tabelle TO andere_datenbank.tabelle;
```

Wenn Sie `RENAME` ausführen, dürfen Sie keine gesperrten Tabellen verwenden oder aktive Transaktionen haben. Außerdem benötigen Sie die `ALTER`- und `DROP`-Berechtigungen für die Originaltabelle und die `CREATE`- und `INSERT`-Berechtigungen auf die neue Tabelle.

Wenn beim Umbenennen mehrfacher Tabellen Fehler auftreten, führt MySQL ein entgegengesetztes Umbenennen aller umbenannten Tabellen durch, um so alles wieder in den Ausgangszustand zu versetzen.

### 16.5.6 DROP TABLE-Syntax

*Definition*
```
DROP TABLE [IF EXISTS] tabelle [, tabelle,...] [RESTRICT | CASCADE]
```

`DROP TABLE` entfernt eine oder mehrere Tabellen. Alle Tabellendaten sowie die Tabellendefinition werden zerstört. Vorsicht also mit diesem Befehl!

Ab MySQL-Version 3.22 können Sie die Schlüsselwörter `IF EXISTS` verwenden, um Fehler zu vermeiden, die auftreten, falls Tabellen nicht existieren.

`RESTRICT` und `CASCADE` sind wegen leichterer Portierung zugelassen. Momentan verrichten sie keinerlei Aktivitäten.

> **Hinweis:** DROP TABLE ist nicht transaktionssicher und führt automatisch jegliche aktive Transaktion zu Ende.

### 16.5.7 CREATE INDEX-Syntax

*Definition*
```
CREATE [UNIQUE|FULLTEXT] INDEX index_name ON tabelle
(spalten_name[(laenge)],...)
```

Das CREATE INDEX-Statement war vor MySQL-Version 3.22 inaktiv. Ab Version 3.22 ist CREATE INDEX auf ein ALTER TABLE-Statement gemappt, um Indizes zu erzeugen.

Normalerweise erzeugen Sie alle Indizes auf eine Tabelle zu der Zeit, zu der die Tabelle selbst mit CREATE TABLE erzeugt wird. CREATE INDEX gestattet, bestehenden Tabellen Indizes hinzuzufügen.

Eine Spaltenliste der Form (spalte1,spalte2,...) erzeugt einen mehrspaltigen Index. Die Indexwerte werden durch Verkettung der Werte der angegebenen Spalten erzeugt.

Bei CHAR- und VARCHAR-Spalten können Indizes, die nur einen Teil einer Spalte verwenden, mit der spalten_name(laenge)-Syntax erzeugt werden. (Bei BLOB- und TEXT-Spalten ist die Längenangabe erforderlich.) Unten stehendes Statement zeigt, wie ein Index erzeugt wird, der die ersten 10 Zeichen der *name*-Spalte verwendet:

```
mysql> CREATE INDEX name ON kunden (name(10));
```

Weil sich die meisten Namen üblicherweise in den ersten 10 Zeichen unterscheiden, sollte dieser Index nicht viel langsamer sein, als wenn der Index aus der gesamten *name*-Spalte erzeugt worden wäre. Die Verwendung von Teilspalten für den Index kann die Indexdatei auch viel kleiner werden lassen, was viel Speicherplatz sparen und zusätzlich INSERT-Operationen beschleunigen kann.

> **Hinweis:** Beachten Sie, dass Sie einen Index auf eine Spalte, die NULL-Werte besitzen darf, oder auf eine BLOB/TEXT-Spalte erst seit MySQL-Version 3.23.2 anwenden dürfen und nur in Verbindung mit dem MyISAM-Tabellentyp erzeugen können.

FULLTEXT-Indizes können nur VARCHAR- und TEXT-Spalten indizieren und funktionieren nur bei MyISAM-Tabellen. FULLTEXT-Indizes sind ab MySQL-Version 3.23.23 verfügbar.

### 16.5.8 DROP INDEX-Syntax

*Definition*
```
DROP INDEX index_name ON tabelle
```

DROP INDEX löscht den Index namens *index_name* aus der Tabelle *tabelle*. DROP INDEX war vor MySQL-Version 3.22 nutzlos. Ab Version 3.22 ist DROP INDEX auf ein ALTER TABLE-Statement gemappt, um den Index zu löschen.

## 16.6 Befehle des MySQL-Dienstprogramms

### 16.6.1 USE-Syntax

*Definition*
```
USE datenbank
```

Das `USE datenbank`-Statement weist MySQL an, `datenbank` als vorgabemäßige Datenbank für nachfolgende Anfragen zu verwenden. Die Datenbank bleibt die aktuelle, entweder bis zum Ende der Sitzung oder bis ein weiteres `USE`-Statement abgesetzt wird:

```
mysql> USE datenbank1;
mysql> SELECT count(*) FROM tabelle;
mysql> USE datenbank2;
mysql> SELECT count(*) FROM tabelle;
```

Wenn Sie eine bestimmte Datenbank mit dem `USE`-Statement zur aktuellen schreiben, heißt das nicht, dass Sie nicht auf Tabellen in anderen Datenbanken zugreifen können. Das unten stehende Beispiel zeigt den Zugriff auf die Tabelle *autor* in der *datenbank1*-Datenbank und auf die Tabelle *herausgeber* in der *datenbank2*-Datenbank an:

```
mysql> USE datenbank1;
mysql> SELECT autor_name, herausgeber_name FROM
autor,datenbank2.herausgeber WHERE autor.herausgeber_id =
datenbank2.herausgeber.herausgeber_id;
```

Die `USE`-Anweisung wird mit Rücksicht auf die Sybase-Kompatibilität zur Verfügung gestellt.

### 16.6.2 DESCRIBE-Syntax

*Definition*
```
{DESCRIBE | DESC} tabelle {spalten_name | platzhalter}
```

`DESCRIBE` ist ein Kürzel für `SHOW COLUMNS FROM`.

`DESCRIBE` stellt Informationen über die Spalten einer Tabelle bereit. `spalten_name` kann ein Spaltenname oder eine Zeichenkette sein, die die SQL-'%'- und -'_'-Platzhalterzeichen enthält.

Wenn die Spaltentypen sich von dem unterscheiden, was Sie auf der Grundlage eines `CREATE TABLE`-Statements erwartet hätten, beachten Sie, dass MySQL manchmal Spaltentypen ändert.

Dieses Statement wird mit Rücksicht auf die Oracle-Kompatibilität zur Verfügung gestellt.

Das `SHOW`-Statement stellt ähnliche Informationen bereit.

## 16.7 Transaktionale und Sperrbefehle von MySQL

### 16.7.1 BEGIN/COMMIT/ROLLBACK-Syntax

Vorgabemäßig läuft MySQL im autocommit-Modus. Das heißt, dass MySQL eine Aktualisierung auf die Festplatte speichert, sobald Sie eine Aktualisierung ausführen.

Wenn Sie transaktionssichere Tabellen (wie `InnoDB` oder `BDB`) verwenden, können Sie MySQL mit folgendem Befehl in den Nicht-autocommit-Modus setzen:

`SET AUTOCOMMIT=0`

Danach müssen Sie `COMMIT` verwenden, um Ihre Änderungen auf der Festplatte zu sichern, oder `ROLLBACK`, wenn Sie Änderungen verwerfen wollen, die Sie seit Beginn der Transaktion gemacht haben.

Wenn Sie für eine Reihe von Statements zum autocommit-Modus umschalten wollen, können Sie das `BEGIN`- oder `BEGIN WORK`-Statement verwenden:

```
BEGIN;
SELECT @A:=SUM(gehalt) FROM tabelle1 WHERE type=1;
UPDATE tabelle2 SET zusammenfassung=@A WHERE type=1;
COMMIT;
```

Beachten Sie, dass bei Verwendung nicht transaktionssicherer Tabellen die Änderungen dennoch sofort gespeichert werden, unabhängig vom Status des autocommit-Modus.

Wenn Sie `ROLLBACK` bei der Aktualisierung einer nicht transaktionalen Tabelle ausführen, erhalten Sie einen Fehler (`ER_WARNING_NOT_COMPLETE_ROLLBACK`) als Warnung. Alle transaktionssicheren Tabellen werden zurückgesetzt, nicht transaktionale Tabelle ändern sich jedoch nicht.

Wenn Sie `BEGIN` oder `SET AUTOCOMMIT=0` verwenden, sollten Sie die MySQL-Binär-Logdatei für die Datensicherungen, statt einer älteren Update-Logdatei verwenden. Transaktionen werden in der Binär-Logdatei in einem Stück gespeichert. Bei `COMMIT` wird sichergestellt, dass Transaktionen, die zurückgesetzt werden (Rollback), nicht gespeichert werden.

Folgende Befehle beenden automatisch eine Transaktion so, als ob Sie ein `COMMIT` vor dem Ausführen des Befehls gesetzt hätten:

| | | |
|---|---|---|
| ALTER TABLE | BEGIN | CREATE INDEX |
| DROP DATABASE | DROP TABLE | RENAME TABLE |
| TRUNCATE | | |

Sie können die Isolationsebene (Isolation Level) für Transaktionen mit `SET TRANSACTION ISOLATION LEVEL ...` ändern.

## 16.7.2 LOCK TABLES/UNLOCK TABLES-Syntax

*Definition*
```
LOCK TABLES tabelle
     [AS alias] {READ | [READ LOCAL] | [LOW_PRIORITY] WRITE}
  [, tabelle {READ | [LOW_PRIORITY] WRITE} ...]
...
UNLOCK TABLES
```

LOCK TABLES sperrt Tabellen für den aktuellen Thread. UNLOCK TABLES hebt alle Sperren auf, die vom aktuellen Thread gesetzt wurden. Alle Tabellen, die durch den aktuellen Thread gesperrt sind, werden automatisch entsperrt, wenn der Thread ein weiteres LOCK TABLES absetzt oder die Verbindung zum Server geschlossen wird.

Die wichtigsten Gründe für die Verwendung von LOCK TABLES sind die Emulation von Transaktionen oder eine erhöhte Geschwindigkeit bei der Aktualisierung von Tabellen. Dies wird später detaillierter erläutert.

Wenn ein Thread eine READ-Sperre auf eine Tabelle erlangt, kann dieser Thread (und alle anderen Threads) nur aus der Tabelle lesen. Wenn ein Thread eine WRITE-Sperre auf eine Tabelle erlangt, kann nur der Thread, der die Sperre veranlasst hat, READ oder WRITE auf der Tabelle durchführen. Andere Threads werden blockiert.

Der Unterschied zwischen READ LOCAL und READ ist, dass READ LOCAL nicht kollidierende INSERT-Statements während der Dauer der Sperre zulässt. Dies kann jedoch nicht verwendet werden, wenn Sie Datenbankdateien außerhalb von MySQL bearbeiten werden, während die Sperre aktiv ist.

Wenn Sie LOCK TABLES verwenden, müssen Sie alle Tabellen sperren, die Sie verwenden werden, und Sie müssen denselben Alias verwenden, den Sie in Ihren Anfragen verwenden werden! Wenn Sie eine Tabelle in einer Anfrage mehrfach (mit Aliasen) verwenden, müssen Sie für jeden Alias eine Sperre anlegen!

WRITE-Sperren haben normalerweise höhere Priorität als READ-Sperren, um sicherzustellen, dass Aktualisierungen so früh wie möglich bearbeitet werden. Das heißt, wenn ein Thread eine READ-Sperre erlangt und dann ein anderer Thread eine WRITE-Sperre, müssen nachfolgende READ-Sperrenanfragen warten, bis der WRITE-Thread die Sperre erhalten und freigegeben hat. Sie können LOW_PRIORITY WRITE-Sperren verwenden, um anderen Threads zu gestatten, READ-Sperren zu erlangen, während der Thread auf die WRITE-Sperre wartet. Sie sollten nur dann LOW_PRIORITY WRITE-Sperren verwenden, wenn Sie sich sicher sind, dass es irgendwann eine Zeit gibt, in der kein anderer Thread eine READ-Sperre haben wird.

LOCK TABLES funktioniert wie folgt:

1. Sortiert alle Tabellen, die gesperrt werden sollen, in einer intern definierten Reihenfolge (aus Benutzersicht ist die Reihenfolge undefiniert).

2. Wenn eine Tabelle mit einer Lese- und einer Schreibsperre gesperrt ist, wird die Schreibsperre vor die Lesesperre platziert.

3. Sperrt eine Tabelle nach der anderen, bis der Thread alle Sperren erhalten hat.

Diese Methode stellt sicher, dass Tabellensperren blockierungsfrei sind. Bei diesem Schema gibt es jedoch einiges, dessen man sich bewusst sein sollte:

Wenn Sie eine `LOW_PRIORITY_WRITE`-Sperre für eine Tabelle verwenden, heißt das, dass MySQL auf diese bestimmte Sperre wartet, bis es keinen Thread mehr gibt, der eine `READ`-Sperre will. Wenn der Thread die `WRITE`-Sperre erhalten hat und darauf wartet, die Sperre für die nächste Tabelle in der Tabellensperrliste zu erhalten, warten alle anderen Threads darauf, dass die `WRITE`-Sperre aufgehoben wird. Wenn das bei Ihrer Applikation zu ernsthaften Problemen führt, sollten Sie in Betracht ziehen, einige Ihrer Tabellen in transaktionssichere Tabellen umzuwandeln.

Es ist daher vorteilhafter, einen Thread mit `KILL` zu killen, der auf eine Tabellensperre wartet.

Beachten Sie, dass Sie NICHT irgendwelche Tabellen sperren, die Sie mit einem `INSERT DELAYED` benutzen. Das liegt daran, dass in diesem Fall das `INSERT` von einem separaten Thread durchgeführt wird.

> **Hinweis:** `LOCK TABLES` ist nicht transaktionssicher und schickt automatisch jegliche aktiven Transaktionen ab (Commit), bevor es versucht, die Tabellen zu sperren.

### 16.7.3 SET TRANSACTION-Syntax

*Definition*

```
SET [GLOBAL | SESSION] TRANSACTION ISOLATION LEVEL
  [READ UNCOMMITTED | READ COMMITTED | REPEATABLE READ | SERIALIZABLE]
```

Setzt die Transaktionsisolationsebene für die globale gesamte Sitzung oder für die nächste Transaktion.

Das vorgabemäßige Verhalten ist das Setzen der Isolationsebene für die nächste (nicht angefangene) Transaktion.

Wenn Sie die `GLOBAL`-Berechtigung setzen, betrifft dies alle neu erzeugten Threads. Sie benötigen dafür die `PROCESS`-Berechtigung.

Wenn Sie die `SESSION`-Berechtigung setzen, betrifft dies die folgenden und alle zukünftigen Transaktionen.

Sie können die vorgabemäßige Isolationsebene für *mysqld* mit `--transaction-isolation=...` setzen.

## 16.8 Optionen für MySQL-Programme

### 16.8.1 Konfigurationsdateien

Seit Version 3.22 kann MySQL vorgabemäßige Startoptionen für den Server und für Clients aus Optionsdateien lesen.

MySQL liest Vorgabeoptionen aus folgenden Dateien unter Unix:

| Dateiname | Zweck |
|---|---|
| /etc/my.cnf | Globale Optionen |
| DATADIR/my.cnf | Serverspezifische Optionen |
| defaults-extra-file | Die Datei, die mit --defaults-extra-file=# festgelegt wird |
| ~/.my.cnf | Benutzerspezifische Optionen |

Vorgabeoptionen

DATADIR ist das MySQL-Daten-Verzeichnis (typischerweise *'/usr/local/mysql/data'* bei einer Binärinstallation oder *'/usr/local/var'* bei einer Quellinstallation). Beachten Sie, dass dies dasjenige Verzeichnis ist, das zur Konfigurationszeit festgelegt wurde, und nicht das, welches mit --datadir festgelegt wird, wenn *mysqld* startet. (--datadir hat keinen Einfluss darauf, wo der Server nach Optionsdateien sucht, denn er sucht nach ihnen, bevor er irgendwelche Kommandozeilenargumente verarbeitet.)

| Dateiname | Zweck |
|---|---|
| Windows-Systemverzeichnis\my.ini | Globale Optionen |
| C:\my.cnf | Globale Optionen |
| C:\mysql\data\my.cnf | Serverspezifische Optionen |

MySQL liest Vorgabeoptionen aus diesen Dateien unter Windows

Beachten Sie, dass Sie unter Windows alle Pfade mit / statt mit \ angeben sollten. Wenn Sie \ verwenden, müssen Sie das doppelt (\\) tun, weil \ in MySQL das Fluchtzeichen (Escape-Character) ist.

MySQL versucht, Optionsdateien in der oben angegebenen Reihenfolge zu lesen. Wenn es mehrere Optionsdateien gibt, erlangt eine Option, die in einer Datei festgelegt wird, die erst später gelesen wird, Vorrang über dieselbe Option, die in einer sonst vorliegenden Optionsdatei festgelegt wurde. Optionen, die auf der Kommandozeile festgelegt werden, erlangen Vorrang vor Optionen in jeglichen weiteren Optionsdateien. Einige Optionen können durch Umgebungsvariablen festgelegt werden. Optionen, die auf der Kommandozeile oder in Optionsdateien festgelegt werden, haben Vorrang vor Werten in Umgebungsvariablen.

Sie können Optionsdateien verwenden, um jede beliebig lange Option festzulegen, die ein Programm unterstützt. Starten Sie das Programm mit --help, um eine Liste der verfügbaren Optionen zu erhalten.

Eine Optionsdatei kann Zeilen der folgenden Formate enthalten:

#Kommentar

Kommentarzeilen beginnen mit '#' oder ';'. Leere Zeilen werden ignoriert.

[group]

group ist der Name des Programms oder der Gruppe, für das oder die Sie Optionen setzen wollen. Nach einer Gruppen-Zeile beziehen sich alle option- oder set-variable-Zeilen auf die benannte Gruppe. Die erfolgt bis zum Ende der Optionsdatei oder bis eine andere Gruppe angegeben wird.

option

Dies ist äquivalent zu `--option` auf der Kommandozeile.

option=value

Dies ist äquivalent zu `--option=value` auf der Kommandozeile.

set-variable=variable=value

Dies ist äquivalent zu `--set-variable variable=value` auf der Kommandozeile. Diese Syntax muss verwendet werden, um eine mysqld-Variable zu setzen.

### 16.8.2 SHOW STATUS

*Definition*

```
SHOW STATUS
```

`SHOW STATUS` zeigt Serverstatus-Informationen an (wie `mysqladmin extended-status`).

### 16.8.3 SHOW VARIABLES

*Definition*

```
SHOW VARIABLES [LIKE platzhalter]
```

`SHOW VARIABLES` zeigt die Werte einiger MySQL-Systemvariablen. Sie erhalten diese Liste auch mit dem `mysqladmin variables`-Befehl. Wenn die Vorgabewerte unpassend sind, können Sie die meisten dieser Variablen mit Kommandozeilenoptionen neu setzen, wenn Sie *mysqld* hochfahren.

Die Werte für Puffergrößen, Längen und Stack-Größen sind in Byte angegeben. Sie können Werte mit den Suffixen 'K' oder 'M' angeben, um Kilobytes oder Megabytes zu kennzeichnen. 16M zum Beispiel bedeutet 16 Megabyte.

# Teil III – Anhänge

A   Sicherheit .................................................................................. 907
B   CD-ROM .................................................................................... 911
    Nachwort ................................................................................. 913

# A Sicherheit

## A.1 Schwachstellen und Gefahren

Im folgenden Abschnitt habe ich Schwachstellen und Gefahren zusammengestellt und bewertet.

> **Hinweis:** Das in den Tabellen enthaltene Kriterium »Schadenspotenzial« bezieht sich auf die schädlichen Auswirkungen auf einen Server.

### Cross-Site-Scripting (XSS)

Beim Cross-Site-Scripting wird Code auf Seiten des Clients ausgeführt, etwa einem Webbrowser oder einer E-Mail-Anwendung. Daher muss ein potenzieller Angreifer seinem Opfer einen präparierten Hyperlink zukommen lassen, den er zum Beispiel in eine Website einbindet oder mit einer Mail versendet. Bei den meisten Angriffen werden URL-Spoofing-Techniken und Kodierungsverfahren eingesetzt, um den Hyperlink vertrauenswürdig erscheinen zu lassen.

| | |
|---|---|
| Ausnutzung | einfach |
| Schadenspotenzial | gering |
| Imageschaden | mittel |

### Cross-Site Request Forgery (CSRF oder XSRF)

Cross-Site Request Forgery ist im Grunde genommen genau das Gegenteil von XSS. Während XSS eine Webseite dazu nutzt, Code im Browser des Benutzers auszuführen, werden bei CSRF die im Browser eines Benutzers gespeicherten Informationen, wie z. B. Cookies, missbraucht, um auf einer Website in deren Namen Aktionen auszuführen.

| | |
|---|---|
| Ausnutzung | schwer |
| Schadenspotenzial | mittel |
| Imageschaden | hoch |

### Information Disclosure

Von einem Information Disclosure spricht man, wenn man beispielsweise durch Fehlererzeugung oder Schwachstellen an Informationen über die Anwendung gelangt.

| | |
|---|---|
| Ausnutzung | einfach |
| Schadenspotenzial | gering |
| Imageschaden | mittel |

## HTTP Response Splitting

HTTP Response Splitting ermöglicht es, Websites mithilfe von gefälschten Anfragen zu verunstalten. Dabei wird nicht direkt auf den Webserver Einfluss genommen, sondern es werden Systeme beeinflusst, die dem Webserver vorgeschaltet sind. Solche vorgeschalteten Systeme könnten beispielsweise ein Proxy-Server oder ein Cache-Server sein. Darüber hinaus sind Cross-Site-Scripting oder Phishing-Angriffe über HTTP Response Splitting möglich.

| | |
|---|---|
| Ausnutzung | schwer |
| Schadenspotenzial | mittel |
| Imageschaden | hoch |

## Remote Command Execution

Bei Remote Command Execution versuchen Angreifer, Code auf einem Server auszuführen. Dies ist in den meisten Fällen durch PHP-`include()`-Anweisungen möglich. Unter PHP ist es möglich, Dateien von anderen Servern einzubinden, also auch von einem Rechner eines Angreifers. PHP bietet darüber hinaus die Möglichkeit, lokale Anwendungen über eine Shell aufzuführen. Wird eine lokale Anwendung mit benutzermanipulierbaren Parametern aufgerufen und die Parameter nicht entsprechend gefiltert, ist es möglich, weitere Programme aufzurufen. So können etwa Dateien geändert oder sensible Daten ausgespäht werden.

| | |
|---|---|
| Ausnutzung | mittel |
| Schadenspotenzial | hoch |
| Imageschaden | hoch |

## SQL-Injection

SQL-Injection bezeichnet das Ausnutzen einer Sicherheitslücke im Zusammenhang mit SQL-Datenbanken. Besagte Sicherheitslücke entsteht bei mangelnder Maskierung beziehungsweise Überprüfung von Steuerzeichen. Der Angreifer versucht über die Anwendung, die den Zugriff auf die Datenbank bereitstellt, eigene SQL-Abfragen einzuschleusen. Sein Ziel ist es dabei, Kontrolle über die Datenbank bzw. den Server zu erhalten.

| | |
|---|---|
| Ausnutzung | mittel bis schwer |
| Schadenspotenzial | hoch |
| Imageschaden | hoch |

## A.2 Webanwendungen und Sicherheit

Sollten Sie Maßnahmen gegen potenzielle Gefahren und Schwachstellen ergreifen wollen, dürfte die folgende Tabelle einige brauchbare Vorschläge enthalten.

| Sicherheitslücke | Beschreibung |
|---|---|
| Aussperrung | Ist es einem Angreifer möglich, Benutzer aus der Anwendung auszusperren, wie z. B. durch die mehrfache Eingabe falscher Passwörter? |
| Autorisierung | Werden sämtliche Bereiche, die eine Autorisierung erfordern, durch geeignete Maßnahmen geschützt? Kann diese Autorisation umgangen werden, wie z. B. durch eine SQL-Injection? |
| Benutzerwechsel durch Parametermanipulation | Ist ein Benutzer in der Lage, durch Änderung von Parametern, z. B. der Benutzer-ID, den Zugang eines anderen Benutzers einzusehen? |
| Privilegerhöhung durch Parametermanipulation | Kann ein Angreifer sich erhöhte Privilegien durch eine Manipulation der Applikationsparameter verschaffen (?sysop=1, etc.)? |
| Überspringen der Autorisierung | Können Funktionen, die nur eingeloggten Benutzern zur Verfügung stehen sollen, durch die direkte Eingabe der URL aufgerufen und somit übersprungen werden? |
| Verschlüsselung per SSL | Werden Autorisierungsdaten verschlüsselt und per SSL übertragen? |
| Passwortübertragung | Wird das Passwort per E-Mail unverschlüsselt übertragen? |
| Passwortqualität | Erzwingt die Anwendung sichere Passwörter (Länge, Zusammensetzung) über entsprechende Überprüfungen? |
| Standardzugänge | Legt die Anwendung über Installationsroutinen Standardzugänge wie z. B. admin oder root an und vergibt dabei Standardpasswörter? |
| Informationslecks | Wird bei falschem Login angezeigt, ob Benutzername oder Passwort falsch waren? |
| Sensible Inhalte in Cookies | Werden Passwörter, Passwort-Hashes oder andere sensible Daten in Cookies gespeichert? |
| PHP-Fehlermeldungen | Können Sie mit einem manipulierten Request Fehlermeldungen von PHP erzeugen? |
| Remote-Code-Ausführung | Kann über einen Parameter PHP-Code von einem fremden Server ausgeführt werden, wie z. B. durch eine unsichere `include()`-Anweisung? |
| Lasttest/Anfragen-Flooding | Reagiert Ihre Anwendung auch bei großen Mengen von Anfragen, langen Query-Strings oder viel Netzwerktraffic noch korrekt? |

| Sicherheitslücke | Beschreibung |
| --- | --- |
| Session Fixation | Können Angreifer Session-IDs vorgeben, die dann von der Anwendung weiterverwendet werden? |
| Session Riding | Können Angreifer Benutzer mit einer offenen Session durch z. B. <img>-Tags zu Aktionen zwingen? |
| Session Hijacking | Kann der Angreifer eine Session mit ihm bekannter Session-ID übernehmen? Gibt es Überprüfung auf User-Agent, IP etc.? |
| Session-Löschung | Wird die Session beim Logout gelöscht? |
| SQL-Injection (Formulare) | Kann ein Angreifer über ein Formular eigene SQL-Abfragen in die Anwendung einschleusen? |
| SQL-Injection (Cookies) | Werden IDs in Cookies gespeichert, anhand derer ein Angreifer SQL-Statements einfügen könnte? |
| SQL-Injection (URL-Parameter) | Können über URL-Parametern SQL-Abfragen eingeschleust werden? |
| XSS via XML | Können Angreifer über einen von der Anwendung verwendeten XML-Service, wie z. B. bei RSS-Feeds, Skriptcode einschleusen? |
| XSS (Formulare) | Kann an Eingabeformulare Skriptcode übergeben werden, der nicht gefiltert bzw. maskiert wird? |
| XSS (Cookies) | Werden Werte aus Cookies, wie z. B. Benutzer-IDs, ungeprüft übernommen? |
| XSS (User-Agent, Referrer) | Kann ein Angreifer über einen manipulierten User-Agent oder HTTP-Referrer Skriptcode einschleusen? |

**Hinweis:** Ein effizientes Sicherheitskonzept erfordert eine stetige Anpassung an neue Gegebenheiten und Sicherheitslücken. Sie sollten sich darüber im Klaren sein, dass während Sie die in der Tabelle aufgeführten Schwachstellen durcharbeiten, sicher bereits neue Gefahrenquellen existieren, die Sie in die Planung und Realisierung eines Sicherheitskonzepts mit einbeziehen sollten.

# B CD-ROM

## B.1 Kapitel

Sämtliche im Buch vorgestellten Beispiele und Hilfswerkzeuge finden Sie in Kapiteln geordnet auf der Buch-CD wieder.

## B.2 Installation-Kits

- XAMPP 1.5.5
- MAMP
- WAMP5

## B.3 Apache 2

- Apache 2.2.3

## B.4 PHP und MySQL

- MySQL 5.0.27
- PHP 5.2.0

## B.5 Software

- ConTextEditor
- Phase5
- Webweaver

## B.6 PHP-Editoren

- PHPEdit
- PHPCoder
- PHPNotepad
- PHP Expert Editor

## B.7 PHP-Entwicklungs-Studios

- Maguma Studio
- Maguma Workbench
- Top PHP Studio
- Dev-PHP IDE

## B.8 MySQL-Editoren

- DBManager Enterprise
- DBManagerFree
- EMS MySQL Manager
- MySQL Administrator
- MySQL Control Center
- MySQL Query Browser
- MySQL Turbo Manager
- SQLyog
- MySQLQuery
- MySQLTools
- PHPMyAdmin

## B.9 SQLite-Editoren

- SQLiteManager
- SQLite Administrator
- SQLite Query Browser

## B.10 PHP-Debugger

- PHP Debugger DBG
- PHP Debugger

**Hinweis:** Versionen und Distributionen für Windows, Linux und MacOS X – Stand: Januar 2007.

# Nachwort

Autor: Dipl. Inf. Matthias Kannengiesser

### Matthias Kannengiesser

Ich hoffe, Sie haben genau so viel Freude mit dem PHP 5 und MySQL 5 Praxisbuch, wie ich beim Schreiben hatte. Es soll Sie bei der Arbeit begleiten und Ihnen den Weg durch den Dschungel der webbasierten Technologien weisen. Ich werde Sie auch in Zukunft über die Entwicklung auf dem Laufenden halten, wenn Sie ab und an auf der Website zum Buch vorbeischauen. Vielleicht haben Sie Ideen und Anregungen, die wir in einer weiteren Auflage unbedingt aufgreifen sollten. Scheuen Sie sich nicht mir zu schreiben: *matthiask@atomicscript.de*

### Weisheiten für den Entwickler

Schade nur, dass meist die Zeit drückt, sodass man oftmals doch etwas genervt ist, wenn mal was nicht so funktioniert, wie es sollte. Aber hierfür habe ich einen gut gemeinten Tipp für Sie: Kommt Zeit, kommt Rat!

Was häufig wahre Wunder wirkt: das Problem ruhen lassen und sich mit einem ganz anderem Thema auseinandersetzen, vielleicht spazieren gehen, mit Freunden ausgehen. Auf die Lösung des Problems stößt man dann meist von selbst – an den unmöglichsten Orten und in den unmöglichsten Situationen hat es bei mir schon im Kopf klick gemacht.

Überschätzen Sie sich nie! Eine Vielzahl von Entwicklern musste schon feststellen, dass man nie genug wissen kann! Sie werden nie sagen können, nun habe ich alles verstanden. Der ständige Lernprozess wirkt wie eine Triebfeder, die uns jeden Tag aufs Neue weitermachen lässt.

In diesem Sinne wünsche ich Ihnen viel Erfolg!

# Stichwortverzeichnis

-- (Dekrement) 194
- (Subtraktion) 177
- (Vorzeichen) 177
' Einfache Anführungszeichen 127
! (Logisches Nicht) 187
!= (Ungleichheit) 184
!== (Strikte Ungleichheit) 185
$_SERVER[QUERY_STRING] 342
$AUTH_TYPE 363
$CONTENT_LENGTH 363
$CONTENT_TYPE 363
$GATEWAY_INTERFACE 364
$GLOBALS 164
$HTTP_ACCEPT 364
$HTTP_COOKIE 364
$HTTP_REFERER 364
$HTTP_USER_AGENT 364
$PATH_INFO 364
$PATH_TRANSLATED 364
$QUERY_STRING 364
$REMOTE_ADDR 364
$REMOTE_HOST 364
$REMOTE_IDENT 364
$REMOTE_METHOD 364
$REMOTE_USER 364
$SCRIPT_NAME 364
$SERVER_NAME 364
$SERVER_PORT 364
$SERVER_PROTOCOL 364
$SERVER_SOFTWARE 364
% (Modulo) 178
&& (Logisches Und) 186
() 118
() (Gruppierungsoperator) 193
* (Multiplikation) 178
/ (Division) 178
:: 447, 463
; (Ende einer Anweisung) 115
? (Konditionaloperator) 192
@ Fehler-Kontroll-Operator 197
__autoload 444
__autoload() 467
__call 444
__call() 467, 468
__clone() 452
__construct 444
__construct() 446
__destruct 444
__destruct() 446

__get() 467, 470
__METHOD__ 444, 481
__set 444
__set() 467, 470
__toString() 467, 471
_get 444
{} (Anweisungsblock) 118
|| (Logisches Entweder Oder) 187
|| (Logisches Oder) 186
+ (Addition) 177
++ (Inkrement) 194
< (Kleiner als) 181
<= (Kleiner gleich) 182
= (Zuweisung) 178
== (Gleichheit) 184
=== (Strikte Gleichheit) 185
> (Größer als) 181
>= (Großer gleich) 182

## A

Ablaufsteuerungsfunktionen 833
abs() 285
abstract 443, 456
acos() 285
addcslashes() 303
Addition (+) 850
addslashes() 303, 304
ALTER
  INDEX 644
  TABLE 655
ALTER TABLE-Syntax 894
Änderungsprotokoll 747
Anweisungen 114
Anwendung
  Benutzerschnittstellen 790
  Datenbankentwurf 784
  ER-Modell 788
  Funktionen 783
  Funktionen definieren 795
  Implementierung 792
  optimieren 790
  planen 782
  testen 795
Anwendungsgebiete 40
Apache 45
Arithmtische
  Additionsoperator (+) 177
  Divisionsopertor (/) 178
  Moduloperator (%) 178

Multiplikationsoperator (*) 178
Operationen 850
Subtraktionsoperator (-) 177
Array 139
  arsort() 258
  asort() 258
  assoziativ 238
  count() 253
  current() 253
  Datentyp 236
  each() 254
  Elemente 237
  end() 256
  erzeugen 237
  extract() 261
  Funktionen 245
  in_array() 284
  indizierte 237
  ksort() 259
  leeren 240
  linear 237
  list() 254
  löschen 240
  max() 279
  mehrdimensional 240
  min() 279
  next() 255
  pos() 253
  prev() 255
  reset() 256
  rsort() 256
  sizeof() 253
  sonstige Funktionen 246
  sort() 256
  Sortierfunktionen 245, 256
  Terminologie 237
  uasort() 259
  uksort() 259
  usort() 259
array_change_key_case() 247
array_chunk() 247, 274
array_combine() 247, 274
array_count_values() 247
array_diff() 248, 281
array_diff_assoc() 247
array_diff_key() 247
array_diff_uassoc() 247
array_diff_ukey() 248
array_fill() 248
array_filter() 248
array_flip() 248
array_intersect() 248, 281
array_intersect_assoc() 248
array_intersect_key() 248
array_intersect_uassoc() 248
array_intersect_ukey() 248
array_key_exists() 248

array_keys() 248, 267
array_map() 249, 268
array_merge() 249, 271, 280
array_merge_recursive() 249
array_multisort() 249, 275
array_pad() 249, 271
array_pop() 249, 265
array_push() 249, 264
array_rand() 250, 277
array_reduce() 250
array_reverse() 250, 266
array_search() 250, 277
array_shift() 250, 265
array_slice() 250, 272
array_splice() 250, 266
array_sum() 250
array_udiff() 251
array_udiff_assoc() 250
array_udiff_uassoc() 251
array_uintersect() 251
array_uintersect_assoc() 251
array_uintersect_uassoc() 251
array_unique() 251, 278, 280
array_unshift() 251, 264
array_values() 251, 272
array_walk() 245, 251, 252
array_walk_recursive() 251
Arrays 236
arsort() 245, 258
asin() 285
asort() 245, 258
Assoziatives Array 238
atan() 285
atan2() 285
Attribute 613
Ausdruck, Wahrheitsgehalt 112
Ausdrücke 110
  elementare 110
  Funktionen 111
  Konditionaloperator 113
  Post-Inkrement 111
  Prä-Inkrement 111
  Vergleichsausdrücke 112
  Zusammengesetzt 111
  Zuweisungen 113
Ausnahmebehandlung 474
  catch 476
  debug_backtrace() 478
  throw 476
  try 476
Auswahlanweisungen 696
AUTO_INCREMENT 514, 653
Autoresponder 432

## B

BackUp 769
BACKUP, TABLE 774

base_convert() 286
basename() 366
Bedingungen 198
   if-Bedingung 198
BEGIN 899
Benutzer 760
   ändern 760
   anlegen 760
   löschen 761
Benutzerdefinierte Funktionen 721
Bezeichner 156, 800
Beziehung 610
bin2hex() 305
bindec() 286
Bit-Funktionen 870
Bitweises ~ 871
Bitweises <<, >> 871
Bitweises AND (&) 870
Bitweises OR ( | ) 870
BLOB 629
Boolesche Werte 136
break 217
Browser 35

## C

Cache-Control 555
Cachen 555
   Internet Explorer 556
   vermeiden 556
CASE-Anweisung 697
catch 444
ceil() 285
CGI 27
   GET 28
   POST 28
CHANGE 657
CHAR 629
chdir() 369
CHECK TABLE 749
checkdate() 293
chgrp() 366
chmod() 366
chop() 303
chown() 366
chr() 311
chunk_split() 305, 306
class 444
clone 443
close() 494
closedir() 372
Codezeile 114
COMMIT 899
Common Gateway Interface 27
compact() 252, 273
CONCAT() 692
connection_aborted() 362
connection_status() 362

connection_timeout() 362
const 443, 465
continue 218
convert_cyr_string() 305
convert_uudecode() 305
convert_uuencode() 305
Cookies
   Array 352
   Authentifizierung 571
   löschen 353
   mehrere Variablen 349
   Namenskonflikte 349
   setcookie() 347
   Spezifikationen 345
cos() 285
count() 245, 253
COUNT() 698
count_chars() 317, 318
Counter, IP-Sperre 410
CREATE
   DATABASE 636
   TABLE 639
CREATE DATABASE-Syntax 891
CREATE FUNCTION 722
CREATE INDEX-Syntax 897
CREATE-TABLE Syntax 892
crypt() 317, 319
current() 245, 253
CURRENT_DATE() 688
CURRENT_TIME() 688

## D

DARPA 24
DATA_FORMAT() 690
date() 293, 294
DATE_ADD() 687
DATE_SUB() 688
date_sunrise() 293
date_sunset() 293
Datei, Download 392
Dateiattribute 376
Dateien 366
   ändern 389
   bearbeiten 389
   Berechtigungen 370
   CSV 386
   Datensätze 380
   entfernter Server 377
   erzeugen 381
   Funktionen 374
   komprimiert 390
   kopieren 383
   lesen 376
   löschen 383
   Mustersuche 390
   Operationen 374
   schreiben 376

Serialisierung 384
umbenennen 383
Upload 397
Verriegelung 385
Zeilen auslesen 387
Dateisystem 366
Daten 661
  $QUERY_STRING 342
  ändern 662, 665
  ausgeben 677
  einfügen 662
  Escape-Zeichen 342
  Kodierung 341
  löschen 662, 667
  überschreiben 665
  URL 340
  verschlüsseln 763
Datenbank 34, 37, 607
  anlegen 636
  Anwendungsgebiete 40
  anzeigen 637
  Backup 547
  Entwicklungsphasen 607
  ERM 610
  löschen 636
  Primärschlüssel 614
  relationale 37
  Tabellen 625
  Tests 779
Datenbankmanagementsysteme 608
Datenbankmodellierung 96
Datenbankserver 661
Datenbanktabelle
  Beziehungen 610
  Felder ändern 531
  Felder entfernen 532
  Felder hinzufügen 530
  Join 533, 535, 536
  Outer Join 543
  Self Join 541
  Theta Join 539
  WHERE 535
Datenimport 670
Datenmodell 609
Datensatz 661
Datensicherung 769
  Provider 777
  Strategien 769
Datentyp 125, 626
  Array 139
  Aufzählung 632
  Boolean 136
  Datums- und Zeitwerte 627
  Grundtyp 125
  Mapping 632
  NULL 145
  Objekte 138

Referenztyp 125
Resource Type 144
String 126
Zahlen 131, 627
Zeichenketten 626
DATETIME, DATE 631
Datum
  date() 294
  DAYOFMONTH() 685
  Funktionen 292
  getdate() 293
  idate() 296
  MONTH() 685
  Ostern 292
  setlocale() 302
  YEAR() 685
Datumfunktionen 291
  Kalender 291
Datums- und Zeitfunktionen 684
Datums- und Zeittypen 812
Datums- und Zeitwerte 627
DBMS 607
DBMS-Systeme 607
DCL-Befehle 622
DDL 607
DDL-Befehle 623
debug_backtrace() 478
decbin() 286
dechex() 286
decoct() 286
Dedizierter Server 68, 589
deg2rad() 286
Dekrement 194
Dekodierung 763
DELETE 667
DELETE-Syntax 885
DESCRIBE-Syntax 898
Design Patterns 483
DEV-PHP 103
dir() 372
dirname() 366
disk_free_space() 366
disk_total_space() 367
Division (/) 851
DML 607
DML-Befehle 622
DQL-Befehle 623
DROP
  DATABASE 637
  TABLE 660
DROP DATABASE-Syntax 891
DROP FUNCTION 723
DROP INDEX-Syntax 897
DROP TABLE-Syntax 896

**E**
each() 245, 254

echo() 311
Editor 35
Eigener Webserver 69, 589
Eigenschaften, statisch 461
empty() 160
EMS SQL Manager 81
end() 245, 256
Entität 610
Entitätstyp 610
Entity-Relationship-Modell 610
Entwicklungsumgebungen 99
Entwurfsmuster 483
  Nutzen 483
  Regeln 483
  Singleton 484
ENUM 632
ERM 610
Escape 127
Escape-Zeichen 797
Exception 474
exp() 285
EXPLAIN 707
explode() 305, 306
extends 455
externe Skripts 108
extract 522
extract() 246, 261

# F
false 136
fclose() 375
Fehlerbehandlung 474
Fehlermeldungen 511
Fehlerprotokoll 745
Felder 236
Feldtypen 626
feof() 382
Festkommazahl 630
fetch_object() 494
fgetc() 375
fgetcsv() 375
fgets() 375, 378
fgetss() 375
file() 375
file_exists() 367
file_get_contents() 367, 393
file_put_contents() 367, 393
fileatime() 367
filegroup() 367
filemtime() 367
fileowner() 367
fileperms() 367
filesize() 367
filetype(); 367
final 443, 456
Fließkommazahlen 630
  Runden 287

flock() 375
floor() 285
FLUSH PRIVILEGES 759
flush() 311
fopen() 375
FOREIGN KEY 654
Foreign Keys 614
FORMAT() 695
Formmailer 438
Formulare 321
  auswerten 326
  Checkboxen 335
  dynamisch 330
  Kontrollkästchen 335
  mail() 551
  mehrere Seiten 333
  Optionsschalter 335
  Radiobuttons 335
  register_globals 338
  submit 336
  Validation 337
Formularelemente 324, 329, 335
fprintf() 311
fputs() 375
fread() 375
Fremdschlüssel 614, 654
fseek() 382
ftell() 382, 383
FULLTEXT() 712
Funktionen
  Argumente 220
  dynamisch 225
  Fehlercode 224
  lokale und globale Variablen 220
  Parameter 220
  rekursiv 228
  Rückgabewerte 223
  verschachtelt 225
fwrite() 375

# G
Ganzzahlen 630
Gästebuch 414
GET 322
get_defined_vars() 161
get_meta_tags() 313
getcwd() 369
getdate() 293
getrandmax() 288
gettimeofday() 298
gettype() 151
Gleich (=) 828
Gleichheitsoperatoren
  Gleichheit (==) 184
  Strikte Gleichheit (===) 185
  Strikte Ungleichheit (!==) 185
  Ungleichheit (!=) 184

glob() 394
gmdate() 293
gmmktime() 297
gmstrftime() 298
Grafikcounter 408
GRANT 757
Groß-/Kleinschreibung 117, 801
Größer als (>) 829
Größer oder gleich (>=) 829
Gültigkeitsoperator 463

## H

HANDLER-Syntax 883
Hashes 238
HAVING 681
header() 555
Heredoc 122, 128
Hexadezimale Werte 799
hexdec() 286
htmlentities() 313, 315
HTML-Formulare 323
htmlspecialchars() 313, 314
htmlspecialchars_decode() 313
HTTP 554
  Authentifizierung 559
  Download 557

## I

idate() 293, 296
IDE 99
IF-Anweisung 198, 696
ignore_user_abort() 363
implements 443, 459
implode() 306, 307
in_array() 252, 273
include() 108
include_once() 109
Inkrement 194
INSERT 662
  IGNORE 664
INSERT DELAYED 663
INSERT DELAYED-Syntax 883
INSERT SELECT 663
INSERT-Syntax 881
Installation
  aktualisieren 585
  MySQL 71
  Unix/LINUX 576
  Vorbereitung 43
  Windows 579
Installations-Kit 48
  Apache2Triad 56
  MAMP 59
  Sicherheit 59
  WAMP5 58
instanceof 443, 481
Interface 443, 458

Internet 23
  ARPANET 25
  HTML 26
  HTTP 27
  Militär 24
  Mosaic 27
  TCP/IP 25
  Ursprünge 23
Internet-Service-Provider 68, 589
Interzeptormethoden 467
IP-Sperre 410
is_array() 152
is_bool() 152
is_dir() 367
is_double() 152
is_executable() 367
is_file() 367
is_float() 152
is_int() 152
is_integer() 152
is_link() 367
is_long() 152
is_null() 152
is_numeric() 152
is_object() 152
is_readable() 367
is_real() 152
is_resource() 152
is_scalar() 152
is_string() 152
is_uploaded_file() 367
is_writable() 367
ISP 68, 589
isset() 159

## J

JDBC API 601
JOIN 700
join() 306

## K

key() 245, 254
Klammer 827
Klammern
  geschweifte Klammern 118
  runde Klammern 118
Klassen, abstract 456
Kleiner als (<) 829
Kleiner oder gleich (<=) 829
Kodierung 341
Kommentar 123, 803
  einzeilig 124
  mehrzeilig 124
Konditionaloperator (?) 192
Konfigurationsdateien 901
Konstanten 173
  vordefiniert 173

Kontaktformular 432
Kontrollstrukturen
  break 217
  continue 218
  do-while-Schleife 210
  foreach-Schleife 214
  for-Schleife 211
  if-Anweisung 198
  if-else-Anweisung 201
  if-else-if-Anweisung 203
  switch-Anweisung 205
  verschachtelt 215
  while-Schleife 208
krsort() 246
Krypto-Filesystem 764
ksort() 246, 259
KSql 90

## L

LAMP 47, 587
LCASE() 694
Leerzeichen 116
LEFT() 692
LENGTH() 692
levenshtein() 309
LIKE 710
LIMIT 669
list() 246, 254
Literale 797
Load Balancing 604
LOAD DATA INFILE 673
LOAD DATA INFILE-Syntax 888
localtime() 297, 300
LOCATE() 693
LOCK TABLES 770, 900
log() 285
log10() 285
Logfiles 364, 745
Logische Operatoren 683, 832
  Logisches Entweder ODER (xor) 187
  Logisches NICHT (!) 187
  Logisches ODER (||) 186
  Logisches UND (&&) 186
Lokalisierung 583
ltrim() 303
LTRIM() 695

## M

Magische Methoden
  __autoload() 467
  __call() 467, 468
  __get() 467, 470
  __set() 467, 470
  __toString() 467, 471
Maguma Workbench 102
Mail
  Attachments 551

Formular 438
HTML 553
mehrere Empfänger 552
Prüfen 552
mail() 551
Master/Slave-System 603
MATCH() 712
Matehmatische
  Funktionen 285
  Konstanten 288
  runden 287
  Umwandlungsfunktionen 285
  Zufallszahlen 288
max() 279, 285
md5() 318
md5_file() 318
Mehrdimensionales Array 240
metaphone() 309
Methoden
  abstract 456
  statisch 461
microtime() 297, 298
min() 279, 285
mkdir() 369
mktime() 297, 299
MODIFY 657
move_uploaded_file() 401
mt_getrandmax() 289
mt_rand() 289
mt_srand() 288
Multiplikation (*) 850
myisamchk 80, 594
myslqi_fetch_object 524
MySQL 491
  Anwendungsgebiete 40
  AUTO_INCREMENT 514
  Backup 547
  Benutzer anlegen 506
  Benutzer löschen 508
  Benutzerverwaltung 505
  Clients 81
  Cluster 602
  Datenbank erstellen 512
  Datenbanken auflisten 509
  Datenbanken löschen 529
  Datenbankverbindung 493
  Datensätze ausgeben 521
  Datensätze bearbeiten 519
  Dätensätze einfügen 517
  Datensätze löschen 520
  Datentypen 514, 626
  DEALLOCATE 724
  Editoren 595
  Embeded 605
  EXECUTE 724
  Fehlermeldungen 511
  Funktionsumfang 589

GUI-Clients 595
Installation 71, 492, 575
Installation prüfen 581
Installationspakete 580
JOIN 535
Kommandozeilenwerkzeuge 78
Konfigurationsdatei 582
Mehrere Server 585
MySQLi 491
Benutzerangaben ändern 508
Pfadangaben 583
PREPARE 724
Primärschlüssel 514
Programmierschnittstellen 597
Provider 589
Referenz 797
Reguläre Ausdrücke 715
Relationen 535
Releasenummer 72
Schnittstellen 41
Server 73, 576
Spaltentypen 514
Tabellen ändern 530
Tabellen entfernen 529
Tabellen erstellen 513
Tabellenabfragen verknüpfen 533
Tabellenanzahl 516
Tabellenstruktur 532
Terminkalender 725
Unix/LINUX 73
Verbindung 508
Versionen 575
vorbereitete Anweisungen 723
Vorteile 38
Windows 76
Zugriffe 512
MySQL Administrator 91
MySQL Maestro 87
MySQL Migration Toolkit 93
MySQL Query Browser 95
MySQL Turbo Manager 89
MySQL Workbench 94
mysql_affected_rows 501
mysql_change_user 501
mysql_client_encoding 501
mysql_close 501
mysql_connect 501
mysql_create_db 501
mysql_data_seek 501
mysql_db_query 501
mysql_drop_db 501
mysql_errno 501
mysql_error 501
mysql_escape_string 501
mysql_fetch_array 501
mysql_fetch_field 502
mysql_fetch_lengths 502
mysql_fetch_object 502
mysql_fetch_row 502
mysql_field_flags 502
mysql_field_len 502
mysql_field_name 502
mysql_field_seek 502
mysql_field_table 502
mysql_field_type 502
mysql_free_result 502
mysql_get_client_info 502
mysql_get_host_info 503
mysql_get_proto_info 503
mysql_get_server_info 503
mysql_info 503
mysql_insert_id 503
mysql_list_dbs 503
mysql_list_fields 503
mysql_list_tables 503
mysql_num_fields 503
mysql_num_rows 504
mysql_pconnect 504
mysql_ping 504
mysql_query 504
mysql_real_escape_string 504
mysql_result 504
mysql_select_db 504
mysql_stat 504
mysql_tablename 504
mysql_thread_id 504
mysql_unbuffered_query 505
mysqladmin 79, 594, 638
mysqld_multi 586
mysqldump 80, 595
mysqlhotcopy 81, 595
MySQLi 491
 affected_rows 497, 499
 autocommit 498
 bind_param 499
 bind_result 499
 change_user 498
 character_set_name 498
 close 498, 499, 500
 close() 494
 commit 498
 connect 498
 current_field 500
 data_seek 499, 500
 Datenbank erzeugen 495
 Datenbanktabelle erzeugen 495
 Datensätze auslesen 496
 Datensätze hinzufügen 496
 errno 497, 499
 error 497, 499
 execute 499
 fetch 499
 fetch_assoc 500
 fetch_field 500

fetch_field_direct 500
fetch_fields 500
fetch_lengths 500
fetch_object 500
fetch_row 500
field_count 497, 500
field_seek 500
get_client_info 498
get_client_version 498
get_host_info 498
get_metadata 499
host_info 497
info 497, 498
init 498
insert_id 497
Installation 492
kill 498
length 500
more_results 498
multi_query 498
next_result 498
num_rows 500
options 498
param_count 499
ping 498
prepare 498, 499
protocol_version 498
query 498
query() 494, 512
real_connect 498
real_query 499
Referenz 497
rollback 499
select_db 499
send_long_data 499
send_query 499
SQL-Abfragen 494
sqlstate 498, 499
ssl_set 499
stat 499
stmt_init 499
store_result 499
thread_id 498
thread_safe 498, 499
use_result 499
warning_count 498
mysqli() 494
mysqlimport 80, 595
mysqlshow 80, 594
mysqltest 80, 595

# N

natcasesort() 246
natsort() 246
Navicat 85
new 445
next() 245, 255

NICHT (NOT oder !) 832
nl2br() 313, 316
Normalformen 617
Normalisierung 616
NOW() 689
NULL 145
NULL-Marken 709
Null-sicheres gleich (<=>) 829
NULL-Werte 800
number_format() 318, 320
Numerische Typen 810
NuSphere PHPEd 102

# O

Object 138
Objekt 138
  Eigenschaften 138
  Methoden 138
  Referenzen 466
Objekte
  __clone() 452
  klonen 451
  kopieren 451
  zählen 462
octdec() 286
ODER (OR oder ||) 832
Online-Umfrage 426
OOA 483
OOD 483
OOP
  __METHOD__ 481
  abstract 456
  clone 451
  const 465
  copy by value 466
  Datenkapselung 447
  Dereferenzierung 479
  Entwurfsmuster 483
  extends 455
  final 456
  Gültigkeitsoperator 463
  instanceof 481
  Interface 458
  Klassenkonstanten 465
  Klassenvererbung 455
  magische Methoden 467
  object by reference 466
  parent 464
  private 448
  protected 448
  public 448
  Referenzen 466
  Rundgang 448
  Schnittstellen 458
  self 464
  Singleton 484
  static 461

statische Eigenschaften 461
statische Methoden 461
Verweisoperator 463
Zugriffsbeschränkung 447
opendir() 372
Operatoren 132, 174
  @ 197
  Arithmetische 177, 684
  Array 196
  Assoziativität 176
  Bitweise Operatoren 188
  Gleichheitsoperatoren 184
  Gruppierungsoperator() 193
  Konditionaloperator (?) 192
  Logische Operatoren 186, 683
  Objekterzeugungs-Operator (new) 195
  Operatorliste 175
  Vergleichsoperatoren 181, 681
  Vorrang 176
  Zuweisungsoperator (=) 178
OPTIMIZE TABLE 659, 752
ord() 305
ORDER BY 705
Overloading
  Klassenmethoden 468
  Klassenmitglieder 470

## P

parent 447, 464
parse_str() 313
parse_url() 313, 316
Passwortsystem 754
PERIOD_ADD() 689
PERIOD_DIFF() 689
perror 81, 595
PHP
  Anweisungen 114
  Ausdrücke 110
  bcmath-Funktionen 65
  Browser-Einstellungen 65
  Codezeile 114
  Dateiendungen 31
  Datenbanken 491
  Datenbehandlung 62
  Datentypen 125
  Debugger-Optionen 64
  echo 120
  Erweiterungen 63
  Extensions 63
  Fehlerbehandlung 61
  Funktionen 219
  Heredoc 122, 128
  HTML 31
  HTTP 554
  include 108
  Init-Datei 60
  Installation 43, 46
  Installation-Kit 48
  JavaScript 110
  Kommentar 123
  Konfiguration 59, 69
  Konfigurationsabbildungen 70
  Konstanten 173
  Kontrollstrukturen 198
  Leistungsbegrenzungen 61
  Linux-Installation 47
  Logging-Funktion 64
  mail() 551
  Mailfunktion 64
  Migration 486
  Moduleinstellungen 64
  MySQL 491
  MySQLi-Referenz 497
  MySQL-Referenz 500
  MySQL-Unterstützung 65
  MySQL-Verbindung 508
  ODBC-Unterstützung 65
  Operatoren 174
  Operator-Rangfolge 175
  Pfade 63
  php.ini 59
  phpinfo() 69
  print 121
  Provider 68
  Referenzen 233
  register_globals 169
  require 109
  Session-Verwaltung 65
  SGML-Stil 31
  Sicherheit 66
  Sprachoptionen 60
  SQL-Optionen 64
  String-Operator 192
  Syntax 107
  Systemprotokoll-Variablen 64
  Überlegungen zur Installation 43
  Variablen 153
  Verzeichnisse 63
  Webanwendung 33
  Windows-Installation 44
  Zuweisungen 120
PHP 4, Anpassung 486
PHP 5
  Anpassung 486
  Destruktoren 446
  Klassen 444
  Konstruktoren 446
  Objekte erzeugen 445
  OOP Überblick 448
  parent 447
  Schlüsselwörter 486
PHP als Apache-Modul 30, 47
PHP als CGI-Programm 31, 47
phpMyAdmin 82

pos() 245, 253
POST 321
Postfixnotation 194
pow() 285
Präfixnotation 194
Präzision 135
prepared statements 723
prev() 245, 255
Primärschlüssel 614
  Regeln 614
Primary Key 641
print() 311
printf() 311
private 444, 448
Programmierschnittstellen 597
  C/C++ 597
  Java 601
  Perl 598
  PHP 598
  Python 602
protected 444, 448
Protokollierung 745
Provider 68
  Angebote 68
  Dedizierter Server 68, 589
  Eigener Webserver 69, 589
  Webspace 68, 589
  Zugangsdaten 68
public 444, 448

## Q
Query Cache 718
query() 494
QUERY_STRING 342
Query-Protokoll 745
quoted_printable_decode() 305
quotemeta() 303

## R
rad2deg() 286
RAID 603
rand() 288
range() 246, 262
rawurldecode() 313, 315
rawurlencode() 313, 315
readdir() 372
readfile() 375
Referenz 797
Referenzen 233
  aufheben 235
  pass-by-reference 234
  return-by-reference 235
register_globals 169, 338
  Sicherheit 171
register_shutdown_function() 363
Rekursion 228, 396
  Fakultät 229

Türme von Hanoi 231
Rekursive Funktionen 228
Relation 610, 614
Relationale Datenbanken 37
Relationales Datenmodell 613
RENAME 659
RENAME TABLE-Syntax 896
REPAIR TABLE 751
REPLACE 665
REPLACE() 694
REPLACE-Syntax 887
Replikationssystem 603, 775
  Benutzer 776
  Installation 776
require() 109
require_once() 109
Reservierte Wörter 119, 804
reset() 245, 256
Resource Type 144
REVOKE 760
rewind() 382
rewinddir() 372
RIGHT() 693
rmdir() 369
ROLLBACK 899
round() 286, 287
rsort() 246, 256
rtrim() 303
RTRIM() 695
Runden, Genauigkeit 287

## S
scandir() 372, 394
Schlüssel 611
Schlüsselfelder 641
Schlüsselwörter 119
Schnittstellen 41
  implements 459
  interface 459
SELECT 677
SELECT INTO 707
SELECT INTO OUTFILE 775
SELECT-Syntax 878
self 444, 464
Semikola 115
Servervariablen 363
  Logfiles 364
Session 353
  Array 359
  Authentifizierung 565
  Cookies 360
  Funktionen 356
  GET/POST 361
  header() 362
  Konfiguration 354
  session_destroy() 358
  session_name() 360

session_start() 357
uniqid() 355
session_cache_expire() 357
session_cache_limiter() 357
session_decode() 357
session_destroy() 357
session_encode() 357
session_get_cookie_params() 357
session_id() 357
session_is_registered() 357
session_module_name() 357
session_name() 357
session_regenerate_id() 357
session_register() 354, 357
session_save_path() 357
session_set_cookie_params() 357
session_set_save_handler() 357
session_start() 357
session_unregister() 354, 357
session_unset() 357
session_write_close() 357
Session-Management 353
SET 632
SET TRANSACTION 901
setcookie() 347
setlocale() 302
settype() 149
sha1() 318
sha1_file() 318
Shell 78, 592
SHOW
 COLUMNS 656
 DATABASES 637
 INDEX 644
 TABLES 640
SHOW STATUS 743, 903
SHOW VARIABLES 903
shuffle() 246, 263
Sicherheit 66, 743
 Angriffsszenarien 66
 Cookies 571
 Cross-Site Request Forgery 907
 Cross-Site-Scripting 907
 Gefahren 907
 Gegenmaßnahmen 909
 htaccess 562
 HTTP Response Splitting 908
 Information Disclosure 907
 Konzept 910
 Parameterattacke 66
 Passwortdatei 562
 Pfadattacke 67
 Probleme 66
 Remote Command Execution 908
 Schwachstellen 907
 Session 565
 SQL-Injection 908

Webserver-Umgebung 67
similar_text() 309
sin() 285
sizeof() 245, 253
sort() 246, 256
Sortieren 705
Soundex 714
soundex() 309
SOUNDEX() 714
Spaltentypen 514, 806
Speicherbedarf 825
Sprachanpassung 584
Sprachsyntax 797
sprintf() 311
Spruchgenerator 388
SQL, Standards 38
SQL-Shell 78, 592
SQLyog 86
sqrt() 285
srand() 288
sscanf() 318
static 444
str_ireplace() 303
str_pad() 317
str_repeat() 317
str_replace() 303, 304
str_shuffle() 317, 319
str_split() 317
str_word_count() 317
strcasecmp() 308
strchr() 309
strcmp() 308, 310
strcspn() 308
strftime() 298, 301
String 126, 303
 addslashes() 304
 Ausgabe 311
 chunk_split() 306
 count_chars() 318
 crypt() 319
 echo() 312
 Ersetzen 303
 Escape 127
 explode() 306
 htmlentities() 315
 htmlspecialchars() 314
 implode() 307
 nl2br() 316
 number_format() 320
 parse_url() 316
 print() 312
 printf() 311
 rawurldecode() 315
 rawurlencode() 315
 sprintf() 311
 str_shuffle() 319
 strcmp() 310

stripslashes() 304
strok() 307
Suchen 308
Teilen 305
Umwandeln 305
URL 313
Verbinden 305
Vergleichen 308
Stringfunktionen 303
strip_tags() 314
stripcslashes() 303
stripos() 308
stripslashes() 303, 304
stristr() 309
strlen() 318
strnatcasecmp() 308
strnatcmp() 308
strpos() 308
strrchr() 309
strrev() 305
strripos() 308
strrpos() 308
strspn() 308
strstr() 308
strtok() 305, 307
strtolower() 305
strtoupper() 305
strtr() 303
substr() 309
substr_replace() 304
substr_count() 309
SUBSTRING() 693
Subtraktion (-) 850
Suche 710
   Volltext 711

## T

Tabelle
   ändern 655
   anlegen 639
   kopieren 653
   löschen 659
   umbenennen 659
Tabellen 625
   Indizes 642
   vereinigen 543, 699
   verknüpft 533, 700
Tabellentypen 644
   Berkeley DB 650
   Gemini 653
   InnoDB 646
   ISAM 646
   MEMORY 649
   MERGE 647
   MyISAM 646
   transaktionsfähige 645
   Vergleich 653

TABLE
   ADD 656
   ADD INDEX 657
   ADD PRIMARY KEY 657
   ADD UNIQUE 657
   CHANGE 657
   DROP 658
   MODIFY 657
   RENAME 656
Tabulatoren 116
tan() 285
Terminkalender 725
TEXT 629
throw 444
TIME 631
time() 297
TIMESTAMP 631
touch() 368
Transaktionen 720
trim() 304
TRIM() 695
true 136
TRUNCATE 667
TRUNCATE-Syntax 887
try 444
Tupel 613
Typkonvertierung 147
   automatisch 145

## U

uasort() 246, 259
Überwachung 743
UCASE() 694
ucfirst() 305
ucwords() 305
uksort() 246, 259
umask() 368, 371
UML 483
Umwandlungsfunktionen 285
UND (AND oder &&) 833
Ungleich (<> oder !=) 828
UNION 543, 699
UNION-Syntax 881
UNIQUE 657
UNLOCK TABLES 771, 900
Unscharfe Suche 710
unset() 160
UPDATE 665
UPDATE-Syntax 884
Upload 777
urldecode() 314
urlencode() 314
Useronline 413
USE-Syntax 898
usort() 246, 259

## V

var_dump() 150
VARCHAR 629
Variablen 153, 802
   Aufbau 157
   Bezeichner 156
   Definition 154
   dynamisch 166
   global 164
   Gültigkeitsbereich 163
   L-/R-Wert 156
   löschen 160
   PHP 168
   prüfen 160
   register_globals 169
   Speicher 155
   Speicherklassen 164
   Typkonvertierung 145, 147
   vordefiniert 167
   Werte 157
Variablenfunktionen 227
Verbindungsstatus 362
Vergleichsoperatoren 681, 827
   Größer als (>) 181
   Größer oder gleich (>=) 182
   Kleiner als (<) 181
   Kleiner oder gleich (<=) 182
Verschlüsselung 763
Verwaltung 743
Verweisoperator 463
Verzeichnisoperationen 369
Verzeichnisse 366
   auslesen 372
   Berechtigungen 370
   glob() 394
Verzweigungen, if-Verzweigung 198
Volltextsuche 711
vprintf() 311
vsprintf() 311

## W

WAMP 44, 588
Webanwendung 33
Webserver 34
Webspace 68, 589
Weiterleitung 555
Wertebehälter 153

WHERE 681
wordwrap() 314

## X

XAMPP 48
   Deinstallation 52
   Installation 52
   starten 54
   stoppen 54
   Testbetrieb 56

## Y

YEAR 632

## Z

Zahlen 131, 627, 799
   Fließkommazahlen 131
   Float 131
   Hexadezimalzahl 131
   Integer 131
Zeichenketten 626, 691, 797
   Ausgabe 311
   Ersetzen 303
   Suchen 308
   Teilen 305
   Umwandeln 305
   URL 313
   Verbinden 305
   Vergleichen 308
Zeichenketten-Typen 819
Zeichensatz 583
Zeilentrenner 116
Zeit
   localtime() 300
   microtime() 298
   mktime() 299
   setlocale() 302
   strftime() 301
Zeitfunktionen 291, 297
Zend Engine 443
Zend Studio 100
Zufallseinträge ohne Wiederholung 290
Zufallszahlen 288
   ohne Wiederholung 290
Zuweisungen 178
   mit Operation 179